N.R.F. *Biographies*

ÉRIC ROUSSEL

CHARLES DE GAULLE

nrf

GALLIMARD

À ma mère

AVANT-PROPOS

« Il est deux catégories de Français qui ne comprendront jamais l'histoire de France, a remarqué Marc Bloch [1*] : ceux qui refusent de vibrer au souvenir du sacre de Reims, ceux qui lisent sans émotion le récit de la Fête de la Fédération. » Les obsèques du général de Gaulle à Colombey, le 12 novembre 1970, restent aussi l'un de ces événements clefs, chargés de symboles, à travers lesquels se révèlent les métamorphoses d'un peuple. Pour ceux qui y assistèrent, au milieu d'un immense concours populaire, il était clair que ces grandioses funérailles campagnardes marquaient non seulement « la fin d'une époque », selon l'expression consacrée, mais une césure encore plus profonde. Après le géant que l'on portait en terre et auquel, en fin d'après-midi, des milliers de Parisiens allaient rendre hommage en défilant silencieusement sur les Champs-Élysées, à l'appel de Maurice Druon, coauteur du *Chant des partisans*[2], on ne voyait plus sur la scène que des personnages de moindre stature, et rien n'indiquait qu'il pût en aller autrement dans un avenir prévisible. Un caractère d'exception ne suffit pas à faire un très grand homme d'État. Pour que celui-ci surgisse, il faut aussi des circonstances, et l'histoire apaisée de l'Europe de l'Ouest depuis la fin de la Seconde Guerre mondiale ne paraissait guère de nature à en susciter. Oui, avec de Gaulle, une certaine histoire héroïque, dominée essentiellement par des chefs militaires, semblait prendre fin ; ainsi s'expliquait peut-être l'affliction quasi universelle qui l'accompagnait au tombeau.

Plus d'un quart de siècle après la mort du Général, cette impression, alors un peu confuse, se trouve confirmée. En dépit des assurances officielles, la France s'est écartée de ses leçons. Si elle a gardé l'étrange constitution qu'il lui a léguée, elle s'est engagée dans l'aventure européenne et a tourné le dos à la centralisation, mal français auquel il ne put porter remède. Quant à la société, c'est peu dire qu'elle a pris une direction qui eût probablement affligé le solitaire de la Boisserie, si attaché aux notions d'ordre et de discipline. Dans la mémoire nationale, toutefois, de Gaulle n'a jamais été plus grand. Son action fait l'objet d'un jugement positif presque unanime. Une partie de la gauche, Régis

* Les notes ont été regroupées en fin d'ouvrage, p. 929.

Debray en tête, se réclame de lui. Maurice Agulhon, expert en la matière, lui a décerné un brevet de républicanisme[3], ses adversaires autrefois les plus déterminés lui tressent des lauriers. L'homme, il est vrai, était un prodigieux artiste de la politique, l'un des plus étonnants personnages de ce « musée de figures de cire » qu'est le passé national selon Paul Valéry[4]. Il avait compris que la France, comme l'a écrit Pierre Chaunu, « a besoin pour sa propre cohérence de la dramatisation artificielle des enjeux[5] ». Par un singulier paradoxe, cet être froid, mal à l'aise dans les rapports humains, aura été un maître de la communication. L'art avec lequel il sut capter les cœurs au cours de son voyage en Allemagne, à l'automne 1962, reste dans toutes les mémoires : rarement le verbe gaullien, exprimé en l'occurrence dans la langue de Goethe, aura plus porté qu'au cours de ce périple qui scella publiquement la réconciliation avec l'ennemi séculaire. Ses discours, ses conférences de presse, les brusques changements de registre où il excellait, passant du ton souverain à la gouaille avec un naturel confondant, éveillent une irrépressible nostalgie. Il reste que l'approbation quasi générale dont bénéficie son œuvre est ambiguë. Dans ce concert de louanges, nul ne sait très bien ce qui s'adresse au style ou à une action obstinément conduite selon des principes définis de longue date.

Le temps n'est-il pas venu d'une vision plus précise, plus équilibrée ? Telle est en tout cas l'ambition de ce livre. Elle aurait sans doute déplu au Général. Comme tous ses pairs, il n'aimait guère que l'on découvrît ses secrets, ses hésitations, voire ses erreurs. L'autorité, disait-il, ne va pas sans mystère et le prestige sans distance. Dans *Les chênes qu'on abat*, le livre le plus pénétrant qui lui ait été consacré, André Malraux a très bien souligné que, toute sa vie, le Connétable s'est évertué à repousser tout jugement d'ordre rationnel sur ses actes. « La vérité du général de Gaulle est dans sa légende », a renchéri Alain Peyrefitte[6].

Pourtant, les plus illustres figures ont affronté le jugement de l'Histoire et aucune n'en a été diminuée. En dépit de tout ce qu'on peut lui reprocher, Napoléon reste celui qui a su mettre fin le plus intelligemment possible à la Révolution de 1789. Malgré ses erreurs d'appréciation au moment de la paix, Clemenceau est toujours un étonnant professeur d'énergie. Et aujourd'hui, de Gaulle se trouve dans une situation identique. Attaqué voire injurié de son vivant, il est définitivement installé dans sa situation de grand homme. Si l'on définit celui-ci comme quelqu'un qui a changé radicalement le cours des choses, on voit mal comment on pourrait lui contester ce statut. Sans lui, la France en 1940 n'aurait pas sauvé son honneur. Sans lui, elle aurait sans doute connu la guerre civile en 1944. Sans lui, elle n'aurait pas été au côté des vainqueurs en 1945. Sans lui enfin, l'agonie de la IVe République aurait certainement abouti à de graves désordres. Mais ses éclatants mérites n'interdisent pas que l'on examine de près certains moments de son existence et que l'on replace celle-ci, pour en apprécier le sens, dans le cours d'une histoire plus longue.

À présent, l'ouverture de très nombreux fonds d'archives rend cette tentative moins hasardeuse. En France, mais aussi en Grande-Bretagne, aux États-Unis, en Russie, au Canada, en Israël, en Allemagne, beaucoup de documents, disponibles parfois depuis peu, permettent de remettre en cause des interprétations voire une trame événementielle jusque-là communément admises. Sans doute d'excellentes études ont-elles déjà été publiées, et un positivisme étroit ne saurait prétendre élucider pareil itinéraire. Bien des épisodes qu'on a privilégiés ici, eu égard à l'ampleur du sujet, n'en sont pas moins éclairés par ces pièces inédites (d'autant plus irréfutables qu'elles sont, pour certaines d'entre elles, de sa main). Il en va ainsi, par exemple, des débuts de la France Libre. « C'est l'histoire d'un bluff qui a réussi », dira le Général à André Gillois. De nouveaux documents l'attestent, sans diminuer l'homme qui sut dire non.

Mais de Gaulle, bien entendu, n'apparaît dans sa vérité que si on le replace dans une perspective historique. Surgi comme par miracle au lendemain de la défaite la plus humiliante qu'ait jamais connue son pays, revenu aux affaires en 1958 au moment où déjà la France était insérée dans un ensemble géopolitique plus vaste, le Général, avec le recul, apparaît à la fois comme un résumé et un aboutissement de tout le passé national. Plus proche assurément de Richelieu, de Louis XIV, de Napoléon ou de Clemenceau que de Henri IV — le sens du pardon n'était pas son fort —, il est le type même de ces personnages, à présent disparus, totalement dévoués à la grandeur de la nation et fervents de la raison d'État. Ainsi régla-t-il notamment le problème algérien. La brutalité qu'il employa était familière à ses modèles, et la hâte qu'il mit à tourner la page était justifiée par la nécessité de mettre en œuvre la grande politique étrangère dont il rêvait. Fut-il toujours aussi bien inspiré dans cette dernière phase de son action ? La question mérite d'être discutée. Sur le plan intérieur, il sut poursuivre opportunément la modernisation du pays. À l'extérieur, en revanche, tandis que l'interdépendance croissante entre les nations imposait des solidarités nouvelles et des raisonnements inédits, il parut s'accrocher, non sans panache, à des formules plus traditionnelles. Si, indifférent aux idéologies, il devina la chute du communisme, il n'imagina pas d'autre système que la rivalité des États. L'unité de l'Europe, qui aurait pu être son ambition et lui permettre de contrebalancer l'Amérique, n'avait de sens pour lui que dans un jeu national. Il avait conscience de ne pas disposer de toutes les ressources nécessaires à une politique de grandeur, mais il était trop imprégné du système de pensée des siècles passés, et d'abord de Clausewitz, l'un de ses maîtres, pour en adopter un autre.

De Gaulle, heureusement, n'était pas prisonnier de dogmes. Plus pragmatique qu'on le croit, attaché à quelques principes fondamentaux, rebelle non par nature mais lorsque ceux-ci étaient contestés ou menacés, il fut avant tout un génie de l'action, excellant à compenser par l'intelligence la faiblesse de ses moyens. Et aujourd'hui, si une certaine unanimité se réalise sur son nom, ce n'est pas parce qu'il a exprimé telle ou telle vue, nécessairement contingente ou relative, mais parce que, en juin 1940, il fut le seul à agir, à prendre un pari à la fois fou et profondément raisonnable. « Le Général est ce qu'il est, a écrit très bien Olivier Guichard. Pas un oracle, ni le maître d'une école, ni le fondateur d'une église. C'est un exemple. [...] L'exemple, seul, rassemble. L'acte seul compte[7]. »

I

EN MARGE

Septembre 1940. Sur le pont du navire néerlandais qui le mène vers Dakar — où quelques jours plus tard les forces de Vichy lui infligeront une cuisante défaite — de Gaulle parle à bâtons rompus avec le général Spears, officier de liaison britannique, homme de confiance de Winston Churchill. À ce moment-là, aucun conflit ne les sépare. Personne n'a plus aidé la France libre à ses débuts qu'Edward Spears, militaire cultivé, francophile et mondain. Tout à coup la conversation prend un tour personnel. Peut-être parce qu'il a percé la psychologie de son interlocuteur et son penchant pour la tradition, le général insiste sur l'ancienneté de la branche paternelle de ses ancêtres : « Ma famille est l'une des rares établies à Paris dès le XVIIIe siècle[1]. »

De fait, comme le note Jean Pouget, l'un des plus fins analystes du Connétable, les de Gaulle figurent dans l'*Armorial de la bourgeoisie ancienne*[2]. Ainsi les choses sont-elles sans doute plus claires aux yeux de Spears qui, depuis plusieurs semaines, s'interroge sur cet étrange officier général « apparu comme un météore dans le ciel ravagé de la défaite[3] » et que l'on décrit tantôt sous les traits d'un maurrassien, tantôt entouré d'hommes de gauche, de juifs et de franc-maçons. Au moins d'un point de vue social, Spears peut désormais situer le chef des Français libres : il appartient à la bourgeoisie de tradition que Jean Pouget oppose à la bourgeoisie d'argent et définit ainsi : « L'autre bourgeoisie est plus ancienne. Il faut plusieurs générations pour y accéder. Pas moins conservatrice que la première, elle est plus attachée à ses valeurs morales — ou à ses préjugés — qu'aux richesses matérielles qu'elle ne possède plus ou dont elle fait un usage discret[4]. »

L'histoire de la famille du général est pourtant beaucoup plus mouvementée qu'on le croit d'ordinaire — au moins du côté paternel. Jusqu'en 1789, le clan de Gaulle qui a ses racines au pays de Galles est solidement implanté à Paris. On y compte des archers royaux, des huissiers, des greffiers, des fabricants de perruques, des apothicaires, des religieux et même un armateur. La tourmente de 1789 va être fatale à ces bourgeois parisiens dont certains sont acquis aux idées nouvelles. « Jean-Baptiste de Gaulle, procureur au Parlement, mon aïeul, écrira la sœur du général, Marie-Agnès, avait été ruiné au moment de la Révolution. Son fils, mon arrière-grand-père, avocat au

Parlement, emprisonné par la Convention et délivré par la mort de Robespierre, ne put jamais plaider et ne refit pas la fortune de la famille[5]. » Proche des Encyclopédistes, à l'origine, puis amèrement déçu, l'arrière-grand-père du général accueillera avec soulagement le Consulat et l'Empire. À cinquante-six ans, en butte à de graves difficultés, il entrera dans les postes militaires de la Grande Armée.

À la génération suivante, le déclassement est encore plus sensible ; la pauvreté est flagrante, comme le souligne Michel Marcq, historien de la famille[6]. Né à Ménilmontant en 1801, Julien de Gaulle, le grand-père du général, est chartiste. À l'instigation d'un oncle, il s'installe très jeune dans le Nord. À Lille, il travaille au pensionnat de Louis Paradis qui abrite vingt internes et trente externes. La précarité de son existence l'amène alors à commettre une indélicatesse caractérisée. L'épisode, longtemps tenu secret, est désormais connu grâce aux travaux de Michel Marcq. « Son salaire ne doit pas être bien gros, écrit ce dernier, et c'est peut-être la raison pour laquelle ce paléographe, demeurant rue de Béthune et occupant le plus clair de ses loisirs dans les archives, vendit en 1833-1834, tant à Gand qu'à un négociant lillois de la rue Jean-Jacques-Rousseau, des documents qui ne lui appartenaient pas. » L'affaire est d'autant plus scabreuse que les documents en question semblent avoir été des lettres de Jeanne d'Arc[7] ! On ne sait quelles suites eut cet épisode sur le plan judiciaire mais tout incite à penser que c'est pour faire taire la rumeur que Julien de Gaulle s'installe en 1835 à Valenciennes et y reprend un petit pensionnat. Marié la même année à Joséphine Maillot, fille d'un contrôleur des Tabacs, il ne semble malheureusement avoir aucun don de gestionnaire. Rapidement, l'établissement périclite dans des conditions mal connues. Julien de Gaulle, de nouveau, est sur la sellette. « On le poursuit d'imputation odieuse qu'il est important pour moi d'apprécier », écrit un de ses amis au maire de Valenciennes[8]. « M. de Gaulle, répond le magistrat municipal, avait d'abord donné trop d'extension à son établissement sans mettre ses dépenses en rapport avec ses moyens ni avec les ressources que pouvait lui offrir le pays. La location de la maison, ajoute-t-il, avait été trop élevée et le nombre d'élèves insuffisant. » Le maire, en revanche, avoue tout ignorer de l'« imputation odieuse » évoquée par son correspondant[9].

En tout cas, Julien de Gaulle, déjà pauvre, est réduit maintenant à la misère. « Le pensionnat, rapporte Christine Renault, biographe de Joséphine de Gaulle, était tombé entre les mains d'un créancier. Le 29 mars 1837, le mobilier de l'institution est saisi. Julien et Joséphine de Gaulle accompagnés de leur fils Charles, âgé de quelques mois, doivent quitter Valenciennes avant le 19 avril 1837, date d'un jugement par défaut du tribunal de commerce de Valenciennes[10]. » « La dernière chemise vendue, précise Michel Marcq, Julien et Joséphine s'en vont à Paris où ils vivoteront d'innombrables et très divers travaux de plume[11]. » Pour l'essentiel, Julien de Gaulle se consacrera à une monumentale *Histoire de Paris* (préfacée par Charles Nodier, présente dans les bibliothèques des familles catholiques et traditionnelles, relèvera

Olivier Guichard [12], alors que sa rivale, l'*Histoire de Paris* du conventionnel Dulaure, séduit davantage la bourgeoisie voltairienne). Joséphine, elle, s'attelle à une œuvre, immense par son volume, qui remplit quatorze colonnes du catalogue des Imprimés de la Bibliothèque nationale : sans doute plus de quatre-vingts titres (il a été impossible de les dénombrer jusqu'à présent avec précision) tous d'inspiration religieuse et moralisatrice, « dans le genre de la comtesse de Ségur en plus édifiant », d'après l'amiral de Gaulle [13]. « *Chant à Marie pour chaque jour du mois de mai, Nouveaux essais, Pratiques des vertus chrétiennes, La Rosée de mai, Le Foyer de mon oncle* ou l'*Histoire de saint Joseph,* connaîtront des tirages importants dont curieusement l'auteur ne semble avoir fait que de très maigres profits. Peut-être parce que ses éditeurs étaient aussi peu compétents que celui de son mari, devenu insolvable du fait de ses négligences [14]. »

En vérité, c'est une vie quasiment errante que mènent les grands-parents du général. De 1837 à 1885, ils n'occupent pas moins de vingt-sept domiciles ! En 1840, ils habitent 5, place de l'Odéon. L'année suivante, ils emménagent à Saint-Mandé. En 1842, ils reviennent à Paris d'abord rue de l'Odéon, puis changent continuellement d'adresse : rue de Barre-du-Bec, (1842-1843), rue de la Tixanderie (1844), rue de Ménilmontant (1844-1848), rue de Bondy (1847), rue de Paradis-Poissonnière (1848-1850), rue Saint-Anastase (1850-1851), rue de Bercy (1852), rue du Marais-Saint-Martin (1853), rue de la Tour (1852), rue Fessard, à Belleville (1855), rue Boutarel, dans l'île Saint-Louis (1859). En 1860, ils partent pour le bas de Meudon et prennent quartiers à la Verrerie dite de Sèvres. À partir de cette date, ils sont plus sédentaires. En 1866, ils reviennent dans le centre de Paris, rue de Vaugirard où ils auront tout de même trois adresses ! En 1876, ils poursuivent leurs pérégrinations rue Violet. En 1880, ils se fixent rue d'Assas où décède leur fils Charles, handicapé. Ils finissent enfin rue de Vaugirard où Joséphine meurt en 1885 [15].

Ce présent si précaire, en regard d'un passé familial relativement glorieux, marque évidemment la psychologie des grands-parents du général. Tous deux sont d'abord et avant tout des catholiques intransigeants, intégristes, dirait-on aujourd'hui. Mais les livres de Joséphine de Gaulle ne sont pas seulement édifiants : à travers l'exaltation du nord de la France, ils célèbrent un mode de pensée et de vie véritablement préindustriels. Le Nord, décrit par cet auteur prolixe, n'est pas celui du charbon et des mines, c'est celui du textile, activité réputée noble. La ville est à ses yeux un abîme, un gouffre, un cloaque ; Paris un lieu de perdition et de corruption. À l'instar de son mari Joséphine de Gaulle a, sur son époque, des idées très arrêtées : selon elle, tout le mal vient du siècle des Lumières qui a sapé les fondements de la religion : « Allez donc jeunes gens qu'un siècle malade a élevés dans l'ignorance du beau et du vrai, s'enflamme-t-elle, allez désaltérer vos intelligences desséchées par un froid scepticisme aux sources vivifiantes que vous offre la religion du Christ [16]. »

Pour autant Joséphine et Julien de Gaulle ne se laissent pas enfermer dans des définitions simples. Pauvres, poursuivis par des créanciers que l'on peut raisonnablement imaginer sous les traits de représentants de la bourgeoisie d'affaires, ils éprouvent une attirance quasi instinctive à l'égard de tous les déshérités, voire de ceux qui en sont les porte-parole les plus turbulents. Proudhon, l'auteur de la célèbre formule « La propriété c'est le vol », bénéficie ainsi d'une certaine sympathie de leur part, peut-être parce qu'il se réclame d'un socialisme non exempt de spiritualisme. À preuve cet article que Joséphine lui consacre dans une revue qu'elle dirige, *Le Correspondant des familles*, en février 1865 :

Parmi les célébrités récemment appelées à rendre leurs comptes devant le tribunal suprême, on cite Proudhon, mort à Passy, à l'âge de 56 ans. Après avoir voulu combattre la propriété, détrôner Dieu, même, et réhabiliter Satan, « ce cher déshérité », la fougue de M. Proudhon s'était se semble un peu calmée et il avait fait preuve dans ses écrits subséquents de quelques bonnes intentions et d'une certaine impartialité. On lui accorde des vertus privées, et l'on peut dire en sa faveur qu'étant loyal dans ses opinions erronées, il n'a du moins jamais cherché à les dissimuler sous le masque de l'hypocrisie ; il a vécu et est mort pauvre. Il est à regretter qu'à ces derniers moments Proudhon ait décliné la visite de son pasteur, qui venait offrir au pécheur des trésors de miséricorde divine. Je n'ai besoin de l'absolution que de vous, répondit-il à sa femme qui lui faisait part de la démarche de M. le curé de Passy. Hélas ! les sentiments d'un mourant sont le plus souvent, à moins d'une grâce toute spéciale, la conséquence de ceux qui l'ont animé pendant sa vie [17].

Plus étonnant encore, Joséphine de Gaulle est en relation avec Jules Vallès. Dans une lettre à Arthur Ranc du 8 juin 1868 (« sénateur très radical et très franc-maçon », commentera en 1958 le général qui conservait précieusement ce document), l'auteur de *L'Insurgé* observe à propos de celle qu'il nomme « la comtesse de Gaulle » : « Sa générosité d'esprit ne cherche pas à influencer mes idées, pour elle révolutionnaires... Le monde est en marche et cette femme est un cerveau et une âme de choix [18]. » À l'époque Vallès n'est pas encore le communard immortalisé par la légende mais il est déjà très engagé, et anticlérical. La compassion à l'égard des pauvres est bien son seul terrain d'entente avec Joséphine. Les relations au demeurant sont sans doute plus étroites qu'on le croit. Jules Vallès, en effet, connaît également l'un des fils du ménage, Charles de Gaulle, expéditionnaire à la Ville de Paris, qui touché très jeune par la poliomyélite se consacre à l'exaltation des langues régionales, particulièrement le breton. En 1865, quand Charles de Gaulle publie un opuscule *Les Celtes au XIXe siècle*, Jules Vallès le salue dans *Le Progrès de Lyon* en termes à la fois chaleureux et ironiques. On ne sait si ce commentaire fut apprécié par l'oncle du général :

Je ne finirai pas sans annoncer une brochure intitulée *Les Celtes au XIXe siècle* et signée Charles de Gaulle [19] : non pas que je sois versé dans l'étude des langues qui meurent, et que je sache l'histoire des races sur le bout du doigt mais je connais l'auteur de la brochure, et je l'ai vu si plein d'amour pour son sujet, si enthousiaste, si convaincu, qu'il n'est pas possible que la passion ne l'ait pas rendu éloquent ou étrange, à une page ou à une autre. Figurez-vous qu'il rêve

de ramener la France aux habitudes et au langage d'il y a des siècles, et il voudrait qu'on ne parlât plus français mais breton, que le biniou remplaçât le saxophone, et quand il se croise avec un marchand d'Oil des environs de Lorient ou de Brest, il ôte religieusement son chapeau.
Il est paralysé des deux jambes, et il lui faut pour traîner cette moitié de cadavre une énergie de héros. Mais de la chaise dans laquelle il est assis, il envoie des lettres aux évêques d'Irlande, au roi d'Araucanie, aux légitimistes, aux républicains, à M. de La Villemarqué, à M. Henri Martin ; il rêve de se faire lier sur un cheval et d'aller commander ce qui reste de Gaëls ou de Patagons : s'il n'y réussit pas, il ira dans un trou de Bretagne apprendre aux petits enfants la langue rude de leurs aïeux, et le dimanche il se fera porter à l'église sur un âne.
Il aime le bien, il croit tenir le vrai, et il le défend en dépit des sceptiques, avec esprit et grand courage. Ce n'est point un maniaque, c'est un croyant, qui pousse la foi jusqu'au ridicule et à l'héroïsme ! Lisez sa proclamation.

Du côté maternel, l'histoire de la famille est plus classique, riche néanmoins de fortes personnalités. « Par sa mère, écrit Michel Marcq, le général s'enfonce dans la soie et le coton, se perd dans des nuages d'"herbe à Nicot" et tient au négoce dunkerquois. Par elle aussi, il aborde à l'Irlande, à l'Angleterre peut-être, et au pays de Bade. L'Europe donc mais du Nord[20]. » Par sa mère, l'homme du 18 juin descendrait des Mac Cartan, vieille lignée irlandaise dont les origines remontent, dit-on, aux rois d'Ulster. S'il n'est pas absolument prouvé que les membres du clan Maillot sont de sang royal, leur aisance matérielle est évidente, attestée par la belle maison de la rue Princesse, à Lille, où est né le général. « Jules Maillot, son grand-père, choisit, souligne Christine Clerc, une voie originale : après avoir étudié en Angleterre la fabrication de la dentelle mécanique, il monte un métier à Lille. Bientôt à la tête d'une usine de dentelles, il parvient, selon le mot de Marie-Agnès Caillau, sa petite-fille, à refaire une fortune honorable[21]. » Dans cette branche, où règne également le catholicisme strict, le personnage le plus affirmé est le grand-oncle du général, Charles Kolb-Bernard (1798-1888). « Très grand aussi, d'un extérieur austère et réservé, il joue, écrit son biographe Pierre Pierrard, un rôle majeur et multiplie les initiatives sociales. Fondateur à Lille de la Société de Saint-Vincent-de-Paul, défenseur acharné, comme inspecteur, de la loi du 22 mars 1841 limitant pour la première fois le travail des enfants dans les manufactures, ce fervent catholique monarchiste fut longtemps considéré comme l'évêque laïc de Lille[22]. »

Conscience d'une continuité familiale, dédain à l'égard des choses matérielles, catholicisme fervent, voire offensif, ouverture sur le monde, notamment celui des plus pauvres, haine de la Révolution, tels apparaissent les traits dominants de ce milieu et tels sont, en y ajoutant un vif patriotisme, marque de l'époque, les valeurs clés auxquelles adhèrent les parents du général. De tous les enfants de Julien et Joséphine de Gaulle, Henri est le plus brillant. Charles, handicapé, a fait la carrière que l'on sait. Jules, le cadet (1855-1922), entrera à la préfecture de la Seine comme auxiliaire. Il terminera chef de bureau.

Entomologiste amateur, il composera un catalogue systématique et biologique des hyménoptères. Admissible à Polytechnique en 1867, Henri de Gaulle se tourne en définitive, pour des raisons familiales, vers le droit et les lettres.

Sous-lieutenant durant la guerre de 1870, blessé au combat, près de Saint-Denis, il fait ses débuts sous les auspices du marquis de Talhouet-Roy, député de la Sarthe, vice-président du Corps législatif, plus tard ministre Précepteur de ses enfants, il passe ses vacances au château du Lude et bientôt son protecteur le recommandera au ministère de l'Intérieur pour un emploi de rédacteur : « Je suis intimement lié à M. Henri de Gaulle. J'ai donc pour lui le plus sincère attachement. Je ne connais pas de jeune homme avec des sentiments plus sûrs et plus élevés. Il ferait un excellent rédacteur[23]. » Au concours de 1875, Henri de Gaulle est classé premier. Durant neuf ans, il reste à la direction départementale, 2e bureau, au 7-9, rue Cambacérès, mais, en 1884, il décide de démissionner. Le 7 mars, il demande au ministre Waldeck-Rousseau un congé illimité et en expose les raisons : « Je suis entré au ministère de l'Intérieur comme rédacteur le 1er mars 1875, à la suite d'un concours où j'avais été classé premier sur trente-sept concurrents. Depuis lors, je n'ai cessé d'être associé aux différents travaux du 2e Bureau de la 1re Division. Dans ces conditions, je me croyais fondé à obtenir le poste de sous-chef devenu vacant par le décès de M. Thomas. La proposition faite en ma faveur n'ayant pas été accueillie, je crains que la carrière administrative ne m'offre plus de chances sérieuses d'avenir[24]. » En fait, on le saura assez récemment, le vrai motif de cette démission est le refus d'Henri de Gaulle de servir la politique, déjà anticléricale, de la IIIe République. Même si ses convictions sont peu extériorisées, le père du général ne transige pas avec elles. « Comme la Réforme, la Révolution, écrira-t-il, a été selon le mot de Joseph de Maistre satanique dans son essence. L'aimer, c'est s'éloigner de Dieu. » La République ayant pris une direction qu'il réprouve, son choix est donc fait : il deviendra professeur de l'enseignement libre. Seul laïc chargé d'enseignement au collège de l'Immaculée Conception de la rue de Vaugirard, dont il deviendra préfet des études tout en enseignant au collège Sainte-Geneviève de Versailles, il formera des générations d'élèves aux grandes écoles en leur enseignant l'histoire, la philosophie et les mathématiques. Georges Bernanos, le futur cardinal Gerlier, les généraux de Lattre et Leclerc seront ainsi ses élèves. Plus tard, il fondera, à l'ombre de Saint-Thomas-d'Aquin, le cours Fontanes.

Par son mariage en 1886 avec sa cousine Jeanne Maillot, Henri de Gaulle renforce encore ses liens avec la tradition. Fervente de la messe de sept heures, la mère de Jeanne, Julia Maillot, est fort prude. « Le seigneur, confie-t-elle, aurait tout de même pu trouver une solution plus élégante pour avoir des enfants[25]. » Mme Henri de Gaulle a les mêmes convictions — avec peut-être encore plus de véhémence. Le catholicisme dont elle se réclame est exigeant, doloriste, sans compromis. « Trait significatif, note Jean Lacouture[26], sur une carte d'alimentation qui lui fut remise en 1918, en face du mot sexe elle trace simplement une croix. Exorcisme ? » Passionnée, elle ne dissimule guère ses opinions. « Blum ? un suppôt de Satan », dira-t-elle en 1936. Son patriotisme est de la même veine — romaine. « Il lui arrivait, écrira son fils, d'évoquer son désespoir de petite fille à la vue de ses parents en larmes : Bazaine a capitulé ! »

Traditionalistes, les parents du général sont pourtant loin d'être conformistes. Leur catholicisme, s'il n'est guère tolérant, est empreint d'un vrai souci de charité et de justice sociale. Monarchiste de cœur, Henri de Gaulle sympathise, au moins jusqu'à un certain point, avec l'Action française, mais il est loin de suivre Maurras dans tous ses combats et ses excommunications. Chancelier honoraire de l'Institut de France, ancien ministre d'État de la IVe République, Édouard Bonnefous a été l'élève d'Henri de Gaulle au début des années vingt : il reste dans son souvenir un homme probe et de grand exemple. « Il était très religieux. Il servait tous les matins la messe à Saint-Thomas-d'Aquin. Il souhaitait qu'on la servît avec lui. Cela ne m'enthousiasmait guère car il fallait partir très tôt ! J'ai été témoin de son drame de conscience lors de la condamnation de *L'Action française.* Aux termes de la prise de position du Vatican, on ne pouvait plus communier si on lisait *L'Action française.* Pour le père du général la situation était dramatique ; contrairement à beaucoup de lecteurs de Charles Maurras, il décida de ne plus lire le journal. Cette décision avait fait l'objet d'une discussion en famille[27]. » Pour Henri de Gaulle, en outre, la nostalgie de l'ancienne France n'est pas exclusive d'intérêt, voire d'admiration pour d'autres périodes de l'Histoire. « Mon père, dira le général à Emmanuel d'Harcourt, ambassadeur à Dublin, en juin 1969[28], était monarchiste. Il avait aussi de la sympathie pour le Second Empire, de l'attachement pour le Prince Impérial. J'ai été, dans ma jeunesse, chez un curé en Forêt-Noire pour apprendre l'allemand. Je suis passé par Bâle. Mon père m'avait dit : “Tu iras à l'hôtel des Trois Rois et tu auras une pensée pour le Prince Impérial.” »

Contrairement à une idée généralement admise, rien ne prouve en revanche formellement qu'Henri de Gaulle ait pris le contre-pied de son milieu en s'affirmant le défenseur du capitaine Dreyfus. Une tradition constante, reprise jusqu'à présent par la plupart des biographes du général, affirme, certes, ce ralliement à la cause dreyfusarde, mais elle est fragile et actuellement mise en doute par les historiens les plus réputés. Spécialiste de l'Affaire, Marcel Thomas écrit ainsi : « Nous n'avons, certes, aucune raison de mettre en doute la conviction acquise par Henri de Gaulle que Dreyfus était innocent, mais il est légitime de souligner que l'on ignore à ce jour quand et comment cette innocence lui apparut indiscutable. La tradition familiale qui en porte témoignage ne semble d'ailleurs pas entièrement homogène, et certains descendants d'Henri de Gaulle n'excluent pas qu'il ait pu penser — au moins à une certaine époque — que Dreyfus, considéré comme “contestataire”, avait probablement tenu — mais à qui ? — des propos imprudents sur nos nouveaux matériels d'artillerie. Il serait donc, jusqu'à preuve du contraire, excessif de voir en Henri de Gaulle un "dreyfusard" cent pour cent[29]. » La mise au point de Marcel Thomas n'exclut pas l'hypothèse selon laquelle Henri de Gaulle aurait douté de la culpabilité d'Alfred Dreyfus, elle relativise simplement, et à bon droit, la vigueur de son engagement. Le probable est qu'en la circonstance le père du général se laissa surtout guider par ses convictions catholiques, l'esprit de justice qu'elles impliquaient à ses yeux.

Si peu contestable que soit l'indépendance de ses parents, Charles de Gaulle naît donc le 22 novembre 1890, à Lille, dans un milieu en réaction profonde par rapport au régime politique établi depuis 1875 et aux idées dominantes : « un îlot de résistance au mouvement des idées en marche », écrit Raymond Tournoux[30]. Le fait est aussi capital que curieusement négligé. Dans cette famille, la « France éternelle » transcende la République — spécialement la IIIe, objet d'exécration pour s'être attaquée à la religion catholique et avoir affirmé sa filiation avec la Révolution. Les parents du général ne reprennent peut-être pas à leur compte la distinction maurrassienne du pays réel et du pays légal ; nul doute en revanche qu'ils aient à l'égard des hommes politiques du régime les sentiments de Pascal à l'égard des grandeurs d'établissement. Terrain à l'évidence favorable aux ruptures avec le désordre établi...

Charles de Gaulle grandit au sein d'une famille relativement nombreuse. Son frère aîné, Xavier, deviendra ingénieur des Mines ; sa sœur Marie-Agnès épousera un négociant en café du Havre ; Jacques, son frère puîné, lui aussi ingénieur des Mines, sera victime d'une épidémie d'encéphalite léthargique en 1922 alors qu'il était au sommet de sa carrière et père de quatre enfants ; Pierre, le cadet, né en 1897, fera, lui, carrière dans le secteur bancaire. Très tôt Charles se distingue par son énergie et surtout son extraordinaire confiance en sa propre étoile. « Charles aimait tous les jeux, dira sa sœur : le diabolo, le croquet, le cerf-volant, le ballon, colin-maillard. Il jouait beaucoup aussi aux soldats de plomb avec ses frères. Xavier était le roi d'Angleterre et commandait les troupes anglaises. Jean de Corbie, notre cousin, était l'empereur de Russie, à la tête des troupes russes. Charles était toujours le roi de France, il avait toujours sous ses ordres l'armée française. Il n'était pas question qu'il en soit autrement. Charles, ajoute Marie-Agnès, était un enfant plutôt difficile. Mon père avait beaucoup d'autorité sur lui, mais ma mère, en revanche, aucune. Il ne lui obéissait jamais. Je me souviens de l'une de ses scènes, un jour à Wimereux, chez l'un de nos oncles. Il devait avoir dans les sept ans. Charles s'est adressé à notre mère : "Maman, je voudrais monter à poney. — Non, tu es monté hier. Tu ne monteras pas aujourd'hui. — Alors, je vais être méchant." Et aussitôt, il jetait ses jouets par terre, criait, pleurait, frappait du pied[31]. »

En octobre 1900, à dix ans, Charles de Gaulle entre au collège de l'Immaculée Conception, dont son père deviendra préfet des études. Situation délicate. Henri de Gaulle souhaitait évidemment voir son fils devenir un fort en thème. Tel n'est pas le cas. Le jeune garçon est indiscipliné. De temps à autre, il est premier en français ou en histoire, mais pour le reste, il néglige le programme. « Ce qu'il aimait, dira sa sœur, c'était écrire des vers et lire. » Interrogé en juin 1969 par Emmanuel d'Harcourt[32], le général donnera quelques indications sur ses lectures d'enfant : après la comtesse de Ségur, Jules Verne le passionnait. Soixante-dix ans plus tard il sera capable de réciter des passages entiers de *Cinq semaines en ballon* ou de *Michel Strogoff*. Avant l'âge de quinze ans, il dévore aussi d'austères volumes historiques, entre autres l'*Histoire du Consulat et de l'Empire* de Thiers et *Le Second Empire* de Pierre de La Gorce, historien célèbre en son temps. Emmanuel d'Harcourt lui demandera si, à son avis, Thiers n'a pas poussé trop loin l'éloge de la Révolution : la question le surprendra...

Plus singuliers, voire extraordinaires sont ses premiers écrits. Histoire d'un brigand au grand cœur qui se justifie devant un voyageur avant de le détrousser, *Une mauvaise rencontre*[33], saynète écrite durant l'été 1905, jouée en famille et publiée un peu plus tard, n'est qu'une curiosité sans portée évidente. Composé à la même époque, *Campagne d'Allemagne* est d'une tout autre veine. Récit d'un conflit imaginaire survenu, en 1930, entre la France et l'Allemagne, ce texte est déjà écrit d'une plume assez sûre mais surtout il fait apparaître le « général de Gaulle » sous les traits du sauveur de la patrie en danger : « En France, l'organisation fut faite très rapidement. Le général de Gaulle fut mis à la tête de 200 000 hommes et de 618 canons, le général de Boisdeffre commandait une armée de 150 000 soldats et 510 canons. Le 10 février, les armées entrèrent en compagne. De Gaulle eut vite fait son plan, il fallait sauver Nory puis donner la main à Boisdeffre, et écraser les Allemands avant leur jonction qui nous serait funeste[34]. » Dans l'Histoire, il existe sans doute peu d'exemples d'un grand homme devinant son avenir avec une telle assurance.

Des réactions de Charles de Gaulle aux événements de l'époque, on ne sait en revanche quasiment rien. On ne connaît pas, en particulier, son appréciation sur la réhabilitation d'Alfred Dreyfus toute récente et sur l'Affaire en général. Marcel Thomas s'en étonne à bon droit[35]. En l'état actuel des choses, sous réserve de la publication éventuelle d'inédits, la position de l'adolescent sur l'épisode clé de son époque ne peut être cernée que par déduction. Marcel Thomas remarque ainsi, dans le texte qui vient d'être cité, que le jeune Charles de Gaulle assigne une place de choix au général de Boisdeffre, chef d'état-major général en 1893 auquel les dreyfusards reprochèrent d'avoir couvert, de bonne foi, les services de renseignement durant l'Affaire. On retiendra aussi deux jugements postérieurs, il est vrai. Dans *La France et son armée*, l'auteur caractérisera ainsi l'Affaire : « Lamentable procès où rien ne va manquer de ce qui peut empoisonner les passions sous la pression des illusions pacifistes et des méfiances éveillées à l'égard de l'esprit militaire[36]. » Dans ses *Mémoires de guerre*, le général écrira enfin : « Rien ne me frappait davantage que les symboles de nos gloires. Rien ne m'attristait plus profondément que nos faiblesses et nos erreurs révélées à mon enfance par les visages et les propos : abandon de Fachoda, affaire Dreyfus, conflits sociaux, discordes religieuses[37]. » Dans les deux cas, les allusions ont une connotation plutôt négative — au moins en ce qui concerne les conséquences de l'Affaire. Raisonnablement, on peut en déduire qu'à l'instar de son père, Charles de Gaulle finit par admettre l'innocence de Dreyfus, tout en déplorant, comme Péguy et Daniel Halévy, le procès intenté à l'armée par certaines forces de gauche en cette occasion.

Le 19 juillet 1906, Charles de Gaulle est reçu au baccalauréat (première série : latin grec) sans mention. Le sort ne lui a pas été favorable. Le sujet de philosophie « La notion du bonheur dans le monde » était, à l'évidence, peu de nature à l'inspirer : un 17 sur 40 sanctionna sa copie... Interdiction étant faite aux congrégations d'enseigner en France depuis le passage d'Émile Combes au pouvoir, il s'inscrit le 26 juillet 1907 à l'école libre du Sacré-Cœur d'Antoing en Belgique, où il va suivre des cours de mathématiques élémentaires. Le choix de l'établissement n'est évidemment pas neutre, nouvelle preuve d'un état d'esprit assez combatif chez les de Gaulle. Charles semble sur la même ligne : « On reproche aux élèves des jésuites de manquer de personnalité, nous saurons prouver qu'il n'en est rien, déclare-t-il fièrement lors d'une retraite. L'avenir sera grand car il sera pétri de nos œuvres. »

Le métier des armes l'attire de plus en plus, choix éminemment personnel puisqu'il n'y a aucune tradition militaire dans sa famille. La littérature est son refuge mais l'Histoire qui le passionne lui a appris que la France s'est faite à coups d'épée. Et justement, la tension monte en Europe, ce qui laisser augurer l'occasion de servir bientôt. Le coup d'éclat de Guillaume II à Tanger, en 1905, contre les intérêts français en Afrique du Nord a fait prendre conscience à l'opinion française de la menace allemande. Dès cette époque, les étiquettes politiques ne comptent plus beaucoup, le nationalisme gagne toutes les familles y compris les radicaux. Durant l'été 1908 qu'il passe en Forêt-Noire, Charles de Gaulle note : « Il y a quelque chose de changé en Europe depuis trois ans et, en le constatant, je pense aux malaises qui précèdent les grandes guerres[38]. » Dès lors, son choix se précise. De retour à Paris, en octobre, il entre au collège Stanislas pour y préparer le concours de Saint-Cyr. L'une de ses compositions d'histoire, consacrée au traité de Francfort et aux conséquences européennes de la guerre de 1870-1871, atteste sa maturité, son sens des perspectives, la fermeté de son style. Moins convaincantes sont ses incursions dans le domaine plus strictement littéraire qu'il signe Charles de Lugale. Histoire d'amour entre un officier français et une tendre jeune fille dans le cadre surprenant de la Nouvelle-Calédonie, *Zalaina* reste d'une veine assez convenue, en dépit d'une sensualité étonnante sous une telle plume : « Zalaina — c'était le nom de la jeune sauvage — exerçait sur moi un charme si étrange qu'un mois entier vécu avec elle ne fit que me la faire paraître plus attachante et plus originale. La suite des événements me prouvera que la très grande affection qu'elle me témoignait n'était pas feinte, mais, dès les premiers jours, j'en avais acquis la certitude tant la sincérité, la candeur, la simplicité de tous ses mots et de tous ses actes était évidente. »

Le 30 septembre 1909, de Gaulle est reçu au concours de Saint-Cyr, 119ᵉ sur 221. Sept jours plus tard, il contracte un engagement volontaire pour sept ans. Le 10 octobre, il est incorporé dans le 33ᵉ régiment d'infanterie cantonné à Arras. Son rêve est réalisé. Peu avant son admission, il a composé des vers d'inspiration déroulédienne : « Quand je devrai mourir, j'aimerais que ce soit sur un champ de bataille. » Dans ses *Mémoires de guerre,* il notera plus sobrement : « Quand j'entrais dans l'Armée, elle était une des plus grandes choses du monde. » Là il pourra en outre servir la France selon ses vœux sans nécessairement cautionner un régime qui lui déplaît, privilège que les militaires partagent avec les diplomates.

Incorporé dans un régiment prestigieux qui s'est illustré en particulier à Austerlitz, de Gaulle se distingue tout de suite tant par son comportement que par ses dons éclatants. Bon camarade, participant volontiers aux festivités même d'un goût douteux, il est, en revanche, allergique à la promiscuité, aux corvées, à la routine désespérante de la vie de caserne, ce qui lui vaudra son surnom de « Connétable » passé à la postérité. Par ailleurs, sa culture impressionne et toute sa conduite révèle l'étendue de ses desseins, ce qui fait dire à son supérieur, le capitaine de Tugny : « Pourquoi voulez-vous que je nomme sergent un garçon qui ne se sentira à l'aise que généralissime ? » Ses ambitions littéraires le singularisent un peu plus : en 1910, il publie dans *Le Journal des voyages,* toujours sous le pseudonyme de Charles de Lugale, une nouvelle intitulée *Le Secret du spahi : la fille de l'agha.* La toile de fond est, une fois encore, exotique et le thème assez banal : chargé de contrer les menées d'un chef arabe dans le Sud algérien, un lieutenant s'éprend de la fille du notable musulman et finit par se tuer.

Le 14 septembre 1910, Charles de Gaulle entre à Saint-Cyr en tant qu'élève officier de la promotion Fez. Là encore, il supporte mal la vie en commun. S'il se lie durablement à des garçons comme Jacques de Siéyès, futur homme d'affaires (et premier représentant de la France libre à Washington), ou Georges Ditte, fils de général, son maintien et une certaine raideur le placent un peu à l'écart. Dans le même temps, sa supériorité d'esprit éclate. Gros travailleur, il est sans doute distancé par un certain Alphonse Juin, pied-noir issu d'un milieu modeste, avec lequel il ne semble pas particulièrement lié, mais, après avoir choisi de servir dans l'infanterie (« Parce que c'est plus militaire », dira-t-il sous forme de boutade au général Billotte), il obtient dans tous les domaines les meilleures appréciations de ses supérieurs. Le jugement global du commandant de l'école se passe de commentaire : « A été continuellement en progression depuis son entrée à l'école, a beaucoup de moyens, de l'énergie, du zèle, de l'enthousiasme, du commandement et de la décision. Ne peut manquer de faire un excellent officier. » Le seul point faible du jeune élève officier est le sport et le tir. À la sortie, il se classe cependant 13ᵉ, ce qui en dit long sur ses aptitudes et son opiniâtreté. En principe, cette place honorable lui permettrait de choisir des unités assez prestigieuses, au Maroc par exemple, cependant il décide en définitive de retourner au 33ᵉ régiment d'infanterie, choix qui n'a jamais été vraiment expliqué. Le plus probable est que de Gaulle n'a aucune attirance pour les colonies — même s'il rêve d'exotisme ! — et qu'il entend rester en France où la tension avec l'Allemagne augmente sans cesse.

Le nouveau commandant du 33ᵉ régiment d'infanterie est en outre une personnalité hors série. À cinquante-six ans, le colonel Philippe Pétain impressionne d'abord par sa prestance physique. Très français d'allure, l'homme, fils de paysans picards, a un regard bleu métallique qui ne laisse personne indifférent. Les femmes sont sensibles au charme de ce bel officier taciturne et plein d'humour. Les hommes apprécient surtout l'indépendance d'esprit de celui que l'on surnomme « Précis le Sec ». On sait que, tout en étant républicain, il n'apprécie guère les persécutions antireligieuses. En réponse à un enquêteur du ministère venu lui demander d'indiquer les noms des officiers de son régiment allant à la messe, n'a-t-il pas répliqué : « Me trouvant toujours au premier rang, je n'ai pas l'habitude de me retourner. »

Tout l'indique : entre de Gaulle et Pétain, la sympathie est alors immédiate. « De l'officier supérieur à l'officier subalterne et inversement, écrit Raymond Tournoux, historien insurpassé de leurs relations, la séduction se révèle d'ordre intellectuel. Dès lors la rencontre marque à jamais l'un et l'autre à un degré difficilement imaginable[39]. » Méfiant envers le monde politique, Pétain a puni un jour de prison ferme un député qui, incorporé sous les drapeaux, a pris la parole au Palais-Bourbon[40]. Les deux hommes sont liés alors par un anticonformisme instinctif vis-à-vis des thèses du haut commandement. De Gaulle admire à l'évidence l'obstination de son supérieur.

Un éclat de « Précis le Sec » est resté notamment dans les annales militaires. En 1900 Pétain était professeur à l'école nationale de tir et, très vite, il se dressa contre la doctrine officielle. « Le commandant de l'école, raconte Raymond Tournoux, prit fort mal la chose. De son point de vue, Pétain refusa de démordre. Il alla à contre-courant de ceux qui, négligeant la précision individuelle et le tir de plein fouet, préconisaient l'"arrosage", en tir courbe, destiné à multiplier les points d'impact, et recommandaient les gerbes de feux, aux longues trajectoires, étalées sur le terrain. C'était une manière de révolution[41]. » Limogé, nommé plus tard professeur adjoint du cours de tactique d'infanterie à l'École supérieure de guerre, puis titulaire de la chaire, il n'a cessé de se faire l'avocat de la puissance de feu, contre les doctrinaires de l'offensive à outrance.

Sur ce point précis, il n'est pas sûr que de Gaulle partage entièrement les théories de son supérieur. Dans une « allocution aux nouvelles recrues » que l'on peut considérer comme son premier discours, en 1913[42], le lieutenant de Gaulle insiste au contraire sur la nécessité de l'esprit d'offensive, et dans des notes rédigées en 1923, il s'emploiera à établir, à l'aide d'exemples historiques, que le salut est toujours venu de là. Tout ce qui peut opposer et opposera en effet le colonel et son subordonné est par ailleurs résumé de manière très frappante par l'un des élèves du futur maréchal à l'École de guerre :

> Le colonel Pétain s'élève contre la mystique de la percée et contre la notion de point d'honneur qui interdit de lâcher un pouce de terrain. Son bon sens lui dit qu'il faut au contraire abandonner les positions dont la défense se révèle trop coûteuse. Il proteste contre le discrédit jeté sur la défensive. La défensive devient une manœuvre nécessaire lorsqu'il s'agit de ménager ses forces, d'économiser son potentiel, de gagner du temps[43].

Aux yeux de de Gaulle, Pétain restera sans doute toujours plus un tacticien qu'un stratège, mais cette réserve ne l'empêche pas d'avoir à son endroit admiration et estime. Le général n'a cessé de le répéter : à cette époque, et plus encore durant la période de la Grande Guerre, Philippe Pétain a été un grand homme. De son côté, Philippe Pétain ne tarit pas d'éloges sur le jeune lieutenant qu'il note ainsi : « 1913, 1er semestre : Sorti de Saint-Cyr avec le numéro 13 sur 211, s'affirme dès le début comme un officier de réelle valeur qui donnera les plus belles espérances pour l'avenir. 1913, 2e semestre : Très intelligent, aime son métier avec passion [...] digne de tous les éloges [...][44]. »

La complicité entre les deux hommes va-t-elle plus loin, s'étend-elle à une sphère plus intime ? Selon une rumeur insistante, les deux hommes auraient partagé les faveurs d'une même conquête. François Mauriac, sans doute bien informé, en fera confidence à Jean Lacouture et plus tard Charles de Gaulle confirmera implicitement ces « bruits » à Claude Guy, son officier d'ordonnance. « Il [Pétain] avait beau ne se livrer presque jamais j'ai néanmoins connu le bonhomme dans ses moments de confidences : primo parce qu'il m'avait repéré et deuxièmement parce qu'il aimait les femmes. Il aimait les femmes comme on les aime à cinquante-deux, cinquante-trois, cinquante-quatre ans, et je les méprisais comme on les méprise à vingt ans. C'est dire que nous en parlions tout le temps. Chaque semaine, nous allions à Paris et faisions route ensemble, par le train. Bref, à Paris, il nous arrivait de nous "croiser"[45]. » Autre indice de ces rapports singuliers : la précision apportée par le général à Paul-Marie de La Gorce qui, dans son livre *De Gaulle entre deux mondes*, avait écrit : « Le chef du régiment était alors un personnage, inaccessible pour un homme de troupe et lointain même pour un jeune sous-lieutenant. » « Ne croyez pas cela ! s'exclamera le fondateur de la Ve République. À cette époque, j'étais très sur les femmes. Pétain aussi ; ça nous rapprochait. » Comme le souligne justement Paul-Marie de La Gorce , « en la matière, les allusions, les insinuations, les légendes ne sont plus du tout de mise. De Gaulle a tranché[46] ».

Ce qui distingue peut-être le plus les deux hommes, dès cette époque, c'est leur rapport à la tradition, à la France et à son histoire. Entre de Gaulle et Pétain, il y aura toujours la différence qu'il peut y avoir entre un célibataire endurci, sans famille, et un homme qui a appris l'histoire de France parmi les siens. Issu d'un milieu rural,

Philippe Pétain instinctivement se rattache à la terre, seule réalité sensible pour un homme tel que lui, sans vraies attaches. Par sa famille, de Gaulle a davantage le sens d'une continuité historique et donc d'une nécessaire diversité. Nul doute notamment que l'existence si précaire de ses grands-parents paternels ne l'ait rendu attentif aux questions sociales, allergique à tout esprit de classe, en sympathie avec tous ceux pour lesquels l'argent ne constitue pas l'alpha et l'oméga de la vie.

Partant, de Gaulle ne se laisse pas enfermer facilement dans une doctrine. S'il est vrai, selon l'expression de Maurice Barrès, que le nationalisme consiste à régler chaque problème en fonction des intérêts de la patrie, le jeune officier est profondément nationaliste : la France est déjà, pour lui, cette Madone qu'il célébrera dans ses *Mémoires.* Le culte exclusif qu'il lui rend se révèle à chaque page du premier tome des *Lettres, notes et carnets* et notamment à travers une conférence intitulée « Du patriotisme » prononcée devant cinquante officiers subalternes.

Son nationalisme toutefois puise à des sources fort diverses. Sa culture est déjà impressionnante et variée. Ses notes attestent sa connaissance des Tragiques grecs, des historiens gréco-latins, des poètes latins, des Pères de l'Église, des chroniqueurs du Moyen Âge, des classiques, à commencer par Racine et Corneille, Chateaubriand, Vigny, Lacordaire, Flaubert sont aussi des auteurs dont il est familier. A-t-il des maîtres à penser ? On peut en douter. Sa personnalité est déjà trop forte pour qu'il puisse se soumettre à des influences trop exclusives. L'impression qu'il donne est celle d'un esprit structuré et curieux, capable de s'ouvrir à des œuvres éloignées de ses propres vues, au moins jusqu'à un certain point. Parmi les écrivains, philosophes ou penseurs de son temps, Bergson, Péguy et Barrès semblent l'avoir particulièrement intéressé.

> Bergson, dira-t-il au grand journaliste américain Cyrus Sulzberger, n'était pas un ami de mon père mais mon père l'admirait profondément [...]. Il connaissait Bergson que j'ai vu moi-même dans ma jeunesse et que j'ai profondément admiré. En fait Bergson m'a profondément influencé parce qu'il m'a fait comprendre la philosophie de l'action. Bergson a exposé le rôle de l'intelligence, de l'analyse. Il a vu combien il était nécessaire d'analyser les problèmes pour rechercher la vérité. Mais l'intellect seul ne peut agir. Un homme intelligent ne devient pas automatiquement un homme d'action. L'instinct également est important. L'instinct, plus l'impulsion, ne sont pas suffisants pour être la base de l'action. Il faut les deux ensemble, l'instinct et l'impulsion. Bergson a montré que l'action provient de l'application combinée de l'intelligence et de l'instinct, tous deux travaillant ensemble. Toute ma vie, j'ai été conscient de l'importance essentielle de cette application... Les grands hommes ont à la fois intelligence et impulsion. Le cerveau sert de frein à l'impulsion purement émotive. Le cerveau domine l'impulsion ; mais il faut qu'il y ait impulsion et capacité d'action afin de ne pas être paralysé par le frein du cerveau. C'est Bergson qui m'a fait me souvenir de cela, c'est lui qui m'a conduit jusqu'ici durant toute ma vie[47].

À travers l'œuvre de Barrès, de Gaulle trouve une philosophie de l'action un peu identique. « L'intelligence, cette petite chose à la surface de nous-même », est une formule qui n'a pas pu le laisser indifférent. Si l'officier ne suit probablement pas le romancier de *La Colline inspirée* dans tous ses combats, nul doute qu'il ne soit sensible à sa conception de la continuité française. Contrairement à Charles Maurras, le théoricien royaliste du nationalisme intégral, Maurice Barrès ne retranche de l'histoire de France aucune période, pas même la Révolution. De Gaulle lui aussi est sur cette ligne. De ses parents, il gardera toujours une nostalgie de la royauté mais son pragmatisme le persuadera vite de l'impossibilité d'une restauration. Déjà, lorsqu'il était adolescent, sa mère se désolait de le voir perdu pour la cause qui lui était chère. L'écrivain ne le séduit pas moins. Les accents barrésiens de plusieurs de ses livres (en particulier, la célèbre conclusion des *Mémoires de guerre* : « Vieille terre, rongée par les âges... Vieille France accablée d'Histoire... vieil homme recru d'épreuves... ») sont évidents.

Votre *Barrès par lui-même,* écrira-t-il le 23 décembre 1954 à Jean-Marie Domenach, je l'ai lu avec soin et, par là même, avec beaucoup d'intérêt. D'abord parce que c'est "lui" qui n'a pas fini de m'enchanter. Ensuite parce que c'est vous dont le talent me plaît, même quand il m'arrive de ne l'approuver point. Vous faites très bien voir et sentir cette espèce de déchirement de l'âme, si l'on veut ce désespoir, qui m'a toujours entraîné dans Barrès, qu'il a habillé d'une splendide désinvolture, mais dont je ne crois pas que l'effet doive s'éteindre parce que la décadence ne se confondra pas toujours avec la médiocrité[48] ».

De toutes les empreintes qu'il a pu recevoir, celle de Charles Péguy est la plus revendiquée par de Gaulle. « Je lisais tout ce qu'il publiait, dira-t-il à Alain Peyrefitte. J'admirais son instinct, son style, son sens des formules fulgurantes et répétitives. Il ne se trompait pas et je me sentais très proche de lui [...]. Aucun auteur n'a eu autant d'influence sur moi dans ma jeunesse que Péguy, aucun ne m'a autant inspiré dans ce que j'ai entrepris de faire ; l'esprit de la Ve République vous le trouvez dans *Les Cahiers de la Quinzaine*[49]. »

Le dévoiement de la mystique en politique à la fin de l'affaire Dreyfus, l'idée selon laquelle la France n'est elle-même qu'au service d'un idéal, le caractère non sécable de l'histoire de France, bien exprimé à travers la célèbre formule « La République une et indivisible, c'est notre royaume de France », tout cela, célébré par Péguy dans une langue inimitable, haletante, psalmodiée, correspond à la propre sensibilité du jeune saint-cyrien. À Londres pendant la guerre, le général, un jour, adressera un discours à « Notre-Dame la France » : des esprits prudents, soucieux de ne pas alimenter l'ire « des vrais républicains », essaieront de l'en dissuader[50].

À côté de ces trois « phares », d'autres influences ont sans doute marqué Charles de Gaulle. Émile Boutroux, bien oublié aujourd'hui, semble l'avoir intéressé. Annonciateur de Bergson, adversaire du déterminisme hégélien, subtil analyste de la contingence, condition de la liberté de l'homme, Boutroux a célébré la volonté et Maurice Schumann a noté que de Gaulle aimait particulièrement l'une de ses maximes : « La vocation de l'homme est d'être maître des vents et des flots. » Presque inconnu à présent, Ernest Psichari a nourri aussi sa réflexion, peut-être déterminé sa vocation militaire. Militaire dans l'âme, engagé volontaire, ce petit-fils de Renan a publié des livres qui ont passionné des générations, notamment *L'Appel des armes* et *Le Voyage du centurion.* Disciple de Vigny, il a peint le soldat sous les traits d'un être à part, l'armée comportant en elle-même sa morale, sa foi et sa mystique. Dans une lettre au colonel de Ruffray, de Gaulle qualifiera Psichari d'« admirable semeur », signe de la considération qu'il lui portait.

Dans un autre registre qui, de nos jours, fait sourire, Paul Déroulède est une figure qui, incontestablement, a compté pour de Gaulle. Nationaliste républicain comme Barrès, son obsession de la revanche était partagée par ses parents qui le connaissaient, et il l'a approché puisque, dans sa conférence de 1913 sur le patriotisme, il souligne : « Comme me l'a dit à moi-même, il y a dix mois, celui que M. de Freycinet appelait le plus grand patriote du siècle, Déroulède : "Celui qui n'aime pas sa mère plus que les autres mères et sa patrie plus que les autres patries, n'aime ni sa mère ni sa patrie." » Qu'on le veuille ou non, de Gaulle est aussi ce militaire dont l'œil est fixé sur la ligne bleue des Vosges et dont les yeux s'embrument lorsque l'on récite les vers de mirliton du brave Déroulède.

Tout indique enfin l'importance de Charles Maurras aux yeux de de Gaulle. Certains disciples du général s'indignent lorsque l'on s'aventure à souligner cette influence, comme si l'on voulait tirer l'homme du 18 juin du côté de la xénophobie et de l'antisémitisme. Élevé dans un milieu catholique, de Gaulle, cela est bien certain, n'a pu suivre le théoricien du nationalisme intégral sur ce terrain. Mais sa formule, célèbre, authentifiée par son fils[51] et entendue par Maurice Schumann[52], « Maurras est devenu fou à force d'avoir raison », atteste bien qu'il lui reconnaissait une clairvoyance remarquable sur certains points, son tort étant de pousser en quelque sorte ses théories jusqu'à l'absurde. Du fondateur de l'Action française et de ses disciples, Maurice Barrès disait, selon son fils Philippe : « Ces gens-là couperaient une forêt pour se faire une canne[53]. » De Gaulle aurait pu reprendre à son compte la formule. « S'il a rejeté beaucoup de principes maurrassiens, nul doute, même s'il ne l'a jamais avoué, qu'il a été sensible à certaines vues historiques, à la vision de la politique étrangère développée dans *Kiel et Tanger.* Quand, beaucoup plus tard, Marie-Agnès Caillau dira à Paul Reynaud, son compagnon de captivité : « Mon frère est resté maurrassien jusqu'à Munich[54] », c'est dans ce sens qu'il faut comprendre cet aveu. Chez Barrès ou Péguy, de Gaulle a trouvé l'écho de sa conception d'une histoire nationale nécessairement une. Chez Maurras, il apprécie sans doute une pensée plus structurée en matière de politique étrangère, une critique acérée du régime, un antigermanisme vigilant qui est alors sa religion. De Gaulle au demeurant n'aurait pas été le seul à chercher dans l'œuvre de Maurras ce qui lui convient.

François Mauriac, opposé en tous points à l'Action française, sympathisant du Sillon, avouera dans sa biographie du général :

Ce qui me paraît vrai, c'est qu'entre 1910 et 1925 j'approuvais Jacques Bainville. En fait, mon opposition déterminée à Maurras, et qui n'a jamais fléchi, ne portait pas sur la politique étrangère de la France. [...] Je m'en rends compte aujourd'hui : mon opposition déterminée sur le plan religieux, et qui pour moi était essentiel, détournait ma pensée des points où je me trouvais d'accord avec son analyse. Si j'ai rendu les armes si aisément aux nouvelles institutions de la Ve République, c'est que durant quarante ans de ma vie j'ai suivi chaque matin, comme sans doute de Gaulle lui-même, dans *L'Action française*, l'analyse implacable de la vie parlementaire française et de sa lente corruption et de la paralysie qui s'ensuivit[55].

Dans ses sources d'inspiration et de réflexion, de Gaulle est donc éminemment pragmatique. Tout ce qui va dans un sens à ses yeux positif a droit à sa compréhension. Pour nourrir l'élan national, indispensable à l'approche de la grande épreuve qui s'annonce, il ne récuse personne. Un exemple de cet unanimisme est particulièrement frappant. En 1913, Marcel Sembat, enfant terrible du socialisme et esprit paradoxal, publie *Faites un roi sinon faites la paix*. Dans *La IIIe République*, l'historien de l'Action française, Jacques Bainville, résumera ainsi l'ouvrage : « Ce régime, disait Sembat, n'est pas capable de soutenir une guerre. Ce n'est pas pour elle qu'il a été créé, aussi doit-il l'éviter à tout prix, ou bien laisser la place à d'autres institutions. » De Gaulle — un passage de *La France et son armée* en témoigne —, a lu ce livre et porté intérêt à ses thèses : quand l'essentiel est en cause, il n'est déjà pas homme à décourager les bonnes volontés. Reste, et on ne l'a pas assez souligné, que la culture du jeune lieutenant, pour être vaste, apparaît singulièrement orientée. Bon connaisseur des classiques, de Gaulle ignore pratiquement le mouvement des idées à l'époque des Lumières : tout ce qui a été à l'origine de la Révolution et a fondé la IIIe République. Sur ce plan, il épouse étroitement les idées de sa famille et ses répulsions. Dans *La France et son armée*, il le révélera en dénonçant « le XVIIIe siècle qui vit naître et grandir le flot d'idées et de sentiments qui devait emporter les institutions de l'Ancien Régime après en avoir miné les fondements. Le scepticisme et la corruption, effets naturels de ce déséquilibre, dissolvent le loyalisme et paralysent l'autorité ». De Voltaire, il connaît surtout les œuvres historiques, l'*Histoire de Charles XII* et *Le Siècle de Louis XI*, auxquelles il fera allusion dans ses livres. Le reste paraît l'ennuyer. En Irlande, devant Emmanuel d'Harcourt, il s'indignera, une fois encore, de deux textes, adressés à Frédéric II, après Rossbach, où l'on voit le cul des Français rimer avec vaincu et l'inhabileté au combat des mêmes Français opposée à leur science du pillage[56].

A-t-il apprécié Diderot ? Rien ne le prouve. « Idéaliste enragé », Rousseau lui paraît, selon André Malraux, plein de « chimères » ; il voit simplement dans *Le Contrat social* un « livre puissant ». Les mauvais esprits en concluront que la théorie de la volonté générale, potentiellement liberticide, l'a plus séduit que les *Les Rêveries du promeneur solitaire.* Signe qui ne trompe pas, de Gaulle paraît n'avoir qu'une connaissance très superficielle de Montesquieu, l'esprit sans doute le plus profond des Lumières françaises, le théoricien de l'équilibre des pouvoirs, celui aussi qui a le plus cherché d'exemples en Grande-Bretagne. En vérité tout oppose de Gaulle à Montesquieu qui a proclamé préférer le genre humain à l'Europe et à la France. Adepte du nationalisme le plus strict, le jeune officier pense exactement le contraire. « La France est une nation, a-t-il affirmé, dans sa conférence aux jeunes recrues de 1913. Mais est-elle la seule nation dans le monde ? Non ! Il y a d'autres nations. Eh bien, toutes ces nations-là ne demanderaient pas mieux que de nous envahir, pour nous conquérir, c'est-à-dire pour nous empêcher de parler français, enlever nos libertés[57]. » Toute idée d'universalisme est, dès cette époque, radicalement étrangère aux conceptions de Charles de Gaulle ; en cela très maurrassien, il ne conçoit, de son propre aveu, la France qu'au premier rang, le sort des autres pays le laissant très froid. Entre les nations, le conflit est la règle, la force, le seul moyen d'en sortir. Et ce qui est vrai à l'extérieur l'est aussi à l'intérieur : si la raison l'incline à accepter la République, le régime parlementaire lui inspire une vive détestation attestée par ses *Lettres, notes et carnets.* Il est significatif d'ailleurs que, de Montesquieu, il n'ait apparemment repris que cette formule : « Délibérer est le fait de plusieurs, agir ou décider est le plaisir d'un seul. » Au sein du personnel politique de la IIIe République, une seule personnalité, si l'on en croit, Raymond Tournoux, a droit à son estime : Georges Clemenceau, non encore auréolé de la gloire que lui vaudra son rôle pendant la Grande Guerre, mais déjà nationaliste ombrageux, opposé aux guerres coloniales, arc-bouté sur la défense des frontières de l'Est[58].

Comme Lyautey et d'autres officiers influencés par le catholicisme social, de Gaulle n'attend rien des Immortels Principes. Les exigences de justice sociale, d'équilibre entre les nations, de responsabilité des élites procèdent pour lui d'autres sources, d'un héritage historique et familial où se mêlent l'Évangile, la tradition de l'ancienne France, l'enseignement d'auteurs tels que Lamennais, Lacordaire, Albert de Mun, Montalembert. Dans des travaux d'une érudition exemplaire, Odile Rudelle a bien exploré ces soubassements de la pensée du général, l'emprise qu'a très certainement exercée sur lui *Le Correspondant,* revue aujourd'hui oubliée, très lue dans le milieu des « bonnes familles » au début du siècle, d'orientation à la fois légitimiste et catholique sociale. « *Le Correspondant* de la jeunesse de Charles de Gaulle, écrit Odile Rudelle, est un monde intellectuel et moral autant qu'une société. Mais sa société, celle de l'Europe de Germaine de Staël et d'Albert de Broglie, où la vie s'apprenait dans le cousinage, de la conversation de salons, les bibliothèques de château et les œuvres de charité, disparaîtra dans les tranchées de la mort, bientôt suivies de la généralisation de l'impôt sur le revenu qui ruine "les familles". Mais l'ambition intellectuelle et morale demeura. À savoir la volonté de concilier une tradition religieuse, dont l'Église était l'antique dépositaire, avec la liberté moderne dont, depuis Camille Jullian, Vercingétorix était devenu le premier héros. Délicate, pour un temps qui suit de grands revers, l'ambition obligera à une stricte discipline personnelle, afin de réussir une insertion dans une vie publique dont il est exclu d'être tenu à l'écart en raison de convictions privées [59]. » Partant, de Gaulle sera bien, et pour longtemps, le militaire en marge de la République décrit par Serge Berstein [60].

Ses réactions, au tout début de la Grande Guerre, sont à cet égard significatives : avec une satisfaction mêlée d'ironie, il note, le 1er août, que désormais les officiers, en ville, font l'objet d'une considération inconnue jusque-là. Le sous-entendu est évident : seule l'épreuve suprême a conduit la République à traiter correctement son armée. Pour le reste, de Gaulle est à l'unisson de l'élan patriotique apparu dès la mobilisation et qui a fait vite oublier l'assassinat de Jaurès. Le 2 août, veille de la déclaration de guerre, il rejoint le 33e régiment d'infanterie commandé désormais par le colonel Stirn. Affecté au 1er bataillon, au sein de la 11e compagnie, il y est responsable de la 1re section.

Le 19 août, alors que l'unité a gagné Dinant, dans les Ardennes, afin de se porter au-devant des troupes allemandes, le vrai choc se produit. « À six heures au matin, note-t-il dans son carnet, boum, boum, la danse commence. L'ennemi bombarde Dinant avec fureur. Ce sont les premiers coups que nous recevons de la campagne. Quelle impression sur moi ? Pourquoi ne pas le dire ? Deux secondes d'émotion physique : gorge serrée. Et puis c'est tout [61]. » Pour de Gaulle, le baptême du feu va être aussi celui du sang. Devant le pont de Dinant, il est sérieusement blessé à l'issue d'une contre-offensive : une balle a atteint le péroné droit, provoquant une paralysie du sciatique. Évacué par Charleroi à Arras puis à Paris, il y est opéré à l'hôpital Saint-Joseph. Peu après, il gagne l'hôpital Desgenette à Lyon où il passe sa convalescence. Ses écrits de l'époque — lettres et notes personnelles — montrent bien son état d'esprit : s'il a subi un choc psychologique, si son récit des combats laisse transparaître l'effroi d'avoir vu tomber tout près de lui plusieurs camarades, son émotion est constamment maîtrisée. Le 12 septembre, confiant dans l'issue de la bataille de la Marne, il tire sobrement, dans une lettre à sa mère, la leçon des premiers jours de guerre : les revers français sont dus à une mauvaise harmonisation de l'infanterie et de l'artillerie, à l'insuffisance de certains généraux de brigade ou de division, au retard de la mobilisation, aggravée par des carences de la part des Anglais. Dans le même temps, il compose une courte nouvelle, très autobiographique, semble-t-il [62]. Une fois encore il s'agit d'une histoire d'amour : le lieutenant Langel (anagramme de de Gaulle) part pour la guerre : « Il revit avec un peu de mélancolie ses vingt-trois ans d'existence et surtout, ses récentes années de garnison. Comme il y avait vécu fort, jeté dans son métier de tout son enthousiasme intact et, par surcroît, novice enchanté de l'amour ! Depuis des mois l'occupait une palpitante liaison avec la jolie femme du capitaine Bertaud qu'il voyait, sans bouger la tête, en avant de la compagnie voisine. Ç'avait été pour elle et pour lui, les heures folles des avant-dîners, les précautions pour qu'on ignore, dans la petite ville aux curiosités vigilantes, les comédies jouées dans les salons où l'on se retrouve, les regards qui ne se posent pas, les phrases convenues : toute la saveur sensuelle et cérébrale de l'amour[63]. » La suite paraît directement inspirée de l'expérience récente du jeune officier : au cours d'une contre-offensive, Langel est blessé et il sera opéré à Lyon. Il y est bientôt rejoint par sa maîtresse. Entre-temps, celle-ci est devenue veuve. Comme il en avait eu le pressentiment, le capitaine a été tué dès le premier accrochage avec l'ennemi, non sans avoir confié sa femme à son subordonné. Avant de partir au combat, le capitaine a même remis son portefeuille à Langel, en lui demandant de le donner à son épouse en cas de malheur. Les amants, en définitive, se sépareront, Langel éprouvant le sentiment que « le cœur de sa maîtresse n'était pas à lui seul, que la pensée d'un autre y balancerait la sienne[64] ». D'un point de vue littéraire, forme et fond, *Le Baptême* est nettement inférieur aux précédentes tentatives de Charles de Gaulle. On a peine surtout à concevoir qu'il ait pu imaginer un épisode d'un goût aussi douteux que le don du portefeuille à l'amant par le mari trompé ! De là à affirmer que la nouvelle n'est que la transposition maladroite d'une tranche de vie personnelle, il y a évidemment un pas que l'on ne saurait franchir. Seule l'ouverture d'archives privées pourrait peut-être un jour permettre de résoudre cette petite énigme. On retiendra en tout cas la place tenue par les affaires sentimentales — au moins en pensée — dans la vie du jeune lieutenant.

Début octobre, au terme d'un bref séjour à Cognac, de Gaulle est rétabli et rejoint le 33e régiment d'infanterie sur le front de Champagne. Après la victoire française de la Marne, les adversaires se sont enterrés dans les tranchées. Commence une guerre d'usure interminable, désespérante ; de Gaulle, lui, ne désespère jamais, comme en témoignent les lettres adressées à ses parents. « Sous la cuirasse », pour reprendre l'une de ses expressions, on devine souvent une vive sensibilité. Ses déceptions, ses doutes, ses bonheurs quotidiens, parfois dérisoires, il les confie à son journal. En public et même vis-à-vis de sa famille, il ne se départit à aucun moment d'une inébranlable résolution. Les termes dans lesquels il l'exprime sont même très étonnants tant ils trahissent une assurance peu banale : « Il faut vaincre, écrit-il à sa mère, le 7 décembre. Le vainqueur est celui qui le veut le plus énergiquement[65]. » « Le vainqueur »... tout de Gaulle est déjà dans cette formule et aussi dans ces pointes incessantes contre les Alliés — les Anglais sont fréquemment aussi mal traités que les Belges ! — et plus encore dans cette témérité qui le pousse, contre l'avis de ses supérieurs, à attaquer un jour un petit bois dont les Allemands ont fait leur repaire nocturne et à tirer au mortier, sans souci d'éventuelles représailles. Dans cette guerre où chacun, souligne-t-il, a intérêt à ne pas bouger, le Connétable n'est pas à l'aise. Il faut croire cependant que l'homme de caractère, et même de mauvais caractère, n'est pas trop mal vu dans cette armée française des débuts de la Grande Guerre puisque, deux jours après l'attaque du petit bois, il est nommé adjoint du colonel.

Dur, peu soucieux de la vie humaine, au moins en apparence, il est loin d'être indifférent à la progression de sa carrière militaire, comme l'atteste sa correspondance, mais on le respecte car il paie de sa personne. Le 10 mars 1915, au combat de Mesnil-les-Hurlus, il est blessé par balle à la main gauche. « Il croit tout d'abord pouvoir éviter l'évacuation, précise Philippe de Gaulle, jusqu'à ce que la plaie infectée provoque l'enflure de l'avant-bras et l'oblige à rejoindre un hôpital au mont Dore, près de Clermont-Ferrand[66]. » Finalement, il ne réintègre son unité que le 14 juin. Commence alors pour lui une longue période durant laquelle il ne fait rien d'autre, à son corps défendant, que d'attendre le choc avec l'adversaire et de fulminer tous azimuts. Le pape, accusé d'avoir eu des penchants coupables envers les adversaires, le haut commandement incapable, le gouvernement « d'épiciers », le Parlement « de plus en plus odieux et bête » sont les cibles successives de son courroux. De nouveau, il s'impose par son sang-froid, les risques qu'il prend. Il ne se contente pas d'obliger ses hommes à porter la cravate et à saluer. Devant son ami Étienne Repessé qui deviendra son éditeur chez Berger-Levrault, il inspecte un jour la ligne de front avec deux lieutenants. Un obus éclate. De Gaulle reste droit tandis que ses compagnons se couchent : « Vous avez peur, messieurs[67] ? »

Tout cela conforte l'image d'un officier traditionaliste, catholique de nuance gallicane, courageux voire téméraire, souvent cassant dans les rapports humains, d'un nationalisme sans faille et peu porté à la compréhension vis-à-vis des Alliés. Si de Gaulle apparaîtra plus tard sous les traits d'un esprit novateur, il affirme pour l'essentiel durant ce conflit une conception plutôt classique de la guerre. Détail souvent négligé, apparemment, il ne semble jamais faire intervenir dans ses calculs ce qui va être un élément capital : l'entrée en guerre des États-Unis. Pour lui, la France est sinon seule, du moins au premier rang. Quant à la victoire à laquelle il croit de toutes ses forces, elle ne saurait être à ses yeux que totale, absolue, sans concession. En novembre 1915, il repousse toute perspective de compromis : « La paix ne saurait être dictée que par nous, écrit-il à sa mère le 23, et il faut durcir nos cœurs et concentrer toutes nos énergies pour repousser les tentations multiples qu'un ennemi avisé commence à nous offrir[68]. »

C'est dans cet esprit que de Gaulle aborde, en février 1916, l'épreuve décisive : la bataille de Verdun, dès le début de laquelle son ancien colonel, Philippe Pétain, joue un rôle essentiel en tant que commandant de la IIe armée. Plus que jamais, le jeune capitaine (il a été promu à l'automne 1915) bout d'impatience. Le 28 février alors que, grâce à la tactique de Pétain, l'attaque allemande au nord de Verdun s'essouffle, il est dépêché vers Douaumont afin d'y préparer l'installation de son unité à la place du 110e régiment d'infanterie fatigué. Très vite, il constate les insuffisances de positions trop fragilement installées et entreprend d'y remédier dans la perspective d'une attaque allemande jugée imminente. De fait, tandis que de Gaulle et ses compagnons manient la pelle et la pioche, l'enfer commence, les obus allemands pleuvent. Le bilan est effrayant. Lorsque le feu se calme, de Gaulle compte les survivants : sur ses 180 hommes il n'en reste que 37 ! Peu après un nouvel assaut se produit. « Contrairement à l'ordre général de résister sur place, précise Philippe de Gaulle, le capitaine décide alors une percée[69]. » En vain. Les Allemands le surprennent. Tandis qu'un sergent fourier, placé derrière lui, est tué, de Gaulle reçoit un violent coup de baïonnette dans la cuisse droite. Quelques instants plus tard, une grenade explose. Le capitaine s'évanouit. Lorsqu'il revient à lui, il est prisonnier des Allemands. Du côté français, il est porté disparu : on le croit mort.

Douaumont, écrit Philippe de Gaulle, restait sans doute le plus mauvais souvenir de mon père. Non seulement, les siens et lui-même avaient été écrasés mais l'inimaginable s'était produit : se retrouver blessé aux mains de l'ennemi, en un temps où personne n'osait se vanter d'avoir été fait prisonnier, ce coup du sort fût-il survenu à l'issue du combat le plus courageux. Les officiers capturés se retrouvaient « en demi-solde et hors avancement » · ils semblaient devenus inutiles, même s'ils avaient fait leur devoir[70].

Pour Charles de Gaulle, le souvenir de cet épisode restera douloureux, il n'en parlera pas volontiers et, à la fin de sa vie, une polémique alimentée par des témoignages surgira. À l'origine de cette controverse, plusieurs citations peut-être un peu trop louangeuses, non exemptes de contradictions en tout cas. Dans la première, rédigée par le général Boudhors, son ancien supérieur, le 2 mars 1916, alors que l'on croit de Gaulle mort, il est précisé qu'il a enlevé ses hommes dans un assaut furieux ; dans une seconde citation à l'ordre de l'armée, et signée par Philippe Pétain le 7 mai 1916, il est stipulé cette fois qu'après un corps à corps furieux, le capitaine a organisé un îlot de résistance ; dans une troisième enfin, toujours signée par Pétain et portant attribution de la Légion d'honneur en 1919, une autre version, légèrement différente, est proposée : « Le capitaine de Gaulle, commandant de compagnie, réputé pour sa haute valeur intellectuelle et morale, alors que son bataillon, subissant un effroyable bombardement, était décimé et que les Allemands atteignaient sa compagnie de tous côtés, a entraîné ses hommes dans un assaut furieux et un corps à corps farouche, seule solution qu'il jugeait compatible avec son sentiment de l'honneur militaire. » Comme on le voit, la contre-attaque évoquée en 1916 disparaît en 1919... pour être ressuscitée quatre-vingts ans plus tard par l'amiral Philippe de Gaulle dans ses *Mémoires*. Un fait est sûr : de Gaulle en personne et, à deux reprises, reconnaîtra que ces citations ne lui paraissaient pas correspondre à la vérité. À son père, le 26 août 1919, il écrira : « Je ne saurais dissimuler ni aux autres ni à moi-même que cette citation dépasse de beaucoup les faits. » Dans une lettre adressée au général Boudhors le 29 août de la même année, il évoquera, pour caractériser ce texte, « un idéal dont [il] ne [s'est] guère rapproché dans la réalité ». Modestie ? On ne saurait l'exclure, même si pareille attitude n'est pas habituelle de sa part. De toute manière, des citations ne sont pas comparables à des rapports administratifs : la loi du genre impose un certain ton et les documents relatifs à la conduite de de Gaulle à Douaumont n'échappent pas à la règle. S'il y avait eu le moindre doute sur son attitude, on peut imaginer en tout cas qu'après juin 1940 le régime de Vichy aurait été prompt à le faire connaître, même si deux des citations litigieuses étaient signées par Philippe Pétain.

Indépendamment du témoignage d'un agriculteur, Michel Delpech, ancien combattant, présent lui aussi à Douaumont, qui, cinquante ans après les faits, le 16 avril 1966, prétendra dans les colonnes de *Sud-Ouest Dimanche* que de Gaulle n'a pas été blessé à l'issue des combats[71], l'élément d'information a priori le plus sensationnel sur cette affaire sera publié le 21 avril 1966 par l'hebdomadaire *Le Nouveau Candide*, sous la forme d'une déposition signée d'un ancien soldat allemand, Casimir Albrecht, engagé lui aussi sur le même théâtre d'opérations. Selon ce récit, Albrecht, à la tête d'une unité de lance-flamme, aurait repéré une sorte de « cagna » ressemblant à un poste de commandement. « À la sortie du trou, racontera-t-il, est apparu un vague tissu blanc, probablement une chemise accrochée à une baïonnette au bout d'un fusil. » Ayant ordonné le cessez-le-feu, Albrecht aurait alors vu surgir du trou quelques hommes : « C'est alors que j'ai remarqué l'officier qui les commandait, tellement il était grand... Il paraissait un peu hagard et chancelant. Je me suis adressé à lui : "Messieurs, c'est très triste tous ces morts..." Le grand capitaine français m'a répondu : "Oui, c'est vrai." Il m'a remis lui-même son ceinturon et son arme. » Quand il sera informé de la teneur de ce témoignage, le général haussera les épaules. On peut le comprendre. Quelle valeur en effet peut-on accorder à une déposition aussi tardive et au surplus non corroborée par d'autres ?

En la circonstance, si l'on peut reprocher quelque chose à de Gaulle, c'est d'avoir été peut-être trop téméraire, trop sûr de soi. Tel est en tout cas le sens d'un témoignage resté longtemps inédit émanant d'un compagnon d'armes du général, le lieutenant Peuchot. Aucune connivence, pas la moindre sympathie entre les deux hommes ; cela n'enlève rien à l'intérêt du récit :

> La dernière fois que je l'ai vu, c'était à Verdun. À ce moment-là, j'étais lieutenant. Je représentais quelque chose d'assez important, au moins la valeur de trois compagnies de mitrailleuses. Et alors, de Gaulle est arrivé avec un air très important. Je m'attendais à voir Dubrul devant moi, un camarade qui commandait la compagnie de mitrailleuses du 33e, et c'est de Gaulle qui s'est présenté... Il a demandé à ce que je lui fournisse différents rapports ou relevés ! « Écoutez, lui dis-je, c'est très simple, vous avez devant vous un matériel considérable, et vous tenez tout le front. Là où les boches se sont présentés, on les a toujours repoussés. — Mais, répond de Gaulle, il n'empêche, vous avez des positions, des angles morts, des relevés. Vous avez certainement des topos. — Ah, des topos, monsieur, ah non ! nous n'avons eu guère le temps de nous occuper de faire des topos. Vous comprenez que depuis que nous sommes ici, nous avons eu tout juste le temps de nous installer, de trier nos

munitions parce que nous ne recevons rien. Nous étions abandonnés, nous étions bien obligés de nous débrouiller sur place. — Alors, répondit de Gaulle, c'est bien j'en fais mon affaire, je ferai mon rapport. » Je lui réponds : « Écoutez, débrouillez-vous, on verra ça quand vous descendrez. » Quand nous avons été repliés vers le fort de Souville, on nous a rappelés aussi vite en avant parce que, du soir au lendemain, les Boches avaient attaqué pendant la relève. Ils avaient fait un coup de poing sur les Français, ramassé de Gaulle et sa compagnie. Pour moi, de Gaulle avait commis une grosse erreur : il avait voulu faire la relève de l'ensemble de ce qu'il avait là sur le front du 33e, alors qu'il aurait dû laisser à chacun de ses commandants de compagnie, que ce soient fantassins ou mitrailleurs, leur responsabilité et leur dire : « Dès que possible, envoyez-moi les renseignements. » Il a voulu tout voir et il n'a rien vu[72].

Si l'hypothèse d'une erreur n'est pas à exclure, celle d'une défaillance apparaît d'autant plus invraisemblable que, tout au long de sa détention, de Gaulle ne tiendra pas en place, multipliant les tentatives d'évasion. Hospitalisé à Mayence après sa capture, il est d'abord interné en Westphalie, puis transféré en Lituanie. En août, il tente pour la première fois de s'échapper, ce qui lui vaut d'être enfermé au fort IX d'Ingolstadt, réservé aux fortes têtes. En juillet 1917, il change de lieu de détention : sa nouvelle prison se trouve à Rosenberg en Franconie. Le 15 octobre, avec l'aide d'un nouveau venu, le capitaine de Montety, il réussit à prendre la clé des champs ; il n'est capturé qu'après une cavale de dix jours. Quelques jours plus tard, le 30 octobre, il renouvelle sa performance. Cette fois, il est repris le jour même et condamné à soixante jours d'arrêt de rigueur, à trois semaines d'emprisonnement à Passau. En novembre, il réintègre Ingolstadt. Il s'y illustre immédiatement en adressant une lettre de réclamation d'une agressive insolence au général Peter, commandant l'ensemble des camps de prisonniers de la place d'Ingolstadt. Son espoir en agissant ainsi est, après avoir été jugé, d'être muté d'office dans un autre camp. Malheureusement, son calcul est déjoué : le conseil de guerre le renvoie au fort IX pour quelques semaines. Au début de 1918, il part pour le fort de Würzburg, d'où il tente de s'évader à deux reprises. Son passé de récalcitrant récidiviste le poursuit : du 10 février au 10 avril, il est aux arrêts de rigueur, en raison de son attitude à Rosenberg. Le 30 avril, le conseil de guerre lui inflige quatorze jours de cellule pour délit d'outrage à Ingolstadt. En septembre, il séjourne dans la prison de Tassau près de Magdebourg. Le 28 novembre, dix jours après l'armistice, il est de retour en France.

Au cours de cette longue captivité, de Gaulle ne cesse d'enrager : un sort funeste l'empêche de participer à l'Histoire, seul but de son existence. Comme naguère dans son régiment, il se montre bon camarade tout en restant singulier. « Sous des dehors simples et parfois familiers, dira l'un de ses codétenus Fernand Plessy, il savait demeurer distant. Tous les autres jeunes capitaines se tutoyaient entre eux. Personne n'a jamais tutoyé de Gaulle[73]. » À Ingolstadt, il noue quelques amitiés durables avec des hommes qui joueront un rôle plus ou moins important dans sa vie : Georges Catroux, le journaliste Rémy Roure, l'éditeur Berger-Levrault, le futur maréchal soviétique Toukhatchevski. « Je le connaissais bien, dira-t-il à propos de ce dernier à Emmanuel d'Harcourt, en 1969. Je garde le souvenir d'un aristocrate brillant, bavard, raconteur de coups. Il avait profité d'une promenade à l'extérieur de la forteresse pour s'évader, rompant ainsi l'engagement d'honneur qu'il avait pris. Rallié aux communistes qui ne disposaient que de bien peu d'officiers de carrière, il devait être distingué et poussé par Trotski. Staline ne devait pas l'oublier. Venu à Londres puis à Paris entre les deux guerres pour une visite officielle, il m'invita à déjeuner avec d'autres anciens du fort IX. Par la suite, il devait être abattu par le GPU à sa table de famille, avec sa femme et sa fille. »

Condamné à ces loisirs forcés, Charles de Gaulle les met à profit pour réfléchir, tenter de prévoir l'avenir, comme l'atteste le carnet tenu tout au long de sa captivité. Réserve naturelle ? Crainte de se livrer ? Il se révèle rarement dans ces pages, sinon au détour d'une remarque. Pour l'essentiel, il paraît avoir peu changé. Son traditionalisme, son nationalisme, sa méfiance envers les Alliés n'accusent aucune faiblesse. Après avoir lu *Pot-bouille* de Zola, il note : « Cet homme a vraiment le génie de l'ordure [74]. » Les Anglo-Saxons lui inspirent de vives réserves et, très curieusement, il continue à ignorer le rôle des États-Unis entrés en guerre. Pour l'avenir de Gaulle est pessimiste : le développement de la civilisation a multiplié les communications entre les peuples, enchevêtré les intérêts commerciaux, mais le résultat de tout cela a été une accentuation des différences psychologiques profondes entre les peuples et par suite des motifs mutuels d'hostilité. De Gaulle malgré tout reste éminemment pragmatique : volontiers, il reprend ainsi à son compte une pensée du publiciste Charles Benoist selon lequel un gouvernement est toujours, inéluctablement, une cote mal taillée. En un temps où la politique se résume trop souvent au verbe, il se réclame avant tout de l'action. D'où l'importance primordiale, à ses yeux, du caractère. Et l'homme du défi est déjà tout entier dans cet étonnant passage, digne de *L'homme de cour* de Baltasar Gracián :

> Il faut être un homme de caractère. Le meilleur procédé pour réussir dans l'action est de savoir perpétuellement se dominer soi-même au mieux, c'est une condition indispensable. Mais se dominer soi-même doit être devenu une sorte d'habitude, de réflexe moral obtenu par une gymnastique constante de la volonté, notamment dans les petites choses : tenue, conversation, conduite de la pensée, méthode recherchée et appliquée en toutes choses notamment dans le travail. Il faut parler peu, il le faut absolument... Et dans l'action, il ne faut rien dire. Le chef est celui qui ne parle pas [75].

Mais autant de Gaulle ne s'évade guère des schémas classiques en ce qui concerne l'existence de l'homme en société, l'organisation de l'État ou la vie internationale, autant il fait preuve d'audace dans sa spécialité. On reste même confondu devant l'autorité de cet officier qui, sans documentation, par la force des choses, présente, lors d'une conférence devant ses compagnons d'infortune, tant de vues non conformistes sur le conflit en cours et la guerre moderne. Avec une intuition frappante, il intègre immédiatement les données les plus récentes « On ne saurait, souligne-t-il notamment, accorder trop d'attention au rôle de l'aviation dans l'exécution de l'attaque. Les avions, montés maintenant en grande partie par des observateurs expérimentés, sont devenus les vrais, les idéals observatoires d'artillerie ; c'est eux qui régleront le plus aisément et le plus précisément la plupart des tirs de batteries avant et pendant la préparation. Et surtout l'aviation est désormais le véritable agent de liaison entre l'infanterie et l'artillerie, entre l'infanterie et le commandement[76]. »

La guerre finie, de Gaulle retrouve le métier des armes après quelques semaines de repos à la Ligerie, propriété de campagne louée par ses parents en Dordogne. Son désir de rattraper le temps perdu en captivité est à la mesure de son amertume. Après un stage à Saint-Maixent, il se porte volontaire pour une affectation auprès de l'armée polonaise. À ce moment-là, après tant de partages, la Pologne existe de nouveau : le 22 novembre 1918, Pilsudski, commandant en chef de l'armée, a proclamé la république, mais le pays est dans une situation des plus précaires. Ruiné par le conflit mondial, il a des frontières incertaines. En mauvais termes avec les Alliés qui, à Versailles, ne les ont pas défendus avec ardeur, les Polonais sont, de facto, en guerre avec les Soviets. Les forces de Varsovie cherchent à acquérir les frontières les plus avantageuses en étendant leur domination sur l'Ukraine, la Biélorussie et la Lituanie. Dans ce contexte, le désir d'action du capitaine de Gaulle a toutes les chances de se réaliser. « Je finis la guerre, avoue-t-il, débordant des sentiments d'une xénophobie générale et pénétré de la conviction qu'il faut revenir pour nous faire respecter à l'emploi raisonné de notre force militaire, aujourd'hui la première du monde[77]. » De Gaulle non seulement approuve la politique de force menée par Clemenceau à l'égard de l'Allemagne mais souhaite qu'elle soit complétée par des mesures d'ordre intérieur, en particulier « un mouvement de natalité très considérable[78] ».

Les vœux du capitaine sont bientôt exaucés : le 17 avril 1919, il est affecté à Maddlin où il occupe des fonctions d'instruction au sein de l'armée polonaise. D'évidence son objectif majeur est de prendre des galons. « Une fois là-bas, a-t-il écrit à ses parents, je me trouverais près du soleil et pourrais aisément, je pense, me faire mettre où il me conviendra. Il vaut mieux partir du centre que de la périphérie[79]. » Le « soleil » désigne le général Henrys, chef de la mission militaire française.

Ses premières impressions de Pologne sont mauvaises. Les plaines lui semblent bien mornes et son jugement sur les Polonais n'est pas positif : « Ces gens-là, livrés à eux-mêmes, ne sont bons à rien et le plus terrible est qu'ils se croient excellents en tout. Nous aurons beaucoup d'efforts à faire pour reconstituer un pays de ces gens-là[80]. » Fort répandu dans cette vieille nation catholique, l'antisémitisme, seule fois dans sa vie, semble bien le gagner. À juste titre, on s'est étonné que le seul mot illisible des *Lettres, notes et carnets* se trouve dans cette phrase fort explicite : « Et au milieu de tout cela d'innombrables... détestés par toutes les classes de la société, tous enrichis par la guerre dont ils ont profité sur le dos des Russes, des Boches et des Polonais, et assez disposés à une révolution sociale où ils recueilleraient beaucoup d'argent en échange de quelques mauvais coups[81]. » Dérapage évident mais isolé. Point capital, annonciateur de tant de démarches ultérieures : de Gaulle, tout traditionaliste qu'il soit, a moins conscience de lutter contre le bolchevisme que de contribuer à tenir en respect des peuples balkaniques et ceux qui sont issus du démembrement de l'Autriche et de la Russie.

À partir de juillet, la situation et du même coup ses impressions évoluent. Instructeur à l'école de l'infanterie de Rembertow, de Gaulle prend un plaisir manifeste à enseigner. Son ascension est rapide. D'instructeur au départ, il va devenir directeur des études puis directeur du cours des officiers supérieurs. Ses objectifs sont en voie d'être atteints. Dès août 1919, il confie à ses parents qu'il commence à se retrouver tel qu'il était avant la guerre. Et quelques semaines plus tard, le 18 novembre, après une permission passée en France, il avoue : « L'armée de Pologne aura été — ce que je la destinais à être — une restauration militaire pour moi. Cette restauration est dans la meilleure voie. Ensuite, je travaillerai pour mon propre compte. Mais que tout ceci ne sorte pas de la famille[82]. » Du haut en bas de la hiérarchie, le capitaine de Gaulle impressionne par son ardeur, sa culture, son aisance. « C'était un conférencier brillant, écouté avec la plus vive attention, dira son adjoint et traducteur, le lieutenant de Medwecki. Il savait déjà détendre l'auditoire de temps à autre par un bon mot inattendu à l'emporte-pièce[83]. » Donnée devant les officiers français de la mission militaire en Pologne, sa conférence sur l'Alliance franco-polonaise (où il stigmatise déjà ceux qui autrefois ont bradé le Canada !) connaît en particulier un très vif succès. Auditeur séduit, le général Henrys le remarque et insiste pour que son séjour se prolonge au-delà du temps normal, c'est-à-dire en avril.

De Gaulle, il l'indiquera clairement dans sa correspondance, ne souhaite pas demeurer en Pologne : il est résolu à rentrer en France pour achever de rattraper le temps perdu durant la Grande Guerre. Mais, lorsqu'il revient à Paris, au mois de mai 1920 (le 20, il rencontre brièvement Pétain lors de l'inauguration du monument aux morts de Saint-Cyr), la seule affectation qui lui est proposée est le bureau des décorations au cabinet du ministre. Perspective évidemment peu exaltante pour un homme avide d'action et de prestige...

Le capitaine de Gaulle décide donc de retourner en Pologne et cette fois, officier d'état-major, il tombe en pleine guerre. La Pologne a des vues sur l'Ukraine depuis longtemps et, en mai 1920, alliées à l'atman Petlioura, ses troupes sont parties à l'assaut de Kiev. L'Union soviétique quelques semaines plus tard a réagi. Boudienny, secondé par Toukhatchevski, refoule bientôt les forces polonaises jusqu'à soixante kilomètres de Varsovie. Témoin de ces événements de Gaulle estime que la Pologne doit impérativement se modérer si elle veut survivre : à terme la paix avec les Russes et une entente avec les voisins lituaniens, allemands et tchèques lui semblent indispensables. Un impératif domine tout à ses yeux : la nécessité de se mettre au travail, de ne plus gaspiller d'énergie[84].

Mais, dès le retour du capitaine à Varsovie, l'urgence impose sa loi. Après avoir remporté des succès contre les Polonais, les Soviétiques s'apprêtent à frapper de nouveau, et tout indique que la France va aider la Pologne. De fait cette intervention est vite à l'ordre du jour car — circonstance aggravante — le gouvernement social-démocrate allemand n'exclut pas une alliance avec Moscou. Le 21 juillet, le général Weygand arrive donc à Varsovie, à la tête d'une mission diplomatique. Sa tâche officielle est de rechercher un règlement politique ; son travail officieux est de conseiller Pilsudski. Le capitaine de Gaulle continue d'être fort circonspect. Estimant que la France a déjà fort à faire ailleurs, il juge « scabreux » le projet d'intervenir les armes à la main contre les Russes. Telle est pourtant la décision rapidement prise. Cinquante ans plus tard, de Gaulle, en Irlande, racontera ainsi à Emmanuel d'Harcourt le tournant de la guerre et sa participation aux combats :

Pilsudski était abattu par la défaite, désemparé il ne réagissait plus. Son chef d'état-major avait néanmoins réussi à préparer un plan de contre-attaque mais on avait perdu tout espoir de le faire approuver par Pilsudski. Le plan fut ensuite exécuté comme on sait[85]. Pour ma part, j'étais auprès d'un corps de cavalerie polonais au-delà du Bug qui, à ce moment donné, fut encerclé par les cosaques de Boudienny. Tous les ponts sur le fleuve avaient été brûlés par les cosaques. C'est par miracle que le corps polonais a réussi à trouver un dernier pont et à repasser le Bug[86].

Finalement la contre-offensive de Pilsudski, appuyée par les Français, réussira, l'envahisseur soviétique étant refoulé vers la Prusse-Orientale. Le 1er novembre 1920, dans un article non signé de la *Revue de Paris* (on en identifiera l'auteur en 1967), de Gaulle tirera la leçon de l'événement et une fois de plus se montrera sévère pour les élites polonaises :

Tragique destinée de ces peuples où l'énergie et le caractère des élites n'ont jamais été à la hauteur des vertus et de la bonne volonté en bas... Le monde politique n'interrompra-t-il point ses querelles ? Ces généraux découragés retrouveront-ils de l'énergie et les troupes de l'ordre ? Les trains qui transportent renforts et munitions vont-ils découvrir le secret de faire plus d'un kilomètre à l'heure ?

Malgré ces désordres, le capitaine de Gaulle gardera un bon souvenir de la Pologne. Devenu chef de cabinet du général Niessel, successeur d'Henrys, il goûte enfin à Varsovie les plaisirs de la vie, pour peu de temps il est vrai, moins de deux mois. Auréolé du prestige de celui qui a accompagné les vainqueurs, il fréquente la bonne société et on lui prête de nombreuses bonnes fortunes.

À Varsovie, écrit dans ses *Mémoires* Stanislas Gajewski, ancien ambassadeur de Pologne à Paris, il avait connu une jeune femme, la princesse Czetwertinska, très jeune et petite, et avait eu avec elle une liaison romantique. Elle l'avait introduit dans les salons de Varsovie où il se faisait remarquer par sa stature exceptionnelle. On les voyait souvent ensemble au café Blikka, la meilleure et la plus ancienne pâtisserie de Varsovie, célèbre pour ses merveilleux gâteaux et beignets. Mais parallèlement on a beaucoup dit qu'il avait eu une liaison avec une autre jeune femme, ailleurs, en Pologne[87].

Longtemps tabou, la vie privée de Charles de Gaulle n'est pas facile à évoquer. On peut simplement avancer qu'elle fut plus tumultueuse qu'on ne l'a cru. On en trouve un écho évident dans ses nouvelles de jeunesse, pour partie autobiographiques. Dans ses notes, il est encore plus direct : pour échapper aux pièges de la passion, il invite ouvertement à considérer l'amour comme un « assaisonnement de la vie ». L'expression atteste une conception de la vie amoureuse plutôt cynique, très pratiquée alors dans les milieux militaires. Les aventures du jeune capitaine n'auront été en tout cas que de simples passades. Depuis quelque temps il songe à prendre femme : souci légitime puisqu'il a trente ans. En 1919, le nom d'une cousine Thérèse Kolb a été évoqué par sa mère... aussitôt oublié, semble-t-il. Peu après, la perspective d'un riche mariage aristocratique s'est perdue dans les brumes du Nord, après une visite dans un « grand château » ; constatant que celle qui lui était destinée boitait, Charles de Gaulle a d'abord cédé à la pitié, puis, très raisonnablement, s'est ravisé.

Pour remplacer ces deux candidates, la famille de Gaulle a porté son choix — le mariage arrangé est alors très fréquent dans les milieux bourgeois — sur Yvonne Vendroux, fille d'un industriel du Nord, maire de Calais. Lors d'une permission du capitaine de Gaulle, une rencontre a été organisée chez une amie commune. Le résultat a été jugé assez concluant pour qu'une nouvelle entrevue « fortuite » ait lieu, cette fois au Salon d'automne, devant un tableau de Van Dongen. La légende veut qu'ensuite le commandant de Gaulle ait renversé sa tasse de thé sur la robe de la demoiselle : frère d'Yvonne Vendroux, Jacques Vendroux le dément dans ses souvenirs. Pour confirmation, une ultime rencontre est prévue au bal de Saint-Cyr à l'hôtel des Réservoirs à Versailles, mais l'« autre côté » ayant fait connaître des « sentiments favorables », pour reprendre une expression des parents Vendroux, Yvonne décide : « Ce sera lui ou personne. » Le 11 novembre, les fiançailles sont célébrées. En avril 1921, le mariage aura lieu à Calais.

Par cette union, Charles de Gaulle entre dans une famille sensiblement plus fortunée que la sienne mais moins riche en personnalités pittoresques. D'origine hollandaise, les Vendroux qui comptent parmi leurs ancêtres un pape sont, en effet, des notables du Nord, bien établis, armateurs de père en fils depuis le XVIIIe siècle, conseillers municipaux, membres de la chambre de commerce, récemment reconvertis dans le négoce de biscuits. Leur fortune est attestée par le train de vie des parents d'Yvonne : une maison de famille à Calais, une propriété de campagne, un appartement à Paris et le château de Septfontaines près de Charleville. « Leurs revenus sont suffisamment importants, précisera l'amiral de Gaulle, pour qu'ils consacrent la moitié de leurs gains annuels en complément du budget de la paroisse[88]. »

Trente ans plus tard à Colombey, Claude Guy entendra le général évoquer en ces termes les problèmes financiers des vieilles lignées bourgeoises :

Croyez-en un vieux Parisien : il n'est pas d'exemple d'une famille de Paris qui soit parvenue à jouer le jeu pendant plus de trois générations sans être « liquidée ». Si on veut la mener, l'existence de Paris, cette ronde infernale, c'est en obéissant à une espèce de goût du suicide : les uns deviennent fous, les autres s'y ruinent. Bien entendu, si cette famille s'allie à une famille de province, les choses peuvent durer plus longtemps : car le sang de province apporte aux Parisiens de la stabilité, et l'argent qui l'accompagne permet parfois de se maintenir, encore quelque temps, à la surface, dans une ville où les exigences sociales sont telles, si on joue le jeu, je le répète ! qu'aucune fortune n'y suffit[89].

« Mme de Gaulle, ajoute Claude Guy, rit beaucoup de cette allusion aux alliances provinciales. » Les rites sociaux n'excluent pas toujours les sentiments. L'union de Charles de Gaulle et d'Yvonne Vendroux devait le confirmer pendant cinquante ans.

II

LE FIL DE L'ÉPÉE

Bientôt marié et père de famille — son fils Philippe naîtra le 28 décembre 1921 et sa fille Élisabeth le 15 mai 1924 —, de Gaulle, reste, fort légitimement, hanté par le souci de brûler les étapes afin d'effacer le pénible souvenir de sa captivité. Ses dons, exceptionnels, justifient au demeurant les plus hautes ambitions. C'est donc sans difficulté, après avoir reçu le 13 janvier 1921 une citation à l'ordre de l'armée pour son action en Pologne, qu'il se retrouve le 1er février professeur d'histoire militaire à l'école spéciale de Saint-Cyr.

> Au vieux bahut, où avant la guerre, certains l'appelaient le Coq, écrit Raymond Tournoux, il arrive en terne bleu horizon, le cou serré dans le col droit et dur de la tunique. Saillante, la pomme d'Adam va et vient sous le carcan du drap. Un bel officier, toujours en gants blancs. Écouté avec attention, le professeur parle une heure durant, sans notes aucunes. Le cours part du premier Empire. L'histoire des siècles précédents à la Révolution relève du capitaine Morel, normalien venu au métier des armes, que ses élèves placent au niveau d'Ardant de Pic[1].

Souvent glacial et distant, parfois gouailleur, le professeur subjugue son auditoire. Ses préférences sont marquées. Son jugement sur Napoléon le dépeint lui-même :

> Sa chute fut gigantesque, en proportion de sa gloire. Celle-ci et celle-là confondent la pensée [...] Napoléon a laissé la France écrasée, envahie, vidée de sang et de courage, plus petite qu'il ne l'avait prise, condamnée à de mauvaises frontières, dont le vice n'est point redressé, exposée à la méfiance de l'Europe, dont, après plus d'un siècle, elle porte encore le poids ; mais faut-il compter pour rien l'incroyable prestige dont il entoure nos armes, la conscience donnée, une fois pour toutes, à la nation de ses incroyables aptitudes guerrières, le renom de puissance qu'en recueillit la patrie et dont l'écho se répercute encore ? Nul n'a plus profondément agité les passions humaines, provoqué des haines plus ardentes, soulevé de plus furieuses malédictions ; quel nom, cependant, traîne après lui plus de dévouements et d'enthousiasmes, au point qu'on ne le prononce pas sans remuer dans les âmes comme une sourde ardeur[2] ?

Lorsqu'il évoque Charles X, Louis-Philippe, Napoléon III, de Gaulle, en revanche, est beaucoup plus sévère. « La philosophie sous-jacente de son enseignement, souligne Raymond Tournoux, est que la conquête de l'Algérie, la guerre de Crimée, du Mexique, toutes les expéditions d'outre-mer, "en trompant la soif des grandes entreprises", ont abouti, en définitive, à détourner l'armée française de sa mission principale : la garde aux frontières de la mère-patrie[3]. » Dans l'armée française, il y a toujours eu deux écoles : l'une attentive à la ligne bleue des Vosges, l'autre tournée vers les aventures lointaines. De Gaulle une fois encore se range parmi les métropolitains.

Installé d'abord boulevard de Grenelle dans un appartement bruyant, en face du métro aérien, les de Gaulle emménagent square Desaix après la naissance de Philippe. La carrière du capitaine progresse rapidement : le 2 mai 1922, il est admis au 33e rang à l'École supérieure de guerre, prestigieux cénacle d'où sont sortis presque tous les grands chefs militaires. Mais très vite, il apparaît que, désireux de monter en grade rapidement, de Gaulle n'est pas homme à céder sur les principes, à abdiquer toute idée personnelle ; résolument, il se range au sein de l'école parmi les élèves tournés vers l'avenir, soucieux de stratégie, c'est-à-dire de l'étude des principes physiques — masse, vitesse, point d'application, etc. — alors que les professeurs sont, pour l'essentiel, des colonels sortis des tranchées, techniciens attentifs à la combinaison des moyens, infanterie, chars, etc.

« Le capitaine de Gaulle acquit bien vite la réputation d'être de ceux qui s'en expliquent avec le plus de franchise », écrira plus tard le général Chauvin, auquel on doit cette fine esquisse de l'homme :

Nous étions de la même demi-promotion, ce qui augmentait les occasions de contact. Bien sûr, je l'avais remarqué dès le premier jour du seul fait de sa taille exceptionnelle et de sa silhouette assez particulière (vingt ans plus tard les Anglais devaient l'appeler « *the French shouldered giant* » — le géant français aux épaules en pente).

Par la suite les conversations qu'il m'était donné d'avoir avec lui me confirmèrent à l'impression que j'avais eue de prime abord, à savoir qu'il avait bien autre chose dans sa personne que son physique pour retenir l'attention. Et ce « quelque chose » relevait de ces courants, de ces forces que l'on ressent, que l'on suit même parfois, sans pouvoir mieux les définir qu'un parfum, une couleur. Pour tout dire, il m'attirait et me maintenait sous une sorte de charme.[...]

De Gaulle portait le plus vif intérêt aux chars [...], il avait une étonnante culture historique, et ses propos, quel qu'en soit le thème, étaient toujours marqués de la sagesse du philosophe, quand ils n'étaient pas ponctués d'une référence pleine d'à-propos, souvent assaisonnée d'humour et parfois d'une pointe de cynisme, ou, si l'on préfère, d'ironie oxfordienne. [...] Il frappait par sa faculté d'avoir réponse tout comme s'il avait véritablement fait le tour de tous les problèmes militaires ou autres. Son avis s'exprimait avec une concision voulue et qui, peut-être, accentuait encore le caractère irrécusable, définitif de son opinion. Il était, en tout cas, ennemi des discussions trop prolongées et s'il risquait de s'y voir impliqué, il rompait doucement les chiens et notifiait sa retraite souriante par son slogan : « Tout est dans tout ! »

Dans le domaine de l'intelligence, sa supériorité était presque aussi évidente que dans celui de la culture. Si ses yeux étaient largement ouverts sur l'exté-

rieur — et plus sur les choses que sur les hommes — il paraissait vivre surtout d'une vie intérieure intense, mais son goût de l'action le défendait de se laisser aller à une introspection stérile. Mieux disposé pour la déduction que pour l'analyse, ce qui est bien le fait des lutteurs, il semblait assez enclin à construire des systèmes, parfois dans l'abstraction, tendance favorisée par sa grande aptitude à la synthèse, aux vastes mouvances vers des horizons qui dépassaient étrangement ceux auxquels se bornaient généralement les vues lointaines d'un simple capitaine. [...]
Comme je m'étonnais un jour de sa prodigieuse mémoire et de l'étendue de sa culture historique, il me dit que, pour ce qui était de la première, il en avait toujours eu et n'avait jamais cessé de la développer.
« L'histoire, ajouta-t-il, c'est un peu ma passion. En captivité, j'avais malheureusement assez de loisirs pour m'y adonner. En Pologne, ce fut autre chose. J'ai été longtemps dans un coin perdu : quand ma solde me parvenait, je menais la vie de boyard, organisant des soirées et des soupers aux chandelles... Puis, à sec au bout de cinq ou six jours, je n'avais plus d'autres distractions que mon travail[4] ! »

Parfois l'indépendance d'esprit du capitaine donne lieu à des incidents. Il en va ainsi un jour de 1924 lorsque, dans le cadre d'une simulation, de Gaulle commande un corps d'armée et résout les problèmes de façon pragmatique, sans appliquer la doctrine de l'école consistant à établir une forte position centrale, soutenue par une grande puissance de feu. À la fin de l'exercice, le colonel Moyrand, porte-parole de la théorie officielle, visiblement mécontent, pose une question technique à l'officier trop hardi à ses yeux : « Où sont donc les trains de combat du régiment de gauche de votre division de droite ? » De Gaulle se tourne vers son chef d'état-major : « Chateauvieux, veuillez répondre ...
— Mais c'est à vous que je pose la question, de Gaulle, objecte Moyrand.
— Mon colonel, réplique le capitaine, vous m'avez confié les responsabilités d'un commandant de corps d'armée. S'il me fallait par surcroît assumer celles de mes subordonnés je n'aurais plus l'esprit assez libre pour remplir ma mission. — C'est bien, tranche, furieux, le colonel Moyrand. Nous savions que vous considérez que bien des tâches sont au-dessous de vous. Je suis maintenant fixé. »

De Gaulle aggrave aussi certainement son cas en publiant chez Berger-Levrault, au tout début de 1924, son premier livre, *La discorde chez l'ennemi.* Fondé à la fois sur des observations faites durant sa captivité et une étude comparative des témoignages publiés par les chefs militaires allemands, l'ouvrage, assez technique, ne laisse pas complètement deviner l'ampleur d'une pensée, plus tard éclatante, ni son non-conformisme. Le volume n'en est pas moins très révélateur d'une personnalité à la fois fascinée par le surhomme nietzschéen affranchi des règles communes et consciente des risques d'aventure qu'il fait courir. À l'esprit militaire allemand, tenté souvent selon lui par l'excès, l'auteur oppose ainsi les valeurs françaises d'ordre et de discipline. « Cette étude aura atteint son but si elle contribue, dans sa modeste mesure, à porter nos chefs militaires de demain, suivant l'exemple de leurs victorieux modèles de la guerre récente, à pétrir leur esprit et leur caractère d'après les règles de l'ordre classique. C'est en elles qu'ils puiseront ce sens de l'équilibre des possibles, de la mesure qui, seul, rend durables et fécondes les œuvres de l'énergie. » On ne jurerait pas que ce ton, pour raisonnable qu'il soit, suscite l'adhésion en haut lieu.

Le résultat de tant d'audaces ne se fait pas attendre. Alors que seuls les titulaires de la mention « très bien » ont la perspective d'être nommés à la direction de l'état-major général, Charles de Gaulle se voit seulement attribuer la mention « bien » — encore assure-t-on que le maréchal Pétain est intervenu en faveur de son ancien subordonné. L'opinion de la hiérarchie sur ce militaire, décidément singulier, tient dans cette appréciation du colonel Moyrand : « Officier intelligent, cultivé et sérieux, du brillant et de la facilité ; très bien doué, beaucoup d'étoffe. Gâte malheureusement d'incontestables qualités par son assurance excessive et son attitude de roi en exil. »

« Roi en exil » : de Gaulle longtemps traînera cette épithète, sans que personne ne se doute qu'elle s'appliquera un jour à sa situation dans une capitale étrangère, en charge de l'honneur d'un pays vaincu. Pour l'heure, il paie le prix de sa témérité : il est affecté en Allemagne à l'état-major de Mayence. Comble d'infortune, le domaine qui lui échoit est l'intendance ! On imagine le Connétable confronté à l'angoissant problème de la conservation des aliments...

C'est Philippe Pétain qui tire le jeune officier de cette mauvaise situation. Vice-président du Conseil supérieur de la guerre depuis 1921, le maréchal, auréolé de la gloire de Verdun, reste une précieuse caution. Pour autant qu'on puisse le savoir, il porte toujours estime et sympathie à son jeune subordonné, qui a gardé le contact avec lui, et c'est dans ces conditions qu'il l'appelle à son cabinet. Pour de Gaulle, la revanche est éclatante. Apprenant son rang de sortie de l'École de guerre, ne l'a-t-on pas entendu s'exclamer : « Ces cons de l'École de guerre ! Je ne rentrerai dans cette sale boîte qu'en qualité de commandant de l'école. Et vous verrez comme tout changera[5]. » À l'époque ses sentiments envers le maréchal ne marquent aucune grave réserve, même s'il existe entre eux des différences de tempérament et d'orientation. De Gaulle voit en Pétain « son modèle, son exemple et son maître[6] ». Contrairement à une légende tenace, le maréchal n'est pas le parrain du jeune Philippe de Gaulle mais, assure Raymond Tournoux, toujours très bien informé, au-dessus du petit lit de l'enfant, se trouve un cadre qu'illustre une belle photographie du vainqueur de Verdun. En bas cette dédicace : « À mon jeune ami Philippe de Gaulle en lui souhaitant de réunir dans la vie toutes les qualités et les dons de son père. Affectueusement. Philippe Pétain. » En août, le maréchal accepte de se rendre au Maroc pour remplacer Lyautey dont la personnalité déplaît au pouvoir politique. À ce moment, de Gaulle semble désapprouver sa démarche. Des années plus tard, il prétendra que Pétain est mort intellectuellement à ce moment-là. Mais deux mois seulement après son arrivée aux Invalides près du maréchal, il se garde évidemment de tenir en public de tels propos. De même s'abstient-il de relater un épisode humiliant pour

Pétain lors de la mort de Mangin, l'un des grands chefs de la guerre 1914-1918, célèbre pour son mépris de la vie humaine, son ardeur à reprendre Douaumont le 24 octobre 1916, son rôle décisif enfin dans la seconde bataille de la Marne.

Je me souviens de la mort de Mangin, racontera-t-il au général Lalande, son chef d'état-major particulier, le 5 février 1969. Mangin était un caractère. J'étais alors à l'état-major du Maréchal ; Mangin était membre du Conseil supérieur de la guerre dont Pétain était le vice-président. Ils ne s'entendaient pas bien, chacun le savait. À l'annonce du décès, le maréchal est allé saluer le corps, et je l'accompagnais. Les Mangin habitaient avenue de La Bourdonnais, je crois. Quand nous sommes entrés, tous les enfants étaient là, le long des murs de la pièce. Cela faisait nombre, comme dans toute famille nombreuse. Le Maréchal disait quelle part il prenait à la peine de Mme Mangin, combien il estimait la valeur de son mari, à telle enseigne qu'il avait tenu à lui remettre lui-même la grand-croix de la Légion d'honneur. Alors, toute la famille s'écrie : « Non, pas la grand-croix, la plaque de grand officier ! » Mangin avait eu la grand-croix plus tard, mais justement, il avait fait le nécessaire pour ne pas être décoré par Pétain, qu'il n'aimait pas. Et cette aversion était bien sûr partagée par toute la famille, cela ne trompait pas. Cela était un peu gênant pour Pétain[7].

De Gaulle, alors, est fort occupé puisque Pétain, taraudé par le démon d'écriture et désireux de siéger sous la Coupole, lui demande de lui préparer, voire de rédiger différents travaux, dont une nouvelle *Histoire de l'armée*. Quand il se charge de ce travail, peu d'éléments ont été rassemblés. Il s'en acquitte, semble-t-il, à la satisfaction du vainqueur de Verdun puisqu'à Noël 1926, son nom figurera sur le tableau d'avancement ; il sera chef du bataillon l'année suivante.

Le maréchal, en vérité, se montre un protecteur attentif et efficace. Toujours en 1926, il confie au général Hering, nouveau commandant de l'École de guerre, son ancien collaborateur : « Plus je réfléchis, plus je pense que cette affaire de Gaulle est aussi monstrueuse qu'une erreur judiciaire... Hering, vous allez organiser à l'école un cycle de conférences que prononcera de Gaulle. Son classement est un scandale. Je présiderai les conférences. Je veux donner une leçon à certains des professeurs. Ils comprendront... de Gaulle a droit à une réparation ; moi aussi. » L'initiative de Pétain ne passe pas inaperçue : l'appel à un officier de rang somme toute subalterne pour des communications dans un cadre aussi prestigieux est exceptionnel. Le jour choisi, le 7 avril 1927, en grande tenue, Charles de Gaulle fait son entrée dans la salle de conférence, suivi du maréchal et du général Hering. À tort ou à raison, l'assistance éprouve l'impression d'une mise en scène. L'auditoire est d'autant plus réservé que les thèmes des causeries — L'action de guerre et le chef, Le caractère, Le prestige — apparaissent comme autant de leçons à l'usage des officiers.

D'emblée, l'assurance de l'orateur frappe les assistants. À l'approche de la quarantaine, de Gaulle s'affirme, sans craindre de choquer ; la maturité à laquelle il est parvenu est évidente. Ses propos, qui formeront bientôt la substance de son ouvrage *Le fil de l'épée*, surprennent par leur caractère direct et rude. Qu'il s'agisse de l'art de la guerre, des qualités du chef ou des sources mystérieuses de l'autorité, de Gaulle développe des idées très personnelles, laissant apparaître une pensée bien peu conformiste, inquiétante donc pour des hommes englués dans un système clos. Après Bergson, le conférencier valorise le rôle de l'instinct dans l'action. Brossant le portrait du chef, il insiste sur la notion de prédestination. En toutes choses, il met l'accent sur l'importance du mystère et du secret. La conclusion, en forme d'autoportrait, ne passe pas inaperçue :

> Les personnalités puissantes, organisées pour la lutte, l'épreuve, les grands événements, ne présentent pas toujours des avantages faciles, cette séduction de surface qui plaisent dans le cours de la vie ordinaire. Ces caractères accusés sont d'habitude âpres, incommodes, voire farouches. Si la masse convient tout bas de leur supériorité et leur rend une obscure justice, il est rare qu'on les aime et par suite qu'on les favorise. Le choix qui administre les carrières se porte plus volontiers sur ce qui plaît que sur ce qui se mérite.

L'orateur suscite encore plus d'interrogations inquiètes lorsque, évoquant le « jeu divin du héros », il martèle :

> Face à l'événement, c'est à soi-même que recourt l'homme de caractère. Son mouvement est d'imposer à l'action sa marque, de la prendre en compte, d'en faire son affaire. Et loin de s'abriter sur la hiérarchie, de se cacher dans les textes, de se couvrir de compte-rendu, le voilà qui se dresse, se campe et fait front. Non qu'il veuille ignorer les ardeurs ou négliger les conseils, mais il a la passion de vouloir, la jalousie de décider. Non qu'il soit inconscient du risque ou dédaigneux des conséquences, mais il les mesure de bonne foi et les accepte sans ruse.

En entendant ces propos, beaucoup s'émeuvent. Au général Hering on demande si, du fort d'Ingolstadt, le capitaine de Gaulle n'a pas ramené des « racines nietzschéennes », ce à quoi le commandant de l'École de guerre répond avec bon sens : « Est-ce Nietzsche ou Bossuet ? Rappelez-vous : l'homme providentiel, marqué par un décret du ciel. Rappelez-vous l'oraison funèbre du prince de Condé : "Dieu seul fait les conquérants... Dieu seul les fait servir à ses desseins... Dieu lui avait donné cette indomptable valeur pour le salut de la France[8]." » La dernière conférence, intitulée « Du prestige », n'est pas de nature à rassurer les âmes sensibles. Toujours devant le maréchal, impavide, de Gaulle va jusqu'au bout de sa pensée : à ses yeux, la société actuelle, qui bouscule les hiérarchies et fait chanceler le principe d'autorité, ne peut rien contre celui qui s'impose par son propre ascendant.

> L'homme qui commande, à quelques échelons qu'il soit placé, doit se fier, pour être suivi, moins à son élévation qu'à sa valeur. Il ne faut pas confondre la puissance et ses attributs. [...] Le fait est que certains hommes répandent, pour ainsi dire de naissance, un fluide d'autorité dont on ne peut discerner au juste en quoi il consiste et dont même on s'étonne parfois, tout en subissant ses effets. [...] Le prestige ne peut aller sans mystère car on révère peu ce que l'on connaît trop bien.

Le ton que la postérité admirera, fortune faite, renforce pour l'heure les préventions dont de Gaulle est l'objet. Comme le note son ami le colonel Lucien Nachin, « les officiers qui l'écoutent ont pu être subjugués par son extraordinaire rayonnement, mais l'empreinte qu'ils ont reçue, la mentalité qui les imprègne, l'ambiance qui les environne maintiennent non seulement une véritable incompréhension mais encore une sorte d'hostilité latente, un état de résistance, une inhibition à son enseignement[9] ». Si certains ont cru deviner Pétain à travers l'esquisse du chef brossée par l'auteur de *La France et son armée*, d'autres, beaucoup plus nombreux, pensent que ce dernier a livré un autoportrait. Comme l'indique une note de janvier 1926[10], de Gaulle pensait que les conférences pourraient contribuer à une réorganisation de l'École de guerre, de manière à favoriser l'émergence de personnalités fortes et douées : cet espoir sera déçu. Le projet restera dans les cartons. Pour autant, le Connétable ne se décourage pas. À l'automne 1927, il obtient de l'autorité militaire l'autorisation de prononcer ses trois conférences sous l'égide du cercle Fustel de Coulanges devant un public de politiques, d'universitaires et d'intellectuels proches de l'Action française. À cette occasion, des étudiants de gauche et d'extrême gauche tentent de provoquer des désordres, sans réussir à ébranler l'impavidité de l'orateur. L'auditoire, en revanche, ne semble pas plus séduit que celui de l'École de guerre[11]. Le ton général de l'intervention est, il est vrai, plus napoléonien que monarchiste de stricte obédience. « Les hommes passent, un régime en emporte un autre. Mais la France reste », affirme le maréchal Canrobert, mis en scène par de Gaulle dans une saynète, *Le flambeau*, en vérité assez laborieuse, publiée peu après[12].

L'armée, malgré tout, ne méconnaît pas complètement ses mérites. Promu chef de bataillon, il est nommé le 25 septembre 1927, sur la recommandation du maréchal Pétain, commandant d'une unité d'élite, le 19e bataillon des chasseurs, stationné à Trèves et dépendant de la 9e brigade de l'armée du Rhin. Directeur de l'infanterie, le général Matter confie alors au colonel Nachin : « Je mets en place un futur généralissime[13]. » Le 2 octobre, Charles de Gaulle est également cité à l'ordre de l'armée (citation valant attribution de la croix de guerre avec palme) et décoré de la médaille des évadés. Autant de baume sur le cœur facilement meurtri de l'écrivain-soldat, qui a confié récemment à Lucien Nachin, promu en même temps que lui : « Il est doux d'avancer, mais la question est ailleurs, il s'agit de marquer[14]. »

Dans son commandement, à Trèves, de Gaulle a peu de motifs d'exaltation. Une épreuve très douloureuse tout d'abord l'a atteint peu après son arrivée en Allemagne : le 1er janvier 1928 lui est née une seconde fille, Anne, mongolienne. Avec sa femme il réagit en Romain. Anne ne pourra jamais mener une vie normale ; elle aura besoin de soins permanents, mais toujours son père trouvera le temps de s'occuper d'elle, d'essayer de l'amuser, de la faire rire. Nul ne peut dire dans quelle mesure exacte ce malheur bouleversa la vie de Charles de Gaulle. On peut simplement penser qu'à partir de cet instant son échelle de valeurs s'en trouva modifiée, toujours dans le sens de la rigueur. L'affectivité dont il ne sera jamais prodigue fut en tout cas, à partir de ce moment, polarisée sur cet enfant dont il dira, magnifiquement : « Son âme était faite pour un autre corps. »

Indépendamment des faiblesses qu'il constate dans l'armée — « Qui donnera un Louvois à la République ? » écrit-il alors souvent [15] — la monotonie de la vie de garnison affecte son humeur. Et, une fois de plus, la distance qu'il crée lui aliène bien des sympathies. Certains le comparent à Dieu le Père ou à la Marien Saule, l'immense statue de la Vierge qui domine la Moselle non loin de Cologne. Et lorsqu'il loue l'Ancien Régime pour son réalisme, son horreur de l'abstraction, d'autres s'inquiètent. Le personnage déconcerte. Tantôt on le voit plein de commisération pour les humbles, jusqu'à porter le deuil d'un de ses hommes, simple chasseur, victime de la grippe espagnole, tantôt au contraire on le juge inhumain. Un jour, par exemple, outrepassant les ordres, il fait traverser la Moselle gelée à son régiment. Le médecin militaire proteste, ses supérieurs aussi, on lui fait valoir qu'il risque quinze jours d'arrêt de rigueur, ce à quoi il répond : « Vous verrez, tout s'apaisera car j'appartiens à la maison Pétain. De toute cette garnison, ajoute-t-il à l'adresse d'un ami, il n'y a que des imbéciles [16]. »

Des critiques, de Gaulle n'a cure, il est persuadé de voir juste et, de fait, il lui arrive d'avoir d'étonnantes prémonitions. Ainsi lorsque, dix ans avant que Hitler ne s'empare de l'Autriche, il écrit à son ami Nachin : « La force des choses abat ce qui demeure en Europe de barrières convenues et précieuses. Il faut être convaincu que l'Anschluss est proche, puis la reprise par l'Allemagne, de force ou de gré, de ce qui lui fut arraché au profit de la Pologne. Après quoi on nous réclamera l'Alsace. Cela me paraît écrit dans le Ciel [17]. » Avant tout, il continue d'être sûr de son étoile : « Ah, toute l'amertume qu'il y a de nos jours à porter le harnais ! écrit-il encore à Nachin. Il le faut pourtant. Dans quelques années on s'accrochera à nos basques pour sauver la patrie... et la canaille par-dessus le marché [18]. »

L'expression « la canaille » désigne, on l'a souvent noté, les parlementaires. Comme la plupart de ses camarades, de Gaulle n'a guère de considération pour le personnel politique. Sans forcément adhérer à tout le credo de l'Action française, il partage l'antiparlementarisme de Maurras, alimenté par le dérèglement des mécanismes institutionnels après 1918. « Poincaré, note-t-il encore, commis de premier ordre, si quelque très grand Français l'avait mis en œuvre, que n'eût-il pas donné sous Louis XIV ! Mais livré à lui-même, demi-grand, demi-honnête, demi-compréhensif. Bref un homme d'État à la mesure de la République [19]. » Le salut, de Gaulle ne l'attend que d'un seul, assez énergique pour faire éclater le système, et tout porte à croire qu'il se voit bien dans ce rôle.

En attendant, Pétain demeure son protecteur attitré. Il lui reste, bien sûr, reconnaissant d'avoir présidé ses conférences à l'École de guerre. « Quelle indépendance de caractère, assure-t-il. [...] Ah, le maréchal m'a donné une belle revanche. C'est un grand homme [20]. » Philippe Pétain surtout demeure le recours en cas d'incident de parcours. Il en va ainsi, par exemple, quand Charles de Gaulle s'expose à soixante jours d'arrêt de rigueur pour avoir sanctionné, au mépris des instructions ministérielles, un appelé coupable d'avoir demandé une mutation par l'intermédiaire d'un parlementaire. Sur-le-champ, le fougueux officier prend le train pour Paris et sonne le tocsin à l'état-major du maréchal. Celui-ci, qui est revenu d'une tournée d'inspection favorablement impressionné par ce qu'il a vu à Trèves, arrange l'affaire avec le ministre de la Guerre, Paul Painlevé. Moins que jamais, de Gaulle ne songe à s'éloigner d'un protecteur aussi efficace. « Ma carrière, affirme-t-il, est tracée pour les mois et les années à venir. Le maréchal vient d'être élu à l'Académie française. Il faudra préparer son discours de réception[21]. »

Pourtant, sans le dire, de Gaulle commence à la fois à s'impatienter de devoir évoluer sous haute surveillance et à s'inquiéter d'un affaiblissement des facultés intellectuelles du maréchal. « En 1925, racontera-t-il en 1950 à Georges Duhamel, moi qui travaillais à ses côtés, j'ai vu apparaître en lui deux phénomènes, également forts et pourtant contradictoires : le désintérêt sénile de tout et l'ambition sénile de tout[22]. » Donné à une époque où Pétain achève sa vie en prison, après avoir été gracié par son ancien subordonné, le témoignage peut être taxé de partialité. La vérité est sans doute plus nuancée. Tout en gardant grande allure, le maréchal accuse maintenant son âge. Quant à de Gaulle, il paraît alors soucieux de marquer les limites qu'il ne tolérera pas que l'on franchisse dans le cadre d'une collaboration littéraire à caractère hiérarchique.

Au cours des années 1925-1927, parallèlement aux discours de circonstances qu'il doit rédiger pour le compte du maréchal et dont on trouve l'écho dans les *Lettres, notes et carnets*, l'auteur de *La France et son armée* est chargé d'écrire un ouvrage intitulé *Le soldat*, à paraître sous l'illustre signature. Avec ardeur, il s'est mis à la tâche mais, assez vite, des incidents plus ou moins graves l'ont opposé au maréchal. Dès 1926, le colonel Bouvard, l'un des intimes du vainqueur de Verdun, voit de Gaulle sortir du bureau de Pétain « crispé, en proie à une colère froide[23] ». On ne connaît guère les raisons de cet accrochage. On peut seulement supposer que le subordonné, voué au rôle de nègre, se sent de plus en plus frustré. Dans ce genre de travail d'état-major, l'anonymat est la règle, mais chaque cas est particulier et en l'occurrence certains, tel le colonel Bouvard, estiment que l'ampleur de la tâche confiée au Connétable pose le problème en termes inédits. Dès la fin de l'année 1927, de Gaulle laisse percer son impatience : « Le maréchal n'est toujours aucunement pressé de faire sortir *Le soldat*, et je le déplore par vanité et curiosité », écrit-il à Nachin le 24 décembre. À force de garder le silence, l'Imperator finit par y être asservi[24]. Sa nervosité est d'autant plus grande que, quelque temps plus tôt, Pétain lui a marqué son mécontentement de n'avoir aucune nouvelle de son travail. Un dialogue de sourds à l'évidence.

Au début de 1928, la crise s'annonce. De Gaulle, dans les premiers jours de janvier, reçoit en effet une lettre d'un autre collaborateur de

Pétain, le colonel Audet, qui vient, semble-t-il, d'être chargé de remanier le manuscrit dans la perspective d'une sortie en librairie.

> Un livre, c'est un homme, réplique-t-il vertement au colonel le 16 janvier. Cet homme, jusqu'à présent c'était moi. Si quelque d'autre, fût-ce Montesquieu, fût-ce vous-même, mon colonel, s'en mêle, alors de deux choses l'une : ou il fera un autre livre, ou bien il démolira le mien qui n'aura plus de caractère et par conséquent de valeur. Si le maréchal tient à ce que vous fassiez un autre livre, je n'ai aucune objection à présenter... mais s'il s'agit de triturer mes idées, ma philosophie et mon style, je m'y oppose et vais le dire au maréchal [25].

De fait, le 23 janvier, de Gaulle adresse à ce dernier un message particulièrement net :

> Quand vous m'avez fait, en 1925, le grand honneur de me demander d'être votre collaborateur pour *Le soldat*, vous avez bien voulu me dire qu'il s'agissait d'une collaboration personnelle, que le travail resterait entre nous deux et que vous sauriez reconnaître publiquement la part que j'y aurais prise. C'est dans ces conditions que j'ai accepté de l'entreprendre. J'ai, d'ailleurs, dans votre très haut jugement une confiance trop absolue pour témoigner que vous teniez un tel ouvrage pour un travail d'état-major. [...] Aujourd'hui, l'œuvre se trouve sur le point d'être terminée... Or il me revient, Monsieur le Maréchal, que vous songez à faire reprendre le livre par de nouveaux collaborateurs. Je suis contraint de vous mettre en garde contre ce changement.

Et après avoir mis en évidence sa contribution personnelle à l'ouvrage, le caractère littéraire de son apport, de Gaulle enfonce le clou :

> Et puisqu'il vaut mieux ne point quitter ce sujet qu'il ne soit épuisé, permettez-moi, Monsieur le Maréchal, à propos de notre collaboration, d'ajouter quelque chose d'essentiel. Cette collaboration vous ne pouvez pas la reconnaître dans le corps même du livre. En effet, si par dévouement à votre égard et par désir de donner à certaines idées, dans l'intérêt général, toute l'autorité de votre nom, je consens de grand cœur à vous voir signer seul l'ouvrage, je ne puis renoncer à ce que j'y ai mis de moi-même. D'ailleurs y renoncerais-je que l'avenir se chargerait fatalement de remettre les choses en place. Ce tour de la pensée et du style qui se trouve dans *Le soldat*, certains le connaissent déjà. Par la force des choses, d'autres le découvriront plus tard. D'autre part, si le monde entier sait ce que vaut dans l'action et dans la réflexion le maréchal Pétain, mille renseignés, connaissent sa répugnance à écrire. Pour répondre d'avance aux questions, pour fermer la bouche aux malveillants, surtout pour être juste, il est nécessaire, Monsieur le Maréchal, que vous fassiez hautement dans une préface ou un avant-propos l'aveu de notre collaboration. Habile générosité qui assurera dans l'ordre littéraire, comme dans les autres, l'intégrité de votre gloire [26].

Dans l'Histoire — et surtout dans l'histoire militaire —, il existe sans doute peu d'exemples de pareille lettre ! D'un chef de bataillon à un maréchal, le ton, assurément, n'est guère habituel. Déjà le Connétable est tout entier dans ce mélange de hauteur, d'ironie mordante et de confiance en soi. Est-ce la fin des relations, si exceptionnellement étroites, entre de Gaulle et Pétain ? C'est en tout cas le premier accroc sérieux dans leurs rapports. Désormais, de Gaulle parlera du vainqueur de Verdun avec une certaine désinvolture. De l'autre côté, le charme est également rompu, même si le maréchal, qui a visiblement de la sympathie pour son subordonné, se montre plus circonspect dans sa réaction que le général Laure, son intime, qui a menacé l'officier effronté des pires représailles. « Mon cher de Gaulle, écrit-il, je comprends l'émoi que vous a causé la lettre d'Audet... Le but que je poursuis n'est pas de présenter à mes camarades de l'armée une simple étude historique, si brillante soit-elle. Il faut que, de cette étude, se dégagent certains principes d'organisation et d'emploi qui seront mis au point dans un dernier chapitre, qui sera rédigé par mes soins. En ce qui concerne votre participation à l'ensemble du travail, elle apparaîtra, comme je vous l'ai déjà dit, dans la préface que nous rédigerons en commun, quand le moment sera venu[27]. » Le règlement de l'affaire est remis à plus tard. En attendant, de Gaulle effectue quelques travaux pour le maréchal mais sans le moindre zèle, ni enthousiasme. Chargé d'écrire l'éloge de Foch auquel Pétain a succédé à l'Académie française, de Gaulle confie à Lucien Nachin : « On s'occupe du discours de réception du maréchal à l'Académie. C'est pour plus tard, le plus tard possible. Il s'agit de faire l'éloge de Foch que l'autre ne pouvait pas sentir et réciproquement[28]. »

L'éloignement géographique va un temps contribuer à faire retomber les passions. Après deux ans de commandement en Allemagne, de Gaulle voit, en effet, son régiment dissout (pas du tout à titre de sanction) et doit donc chercher une autre affectation. La première proposition qu'il reçoit est celle du général de Granrut, qui lui offre de servir sous ses ordres à Beyrouth. Il est loin d'être enchanté. Les grandes carrières, il le sait, se font à Paris, et son souhait est toujours d'enseigner à l'École de guerre. Malheureusement, cette perspective semble lui être refusée pour l'instant, en raison des animosités qu'il a suscitées. Pétain lui ayant conseillé de partir pour le Liban et de s'y distinguer par des services exceptionnels, il se résout donc à retenir cette solution. C'est ainsi qu'il débarque à Beyrouth, en compagnie des siens, à l'automne 1929. L'enthousiasme, évidemment, n'est pas de mise. Seul motif de satisfaction : l'arrivée au pouvoir d'André Tardieu, brillante personnalité de droite, devenu fort critique envers le régime : « Qu'il joue sa chance ! écrit de Gaulle à son père. Et puisse ce négociateur du traité de Versailles et cet élève de Clemenceau redresser à l'intérieur et à l'extérieur notre politique que Briand et ses lâches admirateurs dénationalisaient honteusement[29]. »

Affecté à l'état-major du général de Granrut, nommé chef des 2e et 3e bureaux, le Connétable découvre un pays en pleine ébullition. Après la chute de l'Empire ottoman, la France, qui détient en Syrie et au Liban un mandat de la Société des Nations, a perdu plus de neuf mille hommes dans les opérations de pacification. L'administration de cet ensemble composite, où coexistent et s'affrontent souvent des populations et des croyances diverses, pose bien des problèmes dont Charles de Gaulle prend la mesure à la faveur de plusieurs déplacements.

Sa pensée sur la question est empreinte sinon d'ethnocentrisme, du moins d'un pessimisme certain quant à la capacité des peuples sous mandat à s'auto-administrer. À aucun moment, il ne remet en cause le principe de la présence française. Chargé de rédiger avec un collègue *L'histoire des troupes françaises du Levant*, il y justifie les accords Skyes-Picot de 1916, fondement du mandat, en les situant dans le droit fil d'une politique d'intervention française au Levant... depuis les Croisades !

> Le Levant, écrira-t-il un an après son arrivée, est toujours calme, si l'on peut qualifier ainsi l'état d'excitation perpétuelle des esprits orientaux quand il n'a pas de conséquences sanglantes immédiatement. Il se trouve ici des populations qui n'ont jamais été satisfaites de rien, ni de personne, mais qui se soumettent à la volonté du plus fort, pour peu qu'il l'exprime, et une puissance mandataire qui n'a pas encore bien vu par quel bout il convenait de prendre son mandat. Cela fait une incertitude chronique, laquelle se retrouve d'ailleurs dans tout l'Orient[30]

Pour l'avenir, de Gaulle n'en est pas moins pessimiste. Seule la puissance militaire est susceptible à ses yeux de garantir la suprématie dans ces régions.

> Le Levant, constate-t-il en juin 1930, est un carrefour où tout passe : religion, armée, empire, marchandises, sans que rien ne bouge. Voilà dix années que nous y sommes. Mon impression est que nous n'y pénétrons guère et que les gens nous sont aussi étrangers (et réciproquement) qu'ils le furent jamais. Il est vrai que, pour agir, nous avons adopté le pire système dans ce pays, à savoir inciter les gens à se lever d'eux-mêmes, quitte à les encourager, alors qu'on n'a jamais rien réalisé ici, ni les canaux du Nil, ni l'aqueduc de Palmyre, ni même une voie romaine, ni une oliveraie sans la contrainte. Pour moi, notre destin sera d'en arriver là ou bien de partir d'ici. Les sceptiques ajouteraient une troisième solution, à savoir que : devant les tâtonnements d'aujourd'hui, puisque ici le temps ne compte pas et que les systèmes, comme les ponts et les maisons, trouvent facilement moyen de rester des siècles en porte à faux. Il y a un homme, et je crois, un seul qui comprenait bien la Syrie et « savait y faire » : c'était le colonel Catroux. C'est pourquoi il est parti[31].

À terme, de Gaulle ne croit guère à la pérennité de la présence française, à moins que les méthodes ne changent, ce qui lui paraît improbable, étant donné l'état d'esprit de la métropole. L'allusion positive à Georges Catroux, son camarade de captivité, partisan de méthodes souples en matière d'administration du mandat, atteste par ailleurs que des velléités libérales, en tout cas pragmatiques, occupent son esprit.

Contrairement à Barrès, de Gaulle n'est pas de ces hommes du Nord attirés par le Sud. Néanmoins, son séjour au Liban ne revêt pas uniquement à ses yeux des aspects négatifs. Comme le montre sa correspondance, il éprouve d'abord la satisfaction de trouver une atmosphère d'action rare en métropole. Homme de grande valeur, le général de Granrut, dont il est le subordonné, fait aussi heureusement contraste avec les médiocres arrivistes qu'il a dû si fréquemment subir. Nanti de responsabilités, de Gaulle, une fois de plus, se révèle incommode. Volontiers querelleur, il outrepasse parfois les ordres : c'est ainsi que, de sa propre initiative, il décide un jour de monter une expédition punitive contre des pillards sévissant sur les hauteurs dominant la plaine de la Bekhaa. Sa valeur n'en est pas moins reconnue, notamment lors de l'opération dite « de réduction du bec de canard » sur les bords du Tigre en juin 1930. Signe qui ne trompe pas, le 3 juillet 1930, il est chargé de prononcer une allocution, à la place du haut-commissaire, lors de la distribution des prix de l'université Saint-Joseph à Beyrouth : un discours d'une assurance extraordinaire qui donne toute son authenticité à cet aveu qu'il fera bien plus tard à Claude Guy : « Voyez-vous, j'ai toujours pensé que je serais, un jour, à la tête de l'État. Oui, il m'a toujours semblé que ça allait de soi[32]. »

Avant de reprendre le chemin de la France, de Gaulle s'offre quelques incursions touristiques. En Syrie, il croise une aventurière de haut vol, la comtesse Magda d'Andurain, plus tard convertie à l'islam, qui défraiera la chronique en devenant l'un des égéries de la bande Bonny et Lafont.

Alors que j'étais en Syrie, elle tenait, avec son mari, un hôtel à Palmyre : l'hôtel Zénobie..., racontera-t-il à Claude Guy. Sa vertu subissait alors bien des assauts. Elle était surmenée... jour et nuit ! Son mari était ce Français dont elle ne devait se séparer plus tard que pour l'épouser à nouveau.
Je me rappelle que le premier soir, où en compagnie de deux ou trois camarades officiers, j'eus à faire halte à l'hôtel Zénobie, la comtesse d'Andurain apparut, très « femme du monde », vint à nous au moment où nous allions passer à table, s'y opposant sous prétexte qu'elle désirait nous offrir d'abord des cocktails. Le lendemain matin, lorsque nous partîmes, nous trouvâmes sur notre note le montant de ces cocktails... Voilà probablement pourquoi je me souviens d'elle, ajoute-t-il en riant[33].

Avec sa femme et un ménage ami, il s'octroie également une quinzaine de jours en Palestine. Il visite notamment les lieux saints, alors sous domination britannique. Nul doute, comme le souligne Bernard Ledwige, son biographe anglais, que ce voyage contribua à accentuer son sentiment d'hostilité à l'égard du Royaume-Uni qui, en 1917, avait imposé une modification des conditions initiales de l'accord Skyes-Picot, s'attribuant une zone d'influence sur Jérusalem et la Terre sainte[34].

Après dix-huit mois au Levant, le Connétable, légitimement, aspire à revoir la France et à se rapprocher des centres de décision. Avant même de reprendre le bateau, il a posé des jalons, sollicité Pétain pour obtenir le poste de professeur à l'École de guerre qu'il ambitionne depuis longtemps. L'affaire se présente mal car de Gaulle, en fait, souhaite la création d'un cadre d'enseignement nouveau, une préfiguration de l'Institut des hautes études de la défense nationale. « Pour combiner le crédit nécessaire à celui qui sera chargé [de cet enseignement], précise-t-il[35], il faut l'initiative et le patronage du maréchal Pétain, éminemment qualifié par sa gloire, le rôle qu'il a joué, ses fonctions actuelles et le double siège qu'il occupe à l'Institut[36]. »

Pétain, malheureusement, juge l'idée intéressante mais prématurée — toujours sa fameuse prudence. Pour autant, il continue à faire bénéficier son protégé de sa bienfaisante influence. « Je verrais volontiers votre affectation au secrétariat général du Conseil supérieur de la défense nationale... Là vous serez employé à des travaux d'ordre général, mais concrets, qui ne peuvent qu'aider à préciser et mûrir vos idées. Mon avis est que vous fassiez une demande pour obtenir l'affectation que j'indique. Je m'emploierai à la faire aboutir[37]. »

En attendant, de Gaulle publie, sous le titre *Le fil de l'épée*, ses trois conférences de l'École de guerre, augmentées de deux autres textes. L'ouvrage, dédié au maréchal Pétain, sort chez Berger-Levrault en 1932. Les communications, on doit le souligner, ont été considérablement retravaillées, polies, complétées. L'auteur connaît l'importance d'un livre pour assurer une réputation en France. Quand il ne se surveille pas, il est facilement grandiloquent. D'où son obstination à donner une allure achevée à sa réflexion. Ses efforts sont couronnés de succès. De tous ses ouvrages, *Le fil de l'épée*, essai sur l'action, reste le plus profond, le plus ciselé, le plus révélateur aussi. Sa pensée a trouvé un point d'équilibre. Le modèle offert par la société militaire et même le héros nietzschéen ne sont jamais très loin. Toutefois, un pragmatisme de grand style donne son originalité à la démarche. De Gaulle évite de s'enfermer dans un cadre rigide, l'adaptation aux circonstances est pour lui un impératif majeur, au même titre que le respect du passé. L'auteur, en tout cas, prend date avec le destin. « Non pas, écrit très bien Alain Peyrefitte, avec une fatalité programmée à l'avance — calculée mécaniquement. Mais en un rendez-vous avec l'imprévisible — face auquel l'homme de caractère ne répond plus que de lui-même[38]. »

Bien accueilli par la presse, *Le fil de l'épée* constitue un beau succès, même si les ventes sont très modestes : seuls sept cents exemplaires seront vendus dans les années qui suivront. Pour l'auteur, cette réussite va malheureusement de pair avec une épreuve très dure : la mort d'Henri de Gaulle, le 3 mai à Sainte-Adresse, près du Havre, où il s'était retiré chez sa fille. Entre les deux hommes, les liens étaient réels. Récemment encore, l'ancien professeur, intraitable sur la correction de la syntaxe et l'exactitude historique, avait été mis à contribution pour la mise au point du *Fil de l'épée*.

Publication d'un livre majeur, disparition du père : ce milieu de l'année 1932 est une date dans la vie de Charles de Gaulle, d'autant plus que c'est à cette époque — la recommandation du maréchal Pétain ayant joué — qu'il intègre, en qualité de rédacteur, le secrétariat du Conseil supérieur de la défense nationale (CSDN), haute instance dont dispose le président du Conseil pour la préparation à la guerre de l'État et de la Nation. « De 1932 à 1937, écrira-t-il dans ses *Mémoires de guerre*, je me trouvais mêlé, sur le plan des études, à toute l'activité politique, technique et administrative, pour tout ce qui concernait la défense du pays. » Relié jusqu'en 1936 directement au pouvoir politique, en l'occurrence le sous-secrétariat à la présidence du Conseil (il sera ensuite rattaché au ministère de la Défense), le CSDN a notamment pour mission d'établir toutes les mesures de mobilisation économique et administrative, et de préparer, à cet effet, les dossiers soumis à l'examen du Conseil supérieur, où siègent autour de Pétain tous les maréchaux de la Grande Guerre encore en vie.

La mission assignée au chef de bataillon Charles de Gaulle est d'autant plus importante que les périls commencent à poindre à l'horizon. En Allemagne, avant même l'arrivée au pouvoir de Hitler un an plus tard, le général von Seekt a déjà fait de la Reichswehr un instrument de combat impressionnant, n'hésitant pas à expérimenter les armements interdits par le traité de Versailles. En France, sous l'influence de Pétain, on en reste à une stratégie purement défensive, tandis que l'alliance de revers à l'est est négligée, sauf par Louis Barthou puis Pierre Laval en 1935.

Une fois de plus de Gaulle se retrouve dans un contexte plutôt hostile. Personnage austère et vindicatif, le général Chabert, patron du CSDN, ne lui est guère favorable. L'amiral Blétry, qui le seconde, est dans les mêmes sentiments. Le non-conformisme de l'auteur du *Fil de l'épée*, sa réputation de hauteur et d'orgueil, la jalousie qu'il suscite en raison de ses liens avec le maréchal Pétain sont autant de handicaps à surmonter. Les préventions dont il est l'objet vont se révéler dès la rédaction de son premier travail : une note de 1932 en vue d'une réunion de la commission d'études du Conseil supérieur de la défense nationale sur le thème de la nécessité d'un plan de défense nationale.

Publié pour la première fois dans le numéro 1 de la *Revue historique des armées* en 1980, par les soins du commandant Bodinier, ce texte semble surtout destiné à définir quelques principes très généraux de bon sens. Pour l'essentiel, le Connétable tire les leçons de la Grande Guerre au cours de laquelle, faute de vue d'ensemble préalable, les pires incohérences avaient été observées, et tente aussi de tenir compte des nécessités de l'époque, c'est-à-dire de l'hypothèse d'une guerre totale. On s'étonne, à dire vrai, qu'un texte aussi peu polémique ait pu susciter des réserves de la part de l'amiral Blétry et du lieutenant-colonel Hennequin, chef de la première section d'études de la CSDN. L'affaire prend son vrai sens si l'on est attentif à la motivation des commentaires négatifs. Hennequin, à l'évidence, est aveuglé par l'antipathie, vraisemblablement la jalousie, à l'égard d'un personnage brillant « dont on parle dans les journaux ». Le lieutenant-colonel, en vérité, rejoint le sentiment de Charles de Gaulle quand il écrit « qu'il y a lieu de se tenir à des principes fermes car l'irruption sur la scène de l'homme d'État responsable est totalement improbable ». Et le Connétable aurait pu signer cette phrase : « Le plan des techniciens est la conséquence des décisions des hommes d'État, s'il y en a. S'il n'y en a pas, les techniciens font ce qu'ils peuvent pour que, malgré leur carence, ils trouvent quelque chose de prêt. » Le conflit, on le voit, est d'ordre personnel et a pour origine une incompatibilité d'humeur. La suite de l'étude intitulée « Conduite de la guerre et plan d'action » apparaît de la même veine. Sur le fond, de Gaulle, comme le souligne le commandant Bodinier, s'inscrit dans le droit fil des conceptions de Philippe Pétain, partisan sinon d'un commandant unique de la défense nationale du moins de la mise en place d'un organisme assurant ce rôle. Comme le maréchal, et contrairement à beaucoup d'officiers animés par l'antiparlementarisme, il affirme aussi nettement la primauté des politiques, sous réserve évidemment que ceux-ci soient conscients des vrais enjeux. La proximité d'analyse avec Pétain est, en l'occurrence, si flagrante que, dans un article paru dans la *Revue bleue* le 14 mars 1933, de Gaulle reprendra en grande partie les arguments développés par le général Laure, proche collaborateur du vainqueur de Verdun, sur la coordination interministérielle de la défense nationale, en réponse à ses propres idées. Dès lors, il n'est guère étonnant que, dans un rapport en forme de contre-proposition, l'amiral Durand-Viel, chef d'état-major de la Marine, s'oppose aux vues exprimées dans la note (la commission, en définitive, ne s'est pas réunie, mais le texte du Connétable a probablement été adressé à ses membres) et défende le point de vue traditionnel de la Royale, fort attachée à son indépendance. Cette fois, le conflit a des racines structurelles, encore que de Gaulle ne cache pas, dans ses commentaires aux contre-propositions de l'amiral, une certaine animosité. « On est toujours satisfait de l'inertie », note-t-il ainsi en réponse à une remarque de Durand-Viel vantant l'heureuse collaboration des chefs d'état-major des trois armées.

En vérité, c'est surtout par contraste avec des pensées aussi figées et corporatistes que de Gaulle affirme sa hardiesse. Autant son originalité éclate, on doit le répéter, dans des domaines techniques — son intérêt pour les chars et l'aviation le prouve —, autant son classicisme est évident dès qu'il s'agit de définir des principes généraux. La preuve en est d'ailleurs donnée par une autre version, plus élaborée, du plan de guerre, conservée au Service historique de l'armée de terre et publiée seulement en 1990 par le commandant Bodinier.

Dans une forme classique, sans morceaux de bravoure — le cadre de la publication s'y prête mal —, le Connétable y expose la situation, telle qu'il la voit, dans l'hypothèse d'une guerre. À ses yeux, le péril pourrait venir de trois pays : l'Allemagne, l'Italie ou la Russie. « En fait d'alliés, souligne-t-il, nous n'aurions à compter fermement que sur les États que le conflit mettrait en danger immédiat : la Pologne, dans tous les cas, la Roumanie si la Russie intervient, la Belgique quand l'Allemagne aura pris les armes contre nous, la Yougoslavie à la première la menace italienne. » Pour le reste, en Europe, de Gaulle demeure certain malgré tout qu'en cas de conflit la Turquie chercherait à récupérer ses provinces d'Asie, tandis que l'Indochine connaîtrait des désordres. « Tous les autres États et en particulier l'Angleterre et l'Amérique, ajoute-t-il, garderaient suivant la vraisemblance une neutralité initiale dont il ne faut pas compter qu'elle serait très sympathique à notre égard. Par la suite, cette attitude changerait peut-être, au moins pour l'Angleterre, si l'équilibre du continent risquait d'être complètement bouleversé. » Traditionnelle à l'époque parmi les gens de droite en France, l'hostilité envers les pays anglo-saxons et singulièrement l'Amérique, est ici patente. Il est vrai qu'un an avant l'arrivée de Hitler à la Chancellerie, de Gaulle soutient l'hypothèse d'une guerre limitée, longtemps larvée, aucun des belligérants potentiels n'étant préparé à un affrontement total.

La suite des événements, de Gaulle la voit en tenant compte des atouts et handicaps des forces en présence, de la vulnérabilité aussi de la Belgique, malgré la valeur des fortifications aux frontières. À la France, il attribue une supériorité militaire initiale et surtout une capacité exceptionnelle de rebondissement, alors que les « Germaniques, préparateurs méthodiques, très disciplinés, fournissant dès le début un effort extrême », sont, eux, moins aptes à cet exercice.

Si la France ne se trouve pas trop profondément entamée par les premiers chocs, estime le Connétable, elle garde psychologiquement la chance de se reconnaître et de vaincre. D'autant plus que ses ressources, accrues de celle de ses colonies, présentent une étendue et un équilibre rares... Cette possibilité de surpasser largement les autres constitue un avantage financier très important. Seul point vraiment inquiétant dans la situation de la France : une organisation militaire beaucoup trop tournée vers la défensive, faiblement manœuvrière, peu apte à entreprendre des opérations offensives sans l'appui continu d'un matériel puissant, c'est-à-dire sans de longs délais de préparatifs et d'exécution.

Somme toute, même si de Gaulle se démarque de la doctrine officielle, en se faisant l'avocat de l'offensive et en faisant preuve d'une certaine prudence dans ses pronostics, ce texte apparaît raisonnable, presque conventionnel. L'importance des chars et de l'aviation n'est même pas évoquée, non plus que le facteur clé constitué par la puissance américaine, et ce n'est vraisemblablement pas un hasard si cette étude, un peu besogneuse, ne figure ni dans la première édition des *Lettres, notes et carnets*, ni dans l'additif publié récemment.

Le caractère « gris » de ce travail est d'autant plus frappant qu'il fait contraste avec le ton très étonnant et presque débridé d'un autre manuscrit relatif au même sujet, axé sur les buts de guerre, et commenté selon toute vraisemblance par l'amiral Durand-Viel, chef d'état-major de la Marine. Resté inédit jusqu'à présent, retiré du numéro spécial de la *Revue historique des armées* consacré à « De Gaulle militaire » (n° 2, 1990), sur intervention du ministère de la Défense, ce texte atteste que l'auteur du *Fil de l'épée* voyait grand, parfois même un peu trop.

II. Buts de guerre
La France a renoncé à recourir à la guerre comme instrument de politique nationale. Mais si quelque conflit lui était imposé elle ne saurait négliger de la mettre à profit pour améliorer sa situation absolue et relative.
La France, toutefois, n'aurait pas intérêt à poursuivre un bouleversement complet de l'ordre du monde et, en particulier, une hégémonie qu'elle ne pourrait pas soutenir.
Par contre, elle devrait chercher d'une part à compléter sa sécurité en obtenant les garanties qui lui manquent, d'autre part à assurer son libre développement, mais cela dans un monde en équilibre et sans qu'elle ait à s'épuiser ensuite pour maintenir ce qui serait acquis.
La situation absolue et relative que la France pourrait tâcher d'atteindre est

définie par les conditions indiquées ci-dessous. Les unes ou les autres seraient à poursuivre suivant la nature du conflit éventuel, à proclamer ou à taire suivant l'opportunité. Leur total représente un maximum dans l'état présent du monde, le minimum étant le maintien du statu quo.

1° Buts politiques

La souveraineté de la France étendue vers le Rhin et, à la limite, jusqu'au cours du fleuve, de manière à assurer la couverture de notre territoire et du territoire belge, tout en permettant la réassimilation progressive des populations.

La Belgique étroitement liée à la France, en particulier pour ce qui concerne le statut des territoires rhénans, l'activité économique et l'expansion des deux peuples en Afrique centrale.

La continuité de l'Empire africain de la France établie par la suppression des enclaves étrangères en Afrique occidentale (Nigeria, Côte d'Ivoire, Liberia, Sierra Leone, Gambie, etc.), par l'extension de nos possessions depuis l'Atlantique jusqu'à la mer Rouge (Soudan, Uganda, Abyssinie) et par la conjonction de la domination française et de la domination belge dans le bassin du Congo.

La révision des frontières de la Syrie portées à la crête du Taurus et englobant Mossoul.

L'Empire du Maroc entièrement réuni sous notre domination.

Nos communications impériales garanties :

Sur mer, par la neutralisation effective du détroit de Gibraltar, de Malte, du canal du Suez, du détroit de Malacca, du canal de Panama et par l'application aux côtes de Sardaigne, de Sicile, de Tripolitaine, etc., des servitudes militaires, maritimes, aériennes convenables.

Dans les airs, par la possession attribuée à la France des enclaves nécessaires (au Siam, aux Indes, en Perse, en Irak, en Égypte, etc.) au fonctionnement des lignes aériennes françaises et par le droit de survol donné sans restriction sur tous les parcours entre France d'une part et Indochine, Afrique occidentale, Afrique centrale, Afrique orientale, Antilles, Océanie d'autre part.

La fédération en Europe centrale des États sortis de l'ancien empire austro-hongrois, indépendants de l'Allemagne et de l'Italie englobant la Yougoslavie et la Roumanie pour assurer la prépondérance de l'élément slave et orienter l'ensemble vers Fiume et vers Constansa.

Nos alliés de revers consolidés : la Pologne par l'acquisition du débouché de Dantzig, la Yougoslavie par l'attribution de Fiume, la Roumanie par le règlement de la question de Bessarabie.

L'établissement d'une fédération des États latins de l'Amérique (Amérique du Sud, Amérique centrale, Antilles) où la France entrerait pour ses Antilles et pour la Guyane et destinée à faire contrepoids aux États-Unis.

Il pourrait donc y avoir intérêt à former en partant de là une union latine, dont feraient partie en outre l'Espagne, le Portugal, l'Italie et la Belgique, et destinée à contrebalancer l'influence des Anglo-Saxons.

2° Buts économiques

La France assurée des principales matières premières qui lui manquent, soit par possession directe (pour le charbon : Sarre, Aix-la-Chapelle ; pour le pétrole : Mossoul), soit par l'union économique avec les producteurs (Espagne et Belgique pour le cuivre, par exemple).

Réglementation contractuelle (publique et privée, cartels, tarifs, législation sociale, etc.) assurant notre production agricole et industrielle et tenant ouverts les marchés nécessaires à notre commerce extérieur.

Suppression de toute entrave apportée par d'autres États à l'immigration temporaire ou définitive des étrangers en France ou dans les colonies ainsi qu'à

la naturalisation française des étrangers. Plus spécialement possibilité donnée à la France d'importer de la main-d'œuvre étrangère sans aucune servitude. À la limite, établissement d'un régime économique international (direction et contrôle par une Société des Nations organisée en conséquence) assurant à la France des conditions satisfaisantes pour son activité et son développement.
3° Buts moraux
Le développement assuré de l'influence française à l'extérieur. En particulier, facilités données à l'enseignement du français, à nos écoles, à nos œuvres. La langue française reconnue à nouveau comme langue diplomatique unique et même comme langue internationale.
Interdiction de toute propagande extérieure pouvant nuire à la cohésion morale du peuple français ou au loyalisme des populations de nos colonies.
À la limite, déchéance des régimes politiques de certains États qui constituent à cet égard une menace latente contre nous (bolchevisme, fascisme...).
4° Buts internationaux
Statut du monde et, en particulier, situation absolue et relative de la France garantis par l'existence d'une Société des Nations universelle, organisée en conséquence, disposant de moyens de contrôle et de forces propres et procurant à ses membres une sécurité latente aussi complète que possible.

III. Principes constants de la conduite générale de la guerre
Il résulte des conditions permanentes dans lesquelles la France se trouve placée et des buts vers lesquels elle tend que sa politique générale dans quelque conflit que ce soit aurait à se conformer aux principes suivants :
1° Ne pas prendre l'initiative de la guerre.
2° Éviter, pour autant qu'on le puisse, de donner à la guerre un caractère de destruction.
3° Assurer avant tout l'intégrité du territoire. En conséquence et en particulier, régler le rythme des préparatifs de telle sorte qu'ils ne subissent aucun retard relatif.
4° Tout en s'efforçant de conduire l'effort de manière qu'il soit aussi bref que possible, se tenir en mesure de soutenir une guerre prolongée. Ménager en conséquence les ressources du pays, notamment ses forces vives, et administrer avec mesure le moral de la nation.
5° S'efforcer de nourrir la guerre avec les seuls moyens de la France et de son Empire et ne recourir aux offices des neutres que dans la mesure indispensable. Organiser en conséquence d'une part la production et la consommation (restrictions), d'autre part le financement de la guerre.
6° Dans le même ordre d'idées, aménager d'une part les communications extérieures et d'autre part régler les rapports (politiques, économiques, moraux) entre la métropole et les colonies de manière à tirer de celles-ci le plus grand concours possible[39].

Contrairement à ce que l'on pourrait penser, ce texte ne constitue pas une « première version » à usage interne, mais une note suffisamment élaborée, polie, décantée, pour avoir été soumise aux plus hauts responsables de l'armée. Pour surprenantes qu'elles puissent apparaître, les idées qui y sont exprimées sont donc celles clairement revendiquées par Charles de Gaulle. Et par là même, on comprend mieux pourquoi cet homme, aussi exceptionnel qu'imprévisible, suscitera si souvent au cours de sa vie incompréhension, méfiance, voire inexpiable hostilité. Évoquant son attitude intransigeante à Alger en juin 1943, au plus fort de l'affrontement avec le général Giraud, Jean Monnet écrira : « C'est un mélange d'intelligence des choses qui force le respect et d'emportements hors du bon sens qui inquiètent[40]. » La formule pourrait s'appliquer à cette étude enivrée de chauvinisme, mais qui laisse surtout éclater une inadéquation aveuglante entre les objectifs et les moyens. C'est d'ailleurs bien la raison pour laquelle l'auteur des annotations marginales figurant sur le manuscrit (« Grand dieux », « enfantin », « prodigieux »...) exprime un si vif étonnement : la vision furieusement cocardière exposée par de Gaulle choque sans doute moins l'amiral Durand-Viel que son indifférence superbe aux données géostratégiques les plus élémentaires. Tel est le Connétable lorsque, seul devant sa mappemonde, il s'abandonne à ses rêves.

La plupart du temps, il contrôle heureusement davantage ses impulsions, comme le montre un autre développement, lui aussi inédit et reproduit en annexe : morceau moins flamboyant mais riche d'enseignements, puisque s'y trouvent indiqués les bases de la diplomatie gaullienne dans la guerre et dans la paix. Deux points frappent d'emblée. Le premier est la méfiance réitérée par l'auteur à l'égard de toute entreprise outre-mer où la France, à ses yeux, ne peut que gaspiller son énergie. Le second est le regret, souligné, qu'une alliance de revers avec la Russie soit impossible, la dictature des Soviets imposant à Paris de se placer dans la dépendance de la Grande-Bretagne. Ces principes de base ne seront pas oubliés. Pour le reste, la note procède du nationalisme le plus classique, tel qu'il s'exprime alors, sinon par la voix des porte-parole de l'Action française, du moins de ceux qui évoluent dans l'orbite maurrassienne. De l'hostilité de principe à l'Allemagne, en passant par la rancœur vis-à-vis de la Grande-Bretagne et le dédain de la puissance américaine, les thèmes les plus classiques de la doctrine sont présents. L'impression est confirmée, s'il en était besoin, par un aperçu consacré à la situation économique, où sont constatés les penchants protectionnistes des Français.

Pour autant, et c'est l'essentiel, de Gaulle n'est pas dogmatique : il tient compte des faits, se fonde sur l'expérience, insiste en l'occurrence sur l'importance des échanges avec les Anglo-Saxons et les Germaniques. Si la France est pour lui la mesure de toute chose, « la politique, il le constatera bientôt, est l'art des possibilités, elle n'est pas une construction de partisan, ou bien alors toute base lui manque[41] »,

III

LE « COLONEL MOTORS »

En ce début des années trente, si chargé de menaces, cet attachement exclusif à la cause nationale allié à un pragmatisme intelligent, va sauver de Gaulle des pièges où tomberont tant de bons esprits. En s'appuyant sur un article, « Mobilisation économique à l'étranger », paru sous sa signature, le 1er janvier 1933, dans la *Revue militaire française,* certains de ses détracteurs ont essayé d'accréditer l'idée selon laquelle il aurait pu être attiré par les régimes totalitaires européens, à commencer par le fascisme italien. Mauvais procès. L'article s'inscrit dans la perspective d'une défense nationale « totale » et ne s'appuie pas sur le seul exemple italien ; la Belgique et surtout les États-Unis (dont les formidables potentialités sont devinées) sont aussi étudiés. En fait, évoquant le régime mussolinien, l'auteur du *Fil de l'épée* souligne surtout quelques évidences, à savoir la rigueur de la discipline depuis l'arrivée au pouvoir du Duce, la primauté de l'intérêt collectif, l'atmosphère de ferveur patriotique entretenue par le parti fasciste. Par rapport à d'autres représentants de la droite française, tombés littéralement sous le charme du dictateur transalpin, de Gaulle est nettement en retrait. Les rumeurs selon lesquelles il aurait appartenu à la Cagoule n'ont pas plus de consistance. Dans une lettre adressée au général Spears en 1954, bien après sa rupture avec l'homme du 18 juin, Henri de Kérillis, homme de droite aussi courageux que fantasque, soutiendra cette thèse : « J'ai connu de Gaulle quand il appartenait à la Cagoule qui est à l'origine de sa formation intellectuelle, de sa philosophie politique, de sa doctrine antidémocratique et foncièrement anti-anglo-saxonne[1]. » Spears ayant manifesté quelque surprise et demandé des preuves, Kérillis s'avouera incapable de les lui fournir : « Vous me demandez comment j'ai su que de Gaulle avait été cagoulard avant la guerre. Je n'en ai jamais eu la preuve, je m'empresse de le dire. C'est un des chefs de la Cagoule, le général Duseigneur[2], qui me l'avait dit, au cours d'une conversation en 1936, quelque temps avant que lui-même ne soit arrêté et emprisonné pour ses activités cagoulardes. J'attachai peu d'importance à ce sujet car je considérai alors le mouvement cagoulard comme rocambolesque[3]. » Rien de sérieux, on le voit, ne vient corroborer l'hypothèse imprudemment avancée par Kérillis.

L'exaltation des vertus du soldat, la célébration de l'ordre militaire, la tendance à y voir une sorte de contre-modèle aux désordres de la société sont en revanche des tentations avérées de Charles de Gaulle, à cette époque. « La France discerne qu'elle peut quelque jour avoir besoin de ses armes », écrit-il dans un article intitulé « Métier militaire », paru le 5 décembre 1933 dans *Études*, la revue des jésuites. « L'élite de la jeunesse pressent tout ce que l'ordre militaire lui promet d'active puissance. » Pour de Gaulle la France est à la croisée des chemins. À l'extérieur, les périls s'accumulent. Depuis janvier 1933, Hitler est chancelier du Reich, et sa volonté de remettre en cause le traité de Versailles, fût-ce au prix d'une guerre, n'est un mystère pour personne. À l'intérieur un marasme s'étend dont on ne voit pas l'issue. Après la mort mystérieuse de l'escroc Stavisky le 9 janvier 1934, un scandale éclate, des hommes politiques importants, pour la plupart radicaux, ayant donné l'impression d'avoir eu des contacts avec le financier douteux. L'opinion publique est en effervescence. Le 6 février, le drame survient, le gouvernement d'Édouard Daladier fait tirer sur les manifestants. Une vingtaine d'entre eux sont tués. Pour panser les plaies, l'ancien président de la République Gaston Doumergue est rappelé de Tournefeuille et prend la tête d'un cabinet de coalition, plus orienté à droite que ses prédécesseurs et au sein duquel Pétain est ministre de la Guerre. De Gaulle, qui ne rejoint pas le cabinet du maréchal, soit parce qu'il a décliné l'offre, soit parce qu'il a été écarté par des jalousies — le point reste obscur — estime de toute façon qu'une page est en train d'être tournée.

Ici le sol est mouvant, écrit-il à un ami, le 8 juin 1934. Depuis février où le volcan a fait irruption, tout est en déséquilibre. En réalité, c'est bel et bien le début d'une révolution. Qu'en sortira-t-il ? À mon humble avis un renforcement, au mieux une restauration de l'ordre, mais non sans beaucoup de secousses qu'il nous faudra traverser. En tout cas, la vieille République des comités, des élections, des faveurs est à l'agonie. Elle cède peu à peu la place à de tout autres conceptions. Nous entrons dans une espèce de compte à rebours. À mon avis toute la question consiste en ceci : que le changement s'accomplisse sans entraîner au-dedans trop de victimes et sans nous amener l'invasion[4].

Pour faire face aux dangers extérieurs et aux turbulences traversées par le pays, l'armée est, à ses yeux, l'unique recours, non qu'elle soit destinée à assumer directement des responsabilités mais parce qu'elle est dépositaire de valeurs permanentes transcendant les intérêts partisans. À Georges Roditi, futur directeur littéraire des éditions Plon, à l'époque proche du colonel de La Rocque, chef de file des Croix-de-Feu (dont la modération a sauvé le régime lors du 6 février), il confie d'ailleurs : « Dites à votre ami La Rocque qu'il s'est trompé en quittant l'armée. Si l'on peut faire un jour quelque chose, c'est à partir de là que l'on pourra lancer le processus[5] . » De Gaulle est trop intelligent pour croire qu'un redressement durable puisse être tenté à partir d'un coup de force ; son exaltation des valeurs militaires a un autre sens et Jean Lacouture voit juste lorsqu'il constate : « De même que le jeune de Gaulle de 1908 choisit — peut-être — le métier militaire pour transcender, par le service de l'État, le débat idéologique du temps, de la séparation de l'Église et l'État et des inventaires, on pourrait dire que le de Gaulle quadragénaire propose le "métier militaire" comme alternative à l'"ordre" totalitaire[6]. » L'hypothèse est corroborée par les actes et les écrits du Connétable dont la vie désormais se confond avec une campagne permanente en vue de la rénovation des forces armées.

À cette époque, de Gaulle s'ouvre à d'autres milieux, noue des liens avec des hommes assez extérieurs au monde qu'il fréquente. Jusque-là, ses amis ont été rares et pour la plupart issus du même monde que le sien. Georges Ditte, Jacques de Siéyès, connus à Saint-Cyr, Chauvin, Loustaunau-Lacau, Bridoux, croisés à l'École de guerre, étaient tous des officiers de tradition, assez classiques. Plus tard, alors qu'il servait à l'état-major de Pétain, le Connétable devait approfondir ses relations avec Étienne Repessé, compagnon d'armes devenu directeur littéraire des éditions Berger-Levrault et, dit-on, assez antimilitariste, Lucien Nachin, officier de grande valeur et d'une extrême curiosité intellectuelle. Tout différent apparaît le colonel Émile Mayer, avec lequel de Gaulle entretient depuis quelque temps des rapports particulièrement étroits. Issu d'une bourgeoisie juive peu fortunée mais tournée vers les choses de l'esprit, agnostique et même légèrement libre-penseur sans être le moins du monde sectaire, ce polytechnicien est a priori la vivante antithèse de Charles de Gaulle. Tous deux néanmoins sont des non-conformistes. À l'X, Émile Mayer est intervenu pour éviter à son camarade, le futur maréchal Foch, les brimades habituellement réservées aux catholiques. Par la suite, cet intellectuel n'a jamais hésité à encourir les foudres de la hiérarchie. On sait ce que fut l'itinéraire du chef de bataillon de Gaulle. Celui d'Émile Mayer a été encore plus mouvementé. Promu capitaine à vingt-huit ans, il a dû attendre dix-sept longues années pour accéder au grade supérieur. Entre-temps, il est vrai qu'il s'est fait remarquer en annonçant que la guerre, désormais immobile, opposerait à l'avenir des armées enterrées dans les tranchées. Ses prises de position en faveur de Dreyfus n'ont pas été non plus du goût de tous. Après la Grande Guerre, il aggravera encore son cas en dénonçant l'inanité des conflits armés dans le monde moderne et en soulignant l'importance de l'aviation. Charles de Gaulle a beaucoup appris de cet étonnant officier, ami de Roger Martin du Gard (qui lui empruntera des traits pour son lieutenant-colonel de Maumort) ; et tout en ne partageant guère nombre de ses jugements — l'affrontement guerrier reste en particulier, à ses yeux, un phénomène qui n'est pas près de disparaître — il ne cessera de lui porter estime, admiration pour son courage, affection même. « Le nom d'Émile Mayer, témoignera Olivier Guichard, est le seul de cette période, dont il ne parlait guère, que j'ai entendu prononcer par le général avec une certaine émotion[7]. » Nul doute que ce commerce ait fait évoluer l'inflexible Connétable. On peut ainsi remarquer que dans le texte précité relatif aux buts de guerre de la France s'est glissée la possibilité pour la SDN de disposer d'une force d'intervention, idée chère au colonel.

L'intérêt de de Gaulle pour l'aviation a été également, semble-t-il, aiguisé par de longues discussions avec Émile Mayer. Surtout ce dernier aura fait découvrir à l'auteur du *Fil de l'épée* un univers inédit. Beau-père de Paul Grunebaum-Ballin, ancien bras droit de Briand qui allait devenir le proche collaborateur de Léon Blum, le colonel est un homme de gauche et dans l'appartement de ses enfants, boulevard Beauséjour, il réunit tous les dimanches matin un petit cénacle fréquenté par des esprits de même orientation, tel le vieux pacifiste Joseph Monteilhet ou les écrivains Maurice Van Moppès ou Émile Hoog, le jeune avocat Jean Auburtin. Plongé dans ce cercle où dominent des opinions pour lui inhabituelles, de Gaulle, sans rien renier de ses idées, s'accoutume à les confronter. Ses sentiments envers le colonel attestent que, pour inébranlables que soient certaines de ses convictions, il est capable de respecter des interlocuteurs défendant des thèses différentes. Le simple fait que cette relation singulière ait pu exister prouve enfin que l'auteur de *La discorde chez l'ennemi* ne fait pas figure de factieux extrémiste : on voit mal Émile Mayer poursuivre une amitié avec un homme qui eût été animé de tels desseins.

Vers l'armée de métier, publié par de Gaulle, toujours chez Berger-Levrault, en 1934, témoigne, malgré les apparences, d'un même état d'esprit. Pour le Connétable les périls extérieurs désormais priment tout et le devoir du soldat est tout à fois d'apporter la réponse la plus adéquate aux défis lancés par la guerre moderne et d'incarner les plus hautes exigences morales. « Le tumulte de notre temps et le nivellement torrentiel de la nation armée ne font que rendre plus nécessaire ce rôle spirituel et moral qui est l'esprit de notre métier », écrit-il à un de ses amis, le colonel de Ruffray[8]. D'où la dimension à la fois technique et politique au sens large de ce nouveau livre, qui marque l'entrée de Charles de Gaulle dans le débat politique.

Sur le premier plan, deux idées forces dominent la réflexion : « Les tendances du monde, les conditions d'une organisation internationale de la paix, en tout cas nos propres devoirs d'assistance des faibles et le maintien de l'ordre impérial, concourent à nous imposer la création de troupes professionnelles. » De Gaulle connaît la faiblesse démographique de la France et compte y suppléer par la qualité des forces qu'elle pourra aligner en cas de conflit. Pays exposé de par sa géographie aux invasions, la France doit épouser son temps, abandonner le mythe de la nation en armes, être plus attentive aux techniques. La conclusion a la force de l'évidence : afin d'assurer à la nation la suprématie garante de sa sécurité, il faut mettre sur pied, sans plus attendre, une armée blindée dont chaque homme serait parfaitement entraîné pendant la paix et prêt à se mettre en marche sur l'heure. Elle réunirait cent mille hommes, répartis en six divisions blindées et une division légère, soutenue par une artillerie mobile, une brigade d'infanterie et des services techniques, un groupe de reconnaissance aérienne avec des appareils de chasse. Le but n'est pas d'anéantir toutes les forces de l'ennemi mais de perturber sa mobilisation dans les premiers jours de guerre et de s'emparer d'un avantage initial. Dès lors le grand homme en puissance tient sa grande querelle dont l'Histoire ratifiera le bien-fondé.

De Gaulle bien évidemment n'est pas l'inventeur des chars, il ne l'a d'ailleurs jamais soutenu. Dès 1920, on sait que le général Étienne s'est fait l'apôtre des blindés et a réclamé la constitution d'un corps spécialisé. En 1927, le général (alors colonel) Doumenc a repris l'idée devant le Centre des hautes études militaires. En Grande-Bretagne, le projet est soutenu par le général Fuller et surtout le grand théoricien militaire Liddell Hart. En Allemagne, le général Guderian, impressionné en 1918 d'avoir vu les lignes allemandes enfoncées par les engins cuirassés, a lui aussi tiré des leçons de l'événement, préconisant dès lors une combinaison avions-chars afin d'atteindre un résultat optimum. De Gaulle, lui, n'a pas clairement perçu le rôle des avions. Il leur assigne essentiellement une fonction de reconnaissance et de camouflage : « Les fumées épandues du haut des airs, écrit-il, cachent en quelques minutes de vastes surfaces du sol, tandis que le bruit des machines volantes couvre celui des moteurs chenillés[9]. » Alfred Fabre-Luce, après 1945, lui fera grief d'avoir ajouté un passage relatif à l'aviation dans une édition de *Vers l'armée de métier* parue en pleine guerre. Procès fondé, à cela près que le Connétable, dès 1939, s'apercevra de son oubli et retirera de la version définitive de son ouvrage le développement rédigé pendant le conflit[10].

C'est en 1932 que de Gaulle paraît avoir pensé à une utilisation nouvelle des chars[11]. En 1921, il a effectué un court stage dans une unité motorisée à Satory, et cette expérience l'a apparemment intéressé puisqu'on le verra ensuite fréquenter un cercle présidé par le général Étienne. Onze ans plus tard, c'est un article de son ami Nachin, consacré au même sujet dans le *Journal des anciens enfants de troupe*, qui l'amène à réagir. D'abord, il fait part de son intérêt dans le petit cercle d'Émile Mayer, puis il rédige une étude que le colonel en personne porte à la *Revue politique et parlementaire*, publication de nuance plutôt républicaine qui, sous le titre « Vers l'armée de métier », la publie le 10 mai 1933. Contrairement aux affirmations de Nachin, cette initiative ne provoque pas une vaste discussion, mais les dirigeants de la « Jeune République », courant laïc de la Démocratie chrétienne, invitent l'auteur à participer à un débat dans *L'Aube* sur le thème : « Nation armée ou armée de métier ». À cette occasion, de Gaulle fait la connaissance de Philippe Serre, un jeune parlementaire appartenant à cette mouvance et qui, dès lors, ne cessera de l'aider. Publié du 7 au 25 novembre 1933, les textes relatifs à l'« armée de métier » sont assortis d'une conclusion non signée que l'on peut raisonnablement attribuer au Connétable : « Les institutions s'effondrent quand elles cessent d'être accordées avec les difficultés de l'époque... Alors sans doute la force les balaie... mais la composition des troupes a peu d'importance en l'espèce. C'est une affaire de commandement général[12]. »

Le commandement, au sens le plus fort, le plus large, le plus politique, tel est justement l'objet de *Vers l'armée de métier* dans sa dernière partie, particulièrement remarquée par les détracteurs de Charles de Gaulle. À travers des considérations dépassant de très loin le domaine militaire, il s'y livre en effet à une apologie de la ruse, de la surprise et même de la tromperie : « Pour peu que l'on consente à donner sur ses intentions le change à son propre camp... on pourra, derrière le mensonge, cacher la réalité... À des troupes sélectionnées, rompues à la résignation, leurs chefs peuvent promettre le repos quand ils les destinent à combattre [13]. » En conclusion, traçant le profil de l'homme qui, le moment venu, prendra en main les destinées de la France afin de la sauver, de Gaulle accentue encore le trait :

> Pour que naisse demain l'armée de métier, pour que lui soient donnés la matière et l'esprit nouveau sans lequel elle ne serait qu'une décevante velléité, il faut qu'un maître apparaisse... indépendant en ses jugements, irrécusable dans ses ordres, crédité par l'opinion. Serviteur du seul État, dépouillé de préjugés, dédaigneux de clientèles, commis enfermé dans sa tâche, pénétré de larges desseins, au fait des gens et des choses du ressort, chef faisant corps avec l'armée, dévoué à ceux qu'il commande, avide d'être responsable ; homme assez fort pour s'imposer, assez habile pour séduire, assez grand pour une grande œuvre, tel sera le ministre, soldat ou politique, à qui la patrie devra l'économie prochaine de sa force [14].

Si réussi que soit, sur le plan littéraire, ce développement, manifestement influencé par le style oratoire de Bossuet, de Gaulle commet une lourde erreur en l'incluant dans son plaidoyer en faveur de l'armée de métier. Dans sa démarche, rien n'indique, on l'a vu, un glissement vers les théories totalitaires. « Si j'ai lancé, dans le monde des idées et bientôt dans celui des faits, la conception que vous savez, écrira-t-il en 1936 au colonel de Ruffray, ce n'est pas seulement pour des raisons de pure technique... Il faut que l'armée ait en elle au moins une fraction modèle dont tout le reste recevra le rayonnement [15]. » Dans son esprit, aucun doute : le soldat n'a pas vocation à imposer un ordre, mais à offrir un exemple. D'autres, malheureusement pour lui, n'entendent pas les choses ainsi. À gauche notamment, la force des habitudes, renforcée par l'affaire Dreyfus, est telle que militaire est souvent synonyme d'extrémiste de droite. En restant sur le plan technique, en soulignant notamment l'intérêt de l'arme blindée, de Gaulle aurait eu sans doute quelque chance de convaincre. Assortissant ses propositions de commentaires plus généraux, il ne peut qu'inquiéter. Il s'en aperçoit vite.

Globalement, la presse ne réserve pas un trop mauvais accueil à *Vers l'armée de métier.* L'auteur, résolu à ne rien négliger pour faire triompher ses vues, multiplie alors les contacts avec quelques journalistes bien placés. Dans *Le Temps,* organe prestigieux entre tous puisqu'il passe pour refléter le point de vue du Quai d'Orsay, de Gaulle bénéficie de l'appui de son ami Rémy Roure qui, sous le pseudonyme d'André Fervacque, consacre à son ouvrage un article très élogieux. Par la plume de son rédacteur en chef, André Pironneau, *L'Écho de Paris*, quotidien de droite très influent, souligne l'intérêt des thèses contenues dans le livre. Pironneau dès lors deviendra un fidèle du Connétable. Personnalité originale, d'un patriotisme exigeant, Émile Buré, alors au faîte de sa renommée, défend lui aussi l'ouvrage dans les colonnes de *L'Ordre*, journal de faible tirage mais très lu dans les milieux dirigeants. *L'Aube*, sous la signature d'André Lecomte, apporte également son appui aux thèses exposées dans ses colonnes. *L'Action française* manifeste son approbation par un article du colonel Larpent. Sans le proclamer, Maurras semble être enthousiasmé par la réflexion de l'officier non conformiste [16]. Sur ce versant de l'échiquier, le ton de quelques passages, loin de nuire à de Gaulle, suscite l'adhésion. Malheureusement, ces appuis ne sont d'aucun secours pour faire avancer ses idées sur un plan pratique, et, comme on pouvait s'y attendre, l'opinion progressiste, à quelques exceptions près, ne témoigne guère de compréhension à l'égard d'un livre sulfureux pour beaucoup.

Les réactions les plus défavorables viennent cependant de l'armée et de Gaulle n'en est vraisemblablement guère étonné puisqu'il a souligné dans son ouvrage l'extrême réticence à s'autoréformer du grand corps auquel il appartient. Dans un article de la *Revue des deux mondes* de mars 1935, Philippe Pétain repousse la solution proposée par son ancien collaborateur. Le fossé se creuse de plus en plus entre les deux hommes. Weygand adopte une position identique [17], bientôt imité par le général Gamelin. Ministre de la Guerre, le général Maurin n'est pas moins hostile : « Adieu de Gaulle, lance-t-il au Connétable à l'issue d'une réunion à l'Élysée. Là où je serai, vous n'aurez plus votre place. » L'amertume de l'auteur incompris est d'autant plus grave qu'à l'étranger, l'écho est nettement plus positif. En Union soviétique, Toukhatchevski, devenu maréchal et chef d'état-major de l'Armée rouge, s'intéresse à l'ouvrage de son ancien compagnon de captivité, le fait traduire et tirer à cinq mille exemplaires. En Grande-Bretagne, les milieux militaires manifestent eux aussi une certaine considération pour les thèses exposées dans *Vers l'armée de métier*. En Allemagne, surtout, l'impact du livre est réel. Guderian suit, semble-t-il, la réflexion de son collègue français. Moins établie est en revanche l'impression faite par les propositions de de Gaulle dans le cercle des dirigeants du IIIe Reich. Pendant la guerre, Philippe Barrès, premier biographe du général, assurera avoir entendu Ribbentrop et Huheinlein, chef du corps des sections d'assaut, vanter les écrits du colonel de Gaulle ; mais à la fin de sa vie, il avouera à l'écrivain Guy Dupré avoir inventé cet épisode afin de valoriser l'homme du 18 juin [18]. Il reste malgré tout probable qu'outre-Rhin, de Gaulle a été plus écouté qu'en France.

La « pâte militaire » étant lourde à lever, pour reprendre une expression du Connétable, le seul moyen de faire avancer ces idées novatrices est de les introduire dans le débat politique. Mais à qui s'adresser ? De Gaulle, on le sait, connaît mal ce milieu, qu'il n'aime guère au demeurant, et les hommes politiques pour lequel il nourrit quelque estime ne paraissent pas les plus aptes à défendre ses conceptions. André Tardieu, qu'il apprécie vivement, est l'homme fort du cabinet Doumergue de février 1934 et donc mal placé pour contrer le maréchal ! Joseph Paul-Boncour, avec lequel il entretient des relations courtoises et confiantes, est, lui, trop lié au système, trop bon républicain, pour ne pas être heurté par ses idées, même si, spécialiste de la défense nationale, il admet certaines d'entre elles.

En définitive, c'est Jean Auburtin, le jeune avocat connu dans le salon du colonel Mayer, qui va servir d'intercesseur vers un homme politique de premier plan, son ami Paul Reynaud. À cinquante-six ans, cet avocat très brillant, né à Barcelonnette, alors député de Paris, est à la fois l'un des espoirs de la vie politique française et une personnalité un peu marginale. À une époque où l'on ne voyage guère ou très peu, Reynaud est l'un des rares à évaluer lucidement la position de la France. En outre, ses compétences en matière économique le distinguent de la masse des parlementaires. Député des Basses-Pyrénées en 1919, élu à Paris en 1928, trois fois ministre depuis 1930, il appartient à la droite mais, à la différence d'un Tardieu, il est adversaire de toute faiblesse vis-à-vis de Mussolini. Partisan de la signature d'un pacte avec Moscou, passionnément attaché à l'alliance avec les pays anglo-saxons qu'il admire, il ne craint pas de se singulariser par son intransigeance. S'il s'impose par ses compétences et son courage, son indépendance inquiète souvent ceux qui naturellement devraient être ses partisans. Autant de traits qui font de cet homme atypique un interlocuteur désigné pour de Gaulle.

Paul Reynaud évidemment n'est pas versé dans les questions militaires mais qu'importe ! Son intelligence est apte à saisir tous les problèmes. Sans tarder, Jean Auburtin commence donc à tisser des liens entre les deux hommes en allant porter à son ami Reynaud un exemplaire dédicacé de *Vers l'armée de métier*. Il souligne combien l'auteur aimerait que ses idées puissent être relayées à la tribune du Palais-Bourbon. À priori Paul Reynaud n'est pas très enclin à intervenir. Son emploi du temps est chargé, il ne fait même pas partie de la commission de l'Armée. Malgré tout, il promet à Jean Auburtin de lire l'ouvrage. Huit jours plus tard, c'est chose faite. Paul Reynaud est si séduit par l'argumentation qu'il veut faire la connaissance du colonel de Gaulle. Rendez-vous est pris pour le 5 décembre 1934, rue Brémontier, au domicile du parlementaire.

Ce jour-là, par hasard, Charles de Gaulle rencontre aussi celui qui va devenir son plus intime conseiller, Gaston Palewski, ancien collaborateur du maréchal Lyautey, devenu récemment celui de Paul Reynaud. Depuis qu'il a lu dans *Le Temps* l'article de Rémy Roure, il désirait connaître l'auteur de *Vers l'armée de métier*, mais, s'étant ouvert de son souhait à un marin qui le connaît, il s'est entendu rétorquer : « De Gaulle ? C'est un drôle de type [19]. » Nullement découragé, il a fait part de son intérêt persistant à Paul Reynaud. « Justement, j'ai rendez-vous avec lui demain, répond ce dernier. Venez. » Dans ses *Mémoires d'action*, Gaston Palewski raconte en ces termes la rencontre :

Paul Reynaud entra, rapide. Je vis, m'ayant précédé, un grand officier au visage sévère qui donnait une impression de force tranquille dès qu'il parlait. Il montrait, dans le choix des formules et dans la sobriété de son discours, où il n'y avait jamais un mot inutile, l'originalité d'une pensée et la grande étoffe qui était la sienne. C'est au bout de quelques minutes que je me rendis compte de son évidente supériorité. Comme j'avais fait quelques objections d'ordre parlementaire aux idées qu'il m'exposait, la discussion s'établit ; elle devint si serrée, si passionnante qu'au bout d'une heure Paul Reynaud, regardant sa montre, dit : « Il faut que je reçoive quelqu'un à côté, asseyez-vous, je vous rejoindrai quand je le pourrai. »
Nous continuâmes à parler, à discuter, à supputer le pour et le contre de ses théories, jusqu'au moment du déjeuner. Et de Gaulle me dit : « Si nous allions déjeuner ensemble ? » La conversation continua donc autour de la table d'un restaurant médiocre. La responsabilité du choix lui incombait. C'était le Poccardi des boulevards. Vers quatre heures de l'après-midi nous nous séparâmes dans la rue sur laquelle donnait ce restaurant. Cette demi-journée devait être pour moi décisive : car je me dis que le peu d'influence dont je pouvais disposer à ce moment-là dans la République, je la mettrais au service des idées du colonel de Gaulle[20].

D'une intelligence souple, éminemment sociable et très mondain, Gaston Palewski va être, dès lors, un auxiliaire irremplaçable pour le Connétable, qui n'a pas le « pied parisien », c'est-à-dire l'art de s'appuyer sur des réseaux d'amitiés. Paul Reynaud partant en vacances à Barcelonnette, c'est avec lui que de Gaulle tout de suite se met au travail, en l'occurrence à la rédaction d'un texte polémique contre les tenants de l'immobilisme en matière militaire rassemblés autour de Pétain. Sur le fond, l'auteur de *Vers l'armée de métier* n'accepte pas le moindre compromis, certain que le temps ratifiera ses diagnostics. Intraitable, il porte des jugements tranchés et souvent il voit juste, comme l'attestent ces appréciations au terme de manœuvres, le 6 octobre 1934, où sont apparues quelques-unes des déficiences que l'on décèlera au sein de l'armée française six ans plus tard.

Il est évident que la médiocrité de l'instruction des hommes de troupe et de l'esprit de subordination sont pour beaucoup dans les faiblesses constatées. Mais il semble que deux points surtout méritent d'attirer l'attention.
Le premier est l'insuffisance de l'encadrement. Ces lourdes troupes ont besoin de chefs de grande qualité, très actifs physiquement et ayant beaucoup de « commandement ». Sauf quelques exceptions qui tranchaient et donnaient aux unités une tout autre allure, il faut bien reconnaître l'absence de tels chefs. Les officiers de l'active ont paru, en moyenne, un peu « résignés », et pour tout dire, trop âgés. Les officiers de réserve manquent manifestement de « commandement ». Ils ne font pas mal leur travail « théorique » : reconnaissances, choix des emplacements, croquis des feux, etc. Mais quand il s'agit de mener la troupe comme il faut et sans réplique on les voit embarrassés. Quant aux sous-officiers, il n'est pas exagéré de dire qu'ils n'existent pas en tant qu'encadrement. Ils se tiennent à leur place, mais sans chercher le moins du monde à exercer leur autorité.
Le second point, qui a pesé sur l'attitude et sur le rendement des troupes de réserve pendant toute la manœuvre, est le manque d'entraînement. En dehors

des malades et éclopés proprement dits, qui ne figuraient pas dans les rangs, on voit sur le terrain combien la marche est pénible à un grand nombre d'hommes et de gradés. « On tire la jambe » dès les premières heures. Pourtant, personne ne portait le sac, le terrain était sec et le parcours assez facile et l'étendue moyenne des déplacements fut très modérée.
En résumé, il a semblé que celles des troupes de la 41e division de réserve qui furent arbitrées par le CA (2) formaient dans l'ensemble une assez bonne pâte, mais qui manquait d'abord de levain et ensuite d'un minimum de souplesse morale et physique. Leur valeur eût été évidemment différente si l'on avait pu les doter d'un encadrement de choix : officiers supérieurs, commandants d'unités, sous-officiers, et en éliminer un bon quart de l'effectif incapable de marcher longtemps. De toute façon, c'est un entraînement de plusieurs semaines (sept, huit ?) qui leur serait nécessaire pour pouvoir supporter, sans risque de trop grands aléas, les épreuves morales et physiques de la guerre[21].

Pour faire avancer ses idées, de Gaulle, en revanche, admet désormais un certain pragmatisme. Sur ce terrain, il n'excellera jamais. Sa culture d'origine est trop différente pour qu'il se sente de plain-pied avec les hommes du système et ses conceptions n'auraient pas leur puissante originalité si elles s'alignaient sur celles en honneur au sein des cercles officiels. Du moins fait-il des efforts pour paraître plus accessible, moins dogmatique. Il n'y parvient pas toujours. Frappé par l'intérêt de ses théories militaires et désireux de le rencontrer, Jacques Benoist-Méchin, futur historien de l'armée allemande (plus tard l'un des ministres de Vichy les plus alignés sur les thèses de l'occupant), s'entend répondre alors par un ami susceptible de servir d'intermédiaire : « Vous perdez votre temps. Cet homme est très intelligent mais il est trop orgueilleux, il n'arrivera à rien[22]. » De Gaulle en tout cas comprend qu'il ne faut repousser aucune bonne volonté, d'où qu'elle vienne. À partir de ce moment, il multipliera donc les rencontres, sans illusion mais avec zèle. Ses relations avec le maréchal Pétain étant définitivement compromises, il sait aussi qu'il doit se trouver un autre protecteur. Paul Reynaud peut le soutenir mais d'autres appuis sont nécessaires. Du fait de la sympathie inattendue qu'il lui a manifestée, Joseph Paul-Boncour est susceptible d'être l'un d'entre eux. D'où l'initiative que de Gaulle prendra à l'automne 1935, dans sa direction, afin d'obtenir un avancement, et dont témoigne cette étonnante note de sa main[23] :

Le lieutenant-colonel de Gaulle[24]
Le lieutenant-colonel de Gaulle, du secrétariat du Conseil supérieur de la défense nationale, est proposé pour le grade de colonel (le tableau d'avancement sera signé vers le 20 décembre par le ministre de la Guerre). En raison de ses conditions d'ancienneté (promu lieutenant-colonel en décembre 1933) et d'âge (né le 22 novembre 1890), le lieutenant colonel de Gaulle ne pourrait être inscrit cette année sans une décision particulière du ministre de la Guerre. Des décisions de cet ordre ont été prises les années précédentes en faveur d'officiers placés dans des conditions identiques. M. Paul-Boncour, à des titres multiples et évidents, [*un mot rayé*], notamment comme Président de la commission d'études de la Défense nationale, pourrait, s'il le jugeait à propos,

attirer l'attention de M. Fabry[25], personnellement sur l'intéressé. Dans ce cas, il serait nécessaire que la démarche soit pressante et très urgente.

Cette intervention n'aura pas de suite immédiate puisque de Gaulle devra attendre encore deux ans avant d'être nommé colonel. On se gardera toutefois de donner une interprétation mesquine à ce document : le Connétable, à ce moment-là plus que jamais, lutte pour des idées ; et son point de vue en la matière tient dans ces propos entendus par Georges Loustaunau-Lacau lors d'une réunion chez leur ami commun Georges Picot :

On ne peut réformer l'État actuel. Il est ce qu'il est. Ma solution consiste à lier partie avec un homme politique d'envergure susceptible d'être appelé à la direction des affaires, à lui faire comprendre les conceptions militaires modernes, à lui servir de conseiller technique. Le jour où cet homme politique parviendra au pouvoir, il y entraînera son conseiller militaire qui pourra alors faire prévaloir ses vues[26].

La croisade du Connétable en faveur de l'arme blindée est tout naturellement lancée par Paul Reynaud à la tribune du Palais-Bourbon. Sur l'effort de guerre entrepris par le Reich depuis l'arrivée au pouvoir de Hitler, la constitution en France des unités cuirassées qu'il réclame, de Gaulle fournit des informations précises, de première main. En mars 1935, le député de Paris ouvre le débat à la Chambre. Présent dans les tribunes, l'auteur de *Vers l'armée de métier* ne dissimule pas sa satisfaction. Mais, pour que ses conceptions s'imposent, de Gaulle sait bien que le seul appui d'un homme de droite, si brillant soit-il, est insuffisant. Au centre et surtout à gauche, il est indispensable que se fassent également entendre des voix favorables. Toutes les familles spirituelles de la France, pour reprendre l'expression de Barrès, doivent être associées.

À gauche, l'affaire se présente plutôt mal. Les idées de Jaurès hostiles aux prétoriens imprègnent les milieux socialistes. Jaurès a même condamné l'esprit offensif en se fondant sur Moltke et Clausewitz : le perfectionnement des armes à feu donnerait à la tactique défensive un avantage sur l'offensive. « L'état-major allemand, précise Jean Auburtin, ne pouvait concevoir une initiative militaire que sous une forme agressive, mais l'idéal pacifique de la démocratie française ne pouvait se réclamer que de la défensive : l'armée de métier incarnait, à ses yeux, l'armée de coup d'État, inconciliable avec le socialisme et la paix[27]. » Léon Blum au départ est sur cette ligne : à l'automne 1934, dans une série d'articles du *Populaire*, il a condamné l'armée de métier et du même coup implicitement les divisions blindées. Plus tard, Jacques Laurent soulignera avec raison : « Le portrait qu'il [de Gaulle] trace des professionnels du char dont il demande la formation et qu'il appelle Messieurs les maîtres, évoquait assez la garde prétorienne pour que l'on comprenne Léon Blum d'en être venu à considérer les chars, tels que les dépeignait de Gaulle, comme un appoint pour les ligues[28]. » Léon Blum malgré tout n'est pas fermé à une révision de ses idées. Quand Paul Reynaud, avec lequel il entretient des relations amicales, a évoqué à la Chambre la nécessité des unités blindées, il a approuvé. En outre, au sein de la SFIO, d'autres responsables semblent plus réceptifs aux vues du Connétable. Futur ministre des Sports et des Loisirs de Léon Blum du Front populaire, animateur de l'aile gauche de la SFIO, Léo Lagrange est de ceux-là : présentement président de la commission de l'Armée au Palais-Bourbon, il reçoit alors souvent la visite du commandant de Gaulle. Acquis à ses théories, il ne parvient malheureusement pas à bout des réticences de Léon Blum.

L'animosité du chef socialiste ne nous rebuta pas, écrit Jean Auburtin. Il fallait poursuivre notre campagne... J'entretenais des relations cordiales avec Marcel Déat qui venait de quitter la SFIO pour fonder le parti néosocialiste. Je lui fis part des conceptions du colonel de Gaulle qui, au cours d'une entrevue à mon domicile, lui remit son livre. Déat y adhéra sans réticences et écrivit même quelques jours plus tard un article combatif. Sans doute en avait-il compris l'intérêt ; peut-être aussi la virulente querelle doctrinale qui l'avait opposé à Léon Blum, à l'occasion de sa rupture avec le parti socialiste, avait-elle contribué à lui rendre attrayante une idée que rejetait son ancien camarade[29].

À gauche, tout l'indique, c'est sur Déat que mise de Gaulle. Normalien, créateur de la section socialiste de la rue d'Ulm, l'homme, étrange à bien des égards, n'est pas sans capacités, et personne ne peut imaginer qu'en s'éloignant de la SFIO il se prépare à rejoindre le national-socialisme. Dans ses *Mémoires*, publiés posthumément en 1989, Déat n'évoque pas ses relations avec le Connétable, mais tous les témoignages s'accordent pour indiquer qu'elles étaient assez étroites. Lors d'un dîner chez la mère de Jean Auburtin, le jeune socialiste Pierre-Olivier Lapie, autre rallié à la croisade, note que de Gaulle et Déat, ministre de l'Air du cabinet Sarraut, ne se quittent pas. Le 3 avril 1935, l'auteur de *Vers l'armée de métier* insiste également auprès de Jean Auburtin : « Ce serait un atout de premier ordre qu'une intervention de M. Déat, qui se conjuguerait à gauche avec celle de M. Paul Reynaud à droite[30]. » Parmi les hommes politiques de même calibre, de Gaulle, secondé par Auburtin, effectue aussi des manœuvres d'approche en direction de l'ancien président de la République Alexandre Millerand, alors sénateur (« Un homme d'État de très grande classe », écrit-il à Auburtin après sa rencontre) et de Camille Chautemps, radical modéré, président du Conseil en 1930, avant de le redevenir en 1937 lors de la chute de Léon Blum. « De Gaulle lui avait demandé un rendez-vous, précise Jean Chautemps, fils de l'ancien chef du gouvernement. Mon père avait entendu parler de ses thèses. Il le reçut donc et fut impressionné par son argumentation[31]. » Dans les deux cas, le soutien semble avoir été surtout d'ordre intellectuel. Plus tard Chautemps interviendra auprès de Daladier, ministre de la Défense, sans grand résultat malheureusement, on le verra. On remarquera en tout cas que de Gaulle n'hésite pas, pour les besoins de sa cause, à faire appel à l'un des personnages les plus emblématiques du régime, haut dignitaire de la maçonnerie.

À côté de ces vedettes, le Connétable ne néglige pas les seconds rôles ; figure importante du centre gauche, Raymond Patenôtre est ainsi sollicité au même titre qu'Édouard Frédéric-Dupont, chef de file de la droite dans la VIIe arrondissement pendant plusieurs générations. Parallèlement, il se dépense aussi sans compter partout où l'on veut bien l'accueillir. Il s'exprime en particulier de nouveau devant le cercle Fustel de Coulanges, avec plus de succès cette fois. En juin 1940, Henri Boegner[32] apportera à ce sujet des précisions à Maurras, qui s'empressera de les publier : « Il n'est peut-être pas sans intérêt de rappeler que les organisateurs de ces conférences ont été M. le général Clément Grandcourt et le cercle Fustel de Coulanges. Nous trouvâmes beaucoup d'aide chez M. Renouvin[33], professeur à la Sorbonne. Le colonel de Gaulle eut un succès prodigieux et il fallut ouvrir un plus grand amphithéâtre que celui qui avait été prévu pour contenir tous ses auditeurs[34]. » Le conférencier au demeurant est éclectique : sur l'insistance d'Émile Mayer, le club du Faubourg, repaire de pacifistes et d'anticléricaux, a droit à sa visite...

Cependant les résultats concrets de tant d'efforts paraissent modestes. À l'issue du débat du 15 mars 1935, Paul Reynaud a présenté le projet de corps spécialisé. Il a déposé aussi un amendement prévoyant la création d'un corps motorisé de six divisions de ligne et d'une division légère. Cette force, composée de soldats devant servir six ans par contrat, doit être opérationnelle le 16 avril 1940, au plus tard. Or, si la Chambre a approuvé le principe de ces innovations, aucune mesure pratique n'a suivi. Ministre de la Guerre, le général Maurin s'est même payé le luxe d'attaquer le projet en ces termes, tristement risibles avec le recul : « Comment peut-on croire que nous songions encore à l'offensive, quand nous avons dépensé des milliards pour établir une barrière fortifiée[35] ? Serions-nous assez fous pour aller, au-devant de cette barrière, à je ne sais quelle aventure ? »

Pour de Gaulle, les effets de la campagne nourrie avec tant d'ardeur sont aussi très contrastés. Le débat, évidemment, l'a fait connaître, et bien au-delà des cercles qu'il fréquentait jusque-là. En haut lieu, pour peu que l'on ne refuse pas les évidences, on sait maintenant quelle est la valeur de l'homme et l'ampleur de ses vues. Revers de la médaille : l'officier non conformiste a renforcé les inimitiés et les jalousies dont il est l'objet. Sans doute a-t-il étendu son clavier à gauche mais il est loin d'avoir dissipé toutes les ambiguïtés qu'on lui prête. Encore ses détracteurs n'ont-ils pas connaissance de cet aveu à Paul Reynaud le 28 juin 1935 : « De tout temps, sous tous les régimes, l'armée a eu, dans les circonstances graves, le rôle et le devoir de concourir au maintien de l'ordre. Comment le lui demander quand ses unités sont toutes à base d'électeurs (7 février...) ou d'indigènes[36]. »

Peu à peu les faits, malheureusement, donnent raison à de Gaulle. À peine Paul Reynaud a-t-il exhorté ses confrères à forger l'arme blindée, le 15 mars 1935, que Hitler, violant l'une des clauses essentielles du traité de Versailles, rétablit le service militaire obligatoire fixé à un an. Tétanisée, la France ne réagit que par une protestation platonique.

Paris essaie bien de redonner vie aux accords de Stresa mais le front fragile esquissé contre le Reich va voler en éclats dès le début de l'affaire éthiopienne, les démocraties condamnant avec force l'invasion italienne. En France, les ministères se succèdent, faibles, éphémères, à la merci de coalitions d'intérêts non moins fugitives. En janvier 1936, Albert Sarraut, cacique du parti radical, arrive à la présidence du Conseil. Toute son énergie est employée à se maintenir au pouvoir. Aucun problème de fond n'est abordé mais le 27 février, par miracle, le pacte franco-soviétique est ratifié par la Chambre et, le 5 mars, la commission des Affaires étrangères du Sénat l'approuve. Dès le lendemain Hitler stigmatise l'encerclement dont le Reich serait l'objet, dénonce le traité de Locarno et occupe la zone rhénane démilitarisée. Face à cette provocation, de Gaulle estime qu'il faudrait, comme il le dit à Auburtin, réagir avec « surprise, brutalité et vitesse ». Or Sarraut se contente de déclarer à la radio, le 8 mars, que Strasbourg ne restera pas sous les feux des canons allemands ! Une fois de plus, on préfère les envolées lyriques aux actes, les sentiments aux décisions.

Lors des élections de mai 1936 — après un triomphe de Hitler au plébiscite organisé pour couvrir son coup de force — une majorité de Front populaire arrive aux affaires. Bien que de Gaulle, dans une lettre adressée à son ami Christian Jayle, militaire proche d'André Tardieu, souligne l'hostilité dont ses thèses sont l'objet dans les milieux de droite, ce changement politique majeur ne va pas se révéler particulièrement favorable à ses idées[37]. Léon Blum, on doit le souligner, fait preuve d'une bonne volonté d'autant plus méritoire que l'auteur de *Vers l'armée de métier* a tout fait pour compromettre sa cause auprès des esprits progressistes. En octobre, sollicité par son collaborateur Paul Grunebaum-Ballin, gendre du colonel Mayer, le président du Conseil reçoit même de Gaulle à Matignon. L'accueil est courtois, intéressé mais Léon Blum ne voit pas la possibilité d'imposer à son parti les réformes militaires souhaitées par son interlocuteur. Depuis qu'il a pris position, fin 1934, dans *Le Populaire* contre l'arme blindée, le chef socialiste a d'évidence évolué, sans pour autant être totalement convaincu du bien-fondé de théories à propos desquelles il reconnaîtra que, si elles avaient prévalu, « la France aurait eu au moins deux années d'avance, au lieu de quatre années au moins de retard, dans l'organisation des grandes unités mécaniques et dans la mise au point de la tactique nouvelle... Ainsi le désastre eût été conjuré, la guerre elle-même peut-être évitée[38] ». L'entrevue en outre a permis au président du Conseil de se faire une idée plus précise d'un auteur si controversé.

> On sentait en lui au premier contact, écrira-t-il, un homme tout d'une pièce. L'homme qui se présentait ainsi, qui me dévisageait si tranquillement, qui me parlait de sa voix lente et mesurée, ne saurait, de toute évidence, être occupé à la fois que par une idée, une croyance, mais alors il devait s'y abandonner absolument sans que rien d'autre entrât dans la balance[39].

Ministre de la Guerre, Édouard Daladier reste lui aussi réservé. En juillet 1936, il reçoit, comme beaucoup d'autres personnalités, une note inspirée par le haut commandement et très hostile à la création d'un corps spécialisé : le coût en serait énorme ; les chars de toute façon doivent rester en réserve générale et constituer seulement des éléments de renforcement à la disposition des grandes unités d'infanterie. Daladier n'est pas complètement hostile à la décision d'expérimenter une division cuirassée, même modeste, cependant il n'ira pas plus loin[40]. À l'automne 1936, un effort en faveur des chars est annoncé ; il est loin de satisfaire le Connétable : « C'est une cote mal taillée, écrit-il à Paul Raynaud, hommage plus ou moins involontaire rendu à nos conceptions mais qui n'a pas l'ampleur voulue pour changer le jeu comme il faudrait[41]. » De Gaulle regrette en particulier que l'on envisage de créer deux divisions de chars « mais sans leur donner organiquement l'infanterie et l'artillerie spécialisée qui leur permettraient d'agir par elles-mêmes[42] ». Daladier aura au moins le mérite de ne pas bloquer la carrière du chef de bataillon de Gaulle. Fin 1936, ce dernier apprend en effet qu'il risque de ne pas figurer sur le tableau d'avancement pour le grade de colonel auquel il a droit, en raison de son ancienneté. Le haut commandement est évidemment désireux d'arrêter l'ascension d'un gêneur. Alerté par Paul Reynaud, Daladier intervient de façon décisive.

Le Connétable sera nommé colonel le 25 décembre. Avant même de recevoir son grade, il prend, d'abord par intérim puis, dès septembre, à titre définitif, le commandement du 507e régiment de chars à Metz. Comme l'atteste le journal de son beau-frère, Jacques Vendroux, la situation internationale lui inspire alors les plus vives inquiétudes ; il prévoit dans un proche avenir un affrontement avec l'Allemagne.

> La France aura d'autant moins les moyens de se défendre qu'elle sera pratiquement seule à supporter le premier choc : les Anglais ne sont pas prêts, on n'est pas du tout sûrs de pouvoir compter sur les Russes ; quant aux Américains, toujours temporisateurs, ils resteront d'abord des spectateurs, complaisants, il est vrai ; notre territoire sera une fois de plus envahi, quelques jours peuvent suffire pour atteindre Paris[43].

Les événements justifient, hélas, son pessimisme, l'axe Rome-Berlin se forme, la guerre civile espagnole qui tourne à l'avantage de Franco montre les faiblesses et les incohérences des démocraties, Paris reste sur le plan diplomatique à la remorque de Londres qui, en 1936, sans crier gare, a conclu un accord naval avec l'Allemagne.

À Metz, de Gaulle éprouve une certaine ivresse en passant de la théorie à la pratique. L'unité placée sous son commandement est formée de deux bataillons : l'un de chars légers R 35 Renault de douze tonnes, peu maniables, et l'autre de chars moyens D2 Renault de vingt tonnes, beaucoup plus opérationnels. Ces engins le fascinent, souvent il le dit à Paul Reynaud avec lequel il reste en contact. « Il utilisa tant d'hommes et de matériels, précise Bernard Ledwidge, que la direction du matériel s'étonna du taux de gaspillage de l'équipement du 507e régiment de chars. Mais il échappa au blâme[44]. » Peu à peu les esprits évoluent malgré tout en haut lieu. En 1938, après l'Anschluss, le Conseil supérieur de la guerre décidera la création de deux divisions cuirassées ; elles doivent être prêtes au début de 1940 mais ne devraient pas fonctionner de manière autonome par rapport à la ligne Maginot.

Malgré son éloignement de la capitale, le Connétable suit de près le combat commencé en 1934. Ses liens avec Paul Reynaud restent étroits. On s'est étonné du ton des lettres adressé par l'écrivain soldat au ministre : elles laissent apparaître en effet un souci de flatterie et même une flagornerie assez stupéfiante. En vérité, de Gaulle est prêt à beaucoup de sacrifices pour faire avancer ses idées. En 1937, Reynaud a publié *Le problème militaire français*, livre qui, de son propre aveu, doit beaucoup aux conceptions de son mentor, dont le nom n'apparaît nullement et qui n'en manifestera pas la moindre contrariété. Chaque fois qu'il le peut, de Gaulle rejoint le dimanche matin les amis du colonel Mayer. Plus que jamais il apparaît dévoré par son projet, isolé des autres, sûr de voir juste. Ainsi l'a vu à ce moment-là l'historien Robert Aron, familier lui aussi du vieux colonel.

> Au centre de ce salon, où fréquentèrent successivement Arnaud Dandieu, Gabriel Marcel, Henri Massis, Jean Guitton... et tant d'autres, un homme de haute stature est debout, isolé de l'assistance. Ne se mêlant pas aux propos..., impénétrable à toutes ces discussions de clercs qui, malgré leur pénétration, ne sont pas susceptibles d'aboutir assez tôt pour prévenir les catastrophes, il se dresse comme la statue du commandeur, impassible, marmoréen, monolithique, annonçant le châtiment et tentant d'indiquer encore le seul chemin du salut[45].

Signe de sa volonté de jouer son jeu, quoi qu'il arrive, le Connétable consomme alors sa rupture avec le maréchal Pétain, et celle-ci prend une forme d'autant plus violente qu'elle se produit à l'occasion d'une querelle mettant en jeu des susceptibilités d'ordre littéraire. En septembre 1938, sort un nouveau livre de Charles de Gaulle intitulé *La France et son armée*. L'ouvrage est publié chez Plon, dans la collection « Présences », dirigée par Daniel-Rops, que de Gaulle a rencontré chez Daniel Halévy[46]. Ne pouvant à l'époque se consacrer à l'écriture, il a, en fait, remis à son éditeur l'étude historique sur l'armée française préparée autrefois pour Pétain. On sait qu'en 1928, il a fortement incité le vainqueur de Verdun à ne pas publier ces pages revêtues de sa signature et sous le titre *Le soldat*. Le maréchal réagit d'autant plus amèrement que de Gaulle a négligé de le prévenir, sinon à la dernière minute, le 2 août 1938, alors que les ultimes corrections étaient en cours. Pétain fait savoir à son ancien subordonné qu'il considère l'ouvrage en voie de publication comme un travail d'état-major. Il se réserve donc la faculté de le faire paraître sous son nom et menace, implicitement, de saisir la justice au cas où le Connétable passerait outre. « Votre attitude m'est très pénible », conclut-il.

À cette lettre, dont on ne sait si elle est l'œuvre du général Laure ou du maréchal en personne, de Gaulle s'offre le luxe de répondre... deux semaines plus tard ! Par courrier en date du 18 août, il réfute point par point l'argumentation de Pétain, tout en acceptant de lui reconnaître la paternité du projet et même du plan. D'une superbe et insolente intransigeance, cette missive a paradoxalement un heureux effet, car bientôt l'illustre soldat semble revenir à des sentiments plus aimables. « Si vous admettez que quelques-unes de mes suggestions ont pu parfois vous être utiles, répond-il, reconnaissez-le en me confiant votre travail pour quelques jours, ce qui me permettrait d'apprécier la part qui pouvait m'être attribuée dans l'élaboration de l'ouvrage. » En conclusion le maréchal propose à de Gaulle un rendez-vous, à son domicile, square de Latour-Maubourg, le dimanche 28 août.

À partir de là, l'histoire devient très confuse et l'on ne saura peut-être jamais ce qui s'est exactement passé. Mais dans une lettre adressée à Raymond Tournoux, Daniel-Rops lui laisse entendre que Plon envisagea de faire figurer le nom du maréchal sur la couverture, que des pressions s'exercèrent pour que la publication n'eût pas lieu mais, qu'en toute hypothèse, de Gaulle mena en grande partie l'affaire seul, sans en tenir informé l'éditeur[47]. La teneur de l'entretien square de Latour-Maubourg est également difficile à reconstituer. À Marcel Jullian venu le voir en 1968 à propos d'un manuscrit de Jean Pouget relatif à cet épisode, de Gaulle déclara que la rencontre s'était relativement bien passée, le maréchal se contentant de demander que fût souligné son rôle dans l'élaboration du livre, ce que le visiteur admit[48]. À Michel Droit, en mars 1969, le général spécifia en revanche que Pétain lui avait demandé de lui rendre les épreuves de son livre, ce à quoi il aurait répondu : « Monsieur le maréchal, vous avez des ordres à me donner en matière militaire pas sur le plan littéraire. » Dans ses *Mémoires accessoires*, l'amiral Philippe de Gaulle, présent aux côtés de son père lors de l'entrevue, propose de son côté une troisième version d'où il ressort que Pétain se montra fort désagréable en rendant à son ancien subordonné un exemplaire du manuscrit : « Voilà votre brouillon dont je n'ai de toute façon plus rien à faire. » « L'accueil, souligne Philippe de Gaulle, n'était pas aimable. Je n'eus droit ni à un geste, ni à une parole[49]. »

L'amiral de Gaulle contredisant son père, on ne s'aventurera pas à essayer de savoir si le maréchal eut ou non en main les épreuves de l'ouvrage. Ce qui est certain, c'est que quelques jours plus tard, Pétain fit parvenir à de Gaulle un projet de dédicace, au sujet duquel ce dernier sollicitait son avis ou son acceptation : « À M. le maréchal Pétain, qui a bien voulu, au cours des années 1925-1927, m'aider de ses conseils par la préparation des chapitres II à V de ce volume ("Ancien Régime", "Révolution", "Napoléon", "D'un désastre à l'autre"), j'adresse l'hommage de ma reconnaissance. » Il est également établi que, jugeant ce texte bien terne, de Gaulle envoya à la librairie Plon pour publication un texte plus flamboyant : « À M. le maréchal Pétain, qui a voulu que ce livre fût écrit, qui dirigea de ses conseils la rédaction des cinq premiers chapitres et grâce à qui les deux derniers sont l'histoire de notre victoire. » On conçoit, comme le souligne Jean Lacouture, que le maréchal, non averti de la substitution, se soit montré offusqué[50]. Là encore rien n'est clair, mais de la volonté obstinée du général de dissimuler un document découvert bien plus tard par Jean Pouget[51], on peut conclure qu'il ne se sentait pas sûr de son droit, si éclatant qu'ait pu être, par ailleurs, le contraste entre ses formules superbes et celles plus exactes mais plus fades proposées par le vainqueur de Verdun.

La rupture entre de Gaulle et Pétain cette fois est consommée. Le maréchal, de son côté, ne ménage plus son ex-collaborateur. Dans une préface, par ailleurs fort contestable (l'offensive y est condamnée tandis que sont célébrées les vertus des fortifications réputées imprenables...) au livre du général Chauvineau, *Une invasion est-elle encore possible ?*, Pétain, sans le nommer, réfute les thèses soutenues par le Connétable :

> L'armée de métier est surtout un instrument offensif ; la qualité de son matériel et de son recrutement en font, pour son auteur, un outil irrésistible. Il y aurait quelque imprudence à adopter ces conclusions. Il semble qu'elles aient cherché dans le domaine tactique à obtenir par l'offensive des résultats décisifs qui risquent d'être sans lendemain si aucune garantie n'est prise contre un échec possible[52].

Cette querelle ne nuit pas au succès de *La France et son armée* paru le 27 septembre, deux jours avant la conférence de Munich. Le talent y éclate. À l'approche de la cinquantaine, de Gaulle est en pleine possession de ses moyens ; il ne fait plus de gammes. D'un bout à l'autre de cette vaste évocation de l'histoire de la France, vue sous l'angle de ses forces armées, il maintient un rythme sans faiblesse. Le ton, celui du Grand Siècle, capte le lecteur et l'aide à entrer dans la compréhension de développements parfois techniques. Au service d'une pensée mûrie, l'art de formules est saisissant : « La France fut faite à coups d'épée... Mais s'il faut la force pour bâtir un État, réciproquement l'effort guerrier ne vaut qu'en vertu d'une politique. » La conclusion résonne comme un appel à l'énergie face aux nouveaux défis : « Ah grand peuple, fait pour l'exemple, l'entreprise, le combat, toujours en vedette de l'Histoire, qu'il soit tyran, victime ou champion, et dont le génie, tour à tour négligent ou bien terrible, se reflète fidèlement au miroir de son armée. »

Dans la presse l'accueil est globalement très favorable, plus chaleureux qu'il ne l'a été pour les précédents livres du colonel de Gaulle. Les ventes sont à l'unisson : à la fin de l'année, l'éditeur constate que, sur 7 700 exemplaires tirés, il en reste seulement 1 600. Le climat consécutif à la capitulation de Munich ne nuit apparemment pas à de Gaulle, partisan de la fermeté, convaincu que la France risque à court terme de regretter amèrement de ne pas avoir eu le courage de réagir aux nouvelles provocations de Hitler. Le succès est assombri par la disparition du colonel Mayer en novembre. Retenu à Metz, de Gaulle ne peut assister aux obsèques. Il n'a dès lors plus aucune illusion sur la suite des événements. Avec des dirigeants amorphes et des militaires rancis dans la routine, le pire lui semble inéluctable. Quand Prague est occupée par les Allemands et que la crise polonaise se profile, ses craintes se trouvent confirmées. Sa seule satisfaction est de constater qu'il figure au tableau d'avancement pour le grade de général.

En septembre 1939, après la signature du pacte germano-soviétique, la guerre éclate, et de Gaulle, à ce moment-là, est affecté au commandement des chars de la Ve armée en basse Alsace, non point une de ces grandes unités qu'il n'a cessé de réclamer mais un conglomérat de cinq bataillons équipés de chars R 35. Ce n'est pas le poste qu'il souhaitait, mais que peut-il faire sinon obtempérer, attendre et se tenir prêt pour l'heure où Paul Reynaud, appelé aux responsabilités suprêmes, l'entraînera dans son sillage, conformément à sa prédiction ?

Sur le plan politique, il a légèrement évolué. La République parlementaire lui semble toujours absurde mais certains hommes, plus ou moins aux marges du système, ont droit à son estime. Au cours de la croisade en faveur de l'armée blindée, il a appris à connaître et à apprécier les plus lucides, notamment quelques démocrates-chrétiens, en particulier, on l'a dit, Philippe Serre, personnage atypique qui, à l'instar de ses amis de la Jeune République, se distingue d'autres disciples de Marc Sangnier en refusant toute attache cléricale. Impressionné par le fondateur du Sillon, au dire de Philippe Serre, il ne fera sa connaissance qu'après 1945 ; mais il fait un geste hautement symbolique en adhérant aux Amis de *Temps présent*, hebdomadaire qui, sous la houlette de François Mauriac et de Stanislas Fumet, fédère les catholiques mal-pensants comme Henri Guillemin, hostiles aux régimes autoritaires de droite. Parmi eux, un jeune journaliste, Maurice Schumann, qui gardait le souvenir de l'adhésion du colonel de Gaulle : « Il avait la carte numéro 7 », précisait-il[53].

De Gaulle, bien entendu, n'est pas devenu pour autant démocrate-chrétien, loin s'en faut. Son geste a surtout valeur de gratitude à l'égard d'hommes qui l'ont aidé. Il atteste aussi, s'il en était besoin, sa liberté à l'égard d'autres influences reçues, au premier rang desquelles celle de l'Action française. De Maurras, comme tous ceux qui l'ont pratiqué, de Gaulle gardera une réserve vis-à-vis de la démocratie, une manière de penser la France seule, tel un absolu, une méfiance à l'égard des autres peuples, spécialement les Anglo-Saxons. Pour le reste, il se sent très libre. De même a-t-il pris ses distances avec d'autres personnalités de droite à l'exception de Paul Reynaud. Tardieu, qu'il admirait, l'a déçu en ne soutenant pas l'armée de métier. « Vous n'ignorez pas que sur certains points d'organisation, je n'ai jamais été d'accord avec votre idée de base », lui a écrit, le 18 octobre 1938, l'ancien président du Conseil, tout en ajoutant aimablement : « Mais j'ai toujours beaucoup apprécié votre richesse d'arguments et votre talent[54]. » Ami d'André Maginot, le ministre de la Guerre père de la célèbre « ligne », Tardieu n'a pas compris la nécessité du changement proposé par le Connétable. En outre, comme le souligne François Monnet, le nationalisme d'André Tardieu était fondamentalement différent de celui de de Gaulle : si le premier retranchait de la communauté nationale tous les « ennemis de l'intérieur », à commencer par les collectivistes, de Gaulle au contraire tendait dès ce moment à réunir tous ceux qui partageaient un même idéal patriotique[55]. Ses seuls ennemis potentiels étaient alors les pacifistes, de toutes nuances, frange considérable de l'opinion, en vérité, une partie non négligeable de la gauche, traumatisée par la Grande Guerre suivant cette voie.

Sur l'affrontement en cours de Gaulle n'a aucune illusion. À Paul Reynaud, dès le 22 octobre 1939, il annonce de manière prophétique :

> Notre système militaire a été bâti exclusivement en vue de la défensive. Si l'ennemi nous attaque demain, je suis convaincu que nous lui tiendrons tête. Mais, s'il n'attaque pas, c'est l'impuissance quasi totale. Or, à mon avis, l'ennemi ne nous attaquera pas, de longtemps. Son intérêt est de nous laisser cuire dans notre jus... Puis quand il nous jugera lassés, désorientés, mécontents de notre propre inertie, il prendra en dernier lieu l'offensive contre nous, avec, dans l'ordre moral et dans l'ordre matériel, de tout autres cartes que celles dont il dispose aujourd'hui[56]...

Le Connétable prévoit aussi que l'adversaire s'emploiera à tenter de rompre toute solidarité entre Paris et Londres.

Ces hypothèses vont se trouver malheureusement vérifiées, au détail près, et de Gaulle enrage car il ne peut que prendre date, en attendant le choc. Durant des mois, il ne se passe pratiquement rien. Fondant tous leurs espoirs sur le blocus, les Alliés se gardent de bombarder l'Allemagne ; leur objectif est de couper à Hitler la route du fer, au nord de la Suède, et, de la sorte, compromettre l'activité de l'industrie allemande. De Gaulle, pour sa part, se morfond au PC de la Ve armée dans le donjon du château de Wangenburg. Dépendant du groupe d'armées n° 2, la Ve armée couvre la ligne Maginot et le cours du Rhin, de la Sarre au nord de Sélestat. « Sa mission, précise le colonel Gaujac, est d'assurer l'intégrité de la France. » Le supérieur du colonel, le général Bourret, sorti du rang, grand ami de Daladier, passe pour le plus républicain des généraux. Cela ne nuit en rien aux bonnes relations entre les deux hommes : le Connétable le juge calme et compréhensif. Hormis certains signes avant-coureurs tels que les convois militaires et l'abandon de quelques villages par leurs habitants, on pourrait croire que la guerre n'était pas encore déclarée. Au sein de l'unité du Connétable, le train-train n'est interrompu que par la visite de quelques personnalités, le président du Conseil Édouard Daladier, Pierre Brisson, patron du *Figaro*, le président de la République Albert Lebrun : « Vos idées me sont connues », dit le chef d'État à de Gaulle, qui préférerait qu'on les ait appliquées ! « Cette guerre est de moins en moins sérieuse », écrit avec raison le rédacteur du journal de marche du régiment.

Faute de pouvoir faire autre chose, de Gaulle multiplie les mises en garde. Dès le 5 septembre, deux jours après son arrivée à Wangenburg, il a commencé à réfléchir à l'emploi de son futur bataillon de chars. Le 1er octobre, il a adressé aux responsables une note sur le rôle joué par les grandes unités blindées dans la campagne de Pologne et leurs actions combinées avec l'aviation. Le document, pour technique qu'il soit, est d'un intérêt évident car de Gaulle y témoigne de l'une de ses qualités majeures : la souplesse dans l'action, la faculté de corriger vite le tir en fonction des circonstances. Dans *Vers l'armée de métier*, il a négligé, on le sait, le rôle des avions mais les succès allemands, à l'est, lui montrent qu'il a commis une erreur. D'où cette remarque en forme de discret mea culpa :

> En somme les corps blindés ont produit dans la bataille et au cours de l'exploitation des résultats décisifs sur des troupes, dont la solidité ne peut être mise en doute, puisque, à égalité de matériel, elles ont toujours dominé celles de l'adversaire. Mais il faut reconnaître que les qualités de puissance et de vitesse des unités blindées allemandes ont été multipliées par la coopération d'une aviation qui disposait d'une supériorité numérique écrasante et qui a bénéficié de circonstances atmosphériques exceptionnelles[57].

Cette réflexion, poursuivie dans une inaction éprouvante, aboutit, le 11 novembre, à la rédaction d'une note relative aux modifications à apporter aux règlements concernant l'emploi des chars compte tenu des modes d'action des grandes unités blindées mises en œuvre en Pologne et des renseignements à tirer des premiers engagements des chars français sur le front. L'idée-force défendue par de Gaulle est qu'il faut rompre avec les principes dépassés définis durant la Grande Guerre et créer deux types d'unités bien distincts : des divisions cuirassées susceptibles de participer à toutes les phases du combat offensif, soit individuellement dans le cadre d'un corps d'armée de type normal soit par groupement en corps cuirassé ; — des brigades destinées à agir soit dans le cadre normal soit par renforcement des divisions cuirassées. Adressée au général Dufieux, inspecteur général de l'infanterie et des chars, et au général Keller, inspecteur des chars, cette note ne rencontre qu'un faible écho. Numéro deux de l'armée française, le général Georges ne rejette pas a priori l'idée, mais sa réalisation lui apparaît problématique et lointaine.

Constatant cette inertie, de Gaulle soudain décide de changer de registre. Depuis le début de la drôle de guerre, il s'est cantonné à sa spécialité et a suivi la voie hiérarchique pour faire avancer ses conceptions. Cette technique ayant échoué, il décide donc de sauter le pas et de se situer désormais sur un plan politique. D'où l'initiative, tout à fait extraordinaire, qu'il prend au début de 1940 en adressant à quelque quatre-vingts personnalités triées sur le volet un mémorandum intitulé *L'avènement de la force mécanique* et dont voici le passage clé :

> À aucun prix, le peuple français ne doit sombrer dans l'illusion que l'immobilité militaire actuelle serait conforme au caractère de la guerre en cours. C'est le contraire qui est vrai. Le moteur confère aux moyens de destruction moderne une puissance, une vitesse, un rayon d'action tels, que le conflit présent sera, tôt ou tard, marqué par des mouvements, des surprises, des irruptions, des poursuites dont l'ampleur et la rapidité dépasseront infiniment celles des plus fulgurants événements du passé... Le conflit qui est commencé pourrait bien être le plus étendu, le plus complexe, le plus violent de tous ceux qui ravagèrent la terre. La crise politique, économique, sociale, morale dont il est issu, revêt une telle profondeur et présente un tel caractère d'ubi-

quité qu'elle aboutira fatalement à un bouleversement complet de la situation des peuples et de la structure des États. Or l'obscure harmonie des choses procure à cette évolution un instrument militaire — l'armée des machines — exactement proportionné à ses colossales dimensions. Il est grand temps que la France en tire la conclusion.

De Gaulle a-t-il quelque espoir sur l'effet que produira cet avertissement ? En tout cas, en dehors de Paul Reynaud, convaincu depuis longtemps, seul Léon Blum prend en compte ses arguments. Quelques jours plus tôt, l'ancien chef de gouvernement du Front populaire a dîné au domicile de Paul Reynaud avec de Gaulle qui, en le reconduisant à son domicile du quai de Bourbon, ne lui a pas caché son pessimisme : « Je joue mon rôle dans une atroce mystification... Les quelques douzaines de chars légers qui sont rattachés à mon commandement sont une poussière. » Désormais acquis à la cause du Connétable, Blum alerte le général Georges et d'autres responsables. Malheureusement, les réactions sont loin d'être positives. « Intéressant mais la reconstitution n'est pas à la hauteur de la critique. » Du côté politique, même déception : Daladier refuse même de prendre connaissance du document. Seul point positif : dans les milieux politiques les idées et l'obstination du colonel de Gaulle sont désormais connues.

Le 21 mars, après la signature de la paix entre la Finlande et l'Union soviétique, le cabinet Daladier est sévèrement critiqué et le président du Conseil, taxé d'inertie, doit démissionner. Le jour même, à l'appel du président Lebrun, Reynaud lui succède. Le 29 mars, il se présente devant la Chambre pour y obtenir l'investiture, après avoir lu une déclaration rédigée par de Gaulle. Ce dernier se trouve d'ailleurs dans les tribunes et c'est avec tristesse qu'il suit cette séance qu'il qualifie justement d'« affreuse » dans ses *Mémoires de guerre*. Les passions partisanes se déchaînent, seul Léon Blum parvient à maintenir le débat à un certain niveau. En définitive, la confiance est votée — mais seulement à une voix de majorité. La position politique de Reynaud est faible, il ne peut s'appuyer que sur un petit groupe de députés de droite. Pour cette raison, de Gaulle n'est pas nommé, comme il l'espérait, secrétaire général d'un cabinet de guerre à l'anglaise. Daladier, ministre de la Défense, qui voit dans le Connétable un belliciste à tout crin, s'est opposé à cette promotion, Paul Baudouin, directeur général de la Banque d'Indochine, lui a été préféré.

Belliciste, combatif, de Gaulle l'est en effet et ne le cache pas. Comme tous ceux qui voient loin, il lui arrive de ne pas être à l'aise dans le court terme, ainsi lorsqu'il prédit à son ami Étienne Repessé que rien ne bougera sur le front avant un an[58]. Dès le 21 février, en revanche, il écrit à Paul Reynaud : « On peut dire que cette guerre est perdue. Mais il est encore temps d'en gagner une autre[59]. » Sans cesse, il se prépare à cette échéance, ce qui le place dans une position délicate au sein de l'entourage de Paul Reynaud, dont il fait partie sans occuper un poste précis. Les collaborateurs du président du Conseil sont loin en effet d'être tous la même ligne. Après

Paul Baudouin, d'autres pacifistes rejoignent le cabinet du chef de gouvernement, en particulier, Yves Bouthillier, inspecteur des Finances, futur ministre de Vichy, et le colonel de Villelume, chargé des liaisons entre le Quai d'Orsay et l'état-major. Peu à peu Gaston Palewski, partisan d'une ligne dure, se trouve marginalisé, à telle enseigne qu'il finira par rejoindre une unité d'aviation. Fragilisé par les conditions de son arrivée au pouvoir et la faible majorité dont il dispose, Reynaud essaie de tenir la balance égale entre les deux camps.

> Paralysé par les institutions qu'il sait mauvaises mais auxquelles il demeure fidèle par un attachement presque sentimental à la République, il est de toute part assailli par les difficultés, écrit sa fille Evelyne Demey. Pour agir, dans l'extrémité du péril, il eût fallu [...] marcher vers la victoire les yeux fermés par la foi, il eût fallu piétiner les institutions au risque de tuer la République. Mais Paul Reynaud n'est pas ce type d'homme, comme Churchill ou Clemenceau, pour qui l'action représente une nécessité vitale et qui obéit aveuglement à sa mission[60].

Au fil des semaines, de Gaulle aura de plus en plus de mal à comprendre cette position. Puisque, décidément, sur le terrain politique, tout semble bloqué, le Connétable rejoint donc rapidement, en Alsace, son nouveau poste. Le 26 avril, il se voit confier le commandement, par intérim, de la 4e division cuirassée, qui, selon toute vraisemblance, pourra être réunie le 15 mai. Face à ses interlocuteurs, il ne cache pas sa satisfaction mais elle s'accompagne d'une inquiétude manifeste quant aux capacités du généralissime Gamelin qu'il vient de rencontrer dans sa « thébaïde » de Vincennes. Le maître d'œuvre de la stratégie française ne lui a pas caché en effet son désir d'en découdre bientôt avec les Allemands, sûr de pouvoir les annihiler... Au demeurant c'est la France entière qui, à ce moment, paraît vivre dans un rêve. L'idée de couper la route du fer suédois vers l'Allemagne est un leurre. De fait, les Allemands réagissent avec vivacité, envahissant la Norvège et même le Danemark, avant l'arrivée des Alliés. Partout le Reich marque sa suprématie dans le domaine de l'armement. À Jean Auburtin de Gaulle écrit : « L'affaire de Norvège est une victoire de plus à l'actif de la force mécanique. Hélas une fois de plus, cette victoire est allemande. Nous vaincrons seulement quand nous l'aurons compris[61]. »

De ce revers, les Alliés ne se relèveront pas. En Scandinavie, ils se trouvent bientôt confinés à Narvik où ils parviennent tout de même à infliger une défaite navale aux Allemands. Plus que jamais Paul Reynaud est dans une position intenable. Ses conflits avec Daladier et Gamelin deviennent incessants. Il leur reproche en particulier leur indécision au cours de l'affaire de Norvège. Par ailleurs le président du Conseil se trouve en désaccord croissant avec les défaitistes, sans cesse plus nombreux, y compris au sein de son cabinet. Le 9 mai, Reynaud croit le moment venu de tenter le tout pour le tout. Après un réquisitoire violent contre Gamelin et Daladier, il annonce que son gouvernement est démissionnaire. En informant le président

Albert Lebrun, il le prie de ne rendre publique cette décision qu'après la formation d'un nouveau cabinet qui, dans son esprit, doit être un gouvernement refondu, délesté d'Édouard Daladier, la Défense étant placée sous ses propres responsabilités. Hitler le prend de vitesse. Le lendemain, à l'aube, il lance en effet une grande offensive. L'heure n'est plus aux discussions. Sur-le-champ, Reynaud reprend sa démission. En Grande-Bretagne, Churchill remplace Chamberlain et devient Premier ministre à la tête d'un cabinet de coalition.

En quelques jours les plans de guerre alliés vont être annihilés. Les percées allemandes sont fulgurantes. Pour répliquer à l'invasion des Pays-Bas par le Führer, les Alliés s'avancent en Belgique. Immédiatement les Allemands ripostent en traversant les Ardennes, au nord de la ligne Maginot et anéantissent, à l'issue de trois jours de combat, les IXe et X^e armées françaises. Dès lors, la France est véritablement encerclée. Le 15 mai, les Allemands se trouveront à la fois en position de menacer Paris et de couper en deux les armées alliées en prenant la direction de la Manche.

De Gaulle, Jean Lacouture le note, n'a pas prévu cette offensive, il pensait qu'elle viendrait plus tard[62]. Myopie propre, on l'a dit, à ceux qui voient très loin. Le 11 mai, en tout cas, il reçoit l'ordre de prendre le commandement de sa division cuirassée rassemblée au Vésinet. Il y arrive le 12 et y prend ses quartiers. Le 15, convoqué au grand quartier général, il se voit préciser sa mission. Le général Doumenc lui brosse un sombre tableau de la situation. Ayant traversé à toute allure la forêt des Ardennes, les blindés de Guderian et de von Kleist n'ont fait qu'une bouchée des troupes chargées de défendre la région située entre la ligne Maginot et le groupe d'armées du Nord. Sedan est en passe d'être menacée. Les objectifs à court terme de l'ennemi sont Rethel sur l'Aisne, Montcornet, ensuite Abbeville et la Somme. Ainsi risquent d'être prises au piège les forces imprudemment envoyées dans le nord par Gamelin. Les plus lucides le savent bien : la partie est virtuellement perdue. La mission assignée à de Gaulle est celle de la dernière chance : il s'agit, en avant de Laon, d'occuper le terrain afin de permettre aux troupes envoyées en catastrophe des restes de la ligne Maginot de barrer la route de Paris aux forces du Reich.

De Gaulle, s'il a des doutes, les garde secrets. Militaire, il obéit encore. Il prend donc la direction de Laon et, au passage, rallie des éléments d'artillerie et de cavalerie en débandade, dont la vue le révolte. Sa combativité est intacte, sa détermination inébranlable. Aumônier de la 4 DCR, le père Lucien Bourgeon note, dès sa première prise de contact avec le colonel :

Le PC du chef est à l'image de sa division mobile et de son âme austère. Prend-il le temps de manger ? Personne ne le sait, à part son chef d'état-major, le commandant Chaumel, qui partage ses repas sobres et hâtifs. Combien d'heures consent-il au sommeil ? Les mégots trouvés le matin dans sa chambre permettent de calculer le temps extrêmement court de repos entre la dernière et la première cigarette. Ah, la popote et les aises, la garde et les honneurs, tout cela compte bien peu pour de Gaulle. La carte, une carte bien installée et bien éclairée, une carte constamment et exactement mise à jour quant à la position des troupes et de l'ennemi, voilà l'essentiel de son PC, et mieux encore, le vrai PC, pour lui, son PC de prédilection, c'est le terrain de combat qu'il parcourt sans cesse, c'est la crête d'où l'on suit le mieux la progression des chars, c'est le carrefour où réagit l'ennemi, c'est le point névralgique où semblent céder les troupes, c'est le secteur des dangers des risques, c'est la brèche audacieuse par où doit passer la victoire [63].

À peine installé, de Gaulle réagit, alors que les défaillances commencent à se faire sentir un peu partout. Les moyens qu'on lui a promis ne sont pas encore réunis ? Qu'importe ! Il remplira la mission qu'on lui a assignée. Sur-le-champ, il part donc défendre Montcornet, gros village situé à vingt kilomètres à l'ouest de Laon, où convergent les routes vers Reims, Laon et Saint-Quentin.

Avec des chefs de chars dont certains n'ont jamais tiré le canon, des conducteurs inexpérimentés, des fantassins tous partis en autobus, de très faibles moyens radio, écrit Henri Amouroux, de Gaulle ne peut naturellement ralentir l'avance des blindés de Guderian qui, sur le terrain, sont dans la proportion de quatre contre un. Du moins en occupant momentanément Montcornet [...] ; en ramenant une centaine de prisonniers ; en inquiétant les Allemands, prouve-t-il que l'armée mécanique maniée par les Français peut, elle aussi, même si les conditions d'emploi sont mauvaises, obtenir d'heureux résultats [64].

Deux jours plus tard, avec le renfort de deux régiments de cavalerie motorisée, de Gaulle et ses chars s'élancent à l'assaut de Crécy et de Pouilly, positions clés car les ponts qui s'y trouvent commandent le passage de la Somme. Mais, cette fois, le Connétable a plus de mal à marquer des points. Les assauts aériens qu'il subit sont meurtriers et les renforts qu'il demande ne viennent pas. Le 20, sonne l'heure de la retraite que de Gaulle retarde d'un jour, réflexe sain mais coûteux en vies humaines. Le 21, à Savigny-sur-Ardres, comme l'ont révélé Anne et Pierre Rouanet, il lance, dans le cadre d'une émission de radio locale intitulée « Le quart d'heure du soldat », un appel dont les termes sont étonnants :

C'est la guerre mécanique qui a commencé le 10 mai. En l'air et sur la terre, l'engin mécanique — avion ou char — est l'élément principal de la force. L'ennemi a remporté sur nous un avantage initial. Pourquoi ? Uniquement parce qu'il a, plus tôt et plus complètement que nous, mis à profit cette vérité [...] Eh bien, nos succès de demain et notre victoire — oui ! notre victoire — nous viendront un jour de nos divisions cuirassées et de notre aviation d'attaque. Il y a des signes précurseurs de cette victoire mécanique de la France [65].

L'appel, on le voit, préfigure le texte historique que le Connétable lira sur les ondes britanniques le 18 juin. On notera aussi qu'il a complètement assimilé les leçons du conflit en évoquant le rôle des chars. Partout la situation est de plus en plus désespérée, mais celui que l'on surnomme le « colonel Motors » garde, au moins en apparence, un moral d'acier : dans une lettre à sa femme, le 24 mai, il envisage même un « rétablissement » que rien en fait ne laisse entrevoir. Cette légère euphorie est peut-être à mettre sur le compte d'une bonne nouvelle : il est nommé général de brigade à titre temporaire.

C'est donc, sinon dopé du moins plein de confiance, que le Connétable aborde, le 28 mai, une seconde bataille décisive. Cette fois devant Abbeville, il s'agit de réduire une tête de pont de douze kilomètres au sud de la Somme, de rompre ainsi l'isolement des armées du Nord. Le 28, dans la soirée, il déclenche l'offensive. L'effet de surprise est total, les prisonniers nombreux. Courte illusion. Le lendemain de Gaulle commence par poursuivre sa percée mais les Allemands résistent de plus en plus. Du côté français, le bilan se fait lourd. Le Connétable refuse pourtant de céder. Le 30, dans l'après-midi, une ultime tentative d'assaut est entreprise — en vain. Le repli dès lors est inévitable.

Incontestablement de Gaulle a fait preuve de courage, d'une détermination extrême aussi. A-t-il pour autant remporté des succès décisifs ? Malheureusement pas. Ces exploits sont sans influence sur le déroulement général de la bataille. Ce n'est pas non plus diminuer ses mérites que de situer ces opérations d'Abbeville dans un cadre plus large. Dans son livre *De Gaulle sous le casque*, paru en 1990, Henri de Wailly s'y est essayé de manière convaincante en apportant de nombreux éclaircissements fondés sur les archives[66].

> L'Abbeville de Charles de Gaulle, écrit très bien Henri Amouroux, ne fut que l'un des trois épisodes d'une bataille de huit jours au cours de laquelle près de 400 chars alliés attaquèrent en « charges », séparées par quelques heures à peine, un objectif unique : le mont de Caubert et ses avancées, défendus par des fantassins très inférieurs en puissance de feu mais que leurs tubes de DCA de 88, utilisés en antichars, ainsi que, chez les Français, le manque de liaisons au sommet comme sur le terrain, sauvèrent du désastre[67].

On voit donc combien est fausse la thèse selon laquelle seuls les chars allemands ont été engagés en masse durant la campagne de France.

Le bilan ne serait pas complet si l'on ne soulignait, car c'est un fait, combien le général de Gaulle — c'est désormais son titre — reste intraitable dans les rapports humains, indifférent aussi au coût humain des opérations. Les anecdotes à ce propos sont nombreuses. Sur les subordonnés du Connétable les apostrophes pleuvent : « Allons, messieurs, de la tenue », lance-t-il à des officiers qui, sous ses yeux, se jettent à terre à l'approche des stukas allemands. Plus d'une fois ses exigences choquent.

> Après une attaque dans la région d'Huppy, trois chars déchenillés restent sur le champ de bataille, rapporte le père Bourgeon. De Gaulle, dans une rapide inspection, les voit. Il se renseigne et apprend à quelle unité ils appartiennent. Immédiatement il rejoint cette unité de chars. Il rassemble les hommes présents et les officiers. Quelle terrible semonce adressée aux seuls officiers supérieurs. J'en suis malade. Je trouve de Gaulle dur, injuste et presque méchant. En ces lieux, après une offensive courageuse et victorieuse, devant l'héroïsme et les sacrifices de ces combattants, il ne trouve aucun mot pour partager les deuils, féliciter la vaillance. Rien, rien que ces reproches cinglants : « Comment, vous savez que nous manquons de matériel et que le matériel est notre

force essentielle dans la guerre moderne, vous savez cela et vous abandonnez trois chars déchenillés sur le terrain, sans faire tout ce que vous pouvez pour les rendre utilisables. C'est indigne de vous. C'est une liberté et presque une trahison. Rompez. »
Puis il monte dans sa traction avant, fermé, dur, distant. Il me dira plus tard : « Chers compagnons d'armes ! En leur parlant alors, c'est à ceux qui les ont envoyés au combat les mains vides, sans chars et sans avions que je m'adressais... C'est pourquoi je fus si violent. »

De Gaulle, renchérit Paul Huard, auteur d'un livre sur cet épisode longtemps mal connu de sa carrière, a exercé un commandement indépendant exclusif, autoritaire et égocentrique, basé sur la conviction que son jugement était en toute occurrence le meilleur[68].

Signe éloquent de sa disposition d'esprit : comme le souligne Jean Lacouture, aucun des officiers ayant servi sous ses ordres à ce moment-là ne va le rejoindre à Londres. De Gaulle, on doit le constater, ne suscite pas spontanément sympathie et adhésion. On le déteste ou on l'admire et souvent de loin. Il ne fait d'ailleurs rien pour rompre cette distance qui le sépare des autres.

De Gaulle est seul, très souvent, note le père Bourgeon, seul pour manger, seul pour prendre sa tasse de café, seul pour faire quelques pas autour du PC, seul aussi pour inspecter le front de combat. Il laisse à l'abri d'un bois ou d'une haie son auto et son chauffeur, et s'en va, bien visible, trop visible, mais avec un mépris total du danger, sur une éminence de terrain, pour étudier à la jumelle les positions ennemies et les possibilités d'offensive. « Pourquoi êtes-vous toujours seul, mon colonel ? On aimerait vous rencontrer et causer avec vous. » La réponse ne se fait pas attendre et coupe tout désir de poursuivre ses questions. « Pour quoi dire, monsieur l'aumônier ? » Puis comme pour adoucir le bourru de cette réponse où je devine le « Qu'on me foute la paix », que j'entendrai souvent plus tard, de Gaulle ajoute avec une certaine déférence pour mon sacerdoce et une certaine patience bienveillante à mon égard : « On ne parle pas dans une salle d'opération ni dans un poste de pilotage de navire, monsieur l'aumônier. Et, ce que j'ai à dire, comme chef, pour engager les hommes et les chars de la division en pleine bataille, réclame le silence de la réflexion. La solitude, le silence, la réflexion, vous le savez mieux que moi, sans eux que serait et que ferait la parole même de Dieu ? Tous ceux qui ont fait quelque chose de valable et de durable ont été des solitaires et des silencieux. » Je ne poserai plus de question indiscrète à de Gaulle, mais je n'oublierai jamais ses propos.

Si de Gaulle ne fait rien pour séduire, il impressionne en revanche par la rigueur de sa pensée, l'ampleur et l'originalité de ses vues. Le même témoin entendra, le 28 mai, des propos qu'il n'oubliera jamais et qui aujourd'hui prennent une singulière résonance :

« Monsieur l'aumônier, cette guerre n'est qu'un épisode d'un affrontement de peuples et de civilisations. Ce sera long. Et quand surgira l'affrontement avec la Chine, ce très grand peuple, cette civilisation plus ancienne que la nôtre, que serons-nous et que ferons-nous ? Mais j'ai confiance. Le dernier mot sera à la civilisation la plus élevée et la plus désintéressée : la nôtre, la civilisation chrétienne. Regardez le monde... » Tout en préparant une attaque sur la Somme, de Gaulle n'oubliait pas l'univers et l'Histoire. « Regardez le monde : il se divise en trois continents : l'Europe, l'Afrique, car on ne peut les séparer. C'est, autour de la Méditerranée, le berceau de notre civilisation. D'ailleurs l'Europe a besoin de l'Afrique et l'Afrique de l'Europe. Puis l'Amérique, du Nord et du Sud. Elles sont filles de l'Europe. Elles suivront toujours : l'Amérique du Nord, protestante et anglo-saxonne, sauf le Canada français. L'Amérique du Sud, catholique et latine. Enfin l'Asie : cette immensité géographique et historique, religieuse aussi. Mais le danger le plus grand et le plus immédiat peut venir de la transversale musulmane, qui va de Tanger aux Indes. Si cette transversale passait sous obédience communiste russe ou, ce qui serait pire, chinoise, nous sommes foutus... Et, croyez-moi, monsieur l'aumônier, il n'y aura plus de Poitiers possible. »

Curieusement, quand l'on sait la suite de l'histoire, c'est Weygand, nommé généralissime en remplacement de Gamelin par Paul Reynaud le 19 mai, qui salue, le premier, les éminents mérites du général de Gaulle au cours des récentes opérations[69]. Les deux hommes ne s'aiment pas, mais l'ancien bras droit de Foch a l'élégance, le 31 mai, de décerner, à l'auteur de *Vers l'armée de métier* qu'il a combattu, cette citation à l'ordre de l'armée (valant attribution de la croix de guerre avec palme) : « Chef admirable de cran et d'énergie. A attaqué avec sa division la tête du pont d'Abbeville, très solidement tenue par l'ennemi. A rompu la résistance allemande et progressé de quatorze kilomètres à travers les lignes ennemies, faisant des centaines de prisonniers et capturant un matériel considérable. »

Le nouveau général reçoit des éloges, encore plus appuyés et aujourd'hui surprenants, de Charles Maurras. Dans un article (passé sous silence par tous les historiographes de de Gaulle et les divers spécialistes du mouvement royaliste) publié à la une de *L'Action française*, le 1er juin, le théoricien du nationalisme intégral encense de Gaulle en des termes tels que l'on peut se demander si ce dernier n'a pas été, comme on l'a dit parfois, le chroniqueur militaire de l'organe monarchiste et sous un pseudonyme.

Il est beaucoup question du général de Gaulle, hier colonel, et qui a été promu comme l'une des lumières de la science et de l'art militaire français [...] Il nous souvient fort bien de la belle offensive intellectuelle, — et intelligente —, menée par le colonel de Gaulle. C'est un article de la *Revue hebdomadaire* qui nous le révéla : quelle confirmation de nos idées les plus générales sur l'armée (voir *Notre dictateur et roi*) ! Il nous souvient aussi de certains yeux bourrés de la haine de nos idées et qu'enflammait devant nous le seul nom du rénovateur militaire. On nous savait prompt à utiliser tout ce qui naissait d'un peu vif, d'un peu neuf, dans tous les domaines contre l'uniformité du Nombre démocratique ? À peine nous arrivait-il de citer le général de Gaulle à l'appui de nos préférences pour une armée de métier, pour la spécialisation prononcée de ses différents éléments, on nous alléguait la riposte de telles ou telles des autorités, plus ou moins routinières, qui se déclaraient contre lui : « Voyez ! voyez ! un tel ! un tel ! » Nous nous disions alors comme Pascal qu'il y avait là plus de moines que de raisons, et l'évidence des principes posés par le pénétrant philosophe militaire ne cessait de tout primer pour nous.

— Alors, nous disaient d'autres, soutenez-le, aidez-le. Pourquoi ne le soutenez-vous pas ?

— Hélas ! sa thèse nous semblait suffisamment contraire à la bêtise démocratique, à la philosophie de la quantité, et suffisamment fondée sur le règne de la qualité, pour ne point ajouter à ces tares intrinsèques, la tare extrinsèque de notre appui. Mieux valait ne pas compromettre quelqu'un que, déjà, ses idées compromettaient toutes seules. Nous gardâmes donc le silence qui nous paraissait dû à une pensée dont la France, malgré son régime, pouvait avoir le grand profit.

Mais cette discrétion ne servit de rien. Bien plus. Un des hommes les plus importants du régime [70], un de ceux qui en étaient déjà considérés comme les dauphins, s'empara en mars 1935 les idées du colonel de Gaulle. Il en fit un livre [71]. Il en fit un discours. Il en tira même un projet de loi. Rien ne put en sortir. Incoercible, incorrigible, le régime ne voulut rien entendre, même des arguments que lui présentait un de ses enfants privilégiés, un de ses suppôts favoris. Celui-ci peut dire aujourd'hui : « Je l'avais dit », mais qu'a-t-il pu ? Ni l'écharpe, ni la tribune, ni le portefeuille n'ont pu faire faire le moindre bout de chemin aux idées de salut.

Les voilà qui marchent toutes seules. À quel prix ! Il y a fallu une expérience terrible, seul argument auquel la Bête soit sensible — quand elle l'est, et, par malheur, pas tous les jours [72] !

De Gaulle n'a guère le temps de savourer ces louanges surprenantes. En dépit de la détermination qu'il a montrée à Abbeville, le sursaut escompté ne s'est pas produit. Le 31 mai, l'attaque a été suspendue. Remplacé par le général Fortune, le Connétable se voit convoqué à Paris le 1er juin, en particulier pour rencontrer le généralissime.

A-t-il conscience alors d'une césure, d'un moment où son destin personnel pourrait basculer ? Il le semble bien. À preuve, ces notes inédites du capitaine (plus tard général) Paul Nérot qui l'accompagne durant ce voyage :

Le colonel de Gaulle fit, dès notre arrivée à Paris, arrêter la voiture devant le tailleur Petitdemange, avenue de La Motte-Picquet, et revint un quart d'heure après... en tenue de général !

De l'avenue de La Motte-Picquet, nous allons rue Saint-Dominique voir M. Paul Reynaud, — il était à peu près midi. Le général me dit qu'il désirait voir seul M. Paul Reynaud et que l'entretien durerait à peu près une grande heure. J'en profitai pour aller à Versailles voir ma femme et mes enfants, j'avais en effet juste le temps d'aller et venir. J'étais depuis un quart d'heure revenu rue Saint-Dominique, lorsque le général sortit du bureau de M. Paul Reynaud et remonta en voiture. Il me dit que le président du Conseil lui avait offert soit de prendre le commandement des unités de chars endivisionnées en main en France, soit de devenir sous-secrétaire d'État à la Guerre. Le général ajoute que devant le morcellement des unités de chars et la confusion dans laquelle elles se trouvaient à ce moment, il avait opté pour le poste de sous-secrétaire d'État, fonction dans laquelle il lui serait possible d'avoir une action efficace [73].

La suite des événements va démontrer que le Connétable entend désormais situer son action sur un plan différent de celui auquel il s'est cantonné jusque-là. Après avoir quitté Paul Reynaud, il prend la direction de Montry, quartier général de Maxime Weygand. Au dire de Nérot qui l'accompagnait toujours, le généralissime le reçut plus qu'aimablement :

J'ai gardé, dira Paul Nérot, un souvenir particulier de cet accueil extrêmement chaleureux, au cours duquel le général commandant en chef exprima au général de Gaulle, très directement et très amicalement, ses plus vives félicitations. Le général Weygand m'adressa également quelques mots aimables et je me souviens de la façon très bienveillante dont il voulut bien me serrer la main.
Il y avait de sa part beaucoup d'émotion et de joie dans cet accueil, la 4ᵉ DCR avait montré dans le désarroi du moment, à Montcornet, à Crécy-sur-Serre, à Abbeville, qu'une grande unité bien en mains avait su agir offensivement et avec succès. C'était un grand espoir au milieu des heures difficiles que vivait le commandant en chef[74].

À la fin de cette entrevue, Weygand demande au Connétable de lui préciser ce qui pourrait être fait afin de renforcer l'efficacité des unités cuirassées. De Gaulle est d'autant plus à même de lui faire parvenir une note sur ce sujet (il la rédigera le 2) qu'il vient d'en écrire une à l'intention de Paul Reynaud. Auprès de ses deux interlocuteurs, il développe les mêmes arguments, classiques, et se propose pour commander les divisions cuirassées. Mais il saute aux yeux que le Général, avec le document destiné à Weygand, accomplit un geste assez formel et que toute son énergie est mobilisée par ses initiatives en direction du président du Conseil. Cette fois, alors que la situation militaire se dégrade chaque jour davantage, il est résolu à ne pas se laisser piéger, comme ce fut le cas au printemps, lors de l'accession au pouvoir de Reynaud. Le contexte ne lui est guère favorable. Depuis le 18 mai, Pétain, jusque-là ambassadeur auprès de Franco, est vice-président du Conseil. La compagne du chef du gouvernement, Hélène de Portes, est ouvertement défaitiste. Plusieurs membres de l'entourage du président du Conseil, à commencer par le colonel de Villelume[75], Paul Baudouin et Yves Bouthillier, sont dans les mêmes sentiments, très hostiles aux thèses de *Vers l'armée de métier* et à leur auteur. Ce dernier sent toutefois que l'heure du destin approche et qu'il faut forcer le cours des choses. D'où le ton inouï et presque conservatoire dont il use, le 3 juin, dans une lettre à Reynaud[76]. Les amabilités ne sont plus de saison. Cette fois, de Gaulle lance des avertissements et presque des injonctions :

Monsieur le Président,
Nous sommes au bord de l'abîme et vous portez la France sur votre dos. Je vous demande de considérer ceci :
Notre première défaite provient de l'application par l'ennemi de conceptions qui sont les miennes et du refus de notre commandement d'appliquer les mêmes conceptions.
Après cette terrible leçon, vous qui, seul, m'aviez suivi, vous êtes trouvé le maître, en partie parce que vous m'aviez suivi et qu'on le savait.
Mais une fois devenu le maître, vous nous abandonnez aux hommes d'autrefois. Je ne méconnais ni leur gloire passée ni leurs mérites de jadis. Mais je dis que ces hommes d'autrefois — si on les laisse faire — perdent cette guerre nouvelle.
Les hommes d'autrefois me redoutent parce qu'ils savent que j'ai raison et que je possède le dynamisme pour leur forcer la main. Ils font donc tout,

aujourd'hui comme hier — et peut-être de très bonne foi — pour m'empêcher d'accéder au poste où je pourrais agir avec vous.
Le pays sent qu'il faut nous renouveler d'urgence. Il saluerait avec espoir l'avènement d'un homme nouveau, de l'homme de la guerre nouvelle.
Sortez du conformisme, des situations « acquises », des influences d'académie, Soyez Carnot ou nous périrons. Carnot fit Hoche, Marceau, Moreau.
Venir près de vous comme *irresponsable* ? Chef de cabinet ? Chef d'un bureau d'études ? Non ! J'entends agir avec vous, mais par moi-même. Ou alors, c'est inutile et je préfère commander !
Si vous renoncez à me prendre comme sous-secrétaire d'État, faites tout au moins de moi le chef — non point seulement d'une de vos quatre divisions cuirassées — mais bien du corps cuirassé groupant tous ces éléments. Laissez-moi dire sans modestie, mais après expérience faite sous le feu depuis vingt jours, que je suis seul capable de commander ce corps qui sera notre suprême ressource. L'ayant inventé, je prétends le conduire.

L'audace du général va se révéler payante. Reynaud n'écarte pas de son entourage les partisans de la paix, mais il est résolu à faire appel à de Gaulle. Le 5 juin, tandis que s'achève la terrible bataille de Dunkerque, le Connétable est convoqué par son supérieur direct, le général Frère, qui lui fait part de la rumeur annonçant son entrée au gouvernement. Le lendemain, le général Delestraint confirme à de Gaulle sa nomination au poste de sous-secrétaire d'État à la Guerre.

IV

L'ABÎME ET LA RUPTURE

Dans le contexte dramatique de ce début de juin 1940, l'entrée au gouvernement de Charles de Gaulle ne constitue pas un événement capital, au moins pour le Français moyen. Les qualités de l'homme ne sont pas en cause. Simplement l'inquiétude suscitée par l'avance allemande est trop grande pour qu'une telle nouvelle puisse produire un réel effet, et le poste qu'occupe le général, si important soit-il eu égard aux circonstances, n'est tout de même pas l'un des premiers de la hiérarchie. L'irruption du Connétable dans l'arène politique affecte surtout ce que l'on appelle de nos jours le microcosme parisien.

Comme on pouvait s'y attendre, les plus mécontents de sa nomination sont Weygand et Pétain. « C'est un enfant », s'est borné à observer avec rage le premier, tandis que le second articulait des griefs plus précis devant le général Spears : « Il croit tout savoir sur les mécanismes de la guerre. Sa naïveté lui fait croire que l'art de la guerre n'a pas de secrets pour lui. On dirait qu'il l'a inventée. Je sais tout de lui... Il n'a pas d'amis, dans l'armée. Ce n'est pas surprenant. Il a toujours l'air de regarder les gens de son haut[1]. »

Dans l'entourage de Paul Reynaud, les réserves, voire la franche hostilité sont également fréquentes. Le personnage, pour exceptionnel qu'il soit, s'est fait beaucoup d'ennemis, il dérange trop de conformismes, d'idées reçues et aussi d'ambitions. Le colonel de Villelume, en particulier, se montre un adversaire implacable. Il n'accepte pas d'être placé sous les ordres du tout nouveau sous-secrétaire d'État et il faut recourir à l'arbitrage du président du Conseil qui tranche en sa faveur. En échange, de Gaulle obtient d'être nommé secrétaire d'État à la Guerre et à la Défense nationale. Sans cesse, Villelume met en garde Reynaud contre de Gaulle, lui fait valoir que son but inavoué est de ravir sa place.

De *L'Action française* qui, par la plume de Léon Daudet[2], salue en la personne du sous-secrétaire d'État un adepte du nationalisme intégral, au *Populaire* qui souligne l'aspect visionnaire des écrits de l'auteur de *Vers l'armée de métier,* l'accueil de la presse est, en général, plus chaleureux. À Londres, cependant, une note discordante apparaît dans le *Times.* Le grand journal conservateur reconnaît, certes, la distinction d'esprit du général et l'originalité de ses vues, mais il note qu'il est

« assez agressivement de droite », ce qui n'est pas nécessairement un compliment de la part de libéraux britanniques.

D'évidence on éprouve quelques difficultés à classer ce militaire si singulier, fervent de Jacques Bainville, mais, on l'a vu, abonné numéro 7 des Amis de *Temps présent*. Et ce n'est pas l'équipe qu'il réunit sur-le-champ autour de lui qui peut aider les commentateurs à s'en faire une idée plus précise. Pour l'essentiel, ses collaborateurs n'ont pas d'orientations particulièrement marquées. Parmi ceux qu'il connaît bien, Jean Auburtin et le journaliste Charles Giron, qu'il a eu sous ses ordres à Metz, appartiennent à la mouvance de Paul Reynaud. Lieutenant de cavalerie, le jeune diplomate Geoffroy de Courcel s'est vu affecté au cabinet du nouveau sous-secrétaire d'État pour sa connaissance de l'anglais : heureux hasard car, en matière de patriotisme, il est sur la même ligne que son patron dont il a lu certains livres chez son frère. Pour le reste, le colonel Humbert, chef du cabinet militaire, ne se signale par rien de particulier ; il quittera d'ailleurs l'orbite du Connétable aussi vite qu'il y est entré. Quant à Jean Laurent, directeur général de la Banque de l'Indochine, c'est également un proche de Paul Reynaud. Recommandé par Gaston Palewski, il fait figure de technicien. Lui aussi, curieusement, s'éloignera du général.

Point capital que l'on négligera d'autant moins que l'intéressé lui-même le soulignera en corrigeant de sa main une interview donnée à Jean Oberlé en 1943 : désormais son action est politique, même si elle se situe, vu ses attributions, dans la sphère militaire [3]. De ce fait, il acquiert une légitimité qu'il n'avait pas jusque-là. Républicain de raison, plus que de tempérament, sa nomination ne change probablement rien à ses convictions profondes. En revanche, elle lui fournit un titre pour parler au nom de son pays, tant vis-à-vis des Français que de l'étranger. « Sans cette nomination in extremis, soulignait Maurice Schumann, rien n'aurait été possible par la suite [4]. »

« Ma conduite le 18 juin 1940 est l'aboutissement, le prolongement de la politique qu'avait décidé de suivre le gouvernement Reynaud dont je faisais partie. J'y fus appelé le 6 juin 1940 comme sous-secrétaire d'État à la Défense nationale. La défaite de la France était en vue, il fallait voir au-delà de la défaite [5]. » Recueillie en 1943 par Jean Oberlé, cette confidence de Charles de Gaulle résume le sens de son action durant les quelques jours dramatiques qu'il va passer au sein de l'avant-dernier gouvernement de la IIIe République. Porté par un patriotisme intransigeant, fortifié dans ses certitudes par une vision d'ensemble du conflit, plus que jamais persuadé de l'importance de la force mécanique qu'il a si passionnément voulu mettre en œuvre, animé aussi d'une confiance absolue en son propre destin, le général est, assurément, de tous les responsables français, l'un des rares, sinon le seul, décidé à ne pas céder devant l'adversité. De cette résolution sans faille, on ne peut que lui donner acte, et c'est d'ailleurs ce refus des compromissions, cette conviction que rien n'est perdu, cette volonté de poursuivre le combat à n'importe quel prix et n'importe où, qui, peu à peu, mais de plus en plus nettement, vont le conduire à prendre ses distances vis-à-vis de Paul Reynaud. De cette différence de caractère, de méthodes, de style aussi, nul n'a mieux rendu compte que Dominique Leca, membre du cabinet du président du Conseil, qui, réservé vis-à-vis de de Gaulle, ne l'a pas moins admirablement percé :

> Tout au long de sa vie, il y a eu du manichéisme dans ses positions : les bons d'un côté, les méchants de l'autre. On pense aux paroles du Messie : « Je ne suis pas venu pour unir mais pour séparer. » Bien sûr le but final se présente comme un processus d'unification. Mais le schéma gaulliste consiste — pour commencer — à prendre brutalement parti pour un camp contre un autre, après avoir choisi judicieusement le camp autour duquel la plus large cristallisation est appelée à se produire un jour.
>
> Là résida sans doute le grand malentendu entre Paul Reynaud et de Gaulle car, dès 1940, il y en eut un. Paul Reynaud crut jusqu'à l'extrême limite et au-delà de tout espoir que les deux moitiés de la France, la munichoise et l'antimunichoise, la tendance neutraliste et la tendance jusqu'au-boutiste, pouvaient et devaient, par des évolutions raisonnables, devant l'évidence des événements, se rassembler dans un effort patriotique homogène. Il le crut de toute sa bonne foi. Il s'assigna cet objectif suprême. La phrase célèbre : « Je ne veux pas couper la France en deux », est revenue à plusieurs reprises dans ces jours historiques non seulement dans des discussions avec de Gaulle mais avec beaucoup d'autres — et jusque dans les cadres les plus familiers.
>
> Sans cette clé, qui comprendrait le choix qu'il fit de certaines personnes autour de lui, à maintes reprises ? Le général, lui, prescient d'un événement qu'il allait contribuer à rendre inéluctable, savait que la rupture éclaterait et son choix depuis longtemps était arrêté. D'avance contre ! Contre les vaincus, contre les Gamelin, les Georges, les Pétain, les Weygand, tous ces empanachés sans clairvoyance dont il avait depuis longtemps jaugé la valeur[6].

Pour évidente que soit la volonté du Connétable de pratiquer cette stratégie de rupture, rien dans son attitude au cours des onze jours qui le séparent du 18 juin n'est aussi simple qu'il le dira et l'écrira plus tard dans ses *Mémoires de guerre*. Comme beaucoup d'épisodes clés de sa vie, ces journées décisives ont fait l'objet de sa part d'un travail de recomposition, sans doute inévitable mais dont ne peut se satisfaire aujourd'hui l'historien soucieux de vérité. La hauteur de vue, le désintéressement, le courage du général ne sont pas en cause, non plus que son génie politique, perceptible à travers son intelligence des hommes et des choses. Seules doivent être discutées sa propension à réécrire l'Histoire sous une lumière favorable à sa figure et sa tendance à accabler rivaux et adversaires.

De Gaulle, on le voit vite, n'est pas un ministre comme un autre ; même si son rang est modeste dans la hiérarchie, tout son comportement traduit cette certitude d'être à part. Dès le lendemain de sa prise de fonctions, Dominique Leca le cherche dans son bureau, en vain : il se trouve dans les jardins du ministère où il se fait mitrailler par les photographes de presse, certain que la bataille de l'avenir sera une bataille politique, d'images aussi dans laquelle chaque cliché comptera[7]. Puisque désormais, sur le plan militaire, tout semble joué, c'est sur le terrain politique qu'il est décidé à se battre, avec la légitimité que lui donne sa qualité de membre du gouvernement.

Le 6 juin, lors de son premier entretien avec le chef de gouvernement, il sollicite donc la mission de se rendre auprès du nouveau chef du gouvernement britannique, Winston Churchill, comme s'il avait pressenti un esprit parent du sien dans cette très forte personnalité, connue pour son caractère ombrageux et difficile. Preuve de l'intérêt tout particulier qu'il attache à cette mission, les démarches discrètes que, peu de temps auparavant, son chef de cabinet, Jean Laurent, a effectuées auprès de Roland de Margerie, et que ce dernier a d'ailleurs accueillies avec faveur.

La suggestion lui semble d'autant plus intéressante qu'après l'exposé du président du Conseil devant le cabinet de guerre britannique le 26 mai, il paraît utile de montrer aux Britanniques un conseiller militaire de Paul Reynaud, inspirant plus d'énergie que le colonel de Villelume, qui a produit la plus fâcheuse impression sur ses interlocuteurs anglais. Paul Reynaud est, lui aussi, très conscient de la nécessité de corriger cette mauvaise image[8].

De Gaulle voit ainsi son vœu rapidement exaucé. À peine entré au gouvernement, le voici en charge d'une tâche délicate, essentielle, qui va l'amener à entrer en contact avec les responsables britanniques au plus haut niveau. L'exploit n'est pas mince et l'on comprend que les *Mémoires de guerre* fassent la part belle à ce premier et important succès personnel. On veut bien croire aussi qu'il se soit inquiété le 6 juin, devant Paul Reynaud, de la présence parmi les ministres du maréchal Pétain (« mieux vaut l'avoir dedans que dehors », a objecté le chef du gouvernement), partisan déclaré de la paix immédiate.

D'emblée de Gaulle s'impose par un ton, un style, une détermination, auxquels on n'est guère habitué en ces temps d'abandon, d'avachissement et de lâcheté. Cependant, il ne voit certainement pas l'avenir immédiat avec la précision dont témoigne *L'appel*. À en croire le mémorialiste, tout est déjà clair dans son esprit ce 6 juin lorsqu'il s'entretient avec le président du Conseil : la guerre est perdue sur le sol métropolitain, seul l'Empire et ses immenses ressources permettront de gagner la seconde manche ; il convient donc dès maintenant de mettre en œuvre une politique adéquate impliquant le transport des moyens de combat vers l'Afrique du Nord. En réalité, de Gaulle simplifie, pour les besoins de la cause, lorsqu'il prétend avoir tenu ce langage le 6 juin. Si tel avait été son point de vue, on voit mal en effet comment le lendemain, 7 juin, il aurait pu écrire cette note, jusqu'à présent inédite, où il s'affirme partisan de la thèse dite du réduit breton, le transfert vers l'Afrique du Nord étant évoqué, mais à titre d'hypothèse encore lointaine et imprécise[9].

7 juin 1940
Discussion sur le réduit breton

Note de de Gaulle pour le président du Conseil[10]

I. Dans le cas où la bataille actuellement en cours n'arrêterait pas l'avance allemande, il y a lieu de prévoir que les forces ennemies, après avoir franchi la basse Seine et occupé Paris, chercheraient à réaliser la désorganisation complète de la résistance nationale, soit en « enroulant » nos forces à l'est, soit en exploitant rapidement en direction des ports de l'Atlantique.

En tout cas la volonté du gouvernement est de poursuivre la lutte sur le territoire métropolitain et éventuellement en Afrique du Nord, puis dans le reste de l'Empire, de manière à gagner le temps nécessaire pour que des secours extérieurs nous permettent de reprendre l'initiative.

II. Il y a donc lieu, dès aujourd'hui, de définir les zones successives du terrain sur lesquelles devrait être accrochée la résistance nationale.

a) Sans préjudice des bretelles ou positions intermédiaires que le Commandement jugerait à propos d'utiliser pour le regroupement des forces, la première position nationale à envisager et à préparer en arrière du champ de bataille a pour limite avant la ligne définie comme suit : cours du Couesnon, de l'Ernée, de la Mayenne, de la Loire en aval de Tours, du Cher, canal du Berry, cours de la Loire, en aval de Digoin, canal du Centre, cours du Doubs.

Dans l'hypothèse de la violation et de la conquête de la Suisse par les forces germano-italiennes, cette position pourrait se raccorder aux Alpes de Savoie, à partir de Digoin par la Loire supérieure, Roanne, Lyon et Chambéry.

b) En arrière seront préparés :

— une deuxième position de résistance couvrant l'ouest et le sud-ouest de la France, jalonnée par la Charente, la Vienne supérieure, le massif du Puy de Dôme, les monts de la Madeleine, Lyon, le Rhône inférieur, et reliée avec la première position par une bretelle suivant le cours de la Creuse ;

— un réduit de Bretagne jalonné par le cours du Couesnon, les avancées de Rennes et le cours de la Villaine ;

— un réduit du Sud-Ouest dont le front sera marqué par le canal du Midi, de Bordeaux à Narbonne.

III. L'expérience a montré qu'il était très aléatoire, étant donné les moyens dont dispose l'ennemi et la façon dont il les emploie, d'espérer établir à temps une résistance cohérente sur une zone de terrain déterminée si celle-ci n'était pas organisée et acceptée à l'avance par d'autres unités que celles qui ont à se battre en avant.

1°) L'organisation du terrain sur les positions de résistance ci-dessus et en particulier la préparation des destructions seront entreprises immédiatement.

2°) Les unités nécessaires pour assurer la sécurité de la première position seront mises en place dès maintenant.

Le plan d'ensemble des travaux à exécuter sera arrêté, immédiatement par le sous-secrétaire d'État à la Défense nationale et à la Guerre.

La désignation des unités à mettre en place sera faite également par lui au moyen de prélèvements sur les unités en cours de constitution à l'Intérieur.

L'exécution des travaux incombe aux commandants des régions intéressées disposant non seulement de leurs moyens propres mais de la plus grande quantité possible de main-d'œuvre à fournir par d'autres départements (Intérieur, Travail, Colonies) suivant devis à établir par le secrétaire d'État à la Défense nationale et à la Guerre.

IV. En fonction de l'organisation prévue ci-dessus, pour la défense en profondeur du territoire, le personnel (mobilisables, affectés spéciaux, main-d'œuvre) et les moyens industriels de toute sorte contribuant à la défense nationale, en particulier dans l'agglomération parisienne, seront repliés d'urgence en arrière de la ligne générale Rennes, Angers, Clermont-Ferrand, Lyon.

Tous arbitrages nécessaires entre les départements ministériels intéressés incombent au sous-secrétaire d'État à la Défense nationale et à la Guerre.
V. Le repli des administrations et le déplacement éventuel du gouvernement seront réalisés par échelons, étant entendu qu'à la limite le siège des pouvoirs publics dans la métropole pourrait être établi dans la région de Quimper.

Cette note, en vérité, ne constitue pas une surprise. Dans *La rupture de 1940,* Dominique Leca désigne, en effet, formellement de Gaulle comme le père de la thèse dite du réduit breton qui consistait à enfermer les pouvoirs publics en Bretagne comme dans un donjon[11]. « L'idée, précise-t-il, joua politiquement un rôle important pendant la première moitié de juin[12]. » De son côté, dans ses *Mémoires de guerre,* le général admet du bout des lèvres s'être rallié dès son entrée du gouvernement à cette thèse, sans croire, souligne-t-il, à son efficacité[13]. Cette note du 7 juin prouve tout de même qu'il s'agissait pour lui d'une hypothèse de travail digne d'attention, plus concrète en tout cas que le repli en Afrique du Nord.

Évoquant quinze ans plus tard cette conversation du 6 juin avec Paul Reynaud, on peut comprendre que le général ait passé sous silence ce projet pour affirmer qu'il pensait déjà à ce départ des pouvoirs publics vers l'Afrique du Nord, sans solution intermédiaire en Bretagne. Car, stratégiquement, la thèse du réduit breton ne résiste pas à l'examen[14], et le général Weygand aura beau jeu d'en démontrer le caractère utopique. Selon une note rédigée par l'ancien généralissime après son retour de captivité en 1945, ce projet, évoqué pour la première fois par Paul Reynaud le 29 mai, fut étudié par lui avec soin mais écarté au double motif qu'il ne pouvait être réalisé dans l'improvisation et qu'il était impossible d'amener des troupes du front nord-est pour défendre une ligne de deux cents kilomètres allant de l'Atlantique à la Manche.

Pour posséder une valeur dont on pût faire cas, écrit Weygand, le réduit breton aurait dû être une partie d'un plan de défense du territoire français très étudié à l'avance et préparé de façon à pouvoir être, le cas échéant, aménagé en véritable forteresse avec les moyens et les délais nécessaires. En l'absence de toute prévision et dans les conditions créées par les événements de mai et juin 1940, le réduit breton n'était qu'un mot ne répondant à rien de sérieux[15].

En l'occurrence, Weygand peut difficilement être contredit et de Gaulle ne s'y est pas aventuré, sinon pour souligner que l'ex-généralissime était opposé, comme Pétain, à la thèse du réduit breton pour des motifs inspirés par sa politique défaitiste[16].

Sans portée réelle, la thèse du réduit breton n'est pas de celles que l'on peut revendiquer avec fierté. Dans le processus de la réflexion qui va mener Charles de Gaulle à l'acte fondateur du 18 juin 1940, l'épisode n'est cependant pas sans importance.

Si néanmoins de Gaulle eut cette inspiration, écrit très bien Dominique Leca, s'il la fit valoir farouchement, oralement et par écrit, si Paul Reynaud fut quelque temps séduit par elle, c'est qu'elle avait une indéniable valeur de symbole : même s'il ne s'agissait que d'un mot creux, ce mot signifiait au moins que, dans l'esprit de notre gouvernement, une nouvelle défaite de la Somme ne déboucherait pas sur un effondrement de la volonté française. La guerre ne serait pas finie pour autant. Il y aurait une suite, d'autres chapitres[17].

Cette suite, de Gaulle la prépare avec l'ardeur dont il est capable. La situation s'aggrave d'heure en heure ; bientôt Paris est menacé et une conversation avec Weygand, le 8, l'amène à penser que la résistance française sera faible. De cet entretien Weygand contestera la date, le lieu, la teneur, tels qu'ils sont relatés par de Gaulle dans plusieurs versions. Dans une première, donnée en 1943 à Jean Oberlé, le général dira : « Je rentrai à Paris le soir du 7 juin et allai voir le lendemain Weygand à son quartier général. Il me dit : "Sur la Somme, c'est fini. Après ? C'est la Seine et la Marne. Après ? Il n'y a plus rien. Ah, si j'étais sûr que les Allemands me laissent des troupes pour maintenir l'ordre[18]." » À cette version Weygand, au cours de l'instruction de son procès, en 1945, opposera la sienne.

> Le général de Gaulle vint me voir, non pas à mon QG de Vincennes mais à Montry, QG du général Doumenc. Les deux premières phrases mises dans ma bouche résument bien la situation. La troisième « il n'y a plus rien » n'a certainement pas été présentée ainsi, car s'il n'y a plus d'organisation préparée à l'avance, il y a des armées qui se battent. Quant à la dernière, j'en nie formellement l'authenticité. Elle revient à laisser entendre que j'ai déjà demandé un armistice. Or je n'ai pas encore prononcé ce mot. Et je n'ai, par la suite, émis aucun vœu sur ce que j'aurais demandé aux Allemands[19].

Pareillement, l'ancien bras droit de Foch, dans son livre *En lisant les « Mémoires de guerre » du général de Gaulle,* contestera un compte-rendu plus étoffé de la même conversation publié dans *L'appel* et contenant cet échange cinglant :

> « Comment ? Fini ? Et le monde ? l'Empire ? » Le général Weygand éclata d'un rire désespéré. « L'Empire ? Mais c'est de l'enfantillage. Quant au monde, lorsque j'aurais été battu ici, l'Angleterre n'attendra pas pour négocier avec le Reich. » Et le commandant en chef ajouta en me regardant dans les yeux : « Ah si j'étais sûr que les Allemands me laisseraient les forces nécessaires pour maintenir l'ordre[20] ! »

Selon Weygand, cette conversation est fausse.

> Je m'élève contre l'authenticité de ce dialogue à prétention cornélienne. [...] Je n'en aurais pas toléré l'inconvenance. D'autre part, il ne fut, à aucun moment de cet entretien, question de l'attitude de l'Angleterre ou de négociation avec les Allemands. Quant à mon rire, s'il a paru désespéré, c'était de ne pouvoir ramener aux exigences de l'heure un homme qui s'en détachait en parlant d'autre chose[21].

Qui saura jamais ce que se sont dit réellement les deux hommes ? En tout cas, de Gaulle a trouvé Weygand manifestement à bout de résistance — impression partagée par les officiers qu'il a l'occasion de rencontrer en le quittant.

Le sentiment du Connétable, après cette visite, est d'autant moins sujet à caution que l'on sait, de façon sûre, qu'en quittant le généralissime il se rendit chez Paul Reynaud pour lui demander, avant de partir pour Londres, de remplacer Weygand par le général Huntziger, capable selon lui « de s'élever jusqu'au plan d'une stratégie mondiale ». Suggestion et aveu étonnants puisque, comme le souligne Jean Lacouture, Huntziger, qui devait devenir ministre de la Guerre de Vichy, était l'un des deux généraux dont les forces avaient « craqué » le 13 mai face à l'offensive allemande dans les Ardennes[22].

Le général, en revanche, n'est pas des plus convaincants lorsqu'il assure, dans *L'appel*, s'être attelé, avant de partir pour la Grande-Bretagne, à l'élaboration d'un plan de transport en Afrique du Nord de tous les éléments disponibles[23]. À moins qu'un document inédit provenant de ses archives personnelles ne vienne confirmer cette hypothèse (mais on voit mal pourquoi il n'aurait pas été publié jusqu'à présent), on est en droit de penser qu'ayant rédigé ce même jour sa note précitée sur le réduit breton, il travaille alors plutôt dans cette perspective.

Quoi qu'il en soit, le 9 juin, à huit heures du matin, accompagné de son aide de camp, Geoffroy de Courcel, et de Roland de Margerie, de Gaulle embarque au Bourget dans l'un des grands avions d'Air France. L'atmosphère est lourde. Le terrain d'aviation a été bombardé cinq jours plus tôt par l'aviation ennemie, toutes les verrières de la gare aérienne ont été brisées, et de la piste, il ne reste à peu près rien. L'appareil, malgré tout, prend son envol et au cours des trois heures de la traversée (le pilote est obligé de passer assez largement au sud de la Seine, de gagner la plaine de Caen et de filer droit ensuite vers la Grande-Bretagne), Roland de Margerie raconte au général le précédent voyage qu'il a fait vers la même destination, quinze jours plus tôt avec Paul Reynaud. À l'arrivée à l'aéroport de Helston le général Lelong, attaché militaire, attend les voyageurs, qui gagnent l'ambassade de France. Peu après, l'ambassadeur, M. Corbin, retenu par une cérémonie à Westminster Abbey, les rejoint. Pendant que Roland de Margerie prend des rendez-vous avec différentes personnalités pour le général, ce dernier s'entretient longuement avec Corbin qui, resté sur l'impression mauvaise de la visite de Paul Reynaud, le 26 mai, et des propos défaitistes du colonel de Villelume, est un peu réconforté par cette conversation.

Après le déjeuner, de Gaulle sort faire une brève promenade avec le général Lelong, tandis que Margerie profite des circonstances pour interroger Corbin sur la situation à Londres et le mettre lui-même au courant des derniers développements à Paris. Peu après les Français se rendent au War Office afin de rencontrer le général John Dill qui, quelques jours auparavant, a été nommé chef de l'état-major impérial en remplacement de sir Edmund Ironside.

Dill met au courant les visiteurs de l'état des fabrications de guerre en Grande-Bretagne et du degré de préparation des diverses unités débarquées de Dunkerque et qui vont pouvoir bientôt être dirigées sur la France. Au total, selon lui, quatre divisions britanniques seront de nouveau disponibles en France aux environs du 25 juin[24] Durant l'été, un nombre assez élevé de grandes unités achèveront leur instruction et deviendront disponibles dès qu'elles pourront être pourvues de pièces d'artillerie. Le problème est de savoir si l'état-major français pourra coopérer à leur armement.

En réponse, de Gaulle insiste pour que les préparatifs soient encore accélérés. Soulignant qu'il a pu constater, au cours d'une contre-attaque près d'Abbeville, que le blindage des chars d'assaut anglais est trop léger pour résister aux canons antichars allemands, il suggère une sorte d'amalgame entre unités françaises et unités britanniques, leur matériel se complétant bien. Il attire enfin l'attention de ses interlocuteurs sur l'importance de la production des armes antichars dont les chiffres en Grande-Bretagne sont encore faibles et se dit confiant quant à la possibilité de trouver l'artillerie de campagne nécessaire pour un certain nombre de divisions anglaises[25].

Le général plaide sans doute sa cause avec d'autant plus d'ardeur que la conversation est interrompue à plusieurs reprises par des appels téléphoniques annonçant de très mauvaises nouvelles : les avant-gardes allemandes ont pénétré dans les faubourgs de Rouen. Sur-le-champ, sir John Dill est ainsi obligé d'appeler le Premier ministre, qui se trouve à Chequers, sa résidence officielle de campagne, afin de convenir avec lui d'instructions à l'Amirauté dans la perspective de l'évacuation de la base maritime du Havre.

Peu après ce premier rendez-vous, de Gaulle rencontre un homme qui, dès lors, ne va plus quitter sa route, le plus souvent pour s'opposer à lui : Jean Monnet, chef de la mission d'achat franco-britannique à Londres. Mais, ce jour-là, ces deux hommes exceptionnels n'ont que le temps de prendre un premier contact car, après un rapide entretien avec le colonel Rozoy, chef de la mission aérienne française, le général doit être reçu au 10 Downing Street par Winston Churchill, revenu tout spécialement de Chequers.

Détail qui n'est pas sans importance : il est déjà plus de cinq heures de l'après-midi quand les Français arrivent à la résidence du Premier ministre. Comme ils savent qu'il leur faut une heure pour rejoindre Heston, trois heures ensuite de vol jusqu'à Paris et que, passée une certaine heure, le pilote fera des difficultés pour prendre l'air, cette première rencontre se déroule dans la précipitation, ce qui ne l'empêche pas d'être chaleureuse. Roland de Margerie évoque cette scène historique :

> M. Winston Churchill nous reçut... dans la pièce où se réunit le conseil des ministres à Downing Street. Nous étions séparés par la longue table du conseil. D'un côté le Premier ministre se promenait sans arrêt, comme un lion en cage, fumant comme toujours un énorme cigare. De l'autre le général de Gaulle et moi, nous restions assis, déplaçant nos têtes de droite à gauche et inversement comme on voit les spectateurs du tennis suivre la balle du regard[26].

De Gaulle ouvre le dialogue et s'exprime d'un ton ferme que l'on n'a pas entendu depuis longtemps du côté français :

> J'ai souhaité établir un contact personnel avec le chef du gouvernement et les chefs de l'armée britannique. Par ailleurs, j'ai été chargé par M. Paul Reynaud

de vous confirmer les résolutions du Conseil suprême du 31 mai et de vous répéter que le gouvernement français est décidé à continuer la lutte par tous les moyens en son pouvoir. S'il y a eu parfois des hésitations, je puis certifier qu'elles appartiennent au passé et c'est avant tout cela que je suis venu vous affirmer. Mais l'armée française qui supporte en ce moment le poids total de la bataille a besoin de l'aide de son allié britannique et d'une aide la plus puissante possible.

Le général ayant précisé les besoins en hommes et en matériels de la France, notamment dans le domaine de l'aviation, Churchill répond, pour répéter ce qu'a déjà dit sir John Dill en début de l'après-midi sur les unités britanniques en cours de reconstitution. Mais il ajoute :

L'aviation de chasse britannique réorganisée après Dunkerque est la seule arme intacte que conserve le Royaume-Uni pour la protection de ses habitants et de ses industries de guerre (vitales pour l'avenir des opérations) contre les raids de l'aviation allemande. Il ne faut risquer cette arme qu'à bon escient. Sur le front occidental, loin de ses bases, la chasse britannique subit des pertes à peu près égales à celles qu'elle inflige à l'ennemi. À Dunkerque, près de ses terrains, elle abat quatre fois plus d'avions qu'elle n'en perd. Au-dessus des îles Britanniques, la proportion devient de six contre un. Là c'est un dividende, souligne le Premier ministre, employant le vocabulaire des hommes de la City. Il est donc de l'intérêt même de la coalition que les escadrilles anglaises soient employées dans des conditions qui leur assurent le maximum de rendement[27].

De Gaulle insiste malgré tout pour que les demandes françaises soient prises davantage en considération, et Winston Churchill, en retour, promet de soumettre ses desiderata à l'examen du cabinet — engagement qui ne tire guère à conséquence.

D'un point de vue strictement concret, la mission du général est un échec. Churchill, même s'il ne l'a pas dit ouvertement, considère que la bataille de France est perdue et qu'un égoïsme bien compris, voire un sens aigu des responsabilités vis-à-vis des démocraties, lui commande de réserver ses forces pour un autre affrontement. La France est abandonnée à son sort et il est clair que de Gaulle n'a pas réussi à faire fléchir le vieux lion. En revanche, si l'on prend de la hauteur et si l'on songe à ce qui va se passer durant quatre ans, l'échange de vues apparaît sous un tout autre jour. En la circonstance, les intérêts des deux pays n'ont pas convergé mais, pour l'avenir, il est capital que de Gaulle et Churchill se soient compris — ce qui, à l'évidence, s'est passé.

La conversation avait été chaleureuse et animée, écrira Roland de Margerie ; mon rôle d'interprète s'était réduit à assez peu de choses. M. Winston Churchill ayant presque constamment parlé français. Les deux hommes s'étaient visiblement accrochés. Si l'on ne peut être sûr, comme l'affirme le général Spears, que de Gaulle ait dit au Premier ministre : « C'est vous qui avez raison », il l'a incontestablement pensé et cela seul compte[28].

Sur le général, cet entretien avec Churchill semble en tout cas avoir eu un effet décisif : lors du voyage de retour, après une rapide entrevue avec Anthony Eden, il paraît plus résolu que jamais. Le vol est assez mouvementé. Arrivés à Heston à sept heures du soir, de

Gaulle, Roland de Margerie et Geoffroy de Courcel trouvent le pilote anxieux de partir si tard, hésitant à prendre la responsabilité d'atterrir au Bourget dans l'obscurité[29]. En définitive, le départ a bien lieu, les moteurs de l'appareil étant poussés au maximum. En traversant la Manche, les voyageurs sont frappés par une activité inhabituelle et supposent que les navires qu'ils devinent sur les flots sont ceux évoqués par sir John Dill dans sa conversation avec Churchill. Peu après, l'arrivée d'un énorme nuage noir, provoquant une obscurité complète, fait croire que l'avion se trouve au milieu de la fumée produite par l'incendie des réservoirs de pétrole du Havre. À la verticale de Ouistreham, le pilote soudain décide de ne pas aller plus loin, en raison des dangers inhérents à l'atterrissage nocturne au Bourget sur un terrain mal balisé et encombré de bombes non éclatées. L'avion, propose-t-il, se posera à Caen et la suite du voyage se fera en voiture. Après s'être concerté avec Margerie et Courcel, de Gaulle immédiatement refuse cette solution : la perspective d'un voyage d'environ cinq heures en pleine nuit, dans une région bondée de troupes et d'une arrivée à Paris vers trois heures du matin, alors qu'ils doivent se trouver rue Saint-Dominique à huit heures, lui paraît pire que tout. Le général, dans toute la mesure du possible, cherchera toujours à préserver son sommeil, certain qu'il est indispensable pour prendre des décisions correctes. Cette fois encore il décide de contrer le destin et donne l'ordre au pilote de continuer son vol vers Le Bourget. À basse altitude le voyage se poursuit donc. Au sol, la campagne semble étrangement calme. Bientôt Paris surgit au loin dans un brouillard crépusculaire. L'avion contourne la capitale vers le sud, survole le fort de Vincennes et enfin, à vingt et une heures trente-cinq, se pose au Bourget alors que le jour est déjà tombé. Seuls deux feux au coin du terrain ont permis l'atterrissage. Quant l'appareil est immobilisé, les passagers voient le pilote s'éponger le front.

Dès son retour à Paris, de Gaulle apprend que les nouvelles parvenues à Londres étaient, hélas, fondées : la situation ne cesse de se détériorer. À son domicile il reçoit un appel de Paul Reynaud qui lui annonce que les Allemands ont atteint la Seine en aval de Paris et qu'en Champagne une offensive décisive est attendue d'une minute à l'autre. Paris est donc presque encerclé. De plus, tout donne à penser que l'Italie s'apprête à déclarer la guerre à la France. « Devant ces mauvaises nouvelles, écrit le général dans ses *Mémoires*, je n'avais qu'une suggestion à faire : adopter le parti du plus grand effort et aller au plus tôt en Afrique, en épousant, dans toutes ses conséquences, la guerre de coalition[30]. »

Cette affirmation ne peut manquer d'étonner, surtout si l'on songe à sa note relative au réduit breton, écrite vingt-quatre heures plus tôt seulement. À ce moment-là, sans doute, tout va très vite. Le 10 juin est bien, comme l'écrit le général, une « journée d'agonie[31] ». Le soir même, le gouvernement doit quitter Paris, partout l'ennemi marque des points ; Mussolini, comme prévu, déclare la guerre à la France. Au sommet de l'État la déliquescence est visible. Évoquant la dignité un peu surréaliste du président Lebrun, une visite à Paul Baudouin de l'ambassadeur d'Italie assurant que la guerre créerait entre les deux pays une situation positive, puis le départ de l'ambassadeur des États-Unis, William Bullitt, de Gaulle n'a pas de mal à faire sentir cet affaissement des esprits et des volontés. À travers le récit d'une visite inopinée du général Weygand à Paul Reynaud — qui apparemment ne l'a pas convoqué — on sent bien aussi les progrès réalisés par les partisans d'une cessation des hostilités[32]. « Les choses en sont au point, déclare l'ex-second de Foch en posant un papier sur la table, que les responsabilités de chacun doivent être nettement établies. C'est pourquoi j'ai rédigé mon avis et je remets cette note entre vos mains[33]. » Paul Reynaud va discuter pied à pied. Weygand n'en démord pas : la bataille en métropole est perdue. Il faut capituler. « Avez-vous quelque chose à proposer ? » lance soudain le généralissime à de Gaulle. « Le gouvernement, répond, cinglant, ce dernier, n'a pas de propositions à faire mais des ordres à donner. Je compte qu'il les donnera. » Weygand encaisse la réplique sans renoncer à faire triompher ses vues. De cette obstination, Paul Reynaud et de Gaulle se rendent bien compte lorsque le lendemain, 11 juin, après un pénible voyage de nuit sur les routes encombrées, ils arrivent à la préfecture d'Orléans pour apprendre que Weygand a pris l'initiative de demander à Churchill de venir l'après-midi à son grand quartier général de Briare, afin qu'il puisse apprécier la situation.

Dans un tel climat, les esprits peuvent naturellement évoluer très vite et l'on sait que de Gaulle, foncièrement pragmatique dans l'action, n'est pas homme à s'arc-bouter sur des solutions dépassées. A priori il n'est donc pas exclu que le général pense moins à la Bretagne et davantage à l'Afrique du Nord. Pourtant on ne peut ignorer deux éléments d'information corroborant l'hypothèse contraire.

Le premier se rapporte à un événement survenu dans la journée du 11 juin. Avant que Paul Reynaud se dirige vers Briare pour rencontrer Churchill au château du Muguet, de Gaulle a réussi à le convaincre de limoger Weygand et de le remplacer par Huntziger. Sur-le-champ, le sous-secrétaire d'État à la Guerre se rend donc auprès de ce dernier à Arcis-sur-Aube. Au cours du déjeuner, la discussion s'engage, rapportée de façon diamétralement opposée plus tard par les deux protagonistes. Selon de Gaulle, Huntziger a accepté d'être l'homme d'une nouvelle stratégie impliquant le repli sur l'Afrique du Nord. Huntziger au contraire niera toujours avoir accepté la proposition et il indiquera les motifs, concordants, de son refus dans des notes personnelles et au cours d'un entretien postérieur avec l'écrivain maurrassien Henri Massis.

> Général de Gaulle vient déjeuner, écrit Huntziger dans ses notes. P. Reynaud a été retenu par Churchill. Il me demande mon avis sur situation, effectifs, matériel, moral, s'il est possible de continuer la résistance. Je dis qu'il faut continuer jusqu'à la limite des forces, mais cette limite peut approcher très rapidement... De Gaulle représente que la France n'est que l'avant-garde d'une

coalition qui aura son potentiel élevé dans plusieurs mois. Le gouvernement aura à décider s'il faut continuer la résistance ou non[34].

Dans la version donnée plus tard à Henri Massis, il n'est pas plus question de l'Afrique du Nord.

De Gaulle, dit Huntziger, m'a proposé de prendre le commandement des armées et d'organiser une tête de pont dans le Cotentin. Comme je ne pus ne point lui représenter ce qu'un tel objet avait de dérisoire, il consentit à ce que cette tête de pont fût établie dans la presqu'île armoricaine. Ce n'en était pas moins absurde. Voilà, mon cher, à quelles imaginations on se livre alors que nos forces sont à peu près détruites. Weygand a raison, il faut demander l'armistice pendant qu'il est encore temps[35].

Pour Huntziger, aucun doute : de Gaulle à ce moment-là privilégie toujours la thèse du réduit breton et n'évoque jamais le repli rapide en Afrique du Nord.

Le général Huntziger (dont de Gaulle aurait dit après le déjeuner à Geoffroy de Courcel : « Ce n'était pas l'homme que j'attendais[36] ») étant devenu ministre de la Guerre de Vichy et adversaire implacable du général, l'objectivité de son témoignage peut être mise en doute. Beaucoup moins contestable est, en revanche, cette déposition inédite du général René Altmayer :

Le 10 juin au soir, alors que je rentrais d'une journée sur le terrain (au cours de laquelle, si mes souvenirs sont exacts, j'avais été prendre contact avec mon frère Robert[37] dont l'armée se repliait de la basse Seine) pour le mettre au courant des mesures prises à Thury-Harcourt, on me remet un télégramme du général de Gaulle me convoquant auprès de lui, au ministère à Paris. Je pars immédiatement avec mon officier d'ordonnance dans l'ignorance la plus entière des motifs de cet appel. Trajet pénible au milieu d'un désordre complet dû à des convois de civils qui s'enfuient : ils ne savent ni où, ni pourquoi. J'arrive à Paris dans cette nuit du 10 au 11 vers deux heures du matin. Le ministère, désert, est évacué ou en voie d'évacuation. Je vois le colonel Humbert, chef de cabinet de de Gaulle, qui me reçoit dans le bureau du ministre. Tout est à l'abandon : sur une table des cartes où sont tracées sur la Seine, la Loire, le Rhône, la Garonne, des lignes de résistance et qui en prévoient aussi en Bretagne. « Voilà des papiers à ne pas laisser traîner », lui fis-je remarquer. Humbert m'expose que le gouvernement a décidé d'organiser un réduit national de la défense en Bretagne ; le gouvernement doit se retirer dans le Finistère, à Quimper, pour rester en relation avec l'Empire et avec la Grande-Bretagne ; je suis chargé d'organiser cette résistance future avant l'arrivée des armées qui se replieraient sur la Bretagne, s'il y a lieu : celle de mon frère, du général Hering, celle de Frère ; un grand entrepreneur de travaux M. Borie qui sera mis à ma disposition doit se trouver au ministère ce même 11 à neuf heures pour me fournir les moyens nécessaires à cette organisation. J'insiste auprès d'Humbert pour savoir quels sont ces moyens. « Ceux que vous aurez sur place, me dit-il, les dépôts des 10 et 11e régions qui sont mises sous vos ordres pour cette organisation. » Je lui demande également qui m'a désigné pour cette mission. Il me répond que c'est le général Weygand, sur une demande non nominative du président du Conseil. Il ajoute que de Gaulle est parti pour Montrichard en Touraine où il m'attend pour me donner des instructions complémentaires [...][38].

À Montrichard, de Gaulle n'est pas là : il est parti pour Briare. Après avoir vu le général Colson qui lui donne l'ordre écrit l'accréditant à Rennes auprès des généraux commandant les 10 et 11e régions militaires le général Altmayer part pour la capitale de la Bretagne :

> Au cours de mon trajet de Montrichard à Rennes, j'avais longuement réfléchi sur la mission qui m'était confiée. Pour qu'elle fût viable, il fallait du temps, des moyens matériels d'organisation, des troupes combattantes. Du temps, c'est-à-dire peut-être des semaines et, vu la tournure prise par nos affaires depuis le 10 mai, les Allemands nous l'accorderaient-ils ? — les moyens matériels, qu'allais-je trouver dans les dépôts ? — des troupes combattantes, les armées annoncées par Humbert pourraient-elles se replier sur la Bretagne ? Ce que j'avais appris de nos malheureuses opérations depuis mon débarquement d'Angleterre me donnait à cet égard des doutes sérieux. La mission donnée me trouvait donc sceptique, mais il n'était que de se mettre à l'ouvrage avec la volonté d'aboutir et de réaliser tout ce qui pouvait être tenté.

Le réduit breton est donc, on le voit, l'hypothèse sur laquelle travaillent le général et ses collaborateurs immédiats, le départ vers l'Afrique du Nord n'étant qu'une alternative plus lointaine. Comme la plupart des responsables français et ainsi qu'il en a fait confidence aux dirigeants britanniques lors de son voyage éclair à Londres sans doute ne croit-il guère à l'efficacité absolue de cette solution de la dernière chance[39]. Reste que même avec beaucoup de restrictions, il la fait sienne. Le rebelle au demeurant n'a pas encore rompu les amarres. La meilleure preuve en est que, décidé à défendre Paris coûte que coûte, même au prix de la destruction de la ville, il a dû avaliser la décision prise par Weygand de déclarer la capitale ville ouverte. Présent aux côtés de Paul Reynaud quand ce dernier a reçu les conseillers municipaux venus lui demander de prendre cette initiative, il ne s'y est pas publiquement opposé.

Le général est plus convaincant lorsqu'il affirme avoir alors la sensation d'un abandon généralisé. De fait, comme dans une tragédie antique, tous les acteurs du drame semblent prisonniers de leur rôle. Les partisans de l'armistice, au premier rang desquels Camille Chautemps, commencent à ne plus dissimuler leurs intentions. Paul Reynaud est de plus en plus crucifié entre ceux qui, tel de Gaulle, plaident en faveur de la lutte à outrance et ceux qui jugent la partie perdue, comme le colonel de Villelume et Mme de Portes. À l'intérieur du gouvernement, les dissensions sont évidentes. En arrivant à Briare, pour la réunion prévue avec Churchill, de Gaulle croise le maréchal Pétain qu'il n'a pas revu depuis 1938 (un rendez-vous organisé le 8 juin a été annulé) et engage avec lui ce dialogue sans aménité :

> « Vous êtes général, me dit-il, je ne vous félicite pas. À quoi bon les grades dans la défaite ? — Mais vous-même, monsieur le maréchal, c'est pendant la retraite de 1914 que vous avez reçu vos premières étoiles. Quelques jours après c'était la Marne. » Pétain grogna : « Aucun rapport. » Sur ce point, il avait raison[40].

Lugubre et surréaliste, la conférence franco-britannique s'ouvre peu après, non loin de Briare, au château du Muguet, médiocre et prétentieuse construction de la fin du XIXᵉ siècle, et très vite se révèle clairement ce que le général a noté dans ses *Mémoires* :

> Tout ce qui avait, jusqu'alors, servi de base à l'action et aux attitudes n'appartenait plus qu'au passé [...] Chacun des participants se comportait déjà, non plus en tant que partenaire dans un jeu mené en commun, mais comme un homme qui, désormais, s'oriente et joue pour son compte[41].

D'emblée, Weygand, bientôt relayé par Pétain, plaide vigoureusement et ouvertement en faveur de l'armistice. Et quand Churchill, pour détendre l'atmosphère, rappelle le redressement opéré par le maréchal en mars 1918 lors de la bataille d'Amiens, Pétain rétorque durement : « Oui, le front fut rétabli. Vous, les Anglais, étiez enfoncés. Mais moi j'ai envoyé quarante divisions pour vous tirer de cette affaire. Aujourd'hui c'est nous qui sommes mis en pièces. Où sont vos quarante divisions ? »

Au cours de la réunion, rien de concret n'est envisagé. Le départ du gouvernement français en Afrique du Nord, notamment, n'est pas évoqué. Devant les Français interdits, Churchill annonce pour le printemps 1941 l'arrivée de vingt à vingt-cinq divisions[42]. « Reynaud le remercie, rapporte Spears, mais je sens son irritation contenue et celle des autres Français devant cette goutte d'eau proposée pour éteindre une conflagration dont les flammes, dépassant la Manche, gagnent rapidement l'Atlantique[43]. » De son côté, de Gaulle décèle dans l'attitude du Premier ministre britannique « l'obscure satisfaction d'imaginer la perspective pénible et magnifique d'une Angleterre laissée seule dans son île ». « Quant à moi, conclut-il, pensant à la suite, je mesurais ce que ces palabres avaient de vain et de conventionnel puisqu'elles n'avaient pas pour objet la seule solution valable : se rétablir outremer[44]. »

Quoi qu'il en soit de l'état d'avancement de ce projet et du caractère, en effet, décevant des discussions, de Gaulle produit grande impression sur les Britanniques, et compte tenu du fait qu'une nouvelle phase commence, il s'agit là d'un fait essentiel. Lors du dîner qui suit, le général est à côté de Churchill, et l'entretien est l'occasion de resserrer encore les liens déjà tissés à Londres. « Notre conversation fortifia la confiance que j'avais dans sa volonté », note le général[45]. De son côté, le Premier ministre britannique écrira peu après à Roosevelt :

> Toute la question est de savoir ce qui se passera si le front français est rompu... Le vieux maréchal Pétain est, je le crains, disposé à mettre en jeu son nom et son prestige pour permettre à la France de conclure la paix. Reynaud, en revanche, est partisan de poursuivre la lutte et il a, avec lui, le jeune général de Gaulle qui pense que les possibilités sont loin d'être épuisées[46].

De l'impression laissée par de Gaulle, ce jour-là, sur les Britanniques, témoigne aussi cette note du très perspicace et actif général Spears dont le rôle, dans les jours à venir, va être décisif :

Cet après-midi-là, il avait l'air sûr de lui, plein de sang-froid, et c'était très sympathique. Il a pris cet air-là devant Abbeville, pensais-je, où, avec ses blindés, il a obtenu un succès, le seul de la guerre. Le grand air avait donné un peu de couleurs à son teint un peu jaune. Je ne lui ai plus jamais revu ces fraîches couleurs, ni je crois le sourire qu'il tournait vers moi. C'était un sourire franc et confiant qui contrastait avec son expression habituelle et qui me fit penser que j'aimerais bien cet homme. Ce que je vis, ce jour-là, c'était peut-être le vrai « de Gaulle » ou ce côté de sa nature qui eût prévalu, s'il était resté un soldat simple, direct et même un peu brutal[47].

Curieusement cette conférence du château du Muguet, où il ne s'est pas passé grand-chose, a donc été capitale. De Gaulle, pour sa part, ne peut plus reculer, il en a la prescience. Avec ceux auxquels il s'affronte, chaque jour avec plus de force, aucun compromis n'est envisageable. Weygand, en particulier, lui voue une solide inimitié. En arrivant à Briare, Roland de Margerie l'a aperçu prenant l'air sur le perron et la conversation qui a suivi a montré au collaborateur de Paul Reynaud combien le généralissime était irrité par le sous-secrétaire d'État à la Guerre, par sa volonté surtout de changer les titulaires de grands commandements. Weygand n'a pas dissimulé son impatience tant vis-à-vis de Churchill que vis-à-vis de de Gaulle. Roland de Margerie n'oubliera pas le coup d'œil furieux qu'il a jeté à ce dernier en déclarant : « Quant au commandement si quelqu'un, dans les circonstances actuelles, croit pouvoir l'assumer et faire mieux que moi qu'il le prenne aussitôt[48]. »

Avec Darlan, arrivé après le repas pour demander l'annulation d'une opération de bombardement sur Gênes, par crainte de représailles contre les réserves d'essence de l'étang de Berre, et qui obtient satisfaction de Paul Reynaud, contre l'avis de de Gaulle, la tension est également très vive. « Cet incident, note le général, me fit comprendre que Darlan, lui aussi, jouait maintenant son propre jeu[49]. » Et même s'il ne le dit pas ouvertement, de Gaulle s'irrite de voir Reynaud osciller ; Pétain, Weygand, les partisans de l'armistice étant puissamment relayés auprès de lui par Mme de Portes.

Après Briare, de Gaulle prend pleinement conscience de sa solitude et, puisqu'il est seul, il est décidé à défendre la solution qui, avec de plus en plus de netteté, s'impose à lui : le repli des pouvoirs publics en Afrique du Nord. Cette alternative qu'il évoque sans cesse dans ses *Mémoires* n'a pris, on l'a vu, pour lui des contours concrets que tout récemment, le réduit breton ayant jusqu'alors sa préférence, dénuée, il est vrai, d'enthousiasme. Mais à présent, tout est différent : le général sait, ou plutôt devine, qu'à plus ou moins long terme, il va être contraint de sortir des cadres habituels. Déjà, bien que membre du gouvernement (ce qui reste essentiel pour lui, singulièrement en ce qui concerne ses liaisons avec les Britanniques), il fait cavalier seul et il agit avec d'autant plus de facilité que la solution du repli en Afrique du Nord est, même dans son esprit, assez vague. Dès le 7 juin, dès son entrée en fonction par conséquent, et alors qu'il travaillait encore sur l'hypothèse du réduit breton, il s'était sans doute attelé, avec l'état-major de l'armée, à l'élaboration du plan de transport en Afrique du Nord. Celui-ci concernait deux classes de recrues en instruction dans les dépôts de l'Ouest et du Midi. « La Marine, précise le général, évaluait à cinq cent mille tonnes le renfort de navires de charges qui lui était nécessaire[50]. » Cependant, on notera que lors de son voyage en Grande-Bretagne, le 9 juin, de Gaulle ne s'est pas préoccupé de demander au Premier ministre le tonnage nécessaire à la réalisation de ce projet.

Force est d'admettre que cette solution du repli sur l'Afrique du Nord est dans l'esprit du général d'ordre essentiellement politique et symbolique. Il est donc assez naturel qu'il l'étudie maintenant, après la réunion de Briare, quand tout espoir de résistance semble perdu. Tel est d'ailleurs bien ce qu'il sous-entend dans ses *Mémoires* :

> Au cours de la journée du 12, logé au château de Beauvais, propriété de M. Le Provost de Launay, je travaillai avec le général Colson au plan de transport en Afrique du Nord. À vrai dire les événements auxquels j'avais assisté la veille et l'isolement où j'étais à présent laissé me donnaient à craindre que l'esprit d'abandon n'eût gagné trop de terrain et que le plan ne s'appliquât jamais. Cependant, j'étais résolu à faire tout ce qui était en mon pouvoir pour que le gouvernement le prît à son compte et l'imposât au commandement[51].

Rien de plus révélateur au demeurant que les conditions dans lesquelles de Gaulle travaille alors avec Colson.

> J'ai été convoqué le 12 juin au soir à Azay-sur-Cher, dira ce dernier à la commission d'instruction du procès Weygand devant la Haute Cour de justice en 1945. Là, le général m'a exposé une fois de plus ses vues stratégiques notamment l'idée d'un regroupement des forces françaises en Afrique du Nord ; j'ai, en particulier, étudié immédiatement le transport au Maroc des recrues inutilisables en France, mais l'étude faite en liaison avec l'état-major de la Marine n'aboutit qu'à un refus très net du commandant en chef des forces navales (amiral Darlan) qui opposa des impossibilités matérielles de transport et comme le chef de gouvernement ne se trouvait pas là pour trancher, l'affaire en demeura là[52].

Texte étonnant que cette déposition. Sans y insister, le général Colson admet en effet tout simplement que de Gaulle désormais agit de son propre chef, sans en référer au commandant en chef, voire au président du Conseil. Weygand d'ailleurs ne s'y trompera pas : « Plein d'intérêt, notera-t-il de sa main en marge de la déposition de Colson. Le général de Gaulle a donné "par-dessous moi" des ordres au général Colson[53]. »

Une autre preuve, éclatante, du caractère improvisé et vague de la thèse du repli en Afrique du Nord est donnée par les variations du général dans des relations diverses d'un épisode capital : l'ordre, selon lui, donné peu après, à sa demande, par Paul Reynaud à Weygand, de faire passer le maximum de troupes en Afrique du Nord. Dans un texte de 1943 corrigé de sa main et publié par Jean Oberlé en 1945, de Gaulle rapporte la scène de la façon suivante :

Le 12 juin 1940 nous tâchons de remonter Reynaud avec l'aide de Mandel, Herriot, Jeanneney. Je lui arrache un ordre écrit donné à Weygand et prescrivant l'exécution des mesures prévues, pour le repli sur l'Afrique du Nord, c'est-à-dire le transport de deux classes de recrues encore dans les dépôts, des spécialistes de DLM descendus de Belgique, de trois divisions des Alpes, à peu près cinq mille hommes. On les avait évacués de tous les ports, de Brest à Nice. (Il manquerait cinq cent mille tonnes de navires pour les transporter.) Ces mouvements devaient s'étendre jusqu'au dernier jour de juin. Mais Weygand n'exécute pas l'ordre. Seul Vuillemin envoie à la date prévue l'aviation de bombardement en Afrique du Nord, où plus tard les commissions d'armistice s'en saisirent[54].

Le 17 avril 1946, alors qu'il a quitté le pouvoir en janvier, le général de Gaulle dépose sur la même affaire devant Pierre Bouchardon, président de la commission d'instruction de la Haute Cour de justice. Il s'était fixé pour règle de ne pas intervenir dans des affaires relatives à l'épuration : ce sera la seule exception qu'il consentira — signe évident de la rancune qu'il porte à Weygand. De Gaulle confirme la teneur de son interview.

Il est de fait, dit-il notamment, que le président du Conseil, ministre de la Défense nationale et de la Guerre, a adressé le 13 juin 1940 au général commandant en chef une lettre lui fixant la conduite à tenir par les armées à partir de cette date. Il est de fait que cette lettre spécifiait, en dernier ressort, l'installation et l'organisation des moyens de lutte dans l'Empire[55].

Cette seconde version du général sera contredite par tous les témoins sans exception.

Je n'ai aucun souvenir qui se rapporte à des faits de ce genre, déclarera Édouard Herriot le 27 juin 1945. J'ai eu simplement, quand je me suis replié sur Tours, une conversation avec M. Paul Reynaud, en présence de M. Jeanneney. Le président du Conseil nous a indiqué alors qu'il songeait à établir le réduit breton[56].

Plus nuancé, Jules Jeanneney ne pourra pourtant confirmer la version du général :

Je n'ai pas souvenir d'avoir vu matériellement donner l'ordre dont il est question, mais il aurait été pleinement conforme à mes dispositions d'esprit, comme à l'orientation de l'entretien que MM. Herriot, Mandel et moi avons eu avec le président Reynaud en présence du général de Gaulle ; il était plus généralement encore conforme à notre volonté que la lutte se poursuive.

« J'ignore absolument si l'ordre dont il s'agit dans l'interview publiée par le journal *France-Soir*, le 19 juin 1945, a été effectivement donné au général Weygand par M. Paul Reynaud », déclarera de son côté le général Colson[57]. « Je n'ai pas eu connaissance de l'ordre de repli sur l'Afrique du Nord qui aurait été donné par Reynaud à Weygand, dira le général Vuillemin. J'ai envoyé toute l'aviation qui pouvait traverser sans escale la Méditerranée en Afrique du Nord, de ma propre initiative[58]. » Le général Weygand, lui, niera, bien entendu, catégoriquement avoir reçu en l'occurrence un ordre formel de Paul

Reynaud. « De son côté, dit le procès-verbal, Paul Reynaud a prétendu qu'il était inexact — il a employé un terme plus vif — qu'il lui ait été arraché un ordre écrit prescrivant à Weygand le repli de cinq cent mille hommes sur l'Afrique du Nord[59]. »

Ayant vu sa seconde version fondamentalement contredite par tous les acteurs de l'affaire, il était difficile au général de Gaulle de la maintenir. D'autant plus qu'entre-temps toutes les poursuites judiciaires engagées contre le général Weygand avaient été abandonnées. Dans ses *Mémoires de guerre,* il écrira donc cette troisième version dont tous les mots ont à l'évidence été pesés :

> Le président du Conseil signa ce jour-là, vers midi, une note adressée au général Weygand et dans laquelle il lui précisait ce que le gouvernement attendait désormais de lui. D'abord, tenir aussi longtemps que possible dans le Massif central et en Bretagne. [...] « Si nous échouions... nous installer et organiser la lutte dans l'Empire en utilisant la liberté des mers. » Cette lettre marquait assurément une intention salutaire. Mais elle n'était pas, suivant moi, l'ordre catégorique qu'imposaient les circonstances. D'ailleurs, une fois signée elle se trouvait remise en cause dans les coulisses et ne fut, en définitive, expédiée que le lendemain[60].

En somme, presque dix ans après une première version de l'affaire accablant Weygand, huit ans après sa déposition en justice, sous serment, aussi sévère, de Gaulle se ralliait pratiquement à la thèse soutenue depuis le début par l'ancien généralissime qui, pour sa défense, fera valoir :

> Plus encore pour la défense de l'Afrique du Nord que pour celle du réduit breton, il faut dire que de pareilles actions ne s'improvisaient pas en quelques jours. Si elle avait fait l'objet d'un plan mûri et arrêté en temps voulu, de mesures de réalisation à effectuer en conséquence, portant sur les effectifs, les armements, les stocks de toute nature, les ententes entre alliés... elle aurait pu réussir. Dans les conditions tardives de sa conception, en l'absence totale de préparation, elle n'était qu'un jeu de l'esprit[61].

De Gaulle, en tout cas, ne cesse de se voir marginalisé, l'esprit de résistance qu'il incarne faiblit, les défaitistes marquent des points tandis que la situation militaire se détériore. À l'est, les panzers de von Kleist se dirigent victorieusement vers Saint-Dizier et Troyes. Après avoir fait céder les défenses des monts de Champagne, les troupes du groupe d'armées von Rundstedt franchissent la Marne à Château-Thierry et à Châlons. Dans la région de Saint-Valéry-en-Caux, Rommel marque des succès décisifs. Le 12, tard dans la soirée, après un conseil des ministres à Cangey, auquel il n'a pas été convié, le général retrouve à Chissay, où il réside, Paul Reynaud. Paul Baudouin est là également et de Gaulle ne tarde pas à comprendre qu'il n'est guère en position de force. Alors qu'il pose « nettement la question de l'Afrique du Nord[62] », Reynaud, Baudoin et leurs collaborateurs ne parlent que de la prochaine destination du gouvernement face à l'armée allemande. De Gaulle plaide en faveur de la région de Quimper, où il a du reste envoyé sa famille dès le 5 juin. Dans son esprit Quimper est alors une première étape vers l'Afrique du Nord. À l'issue de cette réunion improvisée, rien n'est décidé. Le lendemain matin, le général se rend de nouveau chez Paul Reynaud, essaie de le convaincre, croit y réussir mais doit constater que le président du Conseil, malgré les avis d'Herriot et de Jeanneney, semble se rallier à l'idée de demander les conditions d'un armistice et est décidé en tout cas à transférer à Bordeaux, et non à Quimper, le siège des pouvoirs publics.

J'étais ce matin chez Paul Reynaud, expliquera-t-il, peu après, à son hôte M. Le Provost de Launay, en conférence avec lui, le président, Jeanneney et Mandel. Nous étions arrivés, Mandel et moi, à remonter son moral qui était alors très bas. Nous nous félicitions de ce résultat quant est arrivée Mme de Portes dont vous savez quels sont les rapports avec Paul Reynaud. À la suite de cet entretien, tout notre travail était perdu[63].

La suite des événements montre vite au sous-secrétaire d'État qu'il ne peut guère escompter une volonté réelle de résistance. Ce même 13 juin il apprend, à la dernière minute, par Roland de Margerie, la tenue à la préfecture de Tours d'une nouvelle réunion franco-britannique. Immédiatement il pressent ce qui va suivre. Camille Chautemps, ministre d'État, vice-président du Conseil, ferme partisan de l'armistice, n'a-t-il pas demandé une convocation immédiate des dirigeants anglais au moindre élément nouveau allant dans le sens de l'interruption des combats ? De fait de Gaulle est vite édifié. Dès qu'il arrive à la préfecture de Tours, Margerie lui apprend que les ministres anglais se concertent dans le parc pour répondre à la question suivante : « Malgré l'accord du 28 mars 1940 qui exclut toute suspension d'armes séparée, l'Angleterre accepterait-elle que la France demandât à l'ennemi, quelles seraient, pour elle-même, les conditions d'un armistice[64] ? »

Le général est d'autant plus furieux que, selon lui, Churchill n'oppose pas à cette perspective une fermeté assez grande, et montre au contraire « une compréhension apitoyée ». En réalité, d'après Roland de Margerie, présent lui aussi, le Premier britannique n'est pas aussi accommodant.

Nous pensons, dit-il, que la première chose à faire est d'exposer la situation au président Roosevelt, telle qu'elle est actuellement et de voir quelle sera sa réponse. Les choses vont vite en Amérique. Des considérations d'ordre électoral peuvent aussi bien amener à précipiter qu'à écarter l'intervention américaine dans le conflit si les partis trouvent là un moyen de propagande... Ainsi que je l'ai déjà dit, si cette réponse est défavorable et si alors vous nous annoncez votre résolution de traiter séparément, nous aurons tout un ensemble de problèmes à examiner[65].

Churchill ne semble nullement découragé en tout cas quant à l'issue finale du conflit : non seulement il se préoccupe de la flotte française dans la perspective d'un armistice et insiste sur la nécessité de faire venir en Grande-Bretagne les aviateurs allemands prisonniers, mais il conclut :

L'heure à laquelle nous nous rencontrons aujourd'hui est peut-être la plus noire que nous ayons à connaître. Mais je conserve toute ma confiance dans la destruction du régime hitlérien. Hitler ne peut pas gagner. Attendons avec patience son effondrement.

L'impression de de Gaulle n'en est pas moins très négative.

Churchill, maintiendra-t-il devant Claude Guy en 1946, était très fatigué ce jour-là, il balançait la tête et marmonnait sa réponse.... « Je comprends bien votre position... Ces événements sont pénibles pour la France... Mais enfin comprenez-nous... La flotte française... il y a la flotte. » Car c'est là tout ce qui préoccupait Churchill : s'assurer que notre flotte ne serait pas barbotée[66].

Paul Reynaud a beau lui faire valoir qu'il a voulu « impressionner » les Anglais pour obtenir d'eux un concours plus étendu, de Gaulle est convaincu de ne pouvoir contrer les plans des défaitistes.

Il est vrai, ajoutera-t-il encore, que je n'ai conservé de ce que j'affirme nulle preuve, sinon cette preuve morale : la lettre de démission que j'écrivis à Paul Reynaud après le Conseil suprême du 13 juin... Ce jour-là Reynaud, auquel je l'ai d'ailleurs dit à l'époque, facilita la voie à l'armistice. La vérité, je la dis clairement : Reynaud qui ne voulait pas « faire l'armistice » cherchait déjà à déposer le fardeau[67].

De Gaulle pourtant ne démissionne pas. Il n'est pas tout à fait seul à refuser la perspective de l'armistice. Georges Mandel, l'ancien collaborateur de Clemenceau, le ministre à poigne, le républicain intransigeant et courageux, est de cet avis, et c'est lui qui, alerté par Jean Laurent, va convaincre le Connétable de ne pas quitter le gouvernement. Les arguments qu'il emploie ne peuvent que toucher de Gaulle :

Nous ne sommes qu'au début de la guerre mondiale. Vous avez de grands devoirs à remplir, général ! Mais avec l'avantage d'être, au milieu de nous tous, un homme intact. Ne pensez qu'à ce qui doit être fait pour la France et songez que, le cas échéant, votre fonction actuelle pourra vous faciliter les choses[68].

Sagement, de Gaulle écoute ce conseil. Les nouvelles du front sont toujours aussi navrantes. Le 13 juin, à l'ouest, dans le secteur tenu par les restes de la Xe armée, une brèche alarmante d'une quinzaine de kilomètres s'est ouverte dans les lignes françaises entre Évreux et Pacy-sur-Eure. À l'est, les forces ennemies se renforcent autour de Montmirail. Les Allemands qui sont arrivés à Pantin et à Aubervilliers menacent directement Paris. Le général n'a plus d'illusion ni sur l'issue de l'affrontement sur le sol national ni sur la volonté de résistance de la plupart de ses collègues, mais l'argument utilisé par Mandel a porté : pour l'instant le fait d'appartenir au gouvernement constitue encore la meilleure façon de servir et de préparer l'avenir. Le 14, quand le gouvernement quitte Tours pour Bordeaux, il le suit. Le soir même il repart pour Rennes. À Bordeaux, en effet, il a vu Paul Reynaud, s'est assuré de sa volonté de continuer la lutte en Afrique du Nord et a obtenu de lui de partir pour Londres afin de décider les Britanniques à apporter une contribution au transport des troupes. « Vous me retrouverez à Alger », a conclu le président du Conseil. « Il fut convenu que je partirais dans la nuit et passerais d'abord en Bretagne pour voir ce qu'on pouvait y faire embarquer[69]. »

Avant de partir de nuit pour la Bretagne, le général a deux longs entretiens qui achèvent de le renforcer dans ses certitudes. Le premier, téléphonique, lui donne à penser que Darlan, qui maugrée à l'idée de se rendre à Bordeaux le lendemain, ne paraît plus guère pressé d'obéir au gouvernement. Un rapide échange de vues, à l'hôtel Splendid à Bordeaux, avec Ybarnegaray, lui montre en outre que cet homme de droite, patriote jusque-là, fervent de la lutte à outrance, se range maintenant parmi les partisans de l'armistice. C'est à l'issue de ce dîner qu'il voit pour la dernière fois Pétain présent à une table voisine : « J'allai en silence lui adresser mon salut. Il me serra la main sans un mot. Je ne devais plus le revoir, jamais. »

De Gaulle, tout l'indique, se prépare à rompre les amarres. Parti de Bordeaux dans la soirée du 14 juin, il arrive à Rennes le matin du 15, plus résolu que jamais à continuer le combat, et l'on mesure le fossé qui désormais le sépare de ses interlocuteurs si l'on considère, au regard du satisfecit qu'il décerne dans *L'appel* au général René Altmayer, les sentiments exprimés par ce dernier à son endroit :

> J'eus aussi l'occasion, pendant ces quelques jours, de voir à Rennes le général de Gaulle alors qu'il se rendait à Londres ou en revenait. Sa hautaine assurance, nourrie d'illusions, n'empêchait pas que les choses fussent ce qu'elles étaient : dans cette entrevue, il me laissa soupçonner ses dissentiments avec le maréchal Pétain et le général Weygand mais je n'en mesurais pas la gravité et, à vrai dire, dans l'ignorance où j'étais de la situation générale, je ne me doutais pas que l'état de nos affaires fût tel que nous fussions à la veille de ce douloureux armistice[70].

De Gaulle désormais est bien le rebelle qui va se révéler dans les jours à venir.

Dans l'après-midi du 15, il prend la direction de Brest, marquant un bref arrêt à Morlaix durant lequel, seul, il se fait conduire à Carantec, distant de vingt kilomètres, où se trouvent Mme de Gaulle et ses enfants. « On peut sans peine imaginer, note Geoffroy de Courcel, qui l'accompagne vers la Grande-Bretagne, qu'il va prévenir Mme de Gaulle qu'en cas d'armistice il quittera la France et lui recommande de prendre un bateau avant l'arrivée des Allemands[71]. » Selon Philippe de Gaulle, il ne reste qu'une demi-heure à Carantec et ne donne aucun détail quant à la suite des événements, sinon qu'il part pour Londres[72]. Arrivé à Brest, il y étudie avec l'amiral Traub, préfet maritime, et l'amiral de Laborde, commandant en chef du théâtre d'opérations maritimes ouest, les conditions dans lesquelles les navires français pourront prendre le large et s'embarquer à bord du contre-torpilleur le *Milan* à destination de Plymouth. Alors que le bateau quitte la rade de Brest, le *Richelieu* lui rend les honneurs, pratique habituelle dès lors qu'un membre du gouvernement est à bord d'un navire. Jamais Charles de Gaulle ne se trouvera dans une position plus ambiguë. Devant l'amiral de Laborde, il a qualifié Pétain et Weygand de traîtres. Ministre, il est déjà en position de dissidence et son état d'esprit apparaît bien à travers cette scène relatée par Benoist-Méchin :

Au cours de la traversée, le général, drapé dans un silence hautain, semble absorbé dans ses pensées. À quoi rêve-t-il tandis que s'éloignent les côtes de France ?
Soudain, sortant de son mutisme, il demande au capitaine de vaisseau qui commande le *Milan* :
— Seriez-vous prêt à vous battre sous les couleurs britanniques ?
— Un officier français ne se bat que sous pavillon français ! lui répond le commandant.
Après un moment de silence, le sous-secrétaire d'État déclare d'un air sombre :
— Croyez-vous qu'il soit drôle, aujourd'hui, de s'appeler le général de Gaulle[73] ?

Parvenu à Plymouth en pleine nuit, le général gagne Londres dans un train lent où il doit dormir, en compagnie de Geoffroy de Courcel, sur des banquettes dures[74]. Arrivé à six heures trente du matin, il est accueilli par le premier secrétaire de l'ambassade de France, M. de Castellane, accompagné de l'attaché militaire, le général Lelong.

C'est à ce moment qu'il affirmera avoir réglé la destination du *Pasteur*, navire qui transportait un millier de canons de 75, des milliers de mitrailleuses et des lots de munitions venant des États-Unis :

Sur le rapport de notre mission militaire, écrira-t-il, le navire qui était en mer fut dérouté par mon ordre de Bordeaux, où il allait, vers un port de Grande-Bretagne. Étant donné la tournure des événements, il fallait empêcher que ce chargement, alors inestimable, tombât aux mains de l'ennemi. En fait, les canons et les mitrailleuses apportés par le *Pasteur* contribuèrent à réarmer les Britanniques qui avaient perdu, à Dunkerque, presque tout leur matériel[75].

Le détournement du *Pasteur* aurait donc été, en quelque sorte, le premier acte de résistance du Connétable — d'où d'ailleurs les craintes qu'il éprouvera lors de son retour à Bordeaux. Les archives, en revanche, laissent apparaître une réalité bien plus complexe d'où il résulte que, le 16 juin, le *Pasteur* n'était pas en pleine mer mais à quai, à New York, qu'il sera saisi par les Anglais et détourné sur Halifax quelques jours plus tard, que le général n'en sera pas informé et que, jusqu'à preuve du contraire, il n'a joué aucun rôle dans le détournement et la saisie de ce bâtiment[76].

De Gaulle s'installe aussitôt, en tout cas, au Hyde Park Hotel, proche de l'ambassade à Kensington. Presque tout de suite, alors qu'il fait sa toilette, il y reçoit la visite de l'ambassadeur Corbin et de Jean Monnet qui lui donnent les dernières nouvelles de France. La veille, dans la soirée, le président Roosevelt a fait parvenir au gouvernement une réponse sympathique, chaleureuse mais sans engagement, et le gouvernement a donc décidé de demander à la Grande-Bretagne de délier la France de l'accord du 28 mars liant le sort des deux peuples. Tout est-il perdu ? Jean Monnet ne le croit pas, mais seule, à ses yeux, une initiative spectaculaire peut aider Paul Reynaud, le forcer à ne pas céder. Et celle-ci, l'homme d'imagination qu'est le président du Comité de coordination franco-britannique l'a dans sa poche : c'est l'extraordinaire projet d'union franco-britannique prévoyant la fusion totale et immédiate des deux pays et de leurs institutions.

La proposition, à dire vrai, n'est pas vraiment sortie du cerveau de Jean Monnet. Depuis des semaines, outre-Manche, on l'évoque dans la presse, dans les milieux proches de Chatham House, le grand historien Arnold Toynbee s'en est fait l'avocat et l'économiste John Maynard Keynes a tout récemment développé, dans une note dont Monnet a eu connaissance, une proposition assez voisine. L'ancien secrétaire général adjoint de la Société des Nations croit-il vraiment que l'on pourrait, sans autre forme de procès, décréter l'union totale de deux pays dont l'histoire, les traditions et les structures sont très différentes ? Peut-être pas. Celui que de Gaulle appellera l'« Inspirateur » est un visionnaire très pragmatique. Dans le contexte dramatique de ce mois de juin, il affecte simplement de penser que cette initiative frapperait l'opinion, témoignerait surtout, aux yeux des Allemands de l'alliance, indissoluble, de la Grande-Bretagne et de la France. Et le plus inouï est qu'il va réussir à faire entrer dans ses vues — au moins provisoirement — non seulement Churchill, mais le nationaliste farouche qu'est Charles de Gaulle.

Le sous-secrétaire d'État à la Défense n'oppose pas, en effet, une fin de non-recevoir à la proposition que lui font l'ambassadeur Corbin et Jean Monnet :

> Le projet est prêt. Encore faut-il qu'il soit adopté par le gouvernement britannique. Vous seul pouvez obtenir cela de M. Churchill. Il est prévu que vous déjeunerez tout à l'heure avec lui. Ce sera l'occasion suprême si toutefois vous approuvez l'idée[77].

Dans l'urgence, de Gaulle réfléchit. Certes, à ses yeux, le projet est rocambolesque mais c'est justement parce qu'il l'est qu'il croit pouvoir l'accepter à des fins tactiques : « Il m'apparut aussitôt que ce qu'il avait de grandiose excluait de toute manière une réalisation rapide[78]. »

Au Carlton Club, où il déjeune avec Churchill en compagnie de l'ambassadeur de France et du président du Comité de coordination franco-britannique, le général met donc en garde son hôte contre toute perspective de paix séparée de la part des Français et se fait l'avocat du singulier projet (certain que, de toute manière, il ne peut avoir qu'une portée symbolique). Paradoxalement, c'est au nom du pragmatisme, de la nécessaire adaptation aux circonstances que de Gaulle plaide (ou fait semblant de plaider) en faveur de l'un des textes les plus utopiques de l'Histoire.

S'engager hors de la règle nationale ne va pourtant pas de soi pour le général et il semble que, rétrospectivement, il se soit reproché d'avoir associé ses efforts à ceux de Jean Monnet pour appuyer un texte aussi fondamentalement contraire à sa vision historique. Après la guerre, en 1953, au temps de la querelle de la Communauté européenne de défense, il stigmatisera ainsi, en termes particulièrement vifs, « l'Inspirateur qui croyait que l'on pouvait intégrer le roi George VI avec le président Lebrun, la Chambre des lords avec le Sénat, la Home Guard et la Garde républicaine ». Un an plus tard, dans le premier tome de ses *Mémoires*, il affichera un certain dédain à l'égard de ce projet, fera état de sa position mais non du détail de ses interventions, tant auprès du Premier britannique que de Paul Reynaud. Enfin, recevant Henri Amouroux en 1964, il lui confiera plus brutalement encore :

Je suis allé à Londres le 16. D'abord dans la journée, j'ai essayé de monter un coup avec Churchill. C'était l'histoire de l'union intime entre la France et l'Angleterre. Ni Churchill ni moi n'avions la moindre illusion. C'était un mythe inventé, comme d'autres mythes, par Jean Monnet[79].

Publiée dans *Paris Match* une semaine après le décès du général en 1970, cette interview indignera Jean Monnet qui, sur-le-champ, rédigera la mise au point suivante :

Le général de Gaulle n'a pas « essayé de monter un coup avec Churchill ». Il a été informé par moi de la préparation de la proposition Churchill, préparation qui a été faite par moi et à laquelle M. Pleven avait participé. L'historique de ce qui s'est passé au cours de ces journées est relaté exactement dans l'interview que j'ai donnée à l'ORTF ; voir également la note de Pleven[80]. De Gaulle est retourné à Bordeaux, comme il le dit, mais dans le but de faire accepter par le gouvernement français la proposition franco-britannique. Dans la journée du 16, il n'a pas « essayé de monter un coup avec Churchill », il a simplement acquiescé, avec beaucoup d'hésitation, à la proposition d'union franco-anglaise. L'intervention du général de Gaulle a eu lieu plus tard.
a) Lorsque, avec Pleven et lui, nous nous sommes rendus au Foreign Office pour voir le texte préparé par Vansittart selon les lignes des discussions que j'avais eues avec lui, Wilson, etc.
b) Quand il a téléphoné à Reynaud le dimanche pour prévenir qu'il venait à Bordeaux avec la proposition anglaise.
c) Quand il n'a pas voulu se joindre au voyage à Bordeaux que j'ai fait avec Pleven, Monick, Marjolin, afin d'obtenir du gouvernement qu'il se rende en Afrique du Nord. L'interview donnée à M. Amouroux confirme la réalité de cette proposition puisque de Gaulle lui aurait dit : « À moins que l'affaire Churchill n'ait marché le lendemain, Churchill devait partir pour Concarneau le 16 dans la nuit[81]. »

Importante, cette note soulève un certain nombre de questions que l'on peut tenter de résoudre en essayant de reconstituer une chronologie aussi rigoureuse que possible des événements. Pour cela, nous disposons à présent de divers documents qui se recoupent : les notes de Geoffroy de Courcel, les *Souvenirs inédits* de Roland de Margerie et les écoutes téléphoniques qui, étrangement, fonctionnaient bien en ces journées terribles et grâce auxquelles l'essentiel des conversations entre le général et Bordeaux sont fixées pour l'Histoire[82].

C'est à douze heures trente, selon les écoutes[83], entre douze heures trente et treize heures selon Roland de Margerie[84], que se situe le premier appel du général. A priori on peut penser que celui-ci téléphone du Carlton Club : il annonce en effet avoir déjà vu Churchill qui doit déjeuner avec lui dans ce haut lieu du parti conservateur. Mais Jean Monnet[85] et Geoffroy de Courcel[86] affirment tous deux que le coup de téléphone fut passé des bureaux du comité de coordination franco-britannique, à Richmond Terrace. Paul Reynaud reçoit personnellement l'appel.

De Gaulle: Je viens de voir Churchill. Il y a quelque chose d'énorme[87] en préparation au point de vue entité entre les deux pays. Churchill propose la constitution d'un gouvernement franco-britannique et vous, monsieur le président, pouvez être président du cabinet de guerre franco-britannique.
Paul Reynaud: C'est la seule solution d'avenir. Mais il faut faire grand et très vite, surtout très vite. C'est une question de minutes. Il y a de l'agitation ici. Je vous donne une demi-heure. Ce serait magnifique.

Visiblement Paul Reynaud est à bout de résistance : les partisans de l'armistice marquent des points, il pense qu'il va être contraint de démissionner.
À treize heures, toujours selon les écoutes, le général rappelle, mais cette fois Roland de Margerie lui répond, le chef du gouvernement étant en conseil des ministres.

De Gaulle: Je voulais lui parler d'un événement énorme. Le conseil des ministres anglais est en séance préparant le texte d'une déclaration faisant des deux pays une nation commune. Je vais déjeuner avec Churchill et rappellerai aussitôt. Vous pouvez lui dire à l'oreille qu'il peut devenir président du cabinet de guerre franco-britannique[88].

À seize heures, après son déjeuner avec Churchill en compagnie de Jean Monnet et de l'ambassadeur Corbin, de Gaulle retéléphone. Cette fois, il est à Downing Street où le Premier ministre réunit le conseil afin de discuter de l'extraordinaire proposition. Jean Monnet est à ses côtés ainsi que René Pleven, collaborateur de Monnet, qui vient de les rejoindre. Au bout du fil, Reynaud est sans espoir.

De Gaulle: Nous allons avoir une déclaration sensationnelle.
Paul Reynaud: Oui, après cinq heures, il sera trop tard.
De Gaulle: Je vais tâcher de vous l'apporter tout de suite par avion.
Paul Reynaud: Oui, mais ce sera trop tard. La situation s'est beaucoup aggravée depuis tout à l'heure. Il y a eu des événements imprévus.

L'espoir maintenant est très mince. De Gaulle qui soutient l'opération surtout afin de conforter Paul Reynaud dans sa volonté de résistance, ne se décourage pas pour autant. À seize heures trente, toujours selon les écoutes, il téléphone à Bordeaux.

De Gaulle: Voici le manifeste :
« À cette heure si grave dans l'histoire du monde moderne, le gouvernement du Royaume-Uni et la République française se déclarent indissolublement unis et inébranlablement résolus à défendre en commun la justice et la liberté contre l'asservissement à un système qui réduit l'humanité à la condition des robots et des esclaves.
Les deux gouvernements déclarent que la France et la Grande-Bretagne ne seront plus, à l'avenir, deux nations, mais une seule Union franco-britannique.

La constitution de l'Union comportera des organisations communes pour la défense, la politique extérieure et les affaires économiques.
Tout citoyen français jouira immédiatement de la citoyenneté en Grande-Bretagne, tout sujet britannique deviendra un citoyen de la France.
Les deux pays supporteront en commun la réparation des dommages de guerre, quel que soit le lieu où ils se seront produits, et les ressources de l'un et de l'autre seront également, et comme un tout unique, employées à cet effet.
Pendant le cours de la guerre, il n'y aura qu'un seul cabinet de guerre et toutes les forces de la Grande-Bretagne et de la France, soit sur terre, soit sur mer, et dans les airs, seront placées sous sa direction. Il siégera là où il jugera pouvoir le plus utilement gouverner. Les deux Parlements fusionneront officiellement. Les nations qui forment l'Empire britannique constituent déjà de nouvelles armées. La France maintiendra ses forces disponibles sur terre, sur mer et dans les airs. L'Union fait appel aux États-Unis et leur demande de renforcer les ressources économiques des Alliés et d'apporter à la cause commune l'aide de leur puissant matériel.
L'Union concentrera toutes ses énergies contre la puissance de l'ennemi, où que se livre la bataille.
Et, ainsi, nous vaincrons. »
Et le général conclut : Aux États-Unis, on se demande si vous allez être l'homme de la guerre, si vous allez faire comme la reine Wilhemine ou comme Léopold : si vous êtes celui qui se débine parce que les autres capitulent. Mais l'atmosphère de Bordeaux n'est pas celle de l'Europe ni même celle de la France.

Globalement, ces écoutes correspondent à peu de choses près au récit de Roland de Margerie. Que ce dernier ait bien parlé au général de Gaulle, lors du premier appel, est secondaire et peut s'expliquer par le fait que Margerie écrira son texte à Carmel, en Californie, en septembre 1940, sans disposer des notes. L'essentiel est que Margerie atteste avoir entendu de Gaulle dire : « Dites au président du Conseil que nous délibérons actuellement sur un texte que je pense pouvoir lui téléphoner bientôt et que, s'il le veut, il peut être ce soir Premier ministre de la France et de l'Angleterre réunies. »

On notera en revanche que la fin de la conversation, telle qu'elle a été captée par les écoutes, ne correspond ni à la version donnée par le général de Gaulle dans ses *Mémoires* ni à celle donnée par Margerie. Dans ses *Mémoires,* de Gaulle indique que Paul Reynaud, après lecture du projet d'union, exprima son espoir de le faire accepter par ses ministres et qu'immédiatement Churchill prit l'appareil pour dire : « Allô, Reynaud ! De Gaulle a raison ! Notre proposition peut avoir de grandes conséquences. Il faut tenir ! [...] Alors à demain à Concarneau[89]. » De son côté, Margerie donne une version assez voisine. Après avoir pris, sous la dictée du général, le texte du projet, Paul Reynaud, selon lui, « demanda » s'il s'agissait vraiment là d'un texte qui aurait reçu l'approbation du cabinet de guerre britannique. « Mais certainement, répondit le général. D'ailleurs, je vous téléphone de Downing Street, dans le bureau même de M. Winston Churchill et je passe l'appareil à celui-ci[90]. »

Quoi qu'il en soit, il est certain que de Gaulle s'est engagé totalement en faveur du projet. À partir de là, les événements se précipitent. Un peu avant dix-huit heures, le général revient à l'ambassade où il retrouve Geoffroy de Courcel. Churchill met alors à sa disposition un avion afin qu'il rejoigne Bordeaux le plus rapidement possible pour faire aboutir le projet d'union. Au départ de l'ambassade le sous-secrétaire d'État à la Guerre est salué par Corbin. Au moment où la voiture démarre, Jean Monnet vient l'encourager : il espère qu'il convaincra Reynaud. L'avion est un Lockeed Hudson pouvant transporter une douzaine de passagers. Lors du décollage, le général tend à Geoffroy de Courcel un exemplaire du projet.

De Gaulle a-t-il vraiment cru, se demandera plus tard ce dernier, qu'une telle proposition pouvait changer l'opinion des partisans d'un armistice ? À Bordeaux dans les milieux défaitistes, on répétait alors un mot prêté à Weygand qui s'en est défendu : « En trois semaines, les Allemands tordront le cou à l'Angleterre comme à un poulet[91]. »

Ou bien au contraire de Gaulle a-t-il soutenu cette proposition comme celle de la dernière chance, tout en craignant dans son for intérieur qu'elle ne suffise pas au retournement de la situation ? Suivant la réponse que l'on choisit de donner à cette question on peut interpréter de deux façons différentes le commentaire du général sur l'initiative prise par Churchill de lui prêter un avion : « Nous convînmes, dit-il, que l'appareil resterait à ma disposition en prévision d'événements qui m'amèneraient à revenir. »

Vers vingt et une heures trente, l'avion se pose à l'aéroport de Bordeaux-Mérignac. Le colonel Humbert et Jean Auburtin accueillent le général et tout de suite lui apprennent que Paul Reynaud a démissionné et que le maréchal Pétain a été chargé par le président Lebrun de former un nouveau gouvernement. Comme de Gaulle le redoutait, le projet d'union a donc été repoussé. Devant ses ministres, Paul Reynaud a défendu le projet, sans illusions : « Ces petits-bourgeois, a-t-il dit à Roland de Margerie, auront-ils assez d'imagination et assez d'avenir dans l'esprit pour comprendre ce que représente un pareil projet[92] ? » Autour de la table du conseil, l'accueil a été franchement hostile. « Les Britanniques veulent réduire la France à l'état de dominion », ont tonné plusieurs ministres. « S'unir à la Grande-Bretagne, c'est s'unir avec un cadavre », a assuré de son côté Pétain.

En vérité, la proposition d'une Union franco-britannique est arrivée trop tard, à un moment où elle ne pouvait être comprise. Tel n'était pas le vrai sujet des débats. L'armistice, seul, intéressait les ministres, comme l'avait bien vu Camille Chautemps qui, avec beaucoup d'habileté, avait proposé que l'on demandât simplement à l'Allemagne ses conditions, étant entendu que, si ces conditions étaient déshonorantes, on les repousserait. S'il y avait eu vote, à l'issue de cette discussion confuse, peut-être les partisans de la résistance l'auraient-ils emporté, comme le remarque Jean-Baptiste Duroselle, mais ni Lebrun ni Paul Reynaud n'avaient voulu procéder ainsi et le gouvernement avait donc démissionné[93].

Dès son retour à Bordeaux, de Gaulle se rend auprès de Paul Reynaud. Visiblement, il s'attendait à l'échec du projet d'union, il a pris ses résolutions, d'où l'air goguenard que lui trouve Roland de Margerie :

Il resta seul quelques instants seulement. Aucune question ne lui fut posée sur la proposition britannique, tant elle semblait déjà loin. Sur une question du président, le général se bornera à répondre que les Anglais se sentaient directement visés depuis que l'armée française n'existait plus, et qu'à son avis la tentative allemande d'invasion des îles Britanniques était à prévoir pour la semaine prochaine. Puis il disparut silencieusement. On ne devait plus le revoir à Bordeaux[94].

V

L'HONNEUR DE LA FRANCE

Dans la vie de Charles de Gaulle, cette nuit du 16 au 17 juin 1940 est la nuit du destin, celle où tout bascule. Jusque-là, il a rué dans les brancards, secoué les routines, regretté les pesanteurs ; il n'en est pas moins toujours resté dans le cadre légal strict et le respect scrupuleux des hiérarchies. Cette fois l'homme de tradition, révulsé par tout ce dont il est témoin, en proie à une sainte colère patriotique, est en passe de devenir un rebelle, en rupture avec tout ce qu'il a connu. Rebelle, il ne l'est certes pas par destination mais la nécessité l'y contraint et, dans cet office, il va étonner ceux-là même qui ont fait de la révolte un emblème.

Aujourd'hui encore, les événements qu'il a vécus à partir de cette nuit capitale et qui l'ont amené, en quelques semaines, à établir, à l'étranger, l'embryon d'un pouvoir français libre, ne sont pas faciles à établir avec précision. Pour rallier les cœurs après la défaite, réconforter les Français et plus tard impressionner les Alliés, il importait de simplifier, de souligner l'importance de certains faits, d'en gommer d'autres. Tous les mythes fondateurs se forgent de la même façon. Si évidente que soit sa volonté de continuer la lutte, fût-ce en gagnant l'étranger, de Gaulle, en cette nuit du 16 au 17 juin, ne sait pas exactement quel va être son rôle ; il peut craindre aussi de voir son action contrée par les partisans de l'armistice, il est donc obligé, on l'oublie trop souvent, de s'avancer masqué, ce qui explique quelques-unes des précautions qu'il va devoir prendre.

Vis-à-vis de Paul Reynaud, ses sentiments et son attitude sont en tout cas très simples. Dans ses *Mémoires de guerre*, il déplorera, certes, qu'il n'ait pas suffisamment fait preuve d'autorité, qu'il ait préféré manœuvrer, tenter de faire évoluer les partisans de l'armistice. On devine aussi la sévérité de son jugement sur Mme de Portes. Pour autant, il n'y accable guère le chef du gouvernement. En public, en privé, dans ses *Mémoires*, il dira toujours à peu près la même chose : Paul Reynaud n'a pas démérité, sa personnalité, son talent simplement étaient faits pour des temps moins tourmentés. Son erreur fut de ne pas se résigner à l'occupation totale de la métropole. Les jugements sévères, voire injustes, ne viendront qu'après la rupture entre les deux hommes, c'est-à-dire au début de la Ve République. Au lendemain de la guerre, le général ne s'emportera pas quand Pierre de Bénouville lui rapportera, à la suite d'une conversation avec Henry du Moulin de Labarthète, ancien collaborateur de Reynaud, puis directeur du cabinet du maréchal Pétain, que le président du Conseil avait déclaré, le soir du 16 juin 1940 : « De Gaulle a tort, c'est un indiscipliné. »

> Je n'attache, dira-t-il, aucune importance à ce propos de Reynaud car, moi aussi, je puis vous citer un souvenir se rapportant au 16 juin 1940 et il éclaire le bonhomme d'un tout autre jour. Le 16 au matin, je rendis une dernière visite à Reynaud et lui fis part de ma détermination. Il me donna son absolution et de l'argent. Il en avait d'ailleurs le droit, puisqu'il ne devait transmettre les fonds secrets à son successeur que vers midi, ce jour-là... Que voulez-vous, Reynaud était un homme[1]. »

Certaine est aussi l'attitude du général à l'égard du nouveau président du Conseil, Philippe Pétain : il n'a plus la moindre illusion sur sa volonté de demander l'armistice. Avec le maréchal à la tête du gouvernement, l'arrêt des combats lui paraît inévitable. Les positions sont inconciliables. Dans ces conditions, il est difficile de croire, comme l'affirmera Paul Baudoin, que le nom de de Gaulle figurait sur la première liste de ministres soumise par le maréchal à Albert Lebrun, et qu'une intervention du général Weygand l'en aurait fait disparaître. L'hypothèse paraît des plus improbables, non seulement parce que le général l'a formellement démentie (« Moi, ministre du maréchal ? J'étais brouillé à fond avec le maréchal depuis assez longtemps », dira-t-il en 1964 à Henri Amouroux[2]), mais parce que Weygand niera avoir eu à rayer le nom de l'ancien sous-secrétaire d'État du gouvernement de Paul Reynaud, pour la bonne raison qu'il n'y figurait pas ! Le général Spears, de son côté, écrira en 1954 à Henri de Kérillis :

> Je trouve qu'il est difficile de croire que de Gaulle ait pu demander à Pétain de le prendre dans son gouvernement, tout simplement pour des raisons d'emploi du temps. Il est arrivé de Londres dans l'après-midi et à dix heures du soir, quand je l'ai vu, il était déterminé à partir, de crainte que Weygand ne procède à son arrestation[3].

« De crainte que Weygand ne procède à son arrestation. » Par cette remarque, Spears soulève une controverse majeure qui aujourd'hui n'est toujours pas close et qui ne le sera peut-être jamais : quelles étaient les circonstances exactes du départ du général pour la Grande-Bretagne à l'aube du 17 juin ? Les versions que de Gaulle et le général Spears ont données de l'événement sont, en effet, radicalement divergentes.

Pour de Gaulle, tout est très simple, et il ne consacre à l'épisode qu'une petite page de son livre. Sa décision de poursuivre le combat en Grande-Bretagne ayant, selon lui, été prise depuis longtemps, le général affirme s'être rendu tard dans la soirée à l'hôtel Montré, résidence de l'ambassadeur de Grande-Bretagne, afin de lui annoncer ses intentions. « Le général Spears, ajoute-t-il avec une pointe d'acrimonie, qui vint se mêler à la conversation, déclara qu'il m'accompagnerait[4]. » Paul Reynaud, prévenu, et ayant fait remettre au sous-secrétaire d'État une somme de mille francs prise sur les fonds secrets, Roland de Margerie s'étant chargé, à la demande du général, transmise par le colonel Humbert, de faire parvenir à Mme de Gaulle et à ses enfants les passeports indispensables au passage en Grande-Bretagne, le départ peut avoir lieu : « Le 17 juin, à neuf heures du matin, je m'envolai avec le général Spears et le lieutenant de Courcel sur l'avion britannique qui m'avait transporté la veille. Le départ eut lieu sans romantisme et sans difficulté[5]. »

Tout autre est la version du général Spears. D'après lui, de Gaulle est en proie au doute et à l'angoisse depuis son retour de Londres[6]. Dans la soirée du 16, vers vingt-deux heures, alors qu'en compagnie de l'ambassadeur, sir Ronald Campbell, il a cherché Paul Reynaud, il identifie le général caché derrière une colonne, dans le hall obscur du quartier général. De Gaulle est très inquiet. Il craint d'être arrêté par Weygand. Spears, qui veut voir Reynaud, lui conseille d'attendre la fin de cet entretien pour prendre une décision. Quand le Britannique sort de son rendez-vous avec le président du Conseil démissionnaire, de Gaulle est toujours derrière sa colonne et toujours aussi anxieux. C'est alors qu'il exprime le souhait de passer la nuit à bord d'un bâtiment de guerre britannique, le *Berkeley*, qui vient d'arriver à Bordeaux.

La conversation se poursuit à l'hôtel Montré, où logent Spears et Campbell. De Gaulle expose ses intentions : il veut continuer le combat en Grande-Bretagne et lancer un appel susceptible de remettre l'Afrique dans la guerre. Spears propose alors de donner au pilote les instructions nécessaires pour que le départ puisse avoir lieu le lendemain matin ; il partira d'ailleurs lui aussi, n'ayant plus rien à faire à Bordeaux. Ce « plan de guerre » mis au point, Spears assure avoir téléphoné à Churchill pour le convaincre du bien-fondé de l'opération, lui permettre également de persuader Georges Mandel de se joindre à l'aventure. Le récit de Spears se poursuit avec le compte-rendu de sa visite à Mandel — qui refuse de partir afin que l'on ne puisse reprocher à un juif de fuir — et les préparatifs du départ, qui, en accord avec de Gaulle, est fixé, tôt le matin, à l'hôtel.

Spears, on le voit, se donne le beau rôle, décrit un de Gaulle à la dérive, qu'il aurait en quelque sorte sauvé. L'impression est encore accentuée par la relation, de la même plume, des premières heures de la journée du 17 juin. Selon Spears, de Gaulle, en compagnie de Geoffroy de Courcel, serait arrivé avec retard au rendez-vous vers sept heures trente, sans que l'on sache où il avait passé la nuit.

> Ils avaient apporté une quantité de bagages qui furent chargés dans ma voiture. Ensuite, de Gaulle nous suggéra de jouer une curieuse petite comédie. Il s'agissait de tromper les observateurs éventuels sur ses véritables intentions, qui, si elles étaient connues, pourraient susciter, et susciteraient sans doute, une ruée sur ses trousses. Le stratagème consistait à donner l'impression qu'il parcourait tranquillement Bordeaux pour des visites officielles[7].

D'après Spears, avant de prendre la direction de Mérignac, de Gaulle se serait donc rendu, avec lui et Geoffroy de Courcel, au quartier général de la rue Vital-Carles, siège des services de la présidence du Conseil et de l'état-major. Là, sans quitter la voiture dont le chauffeur avait reçu ordre de laisser le moteur en marche, de Gaulle aurait envoyé chercher des fonctionnaires chargés par lui de prendre des rendez-vous successifs à des heures précises, avec des personnes clairement identifiées. Parvenus à l'aéroport, noir de monde, encombré d'avions, les trois hommes auraient quitté le sol français dans des conditions rocambolesques : tandis que le pilote étudiait la possibilité d'un décollage, de Gaulle et son complice anglais auraient mis au point un petit scénario : « Il aura l'air d'être venu me dire adieu, écrit Spears. Au dernier moment, je le hisserai à bord. Il est très possible que, parmi les nombreux officiers qui se trouvent là, il y en ait qui soient prêts à intervenir pour empêcher son départ[8]. » In extremis, un dernier incident intervient : les volumineux bagages que de Gaulle a emportés — vraisemblablement des papiers confidentiels — posent un problème technique au pilote : comment les arrimer dans un appareil aussi petit. Par chance, Geoffroy de Courcel trouve une ficelle, non sans avoir disparu une dizaine de minutes, les plus longues que Spears assurera avoir vécues.

Enfin, le pilote annonce que tout est en ordre. Les hélices créent leur tempête de sable miniature... Au moment où l'avion commence à rouler, je saisis les mains du général et le hisse à bord. Courcel, plus agile, nous rejoint en un clin d'œil. J'ai juste le temps d'apercevoir l'air éberlué du chauffeur et de quelques personnes qui se trouvent dans le voisinage. Nous roulons tout doucement jusqu'à ce que le pilote ait atteint l'espace libre qu'il a repéré et là, avec beaucoup d'adresse, il lance son moteur et décolle rapidement[9].

Rarement dans l'Histoire un événement aura été raconté de manière aussi différente par deux acteurs. De Gaulle visiblement ne tient guère à évoquer, avec trop de précision, les circonstances de son départ, mais l'on doit surtout souligner que la version qu'il donne, dans *L'appel*, comporte des contradictions non négligeables avec ce texte, rédigé en 1948 à la demande de Churchill :

C'est le 17 juin au matin que j'ai quitté Bordeaux en compagnie du général Spears. Nous sommes arrivés à Londres au début de l'après-midi. L'avion qui m'y a amené était celui-là même que vous m'aviez prêté le 16 au soir, pour regagner Bordeaux, et qu'en prévision de ce qui allait suivre je vous avais demandé de laisser à ma disposition jusqu'au lendemain à midi. Le général Spears, ayant appris par moi, à Bordeaux, au cours de la nuit du 16 au 17, dans la propre chambre de sir Ronald Campbell, votre ambassadeur, que je comptais partir le matin pour l'Angleterre et que je me proposais d'utiliser cet avion, a aussitôt décidé qu'il m'accompagnerait et donné des ordres à l'équipage. Nous sommes partis vers neuf heures en prenant quelques précautions mais sans difficultés. D'ailleurs c'est ce matin-là seulement que M. Paul Reynaud a transféré ses pouvoirs au maréchal Pétain et, jusqu'à l'accomplissement de cette formalité, j'étais membre du gouvernement et ne courais guère de risque. C'est vous dire ce qu'ont exagéré certains récits romanesques concernant mon départ[10].

Dans un texte adressé à un homme auquel le général sait devoir beaucoup et imagine évidemment bien informé, frappantes sont de fortes nuances. Tout en se situant en deçà de la version de Spears, le général admet qu'il a été amené à prendre « quelques précautions » et que les ordres au pilote ont bien été donnés par l'officier général britannique. On remarquera aussi qu'il n'écrit pas que la version donnée par Spears est fausse mais seulement « exagérée ». Quand on sait quelle importance le général accordait au choix des mots, on est conduit à tenir compte de cette mise au point, que Spears jugea cependant fort éloignée de la vérité [11], et qui, semble-t-il, ne satisfera pas Churchill puisque dans ses *Mémoires*, il adoptera la version de son ami et collaborateur, négligeant celle de de Gaulle [12].

Pour autant on ne sait pas, avec précision, quelles « précautions » le général put être amené à prendre. Geoffroy de Courcel qui, de tous ses collaborateurs, fut le seul à accepter à l'accompagner en Grande-Bretagne et le suivrait presque à la trace durant ces heures cruciales, n'en dit pas plus, de son côté, dans le témoignage fondamental qu'il a laissé [13]. Tout en reconnaissant que de Gaulle ait pu s'arrêter quelques instants rue Vital-Carles, il nie qu'il ait vu certaines personnes afin de donner le change avant de partir.

> Nous roulons vers l'aérodrome de Bordeaux-Mérignac. Je n'ai souvenir d'aucun arrêt dans l'intervalle, malgré les versions contraires qui ont été publiées : d'après celle du général Spears, reprise par Churchill dans ses *Mémoires*, le général serait passé à son bureau où, sans descendre de voiture, il aurait fait appeler un des membres de son cabinet et l'aurait chargé de prendre des rendez-vous pour lui dans la journée afin de donner le change sur son départ. Même si de Gaulle a marqué un bref arrêt devant son bureau, sur notre chemin vers l'aérodrome, je doute que ce fût pour masquer son départ [14].

Par ailleurs, Geoffroy de Courcel conteste formellement la version écrite par le général Spears, et acceptée par Churchill, du départ proprement dit.

> La version que le général Spears donne de ce décollage est du plus haut comique, en même temps que tout à fait invraisemblable. Il présente à nouveau le général de Gaulle comme craignant à tout moment d'être arrêté et usant de ruses pour masquer son départ. Il prétend avoir mis au point avec lui un scénario : le général fait semblant de lui dire adieu et, au moment où l'avion commence à rouler, Spears lui tend la main et le hisse à bord, tandis que moi-même, courant à côté de l'avion je saute en un clin d'œil. C'est m'attribuer des dons acrobatiques dont, même à l'époque, j'aurais été bien incapable. Et d'ailleurs, au-delà du fait que jusqu'à son départ le général m'a paru parfaitement calme, je ne vois pas de qui nous nous serions cachés le 17 juin au matin sur cet aérodrome où régnait la plus grande confusion [15].

En présence de telles contradictions, la seule voie raisonnable est de souligner simplement quelques évidences.

La première est que si de Gaulle, de son propre aveu, a pris soin d'entourer son départ de quelques précautions, sa résolution était arrêtée depuis longtemps. S'il lui est arrivé de simplifier la réalité en affirmant que, de longue date, il avait le projet de poursuivre le combat en Afrique du Nord, sa volonté de refuser l'armistice est certaine.

Spears, Churchill et Weygand, tous sont d'accord sur ce point, la controverse ne portant que sur les modalités de la poursuite du combat. Dans les jours précédents, de Gaulle n'a d'ailleurs fait aucun mystère de ses intentions. Le 15 juin, traversant la Bretagne pour se rendre à Brest afin de partir pour l'Angleterre, il n'a pas caché son point de vue à un lieutenant-colonel non identifié qui l'a accompagné tout au long de son voyage depuis Bordeaux.

Pendant notre attente à Morlaix, écrit Geoffroy de Courcel, le lieutenant-colonel me fait une curieuse confidence : « Le général de Gaulle, me dit-il un peu effrayé, m'a fait part de certains projets. S'il les met à exécution, cela peut le conduire en conseil de guerre. » Je ne réussis pas à en faire dire davantage à mon interlocuteur mais ces propos me deviendront clairs deux jours plus tard [16].

La seconde évidence découle de la première : compte tenu de ses positions, de Gaulle est bel et bien menacé, au moins à terme. Weygand sans doute niera plus tard avoir eu l'intention de l'arrêter mais cette dénégation, survenue à un moment, en 1945, où l'ancien généralissime avait tout intérêt à ne pas aggraver son cas, ne saurait constituer une preuve formelle. Dès lors, on peut très bien concevoir que, par acquit de conscience, le 16 dans la soirée, de Gaulle ait chargé un officier d'aller vérifier s'il figurait ou non sur la liste gouvernementale. Le « colonel B. » que Louis Dominique Girard, chef de cabinet du maréchal Pétain, évoque dans *L'appel de l'île d'Yeu* accomplissant cette mission, pourrait bien avoir été le colonel Benedic, ancien de l'état-major du maréchal Lyautey [17].

La troisième évidence est que, sur le chemin de Mérignac, Charles de Gaulle a rencontré Jean Mistler, président de la commission des Affaires étrangères de la Chambre, qui, beaucoup plus tard, a raconté la scène à Henri Amouroux. Attendant Reynaud qui discute dans une pièce voisine, Mistler est installé dans le fauteuil du général Lafont lorsqu'il voit la porte s'ouvrir et de Gaulle pénétrer dans la pièce.

De Gaulle s'est assis sur le bureau du général. Je le vois encore, les bras levés, dire, non pas d'un ton prophétique, non pas avec passion mais tranquillement, comme si la chose allait de soi... le 17 juin 1940 : « Les Allemands ont perdu la guerre. Ils sont perdus et la France doit poursuivre le combat [18]. »

L'exactitude de l'anecdote est certaine. On voit mal, en effet, pourquoi le futur secrétaire perpétuel de l'Académie française aurait inventé cette histoire. Pour corroborer le récit de Spears et confirmer que de Gaulle a marqué effectivement une halte sur le chemin de l'aérodrome ? Il est d'autant plus difficile de le croire que le témoignage illustre la prescience de de Gaulle et confond Jean Mistler qui, après avoir eu la primeur de ce scoop historique, se précipitera à Vichy ! Cet entretien étonnant atteste que le général prit bien « quelques précautions » afin de brouiller les pistes.

La dernière évidence est que ni le général ni les Britanniques n'ont encore une idée précise de ce que pourra être le rôle de l'ancien sous-secrétaire d'État à la Guerre. De Gaulle, certes, se sent toujours promis aux plus hautes destinées et jusque-là sa vie n'a eu de sens qu'en fonction de cette perspective. De là à s'imaginer à la tête d'un vrai pouvoir politique il y a un pas — même si l'idée d'un appel à la résistance est déjà dans bien des esprits. En vérité, à ce moment où son destin bascule, de Gaulle reste par de nombreux côtés un soldat — ce qui d'ailleurs rend son geste encore plus extraordinaire. Prendre la direction d'une sorte de contre-pouvoir, il y songe, sans être toutefois sûr de l'instant où l'idée pourra se réaliser.

Pour apprécier ses premières initiatives sur le sol britannique on n'oubliera pas ce détail trop négligé, et d'autant plus important que les Anglais, Churchill le premier, ne savent pas encore quel rôle pourra jouer ce militaire, sans doute hors série et dont la résolution fait si heureusement contraste avec le défaitisme de ses pairs, mais qui n'a ni le passé ni le rang susceptibles de drainer derrière lui les foules. L'« homme du destin », aurait dit Churchill en voyant de Gaulle le 13 juin, alors qu'il sortait de la préfecture de Tours. Hélas, le mot est vraisemblablement faux.

Je ne l'ai pas entendu dire, dira honnêtement le général à Henri Amouroux en 1964. Vous savez, Churchill était un romantique. Ce qui est vrai c'est que nous nous étions accrochés tout de suite, à Londres, d'abord, à Briare ensuite, puis à Tours[19].

Par la suite, peut-être, il est vrai, pour se venger d'un partenaire incommode, Spears et sa femme laisseront entendre que Churchill voulait simplement utiliser le général.

La France allait être isolée du reste du monde, dira Spears à son épouse, et soumise sans relâche à une propagande tendant uniquement à la tourner contre nous. Une pareille idée semblait impensable mais la guerre pourrait durer très longtemps et le peuple de France n'en saurait que ce que les Allemands voulaient bien lui dire. De plus, nous pourrions être obligés de bombarder des villes françaises. Si la propagande allemande réussissait[20]...

Le fait est, cependant, que Spears avait pour mission de ramener en Grande-Bretagne un homme politique français d'envergure. Paul Reynaud ayant refusé de venir, Spears, on l'a vu, s'est tourné vers Mandel lui répétant : « Il faut une voix autorisée qui n'ait jamais accepté la capitulation pour soulever l'Empire[21]. » Mandel a refusé la proposition pour les raisons que l'on connaît, mais Spears espère qu'il finira par venir prochainement, bien que le très influent sir Robert Vansittart, secrétaire permanent du Foreign Office, soit plus circonspect, soucieux de ne pas accroître ainsi la tension franco-britannique au moment où le gouvernement français, conservant en main l'atout de sa flotte, peut encore porter des coups redoutables à l'Allemagne.

La suite des événements est heureusement moins sujette à controverse. Tandis que le petit avion qui, selon le mot de Churchill, « emporte l'honneur de la France » survole l'île d'Oléron puis, à très haute altitude, la Bretagne embrasée par l'incendie des dépôts d'essence, Spears se plonge dans la rédaction de notes et de Gaulle se perd dans ses pensées, conscient du formidable pari qu'il vient de prendre. On peut imaginer ses sentiments lorsque l'appareil vole au-dessus de Paimpont où sa mère, malade, agonise — elle mourra quelques semaines plus tard. Lors d'une escale à Jersey, un petit incident comique et révélateur se produit. Au bar de la cantine déserte de l'aéroport, Spears propose au général une tasse de café.

Je lui en tends une et il me fait remarquer, en prenant la première gorgée, sur un ton qui n'implique aucune critique mais qui tient seulement à souligner une vérité, qu'il m'a demandé du café et que c'est du thé que je lui ai donné. C'était la première fois qu'il faisait la connaissance du liquide pâle et tiède qui, en Angleterre, tient lieu tantôt de l'un, tantôt de l'autre. Son martyre commençait[22].

Au début de l'après-midi, l'avion se pose à Henden. Le temps est toujours splendide. Après un déjeuner au Royal Automobil Club, en compagnie de Spears, le général s'installe dans le petit appartement que son collaborateur Jean Laurent a loué peu de temps auparavant, pour la durée des hostilités, et dont il lui a remis les clés avant de partir. Situé à Seamore Place, cet élégant pied-à-terre donne sur Hyde Park, à deux pas de l'hôtel Dorchester. La chambre de de Gaulle et le salon ont vue sur le parc. Geoffroy de Courcel s'installe dans une petite pièce qui donne sur l'autre façade. Le général dispose ses bagages et part aussitôt pour Downing Street où Churchill l'attend.

De cette conversation on ne sait pas grand-chose, sinon que le Premier ministre accueillit son visiteur avec chaleur, l'assura de son concours et lui offrit de parler à la BBC. Pour autant rien n'était encore clair. À Bordeaux, le maréchal Pétain est devenu président du Conseil ; à midi il a prononcé un discours annonçant son intention de demander aux Allemands un armistice, mais on ne connaît pas encore la réponse de Hitler. Quand il a appris, alors qu'il était déjà dans le train à destination de Plymouth, la démission de Paul Reynaud, Churchill a rebroussé chemin ; il n'était plus question pour lui de se rendre à Concarneau. Vers deux heures du matin, il n'en a pas moins téléphoné à Pétain. Après une longue attente, il a fini par le joindre. L'entretien téléphonique a été très tendu.

Je n'ai jamais entendu Churchill s'exprimer en termes aussi violents, dira le général Hollis, présent aux côtés du Premier ministre. Il pensait que le vieux maréchal, insensible à tout le reste, réagirait peut-être à cela. Mais cela fut en vain[23].

Du côté de Pétain, Churchill n'a donc plus d'espoir. Il n'en va pas de même en ce qui concerne sinon Paul Reynaud, dont le départ paraît problématique, du moins Mandel et quelques autres hommes politiques.

Quand il accueille de Gaulle, dans le jardin du 10 Downing Street où il profite du soleil, c'est à tout cela que pense Winston Churchill. Si le général l'a impressionné, s'il constitue pour lui une carte à jouer, il n'est pas dans son esprit le sauveur, celui qui a vocation à conduire la France résistante. En dépit de la quasi-rupture avec Pétain, sans doute pense-t-il aussi à la flotte française et donc à la nécessité de ne pas provoquer gratuitement le gouvernement français.

De Gaulle lui-même n'est pas encore très sûr du rôle qu'il va jouer

Avant de regagner Seamore Place, le général est-il passé à l'ambassade ou à la mission militaire ? se demande Geoffroy de Courcel. Il ne le mentionne pas dans ses *Mémoires*. Ce qui est certain, c'est qu'il a télégraphié dans l'après-midi à Bordeaux, pour s'offrir, dit-il, à poursuivre les négociations qu'il avait commencées la veille, au sujet du matériel en provenance des États-Unis, des prisonniers allemands et des transports sur l'Afrique. Était-ce, de sa part, un dernier souci de légalité, ou plus exactement, comme il le dit lui-même, parce qu'on pouvait imaginer, contre toute vraisemblance, que le gouvernement de Bordeaux choisirait finalement la guerre[24] ?

En vérité, de Gaulle n'a plus beaucoup d'illusions et, s'il ne sait pas encore exactement ce qu'il va faire, il est résolu à relever, d'une manière ou d'une autre, le défi de la défaite.

La première chose à faire, écrit-il, était de hisser les couleurs. La radio s'offrait pour cela. Dès l'après-midi du 17 juin j'exposai mes intentions à M. Winston Churchill. Naufragé de la désolation sur les rivages de l'Angleterre, qu'aurais-je pu faire sans son concours ? Il me le donna tout de suite et mit pour commencer la BBC à ma disposition. Nous convînmes que je l'utiliserais quand le gouvernement Pétain aurait demandé l'armistice[25].

Cette impression de vouloir seul assumer le pays, le général va bientôt la donner aux premiers Français qu'il voit sur le sol britannique. Dans l'après-midi, Jean Monnet lui a téléphoné pour le convier à dîner chez lui, en compagnie de son adjoint René Pleven. Geoffroy de Courcel est, bien entendu, également invité. Mais quand le général et son aide de camp arrivent chez les Monnet, le président du Comité de coordination franco-britannique n'est pas encore là. Silvia Monnet accueille donc seule les invités. L'atmosphère est assez lourde bien que, dans l'entrée, le majordome, coiffé du képi du général, fasse le pitre devant un miroir ! De Gaulle semble perdu dans une méditation intérieure. Pour rompre un silence qui devient pesant, Silvia Monnet évoque devant son hôte la durée éventuelle de sa mission. « Madame, rétorque le général avec hauteur, je ne suis pas ici en mission, je suis venu ici pour sauver l'honneur de la France. » Impressionnée, Silvia Monnet est aussi décontenancée face au militaire immense qui parle un tel langage. Plus tard, elle fera part à son mari de sa perplexité[26].

Enfin Jean Monnet arrive, Silvia Monnet s'efface, mais le climat pour autant ne se détend pas. Il est clair que Charles de Gaulle et Jean Monnet ne sont pas sur la même longueur d'ondes. Le général est certain que rien ne peut plus être entrepris en France pour changer le cours des choses. Monnet, au contraire, est persuadé qu'il faut tenter l'impossible, convaincre le gouvernement, encore libre, de partir pour l'Afrique du Nord et d'y mener la lutte dans l'esprit de la déclaration d'union. L'accueil réservé à son projet à Bordeaux ne l'a pas découragé. À Churchill et lord Beaverbrook qu'il a rencontrés dans la nuit, il a confié son espoir : « Il se peut que Pétain soit installé au pouvoir, mais rien n'est jamais perdu, sauf quand on est mort. On ne sait pas. Je crois encore qu'on peut agir à Bordeaux. » Monnet se propose donc de se rendre le lendemain auprès du gouvernement pour une ultime tentative. Dès lors l'atmosphère du dîner ne peut que refléter cette opposition de points de vue.

La conversation a été amicale, se rappelait Geoffroy de Courcel. Le général a commencé par raconter la panique qui régnait à Bordeaux et il intéressait évidemment beaucoup Jean Monnet, curieux de savoir ce qui s'y passait exactement. Mais, à un moment, on a senti, du moins était-ce mon impression, une certaine tension. Ce fut lorsque de Gaulle, commentant la demande d'armistice, déclara sans aucune précaution oratoire : « Le maréchal Pétain est un traître. » Jean Monnet a réagi en essayant de plaisanter : « Ne dites pas cela devant mon maître d'hôtel. C'est un ancien de Verdun et il serait évidemment très choqué. » En réalité j'ai toujours eu le sentiment que c'était Jean Monnet lui-même qui était heurté par cette opinion exprimée par le général et que, pour éviter un incident, il avait détourné l'attention sur son maître d'hôtel. Il était clair, dès cet instant, que les points de vue étaient opposés. Ils partaient pourtant de la même affirmation du refus de la défaite et, au fond, Jean Monnet était gaulliste sans le savoir puisqu'il reprochait vivement à Pétain d'avoir déclenché la puissance allemande en capitulant. Mais il partait le lendemain pour Bordeaux et il était évident qu'il ne voulait pas alors condamner Pétain[27].

Au cours de ce dîner, le général a-t-il fait part à son hôte de son intention de parler le lendemain à la BBC ? Geoffroy de Courcel l'affirme[28]. Jean Monnet, pour sa part, l'a toujours nié, en particulier dans une lettre adressée, le 21 mai 1973, au journaliste Robert Mengin, attaché de presse de l'ambassade de France en 1940, et bientôt l'un des plus farouches antigaullistes de Londres[29]. Le président du Comité de coordination franco-britannique tirera même de cette attitude des conclusions catégoriques quant au goût de la dissimulation de de Gaulle[30]. On peut penser que, s'il avait eu connaissance des projets du général, il ne se serait pas rendu à Bordeaux le lendemain.

De toute façon, le désaccord entre les deux hommes est patent. Jean Monnet déjà réprouve l'idée de créer une structure française à l'étranger. « Je n'étais pas d'accord, dira-t-il à Allan Watson de la BBC en 1971. Je pensais que le problème principal, le seul en fait, était de gagner la guerre et d'empêcher les nazis de gagner[31]. » Dès ce moment, Jean Monnet pense à l'échelon d'espaces géopolitiques plus vastes. Plus encore que la France, c'est le sort des démocraties qui le préoccupe. De Gaulle lui est le champion toute catégorie de « la seule France, de la France éternelle ».

Cette mission sacrée, pour l'heure, l'absorbe exclusivement et puisque, décidément, rien de bon ne semble plus devoir venir de Bordeaux, sa tâche la plus urgente est d'écrire l'appel que Churchill l'autorise à lancer. Est-ce dans la matinée du 18, comme il l'a précisé lui-même à Henri Amouroux, ou le 17, en sortant du dîner chez Jean

Monnet, comme l'affirme Jean Lacouture, qu'il commence à rédiger ? Le détail est secondaire. En tout cas, signe de l'importance qu'il attache à son texte, c'est à cette tâche exclusive qu'il se consacre toute la journée du 18, pendant qu'Élisabeth de Miribel, une amie de longue date de Geoffroy de Courcel qui travaille à la mission du blocus dirigée par Paul Morand, se prépare à dactylographier le discours.

Bien souvent, dira Geoffroy de Courcel, j'ai déçu mes interlocuteurs lorsqu'ils m'ont interrogé sur les événements de cette journée. C'est étrangement la seule journée banale de cette période qui ne l'était, certes, pas. Comme si l'Histoire avait suspendu sa marche jusqu'à six heures du soir pour donner plus d'importance au geste qui allait s'accomplir. Ce qui se passa à Seamore Place, ce jour-là, n'eut d'autre témoin qu'Élisabeth de Miribel et moi. Aucune visite, aucun appel téléphonique dont je me souvienne. Une sorte d'attente. Une seule interruption dans cette journée sans histoires : vers une heure nous rejoignîmes M. Duff Cooper pour déjeuner dans un club. M. Duff Cooper était alors ministre de l'Information [32]

Pour rédiger ce texte capital, de Gaulle a besoin d'isolement, de recueillement même. Le geste qu'il va entreprendre est sans précédent, surtout pour un militaire de carrière, et lorsqu'on est nourri de tant de tradition, sans doute n'est-il pas facile de devenir l'homme du défi. Acte de foi, l'appel du 18 juin est aussi pourtant, comme l'a bien vu Maurice Schumann, un acte de raison [33]. De Gaulle n'est pas devin. Simplement, mieux que tous les autres acteurs, il se projette dans le long terme, prend en compte la situation mondiale, des éléments évidents mais négligés dans l'effroi de la catastrophe : les ressources de l'Empire, le poids des grandes puissances, le rôle qu'immanquablement les États-Unis joueront avec le potentiel industriel dont ils disposent. Coïncidence, c'est ce jour même que Mussolini, au sortir d'une entrevue de quatre heures avec le Führer, dit à son gendre le comte Ciano, ministre des Affaires étrangères : « J'ai perçu dans le peuple allemand les premiers germes de la défaite [34]. »

Cet appel au patriotisme, au sursaut, à l'intelligence, tel est l'objectif premier du texte que de Gaulle prépare alors. D'évidence, même s'il y songe, il ne s'agit pas encore pour lui de former l'embryon d'un pouvoir politique, seulement de rassembler des énergies, des bonnes volontés, d'abord celle des militaires qui se trouvent en Grande-Bretagne. L'appel ayant eu la fortune que l'on connaît, on est tenté de lui donner rétrospectivement un sens qu'il n'a pas eu.

Rien n'indique à ce stade, écrit très bien Jean-Louis Crémieux-Brilhac, que Churchill ait eu le propos délibéré de miser politiquement sur de Gaulle malgré la faveur qu'il lui témoigne. Et même s'il est vrai que l'appel du 18 juin a fait de Gaulle, comme l'a dit avec le recul du temps, René Cassin, rien de son statut prochain de chef des Français libres n'est encore déterminé à cette date [35].

La fragilité, l'imprécision du statut de de Gaulle expliquent d'ailleurs ce qui va se passer à partir de cette fin de soirée — une suite d'événements que l'on peut aujourd'hui reconstituer avec précision et qui diffère sensiblement de la version officielle longtemps donnée par le général et ses fidèles. On mesure la force de la mythologie gaulliste si l'on considère qu'il a fallu plus d'un demi-siècle pour que la vérité, sur ce point, se fasse jour.

Pendant longtemps tout a paru simple. Le texte de l'appel ayant été frappé, non sans mal, par Élisabeth de Miribel, de Gaulle est allé le lire, vers dix-huit heures, dans un studio de la BBC. Il est en grande tenue, ses gants blancs à la main. Le directeur de la BBC, sir Stephen Talence, et sa collaboratrice, Elizabeth Barker, l'accueillent. Le speaker Gibson Parker lui demande de faire un essai de voix : « La France », dit-il de sa voix au timbre étrange. Quelques instants plus tard, le général lit les premiers mots de son appel historique : « Les chefs qui, depuis de nombreuses années, sont à la tête des armées françaises ont formé un gouvernement. Ce gouvernement, alléguant la défaite de nos armées, s'est mis en rapport avec l'ennemi pour cesser le combat. »

À mesure que s'envolaient les mots irrévocables, écrira-t-il dans ses *Mémoires*, je sentais en moi-même se terminer une vie, celle que j'avais menée dans le cadre d'une France solide et de son indivisible armée. À quarante-neuf ans, j'entrais dans l'aventure comme un homme que le destin jetait hors de toutes les séries[36].

Après la guerre, dans le climat polémique des lendemains de la Libération, les déclarations du général durant cette période clé furent évidemment scrutées, et il n'échappa pas à la curiosité de Louis Dominique Girard[37], ancien chef de cabinet civil de Pétain à Vichy, qu'à la version officielle de l'appel du 18 juin, avait été fréquemment substitué un texte placardé (le *Times* du 5 août 1940 en fait foi) sur les murs de Londres au début du mois d'août et ainsi rédigé :

À tous les Français
La France a perdu une bataille !
Mais la France n'a pas perdu la guerre !
Des gouvernants de rencontre ont pu capituler, cédant à la panique, oubliant l'honneur, livrant le pays à la servitude. Cependant, rien n'est perdu !
Rien n'est perdu, parce que cette guerre est une guerre mondiale. Dans l'univers libre, des forces immenses n'ont pas encore donné. Un jour, ces forces écraseront l'ennemi. Il faut que la France, ce jour-là, soit présente à la victoire. Alors, elle retrouvera sa liberté et sa grandeur. Tel est mon but, mon seul but !
Voilà pourquoi je convie tous les Français, où qu'ils se trouvent, à s'unir à moi dans l'action, dans le sacrifice et dans l'espérance.
Notre patrie est en péril de mort.
Luttons tous pour la sauver !
Vive la France !
Général de Gaulle

Si, comme l'écrit aujourd'hui Jean-Louis Crémieux-Brilhac[38], l'affiche tricolore « À tous les Français », imprimée dans la seconde quinzaine de juillet 1940, est le pendant et le complément, sous forme visuelle, de l'appel du 18 juin, avec lequel il est fréquemment confondu, il n'en est pas moins vrai qu'en apposant assez souvent la mention « 18 juin 1940 » au bas de ce placard, les services de la France libre prêtaient le flanc à la critique, du moins celle des historiens. Louis Dominique Girard[39] soulignait aussi que la phrase célèbre : « La France n'a pas perdu la guerre » ne figurait pas dans l'appel du 18 juin, qu'elle aurait donc été ajoutée a posteriori, et pas forcément par de Gaulle. Hypothèse a priori surprenante mais qui mérite d'être discutée puisque les archives de la BBC prouvent que la fameuse formule, appliquée, il est vrai, aux Alliés, a été prononcée par Duff Cooper, ministre de l'Information, dans un discours radiodiffusé le 28 mai[40].

Cette contestation ne remettait toutefois pas en cause la version alors unanimement admise. Officiellement, de Gaulle avait lu le texte que l'on connaît sans l'avoir soumis à quiconque. À Henri Amouroux, qui lui demandera en 1964 : « M. Churchill a-t-il pris connaissance de votre texte avant que vous ne le lisiez à la BBC ? », le général répondra même : « De ma vie je n'ai montré un texte de moi. À personne[41]. »

Quand les archives furent disponibles, il devint difficile de maintenir une telle version. D'un document capital émanant du Foreign Office[42], il ressort en effet, comme le souligne à bon droit Jean-Louis Crémieux-Brilhac[43], que le cabinet britannique n'a autorisé l'appel du 18 juin qu'in extremis, et dans une version adoucie. Informé à midi des intentions du général, le cabinet a estimé que « si la substance de l'appel n'appelait pas d'objection, il n'était pas souhaitable que le général de Gaulle, *persona non grata* à l'actuel gouvernement français, parle pour l'instant à la radio, tant que subsistait la possibilité que le gouvernement français agisse conformément aux intérêts de l'Alliance ». Spears parvint à débloquer la situation. À dix-sept heures, selon le journal de sir John Colville[44], il joignit Churchill, qui venait de prononcer aux Communes un grand discours sur la situation en France, et lui fit valoir que l'appel projeté par de Gaulle avait un caractère très important, ne serait-ce que parce qu'il pouvait inciter les aviateurs en poste à Bordeaux à gagner la Grande-Bretagne et le Maroc. Sous réserve de l'accord des membres du cabinet de guerre, Churchill se laissa convaincre. Quelque temps plus tard, Spears parvenait à persuader Chamberlain, Halifax et Attlee.

De tout cela une conclusion s'impose : le général, en dépit de ses dénégations ultérieures, a bien informé les Britanniques du contenu de cet appel. A-t-il remis un texte ? Geoffroy de Courcel le conteste, admettant toutefois qu'au cours du déjeuner il ait pu donner quelques « indications » à Duff Cooper[45]. Si tel fut bien le cas, les indications durent être précisées, puisque le cabinet de guerre censura bel et bien les quatre premières lignes de l'appel. Devant le micro, de Gaulle n'entamera pas son exorde par la phrase fameuse : « Les chefs qui, depuis de nombreuses années, sont à la tête des armées françaises ont formé un gouvernement. Ce gouvernement, alléguant la défaite de nos armées, s'est mis en rapport avec l'ennemi pour cesser le combat. » Un ton en dessous, il dit simplement : « Le gouvernement français a demandé à l'ennemi à quelles conditions pouvait cesser le combat. Il a déclaré que si ces conditions étaient contraires à l'honneur. la lutte devrait continuer. »

La substitution d'un passage à un autre n'est aujourd'hui plus contestable. Grâce notamment aux recherches de Me Jacques Fourmy », on sait en effet que les services militaires suisses ont capté l'appel, et que la version qu'ils ont entendue contenait les quatre premières lignes modifiées à la demande des Britanniques[46]. Il est également établi que *Le Petit Provençal* publia, le 19 juin, la version réellement prononcée de l'appel, capté par des moyens de fortune[47].

Partant, on comprend mieux qu'aucun enregistrement n'ait été diffusé : on imagine l'émoi qu'eût suscité le constat que le début de ce texte fondateur avait été modifié. Mais tout indique que cet enregistrement a été réalisé car, contrairement à ce que beaucoup de témoins ont prétendu de bonne foi, l'appel ne semble pas avoir été diffusé en direct mais aux environs de vingt-deux heures. La grille de programme B de la chaîne 4 de la BBC indique en tout cas que c'est à vingt-deux heures que le texte du général fut diffusé, sous le titre « Nouvelles en français : la France continuera le combat, par le général de Gaulle ». Le bulletin d'émargement du général, signé par Elisabeth Barker, atteste aussi la diffusion à vingt-deux heures. Une troisième preuve est en outre donnée par les services d'écoute suisses qui, eux aussi, affirment avoir capté l'appel à cette heure[48]. Le faisceau de preuves paraît suffisant pour établir la matérialité des faits. La bonne foi des témoins directs ou indirects n'est pas en cause. Le général de Gaulle et ceux qui ont assisté à l'enregistrement ont pu très bien croire que l'appel était diffusé en direct. Quant aux autres, on peut admettre que, dans leur souvenir, l'heure exacte de la diffusion ne soit pas restée gravée. Au reste, ceux qui réellement entendirent l'appel furent certainement peu nombreux. « Beaucoup, remarque très bien Pierre Lefranc, affirment avoir entendu l'appel du 18 juin le 18 juin. À de très rares exceptions près ce n'était pas le cas. Qui écoutait la BBC en France le 18 juin, en pleine tourmente[49] ? »

Le mystère entoure presque toujours la naissance des grandes religions. Le gaullisme qui, par certains côtés, a été une religion, en tout cas le mythe fondateur de la France d'après 1945, n'a pas échappé à la règle. Cependant les distorsions que l'historien constate aujourd'hui entre le mythe et la réalité n'enlèvent rien à la stature du général. Nationaliste nourri dans le culte de la France seule, de Gaulle n'a que plus de mérite à s'être projeté dans l'avenir en tenant compte de la situation mondiale. Quant à la version triomphaliste qu'il donna des débuts de son entreprise et que démentent en partie les archives, seuls peuvent s'en étonner ceux qui n'ont pas lu *Le fil de l'épée.*

En sortant de la BBC, Charles de Gaulle dîne en compagnie de Geoffroy de Courcel à l'hôtel Langham, proche des studios.

Au cours du dîner, rapporte Courcel, le général de Gaulle me donna l'impression d'une grande sérénité. Ce qui le préoccupait le plus dans l'avenir immédiat était la réaction qu'auraient les chefs de nos territoires de l'Empire face à l'armistice qui allait être conclu. Un taxi nous ramena à Seamore Place[50].

Quel est l'impact de l'appel ? On a tendance aujourd'hui à l'amplifier en oubliant que beaucoup de ceux qui devaient rejoindre de Gaulle dès les débuts de la France libre entendirent, en réalité, ses discours ultérieurs. Relue à quatre reprises par le speaker de la BBC, reproduite par le *Times* et le *Daily Telegraph*, l'allocution n'en a pas moins un effet certain sur les Français les plus à même d'y répondre, en raison de leur situation géographique : ceux de Londres. Leurs réactions sont contrastées. Comme il en ira toujours par la suite avec de Gaulle, les uns sont subjugués par la ténacité, l'argumentation, la personnalité même du général. Les autres, au contraire, sont rebutés, et pour toujours.

Correspondant à Londres de l'agence Havas, le jeune journaliste Yves Morvan, qui deviendra bientôt Jean Marin, fait partie de la première catégorie. La veille, il a été de ce tout petit nombre de personnes qui, au siège de la BBC, a entendu de Gaulle prononcer les paroles historiques. Conquis, il s'est procuré le numéro de téléphone permettant de joindre le secrétariat du général, installé dans les locaux mis à sa disposition à Saint Stephen House par le diplomate Henry Hopkinson, plus tard lord Colyton. Sur-le-champ, Yves Morvan a obtenu un rendez-vous. Et le 19 juin dans la matinée, dans un appartement aux allures de permanence électorale, il a découvert celui qui est déjà l'homme du 18 juin. Le portrait qu'il publiera soixante ans plus tard est saisissant de vérité :

Je regarde le général : il y a, dans sa silhouette, de l'homme d'armes et du donateur ; dans ses façons de la Flandre et de l'état-major, de la bonne demeure plutôt que du château. Dans ses yeux bruns, la tristesse raisonnable qui va tellement frapper Winston Churchill, de ceux qui savent que l'Histoire est tragique [...] et qui découvrent que la charge leur incombe tout à coup de la faire. [...] Sur son visage est répandu un air assez peu engageant qui, dans une première impression, peut paraître distant et hautain, et qui me frappe : on ne sait pas encore — d'aucuns pourtant vont me dire qu'ils l'ont pressenti dès l'abord — que c'est là l'effet d'une concentration peu commune sur l'essentiel. Accompagné de l'écho de l'appel irrécusable, il ne séduit cependant pas : il impressionne, on devine qu'il possède, par son caractère, la capacité d'inspirer une confiance à toute épreuve, mais qu'il n'est pas homme à concéder quoi que ce soit à qui que ce soit pour l'obtenir. Avec lui ce sera à prendre ou à laisser, au service de la résistance et d'un honneur national intraitablement exigeant et, s'il le faut, cruellement défendu [...] Avec lui, on devra s'habituer à respirer l'air raréfié des sommets, un exercice inusité pour nos poitrines ordinaires[51].

Un autre journaliste, Pierre Maillard, plus tard célèbre sous le nom de Pierre Bourdan, a, lui aussi, entendu l'appel et, dès neuf heures, avec son ami Robert Mengin, il est dans le bureau du général. Lui aussi est enthousiasmé. Ses impressions recoupent celles de Jean Marin.

Je vis un homme d'un autre temps. De très haute stature, portant l'uniforme et des leggins, il se tenait excessivement droit. [...] Les traits évoquaient, tout d'abord, un dessin médiéval. On eût voulu les encadrer par le heaume et la mentonnière de mailles. [...] Ce qui caractérisait ses yeux, c'est qu'ils ne reflétaient rien du monde extérieur ; leur expression ne pouvait pas varier selon les présences et les atmosphères. Le regard était comme prédéterminé [...]. L'homme devait être volontaire et intraitable jusque dans ses passions. Il y avait dans ses yeux un feu abstrait, capable de s'allumer soudain, mais pour exprimer plus que pour communiquer. Il y avait de la noblesse et de la retenue, de la timidité superficielle et une fierté singulière : orgueil de soldat et fierté d'homme qui a « lu tous les livres ». Il y avait du croisé et du pédagogue, du casuiste et du réformé[52].

Robert Mengin, lui, a un autre sentiment. À mesure que la conversation avec Maillard se poursuit, il éprouve un certain malaise qui s'accroît quand de Gaulle dit qu'il parlera le soir même, spécialement à l'intention des Français d'Afrique du Nord, car il a conscience de parler au nom de la France.

Je regardais, j'écoutais, avec une grande provision d'admiration. Mais je la sentais fondre. Elle était remplacée par un sentiment de gêne, provenant d'abord de l'aspect du général, assis dans un fauteuil en face des chaises qu'il nous avait indiquées. Pendant qu'il parlait à Pierre Maillard, il m'apparaissait de trois quarts. Je ne voyais qu'un œil. L'idée me vint qu'il ressemblait à celui d'un éléphant. Jean Oberlé, plus tard, m'a fait la même remarque. L'absence de menton dont je me demandais si elle résultait d'une blessure de guerre, ne donnait nullement une impression de mollesse, mais plutôt de suffisance, comme aussi les lèvres surmontées d'une minuscule moustache. Je retrouvais dans cette physionomie les traits de l'officier de tragédie dont le type existe en autant d'exemplaires que l'on veut dans la Marine. Quelque chose aussi du grand scout, avec l'intelligence en plus. Or voici que tout à coup il se tournait vers moi :

— Et vous, monsieur ?

Je dis que j'attendais la première occasion de monter sur un bateau, ayant donné ma démission d'attaché de presse le 17 juin. Le général répéta, en me lançant un regard qui me parut mauvais : « Le 17 juin ? » Puis tout de suite, il se lève et nous prenons congé sur le mode le plus cérémonieux. Une fois dans la rue, Pierre Maillard me demande mon impression. Ainsi qu'il le rapporte dans ses *Carnets des jours d'attente*, je lui dis que le général me paraît gonflé :

— Ah non, ce n'est pas le mot.

— Et moi, je trouve que c'est le mot. Vous n'avez pas fait votre service, vous ne connaissez pas ce genre de militaires. Ils sont gonflés de l'idée qu'ils ont d'eux-mêmes. Ils sont détenteurs de la vérité. Jamais, ils ne se trompent. Jamais[53].

La preuve, a contrario, que la personne du général suscite des réactions passionnées, instinctives, irrationnelles, on la trouve dans les *Mémoires* de Christian Fouchet, jeune officier qui, ayant lui-même quitté Mérignac le 17 juin, ne prend pas ombrage de l'accueil un peu froid du général.

— J'ai lu votre appel dans le journal. Je viens nous mettre à vos ordres, mes camarades et moi-même.

— Bon, eh bien, vous avez raison. Et vos camarades aussi. Vous le leur direz. Je ne vous retiens pas, j'ai trop de choses à faire...
Il se leva. L'ombre d'un sourire passa sur son visage sévère. Je le regardai bien en face.
— Oui, nous verrons. Mais croyez-moi, Fouchet, c'est nous qui jouons la bonne carte, la carte de la France. On a toujours raison de jouer sur la France[54].

Autres recrues immédiatement conquises : Henri de Kérillis, le seul parlementaire de droite hostile aux accords de Munich, qui, dès midi, se porte volontaire, sanglé dans son uniforme de capitaine d'aviation, Denis Saurat, directeur de l'Institut français de Londres, Henri Hauck, attaché social à l'ambassade de France, et enfin, *last but not least*, André Weil-Curiel. De tous ceux qui, ce matin-là, se présentent à Saint Stephen House cet avocat est, à coup sûr, le plus inattendu et, par là même, le plus emblématique de la capacité de Charles de Gaulle à séduire bien au-delà de sa famille d'idées. Franc-maçon, militant de la tendance gauchiste de la SFIO, Weil-Curiel est à des années-lumière du Connétable, et il lui reprocherait presque d'être trop prudent vis-à-vis du gouvernement de Bordeaux ! Depuis que Henri Hauck lui a fait part de l'initiative du général, il est enthousiasmé. De Gaulle n'aura pas de partisan plus lyrique.

Le général de Gaulle était indiscutablement l'homme de la situation, on peut presque dire le seul. [...] Nous étions en guerre, et ce qui importait par-dessus tout c'était de continuer la guerre. L'appareil de l'État français pouvait s'écrouler, peu importait pourvu que des forces armées subsistassent. [...] Or, le général de Gaulle était l'homme qui pouvait maintenir l'armée française dans la bataille. Et quel chef ! Celui qui avait prévu les caractéristiques de la guerre moderne, l'un des seuls parmi nos hommes de guerre qui eût vu clair, le seul dont le prestige sortît non seulement intact mais grandi de quelques semaines du désastre que nous avions vécues. Enfin, qui mieux que lui eût pu faire l'union de tous ceux qui voulaient continuer à se battre ? N'ayant aucun passé politique apparent, il n'était l'objet d'aucune prévention... Les patriotes de droite se serreraient autour de lui, parce qu'il était, par définition, l'un des leurs et ceux de gauche, parce qu'ils étaient patriotes et qu'ils avaient l'habitude de sacrifier les préférences personnelles au devoir d'union[55].

Ancien collaborateur de Léon Blum, directeur de *La Lumière*, organe de gauche réputé, Georges Boris qui, plus tard, deviendra le mentor et l'ami de Pierre Mendès France, a la même réaction. Lui aussi est juif. Lui aussi est ardemment républicain, mais à la différence de beaucoup de ses amis il n'a pas de méfiance à l'égard de cet officier qui, en tenue de compagnie, culotte de cheval et leggins, est, a priori, le vivant symbole d'une caste peu prisée à gauche.

Plus dans l'ordre des choses apparaît, en revanche, l'adhésion immédiate de Claude Hettier de Boislambert, le premier officier rallié, qui ne vient pas parce qu'il a entendu l'appel, mais parce qu'il a été témoin des méthodes du général, alors colonel, lors des récents combats en France. Avec ce fils de famille, grand chasseur devant l'Éternel, homme de tradition et d'honneur, qui fait à peine mystère de ses liens avec la Cagoule, le dialogue est bref.

— Mes devoirs, mon général !
Le général a reconnu ma voix et se retourne.
— Alors, Boislambert, vous voilà en Angleterre. Que venez-vous faire ?
— La guerre si possible, mon général.
— Connaissez-vous mon appel ?
— Non, mon général, c'est parce je vous ai vu commander sur le front de France que je viens à vous[56].

Jean Marin, Pierre Bourdan, Weil-Curiel, Boislambert... Dans sa diversité, le gaullisme est né ce 19 juin, avec pour pavillon le patriotisme et pour principe l'adhésion à un homme exceptionnel. C'est là la force, c'est là aussi l'origine d'une incompréhension durable avec d'autres Français qui, logiquement, auraient dû partager les choix de de Gaulle et faire aventure commune avec lui. Le général n'exigera jamais un engagement aveugle envers sa personne, mais l'allure un peu féodale du lien qui se tisse entre lui-même et ceux qu'il nommera toujours ses « compagnons » provoquera bien des suspicions.

C'est sans doute à une première impression qui les met mal à l'aise, confirme des préjugés ou des idées reçues, écrit Jean Marin, qu'obéiront en nombre réduit, mais non sans importance, certains de ceux qui, à Londres, vont petit à petit se montrer par la suite et jusqu'au bout méfiants, adversaires, ennemis de sa personne et de son entreprise. Leur attitude immédiate et surtout leur comportement ultérieur surprendront, car ils sont manifestement de cœur patriote et d'esprit résistant. [...] C'est l'homme de Gaulle qu'ils ne supportaient pas, une prévention insurmontable, une sorte d'allergie à sa personne et à son action allaient les conduire à rêver de tenir en échec sa vision et ses méthodes[57].

Réconfortantes, ces adhésions de la première heure ne peuvent masquer le fait que les personnalités françaises les plus en vue se tiennent sur la réserve, et que l'ambassade de France adopte la même attitude, recommandant aux standardistes de ne plus donner le moindre renseignement sur le général de Gaulle[58]. Sans doute est-il trop tôt pour tirer de cette prudence des conclusions définitives mais de Gaulle est le premier à savoir que rien de significatif ne se passera tant qu'il n'aura pas à Londres un statut plus stable. Vers treize heures, ce 19 juin quand André Weil-Curiel vient lui faire valoir à Seamore Place qu'il faut faire appel à la communauté française de Londres, organiser un plébiscite, ameuter l'Empire, il l'écoute pensif et l'interrompt pour le ramener aux réalités.

C'est le côté politique de la question. Les Anglais ne sont pas pressés de s'engager. Ils attendent des hommes politiques qui ont, paraît-il, quitté Bordeaux : Herriot, Delbos, Louis Marin, quelques autres encore [...]. Pour l'instant je n'ai même pas un local où je puisse installer un bureau. Le général Spears en cherche un pour moi. Je n'ai ni fonds ni troupes. Je ne sais pas où est ma famille. Nous commençons à zéro. Vous allez commencer par prendre la permanence ici. Cela permettra à Courcel et à moi d'aller déjeuner et au moins il y aura quelqu'un pour répondre au téléphone et ouvrir la porte quand nous serons obligés de nous absenter[59].

Difficultés du côté des Anglais, ignorance de la réponse allemande à la demande d'armistice, incertitude quant à l'attitude du gouvernement de Bordeaux : de Gaulle à ce moment-là est en pleine expectative.

Dans une certaine mesure, souligne Geoffroy de Courcel, l'appel du 18 juin, le vrai, est dans la continuité des jours précédents. Sans doute, pour de Gaulle personnellement, l'appel marque le franchissement d'un grand pas : il entre dans la dissidence. Dans son esprit, il s'agit bien d'une rupture, mais à laquelle il ne veut pas encore donner publiquement ce caractère. Il prend ses distances à l'égard de ces chefs militaires auxquels il reproche de n'avoir pas su prévoir le rôle de la force mécanique dans la guerre et de faire de nouveau une analyse fausse de la situation : ils ont formé un gouvernement qui s'est mis en rapport avec l'ennemi ; ils croient à la défaite, alors que lui considère que rien n'est perdu pour la France. De Gaulle ne rompt pas encore ouvertement avec ce gouvernement. Il appelle les officiers et les soldats à le rejoindre pour continuer la guerre. En somme, conclut Geoffroy de Courcel, il parle encore en chef militaire qu'il était la veille. Le caractère militaire de son appel est même accentué par le timbre de voix qu'il avait à l'époque et qu'il conserva durant les premières années de la guerre[60].

À ce moment-là, il faut l'admettre, les initiatives du général ne sont pas toutes aussi ordonnées que l'on croit. La situation n'est pas claire, sa position est mal assurée, il s'inquiète pour les siens, il enrage aussi, sûrement, d'être dépendant désormais de ses hôtes britanniques qui, la veille, l'ont obligé à changer les termes de son appel.

Cette fierté blessée transformée en agressivité transparaît d'ailleurs à travers un épisode dont les détails sont encore curieusement mal connus en France : l'arrivée en Grande-Bretagne de Mme de Gaulle et de ses enfants le 19 juin. Avant de quitter la France, le général, on s'en souvient, a demandé à Roland de Margerie de faire envoyer des passeports à sa femme et à ses enfants qui se trouvaient en Bretagne, afin qu'ils pussent le rejoindre à Londres. En réalité, c'était d'argent que Mme de Gaulle et les siens avaient besoin et, le 17, ils avaient donc pris la route de Brest afin de rendre visite à une tante susceptible de les secourir. Ignorant ce qu'était devenu son mari, Yvonne de Gaulle avait essayé d'obtenir de ses nouvelles au consulat britannique mais avait trouvé porte close. Heureusement des bateaux, les derniers, partaient pour la Grande-Bretagne. Le 19 juin au matin, la famille de Gaulle était ainsi arrivée à Falmouth, mais sans savoir où se trouvait le général. Ce fut finalement un entrefilet dans le *Times*, relatant l'appel du 18 juin, qui permit à Philippe de Gaulle de retrouver la trace de son père et de lui téléphoner. Le soir même Mme de Gaulle et ses enfants rejoignaient à Londres celui qui n'était pas encore tout à fait le chef de la France libre.

Heureux dénouement. On ignore toutefois très souvent dans l'historiographie française quelle inquiétude avait suscitée à Londres la disparition de Mme de Gaulle et de ses enfants, les initiatives assez inhabituelles qui furent lancées pour venir à son secours, le drame qui en résulta et les premiers froissements qui s'ensuivirent entre le général et les Britanniques. Le général Spears a raconté l'épisode sans cacher combien le Connétable choqua les Anglais par sa dureté, sa hauteur.

En ces premiers jours de Gaulle attirait la sympathie mais il lui vient bientôt l'aversion d'être aimé, comme si c'était une faiblesse, comme si l'acceptation d'une manifestation d'amitié donnait prise sur lui à quelqu'un, au point, parfois, de susciter délibérément l'antipathie par une rudesse affectée.
En constatant que sa femme et ses enfants n'étaient pas arrivés en Angleterre, comme il l'avait demandé, il fut très certainement torturé. Quand il m'en parla, je lui exprimai toute ma compassion. Ma femme était également perdue au centre de la France avec son ambulance mais je ne le lui dis pas. À vrai dire, j'éprouvai une autre appréhension, plus profonde que je mentionnai au Premier ministre. Si Mme de Gaulle et ses enfants tombaient aux mains des Allemands, quelle pression ne pourraient-ils exercer sur le général, et, dès lors, à quoi nous servirait un homme soumis à une telle détresse ? Si je l'avais mieux connu, j'aurais su qu'il n'y avait aucun risque. C'était cependant un risque à ne pas courir.
Le Premier ministre comprit la situation et il autorisa l'emploi d'un de nos rares hydravions, un Sunderland (il n'y en avait que trois disponibles, je crois), pour aller chercher Mme de Gaulle. L'appareil ne parvint pas à la trouver et fut perdu avec tout son équipage. Le général ne dit pas un mot en l'apprenant. Entre-temps Mme de Gaulle avait gagné la Bretagne et réussi à s'embarquer sur un des tout derniers bateaux qui partirent pour l'Angleterre. Dès son arrivée, elle téléphona à son mari. « Vous voilà donc arrivée ? dit-il. Prenez le train pour Londres[61]. »

La longue suite d'incidents qui marquera les relations entre de Gaulle et les Britanniques commença avec celui-là, et l'on sait maintenant qu'il a été presque immédiatement suivi d'un autre, puisque le discours que le général devait prononcer le soir même, 19 juin, à la radio de Londres et qu'il avait annoncé la veille au micro, a été, semble-t-il, interdit de diffusion.
Par rapport à l'appel du 18 juin, surtout dans sa version réellement prononcée, le discours du 19, qui figure dans le recueil des *Discours et messages*, est beaucoup plus dur, beaucoup plus explicite. Le ton est plus personnel, plus assuré.

Dans l'Afrique de Clauzel, de Bugeaud, de Lyautey, de Noguès tout ce qui a de l'honneur a le strict devoir de refuser l'exécution des conditions ennemies. Il ne serait pas tolérable que la panique de Bordeaux ait pu traverser la mer... Devant la liquéfaction d'un gouvernement tombé sous la servitude ennemie, devant l'impossibilité de faire jouer nos institutions, moi général de Gaulle, soldat et chef français, au nom de la France, je déclare formellement ce qui suit...

Précisément parce qu'il est d'une violence extrême, le discours a suscité de fortes réserves parmi les Britanniques — preuve que le général est pratiquement contraint de soumettre ses textes avant diffusion. Duff Cooper, dont on sait en quelle estime il le tient, a commencé par demander seulement quelques changements, mais Alexander Cadogan, personnage important du Foreign Office, qui ne l'aime guère, s'oppose carrément à la diffusion, jugeant intempestif un appel de Londres qui inviterait les troupes françaises d'outre-mer à se rallier autour du général de Gaulle, alors que les télégrammes reçus de Bordeaux donnent à penser que le président de la République, plusieurs ministres et probablement le général Weygand, s'apprêtent à partir pour l'Afrique du Nord afin d'y organiser la résistance. Ce jour-là, de plus, les conditions de l'armistice ne sont pas connues ; lord Llyod est à Bordeaux afin d'obtenir de Darlan un engagement de ne jamais laisser la flotte tomber aux mains de l'ennemi. Les diplomates britanniques enfin laissent entendre que les grands proconsuls, Noguès, à Rabat, l'amiral Esteva à Oran, Peyrouton à Tunis, Puaux et le général Mittelhauser à Beyrouth, penchent pour une continuation des combats et plaident en ce sens auprès du gouvernement de Bordeaux[62]. Entre de Gaulle et les Britanniques, les divergences d'analyse sont alors patentes : réconforté par l'arrivée de sa famille, défavorablement impressionné aussi par un télégramme reçu de Bordeaux lui enjoignant, en réponse à celui qu'il a adressé le 17, de rentrer sur-le-champ en France, éclairé enfin par l'échec de la mission de Jean Monnet, René Pleven, Robert Marjolin et Emmanuel Monick à Bordeaux (le président du Comité de coordination franco-britannique et ses amis n'ont pas réussi à faire adopter le principe du passage en Afrique du Nord), de Gaulle se cabre, alors que Londres applique la vieille formule : *wait and see.*

Ce haussement de ton ne doit pas dissimuler le fait — étonnant aujourd'hui à constater — qu'il ne revendique pas encore le premier rôle dans la conduite de la résistance, qu'il semble prêt à s'effacer devant ceux des ministres ou proconsuls qui accepteraient de remettre le pays dans la guerre.

> Il serait excessif de dire qu'il ne pensait pas du tout à l'éventualité de conduire lui-même la résistance, observe Geoffroy de Courcel. Je crois qu'ayant vu ce qui s'était passé en France, il le dit d'ailleurs dans ses *Mémoires*, il était décidé quoi qu'il arrive à continuer la guerre, tout seul s'il le fallait. Mais il ne voulait pas compromettre les chances soit d'un gouvernement de résistance à Alger, soit d'une résistance de Noguès dans l'Empire. Jusqu'au bout il a voulu ménager toutes les chances et moi, dans ma candeur, je croyais qu'il y avait encore une chance ! Sans doute savait-il que les chances étaient faibles, mais je tiens à souligner le fait, car on a souvent accusé le général d'avoir essayé, à tout prix, d'être le chef de la résistance. C'est une contrevérité historique[63].

De Gaulle ne se contente pas de proclamer des principes : entre le 19 et le 25 juin, il multiplie les initiatives, d'abord en direction de ceux qui outre-mer disposent de l'autorité et des forces indispensables à la poursuite du combat.

> Tout en faisant mes premiers pas dans cette carrière sans précédent, j'avais le devoir de vérifier qu'aucune autorité plus qualifiée que la mienne ne voudrait s'offrir à remettre la France et l'Empire dans la lutte[64].

Si — comme du reste lui-même l'a reconnu — en proposant au gouvernement de Bordeaux de continuer la guerre, le général ne prend pas un risque excessif d'être concurrencé, il n'en va pas de même, en revanche, de la démarche que, ce 19 juin, il effectue auprès du général Noguès, résident général au Maroc, auquel il propose de se placer sous ses ordres s'il prend la tête de la résistance. À ce moment-là, le grand colonial, disciple de Lyautey, semble en effet envisager sérieusement de ne pas baisser les bras. Dès le 17 juin, il s'est dit « consterné » par la demande d'armistice et prêt à reprendre le combat. Il est vrai qu'il a cru bon d'ajouter : « Si le gouvernement n'y voit pas d'inconvénients », ce qui atteste, à tout le moins, une certaine naïveté.

Hormis cette candeur, Noguès paraît, a priori, avoir le profil idéal pour se lancer dans l'entreprise. Fin et diplomate, le personnage bénéficie d'une bonne image. Gendre de Delcassé, républicain irréprochable, il semble pouvoir rassurer à la fois les milieux militaires et les politiques de la IIIe République. Mais finalement Noguès ne franchira pas le Rubicon. Sensible à la reconnaissance du gouvernement de Bordeaux par les États-Unis, répugnant à sortir de la légalité, il est décidément le contraire d'un homme d'aventure. À Gaston Palewski qui, présent en Afrique du Nord, s'est immédiatement rallié à de Gaulle et est allé, au nom de ce dernier, sonder ses intentions, Noguès donne, le 22 à Alger, d'excellentes raisons de ne pas bouger. L'une d'elles est tout de même un peu plus sérieuse que les autres : « Je ne puis maintenir l'Afrique du Nord dans la guerre si je n'ai pas les bateaux pour la défendre, or Darlan me refuse ces bateaux[65]. »

Pour de Gaulle, la défection de Noguès est importante car elle va en entraîner d'autres dans l'Empire. Le 20 juin, quand Gaston Palewski s'est rendu à Tunis pour voir Marcel Peyrouton afin d'essayer de le rallier au général, il s'est entendu répondre : « Bon, convainquez Noguès, c'est de lui que tout dépend[66]. » Peyrouton, bien entendu, ne viendra pas après le renoncement de Noguès. Mittelhauser, commandant en chef au Levant, Puaux, haut-commissaire, le général Catroux, gouverneur à l'Indochine, auquel de Gaulle a écrit le 24, manifestent une certaine sympathie, mais la réserve de Noguès bloque encore les ardeurs. « Il est clair, écrira de Gaulle, que si Noguès avait suivi la voix de la résistance, tout l'empire l'y aurait suivi[67]. » La responsabilité de Noguès est d'autant plus entière que de Gaulle était sincère lorsqu'il s'est adressé à lui — même s'il avait une confiance absolue en son propre destin.

C'est l'intention du général de Gaulle de faire apparaître clairement qu'il se tient lui-même et tout homme qui a répondu à son appel à la disposition de n'importe quel gouvernement français prêt à mener à bien la résistance, fait-il savoir.

Plus étonnante a priori est l'attitude du général à l'égard de Weygand. On connaît leurs relations. Force est néanmoins d'admettre non seulement que de Gaulle a pris à un moment contact avec l'ancien bras droit de Foch et qu'il a même paru disposé à obéir à ses ordres ! Troublante affaire.

Le 20 juin, écrit le général de Gaulle dans ses *Mémoires*, j'écrivis à Weygand qui avait pris dans la capitulation le titre étonnant de « ministre de la Défense nationale », pour l'adjurer de se mettre à la tête de la résistance et l'assurer, s'il le faisait, de mon obéissance entière[68].

La lettre, il est à peine besoin de le souligner, n'arrivera que beaucoup plus tard (en septembre) à son destinataire qui la retournera à l'envoyeur en le priant de suivre la voie hiérarchique. Plus étrange encore est la conduite du général face aux ordres qui lui arrivent de Bordeaux : loin de les traiter avec mépris, il paraît au contraire s'y soumettre. Attaché militaire à l'ambassade de France, le général Lelong, qui a le redoutable honneur de servir de lien entre le général et Bordeaux, raconte l'épisode dans un rapport :

Le 19 juin, je recevais le télégramme n° 10.978/0 le rappelant en France sans délai (ordre réitéré le 20 au soir par le n° 20/90). Je me suis immédiatement préoccupé des moyens de le rapatrier. La mission de l'armée de l'air n'avait pas d'avion susceptible de faire le trajet : elle se heurtait d'ailleurs à une interdiction de vol des autorités britanniques. Le général, se disant prêt à obtempérer, me remettait à cette date une lettre pour le général Weygand. Le 22 juin un bateau chargé de vivres partait de Londres pour Casablanca : j'y avais fait retenir la place du général de Gaulle. Celui-ci n'en profitait pas, prétextant qu'il avait une occasion de partir le lendemain, sur un avion anglais. Depuis il n'a pas quitté Londres où il a d'ailleurs fait venir sa famille[69].

À première vue, ces initiatives du général sont curieuses. Peut-on sérieusement penser qu'il serait revenu, de son propre gré, se mettre sous les ordres d'un homme pour lequel il n'avait plus aucune considération et dont il avait pu redouter récemment la vindicte ? L'hypothèse est absurde et l'on ne peut comprendre ces deux textes singuliers que si on les replace très précisément dans le contexte. Deux jours après son appel historique, mais néanmoins censuré par les Britanniques, de Gaulle est contraint de temporiser. Le 19, son discours n'a pas été diffusé par la BBC, et depuis lors, l'accès à la radio lui est fermé. Duff Cooper le défend, Spears fait valoir auprès de Churchill qu'il est bon pour le moral de la flotte française — objet de l'inquiétude des Anglais — que l'on sache que des forces françaises sont décidées à se battre. Peine perdue. Au sein du cabinet de guerre, de Gaulle continue d'être l'objet d'une méfiance évidente et des rumeurs concordantes désignent Jean Monnet comme celui qui a réussi à convaincre les Britanniques de lui fermer l'accès à la BBC.

Jean Monnet, écrit Spears, persuade lord Halifax de ne pas laisser de Gaulle parler tous les jours. Le général ne peut donc le faire le 20 et le 21. Le Foreign Office n'écoute pas les protestations de Duff Cooper ni les miennes[70].

Monnet ne croit pas à la possibilité d'entamer quoi que ce soit à partir de la Grande-Bretagne et, d'après Robert Mengin, il aurait été très irrité de voir le général prendre contact avec Noguès : « Il lui avait déconseillé de faire cette tentative : quand il constata qu'il passait outre, il en conclut qu'on ne pouvait pas lui faire confiance[71]. »

De Gaulle ne connaît peut-être pas la force des réticences qu'il suscite mais il a trop d'intuition pour ne pas sentir qu'il n'est guère en position de force, bien que les événements de Bordeaux lui donnent raison. Et donc, puisqu'il veut conserver ses chances, il doit nécessairement composer. Telle est bien du reste la ligne de conduite qu'il tient, ce même 20 juin, lors d'un entretien avec sir Alexander Cadogan auquel on n'a pas suffisamment prêté attention[72]. Lorsque Cadogan lui indique que des rumeurs persistantes font état du passage imminent du général Weygand du côté de la résistance, il ne s'insurge pas, il dit même qu'il lui a écrit, qu'il se placerait volontiers sous ses ordres s'il changeait d'attitude ; il admet aussi qu'il est urgent d'attendre pour se manifester afin de ne pas donner l'impression que ceux qui veulent continuer le combat sont divisés, mais, à la fin de cette conversation, il prend soin de souligner qu'un fort récent discours du maréchal Pétain semble laisser croire que l'armistice sera conclu à n'importe quel prix. Manière de marquer, sans trop insister, que les événements ratifient ses analyses et qu'il ne court pas grand risque d'être supplanté en acceptant l'augure selon lequel Weygand prendrait la tête de la résistance. De Gaulle sent bien qu'il ne peut brusquer les choses jusqu'à la signature inéluctable, puisque Hitler, le 19, a annoncé qu'il était prêt à faire savoir à quelles conditions il accepterait de mettre fin aux hostilités et que, pour répondre à sa sollicitation, les plénipotentiaires français ont été désignés.

Le 21 juin, ces plénipotentiaires, parmi lesquels deux hommes auxquels le général porte estime, le général Huntziger et l'ambassadeur Léon Noël, arrivent au lieu fixé par le Führer : le wagon de l'armistice à Rethondes, près de Compiègne, là où a été signé l'armistice de 1918. Le scénario, volontairement humiliant, donne des armes à de Gaulle. En revanche, les conditions stipulées par Hitler frappent plutôt par leur modération. Le territoire français restera en partie inoccupé ; le gouvernement français subsistera ; la flotte restera intacte : en dehors des navires indispensables à la défense des colonies, la France désarmera ses bateaux qui seront rassemblés dans les ports d'attache. Deux conditions imposées par les nazis sont tout de même scandaleuses : les prisonniers français resteront captifs jusqu'au traité de paix, ce qui donne au Reich un instrument de chantage ; les ressortissants allemands réfugiés en France seront livrés, ce qui est contraire à l'honneur.

Le 22 juin, à dix-neuf heures, le général Huntziger, au nom de la France, signe la convention d'armistice avec le maréchal Keitel. Cette fois, ce que de Gaulle redoute depuis plusieurs jours est arrivé et la Grande-Bretagne, par la voix de son ambassadeur, Ronald Campbell, s'indigne que les navires français s'engagent à rejoindre leurs ports d'attache, alors que le souhait des Anglais était de les voir se mettre hors de portée de l'occupant, condition pour que, selon Londres, ne puisse être remis en cause l'accord du 28 mars liant le sort des deux pays. Sur-le-champ l'ambassadeur de Grande-Bretagne s'embarque à Saint-Jean-de-Luz. Les relations diplomatiques sont rompues.

Pour de Gaulle, l'événement est capital, et d'abord parce qu'il lui donne motif à développer son entreprise. Depuis des semaines, il annonce ce qui vient d'arriver, qu'il a tout fait pour éviter. Dans l'aventure de la France libre le 18 juin est, certes, l'acte fondateur, mais il n'aurait pas ouvert une telle perspective s'il n'avait été en quelque sorte justifié par l'armistice. Cela est si vrai que plus tard le général exigera — en vain — que la demande d'armistice soit retenue contre Pétain lors de son procès.

Pourtant bien des indices donnent à penser qu'en son for intérieur de Gaulle estimait alors l'armistice inéluctable, étant entendu bien sûr qu'il lui revenait de poursuivre le combat à la tête d'une force exempte de toute compromission. Officiellement, le général ne cautionnera jamais cette thèse dite du bouclier et de l'épée. Il n'exprimera pas davantage son avis sur les avantages éventuels que présentait un armistice par rapport à une capitulation qui aurait laissé le pays à la merci totale des vainqueurs.

C'est pendant la guerre, en 1941, que le général devait admettre, en privé, le caractère inévitable de l'armistice. Recevant le 12 décembre de cette année, le général Odic, récemment rallié à la France libre, il lui dira tout de go : « N'avouez jamais que l'armistice ne pouvait être évité [73]. » Le général Odic ne s'étant pas entendu avec de Gaulle et ayant choisi finalement de partir pour les États-Unis, le témoignage peut, dans une certaine mesure, paraître suspect. Indiscutable est, en revanche, un document publié en fac-similé par le colonel Remy dans son livre *De Gaulle cet inconnu*, commandé par le RPF en 1947 [74]. Évoquant une conversation avec le général, relative à la théorie du bouclier et de l'épée, Remy proposera la version suivante :

> — Voyez-vous, Remy. Il faut que la France ait toujours deux cordes à son arc. Il lui fallait alors la corde de Gaulle, mais il lui fallait aussi la corde Pétain.

Soumis à de Gaulle, le document reviendra ainsi corrigé de sa main :

> — Voyez-vous, Remy ! Il fallait que la France eût alors deux cordes à son arc. Il lui fallait la corde de Gaulle. Il lui fallait aussi la corde Pétain. *Mais à la condition qu'elles fussent toutes deux à son service.*

La nuance apportée par le général dans la dernière phrase est capitale, et Remy aura grand tort de ne pas en tenir compte lors de la polémique qu'il provoquera sur le thème « des deux cordes nécessaires à la France », et qui aboutira à sa démission du conseil de direction du RPF. Il reste que l'ajout manuscrit de de Gaulle prouve qu'a priori l'idée d'un pouvoir français destiné à traiter avec les Allemands en France ne le choquait pas, sous réserve que cette autorité ait agi conformément à l'intérêt national [75]. Implicitement, il admettait aussi l'armistice, au moins à certaines *conditions.*

En 1940, de Gaulle, évidemment, faisait taire son double. Le 22 juin, une heure avant que les conditions d'armistice soient connues en France, il revient devant les micros de la BBC, et littéralement il s'y déchaîne. S'il se doute des réticences qu'il suscite du côté britannique, il sait que Spears le soutient, que Churchill le couvre, et qu'en toute hypothèse la signature de l'armistice désarme les ultimes partisans de la temporisation outre-Manche. Dans son élan, il va même trop loin : il se trompe en annonçant la livraison de la flotte, il le reconnaîtra quatorze ans plus tard dans ses *Mémoires*. Une fureur sacrée semble l'animer et il n'est jamais si bon que lorsqu'il est porté par une telle indignation. Pour mettre en évidence les enjeux, l'aspect mondial du conflit, les ressources de l'Empire, le caractère impératif de la poursuite de la lutte, de Gaulle a des accents inoubliables :

L'honneur, le bon sens, l'intérêt supérieur de la patrie commandent à tous les Français libres de continuer le combat, là où ils seront et comme ils pourront. Il est par conséquent nécessaire de grouper partout où cela se peut une force française aussi grande que possible. Moi, général de Gaulle, j'entreprends ici, en Angleterre, cette tâche nationale... J'invite tous les Français qui veulent rester libres à m'écouter et à me suivre. Vive la France dans l'honneur et l'indépendance.

Preuve que son analyse est pertinente et que la signature de l'armistice est un tournant majeur : les Anglais vont rompre avec Vichy et entamer le premier pas vers une sorte de reconnaissance des résistants de Londres groupés autour du général. Mais le contenu exact de cette reconnaissance, la forme aussi que pourra revêtir le pouvoir français de Londres demanderont encore du temps avant d'être précisés.

Si de Gaulle n'en parlera pas dans ses *Mémoires de guerre*, la journée du 23 est fertile en événements que les archives ont récemment révélés. L'armistice signé, Churchill triomphe lui aussi et, ce jour-là, il stigmatise dans une déclaration très dure l'asservissement où est tombé le gouvernement de Bordeaux et propose au cabinet de guerre d'entériner le projet soumis par le général le jour même de constituer un Comité national français, ou comme le nomme Churchill un « conseil de la Libération ». Le secrétaire du Foreign Office, lord Halifax, toujours circonspect, n'est pas non plus en reste, qui voit en de Gaulle « le centre autour duquel les plus résolus se rallieraient ». Seul préalable avant une reconnaissance formelle : le cabinet de guerre souhaite connaître les noms des personnalités auxquelles le général compte faire appel. Sous cette réserve, l'accord du cabinet est acquis.

Aussitôt dit, aussitôt fait. Dans la matinée du 24, après la réunion du cabinet de guerre, le Premier ministre, entouré du lord président du Conseil, de lord Halifax et de sir Alexander Cadogan, reçoit de Gaulle [76]. Pour ce dernier, il faut aller vite, et si le gouvernement britannique accepte de s'engager sans retard il sera possible de former immédiatement le comité proposé. De Gaulle est relativement optimiste. Il croit pouvoir compter sur de nombreux ralliements à Londres. Il cite en particulier André Maurois, l'ambassadeur Corbin, Kérillis, Pierre-Olivier Lapie, Henri Hauck et Didier Saurat, ces derniers déjà ralliés à lui. Par ailleurs, il affirme être disposé à accueillir tous les concours. Comme on lui montre un télégramme mentionnant des personnalités embarquées sur le *Massilia*, il souligne combien peut être précieux le concours éventuel de César Campinchi, d'Yvon Delbos et de Georges Mandel, ses anciens collègues du gouvernement de Paul

Reynaud. Le seul à l'égard duquel il semble manifester une certaine réserve est Alexis Leger, récemment envoyé par Paul Reynaud, sans que l'on sache si cette réticence tient à la ligne très « briandiste » de l'ancien secrétaire général du Quai d'Orsay ou à un autre motif. En revanche, il exprime très clairement son espoir de voir arriver Paul Reynaud — auquel Pétain a proposé d'être ambassadeur aux États-Unis — afin qu'il prenne en charge un comité provisoire. « Un gouvernement devrait être formé plus tard, et Reynaud est la personnalité la plus apte à le diriger. »

L'optimisme du général est si marqué qu'il se déclare à peu près certain du comportement patriotique de personnalités dont l'attitude le décevra beaucoup par la suite. À une question de Churchill sur la possibilité d'une résistance effective en France et sur le caractère essentiel de l'attitude de Noguès et de l'amiral Esteva, résident général en Tunisie, il fait une réponse un peu étonnante : s'il a pleine confiance en Esteva, il se dit moins convaincu de l'importance de Noguès en qui il voit surtout un « général politique ». Noguès l'a visiblement déçu en ne répondant pas à son appel.

Le général est même si confiant, du moins apparemment, qu'il en arrive à se porter garant des intentions de ceux-là mêmes dont il désapprouve l'attitude : Darlan en particulier. Le 16 juin, lors du déjeuner au Carlton Club, il a déjà assuré le Premier ministre que la flotte ne serait pas livrée : « Pétain lui-même n'y consentirait pas. D'ailleurs la flotte c'est le fief de Darlan. Un féodal ne livre pas son fief. » Cette fois encore de Gaulle se fait fort de la résolution de l'amiral :

> Darlan ne remettra pas une seule unité à l'Allemagne. Il préférerait saborder ses vaisseaux. Il serait très préférable, bien sûr, qu'ils soient acheminés vers des ports britanniques sous les ordres du Comité national.

La réunion se termine bien. Le cabinet de guerre, et non plus seulement Churchill, semble maintenant vouloir aller vite. Le feu vert britannique pour la formation d'un comité provisoire est véritablement acquis, Halifax étant en faveur d'une déclaration d'intention rapide, quitte à consulter plus vite les personnalités pressenties. Discrètement le général pousse alors son avantage :

> Il serait utile, souligne-t-il encore, de se concerter avec Mandel et Yvon Delbos mais il ne faut pas perdre de temps. La composition du comité pourrait en effet être différée *mais la tâche provisoire d'organiser ce comité pourrait être explicitement associée à mon propre nom*[77].

Curieusement négligée par les historiens, la dernière proposition, d'une habileté diabolique, est évidemment capitale. De Gaulle sans doute se propose d'associer certains hommes politiques de la IIIe République à l'effort entrepris à Londres. « M. Daladier, M. Y. Delbos, M. Campinchi, M. G. Mandel seraient actuellement retenus à Casablanca à bord du paquebot *Massilia* », écrira-t-il alors à Spears[78]. Le général de Gaulle estime qu'il faut les délivrer et les amener en Angleterre où on pourra les utiliser politiquement. À la fin de l'entretien avec Churchill et ses ministres, il feint même, avec une modestie étonnante, de se demander si Campinchi ou Delbos ne seraient pas plus qualifiés que lui pour diriger le comité provisoire. Tout indique néanmoins que de Gaulle n'envisage pas une minute de se mettre sous les ordres de ces hommes politiques radicaux, dont l'attitude empreinte de patriotisme l'a frappé, mais qui n'ont ni l'autorité ni la stature nécessaire pour remplir un pareil rôle. En faisant cette suggestion de Gaulle, en vérité, épuise les voies de recours et, en grand tacticien, jugeant le moment favorable, il pousse ses pions pour obtenir, au détour d'un texte, que son autorité personnelle soit reconnue le plus vite possible.

Comme l'a souligné Jean-Louis Crémieux-Brilhac, de Gaulle bat le fer pendant qu'il est chaud[79]. À vingt-deux heures, il lit devant les micros de la BBC une déclaration posant le principe du non-fonctionnement des institutions du fait de l'armistice et annonçant la formation du Comité national français, en accord avec le gouvernement britannique. Il promet de rendre compte de ses actes soit au gouvernement légalement établi, soit aux représentants du peuple. « La guerre n'est pas perdue, le pays n'est pas mort, l'espoir n'est pas éteint, tonne-t-il. Vive la France ! » Suit la diffusion de deux communiqués du cabinet britannique, l'un déclarant que le gouvernement de Bordeaux ne peut plus être considéré comme celui d'un pays indépendant et l'autre portant le Comité français sur les fonts baptismaux. Depuis le 18 juin, jamais de Gaulle n'a été plus près du premier but qu'il s'était fixé : rejeter le gouvernement Pétain dans l'illégitimité, obtenir un début de reconnaissance de la part de Londres.

Le projet cependant n'est pas mûr, et avant même d'être connu, il va être torpillé par l'ambassadeur Corbin et par Leger qui, forts de l'amitié de Vansittart, font retirer par Halifax la diffusion du communiqué des bulletins d'information ultérieurs et manquent même d'empêcher de Gaulle de parler. Corbin et Leger n'ont aucune sympathie pour le gouvernement qui vient de signer l'armistice. Simplement, ils craignent qu'une initiative comme celle qui vient d'être annoncée par le cabinet britannique n'ait aucune chance de succès, si elle arrive de Londres. Reçu par Halifax le 24, Corbin dira même sa crainte de voir ainsi heurtée la sensibilité des chefs français les mieux intentionnés[80]. En confidence, il ne lui cachera pas non plus qu'il lui paraît pour le moins prématuré de rompre tout contact avec le gouvernement de Bordeaux, qui, à côté d'hommes dont les visées sont bien connues, réunit des personnalités de bonne volonté. La veille, Corbin a d'ailleurs écrit à de Gaulle que constituer un Comité national français n'était qu'une idée fumeuse, une pure construction de l'esprit. En dépit de sa bonne volonté, Corbin ne comprend rien à la démarche de de Gaulle. Son caractère, en outre, n'est pas à la hauteur de son intelligence. Le 24, Cadogan le verra après un discours de de Gaulle effondré, certain d'être rappelé à Bordeaux dans les pires conditions[81].

Jean Monnet, qui de son côté entend continuer le combat, n'est pas loin de partager l'avis de Corbin et de Leger.

Ce n'est pas de Londres qu'en ce moment peut partir l'effort de résurrection, écrit-il à de Gaulle, le 23. Il apparaîtrait aux Français, sous cette forme, comme un mouvement protégé par l'Angleterre, inspiré par ses intérêts et, à cause de cela, condamné à un échec qui rendrait plus difficiles des efforts ultérieurs de ressaisissement.

Monnet lui aussi comprend très mal de Gaulle. Son opposition à toute idée de comité est complète. Elle est également franche, puisqu'il précise qu'il en a averti les plus hauts responsables britanniques.

Torpillé par les trois notables français les plus importants de la capitale britannique, le projet de comité a décidément du plomb dans l'aile. Une à une, les personnalités pressenties font connaître leur décision négative. Geoffroy de Courcel, qui va voir André Maurois, s'entend opposer un refus : juif, l'écrivain ne veut pas compromettre sa famille et pense être plus utile aux États-Unis[82]. Kérillis déclare aussi forfait pour des raisons pas très claires.

Du côté britannique, le doute s'installe de nouveau. Halifax, maillon faible, insiste pour qu'on prenne garde à deux fois avant de rompre avec Bordeaux. Churchill, en définitive, doit battre en retraite ; il minimise la portée de son initiative : le gouvernement britannique, explique-t-il, a reconnu le général de Gaulle comme le chef non d'un gouvernement indépendant mais d'un comité établi pour faciliter la coopération des Français déterminés à poursuivre le combat.

L'échec est patent. Pour de Gaulle, mais peut-être ne le sait-il pas encore, c'est aussi un fiasco personnel. Corbin, Monnet, Leger ont tous trois, bien qu'ils n'en fassent pas état précisément, de fortes préventions contre lui. D'abord parce qu'il est général et que ces bons républicains n'aiment guère tout ce qui porte képi et bottes. Et puis aussi parce que ce militaire, un peu trop à droite, « n'écoute rien », comme le dit Monnet. L'homme a une personnalité trop forte pour des hommes proches du régime qui est en train de s'effondrer. À Londres les préventions à son endroit ne vont pas tarder à grandir parmi certains Français.

La vérité est que, hormis de Gaulle, Weil-Curiel, plus gaulliste que le général, et une poignée de fidèles que l'on compte sur les doigts d'une main, personne n'imagine vraiment que le gouvernement de Bordeaux puisse ne pas être le gouvernement régulier de la France. Et ceux qui commencent à douter jugent qu'il est prématuré de conclure. Tout cela apparaît du reste dans les messages que de Gaulle commence à recevoir de l'étranger. Par exemple, celui-ci rédigé le 22, et expédié le 24, qui lui arrive de Bucarest, signé entre autres du grand historien Alphone Dupront et du romancier Michel Dard.

Mon général,
Votre appel a profondément retenti dans l'âme de tous les Français. Il sauve, dans l'effondrement du régime, l'honneur et les plus authentiques traditions de la grandeur française.
Le comité national français est le gouvernement de l'honneur français, la promesse d'un renouveau prochain de la France.

Quelques Français de Roumanie, pénétrés d'admiration et de reconnaissance pour votre geste courageux, tiennent à vous dire leur confiance pour votre volonté de chef et à vous exposer brièvement l'attitude qu'ils comptent prendre au service de la France.
Dans l'évolution actuelle, ils estiment :
1) que, pour servir au redressement de demain, aucune des positions de la France dans le monde, morale, intellectuelle, économique ne doit être diminuée,
2) qu'afin d'épargner à la France le retour, traditionnel dans son histoire, de la guerre civile, toute possibilité doit être sauvegardée du maintien intérieur, sinon extérieur d'une unanimité française. [...]
En conséquence, les Français de Roumanie soussignés estiment que seule peut être de l'intérêt de la France — et ils ont voulu vous le faire connaître, à vous qui entreprenez de la servir avec tant de grandeur — une attitude duplice.
Détenteurs pour la plupart de situations importantes, officielles ou non, ils entendent défendre les intérêts dont ils ont charge jusqu'au jour où les mesures prises par la Roumanie les contraindront à les abandonner.
Ce qui implique acte d'allégeance au gouvernement de Bordeaux.
Ils s'estiment cependant comptables des biens français dont ils ont la responsabilité spirituelle et matérielle, à l'égard de cette France meilleure que vous entendez préparer[83].

Avec dix ans d'avance, voici donc qu'est ébauchée, en toute bonne foi, et même de façon émouvante, la fameuse thèse du bouclier et de l'épée chère au colonel Remy. Or cette thèse, officiellement du moins, de Gaulle la refuse. On est avec lui ou contre lui. Il sait que cette intransigeance, si elle éloignera les tièdes dont il n'a cure, nourrira d'autres énergies en sa faveur, à commencer par celle du Premier ministre britannique qui détient les clés de son avenir et celle de jeunes responsables, encore peu connus mais résolus, comme lui, à relever le défi. Parmi eux, René Pleven qui, on le sait, a croisé le général au cabinet du maréchal Pétain et se trouve présentement à Londres auprès de Jean Monnet :

Mon premier réflexe puisque je refusais également la défaite avait été de m'engager dans les forces canadiennes. C'est alors que le général de Gaulle a voulu me rencontrer. Il m'a expliqué qu'il avait besoin de gens de mon âge et de ma formation. Pour lui qui parlait très mal l'anglais au début — il souffrait d'ailleurs de cette lacune — et qui comme la plupart des officiers de cette époque connaissait beaucoup mieux le monde germanique que le monde anglo-saxon, je pouvais être utile car je résidais en Grande-Bretagne depuis déjà assez longtemps et j'étais également familiarisé avec les États-Unis. Il n'a pas eu besoin de me convaincre mais une nouvelle fois je fus frappé par sa détermination, par sa confiance inébranlable en la victoire finale des forces hostiles à celles de l'Axe. Pour lui, l'Allemagne avait commis une grande erreur en attaquant des pays qui ne la menaçaient pas directement. Il avait vu à Londres combien les Anglais en avaient été choqués. La France, il ne cessait de le dire, avait été asservie mais elle se reprendrait[84].

Dans le sillage de René Pleven, arrive ainsi l'autre collaborateur intime de Jean Monnet : Pierre Denis, alias Rauzan. Fils du grand géographe Ernest Denis, dessinateur des frontières de la Tchécoslovaquie au lendemain du traité de Versailles, cet homme d'affaires austère, discret, dont les convictions républicaines sont affichées, prendra vite en main les finances, alors dérisoires, de la France libre.

En dehors de ces ralliements, en dehors de celui, prévisible, de Gaston Palewski, la dynamique créée par l'appel du 18 juin semble alors marquer le pas. À Londres, dans les milieux français, l'opposition à l'entreprise gaulliste de Leger, Monnet et Corbin contribue à décourager les bonnes volontés éventuelles. Quand Élisabeth de Miribel lui a fait part de son intention d'aller travailler avec le général, Paul Morand ne s'est pas montré hostile au projet.

> Il envisage même durant quelques jours d'offrir ses services. Le bruit court alors à Londres de l'éventuelle constitution d'un gouvernement français en exil, composé de membres de l'ancien cabinet de Reynaud. On parle de l'arrivée imminente de Georges Mandel. Dans ce cas, Paul Morand aurait sans doute trouvé sa place, mais l'occasion ne s'est pas présentée[85].

En tout cas le projet de comité avorte, et le général se trouve, à ce moment-là, plus isolé que jamais. Aux réserves qui s'expriment dans les milieux français de Londres s'ajoute la défection des principaux proconsuls d'outre-mer. En outre les parlementaires embarqués sur le *Massilia* se retrouvent pris dans un piège. Partis le 21 de Bordeaux, ils arrivent le 24 juin à Casablanca où ils sont immobilisés en rade, sans que la mission britannique dirigée par Duff Cooper et lord Gort puisse entrer en contact avec eux. De Dakar arrive aussi le 25 juin une information selon laquelle, dans les milieux militaires et la Marine, se fait jour la revendication d'un gouvernement français libre, installé à Alger, mais non sous l'autorité du général de Gaulle dont le prestige paraît insuffisant[86].

Seule consolation pour de Gaulle et ses quelques fidèles : grâce à Spears, ils disposent maintenant de locaux un peu plus présentables, à Saint Stephen House, un grand bâtiment à usage commercial, aujourd'hui détruit, qui s'élevait sur Victoria Embankment au bord de la Tamise, à proximité des Communes. L'installation n'est pas somptueuse mais elle est tout de même moins précaire que la précédente.

Face à une telle situation beaucoup perdraient courage. De Gaulle n'est pas de ceux-là. L'adversité le fouette, il est déjà convaincu que la seule arme est l'intransigeance et certain, malgré tout, de gagner bientôt la partie avec les Anglais. En témoigne ce précieux compte-rendu établi par Pierre Jullitte, l'un des premiers officiers ralliés à la France libre. Ancien chef de la mission française de liaison puis de la 3e brigade blindée britannique, ce futur compagnon de la Libération vient de passer quelques heures dans un commissariat où on lui a expliqué que l'on craint les indésirables qui, pour échapper à l'ennemi, se réfugient en Grande-Bretagne. Libéré à la suite d'une intervention de Geoffroy de Courcel, il arrive à Saint Stephen House le 24 peu avant treize heures, tout à la fois décidé à rejoindre la France libre et assez décontenancé par la nouvelle qu'il vient d'apprendre : le général aurait refusé une invitation à dîner de lady Warwick, la sœur d'Eden, l'égérie du parti conservateur, l'une des grandes hôtesses de la capitale !

Je repris ma route vers Saint Stephen House où j'arrivai au moment où le général de Gaulle accompagné de son aide de camp sortait. Il paraissait d'excellente humeur.
— Alors, ils vous ont relâché ! me lança-t-il.
— Oui, mon général.
— Ils vous ont donné à déjeuner ?
— Non, mon général.
— Eh bien, venez avec nous. Je vous invite.
Je me mis à son pas. Le temps était radieux. La légèreté de l'air et le ciel bleu pâle où s'étiraient des écharpes de nuages blancs faisaient penser au printemps à Paris.
Sur le passage du général, dont la presse avait rendu la silhouette familière aux Londoniens, de modestes employés s'arrêtaient et, au garde-à-vous, soulevaient leur chapeau melon, des hommes plus prospères saluaient d'un geste de la main et des femmes de toutes conditions dédiaient une inclinaison de la tête en hommage à celui qui incarnait le refus de la défaite de la France.
La fréquentation quasi quotidienne des généraux, au cours des semaines précédentes, leur avait retiré, à mes yeux, beaucoup de leur prestige. Aussi après avoir répondu aux questions dont le général de Gaulle m'avait criblé pendant la première partie du déjeuner, n'éprouvai-je aucune inquiétude à l'interroger au sujet de l'invitation de lady Warwick dont il avait été l'objet.
Je reçus confirmation de ce que j'en savais déjà.
Comme je marquais mon étonnement de ce qu'il l'ait déclinée, le général s'écria, à la façon d'un maître qui met un élève irréfléchi sur la voie d'une solution évidente :
— Voyons ! Si je l'avais acceptée, où cela m'aurait-il mené ?
— Si vous envisagez de créer une Légion française... commençai-je.
De Gaulle m'interrompit et, cette fois, ce fut sur le ton que l'on emploie pour parler à un interlocuteur borné qu'il s'adressa à moi. Il m'expliqua posément pourquoi la guerre, qui ne faisait que commencer, deviendrait, par la force des choses, une guerre mondiale. D'autres que moi, auxquels il a tenu à l'époque le même langage, ont, mieux que je ne saurais le faire, rapporté sa démonstration dont les faits ont, point par point, prouvé la justesse. Lorsqu'il l'eut achevée, il poursuivit :
— Dans les forces qui s'affronteront, de quel poids pèsera, avant longtemps, la contribution militaire française ? Bien peu, croyez-moi. Ce qu'il faut, c'est assurer la garde du drapeau. Cela fait, ce qui importe, c'est de défendre les intérêts de la France. Contre nos alliés jusqu'à la victoire. Avec eux, contre l'ennemi lorsqu'il sera vaincu. J'avais espéré que Paul Reynaud le ferait, mais il a préféré rester entre les bras de la mère de Portes. Noguès, à qui j'ai demandé, a refusé. Le *Massilia* n'est pas sorti de la Gironde. Jour après jour la presse anglaise annonce pour le lendemain l'arrivée de Léon Blum mais il ne viendra pas non plus.
Le général de Gaulle suspendit un instant son monologue avant de soupirer, comme si cette constatation l'accablait :
— Il faut bien que je m'y colle, puisque personne ne s'en charge.
Après un nouveau silence, il conclut :
— Si j'avais été dîner chez lady Warwick, j'aurais été définitivement classé au rang d'un sous-officier invité à la table de son colonel, le jour de la fête du

régiment. Vous me voyez, après cela, discuter avec Churchill au nom de la France ?
— L'avez-vous dit à lady Warwick ? hasardais-je.
— Bien sûr que non. D'ailleurs, ce qui l'intéressait, c'était le succès de son dîner.
— Ne craignez-vous pas de vous en être fait une ennemie ?
Le général haussa les épaules.
— Que voulez-vous, dit-il avec une sorte de résignation, on ne peut pas à la fois servir son pays et faire plaisir à tout le monde. Mais puisque la création d'une Légion française vous tient à cœur, vous allez vous occuper de son recrutement. Il faut qu'il commence avant que Halifax ait réussi à renvoyer chez eux tous les Français qui sont ici. Vous avez du papier... Bon... écrivez : « Moi, général de Gaulle, reconnu le (vous laisserez la date en blanc, c'est l'affaire de deux ou trois jours) par le gouvernement britannique comme le chef de tous les Français résolus à poursuivre la lutte contre l'ennemi commun, ordonne... »
Sous sa dictée, je pris note de la première charte des futures Forces françaises libres.
Le cap de mes incertitudes était franchi[87].

Confiance dans l'avenir, résolution inébranlable à combattre, fût-ce contre les Alliés pour défendre les intérêts de la France, mépris de tous les compromis, y compris la comédie mondaine, intelligence aiguë des hommes et des rapports de force : tout de Gaulle est dans ce bref récit qui atteste qu'en dépit des échecs enregistrés, il reste sûr de son étoile. D'où lui vient cette assurance ?

Avant tout d'une analyse de la situation. De Gaulle, certes, est seul. Face aux notables hostiles ou réservés, les inconnus ralliés à la France libre pèsent peu, mais parce qu'il a prouvé chaque jour son caractère, sa solitude fait à présent sa force. Il sait aussi, comme le soulignera Jean-Louis Crémieux-Brilhac, que Churchill a besoin pour son opinion publique d'une présence française dans son camp et pour l'avenir d'un pion français dans son jeu[88]. Ce que Spears disait à sa femme quelques jours plus tôt reste valable : la Grande-Bretagne, surtout si une épreuve de force avec la France se produit, doit impérativement pouvoir compter sur un homme non compromis, parlant haut et clair au nom de la France. Sans doute préférerait-on un personnage plus connu et de caractère moins abrupt mais Churchill n'a pas le choix.

Dès lors, tout va vite. Face à l'impossibilité de former dans l'immédiat un comité national, de Gaulle, le 26, annonce à la presse la formation d'une Légion française de volontaires, afin de combattre aux côtés des forces britanniques ; dans le même temps, il soumet à Churchill un plan d'action et, le 27, il l'adjure de lui donner qualité pour agir. Le même jour, lors du douzième comité (britannique) de la résistance française, auquel participent entre autres Vansittart, Spears et Morton, il apparaît urgent de soutenir de Gaulle. Considérant qu'il n'y a plus désormais de perspectives de collaboration en Afrique du Nord avec les autorités françaises, le comité « suggère que le général de Gaulle soit encouragé à faire tout ce qu'il peut pour inciter à la révolte la population contre les autorités françaises dans les colonies aux ordres du gouvernement de Bordeaux, particulièrement au Maroc. Le gouvernement de Bordeaux doit désormais être traité comme un "non belligérant inamical"[89] ». Dans la soirée, le général est reçu par Churchill qui lui déclare tout de go :

Il n'a pu encore se former un Comité national français composé d'hommes politiques, de chefs militaires et de diplomates que le gouvernement de Sa Majesté puisse reconnaître. Vous êtes seul. Eh bien, je vous reconnais tout seul, en ce pays comme leader des Français libres qui, en n'importe quel lieu, seront prêts à se joindre à nous pour soutenir la cause alliée.

Dès le lendemain, la décision est entérinée par le cabinet et, à vingt-deux heures, le 28 juin, est lu, en français sur les ondes de la BBC, le communiqué suivant :

Le gouvernement de Sa Majesté reconnaît le général de Gaulle comme chef de tous les Français libres, où qu'ils se trouvent, qui se rallient à lui pour la défense de la cause alliée.

Pour le général, voici donc la consécration tant attendue. Qu'importe que la décision du cabinet britannique provoque quelques réticences au Foreign Office. Qu'importe que la décision de Churchill ne soit pas à l'évidence sans arrière-pensées. Qu'importe que l'on songe à utiliser les Français libres et leur chef. L'essentiel est que Churchill ait jaugé une personnalité proche de la sienne et accepté le risque d'une reconnaissance. L'heure n'est pas aux tergiversations.

Je prends sous mon autorité, déclare le général à la radio, sur-le-champ, tous les Français qui demeurent en territoire britannique ou qui viendraient à s'y trouver.

« Je prends sous mon autorité... » La formule évidemment est malheureuse. De Gaulle, déjà, est maître en stratégie politique mais il lui manque encore l'usage du verbe, l'art de l'ambiguïté où il excellera par la suite, le sens des nuances qui attirent sans engager. En prononçant ces mots, de Gaulle renforce l'impression de ceux qui voient en lui un militaire politique, clairement marqué à droite. Des hommes tels que Monnet, Leger, Corbin, des intellectuels de gauche comme Henri Bonnet, Pierre Comert, le scientifique Henri Laugier, Henry Longchambon ou de grands journalistes progressistes comme Charles et Georges Gombault, qui arrivent à ce moment-là à Londres, ne peuvent manquer d'être défavorablement impressionnés par ce style, cette prétention.

Monnet d'ailleurs ne désarme pas. De Gaulle a répondu par un petit mot très courtois à sa mise en garde mais il reste persuadé qu'il se trompe.

Jean Monnet vient me voir, écrit Harold Nicolson. Il dit qu'il n'y a aucune possibilité pour que la France, dans son état de prostration actuelle, blessée comme elle l'est, accepte un comité national formé de simples particuliers et établi sous notre protection. En France, Pétain et Weygand sont encore de grands noms et les Français essaient d'atténuer leur humiliation en disant que tout cela est notre faute, que nous les avons abandonnés. Monnet pense qu'un vrai mouvement national peut naître quelque jour dans les colonies françaises mais qu'en attendant il faut que nous évitions tout ce qui pourrait donner à penser que nous utilisons pour nos propres intérêts un groupe de Français. Je suis tout à fait d'accord. Je prie Spears de ne pas encourager de Gaulle. Ce qui rend les choses difficiles, c'est que Duff lui-même est très gaulois[90].

Du côté du gouvernement de Pétain, la situation a au moins le mérite d'être très nette. À présent tous les ponts sont rompus entre Londres et Bordeaux, entre ce qui va devenir la France libre et le ministère qui bientôt va s'installer à Vichy. Le 22 juin, la nomination de Charles de Gaulle au grade de général de brigade à titre temporaire a été annulée. Le 23, il a été mis à la retraite d'office. Le 28, l'ambassadeur de France à Londres lui a transmis une note de Paul Baudouin lui enjoignant de se constituer prisonnier à la maison d'arrêt Saint-Michel, à Toulouse, avant cinq jours, afin d'y être jugé pour délit d'excitation de militaires à la désobéissance. Sa réponse est courte : « Cette communication ne présente, à mes yeux, aucun intérêt. » Pour la petite histoire, on retiendra ce rapport involontairement comique du général Lelong, attaché militaire qui montre aussi combien jusque-là l'absence de reconnaissance a gêné de Gaulle.

Dès le début et sans vouloir écouter les conseils qu'auraient pu lui donner les autorités diplomatiques ou militaires installées depuis un certain temps dans ce pays, le général de Gaulle a été mal entouré et mal conseillé, tant du côté français que du côté britannique. Ses interventions à la radio, la plupart du temps fort maladroites, sont loin d'avoir recueilli l'approbation unanime. Elles ont fait l'objet, à plusieurs reprises, de représentations de l'ambassadeur auprès du gouvernement britannique. J'ai également attiré l'attention du War Office sur le fâcheux effet qui risquait d'être produit. Quelques éléments de la colonie française, surtout ceux ayant des intérêts en Angleterre, ont été au début ébranlés par cette propagande. Jusqu'à la veille du départ des troupes, je dois reconnaître que le général de Gaulle s'est abstenu de propagande directe auprès des troupes ou des missions militaires. Le 30 juin, cependant, on me signalait qu'il avait envoyé des émissaires dans les camps pour entrer en contact avec les troupes. Le général Charboneau, commandant l'ensemble des détachements, s'y est nettement opposé et il n'y a pas été donné suite[91].

Existe-t-il un lien de cause à effet entre la reconnaissance accordée à de Gaulle le 28 et l'opération sur Mers el-Kébir, une petite semaine plus tard ? Rien ne le prouve formellement mais l'on ne peut oublier les confidences de Spears à sa femme : « Un homme tel que de Gaulle pouvait nous être utile dans l'hypothèse où nous serions obligés de bombarder des villes françaises. » Le certain est que l'opération de Mers el-Kébir n'a pas été improvisée, que Churchill a mis en œuvre un plan établi dès le lendemain de l'armistice. À partir de là, on peut penser que le Premier ministre a cru plus habile de reconnaître de Gaulle avant l'opération, sachant bien qu'il serait plus difficile de procéder à cette mesure après un tel coup porté à la Marine française.

Le bilan de l'action menée par les Anglais est, en effet, extrêmement lourd. À l'issue d'opérations maintes fois décrites, et sur lesquelles on ne reviendra pas, une partie importante de la flotte française est anéantie. De beaux bâtiments ont été coulés ; 1 380 marins français ont été tués ; 370 ont été blessés. Dans le même temps, tous les navires français dans les ports britanniques ont été saisis et leurs équipages internés. En France, l'opinion est profondément choquée par cette décision que Churchill lui-même qualifie d'odieuse et le gouvernement exploite ce ressentiment. Les relations diplomatiques sont rompues et l'éventualité d'une entrée en guerre de la France aux côtés de l'Allemagne est redoutée par les Britanniques.

À Hampstead, où il occupe depuis peu une villa modeste, de Gaulle le 4 juillet est réveillé par Hettier de Boislambert qu'il reçoit en robe de chambre : « Dès qu'il sait de quoi il s'agit, raconte Boislambert, il nous quitte et au bout de quelques minutes nous rejoint, prêt et sombre[92]. » La première réaction du général est très brutale. Sur-le-champ, il demande un entretien à lord Alexander, premier lord de l'Amirauté, et, une demi-heure plus tard, il se trouve dans son bureau. L'échange est orageux, des éclats de voix parviennent dans l'antichambre où se tiennent Boislambert et l'officier de liaison, livide. La visite est courte. Visiblement très affecté, de Gaulle regagne son domicile. Indépendamment du choc et de la douleur qu'il ressent, il est sans doute d'autant plus furieux que, le 23 juin, il a assuré une nouvelle fois Churchill que Darlan ne livrerait jamais la flotte. Ce qui vient de se passer est pour lui une gifle. Il parle alors de mettre fin à son entreprise.

Heureusement pour la cause alliée, le général est le contraire d'un esprit borné et Spears est un diplomate hors pair. Lorsque le chef des Français libres retrouve son correspondant, ses réactions sont toujours très vives, la consternation et la colère règnent d'ailleurs autour de lui. Habilement, Spears entre dans le jeu de son interlocuteur : « J'ai le sentiment, note Boislambert qu'il donne raison au général mais qu'il ne peut, bien sûr, le lui dire[93]. » La confiance rétablie, Spears présente l'argument sur lequel tout le monde, y compris de Gaulle, peut être d'accord :

> Je ne pense pas qu'à cette période de la guerre personne n'ait pensé que l'amiral Darlan permettrait de bon gré aux Allemands de s'emparer de la flotte pour l'utiliser contre nous. Je ne l'imaginai pas moi-même, mais ce que je crois c'est que les Allemands, au moment qui leur conviendrait, pourraient, si les vaisseaux restaient sous contrôle français, exercer une telle pression sur le gouvernement et la France captive que leur reddition serait inévitable[94].

Peu à peu de Gaulle se rend à ces arguments. Le réaliste en lui n'est jamais très loin, pourvu que l'on ne lui demande pas un acte contraire à l'intérêt ou à l'honneur français. En l'occurrence, et si douloureux que soit l'événement, il se rend compte du danger potentiel que représentait cette flotte. Quand Spears revoit le général le 4 juillet dans la soirée, celui-ci a déjà beaucoup évolué.

> Il manifestait un calme frappant, une objectivité étonnante. De toute évidence, il avait beaucoup réfléchi. Ce que nous avions fait, dit-il, était sans doute

inévitable de notre point de vue. Oui, c'était inévitable ; mais il lui fallait maintenant décider s'il continuerait à collaborer avec nous ou s'il se retirerait de la scène pour aller même, en privé, au Canada. Il n'avait pas encore arrêté son esprit mais me communiquerait sa décision avant le matin. Je me bornai à dire que la cause de la France demeurait, qu'elle restait à sauver, que les Français désireux de poursuivre la lutte, dont le nombre croissait, avaient besoin d'un chef, que lui seul pouvait être.
J'allai ensuite dire au Premier ministre quelle magnifique dignité manifestait de Gaulle.
Le lendemain, le général m'annonça qu'il avait décidé de demeurer dans la guerre à nos côtés[95].

Du côté britannique, l'affaire, il faut le souligner, est menée avec beaucoup de doigté.

Duff Cooper, précise Spears, eut l'intelligence de le laisser parler à la radio le 8 juillet, sans lui imposer la moindre restriction. De Gaulle, pensa-t-il très justement, critiquerait très sérieusement notre action à Mers el-Kébir mais il expliquerait aussi notre point de vue quoiqu'il ne pût l'approuver. Ce fut ce qui se produisit.

En effet, de Gaulle déclare, le 8 juillet :

Il n'est pas un Français qui n'ait appris avec douleur et colère que des navires de la flotte française avaient été coulés par nos alliés. Cette douleur et cette colère viennent du plus profond de nous-même. Il n'y a aucune raison de composer avec elle et, quant à moi, je les exprime ouvertement. Aussi en m'adressant aux Anglais, je les invite à nous épargner et à s'épargner à eux-mêmes toute représentation de cette odieuse tragédie comme un succès naval direct. Ce serait injuste et déplacé.
Ensuite m'adressant aux Français, je leur demande de considérer le fond des choses du seul point de vue qui doive finalement compter, c'est-à-dire du point de vue de la victoire et de la délivrance. En vertu d'un engagement déshonorant, le gouvernement qui est à Bordeaux avait consenti à livrer nos navires à la discrétion de l'ennemi. Il n'y a pas le moindre doute que, par principe et par nécessité, l'ennemi les aurait un jour engagés soit contre l'Angleterre soit contre notre propre Empire. Eh bien, je dis sans ambages qu'il vaut mieux qu'ils aient été détruits.

Du côté anglais, cette attitude n'est pas près d'être oubliée. Dans une épreuve grave, le général vient de montrer qu'il était un allié sûr. Même assortie de réserves, sa prise de position a fourni à Churchill une précieuse caution. L'homme surtout a impressionné par sa lucidité, son sens politique, sa solidité. Sans doute est-il nationaliste mais il sait, lorsqu'il le faut, se hisser à un point de vue supérieur. Cette fois, Churchill peut se dire qu'il ne s'est pas trompé. Le « Connétable de France » est bien un esprit d'envergure. Dès le 5 juillet, Spears a écrit au Premier ministre :

La réaction personnelle de de Gaulle à ce qui s'est passé à Oran est extrêmement importante du point de vue de notre future coopération. Dans l'ensemble, elle est meilleure que l'on pouvait espérer[96].

VI

JE NE SUIS L'HOMME DE PERSONNE

Entre de Gaulle et Churchill commence alors une véritable lune de miel. Jamais les rapports directs entre les deux hommes ne seront aussi bons, aussi cordiaux, qu'en cet été 1940. Durant les week-ends, le général est souvent invité à Chequers, la résidence campagnarde des Premiers ministres britanniques. Le 24 juin, grâce à l'appui du 10 Downing Street, il peut s'installer dans les beaux locaux de Carlton Gardens. Sur son bureau, le général a la surprise de trouver des fleurs qui viennent d'être déposées par Mme Churchill. Non seulement le Premier ministre croit en de Gaulle mais il le prouve. Au début du mois de juillet, il s'emploie tout à la fois à faire taire la propagande des pétainistes de Londres et à attribuer au général des fréquences régulières sur les ondes de la BBC. Grâce à lui encore, la cérémonie du 14 Juillet, présidée par de Gaulle, est un succès ; le recrutement et l'équipement des pauvres unités françaises sont enfin encouragés.

> Les rapports entre les deux hommes étaient alors extraordinairement détendus, raconte Claude Bouchinet-Serreulles, un jeune officier, ami de Geoffroy de Courcel, qui, arrivé à Londres en juillet, sera, jusqu'en 1942, l'officier d'ordonnance du général. Un jour, nous déjeunons avec Courcel au Royal Automobil Club. Le repas se prolonge. De Gaulle parle avec nous. Soudain le maître d'hôtel arrive, tout affolé : « Mon général, le cabinet du Premier ministre téléphone, vous avez rendez-vous avec M. Churchill, il semble que vous l'ayez oublié [1]... »

Les multiples interventions de Churchill sont d'autant plus appréciées que les ralliements commencent à se faire un peu plus nombreux autour de de Gaulle. Moins de dix jours après sa reconnaissance par la Grande-Bretagne plusieurs personnages clés déjà l'ont rejoint.

Le premier est René Cassin. Issu de la mouvance radicale, cet agrégé de droit public a quitté Saint-Jean-de-Luz pour rejoindre Londres, après être allé se recueillir sur la tombe des siens au cimetière juif de Bayonne. Dès son arrivée à Londres, il se met à la disposition de de Gaulle. Comme Weil-Curiel et Boris, ce grand républicain a accepté de faire confiance au général dont il est intellectuellement assez éloigné. Son ralliement est d'autant plus essentiel qu'il est président de la Fédération des anciens combattants, qui regroupe plus d'un million de membres.

— Vous tombez à pic, lui a dit le général. Le texte de la reconnaissance vient de paraître dans la presse de ce matin. Sur une telle base, mon idée est de conclure avec le gouvernement britannique un accord constituant la charte de la force française en voie de formation. Nous aurions ainsi une position officielle devant les nations. Qu'en pensez-vous ? Ne pourriez-vous pas vous charger de régler un tel accord[2] ?

Arrive aussi à ce moment-là un polytechnicien de vingt-neuf ans, André Dewavrin, qui deviendra le colonel Passy, chef des services secrets de la France libre. L'homme est singulier et d'un format intellectuel peu banal. Issu d'une grande famille du Nord, froid, précis, taciturne, ce professeur de fortifications à Saint-Cyr est assurément le seul acteur de l'époque qui, lorsqu'on lui demandait s'il avait été impressionné par le général, répondait calmement : « Non, pas spécialement[3]. » Le bruit court qu'il a appartenu à la Cagoule — ce qu'il démentira toujours avec force. « Avant la guerre, disait-il, je n'avais aucune option politique. » Il s'est rallié sans problème de conscience. Camarade du capitaine Tissier, maître des requêtes au Conseil d'État, ancien directeur de cabinet de Pierre Laval, dont de Gaulle vient de faire son chef d'état-major, il a laissé son unité rejoindre la France et s'est rallié avec l'aval de son ami Béthouart. Pour le général, la recrue est de premier ordre.

Le troisième personnage d'importance qui rejoint de Gaulle en ce début de juillet est, à coup sûr, le plus pittoresque. À cinquante-huit ans, Émile Muselier est une figure haute en couleur. Vice-amiral d'escadre en retraite, ancien commandant du secteur maritime de Marseille, il s'est échappé de France dans des conditions rocambolesques. Son arrivée à Londres, le 30 juin, n'est pas passée inaperçue.

Le planton, raconte Hettier de Boislambert, vient m'annoncer qu'il y a là un monsieur fort sale qui se dit amiral, dont il a mal saisi le nom et qui veut immédiatement être reçu. À l'époque, un amiral ça m'impressionne !
Entre un homme moustachu, au type méridional accentué, vêtu d'un bleu de chauffe, manifestement porté depuis de longs jours.
— Je suis l'amiral Muselier. J'amène avec moi une partie importante de la flotte française.
Il faut l'avouer : je n'ai jamais entendu parler de l'amiral Muselier, ce qui n'a rien d'étonnant puisque les milieux militaires me sont restés parfaitement étrangers. Par ailleurs, la description du planton se justifie. Même bien astiqué, Muselier paraîtrait peu soigné. En ce moment, il a l'air d'un corsaire tombé dans un poussier de charbon[4].

Dans la Marine, Muselier ne jouit pas de la meilleure réputation[5]. Contrairement à ce que prétendent les gens de droite, il n'a rien d'un « rouge » ; il a même maté, revolver au poing, en mer Noire, la mutinerie de son bâtiment, mais il est vrai qu'il a des idées « avancées », qu'il est proche des radicaux, qu'on le dit franc-maçon, ce qui n'est pas précisément bien vu dans la Royale. Au tout début de la guerre, à

Marseille, il a montré de l'énergie : n'hésitant pas à stigmatiser la contrebande qui sabotait le blocus, il a fait poursuivre vingt-sept personnalités du haut négoce marseillais, mais, peu après, nommé vice-amiral d'escadre, il a été mis à la retraite d'office pour avoir livré à des parlementaires des renseignements d'ordre militaire ! À l'arrivée des Allemands, il est parti pour Marseille, où il s'est embarqué, le 23 juin, sur un charbonnier britannique. À Gibraltar, il a pris sous son autorité les bâtiments français déroutés ou ralliés et a gagné Londres, le 29 juin, dans l'espoir de regrouper les forces navales d'Angleterre aux côté des Britanniques.

De Gaulle, en vérité, a d'abord été embarrassé par l'irruption de Muselier. Il craint que sa réputation n'éloigne de son mouvement d'autres marins. En 1946, il précisera à Claude Guy être allé demander conseil à l'amiral Arandal, attaché naval à Londres, en le priant sans tarder de lui dire tout ce qu'il pouvait savoir sur le compte de cet amiral si peu conformiste.

> « "Il importe que je sache s'il a forfait à l'honneur." Avant de me répondre, l'amiral Arandal a réfléchi. Je dois même dire qu'il commença par réfléchir très longtemps (sourire du général). Tout de même, à la fin des fins, il me fit cette réponse :
> "L'amiral Muselier, voyez-vous, est un aventurier. Mais c'est un aventurier qui n'a pas failli à l'honneur. Si vous le prenez, vous admirerez et vous déplorerez tour à tour chez lui toutes les qualités et tous les défauts de l'aventurier." » Et le général de conclure : « Je dois donc reconnaître que j'étais prévenu. Néanmoins, il était vice-amiral et un vice-amiral, à un moment où le nombre de ceux qui nous avaient rejoints était négligeable, c'était à considérer. Voilà pourquoi je l'ai pris[6]. »

Étrange attelage que celui de Charles de Gaulle et de l'amiral Muselier ! Il sera éphémère. Muselier ne supportera pas de Gaulle, son autoritarisme, son hostilité à l'idéologie de la IIIe République. Il finira par rompre les amarres, non sans avoir entre-temps mis sur pied les Forces françaises navales libres, c'est-à-dire l'essentiel des troupes de la France libre. Une vraie performance, si l'on songe qu'au mois de juillet, il ne disposait que d'un seul ingénieur mécanicien, deux commissaires de marine de réserve, deux ingénieurs de construction navale. Avec ces recrues de poids, toutes animées de talents divers, de Gaulle franchit une première étape dans l'élaboration de son mouvement. À noter qu'un seul général, et pas des plus illustres, l'a rejoint : le général Eon qui ne tardera d'ailleurs pas à se brouiller avec lui.

Le général, en revanche, a moins de chances avec certaines personnalités de gauche gravitant autour de Pierre Comert, ex-directeur du service de presse du Quai d'Orsay, ancien de la SDN, ami de Jean Monnet et républicain intransigeant. Alors que Pierre-Olivier Lapie et René Cassin, malgré certaines réserves, lui font confiance, Comert et son groupe d'amis se montrent d'emblée réticents, et cette opposition aura de graves conséquences, non seulement par l'effet d'entraînement qu'elle produira vis-à-vis d'autres Français de Londres, susceptibles de se rallier, mais par les répercussions qu'elle produira en Grande-Bretagne et en Amérique dans les milieux les plus démocrates.

Grands journalistes, Georges Gombault et son fils Charles sont des républicains intégristes rétifs à la séduction du général. Le récit de leur prise de contact avec lui en ce mois de juillet 1940 vaut d'être cité car il préfigure le conflit qui opposera toujours le Connétable et certains esprits progressistes, pour des raisons peut-être moins politiques qu'humaines. Avec Charles de Gaulle, le charme agit ou n'agit pas. Arrivés à Londres, le 28 juin, en provenance de Saint-Jean-de-Luz, à bord du même bateau qu'a emprunté René Cassin, Charles et Georges Gombault sont d'autant plus soucieux qu'ils ne parlent pas anglais. À Londres depuis un peu plus d'une semaine, Pierre Comert les pilote. Grâce à une vieille socialiste anglaise, Mrs Felimore, ils sont vite reçus par les principaux chefs travaillistes, Attlee, Morrison et Dalton. En quittant la France, ils ignoraient tout de de Gaulle. C'est seulement sur le bateau qu'ils ont entendu pour la première fois son nom. Dès qu'ils sont à Londres, ils se rendent à Saint Stephen House. À partir de là, tout se gâte, selon le témoignage de Charles Gombault :

> Une fois arrivés à Londres, un jour Charles Gombault et son père sont allés au QG du général de Gaulle, à Saint Stephen House, sur les bords de la Tamise. Le QG ne comprenait que quelques pièces. À leur grande surprise ils y ont été très mal reçus, par une des premières personnes qui étaient venues là et qu'eux-mêmes connaissaient sur le plan professionnel. On leur dit : « Que venez-vous faire ici ? Ce n'est pas d'hommes comme vous dont nous avons besoin, mais de soldats. » En présence de cet accueil, ils sont partis sans voir le général, auprès de qui on ne leur facilitait pas l'accès.
>
> Charles Gombault était réformé définitivement. (Au début de la guerre, il avait demandé à passer de nouveau devant la commission de réformes. On l'avait déclaré irrécupérable pour maladie de cœur.) Un peu plus tard, le professeur Cassin rencontre son père et lui dit : « Le général de Gaulle s'étonne que vous ne soyez pas venu le voir. — Nous sommes venus et n'avons malheureusement pas eu la chance de le rencontrer ; mais je suis tout prêt à revenir. » Cassin prit immédiatement un rendez-vous pour lui, dans les vingt-quatre heures qui suivirent.
>
> G. Gombault eut aussi une conversation d'une heure avec le général de Gaulle au cours de laquelle le dialogue suivant s'établit : « Qu'avez-vous l'intention de faire ici ? — Un certain nombre d'amis et moi, étant donné nos formations, professions, fonctions, nous pensons que le plus utile pour nous serait une besogne de propagande, votre rôle à vous étant un rôle militaire. » De Gaulle coupe : « Essentiellement militaire... »
>
> Quand G. Gombault fut sorti, il trouva son fils et ses amis très curieux de connaître son impression car ils avaient la plus grande confiance en son jugement. M. G. Gombault déclara textuellement : « Si on m'avait dit un jour que j'aurais une conversation d'une heure avec Boulanger, on m'aurait bien étonné. » Étant donné leur confiance et leur estime dans son jugement, ils furent consternés[7].

Socialistes, amis de Léon Blum, Georges et Charles Gombault sont des personnages qui comptent et leur appui aurait pu être d'autant plus précieux que leur aire d'influence s'étendait précisément sur des milieux éloignés du général. Déçus, méfiants, ils deviendront au contraire des opposants irréductibles, à l'instar de leur ami Pierre Comert.

Enracinés dans leur certitude qu'un général qui se mêlait de politique ne pouvait être qu'un factieux, écrit Claude Bouchinet-Serreulles, ils se prétendaient tenants de l'orthodoxie socialiste et républicaine. Ils étaient remuants. Ils ne manquaient pas de relations dans la presse et au Parlement et étaient écoutés dans les milieux travaillistes. Bientôt, ils créeront le cercle Jean Jaurès qui regroupera les hommes de leur mouvance[8].

Indépendamment du soutien apporté à de Gaulle par des personnalités aussi insoupçonnables que René Cassin, André Weil-Curiel ou Georges Boris, la réaction de ces républicains de stricte obédience apparaît pour le moins excessive. De Gaulle sans doute n'a rien d'un radical, ses sentiments vis-à-vis de la République restent matière à discussion ; autour de lui il y a des hommes venus de tous les horizons, y compris l'extrême droite. Certains comme Boislambert ont viré leur cuti et proclament sincèrement le désir de travailler désormais en étroite communion d'esprit avec des juifs, des francs-maçons ou des adeptes du Front populaire. D'autres, il faut le reconnaître, sont restés plus fidèles à leur passé et André Weil-Curiel rapporte qu'à Saint Stephen House il entendit un officier tenir des propos antisémites visant en particulier Boris et il ajoute : « Le lieutenant de Sailly nous avait mis en garde, Boris et moi. Selon lui, notre propre zèle risquait de se retourner contre notre cause par le simple fait que nous en étions les champions[9]. » Il n'est pas exclu que des personnages de ce type aient pu accueillir Georges et Charles Gombault d'étrange façon lors de leur arrivée à Saint Stephen House.

En tout cas, si de Gaulle tient le langage d'un chef, il ne verse dans aucun des excès dénoncés par les Gombault, et ceux qui parlent en son nom donnent alors des gages sérieux à la cause de la démocratie.

La liberté telle que nous la comprenons, déclare par exemple, le 16 juillet, le diplomate Maurice Dejean qui vient de se rallier à lui, c'est d'abord la liberté extérieure. Mais c'est aussi la liberté intérieure. C'est l'ensemble de ces droits que le peuple français a acquis au cours de son histoire, qu'il a maintes fois défendus au prix de son sang et auxquels il est resté plus profondément attaché qu'à la vie même[10].

En outre, s'il est un chapitre sur lequel de Gaulle ne transige pas c'est l'antisémitisme. Jeune, il lui est peut-être arrivé de partager les préjugés de son milieu mais l'aversion à l'égard des juifs, si répandue alors dans les milieux de droite, lui est absolument étrangère comme l'atteste a contrario son amitié avec le colonel Mayer. À Londres, il est plus que jamais sur cette ligne. À preuve cette belle anecdote racontée par André Weil-Curiel :

Quand il fut question de donner un poste à Georges Boris, l'ancien directeur de *La Lumière* et l'un des financiers les plus avertis de notre époque, le commandant X se précipita chez le général de Gaulle et lui dit tout ému : « Comment, j'apprends que Georges Boris va être admis chez nous. Cela n'est pas possible ! — Et pourquoi donc ? — Ne le savez-vous donc pas ? Ce George Boris est un juif, un apôtre du Front populaire et il a été le chef de cabinet de Léon Blum. — Eh bien, M. George Boris est peut-être juif, partisan de M. Léon Blum et bien d'autres choses encore ; moi je ne vois qu'une chose, c'est que c'est un Français qui s'est engagé pour combattre à cinquante-deux ans, qui a fait la campagne de Flandres et qui veut se joindre à nous pour continuer à lutter pour la France. Cela me suffit. Je ne connais pas de différences de race et d'opinion politique entre nous ; je ne connais que deux catégories de Français : ceux qui font leur devoir et ceux qui ne le font pas. M. Georges Boris fait son devoir. Il a sa place ici. C'est la dernière fois que je veux entendre des remarques de ce genre[11]. »

On voit combien était injuste le procès instruit par ceux qui voulaient voir en de Gaulle un factieux. Vingt-huit ans plus tard, heurté que son ami Daniel Mayer ait pu comparer de Gaulle à Boulanger lors du congrès de la Ligue des droits de l'homme qu'il préside, René Cassin lui adressera cette mise au point qui montre bien les contradictions des antigaullistes de Londres :

L'amitié et la franchise m'obligent à vous dire que la comparaison implicite faite par vous entre Boulanger et de Gaulle m'a rappelé fâcheusement les propos tenus à Londres par d'honnêtes républicains comme Gombault, Comert, Hoden qui se sont trompés totalement à toutes les étapes de la guerre et qui ont considérablement affaibli l'action de républicains comme Boris, Lapie, Hauck et moi-même et qui ont gravement nui à la France libre (de la meilleure foi du monde)... Leur attitude négative et erronée à chaque occasion (par exemple, la préférence donnée à un régime Giraud en Afrique) a gravement réduit l'efficacité des critiques qui pouvaient et devaient être faites à de Gaulle et à d'autres responsables de la France libre... Je n'en finirais pas si je vous racontais les dégâts que cette politique stérile du dehors a causé au détriment des thèses soutenues par les républicains du dedans[12].

Le génie de de Gaulle, à ce moment-là, c'est d'incarner, d'assumer toute l'histoire de France. S'il a été l'admirateur de Jacques Bainville, il n'a jamais été maurrassien au sens politique et le Barrès des *Diverses familles spirituelles de la France* lui a donné le sens de la continuité, la conviction que l'histoire d'un pays ne se divise pas, que la diversité des apports fait sa richesse. Au demeurant si l'homme privé avait ses doutes, ses préjugés, le formidable défi qu'il vient de relever l'oblige à faire sienne l'histoire de son pays dans son intégralité. Simone Weil le sentira très bien.

La légitimité n'est pas un trésor qui ait été volé à la nation française soit par l'ennemi, soit par un complot organisé de l'intérieur. Le peuple français dans son ensemble, depuis les élites jusqu'aux foules laborieuses, a ouvert la voie et laissé le tison tomber au sol, sans même baisser les yeux pour voir où il roulait. Les passants le heurtaient du pied. Dans ces conditions, en quoi consiste la relation du général de Gaulle avec la légitimité ? En ceci : le trésor étant à terre, méprisé de tous, il l'a ramassé, rangé et a fait savoir publiquement qu'il s'en constituait le gardien jusqu'au jour où les propriétaires seront en état de les réclamer[13].

De Gaulle désormais est dans son rôle. Il y est aidé aussi par l'évolution de la situation en France. Le 10 juillet, dans des circonstances maintes fois évoquées, l'Assemblée nationale vote la mort de la Constitution de 1875. Le maréchal Pétain reçoit les pleins pouvoirs à l'effet de conduire une réforme des institutions. La République disparaît pour laisser place à l'État français, événement d'autant plus remarquable que la Chambre qui abdique ainsi est celle du Front populaire. Une telle attitude ne peut que conforter la position du général qui, plus tard, devant Claude Guy, balaiera l'argument selon lequel les quatre-vingts parlementaires ayant refusé le vote des pleins pouvoirs auraient sauvé l'honneur : « Il n'en est pas un seul — pas un seul, vous m'entendez ! — qui ait dénoncé Pétain, l'armistice, la trahison. S'ils ont voté contre, c'est parce qu'ils refusaient les pouvoirs à Pétain. Ce n'est pas de la résistance que de refuser de livrer son fromage [14]. »

Désormais, de Gaulle peut parler un nouveau langage, celui du chef qui s'exprime au nom de la France. Cette métamorphose est d'autant plus nécessaire que, faute d'une structure d'accueil vraiment organisée, de nombreux soldats et marins français sont recrutés par les forces britanniques. Pour le général, cette situation est doublement inacceptable. En premier lieu, elle prive ses forces naissantes d'un concours très précieux, surtout s'il s'agit de spécialistes qualifiés. En second lieu, sur le plan des principes, elle est inadmissible : à partir du moment où il existe à Londres une force qui se propose de « garder le drapeau » des Français n'ont plus de motifs à s'enrôler dans l'armée britannique. Et, avec toute la brutalité dont il est capable, de Gaulle ne se prive pas de le signifier à ceux qui viennent lui faire part de leur intention de rejoindre les forces anglaises. Témoin ce récit du capitaine Ciriez :

> Sur la demande du lieutenant-colonel Williams (de l'armée britannique), je suis allé voir le général de Gaulle qui, suivant les paroles du colonel, était désireux de me confier une mission spéciale.
> Le général m'a d'abord demandé ce que je faisais et comptais faire. Je lui ai répondu que j'avais groupé autour de moi à Londres quelques officiers et agents de liaison de mon détachement qui désiraient s'engager dans l'armée britannique parce qu'ils avaient servi depuis le début des hostilités dans cette armée et que certains d'entre eux étaient même réclamés par les officiers commandant les unités auxquelles ils avaient appartenu.
> Sans me laisser aller plus loin dans la conversation, le général m'a déclaré qu'il ne savait pas ce que l'avenir lui réservait personnellement, mais que, s'il était appelé à jouer éventuellement un rôle important en France, il prendrait des sanctions sévères contre les militaires français entrés dans l'armée britannique sans son autorisation. Ces militaires seraient, a-t-il ajouté, considérés par lui comme n'ayant pas fait leur devoir devant l'ennemi.
> Il m'a alors dit que si j'optais pour rejoindre son groupe, il me confierait une mission importante, mais que cette mission ne pouvait pas être remplie par un officier britannique.
> Je lui ai répondu que j'allais réfléchir.

Le général a alors terminé la conversation en me disant : « Je vous donne jusqu'à ce soir dix-huit heures[15]. »

La reconnaissance de Churchill acquise, il reste à définir les rapports des Français libres avec le gouvernement britannique, autant dire mettre en place un cadre juridique inédit puisque, à la différence de Masaryk, Benès et Sikorski, avec qui ont été passés des accords analogues durant la guerre de 14-18 et en 1939, de Gaulle n'est pas un homme d'État mais un chef militaire, ne disposant pas pour l'instant de la moindre base territoriale, dont le but est de maintenir l'unité nationale et non simplement de mettre sur pied une légion, même si un document inédit, retrouvé par Georgette Elgey, atteste que cet objectif a pu être le sien jusqu'au début du mois de juillet[16]. Ce travail va être l'œuvre de René Cassin : il n'en oubliera jamais les extraordinaires débuts.

« Nous sommes la France » a dit calmement le général. Je ne me souviens plus si, à cet instant, le professeur Saurat était encore dans la pièce. Mais je sais que, grâce à la volonté de deux de ses fils, la France était réellement présente dans ce cabinet meublé d'un simple bureau et de trois sièges en bois blanc. Ce dont je me souviens encore, c'est que malgré l'atroce douleur qui me poignait depuis trois semaines et m'avait transformé en une ombre hirsute, je fus la proie d'une idée sarcastique : « Si Hitler, ou un de ses séides, regardait par le trou de la serrure et entendait ce civil efflanqué, ce professeur qui doctrinait : "Nous sommes la France" et ce grand général à titre provisoire qui renchérissait : "Nous sommes la France", il s'écrierait certainement : "Voilà des fous dignes de cabanon[17]." »

Au prix d'un acharnement remarquable, René Cassin parviendra, très vite, à établir un accord, de portée essentiellement pratique. Texte d'autant plus urgent que, sans base juridique, tout au long du mois de juillet, le général a dû se battre pied à pied pour défendre les intérêts français. C'est ainsi que, le 23 juillet, il est intervenu auprès de Herbert Morrison (ministre du Ravitaillement) afin d'assurer le fonctionnement d'une poudrière avec le concours de spécialistes ralliés. Compte tenu de la précarité de la situation du général, cet accord du 7 août est, en soi, un prodige — même si l'on admet que les Britanniques ont alors besoin d'avoir auprès d'eux un représentant de la résistance française. Sur deux points essentiels de Gaulle a satisfaction.

Tout d'abord, et c'est en quelque sorte une première sur le plan international, les Français libres ralliés au général ne constituent pas une légion mais une force spécifiquement française. L'enrôlement dans les forces britanniques sera dorénavant découragé au maximum. Et s'il est spécifié que de Gaulle s'engage à accepter les directions générales du commandement britannique, pour le reste, il est maître du jeu : la discipline, l'avancement, les affectations sont, en particulier, du ressort exclusif des Français. Seule restriction, les dispositions relatives à la Marine, moins claires : si les navires français restent propriété française, il ne semble pas exclu qu'ils prennent la mer avec des équipages non exclusivement français.

Second point capital : le général se voit reconnaître le droit de mettre sur pied un organisme civil comportant les services nécessaires à l'organisation de sa force. Cette disposition est d'une importance manifeste puisque c'est à partir de là que le chef des Français libres pourra étendre ses attributions, constituer l'ébauche d'un pouvoir français.

De Gaulle, malgré tout, n'a pas eu pleinement gain de cause. D'une correspondance secrète du Premier ministre, il ressort d'abord que, contrairement à ce qu'a pu laisser croire le texte de la reconnaissance, la Grande-Bretagne ne s'engage pas à garantir l'intégrité territoriale de la France et de l'Empire français. « L'expression restauration intégrale de l'indépendance et de la grandeur de la France, écrit Churchill, ne vise pas d'une manière rigoureuse les frontières territoriales. Nous n'avons été en mesure de garantir les frontières à aucune des nations combattant à nos côtés, mais bien entendu, nous ferons de notre mieux. » De Gaulle ne peut qu'enregistrer cette vague promesse.

Plus grave encore, car d'un effet immédiat et portant sur un point très sensible : Churchill, toujours dans sa lettre secrète, vide à peu près de tout sens l'assurance donnée officiellement aux militaires français de ne pas porter les armes contre la France. Pour le Premier ministre, cette assurance doit être interprétée comme visant une France libre de suivre sa route et ne subissant pas la contrainte directe, ou indirecte, de l'Allemagne. Ainsi « une déclaration de guerre par le gouvernement de Vichy contre le Royaume-Uni ne constituerait pas une déclaration de guerre de la France et il est possible qu'il y ait d'autres cas du même genre ». D'évidence inspirée par la remarque faite par de Gaulle à Spears le 5 août, cette restriction est d'autant moins formelle que l'on ne voit guère pourquoi il existerait une France libre à Londres, si la France était totalement libre ! En pratique, les soldats français risquent donc d'être contraints de se battre contre des Français. Pour de Gaulle, il s'agit là d'un échec majeur. D'une note établie par le *chairman* du Allied Forces Committee, il ressort en effet que de Gaulle considérait comme essentiel, comme la charte même de son mouvement, la clause en question. « Il souhaite, écrivait le *chairman*, qu'il soit clair pour les membres de son mouvement, les possibles futures recrues et les historiens de l'avenir, que sa force ait été réunie pour collaborer avec nous à la lutte contre l'ennemi commun et non pas pour prendre les armes contre la France [18]. » En imposant cette clause secrète les Britanniques prennent très clairement le risque de braquer le nationaliste ombrageux qu'est de Gaulle. Rompre avec toutes les hiérarchies n'a pas été pour lui aussi facile qu'on le croit : combattre d'autres Français est un déchirement et l'on ne va pas tarder à s'en apercevoir.

Dernier échec enregistré implicitement par ce texte du 7 août : le refus de toute juridiction automatique sur les Français se trouvant en Grande-Bretagne. Or, bien que le fait ait été jusqu'à présent ignoré, le général souhaitait bel et bien que le nom des Français enrôlés dans les services britanniques militaires ou civils lui fût communiqué. Ce qui, du même coup, lui aurait donné autorité sur eux. Mais sur ce point les Britanniques se montrent inflexibles, attitude raisonnable puisqu'une solution contraire équivaudrait à éliminer la notion même de volontariat pour l'entrée dans la France libre. Conscients de l'autorité déjà manifestée par de Gaulle, les Anglais d'évidence n'ont pas voulu prendre de risques inutiles, la tentation d'utiliser les Français de Londres contre la France libre les ayant aussi peut-être effleuré. Le comportement de l'amiral Muselier, violent et menaçant envers les Français rejoignant les services britanniques, a pu aussi les faire réfléchir[19]. « Le général de Gaulle, souligne le *chairman* du Allied Forces Committee, a été reconnu comme le leader de ces Français libres qui l'ont rallié, et il n'est pas souhaitable d'admettre de sa part quelque prétention que ce soit à avoir juridiction sur les Français qui préfèrent rejoindre nos forces[20]. »

Indépendamment de ces couleuvres imposées à de Gaulle, le texte laisse en suspens certains problèmes importants, par exemple, celui de l'utilisation des navires français. L'accord financier conclu le 7 restreint encore la liberté des Français puisqu'il prévoit un droit de contrôle des Anglais sur les dépenses engagées par le mouvement (en pratique, les Britanniques se montreront très généreux dans l'interprétation de cette disposition).

Au total de Gaulle, en dépit de tout, a marqué un point décisif — ne serait-ce qu'en se faisant reconnaître certains attributs de la souveraineté nationale. La performance est d'autant plus notable que les Anglais étaient soumis à de fortes pressions en sens contraire. Deux jours avant la signature de l'accord, Roger Cambon prophétisait encore que l'armée de de Gaulle sombrerait dans la démoralisation, « qu'elle reste en Grande-Bretagne ou qu'elle gagne les colonies, avec le double risque de voir le général accentuer son rôle politique et les Français s'affronter, ce qui doit être évité aussi longtemps que possible[21] ».

Première conséquence de cette reconnaissance : dès avant la signature, alors que la dynamique en faveur de de Gaulle se précise, les ralliements se multiplient. À ce moment-là et dans les semaines qui vont suivre arrivent à Londres des hommes encore peu connus mais dont les capacités sont grandes et qui, pour certains, vont jouer un rôle important aux côtés du général. Parmi eux des officiers comme Jean Simon et Pierre Messmer, un diplomate tel que François Coulet, des normaliens comme Georges Gorse, clairement engagé à gauche, et Jacques Soustelle, déjà spécialiste reconnu des Mayas jusqu'alors en poste à Mexico, militant résolu de la lutte contre le fascisme.

En août, un véritable événement se produit avec le ralliement — d'abord à la Grande-Bretagne puis à la France libre — du général Georges Catroux. L'homme, tout le monde l'admet, est de grande envergure et une figure de premier plan. Général d'armée, le seul à cette date à avoir rejoint Londres, il a une réputation méritée de soldat diplomate et de républicain bon teint. Gouverneur général de l'Indochine, il vient d'être révoqué par Vichy, ce qui a hâté sa conversion, sans rien enlever à son mérite. Alors que tant de militaires se gaussent de ce général de brigade à titre temporaire qui prétend donner des leçons à tout le monde, Catroux a l'intelligence de deviner en de Gaulle, qu'il connaît depuis leur captivité commune durant la Grande Guerre, un homme supérieur sous les ordres duquel il n'est pas déshonorant de se battre, même si l'on a quelques étoiles de plus.

Reste qu'à cette époque Londres n'est pas, selon l'expression d'Élisabeth de Miribel, une ville où l'on arrive mais dont on part[22]. Conséquence de l'hostilité manifestée par des hommes tels que Cambon, Corbin, Alexis Leger et Jean Monnet, des Français notoires, présents dans la capitale britannique n'adhèrent pas — sauf exceptions — à la France libre, et des quelque trente mille Français qui ont afflué vers l'Angleterre après Dunkerque, le mouvement gaulliste ne recueillera qu'une part infime. Beaucoup de ceux qui pourraient être utiles à la France gagnent alors l'étranger où ils accompliront souvent un travail fécond. Il en va ainsi de Jean Monnet qui, à la demande de Churchill, vient de partir pour Washington en qualité de vice-président du British Supply Council, d'Emmanuel Monick qui préparera la résistance française au Maroc et de René Mayer qui entend partager le sort de ses coreligionnaires juifs. Heureusement ceux qui prennent le chemin de l'Amérique ne sont pas tous hostiles à la France libre : si Alexis Leger est rétif à la personnalité du général, si Monnet est réservé et André Maurois méfiant, Henri Laugier, Ève Curie et Philippe Barrès soutiennent ouvertement la cause gaulliste. Quelques mois plus tard, le fils de Maurice Barrès, ancien rédacteur en chef du *Matin*, l'un des rares journalistes français à avoir montré la réalité du national-socialisme, publiera d'ailleurs la première biographie du général. Réfugié en Amérique, écarté par de Gaulle de toute responsabilité, pour des raisons qu'il ne comprend pas et qui tiennent probablement à l'étroitesse de ses liens avec les Anglo-Saxons, Henri de Kérillis est lui aussi à cette époque un ferme soutien du général. Le 16 août, au lendemain de la condamnation à mort du Connétable par la justice de Vichy, il lui câble ce télégramme enthousiaste :

> Je suis avec émotion et une entière adhésion votre lutte. Indigné voir cour martiale et Haute Cour qui, au lieu de condamner amis et complices d'Abetz et de Ferdonnet et d'autres traîtres ou agents, frappent en vous et en Mandel, partisans de la lutte à outrance à côté de l'Angleterre... Je continuerai sans trêve à me présenter en votre nom. Suis seul ici à pouvoir fournir renseignements utiles sur Abetz, ambassadeur d'Allemagne à Paris, Henry Haye, hitlérien notoire envoyé ambassadeur à Washington [...]. Nouveaux envoyés Laval arrivent constamment ici. Plusieurs personnalités américaines me demandent en conséquence de rester ici quelque temps encore. [...] Vois Président cette semaine. Il vous appartient de décider si je suis plus utile à Londres ou si je dois rester ici, au moins jusqu'aux élections présidentielles[23].

Au fil du temps, les bonnes volontés se multiplieront, de moins en moins désintéressées. Mais si encourageantes qu'aient pu être pour lui certaines adhésions, de Gaulle n'oubliera jamais que, jusqu'à la fin de 1940, pas un préfet, pas un directeur de ministère, pas un ambassadeur, pas un ministre plénipotentiaire, pas même un conseiller d'ambassade, sauf le chef de la mission commerciale à New York, ne s'est rallié à lui. « J'ai gardé des deux premières années de la France libre le souvenir d'une solitude incroyable », dira-t-il à Claude Guy en 1946[24]. Respectueux des traditions pourvu qu'elles servent l'intérêt national, plein de considération pour les grands serviteurs de l'État, le chef de la France libre a sans doute plus souffert qu'on le croit de devoir travailler aux débuts de l'aventure avec des hommes étrangers à son milieu naturel. Il s'épanchait rarement. Il n'a donc pas commenté en public les défections qu'il dut enregistrer. À la fin de sa vie, il livrera simplement quelques confidences. À Alain Peyrefitte, le 12 juin 1963, il donnera les raisons de sa colère contre Paul Morand — un écrivain que pourtant il admire selon Claude Dulong et dont il connaît même par cœur des passages entiers :

> « Après Mers el-Kébir, Vichy avait rompu les relations avec Londres et fermé l'ambassade. Les fonctionnaires sont habitués à obéir. Ceux-là ne sont pas plus blâmables que les autres. Mais Morand, Vichy lui demandait au contraire de rester à Londres ! C'est lui qui s'est précipité à Vichy, où on ne voulait pas de lui. Et puis, Morand était un grand écrivain, choyé comme tel à Londres. Il était très introduit dans la société anglaise, cette oligarchie dont se moquait Napoléon. Quelques centaines de lords et de grands patrons ou banquiers exerçaient le vrai pouvoir. Nous ne connaissions personne. Vous imaginez de quel prix aurait été son ralliement ! Il aurait pu apporter à la France libre le faisceau des relations qu'il s'était faites par sa renommée littéraire, par ses succès auprès des dames. Il m'a *manqué*. » Il appuie comme pour dire : « Il a manqué gravement à ses devoirs envers moi. » Un silence, puis il reprend : « Sa femme avait du bien. Quand on a du bien, on le fait passer avant la patrie. Les Français qui avaient du bien ne m'ont pas rejoint. Quand on a le talent et la notoriété d'un grand écrivain, on ne fait pas passer d'abord son bien. Morand est impardonnable[25]. »

Pareillement, au cours de son voyage en Irlande en mai 1969, le général confiera à l'ambassadeur de France, Emmanuel d'Harcourt, avoir été déçu par l'attitude de Roland de Margerie qui, en juillet 1940, séjourna quelques jours à Londres et le rencontra avant de partir pour Shanghai en tant que consul général du gouvernement de Vichy : « Margerie était un serviteur de l'État très doué qui ne s'est pas laissé entraîner par l'appel national[26]. » Pour l'anecdote, on notera que Margerie, de son côté, avait une version très différente de cet épisode. Selon lui, de Gaulle le reçut fort courtoisement et même amicalement, lors de son passage dans la capitale britannique, et il s'enquit le plus aimablement du monde du sens de sa mission en Chine. Malheureusement, pendant que le diplomate donnait des explications au chef de la France libre, le général Béthouart s'annonça et la conversation fut interrompue. Béthouart commandait alors la division qui, s'étant récemment illustrée à Narvik, venait de rallier l'Angleterre : il était évidemment impossible de le faire attendre. Margerie ne sut donc jamais ce que le général pensait de sa mission en Chine — ce qui était sans doute, pour lui, préférable.

Si les « officiels » restent encore sur la réserve, les adhésions de militaires à la France libre se font alors plus nombreuses, et le général Béthouart précisément y contribue beaucoup. Bien qu'acquis à la cause alliée, il n'a pas voulu abandonner ses hommes dont la majorité souhaitait regagner l'Afrique du Nord, mais il s'est montré très coopératif, assurant à ses soldats une complète liberté de choix et agissant en sorte que le chef des Français libres puisse venir leur parler au camp de Trentham. Opération couronnée de succès puisque, sur 1 619 légionnaires, 983 resteront en Grande-Bretagne, l'Olympia Hall servant de lieu de rassemblement. Le 15 août, 2 721 hommes auront été recrutés, ce qui est à la fois encourageant et négligeable numériquement. S'y ajoutent quelques ralliements en juillet-août au Moyen-Orient et en Afrique. Dans la Marine, en revanche, le bilan est moins brillant. Si quatre-vingt-six navires de guerre et cent cinquante bateaux de pêche sont retenus dans les ports britanniques, les officiers ne se portent pas volontaires en masse. L'opération de Mers el-Kébir bien évidemment a traumatisé les cadres de la Marine et les Anglais, on doit l'admettre, n'ont pas facilité le ralliement en faisant aux marins français des offres très avantageuses et en n'autorisant pas de Gaulle à venir s'exprimer devant eux dans la région de Liverpool. La réputation controversée de l'amiral Muselier a aussi sans doute contribué à modérer les enthousiasmes. La détermination de ceux qui firent le choix de la France libre n'en a que plus de sens.

Mers el-Kébir pouvait remettre en question notre ralliement à la France libre, témoignera l'amiral Daille. Un peu chancelant sur le coup, j'allai voir mes marins pour leur faire connaître l'événement... Je trouvai toute l'équipe parfaitement informée et parfaitement décidée. Ils avaient discuté entre eux de la situation et, avec le bon sens inné dont fait preuve le peuple français dans les grandes circonstances, ils avaient conclu que c'était bien embêtant mais que ça n'empêchait pas que l'ennemi de la France, c'était toujours Hitler et qu'il fallait continuer à le combattre. Si mes propres convictions étaient ce matin-là encore un peu vacillantes, ce discours eut pour effet de leur rendre toute leur fermeté[27]. »

Les avions, eux aussi, sont en nombre très minime : à la fin de 1940, on en comptera guère plus de trois cents en Grande-Bretagne et cent environ au Proche-Orient.

Si faibles soient-elles, ces forces armées ont le mérite d'exister, de donner à de Gaulle un certain volant de manœuvre et les apparences de la souveraineté. Signe encourageant aussi : la sympathie active manifestée par les Britanniques à la cause de la France libre. Après l'homme de la rue et le Premier ministre, la famille royale, à ce moment-là, multiplie les gestes envers de Gaulle et ses compagnons. Le 30 juillet, la reine est venue rendre visite aux premiers volontaires lors de leur départ de l'Olympia Hall. Le 24 août, George VI passera en revue les Français libres.

Indiscutablement, un fort courant d'adhésion va vers celui qui, dans un opuscule de propagande préparé par le publiciste Richard Temple, se définit de la manière suivante :

Je suis un Français libre. Je crois en Dieu et en l'avenir de ma patrie. Je ne suis l'homme de personne. J'ai une mission et je n'en ai qu'une seule : celle de poursuivre la lutte pour la libération de mon pays. Je jure solennellement que je ne suis attaché à aucun parti politique, quel qu'il soit, ni de la droite, ni du centre, ni de la gauche. Je n'ai qu'un seul but : délivrer la France.

VII

ÉCHEC À DAKAR

Avant de libérer la France, la difficulté pour de Gaulle est de se donner une base territoriale, seul moyen d'échapper à la dépendance qui lui fait horreur. Le patriote sourcilleux qui s'est assigné pour but de défendre les intérêts de son pays, y compris contre ses alliés, ne peut être dans son rôle tant qu'il paraît tributaire de la Grande-Bretagne, non seulement en ce qui concerne ses finances, mais la vie quotidienne de son mouvement. Les Britanniques, de leur côté, savent que le général ne parviendra pas à s'imposer s'il semble être un pion entre leurs mains. Autant de raisons qui, sans tarder, militent en faveur d'un projet d'expédition à destination d'un territoire d'outre-mer. Très vite, il semble que le chef des Français libres privilégie l'hypothèse d'une opération de grande envergure sur Dakar[1]. En témoigne la suite de la note du général Spears, établie dès le 5 juillet, le lendemain donc de l'anéantissement de la flotte à Mers el-Kébir :

Globalement, le général de Gaulle considère que la situation en Afrique du Nord est si détériorée que même une force très importante serait reçue avec hostilité et cela est d'autant plus probable depuis l'engagement à Oran. Le problème serait différent si les Allemands essayaient de débarquer. Ils seraient les envahisseurs et une coopération avec les éléments français serait alors possible.
Le général de Gaulle considère qu'il serait plus raisonnable de se concentrer sur une action en Afrique centrale en essayant de relier le Soudan à Dakar. Les raisons qu'il invoque sont les suivantes :
a) L'expédition pourra procéder sous la complète protection offerte par le Sahara du Nord.
b) La Grande-Bretagne, seule, peut atteindre la côte ouest.
c) D'un point de vue économique, l'Afrique sait qu'elle peut vivre seulement avec l'aide de la Grande-Bretagne.
d) Les populations anglo-françaises sont en contact plus étroit et leurs intérêts sont de loin plus imbriqués en Afrique de l'Ouest qu'en Afrique du Nord qui regarde vers la France et souhaiterait maintenir le contact avec elle.
Pour ces raisons le général de Gaulle est partisan d'une action basée sur Dakar mais considère qu'y aller lui-même, avec quelques hommes, serait courir à la défaite et manquerait entièrement de panache. Il ne l'a pas dit mais les Français ont toujours à l'esprit la ridicule attitude prise par Napoléon III à Boulogne. Il suggère cependant que son [*sic*] amiral Muselier pourrait s'embarquer à

destination de Dakar avec autant de navires qu'il serait possible d'en trouver. Deux sous-marins et probablement un destroyer pourraient être envoyés. Naturellement, l'amiral Muselier naviguerait sous pavillon français, en compagnie d'unités britanniques.
Muselier cinglerait vers Dakar, entrerait en contact avec le maire de la ville, occuperait les batteries côtières et de Gaulle pense qu'il pourra probablement négocier la question du *Richelieu.*
Si ce plan était adopté, de Gaulle suivrait, avec le bataillon de la Légion qui est disponible et toutes les forces qui pourraient être récupérées et transportées en temps voulu.
La seule difficulté que soulève ce plan est qu'un petit délai est inévitable car, en raison de son attitude, l'amiral Muselier n'a pas été autorisé à voir les marins français.
On ne saurait trop insister sur le fait que de Gaulle et Muselier ne marcheront que s'ils ont des navires battant pavillon français, soit dans le cadre de cette expédition, soit dans le cadre d'une autre[2].

Charles de Gaulle aurait été bien avisé de s'en tenir à la seconde proposition de ce plan, c'est-à-dire laisser l'amiral Muselier mener l'expédition, lui-même demeurant à Londres et n'arrivant qu'après la victoire. L'opération va être en effet un fiasco retentissant dont les conséquences seront désastreuses à court terme pour la France libre.

D'après les *Mémoires* du colonel Passy, c'est le 15 juillet que de Gaulle, pour la première fois, évoque la nécessité de l'expédition devant les officiers de son état-major :

Si nous voulons remettre la France dans la guerre, si nous voulons représenter dignement les intérêts de notre pays tant vis-à-vis de nos alliés qu'à l'égard des Français de France et de l'étranger qui suivent notre action, il est d'une extrême importance que le siège du gouvernement français qui continue la lutte soit situé sur terre française [...]. C'est pourquoi j'ai décidé — et les renseignements que j'ai me montrent que cela est possible — d'aller établir à Dakar la capitale de l'Empire en guerre[3].

Passy fait valoir qu'il sera difficile de tenir la capitale de l'AOF si le gouvernement de Vichy contrôle le reste de l'Afrique. Le général balaie l'objection. Port de mer et base navale importante, Dakar en réalité s'impose si l'on veut établir une tête de pont en Afrique. Et l'on peut espérer qu'une fois la ville tombée, d'autres territoires rejoindront l'orbite gaulliste. Des signes encourageants sont d'ores et déjà perceptibles : tandis que la France libre enregistre ses premiers succès outremer avec le ralliement, en juillet, des Nouvelles-Hébrides et de Chandernagor, des messages chaleureux en provenance d'AEF et d'AOF parviennent à Londres.

L'objectif fixé, reste à définir une stratégie. Dans ses *Mémoires de guerre,* le général passe totalement sous silence l'idée — qui s'avérera calamiteuse — d'une attaque par la mer qu'il a exposée à Spears au début de mois de juillet. À l'en croire, son projet initial excluait l'attaque directe : il s'agissait de débarquer à Konakry, de marcher ensuite sur Dakar en utilisant la route et la voie ferrée, l'escadre britannique couvrant l'opération par la mer. Quoi qu'il en soit, Churchill s'enthousiasme pour le projet que de Gaulle vient lui exposer dans les derniers jours de juillet. Le caractère stratégique de Dakar ne lui échappe pas, il sait qu'un succès militaire serait d'un précieux réconfort devant l'opinion, et au début du mois, le consul britannique en poste dans la capitale de l'AOF a fait valoir au Foreign Office qu'une démonstration de force de la flotte anglaise devant le grand port français d'Afrique pourrait être bien accueillie, étant entendu que l'opération devait se dérouler rapidement, avant le 10 juillet si possible. Les chefs militaires, en particulier l'amiral Dudley Pound, Premier lord de la Mer, ont beau mettre en évidence les risques de l'expédition, la nécessité de rassembler de très nombreux éléments de la Royal Navy, le Premier ministre s'emballe, déclare qu'il n'acceptera pas de s'arrêter à des objections d'ordre technique et, devant de Gaulle, le 6 août, se livre à un extraordinaire numéro : à l'en croire les Français et les Anglais vont vaincre sans coup férir :

Dakar s'éveille un matin, triste et incertaine. Or, sous le soleil levant, voici que les habitants aperçoivent la mer couverte au loin de navires. Une flotte immense ! Cent vaisseaux de combat ou de charge ! Ceux-ci s'approchent lentement en adressant par radio, à la ville, à la marine, à la garnison, des messages d'amitié. Certains arborent le pavillon tricolore. Les autres naviguent sous les couleurs britanniques, hollandaises, polonaises, belges. De cette escadre alliée se détache un inoffensif petit bateau portant le drapeau blanc des parlementaires. Il entre au port et débarque les envoyés du général de Gaulle. Ceux-ci sont conduits au gouverneur. Il s'agit de faire comprendre à ce personnage que, s'il vous laisse débarquer, la flotte alliée se retire et qu'il n'y a plus qu'à régler, entre lui et vous, les conditions de sa coopération. Au contraire s'il veut le combat, il risque fort d'être écrasé[4].

De Gaulle, qui prendra un malin et évident plaisir à raconter cette scène, cède d'autant plus facilement à l'argumentation du Premier ministre qu'il est le premier à avoir eu le projet d'attaquer Dakar par la mer, ce qu'il se garde de préciser, même s'il reconnaît avoir trop vite été conquis par le discours de Churchill. Dès lors un plan d'attaque commun, fondé sur un mélange de persuasion et d'intimidation, est mis en œuvre le 7 août.

Mais, du côté britannique, le projet ne recueille qu'une unanimité de façade, et ce facteur va peser lourd dans la suite des événements. Placés devant le fait accompli par le Premier ministre, les militaires ne montrent qu'un empressement limité à associer de Gaulle à leurs opérations et le plan grandiose élaboré à Downing Street, le 6 août, n'est accepté que du bout des lèvres par les chefs d'état-major. Entre Français et Anglais, la coordination se fait mal. Le facteur temps dont Churchill a souligné l'importance est bientôt presque oublié. De Gaulle s'inquiète de tout cela.

Mon cher Général, écrit-il à Spears, je ne vois pas encore au juste, à l'heure qu'il est, quelles dispositions les autorités militaires, navales et aériennes britanniques envisagent en ce qui concerne l'opération que vous savez.
Il me paraît de toute façon indispensable et convenable que ces dispositions

ne soient arrêtées que d'accord avec moi-même, car celles qui seront prises ici et celles que j'aurai à prendre sont interdépendantes.
C'est pourquoi je vous prie de bien vouloir demander de ma part, et de toute urgence, qu'une réunion de commandement soit organisée à ce sujet[5].

Churchill est toujours enthousiasmé, le projet est capital à ses yeux. Sur-le-champ, le vice-amiral John Cunningham et le major général Irwin sont nommés commandants en chef de l'expédition. Les dysfonctionnements n'en continuent pas moins, aggravés souvent par la volonté opiniâtre du Premier ministre de forcer les obstacles coûte que coûte. Hostiles au principe même de l'opération bientôt baptisée « Menace », les services de planification se montrent récalcitrants. Une scène violente éclate lorsque leurs porte-parole expliquent à Churchill, furieux, que le projet n'a des chances de réussir qu'« avec la coopération franche et loyale de l'ennemi » — « ce qui ne nous paraît pas être une base très sûre pour l'établissement du plan », notera le maréchal de l'Air sir John Stessor, directeur de la planification[6].

Tenu à l'écart des préparatifs, ne recevant des services compétents que les informations strictement indispensables, de Gaulle n'a d'autre solution que de se forcer à l'optimisme, comme en témoigne cette note remise à Spears le 19 août[7] — un document capital qui atteste, sans discussion possible, les responsabilités du chef de la France libre dans la mise au point du plan de bataille et dont, curieusement, les éditeurs des *Lettres, notes et carnets* n'ont retrouvé que les premières phrases :

Selon des informations dont nous disposons, il semblerait que les détachements militaires et navals se trouvant à l'endroit où les opérations sont projetées soient dans un état assez désorganisé, aussi bien du point de vue matériel que du point de vue moral. De plus, la démobilisation est en cours. Dans la ville, l'opinion est confuse mais il est d'ores et déjà acquis que beaucoup désapprouvent l'armistice et regardent du côté des Anglais et de leurs alliés. Les autorités civiles et la population sont généralement préoccupées par la situation alimentaire et sont bien conscientes du fait qu'aucune denrée ne peut arriver sans la coopération des Anglais.
Je considère qu'une opération consistant à établir par surprise une force franco-britannique considérable à cette place rendrait possible la prise de possession de la ville et de ses défenses sans courir le risque d'incidents sérieux. Il va sans dire qu'il est tout à fait essentiel d'éviter de tels incidents.
En même temps, je considère aussi qu'il est essentiel :
— que la force qui mènera l'opération ait l'apparence d'une force française,
— que cette force, en fait, comprenne un nombre considérable de troupes françaises,
— qu'un détachement français adéquat (l'équivalent d'une compagnie) occupe les principaux points de la ville au stade initial de l'opération et qu'il soit renforcé, pas moins d'une heure plus tard, par d'autres détachements,
— que les troupes françaises prennent part à chaque détachement occupant les batteries, les baraquements et le port,
— que le premier détachement envoyé au *Richelieu* soit composé de marins français,
— que tandis que la ville et ses défenses sont occupées, un grand nombre d'avions déversent de grandes quantités de tracts appropriés,

— que toutes les troupes, aussi bien britanniques que françaises, portent un emblème visible tricolore, que des drapeaux tricolores soient continuellement déployés et que chaque détachement français soit équipé de mégaphones et de haut-parleurs.
— Si toutes les mesures ci-dessus sont prises je crois que l'opération, qui a fait l'objet de discussions au cours de réunions entre l'amiral Cunningham, le général Irwin, le général Spears et moi-même, pourrait être praticable. Je considère aussi qu'elle doit être menée à bien dès que des circonstances spéciales relatives aux opérations de débarquement (marée, clair de lune, houle) le permettront. Sur ce point de vue, je suis disposé à m'en remettre au jugement de l'amiral Cunningham.
— Il doit être prévu la possibilité que l'opération, telle qu'elle est actuellement conçue, se révèle impossible ou de nature à conduire à un échec. Dans une telle hypothèse une opération « de secours » doit être envisagée. Elle pourrait prendre la forme suivante :
— L'attaque de Saint-Louis, le débarquement en utilisant la route et le chemin de fer (approximativement deux cents kilomètres) tandis qu'au même moment on négociera avec les autorités et que l'on lancera des appels à la population.
Dans ce cas, les troupes françaises devraient être débarquées en premier, elles formeraient une colonne mécanisée. En principe les troupes britanniques devraient être employées à tenir la base de Saint-Louis et à couvrir les subsistances.

C. de Gaulle

De Gaulle est-il vraiment sincère lorsqu'il fait preuve de cet optimisme de commande ? En tout cas, à mesure que l'échéance se rapproche, il apparaît que les forces britanniques prévues pour l'expédition sur Dakar diminuent en nombre de manière considérable. Churchill avait évoqué devant le général l'arrivée d'une véritable armada d'une centaine de navires : en définitive, seuls sont disponibles pour prendre part à l'opération deux anciens cuirassés, quatre croiseurs, un porte-avions, quelques destroyers et trois transports de troupes avec deux bataillons d'infanterie de marine. De Gaulle, lui, ne peut réunir que trois avisos, deux chalutiers armés, quatre cargos et deux paquebots hollandais qui transporteront quelque deux mille hommes dont un bataillon de la Légion et une compagnie de fusiliers marins. Quant à la brigade polonaise évoquée à l'origine, elle s'évaporera mystérieusement dans la nature.

Fait encore plus inquiétant : alors que Churchill avait insisté sur la nécessité d'aller vite, les retards s'accumulent. Au début, il a été décidé que l'attaque devait avoir lieu le 8 septembre, mais il se révèle rapidement indispensable de prévoir une escale à Freetown pour procéder au ravitaillement en combustibles et rassembler les forces avant l'assaut.

Enfin l'opération semble improvisée, défectueuse sur le plan technique. L'information concernant Dakar, tant du point de vue militaire que du point de vue politique, apparaît ainsi de très mauvaise qualité. Détail à peine croyable, les renseignements disponibles sur les défenses de Dakar datent d'avant la Grande Guerre ! Depuis on en a obtenu d'autres mais, enfermés dans les archives, ils se sont révélés inutilisables. Pour ne rien arranger, les communications sont déficientes, les hommes de troupe ne paraissent pas habitués à leur encadrement, l'équipement laisse beaucoup à désirer. Les indiscrétions enfin se multiplient. Du côté britannique, une certaine inconscience règne puisque le commandement recherche des informations sur Dakar... dans des agences de voyages ! Les dockers de Liverpool, eux, parlent de l'opération à qui veut l'entendre et, à deux reprises, des caisses contenant des tracts destinés aux habitants de Dakar s'écrasent au sol, leur contenu se répandant partout. Les Français ne sont pas en reste : dans les restaurants, on trinque à la prise de Dakar, toutes les petites amies des militaires sont au courant de ce qui se trame.

L'aspect politique de l'affaire semble aussi curieusement négligé. Il est pourtant essentiel et fort complexe. L'homme dont tout dépend à Dakar, le gouverneur général Pierre Boisson, est une très forte personnalité.

> C'était, écrira son ami Maurice Martin du Gard, un Breton, très grand, bâti à chaux et à sable, les épaules larges, la poitrine bombée sans être avantageuse, une taille assez fine, populaire avec une souveraineté naturelle et aristocratique, et dans le regard brun qui, sous le sourcil lourd, pouvait brusquement s'adoucir, il y avait un charme que lui faisaient une conscience pure, le bonheur d'agir, la simplicité de sa naissance, peut-être aussi la lande et la mer natales. La supériorité de l'esprit ne l'isolait pas plus que la surdité dont il était affligé depuis de longues années et qui imposait une fatigue supplémentaire à ce grand mutilé de Verdun[8].

Élevé par des parents, tous deux instituteurs et directeurs d'école, dans le culte de la République et de Jules Ferry, Pierre Boisson n'a rien d'un homme d'extrême droite. Instituteur lui-même, grièvement blessé durant la Grande Guerre — il y a laissé une jambe —, élève de l'École coloniale, sorti premier du concours d'inspecteur des colonies, bientôt chef de cabinet d'Albert Sarraut, d'André Maginot et de Paul Reynaud, il est devenu en 1933, à moins de quarante ans, secrétaire général de l'AOF à Dakar. Gouverneur général à Brazzaville au moment de l'armistice, il a été nommé le 25 juin 1940 gouverneur général, haut-commissaire à Dakar pour toute l'Afrique noire par le socialiste Rivière, ministre des Colonies du premier gouvernement Pétain. Il a si peu le profil du vichyssois classique que son premier réflexe, comme l'atteste le télégramme qu'il a adressé le jour même de sa nomination au gouverneur du Gabon, a été de refuser l'armistice afin de former un bloc africain prêt à reprendre la lutte. Cet espoir ayant été déçu, il s'est rallié au gouvernement du maréchal avec l'obsession de ne jamais tomber sous contrôle allemand, de refuser même la venue des commissions d'armistice. Cette hantise sans doute contribue à lui faire craindre tout trouble à Dakar qui pourrait justifier une intervention de l'ennemi ; cependant par son passé, ses réflexes, son patriotisme, son attachement à la cause alliée, Pierre Boisson ne semble pas, a priori, fermé à toute discussion. Est-il vraiment informé de ce qui se prépare, des buts réels de la France libre ? Aucune trace de contacts directs ou indirects n'a été conservée et, même en tenant compte de la tension régnant à l'époque, le fait reste surprenant.

À Dakar, il est vrai, les gaullistes sont peu nombreux, peu influents, leur action est improvisée, et personne n'apparaît de taille à contrebalancer l'autorité d'un gouverneur général qui a su, par ailleurs, relancer la vie économique. Plus regrettable encore, des hommes de réputation sulfureuse mènent campagne au nom de la France libre. « Beaucoup de partisans du général ici, étaient des gens assez douteux », écrira plus tard Claude Hettier de Boislambert à Geoffroy de Courcel [9].

Cette impression d'improvisation on la ressent d'ailleurs en lisant les procès-verbaux des réunions de travail entre de Gaulle, Spears et l'amiral Cunningham. Tandis que le chef des Français libres insiste sempiternellement pour que le pavillon français soit, en toute occasion, bien visible, il se confirme que l'on ignore à peu près tout des réactions probables de la population, de la garnison et que les problèmes techniques sont loin d'être résolus. Le 21 août, par exemple, de Gaulle et l'amiral Cunningham se concertent pour savoir comment les tracts seront lancés sur Dakar. Trois avions Lucioles sont a priori disponibles, mais le capitaine Kœnig doit s'assurer en urgence qu'ils sont bien en état de vol. À juste titre l'amiral Cunningham fait observer qu'il est nécessaire de tenir compte de l'humidité du climat qui peut réduire les tracts à néant. Spears demande que, par sécurité, ils soient fabriqués en papier imperméable. Par ailleurs, Spears et Cunningham se montrent anxieux du temps que peut prendre le contrôle de la ville de Dakar. « Ma force n'est pas suffisante, souligne le général Irwin, et n'est pas destinée à tenir Dakar indéfiniment face à des forces importantes [10]. »

À Carlton Gardens, la confiance reste cependant entière jusqu'à la veille de l'opération. L'euphorie règne d'autant plus que les ralliements successifs à la France libre du Tchad (26 août), du Cameroun (le 27) et du Congo (le 28), ont mis du baume sur les plaies.

À Londres, racontera René Pleven, qui joue alors un rôle clé dans ces opérations, nous étions arrivés à la conclusion qu'il y avait quelque chose à tenter du côté de l'AEF qui par son éloignement était protégée de toute menace militaire allemande. À cette fin de Gaulle forma une petite mission qui comprenait trois personnes : un officier d'active blessé dans la Somme dont le nom était Leclerc de Hauteclocque, un aspirant qui connaissait bien l'Afrique pour y avoir chassé le fauve, Claude Hettier de Boislambert, et moi-même. Nous nous étions donné pour objectif de retourner l'AEF. Naturellement pour réussir une pareille opération il fallait l'aide du gouvernement britannique qui, en l'occurrence, a mis à notre disposition un rare hydravion à large rayon d'action. Partis de la côte sud de l'Angleterre, nous avons gagné Lisbonne avant de nous poser en Gambie, petite enclave britannique au cœur du Sénégal. De là, par une série de tours de force, nous sommes allés prendre contact avec des Français susceptibles de nous rejoindre dans diverses colonies, surtout au Tchad et au Cameroun.

À Lagos, capitale du Nigeria, nous nous sommes réparti les rôles. Je suis parti pour le Tchad, Leclerc et Boislambert se sont attaqués au Cameroun, et c'est ainsi qu'après beaucoup de péripéties, je me suis retrouvé à la fin du mois d'août, secrétaire général de l'AEF, placé sous les ordres du haut-commissaire, le général de Larminat, qui avait réussi à nous rejoindre depuis la Syrie. De la sorte, nous avons réussi à maintenir un territoire où les lois françaises continuaient à s'appliquer. À partir de ce moment-là, nous avions vraiment une base territoriale, il y avait vraiment un morceau de France qui était libre et non plus seulement quelques Français décidés à rompre avec Vichy [11].

Le 30 août, rasséréné par ces bonnes nouvelles, de Gaulle déjeune à Downing Street avec Churchill. L'atmosphère est très cordiale. Le lendemain, l'expédition quitte enfin Liverpool. Le chef des Français libres prend place à bord du paquebot hollandais *Westernland*, en compagnie de l'inévitable Spears et du capitaine de frégate Thierry d'Argenlieu, ancien supérieur des carmes déchaux, étonnante figure de moine-soldat. Avant de partir, il a confié ses sentiments à Catroux, qui doit arriver à Londres en son absence : « J'ai pleine confiance en la victoire finale. »

Malgré un départ mouvementé après un bombardement aérien et en dépit du climat d'insécurité que font régner les sous-marins allemands, de Gaulle et son entourage sont confiants et détendus. « Je me rappelle aussi les conversations fort gaies du mess où de Gaulle et moi prenions nos repas, écrira Spears. Beaucoup parmi les officiers français et britanniques étaient d'excellents conteurs et je vis alors rire le général comme jamais depuis [12]. » Le chef de la France libre d'évidence est d'excellente humeur et un jeune étudiant en médecine, futur prix Nobel, François Jacob, le constate dès le lendemain du départ. Médecin auxiliaire, il sert sur le *Westernland* et, après une heure passée dans un salon saturé de fumée de cigarettes, il éprouve le besoin de changer d'air :

Seul sur le pont, je regardais notre bateau frère, le *Pennland*, qui naviguait à quelques encablures sous la garde d'un escorteur Et aussi à l'horizon la ligne sombre d'une terre. Soudain derrière moi, une voix basse, un peu rocailleuse : « Cette terre là-bas qu'est-ce que c'est ? » En me retournant je me trouvai devant la cathédrale gothique. Un béret sur la tête, la main en visière sur les yeux, de Gaulle examinait l'horizon, plus immense encore qu'à Aldershot. Au garde-à-vous, je bredouillai : « Je ne sais pas, mon général. Je suppose que c'est la côte d'Irlande. — Oui, dit de Gaulle, ce doit être l'Irlande. Il paraît que c'est très beau. Mais on attendra une autre occasion pour aller visiter [13]. »

De cette traversée à l'issue de laquelle se joueront en partie, il le sait, son destin et celui de son mouvement, le général a laissé pour sa part une relation plus mélancolique : « Au large dans la nuit noire, sur la houle qui gonflait l'océan, un pauvre navire étranger sans canon, toutes lumières éteintes, emportait la fortune de la France [14]. »

Le voyage est long, marqué seulement à bord par une tentative de mutinerie qui conduit le commandant à faire enfermer les meneurs à fond de cale, « où ils demeurèrent, précise Spears, en dépit des dangers causés par les sous-marins et des conditions d'existence infernales [15] ». Sur la partie du pont qui lui est réservée, le général passe de longues journées à regarder les poissons volants et à commenter les nouvelles du jour. Les premiers bombardements de Londres par la Luftwaffe que l'on vient d'apprendre affectent beaucoup le Britannique. « Ils ne peuvent continuer à ce rythme, le rassure de Gaulle. Vous avez gagné. »

Souvent le chef de la France libre égrène des souvenirs, raconte des anecdotes, évoque son souhait de se retirer à la campagne après la guerre — son interlocuteur bien entendu ne le croit pas ! Parfois aussi il se plonge dans des cartes, échafaude des plans. Il songe notamment à harceler les garnisons allemandes en France afin d'obliger l'ennemi à y accourir :

On débarquerait un grand nombre de motocyclistes, spécialement formés, en un point convenable de la France du Nord ou de l'Ouest, avec si possible, de petites automobiles blindées. Tous fonceraient à haute vitesse vers la côte de la Méditerranée ou celle du golfe de Gascogne. Ils constitueraient des petits groupes, courant dans toutes les directions, en détruisant tous les moyens de communication, télégraphiques et autres et en émettant eux-mêmes des signaux pour faire croire qu'ils forment les avant-gardes d'une grande unité progressant très vite. Les Allemands possédant peu de blindés en France, certains véhicules atteindraient leurs objectifs sans rencontrer d'opposition sérieuse. En fin de course, les hommes pourraient, selon leurs chances et leurs possibilités de se soumettre à des horaires précis, être recueillis par des sous-marins ou des bâtiments rapides. En passant par Vichy, ajoutait-il, ils pourraient peut-être s'arrêter assez longtemps pour s'emparer de la plupart des membres du gouvernement et les pendre [16] !

Vichy, justement, ne tarde pas à se rappeler au souvenir du général et ses alliés britanniques. Le 13 septembre, quatre jours avant leur arrivée à Freetown, ils apprennent, en effet, qu'une semaine auparavant six vaisseaux français ont quitté Toulon. La flotte britannique ne les a pas interceptés à Gibraltar et tout donne à penser qu'ils se rendront à Dakar pour empêcher tout nouveau ralliement à la France libre. De Gaulle ne perd pas son calme. « Un vendredi 13 est souvent un jour à histoire », dit-il simplement à Watson, l'adjoint de Spears [17]. Une conférence en pleine mer est immédiatement improvisée. Spears auparavant a fait connaître à l'amiral Cunningham, qui se trouve sur un autre navire, l'avis du général :

Le général de Gaulle est d'avis qu'on doit faire tout ce qui est possible pour empêcher les six navires français d'atteindre Dakar ou d'autres ports de l'Afrique-Occidentale française. S'ils atteignent Dakar, il est fort improbable que la ville se rende à lui. Il suggère que la flotte, accompagnée par le *Savorgnan*, les arrête. Le *Savorgnan* porterait une lettre du général de Gaulle leur enjoignant ou bien de se placer sous ses ordres, ou bien de se retirer à Casablanca ou d'accepter les conséquences d'un refus. Il s'en remet à vous pour avoir l'assurance que ces navires n'atteindront pas Dakar, quel que soit le cas [18].

Informé, l'amiral Cunningham avalise ce scénario. Sur la suggestion de Spears, il est décidé que Thierry d'Argenlieu se chargera de la mission. Il ira donc porter à l'amiral Bourrague cette lettre qui montre que lorsque l'essentiel est en jeu de Gaulle ne transige pas : en clair, il indique en effet à l'amiral qu'il coulera son navire s'il n'obtempère pas ;

Amiral,
Comme vous le savez sans doute, l'Afrique-Équatoriale française, une grande partie de l'Afrique-Occidentale, ainsi que des colonies du Pacifique se sont déjà jointes à moi pour poursuivre la guerre de l'honneur et de la libération. D'autres terres françaises sont sur le point de suivre leur exemple.
J'ai le devoir de faire en sorte que tous, dans ces territoires, puissent se consacrer sans entraves à leur tâche sacrée.
En aucun cas je ne saurais permettre que des Français, agissant sous l'influence de soi-disant autorités tombées dans la dépendance de l'ennemi, tentent de gêner en quoi que ce soit ceux qui ont choisi d'observer le devoir de défense nationale.
J'ignore quelles sont vos intentions, mais je suis obligé de vous inviter : soit à vous rallier immédiatement aux forces françaises libres sous mes ordres et à prendre, en conséquence, mes instructions ; soit à regagner sans délai Casablanca.
Je dois, en outre, vous prévenir que, d'accord avec les alliés, je suis, comme eux, décidé à empêcher par tous les moyens que vous ne poursuiviez votre route vers quelque port que ce soit de l'Afrique-Occidentale française ou de l'Afrique-Équatoriale.
Veuillez agréer, Amiral, l'expression de mes sentiments les plus distingués.
Signé : C. de Gaulle[19].

Sur-le-champ, Thierry d'Argenlieu se prépare. « En cette occasion, note Spears, avec humour, la qualité de moine de d'Argenlieu se révéla précieuse, car un homme de Dieu a peu de possessions terrestres. Jamais je n'ai vu quelqu'un se préparer aussi vite. En moins de dix minutes, il fut prêt. »

La mission de l'ancien supérieur des carmes est partiellement couronnée de succès. Le destroyer à bord duquel il prend place rencontre bien deux croiseurs de Vichy : ils ont des ennuis techniques et leurs équipages sautent, semble-t-il, sur l'occasion pour rejoindre Casablanca. Cependant, rien n'est réglé car, à l'insu des Anglo-Français, le gros de l'escadre de Vichy a réussi à atteindre Dakar.

Le 17 septembre, quand l'amiral Cunningham et le général Irwin, accompagnés du commandant d'Argenlieu, parviennent à Freetown à bord du *Devonshire* et rejoignent de Gaulle et Spears arrivés auparavant, l'allégresse ne règne donc pas. L'opération paraît compromise et, de Londres, vient d'ailleurs d'être acheminé un message jugeant que l'entrée des croiseurs de Vichy à Dakar implique que les forces anglo-françaises renoncent à leur projet.

Face à cet ultimatum, le général a la satisfaction de constater que tous font bloc autour de lui et soutiennent sa volonté de poursuivre le plan prévu. Spears et Cunningham notamment appuient de Gaulle qui croit beaucoup à l'efficacité d'un soulèvement dont Hettier de Boislambert, arrivé à Dakar après le succès du Cameroun, doit prendre l'initiative. L'idée directrice est, plus que jamais, de coupler le débarquement et l'insurrection. En définitive, la détermination des chefs militaires anglais présents à Freetown et celle du chef des Français libres font céder Londres. De Gaulle se heurte, malgré tout, à un refus catégorique lorsqu'il prétend assumer le commandement en chef de l'opération. Le 18 septembre, au matin, le feu vert est donné. Le cabinet britannique n'en est pas moins inquiet d'apprendre que six navires de Vichy, bientôt renforcés par un septième, le *Primauguet*, ont pu gagner Dakar, qu'ils s'apprêtent à quitter pour faire route au sud, avec la mission évidente de ramener le Congo et le Cameroun dans l'orbite de Vichy. De fait, cinq jours après leur arrivée, les bateaux prennent le large ; cette fois, la flotte de l'amiral Cunningham les intercepte, les oblige à rebrousser chemin, cependant cinq d'entre eux retournent à Dakar où ils renforcent les forces présentes... et, du même coup, l'hostilité des officiers de marine présents envers la France libre. Ces nouvelles ne sont évidemment pas de nature à rasséréner Londres. Mais l'heure n'est plus aux tergiversations. Les conséquences politiques d'un recul apparaissent trop lourdes. En fonction de trois hypothèses, trois plans sont prévus : le plan Happy, un ralliement sans combat, le plan Sticky, une forte pression militaire, et le plan Charles, un débarquement à Rufisque, en liaison avec les hommes de Boislambert. De Gaulle, en tout cas, s'est impliqué directement et totalement dans l'opération. En témoignent les notes qu'il rédige lui-même, prévoyant le rôle de chacun et même les slogans que la foule doit crier en attendant l'heure H :

> Si la population ralliée se livre, sur la route, à des manifestations de sympathie, répondre avec chaleur tout en se maintenant sur le terrain parlementaire. Le personnel subalterne s'appliquera à garder le contact et à entretenir l'ambiance près du palais du gouverneur en criant : « Vive la France », « Vive de Gaulle », « À bas les Boches »[20].

Dès le départ, il apparaît que le succès sera difficile à obtenir. Le matin du 23 septembre, l'escadre surgit devant Dakar mais l'extraordinaire scénario décrit par Churchill ne peut s'accomplir pour la simple raison qu'un épais brouillard, que personne n'a prévu, pas même de Gaulle, empêche les navires d'être vus. Le plan, pour autant, n'est pas modifié. Tout doit se dérouler comme prévu et dès six heures du matin le général lance un appel aux navires, aux soldats et aux habitants de Dakar, les adjurant de rejoindre sa cause. Un appel qui est, à coup sûr, l'un des grands ratages d'un destin qui n'en compte pas beaucoup :

> Ici le général de Gaulle !
> Je suis devant Dakar avec les navires français, les troupes françaises, les avions français, réunis sous mes ordres pour la guerre de l'honneur et de la libération.
> Ces forces françaises vont débarquer.
> Dans une heure des officiers de mon état-major se présenteront à l'entrée de la rade. Ces officiers sont chargés de régler avec les autorités de Dakar le débarquement de mes troupes et du ravitaillement que nous apportons pour la ville.
> Tout le monde à Dakar, autorités civiles et militaires, population française et indigène, officiers, soldats, marins, aviateurs, tout le monde a le devoir d'accueillir avec joie et avec fierté les bons Français, les belles troupes qui arrivent.

Je suis certain que cela va se passer comme il faut, c'est-à-dire très bien. Car je connais le bon sens et le patriotisme de la garnison et de la population de Dakar.
Si donc, par malheur, quelques misérables faisaient opposition, leur résistance serait naturellement brisée et leur méchanceté impitoyablement punie.
Derrière moi sont présentes sur la mer d'énormes forces alliées, britanniques, hollandaises, polonaises, belges. Si rien ne contrarie l'entrée des troupes françaises à Dakar, ces forces alliées n'auront pas à intervenir et ne débarqueront pas. Tout se passera entre Français.
Si, au contraire, le crime était commis d'ouvrir le feu sur mes navires, mes avions et mes troupes, les énormes forces alliées qui me suivent m'aideraient immédiatement à accomplir ma mission. L'intervention des forces alliées entraînerait, évidemment, de terribles conséquences.
C'est pourquoi, j'adjure les bons citoyens de Dakar, qu'ils soient militaires ou civils, d'empêcher par tous les moyens que qui que ce soit fasse ouvrir le feu contre des Français.
Aujourd'hui, c'est la France qui dicte ici sa loi. Quoi qu'il arrive, force restera à la loi.
À tout à l'heure, ville de Dakar, à tout à l'heure officiers, soldats, marins, aviateurs de Dakar. À tout à l'heure la fière et joyeuse réunion dans Dakar des bons Français qui veulent s'unir pour libérer la Patrie[21].

Sans plus tarder, en dépit du brouillard, l'opération commence. Si de Gaulle, semble-t-il, est confiant, il sait que les forces franco-britanniques qui l'accompagnent sont incapables de faire face à une résistance soutenue, forte de l'appui des navires envoyés par Vichy. Eu égard au drame de Mers el-Kébir, il sait aussi combien les sensibilités sont à vif et combien — auprès des marins en particulier — il importe de ne pas replacer les Anglais devant, de ne pas paraître être leurs agents. D'où les consignes strictes et mesurées qu'il donne à ses hommes :

Les officiers, soldats, marins et aviateurs participant à l'opération, ne perdront pas de vue que le territoire à occuper est une terre française.
Au cas où une résistance sporadique se manifesterait, éviter de répondre si cela n'est pas nécessaire, en tout cas limiter la réponse à ce qui serait indispensable. Si une résistance sérieuse se révélait en un point déterminé, le général de Gaulle se réserve de provoquer, s'il y a lieu, l'appui des forces britanniques sur ce point. Dans le cas où la place opposerait une résistance organisée, les forces françaises libres se retireraient sur l'ordre du général de Gaulle et l'opération serait poursuivie par les forces britanniques.
Conduite à tenir envers les troupes et la population :
Les officiers, sous-officiers et légionnaires ne perdront pas de vue qu'il s'agit de rallier Dakar aux forces françaises libres, en évitant, si possible, tout incident sanglant.
Que ce soit vis-à-vis des cadres, des détachements de troupes, des forces de police ou de gendarmerie ou de la population civile, il faut expliquer que le général de Gaulle vient avec ses troupes, appuyées par des forces alliées considérables, pour renforcer la défense et assurer le ravitaillement de la colonie. Les troupes et la population doivent donc se rallier en bons Français.
Ajouter que, seule, la victoire des Alliés rendra à la France son indépendance et que toute autre considération doit passer au second plan.

En particulier, expliquer aux troupes qu'elles doivent attendre sur place, paisiblement, les ordres du général de Gaulle.
Au cas où elles ne se rendraient pas à ces arguments, leur montrer l'effroyable responsabilité qu'elles encourraient en causant des incidents sanglants.
Essayer, tout au moins, de créer de l'indécision dans les cadres et la troupe.
Profiter de tout indice favorable pour rallier sur-le-champ les éléments qui se montreraient bien disposés.
À partir de ce moment, arrêter immédiatement les individualités hostiles dont les propos ou l'attitude seraient de nature à nuire à la réussite de notre entreprise, et les faire conduire, dès que possible, à l'EM du général commandant supérieur (PC du colonel commandant les troupes à terre) ou, si ce PC n'est pas encore installé, sur les bateaux des FTE.
De toute façon, imposer l'énonciation des ordres du général de Gaulle.
Faire preuve, à tout moment, de la discipline la plus stricte.
Conserver la tête froide, employer des phrases courtes et simples, éviter de se laisser entraîner dans des discussions, conserver un ton énergique, mais sans brutalité[22].

Bientôt, comme prévu, des avions anglais et français lancent sur la ville des tracts invitant les habitants, les militaires et les autorités à se rallier. Dans le même temps, les parlementaires de de Gaulle, Thierry d'Argenlieu et le capitaine Bécourt-Foch, débarquent à l'amirauté, à bord d'une vedette désarmée. Ils demandent à voir le gouverneur général Boisson, afin de lui remettre un message de leur chef. Dans cette lettre, publiée en annexe des *Mémoires de guerre*, le général insiste non seulement sur ses intentions pacifiques et patriotiques, mais flatte l'amour-propre de son correspondant en affirmant : « Votre heure est venue. » Quand l'essentiel est en jeu, de Gaulle n'hésite ni à respecter les formes, quoi qu'il lui en coûte probablement, ni à entrer dans le jeu de son interlocuteur. Il le montre aussi dans cette lettre adressée à l'amiral commandant la place :

Amiral,
J'ai eu l'honneur de vous voir à Brest le 16 juin, alors que les événements tournaient très mal.
Il semble, cependant, que l'on commence à remonter la pente. Pour moi, je n'ai qu'une volonté, poursuivre la guerre pour l'honneur et la libération de la France. Quel rôle pourriez-vous vous-même jouer, Amiral, si vous vouliez prendre en main notre marine et la mener au bon combat : Nul doute que tous nos marins vous suivraient.
Je me trouve, aujourd'hui, tout près de vous, à la tête d'une force importante que je destine à renforcer les défenses de Dakar contre l'ennemi. Je vous demande de m'y aider.
Je vous le demande avec d'autant plus d'insistance que les Anglais attribuent à Dakar une extrême importance et ne veulent à aucun prix voir les Allemands s'y installer. Si, par malheur, je ne réussissais pas dans mon entreprise, ils la prendraient à leur compte.
Vous jugez certainement comme moi-même, Amiral, que l'intervention des forces très puissantes qu'ils ont amenées pour cette éventualité est à éviter absolument.
En attendant votre réponse, je vous prie de bien vouloir agréer, Amiral, l'expression de mes sentiments les plus respectueux et dévoués[23].

Très vite, il se vérifie que l'accueil de Dakar ne sera pas des plus chaleureux. À peine débarqués, les émissaires sont avertis que Pierre Boisson a donné l'ordre de les arrêter. Ils n'ont que le temps de rejoindre leurs embarcations : sans sommations, deux rafales de mitrailleuses sont tirées sur eux, blessant grièvement Thierry d'Argenlieu à la jambe. Par ailleurs, on apprend que le gouverneur fait réprimer de façon très énergique les manifestations favorables au ralliement à la France libre. Enfin, il s'avère que Claude Hettier de Boislambert n'a pu suivre d'Argenlieu dans sa retraite et a été fait prisonnier.

La situation pour de Gaulle et les Britanniques ne cesse de se dégrader rapidement : à huit heures quand deux avisos se présentent à l'entrée du port, le *Richelieu* ouvre le feu sur eux. « Si pareille opposition continue, communique le général, les énormes forces alliées dont je suis suivi, entreront en action. » Bientôt, l'état de siège est proclamé, la défense de Dakar renforcée. Vers neuf heures, la flotte anglaise, à proximité du cap Manuel, essuie le feu des batteries côtières. À onze heures, de Gaulle envoie une nouvelle sommation : « J'adjure et j'enjoins aux autorités de Dakar de me signaler qu'elles ne s'opposent pas au débarquement des troupes sous mes ordres. » À quoi Boisson réplique : « Vous confirme que nous nous opposerons par la force à tout débarquement. Vous avez pris la responsabilité de faire couler le sang français, gardez cette responsabilité, le sang a déjà coulé. »

Peu avant midi, le général tire la conséquence de cet état de fait : à l'amiral Cunningham il fait savoir que le plan Happy est dépassé et qu'il faut passer au plan Sticky, c'est-à-dire, le cas échéant, faire bombarder le *Richelieu*. Cunningham obtempère mais les tirs britanniques provoquent une très violente riposte du *Richelieu*. Le croiseur *Cumberland* est sérieusement endommagé. Il faut donc passer au plan Charles mais, décidé dans l'après-midi, un débarquement à Rufisque, gêné par le brouillard, se heurte à une violente résistance. Il est, par ailleurs, mal coordonné, selon Boislambert les transmissions étant très défectueuses[24]. L'échec de l'opération est évident. La partie, désormais, est virtuellement perdue.

Elle l'est définitivement quand Watson, l'adjoint de Spears, apprend aux deux généraux que deux croiseurs rapides viennent de sortir de Dakar. Laissons Spears raconter la suite des événements, l'humiliante volte-face, les sentiments que lui inspire l'attitude du général face à l'adversité :

> De Gaulle savait aussi bien que moi que, si les bâtiments ouvraient le feu sur nous qui nous trouvions sans défense, ce serait un holocauste. Notre bateau, bourré de troupes, flamberait comme une torche avant de s'enfoncer dans cette mer infestée de requins. Ce fut une des rares occasions où de Gaulle me consulta. Il était pâle, comme je l'étais moi-même probablement. « Que devrions-nous faire, à votre avis ? — Nous n'avons absolument pas le choix, répondis-je. Il faut prendre le large le plus vite possible... Il faut donc dire au commandant d'exécuter immédiatement un dégagement vers le large. »
> Le bruit des brisants parut très proche tandis que le grand bateau, semblable

à un cheval brutalement arrêté dans sa course, paraissait se cabrer avant de changer de direction. Tandis que le remous des brisants s'atténuait, nous comprîmes, de Gaulle et moi, je crois, que nos espoirs venaient d'être anéantis, perdus, dans le grand fracas des lames de l'Atlantique... En cette occasion, de Gaulle commanda l'admiration tout en rejetant la sympathie[25].

Le fiasco étant dès lors évident, reste pour le général à éviter que l'on utilise contre lui le fait qu'à l'occasion de cet affrontement le sang français a coulé. À cette fin, il doit se concerter le plus vite possible avec les Britanniques. Non sans mal, au milieu des flots agités, de Gaulle et Spears gagnent donc peu après le *Barham* sur lequel l'amiral Cunningham a fait hisser sa marque. « La rencontre, écrit Spears, constituera en fait un conseil crépusculaire, une enquête sur une opération qui avait échoué, avec certains traits des anciennes veillées mortuaires d'Irlande où l'on prétendait le mort toujours vivant. » Le général impressionne ses interlocuteurs par sa dignité.

Tous les Anglais présents, dit Spears, apprécient la générosité de cet homme qui avait perdu tout espoir dans la lutte de Dakar mais se montrait désireux d'assumer sa part, et même plus que sa part, des responsabilités de l'échec. De Gaulle voyait clairement l'essentiel : il fallait dire et répéter au monde que Dakar avait ouvert le feu le premier et que lui, de Gaulle, avait ordonné à ses troupes de se retirer pour empêcher un combat entre Français. C'était plutôt un euphémisme et quand il déclara, par la suite, que les Français libres ne portaient pas d'armes à Rufisque, il ne fit que se conformer aux distorsions de la vérité dictées par la propagande de guerre[26].

En réalité, de Gaulle donne le change : terriblement choqué, affecté à la fois par l'échec et le conflit fratricide qui vient de se produire, il sombre, semble-t-il, dans une des crises de découragement qui, à intervalles réguliers, l'assaillent mais qu'il maîtrise en général si bien qu'il parvient à en jouer. Cette fois, la dépression qui le frappe est apparemment plus sévère. « Il est tellement obnubilé par la crainte d'encourir le reproche d'avoir attaqué des Français que son jugement s'en trouve entièrement altéré », note Spears[27]. « Effectivement, remarque de son côté François Kersaudy, de Gaulle envisage alors plusieurs solutions et le suicide semble avoir été l'une d'elles[28]. »

Venant d'un homme certes toujours tenté par le nihilisme mais s'affirmant catholique et montrant en toute occasion une force de caractère hors du commun, une telle tentation ne peut manquer de surprendre. Pourtant la question ouverte par François Kersaudy ne peut être éludée car de nombreux témoignages, dont l'un d'entre eux inédit à ce jour et très important, alimentent le débat.

Dans *La carte impériale* parue en 1949, Maurice Martin du Gard, présent à Dakar aux côtés de Pierre Boisson, fut sans doute le premier à se faire l'écho de certaines rumeurs :

On devait, peu après, de Freetown, rapporter au gouvernement de Dakar qu'au moment où le sort abandonna le général de Gaulle et qu'il entendit la terrible clameur des canons britanniques qui tiraient sur la capitale de l'AOF, une détresse si insoutenable l'envahit qu'il pensa se jeter à la mer. On racontait qu'un colonel, indigné d'avoir été conduit dans une telle aventure, aurait voulu précipiter de Gaulle au-dessus du bastingage, mais peut-être avait-on mal observé la scène, n'était-ce pas plutôt de lui-même qu'il pouvait appeler l'oubli, et cet officier — ou quelque autre — avait-il tenté au contraire d'interdire une résolution si funeste en retenant dans ses bras le général à bord du navire ? Jamais on ne le saura et il ne faut pas le savoir[29].

Pour les fidèles du général, il n'était évidemment pas question d'accorder foi à ces informations indirectes.

L'affaire rebondit, en 1971, quand Raymond Tournoux, dans *Jamais dit*, soutint une thèse voisine en se fondant sur un témoignage de René Pleven :

Sombre désespérance. Quelques jours après Dakar, le général s'entretient à Brazzaville en tête à tête avec M. René Pleven, commissaire national. Torturé, déchiré et angoissé devant l'étendue des obstacles que peut rencontrer la France libre, il ouvre son cœur. Il livre sa pensée la plus intime. Le doute l'accable. Il est des moments où cèdent les ressorts de l'énergie la mieux trempée. Le secret écrase sa conscience. De Gaulle veut le partager. « J'ai songé, confesse-t-il soudain, oui, j'ai songé à me brûler la cervelle[30]. »

Par la suite, interrogé par Jean Lacouture, René Pleven nuancera ses propos et précisant qu'il n'avait jamais pris à la lettre, loin s'en faut, l'aveu du général[31].

Reste que cet aveu a été fait, qu'à l'époque, selon le colonel Passy[32], le bruit courut à Londres, dans les milieux de la France libre, que de Gaulle, au fond du désespoir, avait bel et bien songé à en finir ; reste enfin que le général Massu[33] et Pierre Messmer[34] eux aussi en Afrique à ce moment-là entendirent des bruits selon lesquels le moral du général était au plus bas.

Plus troublant encore est le témoignage de Philippe Dechartre[35]. La scène qu'a racontée l'ancien ministre se déroula vingt-huit ans plus tard, mais elle se rapporte à ces événements de Dakar. Au lendemain du 29 mai 1968, c'est-à-dire de ce jour où de Gaulle atteignit une nouvelle fois le fond de l'abîme avant de redresser la situation par le seul génie du verbe, Philippe Dechartre, gaulliste de gauche, vient d'être nommé secrétaire d'État aux Travaux publics. Or, à peine est-il nommé, qu'on lui fait savoir que le général le recevra le lendemain à onze heures. Panique. Dechartre pense être interrogé sur des problèmes techniques qu'il n'est pas sûr de maîtriser : il prend donc soin de réviser quelques fiches avec l'un de ses collaborateurs avant de se rendre à l'Élysée.

À onze heures le lendemain, de Gaulle l'accueille d'étrange façon : « On me dit que vous êtes spécialiste de Corneille. — C'est beaucoup dire, mon général. J'aime bien Corneille, j'ai créé un festival Corneille à Rouen. Mais de là à dire que je suis un spécialiste... — Si, si, parlons de Corneille. Quelle est, à votre avis, la plus belle pièce de Corneille ? — Difficile à dire, mon général. Pour ma part, celle que je préfère est l'une des pièces les moins connues, les moins représentées aussi : *Suréna*. C'est, vous le savez, le conflit du devoir et de la passion qui se résout par le suicide. — Savez-vous que je peux comprendre ce type de réaction ? À Dakar, lorsque, après l'échec, je me suis retrouvé sur mon bateau seul, dans la moiteur, eh bien, j'ai, moi aussi, été effleuré par cette idée. »

Scène extraordinaire. Philippe Dechartre n'est pas un intime du général. Pourquoi donc cette confidence ? Les psychologues savent bien que ce genre d'aveu est fait d'ordinaire à un interlocuteur que l'on connaît peu ou mal — pour libérer sa conscience en quelque sorte. Sans doute, Charles de Gaulle a-t-il porté longtemps le regret non seulement de l'échec de l'opération mais du fait d'avoir été contraint de s'en prendre à d'autres Français avec des pertes importantes des deux côtés. Quant au moment de cette confidence étonnante, il ne doit rien au hasard : la journée du 29 mai et le voyage à Baden Baden ont rouvert de très vieilles plaies.

Quelques années plus tôt, Jacqueline Beytout, président-directeur général du quotidien *Les Échos*, avait pu constater combien le sujet restait sensible. Présente à Dakar en septembre 1940, témoin direct de plusieurs épisodes de l'opération anglo-gaulliste, ayant contesté à ce titre la version donnée après la Libération par l'amiral d'Argenlieu, elle avait été, au cours d'une réception, très directement apostrophée par le général : « Alors, on pense... Qu'auriez-vous fait à la place du général de Gaulle à Dakar ? » Pour avoir regretté la présence de navires anglais — provocation vis-à-vis des marins après Mers el-Kébir — Jacqueline Beytout s'était vu fermer les portes de l'Élysée[36].

Indépendamment de l'hypothèse du suicide, de Gaulle, après l'échec de l'opération, accusa durement le coup[37]. Il évoqua la possibilité de partir pour l'Égypte, afin d'y effacer l'impression produite par l'expédition manquée en combattant les Italiens. Le 1er octobre, Spears note aussi dans son journal que de Gaulle s'inquiète de l'effet déstabilisateur de l'échec de Dakar sur Winston Churchill.

De fait, l'impression produite par le fiasco est partout calamiteuse. Les Allemands, bien sûr, montent l'affaire en épingle. Les vichyssois triomphent. Quelques semaines plus tard, de passage à Dakar, ainsi préservée du « poison gaulliste », Weygand ne craindra pas de pavoiser devant un parterre d'officiers : « Je tiens à vous dire quelle impression les événements glorieux de Dakar ont fait en France et je n'exagère pas en disant qu'ils ont eu un retentissement dans le monde entier[38]. » L'ancien généralissime a, hélas, raison. En Grande-Bretagne, la presse et l'opinion, à de très rares exceptions près, stigmatisent une grossière erreur de calcul. Aux États-Unis, l'effet est particulièrement désastreux. L'opinion est favorable à la France libre et, assure, François Kersaudy, le président Roosevelt qui s'était passionné pour l'expédition est désagréablement surpris lorsqu'elle tourne court. Dans son esprit, de Gaulle était une créature des Anglais ; plus que jamais, il le reste[39]. À l'avenir, l'échec de Dakar lui donnera un motif pour demander l'exclusion des Français libres de toutes les opérations alliées en Afrique et ailleurs. Par ailleurs, le dynamisme de la France libre va se trouver, sinon brisé du moins ralenti par l'effet dévastateur de l'échec. Peu après, à l'heure du bilan de Gaulle pourra faire valoir que celui-ci, si regrettable soit-il, n'a pas fait partir un seul de ses partisans[40]. Il reste que le ralliement, envisageable à terme, de l'Afrique-Occidentale et de l'Afrique du Nord apparaît maintenant bien problématique.

Seule consolation au milieu de toutes ces catastrophes : la solidité de Churchill vis-à-vis de la France libre et de son chef. Malgré l'échec, malgré les critiques, Churchill reste inébranlable. Le 8 octobre devant les Communes, il ira même jusqu'à déclarer :

> Je ne doute nullement que le général de Gaulle ait eu raison de croire que la majorité des Français était favorable à la France libre. Je dirai même qu'il a fait preuve à cette occasion d'un jugement très sûr et que son comportement dans des circonstances aussi extraordinairement difficiles n'a fait qu'accroître la considération que nous lui portions.

Fort de cet appui, de Gaulle se reprend vite. « Le redressement de la France dans la guerre, déclare-t-il dès le 27 septembre, est une partie en plusieurs manches. En ralliant douze millions d'hommes de l'Empire, les Français ont gagné la première. En forçant Vichy à se battre à Dakar, les Allemands ont gagné la seconde. La partie continue. Nous verrons la suite. » La suite immédiate, c'est la consolidation de ce qui a été déjà entrepris outre-mer. Le général accepte donc la proposition de l'amiral Cunningham de le convoyer jusqu'au Gabon, rallié récemment et qui forme une tête de pont précieuse en AEF. À Douala, où il arrive le 8 octobre, la foule l'acclame comme s'il ne s'était rien passé à Dakar.

Dans l'échec — l'un des plus graves que de Gaulle enregistrera dans sa carrière—, l'impréparation et la malchance ont joué, mais plus encore, sans doute, la mauvaise information des principaux protagonistes. Éclairé sur les buts véritables de la France libre, Pierre Boisson aurait pu avoir une attitude fort différente, lui qui, le 5 octobre, confiait à Maurice Martin du Gard : « Il ne faudrait pas que Laval tirât un bénéfice de la défense de Dakar pour sa politique pro-allemande. Cette opposition que nous venons de faire à la flotte anglaise ne signifie pas du tout, ah mais pas du tout que nous ouvririons les hostilités contre les colonies britanniques voisines. Qu'on le sache bien à Vichy[41] ! » Plus au fait de la situation dans la capitale de l'AOF, de Gaulle aurait, de son côté, mieux ajusté sa stratégie.

L'opération manquée sur Dakar coupe en outre définitivement de Gaulle des milieux les plus nationalistes, hostiles à la Grande-Bretagne, déjà choqués par le drame de Mers el-Kébir. Le 25 septembre, à la une de *L'Action française*, Charles Maurras écrivait :

> M. de Gaulle avait promis que ni son armée ni lui-même ne prendraient les armes contre la France. Hier encore nous enregistrions, avec l'ironie due, cet engagement. [...] Canonner une colonie française du haut d'un navire anglais, à la tête de troupes anglaises, est une drôle de façon de faire la guerre à l'Allemagne — et à outrance encore ! [...] Il avait le choix entre une carrière de chef militaire loyal et les chemins de la révolte ambitieuse. Il a opté. Les conséquences du mauvais choix ont suivi. [...] ... La Radio anglaise l'annonce, M. de Gaulle a pris Dakar... — Le cochon !

VIII

DUEL AVEC VICHY

Si, dans l'esprit du général, les heures sombres de Dakar resteront gravées à jamais, les nécessités de l'action l'arrachent vite à ses méditations moroses. Alors qu'il se trouve encore en Afrique, un nouveau grand projet s'impose à lui : rejoindre la Méditerranée, via le Fezzan et la Libye italienne, en partant du Tchad, premier territoire rallié à la France libre. Par ailleurs, les motifs de satisfaction ne lui manquent pas : à Douala, il a pris pour la première fois contact avec la foule, et Bernard Ledwidge observe, à juste titre, « que ce baptême donna en quelque sorte naissance à un homme nouveau, conscient que sa façon d'agir devait autant plaire au public qu'impressionner l'élite [1] ». À Fort-Lamy, il a pu enregistrer un ralliement important : celui du gouverneur général Éboué qui, de Mandel, a reçu le commandement du Tchad. L'adhésion d'Éboué, esprit large et généreux, est d'autant plus importante que ce Guyanais de naissance a été le premier Noir à accéder à des fonctions aussi hautes dans l'administration coloniale. C'est également à Fort-Lamy que de Gaulle rencontre Catroux, envoyé par Churchill au Caire, et qui est venu se mettre à sa disposition. Indépendamment des qualités éminentes de l'ancien gouverneur général de l'Indochine, le fait est important car il concrétise la soumission volontaire d'un général d'armée à un simple général de brigade à titre temporaire. « Éboué et tous les assistants, écrit de Gaulle avec superbe, connurent, non sans émotion, que pour Catroux, de Gaulle était, désormais, sorti de l'échelle des grades et investi d'un devoir qui ne se hiérarchisait pas [2]. » Dernière nouvelle de nature à susciter l'optimisme : le Gabon, dont la conquête a été confiée par le Connétable à Leclerc et d'Argenlieu, tombe finalement aux mains de la France libre, au prix malgré tout de nombreux morts : vingt du côté gaulliste, cent dans l'autre camp.

Après tant de vicissitudes, le général trouve donc finalement, en Afrique, ample matière à réconfort. Sur le plan privé, qui n'est tout de même pas négligeable, on n'oubliera pas non plus qu'il est pleinement rassuré. Après plusieurs semaines d'isolement, d'incertitude, d'inquiétude aussi, puisque Londres est alors soumis aux terribles bombardements allemands, il vient enfin d'avoir des nouvelles de sa famille, et la force d'âme d'Yvonne de Gaulle transparaît bien à travers ces quelques lignes adressées en octobre à l'amiral Muselier :

Cette absence de lettres est pénible, et cependant je n'aimerais pas que mon mari fût inactif... Comme rien de particulier ne me retenait dans la région de Londres depuis son départ et l'engagement de mon fils, j'ai jugé raisonnable d'emmener mes filles en pleine campagne. J'ai trouvé, non sans peine, une maison un peu antique comme confort et assez isolée mais le pays est d'un calme parfait[3].

Malgré ce rétablissement spectaculaire, il reste, hélas, évident pour le général que la représentativité de la France libre est faible sur le plan international, que les principaux pays, des États-Unis à l'Union soviétique en passant par le Vatican, reconnaissent le gouvernement de Vichy. Les Britanniques eux-mêmes, malgré l'appui qu'ils apportent au mouvement gaulliste, ne peuvent négliger cette réalité. C'est d'ailleurs du fait d'initiatives anglaises que de Gaulle va connaître ses plus graves soucis au lendemain de l'expédition de Dakar.

Churchill, on le sait, est personnellement intervenu, au moment le plus critique, pour défendre le général et ses partisans, alors que la diplomatie britannique exprimait une position beaucoup plus réservée. Ce geste, le Premier ministre ne le regrette pas, mais, foncièrement pragmatique, il sait que longtemps encore de Gaulle ne pourra parler vraiment au nom de la France et exercer une autorité effective. Il ne peut non plus oublier que la flotte française et la plus grande partie de l'Empire demeurent contrôlées par le gouvernement de Vichy. Dans ces conditions, des accommodements s'imposent avec le régime de Pétain, ce qui ne peut que nuire à la France libre.

Pour de Gaulle, le danger est d'autant plus grand qu'après l'échec devant Dakar son pouvoir est fragile et que, dès le 25 juillet, Churchill a fait part au secrétaire au Foreign Office de son intention de susciter à Vichy une sorte de conspiration tendant à ce que certains membres de ce gouvernement, peut-être avec la complicité de ceux qui resteraient, passent en Afrique du Nord, afin de pouvoir mieux servir les intérêts de la France sur ces rives, où ils disposeront de plus de liberté d'action. En clair, si impressionné qu'il soit par le général, Churchill ne verrait pas d'un mauvais œil surgir des rivaux...

La menace, pour le chef de la France libre, est immédiate. Elle prend un double visage. À l'intérieur du mouvement, Catroux se voit faire des offres de services par le Premier ministre qui le pousse ouvertement à prendre la tête des Français libres, sans que l'on sache si le chef du gouvernement britannique veut diviser pour régner ou s'il souhaite que l'ancien gouverneur général de l'Indochine assume un rôle politique, de Gaulle étant cantonné dans des attributions plus strictement militaires. À l'extérieur du mouvement, le danger s'appelle Maxime Weygand. Les Britanniques, en effet, ne cachent nullement que leur vœu le plus ardent est de voir l'ex-généralissime s'éloigner de Vichy et gagner l'Afrique du Nord pour y reprendre le combat, de concert avec eux.

Plus le temps passe, plus il apparaît que Churchill, tout en étant fidèle à de Gaulle, n'est pas insensible aux arguments du Foreign Office qui, depuis juin, soutient la nécessité d'aboutir à un compromis avec Vichy. À Londres, Pétain et plus encore Laval ne jouissent pas de beaucoup de sympathie ; cependant, les diplomates se sont alarmés lorsqu'ils ont constaté que, au moment où ils essayaient d'empêcher Vichy de se rapprocher des Allemands, de Gaulle, dès son arrivée à Douala, a diffusé une série de bulletins de radio attaquant le régime de Vichy et, sur un plan personnel, Pétain.

Dès avant l'opération de Dakar, des contacts entre Vichy et Londres ont été noués à Madrid. L'ambassadeur sir Samuel Hoare, l'un des plus grands diplomates britanniques, a fait parvenir à son gouvernement un message de Paul Baudouin suggérant aux Anglais que, dans les colonies françaises, des solutions souples et pragmatiques puissent être appliquées. Quinze jours plus tard, des propositions plus précises sont arrivées au Foreign Office :

> Si la Grande-Bretagne ne veut pas jeter complètement le gouvernement français dans les mains allemandes, elle doit permettre au ravitaillement venant des colonies françaises de passer en France non occupée. Au cas où ce ravitaillement serait autorisé, le gouvernement français serait disposé à procéder aux arrangements nécessaires en matière de contrôle et garantirait que ni ce ravitaillement ni son équivalent en France ne seraient saisis par les Allemands. Au cas où les Allemands essaieraient de s'en emparer, le gouvernement français s'unirait à nouveau à la Grande-Bretagne contre l'Allemagne[4].

Le gouvernement britannique finit par réagir et, par le même canal, fait savoir qu'il est prêt à étudier les propositions de Vichy, étant entendu que l'appui donné à de Gaulle ne saurait être remis en question et que Vichy devra prouver sa résistance effective aux exigences allemandes. De Gaulle voit donc le danger se préciser mais, à la décharge de Churchill, on doit souligner que le chef des Français libres est soigneusement tenu au courant de toutes ces tractations. De Lagos, le 3 octobre, il a d'ailleurs fait parvenir des observations plutôt modérées : Vichy, à ses yeux, est en plein désarroi et n'a pas l'autorité suffisante pour rassembler autour de lui les énergies.

En définitive, rien de concret ne se produit, Vichy tergiverse, les bruits les plus fous circulent aussi : par une source, peu fiable il est vrai, on apprend que l'Empire et la flotte seraient remis par Vichy à la disposition de l'Allemagne. À Londres, la tension monte. Très inquiet, Churchill demande à Roosevelt d'intervenir. Il fait également parvenir à Pétain un message l'incitant implicitement à passer en Afrique du Nord pour y poursuivre le combat commun. Le 21 octobre, il prend même la décision impromptue de s'adresser directement aux Français par la radio pour les exhorter à la résistance : « Je répète la prière qui entourait vos louis d'or : "Dieu protège la France." » Dans cette situation très confuse où tous les reclassements peuvent se produire, où il faut s'attendre aux pires avanies, le chef des Français libres est le premier à savoir qu'il ne pèse pas encore très lourd.

Pour lui, le rebondissement le plus spectaculaire et le plus détestable se produit le 24 octobre quand, à Montoire, Philippe Pétain rencontre Hitler. Si l'image de la poignée de main entre le Führer et le vainqueur de Verdun révolte et, à ce titre, sert la France libre, la réalité des tractations qui suivent est plus complexe, comme le souligne justement François Kersaudy : « En dépit d'une lucidité quelque peu altérée, le vieux maréchal n'a pas entièrement perdu de vue les intérêts de la France. En fait, il espère obtenir pour son pays les conditions les plus favorables possible en jouant un jeu assez compliqué entre l'Angleterre et l'Allemagne ; et Hitler va lui-même s'en apercevoir[5]. » Une fois de plus, Pétain finasse, au risque de brouiller complètement les cartes, mais très conscient du fait que Londres ne peut se permettre de rompre totalement avec lui, et bien décidé à éliminer de Gaulle.

Premier signe de cette tactique complexe de Vichy qui gêne considérablement le chef des Français libres : l'arrivée à Londres, le 22 octobre, du professeur Louis Rougier, agrégé de philosophie, ami du ministre de l'Éducation nationale Jacques Chevallier, connu pour sa critique acerbe du christianisme et qui, en raison de ses relations dans les milieux anglo-saxons, pense pouvoir jouer un rôle de médiateur entre Vichy, Londres et Washington. En théorie, il s'agit d'obtenir une sorte de désarmement mutuel. En réalité, l'objectif implicite de cette mission patronnée par le maréchal[6] est, ni plus ni moins, de court-circuiter de Gaulle.

Cela est si vrai que, dans une lettre adressée au Foreign Office, le 17 octobre, le représentant diplomatique anglais à Lisbonne, où Louis Rougier venait de passer, soulignait que le professeur, porte-parole des milieux de Vichy, confiants en la victoire anglaise et opposés à Pierre Laval, insistait sur le fait que, dans l'hypothèse où les Anglais collaboreraient avec Weygand, récemment arrivé au Maroc, il devait être entendu que l'ex-généralissime refuserait toute concertation avec de Gaulle et Catroux[7].

Par chance pour le Connétable, Louis Rougier est reçu par Churchill le soir même de l'entrevue de Montoire. Le Premier ministre est déchaîné. À son visiteur, sans doute mal à l'aise, il exprime sa foi dans la victoire, dit sa confiance dans les États-Unis et évoque même l'éventualité d'un bombardement de la ville de Vichy au cas où la France, décidément, se rangerait aux côtés du Reich !

> Il faut que d'urgence, assure-t-il, un gouvernement français, peut-être séparé de celui de Vichy, s'établisse en Afrique du Nord et entreprenne de résister aux Italiens qui sont sur le point de craquer. Un tel gouvernement ne pourrait cependant guère compter sur une aide britannique, la situation au Moyen-Orient exigeant l'envoi de gros renforts. Seule, une levée du blocus est envisageable[8].

Les deux interlocuteurs ne tombent, en définitive, d'accord que pour juger indispensable le départ de Pierre Laval, Rougier n'étant pas le moins ferme à ce sujet.

D'un point de vue concret, la visite de Louis Rougier n'aboutit qu'à une déclaration d'intention, sans force contraignante. Avec

Strang, l'adjoint de Cadogan, aussi antigaulliste que lui, Rougier met au point un texte qui insiste sur la volonté de la Grande-Bretagne de poursuivre la lutte et sur son souhait de rétablir les intérêts français, dans l'hypothèse où la France tiendrait son rang dans le combat contre le Reich. À peine plus précises sont les dispositions qui aboutissent à geler la situation dans les colonies, c'est-à-dire à exclure toute tentative de conquête d'un côté comme de l'autre. Vichy s'abstiendra de livrer ses bases ou ses navires à l'Axe ; inversement, la Grande-Bretagne laissera passer le ravitaillement transporté d'Afrique du Nord vers les ports de Provence. Churchill, bien entendu, s'abstient de signer cet étrange document mais les deux indications qu'il met de sa main en marge en disent long sur son état d'esprit :

Si Weygand dresse l'étendard en Afrique du Nord, il peut compter sur notre appui total et une part de l'aide des États-Unis.
Dans l'hypothèse d'une livraison aux nazis des bases méditerranéennes, nous ferions tout pour abattre un gouvernement capable d'un telle félonie[9].

Ce document en poche, Louis Rougier prend le chemin d'Alger où il est reçu, le 6 novembre, par Weygand, délégué général du gouvernement de Vichy en Afrique française depuis qu'il a quitté le ministère de la Défense nationale le 6 septembre[10]. À l'instant même d'ailleurs, l'ancien généralissime reçoit une lettre de Churchill. Le professeur use d'une argumentation habile, propre à séduire son interlocuteur. Pour la circonstance, il n'hésite pas à invoquer le catholicisme et même le Vatican !

Point de vue de la France
— Point de vue légal
Le gouvernement de Pétain a pris l'engagement solennel (a) de sauvegarder l'unité et l'intégrité de l'Empire : (b) de faire une paix dans l'honneur qui exclut la cession de la flotte et des bases dans les colonies. Or, en proie au chantage de Hitler qui détient des gages terribles (2 300 000 prisonniers, 2/3 de la France), il ne peut tenir ses engagements envers la nation.
Les chefs de l'Empire, par contre, qui ne sont pas battus, ont le devoir de faire respecter les engagements et la consigne d'honneur du maréchal en soulevant l'Empire. Ils interprètent ainsi la véritable volonté de la nation.
— Point de vue religieux
Accepter la paix allemande, c'est accepter le triomphe d'idéologies dénoncées comme antichrétiennes par le Saint-Siège.
— Point de vue moral
Accepter la paix allemande, alors que de petits peuples comme la Hollande, la Belgique, la Norvège, la Grèce ne l'acceptent pas, c'est déshonorer le peuple français devant l'Histoire.
Avenir de la France
Accepter la paix hitlérienne, c'est devenir une nation associée au brigandage hitlérien de 4e rang, après l'Italie et l'Espagne. C'est rejeter toutes les valeurs spirituelles qui font que la France a une signification universelle dans le monde. C'est du reste courir à une nouvelle défaite, car, à la fin, la victoire appartiendra aux peuples qui tiennent la mer et qui combattent pour un idéal consciemment accepté. C'est courir à une révolution intérieure terrible, car,

un jour ou l'autre, le peuple de France demandera des comptes à son gouvernement et à son armée.
Point de vue de l'armée
C'est la seule façon de sauver le prestige de l'armée et de la tradition française et son prestige à lui, Weygand.
— Secours immédiats et progressifs que la Grande-Bretagne pourrait apporter aux chefs de l'Empire.
— Nécessité d'envoyer un officier à Gibraltar ou à Londres.
— Secours immédiat de pétrole, produits alimentaires, munitions de guerre, etc.

Weygand, à la fois profondément antiallemand et plein de rancœur à l'égard de l'Angleterre, ne cède pas à l'argumentation de Rougier. Très vraisemblablement parce que des assurances précises concernant de Gaulle (selon un document britannique, il souhaiterait le « tuer de ses propres mains » !) n'ont pu lui être données. En marge de l'argumentaire du professeur, dont Churchill avait eu aussi connaissance, en face de la mention : « Le cas du général de Gaulle : son acceptation de rentrer sous l'obédience de Weygand au cas où Weygand soulevait l'Empire », le Premier ministre britannique avait simplement écrit : « Nous faisons de notre mieux dans ce sens mais nous ne pouvons parler définitivement pour le général de Gaulle [11]. »

Rougier, toujours convaincu de pouvoir, à lui seul, sauver la France et l'Occident, ne se décourage pas pour autant. Le 20 novembre, il est à Vichy, reçu par le maréchal Pétain et, d'après le rapport qu'il adresse le 24 à Churchill via le Foreign Office, il a en face de lui un homme que Hitler a déstabilisé [12]. Pétain est extrêmement pessimiste sur les chances de victoire de l'Angleterre. Il assure n'avoir accepté, à Montoire, que les principes de la collaboration, à l'exclusion de tout accord relatif aux bases navales ou à l'aviation. Il précise, néanmoins, que Weygand doit défendre les territoires d'Afrique du Nord « contre qui que ce soit », un signe peu encourageant pour les Britanniques. Rien ne démontre surtout un semblant de bonne volonté de la part de Vichy mais il en faudrait davantage pour arrêter Louis Rougier qui, dans son enthousiasme, va jusqu'à établir, à l'intention de Churchill et de Halifax, un parallèle entre ce que le maréchal a consenti à Montoire et ce que lui a obtenu en sens inverse.

Lisbonne, 5 décembre 1940

Monsieur le Premier ministre,
Cher lord Halifax,
J'ai rapporté de Vichy trois assurances qui m'ont été données par le maréchal Pétain, avec prière de vous les transmettre.
1°) La France ne signera pas de paix séparée avec l'Axe, avant la fin des hostilités entre l'Angleterre et l'Allemagne.
2°) La France ne cédera ni bases aériennes ou navales, ni sa flotte aux puissances de l'Axe et résistera en Afrique du Nord par les armes à toute tentative de la part des Espagnols, des Allemands ou des Italiens de s'emparer de ses colonies.
3°) La France accepte comme un fait accompli, jusqu'à la fin des hostilités, la soumission de l'AEF à de Gaulle, étant bien entendu que l'AEF lui sera resti-

tuée à la fin des hostilités et qu'aucune nouvelle entreprise ne sera dirigée contre l'AEF, le Maroc et l'Afrique du Nord.
Cette troisième condition a été la plus dure à obtenir, Darlan et Laval voulant envoyer la flotte pour reprendre Libreville. Ce résultat est dû en grande partie à mon intervention personnelle.
Je pense avoir atteint ainsi mon premier objectif : empêcher l'irréparable entre l'Angleterre et la France. Je pense avoir ainsi épargné à la Grande-Bretagne la perte de garantie de vies humaines et de milliers de livres sterling. Je pense avoir épargné à la France une nouvelle catastrophe où aurait sombré son honneur [13].

D'évidence, Rougier s'est pris au jeu et ne parvient plus à avoir une vision objective, car rien de ce qu'il rapporte n'est de nature à susciter l'optimisme : implicitement au moins, les deux premiers points évoqués par le maréchal sont acquis depuis longtemps. Quant au dernier, il ne revêt en aucune manière l'allure d'une concession, car Vichy n'a pas les moyens matériels de reprendre aux gaullistes les territoires passés sous leur contrôle. L'important figure, en réalité, dans les documents annexes de ce message. Concernant de Gaulle et la politique que devrait suivre la radio britannique, ces notes dont Rougier souhaite qu'elles inspirent Churchill « pour le bien des deux pays et l'heureuse issue de la guerre », éclairent d'un jour singulier l'arrière-plan de la mission. L'universitaire de Besançon, la suite le prouvera, ne représentait que lui-même, mais le programme qu'il développait donne une idée de ce qui aurait pu se produire si de Gaulle n'avait trouvé en la personne du Premier ministre britannique un protecteur aussi incommode qu'intraitable dans les grandes circonstances :

Le cas de de Gaulle
Les attaques du général de Gaulle contre la population civile de Libreville, son offre de libérer les otages qu'il avait faits contre l'impunité pour ses partisans détenus par le gouvernement de Vichy, ont dressé contre lui la presque totalité des officiers, même les plus anglophiles. Aucune entente dans l'avenir entre de Gaulle, l'armée, la marine et le gouvernement de Vichy n'est plus possible. Le maréchal Pétain suggère aux Anglais d'envoyer le général de Gaulle sur un autre terrain d'opérations, en Égypte ou en Grèce. Beaucoup d'officiers coloniaux m'ont déclaré qu'ils iraient combattre dans les rangs des Anglais, s'ils ne couraient le risque d'être amenés à combattre d'autres Français sous les ordres de de Gaulle. [...]
[...] Une des erreurs de la propagande britannique consiste à opposer la loyauté des anciens ministres de la France, dont l'incapacité, la corruption et le fanatisme sont en grande partie les causes du désastre français, à la mauvaise foi des nouveaux ministres (Laval excepté) qui ne sont pas personnellement responsables de ce désastre, étant des hommes nouveaux, bien qu'ils supportent les conséquences immédiates. Il ne faut en aucun cas donner aux Français l'impression que la victoire britannique ramènera au pouvoir les hommes tarés du Front populaire. Or, c'est une objection courante, surtout dans les milieux bourgeois. Le grand reproche que la majorité des Français adresse à l'Angleterre ce n'est pas sa lenteur invraisemblable à se transformer en une machine de guerre, c'est d'avoir financé les élections de 1936 qui ont amené au pouvoir Blum et le Front populaire. Le Front populaire a littéralement pourri la France et, si la population londonienne est durement bombardée, elle le doit en grande partie à ses pseudo-amis qui ont miné les forces morales et spirituelles de la France.

Le gouvernement anglais doit se méfier des Comert, des Cassin et consorts. Il ne doit pas faire parler à la radio des communistes, des socialistes, des israélites. Il doit se souvenir que la démocratie anglaise est une démocratie aristocratique tandis que la démocratie en France était une plouto-démagogie. L'initiative budgétaire accordée à la Chambre des députés, l'impossibilité pour le président du Conseil de dissoudre les Chambres font que le parlementarisme français signifiait tout autre chose que le parlementarisme anglais : il ne signifiait pas le contrôle des actes des gouvernants par les gouvernés, mais le gouvernement arbitraire des masses, c'est-à-dire le jacobinisme.
Les mêmes mots : démocratie, parlementarisme, n'ayant pas le même sens pour les Anglais et les Français, la radio britannique provoque de perpétuels malentendus dans l'esprit des auditeurs français.
La propagande anglaise de langue française oublie trop facilement que l'Allemagne possède des gages terribles (2 millions de prisonniers, 2 tiers du territoire), ce qui réduit considérablement l'indépendance du gouvernement de Vichy. Néanmoins, ce gouvernement conserve un certain pouvoir d'intimidation à l'égard des Allemands comme le prouve sa protestation au sujet de l'expulsion territoriale des Lorrains et l'arrêt de ce transfert de population. Le gouvernement de Vichy est, actuellement, pour les Anglais le moins mauvais des gouvernements possibles, ayant à sa tête un homme d'honneur, dont la parole est celle d'un soldat. Tout nouveau gouvernement serait pire et pourrait reposer la question des bases navales et aériennes.
Projets du Professeur
Frappé de la lenteur que met l'industrie de paix américaine à se transformer en industrie de guerre, le professeur voudrait utiliser ses amis personnels, Walter Lippman, Paul Van Zeeland, les économistes des facultés pour déterminer un grand mouvement d'opinion [14].

Contre-exemple de diplomatie parallèle, la mission Rougier ne devait avoir qu'un seul résultat : une meilleure information, tant à Vichy qu'à Londres, sur les intentions réelles des uns et des autres. Tel était d'ailleurs sans doute ce qu'escomptait Churchill lorsqu'il accepta de suivre le Foreign Office dans cet étrange projet dont l'arrière-plan idéologique, éclatant à travers la note du professeur, aurait fait pousser des cries d'orfraie à ceux-là mêmes qui, à Londres, reprochaient au général d'utiliser parfois des méthodes peu en harmonie avec les mœurs parlementaires.

Très correctement informé, sur l'ordre express de Churchill, du déroulement de la mission, de Gaulle ne s'inquiéta pas, semble-t-il, outre mesure des curieuses pérégrinations du professeur de Besançon. Cependant, les archives attestent que, au-delà de sa prise de position officielle, il se montra, en petit comité, plus véhément, l'affaire révélant au grand jour les visées de nombreux Britanniques, obstinément hostiles à sa personne et à ses buts. Officiellement, la réaction du général à ces contacts discrets entre Londres et Vichy a été plutôt modérée. On la connaît à travers un télégramme adressé à Churchill, reproduit en annexe du premier volume *Mémoires de guerre* : en grand politique, de Gaulle paraît faire la part des choses, tout en restant ferme sur les principes et prêt à reprendre l'avantage.

Le général de Gaulle et le Conseil de défense de l'Empire comprennent les raisons qui peuvent amener actuellement le gouvernement britannique à ménager dans la forme le gouvernement de Vichy aussi longtemps qu'il ne sera pas prouvé que le gouvernement de Vichy a fait à l'Allemagne et à l'Italie des concessions nouvelles propres à influer défavorablement sur la situation militaire de l'Empire britannique [15].

De même, de Gaulle marque qu'il ne voit pas d'objections à ce que l'on tente de rallier des responsables de Vichy tels que Weygand ou Noguès, à condition que tout accord avec eux ait son consentement. En clair, le général compose, il sait qu'il n'est pas en position de force, tout en maintenant inchangée sa revendication de représenter la « vraie France ».

En privé, il est, en revanche, beaucoup plus véhément, plus précis aussi. De la conversation qu'il a, le 25 novembre, avec le diplomate anglais Parr, et que conservent les archives britanniques, il ressort qu'il feint de ménager publiquement Weygand et Noguès parce qu'il sait qu'ils n'évolueront jamais et que son seul et véritable adversaire est l'amiral Darlan, maître tout puissant de la flotte.

De Gaulle : Weygand est trop vieux et trop timoré pour lancer ou diriger quelque mouvement que ce soit. Au moment de l'armistice, le général Weygand a été terrifié par le communisme, plus tard, il a eu peur que le gouvernement Pétain ne tombe et que l'Allemagne, par un moyen ou un autre, n'obtienne un contrôle complet de la France et il s'est donc rendu en Afrique. Si la situation en Afrique tournait mal, il pourrait perdre ses nerfs et nous le retrouverions probablement à Lagos demandant un passeport... Si le général Weygand devenait un jour plus audacieux, s'il disait qu'il a été déçu par l'armistice et que l'Empire français devrait rester dans la guerre, combattre pour l'honneur et la libération, alors nous devrions croire en lui mais je n'attends pas quoi que ce soit de cet ordre. Tout au plus se maintiendra-t-il au pouvoir en Afrique du Nord.
Noguès, poursuit le général, est exactement le même type d'homme. Je n'attends d'ailleurs rien de cette génération. L'homme qui compte réellement est l'amiral Darlan qui a le contrôle complet de la flotte française et de l'armée de l'air. Darlan est dangereux pour nous pour deux raisons. La première est qu'il n'a jamais oublié ou pardonné ce qui s'est passé à Mers el-Kébir. La seconde est qu'il considère que la France a été tabassée par l'armée allemande et qu'elle ne sera jamais capable d'inverser la situation. Mais la flotte française et l'Empire deviennent des réalités et Darlan est obsédé par le fait que la flotte doit établir son efficacité et rehausser son prestige. Il faut remarquer que Darlan a installé, à Alger, l'amiral Abrial et que divers postes en Afrique du Nord ont été donnés à des officiers de Marine. Je suis convaincu que la politique de l'amiral Darlan tendra toujours à provoquer avec nous et vous un conflit et que dans cette perspective il voudra avoir la flotte derrière lui. Reste évidemment que, face à l'opposition qu'elle provoquerait dans le large contexte de la population française, une telle politique ne pourrait être poursuivie longtemps.
Parr : Nous trompons-nous, en espérant un *modus vivendi* avec le gouvernement de Vichy ?
— Dans le court terme certainement pas, réplique de Gaulle. De petites concessions peuvent les inciter à retarder la mise en œuvre de mesures inamicales.

Dans la perspective du long terme, en revanche, si vous établissiez de manière évidente de meilleures relations avec le gouvernement de Vichy, cela choquerait l'immense majorité du peuple français qui, graduellement, réalise que le gouvernement de Vichy est complètement mauvais et aux ordres de Berlin[16].

Afin qu'aucune ambiguïté ne subsiste, le général, dès qu'il apprend le départ de Rougier pour l'Amérique, prend soin d'alerter le représentant de la France libre aux États-Unis, son ami Jacques de Sieyès :

Nous sommes informés que le professeur Rougier est chargé par Vichy d'une mission aux États-Unis. Nous vous informons que le professeur Rougier a eu à Paris des conversations discutables avec des Allemands ou des Autrichiens nazis et a formé une sorte de centre danubien animé par des Hongrois, des sympathies nazies[17].

De Gaulle, tout l'indique, est à un tournant dans ses relations avec les Britanniques. Après l'échec de Dakar, la France libre s'est implantée en Afrique noire, et cette percée a été l'occasion de frictions entre l'organisation gaulliste et les autorités britanniques. Le statut du général, tout d'abord, a changé, et les Britanniques, au moins certains d'entre eux, ne l'ont pas toujours compris immédiatement. Jusqu'alors sans base territoriale, il a désormais autorité sur le « bloc » Afrique-Équatoriale française-Cameroun, un ensemble géopolitique de six millions d'habitants s'étendant de l'équateur au Sahara, sans doute pauvre mais qui offre l'avantage stratégique de joindre le Nigeria au Congo belge et au Soudan anglo-égyptien, c'est-à-dire de réunir les territoires africains de l'alliance britannique. « Cet ensemble, souligne Jean-Louis Crémieux-Brilhac, prendra une importance croissante à mesure que les opérations militaires se développeront en Égypte et en Libye : il permet, en effet, le trafic transafricain, tant routier qu'aérien du golfe de Guinée au Nil et à l'océan Indien, par la voie la plus courte, sans contourner l'Afrique[18]. » À Londres, les conséquences de ce changement ne se sont pas fait attendre : jusqu'alors baptisée « Émission de la Légion française », l'émission de la BBC accordée au général est devenue le 30 août : « La France libre vous parle ».

En Afrique, cependant, le passage de certains territoires sous tutelle gaulliste a donné lieu à des accrochages plus ou moins graves avec Londres. Pour s'emparer du Gabon, toujours contrôlé par Vichy, de Gaulle, en particulier, escomptait l'aide de deux croiseurs britanniques se trouvant devant Libreville. Malheureusement, l'intervention devait se produire le lendemain même de l'entrevue de Montoire, le 25 octobre, et Churchill hésitait à provoquer ainsi Pétain. De Gaulle, en définitive, donna l'ordre à Kœnig, dans la nuit du 8 au 9 novembre, de mener l'opération imaginée par Leclerc et d'Argenlieu ; elle a été couronnée de succès, bien que relativement coûteuse en vies humaines, mais, en la circonstance, la France libre a dû agir seule. De Gaulle ne devait pas l'oublier.

À Londres, on apprécie peu non plus certaines initiatives du général. Ainsi le Foreign Office a-t-il été désagréablement surpris lorsque, en visite à Léopoldville, le 26 octobre, il a remis au consul américain une note proposant au président des États-Unis des bases aériennes et navales, au cas où les possessions françaises d'Amérique — Antilles, Guyane, Saint-Pierre-et-Miquelon — passeraient sous le contrôle de la France libre. Le ton monte encore lorsqu'il intervient pour que son représentant aux États-Unis soit associé aux conversations entre Anglais, Américains et Australiens pour la défense du Pacifique. Le Foreign Office refuse de transmettre la demande : « Il faut faire comprendre au général que son représentant aux États-Unis ne peut pas se comporter comme l'ambassadeur d'un état souverain[19]. » De son côté, le général s'irrite de constater qu'il ne peut communiquer en toute liberté.

Les Britanniques ont été désagréablement surpris enfin par les proclamations du général annonçant la création, le 27 octobre, du Conseil de défense de l'Empire. Comprenant aux côtés du capitaine de vaisseau d'Argenlieu, de René Cassin, du médecin général Sicé, de Catroux et de Muselier, les nouveaux gouverneurs de territoires, le général de Larminat, Éboué, Leclerc et Sautet, cet organisme purement consultatif répond, en théorie, aux vœux de Londres dans la mesure où il rompt l'isolement du général. Par contre, les milieux dirigeants britanniques sont stupéfaits de constater que de Gaulle justifie la naissance de cette institution par le fait « qu'il n'existe plus de gouvernement proprement français ». Au moment où Rougier s'affairait entre Londres et Vichy, une telle assurance était évidemment mal reçue.

Cette prétention du Connétable à être le centre de tout, malgré l'échec retentissant de Dakar, est notamment jugée très sévèrement par les milieux du Foreign Office, fort réservés, dès le départ, vis-à-vis de la France libre. « Télégramme ridicule de ce con de de Gaulle qui prétend sommer Weygand de prendre enfin parti : c'est exactement ce qu'il ne faut pas faire », note Alexander Cadogan dans son journal[20].

D'une manière générale, l'*establishment* britannique n'aime pas ce général incommode que rien ni personne ne semble pouvoir contrôler. Harold Nicolson, pourtant francophile et d'esprit droit et aiguisé, ne dissimule pas son malaise lors d'un déjeuner quelque temps plus tard :

> Je déjeune au Savoy avec le général de Gaulle. Attlee et Dalton sont là. De Gaulle paraît moins rébarbatif sans chapeau, car on voit ses cheveux fraîchement coupés, son regard fatigué, pas toujours bienveillant. Son attitude tendue est celle d'un homme en train de s'alourdir, conscient du fait que seul un contrôle perpétuel de ses muscles lui permettra de garder sa prestance. Je ne l'aime pas. Il accuse mon ministère d'être « pétainiste ». Je lui réponds : « Mais non, monsieur le général. — Enfin, pétainisant. — Nous travaillons, dis-je, pour la France entière. — La France entière, crie-t-il, c'est la France libre. C'est moi ! » Moi je veux bien. Je reconnais qu'il a à son actif un beau geste à la Boulanger. Aussi bien le fantôme du général Boulanger ne cesse de me hanter[21].

De Gaulle, il est vrai, peut paraître abrupt, maladroit. Dans *Pétain, de Gaulle*, Spears rapporte qu'à la même époque, lors d'un déjeuner à l'hôtel Connaught, le général, devant plusieurs invités, déclarait : « Je suis vraiment Jeanne d'Arc. » « La réflexion m'amusa, commente Spears, ainsi qu'un ou deux convives, à en juger par leur expression. Prononcée dans un cercle plus large, elle aurait pu être mal interprétée... Plus tard seulement je compris que le général avait le droit de tracer un parallèle entre la sainte et lui [22]. » Prudent, Spears fait tout de même observer : « À votre place, mon général, je ne parlerais pas trop souvent de Jeanne d'Arc en Angleterre. Les Anglais l'adorent mais néanmoins quand on l'évoque, on sent parfois une odeur de roussi. »

Pour des Anglais, il n'est pas toujours facile de décrypter ce militaire dont l'allure est d'un autre âge et les manières brutales indéchiffrables. Profondément intuitif, le général apprend d'ailleurs à jouer de ses colères, comme Napoléon :

> La façon dont il traitait les Anglais de haut rang me fit souvent sourire, quoique, peut-être, un peu jaune, rapporte Edward Spears. Il remarqua que les Britanniques des classes supérieures détestaient les « scènes » et étaient prêts à tout pour en éviter une, contrairement à leurs compatriotes des classes inférieures qui ne craignent pas la bagarre si on essaie de leur marcher sur les pieds ou si on leur dit des mots qu'ils considèrent comme une injure intolérable.
>
> Agissant d'après un précédent perfectionné par la pratique, le général de Gaulle, s'il avait quelque litige, disons avec un ministre, prenait un air de tempête, d'autant plus violent qu'il était moins sûr de son terrain. Il frappait la table de son képi, comme une taureau frappe le sol du sabot avant de charger, prenait une expression furieuse et dardait la tête comme un cobra. Il déversait alors un flot d'accusations extrêmement offensantes pour la personne ou le ministère en cause, et lançait des remarques tout à fait intolérables. L'Anglais éprouvait tout d'abord un immense embarras, puis de la colère, mais plus il s'offusquait, moins il répliquait. Pour finir, de Gaulle se levait brusquement, saisissait son képi et sortait après avoir dit : « Je viendrai chercher votre réponse demain, à dix heures. »
>
> Il m'arrivait parfois de dîner, ce soir-là, avec l'interlocuteur du général. Généralement, il ne goûtait guère le repas, réfléchissant à ce qu'il aurait voulu dire mais n'avait pas dit. Il se réveillerait la nuit, imaginais-je, pour se répéter les phrases qu'il adresserait le lendemain à l'irascible Français.
>
> De Gaulle arrivait à dix heures mais, cette fois, à la grande stupéfaction des Anglais, il était tout sourire, plein de politesse, rayonnant, littéralement, de bonhomie. L'Anglais éprouvait un tel soulagement à ne pas avoir à prononcer le discours préparé au cours de la nuit qu'il répondait par une cataracte de mots aimables et concédait immédiatement cinquante pour cent des demandes du général qui n'en attendait pas tant.
>
> Deux ministres demeurèrent invulnérables à cette méthode : Winston Churchill et sir John Anderson (devenu lord Beverley) [23].

Lorsqu'il ne se sent pas en position de force, de Gaulle sait également composer — même s'il ne s'en vante pas. C'est le cas, par exemple, en décembre 1940, lorsque le Conseil de défense de l'Empire, après l'agression japonaise contre l'Indochine, gouvernée au nom du régime de Vichy par l'amiral Decoux, exprime l'idée de faire une déclaration qui, d'évidence, est jugée trop dure par les Britanniques. Sur le fond, le général ne cède pas. Dans la forme et sur ce qui peut apparaître secondaire, il est, en revanche, souple, comme l'atteste cette lettre inédite au général Spears :

Londres, le 17 décembre 1940

Mon cher général,

J'ai étudié et apprécié les objections que vous avez formulées de la part de lord Halifax en ce qui concerne le texte d'une communication se rapportant à l'Indochine et que le Conseil de défense de l'Empire français a l'intention de faire.

Je serais désireux que lord Halifax voulût bien préciser les motifs pour lesquels il souhaiterait que ce texte fût modifié : comme il s'agit d'un territoire français actuellement soumis non seulement à une pression, mais même à une invasion de la part de deux puissances étrangères, pression et invasion qui tendent à réduire les droits de la France dans ce territoire, il ne peut échapper à lord Halifax que l'affaire intéresse en premier lieu le Conseil de défense de l'Empire français.

En effet, l'action de ce Conseil et ma propre action qui se confond avec la première ont pour raison et pour justification précisément le fait que le gouvernement de Vichy est à la fois irrégulier et incapable de représenter librement les droits et intérêts de la France.

Le Conseil de défense de l'Empire juge nécessaire, en conséquence, de faire valoir ses droits et intérêts partout où ils sont menacés.

Il va de soi que toute déclaration du Conseil relative à la régularité des pouvoirs du gouvernement de Vichy ne saurait engager en rien le gouvernement britannique.

Si, toutefois, le gouvernement britannique, dont le Conseil de défense de l'Empire français se considère comme l'allié et avec l'action duquel il est décidé à associer son action en vue de la victoire commune, estime que certains motifs intéressant l'effort commun dans la guerre devraient être considérés par le Conseil de défense de l'Empire français et pourraient l'amener à modifier le texte projeté de la communication relative à l'Indochine, il va de soi que ce Conseil est tout prêt à étudier de tels motifs. C'est d'ailleurs pour cette raison que j'ai eu l'honneur d'adresser le projet au gouvernement britannique afin de recueillir son avis motivé.

Je vous serais donc obligé, mon cher général, de demander à lord Halifax de bien vouloir préciser les motifs de ses objections au texte de la communication que j'ai eu l'honneur de vous remettre.

Bien sincèrement à vous[24].

De Gaulle, on doit le comprendre, est un écorché vif en ce début d'hiver 1940. Alors qu'il prétend représenter l'ensemble de la France, Vichy non seulement est reconnu par les principales puissances, mais bénéficie d'un soutien incontestable de l'opinion. Le maréchal est encore respecté, voire vénéré.

Douze millions de ses portraits seront vendus en 1941, souligne Jean Lacouture[25], près d'un foyer sur deux aura le sien. Sa popularité augmentera encore lorsque, le 13 décembre, il renverra Laval et le remplacera par Pierre-Étienne Flandin. Ni la promulgation du statut des juifs en octobre, ni les mesures antimaçonniques ne provoquent un retournement de l'opinion. Montoire a heurté bien des consciences mais le crédit du vainqueur de Verdun reste important, y compris parmi certains partisans de de Gaulle, surtout ceux qui, à l'étranger, ne sont pas exactement informés. Un exemple entre cent : L. de

Benoist, agent supérieur en Égypte de la Compagnie du canal de Suez et animateur de la France libre au Caire, écrit au général, le 28 août :

On considère ici que, pour le succès de votre propagande, il serait préférable de laisser la personnalité du maréchal Pétain hors du débat. Toute attaque de votre part contre le maréchal prend la signification d'une affaire personnelle entre vous et lui — et vous êtes tellement au-dessus de tout cela ! Et puis la personne du maréchal représente une valeur française qu'il est inutile d'amoindrir[26].

« Nous n'attaquerons pas le maréchal Pétain dans nos campagnes en faveur du général de Gaulle, sauf cependant s'il préconisait une politique antianglaise », écrit de son côté Jacques de Sieyès, ami personnel du général, représentant de la France libre à New York à l'amiral Leahy, le 30 décembre 1940[27].

Plus grave encore pour de Gaulle, plus humiliant aussi : non seulement, comme on le sait, la communauté internationale ne reconnaît que Vichy, à quelques exceptions près, mais les Américains ménagent ouvertement Pétain qui l'a fait condamner à mort. À Washington, la real politik triomphe, et dans une lettre à l'amiral Leahy, un ami personnel qu'il a nommé ambassadeur à Vichy, Roosevelt écrit :

Le maréchal Pétain occupe une position unique, à la fois dans le cœur du peuple français et du gouvernement. En conséquence, je désire que vous vous efforciez de cultiver des relations aussi étroites que possible avec le maréchal Pétain. Vous devez lui faire ressortir la position des États-Unis dans le conflit et l'assurer de notre ferme conviction que seule une défaite des régimes contrôlant pour l'instant l'Allemagne et l'Italie permettront au monde de vivre dans la liberté, la paix et la prospérité. [...] J'ai des raisons de croire que le maréchal n'est pas d'accord avec les actes de son vice-Premier ministre et ministre des Affaires étrangères, M. Laval, dans ses relations avec les Allemands[28].

Chose étrange aujourd'hui : les atteintes portées à la démocratie, et à ce que l'on appellera plus tard les droits de l'homme, ne paraissaient guère impressionner les Américains, si pointilleux d'ordinaire sur ce chapitre. À Washington, on voulait croire, semble-t-il, que ces excès seraient provisoires, qu'ils cesseraient après la victoire. Pour le reste, le gouvernement américain, dans la perspective d'un conflit inéluctable avec les puissances de l'Axe, se plaçait dans le strict cadre d'une politique d'équilibre, où seuls les rapports de puissance règlent les relations entre les nations.

À la décharge du gouvernement américain, on doit constater que de Gaulle s'en tenait lui aussi — et avec quelle superbe ! — à ces principes. Il en sera même à bien des égards le champion. Certes, quand de grands enjeux de civilisation sont en cause, il réagit avec promptitude. Lorsque la législation antijuive de Vichy a été promulguée, il a exprimé aux victimes sa désapprobation et sa sympathie. Comme l'a opportunément rappelé le journaliste Georges Broussine, dès le 22 août il a écrit à l'écrivain Albert Cohen, représentant de l'Agence juive et du Congrès juif mondial : « Le jour de la victoire, à laquelle je crois fermement, la France ne peut manquer d'avoir à cœur de veiller à ce qu'il soit fait justice des torts portés aux collectivités victimes de la domination hitlérienne et entre autres aux collectivités juives qui, dans les pays momentanément soumis à l'Allemagne, sont malheureusement en butte à l'intolérance et aux persécutions[29]. » Le 15 novembre 1940, il est allé plus loin. À un grand rassemblement organisé au Carnegie Hall de New York (où ni Roosevelt ni le gouvernement américain ne sont représentés) il a fait lire un message, écrit à Libreville, où il se trouvait alors : « Quand nous aurons obtenu la victoire, déclare-t-il notamment, non seulement le mal fait en France sera réparé, mais la France reprendra une fois de plus sa place parmi les défenseurs de la liberté et de la justice pour tous les hommes, quelles que soient leur race ou leur religion dans une nouvelle Europe. » Pour incontestables et méritoires qu'elles soient, ces prises de position, curieusement passées sous silence dans les *Mémoires de guerre*, ne participent pas d'une critique idéologique du régime de Vichy. Face à l'État français, de Gaulle réagit comme il l'a fait à l'égard du national-socialisme : en patriote convaincu que l'histoire de France ne se divise pas, en homme nourri de culture chrétienne et respectueux de la personne humaine. Dans la grande querelle qui l'oppose à Vichy, de Gaulle, tout en étant plus vigilant sur les grands principes que beaucoup de bons républicains, ne quitte donc pas le strict point de vue de la « garde du drapeau ». En clair, Vichy pour lui est illégitime, d'abord parce qu'il n'assume pas sa fonction première : défendre la souveraineté française. Partant, on comprend mieux que, si ferme que soit sa résolution, il puisse faire preuve à son égard de plus de pragmatisme que ne le laisseraient supposer ses déclarations publiques. Puisque le crime premier est l'abandon d'une position vraiment nationale, le pécheur pourra, en quelque sorte, se racheter s'il revient à de meilleurs sentiments en décidant de se battre...

En public, de Gaulle condamne sans réserve Vichy et ceux qui le servent. À son ami, Loustaunau-Lacau, qui assure une liaison discrète entre Londres et Pétain et souhaiterait la voir en quelque sorte cautionnée par le général, ce dernier réplique aimablement mais sèchement :

> Toutes les finasseries, tergiversations, cotes mal taillées sont pour nous odieuses et condamnables. Ce que Philippe a été autrefois ne change rien à la façon dont nous jugeons ce qu'est Philippe dans le présent. Nous aiderons tous ceux qui voudront faire ce qu'ils doivent faire. Nous laissons tomber (et ils tombent très bas) ceux qui ne font pas ce qu'ils doivent[30].

Cependant, le général, à l'instar des Anglo-Saxons, n'est pas indifférent au renvoi de Pierre Laval en décembre.

> Les gens de Vichy, écrit-il à son fils peu après cet événement, sont en train de choisir décidément entre le crime et le salut. D'après mes renseignements, l'opinion française et même les hommes de Pétain ont fait des progrès dans le bon sens au cours des dernières semaines. Mais tels que je les connais, personnages au fond falot, et d'ailleurs très compromis par leurs précédents abandons, je serais surpris qu'ils adoptent une position vraiment nationale et rentrent dans la guerre. Pourtant, c'est toute la question[31].

Cette « question », à laquelle il accorde visiblement une grande importance, de Gaulle se garde, on s'en doute, de l'évoquer publiquement ; mais, le 18 janvier, il soumet aux membres du Conseil de l'Empire une série d'interrogations qui prouve que le problème le préoccupe :

Je suppose que vous êtes au courant de la position que j'ai prise dans mes radios et discours récemment prononcés devant le cardinal Hirsley sur l'attitude de la France libre au regard des Alliés et du gouvernement de Vichy.
Je souhaite avoir votre avis sur trois éventualités suivantes :
Primo, dans la situation actuelle, tant que Vichy accepte de vivre sous le régime de l'armistice et de la collaboration même mitigée, avec l'ennemi, estimez-vous que nous devons continuer en ce qui nous concerne à exclure toutes espèces de relations avec Vichy ? [...]
Secundo, si Vichy cesse d'accepter le régime de l'armistice et de la collaboration et décide de se transporter hors du contrôle ennemi non pour y reprendre la guerre mais pour y observer une neutralité, estimez-vous qu'en ce cas nous devrions continuer à ne pas reconnaître son autorité, quitte à entretenir avec lui certaines relations en vue de l'avenir ?
Tertio, à supposer que le gouvernement de Vichy décide de se transporter en Afrique du Nord et de reprendre la guerre, quelles sont les conditions d'ordre extérieur ou intérieur que nous devons poser pour nous joindre à lui [32] ?

« Reconnaître son autorité », « nous joindre à lui » : en public, de Gaulle n'utilise et n'utilisera jamais de telles expressions pour évoquer le gouvernement de Vichy. À l'évidence, il s'interroge. Lors de son passage à Brazzaville, dans un entretien qu'il a eu avec M. Parr, celui-ci a vu en lui « le chef national de son peuple » et prédit que tôt ou tard il serait reconnu chef de l'État [33]. À présent, cette perspective semble plus éloignée. Se retirer, rentrer dans le rang ? Il n'en est évidemment pas question. Mais l'élimination de Laval paraît provoquer, au moins provisoirement, une nouvelle donne. Une grande partie de l'opinion étant convaincue que de Gaulle et Pétain sont en fait d'accord, ne faudra-t-il pas composer ? Tel semble bien être le sens de la démarche du général auprès des membres du Conseil de défense de l'Empire.

Peu après les réponses arrivent, dans l'ensemble plutôt modérées. L'amiral Muselier est l'un des premiers à se manifester, le 23 janvier.

1) Situation actuelle
La France libre doit s'efforcer d'entretenir des relations, sinon avec le gouvernement de Vichy, du moins avec certains de ses membres qui pourraient être favorables. D'autre part, il importe d'entrer en rapport avec les gouverneurs des colonies françaises. La position de l'Empire français dépend, pour la plus grande part, de l'attitude qu'adoptera l'Afrique du Nord. Les prises de contact doivent être faites en tenant compte des désaccords et des rivalités qui peuvent exister entre les gouverneurs. C'est ainsi qu'on peut distinguer trois partis qu'il faut approcher séparément en Afrique du Nord : les partis du général Weygand et du général Noguès qui se partagent les militaires et l'administration civile et celui des amiraux Estéva et Abrial qui se conformeront probablement aux ordres de Darlan. Dans le cas où les chefs se refuseraient à entrer en rapport avec nous, il conviendrait d'approcher leur entourage, afin de ne pas risquer d'être surpris par les événements. Auprès de chaque personnage important,

il faudrait quelqu'un qui nous soit favorable et prêt à servir d'intermédiaire lorsque les circonstances le nécessiteront ou qu'une occasion favorable se présentera.
La prise de ce contact n'entraîne d'ailleurs pas que nous admettions l'autorité de Vichy, mais c'est un gouvernement de « fait » avec lequel il nous faut compter.
2) Le gouvernement se retire en Afrique du Nord en gardant la neutralité
Dans cette hypothèse, nous devons à plus forte raison continuer à ne pas reconnaître son autorité, car quitter la France et garder la neutralité serait une nouvelle lâcheté de sa part qui lui ferait perdre toutes les excuses qu'il a invoquées pour conclure un armistice.
Par ailleurs, il faudrait nous efforcer de prendre contact avec lui, comme dans la situation actuelle.
3) Le gouvernement de Vichy se transporte en Afrique du Nord pour reprendre la lutte.
Nous devons nous joindre à lui sans qu'aucune condition d'ordre extérieur soit posée : le but que nous poursuivons étant la guerre contre l'Allemagne et l'Italie [...].
On ne peut revenir brutalement à l'état de choses antérieur à l'armistice. La question de régime ne doit pas être posée avant la victoire où, comme le général de Gaulle l'a promis, le peuple français décidera de son sort. Le gouvernement qui continuera la lutte sera un « successeur de fait » et devra donc accepter la législation établie par son prédécesseur.
La seule condition qui pourrait être posée serait de rétablir dans leurs droits les Français libres qui en auraient été privés, et par Français libres, il faut entendre ceux qui se sont joints au général de Gaulle, et non les émigrés aux États-Unis et autres pays [34].

Pour le reste, Muselier insiste sur la nécessité où est le chef de la France libre de conserver une place importante dans le gouvernement, ce qui ne peut être qu'agréable à de Gaulle.

Catroux, à son tour, adresse sa réponse le 24 janvier — encore plus modérée — empreinte d'un désir de conciliation évident :

1) M'appuyant sur les déclarations de Weygand rapportées par mon émissaire et sur une certaine confiance que j'accorde à quelques-uns des conseillers de Pétain, je ne puis croire que le maréchal consente à Hitler la collaboration politique et militaire qu'il demande. Je pense qu'il temporise et refusera finalement. Notre devoir est, à mon sentiment, à l'heure présente, de ne pas le gêner, encore plus de ne pas l'attaquer et d'essayer d'agir sur lui en touchant certaines personnalités très choisies, capables de l'influencer. Telle me paraît être la forme des relations à nouer et j'essaie, pour ma part, d'atteindre le général Laure qui est mon ami et aussi de faire intervenir un autre intermédiaire.
2) Si Pétain se retirait en Afrique, il faudrait resserrer les contacts mais je déconseille vivement de reconnaître son gouvernement comme légitime tant qu'il n'aura pas repris les armes. Une pareille démarche nous contraindrait, en effet, à lui obéir, donc à cesser la lutte et par suite à renoncer à ce qui est la raison de notre mouvement. J'ajoute que l'action combattante que nous menons et notre fidélité de guerre à la Grande-Bretagne constituent la garantie que les droits et les intérêts de la France seront sauvegardés lors du règlement de la paix. Elle est la contrepartie française des engagements de Winston Churchill ! Nous devons donc nous battre jusqu'à la victoire.

3) Si le gouvernement Pétain reprenait la lutte, j'estime que nous devrions nous déclarer prêts à le reconnaître, à lui remettre nos territoires et à combattre dans les rangs de nos armées sous la seule condition de notre rétablissement dans nos droits et dans nos qualités mais sans engagement de notre part d'approuver, la guerre terminée, ses actes de politique intérieure et extérieure. S'il n'acceptait pas ces conditions, nous conserverions nos terres coloniales et nous continuerions la lutte en alliés de la Grande-Bretagne et en associé de la France[35].

Dans le courant du mois de février, toutes les réponses sont arrivées à Londres et René Cassin peut en faire la synthèse à l'intention du général[36]. D'une manière générale, les membres du Conseil de défense de l'Empire paraissent d'accord pour estimer que la France libre doit joindre ses efforts à un gouvernement de guerre décidé à continuer la lutte et au sein duquel de Gaulle aurait une place importante, sous réserve que le « dynamisme » constitué par la France libre ne soit pas noyé. Sur la méthode la meilleure pour atteindre ce but, les divergences, en revanche, apparaissent.

Certains, note Cassin, préconisent une alliance laissant à la France libre une certaine autonomie. D'autres pensent qu'il faudrait poser tout de suite les bases d'une fusion où la France libre apporterait sa marque et son esprit dans un élan d'unité nationale contre l'ennemi. L'alliance se présenterait comme une seconde ligne, dans l'éventualité d'un échec de la fusion[37].

Une chose aussi est sûre : l'heure est au dialogue, rien n'est fait pour le décourager. Quelques jours après sa réponse, le 29 janvier, Catroux, comme il l'a annoncé, prend donc contact directement avec son ami le général Laure, très proche collaborateur de Pétain. En soi, la démarche est déjà singulière. Ce qui l'est plus encore, c'est le ton de cette lettre plus qu'amicale, pleine de connivence, fondée non seulement sur des souvenirs communs mais peut-être aussi sur une vision commune de l'avenir (alors que Catroux vient d'être condamné à mort par la justice de Pétain !). Entre Vichy et Londres le contact ne sera sans doute jamais aussi étroit, cordial, voire confiant. L'épisode est d'autant plus notable que de Gaulle n'a pas été laissé dans l'ignorance de cette initiative.

Le Caire, le 29 janvier 1941

Mon cher ami,
Je vous sais à Vichy, revenu d'Allemagne et associé maintenant aux grandes affaires. J'en éprouve du réconfort car je connais votre rigueur d'esprit, votre caractère et votre patriotisme. Et je sais que vous userez de votre influence pour que nos intérêts essentiels soient sauvegardés.
Et c'est bien parce que j'ai cette conviction et que j'ai confiance en notre amitié que, bien que nous combattions tous les deux pour la France dans des camps opposés, je n'hésite pas à vous exposer les vues que je développe dans la note ci-jointe.
Vous savez qui je suis. Je ne suis ni un ambitieux ni un déçu. Je ne suis ni un partisan ni un faible. Je n'ai pas accepté l'armistice parce que j'ai estimé que nous pouvions encore nous battre et vaincre, parce que j'ai le sens de l'Empire et de la Méditerranée, parce que, enfin, je suis sûr que les événements nous

donneront raison, comme ils m'ont donné raison pour l'Indochine que j'avais sauvée.
Cela ne veut pas dire que je blâme ceux qui ont cessé la lutte en France en juin dernier. Je regrette seulement qu'ils ne l'aient pas continuée en Afrique. Et j'affirme que cette lutte doit être reprise maintenant, bien plus qu'elle aurait dû être reprise depuis au moins un mois. [...]
Voici une longue lettre écrite avec confiance. Je vous sais capable de vous élever au-dessus des positions d'obédience pour réfléchir à ce que je vous écris. Je vous dis sincèrement que l'intérêt bien compris conseille d'écouter et de laisser agir le général Catroux. On a eu tort de ne pas le faire quand il le demandait de l'Indochine et de le remplacer par un ignorant et un servile dont, après la victoire, je vous montrerai une lettre fort édifiante de sa fidélité à votre gouvernement.
Bien affectueusement.

Catroux[38].

De Gaulle irait-il aussi loin ? On n'en jurerait pas, mais force est de noter une coïncidence : le jour même où Georges Catroux écrivait à son ami le général Laure cette lettre exceptionnelle, le chef de la France libre, sur un autre ton certes, mais directement et en employant certaines formes, écrivait au commandant de l'escadre de Toulon, l'amiral de Laborde, véritable numéro deux de la Marine après Darlan, qu'il n'aime guère. Le drame, en l'occurrence, est que Laborde déteste plus encore de Gaulle que Darlan. Il n'aura d'ailleurs de cesse de se voir confier le commandement d'une expédition de reconquête du Tchad. Il demeurera donc absolument sourd aux adjurations d'un de Gaulle qui, toujours machiavélique mais mal informé, l'oppose à Darlan et lui fait miroiter des perspectives d'avenir mirifiques.

De toute façon, on ne saurait trop le souligner, ces tentatives étaient vouées à l'échec pour la simple raison que Weygand était résolu à rester sourd aux appels de de Gaulle, alors qu'il était le seul susceptible d'entraîner derrière lui des hommes précieux pour la France libre. De Gaulle, pourtant, on doit lui rendre cette justice, n'a rien négligé pour rallier un homme qu'il n'aimait pas, sur lequel il n'avait guère d'illusion, dont les responsabilités dans le processus ayant abouti à sa condamnation à mort n'ont pas été négligeables, mais qui occupait une position stratégique. En décembre, Catroux, décidément voué aux missions délicates, avait exploré la voie. Au Caire où il séjournait, il s'était entretenu, à la fin de l'année, avec Anthony Eden de la situation en Méditerranée. La bataille de Méditerranée, qui ne devait s'achever qu'en mai 1943, venait de s'engager sous des auspices favorables. Tandis que les Grecs refoulaient vigoureusement les Italiens en Albanie et que sir Andrew Cunningham exerçait une maîtrise incontestée de la Méditerranée occidentale, l'armée d'Égypte développait son offensive victorieuse contre le maréchal Graziani et conquérait rapidement la Cyrénaïque. Le moment était donc venu de s'attaquer aux positions italiennes en Tripolitaine. D'autant plus qu'il était urgent que les forces du maréchal Wavel puissent se rendre dans les Balkans, afin de se joindre à la résistance grecque.

Pour Catroux, dans ce contexte, Weygand avait un rôle superbe à jouer : en faisant marcher ses forces de Tunisie et d'une partie de l'Algérie sur Tripoli, en même temps que l'armée d'Égypte reprendrait son offensive, il donnerait le coup de grâce à Graziani. Ainsi la Méditerranée serait ouverte de bout en bout et les bases aéronavales de Tunisie seraient offertes aux Britanniques pour accentuer leur pression sur l'Italie continentale. Weygand n'avait sans doute que des moyens militaires limités mais, selon Catroux, le risque à courir était réduit, alors que la gloire et le profit seraient grands en cas de réussite.

Eden avait saisi tout l'intérêt de ce plan et, d'accord avec lui, avait décidé de lui envoyer un émissaire. Le choix s'était porté sur le capitaine Mittelman, alors pilote de la Compagnie de Suez, que Weygand connaissait. Le résultat de cette ambassade n'en fut pas moins négatif : porteur d'une lettre fort déférente de Catroux, Mittelman ne fut pas reçu par Weygand, qui lui fit dire par le général Navarre que seul le nom de Catroux l'avait protégé et qu'il aurait été arrêté sur-le-champ s'il s'était présenté de la part de de Gaulle. « Weygand ajouta que si ce dernier lui tombait sous la main, il le ferait fusiller », spécifie Catroux dans une note. Sur le fond, Weygand était aussi réservé : il jugeait impossible d'un point de vue technique l'opération envisagée par Catroux et, en toute hypothèse, se disait tenu d'en référer au maréchal.

À la demande de Churchill et de Eden, une nouvelle démarche, par le biais du même émissaire, sera tentée en vain. Le 2 mars, peu avant le remplacement de Flandin par Darlan, de Gaulle en personne reviendra à l'assaut :

Mon général,
Nous n'avons pas été d'accord. Mais, dans le malheur de la France, il faut partir du point de vue où en sont les choses.
Il n'y a plus de doute possible sur la tournure que va prendre la collaboration avec les Allemands, ni sur les gens qui vont la faire. Or, la victoire de Hitler, c'est la fin de l'indépendance.
Pour quelques jours encore vous êtes en mesure de jouer un grand rôle national. Ensuite, il sera trop tard.
Je me propose de nous unir. Déclarons ensemble que nous faisons *la* guerre pour libérer la patrie. Appelons-en à l'Empire !
Vous connaissez les sentiments réels de l'armée et de la population. Vous savez que notre entente provoquerait chez tous les bons Français un immense enthousiasme en même temps qu'elle entraînerait le concours immédiat des Alliés.
Si votre réponse est oui, je vous assure de mon respect.

C. de Gaulle

La date de la lettre ne doit évidemment rien au hasard. La fin de l'intermède Flandin et l'arrivée au pouvoir de Darlan sonnent le glas du faible espoir qu'avait le Connétable de voir certains responsables de Vichy changer de camp. Tout indique au demeurant que cette lettre adressée à Weygand a surtout été écrite pour l'Histoire, afin de placer l'ancien généralissime dans une position difficile. Indépendamment de la formule de politesse, qui ne pouvait qu'indisposer un destinataire à cheval sur les convenances, de Gaulle ne paraît pas avoir eu la moindre chance de « retourner » Weygand. « Rien ne prouve, écrit Bernard Destremau, biographe de Weygand, que ce soit l'impertinence, calculée ou non, qui ait empêché un rapprochement souhaité par beaucoup. La lettre de Catroux était fort respectueuse. Weygand n'y a pas répondu pour autant. De Gaulle se serait-il abstenu d'ajouter la petite phrase caustique que la réaction de Weygand eût été la même[39]. » L'ancien bras droit de Foch en tout cas ne répondra pas.

Une occasion fugitive, constatera Catroux, lui fut offerte de jouer un grand rôle et d'en donner la gloire et le profit à son pays et il est profondément déplorable qu'il n'ait pas eu l'audace de la saisir. [...] Le général Weygand a alors manqué son heure qui était l'heure de la France et c'est celle-ci qui a acquitté les frais de son erreur[40].

IX

UN ALLIÉ DIFFICILE

S'il a réussi à se maintenir après l'échec de Dakar et même à marquer quelques points, le général est loin d'avoir gagné la partie, c'est-à-dire d'être reconnu par tous, et d'abord par les Britanniques, comme le seul représentant de la résistance française. Sauvé par Churchill, de Gaulle est toujours la cible privilégiée de bien des responsables qui guettent le moindre incident, le moindre faux pas, pour le précipiter à terre. L'occasion se présente dès son retour à Londres le 17 novembre 1940. Les difficultés internes de la France libre vont servir de détonateur.

Réunissant des hommes qui, en temps de paix, seraient certainement opposés, la France libre, tout naturellement, connaît périodiquement des remous plus ou moins graves. Première donnée : de Gaulle, c'est un fait, n'aime pas Muselier ; l'aventurier décrit par l'amiral Arendal ne l'a visiblement pas séduit. Un gouffre sépare les deux personnages, l'un venant d'un milieu de droite, catholique, l'autre de la mouvance radicale. Avant même de partir pour Dakar, le général ne faisait pas mystère de ses réticences, notamment auprès des Britanniques. Le 23 août, Desmond Morton, l'homme de confiance de Churchill, notait déjà qu'il déplorait d'avoir été contraint de prendre Muselier à la tête des forces navales et lui aurait préféré de beaucoup le capitaine de frégate Auboyneau[1]. Toujours d'après Morton, les Anglais étaient eux-mêmes si excédés par l'amiral et ses méthodes qu'ils l'auraient bien vu chargé d'une mission, même nominale, à l'autre bout du monde.

Signe de cette méfiance, de Gaulle, avant de partir pour Dakar, a confié son intérim à trois lieutenants : Muselier, responsable uniquement des forces stationnées en Grande-Bretagne ; Passy, chargé des fonctions de chef d'état-major ; le commandant Fontaine, dont la mission était de superviser les services civils. Par ailleurs, Claude Bouchinet-Serreulles assurait la permanence du cabinet militaire. « De Gaulle, précise Jean-Louis Crémieux-Brilhac, s'est réservé les promotions d'officiers et les nominations du personnel civil. Et il a laissé secrètement un code à Passy pour correspondre avec lui. “Chacun veut bien faire, chacun tire à hue et à dia[2].” »

Muselier, comme on pouvait s'y attendre, pousse son avantage. Il décide, par exemple, de procéder de son propre chef à des promotions d'officiers, ce qui lui vaut, le 20 octobre, un cinglant rappel à l'ordre du général, alerté par Passy. La réunion, qui, chaque jour, rassemble dans le bureau de Muselier Fontaine, Bouchinet-Serreulles et Passy, tourne régulièrement au vinaigre.

Je ne connais pas de torture plus grande, écrit Passy, que d'être obligé, dans de pareilles conditions, de travailler avec un homme comme Muselier pour lequel une solution est bonne ou mauvaise, non pas en fonction de la valeur des considérants mais uniquement selon que l'homme chargé de la résoudre est ou non à sa dévotion personnelle ou exclusive[3].

Le commandant Fontaine, par ailleurs, ne brille pas par le tact. Il se heurte notamment à André Labarthe. Ce dernier est, il est vrai, un personnage étrange et haut en couleur. Brillant, cultivant une ressemblance avec Robespierre, se proclamant de gauche avec vigueur, ancien du cabinet de Pierre Cot, il est aussi légèrement mythomane. Docteur ès sciences, il n'a jamais été professeur à la Sorbonne comme il le prétend, ce qui ne l'empêche pas de séduire un homme tel que Raymond Aron, qui précisera cependant : « Il gaspilla ses chances par excès d'ambition, par ce que je puis appeler son anormalité, par sa propension à la paranoïa, à des propos rarement exacts, presque toujours flottants, quelque part entre le vrai et le faux[4]. » Plus grave, Labarthe est soupçonné d'être un agent soviétique, et si Raymond Aron n'accordera pas foi à cette rumeur, il n'empêche que les services britanniques le tiennent en grande suspicion, ainsi que son entourage. Les soupçons se portent plus particulièrement sur la secrétaire de Labarthe, associée avec lui depuis les huit dernières années, et qui est une Polonaise agissant pour le compte des Soviétiques selon les Britanniques. Par ailleurs, à Londres, on suspecte Labarthe d'avoir été à l'origine de fuites concernant l'affaire de Dakar[5].

Tout cela donne évidemment raison à Gaston Palewski qui, nommé directeur des affaires politiques de la France libre, n'hésite pas à confier aux Britanniques combien il est effaré, lui l'homme de cabinet, par le désordre régnant à Carlton Gardens et qui éloigne, selon lui, des hommes tels que Roger Cambon ou Jean Monnet, avec lesquels il est fort lié et qu'il ne désespère pas de rallier[6].

Ces affaires ne sont pourtant rien en regard du coup de tonnerre qui va éclater au sein de la France libre, au tout début de 1941, et constituer le premier incident grave avec les Britanniques. Le 2 janvier, on apprend en effet que l'amiral Muselier vient d'être arrêté et jeté en prison par les autorités britanniques. L'Intelligence Service a convaincu Churchill que l'amiral avait trahi ! Il serait notamment responsable de fuites lors de l'opération sur Dakar, il s'apprêterait à livrer à Vichy le sous-marin *Surcouf* et à saboter le recrutement des navires de la France libre. Quatre documents, provenant du consulat de Vichy à Londres, le prouveraient de manière formelle. Le cas de l'amiral paraît si grave que le premier mouvement de Churchill est de vouloir le faire pendre sans autre forme de procès !

La surprise est d'autant plus totale que, le 31 décembre, Muselier a présenté ses vœux à de Gaulle le plus normalement du monde, lors d'une soirée au Savage Club et que Robert Vansittart, secrétaire permanent du Foreign Office, est revenu enthousiasmé d'un déjeuner avec lui, le même soir :

C'était ma première rencontre avec l'amiral et il n'y a pas le moindre doute pour moi qu'il est un esprit beaucoup plus ingénieux que de Gaulle. Ses idées sur la manière dont la France libre devrait être conduite sont très proches des miennes. [...] Son attitude générale n'est pas seulement intelligente, à certains égards, elle est brillante. [...] Muselier est non seulement une intelligence sur le plan technique mais, psychologiquement, il est bien supérieur à de Gaulle. Il est convaincu que de Gaulle doit être maintenu en place et que l'on doit mieux le faire connaître mais cela ne sera pas possible s'il continue de commettre des erreurs comme il le fait pour le moment[7].

Vansittart, dont le jugement ne laisse pas d'étonner, a eu de toute évidence connaissance par Anthony Eden, qui vient de remplacer Halifax au Foreign Office, des accusations portées contre Muselier, mais cela ne change rien à son opinion. Preuve que, du côté britannique, quelles que soient les réserves que suscite l'amiral, on songe déjà à l'utiliser contre de Gaulle.

La réaction du général, à la nouvelle de cette arrestation, est violente. Si pâle que puisse être l'étoile de Muselier à ses yeux, il n'apprécie guère d'avoir été placé devant le fait accompli et attend les preuves des accusations portées contre son subordonné. Eden, chargé de l'informer, essuie sa colère. En attendant, Émile Muselier est toujours en prison avec ses deux secrétaires, deux de ses officiers et deux matelots à son service.

À Carlton Gardens, personne n'accorde foi aux griefs énoncés contre l'amiral. Moullec, chef d'état-major de la Marine, est incrédule, tout comme Passy. Le 3 janvier, dans la matinée, de Gaulle se rend donc auprès de Eden pour élever une protestation solennelle et remettre une note écrite évoquant l'hypothèse d'une machination ourdie par Vichy. Selon Cadogan qui assiste à l'entretien, la protestation du général est passionnée. Le 7, ayant obtenu d'aller rendre visite à l'amiral à Scotland Yard, il remet à Spears un examen approfondi des preuves et, le 8, il menace même de rompre avec le gouvernement britannique. C'est alors que la vérité éclate : les documents sont des faux, fabriqués par deux éléments troubles de la France libre, Howard et Collins, suspectés d'ailleurs depuis un certain temps. Avec des excuses, l'amiral, qui a beaucoup contribué à confondre les coupables, est libéré sur-le-champ.

L'affaire, malgré tout, laissera des traces profondes. Entre de Gaulle et Muselier d'abord. Ce dernier, en effet, a soupçonné le chef de la France libre d'avoir monté cette machination pour lui nuire. Le général ayant obtenu de le voir quelques instants durant sa détention, il s'est montré très réservé : « L'entrevue fut d'ailleurs très courte, je restai extrêmement froid devant ses assurances, car, si j'avais été à la place du général de Gaulle et si le premier de mes collaborateurs, et le plus direct, avait été dans mon cas, j'aurais exigé de partager son sort, à moins qu'on ne le libérât sur-le-champ[8]. » Entre les deux hommes, les relations, déjà bien altérées, ne seront jamais complètement restaurées.

Quand le général rencontre, le 9 janvier, Winston Churchill pour recevoir des explications et des excuses, tout se passe bien. Le général réussit d'autant mieux à ne pas gonfler l'incident que sa sympathie à l'égard de la victime est des plus limitées. Churchill, de son côté, se montre aimable et même amical. Reste que l'épisode a troublé les esprits de part et d'autre. La preuve qu'il n'a pas conquis, ou reconquis, la confiance des Britanniques, le général va d'ailleurs l'avoir bientôt, à propos de problèmes beaucoup plus graves que l'affaire Muselier.

Toujours en quête de légitimité et aussi d'assises territoriales pour affermir son autorité, de Gaulle, en ce début de 1941, poursuit imperturbablement son projet d'arracher à Vichy le plus grand nombre possible de colonies. Il souhaite, en particulier, amener Djibouti et la Somalie française dans l'orbite de la France libre. Le ralliement pacifique des territoires étant hautement improbable, l'intervention de trois bataillons, conduits par le général Legentilhomme, apparaît indispensable. Mais les moyens manquent et l'on doit vite renoncer à ce dessein. Reste la solution du blocus qui s'avère, en définitive, impossible, les Anglais y étant opposés.

Pour de Gaulle, tout est clair : les Britanniques ont l'intention, après la guerre, de mettre la main sur la colonie. Si ces visées sont imaginaires, la suite le prouvera, il est vrai, en revanche, que les Britanniques ne souhaitent pas provoquer Vichy. Leurs soucis, en outre, sont différents de ceux du général, à l'heure où la bataille de l'Atlantique commence, où les attaques aériennes incessantes des Allemands les obligent à dérouter leurs convois sur la route du Cap, où la situation dans les Balkans les contraint à envoyer des forces en Grèce. Au Soudan, en Égypte, en Éthiopie, en Érythrée, des forces françaises prennent part au combat contre l'ennemi. Au Tchad, Leclerc, le 1er mars, mène à bien un raid sur Koufra à l'issue duquel il prête le célèbre serment : « Nous ne nous arrêterons que lorsque le drapeau français flottera sur Metz et Strasbourg. » Cependant, les responsabilités des Anglais sont plus importantes, plus larges.

Au Levant, où se portent également les espérances du général, les différences d'appréciation et les ambiguïtés des Britanniques vont apparaître bientôt de manière plus criante. Là, comme à Djibouti, de Gaulle espérait un ralliement pacifique et, là encore, faute d'avoir pu l'obtenir, on a eu recours au général Catroux, expert en diplomatie, bon connaisseur du Levant. En novembre, l'ancien gouverneur général de l'Indochine a donc pris contact avec l'ambassadeur Puaux, haut-commissaire au Levant, et le général Fougère, commandant en chef. Vainement. À la fin du mois de décembre, la situation a même empiré pour les gaullistes avec la nomination au poste de haut-commissaire du général Dentz, vichyssois acharné. Très vite, les éléments gaullistes ont été persécutés, emprisonnés, tandis qu'à la stupéfaction de Carlton Gardens le gouvernement britannique entretenait d'excellentes relations avec Dentz et négligeait de soumettre le Levant au blocus. Cela n'avait, cependant, pas empêché Catroux d'entamer un dialogue avec Dentz par l'intermédiaire d'une note :

Depuis l'armistice, le Levant est en porte à faux politiquement, économiquement et militairement.
Politiquement, il souffre plus que jamais de ses faiblesses congénitales. Le Levant est une création artificielle des diplomates, sans unité interne, sans cadre géographique défini, sans constitution. Il ne se soutenait que par l'armature du mandat. Or, cette armature s'est brusquement disloquée du fait de l'armistice, parce que d'un côté les autorités de tutelle ont paru renoncer et que de l'autre la défaite avait détruit notre prestige qui faisait le support du mandat. [...]
Pour remédier à cette situation qui avait conduit les Syriens et les Libanais à regarder, soit du côté de la Grande-Bretagne, soit du côté des États arabes, soit enfin du côté des puissances de l'Axe, la France devait reconquérir ses positions, ruinées moins par la défaite que par la capitulation de l'armistice, empêcher surtout que la Syrie, prise en tenaille entre les Britanniques et la Turquie, ne verse *nolens volens* dans la belligérance contre les Alliés. Le Levant, soulignait-il, a des atouts, en particulier des stocks et une armée non négligeable, hélas paralysée par les dispositions de l'armistice.

Quittant le terrain des considérations générales, Catroux faisait également une offre très concrète, fondée ouvertement sur des assurances britanniques : au cas où la Syrie, sous la conduite de ses chefs civils et militaires, s'engagerait « à reprendre sa place et son rôle dans le front interallié antérieur » (« engagement qui serait, bien entendu, conservé strictement secret »), les importantes contreparties ci-après seraient accordées :

— Garantie du maintien intégral de la situation et des droits de la France dans le Levant, dans le présent et au règlement de la paix.
— Levée du blocus et rétablissement de la liberté des échanges, exception faite des échanges directs ou indirects avec les pays de l'Axe ou occupés par lui.
— La France libre interdirait, en outre, toute entreprise au Levant.
Ces suggestions valent d'être pesées. L'engagement proposé serait de nature à restaurer à bref délai la situation de la France au Levant et l'assurerait pour l'avenir. Il éliminerait le danger intérieur. Quant au danger extérieur, il l'écarterait également, le Levant s'étant rangé dans le camp des puissances — Amérique et Grande-Bretagne — qui doivent gagner la guerre. [...] Il serait dangereux de fonder plus longtemps une politique soit sur l'hypothèse d'une victoire allemande, soit sur l'espoir que le conflit s'achèvera par l'épuisement des parties adverses et que la France pourra en tirer avantage à la paix. La guerre sera poussée jusqu'à la victoire et seuls participeront aux profits les peuples qui y auront concouru[9].

Naturellement, Catroux n'obtiendra jamais de réponse à cette proposition dont l'initiative, précisait-il, lui revenait, le gouvernement britannique ayant été formellement consulté et de Gaulle aussi sans doute, comme tend à le prouver la référence à un engagement formel de la France libre. Mais la situation bancale arrangeait assez bien Vichy. La seule réponse du régime de Pétain sera la condamnation à mort de l'ancien gouverneur général de l'Indochine.

Dès lors, la situation pourrit. Plus le temps passe, plus les Britanniques semblent s'accommoder du compromis avec Vichy. Ni les agissements troubles des agents allemands en Syrie, ni l'arrivée à la vice-présidence du Conseil de Darlan, antibritannique notoire, ne modifie le flegme des Anglais qui, il est vrai, sont si occupés en Syrie et en Abyssinie qu'ils trouvent manifestement quelque avantage à cet arrangement.

De Gaulle, lui, est exaspéré, et son irritation est d'autant plus grande que, fort de son expérience au Levant dans les années 20, il prétend bien connaître la psychologie proche-orientale, le dessous des cartes, les arcanes de la politique locale. Peu à peu, il se persuade ainsi qu'en Syrie et au Liban se trouvent au sein de la population un certain nombre de sympathisants de la France libre, susceptibles d'être ralliés. Il se convainc aussi qu'il est urgent pour lui de se rendre sur place.

Le 14 mars 1941, non sans avoir passé un week-end aux Chequers où Churchill lui a annoncé la bonne nouvelle que la loi du prêt-bail [10] était signée, de Gaulle s'envole donc à destination du Proche-Orient, accompagné, à la demande du Premier britannique, de l'inévitable Spears. « Vers l'Orient compliqué, écrira-t-il dans un passage célèbre de *L'appel*, je volais avec des idées simples, décidé à ne ménager rien, d'une part, pour étendre l'action, d'autre part, pour sauvegarder ce qui pouvait l'être dans la situation de la France [11]. » Il arrivera au Caire le 1er avril après des escales au Tchad, en Érythrée et au Soudan.

Une fois encore, le général veut marquer des points, assurer l'assise de son mouvement encore très faible, entamer le crédit de Vichy. En outre, il est convaincu que la partie qui se joue au Proche-Orient est capitale quant à l'issue du conflit mondial, et qu'il est donc essentiel d'y prendre part. Des idées simples, en effet. Le problème, et la suite des événements le démontrera avec éclat, est que ces conceptions procèdent d'une analyse à bien des égards fausse, ou tout au moins partiellement défectueuse.

Tout d'abord, contrairement à ce que pense de Gaulle, le théâtre d'opérations du Proche-Orient est loin d'être un objectif majeur aux yeux des Britanniques, et il perdra encore de son importance quand Hitler, en juin, déclenchera l'opération Barbarossa et envahira l'Union soviétique. Pour le général, il est capital de rallier à sa cause les trente-cinq mille soldats français présents au Levant. Aux yeux de Churchill, il est beaucoup plus urgent de concentrer l'effort de guerre ailleurs, fût-ce au prix d'un compromis sans gloire avec Vichy. Pour la première fois, il saute aux yeux que les intérêts de la France libre ne coïncident pas, tant s'en faut, avec ceux des Alliés.

Plus grave encore : de Gaulle ne dispose que de moyens très limités pour placer sous son contrôle ces territoires du Levant. La France libre ne compte alors qu'environ sept mille hommes. On comprend, dans ces conditions, que Leclerc et Larminat aient émis de vigoureuses réserves quand l'opération a été décidée par le Conseil d'Empire, le

3 mars. De fait, seuls quelques bataillons pourront être rassemblés en Palestine, avant le déclenchement des opérations. En pratique, le général est donc tributaire de la bonne volonté des Britanniques, y compris en ce qui concerne l'action psychologique contre Dentz, et sa position est encore fragilisée par l'attitude, pour le moins réservée, du général Wavell, commandant les troupes du théâtre d'opérations au Moyen-Orient. Officier brillant, tenu en haute estime par ses pairs, Wavell, qui, d'un bout à l'autre des hostilités, aura la mauvaise fortune de se voir confier des missions confinant à l'impossible, estime en effet ne pas avoir les moyens de mener l'opération envisagée par de Gaulle. Au début du mois de février, il a réussi l'exploit — malgré une infériorité criante en hommes et en matériel — de libérer la totalité de la Cyrénaïque, et il a d'autres soucis que ceux du chef des Français libres : les durs affrontements que doivent livrer ses forces en Libye et en Méditerranée orientale lui semblent prioritaires. Surtout, eu égard à la propagande allemande sur l'opinion des pays arabes, il redoute une éventuelle déstabilisation de la Syrie, du Liban, voire de la Palestine.

Sir Archibald Wavell n'est pas le seul à nourrir ces craintes. Pour des raisons évidemment un peu différentes, le général Dentz est sur la même ligne. Nommé par Vichy, il a poursuivi en fait, dès son entrée en fonctions, la politique de la IIIe République finissante qui visait à remettre en cause le traité franco-syrien de décembre 1936, négocié sous les auspices d'un homme d'État clairvoyant, Pierre Viénot, et aux termes duquel le mandat français devait prendre fin pour laisser place à l'indépendance complète du pays. Aux yeux de Dentz, les nationalistes syriens, regroupés pour la plupart au sein du Bloc national, et au demeurant plutôt divisés, ne sont que des fauteurs de troubles en puissance. Or le haut-commissaire vichyssois est avant tout soucieux de maintenir l'ordre, d'éviter toute intervention étrangère, d'où qu'elle vienne. Il tient notamment à prévenir toute intrusion britannique et, pour cette raison, veille à maintenir le territoire dans une neutralité dont Londres s'accommode, pour l'instant, assez bien. À cette fin, des relations sont maintenues avec le consul général de Grande-Bretagne demeuré à Beyrouth et le commerce britannique sur la voie ferrée Haïfa-Amman, qui emprunte le territoire syrien autour de Derea, n'est l'objet d'aucun contrôle, pas plus que le chemin de fer de Bagdad qui traverse à deux endroits la Syrie.

Détail moins connu et a priori étonnant, Georges Catroux partage à peu près cette manière de voir — tout en étant, bien entendu, fort opposé à la personne même de Dentz. Dans une note adressée à de Gaulle le 19 mars, il va encore plus loin que dans sa lettre précitée au haut-commissaire de Vichy puisqu'il préconise non seulement le maintien du statu quo, mais un soutien discret à Dentz. La situation politique à Damas est, il est vrai, des plus délicates, et même explosive. À la suite de l'assassinat, en juillet 1940, du docteur Chahbandar, haute figure du mouvement nationaliste syrien, des soupçons se sont vite portés sur quatre dirigeants du Bloc national qui, aussitôt, ont pris la fuite en Irak. Au printemps 1941, la cour criminelle les met hors de cause et l'un d'entre eux, Choukri Kouatli, se montre tout de suite très actif. Revenu à Damas, il fait de discrètes ouvertures aux représentants du mandat : si le pouvoir lui revient et si l'indépendance est proclamée, il s'engage à ne la rendre effective qu'après la guerre et à laisser à la France d'importantes attributions. À Damas, où bien des rumeurs circulent, une certaine agitation s'est fait jour. Tout cela motive l'inquiétude de Catroux et la position très prudente qu'il prône dans une note au général :

Le Caire, le 19 mars 1941

Ci-après mes vues sur la situation en Syrie.

Primo : Les troubles qui ont éclaté dans les villes ont pour origine la réaction spontanée des populations contre la rareté et la cherté de denrées indispensables et contre des mesures d'inquisition et de taxation ordonnées par Dentz. Puis les nationalistes sont entrés en action, en invoquant leurs griefs habituels contre la France et en exploitant la désaffection de la population à notre égard. Le mouvement est devenu politique et hostile au mandat.

Secundo : Dentz a amendé ou rapporté certaines mesures mais, dépassé par les événements, il s'est orienté vers des concessions politiques et a essayé de substituer à l'actuel gouvernement de fonctionnaires un gouvernement comprenant des nationalistes. Les personnalités pressenties ont posé comme condition l'octroi de pouvoirs étendus et laissent entendre qu'elles exigeront l'indépendance de la Syrie. L'affaire en est là.

Tertio : Les événements ont ébranlé la situation de Dentz aussi bien chez les Syriens qui lui reprochent ses rigueurs et ses concessions que chez les Français qui blâment son manque de fermeté. Le fait important est que le problème politique est vraiment ouvert, que l'agitation est créée et qu'elle durera car elle se fera autour d'une idée qui groupe beaucoup d'intérêts : celle de l'indépendance syrienne dans le cadre de l'Union arabe.

Quatro : Cette idée qui forme la revendication permanente des Syriens rencontre l'appui agissant des politiciens de l'Irak, des réfugiés et en particulier du mufti. L'Allemagne, qui en a promis la réalisation, en fait un article de propagande et c'est la même qu'elle compte faire jouer sous les pas de la Grande-Bretagne à l'heure opportune. Le récent séjour d'Hentig[12] en Syrie a eu certainement pour objet de préparer cet instrument de guerre contre les pays d'obédience britannique. Sans doute, les troubles ont-ils éclaté avant l'heure souhaitée par les intéressés, mais ceux-ci s'efforceront de les entretenir.

Quinto : En la phase actuelle de la guerre où l'effort militaire doit être concentré ailleurs, il est désirable que l'agitation syrienne ne devienne pas un danger pour le Proche-Orient. L'intérêt des Alliés coïncide avec celui de Dentz[13].

Pour Catroux, si évident que soit l'intérêt de la France libre à prendre pied au Levant, l'application des « idées simples » du général risque d'être compliquée et justifie une certaine circonspection. Avant toute négociation éventuelle, les nationalistes syriens avec lesquels de Gaulle doit compter exigent, en effet, l'indépendance, et les Britanniques, ne serait-ce que pour refréner les ardeurs du chef de la France libre, encouragent de manière efficace ces éléments déterminés à mettre en cause la présence française. D'ores et déjà, le problème de l'indépendance se pose, il ne peut être éludé ; il peut aussi être rendu plus violent par des troubles, et c'est la raison pour laquelle, dans une note rédigée ce même 19 mars et adressée à Anthony Eden, Catroux insiste avec encore plus de netteté sur la nécessité de maintenir le statu quo — au risque de paraître désavouer de Gaulle :

Le problème politique est ouvert. Il y a peu à espérer que les nationalistes consentent à le remettre en sommeil. Et il y a bien des chances pour qu'ils soient au contraire encouragés à en exiger la solution par certaines influences étrangères. Ce n'est pas un secret que les politiciens de l'Irak portent un intérêt agissant à la réalisation de l'indépendance syrienne car ils en font un chapitre de la revendication concernant la création d'une union des pays arabes [...]. Damas sera donc stimulé et soutenu par Bagdad et très probablement par le mufti. Par ailleurs, l'Allemagne ne peut que souhaiter allumer, en Syrie, un foyer de difficultés et de troubles dont le feu pourra se propager en Palestine afin de causer des préoccupations à la Grande-Bretagne et d'immobiliser une certaine quantité de ses forces. Le séjour d'Hentig au Levant n'a pas, à mon sentiment, d'autre but que de préparer ces difficultés. [...] La Grande-Bretagne et avec elle la France libre n'ont pas intérêt, dans la phase actuelle, à laisser grandir cette agitation, car elles doivent éviter d'avoir à créer un nouveau front en Orient. Il y a donc à définir une ligne de conduite à cette fin [14].

Feignant d'ignorer les manœuvres britanniques en direction des nationalistes syriens, Catroux, en conclusion, se dit convaincu que les intérêts de la Grande-Bretagne coïncident actuellement avec ceux des autorités mandataires, qu'il convient donc d'aider le général Dentz à surmonter ses difficultés en assouplissant le blocus et en invitant fermement l'Irak à cesser sa propagande à Damas. Selon Catroux, Dentz en difficulté apprécierait un appui « dont peut-être nous tirerons plus tard bénéfice ». « Bien entendu, souligne-t-il enfin, il ne s'agit là que d'une politique du moment dictée par ce que je crois être l'opportunité et qui serait à réviser si les événements ne la justifiaient plus. »

De Gaulle, on s'en doute, n'est pas du tout enclin, en la circonstance, à suivre les conseils de son délégué général. D'après un diplomate britannique en poste au Caire, le crédit de l'ancien gouverneur de l'Indochine auprès du général est du reste alors limité : on le rabroue, on néglige de prendre ses avis [15]. Entre les deux hommes, si l'estime sera toujours réciproque, si les rôles, les démarches et les styles seront souvent complémentaires, des divergences d'appréciation apparaîtront souvent encore [16]. De Gaulle, hanté par son souci majeur — défendre les intérêts de la France fût-ce contre ses alliés —, n'apprécie les talents d'un diplomate que pour autant qu'ils servent ses objectifs. En vérité, l'affaire est très complexe, des intérêts antagonistes sont en jeu, même entre alliés, et les Britanniques, assez favorables au compromis avec Dentz, ne tarderont pas à s'apercevoir à leur tour qu'il n'est pas facile, dans un tel contexte, d'échapper au principe de non-contradiction.

Dans l'immédiat, de Gaulle, qui sait reculer quand les circonstances l'imposent, comprend vite qu'il n'a d'autre issue que d'accepter la situation, c'est-à-dire l'impossibilité d'agir, compte tenu des réticences des Anglais. Son but reste inchangé mais il en diffère la réalisation.

Plutôt que de rester au Levant, où rien pour l'instant n'est possible, il quitte donc Le Caire le 16 avril afin d'effectuer une tournée en Afrique-Équatoriale.

Les nouvelles qui lui parviennent alors en ces régions reculées du continent africain sont de nature à conforter sa conviction qu'il est urgent d'agir au Proche-Orient, sans trop se laisser impressionner par des considérations de prudence. Avec l'arrivée au ministère des Affaires étrangères de l'amiral Darlan, il s'avère que la collaboration entre Vichy et l'Allemagne pourrait s'étendre au Proche-Orient et que les territoires d'Afrique ralliés à la France libre seraient susceptibles d'être menacés. En outre, Londres est visiblement toujours soucieux de ménager Vichy : le 9 mai, Spears, du Caire, a fait savoir au général que, dans un avenir proche, aucune coopération avec les Français libres n'était envisagée et que, dans ces conditions, il ferait mieux de retourner directement à Londres sans passer par l'Égypte.

Les relations entre la France libre et la Grande-Bretagne connaissent alors un moment d'extrême tension. Dès le 10, du Tchad, où il dirige les opérations militaires contre la Libye, de Gaulle réplique vivement à Londres en critiquant la politique anglaise tant vis-à-vis de Vichy qu'à l'égard de la France libre. Le 14 mai, à Brazzaville, il se livre aussi devant le diplomate anglais Parr[17] à une violente diatribe. Tout en précisant qu'il garde intacte son estime pour Churchill, l'un des rares à comprendre l'importance morale de son mouvement, il se dit « incompris » par les Français qui n'ont pas voulu l'écouter avant guerre, « pas entendu » par les Anglais qui ne comprennent guère ce qu'il représente. Fatigué et déprimé au dire de son interlocuteur, il taxe les Britanniques de complaisance vis-à-vis de Vichy et n'a pas de mots assez durs à l'égard de Pétain et de Weygand. Comme il en a l'habitude, le général joue de sa détresse — réelle — pour placer son partenaire dans une position désagréable. Lucide, il sait que les Anglais ne peuvent se rendre à ses arguments et se lancer dans une opération aventurée en Syrie, alors qu'ils sont déjà très occupés sur d'autres fronts. Il sait aussi qu'il est de bonne tactique de culpabiliser l'adversaire.

L'impasse semble totale lorsque, soudain, le sort donne un puissant appui au général. Peu après cet échange de propos aigres-doux, on apprend que Rachid Ali, favorable à l'Axe, qui au début du mois s'est lancé dans une révolte en Irak, a immédiatement demandé le soutien militaire du Reich. Les avions allemands destinés à opérer entre Rhodes et Bagdad ne disposant pas d'un rayon d'action suffisant, Hitler sollicite alors du gouvernement de Vichy l'autorisation d'utiliser les aérodromes de Syrie et de livrer aux rebelles des armes stockées au Levant par les commissions d'armistice. Darlan répond aussitôt positivement. En échange de ce geste, Vichy nourrit l'illusion d'obtenir un changement substantiel de la politique allemande à l'égard de la France : ainsi seront signés les protocoles de Paris, le 28 mai.

À Londres, l'irritation provoquée par ces nouvelles est considérable. Churchill, sur-le-champ, change d'attitude.

Il n'y a rien d'autre à faire, télégraphie-t-il au général Wavell, que de mettre les moyens de transport nécessaires à la disposition du général Catroux et de le laisser avec ses Forces françaises libres agir pour le mieux et avec l'appui de la RAF, chargée de s'opposer aux atterrissages allemands.

De Gaulle, évidemment, triomphe : la situation, soudain, devient plus favorable aux initiatives qu'il veut prendre. Face à un tel retournement, Churchill n'est pas en position de force, les Anglais d'une manière générale non plus. Décontenancé par les revirements du Premier ministre, Wavell propose sa démission. Cependant, le temps presse et, dans ce nouveau contexte, le projet d'invasion de la Syrie suit son cours ; Catroux, du côté français, n'est maintenant pas le dernier à plaider vigoureusement en faveur d'une opération contre Dentz.

Wavell, qui en définitive accepte de conserver son poste, traite dès lors avec de Gaulle, revenu au Caire le 24 mai, et il ne tarde pas à reconnaître en lui un partenaire exigeant, difficile, parfois cynique et d'autant plus dur que sa seule arme est l'intransigeance, comme il ne cesse de le répéter depuis juin 1940. Le général commence notamment par réclamer que quatre divisions britanniques, sans compter des avions en nombre imposant, soient affectés à l'opération menée avec les Français libres. Même avec l'aide involontaire de Darlan qui, reçu alors par Hitler, proclame son adhésion à l'ordre nouveau en Europe et sa volonté de coopérer avec le Führer, de Gaulle ne peut obtenir satisfaction. Le 29 mai, lors d'une réunion à Lydda au cours de laquelle est préparée l'opération qui doit être menée quelques jours plus tard contre la Syrie, le général Wilson découvre lui aussi un interlocuteur ne s'embarrassant guère de scrupules. Après une discussion d'ordre technique au cours de laquelle de Gaulle, non sans raison, met l'accent sur l'importance des transports et leur rapidité, les conditions psychologiques de l'opération sont examinées. Et soudain se révèle un personnage, tout droit sorti de l'époque de Richelieu, pénétré de la grandeur de la raison d'État, indifférent au coût humain d'une entreprise — celui-là même, en fait, que l'on avait vu agir durant la campagne de France, à la tête de ses blindés :

De Gaulle : On doit reconnaître que beaucoup de militaires fidèles à Vichy éprouveront de la répugnance à tirer sur les Anglais et les Français libres ; mais il faut également compter avec une conception rigide de l'honneur militaire qui commande à un soldat de défendre, fût-ce contre son propre frère, une position dont la garde lui a été confiée.
Il faut donc donner à l'adversaire un prétexte pour ne pas se battre ou pour se battre le moins possible.
Le meilleur prétexte consiste à employer de grands moyens, sinon partout, du moins sur un point essentiel, d'où partent les ordres, et en installant le général Catroux aussi rapidement que possible à Beyrouth ou à Damas.
S'il faut tirer, utiliser l'aviation de préférence à l'artillerie car l'aviation ne place pas directement les défenseurs face à l'assaillant. D'autre part, Vichy a de l'artillerie mais pas d'aviation. Quoi qu'il en soit, il ne faut pas hésiter à tirer, ne serait-ce que pour obtenir un effet moral. J'en veux pour preuve l'exemple de Port-Gentil[18], où le chef de bataillon, qui commandait et avait

promis de résister à Vichy, suppliait qu'on tirât sur lui un coup de canon pour faciliter sa reddition.
Wilson : Cependant, ce ne sont pas des ennemis...
De Gaulle : Mais il faut donner aux gens un prétexte honorable pour lâcher pied.
Wavell : Ceci peut entraîner à bombarder des civils.
De Gaulle : Aucune importance. Au surplus, Libreville ne nous a pas tenu rancune du procédé employé à son égard puisqu'elle m'a récemment acclamé [19].

Indépendamment de ses exigences et d'un caractère intraitable, de Gaulle est également, pour les Anglais, un partenaire difficile du fait de ses conceptions quant à l'avenir de la Syrie. À la volonté des Britanniques d'aller tout de suite vers l'indépendance et accessoirement de placer la Syrie dans leur zone d'influence, de Gaulle oppose — et avec quelle force ! — sa propre résolution visant, à travers le maintien du statu quo, à préserver les intérêts de la France. En regard de cela, rien ne compte, à commencer par les souhaits éventuels des Syriens, comme l'atteste la suite de l'entretien :

Wilson : Dans sa proclamation, que veut dire le général Catroux quand il parle d'indépendance ?
De Gaulle : Cela signifie que le général Catroux supprime le mandat, prend tous les pouvoirs et annonce son intention d'accorder l'indépendance à la Syrie par un traité qui sera négocié ultérieurement. Tant que le traité n'est pas signé, il n'est pas question d'indépendance.
Wilson : S'il y a des réserves, cette proclamation n'a aucune valeur. Il faut d'ailleurs que la Syrie reste zone d'opérations militaires.
De Gaulle : La question du haut-commissariat français et la question militaire sont à régler entre Français et Anglais ; les Syriens n'ont rien à voir dans ces questions [20].

Dans le même temps, toujours sur le terrain de la realpolitik, le général amorce une manœuvre en direction de Washington, alors même que la Maison-Blanche entretient des rapports étroits et officiels avec le gouvernement de Vichy et l'ignore superbement. Dès le 31 mai, il prévient Carlton Gardens : « Au point de vue général, l'intérêt principal passe peu à peu par Washington. Il faut absolument que nous continuions à y exister. » Et aussitôt, le 4 juin, quelques jours avant le déclenchement de l'opération en Syrie et en court-circuitant le cabinet britannique, il s'adresse directement au président Roosevelt pour lui dire que, s'ils entraient en guerre, les Américains ne pourraient plus compter sur la disponibilité des bases d'Afrique du Nord ou d'Égypte, et pour lui offrir des facilités en Afrique-Équatoriale. Sans nier l'intérêt que présente également le Royaume-Uni, le général déconseille à Roosevelt d'en faire la base de son effort de guerre, à cause des différences de tempéraments, d'idées et de méthodes entre les Américains et les Britanniques.

Expédiée du Caire, cette lettre, retrouvée par le journaliste américain Nerin Gun [21], ne parvint, semble-t-il, jamais à son destinataire, et l'on voit mal comment elle aurait pu être connue de Churchill, qui n'y a d'ailleurs jamais fait allusion. Elle n'a donc pas une portée politique directe. Son intérêt est ailleurs. Si elle ne présente pas le général sous son meilleur jour, elle est un bon exemple de sa méthode. En politique et surtout en politique étrangère, de Gaulle ne croit qu'aux rapports de force, ce qui n'est pas incompatible avec l'estime, la considération, voire l'amitié qu'il peut porter à tel ou tel de ses pairs. Churchill, d'évidence, fait partie de ce petit lot. Le chef des Français libres n'ignore pas que le Premier ministre ne peut pas toujours vaincre les réticences du Foreign Office ou des milieux militaires. Il sait aussi que son attitude à l'égard de Vichy est parfois ambiguë. Reçu le 18 mars 1941 par le maréchal Pétain à Vichy, l'amiral Leahy, ambassadeur des États-Unis et ami personnel de Roosevelt, a eu ainsi la surprise d'entendre le chef de l'État français non seulement vilipender le « groupe des traîtres » réunis au sein du mouvement gaulliste, mais préciser que Churchill venait de l'informer, par un canal privé, que de Gaulle ne servait pas la cause britannique dans l'affaire de Syrie[22]. Quand l'essentiel est en jeu, le général est, malgré tout, certain de pouvoir compter sur le concours agissant de Churchill. Depuis Dakar, ce dernier a été le seul à soutenir vraiment la France libre. Récemment de passage au Caire, le 3 avril, il n'a pas caché à l'ambassadeur sir Miles Lampson que « de Gaulle restait son principal interlocuteur, qu'il devait être traité avec la plus haute considération, que Darlan était encore plus dangereux que Laval et que Weygand ne méritait aucune confiance[23] ». Tout cela de Gaulle en est si convaincu qu'il lui arrive, on l'a vu, de le confier à des diplomates anglais en Afrique et que le 15 mai, quand le Premier ministre a fait directement pression sur Wavell afin qu'il agisse en Syrie, il s'est vu remercier par un télégramme rédigé en anglais — le seul dans le cours tumultueux des relations entre les deux hommes d'État.

Compte tenu de l'engagement du Premier ministre en faveur de la France libre, l'initiative de de Gaulle en direction de Washington peut paraître choquante. Elle révèle, en tout cas, un politique froid, ne connaissant que les intérêts de son pays, décidé à s'allier avec quiconque est susceptible de les servir, fût-ce de manière momentanée. Il reste à démontrer, en revanche, qu'un tel geste ait pu avoir quelque utilité pratique. À l'époque, le général était encore sinon inconnu, du moins très mal connu, en Amérique. Fin août 1940, quand il a avisé officiellement le Département d'État de sa prise de contrôle du Cameroun, sa lettre, dans un premier temps, a paru être l'œuvre d'un plaisantin : on ne connaissait tout simplement pas sa signature, et l'on dut se la procurer par l'intermédiaire d'un journal. En mai 1941, les choses ont sans doute évolué — pas au point cependant que le président Roosevelt voie dans le chef de la France libre un égal. D'autant plus que, de Londres, n'ont cessé de venir des informations insistant sur les mauvaises manières du général vis-à-vis de l'Angleterre.

L'invasion de la Syrie par les forces anglo-françaises ne commence donc pas dans un climat de confiance et sous les meilleurs auspices. Entre de Gaulle et les Anglais, les heurts sont fréquents. S'il a contraint

Wavell à réagir, Churchill ne veut pas trop lui forcer la main, lui donner à croire surtout que les gaullistes ont gagné. « Ce sont nos vues qui comptent et non celles des Français libres, lui télégraphie-t-il le 23 mai. Vous feriez mieux d'avoir de Gaulle proche de vous. Faites-moi savoir si je peux vous aider dans vos rapports avec lui[24]. » Le 5 juin, veille de l'opération, Wavell se plaint du général qui n'est pas facile[25]. Le même jour, le général Spears exprime, à son tour, ses doléances et ses craintes à Churchill. Jusque-là très gaulliste, très admiratif de la personnalité du général, il change soudain de ton[26]. La veille, une explication très vive a eu lieu entre les deux hommes. De Gaulle, qui a sollicité l'entretien, s'est plaint amèrement : selon lui, tout est fait pour minimiser la part de la France libre dans les opérations. Spears a répliqué sèchement : « Notre inébranlable résolution est de vous aider et de soutenir la cause de la France libre. » Rendant compte à Churchill de l'incident, il n'a pas caché son irritation :

> Selon toute évidence, il n'y a pas de doute que les Français libres sont pour nous un lourd handicap. La croix que les chefs de l'opération en Syrie ont à porter est la croix de Lorraine. Tous les gens concernés sont encouragés à soutenir avec la plus grande loyauté la cause de la France libre. C'est la France libre qui souhaite gouverner la Syrie. [...] L'attitude qui consiste à opposer les intérêts français et les intérêts anglais dans cette affaire est erronée. Il est très important pour nous que les Français de Syrie se réunissent autour de de Gaulle et il est de notre commun intérêt que les Arabes puissent être satisfaits. Il serait impensable que, si nous réussissions en Syrie, nous soyons exclus de la négociation[27].

Spears, au comble de l'exaspération, craint, en réalité, que l'influence anglaise dans le monde arabe ne soit amoindrie par le soutien apporté à la France libre et il le dit dans un autre télégramme adressé le même jour au Premier ministre : « Le général de Gaulle a évidemment compris que nous faisons jouer notre garantie pour la faire aller plus loin qu'il n'en a l'intention dans la voie de l'indépendance de la Syrie[28]. » Spears s'indigne aussi d'entendre le général assurer que tout règlement politique en Syrie est du ressort exclusif du représentant de la France, chargé de traiter directement avec les Syriens et les Libanais. Spears, d'évidence, ne peut plus supporter le chef des Français libres. L'homme de confiance du Premier ministre s'étrangle même littéralement de rage lorsqu'il entend de Gaulle lui déclarer avec un aplomb inouï : « Vous allez entrer en Syrie parce que j'y consens. » Témoin du départ de Bordeaux, le 17 juin 1940, et des modestes débuts du mouvement gaulliste, Spears est sidéré par tant de hauteur, d'assurance, de morgue. Nulle autre personnalité française ne pourrait évidemment se permettre une telle attitude.

Jusqu'à la veille de l'opération, les incidents se multiplient. Quand de Gaulle manifeste son intention de nommer Catroux haut-commissaire en Syrie, comme si la présence française allait de soi, Spears est furieux : dans un premier temps, il estime que les territoires « libérés » doivent être soumis à une autorité militaire purement britannique. Le

6, Churchill doit intervenir personnellement auprès du général pour que celui-ci renonce à son projet. En cette veille de l'opération, le Premier ministre prend soin, toutefois, de mettre un peu de baume sur les blessures d'amour-propre de son allié : il lui adresse donc également un message plein de confiance en son avenir, insistant tout de même sur la nécessité de travailler en bonne intelligence.

Dès le départ, tout donne à penser que le contrôle de la Syrie ne sera ni facile ni propice à une bonne coopération entre la France libre et Londres. La disparité des forces en présence d'abord est criante. D'un côté, Dentz peut aligner trente mille hommes, quatre-vingt-dix tanks, autant d'avions et cent vingt canons. De l'autre, Wilson n'a qu'une division australienne, une brigade de cavalerie et soixante avions. Derrière le général Legentilhomme, les Français libres ne sont que six mille.

Au début de la campagne, ce net désavantage se traduit, du côté anglais et gaulliste, par de graves revers et de lourdes pertes. Par chance, l'effondrement de Rachid Ali en Irak détourne les Allemands de la Syrie. Ainsi, des renforts britanniques sont acheminés d'Irak et, au bout de quinze jours, les Alliés marquent enfin des points. Au début du mois de juillet, les forces de Vichy sont dans un état tel que le général Dentz décide de demander un cessez-le-feu.

A priori, l'événement semble aussi inespéré qu'heureux. En fait, il va ouvrir une crise aiguë dans les relations entre Londres et la France libre, déjà si tendues. À l'issue d'une conférence tenue au Caire, le 19 juin, les responsables militaires et l'ambassadeur sir Miles Lampson s'étaient mis d'accord sur les conditions à demander au général Dentz et les avaient télégraphiées au Foreign Office. Au terme de l'accord, il était prévu qu'un représentant de de Gaulle participerait aux négociations, que l'on s'abstiendrait de toutes représailles sur les prisonniers qui pourraient rejoindre les rangs de la France libre, enfin que la représentation de la France au Levant serait assurée par des Français libres.

À partir de là, les incidents se succédèrent : les négociations en vue de l'armistice traînaient en longueur, les combats continuaient. Le 21 juin, Damas était occupée par les Alliés. Le 23, de Gaulle y faisait une entrée tumultueuse et chargeait immédiatement Catroux de négocier deux traités d'indépendance et de souveraineté avec les représentants syriens et libanais, ainsi que l'alliance de ces deux États avec la France. Les Britanniques remarquèrent que la directive reliant l'indépendance à la conclusion d'une nouvelle alliance avec la France était moins généreuse que ne l'avait laissé espérer une proclamation du 8 juin.

De son côté, le général soupçonnait les Anglais de subir de fortes pressions des États-Unis afin de ménager Vichy. Le 7 juin, il avait déjà mis en garde Spears contre les manœuvres du gouvernement de Pétain en direction de l'Amérique : à ses yeux, les concessions apparentes de Vichy aux États-Unis — par exemple, la promesse du maréchal de réexaminer l'ensemble de la question de la coopération avec l'Allemagne dans l'Empire — pourraient être une habile manœuvre des Allemands afin de gagner un peu de temps pour mettre au point leur plan en Syrie[29]. Le 19 juin, la colère du général éclata lorsque, recevant copie des conditions d'armistice adressées à Washington, il constata que, contrairement aux assurances données par Londres, son mouvement ne prendrait pas part aux négociations et ne représenterait pas la France au Levant. Eden essuya son courroux et Spears subit une scène :

> Je crois que je ne pourrai jamais m'entendre avec les Anglais. Vous êtes tous les mêmes, uniquement attachés à vos propres intérêts, sans aucun égard pour les besoins des autres... Vous croyez que je souhaite la victoire de l'Angleterre. Eh bien non. Seule m'importe la victoire de la France[30].

Le 28 juin, le général a aussi prévenu Churchill solennellement : « La manière dont procédera la politique britannique à propos de la Syrie sera un critérium d'une très grande importance. » Cette fois, le conflit était ouvert entre les Alliés qui ne respectaient plus leurs promesses mutuelles. Sous la pression des Américains, les Anglais semblaient disposés à faire à Dentz des conditions relativement favorables. De son côté, de Gaulle était décidé à jouer son jeu. Et, comme tout paraissait bloqué, il eut recours à une technique qu'il ne cessera d'utiliser : le départ. Il n'attend donc pas de connaître la fin des négociations avec Dentz : il part pour Brazzaville, en terre française.

Comme il le redoutait, l'armistice signé, le 14 juillet, entre les généraux Wilson et Verdilhac à Saint-Jean-d'Acre court-circuitait à bien des égards les Français libres. Pur militaire, Wilson considérait que la première urgence était de mettre un terme aux affrontements au Levant le plus vite possible afin de renforcer les troupes britanniques soumises à rude épreuve. Bien conscient du fait que Dentz pourrait faire traîner les choses en longueur, voire se battre de nouveau si on lui imposait de négocier avec les Français libres, Wilson renonça à faire valoir les intérêts de ces derniers en prétendant qu'il avait obtenu l'essentiel, puisque Dentz se disait prêt à remettre aux Britanniques le contrôle de la Syrie et du Liban.

À Brazzaville où il apprend ces nouvelles, de Gaulle est d'autant plus furieux que l'armistice stipule non seulement que le commandement britannique se substituera pratiquement aux autorités de Vichy, mais qu'il sera procédé sans tarder au rapatriement de toutes les forces de Vichy, sans que la France libre ait le temps d'y effectuer un recrutement. D'emblée, il fait donc savoir qu'il rejette les conditions de l'armistice et, dès son arrivée au Caire, il a avec le nouveau secrétaire d'État britannique au Proche-Orient, sir Oliver Lyttleton, un entretien d'une rare violence, à l'issue duquel, fidèle à sa méthode d'intimidation, bien analysée par Spears dès 1940, il fera monter les enchères brusquement, menacera de rompre, évoquera des conditions véritablement inouïes et inacceptables pour, en définitive, adopter une attitude plus aimable et finalement obtenir des concessions appréciables.

Quand il accueille le général qu'accompagnent Catroux et Larminat, le 21 juillet dans la matinée, à l'ambassade, Oliver Lyttleton est dans l'état d'esprit le plus inconfortable qui soit pour un négociateur, c'est-à-dire peu assuré de son bon droit, convaincu que son partenaire n'a pas complètement tort. Au chef des Français libres, qui lui signifie son refus d'accepter l'armistice et de se sentir lié par lui, il n'oppose pas une protestation altière : il admet au contraire que certaines dispositions prêtent à discussion et contiennent même des erreurs. De ce fait, de Gaulle se sent en position de pousser son avantage. Tandis que Lyttleton s'efforce de rester calme, son interlocuteur se déchaîne :

Il s'est mis lui-même en état d'hostilité cinglante à tout ce qui est anglais, écrira le ministre d'État à Churchill. Il a l'aspect de quelqu'un qui n'a pas dormi et il est impossible de lui faire entendre raison sur aucun point. Au cours de la discussion, le général de Gaulle a insisté sur le fait qu'il se considérait parfaitement libre de négocier, si cela était approprié avec les intérêts de la France libre, avec les représentants de Vichy en Syrie et de faire manœuvrer ses troupes sans en référer aux Britanniques[31].

Après une heure de conversation, au cours de laquelle il a essayé d'apaiser son interlocuteur, en faisant ressortir sa qualité d'allié et même d'ami, Lyttleton est découragé, épuisé. C'est le moment que le général attend d'évidence depuis le début de l'entretien. Soudain, il sort de sa poche une note :

« La France libre, c'est-à-dire la France, y lit-on, ne consent plus à s'en remettre au commandement militaire britannique du soin d'exercer le commandement sur les troupes françaises en Orient. Le général de Gaulle et le Conseil de défense de l'Empire français reprennent la pleine et entière disposition de toutes les forces françaises au Levant à la date du 24 juillet 1941 à midi ! »

Lyttleton est stupéfait :

En recevant ce document, je demandai au général de le retirer car c'était en fait un ultimatum qui pouvait être interprété uniquement comme mettant fin à l'alliance entre la France libre et la Grande-Bretagne. Il me répondit alors, très rudement, que si je voulais y voir un ultimatum, j'étais libre de le faire.

Dès lors, l'affrontement se fait très vif. Le ministre d'État maintient que l'ultimatum remis pourrait être considéré par l'ennemi comme une rupture de l'alliance entre Londres et la France et qu'il ne saurait être accepté, à moins d'être accompagné d'un autre document établissant la volonté des Français de collaborer malgré tout avec le haut commandement britannique. « De façon brusque et blessante », le général réplique qu'il n'a aucune confiance dans le haut commandement britannique qui a mené cette campagne de manière dilatoire et incapable. Rendez-vous est toutefois pris dans la soirée, à six heures, pour une discussion plus approfondie afin de sortir de l'impasse. Lyttleton quitte de Gaulle très décontenancé, et avec l'impression que Larminat était profondément effrayé par la scène à laquelle il avait assisté.

Le soir, au contraire, toujours selon le scénario visiblement très au point décrit par Spears, c'est un homme sinon amène du moins beaucoup plus calme que Lyttleton trouve devant lui. Il fait quelques concessions, admet que le théâtre d'opérations au Proche-Orient doit être traité comme un ensemble, accepte que le commandement britannique prenne toute mesure utile pour la sécurité du pays. Pure tactique. En réalité, c'est Lyttleton qui change sensiblement sa position. Aux termes d'un accord signé le 24 juillet, les Français libres peuvent essayer de recruter parmi les forces de Dentz, prendre livraison de leur matériel et exercer un contrôle sur la milice des Syriens, privilège reconnu à l'origine aux Anglais. Le lendemain, le ministre d'État écrira à de Gaulle pour lui confirmer que la Grande-Bretagne respectera les droits historiques de la France au Levant.

À force de ténacité et de ruse, le général a donc réussi à venir à bout des réticences britanniques. Son intransigeance, sans conteste, a forcé Londres à reculer, à tenir compte de la force qu'il représente, et il ne fait pas de doute que les résultats qu'il a obtenus sont sans commune mesure avec la puissance politique et militaire qu'il représente. À bien des égards, la victoire qu'il vient de remporter est pourtant une victoire à la Pyrrhus[32].

Ses méthodes, d'abord, tout au long de cette affaire de Syrie ont entamé son crédit, du côté britannique, de manière très grave. Lyttleton est sorti littéralement horrifié de ses entretiens avec lui : « Si cela est un exemple de la manière dont on doit concevoir la diplomatie, je suis heureux de ne pas avoir embrassé cette carrière », dira-t-il à Churchill[33]. Témoin de plusieurs algarades entre le ministre d'État et de Gaulle, Spears est encore plus scandalisé : « Désormais, souligne François Kersaudy, à la grande surprise de l'ambassadeur Miles Lampson, il mettra autant d'acharnement à combattre le général qu'il en a mis jusqu'ici à le soutenir[34]. » Au sein de la France libre, certains s'interrogent aussi à voix haute. « Des menaces non réalisables jettent le discrédit sur nous, écrit le 10 août Maurice Dejean à de Gaulle. Nous savons en outre que venant de nous elles ont beaucoup peiné M. Churchill[35]. »

Là est bien, en effet, le plus grave. Pour la première fois, Churchill, doutant du choix qu'il a fait, estime que de Gaulle abuse de la situation.

> Toutes les difficultés que vous avez eues avec de Gaulle, écrira-t-il à sir Oliver Lyttleton, le 27 août, viennent du fait qu'il sait que je suis à ses côtés : il est vrai que je l'ai toujours soutenu contre Catroux mais sa récente conduite a affecté mes relations avec lui. Je regrette que vous ne lui ayez pas communiqué la note d'avertissement que j'avais jointe à mes deux messages. Il n'est naturellement pas question de reconnaître de Gaulle en tant que gouvernement français. Après les très inamicales expressions qu'il a employées au sujet de la Grande-Bretagne, il aura beaucoup à faire avant de reconquérir l'estime des Britanniques[36].

Le bilan de cette opération de Syrie est d'autant moins satisfaisant que l'accord du 27 juillet restera, en définitive, pratiquement lettre morte. Dentz, bien traité par les Anglais, demeurera à la tête de ses troupes, concentrées dans la région de Tripoli, totalement isolées jusqu'à leur embarquement. De manière systématique, les Français libres seront empêchés par les Anglais de les voir. Pendant ce temps, les troupes de Vichy saboteront leurs armes et leurs équipements avant de les remettre aux Anglais ; en l'absence de tout contrôle du côté britannique, elles n'embarqueront pas pour la France. Londres réagira seulement lorsque la preuve sera faite que, quelque temps avant la demande d'armistice, le proconsul de Vichy a fait expédier des prisonniers politiques en France et qu'il ne respecte ni la lettre ni l'esprit de l'accord. Quand cette réaction se produira, il sera pour de Gaulle bien tard : le 7 août, lorsque Lyttleton donnera au général l'assurance que les Français libres auront enfin la possibilité de voir les soldats de Vichy pour les inciter à les rejoindre, la plupart auront déjà gagné la métropole. Sur les vingt-cinq mille hommes de Dentz, seuls cent vingt-sept officiers et six mille sous-officiers ou soldats rallieront la France libre.

Déjà considérables, les dégâts provoqués dans les relations entre Londres et la France libre par l'affaire de Syrie vont être aggravés, le 27 août, par la publication, dans le *Chicago Daily News*, d'un entretien donné par de Gaulle à Brazzaville au journaliste américain Georges Weller. Le moins que l'on puisse dire est que le général s'y exprime en termes fort peu diplomatiques. Sans un mot aimable pour les Britanniques, il réitère ses avances en direction de Washington, en félicitant les États-Unis pour leur soutien à la cause de la liberté, en assurant qu'ils seront les véritables vainqueurs de la guerre, en leur offrant des bases navales en Afrique. Au motif d'asseoir la notoriété de la France libre, il assène surtout aux Anglais une véritable gifle. À la question : « Pourquoi, selon vous, Londres ne ferme-t-elle pas la porte au nez de Vichy en reconnaissant votre gouvernement ? » il n'hésite pas, en effet, à répondre :

> L'Angleterre a peur de la flotte française. En réalité, ce que l'Angleterre est en train de faire, c'est de s'arranger avec Hitler, arrangement de guerre dans lequel Vichy sert d'intermédiaire. Vichy rend service à Hitler en maintenant le peuple français dans la sujétion et en vendant l'Empire français morceau par morceau à l'Allemagne. Mais n'oubliez pas que Vichy rend également service à l'Angleterre en empêchant la flotte française de passer aux mains des Allemands. Ce qui se produit, en réalité, est un échange d'avantages entre deux puissances ennemies... Si Vichy prêtait ou abandonnait sa flotte aux Allemands, les Britanniques mettraient aussitôt un terme au suspense concernant la reconnaissance[37].

Le général, qui ne prend connaissance du texte de Weller que dans l'avion qui le ramène vers la Grande-Bretagne, perçoit tout de suite la gravité de l'incident susceptible d'éclater après la divulgation de tels propos. Est-il tombé dans un piège ? Compte tenu de son intelligence et de sa méfiance à l'égard de la presse, on a du mal à le croire ; d'autant plus que le reste de l'entretien traduit, il l'admit lui-même, sa pensée. Le probable est que Weller a soit mal compris un point, soit donné un tour volontairement agressif à une remarque exprimée par le chef des Français libres. En tout cas, celui-ci se doit de démentir les passages les plus explosifs et, si possible, d'arrêter la publication de l'interview.

Journaliste américain, Weller, doit faire paraître dans *Chicago Daily News* interview de moi prise à Brazzaville, câble-t-il, dès le 27 août à Pleven qui se trouve à Washington. Veuillez si possible arrêter publication. Si impossible, dictez texte correspond pas déclaration général de Gaulle, incompréhension phrase prononcée défigure entièrement sa pensée [38].

La tournure de la dernière phrase semble indiquer, on le notera, que le général ne nie pas avoir tenu les propos incriminés, il conteste seulement l'opportunité de les publier, surtout sous une forme aussi contestable. Le journaliste en l'occurrence sert de fusible : par la suite, le général assignera à la presse souvent un tel office... En tout cas, le télégramme arrive trop tard ; et sous le titre « De Gaulle offre aux États-Unis des ports africains », le texte paraît [39]. De Gaulle doit se résoudre à opposer un démenti pour l'Histoire sans effet pratique :

Veuillez notifier à Weller, câble-t-il encore le 27, qui a publié dans *Chicago Daily News* le récit d'une entrevue avec moi que je n'admets pas qu'il me fasse dire :
1) Que j'ai mis nos bases d'Afrique à la disposition de l'Amérique
2) Que l'Angleterre redoute la flotte de Darlan [40].

Dans le monde anglo-saxon, le scandale est énorme. « Si l'interview de de Gaulle est authentique, il est évident qu'il a complètement perdu la tête, confie Churchill à Lyttleton le 28 août. Ce serait vraiment bon débarras et cela nous simplifiera les choses à l'avenir. » Pour comprendre l'indignation de Churchill — et de beaucoup de ses compatriotes — il faut dire que l'entretien litigieux est arrivé dans les cercles officiels sous la forme d'un texte ramassé et tendancieux n'hésitant pas à faire dire au général : « La Grande-Bretagne ménage le gouvernement de Vichy avec l'idée de conclure un ultime marché avec l'Allemagne nazie. » De Gaulle n'a évidemment jamais tenu ces propos mais le Premier ministre est d'autant plus furieux de l'attitude de son protégé qu'il déploie alors de grands efforts pour essayer de faire comprendre l'effort de guerre britannique aux États-Unis. Une semaine plus tôt, pour la première fois depuis le début du conflit, il a rencontré Roosevelt et a signé avec lui la charte de l'Atlantique. À juste titre, il redoute donc que l'interview du général — publiée en outre dans un organe de presse appartenant au colonel Knox, secrétaire d'État à la Marine du cabinet de Roosevelt — ne sème le trouble outre-Atlantique. Il redoute aussi l'effet d'une telle publication sur Staline qui vit dans la hantise d'une paix de compromis.

Le 29 août, Churchill prend enfin connaissance du texte original de l'entretien et sa colère décroît un peu. Une enquête ne tardera pas à établir que le résumé tendancieux a été établi par un fonctionnaire malintentionné. Malgré tout, le Premier ministre demeure fort mécontent. Choqué par le traitement infligé au ministre d'État Oliver Lyttleton, il ne l'est pas moins d'apprendre par ses agents au Moyen-Orient que, durant l'été, en Syrie, le général s'est conduit avec une arrogance extrême, exprimant des sentiments antibritanniques encore plus violents que d'habitude[41]. À un officier des Forces françaises libres, le général aurait dit : « Méfiez-vous des Britanniques. » À d'autres : « Les Américains vont bientôt entrer en guerre et c'est d'eux que les Français libres doivent avant tout attendre leur salut. » D'autres informations circulent : avant de quitter le Levant, de Gaulle aurait interdit au général Catroux de communiquer avec Oliver Lyttleton ; une crise aiguë aurait éclaté entre l'Intelligence Service et les services du colonel Passy. Eden a eu beau, pendant le mois d'août, assurer René Cassin des bonnes intentions de la Grande-Bretagne vis-à-vis de la France libre, un vif climat de méfiance règne, l'incident provoqué par la publication de l'interview l'ayant encore exacerbé. La patience de Churchill, cette fois, est à bout. Même s'il sait que le général n'a pas été aussi agressif que le laissait croire le texte dont il a d'abord eu connaissance, il est maintenant convaincu que sa bonne volonté est vaine et que l'anglophobie du général est profonde. Il n'a, d'ailleurs, pas tout à fait tort. À preuve, ce compte rendu de conversation établi par un diplomate, voisin du général pendant une partie de son voyage de retour :

Au cours du trajet Freetown – Bathurst, que j'ai accompli dans le même avion que le général de Gaulle, celui-ci m'a longuement parlé de questions touchant plus ou moins à la propagande. Le général de Gaulle a paru très mécontent de la façon dont l'Angleterre fait de la propagande en France. « Ce que je reproche à l'Angleterre, m'a-t-il dit, n'est pas tant de faire elle-même la presque totalité de la propagande française, mais de la faire en laissant croire que c'est moi qui en suis le maître. Or les Anglais ne comprennent absolument rien à la mentalité française, et dans la plupart des cas leur propagande est idiote et aboutit à un résultat absolument contraire. Il en découle que c'est moi qui me trouve discrédité. »

L'exemple type que le général m'a cité est celui de la Syrie. « En Syrie, m'a-t-il dit, la propagande anglaise a été bête, bête à crier ! Elle a déclaré que les Anglais venaient délivrer la Syrie, que les Anglais avaient libéré la Syrie. Or rien n'est plus faux. C'est moi qui ai déclenché l'affaire de Syrie, et c'est moi qui l'ai libérée. D'ailleurs, l'Angleterre, aurait-elle voulu le faire elle-même, qu'elle ne l'aurait pas pu, car elle n'était pas la puissance mandataire. »

Le général me dit être décidé à faire cesser l'équivoque qui fait croire que le journal *France*[42] — qu'il estime être déplorablement mal fait — est le propre organe de la France libre alors qu'il est entre les mains du ministère de l'Information.

Il me semble que le général m'a dit la même chose en ce qui concerne « les Français parlent aux Français ». Mais je ne me souviens pas très bien de ce point-là.

Comme je disais au général combien, d'après ce que ma femme m'avait dit en arrivant de France, Jacques Duchêne[43] était écouté attentivement et avait le tact d'éviter les « dissonances psychologiques », le général m'a répondu : « C'est possible, mais Duchêne n'est pas réellement avec moi. »

Le général m'exposa qu'il attribuait cette mainmise de l'Angleterre sur la propagande destinée à la France au fait qu'elle désirait garder l'initiative absolue du combat, et, en ce qui concerne le ministère de l'Information,

beaucoup désiraient avant tout conserver les places qu'ils occupent, d'où leur opposition à un transfert de la propagande chez les Français libres.
[...] D'après lui, tout éloge du courage anglais ne sert absolument à rien. (Ceci est en contradiction avec les opinions exprimées par certaines lettres venues de France, demandant que l'on parle des actes d'héroïsme accomplis par les Anglais ou leurs alliés.)
La seule chose qui, dans l'esprit du général de Gaulle, peut entraîner les Français à rentrer dans la lutte est de leur vanter leur propre mérite, de leur dire que seule la trahison les a empêchés de continuer la lutte, et que, après l'anéantissement de Vichy, ils auront assez de valeur et de courage pour gagner eux-mêmes la guerre.
Le général a ajouté qu'il était « décidé à mettre les pieds dans le plat » à son arrivée à Londres.
Comme je relatais au général l'accueil remarquable que, en tant que Français, j'avais reçu en Angleterre, le général m'a répondu : « Non, dans le fond, les Anglais n'aiment pas plus les Français que les Français n'aiment les Anglais. Il n'existe d'ailleurs aucun peuple qui en aime un autre. Les caractères et les habitudes sont trop différents. [...] Si on parvient à supprimer les guerres, ce ne sera pas par suite de l'affection que les peuples pourront ressentir les uns pour les autres, mais par suite d'accords économiques. Seul l'intérêt compte dans les rapports de peuples à peuples. Tenez, l'Angleterre, a-t-il ajouté, qu'est-elle pour moi ? Une alliée, une alliée.... nécessaire. Mais, avant tout, je suis français et peu m'importe ce que les Français pensent des Anglais. Ce qu'il faut c'est les persuader de leur propre valeur... la leur ! »
[...] Un autre grief du général consiste à reprocher à l'Angleterre la modération dont elle a fait preuve jusqu'à présent en ce qui concerne Pétain. « Le seul fait qui empêche, dit-il, les Français de se battre, c'est Vichy. Et Vichy, c'est Pétain. Supprimez Pétain, tout l'édifice s'écroule. Il est donc stupide de le ménager. Mais les Anglais ne l'ont jamais compris. »
Peu après, je parlais au général de l'étonnante affection que les Canadiens de langue française nourrissent pour la France. « Oui, me répondit le général, mais tout comme l'Angleterre, au Canada, il a toujours été impossible de dire un mot contre Pétain. Le Canada n'a même pas rompu avec Vichy ! Il est vrai, a-t-il ajouté, que c'est vraisemblablement parce qu'ils n'aiment pas les Anglais qu'ils tiennent encore à Vichy[44]. »

À Londres, un accueil des plus frais attend le général. Avant même qu'il n'arrive en Grande-Bretagne, le 31 août, Churchill a ordonné qu'aucun officiel ne se manifeste pour lui souhaiter la bienvenue, que tout contact avec lui soit même rompu, de manière qu'il « cuise dans son jus, une semaine si cela est nécessaire ». Eden, pourtant si bien disposé envers le chef des Français libres, est lui aussi stupéfié par l'interview donnée à Weller : « Nous nous apercevons peut-être que de Gaulle est fou, écrit-il à Churchill. Il faudra le traiter en conséquence[45]. »

Pour autant il n'est pas question de rompre avec le général et la France libre. Dans la même correspondance, Eden souligne que le général a, pour le Premier ministre, un réel et profond respect « qui doit être mis à profit pour le ramener à de meilleurs sentiments ». Strong, membre important du Foreign Office, affirme aussi qu'une rupture est impossible et que l'attitude exigée par Churchill n'est guère réaliste : « Nous avons un travail au jour le jour à mener avec les collaborateurs du général... Avant de rompre avec de Gaulle, nous devons bien avoir à l'esprit le fait qu'il est devenu un symbole, particulièrement en France[46]. » Dans une note adressée, le 1er septembre, à Desmond Morton, Churchill lui-même admet qu'il ne serait être question de couper les ponts : dans son esprit, il s'agit seulement de marquer le coup, de demander des explications au général, quitte à le recevoir un peu plus tard[47].

Tout cela, de Gaulle le devine, et c'est pourquoi il ne paraît pas exagérément ému lorsqu'à son retour à Londres il est délibérément ignoré. Seule l'indispose vraiment l'interdiction qui lui a été notifiée de parler à la BBC. Par précaution — comme ne l'indiquent ni les *Mémoires de guerre* ni les *Lettres, notes et carnets* —, il prend simplement soin de solliciter une rencontre auprès de Churchill : « Mon cher Premier ministre, arrivé à Londres depuis hier, je me permets de vous dire que je serais heureux d'être reçu par vous[48]. »

La réponse de Churchill est d'une froideur savamment étudiée :

J'ai vu de mes yeux le message que vous m'avez envoyé par l'intermédiaire du général Spears au sujet de l'envoi de troupes parachutistes des Forces françaises libres au Moyen-Orient : son caractère empêche de le prendre en considération. J'ai aussi le compte rendu des journaux américains rapportant certaines remarques ou opinions attribuées à vous par un correspondant américain qui est, j'en suis assuré, un journaliste extrêmement fiable. Je comprends que vous contestez la version qu'il a donnée de votre entretien. Dans ce cas, je serais heureux de savoir en quoi les relations qui ont été publiées sont incorrectes[49].

En conclusion, le Premier ministre feint de s'interroger sur l'utilité d'une éventuelle rencontre.

Le général ne tarde pas à être complètement rassuré. Dès le 2 septembre, il est reçu par le major Morton auquel il tient un langage à la fois ferme sur le fond et souple dans la forme, en n'omettant pas de transformer le journaliste G. Weller en bouc émissaire[50]. L'interview ? À en croire de Gaulle, elle a été littéralement inventée par le journaliste qui ne lui a posé que quatre questions auxquelles il a répondu brièvement et en exigeant que le texte définitif lui soit fourni. Le général affirme même que Weller a composé un texte avant de le voir. De Gaulle, en tout cas, dément avoir utilisé des expressions blessantes pour les Britanniques. Pour le reste, il proteste de sa rectitude. Son seul but est la défaite de Hitler mais il ne veut pas apparaître comme un mercenaire à la solde de la Grande-Bretagne. Pour l'instant, il sait qu'il est « un petit homme avec une petite suite ». Ses protestations, par conséquent, sont plus fréquentes et plus sonores que s'il était le chef d'un État reconnu. De Gaulle, bien entendu, proteste contre le traitement que lui ont infligé les Anglais en Syrie, mais il est si habile que Morton est favorablement impressionné :

À mon sens, écrit-il le lendemain à Alexander Cadogan, de Gaulle est un homme très intelligent... Il n'est pas fou. S'il s'emporte comme un dément auprès d'un interlocuteur et cherche à amadouer l'autre, c'est parce qu'il croit qu'une telle attitude est la plus appropriée pour parvenir à ses fins. En certaines occasions, il se trompe. Il ne veut, cependant, pas reconnaître son erreur de comportement vis-à-vis du ministre d'État[51]...

De tous les jugements qui, du côté anglais, sont portés sur le général, celui-ci est l'un des plus pertinents. Comme Spears, Morton perçoit la part de la conviction et celle de la comédie tactique dans l'attitude du personnage étrange que la Grande-Bretagne a accueilli en 1940. De Gaulle, en effet, adore souffler le chaud et le froid. Il ne va d'ailleurs pas tarder à user de cette méthode à l'égard d'un Churchill sans doute maintenant très informé de ses intentions véritables.

Pour renouer les liens mis à mal par tant d'incidents, le général, dès le 3 septembre, adresse au Premier ministre britannique une lettre accommodante. Certes, il ne dissimule pas ses griefs bien connus mais, contre toute vraisemblance, il affirme avoir gardé un excellent souvenir de ses relations avec le ministre d'État Lyttleton ! Quant à la malencontreuse interview du *Chicago Daily News*, le seul coupable est, bien entendu, le journaliste.

La tactique du général est bonne. Churchill est impulsif, parfois imprévisible, mais la rancune n'est pas son fort. De toute manière, pour le moment, il n'a pas d'autre carte en main. Assez vite, il fait donc savoir au général qu'il le recevra le 12 septembre. Dès lors, de Gaulle sait qu'il vient de gagner la moitié de la partie. Arrivé de Washington, Hervé Alphand, qui est reçu par lui le 6, le trouve très calme, très sûr de lui : « Je ne trouve chez lui aucun désir de plaire, aucun souci de nuances, aucun esprit de négociation. La seule manœuvre qu'il semble connaître et employer est celle du char qui fonce en avant[52]. »

Churchill, lorsqu'il reçoit le chef des Français libres le 12 septembre, n'est tout de même pas dans les meilleures dispositions. Auparavant, il a d'ailleurs demandé au Foreign Office d'énumérer ses griefs, d'étudier la meilleure façon de le contrôler. Aux Communes enfin, il a affirmé que la Syrie a vocation à être indépendante. Pour marquer sa mauvaise humeur, il ne néglige aucun détail : il utilise l'anglais, ne serre pas la main de son visiteur, corrige l'interprète quand celui-ci, poliment, traduit la formule « *I have asked you to come here* » par « je vous ai invité ». Les incidents se succèdent tandis que valsent les interprètes — l'un d'entre eux, furieux, dira qu'il a eu affaire à deux fous. La forme en vérité compte en la circonstance plus que le fond qui se ramène à un échange de griefs connus. Churchill veut donner une leçon à de Gaulle. Celui-ci ne paraît pas ou ne veut pas paraître impressionné. La rencontre ne se termine pas aussi mal qu'on aurait pu le craindre. Geoffroy de Courcel et John Colville, le secrétaire du Premier ministre, sont même tout surpris de voir leurs patrons respectifs terminer cet échange de vues en fumant tranquillement un cigare.

À première vue, de Gaulle a plutôt gagné. Après l'effet calamiteux produit par l'interview de Brazzaville, il a réussi à réparer les dégâts, à éviter une rupture avec le gouvernement britannique. En réalité, la situation est plus complexe. Si l'admiration de Churchill pour lui est intacte et le restera toujours, sa confiance est ébranlée et à la fin de l'entretien ses sentiments profonds se sont bien révélés lorsqu'il a mis en garde son interlocuteur contre le risque d'apparaître sous les traits d'un personnage difficile, voire carrément d'un fasciste, et quand il lui a fermement conseillé de mettre en place sans tarder un conseil susceptible de l'aider à définir la politique de la France libre. Par ailleurs, en marquant que le statut de la Syrie ne pouvait être réglé qu'après la fin des hostilités, de Gaulle a souligné, sans doute involontairement, l'importance du hiatus qui existe désormais sur cette question entre la France libre et la Grande-Bretagne.

De tout cela, il résulte qu'un affrontement est désormais inévitable. Par son style de négociation, ou plutôt par son refus altier d'accepter les compromis, de Gaulle a certes marqué des points, même si ses victoires ne sont pas toujours aussi tangibles qu'il y paraît de prime abord. En adoptant cette méthode, en faisant surtout de la surenchère par des déclarations agressives et gratuites, il est non moins clair qu'il a donné des armes à ses détracteurs et mis en péril sa position auprès de Churchill, alors même que son crédit, un peu partout, augmente.

Les événements de l'automne 1941 vont confirmer ce diagnostic.

X

LE CONNÉTABLE ET LA RÉPUBLIQUE

« Si nous n'arrivons pas à nous entendre avec de Gaulle, cela ne peut que créer un surcroît de confusion dans l'esprit du peuple français, écrivait Eden à Churchill le 11 septembre. Hors de France, de Gaulle n'a que peu d'importance ; en France, il a une importance considérable en tant que point de ralliement contre Vichy[1]. » « Avant de rompre avec de Gaulle, soulignait, de son côté, Strang, un membre éminent du Foreign Office, adjoint d'Alexander Cadogan, nous devons bien être conscients qu'il est devenu un symbole, particulièrement en France[2]. »

De fait, en cet automne 1941, la situation de de Gaulle par rapport au peuple dont il défend les intérêts contre vents et marées a sensiblement évolué. La radio, tout d'abord, l'a fait connaître. Grâce au talent de ses animateurs, Maurice Schumann, Jean Marin, Jean Oberlé, Pierre Bourdan, l'émission quotidienne en français de la BBC a conquis un public de plus en plus vaste et passionné. Très vite l'effet négatif considérable provoqué par le drame de Mers el-Kébir a été sinon annihilé, du moins fortement réduit. Peu à peu, un nombre important de Français ont pris l'habitude de capter la radio britannique. L'intérêt va d'autant plus croissant que, s'ils reçoivent naturellement des directives britanniques, les animateurs de l'émission « Les Français parlent aux Français », créée en septembre 1940, évitent toute langue de bois. Pour s'informer, on prend peu à peu le réflexe d'écouter la BBC qui donne des informations interdites sur les ondes françaises : par exemple, en novembre 1940, l'expulsion par les occupants de dizaines de milliers d'Alsaciens-Lorrains vers la zone libre. Au micro de la BBC, de Gaulle intervient assez régulièrement (soixante-dix fois tout au long de la guerre) et avec de plus en plus de métier. Au début, sa voix étrange, un peu métallique, a déconcerté mais, avec le temps, la densité du personnage s'est révélée et avec elle la puissance de ses convictions.

L'impact du général est bien réel. Le 1er janvier 1941, lorsque, d'accord avec le gouvernement britannique, il a donné l'ordre de faire le vide dans les rues de France pendant une heure, il a été suivi dans la zone interdite du Nord, en Bretagne et en région parisienne. L'entrée en guerre des Soviétiques, bientôt celle des Américains ont concouru à légitimer la démarche du Connétable qui, dès le 18 juin, avait affirmé : « Cette guerre est une guerre mondiale. »

> Le chef de la France libre, écrit Jean-Louis Crémieux-Brilhac, a noué grâce à la radio une relation privilégiée avec son peuple. Il en prend plus visiblement conscience en 1941 : dès septembre 1941 et plus encore en 1942, l'image qu'il se fait de lui-même et qu'il veut en donner est rehaussée par l'image, réelle ou supposée, que se font de lui les Français de France[3].

C'est également en cet automne 1941 que la Résistance prend réellement, en France, une certaine importance et que des liens avec Londres commencent à être tissés. Jusque-là, les résistants, on doit bien l'admettre, ne constituaient « même pas, en termes statistiques, une minorité appréciable », pour reprendre l'expression d'Henri Noguères qui en a écrit la geste avec scrupule[4]. La célèbre manifestation des lycéens à l'Arc de Triomphe, le 11 novembre 1940, à laquelle prit part Pierre Lefranc, est emblématique de cette époque héroïque. Globalement, les Français dressés contre l'occupant appartiennent soit à des milieux traditionalistes — les officiers par exemple — mus par des motifs essentiellement patriotiques, soit, mais en proportion bien moindre, sont sortis des rangs du Parti communiste français — qu'ils n'engagent pas, jusqu'à l'entrée en guerre de l'Union soviétique, dans ce qui apparaît comme autant d'initiatives courageuses mais personnelles. Les uns et les autres ont entretenu jusqu'à cet automne 1941 des rapports complexes avec le général.

Alors que les partis de la IIIe République se délitaient, que certains de leurs anciens membres — Déat, Doriot, pour ne citer que les plus connus — versaient dans la collaboration, il est de fait que beaucoup des premiers résistants sont venus de la droite, voire de l'extrême droite[5]. C'est le cas de Gilbert Renault, alias le colonel Remy, homme de cinéma de sensibilité catholique et maurrassienne, qui a rejoint la France libre dès l'été 1940 pour accomplir des missions en France, et a réussi, presque immédiatement, à y créer l'un des premiers réseaux, et l'un des plus efficaces, la confrérie Notre-Dame. C'est le cas de Pierre de Bénouville, également issu de l'Action française, qui s'est lancé dans l'action clandestine, avec des amis partageant ses idées, peu de temps après la défaite et qui, devenu l'un des dirigeants du réseau Combat, créera les Mouvements unis de la Résistance. Citons aussi Georges Loustaunau-Lacau, fondateur du réseau Alliance, dès 1940, après avoir démissionné au moment de Montoire de son poste de délégué général de la Légion des combattants ; Charles Vallin, ancien bras droit du colonel de La Rocque, qui, après avoir voté les pleins pouvoirs à Pétain, a été très vite déçu et s'est engagé lui aussi dans l'action ; Marie-Madeleine Fourcade, collaboratrice de Loustaunau-Lacau, qui dirigera Alliance, l'un des réseaux de renseignements les plus efficaces de la France occupée. Officier d'active, auteur d'un premier appel à la lutte le 15 août 1940, fondateur de Combat, le premier mouvement de résistance, et plus tard de l'Armée secrète, Henri Frenay, sans doute, s'affirme socialiste mais son état d'esprit le rattache malgré tout, à bien des égards, à une famille de pensée plutôt traditionaliste. À ce courant appartenait enfin Honoré d'Estienne d'Orves, officier de marine rallié à la France libre dès le 10 juillet 1940, et qui, devenu membre du Deuxième Bureau, créa en France occupée le réseau Nemrod, avant d'être trahi, arrêté, jugé et exécuté par les Allemands, le 29 août 1941. Il y avait chez Honoré d'Estienne d'Orves, souligne son biographe Étienne de Montety, « une certaine idée de l'Histoire et de l'honneur autant qu'une éducation "à la française", et c'est leur conjonction qui le conduisit à déclarer en juillet 1940, à la veille d'entrer en clandestinité : "Mes ancêtres se sont battus jusqu'au bout, je ne puis faire autrement que les imiter[6]" ».

Pour ces hommes et ces femmes entrés en résistance comme on entre en religion, de Gaulle, comme l'avait bien prévu Weil-Curiel, est une référence toute naturelle. Certains sont plus ou moins attirés par le personnage — il apparaîtra vite que Frenay ne l'est pas du tout — mais le général, même s'il est lointain, appartient à leur univers intellectuel. Le problème avec eux tient à leur attitude envers Pétain. Si quelques-uns, Pierre de Bénouville par exemple, sont vite excédés par le régime de Vichy, sa tendance à l'autoflagellation, l'atmosphère de suspicion qui y règne, rares sont ceux qui ne conservent pas un certain respect pour le maréchal. Frenay, pour sa part, ne cachera jamais son état d'esprit d'alors : « Dans ma famille, écrira-t-il dans *La nuit finira*, la ferveur pour le maréchal Pétain est grande : je partage ce sentiment. Son passé, son prestige, son âge sont garants de son courage et de la rectitude de son comportement à la tête de l'État français qui, sans qu'on y prît garde, venait de se substituer à la République[7]. » Frenay condamne la Révolution nationale en présence de l'ennemi, mais en se refusant, même après l'entrevue de Montoire, à condamner le vainqueur de Verdun. Le moment approche toutefois où le maréchal ne sera plus considéré comme l'artisan d'un subtil double jeu.

Du côté communiste, l'entrée en guerre de l'Union soviétique a précipité une évolution amorcée au cours des mois précédents. Au début, personne ne le nie plus, le Parti ne s'est distingué ni par son zèle à résister ni par sa sympathie pour la cause gaulliste. Ligoté par le pacte germano-soviétique, handicapé par les mesures prises à son encontre par Daladier, prisonnier surtout de sa fidélité à l'URSS et à Staline, le Parti a cherché péniblement sa voie, des initiatives individuelles venant heureusement parfois suppléer la carence de la direction. En vérité, et sans revenir sur des actes aussi malheureux que la demande de reparution de *L'Humanité* formulée, sous la responsabilité de Jacques Duclos, le 25 juin 1940 auprès des autorités allemandes, l'activité résistante du Parti durant cette période héroïque s'est réduite à quelques gestes : en juillet, la rédaction d'un tract incontestablement patriote par Marcel Paul en Bretagne, le sabotage en août de matériels de guerre dans les usines Renault, Gnome et Rhône, une circulaire de Charles Tillon, très antihitlérienne, quelques autres initiatives similaires. Peu de chose, on le voit. Le 16 juillet 1940, Thorez, réfugié à Moscou, a du reste donné pour instruction de garder silence sur de

Gaulle et de « ne pas mettre l'accent contre l'Angleterre[8] ». Quelques jours avant l'attaque de l'Union soviétique à la mi-juin 1941, le communiste Joseph Epstein adressait encore à l'Internationale un rapport soulignant que les privations avaient fait évoluer l'opinion, que le sentiment antiallemand était maintenant fort répandu. « Même des membres du Parti (de la base) et de bons sympathisants en sont influencés. » Cette dernière phrase est évidemment savoureuse. Elle prend sa signification si l'on sait que *L'Humanité* n'a presque jamais mentionné les actes de résistance individuels des membres du PCF.

De la part de la direction du Parti, de Gaulle ne bénéficiait donc guère, c'est le moins que l'on puisse dire, d'un préjugé favorable. Comme en matière d'action clandestine, les exceptions étaient le fait d'individus isolés, mais plus le temps passait, plus ces individus étaient nombreux, et plus l'impact de de Gaulle augmentait. À l'instar du jeune Pierre Daix qui continuait à se conduire comme si le pacte germano-soviétique n'avait jamais été signé, beaucoup de militants, surtout en province, écoutaient la radio de Londres. Dès avant l'invasion de l'Union soviétique par le Reich, les esprits ont évolué ainsi. À Moscou, au début du mois de mai, dans un rapport sur les intellectuels, l'écrivain Jean-Richard Bloch saluait en ces termes le chef de la France libre :

> Le mouvement des gaullistes
>
> Dès le mois de juin, dès que la trahison fut devenue évidente aux yeux de presque tous les Français, le mouvement de résistance nationale s'est concrétisé autour de Londres et du mouvement gaulliste.
>
> Les premières proclamations du général de Gaulle à la radio de Londres, en juin, ont positivement bouleversé, électrisé la France. Il appelait à l'espérance ce pays écrasé, il appelait à la lutte ce pays désarmé, il appelait à l'honneur ce pays humilié, il appelait à la revanche ce pays battu, il appelait à la libération ce pays occupé. Il nommait la trahison par son nom, il levait une armée, il abjurait l'« Empire français » de se serrer autour de la Grande-Bretagne. Même parmi les communistes, une secrète tendresse naissait pour cet homme énergique dont on ne savait presque rien si ce n'était qu'il passait pour l'inventeur et le théoricien de la tactique de la guerre éclair dont les Allemands venaient de faire un si brillant usage contre l'impéritie de notre haut commandement. La colère et le mépris qui gonflaient le cœur de tous les Français contre les gouvernants passés et présents qui les avaient jetés dans ce guêpier et qui en avaient tiré parti — les Blum, les Daladier, les Reynaud, les Flandin, les Laval —, contre les généraux incapables ou félons qui avaient laissé se briser entre leurs mains, sans même en faire usage, une des plus belles armées du monde — les Gamelin, les Weygand, les Pétain —, ces sentiments se tournèrent en une vague de reconnaissance envers ce général qui refusait de poser les armes, et qui, à la différence de tous ses collègues empressés à se reconnaître battus, voulait continuer à se battre. Ceux-là mêmes qui se méfiaient de lui, de son humeur aventureuse, de son entourage, de ses arrière-pensées, de ses maîtres anglais, des cléricaux, des banquiers, des faux démocrates et des pseudo-socialistes qui composaient son conseil, ne pouvaient lui refuser une sympathie étonnée et une curiosité attentive[9].

Depuis cette profession de foi, la situation a encore changé. Après l'opération Barbarossa, les communistes sont entrés massivement dans la Résistance. Ils organisent maintenant des attentats contre des militaires allemands, et des représailles contre la population civile s'ensuivent. Le 21 octobre, au lendemain de l'assassinat d'un officier allemand, quarante-huit civils seront passés par les armes. Pour de Gaulle, il s'agit là d'un nouveau problème, très délicat à résoudre. Du moins est-il en meilleure position pour l'affronter, sa notoriété, son autorité et par suite sa légitimité étant beaucoup mieux assurées que quelques mois plus tôt.

Entre le général et la Résistance intérieure, rien ne sera jamais facile.

> Il semble, note Bernard Ledwidge, qu'au tout début de son séjour à Londres le général n'ait pas beaucoup pensé au potentiel de résistance de la France métropolitaine. Il considérait que la libération était l'affaire des armées alliées et du mouvement des Français libres. Les agents envoyés en France étaient plutôt chargés de recueillir des renseignements que de stimuler la rébellion [10].

Plus tard après la guerre, lorsqu'il écrira ses *Mémoires de guerre*, le colonel Passy le verra peiner particulièrement sur les passages ayant trait à ces problèmes : « Il me demandait de venir à Colombey lui apporter des détails dont il n'avait pas connaissance. Parmi toutes les questions qu'il traitait, c'était certainement celle qu'il maîtrisait le plus difficilement [11]. » En cet automne 1941, tout reste à faire pour établir un minimum de coordination avec les mouvements de la Résistance. Envoyé en France par Passy, au début de l'année, avec cette mission, Fourcaud, un agent du BCRA, a échoué. Par chance, la route de de Gaulle va bientôt croiser celle de Jean Moulin, ancien préfet d'Eure-et-Loir, qui, après avoir vaillamment résisté aux exigences déshonorantes des Allemands au moment de la débâcle et avoir été, pour cette raison, molesté, est entré dans la clandestinité. Radical de gauche, ancien collaborateur de Pierre Cot, Moulin n'a pas, a priori, le meilleur profil pour séduire le général mais, dès son arrivée à Londres en octobre 1941, il va nouer des relations de confiance avec le chef des Français libres. Messager de la Résistance intérieure auprès de la France libre, il établira des liens entre deux mondes qui, jusqu'alors, s'ignoraient — événement évidemment capital.

Évoquer ces liens déjà forts entre la France libre, l'opinion publique française et la Résistance intérieure, c'est mesurer du même coup la marge de manœuvre assez limitée dont les Britanniques disposent lorsqu'au retour de de Gaulle à Londres, et après les incidents de Syrie et d'Afrique, ils lui cherchent sinon un remplaçant, du moins des contrepoids. En dépit de ces obstacles, cette volonté existe dans les cercles dirigeants anglais et en insistant, le 12 septembre, devant le chef des Français libres, sur la nécessité de démocratiser le mouvement gaulliste, Churchill a, en quelque sorte, donné le signal de l'opération. Celle-ci est d'autant plus tentante que, tant du côté anglais que du côté français, se trouvent des hommes et des clans mécontents du Connétable. Parmi les Britanniques, plusieurs personnalités se distinguent par leur antigaullisme : la plupart des membres de la mission

Spears, bien entendu, mais aussi l'amiral Dickens, officier en chef de liaison navale, et surtout lord Bessborough, marié à une Française, importante figure de la French Welfare Section du Foreign Office. Au sein même de la France libre, les opposants au Connétable, encouragés par les coups d'éclat de ce dernier contre la Grande-Bretagne, donnent également de la voix : on les compte presque exclusivement autour de celui qui, peu à peu, prend figure de chef de la dissidence, l'amiral Muselier. Les vicissitudes de l'Histoire ne peuvent qu'inciter les uns et les autres à se concerter, voire à comploter.

Le 1er septembre, avant même le retour du général à Londres, un proche de Muselier, membre de son état-major (son nom n'est pas précisé), a écrit à lord Bessborough pour lui faire de véritables offres de service au nom de l'amiral :

> Je me permets de vous rappeler notre conversation au Savoy sur l'avantage qu'il y aurait à assurer un contact plus étroit entre M. Churchill et l'amiral Muselier.
> Après certains désappointements que M. Churchill a pu éprouver en ce qui concerne l'activité du général en Syrie, il serait bon pour le mouvement de France libre que votre Premier connaisse le point de vue d'hommes calmes et confiants dans les motifs de l'action britannique, tels que l'amiral.
> Ayant répondu à chaque nouvelle félonie du gouvernement de Vichy par une nouvelle profession de foi en la France et les Français, et les Français libres en particulier, votre grand Premier a dû être doublement peiné par certains passages des télégrammes du général. Si, dans une certaine mesure, le point de vue du général était motivé quant au fond par les événements, il avait été exprimé sous une forme rendue intolérablement agressive par cette vieille méfiance traditionnelle encore cachée dans l'âme de certains de nos meilleurs compatriotes, et qui continue à rendre la collaboration franco-anglaise par moments si difficile.
> Nous devons faire de notre mieux pour améliorer cette situation, et M. Churchill trouvera, dans le contact avec l'amiral, de nouvelles raisons pour continuer à croire en notre fidélité et notre loyauté [12]...

À peu près au même moment, Muselier en personne s'est manifesté. Début septembre, il a passé ainsi une soirée à expliquer à Bessborough, décidément l'âme du complot, que de Gaulle avait une conduite inadmissible et que l'orage provoqué par l'interview de Brazzaville risquait de se reproduire. L'amiral affirme qu'il a averti le chef de la France libre de son état d'esprit et lui a envoyé en Syrie un télégramme très net, dans lequel il faisait ressortir le caractère anticonstitutionnel de son comportement vis-à-vis du Conseil de défense. À Bessborough, l'amiral a répété aussi ce qu'il avait dit quelques semaines plus tôt à l'amiral Dickens : si de Gaulle rompait avec la Grande-Bretagne lui-même et les Forces françaises navales libres seraient aux ordres du gouvernement de Sa Majesté. Il a promis enfin à son interlocuteur de le tenir informé du résultat de sa première rencontre avec de Gaulle, après son retour d'Afrique, et précisé qu'il n'avait pas d'ambition personnelle, qu'il ne désirait pas succéder au général [13].

Le 5 septembre, comme prévu, Muselier, accompagné de l'un de ses adjoints, le commandant Schaeffer, a déjeuné avec Bessborough et lui a fait rapport de son premier contact avec de Gaulle [14]. La rencontre s'est mal passée. L'amiral a protesté lorsque de Gaulle, répliquant à l'interdiction qui lui a été faite de parler à la BBC, a prétendu empêcher ses officiers de s'y exprimer. Et, quand le général a émis le projet d'établir le siège de la France libre à Brazzaville, il s'y est opposé violemment, précisant qu'il n'était pas question pour lui et ses hommes de quitter Londres. « Le général de Gaulle, conclut Muselier, est un très beau drapeau pour le mouvement mais nous qui tenons le porte-drapeau devons être solides. »

Les fautes du général s'étaient accumulées, précisera Muselier dans *De Gaulle contre le gaullisme.* Tant que ces défauts rédhibitoires ne produisaient leur effet qu'à l'intérieur du mouvement, je pouvais espérer qu'il serait possible d'en atténuer les conséquences. Mais les difficultés graves survenues avec le gouvernement britannique à propos de l'affaire de Syrie, la menace faite par de Gaulle de rompre l'alliance avec la Grande-Bretagne, son interview maladroite et injuste, l'acceptation inadmissible des conditions navales de l'armistice de Syrie, les méthodes de pouvoir personnel employées vis-à-vis de nos alliés mettraient en danger l'alliance anglaise et les intérêts suprêmes de la France [15].

En vérité, ce n'est pas une simple rivalité d'hommes qui oppose le général et l'amiral, c'est un conflit d'ordre idéologique. Depuis les débuts de la France libre, les mauvaises langues ont prétendu que l'entourage de de Gaulle était composé de fascistes et que lui-même inclinait dans cette direction. Après l'échec de Dakar, les rumeurs ont repris vigueur et Muselier, à la fois sincère dans ses convictions républicaines et soucieux de se faire « mousser vis-à-vis de l'Amirauté britannique », pour reprendre l'expression de Passy, les a relayées [16]. Les critiques ont pris une certaine consistance surtout auprès de ceux qui connaissent mal de Gaulle ou de ceux qui, le connaissant, ne le supportent pas. Il apparaît secret et tout le monde ne sait pas comme Passy que l'homme qui, dans le service, est souvent cassant, hautain, incommode en tout cas, peut faire preuve, en privé, d'une exquise urbanité, voire révéler une grande timidité. Le doute plane toujours en outre sur ses idées et ses buts véritables. Certains soulignent, non sans arrière-pensées, que cet homme issu d'un milieu traditionaliste semble avoir du mal à s'adapter à un nouveau milieu (il eût été plus judicieux de signaler son mérite à travailler avec des hommes venus d'un tout autre horizon que le sien), plus de mal encore à affirmer que son combat est celui de la république. « Se battre pour la France », personne n'ignore que tel est son but, mais on le sait plus à l'aise dans la lutte que dans la définition de la forme de société qu'il souhaite après la victoire. Entre lui et des républicains comme Muselier, voire Cassin, avec lequel le débat est beaucoup plus feutré, plus loyal surtout, un hiatus existe, qui se manifeste clairement dans le cas de Pierre Cot.

Pierre Cot et de Gaulle, on l'a dit, ne s'aiment guère. Entre eux, l'antagonisme est bien de nature idéologique. C'est parce que l'ancien ministre de l'Air du Front populaire incarne le régime défunt (et non, semble-t-il, en raison de sa sympathie avouée pour l'Union soviétique)

que le général l'a écarté de son équipe en juin 1940. Républicain et radical, Pierre Cot, de son côté, a une tendance marquée à voir dans le chef de la France libre un nouveau Boulanger.

Dans une lettre adressée à son ami le journaliste Louis Levy, le 28 juillet 1941, il a été particulièrement net, indiquant même une stratégie susceptible de conjurer le péril représenté à ses yeux par le Connétable :

> Je suis persuadé que le général de Gaulle ne se rend même pas compte qu'il est fasciste ; mais je suis sûr qu'il l'est.
> Il est vrai qu'il s'est engagé à soumettre son action à la ratification du peuple français après la guerre. Fort de ses engagements, ses amis répètent : « Vous voyez bien qu'il n'y a rien à craindre. » Mais nous connaissons, toi et moi, ces engagements et ces ratifications. Dans l'Histoire de France, tous nos coups d'État se sont faits avec cette procédure ; dans l'Histoire contemporaine, Hitler et Mussolini ont fait ouvrir leurs dictatures par l'approbation populaire. Enfin, le gouvernement de Vichy a pris les mêmes engagements.
> Ce qui me préoccupe davantage, c'est l'ignorance absolue de l'état d'esprit populaire français et européen que révèle une telle attitude. Après la guerre, nous aurons une explosion violente d'antifascisme. Il est impossible même de prévoir jusqu'où ira cette explosion. Mais il serait puéril d'imaginer une Europe dans laquelle on laisserait la France avec une dictature militaire.
> Après cette introduction, comment se pose le problème ? Premièrement, on peut concevoir l'action du général de Gaulle comme une action purement nationale, militaire et technique. Sur ce plan, nous devons tous l'appuyer. Il a rendu à la France libre et démocratique un immense service. Il doit, à cause de ce service, entrer dans la légende (qui me paraît une meilleure place, pour lui, que l'histoire). Il doit devenir une grande figure nationale, une sorte de symbole héroïque. Avec cela, on peut le consacrer ministre de la Défense nationale (du pays ayant réalisé le désarmement) ou président de la République (avec de bonnes garanties constitutionnelles). C'est la voie que normalement il devrait suivre.
> S'il ne suit pas cette voie, pour éviter ce danger, il faudrait faire comprendre à nos amis anglais et à nos amis américains qu'il y a intérêt : ou bien de faire un véritable gouvernement démocratique, faisant appel à tous les hommes représentant les tendances de la pensée antifasciste — ou bien, qu'il faut demander aux militaires de donner leur avis sur les problèmes militaires ; aux spécialistes du droit constitutionnel (je crois être le seul en exil à avoir rempli ces fonctions, mais ce n'est pas ma faute !) de donner leur avis sur les problèmes de leur spécialité ; aux techniciens de la finance, de s'occuper de finance, etc.[17].

L'opposition de ces deux cultures apparaît avec éclat dans un document (inédit) daté précisément de cette époque de crise. Un document à deux voix, puisqu'il s'agit d'une note de Pierre Cot, adressée depuis les États-Unis le 13 septembre 1941, par l'intermédiaire de René Pleven, au général, et commentée par ce dernier de sa main[18]. Confronté aux idées de Pierre Cot et peu soucieux de dissimuler sa pensée puisque le document est destiné à dormir longtemps dans les archives, de Gaulle réagit avec une extrême vivacité, laissant transparaître ses réticences vis-à-vis du parlementarisme, un certain autoritarisme, son absence d'illusions sur les hommes, sa rancune vis-à-vis de la République, telle qu'elle était conçue jusqu'en 1940.

D'entrée de jeu, Pierre Cot se montre fort critique vis-à-vis de la France, sa politique extérieure en particulier. Deux erreurs majeures doivent, selon lui, être soulignées :

— Dans la proportion de huit à dix, les représentants officiels du général de Gaulle appartiennent à des fractions très réactionnaires.
— S'il a fait l'éloge de Paul Reynaud, le général n'a pas dit un mot des leaders démocratiques emprisonnés tels que Mandel ou Léon Blum. L'assassinat de Marx Dormoy et les sabotages organisés par les militants ouvriers n'ont pas davantage suscité de commentaires.

Malgré tout, Pierre Cot se garde de couper les ponts. La « réorganisation de l'Europe », la « refonte constitutionnelle de la France » ou encore une « mission officieuse en Union soviétique » l'intéresseraient a priori :

Lorsque j'étais à Londres, croit-il devoir préciser, le général de Gaulle m'avait parlé de m'envoyer, à titre officiel, en URSS. Depuis les événements ont marché et il me serait difficile, étant donné l'orientation générale du mouvement de Gaulle, d'accepter une mission officielle. Mais je pense qu'un voyage purement officieux pourrait avoir de l'intérêt pour lui.

De Gaulle n'appréciera jamais qu'on paraisse lui forcer la main. Si l'on manque à cette règle, on doit s'attendre à une réplique cinglante : « Si on le lui offre, il se précipitera », jette-t-il ainsi en marge du passage où Pierre Cot semble lui faire une grâce en offrant ses services. Et comme, en conclusion d'une lettre à René Pleven accompagnant la note, l'ancien ministre, protestant de son admiration pour le chef des Français libres, a ajouté : « Si je formule des critiques c'est uniquement pour lui rendre service », l'intéressé note sèchement : « Oui, merci. »

Le ton est donné. Comme au début de sa réflexion, Pierre Cot souligne que, indépendamment de la politique intérieure, une étude axée sur la politique extérieure permettrait de signaler bien des erreurs et des pièges à éviter, de Gaulle observe : « Peut-être serait-il plus juste de parler du manque d'hommes de valeur. » Plus tard, en termes plus ou moins voilés, il laissera entendre que les talents lui ont manqué et qu'au contraire les compétences pullulaient à Vichy. La présente annotation annonce ces propos, sans trop d'égards, on doit le reconnaître, pour ceux qui dès le départ l'ont suivi.

Vis-à-vis de Vichy au demeurant les sentiments profonds du général paraissent moins tranchés que ceux de Pierre Cot. Comme ce dernier fait valoir que la France est soumise à une dictature militaire s'efforçant d'établir un régime fasciste (corporatisme, antiparlementarisme, antisémitisme), de Gaulle note laconiquement : « Je crois que cette conception est un résumé un peu simpliste. » Preuve s'il en était besoin que le chef de la France libre reproche moins à Pétain l'orientation traditionaliste et autoritaire de son régime que son attitude face aux Allemands.

Mis en verve par un interlocuteur qui manifestement l'irrite, de Gaulle, dès lors, donne libre cours à son mépris des hommes de la IIIe République. Signe révélateur du peu d'estime qu'il a pour eux : il ne se montre pas aussi réticent qu'on pourrait le supposer quand Pierre Cot fait valoir que l'opposition est obligée de prendre une forme révolutionnaire et est normalement conduite par les masses ouvrières qui, seules en France, possèdent une tradition et une formation révolutionnaires. « Ceci est vrai mais en partie seulement », observe de Gaulle, manifestement peu effarouché à l'idée de lutter aux côtés des « rouges », pourvu qu'ils soient patriotes.

En revanche, on le sent beaucoup plus méfiant à l'égard d'une gauche en quelque sorte institutionnelle. Alors que Pierre Cot se félicite du discrédit des mouvements de droite et de la montée en puissance du Parti socialiste (nuance de Léon Blum, Marx Dormoy, Vincent Auriol) et du regroupement autour de ce grand parti de la plupart des éléments « démocrates » (anciens radicaux de gauche, Jeune République, démocrates populaires, francs-maçons, etc.), de Gaulle, sur la défensive, note sobrement, sans enthousiasme : « Il y a du vrai, mais ne pas confondre le personnel politique et le peuple car il faudrait savoir quel crédit réel ce personnel a gardé dans le peuple. » « Cela sent un peu trop son partisan d'autrefois », observe-t-il aussi quand Pierre Cot affirme, péremptoire, que, « si des élections intervenaient, la gauche serait renforcée 1°) par la combativité des élus, par l'élimination des fascistes et profascistes qui peuplaient les administrations civiles et militaires ; 2°) par la suppression d'un Sénat conservateur et résolu à faire échec à la volonté populaire ».

Plus que jamais de Gaulle affirme n'avoir qu'un but : maintenir le drapeau mais en accentuant la dimension politique de la France libre. « C'est un mouvement national et non pas militaire », objecte-t-il à une remarque de Pierre Cot insistant sur le côté militaire du mouvement. « La preuve est que j'ai avec moi un nombre infime d'officiers de carrière. » Au besoin, il semble résolu à se battre pour conserver son indépendance totale vis-à-vis des Anglais, fût-ce en remettant en cause les accords d'août 1940. Et quand Pierre Cot affirme que la base du mouvement est en quelque sorte l'accord du 7 août 1940 conclu avec les Britanniques, de Gaulle, furieux, note : « Tout ceci, qui date d'août 1940, est périmé. En tout cas, c'est dépassé de loin par les événements. »

Mais ses critiques les plus rudes, le général les réserve au régime défunt et plus généralement à la conception parlementariste de la République qui a prévalu en 1877 [19]. Porte-parole des « républicains », Pierre Cot plaide leur cause : « S'il voulait former un gouvernement, avoir des représentants diplomatiques, exercer un pouvoir politique, le général de Gaulle devrait modifier la nature de son mouvement. Le problème politique est de savoir comment, en respectant les institutions politiques françaises, c'est-à-dire la souveraineté du peuple et le pouvoir du Parlement, il serait possible de former un gouvernement provisoire en exil. » Or, de ce plaidoyer, de Gaulle est littéralement furieux : « Non ; cela serait vrai en 1936 ou 1939 mais ce n'est plus vrai aujourd'hui. Le Parlement a abdiqué. » L'ancien ministre de l'Air poursuit : « Un tel gouvernement serait jugé sur sa doctrine politique et sur la compétence politique d'hommes qui le composeraient, sous la présidence du général de Gaulle. La question de la compétence est plus difficile étant donné le tout petit nombre d'hommes politiques se trouvant en exil. » Cette insistance a le don d'irriter le général qui souligne : « Ne pas confondre homme politique et ancien parlementaire. » Visiblement, le général est exaspéré et il s'emporte quand Pierre Cot croit devoir préciser qu'il ne pourrait former un mouvement qu'à la condition de s'entourer d'hommes suffisamment représentatifs de la majorité politique qui mène en France la lutte contre Hitler : « Je m'entoure d'hommes représentatifs de la majorité nationale qui lutte contre l'envahisseur. À aucun prix je ne referai le Parlement de 1939, lequel d'ailleurs a abdiqué. » De Gaulle précise simplement que, comme Pierre Cot, il est partisan d'un Conseil national consultatif.

Au-delà du système, ce sont les hommes du passé que le général veut d'évidence écarter au profit d'hommes neufs. Ne pas utiliser des personnages tels que Leger, Paul Rivet, Henri Laugier, les anciens de la SDN, un grand industriel comme Houdry, ou encore Louis Dolivet est une faute aux yeux de l'ancien ministre du Front populaire. Il lui paraît également souhaitable d'exclure ceux dont la compétence est purement technique. Ce à quoi de Gaulle réplique : « Je ne suis pas d'accord. Il n'y a pas de "pure" technique dans la guerre totale. » Le ton monte quand Pierre Cot pousse à la création d'un Conseil politique en prétendant qu'ainsi le général ne sera pas cantonné dans un rôle purement militaire. « Quelle rigolade ! note le général. Qui donc a l'audience de la Résistance nationale ? Il faut réaliser l'union de toutes les forces nationales. »

Le désaccord est donc total et il culmine lorsque Pierre Cot prétend que, en vertu de l'accord du 7 août 1940, de Gaulle ne doit pas se placer sur un plan politique. « Si, réplique le général, mais ma politique est le rassemblement national. » Et il révèle sa pensée avec une violence étonnante en notant : « La République a abdiqué » en marge d'un passage où l'ancien ministre s'étonne de la disparition de la devise, « Liberté, Égalité, Fraternité », des papiers officiels de la France libre. « Pourquoi imiter Vichy en mettant l'accent sur les mots "Honneur et Patrie" qui ne sont qu'une devise militaire alors que les mots "Liberté, Égalité, Fraternité" sont une devise nationale », s'interroge encore Pierre Cot, qui s'attire cette remarque ironique : « Parce que tous les Français libres ne sont pas de l'avis de M. Pierre Cot. » Et le général d'écarter comme « roman policier » les accusations selon lesquelles « tout se passe comme si on voulait, peu à peu, détacher de Gaulle des hommes qui peuvent lui apporter l'appui des masses, tout se passe comme si la Gestapo avait été assez habile pour faciliter la sortie de France d'éléments patriotes et antiallemands mais profascistes capables par leur bavardage et leur sottise de créer autour du général de Gaulle un élément dangereux ».

Jamais peut-être la conception du général ne s'est mieux exprimée, jamais n'était apparue plus crûment aussi la dichotomie existant entre la conception de la République des « républicains » et la sienne, qui prend en compte un temps beaucoup plus long. Porte-parole des républicains, Cot souligne : « Les démocrates ont le droit de savoir où on les conduit », mais, de la réponse de de Gaulle : « Phrase de parlementaire », on ne saurait conclure qu'il n'a pas, lui aussi, quelque idée de la démocratie. Ce n'est certes pas un hasard si le seul passage de Pierre Cot approuvé par le général d'un oui sans bavures est celui-ci : « Le général de Gaulle a déclaré que le peuple français devait rester libre. C'est donc lui, et lui seul, qui jugera les hommes et les doctrines du passé et du présent. » De Gaulle, n'en déplaise à Pierre Cot, ne partage pas les préjugés de son milieu. « Et Éboué ? » note-t-il aussi, lorsque l'ancien ministre lui fait grief de ne pas avoir fait entrer un seul indigène dans le Conseil de défense de l'Empire. Reste — et c'est une divergence majeure avec l'école de pensée de Pierre Cot ou de Muselier — que la France pour lui ne date pas de 1789 : quand Cot affirme que la France libre doit s'appuyer sur l'action révolutionnaire des masses « démocratiques et populaires », le général raie ce dernier membre de phrase et le remplace par « nationales ». Avant de conclure, moqueur : « Nous tâcherons d'utiliser M. Pierre Cot. »

Muselier, heureusement, n'aura jamais connaissance de cette note mais il soupçonne de Gaulle de ne pas être un démocrate impeccable, et comme, de leur côté, les Britanniques sont soucieux de rééquilibrer la France libre, il est en quelque sorte prédestiné à être manipulé. Avant même la rencontre du 12 septembre entre de Gaulle et Churchill, la manœuvre était lancée. Dès le 9, alors que les cercles officiels savaient que Muselier se répandait partout en traitant de Gaulle de mégalomane, Desmond Morton a averti le Premier ministre de l'existence d'une faction violemment antigaulliste au sein de la France libre : « J'apprends que les membres du quartier général des Français libres et quelques autres Français de bonne volonté à l'extérieur du mouvement s'interrogent sérieusement sur les moyens de créer un conseil qui serait à même de contrôler les actions politiques du général[20]. » À toutes fins utiles, Morton a donc été chargé de suivre les activités du groupe Muselier et de tenir le Premier ministre au courant[21]. Naturellement, il n'était pas question pour les Anglais de miser totalement sur l'amiral : le chef des Forces navales françaises libres ne jouissait pas de la meilleure réputation en Grande-Bretagne : on lui attribuait une liaison voyante avec une femme mariée ; et la police a trouvé chez lui de la drogue lors de la perquisition effectuée à son domicile au mois de janvier[22].

Mais la statue va échapper à Pygmalion. Très vite, les Britanniques seront incapables de modérer les ardeurs qu'ils ont encouragées contre le chef de la France libre. À peine Churchill a-t-il donné l'idée de former un conseil, à peine le général a-t-il admis ce souhait, les partisans de l'amiral poussent leurs pions. Desmond Morton s'en aperçoit tout de suite : une conversation, le 17 septembre, avec Moret et Schaeffer, membres éminents de l'état-major de Muselier, ne lui laisse aucun doute sur la détermination des antigaullistes : « Les état-majors de la Marine et de l'Air, les personnels civils et bon nombre des membres du bureau militaire sont arrivés à la conclusion que de Gaulle, s'il reste utile en tant que figure et sans doute précieux comme chef militaire — bien que cela reste à démontrer —, ne peut continuer impunément dans la voie qu'il a tracée. Il est honnête certes, mais d'un fanatisme qui confine au déséquilibre. Il n'a rien d'un administrateur ou d'un diplomate et en tant que politicien semble incliner vers le fascisme[23]. » Les deux adjoints de l'amiral disent clairement en outre qu'ils regrettent que la Grande-Bretagne ait reconnu de Gaulle et son mouvement.

Dès lors, tout s'emballe. Les amis de Muselier s'imaginent soudain aux commandes et de Gaulle réduit à un rôle de figuration. Le 19, les « conjurés » se retrouvent à l'hôtel Savoy autour de lord Bessborough, qui dira plus tard qu'il n'aurait jamais cru qu'il fallait tant de cognac pour faire une révolution. Il est convenu que le général sera invité à être le président d'honneur du Comité dont Muselier sera le président en titre. Ce que de Gaulle ignorera toujours, car les documents anglais sur cette affaire ne seront connus qu'après sa mort, c'est que Churchill s'est fait rendre compte de la réunion et a chaleureusement approuvé[24]. Dopé, l'amiral a fait remettre à de Gaulle une lettre l'invitant à entrer dans son nouveau rôle honorifique. Il a annoncé aussi à Bessborough que, en cas de refus du chef de la France libre, il se tiendrait à la disposition du gouvernement britannique pour continuer le combat avec « sa » marine.

La lettre de Muselier est, en réalité, une mise en demeure : il s'agit de cantonner l'homme du 18 juin dans un rôle militaire. Passy — accusé depuis peu d'avoir transformé son service de renseignements en une sorte de Gestapo — est également dans la ligne de mire. Le ton monte. Muselier et Labarthe refusent de faire partie du Comité national que le général se propose alors de constituer. Une partie de bras de fer très violente s'engage. Muselier, ayant appris que de Gaulle s'apprêtait à rendre publique la composition du Comité national, constitué selon ses souhaits, menace de faire sécession avec ses hommes. Le général réplique en lui adressant une lettre très dure l'accusant d'outrepasser ses droits et de manquer à ses devoirs. « Je ne vous laisserai pas faire », conclut-il en assurant que les Britanniques le soutiennent et en donnant à l'amiral vingt-quatre heures pour revenir au bon sens.

En réalité, de Gaulle est loin d'avoir l'appui de Churchill, et il le sait vraisemblablement. À la suite de l'entretien du 12, un incident nouveau est même survenu, alourdissant encore le climat. Après cette conversation animée, le Premier ministre a demandé à son visiteur d'établir un compte rendu[25]. Dans l'ensemble, la relation du général a reçu l'agrément de Churchill sauf, comme le souligne Desmond Morton par lettre du 19 septembre[26], un passage dans lequel il est affirmé que le gouvernement britannique considère que le mouvement des Français libres est synonyme de France.

Face à une telle détermination, de Gaulle ne peut que prendre acte du souhait de Churchill. Il écrit donc à Morton ce même 19 septembre :

Je tiens à vous dire que moi-même n'ai nullement compris que, d'après ce que m'a dit M. Churchill, le fonctionnement d'un Comité national français dût impliquer que le gouvernement de Sa Majesté britannique considérerait le mouvement français libre comme synonyme de la France, ni qu'il considérerait qu'un tel conseil posséderait des droits souverains[27]...

De Gaulle, bien entendu, continuera d'affirmer la vocation du Comité national à être un véritable gouvernement. Reçu par Eden, le même jour, il le déclare d'ailleurs de manière imperturbable, tout en précisant qu'il a aussi le projet de former un conseil national qui rassemblerait des personnalités marquantes de la France libre, organisme dans son esprit essentiellement décoratif puisqu'il doute, devant le secrétaire au Foreign Office, qu'il puisse se réunir très souvent[28].

Compte tenu de ces incidents, de ce qu'il devine de l'attitude des Britanniques et des craintes réelles qu'il éprouve quant à l'éventualité d'une sécession de Muselier, le général est donc plus inquiet qu'il ne veut bien l'admettre lorsque, le 23 septembre, il se rend au 10 Downing Street pour un entretien avec Churchill (qu'il passera sous silence dans ses *Mémoires*)[29]. Sa position est d'autant plus délicate que l'avenir de la Syrie, évoqué très longuement lors de l'entretien avec Eden du 19, reste une pomme de discorde avec le gouvernement britannique et qu'il sait que l'appui, voire le concours actif de ce dernier lui sont indispensables dans l'hypothèse d'une véritable épreuve de force avec l'amiral. Il est du reste si préoccupé que la veille, 22 septembre, il a pris soin de rencontrer l'amiral Dickens, responsable, à l'Amirauté, des liens avec la Marine française, lequel, tout en maintenant le doute sur ses intentions à l'égard de Muselier, lui a conseillé la prudence avant de prendre des mesures extrêmes.

Rarement dans sa vie, le général aura été en position de demandeur. Cet entretien avec Churchill constitue l'une des seules exceptions à une règle élémentaire presque toujours observée par un technicien de génie. Telle est sans doute la raison pour laquelle il n'en fera jamais état. Aux termes du compte rendu (inédit) rédigé par les Britanniques, de Gaulle s'affirme certain que la majorité des marins lui resterait fidèle dans l'hypothèse d'une menace de sécession de Muselier, mais il craint le scandale que constituerait la concrétisation de la menace et se montre très anxieux de connaître l'opinion de l'Amirauté sur ce problème. « Son espoir, précise le document, est qu'il puisse avoir l'appui des autorités britanniques, s'il se trouvait dans l'obligation de démettre de ses fonctions l'amiral Muselier et si quelque incident s'ensuivait[30]. »

Le général souligne à l'intention de son interlocuteur que les conséquences d'une rupture pourraient être très sérieuses. « L'Amirauté, dans cette hypothèse, répète-t-il, ne doit pas aider Muselier, elle devrait au contraire m'apporter son concours si quelque incident suit la défection de l'amiral. » « La politique, au sens courant, ajoute-t-il, n'a pas sa place dans la France libre. Le mouvement est au-dessus des partis, fondé seulement sur la détermination à continuer le combat contre l'ennemi commun aux côtés de la Grande-Bretagne. » « Si cet incident était arrivé ailleurs, conclut-il en faisant ressortir la lourde dépendance qu'il ressent, je l'aurais résolu par l'exercice normal de l'autorité, attaché au chef d'une armée. Ici, en Grande-Bretagne, je ne peux me conduire de cette manière. »

Par chance pour de Gaulle, Churchill ne manque pas de bon sens, s'il se laisse souvent entraîner dans des accès de colère homériques. En l'occurrence, il est très inquiet de la tournure que prennent les événements. Après les multiples incidents qui ont marqué l'été, il voulait donner un sévère avertissement au général : il s'aperçoit que les forces qu'assez imprudemment il a déchaînées lui échappent et menacent d'engloutir la France libre qu'il a portée à bout de bras depuis juin 1940. Comme ses principaux conseillers, il sait aussi que l'homme du 18 juin est maintenant, en France occupée, un symbole puissant, et il n'a aucune envie de le remplacer par Muselier pour lequel il n'a pas d'estime. Le 20 septembre, conférant avec Morton, il a clairement dit qu'il serait de bonne politique de jouer Muselier contre de Gaulle confiné dans les fonctions de « War Lord », nanti de compétences exclusivement militaires, étouffé en somme sous les honneurs [31]. Manifestement ce plan est dépassé, il est urgent au contraire de calmer le jeu. Churchill et ses conseillers s'aperçoivent — un peu tard — qu'ils risquent d'être fragilisés par le développement du conflit. Rendant compte de sa conversation avec de Gaulle, l'amiral Dickens n'a pas caché que le risque était grand de voir Muselier faire sécession [32]. Et dans une note remise au Premier ministre, Morton a mis les points sur les *i* : « Muselier n'a pas signé d'engagement de servir le général. Il a par conséquent une forte position morale [33]. » Dans sa réponse au chef des Français libres, Churchill amorce donc une discrète volte-face : « Cette querelle avec l'amiral Muselier pourrait avoir de très sérieuses conséquences sur votre mouvement. J'espère que la patience et une discussion plus approfondie permettront de résoudre ce conflit et que la France libre pourra rester effectivement unie. »

En dépit de ce changement d'attitude, rien n'est réglé quant au fond, et dans la note, déjà évoquée, qu'il a remise au Premier ministre, Desmond Morton a bien cerné la complexité du problème auquel est confronté le gouvernement britannique : l'opinion maintenant dominante au sein de l'entourage du Premier ministre estime (puissamment appuyée par Roger Cambon) que le général penche dangereusement vers l'extrême droite et que les services du colonel Passy constituent « une sorte de Gestapo », au surplus totalement inefficace. Malgré tout, de Gaulle est l'unique chef possible du mouvement. « Le problème, concluait Desmond Morton, est de le transformer en monarque constitutionnel. »

Cet objectif, dès lors, va devenir l'obsession du cabinet britannique. Le 23, après avoir reçu de Gaulle, Churchill établit une note dans ce sens, un document de référence (lui aussi inédit) qui ferait certainement hurler de rage le général s'il en avait connaissance :

1) Nous ne voulons pas que le général de Gaulle crée un gouvernement fantôme français au stade présent. Un tel développement pourrait survenir après la réunion des représentants de la France libre dans le monde entier mais cela ne saurait se produire avant plusieurs mois. Dans l'intervalle, l'annonce du cabinet proposé par le général de Gaulle diviserait les Français et provoquerait un effet ridicule en France. En conséquence, une telle annonce ne saurait être autorisée.
2) Comme le général de Gaulle a exprimé récemment, à plusieurs reprises, des sentiments antibritanniques très peu convenables, nous lui avons conseillé de former un Conseil par lequel il devrait être conseillé et avec lequel il devrait agir. Ce Conseil ne devrait pas être composé de titulaires de portefeuilles mais de six ou sept représentants français de droite et de la gauche [...].
3) Les relations du général de Gaulle avec ce conseil devraient être celles d'un gouverneur qui est accepté comme chef et détient des pouvoirs exécutifs définis mais qui, sur des questions fondamentales, aussi bien que sur des matières politiques les plus larges, doit être guidé par ses collègues. Décision et décrets autres que ceux de nature purement administrative ou nécessités par l'état de guerre devraient être soumis à contreseing [...].
4) Le général de Gaulle, ayant invoqué les bons offices du Premier ministre et du gouvernement de Sa Majesté pour éviter le scandale et la division du mouvement de la France libre, est invité à conférer avec l'amiral Muselier et un représentant du gouvernement de Sa Majesté, de manière à parvenir à la solution évoquée plus haut.
5) Il est entendu que le contrôle des services secrets de la France libre doit être exercé par le nouveau conseil et le gouvernement de Sa Majesté.
6) L'amiral Muselier devrait démentir les déclarations variées qui lui sont attribuées et qui sont d'un caractère perturbant [...].
7) En attendant, aucune déclaration ne doit être faite par qui que ce soit des parties françaises concernées et personne ne sera autorisé à se soustraire à la censure britannique durant les quelques jours nécessaires pour restaurer l'harmonie et former le Conseil.
8) La charge de tout cela revient au secrétaire d'État chargé des Affaires étrangères qui nommera un représentant britannique et qui se conformera, si nécessaire, aux annexes ci-jointes en n'hésitant pas user de la force[34].

« Pouvoirs d'un gouverneur » — on sait qu'au Canada, par exemple, il est cantonné dans des fonctions purement représentatives —, « usage de la force en cas de nécessité » : on a beau savoir que Churchill est colérique, il est difficile de prétendre, comme on le fait souvent, que le général est vraiment à ce moment en position de force. En vérité, le climat est alors très tendu, et quand le général s'exprime, le soir même, sur les ondes de la BBC ce n'est pas en raison d'une soudaine volte-face de Churchill mais parce qu'il en a fait la demande expresse à Desmond Morton et vraisemblablement parce que l'on sait qu'aucune parole de feu ne sortira de sa bouche ce soir-là[35]. De fait, c'est par une proclamation d'un républicanisme intransigeant que le chef des Français libres fait son retour à la BBC : « La constitution et les lois de la République françaises ont été violées et sont violées tous les jours par l'envahisseur et ses complices. Nous ne reconnaissons aucune de ses réalisations. »

De Gaulle est pareil à l'océan : de sa part aussi, le calme annonce les tempêtes. Forcé de plier, humilié par la nécessité d'avoir recours à la médiation des Britanniques (il n'en dira pas un mot d'ailleurs dans ses *Mémoires de guerre*), il prépare sa revanche, avec la ténacité qu'on lui connaît et en s'attachant à reprendre le contrôle de la situation.

Il marque un point lorsqu'au terme d'une journée tragi-comique, le 24 septembre, après des allées et venues incessantes du médiateur britannique, le ministre de la Marine, lord Alexander, entre le bureau où il a été isolé et celui qui a été affecté à l'amiral Muselier, ce dernier se résigne à reconnaître par écrit qu'il n'a jamais été dans ses intentions — ce qui est bien évidemment faux — de rompre l'unité de la France libre. L'amiral ayant fait amende honorable, de Gaulle peut jouer les grands seigneurs, lui donner acte de son attitude soumise et retirer sa lettre comminatoire de la veille.

Le second point, décisif, est obtenu par le général lors de la composition du Comité national, qui reçoit l'aval du cabinet britannique. La présidence, bien entendu, lui revient. Sous son autorité, René Pleven prend en charge l'Économie, les Finances et les Colonies, le diplomate Maurice Dejean, les Affaires étrangères, le général Legentilhomme, la Guerre, René Cassin, la Justice et l'Instruction publique, le général Valin, l'Air, Muselier, la Marine et la Marine marchande. Thierry d'Argenlieu est membre du Comité sans département, autrement dit sans portefeuille. André Diethelm, un inspecteur des Finances, ancien directeur de cabinet de Mandel, reçoit la responsabilité de l'Intérieur, du Travail et de l'Information.

Pour de Gaulle, la victoire est presque complète. Six des huit membres du Comité sont, en effet, proches de lui. Les commissaires, par ailleurs, ont pratiquement toutes les prérogatives des ministres, ils peuvent signer des décrets et des arrêtés. Enfin, ils ne sont responsables que devant le général. On est loin du schéma imaginé par Churchill, selon lequel le chef des Français libres aurait eu les pouvoirs d'un gouverneur. « Est-ce la dictature ? demande Labarthe à Muselier. — Ce Comité est une comédie, répond l'amiral. — Ce ne sont que les troubles de l'émigration », conclut dédaigneusement de Gaulle[36].

Du côté anglais, et pas seulement parmi ceux qui ont essayé de pousser en avant Muselier, la consternation est visible. Dès le 24, Sommerwill Smith a sonné le tocsin : « Accepter un Comité national français présidé par de Gaulle, c'est tomber dans un piège soigneusement préparé[37]. » Lord Bessborough, dont on connaît le rôle auprès de l'amiral, se dit, pour sa part, « horrifié » par la composition du Comité. « Que va-t-il advenir, se demande-t-il avec mélancolie, de notre magnifique solution tendant à transformer de Gaulle en gouverneur soumis à la règle du contreseing ? » Churchill, lui aussi, est très mécontent du résultat. « Tout cela est très déplaisant, écrit-il à Eden. Nous voulions obliger de Gaulle à accepter un conseil convenable et nous n'avons réussi qu'à obliger Muselier et Co à s'incliner devant lui. J'avais cru comprendre que vous feriez en sorte d'obtenir un gouvernement conforme à nos vœux[38]. » Accusé d'avoir été l'artisan d'un mauvais compromis, Eden se défend vivement et avec beaucoup de bon sens :

> De trop nombreux cuisiniers ont remué ce bouillon. Je persiste à penser que, ayant décidé que de Gaulle devait mettre sur pied le Conseil, nous n'avions pas ici les hommes disponibles pour cette tâche, même si nous les avions choisis nous-mêmes... Les Français libres couraient après tous ceux qui voulaient bien les écouter pour leur exposer leurs espoirs, leurs querelles : à un moment le Foreign Office, à un autre Morton, lord Bessborough ou la mission Spears. Ce n'est pas une méthode idéale pour manier ces gens très difficiles[39].

À défaut d'avoir pu rogner les attributions mêmes de de Gaulle et lui dicter la liste de ses conseillers, Churchill essaiera de restreindre les compétences du Comité. Eden est particulièrement net à cet égard dans la lettre qu'il adresse à de Gaulle le 26 septembre : le gouvernement de Sa Majesté maintiendra une représentation auprès de la France libre mais n'aura pas une représentation diplomatique, car cela équivaudrait à reconnaître un État souverain. Même si les gouvernements en exil à Londres s'expriment vis-à-vis de la France libre en termes voisins, même si Pierre Comert s'indigne du caractère exorbitant de l'ordonnance portant organisation nouvelle des pouvoirs publics de la France libre, même si le 4 octobre le groupe Jean Jaurès déclare que le Comité ne saurait constituer le gouvernement, même provisoire, de la France, le général vient de marquer un nouveau point. Churchill a des raisons d'être furieux et d'interdire à son « protégé » de quitter le territoire anglais sans son autorisation[40].

Belle-fille de Churchill et, à ce titre, témoin de ces épisodes tumultueux, Pamela Harriman ne cachera pas plus tard son admiration à l'égard du général : « En très peu de temps, dira-t-elle à Daniel Rondeau, il est devenu une voix importante à côté de celles de l'Angleterre et des États-Unis. Ce n'était pas facile pour lui car il était le général peu connu d'un pays vaincu mais il s'est imposé par la seule force de son caractère[41]. » De fait, l'intransigeance du général — « notre seule arme », disait-il à Maurice Schumann —, a finalement fait sa force. Son obstination a payé. Contre les Britanniques, durant toute l'affaire syrienne et ses prolongements africains, il a non seulement défendu bec et ongles les intérêts légitimes de la France, mais parfois fait monter très dangereusement la tension par des provocations gratuites, nourrissant l'hostilité à son encontre, alimentant des suspicions durables. Son intelligence aura été de ne jamais baisser la garde et d'emporter ainsi la partie. Étonnante adéquation entre une époque de fureur et un personnage dont la tendance première est de dire non, et peu porté aux compromis inhérents à la vie politique.

Mais il arrive que la fonction modifie l'homme, au moins en apparence, et c'est ce qui va se produire. De Gaulle, tout au long de sa vie, évoluera peu. Il sera toujours plus un démocrate de résignation que de conviction ; en revanche, nul ne saura mieux agir de façon à rassembler autour de son nom, dans les perspectives du combat commun, « les diverses familles spirituelles de la France ». « L'intransigeance gaullienne va de pair avec le syncrétisme », note très bien Jean-Louis Crémieux-Brilhac, qui, non moins justement, souligne que le « virage démocratique » du général, que l'on situe d'ordinaire au printemps 1942, est amorcé longuement dès cet automne 1941. « Nous disons : Liberté, Égalité, Fraternité, affirme-t-il, en effet, dès le 15 novembre, parce que notre volonté est de demeurer fidèles aux principes démocratiques que nos ancêtres ont tirés du génie de notre race et qui sont l'enjeu de cette guerre pour la vie et la mort. » Sous la pression des événements, de Gaulle décidément a accompli un long chemin, puisqu'au début de son séjour londonien il avait fait le vœu, selon Raymond Tournoux, de ne pas prononcer les mots démocratie et république[42]. Sans doute pensera-t-il toujours, comme Paul Valéry, que « pour gouverner il faut un moi ». Reste qu'il aura su comprendre la nécessité d'un changement de style et d'une adaptation aux circonstances.

XI

DIPLOMATIE

Si large et inattendue qu'ait pu être sa victoire après un début d'année fertile en incidents, le général est très conscient de la fragilité de ses liens avec les Anglais, en général, et Churchill, en particulier. Pour assurer ses arrières à Londres, il va donc commencer par établir des relations aussi bonnes que possible avec Anthony Eden, auprès de qui il bénéficie d'un préjugé favorable, et dont la bonne grâce lui a permis de se tirer sans trop de dommages de l'affaire Muselier. Mais pour asseoir son autorité et assurer l'indépendance de la France libre, qui est son objectif suprême, il lui faut aller plus loin, échapper au tête-à-tête avec la Grande-Bretagne. Il va par conséquent essayer de développer de meilleures relations avec Washington et Moscou. L'opération sera complétée, au début de l'année 1942, par la mission de Jean Moulin en France qui doit permettre à de Gaulle d'unir autour de son nom les principaux mouvements de Résistance.

En dépit de la méfiance qu'il éprouve, comme beaucoup de Français de sa génération, à l'égard d'un grand pays qu'il n'a jamais visité mais dont le modèle de civilisation, a priori, ne le séduit guère, le général est très conscient depuis longtemps du facteur capital que constituent les États-Unis. Sans forcer le trait, on peut dire que la prise en compte de l'élément clé représenté par la puissance américaine était implicite dans l'appel du 18 juin. Quand le général évoquait les immenses ressources encore inexploitées par les défenseurs de la liberté, nul doute qu'il pensait à la grande démocratie d'outre-Atlantique. Pendant les douze premiers mois qui ont suivi son arrivée à Londres, il n'a guère eu l'occasion de se rapprocher des États-Unis ou tout simplement de s'y faire mieux connaître. Accaparé par d'autres tâches, en particulier en Afrique et au Proche-Orient, très informé de la prudente expectative observée par Washington vis-à-vis de Vichy et du rôle négatif joué par certains Français d'Amérique, au premier rang desquels Alexis Leger, il n'a guère pris d'initiative, mais Raoul Aglion, qui sera délégué de la France libre aux États-Unis, a raison de souligner :

Le général de Gaulle était convaincu que l'Amérique finirait par entrer en guerre et qu'elle émergerait après la victoire comme la nation la plus puissante du monde. Il pensait aussi que les États-Unis pourraient faire contrepoids à l'Angleterre dans ses relations avec la France libre. Il était conscient de sa dépendance vis-à-vis de la Grande-Bretagne et pensait que l'Amérique pourrait jouer un rôle d'équilibre[1].

L'initiative, a priori surprenante, du général auprès de Roosevelt au printemps 1941, sous-tendue par le secret espoir de le voir contrebalancer le jeu anglais dans l'affaire syrienne, n'avait d'autre origine que cette conviction démentie par les faits.

À la vérité, dès la fin de l'hiver 1940, le général s'est montré soucieux de nouer d'autres rapports avec les États-Unis, et d'abord d'y établir des structures de représentation plus adaptées. Alors que le gouvernement de Vichy dispose de l'ambassade qu'occupe un politicien, ami de Laval, Gaston Henry-Haye, un self-made-man, sénateur-maire de Versailles, la France libre ne peut compter que sur l'association France For Ever, qui regroupe les Français d'Amérique, partisans de la résistance, et sur une délégation, sans grands moyens, dirigée depuis 1940 par un ami personnel de Charles de Gaulle (ils se sont connus dans l'armée), Jacques de Sieyès, devenu vice-président des Parfums Patou. Totalement dévoué au chef des Français libres, Sieyès fait de son mieux pour défendre les intérêts du mouvement gaulliste. Son enthousiasme est réel, parfois non dénué de candeur : « Je m'aperçois, écrit-il à de Gaulle le 30 décembre 1940, que je n'ai rien dit de l'impression, dont profite notre pays, que tu fais personnellement aux États-Unis. Ta popularité grandit tous les jours. Je n'insiste pas, connaissant ta modestie[2]. » La ferveur et la bonne volonté, malheureusement, ne suffisent pas toujours à remuer les montagnes. Démuni, privé de moyens d'intervention, obligé d'installer les locaux de la France libre dans les bureaux des Parfums Patou à New York, Jacques de Sieyès souffre cruellement à la fois de la concurrence de Henry-Haye, de l'indifférence de l'administration américaine et de l'attitude pour le moins réservée des Français les plus notoires de New York. Si le scientifique Henri Laugier ou le dramaturge Henri Bernstein sont des gaullistes déclarés, Alexis Leger, André Maurois, Jules Romains, Camille Chautemps et Saint-Exupéry, pour des raisons certes très diverses, marquent en effet clairement leur distance. Comme le soulignera Jean-Louis Crémieux-Brilhac, la France libre est peu de chose vue de New York, on y est plus attentif à l'aspect mondial du conflit et chaque incident qui met en évidence l'intransigeance de de Gaulle accroît sa défaveur[3]. Pour remédier à une situation difficile, le général, dès janvier 1941, a procédé à une première réorganisation : conseiller commercial démissionnaire de l'ambassade de France à Washington, Garreau-Dombasle, assisté du jeune Raoul Aglion, a été chargé de prendre en main les affaires politiques, Sieyès, homme de contact, très introduit dans le monde des affaires et de l'administration, étant le représentant personnel du chef de la France libre. Dans l'esprit de de Gaulle, ce changement devait être la première étape d'une refonte plus complète, comme en témoigne cette chaleureuse lettre (inédite) adressée à Jacques de Sieyès :

11 mars 1941

Mon cher ami,

Je pense qu'il peut être utile que je te confirme par écrit les instructions verbales que je t'ai données au cours de nos entretiens récents, quant à l'organisation que nous devons chercher à établir aux États-Unis pour la France libre.

Je tiens d'abord à te charger d'exprimer à tous les bons ouvriers de la première heure mes félicitations et ma gratitude.

Je ne puis les citer tous ici, mais je tiens à citer Houdry dont la générosité, l'ardeur et le dévouement peuvent servir de modèles et que, pour ma part, je n'oublierai jamais. À lui et à tous ceux qui l'ont aidé et qui l'aident, je te prie de dire mon affection et ma confiance.

France For Ever a accompli une grande chose à l'heure où tout sombrait. France For Ever a rappelé aux États-Unis d'Amérique que la France ne peut mourir et que, quel que soit le désastre qu'elle subit actuellement, l'heure viendra où des hommes plus dignes d'elle parleront et agiront en son nom.

Cette période, que je pourrais appeler héroïque, où dans l'improvisation il a fallu tout créer, est maintenant passée. L'heure me paraît être venue où notre action aux États-Unis doit s'orienter vers des buts très précis, dont dépend le développement même de la France libre, et qui sont le recrutement de tous les Français en âge de combattre, l'appui financier au mouvement, auquel tous les Français qui sont libres et peuvent travailler à la libération de la patrie doivent apporter leur contribution volontaire.

Je t'ai mis au courant des admirables résultats obtenus par les Français de l'Amérique du Sud et par ceux d'Amérique centrale. Le patriotisme des Français disséminés à travers les États-Unis n'est certainement pas moindre.

Je te demande de parcourir le territoire des États-Unis et de provoquer dans chaque grande ville, ou tout au moins dans chaque État, la constitution d'un Comité de la France libre.

Ce Comité devra chercher à réunir, sans aucun esprit de parti, tous les Français qui pensent que la cause de la France ne peut être séparée de celle de la Grande-Bretagne et des États-Unis et que, selon l'expression de Maritain, la France ne peut pas être absente de la bataille dont dépend son existence.

Je te demande de trouver pour chacun de ces Comités un Français jouissant de l'estime publique pour en être le président. Je demande aussi que les différents Comités, au fur et à mesure qu'ils seront constitués, se réunissent en une Fédération des Français libres des États-Unis qui, sur le plan national, coordonnera leurs efforts, utilisera leur influence, représentera continuellement à l'opinion publique américaine l'effort et l'activité de la France libre.

Il sera nécessaire de trouver pour la présidence de cette Fédération un homme qui réunisse tous les suffrages, et je serai heureux, lorsque nos principaux comités auront été constitués, de connaître le nom du Français à qui l'on proposera la nomination de président de la Fédération.

Je n'ignore pas les limitations que les lois américaines pourront apporter à la propagande des Français libres aux États-Unis. Je suis cependant persuadé que ces lois permettront aux Français libres des États-Unis de réunir des fonds destinés à m'être envoyés pour les volontaires et je souhaiterais que tous ces Français s'entendent pour réserver, par exemple, une journée de salaire ou de revenu chaque mois à la France libre. Un tel exemple aurait certainement un effet considérable sur l'opinion publique, aussi bien en Amérique que dans le monde entier.

Je souhaiterais aussi que la Fédération rappelât sans cesse, aux Français d'âge militaire et aptes à porter les armes, que nul n'a le droit de se croire démobilisé,

quand les deux tiers du pays sont envahis et que toute la France est à la merci de Hitler.
Des volontaires et des donations, voilà ce que doivent nous envoyer les Français libres des États-Unis et j'espère que la nouvelle organisation (à laquelle France For Ever pourra servir d'exemple, après quelques modifications d'organisation, soit comme Comité des Français libres de New York, soit comme Comité des Français libres de Philadelphie) permettra d'atteindre des résultats au moins égaux à ceux si magnifiques qu'ont obtenus nos organisations d'Amérique du Sud.
La Fédération des Français libres aura d'ailleurs sur le plan américain lui-même de nombreuses autres tâches à accomplir. Elle devra veiller à ce que tout ce qui est français aux États-Unis, qu'il s'agisse de la Chambre de commerce française, de la Fédération de l'Alliance française, ou des différentes œuvres qui représentent la France aux États-Unis, soient imprégnées de l'esprit France libre.
Je sais que de nombreux Américains qui connaissent bien la France et savent que nous exprimons véritablement sa pensée et son âme désirent nous montrer leur sympathie.
Je crois que le Free French Relief Fund que tu viens de créer doit donner à tous ces amis américains le moyen de nous montrer une fois de plus leur affection et leur dévouement pour la France.
Je te prie de les remercier d'une façon toute particulière, je sais ce qu'ils font pour procurer des avions sanitaires, des ambulances, des médicaments, des douceurs à nos soldats d'Afrique.
Je sais ce qu'ils ont fait jusqu'à aujourd'hui et peu de chose comparé à tout ce qu'ils veulent faire demain et je t'ai indiqué de vive voix les nombreuses directions dans lesquelles ils peuvent nous aider, notamment l'achat de cette station de radio-diffusion, dont nous avons besoin en Afrique, de façon que dans toutes les parties du monde puisse se faire entendre la voix de la France.
La charge de ma représentation auprès des autorités américaines demeurera confiée à toi-même et à Garreau-Dombasle.
Notre organisation centrale vous enverra chaque mois les quelques fonds qui vous sont nécessaires pour payer vos dépenses et assurer votre totale indépendance vis-à-vis de tous.
Je connais les difficultés toutes particulières de votre tâche, mais je sais que les événements se chargeront de vous aider.
Crois, mon cher Sieyès, à ma fidèle et très sincère affection.

Signé : C. De Gaulle[4].

Les résultats de ce changement du début de l'année 1941 n'ont pas été heureux. Rapidement, Garreau-Dombasle s'est plaint du comportement de Sieyès, avant d'être relevé de ses fonctions. Faute de structures adaptées, la France libre n'a alors pratiquement aucun impact en Amérique, et de Gaulle y restait inconnu, pour reprendre les propos tenus par Raoul Aglion.

Pour mettre fin à cet état de fait déplorable, le général a envoyé en juin 1941 aux États-Unis, René Pleven, directeur des Affaires extérieures de la France libre. Choix judicieux. L'homme est souple, habile, bien introduit aux États-Unis, très lié à Jean Monnet qui, s'il n'aime guère de Gaulle, n'a rien contre ceux qui veulent continuer le combat contre le nazisme, bien au contraire. L'une des principales animatrices du Free French Relief Fund, Mme Pleven est, elle aussi, très appréciée. La mission de René Pleven était éminemment politique : chargé de vivifier le Comité de la France libre aux États-Unis, d'organiser la propagande et d'envisager l'achat de matériel de guerre, il devait surtout s'efforcer d'établir avec le Département d'État « des relations permanentes et directes appelées à être maintenues après son départ par une représentation politique pleinement qualifiée à la France libre ». La première impression de René Pleven a été mauvaise.

Je résume comme suit mes impressions après ma première semaine passée aux États-Unis, écrit-il au général, le 26 juin.
Il est étonnant de voir combien le mouvement de la France libre est peu connu par le public américain et que ce qui en est connu est très souvent en sa défaveur. Une propagande puissante a sans doute été faite par Vichy pour jeter une lumière fausse sur le mouvement et sur les intentions de son chef. Un grand effort serait nécessaire pour mettre le mouvement dans sa véritable lumière et pour montrer qu'il incarne l'esprit de la France et à quel point il est appuyé par la nation.
Le mouvement n'est pas mieux connu par les éléments français aux États-Unis. Ces éléments se composent de deux sections principales : la colonie française normale aux États-Unis et le nombre de plus en plus grand des émigrés politiques et intellectuels ayant leur centre principal à New York. Jusqu'ici, les chefs de la colonie française sont restés sous l'influence de l'ambassade et du consulat, et France For Ever n'a pas réussi à organiser ceux qui étaient plus indépendants, en particulier les classes populaires. En ce qui concerne les émigrés parmi lesquels se trouvent des gens tels que Dolivet, Jules Romains, Laugier, R. de Saint Jean, Pertinax, G. Tabouis, Henri Torrès, Saint-Exupéry, Maritain, Focillon, Pierre Cot et Henri Bonnet, ceux-ci sont restés jusqu'ici indépendants, soit parce que France For Ever n'était pas l'instrument capable d'unir tous les éléments français opposés à la collaboration avec l'Allemagne, soit parce qu'ils ne connaissent pas le mouvement.
Beaucoup de ces éléments sentent que l'heure est venue de devenir actif et je crois que la plupart d'entre eux seraient préparés à coopérer avec nous. D'autres donnent l'impression d'avoir l'ambition d'établir une espèce de Comité national afin d'agir de façon indépendante ou en liaison très large avec la France libre, et de représenter l'esprit de la résistance dans ce pays. Il y a des rumeurs selon lesquelles Pierre Cot serait derrière ces tendances.
Houdry, qui a de la bonne volonté et est généreux et dévoué mais sans aucune expérience, a été induit quelques jours avant mon arrivée à élargir le comité exécutif de France For Ever ; il a demandé à Pierre Cot, qui a accepté, d'entrer dans le comité. Je n'ai pas vu Cot, mais j'ai demandé à Houdry de ne pas annoncer que Cot était devenu membre du comité exécutif de France For Ever car je crains que ceci ne soit exploité de façon dangereuse à la fois parmi nos troupes et au Royaume-Uni, et aussi dans les milieux américains influents. J'aimerais savoir si ceci est aussi votre avis.
La politique de Vichy et la résistance en Syrie ont soulevé du regret et une profonde désapprobation. Ce sentiment a été exprimé en public par M. Hull. La popularité de Pétain en a souffert et une série de discussions et des articles courageux d'Henri Bernstein sur Pétain dans le *New York Herald Tribune* paraissent avoir soulevé un intérêt considérable.

Dans l'absence de M. Hull, qui n'est pas à Washington, lord Halifax a demandé à Summer Wells s'il pouvait me présenter à lui. M. Wells a répondu que pour le moment il préférerait ne pas me recevoir mais que je devrais voir le chef de la section européenne du State Department à qui j'ai été présenté aujourd'hui par M. Butler, le ministre britannique. Je pense qu'on peut dire que le State Department ne garde plus que peu d'illusions au sujet de Vichy, mais il fait encore une distinction entre Pétain et Darlan, et il fait une distinction beaucoup plus nette entre Vichy et Weygand. On paraît croire qu'on peut encore gagner du temps en permettant un approvisionnement limité en sucre, thé et huile à atteindre l'Afrique du Nord sur des bateaux français, afin d'aider Weygand ou son entourage à dresser un obstacle à la propagande et à l'infiltration allemande au Maroc. Je ne crois pas que Washington attribue une vraie volonté de résistance à Weygand mais on n'est pas prêt à le laisser tomber comme quelques-uns pensent. Il est un instrument pour gagner du temps précieux, alors que d'autres qui préféreraient une action plus vigoureuse pensent qu'en envoyant des observateurs américains au Maroc on prépare un terrain pour une participation américaine plus active.
Il n'y a pas de doute qu'on prête beaucoup plus d'attention à nos colonies africaines et que mon voyage s'est fait au moment psychologique.
Un de mes vieux amis est sous-secrétaire de la Guerre[5] et s'intéresse particulièrement aux problèmes africains. J'espère, par son intermédiaire, stimuler l'intérêt du Département de la Guerre à la question africaine, et ce département pourrait influencer le State Department.
Ayant quitté les États-Unis il y a exactement un an et me rappelant le sentiment qu'avaient les États-Unis pour tout ce qui était français, je suis navré par les effets désastreux de la politique de Vichy sur la position de la France en Amérique. Il nous faut convaincre les Américains que la France libre est la France qu'ils ont aimée[6].

René Pleven est un observateur avisé : la raison de l'attitude réservée de l'administration américaine à l'égard de la France libre tenait moins à la confiance qu'elle mettait dans le régime de Vichy, en général, qu'aux faibles espoirs qu'elle plaçait encore dans le maréchal et Weygand. Face aux exigences allemandes, et si regrettable qu'ait pu être aux yeux des Américains l'évolution intérieure du régime, Pétain et l'ancien généralissime demeuraient des cartes à jouer, des hommes dont on ne voulait pas complètement désespérer. À cet égard, le journal inédit de l'amiral Leahy, ambassadeur à Vichy, est très significatif : le 4 juin, par exemple, Leahy a reçu de l'amiral Darlan un message assez raide regrettant qu'il voie trop des opposants comme Édouard Herriot ou Louis Marin. Ayant rencontré le maréchal et l'amiral de la Flotte ensemble à la suite de cet incident, l'ambassadeur des États-Unis s'est aperçu, du moins l'affirme-t-il, que Pétain n'était pas au courant de l'initiative[7]. Autrement dit, le maréchal est bien intentionné. Malheureusement, on lui cache tout...

À cette nuance près, Leahy exerçait une influence puissante, objectivement favorable à l'État français et défavorable à la France libre. Sur le maréchal, il avait, en vérité, peu d'illusions, même s'il le respectait et à certains égards le plaignait. En revanche, il n'accordait strictement aucune importance au mouvement gaulliste. Dans une lettre adressée à Roosevelt, le 28 juillet, il décrivait ainsi la situation :

S'il continue à être cordial et amical, et bien qu'il ait l'autorité légale d'un dictateur absolu, le maréchal va être réduit à prononcer des discours pour les vétérans ou les enfants des écoles... Le mouvement gaulliste n'a pas la puissance d'attraction que lui prêtent la BBC et la presse américaine. Les Français avec lesquels je peux parler semblent avoir peu de considération pour M. de Gaulle, même ceux qui souhaitent ardemment une victoire britannique [...]. Les gaullistes radicaux que j'ai rencontrés ne semblent pas avoir la stabilité, l'intelligence et le soutien populaire qui seraient nécessaires à la continuité de leurs desseins[8].

L'amiral Leahy avait peut-être quelques excuses de commettre une telle erreur de jugement : l'un de ses meilleurs informateurs sur Vichy et la France n'était autre, en effet, que Maurice Couve de Murville, futur ministre des Affaires étrangères et Premier ministre du général de Gaulle, qui, après avoir été directeur du mouvement général des fonds, était alors attaché à la commission d'armistice :

Il vient, écrit Leahy, à Paris tous les quinze jours. C'est l'un de mes meilleurs amis et j'ai une confiance absolue en lui. Il est tout à fait de notre côté. Il parle l'anglais lorsque cela est nécessaire. C'est une personnalité très agréable et franche. Dans le passé, il nous a donné des informations extrêmement intéressantes qui ont été vérifiées à partir d'autres sources (consulats allemands en Afrique du Nord, etc.). Il est fortement anticollaborationniste mais il est de ceux qui pensent qu'ils peuvent rendre de plus grands services à la France en restant ici et en y travaillant plutôt qu'en rejoignant de Gaulle. En fait, il pense que, sur le plan politique, le gaullisme est une tragédie[9].

Weygand, par ailleurs, demeurait, comme l'avait bien vu René Pleven, un obstacle sérieux à de meilleures relations entre Washington et la France libre. Le crédit que l'on voulait bien accorder, du côté américain, à l'ex-second de Foch n'était pas pour autant sans limites. À Anthony Eden qu'il rencontra à Barcelone, le 7 novembre, Leahy répéta ce qu'il avait déjà dit à Roosevelt le 28 juillet, à savoir qu'en regard de Darlan qui était un homme dangereux, ambitieux et peu sûr, Weygand était un héros populaire, bénéficiant d'une bonne image[10]. Mais, ajoutait l'amiral, c'était un strict soldat, non qualifié pour exercer un leadership politique, un catholique fanatique qui assistait à la messe tous les matins et avant chaque action importante. Dévoué et loyal envers Pétain, ennemi de Darlan qui le lui rendait bien, il n'accepterait jamais de livrer l'Empire français aux Allemands mais il n'accepterait pas non plus d'aller plus loin et de désobéir. Il resterait un soldat, concluait Leahy, et sauverait sa conscience en disant : « Les ordres sont les ordres. » Aux yeux des Américains, Vichy ne constituait en aucune manière un gouvernement idéal, mais comme leur but premier était d'éviter que Pétain n'allât trop loin dans la collaboration avec les Allemands, la prudence leur commandait une politique de présence.

Dans ces conditions, de Gaulle, pour l'administration américaine, ne pouvait apparaître que comme un gêneur ou un ambitieux désireux d'établir un pouvoir personnel. S'il bénéficiait d'un préjugé de plus en plus favorable dans l'opinion et s'il avait déjà la sympathie d'un journaliste aussi puissant que l'éditorialiste Walter Lippman, il se heurtait du côté de l'administration et de la Maison-Blanche à une franche hostilité.

Mon grand-père, souligne Curtis Roosevelt, petit-fils du président, était obligé, en raison de ses fonctions, d'avoir une vue générale de la guerre. Dans cette perspective, de Gaulle était, il faut bien le dire, un élément d'importance secondaire. De plus, sa légitimité était pour lui loin d'être évidente, point d'autant plus important qu'il entendait que les Français puissent choisir librement les hommes qui les dirigeraient après la guerre. Mon grand-père enfin n'avait pas eu sur le général des informations de nature à le rassurer. Indépendamment d'une antipathie très nette de ma grand-mère à son égard, il se disait que le chef des Français libres traitait mal ses collaborateurs, qu'il était un partenaire très difficile [11].

D'évidence, on l'oublie trop souvent, les coups d'éclat du général ont été à double tranchant. Dans beaucoup de cas, ils lui ont permis de l'emporter mais ils ont aussi produit des effets boomerang. Comme il arrive dans des affaires purement privées, ceux qui ont subi les foudres du général — des Anglais pour la plupart — ont semblé passer l'éponge, faire la part des choses. Le souvenir des scènes pénibles qu'ils ont vécues n'en est pas moins resté ancré dans leur mémoire, et ils les ont évoquées devant des interlocuteurs américains, dès lors très défavorablement impressionnés. Dans le premier tome de sa série, *Les secrets des archives américaines,* Nerin Gun rapportera : « "De Gaulle se croit le Messie, confie sarcastiquement Eden à Freeman Matthews. Il m'a causé plus d'embêtements que tous les autres chefs de gouvernement en exil mis tous ensemble." Churchill jure à qui veut l'entendre, quand il vient à Washington, que de Gaulle est son cauchemar [12]. » À Londres, la légende noire du gaullisme était une réalité, et l'on en trouve le reflet dans un texte inouï de l'écrivain H. G. Wells intitulé *La vérité sur de Gaulle,* dont un exemplaire figure dans les archives du diplomate américain Robert Murphy : le général y est peint sous les traits d'un représentant typique de l'idéologie militariste française et d'un candidat à la dictature [13]. Les informations fournies par les Britanniques avaient d'autant plus de poids à Washington qu'elles recoupaient celles émanant de quelques-uns des Français les plus notoires des États-Unis, au premier rang desquels Alexis Leger, l'ancien secrétaire général du Quai d'Orsay, révoqué par Paul Reynaud. Par l'intermédiaire de son ami l'attorney général Francis Bidlle, Leger a un contact direct avec le président et l'a mis à profit pour lui déconseiller de soutenir le chef des Français libres, auquel il voue une animosité violente (peut-être parce qu'il le soupçonne, à tort, d'avoir joué un rôle dans sa révocation) et en qui, fidèle à l'idéologie de la IIIe République, il voit lui aussi un aspirant dictateur.

Dans ce contexte, René Pleven ne peut réaliser des percées spectaculaires. Parmi les Français des États-Unis, la plupart restent méfiants bien que certains commencent à évoluer : Henri Laugier, par exemple, estime que de Gaulle est désormais lié par ses déclarations de tonalité démocratique [14]. Le seul interlocuteur actif et bien disposé de l'envoyé du chef de la France libre est Jacques Maritain. Depuis juin 1940, le philosophe chrétien est gaulliste de cœur. Dès le 24 juin 1940, il écrivait : « Armistice = esclavage. Je suis honteux de la France. Est-ce que la ligne Jeanne d'Arc passera par de Gaulle [15] ? » Maritain ne cesse de défendre le général. Pour lui, il est urgent de réconcilier christianisme et liberté, et seul l'homme du 18 juin peut le faire. Vichy, au contraire, suscite sa désapprobation farouche. À lire la lettre qu'il adresse à René Pleven, le 5 septembre 1941, on n'en perçoit pas moins les ravages qu'a pu exercer, même auprès d'un tel esprit, une contre-propagande présentant de Gaulle comme un monarchiste ou au contraire comme un otage du Parti communiste :

> Ne pensez-vous pas qu'il serait utile que le général de Gaulle fasse une déclaration sur les points suivants ?
> Démenti aux bruits présentant le général de Gaulle comme un monarchiste masqué (c'est d'autant plus facile que le comte de Paris vient de publier un manifeste pour Pétain). Fidélité à la devise républicaine dans les nouvelles institutions de demain. Résolution de faire du neuf et de s'appuyer sur des groupements ouvriers professionnels (qu'ils viennent de l'ancienne CGT ou des syndicats chrétiens) fidèles à la liberté de la France et à leurs libertés. Répudiation du communisme et démenti de tous les bruits d'alliance avec les organisations communistes. Mise en garde contre les actes de violence inconsidérés qui font le jeu de l'ennemi. Condamnation de la politique insensée qui, en faisant des communistes des martyrs de la patrie et en appelant communistes tous les Français qui veulent continuer la lutte contre l'Allemagne, jette elle-même la France dans le péril communiste et donne au communisme une force qu'il n'avait jamais connue en France... Les forces de la France libre seront peut-être la seule réserve d'ordre vrai pour la France de demain [16].

Obstiné, René Pleven ne néglige aucune piste pour tenter de vaincre l'ostracisme dont est victime la France libre. Dès son arrivée, il a même vu Alexis Leger — « dont, écrit-il au général, les idées sont très près des nôtres ». En vain : l'ancien secrétaire général du Quai d'Orsay approuve la volonté du général de continuer le combat tout en contestant sa vocation à jouer un rôle politique. Toujours discrètement, l'envoyé de de Gaulle rencontre aussi le secrétaire au Trésor, Henri Morgenthau — qui note dans son journal : « C'est comme un souffle d'air frais de parler à ce genre de Français [17] » —, Harry Hopkins, le conseiller intime du président Roosevelt, le secrétaire d'État Cordell Hull et le secrétaire d'État adjoint Sumner Welles. Un peu partout, René Pleven recueille des signes encourageants : « La politique des États-Unis, lui précise notamment S. Welles début octobre, est la restauration de la complète indépendance et de l'intégrité de la France et de l'Empire français [18]. » Pour autant une reconnaissance diplomatique de la France libre apparaît hors de portée, de même que le bénéfice de la loi du prêt-bail dont la Grande-Bretagne jouit depuis plusieurs mois. L'impression générale de Pleven est très mitigée : Welles, notamment, lui a paru froid, peu soucieux de s'informer sur la

France libre. À ses yeux, les Américains, essentiellement éclairés par l'amiral Leahy, entendent sauvegarder leurs chances à Vichy, ménager Weygand sans trop se faire d'illusions sur lui, éviter que les collaborationnistes tels que Darlan puissent jouer seul. Tout au plus, une évolution timide se manifeste-t-elle dans les milieux officiels :

Bien que le Département d'État soit, sans aucun doute, bien plus prêt à nous assister à l'heure actuelle que dans le passé, il reste extrêmement préoccupé par des questions de procédure, afin de ne pas donner à Vichy ou à Weygand le prétexte de représentations dans la conjoncture présente. Cependant, la capitulation pusillanime de l'Indochine devant le Japon, sans aucune prétention à la résistance, a fortement diminué l'estime que ce pays et les milieux officiels avaient pour Vichy. Le Département d'État espère pouvoir suivre une politique que je qualifierai de gaulliste à l'égard de Weygand, mais il y a de plus en plus de personnes, même à l'intérieur du Département d'État, qui commencent à se rendre compte qu'il vaudrait mieux être gaulliste avec de Gaulle que se mettre du côté de ceux qui ont signé l'armistice.

Dans l'immédiat, les résultats obtenus par René Pleven sont fort modestes : la Croix-Rouge américaine coopère de manière très étroite avec les autorités françaises en Afrique ; un représentant du Département de la Guerre sera envoyé en Afrique pour discuter des questions d'intérêt commun avec les autorités françaises. Pour le reste, on enregistre un signe encourageant puisque le Département d'État semble prêt à ouvrir des négociations tripartites auxquelles Pleven pourra participer non en tant que représentant de la France libre, mais comme expert.

Seul résultat tangible de cette mission aux États-Unis : le gouvernement américain a autorisé la création d'une délégation organisée, sans statut juridique défini, habilitée à traiter des sujets relatifs à la France libre. Encore la formation de cette délégation n'est-elle pas aisée. Le « phénix » (l'expression est de René Pleven) susceptible de la diriger n'est pas facile à trouver. Jacques de Sieyès, en dépit de son loyalisme et de sa bonne volonté, manque d'autorité, tant vis-à-vis des autorités américaines que vis-à-vis des Français vivant aux États-Unis. Cantonné dans des tâches protocolaires, il se voit écarté de toute responsabilité effective, Raoul Aglion devenant secrétaire général de la délégation. En définitive, sans instructions précises du général, René Pleven décide de confier la charge à Adrien Tixier, directeur du Bureau international du travail à Washington. Le choix se révélera malheureux. Mutilé de la Grande Guerre, l'homme est des plus honorables mais il n'a aucun sens de la diplomatie, et peu d'affinités avec de Gaulle dont, on le verra, il desservira la cause aux États-Unis. La personnalité de son adjoint, Étienne Boegner, n'est pas moins curieuse. Fils du pasteur Boegner, haute figure du protestantisme français, cet homme d'affaires d'un patriotisme indéniable est, en effet, un partisan avant la lettre de la thèse du bouclier et de l'épée : « À tous ceux qui font l'effort d'être objectifs, écrivait-il à son père, le 12 avril 1941, je crois que mon attitude est parfaitement en accord avec celle du maréchal et de toi-même [19]. »

On en est là, c'est-à-dire dans une situation marquée par de légers progrès, quand se produit, à Saint-Pierre-et-Miquelon, un incident, apparemment secondaire, qui va prendre une importance démesurée et compliquer encore les relations déjà difficiles entre la France libre et Washington.

Depuis l'automne 1940, de Gaulle songeait à organiser un changement d'administration spontané dans ces îles lointaines proches de Terre-Neuve. A priori, rien de plus facile : la population était très hostile au régime de Vichy et les Britanniques avaient tout intérêt à avoir la maîtrise du puissant émetteur de Saint-Pierre-et-Miquelon qui déversait la propagande du régime de Vichy outre-Atlantique. Les Anglais cependant jugeaient indispensable, avant toute opération, d'obtenir l'aval des Américains et non simplement leur accord tacite comme le général le souhaitait.

L'affaire prend un tour très concret quand, le 17 novembre 1941, des « patriotes » de Saint-Pierre-et-Miquelon assurent que 95 % des habitants sont gaullistes et réclament une intervention pour leur venir en aide. Sur-le-champ, Muselier entre en scène, bonne occasion pour lui de redorer un blason un peu terni. Le 24 novembre, il s'embarque afin de réaliser l'opération sous le couvert d'une mission d'inspection des Français basés à Terre-Neuve.

Survient alors un événement considérable et non prévu : l'entrée en guerre des États-Unis à la suite de l'attaque de Pearl Harbor. Le 8 décembre, en mer, Muselier apprend la nouvelle et un scrupule le saisit : vu « la nouvelle situation générale créée par la décision du président Roosevelt d'ouvrir les hostilités », il avoue, dans un télégramme adressé à de Gaulle, le 9, « souhaiter obtenir l'accord des Anglais » ; en attendant, il se propose d'aller à Ottawa afin d'avoir l'aval du Canada et des États-Unis. Le scrupule de l'amiral est d'autant plus compréhensible que, depuis le début de l'automne, il s'appuie sur les Britanniques et plus particulièrement sur l'amiral Dickens qui le tient en haute estime, assurant que « sa » Marine est son unique souci[20]. Avant de partir, Muselier a également demandé à Dickens de soutenir, contre de Gaulle, son souhait d'être remplacé par Moret, son adjoint, et de voir la Marine échapper à l'emprise du chef des Français libres.

Assez normal, compte tenu des circonstances, le cas de conscience de l'amiral n'en perturbe pas moins le plan de de Gaulle qui, à juste titre, souhaitait agir par surprise. Confronté à cette complication, le général écrit à Churchill afin de savoir s'il voit « une objection à ce petit coup de main[21] ». Dans un premier mouvement, le Premier ministre se déclare prêt à « démuseler Muselier », mais le cabinet, consulté, recommande de prendre l'avis de Washington. Pour parer à toute éventualité, le général est invité à différer son action de trente-six heures.

Le 17 décembre, l'opération est finalement arrêtée. La raison en est simple : le président Roosevelt s'y est opposé avec vigueur. À la différence de Muselier qui, tout en faisant des réserves sur le fond, s'incline, de Gaulle est furieux. Sa réaction est d'autant plus vive qu'il apprend peu après que, selon un plan discuté entre Washington et Ottawa, il est envisagé que les Canadiens prennent le contrôle de l'émetteur de Saint-Pierre-et-Miquelon, au besoin par la force et sans que la France libre soit consultée. « Dès lors qu'il était question d'une intervention étrangère dans un territoire français, écrira-t-il dans *L'appel,* aucune hésitation ne me parut plus permise[22]. » En vérité, comme le soulignera Jean-Louis Crémieux-Brilhac, il n'a jamais renoncé à son idée première d'agir sans consulter personne. Le 18 décembre, malgré les assurances données par Maurice Dejean et les engagements pris par Muselier, il télégraphie donc à ce dernier de rallier immédiatement les îles sans « rien dire aux étrangers ». « Je prends, ajoute-t-il, l'entière responsabilité de cette opération devenue indispensable pour conserver à la France ses possessions. »

Muselier, bien que jugeant l'ordre « insensé », obéit par discipline mais les navires dont il dispose, trois corvettes et le sous-marin *Surcouf,* appareilleront seulement le 23, en raison des difficultés climatiques. Officiellement, ils doivent se livrer à des exercices de groupe entre le Canada et Terre-Neuve. Le débarquement s'effectue de nuit. La petite ville de Saint-Pierre accueille les Français libres dans l'enthousiasme. Aucun acte de violence. L'amiral, on doit le souligner, donne à cette occasion toute sa mesure. Avec le concours de son aide de camp, Alain Savary, nommé sur-le-champ administrateur, il prend en main les opérations, galvanise le moral de la population, organise un plébiscite. « Une scène de 1792, à laquelle on aurait pu donner le titre de *Départ des Volontaires* avec des personnages vêtus en lapons », écrira Louis de Villefosse, un proche de l'amiral[23].

À ce qui leur apparaît comme un coup de force, les Américains réagissent avec vivacité. Très hostile depuis toujours à la France libre, le secrétaire d'État, Cordell Hull, un politicien du Sud sans grande envergure, publie un communiqué dénonçant l'action commise par « les soi-disant Français libres ». Il demande, en outre, au Canada quelles mesures il compte prendre pour rétablir le statu quo à Saint-Pierre-et-Miquelon. La raison principale de cette réaction tient à la persistance de l'attitude américaine à l'égard du régime de Vichy. L'entrée en guerre des États-Unis contre le Reich n'a pas fait évoluer sensiblement la position américaine. Depuis le mois de novembre, Roosevelt s'étonne, certes, de voir un collaborateur déclaré tel que Pucheu « pousser ses pions et s'aligner sur la Gestapo[24] ». Mais, d'un autre côté, il persiste à penser qu'une politique de présence à Vichy est encore utile. Le 11 décembre, il fait aussi parvenir à Pétain une note lui demandant l'assurance que la flotte française ne sera pas engagée contre la Grande-Bretagne, et que le limogeage récent de Weygand en Afrique du Nord n'y entraînera aucune modification de la politique suivie jusqu'alors[25]. Le maréchal ayant pris l'engagement demandé, Roosevelt, le 13 décembre, lui a adressé un message personnel confirmant les accords antérieurs concernant le maintien du statu quo[26].

De Gaulle, évidemment, est furieux de voir ces rapports perdurer. Encore n'a-t-il pas connaissance des messages qu'à l'occasion de Noël, donc très peu de temps après le coup de Saint-Pierre-et-Miquelon, Roosevelt adresse à Pétain et à Weygand. Au maréchal, il renouvelle ses remerciements pour le maintien du statu quo et ajoute :

Vous comprendrez très bien combien il est essentiel pour les intérêts vitaux des États-Unis que la France continue à exercer sa juridiction exempte de domination étrangère sur son propre territoire et ses possessions. Je répète encore qu'aussi longtemps que la souveraineté française demeure purement française, sujette seulement aux limitations de la convention d'armistice, le gouvernement des États-Unis n'a pas le désir de voir la souveraineté française existante en Afrique du Nord ou dans d'autres colonies françaises passer sous le contrôle d'aucune autre nation[27].

À l'égard de Weygand, le président est encore plus chaleureux :

Mon cher général Weygand, je saisis l'opportunité d'un courrier en partance quelques jours avant le Nouvel An pour vous adresser mes vœux très cordiaux. J'ai suivi la situation en Afrique du Nord durant votre séjour dans cette région avec grand intérêt et j'ai été conscient de votre courage et de votre souci de maintenir l'intégrité de l'Empire français dans les limites fixées par les conventions d'armistice. Je suis convaincu que votre résolution de faire le maximum pour le peuple de France n'a pas pris fin avec votre départ d'Afrique du Nord[28].

Par chance pour de Gaulle, Roosevelt, si réservé qu'il soit vis-à-vis de la France libre, est loin d'être absorbé par l'affaire de Saint-Pierre-et-Miquelon, il a bien d'autres motifs d'inquiétude et se borne, en réalité, à « couvrir » Cordell Hull. Churchill aussi se montre d'autant plus modéré qu'au départ il a été favorable à l'intervention. Et, tout cela, le général évidemment le sent bien : si l'intransigeance est souvent la seule arme dont il dispose, la psychologie est sa botte secrète et, en la circonstance, c'est grâce à elle qu'il va amorcer l'un de ses retournements de situation où il est déjà passé maître. Si Churchill, il le sait, est avant tout attaché à l'Amérique, à la communauté des peuples de langue anglaise dont il s'est fait l'historien, il est aussi un homme d'honneur, un sentimental, voire un poète. C'est sur cette corde que le chef de la France libre va donc jouer avec une finesse remarquable :

J'ai toutes les raisons de craindre , lui écrit-il, que l'attitude actuelle du State Department à Washington, à l'égard respectivement des Français libres et de Vichy, ne fasse beaucoup de tort à l'esprit de lutte en France et ailleurs... Il ne me paraît pas bon que dans la guerre le prix soit remis aux apôtres du déshonneur. Je dis cela à vous puisque vous le sentez et que vous êtes le seul à pouvoir le dire comme il faut.

Le calcul du général se révèle excellent : mis devant ses responsabilités, pris par les sentiments, Churchill ne peut se dérober et, comme il se trouve justement à Washington, il est à pied d'œuvre pour faire entendre raison à son ami Franklin Roosevelt et plaider la cause de la France libre concernant Saint-Pierre-et-Miquelon.

À dire vrai, et sans diminuer le mérite de Churchill, le terrain est devenu assez favorable et de Gaulle, probablement, s'en est rendu compte. Mieux disposée envers les Français libres que le Département d'État, l'opinion publique est, depuis le début, favorable à l'initiative française à Saint-Pierre-et-Miquelon ; à Vichy, l'amiral Leahy s'alarme d'entendre dire de plus en plus souvent que Darlan croit à la victoire allemande. Et, peu à peu, l'entrée en guerre des États-Unis change le climat. Le 20 janvier 1942, Roosevelt le dit clairement à l'amiral Leahy :

Ci-joint quelques pensées que vous pouvez utiliser, si l'occasion nous est offerte, soit auprès de Pétain, soit auprès de Weygand.
1) Il est extrêmement important que le peuple français et le gouvernement français comprennent que le président des États-Unis est parmi les meilleurs amis qu'ils ont et que l'un de ses plus grands souhaits est de voir la France reconstituée après la guerre en conformité avec sa splendide position historique.
2) Le mot France, dans l'esprit du président, inclut l'Empire colonial français.
3) L'attaque contre les États-Unis et la déclaration de guerre doivent faire comprendre au gouvernement et au peuple français que tout acte de leur part, soit sur le territoire métropolitain, soit dans les colonies, qui pourrait donner aide et assistance aux Allemands et aux Italiens nuirait aux États-Unis. Les États-Unis ne pourraient naturellement pas souffrir un tel acte hostile sans répondre. Il est de bon sens que les Français le comprennent.
4) Maintenant que les États-Unis sont en guerre, il doit être parfaitement clair pour le gouvernement et le peuple français que si l'Allemagne ou l'Italie attaquent la zone libre ou les colonies, le président ne pourrait considérer l'acquiescement à ces actes que comme faisant le jeu des Allemands.
5) D'un autre côté, la résistance des Français contre l'Allemagne et l'Italie, en métropole ou en n'importe quel endroit de l'Empire, serait regardée par le président comme une réaction normale et naturelle. Une telle résistance ne devrait pas avoir seulement l'appui moral des États-Unis mais son appui matériel par tous les moyens militaires et navals dont nous pouvons disposer[29].

De Gaulle, en tout cas, une fois de plus, a gagné en disant non et en incitant les autres à partager son analyse. À Saint-Pierre-et-Miquelon, un regain de tension se produit à la mi-janvier, malgré tout, quand le général fait part à Muselier de sa crainte de voir les Américains débarquer sur les îles. L'amiral est d'ailleurs lui aussi prêt à résister par la force. En définitive, grâce à Churchill un compromis est trouvé et accepté par toutes les parties : l'administration mise en place lors de l'arrivée de Muselier sera maintenue, les forces de Muselier se retireront, l'émetteur radio sera soumis au contrôle d'officiers canadiens et américains, agissant de concert avec les Français libres. Le souvenir de l'épreuve de force mettra toutefois du temps à être oublié — en particulier du côté américain. Dans deux notes adressées à Roosevelt le 2 février, Cordell Hull exprime sa rancune vis-à-vis de la France libre et sa crainte que l'incident de Saint-Pierre-et-Miquelon ne détériore les relations avec Vichy. De Gaulle, de son côté, demeure profondément meurtri par l'attitude américaine en la circonstance. Il attendait beaucoup de l'Amérique : sa déception est à la mesure de son espoir. « Toute politique basée sur Vichy est sans fondement véritable..., affirme-t-il. La Russie fait la guerre sans restriction, nous sommes actuellement plus près d'elle[30]. »

De fait, depuis plusieurs mois déjà, le général a amorcé un virage dans cette direction. Comme Churchill, Charles de Gaulle n'a évidemment rien d'un communiste mais la rupture de l'alliance germano-soviétique en juin 1941 lui paraissait être dans l'ordre des choses. À en croire Maurice Schumann, « il a aussi toujours pensé que les communistes français rejoindraient des positions "nationales", et c'est la raison pour laquelle en 1940 il n'a pas voulu les clouer au pilori [31] ». Dès le déclenchement de l'opération Barbarossa le 22 juin 1941, le général a donc applaudi le changement d'orientation — forcé — de l'URSS : après un très cordial message de Maurice Dejean à Maisky, l'ambassadeur soviétique en poste à Londres, il s'en est réjoui, le 24 juin. « Sans accepter de discuter actuellement des vices et même des crimes du régime soviétique, écrit-il alors à Jérusalem où il se trouve, nous devons proclamer, comme Churchill, que nous sommes très franchement avec les Russes parce qu'ils combattent les Allemands [32] ». Dès ce moment, il a émis, par l'intermédiaire de René Cassin et de Maurice Dejean, le souhait de nouer avec Moscou des relations militaires et le 12 août, Vichy ayant rompu ses relations diplomatiques avec Moscou, il a proposé de nouer des relations de cet ordre. Le général qui, dans le processus en direction de Moscou, joue un rôle majeur, est même allé plus loin encore. Dès la mi-juillet 1941, par l'intermédiaire de Géraud Jouve, ancien journaliste de l'agence Havas en poste à Istanbul et alors délégué de la France libre pour la Turquie et les Balkans, il a fait savoir à Vinogradov, ambassadeur à Ankara, son désir de voir s'instaurer des relations directes avec la Russie soviétique. En clair, le général souhaitait l'établissement, fût-ce à l'insu des Anglais, d'une sorte de diplomatie parallèle [33] avec les Soviétiques, et il ne se sentait visiblement tenu dans ses rapports avec eux à aucune solidarité à l'égard de ses alliés et d'abord de Churchill. On verra qu'un peu plus tard le général utilisera, sans scrupule, cette possibilité qu'il s'est lui-même accordée.

Du côté soviétique, et accessoirement du côté du Parti communiste français, l'état d'esprit est de plus en plus favorable à une entente avec le général et ses forces. À l'indifférence, voire à la franche hostilité des premiers mois de l'Occupation, a succédé une volonté évidente d'action commune. « Personne ne se dissimule que de Gaulle est peut-être un personnage équivoque, que son entourage est en partie suspect et peut devenir dangereux, écrivait Jean-Richard Bloch, dès le mois de mai 1941. Mais, par un accord tacite, on remet à plus tard la solution de ces problèmes et même leur examen [34]. » À Moscou, dès le 1er juillet 1941, le chef du Komintern, Georges Dimitrov, a adressé à Molotov et à Beria une lettre relative à Thorez, Marty et Raymond Guyot, dans laquelle il demandait que les dirigeants communistes français fussent envoyés en Grande-Bretagne, puis en France, afin d'y appliquer la nouvelle ligne de Moscou, avec un objectif précis : « Ils doivent s'efforcer d'entrer en contact avec de Gaulle, de noyauter les colonies ralliées et de susciter en France, contre le gouvernement de Pétain et Darlan, un mouvement qui doit déboucher sur la guerre civile [35]. » Très vite, la directive a été suivie d'effet : le 25 juillet 1941, Jacques Duclos recevait de la direction du bureau du PCF les instructions suivantes : « Le moment est venu d'établir les contacts avec le mouvement gaulliste.

Parce que la lutte héroïque du peuple soviétique contre l'agresseur hitlérien correspond aux intérêts du peuple français et que la libération de la France est liée à la victoire de l'Union soviétique[36]. » Le 11 août, par l'intermédiaire d'Eugen Fried, Dimitrov, Thorez et Marty ont donné des directives encore plus précises à Duclos : « Hors de France, nos amis doivent se rallier à l'armée de de Gaulle[37]. »

Les raisons d'un tel empressement, Vyacheslav Nikonov, petit-fils du ministre des Affaires étrangères soviétique Vyacheslav Molotov, ne les cachera pas, et le témoignage de ce jeune politologue est d'autant plus intéressant qu'il était très proche de son aïeul, dont il prépare la biographie :

> Mon grand-père était le dernier bolchevique. Il n'avait donc pas une image très rose des hommes d'État occidentaux. Pourtant, il avait de la considération envers de Gaulle. Certes, dans son échelle, il ne venait qu'après Churchill et Roosevelt et il le voyait plus comme un grand politique que comme un grand militaire. Il n'en est pas moins devenu son « lobbyste » zélé. De Gaulle savait ce qu'il voulait et mon grand-père aimait plutôt cela. Pour lui, par exemple, Tojo, le ministre des Affaires étrangères du Japon, était le meilleur diplomate de son temps. C'est la même sorte d'estime qu'il portait au général. Enfin, mon grand-père considérait qu'en soutenant de Gaulle il renforçait la position de ce dernier au sein de la France libre. Mais il est évident qu'à ses yeux le Parti communiste était beaucoup plus important que de Gaulle et qu'il souhaitait son arrivée au pouvoir.

Somme toute, les rapports entre de Gaulle et les Soviétiques s'inscrivaient dans le cadre d'une vision purement nationale. En 1935, le général a approuvé le pacte franco-soviétique sans problème de conscience : il n'en a pas eu plus, le 26 septembre 1941, quand il a appris que Moscou reconnaissait la France libre dans les mêmes termes que la Grande-Bretagne. L'histoire de France, il le savait bien, était pleine d'alliances de même sorte, et François Ier ne s'était pas fait musulman en se rapprochant du Grand Turc. Au demeurant, il était résolu à ne faire aucune concession idéologique ; il a refusé notamment de prendre contact avec Thorez, Marty et Guyot qui, selon les Soviétiques, souhaiteraient venir de Moscou se concerter avec lui. Il a également confié à l'ambassadeur Maisky sa certitude que le peuple français ne s'orienterait pas, après la guerre, vers le communisme. À ses yeux, l'idéologie passe, les peuples restent[38]. Seuls comptent, par conséquent, il n'aura cessé de le répéter, les intérêts fondamentaux, et telle est bien la raison pour laquelle, lorsque les représentants des deux pays se rencontreront, une certaine méfiance souvent se fera jour : si bien disposé qu'il soit vis-à-vis des Soviétiques, Maurice Dejean, par exemple, marque un certain agacement lorsqu'à l'issue d'une réunion avec Maisky, le 12 janvier 1942, ce dernier essaie de savoir quels sont les rapports existants entre la France libre et les Britanniques[39].

En vérité, les arrière-pensées ne sont pas les mêmes de part et d'autre. Du Kremlin, de Gaulle attend — sans illusion sur l'interlocuteur mais avec la certitude de pouvoir le manœuvrer — un contrepoids aux Anglo-Saxons. Les Soviétiques, eux, voient en de Gaulle l'homme qui acceptera de réintroduire le Parti communiste dans la vie politique, le trublion aussi qui n'hésitera pas à perturber le jeu des Anglais et des Américains. Le général ne tardera pas à voir combien est difficile la voie qu'il a choisie pour se faire entendre, et délicat l'exercice d'équilibriste qu'il lui faut pratiquer.

Le développement de la Résistance intérieure et son contrôle par le général sont heureusement, à la même époque, en très bonne voie. Entre de Gaulle et Jean Moulin, arrivé en Grande-Bretagne en tant que messager de la résistance intérieure au mois d'octobre 1941, le courant a passé. À cette époque, les grands commis de l'État étaient rares à Londres et dans la clandestinité. Quelle que fût la distance qui pouvait le séparer de ce préfet radical, assez marqué à gauche, de Gaulle a été impressionné par son courage, sa fougue, son sens de l'organisation. Surtout Jean Moulin a un profil qui l'intéresse. Depuis l'automne, le général sait que la Résistance, si faible soit-elle, est une réalité : Moulin justement lui a apporté la preuve qu'elle est prête à marcher derrière lui, sous réserve qu'il paraisse se réclamer des principes démocratiques et républicains, ce qu'il s'efforce de faire. Mais, en froid politique, de Gaulle a bien compris qu'après l'entrée en guerre de l'Union soviétique les communistes allaient fournir les gros bataillons de la Résistance ; d'où le problème, nouveau, de leur contrôle. Porte-parole de la Résistance intérieure, irrécusable pour les républicains en raison de ses antécédents radicaux, suffisamment engagé à gauche pour être accepté par le PCF, Jean Moulin décidément cumule tous les atouts. Et, beaucoup plus tard, le fondateur de la Ve République avouera à l'un de ses ministres, Alain Peyrefitte : « Parce qu'il avait la réputation d'être un préfet de gauche, et même proche des communistes, justement parce qu'il avait été directeur du cabinet de Pierre Cot, il ne pouvait pas être récusé par eux. Sa mission était de les intégrer dans la communauté nationale [40]. » Moulin, de son côté, a été très impressionné par l'homme qu'il a rencontré pour la première fois à Londres le 25 octobre 1941 — même s'il n'est pas certain de son attachement aux principes qui guident sa propre vie : « L'homme est très grand... Qu'est-ce qu'il pense, au fond de lui-même, de la République ? Je ne puis pas vous le dire. Je connais ses positions officielles, mais est-ce réellement un démocrate ? Je ne sais pas [41]. » « Pour le moment, il faut être avec de Gaulle, après on verra », écrit-il aussi à Pierre Cot [42].

Au sortir de cette première rencontre, Jean Moulin se trouve investi de deux missions : assurer une propagande plus efficace en France occupée et mettre en place une organisation de nature militaire, étant entendu qu'une fusion des groupes paramilitaires issus des principaux mouvements de résistance n'est pas à l'ordre du jour. En posant lui-même ce principe dans l'ordre de mission, spécifiant que la coordination et la centralisation des groupes paramilitaires se fera à Londres, le général entend bien garder un contrôle entier de la Résistance [43].

Les deux ordres de mission sont complétés par une lettre manuscrite, restée inédite jusqu'à ce que Daniel Cordier la publie en 1999, un message magnifique adressé à tous les résistants de France, sans distinction :

Mes chers amis,
Rien ne peut plus diviser les Français. Ils n'ont qu'une volonté : sauver leur pays par la victoire. Rien ne compte pour eux, sinon la haine de l'ennemi ; la fidélité envers leurs alliés, la fraternité nationale. Je sais ce que vous faites. Je sais ce que vous voulez. Je connais votre grand courage et vos immenses difficultés. En dépit de tout, il faut poursuivre et vous étendre. Nous, qui avons la chance de pouvoir encore combattre par les armes, nous avons besoin de vous pour le présent et pour l'avenir.
Soyons fiers et confiants ! La France gagnera la guerre et elle nous enterrera tous.
De tout cœur.

En définitive, à la suite de divers contretemps, Jean Moulin ne reprendra le chemin de la France qu'à la fin de l'année 1941. Plusieurs occasions de rencontre avec le général se présentent donc ; entre les deux hommes la confiance devient encore plus forte et, le 24 décembre, Moulin se voit chargé d'une nouvelle mission de nature expressément politique :

Je désigne M. Jean Moulin, préfet, comme mon représentant et comme délégué du Comité national, pour la zone non directement occupée de la métropole. M. Moulin a pour mission de réaliser dans cette zone l'unité d'action de tous les éléments qui résistent à l'ennemi et à ses collaborateurs. M. Moulin me rendra compte directement de l'exécution de sa mission.

Cette fois, Moulin est bien adoubé et nul doute, comme le suggérera Daniel Cordier, que les deux hommes aient été secrètement liés par l'effort qu'ils avaient dû faire sur eux-mêmes pour rompre avec l'ordre, les hiérarchies[44]. Dans un discours, le 15 novembre 1941, de Gaulle avait eu cette formule significative de son débat de conscience en 1940 : « Je ne commettrai pas l'indélicatesse d'insister sur ce que cela représente au total, de souffrances et de sacrifices. Chacun de nous est seul à connaître, dans le secret de son cœur, ce qui lui en a coûté. Mais c'est d'une telle abnégation, autant que d'une telle cohésion, que nous tirons notre force. » Jean Moulin, formé à l'obéissance envers l'État, pour avoir eu les mêmes scrupules, ne pouvait que se reconnaître dans un tel aveu.

Parachuté en Provence dans la nuit du 1er janvier 1942, Jean Moulin commence immédiatement sa mission dont le but essentiel est d'asseoir l'autorité hiérarchique de de Gaulle sur la Résistance. La situation qu'il découvre l'obligera à s'adapter, sans renoncer jamais à cet objectif. À peine arrivé, il réussit à convaincre Henri Frenay de rompre avec le général de La Laurencie, ancien représentant du gouvernement de Vichy à Paris (il a auparavant fait partie du tribunal qui a condamné à mort de Gaulle), passé depuis l'été 1941 dans une semi-dissidence, et qui est d'autant plus dangereux pour le chef des Français libres que, proche des Américains et financé par eux, il a commencé à donner des subsides à Combat, le plus important des mouvements de résistance, né, en son absence, de la fusion du Mouvement de la libération nationale avec le mouvement Liberté. Avec beaucoup de doigté, Jean Moulin utilise aussi les antagonismes existant entre les divers mouvements. Face à Combat, plutôt orientée à droite, Libération et Franc-Tireur défendent leur autonomie. Or, loin de prôner la fusion, Jean Moulin s'affirme partisan de l'indépendance de chacune des composantes de la Résistance. L'essentiel, à ses yeux, n'est pas la caporalisation mais la reconnaissance par tous de l'autorité du général : il va obtenir rapidement ce résultat capital.

Dès le 20 janvier 1942, Libération salue « le grand chef français qui est devenu le symbole de notre pays ». Un peu plus tard, Franc-Tireur adopte la même attitude en l'assortissant de réserves discrètes quant à l'engagement républicain du général. Combat enfin exalte l'homme « qui a sauvé l'honneur français et porte les espoirs de la patrie ». Cette reconnaissance du symbole qu'est le général dans la lutte contre l'ennemi commun ne va pas évidemment sans nuances : si Libération accepte de se soumettre aux ordres de de Gaulle, les deux autres mouvements refusent cette perspective, et il va de soi que ceux qui ont jusque-là respecté Pétain mettront un certain temps à renier leur engagement passé. « La grande question pour nous, dira Chévance Bertin, l'adjoint d'Henri Frenay, c'était de savoir si nous allions devenir gaullistes[45]. » Frenay rompra pourtant de façon claire avec Pétain lors du retour au pouvoir de Laval, le 18 avril 1942. Il n'en reste pas moins que la mission de Jean Moulin a commencé par des succès retentissants et que l'autorité de de Gaulle sur les mouvements de résistance paraît dès cette époque acquise, au moins dans son principe.

Pour de Gaulle, ce succès est d'autant plus satisfaisant qu'il s'ajoute à d'autres moins spectaculaires mais réels, obtenus un peu partout dans le monde. Partout, en effet, la France libre s'étend et marque des points à ce moment-là. Bientôt des comités gaullistes seront implantés dans près de quarante pays. En Égypte, les résultats sont particulièrement satisfaisants grâce à Louis de Benoist, délégué général de la France libre jusqu'en juillet 1941, et à un jeune normalien, Georges Gorse. Au Mexique et en Amérique centrale, Jacques Soustelle, représentant personnel du général, obtient aussi de brillants résultats, favorisé par sa connaissance du terrain et l'intelligence avec laquelle il sait exploiter la méfiance vis-à-vis de l'Amérique de la plupart des populations de cette région. Un peu partout, la présence de la France libre s'affirme, des journaux et divers organismes la relaient, des intellectuels de plus en plus nombreux l'illustrent, en particulier Georges Bernanos au Brésil.

Au Canada, en revanche, les difficultés se révèlent beaucoup plus grandes. Âgée de vingt-cinq ans, Élisabeth de Miribel, partie en mission pour le compte de la France libre dès juillet 1940, y a immédiatement rencontré des obstacles de taille. Les cinq millions de francophones, principalement massés au Québec, étaient dans leur majorité favorables à Vichy — même s'il est vrai que l'hostilité à la France libre était surtout le fait des élites. En mars 1941, lorsqu'elle a persuadé Londres d'envoyer en tant qu'émissaire au Canada l'amiral Thierry d'Argenlieu, elle s'est heurtée d'abord au mécontentement du cardinal Villeneuve, archevêque de Montréal, autorité morale incontestée dans ce pays de culture catholique[46] :

> La venue au pays d'un révérend père carme pour représenter le général de Gaulle paraît discutable à Son Éminence le cardinal Villeneuve, a écrit le secrétaire de ce dernier. On semble vouloir abuser du sentiment chrétien de nos Canadiens pour les entraîner vers le parti en question. Selon Son Éminence, cela n'est pas habile — ou ce l'est trop. C'est accentuer la division, heurter certains sentiments, exposer nos gens à paraître contredire l'attitude officielle du Canada. Son Éminence ne saurait, même de loin, entrer dans cette orientation. Les sentiments d'estime de Son Éminence pour le général de Gaulle lui font croire qu'il vaut mieux avoir ici un laïque comme représentant qu'un religieux. Et celui-ci s'exposera à des incidents[47].

Finalement le cardinal s'est laissé fléchir par Élisabeth de Miribel, la mission du moine-soldat sera un succès, mais la délégation mise en place par lui ne parviendra pas à s'imposer, et il faudra attendre l'occupation totale de la France pour voir le Canada changer d'attitude. Entre-temps, Élisabeth de Miribel n'aura cessé de parcourir le pays pour informer l'opinion et, autant que possible, la retourner.

L'année 1942 s'ouvre donc de manière paradoxale pour de Gaulle. Partout, il marque des points en ralliant la Résistance en France et en séduisant l'opinion, en particulier, aux États-Unis. En revanche, le développement de la guerre joue contre lui. Déjà Churchill et Roosevelt songent à d'autres objectifs. Un débarquement en Afrique du Nord, alors sous domination française, est bientôt envisagé très sérieusement, et, dans cette nouvelle perspective, les événements de Saint-Pierre-et-Miquelon n'intéressent plus personne. Churchill, qui souhaite avoir le feu vert de Roosevelt, exige de de Gaulle la neutralisation ou la démilitarisation des îles. Le général tient bon. Le Premier ministre est exaspéré : faute de pouvoir déloger les Français libres de ces îles lointaines, il s'abstiendra d'associer de Gaulle à l'élaboration des projets alliés. En provoquant Roosevelt, en ménageant les Russes, en multipliant les difficultés avec les représentants britanniques, de Gaulle a fini par éveiller de nouveau la méfiance de Churchill : « Le récent manquement du général de Gaulle à sa parole, écrit-il à Eden le 16 janvier, et son manque de foi dans la cause des nations unies rendent opportuns aussi bien que nécessaires de soulever la double question de son pouvoir personnel et de la composition de son comité. »

XII

UNE STRATÉGIE

Placé dans une position fragile du fait de l'évolution du conflit, de Gaulle n'a d'autre stratégie possible que d'éliminer toute contestation au sein de la France libre, d'affirmer encore son emprise sur la Résistance et de poursuivre sa politique d'alliance de revers. Il se consacre à la réalisation de ces objectifs au début de l'année 1942, période charnière durant laquelle est décidée en Allemagne la solution finale (conférence de Wannsee du 20 janvier) et ou, pour reprendre l'expression de l'historien militaire Liddell Hart, le flot tourne un peu partout dans le monde, plaçant pour la première fois les forces de l'Axe en position difficile.

Récurrente depuis plus d'un an, la crise ouverte avec Muselier connaît son paroxysme, et aussi son terme, dans les tout premiers mois de l'année. Depuis plusieurs semaines déjà, l'amiral de nouveau ne cachait pas ses griefs à l'égard du Connétable. Le 9 décembre, l'amiral Dickens s'était fait l'écho de ses doléances, de son mécontentement d'avoir vu le général Legentilhomme coiffer la Marine lors de l'expédition de Saint-Pierre-et-Miquelon, et de son irritation lorsqu'il avait appris la promotion de Thierry d'Argenlieu sans avoir été consulté [1]. Les façons cavalières de de Gaulle vis-à-vis de lui et de son état-major, et le fait qu'il considère les Forces navales françaises libres comme « sa » Marine, tout cela met à mal la patience de Muselier et de ses officiers. Ils souhaitent rester loyaux envers le mouvement mais ils ne reconnaissent pas de Gaulle « comme dictateur ». Muselier, de son côté, précise au consul américain à Saint-Pierre-et-Miquelon qu'il a désapprouvé la façon dont a été menée l'opération sur les îles, qu'il a été obligé d'obéir à une décision « dictatoriale », qu'il n'est pas un gangster et qu'il va démissionner [2].

De retour à Londres, le 28 février, accueilli d'autant plus chaleureusement qu'il a administré avec maestria les nouveaux territoires placés sous le contrôle de la France libre, Muselier commet alors une erreur fatale : poussé par son chef d'état-major Moret et les antigaullistes de Londres, il se livre, le 9 mars, à un éclat durant le Comité national. Il soutient qu'on l'a trompé en le laissant dans l'ignorance de l'engagement pris par Carlton Gardens de ne pas lancer l'opération sur Saint-Pierre-et-Miquelon sans l'accord des Américains[3]. Dénonçant des méthodes inadmissibles, il annonce soudain sa démission.

De Gaulle est tout à la fois furieux de l'attitude de l'amiral et secrètement ravi d'avoir enfin l'occasion de se débarrasser de lui. Comme toujours en pareille circonstance, il réagit avec la rapidité de l'éclair : « Quand on veut écraser quelqu'un, dira-t-il à Claude Guy après la guerre, il faut le faire aussitôt[4]. » Par décret, publié le 4 mars 1942, cosigné par René Pleven, il décharge Muselier du commandement des Forces navales françaises libres. « Le décret, souligne Jean-Louis Crémieux-Brilhac, est d'une validité discutable[5]. » Muselier, cette fois, refuse d'obtempérer. Pour la première fois, la France libre se trouve au bord d'une crise réellement majeure qui risque de remettre en cause l'existence même du mouvement et dans cette épreuve de force l'amiral ne manque pas d'alliés. Labarthe, un de ses fidèles, mène auprès du Foreign Office et singulièrement de Strang une offensive en règle. Il informe les Anglais des détails de l'affaire[6].

Beaucoup d'officiels britanniques — singulièrement dans les milieux de l'Amirauté si réservés à son endroit au départ — sont également de cœur avec Muselier. Certains tels que Morton et lord Alexander, tout en comprenant les critiques de l'amiral, redoutent l'effet dévastateur d'un conflit et ne tiennent pas du tout à voir les Forces françaises navales libres rejoindre purement et simplement la Royal Navy. Tous sont résolus à ne pas laisser l'affaire s'envenimer. Trois jours après la démission de Muselier, la position du cabinet de guerre est donc ainsi arrêtée : « Nous devons insister pour que l'amiral Muselier conserve son poste en tant que commandant en chef des Forces navales françaises libres. Si le général de Gaulle refuse, nous prendrons nous-même les mesures nécessaires pour imposer cette solution. » Le 4 mars, en présence de Dejean et de Strang, de Gaulle affronte Anthony Eden. Malgré la sympathie du secrétaire au Foreign Office pour le général, malgré son aménité naturelle, le dialogue est dur, parfois dramatique :

Anthony Eden : J'ai appris avec regret que l'amiral Muselier avait donné sa démission du Comité national. Le gouvernement de Sa Majesté est intéressé par la question car lord Alexander et moi avons contribué à la première réconciliation entre Muselier et vous sur la base de laquelle le gouvernement de Sa Majesté a reconnu le Comité national. L'Amirauté est également intéressée par tout ce qui affecte le commandement des Forces navales françaises libres.

De Gaulle : J'observe que le gouvernement de Sa Majesté semble s'être arrogé le droit de regard sur la composition du Comité national.

A. E. : Je n'ai pas dit cela. Vous allez plus loin que ce que j'ai dit. J'ai simplement souligné que le départ de Muselier créerait des difficultés dans les Forces navales françaises libres et que cela nuirait sérieusement à la cause alliée.

De G. : C'est l'amiral qui a pris l'initiative en démissionnant [...]. Un officier ne peut démissionner de son commandement en temps de guerre. Le commandement des Forces navales françaises libres est une affaire qui doit être réglée par moi-même et le Comité. Je ne peux admettre que le fait de fonctionner en Grande-Bretagne limite sa liberté de prendre des décisions. Je ne

crois pas cependant que le départ de l'amiral provoquera des troubles dans les Forces navales françaises libres... Les équipages sont engagés envers moi, non envers l'amiral Muselier.
A. E. : Je pense que je suis concerné par quelque chose de plus important que les problèmes de personnes. Les Forces navales françaises libres sont un élément important de l'effort de guerre allié.
De G. : Raison de plus pour sauvegarder l'autorité du Comité sur elles ! Je regrette que le gouvernement de Sa Majesté semble disposé à semer le trouble entre moi et l'amiral. Je répète que c'est l'amiral qui a démissionné. L'amiral était fatigué et malade. Il m'a dit qu'il ne voulait pas travailler plus longtemps dans un bureau, qu'il voulait avoir un commandement en mer. J'ai accepté qu'il quitte le Comité, qu'il prenne du repos et qu'il prenne le commandement qu'il souhaitait. L'Amirauté est sans doute attachée à Muselier parce qu'elle s'est accoutumée à traiter avec lui mais le vice-amiral Auboyneau qui a été nommé pour prendre la place de l'amiral Muselier est un homme jeune et un bon marin, mieux qualifié, sur le plan moral pour commander les Forces navales françaises libres.
A. E. : Vous simplifiez la question. Le problème n'est pas la commodité de l'Amirauté, mais un danger pour la future collaboration entre la France libre et la Grande-Bretagne.
De G. : Muselier est un chef d'état-major, Moret est en liaison avec un groupe petit mais bruyant de Français de Londres opposé à la France libre, tel que MM. Cambon, Labarthe et Comert. Le groupe conduit l'habituelle agitation des émigrés et cherche à s'imposer. La démission de Muselier est un épisode de cette agitation grotesque.
A. E. : Il n'est pas si facile d'avoir une vue de la situation. En dehors de vous-même, l'amiral Muselier est le seul membre du mouvement de la France libre qui possède une réelle notoriété. Son départ pourrait avoir de grandes répercussions et l'Amirauté assure qu'un tel événement pourrait produire un mauvais effet sur la Marine de la France libre.
De G. : L'amiral est presque inconnu en France et peu connu dans les colonies françaises, et c'est là que se trouve la base de la France libre.
A.E. : Il se dit dans différents milieux, à Londres, que le mouvement de la France libre est gouverné par vous selon des méthodes dictatoriales et que nous en portons la responsabilité puisque nous soutenons votre mouvement. Ce n'est donc pas l'effacement de l'amiral qui est souhaité mais l'entrée dans le Comité d'autres Français possédant autorité et réputation.
De G. : L'autorité que je possède ne m'a pas été confiée par le gouvernement de Sa Majesté mais par les Français libres eux-mêmes. Tout ce que le gouvernement de Sa Majesté a fait a été de me prêter de l'argent [...]. En réalité cela a été un grand avantage pour le gouvernement de Sa Majesté qu'un Français se soit trouvé capable de rassembler ses compatriotes, de rallier des territoires français à la cause alliée et de conforter, en France, le sentiment favorable aux Alliés.
A. E. : Ce n'est pas une question d'argent. Sans l'appui britannique, le mouvement n'aurait pas pu prendre son envol.
De G. : Je réalise que le gouvernement de Sa Majesté peut, à tout moment, briser notre mouvement. C'est une mauvaise chose qu'un gouvernement allié, même ami, puisse fixer ce que doit être la position du Comité national. Le gouvernement de Sa Majesté n'a rien à gagner à ce que le mouvement se brise. Ayant supporté un lourd fardeau, je me vois obligé de dire que le soutien britannique à notre mouvement a toujours été partial, relatif et plein de mau-

vaise grâce. Avec cet appui, quelque chose a pu être réalisé mais, sans moi-même et le Comité national, rien n'aurait pu être accompli. Si je disparais ou si le Comité cesse son existence, rien ne subsistera du mouvement.
A. E. : Nous n'avons rien à gagner à échanger des reproches mutuels. Le point sur lequel je veux insister est que le gouvernement de Sa Majesté est conscient du fait que les Forces françaises navales libres constituent un élément important pour la cause alliée. C'est la plus importante section des Forces françaises libres et il est essentiel qu'elle puisse continuer à exister. [...]
De G. : Monsieur le ministre, vous avez utilisé le mot dictature. Si en employant ce terme vous avez voulu dire que j'exerce l'autorité suprême, vous avez raison. Sans cette autorité le mouvement ne pourrait tenir debout. En revanche, si vous entendez par là que je voudrais établir une autorité personnelle en France, cela n'est pas vrai.
A. E. : Comment expliquez-vous le fait qu'il n'a jamais été possible à des personnalités françaises de qualité de rallier la France libre. Ce fut le cas récemment du général Odic[7]...
De G. : Le général Catroux et M. Pleven valent bien le général Odic. Odic a décliné le commandement africain que je lui ai offert et m'a dit qu'il souhaitait aller à Washington. Les impressions sur lui des officiers de l'armée de l'air venus d'Afrique du Nord étaient tout sauf favorables. Son objectif véritable en venant d'Afrique du Nord était de jeter un pont entre moi-même et Vichy. Est-ce le souhait du gouvernement de Sa Majesté ? Si le mouvement tombait entre les mains de Muselier ou d'Odic, il se briserait... Il est vrai que d'éminents Français n'ont pas rejoint le Comité. Ils sont soit à Vichy, soit enfermés en prison, soit cachés chez eux. Mais le Comité, s'il n'est pas remarquable, n'est pas trop mauvais. Il est honnête, loyal, dur au travail et confiant en la France. Muselier, lui, a une mauvaise influence. Il est malade et compromis. Je souhaite avoir derrière moi un Comité solide mais je ne peux pas travailler avec une majorité parlementaire[8].

Bien que la rencontre se soit terminée sur une note plus détendue, de Gaulle est résolu à résister et à ne pas rendre son commandement à Muselier. Le lendemain, Eden se retrouve face à un interlocuteur toujours fermé, imperturbable et qui, comme il le fait toujours en pareilles circonstances, prend de la hauteur :

De G. : Je ne sais pas si vous réalisez la gravité de la situation. La question peut paraître à vos yeux technique ; pour nous Français libres, elle est politique et morale. L'amiral Muselier a de considérables qualités techniques mais d'un point de vue moral et politique il est un danger pour la cohésion des Forces françaises libres... Il y a un autre point à souligner. La presse américaine et la presse britannique se délectent en disant que j'exerce une autorité suprême sur ce mouvement. Cela est vrai : il n'est pas possible de conduire le mouvement autrement. Ce mouvement des Français libres n'a pas de chef d'État, pas de Parlement, pas de gouvernement, pas de lois. Il repose sur la cohésion morale qui s'est formée autour d'un homme, moi pour parler clairement. Si des positions personnelles apparaissent, tout sera ébranlé : l'amiral Muselier est dangereux pour la cohésion du mouvement et ne doit pas être autorisé à poursuivre ses intrigues.
A. E. : Que pensez-vous de lui ?
De G. : L'amiral n'est plus très jeune. C'est un homme fatigué et drogué. Il est moralement déséquilibré. Je propose en conséquence, dans un premier temps, de lui accorder du repos et que l'amiral Auboyneau devienne commis-

saire national. Plus tard on pourra donner à l'amiral Muselier le commandement de certaines opérations ou l'envoyer faire une tournée d'inspection[9].

Cette réponse ne satisfait pas Eden. Le ton monte encore. Pour une fois, le secrétaire au Foreign Office perd son calme et fait remarquer à son visiteur que, en plein conflit, il est pour le moins singulier que le cabinet de guerre ait déjà dû perdre trois quarts d'heure à discuter de pareils problèmes ! « Les conséquences de votre refus d'accepter un compromis pourraient être graves, souligne-t-il. Le gouvernement de Sa Majesté pourrait être amené à prendre certaines mesures. Vous avez quarante-huit heures pour réfléchir. — C'est tout réfléchi », réplique le général qui, avant de prendre congé, exprime ses doutes quant à l'opportunité d'un tel entretien.

Jamais depuis juin 1940, pas même aux pires moments de friction à propos de la Syrie, la rupture n'a paru aussi proche. De Gaulle est intraitable. Le 4 mars, devant Charles Peake, l'honorable diplomate qui représente le gouvernement britannique auprès de lui depuis l'effacement de Spears, il est entré dans une rage froide, accumulant tous les griefs contre la Grande-Bretagne[10]. Le 8, il adresse en termes solennels une mise au point à Eden.

Le général, il est à peine besoin de le souligner, n'est nullement objectif. En privé, quelques-uns de ses fidèles estiment fondées certaines critiques de Muselier : c'est le cas en particulier du général Legentilhomme et de René Pleven, qui se confient à Charles Peake[11]. Pleven en outre juge de Gaulle totalement incompétent dans le domaine de la Marine. À Carlton Gardens, ceux-là mêmes qui portent à de Gaulle admiration et respect s'alarment parfois de ses foucades et de son autoritarisme. En outre, contrairement à ce que feint de croire l'homme du 18 juin, les Anglais ne veulent pas le remplacer par Muselier, dont ils connaissent trop bien les défauts ; ils veulent plus simplement utiliser l'amiral afin d'obtenir que des méthodes moins brutales aient cours au sein de la France libre et être ainsi à l'abri de mouvements d'humeur. Mais, tout cela, le général ne veut ni ne peut l'admettre. Conformément à sa méthode, il se cabre pour mieux attaquer.

Les dirigeants britanniques ont si souvent capitulé après avoir subi une algarade. Cette fois pourtant, la partie s'annonce très difficile. Dès le 9 mars, le cabinet de guerre a prévenu qu'il sera amené à réviser les accords d'août 1940 en cas d'obstination de de Gaulle. Une certaine prudence s'impose et le général le sent. Tout en restant ferme sur le fond, il fait en définitive deux concessions : la cessation de fonctions de l'amiral ne fera pas l'objet d'un communiqué. Par ailleurs, sous réserve que Muselier décide de profiter de sa permission de trente jours, de Gaulle se dit prêt à entamer les discussions avec les autorités navales britanniques sur les modalités de la collaboration entre les FNFL et la Royal Navy. L'amiral ne doit plus se présenter à Westminster House, où se trouvent ses services.

L'espoir de compromis s'évanouit presque immédiatement car le soir même, 11 mars, un incident public d'une violence extrême se produit entre le général et Muselier. À dix-sept heures, ce dernier, qui s'apprête à profiter de sa liberté pour faire quelques courses, apprend par son ordonnance que de Gaulle convoque tous les officiers de Marine à Westminster House, à dix-huit heures, afin de les interroger individuellement. De fait, cinq minutes avant l'heure fixée, le chef de la France libre est là, bien que Moret, le second et l'âme damnée de Muselier, lui ait transmis par l'intermédiaire du commandant Ortoli un message très ferme : « Dans les circonstances présentes, la visite du général de Gaulle à Westminster, la harangue aux officiers et les interrogatoires particuliers prendront l'allure d'un pronunciamento militaire. En France, ces mœurs ne sont pas admises. »

Tout de suite de Gaulle marque sa mauvaise humeur. Revêtu de sa tenue de campagne, capote et gants, il réagit vivement lorsqu'il constate que les officiers qui sortent de leurs bureaux sont en veston comme tous les jours : « Messieurs, mettez-vous au repos. J'enlève mon manteau puisque vous n'avez pas gardé le vôtre... Serrez-vous autour de moi. Je suis le général de Gaulle. Je suis venu parler aux officiers des Forces navales françaises libres. Je ne suis pas venu pour faire un discours. Des incidents regrettables se sont produits ici. Je n'en parlerai pas. Je veux vous dire qu'il y a des choses qui doivent être respectées. L'amiral Muselier doit être respecté et il le sera. » À ce moment-là, Muselier fait son entrée et vient se mettre au premier rang des officiers : « Mon général, j'ai appris que vous avez convoqué tous les officiers de marine. Je suis officier de marine. Me voici. »

De Gaulle, affectant l'indifférence, serre la main de l'amiral et poursuit : « J'ai voulu vous voir tous ensemble mais je veux aussi vous voir séparément, un à un, en commençant par le plus jeune. » Sur-le-champ, le général suivi de son aide de camp, Claude Bouchinet-Serreulles, du général Legentilhomme, de Moret et de Muselier, entre dans le bureau du cabinet militaire. D'un geste il signifie à Muselier qu'il entend mener les entretiens hors de sa présence. « Mon général, objecte le commandant des FNFL, dans aucun pays libre et dans aucune armée, il n'est de coutume d'interroger tous les officiers un à un, en dehors de leur chef. » Très poli, de Gaulle avertit : « Amiral, vous manquez au devoir militaire. — Non, mon général, rétorque Muselier. Dans les circonstances présentes, j'ai lieu de craindre que les esprits ne soient échauffés et je ne veux pas que des officiers vous répondent d'une manière désagréable ou se mettent en état de rébellion. Dans ce cas, ils courraient le risque d'être punis et je ne veux pas admettre ce risque. Je prends toute la responsabilité de la situation et, si quelqu'un doit être puni, je suis prêt à ce que vous m'envoyiez à la Tour de Londres. »

Compte tenu de ce climat, un incident est en effet possible et de Gaulle s'en rend compte : « Amiral, rétorque-t-il, furieux, vous manquez au devoir militaire et j'en tirerai les conséquences. Je prends donc la décision de remettre à plus tard les entrevues que je voulais avoir avec vos officiers. » Sans plus attendre, le général sort du bureau. Dans le hall, il prend sèchement congé des officiers : « Dans les circonstances présentes, je remets à plus tard ces entretiens individuels. Je tiens à vous répéter que tout ce qui doit être fait sera fait. »

La scène, rapporte l'amiral Muselier, prenait une allure grave et j'ai craint le pire pendant un moment. Pour l'éviter et pour réaliser l'union de tous je poussai alors le cri qui salue le départ du général quand il quitte les bâtiments des FNFL : « Vive la France ! » Mais les officiers répondirent par « Vive l'amiral » ; tous, sauf trois, dont l'un cria : « Vive le général et vive l'amiral » et les deux autres, l'aumônier jésuite Olphe Gaillard et le capitaine de frégate Galleret, crièrent « Vive de Gaulle [12] ! »

Le général quitte alors Westminster House en demandant de ne pas aggraver par des manifestations cette scène pénible.

Bien que dans ses *Mémoires de guerre* il passe totalement sous silence cette scène d'une violence inouïe, on imagine assez bien les sentiments du général en sortant du quartier général des FNFL. Cette fois, Muselier a commis l'irréparable : non seulement il s'appuie ouvertement sur les Britanniques (dans son livre *De Gaulle contre le gaullisme*, il avouera ingénument avoir demandé à l'amiral Dickens de l'accompagner à Westminster House), mais il défie publiquement celui qui, depuis le 18 juin 1940, incarne la légitimité de la France libre. Aux yeux de de Gaulle, l'insubordination est caractérisée, elle doit être sanctionnée et, comme aux termes des accords signés en août 1940 les punitions infligées aux militaires des Forces françaises libres doivent être rendues exécutoires par les autorités britanniques, c'est au gouvernement anglais que le général s'adresse le 11 mars. Trente jours d'arrêt de forteresse sont requis pour le motif suivant : « Le général de Gaulle se trouvant en territoire britannique, où l'acte d'insubordination du vice-amiral Muselier s'est produit, a l'honneur de prier le gouvernement de Sa Majesté de bien vouloir faire assurer l'exécution de la sanction, conformément aux accords conclus à ce sujet [13]. »

L'Amirauté ayant poussé Muselier à se cabrer, les Britanniques ne sont évidemment guère enclins à le jeter maintenant dans un cul-de-basse-fosse. D'autant plus qu'en haut lieu de Gaulle ne bénéficie pas, au moins en la circonstance, d'un préjugé favorable. Pour Charles Peake, d'ordinaire fort modéré, qui tient ses certitudes de René Pleven et de sa secrétaire, le général, contrairement à ce qui lui avait été demandé, a provoqué littéralement Muselier en le recevant le matin de l'incident de Westminster House. « Le général était très méchant, a assuré la secrétaire de René Pleven. Il a dit des choses affreuses à l'amiral [14]. » Peake est ainsi persuadé que Muselier, dès son entrée dans le bureau de de Gaulle a été accablé d'insultes et d'invectives, qu'il a donc été provoqué et qu'il s'est rendu à Westminster House pour y laver son honneur, sûr d'être calomnié en son absence.

Le certain est que le général, très vite, comprend que jamais les Britanniques n'accéderont à sa demande. Pour se débarrasser de l'amiral, reste un autre moyen plus expéditif : l'internement administratif loin de Londres sous un prétexte médical, l'équivalent moderne de la lettre de cachet. C'est cette solution que finit par choisir le général, non sans prendre beaucoup de précautions afin de ne pas encourir le risque d'être taxé d'arbitraire. En témoigne cette note manuscrite (datée du 13 mars et demeurée inédite), conservée dans les archives britanniques, un document qui prouve que lorsque la nécessité s'impose à ses yeux, de Gaulle ne s'embarrasse guère de scrupules :

> L'incident pénible causé par l'amiral Muselier et qui a motivé la punition de trente jours d'arrêt de forteresse infligé par le général de Gaulle est dû à beaucoup de raisons. Mais la principale est certainement l'état de santé de l'amiral qui réagit sur son comportement.
> C'est pourquoi, le général de Gaulle, tout en priant le gouvernement britannique de faire exécuter la punition conformément aux accords conclus, désire aussi que cela soit fait dans des conditions aussi modérées que possible.
> Au fond, il semble au général de Gaulle qu'un isolement de l'amiral Muselier dans un établissement sanitaire éloigné de Londres serait la solution la meilleure à tous les égards. Mais cela est de toute urgence [15].

Pas plus que la demande de sanction, le souhait du général n'est suivi d'effet, et les archives ne conservent aucune trace de la réaction des Britanniques. Selon une tactique qu'il a encore peu utilisée, sinon au lendemain de Dakar, mais dans des conditions autrement dramatiques, de Gaulle décide alors de prendre du champ, de se mettre aux abonnés absents. Il se rend donc à la campagne, non sans avoir laissé à quelques proches, dont René Pleven et André Diethelm, une sorte de testament confidentiel, dans lequel il assure vouloir défendre en l'occurrence la souveraineté et l'honneur français : si la sanction contre Muselier n'est pas acceptée, il ne reprendra pas ses fonctions. Tenue secrète, ce qui en limite la portée, la manœuvre — car c'en est une, et de grand style — est en réalité très préméditée. Le général n'a pas agi sur un coup de tête. S'il a adopté cette attitude, c'est en toute connaissance de cause, après avoir reçu, à sa demande, le 16 mars, le premier lord de l'Amirauté dont on sait quel a été le rôle auprès de Muselier. Point par point, le général a réfuté les arguments de lord Alexander tendant à faire réintégrer l'amiral. Son départ, a-t-il fait valoir, ne provoquera pas de démissions en série dans la Marine. La vraie raison de la crise est la volonté de Muselier d'éliminer de Gaulle. Sa réintégration est impossible, a-t-il conclu, avec un sourire sarcastique [16].

Cette tactique va réussir. D'abord Muselier fait preuve d'une extrême maladresse. En ameutant ses partisans, sinon en faisant vraiment sécession, comme il en avait proféré la menace, il a choqué beaucoup de membres de la France libre. Et sa tactique est d'autant plus mal jugée que l'on commence à savoir qu'il s'est beaucoup appuyé en Grande-Bretagne sur des éléments hostiles à l'Amirauté. Pris dans une spirale d'échecs, Muselier multiplie les fautes. Le 16 mars, il a commis ainsi une erreur majeure en demandant au premier lord de l'Amirauté de l'aider à récupérer son commandement, et en assurant que des dizaines d'officiers de marine ont adressé des lettres de démission à Westminster House depuis l'annonce des mesures prises contre lui [17]. En agissant ainsi, l'amiral a brûlé ses vaisseaux, quasiment au sens propre, et a éveillé les soupçons de ceux-là mêmes qui, en Grande-Bretagne, étaient jusque-là bien disposés à son égard. Après l'avoir reçu, le 16 mars, Charles Peake s'est avoué ainsi perplexe quant à l'authenticité, en tout cas au caractère spontané des lettres de démission émanant des officiers des FNFL[18].

L'un des facteurs du succès de de Gaulle est aussi l'attitude loyale et fidèle de René Pleven qui garde le contact avec les Britanniques, en l'absence de son chef. Pleven est le contraire d'un béni-oui-oui. Reçu par Desmond Morton le 12 mars, il a condamné l'attitude de Muselier, tout en admettant que le général avait « un caractère difficile » et en plaidant en faveur d'un nouveau système de relations entre la France libre et la Grande-Bretagne — un système renforçant la collégialité au sein du mouvement[19]. Le futur président du Conseil à la IVe République n'a que plus d'autorité pour dénoncer devant Charles Peake les méthodes et les objectifs de Muselier[20].

Dès le 18 mars, tandis que de Gaulle se trouve toujours à la campagne, le cabinet de guerre britannique amorce un repli en admettant que l'amiral Muselier ne peut prétendre retrouver son commandement. « L'amiral s'est mis entièrement dans son tort », avait reconnu Eden, le 16[21].

Le 23, la victoire du général est définitivement acquise. Ce soir-là Charles Peake vient lui rendre visite à son domicile et est d'emblée soumis au traitement si bien décrit par le général Spears dès 1940 : face à un Britannique, qu'il sait de bonne compagnie et de bonne foi, de Gaulle se déchaîne, assure que cette visite est trop tardive et que, de toute façon, le cabinet britannique souhaite la mort de la France libre. Le calme finit tout de même par revenir, et Peake en profite pour donner connaissance à son hôte du projet de compromis élaboré par le cabinet de guerre : les Britanniques renoncent à exiger le retour de l'amiral à son poste, en échange, ils demandent seulement qu'au terme de son congé de maladie un commandement important, ou un poste d'inspecteur général, lui soit confié. Depuis quelques jours, ainsi que l'établit une note rédigée par le Foreign Office, les Britanniques sont arrivés à la conclusion que le général, en droit, était fondé à prendre les sanctions contre l'amiral, même si politiquement la mesure ne paraissait pas adéquate[22].

Une fois de plus, en faisant monter les enchères, en acculant l'adversaire à commettre des fautes, de Gaulle a emporté la partie. De manière quasi définitive. Désormais à l'intérieur même de la France libre personne ne s'opposera plus à sa prééminence, et ceux qui continueront à l'attaquer en mettant en doute ses convictions démocratiques et républicaines ne seront guère écoutés. À partir de ce moment il comprend en tout cas qu'il ne doit donner prise à aucune critique sur ce terrain.

Muselier, lui, disparaît de la scène, s'enfermant dans un antigaullisme catégorique et une vive amertume. Avec hauteur, il refuse le poste d'inspecteur général qu'on lui propose. « D'après mes grades et services, écrit-il le 5 avril à un directeur de journal, le seul poste me revenant est, d'après la loi française, celui de commandant en chef des FNFL[23]. » Avec rage, il se défend aussi des rumeurs propagées par les milieux gaullistes selon lesquelles il serait malade, voire fou. Il se démène, assure les journalistes qu'il ne s'est jamais aussi bien porté et rend coup pour coup. « De Gaulle a versé du sang français », souligne-t-il cruellement et sans trop d'élégance dans une lettre adressée à Charles Peake le 6 avril[24]. À la mi-avril, quand une note de service signée du général de Gaulle l'affecte à la défense des côtes, il s'étrangle de rage, prend à témoin l'amiral Dickens des mauvaises manières qui lui sont faites : « Je crois qu'aucun amiral français n'a jamais reçu pareil ordre de son gouvernement et qu'aucun amiral anglais n'accepterait pareille note de service. » Parfois la rancœur lui inspire de curieuses initiatives : ainsi lorsqu'il conseille à l'amiral Dickens de miser sur Marcel Peyrouton, l'ancien ministre de l'Intérieur de Vichy : « M. Peyrouton que je connais fort bien et qui est actuellement ambassadeur à Buenos Aires a, paraît-il, donné sa démission. Il y a là pour le gouvernement britannique une carte superbe à jouer[25]. » Choix curieux pour un homme qui prétend donner des leçons de démocratie au général et ne cesse de vitupérer ses tendances dictatoriales.

L'amiral Muselier, en vérité, méritait une autre sortie que cette retraite sans gloire. Créateur, à partir de rien, des Forces navales françaises libres que les Alliés, et d'abord les Britanniques, prennent maintenant au sérieux, il a révélé des dons d'organisateur hors du commun lors de l'opération sur Saint-Pierre-et-Miquelon. Personnalité atypique, représentant au sein du mouvement des Français libres une sensibilité républicaine et radicale, il aurait pu jouer un rôle utile de contrepoids. Comploteur-né, il a malheureusement vite gâché ses atouts. En concurrençant de Gaulle, il se condamnait à l'échec.

La victoire de de Gaulle est d'autant plus complète qu'elle coïncide avec un renforcement de son autorité sur une Résistance alors en plein essor, et avec la poursuite de la stratégie visant, par l'intermédiaire de Jean Moulin, à intégrer dans son orbite l'ensemble des forces hostiles à l'occupant, y compris celles se situant le plus à gauche, en particulier le Parti communiste. Muselier, peut-être ne l'a-t-on pas assez souligné, a échoué en raison de ses erreurs, mais aussi du fait d'une évolution qu'il n'a pas vue venir et qui, peu à peu, va rassembler autour de l'homme du 18 juin l'essentiel des forces progressistes et démocrates.

Longtemps, on l'a vu, la France libre et la Résistance intérieure se sont ignorées ; grâce à Jean Moulin les choses commencent à évoluer et, dans la nuit du 27 au 28 février, une étape décisive est franchie quand Remy se pose à bord d'un Lysander sur les rivages du Kent. À bord du petit avion, se trouvent non seulement deux agents du BCRA « ramassés » clandestinement dans la région de Rouen mais cinquante kilos de documents de la plus haute importance : des plans, des cartes, des modèles de pièces d'identité, la lettre d'adieu du résistant communiste Gabriel Péri, écrite juste avant son exécution par les nazis, et le premier rapport politique d'un autre résistant appelé à un grand destin : Pierre Brossolette. À partir de cet exploit réussi, les missions des Lysander en France deviendront assez fréquentes. En outre, Remy, homme de contact chaleureux et spontané, apporte indépendamment de ses documents des informations glanées dans tous les milieux : parmi les membres de l'Organisation civile et militaire, clairement de droite, auprès des responsables de Libération Nord, de sensibilité socialiste, auprès enfin des dirigeants du Front national, émanation du Parti communiste. Par là entre Londres et la France occupée l'information circule, de Gaulle commence à être mieux connu des résistants.

Ex-secrétaire de la section fédérale CGT de Banque et Bourse, rédacteur dès 1940, avec onze de ses collègues, d'un manifeste du syndicalisme de tonalité très hostile à Vichy, accessoirement beau-fils de Jean Giraudoux, Christian Pineau, animateur à Libération Nord, est l'un des premiers résistants à faire le voyage de Londres, dès la fin du mois de mars. Sa rencontre avec le général marque une date dans l'histoire de la France libre. Entre les deux interlocuteurs le dialogue, certes, n'est pas facile, les cultures sont différentes, les tempéraments opposés[26]. Le général heurte Christian Pineau par son obstination à soutenir que les dirigeants de la IIIe République ont une part de responsabilité dans la défaite, même s'il juge scandaleux le procès de Riom[27]. Contrairement à Pierre Cot, à Pierre Comert ou à leur ami commun, le journaliste Louis Levy, Pineau ne voit pas dans le général un disciple de Maurras : pour mener le combat contre l'envahisseur il lui fait confiance et souhaite qu'il dissipe toute ambiguïté en faisant clairement référence à la République et à la démocratie dans un manifeste. Au fond de lui-même, de Gaulle a toujours certaines réticences qui tiennent surtout au fait que le mot République a fini, par un glissement sémantique, à ses yeux regrettable, par désigner la IIIe République qu'il persiste à condamner — comme il le dit d'ailleurs avec force et honnêteté à son visiteur. Mais l'homme du 18 juin, pourvu que l'essentiel ne soit pas en cause, n'a rien d'un doctrinaire ; en permanence il sait s'adapter et, tout récemment, il a amorcé le tournant suggéré par Christian Pineau avec d'autant plus de facilité que, s'il est hostile à toute déviation parlementaire, il n'a rien contre une République dotée d'une colonne vertébrale. Sans trop se faire prier, en maintenant tout de même implicitement sa condamnation de la IIIe République, en marquant aussi que le refus de l'armistice est ce qui le différencie essentiellement de Pétain, le général finit donc par publier le manifeste réclamé par Christian Pineau.

Plus que par son contenu, qui n'a aucun caractère proprement inédit, c'est par son existence même, la publicité qu'il reçoit et la qualité de ceux auxquels il est destiné que ce document est important. La déclaration aux mouvements ne sera publiée à Londres que le 24 juin, après sa parution le 3 juin dans le numéro 13 du journal clandestin *Libération,* mais, d'ores et déjà, bien des ambiguïtés sont levées : quand Christian Pineau repart le 28 avril, il est convaincu que le général n'est pas l'apprenti dictateur décrit par ses adversaires ; porteur de la déclaration et de lettres pour diverses personnalités politiques, il a d'ailleurs formellement adhéré à la France libre et a promis de créer au service du mouvement un réseau de renseignement en France. Le général étant sorti de l'équivoque, il se dit certain de pouvoir amener une grande partie des dirigeants de la Résistance à le reconnaître pour chef.

Pineau est sincère et voit juste. Peu à peu les engagements pris par le général produisent leurs effets, les esprits s'apaisent et Londres devient vite le point de ralliement des grands résistants de l'intérieur. Après Christian Pineau, Emmanuel d'Astier vient faire acte d'allégeance. Ancien officier de marine, exclu pour des motifs liés à son penchant pour la drogue, clairement antisémite avant la guerre, l'homme est un aventurier de haut vol. Il en a l'imprudence mais aussi le courage et le charme. Hostile à l'armistice et au régime de Vichy, il a fondé, avec Aubrac et le philosophe Cavaillès, le mouvement Libération. Au contact des militants de gauche peuplant ses troupes, il s'est vite rendu compte de la popularité du général et il en a tiré logiquement la conséquence.

Réunir sous son autorité, sans exclusive, tous ceux qui mènent la lutte contre l'envahisseur allemand, tel est le but à la fois simple, magnifique et difficile à réaliser en pratique que de Gaulle s'est fixé. Pourvu que l'on reconnaisse sa légitimité et sa prééminence, le reste importe peu : ne seront rejetés que ceux dont le passé récent peut vraiment nuire à la France libre. En agissant ainsi le général ne force pas sa nature : nationaliste il a toujours été plus barrésien que maurrassien. Il entend donc rassembler, assumer l'histoire nationale dans sa continuité et sa diversité. Si réservé qu'il puisse être vis-à-vis des communistes et de leurs objectifs, il ne les exclut pas, à condition qu'ils ne contrecarrent pas son action. Les principes en l'occurrence coïncident avec un calcul politique aussi froid qu'évident : les communistes forment les gros bataillons de la Résistance, il s'agit là d'une donnée de fait que l'on ne peut changer et dont il faut donc s'accommoder. Pareillement parce qu'il sait sa légitimité encore fragile, parce qu'il n'ignore pas le crédit dont jouissent certains hommes politiques, tels qu'Édouard Herriot aux États-Unis, il ne jettera pas d'anathème contre les vieux partis et leurs représentants. Plus tard, il sera temps de limiter leur influence. Pour l'instant, à la condition qu'ils se soumettent, leur appui est le bienvenu.

Tout cela explique l'attitude déconcertante pour certains que de Gaulle observe en ce printemps 1942, dans le débat fondamental qui oppose objectivement Jean Moulin à un autre résistant de premier plan, dont l'arrivée à Londres en mars n'est pas passée inaperçue, Pierre Brossolette. Major de l'École normale supérieure, agrégé d'histoire, journaliste politique d'un très grand talent, d'un courage et d'une lucidité extrêmes avant la guerre, comme en témoignent ses prises de position viscéralement antimunichoises et sa dénonciation du pacte germano-soviétique, Brossolette, comme Moulin, est issu d'un monde assez éloigné de celui du général. Profondément laïc, franc-maçon, il militait au sein de la SFIO. D'une intelligence hors du commun, il a cependant séduit des hommes fort éloignés de ses convictions. Le colonel Passy en particulier a été frappé par la clarté, la justesse et la précision de ses rapports sur la situation en France, notamment en zone occupée, et dès leur première rencontre, à Londres, une amitié indestructible s'est nouée entre eux (près de soixante ans plus tard, le colonel Passy avait les larmes aux yeux lorsqu'il évoquait le souvenir de ce personnage d'exception qui l'avait encore plus impressionné que de Gaulle). En bonne logique, malgré les différences d'itinéraires et d'opinions, le courant devrait d'autant mieux passer avec de Gaulle que Brossolette défend les positions que l'on pourrait qualifier d'hypergaullistes. Non seulement il entend poursuivre, sous l'autorité du général, le combat contre l'occupant, mais, la victoire venue, il souhaite ardemment que la France s'engage dans la voie choisie par lui pendant la guerre, c'est-à-dire que l'on en finisse avec la IIIe République et ses partis discrédités et que l'on canalise autour de lui la dynamique qui s'est révélée durant les hostilités. « La France, écrit-il, actuellement est gaulliste sans distinguer dans ce gaullisme son aspect purement antiallemand et son aspect politique. Il faut absolument qu'elle sache que l'un ne peut aller sans l'autre sous peine de retomber dans les vieux bourbiers[28]. » À Londres, on n'a jamais entendu un tel langage... Au mois de mai, Brossolette va plus loin encore, en rédigeant, à la demande de Passy et à l'intention du général, un plan d'action axé autour des trois points essentiels : faire admettre à toutes les familles politiques que de Gaulle n'est pas seulement le chef des Français libres mais aussi le représentant légal de la France ; acheminer à Londres afin de renforcer la crédibilité du Comité national un grand nombre d'hommes influents et représentatifs ; utiliser largement les moyens de communication pour à la fois renforcer l'emprise gaulliste et la développer.

Pour remplir sa mission, conclut Brossolette, on admet sans hésitation et même on souhaite impérieusement qu'il (le général) s'empare des leviers de commande sur les talons mêmes des Allemands, pour empêcher aussi bien les communistes que les gens de Vichy de s'en emparer eux-mêmes. Après quoi un interrègne de plusieurs mois, voire de plusieurs années, est envisagé, un interrègne pendant lequel sous l'autorité du général, une constitution, également éloignée du radical-socialisme d'avant guerre, du régime Pétain et du communisme, serait élaborée, soumise à la ratification de la nation et mise en train[29].

Normalement, de telles perspectives devraient enthousiasmer de Gaulle d'autant plus que Brossolette s'affirme par ailleurs partisan du renforcement de l'exécutif[30]. Or la réaction du général est presque réservée, négative. Déjà, peu après l'arrivée de Brossolette, une première rencontre a fait apparaître un hiatus entre les deux hommes. Rarement décontenancé, Brossolette s'est dit surpris, comme Christian Pineau, par la froideur de de Gaulle, la distance qu'il a voulu marquer, son indifférence à toutes questions personnelles. Cette fois, le désaccord est patent : de Gaulle refuse bel et bien ce plan mais pour des raisons politiques très précises.

Il hésite d'autant moins que Jean Moulin, agissant selon un plan plus modeste, est en mesure de faire état de résultats tangibles dans l'accomplissement de la mission dont il a été chargé au tout début de l'année. En moins de six mois, il aura su rallier au général l'essentiel de la Résistance de zone sud et jeter les bases de ce qui sera la délégation clandestine dans la France combattante. Sa réussite est d'autant plus méritoire que ses pouvoirs sont aussi étendus que vagues par la force des choses. Moins flamboyant que Brossolette, Moulin est essentiellement un homme d'organisation doublé d'un interlocuteur persuasif. Aux uns et aux autres, à tous ceux qui vont devenir les grands noms de la Résistance, Frenay, Bidault, Aubrac, d'Astier, Jean-Pierre Levy, Daniel Mayer, Moulin fait valoir la nécessité d'accepter l'autorité de la France libre et du général. L'homme, à tant d'égards exceptionnel, serait évidemment difficile à remplacer et de Gaulle en est conscient. Qui saurait engager le dialogue et jeter les bases d'un accord avec ces grands résistants, personnalités aussi fortes qu'incontrôlables pour la plupart ? Qui serait capable d'imposer des disciplines communes à ceux qui tels d'Astier et Jean-Pierre Levy craignent de se laisser absorber et ceux qui à l'instar de Frenay sont beaucoup moins réticents, à ce moment-là du moins ?

Donner raison à Brossolette, si attirant que puisse être sa proposition, reviendrait aussi, aux yeux de de Gaulle, à adopter une ligne politique aventurée impliquant, après la guerre, l'établissement d'une sorte de dictature du salut public et, sans plus attendre, une rupture de la stratégie de rassemblement sans exclusive du côté du Parti communiste, pratiquée depuis 1940. Si Pierre Brossolette s'affirme partisan d'un appel à toutes les forces vives du pays, s'il entend faire place aussi bien à son parti, la SFIO, qu'au Parti social français du colonel de La Rocque (il est d'ailleurs arrivé symboliquement à Londres avec Charles Vallin, l'ancien bras droit du chef des Croix-de-Feu), sa méfiance envers les communistes est en effet aussi profonde qu'évidente. Malgré le changement d'attitude du PCF, il n'a jamais oublié la docilité dont celui-ci a fait preuve en 1939 au moment de la signature du pacte germano-soviétique. Donner raison à Pierre Brossolette reviendrait donc à se couper d'un parti dont les troupes, très nombreuses, joueront un rôle essentiel, qu'il faut donc contrôler et non rejeter.

C'est dans un état d'esprit assez similaire que le général, peu satisfait de ses relations avec les Anglo-Saxons, poursuit sa stratégie en direction des Soviétiques : jeu évidemment très délicat, voire dangereux, compte tenu de l'importance numérique très secondaire de la France libre. Les Soviétiques ont tout à attendre et rien à perdre dans un tel échange.

Comme le souligne honnêtement Jean-Louis Crémieux-Brilhac, le général, dès l'entrée en guerre de l'URSS, a multiplié les démarches pour convaincre Moscou de ses bonnes intentions[31]. On a vu avec quelle promptitude il a réagi en ce sens après l'opération Barbarossa.

On sait aussi que, dès juillet 1941, il a donné instruction à Géraud Jouve, son agent officieux, de faire comprendre aux Soviétiques qu'il est ouvert à l'idée d'établir, après la victoire sur l'Axe, des relations franco-soviétiques sur des strictes bases bilatérales et sans considération aucune pour les intérêts anglo-saxons. « Entre la France libre et la Russie, a-t-il souligné, la question des régimes politiques ne doit pas se poser. Au surplus, qui ne voit que cette guerre est une véritable révolution. » Sans doute ne s'agit-il pas d'une alliance secrète, comme Henri Christian Giraud a cru pouvoir l'affirmer[32]. Reste, ainsi que l'écrit toujours Jean-Louis Crémieux-Brilhac, qu'il n'a de cesse de prouver aux Soviétiques qu'il n'est pas l'homme des Anglais. Lorsqu'il rencontre, à Londres, l'ambassadeur Maisky, il ne manque ainsi jamais de se plaindre auprès de lui des procédés des Britanniques à son égard. Bogomolov, enfin, a souligné, dès novembre 1941, le désir du général d'entamer un dialogue avec le Parti communiste : « De Gaulle a demandé à quelqu'un d'entrer en contact avec les communistes français. »

Tout cela est cependant loin de susciter l'enthousiasme à Moscou. Staline méprise la France depuis la défaite, et pour hostile qu'il paraisse être aux Anglo-Saxons, de Gaulle est souvent peint en Union soviétique sous les traits d'un général de droite, entouré de factieux suspects : cagoulards, voire fascistes déclarés. En outre, le général ne peut guère aligner un nombre considérable de divisions. La méfiance est telle que la hiérarchie militaire et le NKVD se sont montrés fort méfiants quand la France libre a proposé, au grand mécontentement des Britanniques, d'envoyer des aviateurs sur le front de l'Est. (Ils formeront la célèbre escadrille Normandie-Niemen.) Dans un rapport de janvier 1942, Maisky a donné la mesure de la considération des Soviétiques en soulignant que de Gaulle, « qui lui avait fait une cour assidue, était étonnamment peu expert en politique, et n'avait que de très faibles chances de réussir[33] ».

Le général pour autant ne change pas d'attitude, loin s'en faut. En avril, Bogomolov câble à Moscou : « Le général de Gaulle envisage l'envoi en Russie du Sud des forces françaises : 1) une division légère actuellement disponible en Syrie. Elle ferait mouvement par Tabriz par transports automobiles 2) quarante pilotes de chasse français, bien instruits, et bien entraînés[34]. » Cette nouvelle proposition frappe d'autant plus qu'elle s'ajoute aux déclarations chaleureuses du chef de la France libre lors de l'échec de l'offensive allemande devant Moscou en janvier 1942. En multipliant ce que Jean-Louis Crémieux-Brilhac appelle des gages aux Soviétiques, de Gaulle finit par intéresser leur diplomatie[35]. « Il existe, elle l'utilise », a déjà remarqué en janvier le général Sikorski[36].

Au printemps 1942, un tournant important se produit quand, le 19 mai, Molotov envoie à son ambassadeur à Londres des instructions dénuées de toute ambiguïté. Quel que soit le motif de l'attitude de Molotov, que le général lui ait fait parvenir le texte encore confidentiel de sa déclaration aux mouvements concrétisant son « virage démocratique », ou que Moscou ait eu vent des contacts amorcés à Paris en mars entre la France libre et l'état-major des Francs-tireurs et partisans, le sens de ces directives est clair : la diplomatie soviétique voit désormais le profit tactique qu'elle peut tirer de la France libre. « Moscou, souligne Jean-Louis Crémieux-Brilhac, a manifestement découvert que cela pouvait être un bon investissement d'appuyer ce général qui donne des gages et n'exclut pas les communistes[37]. »

Officiellement, bien entendu, il n'existe aucune contrepartie au soutien que les Soviétiques apportent désormais à de Gaulle. Le général n'est pas devenu subitement communiste, il n'a rien d'un compagnon de route, le marxisme-léninisme lui est absolument étranger. L'appui soviétique n'est, cependant, pas gratuit. Molotov le dit clairement : les éléments les plus réactionnaires doivent être écartés. Par là même existe, au moins virtuellement, une possibilité d'intervention au sein de la France libre. De Gaulle, certes, n'est pas homme à accepter des injonctions, tout indique que le bout du chemin qu'il accepte de faire avec Moscou et accessoirement le PCF est purement tactique, imposé par l'isolement de la France libre et l'attitude des Anglo-Saxons à son égard. Reste qu'en attendant des jours meilleurs la marge de manœuvre du général est étroite, d'autant plus que ses interlocuteurs, la suite ne tardera pas à le prouver, ont une conception très extensive du fascisme et de ses supposés partisans.

Le 24 mai 1942, quand le général pour la première fois, rencontre Molotov, l'équivoque est patente. De Gaulle, il le proclame dans ses *Mémoires*, voit dans cet entretien une victoire diplomatique de la France libre qui, désormais, d'après les assurances données par le ministre des Affaires étrangères de Staline, peut compter face aux Anglo-Saxons sur l'appui de l'Union soviétique. Molotov, lui, est très loin de ces préoccupations. En réalité, une seule chose l'intéresse : l'ouverture d'un second front à l'Ouest. Cette perspective, il la sait lointaine, voire impossible, mais tactiquement il est essentiel de la demander, d'obtenir au moins une promesse de la part d'un des Occidentaux, « Staline non plus ne croyait pas à ce deuxième front, dira-t-il plus tard, mais il fallait le réclamer. Nous avions besoin d'un engagement des Alliés. Cet engagement était d'une importance capitale pour le peuple, pour notre politique et pour avoir un instrument de pression à l'avenir. Je considère mon voyage à Londres et ses résultats comme une immense victoire[38]. » En contrepartie, Molotov n'offre rien de tangible. De Gaulle (qui renouvelle à cette occasion son offre d'envoyer une petite escadrille sur le front russe) se plaint des Anglo-Saxons, regrettant qu'ils voient dans la France libre un mouvement militaire et non une force politique ; il demande aussi l'appui du gouvernement soviétique en vue de rétablir la souveraineté sur Madagascar et toutes les autres colonies. Les assurances qu'il obtient sont fort vagues : répondant à la question relative aux colonies, Molotov indique simplement que le gouvernement soviétique fera part aux gouvernements de la Grande-Bretagne et des États-Unis de l'intérêt qu'il porte à ces questions et que les démarches à entreprendre seront plus claires après cet échange de points de vue. Comme l'a vu de Gaulle, Staline est bien l'héritier des tsars, dans sa démarche, l'idéologie peut être secondaire, encore qu'elle ne soit jamais absente : le problème est qu'à l'intérieur de l'alliance contre les forces de l'Axe, l'URSS est en compétition avec les Anglo-Saxons et que dans ces conditions la France libre est sans cesse exposée au risque d'être instrumentalisée.

Un an après la première prise de contact entre Moscou et la France libre, les relations entre les deux parties semblent en tout cas déjà étroites. Irrité, déçu par les Anglo-Saxons, de Gaulle multiplie les signes en direction du Kremlin. Le 6 juin, lors d'un entretien à Londres avec Bogomolov, il fait part de ses inquiétudes : les Anglais et les Américains, selon ses informations, s'apprêtent à se partager l'empire colonial français, les Américains prendraient Dakar, les Britanniques la région du Niger. Récemment, Eden l'a empêché de se rendre en Afrique. Cette situation est intolérable : « Vous le voyez, dit-il au diplomate soviétique, je passe mon temps à me battre avec la Grande-Bretagne qui veut que je sois un objet obéissant entre ses mains alors que je veux voir la France indépendante et un grand pays. Si les Anglo-Saxons vont jusqu'à occuper des colonies françaises, je renoncerai à toute collaboration avec la Grande-Bretagne. » C'est à la fin de cet entretien que le général pose la question, si commentée par la suite, du transfert éventuel de la France libre à Moscou : « Au cas où mes relations avec les Anglais ou les Américains se détérioreraient complètement, le gouvernement de l'Union soviétique accepterait-il de m'accueillir, moi et mes hommes[39] ? » Ballon d'essai ? Bluff ? Depuis que cette demande du général est connue, toutes les hypothèses, de la pire à la plus innocente, ont été avancées. Le certain est, d'après le compte rendu soviétique, que Bogomolov a promis de soumettre la question à son gouvernement et que de Gaulle a précisé, signe d'une certaine insistance : « Vous, en tant que grande puissance, vous avez le droit à la prudence, mais moi dans une telle situation je ne peux pas attendre. »

Accessibles depuis peu de temps, les archives du Komintern à Moscou attestent la réalité du rapprochement. Roger Garreau, délégué du Comité national français en Union soviétique, paraît en avoir été l'avocat passionné. Dès sa nomination, il a jugé bon de souligner auprès de ses interlocuteurs soviétiques l'importance des réactionnaires et même des cagoulards au sein de la France libre. En août, il rencontre André Marty, l'un des principaux dirigeants du PCF en exil, et ce dernier ne tarit pas d'éloges sur lui dans un compte rendu de l'entretien :

> Atmosphère confiante. Tout son exposé personnel et politique a été certainement inspiré par le désir de montrer qu'on peut avoir confiance en lui et dans le Comité national.
>
> À trois reprises au cours de la conversation, il a déclaré : « Je tiens à voir tous mes compatriotes qui sont ici : communistes en premier lieu. Même s'ils sont à Oufa, je pourrais y aller. » Il est très mécontent que Jean-Richard[40] n'ait pas été le visiter à Kouïbychev. J'ai expliqué sa grave maladie, connue par des émissions de radio-Kouïbychev, sans doute retransmises de la région de

Sverdlovsk. À deux reprises, il a déclaré : « Je tiens à voir le représentant du PCF. » À mon observation que j'étais seul ici, coupé du pays, complètement depuis mai 1941 et à peu près complètement dans l'année et demie qui a précédé, il s'est un peu étonné. Toutefois en apprenant que j'étais venu ici fin août 1939 pour régler l'évacuation de quelques milliers de volontaires internationaux, il a souligné : « Nous en aurions bien besoin aujourd'hui. » Incessamment va arriver à la délégation du CNF le directeur de l'Institut français à Tallin, interné dans un camp avec 80 Françaises de Moscou. Il attend également Éliane Brault, « très sympathique au PC », capitaine dans les services féminins de la France combattante. Dans six semaines vont arriver 25 aviateurs (pilotes) et 40 techniciens français. Pour l'instant seul son fils, lieutenant-aviateur 21 ans, est ici[41].

Même si Garreau ne peut, par ses initiatives, engager de Gaulle, il est clair qu'il applique, avec la sensibilité qui est la sienne, une tactique définie à Londres. Les raisons n'en sont probablement pas aussi mystérieuses qu'on pourrait le croire. En France, au début du mois d'avril, il s'est passé un événement capital : le retour au pouvoir de Pierre Laval. L'homme à la cravate blanche, écarté du pouvoir à la fin de 1940, symbolise un choix sans équivoque : le Reich gagnera la guerre, la France dès lors n'a d'autre solution que de s'aligner sur lui. Laval n'a pas tardé à déclarer ses intentions. Dès le 1er mai, les Américains ont su que tout en se proclamant l'ami des Américains et en proposant le maintien du modus vivendi dans les colonies passées sous contrôle de la France libre (bien qu'il ait une « furieuse envie de prendre à la gorge de Gaulle et ses partisans »), il a tenu à l'amiral Leahy un langage très net : « Ma politique est fondée sur la collaboration avec l'Allemagne car, sans cette collaboration, je ne vois pas de possibilité pour la paix, ni pour l'Europe ni pour la France. Je suis certain que l'Allemagne sera victorieuse. Mais, même si elle devait être vaincue, ma politique à son endroit resterait la même car c'est le seul pays en faveur d'une paix définitive[42]. » Le 22 juin, le nouveau chef du gouvernement de Vichy réitérera publiquement ses certitudes en les aggravant : « Je souhaite la victoire de l'Allemagne car sans elle le bolchevisme s'installerait partout. »

Pour de Gaulle, cette déclaration n'est pas non plus une surprise. S'il ne connaît pas personnellement Laval, il le considère — il l'a dit à Anthony Eden le 23 avril — comme « un politicien fort habile »[43]. Sans doute « ne craint-il pas qu'il déclare la guerre à la Grande-Bretagne, qu'il se montre hostile aux États-Unis, qu'il tente de récupérer par la force les colonies passées sous le contrôle de la France libre, ou même qu'il apporte une aide directe à l'Allemagne ». En revanche, l'homme lui paraît « fort dangereux en raison de sa méthode qui consiste par la corruption "à désintégrer toute capacité de résistance" ». Aux yeux du général, la présence de Laval à la tête du gouvernement de Vichy symbolise et atteste la servitude dans laquelle est tombé l'État français.

Dès lors, tout est clair : Vichy liant désormais son sort à celui de l'Allemagne, de Gaulle peut difficilement éviter de faire cause commune avec ceux qui, en France et à l'Est, mènent désormais un combat incessant contre l'Axe. Dès le 18 avril, en réplique au retour au pouvoir de Laval, il a d'ailleurs fait une concession verbale majeure aux communistes en déclarant : « Le devoir de chaque Français, le devoir de chaque Française est de lutter activement par tous les moyens en son pouvoir, à la fois contre l'ennemi lui-même et contre les agents de Vichy qui se font les complices de l'ennemi. La libération nationale ne peut être séparée de l'insurrection nationale. » « Des propos qui pèsent lourds, commente Jean-Louis Crémieux-Brilhac, et que les communistes lui rappelleront sans trêve [44]. »

C'est un pari, l'un des plus risqués de toute sa carrière, que prend le général en ce printemps 1942. Quelle que soit sa tendance à sous-estimer le rôle de l'idéologie dans le gouvernement de l'Union soviétique, il n'est évidemment dupe ni du jeu de la diplomatie russe ni des visées totalitaires du Parti communiste français. Le jour où le territoire français sera libéré, il a bien l'intention de rétablir l'autorité de l'État et d'empêcher une prise de pouvoir au profit d'une faction. Simplement tout indique que, pour l'instant, le Parti communiste constitue une force sans laquelle la Résistance serait peu de chose, et de Gaulle, toujours réaliste, ne peut l'ignorer. Il sait que le PCF, pendant un certain temps, sera en mesure de formuler des exigences.

XIII

UN JEU ÉTROIT

Toute sa vie Charles de Gaulle bénéficiera d'une robuste santé. Jusqu'à la cinquantaine, seules quelques blessures reçues durant la Grande Guerre l'ont empêché parfois de mener la vie dure et exigeante qu'il s'impose. À la mi-avril 1942, il tombe cependant malade et son état inquiète ses proches. Dans ses souvenirs, *Le temps des armes*, le général Billotte a donné une relation dramatique de cet épisode :

Il m'apparut assez rapidement que les médecins consultés ne parvenaient pas à diagnostiquer la nature du mal. André Diethelm et moi-même décidâmes de ne rien divulguer de l'état du général, et plus particulièrement à la Résistance intérieure, à qui nous continuâmes d'envoyer les instructions du chef de la France libre comme si de rien n'était. Mais, contre notre espoir, le général s'affaiblissait et nous dûmes, avec angoisse et terreur, envisager le pire devant l'impuissance du corps médical.

Billotte décide alors de faire venir le médecin personnel de Paul Reynaud, André Lichtwitz.

Nous fûmes introduits auprès du malade que je n'avais pas vu depuis quarante-huit heures et dont l'état me paru alors avoir empiré. Mme de Gaulle se retira. Le général, allongé sur son lit, complètement immobile, était d'une pâleur mortelle ; il était dans la quasi-incapacité de s'exprimer ; il ne porta pas grande attention à notre présence. En fait, il était dans un état proche du coma. J'étais consterné et effondré. Lichtwitz prononce qu'il s'agit d'un cas aigu de paludisme, que le manque d'exercice physique, l'intoxication due à la fumée excessive, et la fatigue nerveuse due au poids écrasant des responsabilités ont rendu extrêmement grave. Le médecin ajoute : « Il était grand temps d'en établir le diagnostic[1]. »

Récemment, le docteur Charles Robet, un autre médecin appelé lui aussi au chevet du malade, a publié un récit plus sobre du même épisode : selon lui, le général avait tout simplement oublié de prendre, lors de ses déplacements en Afrique, les médicaments susceptibles de prévenir le paludisme[2]. Il reste qu'il a été sérieusement atteint et certains n'excluent pas que cet incident de santé ait été favorisé par l'inquiétude où l'a plongé la situation de la France libre au printemps 1942.

L'entreprise née le 18 juin 1940 est bien, à ce moment-là, au creux de la vague, pour reprendre l'expression de Pierre Billotte. De Gaulle, certes, a déjà marqué des points décisifs tant à l'intérieur du mouvement que sur le plan diplomatique et en France occupée, où la Résistance s'unit sur son nom. Sa position par rapport aux Anglo-Saxons n'en est pas moins fragile. Sur l'avenir de la guerre il craint de n'avoir aucune prise ; le commandement allié risque même de décider des opérations en France sans qu'il en soit averti.

La tutelle exercée par les Britanniques lui apparaît du coup encore plus insupportable. C'est l'époque où Pierre Brossolette déclare à un résistant encore inconnu nommé Edmond Michelet : « Il faut rappeler régulièrement au général que l'ennemi numéro un est allemand car pour lui, s'il cédait à sa première pente, ce serait plutôt l'Anglais. » Depuis l'entrée en guerre des États-Unis, après Pearl Harbor, en décembre 1941, les critiques du général contre Churchill ont redoublé. Sans cesse, il l'accuse d'être à la remorque du président Roosevelt et de trahir la France libre. L'affaire Muselier, révélatrice de l'animosité des milieux dirigeants britanniques à l'encontre de de Gaulle, a encore alourdi le climat. Les griefs sont réciproques. L'affaire de Saint-Pierre-et-Miquelon n'a pas été oubliée par le Premier ministre, qui passe son temps à dénoncer les méthodes personnelles du général. Pour se faire obéir, il n'hésite pas à user, le cas échéant, de mesures concrètes. « *He must not go* », a-t-il écrit le 15 avril, en marge d'un rapport de Desmond Morton lui faisant valoir qu'il sera de plus en plus difficile de faire admettre à de Gaulle qu'il ne peut se rendre librement à Brazzaville.

> Je pense, précise-t-il encore le 24 avril, que les mesures que j'ai ordonnées il y a quelques mois pour empêcher de Gaulle de quitter le pays par la voie des airs sont toujours en vigueur et que la plus extrême vigilance est exercée. J'écris au Foreign Secretary ; cependant assurez-vous qu'aucun incident ne peut survenir[3].

Irrité par des réactions parfois très violentes, Churchill craignait aussi sans doute à ce moment-là qu'une opération sur Madagascar, prévue à brève échéance dans le plus grand secret, n'indignât le général. L'intervention aux yeux du Premier ministre était urgente : à mesure que les Japonais progressaient en Asie du Sud-Est, grandissait le risque de les voir s'implanter dans l'île avec l'accord des nazis. Mais le Premier ministre, qui avait refusé de s'engager quand de Gaulle lui avait demandé l'autorisation d'intervenir lui-même, ne voulait à aucun prix que la France libre participât à l'opération. Vichy, pensait-il, pourrait prendre pour une provocation l'intervention des gaullistes ; un tel geste semblait d'autant plus inutile qu'un débarquement allié en Afrique du Nord était d'ores et déjà prévu et que la neutralité des autorités de Vichy était une condition essentielle de succès.

Churchill avait bien raison de redouter la mauvaise humeur du général. Averti le 5 mai, à trois heures du matin, ce dernier apprend l'opération par une agence de presse : furieux, il accable le Premier ministre. Dès le lendemain, une protestation est adressée au Foreign Office. Malgré tout, la réaction reste mesurée. De Gaulle craint-il que le gouvernement britannique n'utilise la force contre lui, comme les instructions de Churchill peuvent le laisser croire ? On l'a dit. On a même évoqué la perspective d'une relégation du chef de la France libre à l'île de Man en cas d'incident. En tout cas, quand, le 11, de Gaulle est reçu par Churchill, il se garde de trop hausser le ton. Certes, il condamne avec la plus entière détermination l'offre faite par les Britanniques aux autorités de Vichy de rester en place, à condition de participer à l'effort de guerre contre l'Axe. Il assure que les Alliés veulent la dislocation de la France libre, la fin de la France. En revanche, il affirme admettre très bien que des raisons d'ordre militaire imposent d'agir de manière unilatérale. La compréhension dont il fait preuve dissimule, il est vrai, une menace : « Des soldats ont le droit de décréter cela et je pourrai moi-même prendre l'initiative d'une opération sans prévenir personne[4]. »

En public, le général prend soin aussi d'être ferme sur les principes tout en gardant un langage raisonnable. Le 27 mai, par exemple, il manifeste un incontestable sang-froid quand on l'interroge sur la situation en Martinique et sa position à l'égard des Français qui, au service de Vichy, ne l'ont pas encore rejoint, l'amiral Robert, par exemple :

> Une seule question intéresse la France combattante. C'est le rassemblement du peuple français dans la guerre aux côtés des Alliés. Si un Français et à plus forte raison un chef français décide de reprendre le combat pour la France aux côtés des Alliés, nous n'avons aucune espèce de difficulté pour nous unir avec ce chef et avec des Français. Nous ne faisons aucune exclusion parmi les Français, quels qu'ils soient, du moment qu'il s'agit de se rassembler dans la guerre pour les Français, aux côtés des Alliés de la France[5].

Eden, de son côté, s'efforce inlassablement de mettre de l'huile dans les rouages. Quand de Gaulle, le 4 juin, lui fait part de son souhait de se rendre le plus vite possible en Syrie et dans les territoires de l'Afrique passés sous le contrôle de la France libre, il lui conseille simplement la patience[6]. Churchill malheureusement est intraitable ; c'est alors qu'au comble de la fureur il formule sur de Gaulle un jugement définitif : « Il n'est rien d'hostile à l'Angleterre que cet homme ne soit capable de faire lorsqu'il sera libéré de ses entraves. » Ivre de rage d'être en quelque sorte retenu prisonnier à Londres, le général perd son calme. Il soupçonne les Britanniques d'avoir l'intention de s'emparer de Dakar ou de vouloir mener une opération sur Diégo-Suarez. À titre de représailles, il commence alors à bloquer la coopération des Français avec les services de renseignements britanniques. C'est aussi à ce moment-là, on l'a vu, qu'il demande à Bogomolov d'envisager l'installation de la France libre à Moscou. Une rencontre prévue avec Churchill le 10 juin s'annonce particulièrement mal.

Heureusement, la victoire de Bir Hakeim arrive à point nommé pour renforcer le prestige du Connétable. L'épisode, un des plus glorieux de la France libre, a valeur de symbole pour l'armée française. En effet, pour la première fois depuis juin 1940, les forces gaullistes, constituées en grandes unités, se battent d'une manière autonome contre les troupes de l'Axe. Ces dernières, commandées par Rommel, subissent à Bir Hakeim, en plein désert de Libye, un coup d'arrêt spectaculaire au cours de la première quinzaine de juin. Cet exploit est le fait de la résistance opiniâtre du général Kœnig et de la 1re brigade française libre, qui permet à la VIIIe armée britannique du lieutenant général Ritchie, dangereusement exposée, de se rétablir momentanément sur de nouvelles positions.

« Général Kœnig, écrit de Gaulle dès le 10 juin, sachez et dites à vos troupes que toute la France vous regarde et que vous êtes son orgueil. » La France libre a de nouveaux héros, notamment Pierre Messmer et Jean Simon qui ont pris une part déterminante au combat[7]. Elle a aussi de nouveaux martyrs, entre autres le capitaine Broche, tué durant la bataille et qui sera fait compagnon de la Libération à titre posthume[8].

Après ce qui est à la fois une victoire de la France libre et une contribution à l'effort de guerre allié, de Gaulle ne peut être trop mal accueilli le 10 juin au 10 Downing Street. Non sans l'avoir félicité, Churchill s'efforce d'être apaisant, écarte toute idée de mainmise britannique sur Madagascar : « La guerre actuelle n'est pas une guerre coloniale. C'est une guerre morale et c'est une guerre mondiale. Nous n'avons aucune visée sur l'empire français. Je veux une grande France avec une grande armée. Depuis trente ans, je n'ai jamais eu d'autre politique vis-à-vis de la France. Je demeure fidèle à cette politique. » Il est clair malgré tout que le Premier ministre ne désapprouve pas complètement l'attitude américaine vis-à-vis de la France :

Les Américains ne veulent pas renoncer à leur politique avec Vichy. Ils s'imaginent que Vichy sera un jour tellement martyrisé qu'il reprendra la guerre aux côtés des Alliés. Ils pensent que ce sont eux qui ont empêché Laval et Darlan de donner la flotte aux Allemands. Après tout, cette politique est peut-être utile. Par exemple, pour Madagascar, le gouvernement américain a fait dire à Laval par M. Tuck que si la France faisait la guerre à la Grande-Bretagne elle serait obligée de le faire en même temps à l'Amérique[9].

De Gaulle évidemment n'est pas convaincu par cette argumentation. Depuis toujours, il pense que Darlan ne livrera jamais sa flotte. « Toutes ces histoires, souligne Churchill, n'ont pas grande importance. Ce qui est grand et ce qui importe c'est la guerre. » De Gaulle est-il aussi apaisé qu'on le dira par ces bonnes paroles ? L'effet, en tout cas, sera fugace ; très vite soupçons et invectives refleuriront. Attitude vis-à-vis de Washington, volonté d'indépendance de la France libre, manque de coopération entre services secrets : tout est prétexte à querelles. Et aux griefs traditionnels, depuis deux ans, du côté britannique, s'ajoutent maintenant des interrogations sur la politique de la France libre vis-à-vis de Moscou. Que veut réellement de Gaulle ? Est-il sérieux quand il semble flirter avec le Kremlin ? Veut-il simplement faire contrepoids aux Anglo-Saxons ? À Londres, en haut lieu, on se pose ces questions, sans nécessairement prendre les choses au tragique, mais avec suffisamment d'insistance pour que les rapports avec Carlton Gardens en soient affectés.

Du côté anglais, les rumeurs insinuant que de Gaulle veut s'éloigner des Anglo-Saxons continuent de perturber l'atmosphère. Dès le 13 juin, trois jours après l'entretien de de Gaulle avec Churchill, qui a paru apporter un peu de calme, le climat de nouveau se tend. Cette fois, c'est Eden que le général a pour interlocuteur et, si bien intentionné qu'il soit à son égard, le secrétaire au Foreign Office ne lui cache pas qu'il a été fort désagréablement surpris de prendre connaissance d'un message adressé aux représentants de la France libre à l'étranger, d'où il ressort que le mouvement gaulliste serait prêt à rompre avec la Grande-Bretagne [10]. Eden souhaite obtenir des explications. De Gaulle réplique en précisant qu'il a reçu du général Catroux des rapports inquiétants sur l'attitude de Spears au Moyen-Orient et des informations faisant état d'une menace britannique sur le Niger et peut-être sur Dakar. Le ton monte. Eden fait valoir que, même si ces informations étaient exactes, ce qui n'est pas le cas, une attitude de défiance complète ne serait pas justifiée. De Gaulle calme alors le jeu en soulignant que ses réserves concernent surtout les Américains qui contestent notamment la part prise par les forces de Kœnig à la victoire de Bir Hakeim. Eden, lui, se veut conciliant, en soulignant simplement qu'il n'est peut-être pas de bonne politique d'essayer, comme vient de le faire le général, d'influencer la diplomatie américaine au moyen d'une conférence de presse. La conversation se termine par des propos aigres sur Madagascar. De Gaulle soutient que tous les officiers anglais en poste là-bas sont antifrançais, inspirés par l'esprit de Fachoda [11]. De Gaulle demande l'autorisation d'envoyer à Madagascar le colonel Pechkoff [12].

Lancinant couplet que le résumé des relations entre la France libre et Londres ! La méfiance alimente la suspicion, la colère soudain explose et le cycle reprend. La vérité est que le général est en quelque sorte structurellement condamné à mener alors un jeu qui ne peut manquer d'inquiéter les Anglo-Saxons, à commencer par la Grande-Bretagne. Régulièrement ses positions se renforcent. En juillet, ses liens avec la Résistance intérieure se resserrent encore avec l'arrivée du socialiste André Philip, l'un des chefs de Libération Nord. Nommé immédiatement commissaire national à l'intérieur, il contribue beaucoup à asseoir la légitimité démocratique du chef de la France libre en spécifiant qu'il se rallie, non à un général, mais à un ministre du dernier gouvernement de la IIIe République. Dans le même temps, rivaux et adversaires de Charles de Gaulle s'enlisent. Muselier continue de se déconsidérer en faisant des offres de services aux Américains par l'intermédiaire de l'amiral Stark [13]. Vichy également se divise. Selon le diplomate américain Tuck, Pétain est furieux d'avoir entendu Laval se déclarer certain de la victoire de l'Allemagne : « Il est dans une colère folle, notamment parce qu'il sent que cette déclaration inouïe risque fort de coûter cher à sa popularité à laquelle il tient plus que tout [14]. » Pour autant la position du général continue d'être précaire, et l'on n'en veut pour preuve que l'opinion du politologue André Siegfried, recueillie en juin 1942 par un diplomate américain : pour lui, l'issue de la guerre tournera en faveur des Alliés en novembre ou décembre 1942, même si la perspective d'un armistice paraît lointaine. La France peut et doit prendre part, même à titre symbolique, à sa libération ; un débarquement sur le continent pourrait être grandement aidé par l'armée française et la grande masse du peuple français. Cela dit, pour assurer le leadership de ce mouvement, André Siegfried voit beaucoup plus, semble-t-il, le général Giraud qui vient de s'évader d'Allemagne, ou le général Weygand, que de Gaulle. L'opinion de Siegfried, pour personnelle qu'elle soit, donne cependant un éclairage significatif sur l'état d'esprit des classes dirigeantes de l'époque [15].

Pour surmonter ce handicap et l'emporter définitivement, de Gaulle ne peut négliger aucun atout, aucune arme. Très tôt, on l'a vu, il a renoncé à adopter une position purement patriotique ; avec brio et fracas il a fait son apprentissage politique. Désormais sur ce terrain il est passé maître, certain depuis l'attaque japonaise sur Pearl Harbor que la situation favorable aux Alliés est maintenant irréversible. Plus que jamais il lui faut donc affirmer l'illégitimité du gouvernement de Vichy et la vocation de la France à s'asseoir, le moment venu, à la table des vainqueurs. Et dans ce combat l'intransigeance n'est plus tout à fait sa seule arme. En jouant, ou en feignant de jouer, les Soviétiques contre les Anglo-Saxons, en utilisant le poids de l'Empire, de Gaulle affirme sa différence.

La partie à l'évidence est difficile à mener et, aux États-Unis, les effets boomerang du jeu de bascule avec Moscou vont se faire sentir, tant du côté de la communauté française que du gouvernement américain. Alors que, après le retour au pouvoir de Laval, Washington envisage enfin de rompre toute relation avec Vichy et que l'opinion est de plus en plus favorable à la France libre, de Gaulle a beaucoup de mal à obtenir une reconnaissance, même minimale, de son mouvement. Au Département d'État, l'hostilité à l'égard de l'homme du 18 juin est patente. Fin avril, Sumner Welles a même échafaudé un projet de marginalisation du général au sein du Comité, que Eden a eu beaucoup de mal à contrer, en promettant que des personnalités libérales viendraient bientôt équilibrer le Connétable. Un examen attentif des événements et l'éclairage apporté par des documents jusque-là négligés ou inaccessibles conduisent cependant à penser que le général a pris un risque majeur en courant deux lièvres à la fois, l'un à l'est, l'autre à l'ouest.

De cette stratégie tous azimuts, les avances très pressantes faites à Alexis Léger, tout au long de ce printemps 1942, sont emblématiques. En exil à Washington depuis qu'il a été révoqué par Paul Reynaud de son poste de secrétaire général du Quai d'Orsay, le poète diplomate vit d'un emploi modeste à la Bibliothèque du Congrès, obtenu grâce à l'amitié du conservateur de cette institution, l'écrivain Archibald Mac Leish. Son antigaullisme, avéré, ne s'est pas encore révélé, il faut le souligner, de manière publique. Léger, qui soupçonne, à tort, le général d'avoir joué un rôle dans son éviction en 1940, est de cœur avec ceux qui veulent poursuivre le combat contre l'Axe ; son opposition à

Vichy qui l'a privé de la nationalité française est manifeste. Mais, bien qu'il connaisse très probablement ses réticences, de Gaulle ne désespère pas de le rallier. L'ancien bras droit de Briand, titulaire du plus haut poste de la diplomatie française avant 1940, serait une précieuse caution. On sait aussi qu'il a ses entrées à la Maison-Blanche, grâce à son ami Francis Biddle, ministre de la Justice des États-Unis, intime de Franklin Roosevelt [16].

Le 8 mai, Charles Peake apprend ce projet du général par Maurice Dejean, commissaire aux Affaires étrangères :

> Dejean m'a dit avoir de bonnes raisons de penser qu'Alexis Léger est maintenant décidé à lier son sort à celui des Français libres. J'ai demandé à Dejean quel emploi le général comptait lui offrir : il m'a répondu, avec une expression assez triste, que si Léger insistait pour venir à Londres, le seul poste qui pourrait lui être offert serait celui de commissaire national pour les Affaires étrangères. Cela voudrait dire que Dejean devrait chercher un autre emploi ! Il est cependant dans l'intention du général de Gaulle de nommer d'abord Léger représentant de la France libre à Washington, Adrien Tixier étant nommé dans ce cas commissaire au Travail [17].

L'information est exacte. Le 18 mai, de Gaulle adresse en effet à l'ancien secrétaire général du Quai d'Orsay cette lettre fort explicite et d'une parfaite courtoisie :

> Monsieur l'ambassadeur, je sais comment et avec quelle dignité vous continuez à servir la France. D'autre part, personne ne peut mesurer mieux que vous le poids de la charge que je porte avec mes collaborateurs. Ne croyez-vous pas qu'il serait conforme à l'intérêt national que vous acceptiez de vous associer directement à notre effort dans des conditions en rapport avec votre haute personnalité de grand serviteur de l'État ?
> L'injustice commise naguère à votre égard fut, je le sais, l'un des plus fâcheux résultats des mauvaises influences qui s'exerçaient sur le président Reynaud et que j'ai eu moi-même à combattre par la suite sans réussir, hélas, à en triompher. Je suis certain que vous pensez comme moi que le présent et l'avenir de la France sont les seules choses qui comptent désormais.
> Veuillez noter que je serai très désireux que vous acceptiez de venir conférer avec moi à Londres.

Alexis Léger répond très vite, le 25 mai, avec, note Pierre Morel, le même ton un peu hautain mais aussi net que celui du général de Gaulle [18]. Il le remercie de sa confiance, « qui permet la franchise », et souligne :

> Si j'étais militaire, je serais depuis longtemps avec vous aux côtés des Alliés dans l'action militaire pour la libération de la France. Diplomate de métier, n'entendant assurer que la direction d'une action diplomatique, je ne saurais m'associer à l'activité créatrice du Comité de Londres sans accentuer encore, en apparence comme en réalité, le caractère politique qu'on lui reproche. Ce serait inopportun pour le mouvement de la France libre, ce serait contraire à la conception que je me fais moi-même de son rôle [19].

Léger décline donc l'invitation à venir à Londres et recommande de développer la contribution militaire française « dans l'effort de guerre interallié », afin de « valoriser les titres de la France pour l'heure finale du règlement de paix ».

Le refus est aussi poli que net. Que s'est-il donc passé ? Non sans raison, on a surtout mis l'accent sur la différence de tempérament et d'orientation existant entre le Connétable et le futur prix Nobel de littérature. De Gaulle ne pense qu'à la France. Léger, lui, né aux Antilles, est l'homme du grand large, de la civilisation atlantique, et les États-Unis, qui le fascinent, sont pour lui déjà une seconde patrie. Profondément radical-socialiste, admirateur d'Herriot, ce grand poète est aussi intraitable sur le chapitre de la démocratie : les méthodes plutôt autoritaires du général ne peuvent que lui déplaire. À ces raisons de fond s'ajoutent toutefois, très probablement, d'autres motifs circonstanciels. Comme les autres Français des États-Unis, Léger ne sait pas qui est vraiment de Gaulle. Étienne Burin des Roziers, alors attaché à l'ambassade de France à Washington, et qui peu après rejoindra le général Catroux au Caire avant de gagner Londres, est dans la même situation [20]. Deux ans après son appel historique, le général n'est, certes, pas un inconnu en Amérique mais les bruits qui courent sur lui sont si contradictoires que l'on a du mal à le cerner précisément. Comme tout le monde, Alexis Léger essaie donc de s'informer, et ses archives montrent qu'avant de répondre à de Gaulle il a pris connaissance de notes journalières rédigées par Raoul de Roussy de Sales, ultime descendant de la famille de saint François de Sales, journaliste diplomatique et écrivain très apprécié aux États-Unis qui, a priori, semble bien placé pour donner un avis sur l'homme du 18 juin, puisque, avec Étienne Boegner, et sous l'autorité d'Adrien Tixier, il représente la France libre à Washington. Or ces impressions, que Léger a pris soin de recopier de sa main, étaient les plus négatives sur le général [21]. Informé principalement par Tixier — circonstance aggravante —, Roussy de Sales, agacé par le nationalisme du général, décontenancé aussi par ses initiatives en direction des Russes, donnait l'image la plus catastrophique de de Gaulle. Le 29 avril, il notait ainsi : « Plus le temps passe, plus de Gaulle se montre insuffisant, incapable même de profiter du mouvement de bascule moral provoqué par l'arrivée au pouvoir de Laval. Et je reste dégoûté de ce médiocre. Cette situation ne peut guère durer. » La France libre ? : « Un mouvement auquel je ne crois pas et qui lui-même représente ce qui me déplaît le plus en France (l'esprit militaire, le chauvinisme étroit, etc.) et qui ne représente rien. Tixier, de retour à Londres, me dit que de Gaulle est bien mais têtu comme une mule. » Le 16 mai, le jugement était tout aussi catégorique :

> En cas de rupture avec Vichy le problème de la représentation française est entier. Il est douteux que de Gaulle soit l'homme de la situation. Ma position est compliquée : mon intérêt est de me retirer de cette affaire dans laquelle je ne suis entré qu'à contrecœur. Les espoirs que j'avais de pouvoir élargir les assises politiques de ce mouvement sont déçus : ni de Gaulle ni son entourage ne veulent ça.
> Tixier : Le compte rendu de son voyage à Londres et de sa conversation avec

de Gaulle ne me plaît guère. Il dit à la fois que de Gaulle est un homme de grande envergure, intelligent et conscient de son rôle et qu'il a le fanatisme de sa propre mission et un autoritarisme déréglé. Le mouvement de Gaulle est une sorte d'ordre militaire avec une doctrine secrète. Il y a des initiés et des disciples aveugles. C'est un sous-produit assez maladroit de la défaite. La base est militariste, la mystique est celle de l'autorité. Il est plus que paradoxal que je sois dans cette galère [22].

On conçoit qu'après avoir lu ces notes Alexis Léger ne fût guère enclin à réviser son jugement sur le général. Et l'on voit mal pourquoi il les aurait mises en doute puisque Adrien Tixier, comme le souligne Jean-Louis Crémieux-Brilhac, s'interrogeait sur la sincérité démocratique de de Gaulle et n'hésitait pas à confier ses états d'âme au Département d'État [23].

À Londres, cette fin de non-recevoir consterne plus encore le gouvernement britannique que le chef de la France libre qui, désappointé, souligne que le courage n'est pas la qualité la plus évidente d'Alexis Léger [24]. Churchill, en effet, estime essentielle l'entrée de personnalités réputées libérales dans le mouvement gaulliste. Il ne s'avoue donc pas vaincu et se prépare à revenir à la charge auprès de l'ancien secrétaire général de la diplomatie française. Son désappointement est d'autant plus profond que Jacques Maritain vient, lui aussi, de décliner une proposition du général. En attendant, les rapports entre Washington et la France libre, représentée aux États-Unis par des hommes à peu près tous hostiles à son chef, ne cessent de se dégrader. Et aux griefs habituels du Département d'État relatifs à l'autoritarisme du général s'ajoutent maintenant des soupçons sur le jeu qu'il mène en direction de Moscou. Au sein de la représentation du mouvement gaulliste dans la capitale fédérale le trouble est profond. À l'exception de Raoul Aglion et de Jacques de Sieyès, de Gaulle n'a guère de fermes partisans et le loyalisme affiché par Tixier depuis peu ne peut faire oublier la vigueur de ses critiques antérieures. Étienne Boegner dont on connaît les sentiments, le souci, au moins jusqu'au retour de Laval, de ne pas rompre avec Vichy, se fait maintenant, de manière ouverte, le porte-parole des Américains [25]. La confusion est totale et, le 28 mai, le général explose littéralement quand Boegner, convoqué à Londres, entre dans son bureau :

E. Boegner : Bonjour, mon général. Je suis heureux de vous revoir.
De Gaulle : Ah oui. Eh bien, moi je sais des choses qui se passent à Washington et qui ne me plaisent pas du tout. Qu'est-ce que c'est que ces histoires ? Je veux des explications.
E. B. : Je ne vois pas à quelles histoires vous faites allusion, mon général. J'ai eu au contraire avec le State Department, juste avant de partir, une conversation...
De G. : Ah oui. Nous y voilà. Le State Department ! Quand vous aurez fini d'organiser la guerre contre moi aux États-Unis avec le State Department ! Et c'est pour cela que vous venez ici ?
E. B. : Mon général, j'ai eu l'impression, que, à distance, vous étiez mal informé sur les problèmes que vous m'avez demandé de vous aider à résoudre...

De G. : Mal informé ! Et vous croyez que je suis mal informé ! J'ai vu Tixier, le chef de la délégation, il m'a informé, Tixier, cet homme loyal, ce bon Français.
E. B. : Je ne suis pas venu ici pour vous parler de Tixier ou de moi mais de problèmes généraux aux États-Unis. Je dois vous faire un exposé qui concerne au premier chef nos efforts et ceux qui se battent pour notre pays avec nous. Si vous ne voulez parler que des questions personnelles, je me retire immédiatement.
De G. : Eh bien, parlez ! Personne ne vous en empêche ! Puisque vous êtes venu, parlez ! On m'a dit : Boegner veut vous voir ; on ne sait pas pourquoi, mais il demande à venir. J'ai dit : Eh bien, qu'il vienne ! Qu'il vienne et on verra bien ! Et commençons par voir. Qu'est-ce que c'est que cette histoire que vous refusez de signer l'engagement militaire[26] !
E. B. : Je signerai l'engagement militaire ici même dès que j'aurai constaté votre accord sur les problèmes qui me préoccupent. Autrement je ne signerai aucun engagement et je vous donnerai ma démission. Les instructions que vous avez envoyées à la délégation depuis huit mois prouvent que vous vous méprenez sur la politique qui est à poursuivre aux USA. J'ai le sentiment de n'être pas compris. Quand je demande des secours pour les prisonniers de guerre, je suis traîné dans la boue par les gaullistes, Mme Pleven en tête. Ma trahison est de vouloir aider les Français non gaullistes... Je déplore aussi que vous ayez laissé sans réponse une lettre de Tixier vous demandant de préciser vos convictions républicaines. Je regrette enfin le coup de force de Saint-Pierre-et-Miquelon...
De G. : J'ai pris Saint-Pierre-et-Miquelon et je le reprendrai ! Je suis la France et Saint-Pierre est à moi, pas aux Américains !
E. B. : Je déplore aussi de voir des journaux américains sérieux prétendre que nos représentants ne sont jamais reçus au State Department, alors que depuis des mois la porte est ouverte et nous en usons largement.
De G. : Et que m'importe que M. Boegner se promène au State Department. Ce que je veux, c'est être reconnu et ils ne me reconnaissent pas. Tixier me l'a bien dit, lui qui comprend la situation.
E. B. : Vous êtes reconnu, mon général. L'existence de notre délégation en est la preuve. La bonne volonté du gouvernement américain a eu maintes manifestations concrètes d'ailleurs : votre autorité sur les colonies ralliées est reconnue. Vous êtes reconnu mais vous posez une question de principe là où se pose une question de degré. En outre, permettez-moi de vous dire que vous posez cette question d'une façon qui ne peut susciter qu'une réponse défavorable. Récemment, alors même que je venais de vous prévenir de la reconnaissance officielle par le gouvernement américain de l'autorité du Comité national sur les colonies d'Afrique ralliées, vous avez prononcé un discours parfaitement hostile aux États-Unis. Ma négociation a failli échouer. Il y a quelques semaines, M. Tixier est rentré à Washington disant qu'il allait faire la guerre au gouvernement américain.
De G. : Jamais Tixier n'a dit cela. Jamais. Tixier est un homme loyal, fidèle. Quant à ces Américains, ils préfèrent protéger officiellement les gens de Vichy avec leur Leahy. Leahy qui organise la guerre contre moi en France ; Leahy qui protège les bourreaux de Vichy.
E. B. : Je dois vous dire que je considère l'attitude du gouvernement américain telle qu'elle m'a été définie il y a quelques jours par M. Sumner Welles comme empreinte d'une bonne volonté très sincère. Il m'a prié de vous dire...
De G. : Allez ! Un message de plus. Tout le monde arrive ici avec des messages

des Américains pour moi, des messages de M. Welles, des messages de M. Hull. Je n'en ai que faire de leurs messages ! Vous comprenez, j'en ai assez. Encore l'autre jour le général Sicé [27] vient me dire que M. Welles ceci, M. Welles cela... ! Il n'a pas à voir le général Sicé sans mon ordre, M. Welles ! Il n'a pas à voir de Français, si je ne le permets pas ! Sicé est un brave homme. Il ne comprend rien à la situation mais au fond il m'est fidèle.
E. B. : Vous êtes excessif. Welles a le droit de voir qui il veut. Il m'a chargé de vous dire en tout cas que vous devez faire des efforts, mieux vous entourer, élargir le Comité. La seule limite posée par les États-Unis est la suivante : il est impossible de reconnaître un gouvernement de la France libre, hors du territoire français, avant la fin de la guerre.
De G. (avec une « violence inouïe » selon Boegner) : Eh bien, vous pouvez dire à votre ami Welles qu'il est un con, une ganache, un idiot, et vous direz de ma part à ce vieil abruti de Hull qu'il est un con, une ganache, un idiot. Je les emmerde ! Vous comprenez. Je les emmerde ! Ils ne comprennent rien. Ils ne veulent rien comprendre. Eh bien, la guerre les balaiera et moi, la France, moi je resterai et je les jugerai ! Ah oui, ils préfèrent négocier avec Robert pour la Martinique, avec Robert, c'est-à-dire avec Laval et avec les Allemands ! Ils lui envoient leurs observateurs, ils traitent avec lui. Mais c'est avec moi qu'ils doivent négocier. Vous m'entendez, avec moi, la France, et ils doivent me la remettre la Martinique, et tout de suite ! Mais j'en ai assez de ces Américains, vous comprenez ! J'en ai assez ! Je vais leur montrer comment on écrit l'Histoire et je vais leur envoyer des bateaux et des hommes pour leur tirer dessus.
Il reprend son souffle bruyamment. Il est haletant, vibrant. Il continue :
De G. : Et vous vous imaginez que je crois un seul mot de ce que vous me dites ? Tout ce que vous me dites est contraire à la vérité ! Et je n'en crois rien ! Rien ! Ils me détestent, ces Américains. D'autres sont venus avant vous et me l'ont dit. Et vous n'êtes qu'un agent américain.
E. B. : Je vous défends de m'insulter.
De G. : Oh, je ne dis pas qu'ils paient. Mais vous êtes un de leurs agents, conscients ou inconscients. Et vous vous imaginez qu'il y a quelque chose à faire avec eux. Il n'y a rien à faire avec les Américains. Rien ! Je le sais bien. Et ce n'est pas vous qui changerez la situation.
E. B. : Les Américains sont prêts à reconnaître la gestion de la Martinique par les gaullistes, si la population est d'accord.
De G. : Oui, oui. On le dit. Mais ça n'est que des paroles. Ce que je veux, moi, ce sont des engagements écrits.
E. B. : Vous devriez en tout cas élargir le Comité.
De G. : Élargissement ! Élargissement ! Ah oui ! Le State Department veut que je prenne Chautemps.
E. B. : Certes non, mon général. Jamais...
De G. : Taisez-vous. Je le sais. Tixier me l'a dit.
E. B. : Il existe d'autres personnalités que vous pouvez pressentir directement.
De G. : Je leur ai demandé ! J'ai demandé à Léger et à Maritain, mais le State Department a fait pression sur eux pour qu'ils refusent.
E. B. : Je ne crois pas. Je peux vous indiquer la raison de l'attitude de Léger et Maritain.
De G. : Et que veulent-ils ? Je suis la France et, lorsque je demande que l'on vienne travailler avec moi, il n'y a qu'à venir. Il n'y a pas de raisons qui tiennent.
E. B. : Maritain a peur de ne pas être écouté. L'invitation (un télégramme d'instruction à la délégation) était blessante pour lui.

De G. : Voilà. Je demande à M. Maritain de venir. Mais M. Maritain ne peut pas venir. Pourquoi M. Maritain ne peut-il pas venir ? Parce qu'il fait des cours ! Plus tard on saura que, lorsque la France a eu besoin de M. Maritain, M. Maritain a préféré faire des cours !
E. B. : Alexis Léger a la volonté de servir. Il m'a chargé de vous poser deux questions.
De G. : Quoi ?
E. B. : Première question. M. Léger aimerait savoir si vous êtes très sincèrement attaché aux traditions démocratiques.
De G : Je suis démocrate ! Je ne cesse de dire que je suis démocrate ! Tout le monde me demande si je suis démocrate ! Je l'ai dit et redit. Je suis démocrate. J'en ai assez. Je ne le dirai plus.
E. B. : Deuxième question de M. Léger. Il s'inquiète de voir que vous voulez faire venir M. Reynaud qui était devenu proallemand... M. Léger a des raisons de penser que vos propres expériences vous ont amené à la même conclusion.
Silence du général. Long silence du général.
E. B. : Vous me donnez l'impression de ne pas vouloir prendre en considération les preuves concrètes de la bonne volonté américaine, ni les moyens de guerre qui ont été mis à notre disposition.
De G. : Quels moyens de guerre ? Je leur demande quatre avions de transport pour l'Afrique et ils refusent de me les donner. Eh bien, puisque je n'ai pas les avions de transport qu'il me faut, eux n'auront pas mes aérodromes. Qu'ils essaient d'atterrir à Pointe-Noire, comme ils le prétendent, et je donnerai des ordres : on tirera sur leurs bombardiers, on les abattra, leurs bombardiers. C'est moi qui commande à Pointe-Noire ! Ils verront bien !
E. B. : Jamais le gouvernement américain n'a refusé de livrer ces quatre avions. C'est moi-même qui suis intervenu sur cette affaire selon vos instructions.
Silence du général.
E. B. : Lord Halifax[28] pense que notre mouvement devrait être d'abord militaire.
De G. : Lord Halifax est un agent américain. Il ne cesse de jouer contre moi. Je n'ai que faire de ses conseils.
E. B. : Il y a du flottement au sein de l'administration américaine. La France libre pourrait en tirer parti.
De G. : Du flottement ! Du flottement ! Il flotte, votre Welles ? Il flotte, votre Hull ? Ils ne veulent pas me reconnaître. Eh bien, je me passerai d'eux. Je suis la France et je dois être intransigeant.
E. B. : Ce n'est pas une bonne méthode...
De G. : Oui, oui, je sais. Ils veulent me remplacer, ils négocient pour organiser la guerre contre moi avec des traîtres que je ferai fusiller ! Mais toute la France est derrière moi. Toute. Il n'y a pas un Français qui ne soit pas avec moi. Évidemment, s'ils veulent m'avoir, ces Américains, ils m'auront, car ils sont plus forts que moi ! Mais l'Histoire les jugera.
E. B. : Vous les inquiétez. En particulier par votre souci de vous rapprocher des Russes.
De G. : Les Soviets sont les seuls à comprendre ! C'est avec eux que je rebâtirai la France et l'Europe.
E. B. : Il y en a d'autres qui comprennent. Je vous suggère de venir à Washington. Je pense que, sous une forme ou sous une autre, le président Roosevelt acceptera volontiers de discuter avec vous tous nos problèmes. Vous y trouverez l'occasion de clarifier vos vues et, sur le plan international, d'élargir le cadre étroit qui nous a été imposé jusqu'à présent.

De G. : Ce Roosevelt ! Ah, ce Roosevelt voudrait me voir ! Eh bien, qu'il m'invite s'il veut me voir. Ce n'est pas à moi de le lui demander.
E. B. : Je vous répète, mon général, que cette suggestion n'est absolument pas personnelle. Le président n'a pas exprimé d'intention à cet égard. Je vois que c'est à vous de le faire.
De G. : Non, vous m'entendez. Non ! Je n'entrerai pas par la petite porte ! Je suis la France et j'entrerai par la grande porte. Et si Roosevelt veut me voir qu'il m'invite officiellement.
E. B. : Je suis obligé de vous exprimer mon désaccord...
De G. : Ça n'est pas la question. Marchez droit seulement. Je n'aime pas les gens qui ruent dans les brancards.
E. B. : Je suis en complet désaccord avec vous. Rien ne m'empêchera de vous le dire.
De G. : Vous n'êtes qu'un prétentieux !
E. B. : J'espère que vous réfléchirez.
Conclusion d'Étienne Boegner. Je me lève et me rapproche de la porte en prononçant ces derniers mots. Le général reste assis, sans un mot, soudain épuisé. Pendant toute la conversation il n'a cessé de se dépenser, comme un homme excédé, en interrogations violentes et en gestes nerveux, en coups de poing et en coups de pied contre la table de travail. Sa dépense d'énergie a été très grande. Nous nous séparons sans nous serrer la main [29].

À la demande de Maurice Dejean, Étienne Boegner proposera ses services à de Gaulle sur un plan exclusivement militaire. Il n'obtiendra jamais de réponse.

Immédiatement connus à Washington — Boegner dès lors devient un antigaulliste viscéral —, ces propos du général confirment ses adversaires dans leur conviction. Le 8 juin, Roussy de Sales écrit ainsi dans son journal cette appréciation incroyable que les éditeurs de son manuscrit n'oseront pas reproduire : « Il ressort d'une lettre de Boegner que le général est ce qu'on appelle un patriote, un pur et un fanatique. C'est également un con. Rien ne m'irrite comme ceux qui se haussent sur cette plate-forme facile. Il me semble qu'être Français va de soi [30]. » Churchill ne trouve donc pas un terrain particulièrement favorable lorsqu'il insiste auprès de Léger pour qu'il revienne sur sa décision de se tenir à l'écart du mouvement gaulliste. Sa place, à son avis, est à Carlton Gardens : n'a-t-il pas protesté auprès de ses amis américains lorsqu'il a appris qu'en Martinique, peu de temps après leur intervention, ils avaient l'intention de mettre en place un comité indépendant du Comité national de Londres [31] ? Le Premier ministre fait donc preuve d'un véritable acharnement. Le 17 juin, il télégraphie à l'ancien numéro un de la diplomatie française ; le 22, de passage à Washington, il le reçoit ; le 15 juillet, il lui fera téléphoner. Léger va-t-il fléchir ? Dans un premier temps, on peut le croire. Pierre Mendès France, jeune député et ancien secrétaire d'État du Front populaire, qui a rejoint Londres et se trouve à Washington, a eu une opinion plutôt positive après une première rencontre, le 1er juin. Il écrit à de Gaulle le jour même :

Je lui ai donné des informations sur la France qui l'ont touché. Il vient de prendre dans l'affaire de la Martinique une initiative qui nous aide. Il accepterait probablement maintenant d'aller à Londres sous réserve des précautions nécessaires pour éviter les inconvénients avec vous et pour lui en cas d'échec de la rencontre. Je le reverrai avant mon départ... Une entente avec Léger aura entre autres avantages l'accroissement des chances de succès de votre visite personnelle ici que je crois indispensable[32].

Le 20 juin, lors d'un nouvel entretien, les impressions de Pierre Mendès France sont en revanche franchement pessimistes : Alexis Léger ne pense pas pouvoir collaborer avec de Gaulle :

La manière dont le général de Gaulle, au lendemain de l'armistice, a groupé autour de lui des Français pour continuer la lutte le désigne à la gratitude du pays tout entier. Il estime toutefois que la France libre doit mettre l'accent sur son rôle de France combattante, ce qui donnera au gouvernement français d'après guerre des titres incontestables à participer aux négociations de paix, et éviter, par-dessus tout, de prétendre à la représentation des intérêts généraux et permanents de la nation française pour deux raisons.

Léger se tient à la position qui sera toujours la sienne : la France libre n'a pas compétence pour engager le pays, elle doit avoir un rôle purement militaire. Elle doit s'abstenir aussi, jusqu'au moment où une consultation populaire sera possible, de donner, aux puissances dont les chefs ont garanti solennellement et sans équivoque la restauration de l'intégrité territoriale et de la grandeur de la France, l'occasion d'affaiblir cette garantie générale au cours des discussions particulières. Si le premier argument a une certaine logique, le second est plus discutable, mais le poète diplomate est résolu à s'y tenir. Il aidera la France libre ; il se montre « effrayé de la manière dont les États-Unis organisent l'étude des problèmes de la paix (avec des idées préconçues) » ; il conseille de ne pas aborder de front le problème de la reconnaissance du mouvement gaulliste par les États-Unis mais il n'ira pas plus loin. Il n'en dit pas plus. Pierre Mendès France souligne malgré tout que son interlocuteur « l'a fortement mis en garde contre la tentation de nous orienter du côté des Russes, qui nous font des avances trop habiles pour ne pas être intéressés ». Le 26 juillet, Alexis Léger fera savoir à Churchill qu'il décline définitivement sa proposition et celle de de Gaulle.

Plusieurs motifs ont, tout l'indique, pesé dans la décision de l'ancien collaborateur de Berthelot et de Briand. Une antipathie instinctive envers de Gaulle (entretenue par les propres représentants du général à Washington), incarnation à ses yeux du militaire du coup d'État, a beaucoup joué. Des questions de principe, déjà évoquées, sont entrées en ligne de compte. Mais il paraît tout de même certain qu'Alexis Léger a été de plus en plus défavorablement impressionné par la politique du général vis-à-vis de l'Union soviétique. En mettant l'accent sur cette objection, Pierre Mendès France l'a clairement suggéré. Et les archives donnent d'autres indices allant dans le même sens. On doit savoir en particulier qu'en juin, à une date non précisée, Léger a reçu l'influent banquier André Istel, acquis à la France libre et porteur en l'occurrence d'un message verbal de de Gaulle. Or Istel n'a pas simplement répété à son interlocuteur combien sa venue à Londres serait appréciée ; il lui a donné des détails sur l'organisation gaulliste qui n'ont pu que renforcer sa prévention (« Quant à l'atmosphère de Carlton Gardens, que vous dire, sinon que le rationnement alimentaire anglais ne semble pas s'étendre aux crustacés : en fait de paniers de crabes on se croirait à Washington ou New York », lui a-t-il notamment écrit le 26 juin), et surtout il lui a remis des notes prises lors d'une conversation avec de Gaulle, quelques jours plus tôt à Londres, document qui a provoqué son émotion puisque y était exposé nettement le caractère privilégié des liens avec l'Union soviétique : « Pour la place de la France à la fin des hostilités, c'est surtout la Russie qui nous appuiera. Notre politique dans l'Est européen doit être en liaison avec la Russie[33]. » Durant l'été et l'automne, Alexis Léger multipliera d'ailleurs les mises en garde auprès des responsables anglais et américains : au diplomate britannique Ronald Campbell[34] il dira sa conviction que de Gaulle est désormais tombé dans l'orbite soviétique, et de manière plus solennelle encore, il mettra en garde Sumner Welles[35], lui communiquera la teneur des notes d'André Istel et ajoutera : « Ce que j'ai appris par Istel m'a ancré dans l'idée que j'avais eu raison de refuser la proposition du général[36]. » Fort heureusement pour ce dernier, Léger ne sait pas qu'à peu près au même moment Roger Garreau, représentant de la France libre en URSS, tient de sidérants propos à André Marty, qui les a notés :

> Les Britanniques et les Américains veulent conserver au pouvoir Pétain ou un homme analogue. Ainsi, à la conférence de la paix, ils en feront ce qu'ils voudront. Avec leurs troupes d'occupation, ils veulent tenir la France. C'est pourquoi Garreau demande avec insistance une division motorisée française en URSS. Celle-ci, bien formée politiquement, serait prête à foncer à travers l'Allemagne aussitôt que le front s'effondrera. Elle saisira les ponts du Rhin et rassemblera tous les prisonniers à leur retour, pour avoir une puissante armée française capable de tenir tête éventuellement aux troupes anglo-américaines en France et soutenir le gouvernement provisoire. Sur l'URSS, les déclarations de Garreau sont excellentes : on ne peut pas comparer mécaniquement la Russie à un autre pays : il faut voir le chemin parcouru depuis vingt-cinq ans. Staline est un génie. Il a prévu que, tôt ou tard, son pays serait en guerre avec l'Allemagne ou avec une coalition impérialiste [*sic*]. Aussi a-t-il convaincu son gouvernement et le pays de la nécessité d'une industrie lourde et d'une industrie de machines en même temps que de la collectivisation[37].

Entre l'ancien secrétaire général du Quai d'Orsay et de Gaulle, les ponts sont donc désormais rompus[38]. Leur collaboration eût été de toute façon difficile. Si tous deux étaient également patriotes et refusaient la défaite, leurs démarches respectives étaient bien différentes. Empreinte de juridisme, d'universalisme, la France du poète d'*Éloges*, insérée dans un ensemble atlantique, s'opposait à beaucoup d'égards à celle du Connétable. Il reste que la recherche obstinée de l'alliance russe par ce dernier a probablement empêché tout rapprochement. Même si, contrairement à une légende tenace, Léger n'était pas tout-puissant auprès de Roosevelt, sa présence à Carlton Gardens aurait probablement rassuré le Département d'État[39]. Le 14 juillet, alors que la Grande-Bretagne, prenant acte de la transformation de la France libre en France combattante, lui accordait une reconnaissance assez large, renforçant l'autorité de de Gaulle, le gouvernement de Washington, toujours représenté à Vichy, se bornait à promettre tout l'appui possible au Comité national, « symbole de la Résistance française contre les forces de l'Axe ».

Second pôle de résistance de la France libre, l'Empire est également à ce moment-là au cœur des préoccupations de de Gaulle. L'ardeur qu'il emploie à y établir son autorité provoque d'autres heurts avec les Anglo-Saxons. La situation au Moyen-Orient l'inquiète depuis plusieurs mois et il est décidé à ne pas laisser les Anglais lui dicter leurs conditions. Devenu un censeur vigilant de son action, le général Spears cause en particulier au Levant beaucoup de problèmes à la France libre. Déjà le 6 avril, Catroux a averti de Gaulle de l'état d'esprit de son ancien protecteur :

> Au cours de sa visite Spears s'est attaché, dans le dessein visible de m'impressionner, à me peindre sous un jour peu encourageant la situation morale de la France libre au regard de ses alliés. À l'entendre, le Premier ministre et les membres du gouvernement se tiendraient à notre égard sur la réserve... Spears ajoute qu'en nous obstinant dans une volonté d'autonomie vous vous aliénez les Alliés, car ceux-ci ne peuvent admettre, dans la phase présente, que les membres de la coalition ne se plient aux directives émises par Londres et Washington[40].

Le 5 août, quand de Gaulle repart pour le Proche-Orient (après avoir réussi à vaincre, grâce à Eden, les réticences de Churchill à le voir quitter la Grande-Bretagne), le moins que l'on puisse dire est qu'il est dans un état d'esprit combatif. À Gibraltar, il rencontre Félix Gouin, socialiste, ami de Léon Blum, récemment arrivé de France occupée, et lui déclare sans ambages :

> Oui, nos amis anglais ne sont pas toujours d'un commerce facile. La lutte à mort qu'ils soutiennent en ce moment contre le Reich exaspère en eux cette âpre volonté de puissance qui est le trait dominant de leur race. Et plus je suis faible, plus je serai intransigeant pour défendre et faire respecter nos droits[41].

À son arrivée au Caire, les nouvelles en provenance de Syrie achèvent de le convaincre du bien-fondé de sa position. L'autorité de la France libre est constamment mise en cause par les autorités britanniques. La Grande-Bretagne souhaite ouvertement que les gouvernements arabes de Damas et de Beyrouth aient plus de pouvoir. Le ministre d'État Richard Casey, qui a succédé à Oliver Lyttleton, insiste auprès de Catroux pour qu'avant la fin de l'année des élections soient organisées en Syrie et au Liban. Pour de Gaulle, une telle initiative est prématurée et, après avoir vu rapidement Churchill de passage dans la capitale égyptienne, il le précise catégoriquement à Casey : Rommel approchant du centre de l'Égypte, la situation est trop grave, fait-il valoir, pour que l'on puisse prendre un tel risque.

À Damas et à Beyrouth où il se rend ensuite, son inquiétude

s'accroît. La pression britannique en faveur des élections, voire de l'indépendance, est forte, et la France libre se trouve en mauvaise position. Face à Vichy, il lui est difficile de renoncer à ce que l'on appelle alors les « droits traditionnels de la France au Levant ». Le mouvement gaulliste ne disposant d'aucun statut international n'a d'ailleurs aucun titre pour agir ainsi. En sens inverse, le général Catroux ayant promis, au nom de la France, l'indépendance des pays sous mandat dès juin 1941, la population du Levant s'étonne de voir le même personnage administrer par décrets les autorités locales se trouvant dans une situation subordonnée. La situation de la France libre est d'autant plus délicate que, compte tenu de ces contradictions, les responsables locaux qui acceptent de collaborer avec elle sont souvent des personnalités discutées et que souvent, faute de solutions de rechange, les fonctionnaires français nommés par Vichy doivent être maintenus en fonctions. Le prestige du mouvement gaulliste n'en est pas renforcé.

Dans cette affaire de Syrie, où les torts sont assez partagés, Spears fait un peu figure de bouc émissaire car s'il n'est plus, tant s'en faut, l'allié inconditionnel d'autrefois, il ne fait en la circonstance qu'appliquer les directives de Churchill dont il est l'ami intime. Et le Premier ministre lui-même pourrait difficilement agir autrement puisqu'en juin 1941 la Grande-Bretagne a donné sa garantie à la promesse d'indépendance faite par la France libre aux populations du Levant. Spears, il est vrai, se montre parfois équivoque : étant aussi chargé de préserver la façade de l'autorité française, il pousse ouvertement des agents antifrançais comme Glubb Pacha, chef de la Légion arabe[42]. Les tensions entre la France libre et Londres sur ce problème du Levant résultent surtout, en vérité, de l'état de guerre, des contraintes qu'il impose, des rumeurs qu'il favorise concernant un éventuel soutien britannique aux mouvements nationalistes de la région, du manque de sympathie enfin entre Spears et Catroux.

Le terrain n'est donc pas *a priori* très favorable pour une contre-offensive. Pourtant fidèle à sa méthode, de Gaulle tonne, invective, menace. Auprès de Churchill, il commence par se plaindre des mauvaises manières de Spears. Il hausse le ton en sommant le consul de Grande-Bretagne à Alep de ne pas se mêler des affaires françaises — comportement qui est jugé extrêmement grossier par les autorités britanniques[43]. Très vite, il va plus loin encore en faisant part de sa fureur au consul américain à Beyrouth, M. Gwynn : il lui confie même qu'il envisage de déclarer la guerre à la Grande-Bretagne[44]. Non content de paraître jouer le jeu des Soviétiques contre les Anglo-Saxons, le général s'emploie ainsi à diviser Américains et Britanniques. Naturellement, M. Gwynn écrit aussitôt un rapport qui sème la consternation tant à Washington qu'à Londres.

Objectivement, de Gaulle allait trop loin en agissant ainsi. L'intransigeance l'avait souvent servi, mais, en faisant figure de provocateur alors qu'il n'était guère en situation de force, il courait le risque de compromettre sa position. Et de fait, à Madagascar, les événements prennent sans tarder un tour défavorable à la France libre Alors qu'après des semaines de tergiversations les Anglais se sont enfin décidés à occuper la totalité de l'île et qu'une participation des Français libres à l'administration du territoire semble envisageable et est en tout cas défendue avec force par Eden, l'incartade de de Gaulle empêche l'opération de se réaliser : Churchill évidemment est hors de lui — et d'autant plus que le général refuse de rentrer en Grande-Bretagne sur-le-champ comme on l'y invite — et Eden est forcé d'admettre qu'il est urgent d'attendre. Déjà des imprudences ont rendu inquiétante, aux yeux de ceux dont on attendait beaucoup, la perspective de l'alliance soviétique. De nouveau une obstination incompréhensible vient contrecarrer les perspectives favorables qui se dessinaient. Comme Churchill, de Gaulle aura souvent été son pire ennemi ; et, comme pour lui, ses titres de gloire sont suffisamment éclatants pour que l'on ne risque rien à le reconnaître.

L'excuse du général est qu'il redoute, comme il ne cesse de le dire à René Pleven, que les Américains ne débarquent prochainement en Afrique du Nord sans l'en avertir et en comptant sur la complicité du gouvernement de Vichy. Même si son jeu diplomatique serré, voire déconcertant, suscite en partie les réticences dont il se plaint, ses craintes sont fondées. Dès le 11 août, John Mc Cloy, assistant du ministre de la Guerre Henry Stimson, ne cache pas à Pierre de Chevigné, chef de la mission militaire française à Washington, que, malgré la haute opinion qu'il a du général de Gaulle, « il n'est pas sûr de vaincre l'ostracisme dont il est l'objet de la part des chefs militaires américains [45] ». L'association du chef de la France libre à une opération de débarquement sur le sol français se heurte apparemment à des obstacles insurmontables. L'entourage du général n'inspire pas confiance. Et quand Pierre de Chevigné indique que de Gaulle est prêt à appeler aux armes le peuple français, mais qu'il ne le fera que s'il est certain que ce ne sera pas en pure perte, Mc Cloy répond, après avoir longuement réfléchi :

> La position du général de Gaulle se comprend dans le cas où nous nous adresserions à lui pour appeler le peuple français aux armes. Dans ce cas, il a le droit d'être consulté avant. Mais avez-vous pensé au cas où nous ne ferions pas appel à lui, si nous estimions que son nom n'était pas celui qui pourrait rallier le maximum d'appuis en France [46] ?

La vérité, que de Gaulle entrevoit, est que si Churchill a réussi, le 24 juillet, à faire accepter par Roosevelt l'idée d'un débarquement en Afrique du Nord et non en Europe, il n'a guère cherché à contrer le chef de l'exécutif américain lorsque ce dernier lui a fait valoir, en s'appuyant sur les rapports des services secrets, que la participation des Français libres aux opérations en Algérie et au Maroc risquait de durcir la résistance des forces de Vichy, en raison des souvenirs de Mers el-Kébir et de la campagne de Syrie.

Au début de cet automne 1942 qui s'annonce décisif pour l'avenir du conflit mondial, les relations entre le chef de la France combattante et les responsables anglo-saxons sont donc très dégradées. Le général sent bien que, sous couvert d'avoir avec lui une explication franche à Londres, Churchill veut surtout le maintenir loin d'Afrique du Nord, où les préparatifs du débarquement ont discrètement commencé. Certain de ne plus posséder d'autres moyens d'infléchir les événements, il utilise de nouveau sa méthode de négociation favorite : l'alternance du froid et du chaud. Après avoir attaqué violemment les Britanniques, il se veut ainsi très conciliant devant le ministre résidant britannique lors d'un court passage à Accra, le 23 septembre : il déclare déplorer les divergences d'appréciation au Levant, se veut amical, admet que, dans le conflit qui l'oppose à Londres, les torts ne sont pas tous du même côté[47]. Au Foreign Office, on est décontenancé par une telle attitude, encore que l'on commence à en connaître les vrais motifs : « Un jour, rapporte un diplomate, de Gaulle a dit à Maurice Dejean : "Je joue le tout pour le tout et je gagne à chaque fois[48]." » De Gaulle, en fait, hausse le ton pour obtenir une reconnaissance encore plus complète de la France libre. À René Pleven, le 5 septembre, il se dit certain d'aboutir[49].

Le 30 septembre, quand le général est reçu par Churchill, cet optimisme affiché fond vite. Le climat est exécrable. Le Premier britannique exige des élections libres au Liban et en Syrie. Le général les refuse mais réclame le commandement des forces alliées au Moyen-Orient. Cédant à la colère, Churchill met de l'huile sur le feu en spécifiant que, compte tenu des difficultés en Syrie, la Grande-Bretagne n'est pas pressée de faire place aux Français à Madagascar. Sous l'attaque et conforté par l'aveu d'une manœuvre qu'il a prévue et dénoncée devant ses proches, de Gaulle se cabre. Il rappelle qu'il a fait, dès 1941, des propositions restées sans réponse à fin de rallier Madagascar à la cause alliée et déclare solennellement que cette affaire, très grave, remet en question la coopération entre la France et l'Angleterre. À ces mots, Churchill ne se maîtrise plus : « Entre le général de Gaulle et l'Angleterre..., corrige-t-il. Vous dites que vous êtes la France ! Vous n'êtes pas la France ! Je ne vous reconnais pas comme la France. » À partir de ce moment le dialogue devient dramatique. Les pires griefs sont échangés, et Eden n'est pas le dernier à stigmatiser le comportement du général. « Au lieu de faire la guerre à l'Allemagne, vous avez fait la guerre à l'Angleterre », hurle Churchill.

Une crise aiguë éclate de nouveau. Churchill est le premier à réagir. Brusquement, les télégrammes chiffrés de la France combattante, en provenance ou à destination de l'outre-mer, ne sont plus acheminés. À partir du 1er octobre, toute coopération cesse entre l'Intelligence Service et les services secrets français. Ce même 1er octobre, de Gaulle informe le Comité national de l'attitude du Premier ministre et propose de démissionner pour détendre l'atmosphère. Pure manœuvre, bien entendu. Son offre est refusée tandis que Gaston Palewski et l'amiral Auboyneau font savoir aux Britanniques que tous les Français libres sont solidaires de leur chef. Dans chaque camp les solutions les plus extrêmes sont alors envisagées. Tandis que Churchill se demande si le temps n'est pas venu de rompre avec le mouvement gaulliste, le général envisage de se replier en Afrique-Équatoriale.

Très grave, l'incident est d'autant plus regrettable qu'il isole de Gaulle sur le plan international. À Moscou, Roger Garreau se désole, non sans naïveté devant André Marty, le 4 septembre :

Il est regrettable qu'aucune réponse n'ait été donnée à la demande du général de venir ici. C'est un fait unique dans mes trente ans de carrière que, depuis le 7 août, je n'ai reçu aucune réponse à la demande formulée par Dekanosov[50]. J'aurais compris qu'on m'expose que la situation n'est pas favorable. Mais que va penser le général du fait que je ne donne aucune réponse à sa demande[51] ?

La colère est toujours mauvaise conseillère. Ces équivoques sont d'autant plus lamentables que, lorsqu'ils reviennent à une vision plus équilibrée des choses, de Gaulle et Churchill reconnaissent sinon leur accord complet, du moins leur complicité foncière. C'est le moment où, devant Harold Nicolson qui insiste sur le fait que le général, malgré ses défauts, est tout de même un grand homme, Churchill renchérit : « Un grand homme ! Il est arrogant ! Il est égoïste, il se considère comme le centre de l'univers... Il est... vous avez raison : c'est un grand homme. »

Les malentendus malheureusement s'accumulent. Après la scène qui l'a opposé à Churchill, de Gaulle reçoit l'appui formel de plusieurs chefs importants de la Résistance. À tous, il annonce que les Américains débarqueront sans doute assez prochainement en Afrique du Nord. Parallèlement, il s'efforce aussi de faire savoir à Washington que, par l'intermédiaire des réseaux, il a obtenu le soutien de personnalités comme Mandel ou Léon Blum, détenus par les Allemands et du président du Sénat, Jules Jeanneney. Ces cautions, il en est persuadé, peuvent faire évoluer le Département d'État, voire le président Roosevelt : au mois d'août, John Mc Cloy avait glissé cette idée à Pierre de Chevigné.

Le 6 octobre, il se décide donc à dire tout cela au président Roosevelt dans une longue lettre personnelle, qu'il charge André Philip de lui remettre. Texte magnifique. Un homme, plus tout à fait seul mais dénué de grands moyens, s'y adresse au dirigeant de la première puissance du monde pour lui exprimer son désintéressement, sa certitude de la victoire finale, sa volonté de prendre part au combat commun contre les forces totalitaires :

On me dit que des personnes de votre entourage craindraient qu'en reconnaissant notre existence vous compromettriez la possibilité que certains éléments, notamment militaires, qui dépendent actuellement du gouvernement de Vichy, rentrent bientôt dans la guerre. Mais, croyez-vous que ce soit en ignorant les Français qui combattent, en les laissant se décourager dans l'isolement que vous attirerez les autres dans le combat ? [...] Le peuple français, dans sa situation terrible, voit naturellement très simple. Pour lui, il n'y a de choix qu'entre le combat et la capitulation. Pour lui, le combat c'est naturellement la France combattante et son instinct exige la concentration autour de ceux dans lesquels il voit le symbole même de son effort. C'est là, d'ailleurs, la raison profonde qui, malgré les difficultés incroyables dans lesquelles la

France combattante vit et lutte depuis plus de deux ans, a maintenu et accru sa cohésion[52].

Selon un plan concerté, quelques jours plus tard, Henri Frenay et Emmanuel d'Astier de la Vigerie, les chefs des principaux mouvements de résistance (Combat et Libération), écrivent dans le même sens au président des États-Unis[53]. Deux longues missives qui donnent au chef de l'exécutif tous les détails qu'il peut souhaiter obtenir sur l'état de la France occupée, les sentiments des résistants, l'appui qu'ils apportent à de Gaulle. Le 7, Henri Frenay ouvre le tir et expose à Franklin Roosevelt la situation telle qu'il l'a ressentie depuis 1940, en militaire, et en ne dissimulant pas les espoirs qu'il mit, au début, dans le double jeu du maréchal. Sa conclusion n'a que plus de force :

> Les nations unies qui combattent doivent entendre la voix de la France qui souffre et qui, demain, à leurs côtés, se battra. Cette voix, c'est celle du général de Gaulle. Telle est la volonté de la nation française. Les intérêts matériels et moraux de la France doivent être défendus ; ils ne le seront pas à Vichy, mais à Londres par le chef des Forces françaises combattantes.

Le 9 octobre, c'est Emmanuel d'Astier, chef de Libération, qui s'adresse à son tour au président américain. Son parcours, ses inclinations idéologiques, sa position vis-à-vis de Vichy, tout le distingue de Frenay. Lui aussi affirme partout que la France de la liberté et des droits de l'homme est maintenant derrière de Gaulle et que ceux qui, à Washington, expriment une opinion contraire se trompent :

> On a admis, chez nous, pour des raisons de tactique aujourd'hui périmées, la position du gouvernement américain vis-à-vis de Vichy. Mais on continue, dans la défense des nations unies et de la civilisation, à joindre notre nom au nom du général de Gaulle ; et ce serait amener la plus grande déception et la plus grande amertume au cœur des Français que de devoir les dissocier un jour.

Aucune de ces lettres ne paraît avoir reçu de réponse, pas même celle du général. Défavorablement impressionné par l'attitude intransigeante de ce dernier, toujours soucieux de ménager Vichy pour obtenir à tout le moins sa neutralité lors des prochaines opérations en Afrique du Nord, Roosevelt observe un mutisme complet, alors que, le 28 septembre, l'Union soviétique a reconnu la France combattante et le Comité national français.

XIV

DARLAN LE VRAI RIVAL

Le 8 novembre 1942 est une date clé de la Seconde Guerre mondiale. Ce jour-là, alors que les troupes américaines, épaulées par les armées britanniques, débarquent en divers endroits des côtes algériennes et marocaines, le caractère du conflit évolue de façon radicale. La fortune, soudain, change de camp. Depuis le début des hostilités, l'Allemagne menait le jeu. La situation est renversée : à présent, les Alliés ont l'initiative et il en sera ainsi, à quelques exceptions près, jusqu'à la fin de la guerre. Les Américains, par ailleurs, marquent des points dans d'autres régions. En août, la victoire de Guadalcanal, dans le Pacifique, a consacré leur suprématie, dès lors rarement mise en échec. Dans les relations entre les Alliés, une profonde transformation se produit aussi à ce moment-là ; insensiblement, la responsabilité suprême des opérations passe du côté américain. « Dans toute l'opération Torch, écrit Churchill à Roosevelt, je me considère moi-même comme votre lieutenant demandant seulement à exposer clairement mon point de vue auprès de vous. Nous Britanniques interviendrons seulement quand vous le jugerez opportun[1]. »

Dans ces conditions, de Gaulle ne pouvait qu'être tenu à l'écart de l'opération. De fait, il n'en a même pas été averti. Quand le général Billotte, son collaborateur, vient le réveiller, à six heures du matin, pour lui annoncer que le débarquement est imminent, il laisse exploser sa colère : « Eh bien, j'espère que les gens de Vichy vont les jeter à la mer. On ne pénètre pas en France par effraction[2]. » Le général est au comble de l'exaspération. Billotte ne contribue pas à le calmer en lui indiquant que Churchill souhaite le voir et désirerait qu'il intervienne sur les ondes de la BBC. Quand Billotte, encore plus maladroitement, s'aventure à jeter sur le papier quelques idées en vue d'une éventuelle allocution, la tempête éclate. Elle dure deux heures, jusqu'à ce que le chef de la France libre retrouve une vue plus sereine de la situation.

De Gaulle a d'autant plus de raisons d'être furieux qu'il a été vraiment le dernier averti, alors même que le débarquement doit se produire dans un territoire sous dépendance française. Certains alliés, exilés à Londres, ont été mieux traités, en particulier Masaryk, le ministre tchèque des Affaires étrangères, qui a informé dès le 6 novembre, au cours d'une réception, un membre du Comité national. Quand Billotte l'a réveillé, de Gaulle connaissait donc déjà la nouvelle.

Churchill, on doit lui rendre cette justice, a bien tenté de convaincre les Américains de prévenir le général. Indépendamment du procédé qu'il jugeait cavalier, il craignait une réaction violente, au cas où la France libre serait totalement court-circuitée. Le 5, il a donc essayé de faire plier Roosevelt :

> Je crois, a-t-il fait valoir, que l'honneur militaire du général ne peut être mis en cause. Je prendrai, cependant, toutes les précautions. Je lui expliquerai que la raison pour laquelle je n'ai pas mentionné devant lui l'opération Torch est qu'il s'agit d'une entreprise américaine et d'un secret américain... Je me suis arrangé pour lui faire annoncer la nomination du général Legentilhomme comme gouverneur de Madagascar. Cela a été conçu par nous comme un prix de consolation[3]. »

La réaction de Roosevelt a été complètement négative. Dans la soirée de ce même 5 novembre, il a télégraphié à Churchill un message personnel : « Je suis très méfiant quant aux effets négatifs que toute introduction de de Gaulle dans l'opération Torch pourrait avoir sur nos efforts prometteurs d'associer à notre expédition une large partie des forces françaises africaines. Par conséquent, je considère qu'il est déconseillé de votre part de donner à de Gaulle toute information au sujet de Torch avant que nous soyons parvenus à un débarquement réussi[4]. » Face à une telle détermination, Churchill n'a pu qu'obtempérer : « Je suis toujours navré en ce qui concerne de Gaulle. Naturellement, nous contrôlons tous ses télégrammes à destination de l'extérieur. Mais nous sommes prêts à accepter vos vues. »

« Associer à l'opération une large partie des forces françaises africaines. » Par cette phrase, Roosevelt a dévoilé le fond de sa pensée. Indépendamment de l'antipathie qu'il éprouve à l'égard du général et qu'entretiennent des personnalités comme Alexis Léger, le président américain a l'intention manifeste de s'appuyer, du côté français, sur d'autres hommes. L'arrivée au pouvoir de Laval l'a obligé à prendre des distances avec le régime de Vichy. Mais, fort de l'action de son consul à Alger, Robert Murphy, auparavant en poste dans la capitale de l'État français, il espère que les milieux pétainistes d'Algérie accueilleront bien l'initiative américaine. Il compte aussi que d'autres Français, résolus à poursuivre le combat tout en étant opposés à de Gaulle, lui apporteront leur concours. Dans cette perspective, il a d'abord pris contact indirectement avec Weygand. L'ex-généralissime a décliné la proposition : « À mon âge, on ne devient pas un rebelle », a-t-il répondu à Murphy. Darlan, dont la position est précaire à Vichy depuis le retour de Laval, a laissé entendre qu'il pourrait favoriser le plan américain, à condition d'avoir le commandement de l'opération — ce qui compte tenu de son passé ne pouvait évidemment être envisagé. Par élimination, les espoirs du chef de l'exécutif américain se sont donc portés sur le général Giraud.

Prototype de l'officier général français de l'époque, d'un patriotisme sourcilleux, aussi dévoué à la France que méfiant envers la République et la démocratie, Henri Giraud, alors âgé de soixante-trois ans, a été capturé par les Allemands en 1940. Dans des circonstances étonnantes, il s'est évadé en avril 1942 de la forteresse de Koenigstein où il était détenu et a réussi à rejoindre Vichy. Là, il est entré en contact avec les Américains par l'intermédiaire de Murphy : il a accepté de participer à l'opération Torch, sous réserve que les Anglais et les Français libres en soient exclus et à condition — il croit avoir obtenu un accord sur ce point — d'obtenir le commandement de l'expédition.

Sur le papier, l'affaire semblait réglée. En réalité, il n'en est rien. Alger, d'abord, est une poudrière. Des factions rivales s'y opposent. Murphy, pour ne rien arranger, fait preuve d'un activisme brouillon. Catholique d'origine irlandaise, il n'est pas simplement le représentant de son gouvernement : personnellement très à droite, sa sympathie va naturellement aux conservateurs les plus musclés. Faute d'avoir obtenu l'accord de Weygand, il s'est associé à un petit aréopage, dit « groupe des cinq », qui réunit des personnalités au profil très marqué : Jacques Lemaigre du Breuil, grand industriel, proche de la Cagoule, antiallemand et proaméricain ; le royaliste, Jean Rigault, son bras droit ; le colonel de réserve Van Hecke, chef des chantiers de jeunesse ; le diplomate Tarbé de Saint-Hardouin, ancien second d'André François-Poncet à Berlin, enfin le lieutenant Henri d'Astier de la Vigerie, jeune frère du chef de Libération et du général. Tous sont antigaullistes, prêts à soutenir les Américains, pourvu que l'on trouve pour couvrir l'opération un militaire de haut rang, non inféodé à Vichy mais respectueux du maréchal. Extérieur au groupe, le capitaine Beauffre, collaborateur de Weygand, est, pour sa part, partisan d'une ligne plus modérée : son objectif est surtout de faciliter le débarquement américain.

En face de ces hommes se trouve également un clan gaulliste très actif mené par le professeur de droit René Capitant et un agrégé d'histoire de grand talent, Louis Joxe. Un avocat, Me René Moatti, le docteur Aboulker et son fils José, un surprenant ecclésiastique, l'abbé Cordier, que l'on retrouvera bientôt en première ligne des intrigues, le commissaire Achiary qui, chargé du contre-espionnage, joue un rôle clé, font notamment partie de ce groupe remuant qui, dans l'ombre, s'efforce d'œuvrer en faveur du général.

Dès qu'ils débarquent avec des forces amphibies, les Américains s'aperçoivent que la situation est encore plus compliquée qu'ils ne le pensaient. Contrairement à leur espoir, les forces françaises de Vichy opposent une vive résistance tant à Alger qu'à Oran et Casablanca. Le maréchal Pétain a donné l'ordre de résister[5]. Dès le 8, il expédie ce message cinglant à Roosevelt, qui avait cru pouvoir le neutraliser en lui adressant une lettre aimable : « C'est avec stupeur et tristesse que j'ai appris cette nuit l'agression de vos troupes contre l'Afrique du Nord... La France et son honneur sont en jeu. Nous sommes attaqués. Nous nous défendrons. C'est l'ordre que je donne[6]. » Stupéfaits, les chefs militaires américains ne tardent pas à apprendre que, apparemment par le plus grand des hasards, l'amiral Darlan est à Alger : son fils Alain, très malade, se trouve là, et il est venu lui rendre visite. Capturé par un groupe de jeunes gaullistes au moment du débarquement, il a été délivré par la police française mais ne manifeste aucun empressement à collaborer avec les Américains. De son côté, Giraud déçoit beaucoup Washington. Ayant quitté la France secrètement et étant arrivé à Gibraltar en sous-marin la veille du débarquement, il refuse de participer à l'opération dès lors qu'il n'en a pas le commandement. Il s'avère vite qu'il a son plan, baptisé plan L, qui prévoit un débarquement immédiat en Provence. Plus tard, il apparaîtra que Giraud a été, en fait, au centre d'une opération programmée de longue main par les Américains, conduite de bout en bout par Murphy et visant à éliminer la France libre de la suite des événements. Le 19 octobre, Murphy lui a adressé une lettre — baptisée un peu vite accord Giraud-Murphy — reconnaissant à la France sa qualité d'alliée des États-Unis, garantissant son intégrité et prévoyant pour le destinataire la coordination du commandement en cas de débarquement en Afrique du Nord. Le 28 octobre, Giraud, de son côté, a formulé, par écrit, l'exigence que les Anglais et les Français libres fussent exclus de l'opération.

Face à cette situation pour le moins confuse, en tout cas humiliante pour lui-même et la France libre, de Gaulle va réagir avec une surprenante modération — feinte ou non. Autant il lui est arrivé parfois d'être à contre-emploi, de pousser trop loin l'intransigeance au risque de nuire à sa cause, autant tout au long de cette formidable épreuve de force qui s'annonce et dont l'enjeu est le pouvoir, il fera preuve d'un sens politique supérieur.

Venu en éclaireur, à onze heures, le 8 novembre, avant le déjeuner qui doit réunir Churchill et le général, Charles Peake a une impression assez positive : « L'atmosphère n'est pas aussi mauvaise qu'on pouvait le craindre et, pourvu que l'on arrive à susciter un climat détendu au début de l'entretien, on peut espérer mettre d'emblée le général dans de bonnes dispositions et le déjeuner aura alors quelques chances de se dérouler de façon satisfaisante[7]. » « Apparemment, observe de son côté Anthony Eden après avoir reçu Peake, le général de Gaulle a été très contrarié en prenant connaissance des débarquements mais, après plus mûre réflexion, il est arrivé à la conclusion qu'il était de son devoir de penser seulement aux intérêts de la France et non aux siens propres[8]. »

Pour être tout à fait honnête, on n'oubliera pas que le fidèle Gaston Palewski a eu, en la circonstance, un rôle apaisant et fort utile auprès du général. Habitant tout près du domicile de Charles Peake, il s'est arrangé pour faire une promenade matinale en compagnie du diplomate britannique. Habilement, il s'est employé à lui donner mauvaise conscience : « J'userai, a-t-il assuré, de toute mon influence pour convaincre le général de conserver son rendez-vous à déjeuner mais le Premier ministre doit s'attendre à trouver un homme blessé et froid[9]. »

Par un de ces retournements de situation dont il est coutumier, de Gaulle se retrouve ainsi en position de force face à un Churchill un peu penaud, gêné d'avoir été contraint de s'aligner sur Roosevelt.

Apparemment, le Premier ministre est sincère : « Vous avez été avec nous dans les pires moments, dit-il à son visiteur. Nous ne vous abandonnerons pas dès lors que l'horizon s'éclaircit. » Suit un exposé succinct de la situation en Afrique du Nord que de Gaulle écoute sans broncher. Lorsqu'il intervient, le général se veut raisonnable, il affirme se réjouir du débarquement, assure que Giraud est un grand soldat tout en regrettant que les Alliés l'aient poussé contre lui. « Tôt ou tard, assure-t-il, nous nous entendrons et d'autant mieux que les Alliés s'en mêleront moins. » Puis, parfaitement informé de la résistance rencontrée par les Américains, il enfonce cruellement le clou :

> Quant à l'opération actuellement engagée, je ne suis pas surpris qu'elle soit dure. Il y a en Algérie et au Maroc beaucoup d'éléments militaires qui nous ont, l'an dernier, combattu en Syrie et que vous avez laissés partir en dépit de mes avertissements. D'autre part, les Américains ont voulu, en Afrique du Nord, jouer Vichy contre de Gaulle. Je n'ai jamais cessé de croire que le cas échéant ils devraient le payer. De fait, voici qu'ils le paient et, bien entendu, nous, Français, devrons le payer aussi. Toutefois, étant donné les sentiments qui sont au fond de l'âme de nos soldats, je crois que la bataille ne sera pas de longue durée. Mais, si brève soit-elle, les Allemands vont accourir !

Et le général de s'étonner que le plan des Alliés ne vise pas en premier objectif Bizerte où les forces de l'Axe risquent de débarquer : « Faute pour les Américains de vouloir courir le risque d'y aborder directement, on aurait pu, pour peu qu'on nous l'eût demandé, y débarquer la division Kœnig. » La remarque plonge immédiatement dans l'embarras Churchill et Eden qui assiste à l'entretien. De Gaulle en profite pour assener l'estocade finale : « Je comprends mal que vous, Anglais, passiez aussi complètement la main dans une entreprise qui intéresse l'Europe au premier chef. »

Embarrassés, Churchill et Eden ne savent quoi répondre. C'est alors que de Gaulle, selon sa méthode, se montre magnanime tandis que ses interlocuteurs redoutaient une scène pénible. Son seul but, assure-t-il, était l'unité, il n'exclut pas d'avoir des contacts avec les autorités françaises d'Afrique du Nord, sous réserve que les éléments vichyssois soient éliminés. « Si, par exemple, Darlan devait régner sur l'Afrique du Nord, il n'y aurait aucun accord possible. » L'effet de ces bonnes paroles ne se fait pas attendre : rassuré, soulagé, Churchill s'empresse de souligner que Giraud n'aura jamais qu'un rôle militaire et que le gouvernement britannique ne lâchera jamais la France libre. Le Premier britannique est si agréablement surpris que, dès le lendemain, il fait câbler au général Spears — auquel il tenait récemment un tout autre langage — sa résolution de soutenir fermement le général.

En réagissant ainsi, de Gaulle marque des points ; l'opinion publique lui étant favorable, y compris dans les pays anglo-saxons, il comprend que l'attitude des gouvernements alliés à son égard risque d'être sévèrement jugée. Dans cette situation, la meilleure tactique qui s'offre à lui est d'éviter toute provocation et de prôner l'union. Il s'y emploie le soir même sur les ondes de la BBC :

Méprisez les cris des traîtres qui voudraient vous persuader que nos alliés veulent prendre pour eux notre Empire. Allons ! Voici le grand moment ! Voici l'heure du bon sens et du courage ! Partout l'ennemi chancelle et fléchit. Français d'Afrique du Nord ! Que nous montions en première ligne, d'un bout à l'autre de la Méditerranée, et voilà la guerre gagnée grâce à la France.

Perspective encore lointaine... Pour l'heure, en Afrique du Nord, les événements prennent une tournure imprévue. En dehors d'Alger où les combats ont cessé, les forces françaises fidèles à Vichy opposent une résistance acharnée. Représentant du général Eisenhower, le général Clark s'aperçoit vite que personne n'est disposé à obéir à Giraud, arrivé à Alger le 9 novembre. Seul Darlan, qui est au pouvoir des Américains, est en mesure d'ordonner le cessez-le-feu avec des chances d'être entendu.

Que faire ? L'urgence est aveuglante car les Allemands, d'abord surpris, commencent à diriger des troupes vers la Tunisie. Pour les Américains, il est donc capital de s'entendre avec Darlan. L'accord avec lui est d'autant plus tentant que, depuis le début des opérations, il mène un jeu très curieux. Est-il vraiment là par hasard ? On ne le saura jamais. Le probable est que la santé de son fils, atteint de poliomyélite, l'a effectivement appelé à Alger mais qu'il a prolongé son séjour dans la perspective de l'opération alliée[10]. En tout cas, il joue avec maestria du télégramme que Pétain lui a adressé le 8, à 8 h 49 : « J'ai bien reçu vos messages par l'intermédiaire de l'Amirauté et je suis heureux que vous soyez sur place. Vous pouvez agir et me renseigner. Vous avez toute ma confiance. »

On spéculera beaucoup sur ce télégramme, commente Jean-Baptiste Duroselle, et Darlan l'utilisera abondamment dans son retournement. On remarquera que cette confiance de Pétain s'adressait à un Darlan dont on ne pouvait alors prédire qu'il virerait prochainement de bord. Il semble donc que Pétain encourageait Darlan dans la mesure où il résisterait mais qu'il ne lui donnait en aucune façon un blanc-seing pour faire n'importe quoi[11].

Sur ces bases, l'opportuniste qu'est Darlan peut agir, amorcer un rapprochement avec les Américains puisque ceux-ci sont prêts à traiter avec lui. Dans la matinée du 10, un accord est ainsi conclu entre l'amiral et le général Clark : au nom du maréchal, Darlan exercera le pouvoir en Afrique du Nord et en échange il fera cesser le feu. Arrivé le jour même à Alger, Eisenhower approuve l'accord ; Roosevelt aussi, bien qu'il n'ait aucune confiance en l'amiral. L'accord, en fait, a été imposé pour des raisons purement circonstancielles par les autorités militaires locales. Réunis ce 10 novembre pour l'une des plus importantes conférences depuis le début de la guerre, les trois principaux membres du gouvernement américain, le secrétaire d'État Cordell Hull, le secrétaire à la Marine Knox et le ministre de la Guerre Henry Stimson, duquel on tient le récit de cette conférence, ont clairement exprimé leur aversion pour le régime de Vichy devenu « une vraie nullité » (pour autant la politique suivie vis-à-vis de Pétain est toujours jugée utile, nécessaire compte tenu des impératifs stratégiques), leur répugnance surtout à traiter avec Darlan — « un homme, a souligné Hull, qui a fait tirer sur nos soldats et auquel il serait bon de demander d'abord une repentance[12] ».

Cette « solution Darlan » s'inscrit dans la plus pure tradition de la realpolitik. L'amiral a un lourd passé. Il a poussé très loin la collaboration avec l'Allemagne. En mai 1941, on le sait, il a conféré avec Hitler à Berchtesgaden et a concédé des avantages aux Allemands en Syrie. Weygand s'étant opposé à sa politique, il l'a fait évincer de son poste en Afrique du Nord en termes particulièrement nets : « La France, ayant été vaincue par l'Allemagne, ne peut espérer vivre que si elle se rapproche de son vainqueur qui souhaite le rapprochement non par sentiment mais par intérêt[13]. » Seulement quelques mois plus tôt, lors de l'opération sur Madagascar, il n'avait pas hésité à déclarer à l'intention des troupes françaises : « Défendez-vous. Défendez l'honneur français. Un jour viendra où l'Angleterre paiera[14]. »

Malgré tout, les nécessités de l'heure imposent le recours à ce que Roosevelt appellera bientôt l'« expédient provisoire ». Comme prévu, Pétain désavoue Darlan, Vichy voit désormais en l'amiral un traître. À titre de représailles, les Allemands envahissent la zone sud mais les Américains ont obtenu ce qu'ils souhaitaient par-dessus tout : la fin des hostilités en Afrique du Nord. Sur place la situation redevient calme, d'autant plus que l'autorité de Darlan est immédiatement reconnue par les généraux Noguès, Chatel et Bergeret, par le gouverneur Boisson et même par Giraud devenu, à titre de consolation, commandant en chef de l'armée. Darlan, lui, avec un cynisme total entre dans son nouveau rôle et affirme, dans une lettre à Roosevelt du 2 décembre, n'avoir été guidé que par le souci de servir :

> Monsieur le Président,
> Comme je l'écrivais il y a quelques jours à l'amiral Leahy, avec qui j'ai toujours entretenu les relations les plus franches et les plus amicales, je vois l'intervention de la Providence dans la maladie de mon fils. Sans elle, je n'aurais pas été autorisé à quitter la France et je serais probablement aujourd'hui prisonnier des Allemands car, ainsi que je l'ai toujours déclaré depuis juin 1940, la flotte devait rester française ou périr.
> Grâce à Dieu, après avoir exécuté loyalement les ordres que j'avais reçus, j'ai fait cesser un combat meurtrier dont la prolongation eût été néfaste à l'amitié séculaire franco-américaine et à l'intérêt de l'Afrique du Nord. Un sang précieux aurait inutilement coulé et les forces armées de l'Afrique française ne combattraient pas aujourd'hui fraternellement aux côtés des forces alliées.
> Ainsi que je l'ai déjà écrit au commandant en chef américain en Afrique, je n'ai agi ni par calcul ni par ambition. J'ai pensé que, désigné par le maréchal, alors qu'il était libre de ses décisions, pour le remplacer éventuellement et lui succéder, je devais agir pour sauvegarder en Afrique les intérêts de la France et reprendre la politique d'entente avec les alliés, politique que notre isolement depuis l'armistice et la menace allemande suspendue sur le pays avaient conduit le maréchal à remplacer par la politique « attentiste » qu'il m'avait ordonnée de suivre jusqu'au 16 avril 1942, date à laquelle, sous la pression allemande, j'ai quitté le gouvernement.

Je n'étais resté successeur désigné du chef de l'État et commandant en chef que sur la prière expresse du maréchal qui menaçait de se retirer si je partais. Je n'ai aucune ambition personnelle. Mon seul désir est, une fois la victoire acquise, de rentrer dans la vie privée avec la satisfaction d'avoir fait mon devoir en servant mon pays de mon mieux.

F. Darlan
Amiral de la Flotte[15].

Pour le général, la conclusion de cet accord est évidemment un coup très dur. Depuis toujours, il considère l'amiral comme son principal rival. Le voir ainsi s'emparer de l'Afrique du Nord avec l'appui des Américains, et après avoir poussé loin la collaboration avec le Reich, le remplit d'amertume et de colère. Sans doute sait-il qu'il s'agit, selon sa propre expression, dans un message à Éboué le 14 novembre, « d'une sorte de transition d'opportunité[16] ». Un an plus tard devant l'ambassadeur des États-Unis, Edwin Wilson, il admettra même que des « raisons de nécessité militaire aient dicté le maintien de relations avec Vichy et l'accord avec Darlan[17] ». Reste, comme il le dira encore à Edwin Wilson, qu'il ne peut accepter d'avoir été tenu en défiance dans la phase préparatoire d'un débarquement sur le sol français. Il n'est d'ailleurs pas le seul à être indigné par les accords avec Darlan : « Alexis Léger, câble de Washington le 15 novembre Adrien Tixier, est révolté par les négociations avec Darlan. Il invite tous les Français, gaullistes ou non, à faire bloc contre cette résurrection du régime de Vichy qu'il considère comme une trahison du peuple français. En termes mystérieux, il m'a dit que le gaullisme avait une magnifique partie à jouer mais il a refusé de m'expliquer en quoi consistait cette partie[18]. » À Washington, de Gaulle a produit une impression favorable en approuvant le débarquement — le 10 novembre, lors de sa rencontre avec Knox et Stimson, le très antigaulliste Cordell Hull s'est félicité de cette attitude[19]. Pour autant la méfiance à son endroit persiste. « Hull, rapporte encore Henry Stimson, est contre toute reconnaissance de de Gaulle en raison de sa politique passée, qui a suscité trop d'ennemis et qui ne peut donc le placer en position d'opérer des ralliements en vue de la constitution d'un gouvernement[20]. »

Churchill, lui aussi, est furieux de l'accord signé à Alger ; il déteste Darlan qu'il voudrait voir fusillé, et peut-être regrette-t-il d'avoir un peu vite renoncé à sa liberté de manœuvre[21]. Sans doute est-il enfin consterné d'avoir reçu, le 12 novembre, ce message ironique de Roosevelt :

En ce qui concerne de Gaulle j'ai, jusqu'à présent, obtenu satisfaction en le laissant entre vos mains — apparemment je suis maintenant confronté à un problème similaire avec « brother Giraud ». Je crois vraiment que nous devons éviter que des rivalités ne surgissent entre les factions françaises émigrées et je ne vois pas d'objection à ce qu'un émissaire de de Gaulle visite King Pin (Giraud) à Alger. Nous devons nous souvenir qu'un combat des chefs est en train de se préparer aussi entre King Pin et Darlan, chacun réclamant le commandement suprême des forces françaises en Afrique du Nord et de l'Orient[22].

Le 16 novembre, c'est donc un Churchill inquiet, comme lui, que de Gaulle retrouve pour un déjeuner au 10 Downing Street, en compagnie d'Anthony Eden. Le Premier ministre dit son regret que Darlan ait été ainsi intronisé, insiste sur ses engagements vis-à-vis de la France libre, souligne surtout l'aspect temporaire des engagements pris par Eisenhower. Et, pour preuve de sa bonne foi, il montre à son visiteur le télégramme qu'il vient d'envoyer au président des États-Unis où il reprend ces idées. Satisfait, de Gaulle tient tout de même à exprimer de nouveau son indignation : « Songez aux conséquences incalculables que cela pourrait avoir si la France en venait à conclure que la Libération, telle que les Alliés l'entendent, c'est Darlan. Vous gagneriez peut-être ainsi la guerre sur le plan militaire : vous la perdriez moralement et il n'y aurait qu'un seul vainqueur : Staline. » Il s'insurge aussi contre le fait que la radio américaine, reprise par la BBC, fasse précéder les appels de l'amiral Darlan de la formule : « Honneur et Patrie » ; il voit en cela une escroquerie. Eden, comme à l'accoutumée, se montre encore plus chaleureux. En prenant congé du général avant le déjeuner auquel il n'assiste pas, il dit combien il est irrité et inquiet de toute cette affaire : « Elle n'est pas propre, répond de Gaulle, et je regrette que vous vous y salissiez quelque peu[23]. »

Le climat est tel que le déjeuner est empreint d'une certaine gravité. À la fin, Churchill entraîne le général dans son bureau et lui dit : « Votre position est magnifique. Darlan n'a pas d'avenir. Giraud est liquidé politiquement. Vous êtes l'honneur. Vous êtes la voie droite. Vous resterez le seul. Ne vous heurtez pas de front avec les Américains. C'est inutile et vous n'y gagnerez rien. Patientez et ils viendront à vous car ils n'ont pas d'alternative. » En partant, tandis que son hôte lui dit encore son dégoût à l'égard de Darlan, de Gaulle laisse sur la table des messages de soutien reçus de la Résistance intérieure[24].

Somme toute, le bilan de ces événements ne semble pas, a priori, complètement négatif pour le général. S'il a dû assister à l'intronisation de son pire ennemi, il a profité d'un point de vue moral, et même politique, du caractère choquant de l'accord conclu. Churchill est sincèrement indigné par la solution Darlan, et il le prouve en télégraphiant le 17 novembre à Eisenhower un message où, après avoir insisté sur l'urgence d'unir tous les Français antiallemands et les engagements pris par la Grande-Bretagne vis-à-vis des Français libres, il souligne : « Nous devons voir qu'ils ont une juste cause. Il me semble que vous et moi devons éviter à tout prix la création de gouvernements français émigrés rivaux, chacun d'entre eux étant encouragés par l'un d'entre nous. Nous devons essayer de faire fusionner toutes les forces françaises antiallemandes et faire un gouvernement uni[25]. »

Du côté américain, le général, malgré les apparences, a légèrement amélioré sa position. Une certaine mauvaise conscience à son égard se fait jour dans les milieux officiels. Le 17 novembre, Gaston Palewski en a la preuve lorsqu'il reçoit la visite d'un émissaire de l'amiral Stark, le commandant Kittredge, venu lui faire officiellement une communication de la part du président des États-Unis :

Le commandant Kittredge me remet pour le général de Gaulle, de la part de l'amiral Stark, le texte officiel des déclarations du président Roosevelt à la presse. Le commandant Kittredge ajoute : « Je suis chargé officieusement de vous faire la communication suivante :
1) Le président Roosevelt tient à faire savoir au général de Gaulle que, dans cette première phase temporaire du régime de l'Afrique du Nord, il a été décidé, dès le début, que chaque autorité civile ou militaire française se verrait attacher un officier de liaison ou un agent civil américain ou britannique. Celui-ci doit veiller à la conformité des actes des autorités françaises avec les principes que nous servons.
2) À l'issue de cette période temporaire, un règlement d'ensemble interviendra pour toute l'Afrique du Nord française. Dans la détermination de ce règlement, la France combattante aura la place qui lui revient.
3) Il n'était nullement dans les intentions du gouvernement américain d'avoir recours aux services de l'amiral Darlan. Le gouvernement américain pensait que le général Giraud, à lui seul, réussirait à attirer à lui les forces militaires de l'Afrique du Nord. Or le général Giraud s'est trouvé devant un mur dont l'amiral Darlan, seul, avait les clefs. C'est pourquoi le général Giraud s'est résigné à recevoir, à son corps défendant, l'investiture de l'amiral Darlan. Les officiers français désiraient être garantis par une sorte de liaison morale avec le maréchal Pétain. Mais il est entendu que tout cela est essentiellement transitoire, temporaire, dépendant des nécessités de la bataille, et doit prendre fin avec la bataille elle-même[26]. »

En remerciant l'émissaire de sa communication, Gaston Palewski lui signifie que, bien évidemment, le chef de la France libre ne peut être ravi d'apprendre l'existence de ces « officiers de liaison » dont les fonctions sont incompatibles avec la souveraineté française, mais que la promesse que son mouvement soit pris en compte dans un règlement ultérieur ne peut que le réjouir. Par ailleurs, il apparaît que Washington souhaite le plus vite possible une prise de contact entre les gaullistes et Giraud. Bien qu'elle ait été confidentielle et officieuse, la mission du commandant Kittredge était un signe de la considération qu'en dépit de tout on commençait à porter à de Gaulle et à son mouvement.

La meilleure arme du général — et compte tenu de l'évolution de la guerre, elle ne risque pas de lui faire défaut —, c'est tout simplement l'opinion des pays alliés, qui comprend de moins en moins l'ostracisme dont il est l'objet. De ce fait, la position de Roosevelt n'est pas facile. Aux États-Unis, la cause de la France libre a récemment beaucoup progressé. Le 29 octobre, dans un important article du quasi officiel *Washington Post*, Walter Lippman a plaidé avec beaucoup de chaleur la cause du général et appelé de ses vœux une prompte reconnaissance. Et Lippman n'est pas isolé puisque, dès que l'accord Darlan-Clark a été connu, la Maison-Blanche a croulé sous un déluge de protestations. En Grande-Bretagne aussi l'opinion est indignée, la presse s'agite. À la BBC, au sein même du cabinet de guerre, les protestations fusent. Eden, en particulier, ne fait pas mystère de son désaccord avec la ligne imposée par les États-Unis et que Churchill, malgré ses protestations de fidélité à la France libre, est bien obligé de suivre.

Pour calmer le jeu, Roosevelt est donc contraint de souligner le caractère provisoire de l'accord. En privé, il répète souvent un vieux proverbe des Balkans : « On peut marcher avec le diable pour franchir un pont. » Auprès de Churchill, il s'emploie aussi à se justifier dans un message télégraphié le 17 novembre. Après avoir déclaré qu'il comprend que l'opinion britannique ne puisse admettre l'accord provisoire signé avec Darlan et qu'en toute hypothèse le peuple français doit avoir le dernier mot, le président souligne :

> Le présent arrangement provisoire a atteint deux objectifs militaires. Le premier a été de sauver des vies américaines et anglaises d'un côté, françaises de l'autre. L'arrangement temporaire a évité une période de « coup de balai » à Alger et au Maroc qui aurait pu durer un mois ou deux. Un tel épisode aurait retardé la concentration de l'attaque depuis l'ouest de Tunis et nous l'espérons sur Tripoli [...]. Les arrangements temporaires faits avec l'amiral Darlan s'appliquent sans exception à la situation locale. J'ai demandé la libération de toutes les personnes qui, en Afrique du Nord, ont été emprisonnées en raison de leur opposition à la tentative des nazis de dominer le monde et j'ai demandé l'abrogation de tous lois et décrets inspirés par le gouvernement nazi ou l'idéologie nazie. Les rapports indiquent que les Français d'Afrique du Nord subordonnent toutes les questions politiques à la formation d'un front commun contre l'ennemi commun[27].

La partie pour de Gaulle est, cependant, loin d'être gagnée. Le 20 novembre, Roosevelt reçoit Adrien Tixier et André Philip. La rencontre se passe mal[28]. Les deux Français sont en retard. De manière directe, le président indique à ses hôtes que, selon ses vues, l'Afrique du Nord est en état d'occupation militaire, que son seul problème est de gagner la guerre, que pour cela il est prêt à s'allier à n'importe qui : Darlan aujourd'hui en Afrique du Nord et demain pourquoi pas le « diable » Laval, si ce dernier lui offre les clés de Paris. Roosevelt a beau répéter que son objectif est de rendre à la France son indépendance, et manifester le désir de rencontrer le général de Gaulle, ses visiteurs ne dissimulent pas leur opposition aux perspectives évoquées. Le même jour, Pierre de Chevigné, chef de la délégation militaire de la France libre, est, lui, reçu par John Mc Cloy et l'entretien ne tarde pas à faire apparaître les arrière-pensées des responsables américains. L'assistant du ministre de la Guerre comme toujours se montre sympathique envers la France libre, confidentiellement il donne à son visiteur la substance d'un message d'Eisenhower indiquant les raisons de son ralliement à la solution Darlan ; mais de ce message et de son propre commentaire, il ressort que « si le général Giraud n'a rien donné, les Américains ne le lâcheront pas car il est à Alger le seul chef français qui ne soit pas encore trop discrédité et qui puisse encore faire quelque illusion de loin en métropole[29] ». Tel paraît bien, en effet, l'objectif désormais poursuivi par Washington : dès la conférence improvisée du 10 novembre, Cordell Hull a indiqué à ses collègues Knox et Stimson que Giraud lui semblait être « un homme dominant de Gaulle et qui pourrait commander les Français avec plus de loyauté et moins d'acrimonie que lui[30] ». Darlan, provisoirement remis en selle et étroitement surveillé politiquement par Robert Murphy du propre aveu d'Eisenhower, Washington, sous couvert d'union, semble donc vouloir mettre à terme Giraud sur orbite[31].

De Gaulle a bien senti le danger et Eden étant, l'expérience l'a prouvé, beaucoup moins réceptif que le Premier ministre aux arguments américains, c'est auprès de lui qu'il s'est rendu le 19 novembre. L'accord avec Darlan, a-t-il fait valoir, a eu des résultats désastreux sur l'opinion française, et, pour le prouver, il a étalé sous les yeux de son hôte des rapports du général d'Astier de la Vigerie et d'Yvon Morandat. Et sans plus tarder, fidèle à sa méthode qui consiste à clouer l'adversaire au sol avant qu'il ait pu réagir, il a attaqué Giraud. Le 9, à Charles Peake, il avait clairement déclaré que, « se jugeant beaucoup plus intelligent que son rival, il ne voyait pas d'inconvénient à s'associer à lui, certain de mener en définitive la barque ». Cette fois, le danger se précisant, il a placé Giraud en mauvaise posture en insistant auprès d'Eden sur la lettre que celui-ci avait adressée à Pétain, le 4 mai 1942, message au terme duquel il s'était engagé à ne pas perturber les relations entre le gouvernement de Vichy et les Allemands :

De Gaulle : La situation en Afrique du Nord est catastrophique. L'opinion française a été si choquée qu'il n'est pas exclu que Pierre Laval propose maintenant de déclarer la guerre aux Alliés. Contrairement à ce que vous croyez, la déclaration de Roosevelt sur le caractère temporaire de l'arrangement avec Darlan n'a rien arrangé. Les Américains ont décidé d'agir comme bon leur semble, de décider ce qui doit être fait en territoire français. L'essentiel est que d'abord la souveraineté française soit restaurée et qu'ensuite l'Afrique du Nord soit réintroduite dans la guerre aux côtés des Alliés. De cet objectif, rien ne pourra me faire dévier
A. Eden : La situation militaire, dans quelques jours, sera plus claire. Je pense que Darlan sera éliminé, les Américains, qui sont tous hostiles à Vichy et aux mesures antidémocratiques prises par ce régime, appuieront une nouvelle administration, le moment venu vous pourrez entrer en contact avec celle-ci pour réaliser l'union de toutes les forces françaises hostiles à l'Axe et décidées à se battre.
Le général, précisera Eden à l'intention de Peake, refuse d'être réconforté mais semble néanmoins d'humeur plus douce — ce qui ne l'empêche pas de décrocher un trait à Noguès qu'il traite de « pauvre créature »[32].

Chaque jour, les événements justifient la circonspection et la méfiance du général. Rassurantes, les perspectives évoquées par Eden sont lointaines. Pour l'heure, l'hypothèse d'une sorte de tutelle américaine sur l'Afrique du Nord se précise. Roosevelt n'en fait pas mystère dans un message adressé à Churchill le 21 :

En ce qui concerne l'Afrique du Nord et peut-être d'autres zones, je crois que nous devrions, vous et moi, songer à la possibilité de nommer un Anglais ou un Américain à qui serait donnée l'autorité non d'administrer mais d'avoir un droit de veto sur les administrations civiles françaises et de les amener en de rares circonstances à suivre une certaine politique. Par exemple, j'ai envoyé un mot à Eisenhower pour lui dire que tous les prisonniers politiques en Afrique du Nord et de l'Ouest doivent être libérés. Si Darlan ne réussit pas à appliquer cette directive, Eisenhower doit tout de suite exercer son autorité en tant que commandant en chef et prendre une action indépendante en de telles matières[33].

Jamais peut-être Roosevelt n'a plus clairement dévoilé ses intentions qu'à travers cette lettre, confirmant l'hypothèse évoquée devant Gaston Palewski par le commandant Kittredge[34]. On notera aussi que dans l'esprit du président ce système d'administration, en partie double, n'est nullement temporaire mais appelé à durer un temps indéterminé. Il paraît enfin devoir s'appliquer le cas échéant à d'autres zones.

Circonstance aggravante : Churchill, de plus en plus, s'aligne sur les positions américaines. À présent, son bref sursaut provoqué par la mauvaise conscience après le débarquement est bien oublié. Chaque jour ou presque de Gaulle peut constater que la résistance du Premier ministre aux souhaits de ses alliés faiblit. Lors du déjeuner du 16 novembre, il avait obtenu de lui la diffusion d'une mise au point stipulant que le Comité national et lui-même ne prendraient « aucune responsabilité dans les négociations en cours en Afrique du Nord et ne sauraient être engagés par elles ». Le 16 novembre au soir, Maurice Schumann a lu le texte à la BBC, de Gaulle l'a communiqué à Jean Moulin. Frenay et Emmanuel d'Astier l'ont emporté en France occupée dans la nuit du 17 au 18. Peu après, l'avion que les deux chefs de réseaux ont emprunté est revenu en Grande-Bretagne avec à son bord le général d'armée aérienne François d'Astier de la Vigerie, frère d'Emmanuel, et le jeune syndicaliste Yvon Morandat, premier chargé de mission politique du général en France qui avait entre les mains le numéro 19 de *Libération* du 15 novembre reproduisant un « message aux Alliés » signé par tous les chefs de file de la Résistance en zone sud — document important où se trouvent à la fois exprimés la solidarité avec les Alliés, le refus de tout compromis avec Darlan et le souhait de voir de Gaulle chargé des intérêts français. Or les Britanniques refusent de laisser diffuser ce texte. Le 22, Churchill s'en explique auprès de Roosevelt en des termes qui se passent de commentaire :

J'ai pensé que, dans la perspective des opérations en cours, je ne devais pas autoriser quoi que ce soit susceptible de compromettre l'arrangement fait avec Darlan ou de nuire à la situation militaire. J'ai donc mis mon veto. On a fait valoir à de Gaulle que les opérations étant sous commandement américain j'avais jugé bon de prendre votre avis... Si votre sentiment est que des diffusions de ce genre ne sont pas désirables pour le moment, étant votre lieutenant ardent et actif, je m'en remettrai à votre décision sans murmure[35]...

Tout cela, de Gaulle n'en est pas complètement informé mais il a une claire conscience du danger qui le menace — le plus sérieux sans doute depuis les débuts de la France libre — et il réagit, contrairement à son habitude, avec modération, clairvoyant sur l'étroitesse de sa marge de manœuvre. Le 24 novembre, par exemple, lorsqu'il est reçu par Churchill pour un entretien oublié par les historiens, il a tous les motifs d'être mécontent. L'émission de la France libre « Ici Londres », qui auparavant répétait à satiété le slogan de Van Moppès : « Un amiral nommé Darlan est garanti proallemand », a été sommée, notamment par les services anglais, de ne faire allusion à l'amiral que de façon très sobre. Peu de temps auparavant le général a aussi eu connaissance de la teneur de l'entretien que Tixier a eu avec Roosevelt et de la position de ce dernier. Or à ces déconvenues et provocations, de Gaulle, devant Churchill, oppose un calme olympien. L'attitude de Washington vis-à-vis de la France libre ? Il l'expose aussi calmement que possible. L'invitation — un peu surprenante — du président à aller le voir à Washington ? Il est prêt à l'accepter : « Je pourrais refuser avec dureté mais je pense que ma visite pourra servir à éclairer le président sur certaines questions. » L'avis demandé à Roosevelt quant à l'opportunité de diffuser le discours du général ? Pour le chef de la France libre la chose est normale : « Puisque je suis sur le sol britannique je ne peux prétendre user librement de la BBC[36]. » La placidité du visiteur est évidemment dictée par des motifs très diplomatiques. Elle n'en est pas moins remarquable.

Faut-il voir là l'effet de la lettre, d'une liberté de ton assez stupéfiante, que Pierre Brossolette a adressée au général le 2 novembre et dans laquelle il lui reprochait certaines erreurs de comportement ? L'hypothèse résiste difficilement à l'examen puisque l'on sait que de Gaulle prit très mal cette critique. Plus vraisemblable est l'effet réconfortant produit par le soutien maintenant presque unanime des diverses composantes de la Résistance et de leurs chefs. L'arrivée à Londres, le 17 novembre, du général François d'Astier de la Vigerie et d'Yvon Morandat, porteur du message de soutien auquel on a fait allusion, l'a d'autant plus réjoui que le général d'Astier lui a résumé en ces termes l'état d'esprit des milieux résistants : « Tout le monde en France est unanime sur les deux points : Darlan est un traître qui doit être liquidé. Giraud a le devoir de se rallier à la France combattante. » La Résistance, à cette époque, est encore loin d'être un mouvement de masse, elle est le fait d'hommes courageux et de groupes déterminés. Reste qu'il est capital qu'en un tel moment, où le pire peut advenir, les uns et les autres proclament leur attachement à l'homme qui a dit non en juin 1940. Significative est à cet égard la position de Brossolette : si critique soit-il vis-à-vis de certains traits de caractère du général, il place tous ses espoirs en lui et en lui seul. Il l'a écrit clairement dans un article paru dans *La Marseillaise* du 27 septembre 1942 où il fustigeait le retour des « comitards » de la République disparue et appelait de ses vœux un régime nouveau débarrassé de l'ancien système des partis.

Il est heureux en tout cas que le général s'arme de patience car tout indique que Churchill traverse une phase d'hostilité aiguë à son égard. Le 26 novembre, il va jusqu'à dire à Eden : « Darlan a fait davantage pour nous que de Gaulle. » Deux jours plus tard, Oliver Harvey note dans son journal que le Premier ministre est de plus en plus favorable à Darlan[37]. Le point d'orgue de cet accès d'antigaullisme aigu sera atteint deux semaines plus tard dans un discours que Churchill prononcera lors d'une session secrète du Parlement ·

J'ai essayé dans toute la mesure du possible de collaborer avec le général de Gaulle en tenant compte des nombreux problèmes auxquels il se heurtait, de son caractère difficile et de l'étroitesse de ses vues... nous persisterons dans cette voie jusqu'au bout. Pourtant vous auriez tort de croire que le général de Gaulle soit un ami indéfectible de l'Angleterre. Au contraire, je crois qu'il fait partie de ces bons Français dont le cœur est marqué depuis longtemps par des siècles de guerre contre l'Angleterre[38].

De Gaulle, selon toute vraisemblance, n'aura jamais connaissance de ces appréciations. Pour autant il n'est pas dupe du glissement de plus en plus clair du Premier ministre en direction des thèses américaines · il le dit en particulier nettement à Trigve Lie, ministre des Affaires étrangères de Norvège[39].

Le général est d'autant plus inquiet que d'autres signes indiquent que Darlan marque des points et que la solution provisoire qu'il était censé représenter pourrait bien se prolonger. « Depuis le 18 juin 1940, souligne à bon droit Henri Amouroux, de Gaulle avait eu des concurrents : jamais de l'importance, de la qualité intellectuelle et de l'habileté manœuvrière de Darlan qui — pour avoir dirigé le gouvernement français entre février 1941 et avril 1942 — a de surcroît la connaissance de la plupart des dossiers[40]. » Loin d'être un figurant cadré par ses « conseillers » anglo-saxons, l'amiral de la Flotte, qui pense que son heure a sonné, multiplie les initiatives. Entre le 30 novembre et le 2 décembre, il jette notamment les bases de la Fédération impériale française au cours de séances de travail auxquelles participent Boisson, Giraud, Noguès, Bergeret, le gouverneur général Chatel. Par là même, il affirme sa vocation à succéder au maréchal « empêché ». La formule, quasi monarchique, qu'il utilise dans son texte n'est pas innocente. En prétendant agir en vertu de pouvoirs conférés par le maréchal de France, chef de l'État, l'amiral de la Flotte sait qu'il est susceptible de rallier bien des cadres administratifs ou militaires, attachés à Pétain, hostiles à de Gaulle. Il est vrai qu'il n'y réussit pas complètement puisque le 27 novembre, ignorant ses appels à rejoindre Alger, avec ses bâtiments, l'amiral de Laborde, commandant la flotte française à Toulon, donne l'ordre de sabordage, face à la menace immédiate d'une mainmise allemande. Ordre immédiatement exécuté qui retire à la France un atout majeur dans la poursuite de la guerre et que de Gaulle stigmatisera à juste titre[41].

Face à cet alignement britannique sur Washington et à cette montée en puissance de Darlan on peut comprendre que de Gaulle soit tenté de poursuivre sa politique de revers entamée au printemps vis-à-vis de Moscou. Les Soviétiques de leur côté paraissent alors plus réceptifs aux offres qui pourraient venir de la France libre : le 20 novembre, par exemple, l'ambassadeur d'URSS à Londres, Maisky, est venu voir Anthony Eden pour lui demander des explications sur les événements d'Afrique du Nord. S'exprimant « *off the record* » il n'a pas caché sa crainte de voir les Anglo-Saxons porter au pouvoir en France des personnalités notoirement antisoviétiques comme Darlan, Flandin ou Pucheu[42].

Profitant de cette bonne disposition, le général, dès le 4 décembre (après avoir renoncé à se rendre aux États-Unis), évoque devant le même Maisky l'hypothèse d'une situation telle que la France libre serait contrainte de se saborder comme la flotte de Toulon : « Puis-je alors compter sur l'appui de l'URSS ? » Prudent, le diplomate évite de s'engager sur une question aussi délicate et conseille la circonspection. Il en faudrait manifestement plus pour décourager de Gaulle, exaspéré par les Anglo-Saxons. Le 13 décembre, il décide donc de franchir un pas de plus et prend l'initiative, inhabituelle, de se rendre à l'ambassade soviétique à Londres, toujours pour s'y entretenir avec Ivan Maisky. Cette fois, le chef de la France libre ne s'embarrasse plus des précautions oratoires : alors qu'il se trouve en territoire britannique et sous la protection d'autorités réputées, malgré tout, amies, il ne craint pas de s'interroger non seulement sur l'attitude des Américains mais sur celle des Britanniques, soupçonnés eux aussi de vouloir pactiser avec le diable. Pour de Gaulle, tout est clair désormais : « Si Darlan gagne, l'étape suivante de la politique américaine sera l'installation au pouvoir de Dino Grandi ou du maréchal Badoglio en Italie, de l'ancien chancelier von Papen et peut-être même du maréchal Göring en Allemagne. » Interrogé sur les intentions de son gouvernement, Maisky une fois de plus reste évasif, ce qui n'empêche pas son visiteur d'insister de manière très appuyée sur ses bonnes dispositions : « Après m'avoir fait ses adieux, rapporte le diplomate, de Gaulle a atteint la porte. Il s'est ensuite retourné, il m'a regardé droit dans les yeux et d'une voix basse il m'a dit : "De tout mon cœur, je souhaite que vous soyez à Berlin avant les Américains[43]." »

Compte tenu de la maîtrise légendaire du général, du soin qu'il apporte à chacun de ses gestes, tout indique qu'en s'exprimant ainsi il voulait adresser un signe fort aux Soviétiques — en négligeant ce que les archives soviétiques prouvent aujourd'hui, c'est-à-dire l'absence d'illusions du gouvernement de l'URSS sur ses sentiments, ses buts, ses arrière-pensées.

> La Grande-Bretagne et les États-Unis, écrivait ainsi Bogomolov à Molotov le 15 octobre, veulent qu'après la guerre la France reste un pays sans grand potentiel économique et militaire. Elles essaient d'organiser à Londres l'opposition antigaulliste. Dans cette opposition, on peut distinguer les groupes suivants : le journal *France,* lié aux Anglais ; le groupe autour de Muselier qui représente la flotte française ; Labarthe avec sa revue *La France libre,* liée aux Anglais et aux Polonais. Le but principal de ces groupes est d'éliminer de Gaulle et son influence sur la politique française après la libération. En l'Union soviétique, de Gaulle voit un appui pour sa politique. De Gaulle, comme les Anglais, a peur de la révolution en France... De Gaulle, poursuivait Bogomolov, c'est le général qui rêve de la grandeur passée de l'Empire français impérialiste... Dans le comportement de de Gaulle, il n'y a rien de démocratique. C'est un impérialiste français[44].

Bogomolov stigmatisait par ailleurs deux collaborateurs de de Gaulle, Passy, accusé d'être un ancien espion allemand, et André Diethelm, très lié au « grand capital belge », le seul trouvant grâce à ses yeux étant Maurice Dejean, « personnage mythique du Quai d'Orsay, partisan d'une alliance stable avec Moscou [45] ».

En réalité, c'est en toute conscience des enjeux nationaux à venir — les seuls qui l'intéressent pour le moment — que le général s'est lancé dans cette partie délicate, voire risquée. Les circonstances ayant amené le PCF à fournir à la Résistance intérieure un apport essentiel, il sait qu'il ne peut ignorer cette réalité et que, peut-être, le moment venu, en position de contrôler les communistes, il lui faudra les intégrer, ménager aussi l'Union soviétique. Le général, on ne le soulignera jamais assez, n'a rien d'un compagnon de route. S'il mène cette politique, c'est en toute lucidité, sinon sur la nature réelle de l'URSS qui lui échappera toujours, du moins quant à l'orientation de sa politique étrangère. Molotov, il le répétera souvent, ne le soutient qu'à des fins très intéressées. Pas de sentiment dans cette ligne vis-à-vis de l'URSS et des communistes, laquelle ne soulève de vraies questions que dans la mesure où elle amène parfois le général à commettre de graves imprudences et à susciter, en particulier, dans le monde anglo-saxon des réactions de méfiance.

En l'occurrence, c'est ce qui se passe, bien que la situation évolue en sa faveur. S'il étend ses compétences de manière continue, s'il affirme sa vocation à prendre en main la France libérée (du « haut-commissaire pour la France en Afrique », il devient soudain dans les documents officiels « haut-commissaire de France résidant en Afrique [46] »), Darlan est malgré tout de plus en plus contesté. Du côté américain, bien que Murphy reste son avocat éloquent et qu'un ministre aussi important qu'Henry Stimson soit impressionné par sa métamorphose, ses soutiens sont moins nombreux. Le 5 décembre, Matthews dit ouvertement à Catroux qu'il a trop approché Darlan pour avoir confiance en lui [47]. Le 6, Roosevelt le traite de « *sconce* puant » devant le général Sikorski. Le 13, à Kouïbychev, Raymond Schmittlein reçoit des confidences d'un diplomate américain, Henderson : « Nous connaissons bien Darlan et nous n'avons pour lui que du mépris et de la haine. Depuis le 8 novembre, il nous sert ; en outre, il est un véritable prisonnier et fait ce qu'exige Eisenhower. Dès que nous pourrons nous passer de lui, il disparaîtra. » Or, de ce relatif abandon de l'amiral de la Flotte, de Gaulle, du côté américain, ne tire pas avantage. André Philip à Washington en a bien vu la raison : « Il semble qu'on y voie avec beaucoup d'appréhension nos bonnes relations avec l'URSS et que le retour de la France à sa politique traditionnelle d'amitié et d'alliance avec l'URSS soit considéré avec souci et même désapprobation [48]. » La justification de la politique du général à l'égard des communistes et de l'URSS est essentiellement d'ordre intérieur, on le verra encore mieux plus tard. À l'extérieur, les inconvénients l'emportent.

Le jeu du général apparaît, en vérité, très serré. En butte à l'hostilité des Américains, en passe d'être abandonné par Churchill, objet de la sollicitude intéressée des Soviétiques, la seule voie qui s'offre à lui est d'affirmer avec sans cesse plus de force son opposition à Darlan et de tenter de jouer l'un de ses alliés contre l'autre. C'est précisément à ce double et difficile exercice qu'il se livre le 9 décembre lors d'un déjeuner chez Anthony Eden en compagnie de Catroux. Une rencontre capitale, passée sous silence par toutes les études consacrées à la période[49], où apparaît, pour la première fois au détour d'un dialogue, la perspective d'une élimination de l'amiral Darlan, opération que le général souhaite expressément voir exécuter par des Français et non par des étrangers. D'entrée de jeu, de Gaulle se livre à un monologue[50] :

Les avantages militaires de la politique adoptée par les Américains risquent d'être sérieusement contrebalancés par les inconvénients politiques. Ce qui vient de se passer est en fait la crise la plus grave survenue dans les affaires françaises depuis 1940. Les Américains, les plus mal conseillés, se sont ligués avec les forces de la capitulation. J'ai le net souvenir d'un entretien entre M. Bullitt et Paul Reynaud, quand le gouvernement français était sur le point de quitter Paris. M. Bullitt avait dit qu'il restait lui-même à Paris et qu'il n'accompagnerait pas le gouvernement. Cette attitude de l'ambassadeur des États-Unis avait grandement inquiété M. Reynaud puisqu'elle lui semblait indiquer que M. Bullitt pensait déjà que la France était perdue et que les Américains se rangeaient du côté de la capitulation, avant même cet événement malheureux.

À l'heure actuelle, il n'y a pas de questions purement militaires ou stratégiques et les Américains font une grande erreur en pensant cela. Une guerre est maintenant conduite non seulement par les armées de terre, de mer ou de l'air, mais par les peuples. C'est un fait que le président Roosevelt a ignoré dans sa politique en Afrique du Nord. Depuis l'armistice, il a prêté trop d'attention aux groupes d'hommes qui ont pris le pouvoir à Vichy et trop peu aux sentiments du peuple français que l'ambassadeur américain à Vichy semble totalement ignorer.

Dans ces circonstances, il est assez mauvais qu'un commandant militaire comme le général Eisenhower puisse tenir dans ses mains la politique des États-Unis et de la Grande-Bretagne vis-à-vis de la France. J'ai confiance en la bonne foi du président mais il est mal conseillé par les autorités civiles et militaires, en particulier M. Murphy à Alger. Aucun Américain en poste à Alger ne semble avoir la moindre idée des implications politiques plus larges de ce qui est en train d'être fait.

Un régime politique n'a quelque substance et stabilité que s'il est fondé sur une autorité morale, ou une mystique. Il y a trois mouvements en France qui sont dans ce cas. Le régime de Vichy, si détesté qu'il puisse être, a une base parce qu'il est fondé sur le mythe de Pétain. Les communistes évidemment ont une base philosophique pour leur action. Les gaullistes aussi ont leur philosophie que j'ai moi-même constamment exposée. Les relations du gouvernement américain et du gouvernement de Sa Majesté avec ces trois mouvements sont d'une importance vitale pour le futur.

Le mouvement gaulliste est le seul qui, en France, a toujours été très attaché à l'alliance britannique. Si, grâce aux efforts mal renseignés des Américains, le régime de Vichy était fermement établi dans la France à venir, le blâme tomberait largement sur le gouvernement de Sa Majesté : les Américains se retireront d'Europe après la guerre et le peuple français n'a aucune illusion quant à leur ignorance des problèmes européens. Mais le jugement de la

France serait que la Grande-Bretagne aurait dû mieux s'informer avant d'autoriser ce qui s'est passé.

Nous devons aussi nous souvenir que le présent soutien soviétique au mouvement gaulliste est de caractère tactique. M. Molotov m'a dit très franchement que le gouvernement soviétique soutiendrait la France combattante aussi longtemps que la France combattante serait florissante mais, si la France combattante venait à décliner, le soutien soviétique se porterait sur les communistes. Il n'est de l'intérêt de personne que la France devienne un régime communiste. Il me semble par conséquent que les intérêts du Royaume-Uni et de la France combattante sont indissolublement liés.

Vichy représente quelque chose, les gaullistes représentent quelque chose, Darlan, lui, ne représente absolument rien si ce n'est sa propre ambition de mauvais aloi. C'est la raison pour laquelle il s'accroche toujours à Pétain qui l'a désavoué. C'est une fiction de supposer que Darlan contrôle l'Afrique du Nord. Le peuple n'est certainement pas derrière lui. Récemment à Chequers, le Premier ministre m'a montré un film représentant l'accueil populaire réservé aux troupes américaines à Alger. J'ai fait observer au Premier ministre que ce n'était pas pour Darlan que la foule applaudissait et faisait le V de la victoire. L'autorité de Darlan repose sur les 200 000 riches coloniaux qui, pour des raisons évidentes, souhaitent maintenir le régime de Vichy. Darlan ne contrôle pas plus l'armée. Le général Noguès a maintenu l'armée du Maroc intacte sous son commandement. Il est prêt à agir contre les Espagnols s'ils envahissent le Maroc espagnol ou à traiter avec les Arabes en cas de troubles. Mais il est aussi prêt au chantage ou même à gêner les Américains s'il pense que c'est son intérêt. Le général Giraud a très peu de troupes sous son commandement. Les forces dont il dispose sont essentiellement composées de la petite partie de l'armée tunisienne qui n'a pas été battue à Bizerte et Tunis et dans d'autres endroits sous contrôle de l'Axe.

J'ai dit au Premier ministre il y a quelques jours que le président Roosevelt avait perdu en Europe le leadership moral et qu'il était essentiel qu'il l'assume désormais. Il est nécessaire en tout cas pour la politique britannique d'être clairement exprimée même si cela doit faire apparaître une différence entre Londres et Washington. Le monde attend de Londres des paroles claires.

Eden n'est certainement pas complètement dupe de la manœuvre de son visiteur. Le chef de la diplomatie britannique n'en est pas moins un admirateur sincère du général. Du côté britannique il est à coup sûr l'un des adversaires les plus déterminés de l'« expédient provisoire ». Mis en confiance, il se décide donc à poser la question sans doute attendue par de Gaulle :

— Au cas où Darlan disparaîtrait de la scène, pensez-vous qu'il vous serait possible de parvenir à un accord avec les autorités françaises en Afrique du Nord et d'unifier l'Empire français dans la guerre ?

— À mon avis, Darlan est le seul obstacle. Personne d'autre n'a d'importance. Son régime se déliterait aussitôt après sa disparition et les éléments les plus sains pourraient être laissés sur place. En temps voulu, la mystique de Vichy laisserait place à la mystique du gaullisme déjà forte dans la région. La solution pourrait être d'établir un comité à Alger, avec le général Catroux qui recevrait le titre de haut-commissaire ou de délégué général et le général Giraud qui serait en charge des affaires militaires, son seul centre d'intérêt véritable.

Par quels moyens politiques un tel résultat pourrait-il être atteint ? À cette question, Anthony Eden note que le général n'a pas de suggestion pratique à offrir. Il semble donner son assentiment à l'opinion exprimée par le général Béthouart selon laquelle tout changement doit être opéré par des Français et non par des étrangers. « Il y a un point, conclut le général, sur lequel je suis d'accord avec Darlan contre les Américains, c'est la nécessité absolue de respecter la souveraineté française. »

D'évidence, l'étau se resserre autour de Darlan qui aggrave son cas fin décembre en établissant un projet de constitution. Contre lui, l'animosité est grande un peu partout, l'opinion globalement lui reste hostile, sa position internationale est précaire. L'homme est l'objet de haines d'autant plus vives qu'on le sait malgré tout dangereux, bénéficiant d'appuis du côté américain, susceptible peut-être de rallier des personnalités arrivées récemment en Afrique du Nord, par exemple, Maurice Couve de Murville.

De Gaulle, avec sa grande intuition, ressent cette évolution et, si l'on ne sait pas tout de son activité concernant l'amiral dans les jours qui suivent, un rapport, lui aussi inédit, atteste qu'il prépare l'avenir puisque, après avoir conféré avec Eden, il a, le 17 décembre, un long échange de vues avec l'amiral américain Stark[51] qu'il estime depuis qu'il l'a connu à Londres quelques mois plus tôt. L'amiral est peu influent, peu écouté, au dire de Curtis Roosevelt, petit-fils du président. L'argumentation développée par de Gaulle auprès de lui n'en mérite pas moins d'être connue, tant elle éclaire ce qui va se passer à Alger en cette fin d'année 1942, tant elle montre aussi sa hauteur de vues, son habileté, sa tendance persistante aussi à essayer de jouer les Américains contre les Anglais et vice versa.

Les États-Unis, l'Angleterre et les autres pays alliés ont commis une lourde erreur en traitant séparément avec des morceaux de l'Empire français, les différents groupes de Français, sans reconnaître l'unité essentielle de la France qui est le produit de l'histoire française et de la vie nationale. La France est plus que la somme de toutes les parties qui la composent. C'est une entité vivante. Tous les Français, tant en métropole que dans les colonies, sont en quête d'une autorité centrale. C'est la raison pour laquelle la France depuis 1940 a compté soit sur Pétain, soit sur de Gaulle. Tous les responsables locaux français sont conscients de l'importance de ce fait, de la nécessité de dépendre de quelque autorité centrale française symbolisant cette unité centralisée.
Le général Giraud lorsqu'il est arrivé en Afrique du Nord s'est tout de suite aperçu qu'en tant que particulier, en tant que chef militaire distingué et même en tant qu'associé des chefs militaires alliés, il ne comptait pour rien. C'est seulement lorsqu'il s'est présenté sous les auspices d'une autorité qui paraissait personnifier la France — même la France de Vichy — qu'il a été accepté en tant que commandant en chef français et obéi. Les Américains, avec leur tradition constitutionnelle fédérale, leurs habitudes d'autonomie locale et leurs dirigeants locaux, peuvent commettre facilement l'erreur d'appliquer leur propre tradition aux Français. De fait, les Américains ont essayé de traiter, dans de nombreuses parties du monde, avec les autorités locales françaises sans comprendre que leurs pouvoirs venaient seulement d'une autorité cen-

trale et qu'aucun responsable français ne pourra se dissocier d'une autorité symbolique nationale, qu'il s'agisse du maréchal à Vichy, de Gaulle et du Comité national à Londres ou maintenant — résultat de l'action du commandement allié — celle que Darlan exerce au nom de Vichy.

Les Américains et les nations unies ne pourront jamais résoudre le problème africain en traitant seulement avec les autorités locales qu'ils ont trouvées par hasard. Le problème de l'Afrique du Nord ne peut être résolu, comme tout autre problème local, qu'en tenant compte des intérêts et des attitudes nationales françaises.

Je comprends, en revanche, que le général Eisenhower ait pris en Afrique du Nord des décisions dans l'urgence et pour des raisons militaires afin de permettre au corps expéditionnaire de s'établir rapidement, de se heurter à une résistance aussi faible que possible, de s'assurer des soutiens locaux, et de pouvoir ainsi amorcer une attaque immédiate contre les positions de l'Axe en Tunisie et à Tripoli. En tant que soldat, je peux comprendre cela et être d'accord avec les décisions du général Eisenhower.

Le danger, qui est déjà en train de devenir réel, est que Darlan et ses acolytes, soigneusement placés dans des positions de commandement, puissent transformer des arrangements temporaires en reconnaissance politique. La vaste majorité de la population et une large proportion des officiers et des officiels soutiennent Darlan en Afrique du Nord uniquement parce qu'ils croient que la position de l'amiral, en tant que haut-commissaire et en tant que représentant de la France, est reconnue et soutenue par les États-Unis.

L'Afrique du Nord a des caractéristiques sociales et politiques spéciales, car elle est toujours en phase de développement semi-colonial. Les fonctionnaires ont, en tant que représentants du gouvernement central, un plus grand prestige et une plus grande autorité qu'en métropole. Ils ne peuvent maintenir leurs positions que dans la mesure où ils ont le soutien et la caution de quelque autorité centrale. Le lien avec Vichy a été rompu par l'action alliée et l'occupation allemande de la totalité de la France qui en a résulté. Les fonctionnaires locaux doivent, par conséquent, choisir entre deux options : ou bien représenter le pouvoir illégitime du maréchal, désormais captif ; ou bien se rallier franchement au symbole de la France qui n'a cessé de combattre et de résister à l'Axe et à ses « Quislings ». Les Américains et le commandement allié en Afrique du Nord, en semblant soutenir le groupe Darlan, ont en fait empêché une évolution naturelle et inévitable de l'opinion. Les rapports reçus quotidiennement par les services du Comité national français indiquent de manière très claire que Darlan perdrait rapidement son prestige si les forces alliées refusaient de reconnaître la légitimité de ses prétentions et traitaient de plus en plus avec les éléments loyaux et fiables qui, instinctivement, recherchent l'unification de leur action avec celle de la France combattante.

Les Américains devraient comprendre les très lourdes responsabilités prises par Darlan dans le passé et qui expliquent que les Français libres refusent de traiter avec lui. Si la France a été vaincue en 1940, c'est largement en raison de l'incompétence militaire et politique des hommes au pouvoir entre 1920 et 1940. Or Darlan a une très lourde responsabilité dans les circonstances qui ont conduit à la défaite.

De plus, Darlan a pris une part déterminante dans la signature de l'armistice, dès l'acceptation de la défaite, et dans le programme de collaboration avec l'Allemagne. Darlan a pris seul la responsabilité de soustraire au combat contre les nazis une flotte intacte et puissante — ce qui a abouti, sans combat, à la destruction des cinq sixièmes de sa force. Darlan est aussi largement responsable d'avoir détruit la force constituée par un Empire français unifié en prônant le défaitisme collaborationniste. Par son action personnelle à la tête du gouvernement de Vichy, il a été trop longtemps un laquais des Allemands, acquiesçant à la persécution et au massacre de trop nombreux patriotes français. S'il n'avait pas le soutien américain il disparaîtrait aussitôt. En refusant de traiter avec lui ou avec des dirigeants dépendant exclusivement de lui, la France combattante reflète seulement le sentiment général en France.

Je comprends très bien et j'approuve naturellement que le président Roosevelt refuse de reconnaître Darlan. Je regrette, en revanche, que les autorités locales américaines adoptent une attitude parfois différente en Afrique du Nord. Les exemples abondent. D'abord la déclaration du président, le 17 décembre, sur la nature temporaire de l'accord signé avec Darlan n'a jamais été publiée dans un journal d'Afrique du Nord ou évoquée dans une émission de radio à destination de l'Afrique du Nord. Je déplore aussi qu'on ait donné la possibilité à l'amiral de rechercher le soutien et l'adhésion d'anciens hauts fonctionnaires de Vichy en acheminant ses messages dans le monde entier : c'est ainsi que M. Peyrouton a pu être joint en Amérique du Sud, et l'amiral Robert en Martinique. Je regrette aussi que ses émissaires aient été autorisés à se rendre à Alexandrie ou à Madrid, ce qui lui a permis de rester en contact avec les autorités de Vichy. Plus grave encore : les partisans de la France combattante ont été mis en prison ou dans des camps d'internement, tous les officiers et fonctionnaires suspects de sympathies gaullistes ont été démis de leurs fonctions ou mutés dans des postes insignifiants. Enfin, je ne puis accepter que les communiqués de presse ou les messages radio de Darlan et son groupe soient diffusés comme s'ils avaient l'agrément du commandement allié. Je suis prêt à coopérer avec toutes les forces combattantes et avec leurs chefs effectifs. Je serais heureux de travailler avec des généraux tels que Giraud, Barré ou Béthouart. Je serais heureux enfin de voir les forces combattantes françaises, sous commandement français, se battre sous l'autorité suprême du général Eisenhower ou d'autres chefs militaires américains. Ce que je ne puis admettre, en revanche, c'est de travailler avec un homme tel que Darlan qui, dans son propre intérêt, a cherché à tirer parti des malheurs de la France dont il était largement responsable.

Si Darlan n'avait pas obtenu le leadership suprême en Afrique du Nord, j'aurais envoyé depuis longtemps des forces françaises servir sous les ordres de Giraud, Juin ou Barré en Tunisie. Nos forces, à partir du sud, pourraient bientôt attaquer Tripoli. J'espère que cela pourra se faire en complète unité d'action avec les forces alliées en Tunisie. J'espère aussi qu'un moyen pourra être trouvé afin de donner une direction unifiée à tous les efforts français destinés à aider les alliés à gagner la guerre et à libérer la France. Darlan ne pourrait jamais être accepté pour assumer ce rôle.

Amiral Stark : On a suggéré de vous offrir un commandement militaire. Mais vous devez tout de même être impatient de jouer un rôle politique actif...

C. de G. : J'ai, en fait, joué ce rôle depuis juin 1940. Ma mission consiste à donner expression aux opinions et résolutions de tous les vrais patriotes et à préserver l'unité de la tradition historique de la vraie France. La tragédie de 1940 a obligé d'autres peuples à traiter les problèmes de la France et à prendre des décisions qui étaient, en réalité, des décisions françaises.

Le président Roosevelt a, à l'heure actuelle, une singulière responsabilité. De ses décisions et de sa politique dépendent non seulement l'avenir de son propre pays, mais les destinées du monde et particulièrement de la France. C'est la raison pour laquelle je souhaite sincèrement le rencontrer. Je connais

1

2

3

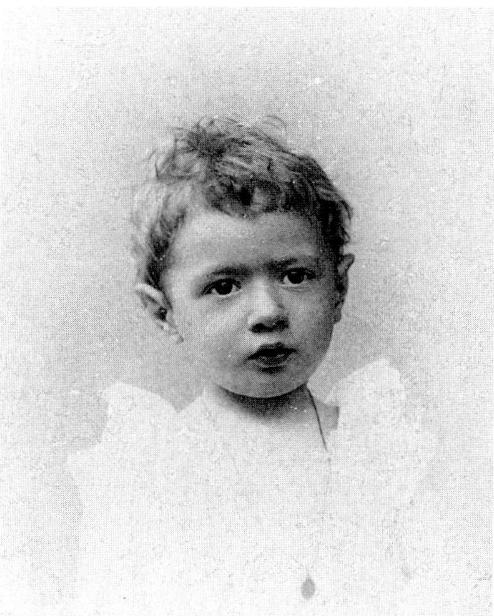

4

1. Mme Henri de Gaulle, née Jeanne Maillot, mère du général, en 1890.

2. Henri de Gaulle, père du général, en 1896.

3. Les cinq enfants de Gaulle. Au centre : Charles.

4. Charles de Gaulle à vingt et un mois, en 1892.

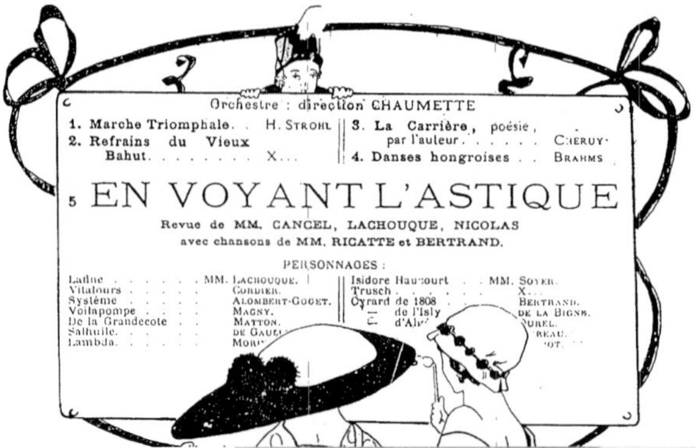

Orchestre : direction CHAUMETTE

1. **Marche Triomphale**	H. STROHL	3. **La Carrière**, poésie, par l'auteur	CHERUY
2. **Refrains du Vieux Bahut**	X...	4. **Danses hongroises**	BRAHMS

5 EN VOYANT L'ASTIQUE

Revue de MM. CANCEL, LACHOUQUE, NICOLAS
avec chansons de MM. RIGATTE et BERTRAND.

PERSONNAGES :

Latine	MM. LACHOUQUE.	Isidore Haucourt	MM. SOYER.
Vitalours	CORDIER.	Trusch	X...
Système	ALOMBERT-GOGET.	Cyrard de 1808	BERTRAND.
Voilapompe	MAGNY.	— de l'Isly	DE LA BIGNE.
De la Grandecote	MATTON.	— d'Al	
Salhuile.	DE GAU		
Lambda.	MOR		

5

6

7

5. Fête de la promotion de Fès Saint-Cyr, 12 juillet 1911. Charles de Gaulle joue le rôle de Salhuile.

6. À Saint-Cyr, 1910.

7. La quarante-quatrième promotion de l'École supérieure de guerre. Le Connétable, en gants blancs, est le sixième à partir de la gauche, deuxième rang (1922).

8

8. Le capitaine de Gaulle et le lieutenant-colonel Boud'hors dans une tranchée, fin 1915.

9. Dans un camp de prisonniers, juillet 1917, Charles de Gaulle, au centre, sert la soupe.

10. Charles de Gaulle, commandant dans l'armée polonaise en 1919, avec son adjoint, le lieutenant de Medwecki.

9

10

11. 6 avril 1921, devant l'église Notre-Dame de Calais, mariage avec Yvonne Vendroux.

12. La fête de la Sidi-Brahim en 1928, au 19e bataillon de chasseurs. À gauche, le commandant de Gaulle, entouré des généraux de la garnison de Trèves. À droite, l'illusionniste Josco.

13. Illustration tirée du *Livre de route de la 1re compagnie du 19e bataillon de chars*, printemps 1940.

11

12

13

14

14. 11 septembre 1927, à Dinant (Belgique), cérémonie commémorative. Le maréchal Pétain, vice-président du Conseil supérieur de la guerre, et son collaborateur, Charles de Gaulle.

15. 1928, de Gaulle entouré de l'état-major du 19e bataillon de chasseurs qu'il commande à Trèves.

15

16

17

16. 11 novembre 1937, le colonel de Gaulle et le général Delestraint passent en revue le 507e RCC à Metz.

17. 6 juin 1940, l'avant-dernier gouvernement de la IIIe République.
De gauche à droite : Ludovic Oscar Frossard, ministre des Travaux publics, Albert Chichery, Jean Prouvost, de l'Information, le président du Conseil Paul Reynaud, André Février, sous-secrétaire d'État aux Travaux publics, Yvon Delbos, ministre de l'Éducation nationale, le général de Gaulle, sous-secrétaire d'État à la Guerre, Georges Pernot, ministre de la Famille et de la Santé publique.

18. Cette image floue est la seule photographie qui ait été prise du général de Gaulle, à Londres, le 18 juin 1940.

19. En juillet 1940, après Mers el-Kébir, de Gaulle déjeune au restaurant *Le Coq d'Or* à Londres avec le général Spears, officier de liaison de Churchill.

18

19

20

21

22

20. À Londres, en 1940. Cette photographie était l'une des préférées du général.

21. À bord du navire néerlandais *Westernland*, en route pour Dakar, septembre 1940.

22. Discours à l'Albert Hall de Londres.
Au premier rang de l'assistance, sixième à partir de la droite (avec des lunettes) : René Pleven.

23

24

25

26

23. Avec le général Catroux, en Afrique.

24. Après la bataille de Bir Hakeim, en juin 1942, le général de Gaulle décore le général Kœnig.

25. Visite avec la reine d'Angleterre (l'actuelle reine mère) d'une maison de convalescence pour marins français, 27 octobre 1941.

26. Dans son bureau de Carlton Gardens, vu par Cecil Beaton.

27. Pendant la guerre, avec Winston Churchill.

28. La conférence d'Anfa en janvier 1943. De gauche à droite : le général Giraud, Roosevelt, de Gaulle, Churchill.

29. Accompagné du général de Monsabert (à gauche derrière lui) et du général de Lattre, le chef de Gouvernement provisoire passe en revue une division formée en partie de maquisards du plateau des Glières, 1944.

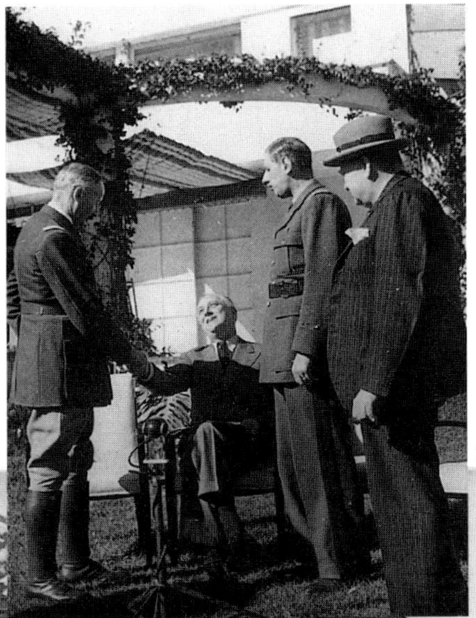

28

29

:7

30

31

32

30. Juin 1946, sur la plage de Courseulles, commémoration du débarquement allié en Normandie.

31. Moscou, 10 décembre 1944, signature du pacte franco-soviétique. Entre Staline et de Gaulle, Jean Laloy. Au premier plan, assis, Molotov.

32. 9 avril 1945, traversée du Rhin.
À la gauche du général, Gaston Palewski et le général de Lattre.

et je comprends les convictions du président, ses idéaux et ses objectifs. J'espère qu'il comprendra les problèmes de la France. C'est seulement en donnant expression à l'esprit de la France éternelle que l'on pourra résoudre avec sagesse les problèmes en cours. Je souhaite pouvoir aider le président à mieux comprendre les difficultés et les complexités de la France et des Français à cette heure tragique de leur histoire.

Face à un Darlan, vulgairement opportuniste, la grandeur du général éclate à travers cet exposé qui atteste un réel souci de compréhension à l'égard des États-Unis mais dont on doute qu'il ait pu faire évoluer les positions de l'administration rooseveltienne, tant il fait référence à des notions ou à des valeurs extérieures à la psychologie d'un Américain. De Gaulle du moins aura pris date, ce qui apparaît opportun au moment où son grand adversaire Darlan se trouve de plus en plus isolé, en dépit des succès qu'il a remportés et des appuis dont il bénéficie toujours. Du côté américain, des rumeurs contradictoires courent sur son avenir. Tantôt on affirme que Roosevelt est décidé à garder l'« expédient provisoire », tantôt on affirme qu'il est décidé à le lâcher. Le 20, Tixier câble à Pleven :

L'effort du gouvernement américain pour placer l'affaire Darlan dans un cadre purement militaire devient chaque jour plus intense. Des amis sûrs qui approchent les familiers de la présidence m'affirment que le président est seulement décidé à liquider l'affaire Darlan aussitôt que la situation militaire le permettra. Le président est très sensible à l'indignation qu'a provoquée l'affaire Darlan dans le peuple américain, en Grande-Bretagne et dans les masses européennes. Il a été plus sensible encore aux répercussions politiques de la campagne de Wilkie qui dénonce l'immoralité de la combinaison avec Darlan, qu'il qualifie d'incompatible avec l'idéal pour lequel les États-Unis sont entrés en guerre... Le président manœuvre pour affaiblir Darlan dans le domaine militaire... Le même effort d'affaiblissement est poursuivi méthodiquement dans le domaine civil... On me rapporte que la plupart de ces fonctionnaires américains sont systématiquement choisis parmi les adversaires de le la combinaison Darlan, en vue de contrebalancer l'influence de Murphy. Ce qui développe une vaste administration américaine rattachée au commandement militaire qui a non seulement pour but d'affaiblir Darlan et de préparer sa liquidation, mais de la préparer à instituer une administration américaine directe. Il n'est plus jamais question de remettre l'administration aux Français[52].

Les Russes, de leur côté, suivent l'affaire de très près. Après avoir assez cyniquement approuvé l'« expédient provisoire » — « Les Américains ont agi de manière juste en se servant de Darlan », a écrit, le 30 novembre, Molotov à Maisky[53] — ils s'alarment de voir la situation ambiguë se prolonger Le 21, lors d'une visite à Vichynski, Roger Garreau a perçu cette crainte[54].

Autre signe alarmant pour l'amiral : l'arrivée à Alger, le 19 décembre, avec l'aval des autorités américaines, du général François d'Astier de la Vigerie, envoyé personnel de de Gaulle. L'amiral avait demandé qu'aucun émissaire de la France libre ne puisse poser le pied en Afrique du Nord : il est donc furieux lorsqu'il apprend la nouvelle. Maladroitement, il tente de faire arrêter d'Astier de la Vigerie pour se retrouver face à lui le 20 à dix-sept heures, aux côtés de Giraud, du général Bergeret et de Rigault, à la demande expresse de Robert Murphy. L'entrevue se passe très mal ; pas plus qu'un premier contact, indirect celui-là, entre Catroux et le commandant de Beaufort, représentant l'amiral à Gibraltar au début du mois, elle ne débouche sur une ouverture. Finalement, Darlan obtient des Américains que le général d'Astier soit remis dans un avion le 22, mais l'épisode lui a fait sentir le caractère fragile de sa situation. Du côté anglais, l'amiral sait enfin que la plus entière hostilité à sa personne subsiste, bien qu'il ait essayé de vaincre cet ostracisme en écrivant à Churchill.

Darlan est très conscient de cet isolement : le 23 donnant un grand déjeuner en l'honneur des plus hautes autorités civiles et militaires présentes à Alger, il évoque même devant Robert Murphy les complots qui visent à l'assassiner, sa succession qu'il a déjà évoquée dans une note[55]. Il n'oublie pas pour autant les atouts qu'il conserve. Essentiellement opportuniste, on l'a dit, l'amiral est de ces personnages qu'aucune situation, si compliquée soit-elle, ne peut ébranler : dans sa poche, il a toujours une solution, peu importe si elle contredit toute son action passée. Il le prouve une nouvelle fois en rédigeant, le 21, cette importante note remise immédiatement à Robert Murphy et que l'on peut considérer comme son testament :

Considérations politiques

1) Le gaullisme

En juin 1940, le général de Gaulle, n'ayant aucun mandat du gouvernement légal de la France, agissant exclusivement en son nom personnel, désapprouvant l'armistice qu'il considérait comme une trahison (alors que des hommes comme Weygand l'ont adopté), a passé un accord avec le gouvernement britannique pour constituer une sorte de gouvernement appelé Comité de la France libre.

Il a recruté une petite armée de volontaires à la solde de l'Angleterre. Ses agents se sont livrés à une active propagande — d'ailleurs sans grande efficacité — auprès des marins internés en Angleterre. Ils ont beaucoup contribué aux mauvais traitements subis par ces marins. Les gaullistes se sont attaqués à des possessions françaises et ont attaqué des Français qui leur ont toujours résisté. Ils ont été particulièrement odieux et inhumains pour les Français qu'ils ont capturés.

L'entourage du général de Gaulle comporte de nombreux éléments douteux. Le Comité de la France libre est notoirement sous l'influence juive. Les gaullistes, en particulier leur chef, ont une haine farouche contre le maréchal Pétain. Ils ont tenté sans cesse de semer le trouble en France et leur action s'est trop souvent trouvée intimement mêlée à celle du communisme et du terrorisme. Leur radio emploie des procédés de diffamation qui écœurent la majorité des Français.

Cependant, la germanophobie grandissante du peuple français avait cristallisé un certain nombre de Français autour du gaullisme parce que, pendant longtemps, il a symbolisé, seul, la résistance active à l'allemand ; parce que pour certains il faisait figure d'opposant à la Révolution nationale considérée comme une réaction.

2) Le maréchalisme

Le peuple français, que l'on avait bercé d'idées pacifistes, n'a jamais très bien compris pourquoi il avait été entraîné dans la guerre. Il l'a faite sans enthousiasme. En 1940, il était irrité contre ses dirigeants qui avaient voulu la guerre sans avoir su la préparer. En majorité, il a accueilli l'armistice avec une grande satisfaction et sa reconnaissance envers le maréchal qui avait fait cesser la guerre a été très grande. En juillet 40, très nombreux étaient les Français qui n'avaient aucune rancune contre les Allemands. Nombreux, au contraire, étaient ceux qui étaient irrités contre l'Angleterre accusée de nous avoir abandonnés et de nous traiter comme des ennemis quoique W. Churchill ait déclaré le 12 juin 40, à Briare, « qu'il resterait toujours notre ami ».

De juillet 40 à décembre 41, devant les erreurs allemandes, le peuple français sentait renaître ses sentiments anti-Axe, mais les agissements britanniques ne le rapprochaient pas de l'Angleterre. Il est même probable que, si les Allemands avaient su habilement exploiter les erreurs anglaises, le peuple français se serait retourné contre l'Angleterre. Il a fallu l'incompréhension allemande pour que des populations comme celles de la Normandie et de la Bretagne, antianglaises par tradition, deviennent probritanniques.

L'entrée en guerre des États-Unis a soulevé, en France, de grands espoirs parce que, de tout temps, le peuple français a été sentimentalement proaméricain. Alors que pendant des siècles les Anglais ont été nos adversaires acharnés, jamais les Américains n'avaient été opposés par les armes aux Français.

Les espoirs français avaient été déçus par les revers initiaux des États-Unis. Ils sont revenus maintenant. La France acceptera sans réticence d'être liée aux États-Unis par des liens politiques et économiques, il n'en sera jamais de même en ce qui concerne l'Angleterre.

Le peuple français est, dans son ensemble, un peuple aux idées libérales et foncièrement individualistes. Il est naturellement hostile à un parti unique. Il aime la libre discussion. Il respecte les opinions et les croyances : il ne veut pas qu'elles lui soient imposées. Si, par exemple, le clergé donne l'impression de vouloir diriger la politique, les Français, même ceux qui ont des sentiments religieux, deviennent anticléricaux. Si, au contraire, le clergé est persécuté, les Français, même incroyants, protègent les curés.

C'est pourquoi le maréchal a eu tort d'écouter certains de ses conseillers irresponsables qui, sous couleur de révolution nationale, lui ont fait faire une politique intérieure antiparlementaire, antisyndicats, anti-instituteurs, etc.

3) Ralliement des Français

Les Français sont divisés. C'est normal dans l'épreuve, sous l'occupation étrangère, dans un déluge de nouvelles fausses ou tendancieuses. Il y a les maréchalistes, les gaullistes, les pro-axistes, les neutres, les républicains, les monarchistes, etc.

Les groupes les plus actifs, et qui seuls comptent pour la conduite de la guerre, sont les maréchalistes d'Afrique et les gaullistes. Les premiers apportent une force militaire qui deviendra considérable. Les seconds apportent une poignée de mercenaires. Ils désirent tous combattre et vaincre l'Axe puis libérer leur pays. Les gaullistes espèrent en plus prendre le pouvoir et exercer des représailles. L'armée d'Afrique du Nord et celle de l'AOF méprisent les gaullistes. Les divergences entre les deux partis sont telles qu'une entente politique entre eux paraît difficile à réaliser. D'ailleurs, même si elle se réalisait, elle serait sans valeur, l'ensemble du peuple français n'étant pas en situation de la consacrer. Il ne pourra le faire qu'après la victoire et la libération.

La première des choses est de gagner la guerre contre l'Axe.

Pour aider utilement les Alliés dans cette tâche, il suffit que les deux groupes de Français poursuivent parallèlement leur action militaire, en conservant

vis-à-vis l'un de l'autre une stricte neutralité politique. Après la victoire, il faut éviter à la France la révolution et la guerre civile. Cela se produirait inévitablement si l'un des partis prenait arbitrairement la direction des affaires de la France. Il aurait d'ailleurs à lutter contre une force actuellement en sommeil, le « communisme ».
Pour éviter la guerre civile, il sera nécessaire d'avoir recours à un arbitre suffisamment fort pour faire respecter les décisions et d'une impartialité reconnue.
Le président des États-Unis est, à mon avis, le seul homme réunissant ces conditions.
La solution pourrait être la suivante : après la victoire, l'armée américaine, seule des armées alliées, tiendra garnison en France. Si le maréchal est toujours le chef de l'État, il s'entourera d'un directoire exécutif, choisi en accord avec le président des États-Unis. Il réunira une assemblée constituante d'une cinquantaine de membres qualifiés pour préparer la nouvelle constitution. Un plébiscite aura lieu, auquel participeront tous les citoyens français des deux sexes âgés de 21 ans et plus. La majorité des deux tiers sera requise pour la promulgation de la Constitution. Si elle est approuvée, un deuxième plébiscite, effectué dans les mêmes conditions, sera fait pour choisir le chef qui sera chargé de la mettre en application. Ses pouvoirs n'excéderont pas quatre années. Il fera procéder aux élections prévues par la Constitution et gouvernera avec le parlement ainsi constitué. Au fur et à mesure que les événements le permettront, l'armée américaine se retirera du sol français. Si la Constitution n'est pas approuvée, une deuxième assemblée constituante sera nommée.
Si les Français ne pouvaient en définitive se mettre d'accord, le président des États-Unis, arbitre reconnu, établira lui-même la nouvelle Constitution.
Si le maréchal n'est plus chef de l'État, le directoire exécutif sera choisi par le président des États-Unis[56].

Stupéfiant document ! Ainsi pour conserver son poste, Darlan, après avoir poussé très loin les relations avec Hitler, serait prêt à s'en remettre entièrement au président des États-Unis, à lui confier le soin de veiller aux destinées de la France. On ne peut qu'être abasourdi par un tel projet, étonné aussi d'une pareille naïveté politique. « Mon grand-père, témoigne Curtis Roosevelt, n'aurait évidemment jamais accepté un tel système[57]. » S'il est un texte depuis juin 1940 qui justifie la démarche du général, c'est bien cette plate offre de service, réflexe sans doute désespéré d'un homme se sentant isolé, méprisé, menacé et qui d'ailleurs sera assassiné trois jours plus tard par un jeune royaliste, Fernand Bonnier de la Chapelle.

Dans son livre *Les secrets des archives américaines, Pétain, Laval, de Gaulle*, le journaliste américain Nerin Gun a évoqué les circonstances dans lesquelles le général de Gaulle apprit la mort de Darlan. Son récit est fondé sur le rapport d'un policier britannique, transmis à Washington par l'ambassade des États-Unis à Londres :

De Gaulle avait été l'un des premiers informés de la mort tragique de Darlan. Selon l'explication embarrassée donnée par le quartier général des Fighting French, de Gaulle voyageait dans le train qui le ramenait à Londres après un séjour en Écosse quand on lui apprit la nouvelle qu'il aurait lui-même entendue grâce à une radio portative. Or la seule station de radio qui avait annoncé l'événement ce soir-là était celle d'Alger. La BBC attendit le lendemain. Il est bien invraisemblable que l'on puisse capter Alger d'un train en marche entre Glasgow et Londres[58].

L'anecdote, qui n'a guère été mise en doute, ne donne évidemment pas la clé de l'énigme constituée par le meurtre de Darlan. Avec d'autres éléments d'information, elle peut simplement nourrir une réflexion sur le rôle éventuel du général et de ses partisans dans cette affaire.

Dès que la nouvelle est connue, de Gaulle qualifie l'assassinat de crime odieux mais, comme le souligne François Kersaudy, il n'est pas mécontent de la tournure des événements : « Le principal obstacle à l'établissement d'une autorité française unifiée vient d'être écarté[59]. » Même affaibli, Darlan demeurait un danger potentiel. On le mesure en constatant les sentiments que lui portait désormais Henry Stimson, pourtant très hostile à sa personne un mois et demi plus tôt :

Immédiatement après la conférence, Marshall entre et me dit que l'amiral Darlan a été la victime d'un attentat à Alger et que, d'après la description de ses blessures, il ne survivra probablement pas. C'est un grand choc pour moi car Darlan avait été de mieux en mieux dans ses rapports avec Eisenhower et s'était montré très utile à la cause des Alliés en Afrique du Nord. Je ne peux dissimuler mon aigreur contre les Américains qui l'ont attaqué ces dernières semaines tandis qu'il faisait tout ce travail pour nous.

Peut-on conclure que le général ait pu être directement impliqué dans l'attentat, osons le mot, qu'il l'aurait ordonné ? La question doit être posée, aujourd'hui, en toute clarté, en tenant compte de l'état de guerre et des ultimes intentions de Darlan révélant sa volonté de faire passer la France sous contrôle américain après l'avoir entraînée très loin du côté du Reich. Comme le soulignent Claude Huan et Hervé Coutau-Bégarie, si le meurtre politique était sans aucun doute contraire à l'éthique de de Gaulle, l'exécution d'un traître ne l'était pas[60]. Or, à ses yeux, Darlan était bel et bien un traître : il l'avait été en pactisant avec les Allemands, il continuait de l'être en voulant maintenant aligner la France sur les États-Unis. « Darlan est un traître qui doit être liquidé », a-t-il d'ailleurs écrit sans ambages dans l'un de ses messages[61]. D'un point de vue moral, l'élimination de Darlan ne choquait sans doute guère. « Et s'il a plus tard déclaré à l'amiral Battet qu'il n'avait pas donné d'ordre de l'assassinat, il a aussi, observent encore très justement Claude Huan et Hervé Coutau-Bégarie, corrigé le général Chrétien qui lui parlait des circonstances dans lesquelles Darlan avait été assassiné : "Pas assassiné, exécuté." Tout est dans la qualification de l'acte[62]. »

Pour le reste, le problème se ramène à savoir si Fernand Bonnier de la Chapelle était un acteur isolé, si le petit groupe auquel il appartenait, et dont Philippe Ragueneau[63] et Mario Faivre sont, aujourd'hui, les seuls survivants, était en relation avec la France libre. Aujourd'hui encore Philippe Ragueneau nie l'existence de tout lien entre ce petit groupe et le général. Darlan aurait donc été éliminé par de jeunes patriotes, de sensibilité gaulliste, mais agissant de leur propre chef. On ne refera pas ici l'historique, maintes fois entrepris, d'un complot qui comporte encore plusieurs zones d'ombre. On rappellera seulement qu'une conjuration monarchiste visant à porter au pouvoir le comte de Paris a bien existé, que le prince est même venu à Alger quelques jours plus tôt et qu'il a déployé une activité telle, qu'à tort ou à raison on a parfois vu en lui l'un des commanditaires du meurtre de l'amiral. On soulignera aussi que dans ce complot monarchiste, Henri d'Astier de la Vigerie, frère d'Emmanuel et de François, a joué un rôle important, qu'il était d'évidence un agent gaulliste, que Fernand Bonnier de la Chapelle a reconnu avoir été en contact avec lui, et enfin que le général François d'Astier, durant son bref séjour à Alger, a été en contact tant avec son frère qu'avec le comte de Paris. En outre, la preuve de la collusion entre Bonnier de la Chapelle, le groupe dont il faisait partie et le général d'Astier existe, puisque l'on retrouva sur l'assassin de Darlan quelques-uns des trente-huit mille dollars apportés à Alger par l'envoyé de Londres pour les gaullistes locaux. Enfin, un télégramme de Catroux, daté du 15 décembre, faisant état d'une combinaison susceptible d'écarter l'amiral, a été retrouvé par l'historien allemand Elmar Krautkramer[64], et il n'est pas indifférent de savoir qu'une annotation manuscrite (qui n'est sans doute pas de Gaston Palewski) spécifie que le général de Gaulle était au courant de l'opération en cours.

De ce faisceau d'indices, le plus troublant est à coup sûr la possession par Bonnier de la Chapelle de dollars provenant du général d'Astier. On n'oubliera pas non plus la conversation précitée du général et d'Anthony Eden dont le compte rendu prouve, sans discussion possible, que l'élimination de l'amiral a été évoquée par le chef de la France libre, qui a aussi manifestement souhaité que l'opération fût menée par des Français — ce qui a priori semblait exclure l'intervention des services britanniques[65].

Au demeurant pourquoi s'émouvoir outre mesure d'une participation éventuelle du général ou de ses proches à ce qui apparaît avoir été une exécution et non un simple meurtre ? Darlan, son testament politique découvert à Stanford l'établit, pouvait, selon les critères de l'époque, être considéré comme un traître et l'on ne saurait oublier que, le 21 décembre 1945, la chambre de révision de la cour d'appel d'Alger annula le jugement de la cour martiale condamnant Bonnier de la Chapelle[66] au motif suivant : « Il apparaît certain que l'amiral Darlan agissait contre les intérêts de la France et que, par suite, l'acte ayant entraîné la condamnation de Bonnier de la Chapelle a bien été accompli dans l'intérêt de la France. » Dès lors, avec Alain Decaux, auteur d'études pertinentes sur l'affaire[67], on peut se demander pourquoi les intéressés se sont « défendus d'avoir inspiré un acte considéré comme d'intérêt public et analogue à tant d'autres qui jalonnent l'histoire de la France[68] ».

XV

VERS LE POUVOIR

Darlan éliminé, le général n'est pourtant pas au bout de ses peines. Les obstacles s'accumulent devant lui. Le premier est Giraud, porté au pouvoir avec le titre, bizarre, de « commandant en chef civil et militaire ». À peine a-t-il écrit le 25 décembre au successeur de l'amiral pour lui dire son espoir de le rencontrer et l'urgence d'établir une autorité nationale (« l'attentat d'Alger est un indice et un avertissement »), les incidents se multiplient. Prévu depuis longtemps, un voyage à Washington est d'abord annulé, le 27 décembre, à la demande des Américains, en raison du mauvais temps. L'explication avec Roosevelt est donc, une fois encore, différée. Deux jours plus tard, le 29, le général a avec Churchill un entretien très dur, à l'issue duquel le Premier ministre lui spécifie qu'en tout état de cause il s'alignera toujours sur les Américains, y compris dans l'hypothèse où ceux-ci remettraient l'Afrique du Nord au seul Giraud.

Le 28 décembre, il est donc particulièrement amer lorsqu'à sa demande il est reçu par Anthony Eden. Il a le sentiment de n'être compris ni par Churchill ni par Washington :

> Le problème n'est pas simplement, comme le croient les Américains, d'unifier des armées pour combattre les Allemands. Les armées ne sont pas, en elles-mêmes, la nation. Elles sont l'expression de la volonté de la nation. Il ne saurait donc y avoir, comme les Américains semblent le penser en se référant à leur propre Fédération, une Fédération française, au sein de laquelle le mouvement de la France combattante fournirait une part, l'autre part étant constituée par l'Afrique du Nord française avec, éventuellement, l'adjonction d'autres éléments individuels. Cela est entièrement contraire à la conception française et, je le pense, à la vôtre. Les Français qui travaillent à la même cause ne peuvent accepter qu'une autorité française. Jusqu'à présent, depuis 1940, il y a eu deux autorités de cette sorte, mais elles étaient ennemies. L'une, Vichy, tenait son autorité du maréchal. Elle était essentiellement collaborationniste et fondée sur l'idée de capitulation mais elle n'en était pas moins une autorité. De l'autre côté, il y avait le mouvement de la France combattante qui tenait son autorité de la République, était essentiellement un mouvement de résistance et favorisait la participation à la guerre. Il n'est pas possible de créer une troisième autorité quelque part entre les deux autres. Une entité doit être créée mais cela ne peut être fait que par la fusion de la France combattante et du général Giraud en Afrique du Nord française. Cela demandera du temps et les chances

d'aboutir seront d'autant plus grandes que les Américains ne se mêleront pas trop de l'affaire. Mais l'amiral Leahy, je le crains, continue de donner de mauvais conseils au président[1].

Eden s'efforce d'apaiser son visiteur : le but de la Grande-Bretagne est de voir se constituer une seule autorité française. Et de souligner l'attitude anglaise à Madagascar et à Djibouti. La conversation se termine sur un échange de vues relatif à Noguès. « Savez-vous, interroge Eden, que le général a plaidé en faveur du choix de Giraud comme chef de l'administration française en Afrique du Nord ? — Noguès, répond de Gaulle, ne veut pas plus de responsabilités que celles qu'il détient déjà : il ne veut pas être assassiné comme Darlan. Il a compris que l'autorité de Pétain et de Vichy était, maintenant, virtuelle. D'où son désir que des arrangements puissent être conclus avec moi. »

De Gaulle, qui avoue voir en Noguès « une potiche », ne sort guère rassuré de l'entretien. Une fois de plus, comme il le fait depuis le 18 juin, il a répété son point de vue, défendu bec et ongles les intérêts français, affirmé de nouveau, contre une certaine logique anglo-saxonne, la tradition politique propre à la France, fondée sur la centralisation de l'autorité. Il n'en est pas moins sans illusions : après la disparition de Darlan, il sait que les Américains, irrités sans doute par les Anglais, ont bien l'intention de pousser Giraud et que, dès lors, il subira une très forte pression pour que la France libre s'amalgame, sans autre forme de procès, au pouvoir en place à Alger. D'ores et déjà, on parie sur sa faiblesse. « De Gaulle est prêt à travailler avec Noguès, apparemment moins avec Boisson, bien que je ne pense pas qu'il soit obstiné à l'égard de ce dernier », écrit ainsi Churchill à Roosevelt le 28 décembre[2]. À Alger, Giraud a lui aussi une attitude ambiguë : à la lettre que lui a envoyée le 25 décembre le chef des Français libres, il répond, le 29, en faisant valoir que l'atmosphère est « défavorable à un entretien personnel ». Encore de Gaulle ne connaît-il pas les termes d'une lettre adressée par Churchill à Roosevelt, le 31 décembre. « Nous ne devons pas accepter la suggestion selon laquelle nos armées en Afrique du Nord seraient sur le même pied qu'elles l'étaient en France en 1918... Le commandant en chef allié doit être le chef suprême en toutes matières, militaires et civiles, sans préjudice de la souveraineté de la France, naturellement[3]. »

Dans ces conditions, la seule tactique qui s'offre au général est celle qu'il n'a pas encore vraiment utilisée et qui deviendra son arme favorite, en même temps qu'un article clé de sa doctrine : le recours au peuple, par-dessus la tête de tous les responsables, qu'ils soient français ou étrangers. L'appel du 18 juin s'inscrivait déjà dans cette perspective mais il avait, en raison des circonstances, un aspect virtuel et symbolique. Cette fois le court-circuitage des « puissants » sera effectif et durement ressenti par eux.

Le 28 décembre, sur les ondes de la BBC, de Gaulle prend donc à témoin l'opinion française et internationale dans un discours dont il donne l'essentiel dans un communiqué publié le 2 janvier. Allocution d'une habileté diabolique où il rejette implicitement sur les Anglo-Saxons la responsabilité du statu quo regrettable en Afrique du Nord et en appelle à la tradition démocratique française :

> La confusion intérieure ne cesse de croître en Afrique du Nord et en Afrique Occidentale française. La raison de cette confusion est que l'autorité française n'y a point de base après l'écroulement de Vichy, puisque la grande force nationale d'ardeur et d'espérance que constitue la France combattante [...] n'est pas représentée officiellement dans les territoires français. [...]
> Le remède à cette confusion, c'est l'établissement en Afrique du Nord, en AOF, comme dans tous les autres territoires français d'outre-mer, d'un pouvoir central provisoire et élargi, ayant pour fondement l'union nationale, pour inspiration l'esprit de guerre et de libération, pour lois les lois de la République jusqu'à ce que la nation ait fait connaître sa volonté. Telle est la tradition de la démocratie française.

Spectaculaire, l'initiative plonge les Britanniques dans une consternation d'autant plus vive qu'ils sont mal placés pour contrer le général sur le terrain qu'il a choisi. Tout au plus Cadogan a-t-il obtenu dans le discours la substitution de la phrase : « La France combattante est tenue à l'écart des territoires français », par la formule : « La France combattante n'est pas représentée officiellement dans les territoires français. »

Aux États-Unis, l'effet produit n'est pas moins dévastateur. La presse a repris largement la déclaration de de Gaulle et, une fois de plus, le gouvernement doit se défendre de nourrir un antigaullisme primaire. Premier à réagir le secrétaire d'État Cordell Hull a bien essayé, peu avant, de se montrer plus accommodant : recevant, le 8 décembre, Adrien Tixier et l'amiral Thierry d'Argenlieu, il s'est efforcé de cacher son hostilité au chef de la France libre, il a feint de voir en lui « une grande figure militaire[4] » — en clair inapte à jouer un rôle politique — mais cette fois, devant ce qu'il considère comme un coup de force, il ne dissimule pas ses sentiments. Publiquement, il les exprime ; il soupçonne aussi les Anglais de pousser de Gaulle.

Les Anglo-Saxons sont d'autant plus embarrassés que leurs positions — la réaction de Cordell Hull l'atteste — sont loin d'être harmonieuses. Churchill, qui évalue assez exactement les capacités politiques de Giraud, souhaite une rencontre rapide avec de Gaulle. Les Américains, au contraire, semblent vouloir gagner du temps, ce que désire manifestement aussi le « commandant en chef civil et militaire ». Au général Eisenhower, lors de la première visite qu'il lui a rendue, il n'a pas caché que « certaines choses étaient meilleures mangées froides ». Une rencontre prématurée pourrait être embarrassante. Selon lui, de nombreux officiers de l'armée sont toujours hostiles à l'homme du 18 juin.

Bien qu'en état d'infériorité, de Gaulle malgré tout existe désormais et Washington ne peut le traiter comme quantité négligeable. L'opinion, on l'a dit, lui est favorable et les élections approchant, Roosevelt demande à Robert Murphy de mettre sur pied une sorte de plan de fusion permettant d'associer le général à l'administration de l'Afrique du Nord en lui attribuant, bien entendu, une fonction subordonnée[5]. Risquant ainsi d'être pris à son propre jeu, le général est en position d'autant plus délicate que Churchill le presse d'aboutir à un accord avec Giraud et suggère même qu'un rapprochement avec Pierre Boisson soit envisagé : « Nous mettons fortement la pression sur de Gaulle pour qu'il cesse de faire sa gueule de Brazzaville », écrit le Premier ministre à Roosevelt le 31 décembre[6]. La pression, en effet, est mise ! Par tous les moyens, les Anglais s'emploient à organiser une rencontre entre Giraud et de Gaulle — étant entendu, comme le concède Churchill à Eden, « qu'il est impossible, à l'heure actuelle, de priver entièrement les Français de toute forme de représentation nationale[7] ».

La précipitation n'est jamais bonne conseillère. De toutes les manières dont on pouvait user vis-à-vis du Connétable, on choisit la pire, celle qui ne peut que réveiller son complexe de Jeanne d'Arc : Giraud ayant répondu au chef de la France libre de manière évasive, avec l'intention évidente de gagner du temps pour consolider son assise, c'est, en effet, à l'issue d'une rencontre (le 15 janvier) avec Roosevelt au Maroc, théoriquement sous domination française, que le Premier ministre britannique envoie à de Gaulle une lettre l'invitant à se rendre au Maroc pour y rencontrer Giraud. La réaction du général est à la mesure de cette erreur psychologique. « Votre invitation, répond-il à Churchill, était inattendue. L'ambiance d'un forum allié surexcité et cette proposition subite ne me semblent pas favoriser un accord entre nous. Des conversations directes et simples entre chefs français sont les seules bonnes formules. » Mais, en proie à une colère froide qu'il ne cherche pas à dissimuler devant Anthony Eden, de Gaulle ne s'arrête pas là : sur-le-champ, il met les Soviétiques au courant de l'affaire. À cet égard, les archives de Molotov conservées au ministère des Affaires étrangères, à Moscou, sont particulièrement éclairantes : elles attestent que, dès le 21 janvier 1943, soit trois jours après avoir fait parvenir sa réponse au Premier britannique, le chef de la France libre a communiqué au ministre des Affaires étrangères soviétiques, par l'intermédiaire de l'ambassadeur Bogomolov, le double de sa correspondance avec Churchill concernant cette affaire[8]. Ni le général ni l'ambassadeur soviétique n'ont apparemment assorti cet envoi du moindre commentaire, mais le fait que chaque copie de lettre porte une mention manuscrite du chef de la France libre montre le soin qu'il a mis à l'acheminement de ces documents.

L'initiative est pour le moins inhabituelle. Le 17 octobre 1942, certes, Maurice Dejean — relevé de ses fonctions de commissaire aux Affaires étrangères pour se voir proposer d'aller à Moscou — avait transmis par le même canal à Molotov le double d'une lettre adressée par lui à de Gaulle faisant état de divergences avec ce dernier touchant la politique générale de la France combattante[9]. Précédent aussi incontestable que fâcheux. Les Russes, certes, luttent désormais aux côtés des Alliés. Il reste tout de même que de Gaulle bénéficie de l'hospitalité britannique et que, dans ces conditions, l'envoi à Moscou du double de la lettre du Premier ministre n'est pas chose normale.

Dans l'affaire, il est vrai que de Gaulle n'est pas le seul à perdre son calme. Le président Roosevelt se livre, pour sa part, à un humour hors de propos. Ne voyant pas arriver le général, il télégraphie à Summer Welles : « Nous avons préparé le marié. La jeune fiancée a trop de susceptibilité et refuse d'aller au lit. » Dans le même temps, le président charge le secrétaire d'État adjoint de savoir si Alexis Léger accepterait de prendre en Afrique du Nord la direction générale de l'administration, étant entendu que Giraud dès lors serait cantonné dans sa tâche militaire [10]. S'il est déjà étrange de voir le chef de l'exécutif américain se préoccuper de nommer lui-même un haut fonctionnaire français, il est également symptomatique des penchants antigaullistes du président que son choix se soit porté sur l'homme le moins fait pour s'entendre avec le chef de la France libre. Churchill enfin perd toute mesure, menaçant de Gaulle de lui couper les vivres, suivant en cela la ligne que les Américains lui ont plusieurs fois conseillée.

De Gaulle sait cependant que, en persistant dans son refus de répondre à l'invitation, il se placerait dans son tort et courrait le risque de voir les affaires françaises réglées en son absence et sans qu'il ait pu s'exprimer. Le 22, il arrive donc au Maroc, méfiant et furieux. Il voulait rencontrer Giraud, seul à seul, en position de supériorité et voilà qu'on lui impose une rencontre où il risque d'apparaître comme un simple invité. « Notre intérêt n'est pas le vôtre, a-t-il dit à Eden avant de partir. Vous faites une erreur en vous compromettant avec Giraud et avec les hommes de Vichy qui l'entourent [11]. » Il redoute surtout que les Alliés ne lui imposent leurs conditions et n'essaient de réaliser l'union autour de Giraud et pas autour de lui. Craintes totalement fondées car dans une note, rédigée par Churchill le 16 janvier, il est nettement spécifié que le but à atteindre doit être la constitution d'un Conseil français de l'Afrique du Nord, composé à égalité de représentants de la France libre et de giraudistes et au sein duquel siégeraient deux représentants des États-Unis et de la Grande-Bretagne ayant la possibilité de faire appliquer les souhaits du haut commandement allié [12]. Bien que le Premier ministre précise que rien de tout cela n'est susceptible d'empêcher la transformation du Comité national français en pouvoir central, il est clair que de Gaulle ne pourrait accepter la perspective de siéger à égalité avec Giraud et avec, à ses côtés, des représentants des Alliés dotés d'un droit de veto. Le général a d'autant plus de raisons d'être inquiet que, dans une note rédigée à la demande de Churchill, Robert Murphy et le nouveau ministre résidant à Alger, Harold Macmillan, ont précisé qu'en matière militaire rien ne pourrait être fait sans l'accord du commandement suprême allié [13]. Le 18, Churchill a aussi fait parvenir à Macmillan un message qui se passe de commentaires :

« Il se peut que l'orgueil national de de Gaulle ait requis une invitation directe du général Giraud. [...] Je ne sais pas si le général de Gaulle comprend vraiment le caractère de la conférence d'Anfa d'un point de vue à la fois militaire et politique. Amiral Q [nom de code de Roosevelt] et moi sommes ici pour discuter de la conduite générale de la guerre et la question de l'Afrique du Nord française n'est qu'une rubrique de la grande scène. [...] Le général de Gaulle comprendra que, d'un point de vue militaire, lui, comme le général Giraud, est entièrement dépendant des États-Unis [14].

L'accueil du général, au Maroc, est conforme à l'état d'esprit révélé par ces correspondances. Dès son arrivée à Casablanca, le 22 janvier, le général peut avoir l'impression de se trouver en terre américaine. Toute la zone d'Anfa, banlieue résidentielle de Casablanca, a été réquisitionnée par les forces armées des États-Unis. De Gaulle est quasi traité en visiteur clandestin : le minimum d'égards lui est accordé, et l'on va même jusqu'à barbouiller de boue les vitres de sa voiture afin d'éviter que son visage ne soit connu. Circonstance aggravante, Giraud a obtenu, en définitive, ce qu'il souhaitait : un peu de temps. Il en a profité pour affirmer ses positions et rallier à lui les éléments vichyssois, en particulier le général Bergeret. Arrivé le premier, il a déjà vu Roosevelt, auquel il a fait part de son souhait d'écarter tous les hommes de gauche se trouvant autour de de Gaulle.

La prise de contact entre Giraud et de Gaulle manque donc d'aménité, pour reprendre l'expression de ce dernier [15]. Avant le déjeuner qui les réunit, en compagnie de Gaston Palewski et de Thierry d'Argenlieu, le chef de la France libre, en termes vifs, reproche à son hôte d'avoir accepté tous les signes extérieurs de la tutelle de Washington : voitures américaines à l'arrivée des visiteurs en provenance de Londres, présence de plantons yankees... Giraud se cabre : « Voyons, Gaulle ! — Dites mon général... », réplique, glacial, l'homme du 18 juin.

Cette première prise de contact, rapporte Gaston Palewski, a permis de se rendre compte d'une grande divergence de points de vue. Les propos tenus ont montré dès l'abord que le général Giraud n'avait, vis-à-vis de la politique de Vichy et du maréchal Pétain, aucune hostilité en principe. Le général Giraud s'est refusé à condamner expressément le maréchal Pétain. Il a esquissé une sorte de défense de l'amiral Darlan. Quant à ses électeurs du Conseil impérial [16], il les a soutenus énergiquement déclarant que Peyrouton « avait de la poigne », que Boisson avait su défendre sa colonie « contre toute emprise étrangère » et même allemande et enfin que Noguès était « indispensable ». En fait, il semble que la véritable plate-forme du général Giraud, ce soit « Vichy contre l'Allemagne ». [...] Le général Giraud indique, d'autre part, qu'il a reçu plus d'un chèque de 100 000 francs afin de montrer à quel point la bourgeoisie est derrière lui [17].

À l'issue du déjeuner, le général décoche à son hôte l'une de ses formules assassines dont il a le secret. Comme Giraud raconte, avec force détails, son évasion de Koenigstein, de Gaulle, soudain, glisse : « Et maintenant, mon général, peut-être pourriez-vous nous raconter les circonstances dans lesquelles vous avez été fait prisonnier. »

La suite des événements confirme de Gaulle dans ses craintes. Dans l'après-midi, deux conversations, l'une avec Harold Macmillan, l'autre avec Churchill, lui donnent l'occasion de constater que le but des Alliés est bien de réaliser l'union des Français autour de son rival et d'amalgamer, dans toute la mesure du possible, les proconsuls de Vichy. Le général est d'autant plus furieux que, sans prendre son avis, le président Roosevelt a déjà signé avec Giraud un accord relatif au ravitaillement en Afrique du Nord, et stipulant pour le successeur de Darlan le droit de représenter les intérêts militaires économiques et financiers de la France en Afrique du Nord et en Afrique-Occidentale française.

Dans ces conditions, le premier entretien du général et de Franklin Roosevelt, prévu le soir même, ne se présente pas sous les meilleurs auspices. Il débute pourtant mieux qu'on aurait pu le craindre. La villa du président des États-Unis est voisine de celle occupée par le chef de la France combattante. C'est donc à pied que ce dernier s'y rend, accompagné de Claude Hettier de Boislambert. Robert Murphy accueille de Gaulle et l'introduit avec son aide de camp auprès du chef de l'exécutif américain. « Ce dernier, vêtu de blanc, raconte Hettier de Boislambert, est à demi étendu sur un grand canapé qui occupe le fond du vaste salon de séjour. Souriant, il ouvre les bras au général et le prie immédiatement de s'installer près de lui [18]. »

Robert Murphy et Claude Hettier de Boislambert s'étant éclipsés pour s'installer dans une loggia, Roosevelt et de Gaulle restent en tête à tête. C'est en français que l'entretien se déroule — détail qui, on le verra, n'est pas sans importance. « Contrairement à une opinion répandue, précise Curtis Roosevelt [19], mon grand-père non seulement n'était pas francophobe, mais connaissait bien la France où il était venu souvent en vacances et dont il parlait la langue. » Pour le général, qui maîtrise toujours mal l'anglais et répugne de toute façon à s'exprimer autrement qu'en français, la surprise est, sans doute, plutôt heureuse. Et l'on peut penser que ce détail, allié à la séduction légendaire du président comme à la courtoisie de son accueil, a compté dans la première impression, somme toute assez favorable, du chef de la France libre : tout de suite après l'entretien, il confiera à Gaston Palewski avoir trouvé le président sympathique. L'homme, en outre, est, à ses yeux, un patricien et de Gaulle sera toujours sensible à une certaine élégance de style et de ton.

L'entretien se déroule dans un climat plutôt détendu, autant qu'il peut l'être entre deux personnalités si différentes, l'un porte-parole d'un certain messianisme démocratique proprement anglo-saxon, l'autre héraut de la France éternelle et de la vieille Europe. La présence, soulignée par Boislambert, d'agents des services secrets américains derrière les doubles rideaux semble être une légende. « Mon grand-père, souligne Curtis Roosevelt, n'avait peut-être pas une grande sympathie pour le général mais il ne redoutait évidemment pas de se trouver seul avec lui ! Au surplus, pour avoir vécu à ses côtés à la Maison-Blanche, je peux affirmer qu'il était fataliste en matière de sécurité [20]. » Sur le fond, le désaccord n'en est pas moins profond. En Roosevelt, le général voyait le grand architecte d'une stratégie visant, sous couvert de venir au secours de peuples asservis, à étendre un peu partout l'« hégémonie américaine », au détriment des Européens, réputés incapables de vivre en paix et de se gouverner. Le président, de son côté, voyait en de Gaulle un homme du passé, fervent de ce nationalisme qu'il exécrait chez les Européens. Par ailleurs, il cachait à peine à ses visiteurs qu'il était décidé à faire prévaloir ses conceptions quant à l'avenir de la France. À ses yeux, la solution la plus sage était le retour de la IIIe République. « Ce soir-là, résumera de Gaulle, nous fîmes assaut de bonne grâce mais nous nous tînmes, d'un commun accord, dans une certaine imprécision à propos de l'affaire française... Cependant, nous prîmes soin de ne pas nous heurter de front, sentant que le choc ne mènerait à rien. » À un moment donné, malgré tout, la discussion dérapa. De Gaulle, semble-t-il, se compara successivement à Clemenceau et à Jeanne d'Arc, ce qui est bien possible puisqu'il lui arrivait de se livrer à ces comparaisons au début de son séjour en Grande-Bretagne. Surpris, Roosevelt fit remarquer au général, avec une certaine ironie, qu'il lui fallait choisir entre ces deux rôles. Plus grave, pour la suite, il répétera l'anecdote à plusieurs interlocuteurs : l'effet produit ne sera évidemment pas favorable à de Gaulle auquel l'histoire finira par revenir. Hopkins, qui pourtant n'a pas assisté à l'entretien, affirmera toujours que l'épisode est faux, tout en admettant, sans craindre de se contredire, que Roosevelt a effectivement répété le mot. À cette explication embarrassée, on préférera celle de Boislambert qui, à bon droit, souligne que l'intervention d'un interprète aurait évité un fâcheux contresens, en permettant au président des États-Unis de comprendre que de Gaulle ne se prenait pas pour la Pucelle d'Orléans mais avait, plus simplement, le goût des évocations historiques[21]...

Indépendamment de cet incident, le climat s'alourdit au fil des heures. Certains collaborateurs de Giraud ne font rien pour calmer le jeu. André Poniatowski, par exemple, qui, tout de suite après le premier entretien de Gaulle-Giraud, s'est rué chez Harold Macmillan pour lui dire que tout s'était très mal passé, que le chef des Français libres s'était lancé dans une diatribe contre Peyrouton et Boisson à laquelle le commandant en chef civil et militaire avait jugé prudent de ne pas répondre. Le général, selon Poniatowski, a exigé que l'union se fasse autour de sa personne et à ses conditions, c'est-à-dire en excluant les gens liés à Vichy.

Le 23 janvier, les travaux de la conférence entre Roosevelt, Churchill, de Gaulle et Giraud reprennent donc dans un climat très tendu. Avant le déjeuner, un tête-à-tête Giraud-de Gaulle tourne court[22].

> Ces nouvelles conversations, écrit Palewski, renforcent l'impression de la veille. Le général Giraud entend être le chef et intégrer la France combattante dans son ensemble, sans se séparer des collaborateurs qu'il a hérités de Vichy. Pendant l'entrevue entre les généraux, les deux thèses se heurtent avec âpreté : le général de Gaulle rappelle au général Giraud les termes de sa lettre au maréchal Pétain. Le général Giraud fait observer que, depuis lors, les événements ont changé. Le général de Gaulle lui dit : « En somme, vous voulez être Premier consul. Où est votre plébisciste ? Où sont vos victoires ? » Dans ces conditions, le déjeuner est lugubre. Selon les Britanniques, de Gaulle demande

de nouveau à Giraud de se rallier à lui sans autre forme de procès : « Je serai Clemenceau, vous serez Foch[23]. »

Autrement dit, Giraud sera relégué dans des fonctions purement militaires. L'atmosphère est si lourde que Gaston Palewski et Boislambert vont demander à Harold Macmillan de prévoir le retour immédiat de la mission. Encore de Gaulle ne sait-il pas que, à la suite d'une réunion entre Churchill et Roosevelt, l'état-major de Giraud a rédigé des propositions pratiquement sous la dictée des Anglo-Saxons.

Du côté américain, on envisage alors sérieusement une rupture. À l'issue d'une réunion avec Churchill, Roosevelt, encouragé par Harry Hopkins, estime qu'il n'y a pas d'autre solution[24]. Les contacts n'existent plus à ce moment-là qu'entre les collaborateurs respectifs de chacun des principaux participants. Après le déjeuner du 23, Murphy et le diplomate britannique Rock s'efforcent d'établir un compromis aux termes duquel un conseil de guerre présidé par Giraud serait mis sur pied, de Gaulle y participant en tant que haut-commissaire de la France combattante. En dernier ressort, la désignation d'un arbitre par les deux généraux est également envisagée. Gaston Palewski songe enfin au jumelage des deux mouvements.

Le 24 janvier au matin, quand tout le monde se retrouve, l'échec de la rencontre est patent. De Gaulle reste sur ses positions. Les visites d'adieu se passent très mal.

> M. Churchill, écrit Gaston Palewski, indique au général de Gaulle son grand mécontentement devant son refus de signer une déclaration commune. Il en tirera les conséquences devant l'opinion publique et son Parlement. Le général de Gaulle se rend alors chez le président Roosevelt auquel il présente ses collaborateurs. Le président lui demande de s'asseoir et lui exprime sa mélancolie de voir que l'on ne peut arriver au moins à une déclaration commune. Il évoque une expérience d'homme public et fait remarquer qu'il faut aux foules ce qu'il appelle « du drame » : « Écrivez ensemble vingt mots, dit-il, avec deux signatures. »
>
> Mais le général de Gaulle reste peu disposé à accepter ce point de vue. À ce moment font irruption dans la pièce M. Churchill et le général Giraud. Les deux chefs anglo-saxons recommencent leurs instances. Le général de Gaulle qui déclare qu'il a beaucoup de considération pour le général Giraud accepte de rédiger avec lui une brève déclaration qui portera leurs deux signatures. Il accepte même de se laisser photographier tout de suite avec le général Giraud et, pour combler les vœux des deux présidents, de lui serrer la main devant l'objectif[25].

Signe chez lui d'une méritoire bonne volonté, de Gaulle a même répondu en anglais : « *I shall do that for you* », quand le président des États-Unis lui a demandé de serrer la main de son rival. La scène n'en a pas moins été d'un ridicule achevé, aggravé encore par l'attitude de Churchill, furibond, qui agite le doigt devant la figure du général et claque son dentier en criant : « Mon général, il ne faut pas ostacler (*sic*) à la guerre. »

À première vue, le bilan de la rencontre est malgré tout relativement positif pour de Gaulle : face au monde, il a refusé de se soumettre au diktat des Anglo-Saxons, marqué sa supériorité par rapport à Giraud. Il faudra un certain temps pour que l'on s'aperçoive que ce succès apparent a eu pour contrepartie une dégradation sensible des rapports de la France libre tant avec Washington qu'avec Londres. Curieusement, de Gaulle aura longtemps le sentiment sinon d'avoir réussi à séduire Roosevelt, du moins de l'avoir fait évoluer, de lui avoir appris à connaître la France libre. En sortant de la villa du président américain, il a confié, assis sur un banc, à Hettier de Boislambert : « Voyez-vous, j'ai rencontré aujourd'hui un grand homme d'État. Je crois que nous nous sommes bien entendus et compris[26]. » « Mes conversations avec Roosevelt ont été bonnes, écrira-t-il encore, dès son retour en Grande-Bretagne, à Leclerc. J'ai l'impression qu'il a découvert ce qu'est la France combattante. Cela peut avoir de grandes conséquences pour la suite. » Pourtant, le moins que l'on puisse dire est que la rencontre n'incita pas Roosevelt à évoluer.

Que de fois, raconte Curtis Roosevelt, ai-je entendu mon grand-père déclarer à la table familiale : « Le général de Gaulle apparemment ne comprend pas que je ne puisse le reconnaître. Il est cependant évident que je ne peux reconnaître une entité comme la France combattante qui n'a pas de légitimité électorale et dont l'action anticipe la vie de la France libérée[27]. »

Plus grave encore, les relations entre de Gaulle et Churchill se détériorent encore à la suite de cet épisode. Si, globalement, la conférence d'Anfa a donné l'occasion aux stratèges britanniques de marquer des points, le Premier ministre, lui, a subi un échec cuisant qu'il mettra du temps à oublier[28]. À Marrakech où il se rend, en compagnie de Roosevelt, dès la fin de la conférence, le consul américain Kenneth Pendar l'entend dire à propos du général : « Oh, ne parlons pas de celui-là. Nous l'appelons Jeanne d'Arc et nous cherchons des évêques pour le brûler. » De retour en Grande-Bretagne, le roi George VI le trouve si hostile au général qu'il essaie de le calmer. Peine perdue ! Le vieux lion est en proie à un véritable délire antigaulliste, bien perceptible à travers cette lettre adressée au souverain le 28 février, dont les passages les plus outranciers ont toujours, jusqu'à présent, été amputés tant ils dépassaient manifestement la pensée de leur auteur :

De Gaulle est hostile à ce pays et j'ai davantage confiance en Giraud qu'en lui. C'est entièrement sa faute si un bon arrangement n'a pu être conclu entre les deux factions françaises. L'insolence avec laquelle il a refusé l'invitation du président (et la mienne) et de faire amicalement un accord à Casablanca doit être mise plus sur le compte de la stupidité que de la malice. Quoi qu'il en soit du motif, le résultat a été le même : précisément le mettre hors course, lui et son Comité vis-à-vis des Américains. Il souhaite maintenant faire le tour de ses dominions, « mes fiefs », comme il les appelle. J'ai mis le veto à ce projet car partout où il pourra aller, il fera des sottises et répandra l'anglophobie. Je ne vois pas d'avenir pour le mouvement de la France combattante tant qu'il restera à sa tête[29].

Par chance pour le général, Churchill est sujet aussi à des accès de lucidité. À la même époque, il intervient ainsi pour que l'on envoie des armes aux Français, et son médecin, lord Moran, l'entend dire quelques heures plus tard : « De Gaulle est l'âme de cette armée. C'est peut-être le dernier survivant d'une race guerrière. »

En ce début de 1943, lorsqu'il retrouve Londres après tant de péripéties, de Gaulle, lui, peut constater que ses vues triomphent. Depuis les heures sombres du printemps 1940, seul contre tous ou presque, il n'a cessé d'affirmer que la guerre était une guerre mondiale, qu'elle n'était pas perdue, que, bientôt, grâce au soutien de l'Amérique, une force mécanique supérieure viendrait à bout des forces de l'Axe. L'Histoire est en train de lui donner raison. Partout, les forces de l'Axe reculent. Après Midway et Guadalcanal, les Japonais sont sur la défensive dans le Pacifique. En Afrique du Nord, les Allemands ont subi des revers à Tripoli. Plus grave encore pour l'Axe : Paulus vient de capituler à Stalingrad. Désormais, la guerre est virtuellement gagnée, et de Gaulle le sait. La France, malheureusement, risque de ne pas être présente lors de la victoire. Totalement occupée, elle est sous le joug de l'ennemi. Et le Connétable, qui, depuis 1940, lutte pied à pied pour préserver ses droits face à ses alliés, n'est pas sûr de gagner la bataille qui l'oppose à Giraud, candidat des Américains, auquel les Anglais se rallieraient volontiers tant ils sont exaspérés par les incidents récents.

Seul motif d'espoir pour le général : le temps, il le sait, travaille pour lui et l'opinion publique est de plus en plus en sa faveur. Le 14 décembre, le colonel de Linares, collaborateur du général Giraud, écrivait à ce dernier après un séjour en France : « Très objectivement, j'ai constaté dans tous les milieux ce que représente le facteur de Gaulle. À vrai dire, je ne m'en doutais pas[30]. » Alors que le maréchal apparaît, désormais, soit comme un captif, soit comme une marionnette aux mains des Allemands, il est de fait que tous les espoirs de Français sans cesse plus nombreux se portent vers cet étrange militaire qui assume toute l'histoire nationale et parle si haut à la face de l'univers.

Cette certitude d'être le vrai porte-parole des intérêts du pays, le général en est pénétré : tout naturellement, il utilise donc l'argument devant les Britanniques. Le 2 février, Anthony Eden donne un dîner en l'honneur de René Massigli, nouveau chargé des Affaires étrangères. Le général, qui se trouve là en compagnie de Catroux, insiste sur ce soutien populaire dont il bénéficie, non sans évoquer, très habilement, le spectre d'une guerre civile et d'un triomphe communiste au cas où la volonté du peuple serait bafouée par suite de l'obstination de Giraud, qu'il peint sous le jour le plus propre à susciter les fortes réserves du Foreign Office :

> L'important, dans les affaires françaises, est la masse de l'opinion en France. Cette masse de l'opinion est, à présent, avec de Gaulle et c'est sa force. Elle va des communistes à la droite. Elle représente non seulement la résistance à l'Axe mais la répudiation de Vichy et de tout ce qui a été maintenu par lui. Le général Giraud, dans la situation étrange de l'Afrique du Nord qui n'a jamais été en guerre et n'a pas souffert de l'humiliation de l'occupation, s'est trouvé au milieu d'opportunistes qui, maintenant que le cours de la guerre a

changé, se placent aux côtés des Alliés avec le projet de revenir en France sous le couvert de la victoire alliée. Il y a deux général Giraud ; l'un est le soldat déterminé à combattre l'Axe et l'autre, le Giraud qui, par nature, est un réactionnaire, à présent entouré et aidé par des vichyssois ralliés. Lors de la signature du communiqué à Anfa, Giraud, vous le savez, a rayé les mots « droits démocratiques » pour les remplacer par « droits humains ». Giraud, seul, ne représente rien qui puisse concerner le peuple français. Avec ceux qui sont désormais à ses côtés, il représente en revanche la continuation du régime de Vichy et s'il retourne en France avant d'avoir effectué son union avec de Gaulle, la guerre civile est inévitable. Or seul le communisme peut bénéficier d'une guerre civile dont les conséquences peuvent se faire sentir même en Grande-Bretagne[31].

Eden, manifestement, est impressionné par cette habile diatribe, confortée par René Massigli qui confirme l'appartenance du général Giraud à l'extrême droite et souligne, lui aussi, le danger d'une guerre civile. Pour le secrétaire au Foreign Office, le général a le devoir d'éviter cette tragique éventualité. À cette remarque, selon le compte rendu de l'entretien, le général exprime un « pessimisme considérable » :

Si Giraud était amené à comprendre que le gouvernement anglais et le gouvernement américain n'approuveraient pas des nominations comme celles de Peyrouton ou de Noguès, alors les bons éléments pourraient être renforcés et l'opinion publique pourrait s'orienter elle-même dans ce sens. Mais de très forts éléments gaullistes, en Afrique du Nord, sont sur le point d'être éliminés.

Stupéfiant numéro ! De Gaulle est passé maître dans l'art de la manœuvre diplomatique où fait merveille son intelligence, étonnamment apte à saisir les failles d'une situation, à en tirer profit pour écraser l'adversaire ou le rival. Comme paraît loin le temps où le général s'en tenait à une stricte vision patriotique ! À présent, il a compris que cette position n'est plus de nature à garantir sa suprématie : pour l'emporter, pour gagner pleinement la confiance de la Résistance intérieure, être en mesure de contrôler un jour les communistes, il lui faut clairement fonder sa légitimité sur les valeurs de la République.

Dès lors, de Gaulle ne cesse de marquer des points sur ce que Claude Paillat a nommé l'« échiquier d'Alger ». Sans doute sous-estime-t-il l'animosité de Churchill qui précise à Massigli, le 9 février, qu'il ne traitera plus de Gaulle sur un plan personnel mais dans la stricte mesure où il apparaît le porte-parole du Comité national. Parallèlement, Churchill cherche à associer au pouvoir l'ancien président du Conseil, Pierre-Étienne Flandin, dont il est l'ami. Surtout il met à exécution la menace dont il a parlé au roi dans ses lettres : le chef des Français libres ne sera pas autorisé à visiter ses fiefs ! Mais, de son côté, le général fait preuve d'une grande adresse. Alors qu'il vient d'avoir à Anfa l'accueil que l'on sait, il se paie le luxe de faire, le 9 février, l'éloge de Roosevelt, dont il affirme admirer l'idéalisme, et d'essayer de le disjoindre du Département d'État. Avec la même habileté qu'il vient de démontrer en tentant d'affaiblir Giraud, il s'attaque maintenant à Cordell Hull : le 22 février, le diplomate américain Freeman Matthews, reçu à déjeuner par Eden, fait part à ce dernier de la fureur qu'a éprouvée le secrétaire d'État américain en lisant ce compte rendu d'un entretien confidentiel entre le général et l'amiral Stark, le 15 février.

Le général de Gaulle, lit-on dans ce rapport remis à Eden par Matthews, a été grandement impressionné par les déclarations du président lors de son dernier discours à la radio. Il a exprimé un accord complet avec les objectifs et les principes soulignés par le président. Mais pense que, tant à Washington qu'en Afrique du Nord, la politique du président n'est peut-être pas appliquée par les fonctionnaires. L'opinion du général est fondée sur sa conviction que :
1) Le Département d'État favoriserait l'établissement de régimes conservateurs ou fascistes dans les pays européens.
2) Giraud est antidémocrate et fortement influencé par le groupe des hauts fonctionnaires d'Afrique du Nord, réactionnaires, de tendance royaliste ou fasciste qui espèrent utiliser les armées de Giraud pour établir un gouvernement réactionnaire de la France libérée[32].

Pour parfaire la manœuvre, le général lance aussi une offensive de charme en direction d'Eisenhower. Le 6 mars, le Foreign Office attire ainsi l'attention de Macmillan, ministre résidant à Alger, sur le fait que, trois jours plus tôt, le chef de la France libre a essayé d'utiliser une réponse aimable d'Eisenhower à ses vœux de nouvel an en exprimant le souhait de le voir, afin d'évoquer un certain nombre de sujets d'ordre stratégique en Afrique du Nord[33]. Par cette initiative, de Gaulle espère bien évidemment se poser en interlocuteur du commandant en chef allié, ce qui ne peut que ruiner le crédit de Giraud. À toutes fins utiles et pour mieux mettre ce dernier en porte à faux par rapport aux Américains, le général s'emploie enfin à dissiper les doutes quant à ses convictions démocratiques. À preuve cette note remise à Eden, le 23 février, par René Massigli :

Par la création du Comité national (ordonnance n° 16 du 24 septembre 1941), le général de Gaulle a en principe renoncé à prendre, de sa seule initiative, n'importe quelle décision importante, en dehors des matières ressortissant exclusivement au commandement militaire en chef.
Il est donc permis de dire que le régime ainsi défini répond aux exigences de la situation, en tant qu'il exclut en théorie les mêmes initiatives que celles qu'interdit en France la Constitution républicaine.
Il est vrai que les commissaires nationaux sont actuellement responsables devant le chef des Français libres, président du Comité national ; mais cette situation — théoriquement critiquable — tient au fait qu'il n'y a pas présentement de Chambres envers qui les commissaires nationaux puissent être responsables. Cet état de choses est assurément anormal, mais il n'est pas propre à la France combattante durant la guerre, car il est un gouvernement constitutionnel, installé sur le sol de la Grande-Bretagne, qui est dans le même cas : c'est le gouvernement belge[34].

La tactique du général, pour brutale qu'elle soit, est habile, conforme en tout cas à sa philosophie générale de l'action. Sa force est de se fonder sur une vision cohérente de la situation, en particulier, sur les faiblesses et erreurs de Giraud, bien mises en lumière à cette époque par l'un des ses collaborateurs les plus intelligents, l'un des moins écoutés aussi, le futur général Beauffre :

On continue de « penser Vichy », au mauvais sens du mot, parce qu'on n'a pas le courage d'étudier objectivement ce qui doit être gardé dans l'action de Vichy et ce qui doit être résolument jeté par-dessus bord... On se propose de revenir partiellement sur les mesures antimaçonnes mais on le fait de façon telle qu'on accentue le caractère de brimade des premières mesures. On considère le problème israélite, on prétend le résoudre par des circulaires. L'opinion tout entière aspire à plus de liberté et jamais les contraintes n'ont été plus abondantes, jamais l'appareil policier n'a paru si lourd : la surveillance s'étend jusqu'à la vie familiale... on surpasse Vichy et on croirait que l'idéal est d'imiter le nazisme... On voudrait salir la gloire du commandant en chef qu'on ne s'y prendrait pas autrement qu'en l'entraînant dans cette atmosphère de basse manœuvre policière [35]. L'union avec le gaullisme, constate-t-il quelques jours plus tard, ne progresse pas tandis que l'opinion française se tourne de plus en plus vers lui... Nous ne pouvions avoir d'autre politique que de nous appuyer sur les Alliés, principalement sur l'Amérique. Pour cela, il fallait inspirer confiance, donc rompre les ponts avec Vichy et le nazisme et entrer résolument dans le camp des démocraties... Au bout d'un mois et demi de pouvoir, trois semaines après Anfa, le régime d'Alger apparaît comme un pouvoir militaire de tendance fasciste, donc indésirable [36].

Tout serait facile pour de Gaulle si certains partisans, plus ou moins désintéressés, de Giraud n'étaient pas précisément décidés à redresser cette image désastreuse. Jean Monnet est de ceux-là, et l'on s'inquiète sérieusement au siège de la France libre quand on apprend que cet homme d'influence, rétif au charisme du général depuis juin 1940, s'apprête à arriver à Alger pour y jouer auprès du commandant en chef civil et militaire un rôle qui ne peut être favorable au Connétable. De fait, Monnet, depuis les temps héroïques du printemps 1940, a clairement marqué sa réserve vis-à-vis de l'homme du 18 juin et de ses choix. Après le fiasco de sa première rencontre avec de Gaulle à Londres, le 17 juin 1940, le président du Comité de coordination franco-britannique est parti pour les États-Unis, certain qu'il était impossible pour des Français de poursuivre le combat en territoire britannique. Ses sentiments à l'égard du général sont sans ambiguïté : « Il se comporte comme le pire politicien. Je ne suis même pas sûr qu'il soit honnête », disait-il en juillet 1940 à Robert Mengin [37]. Devenu, à la demande de Churchill, vice-président du British Supply Council à Washington —situation extraordinaire pour un Français —, il a vécu à l'écart des intrigues de ses compatriotes, en citoyen du monde, manifestant avec autant de force sa sympathie pour le mouvement des Français libres que son antipathie personnelle à l'égard de son chef. Très introduit dans l'entourage de Roosevelt, il a joué un rôle de premier plan dans l'élaboration du Victory Program (« Il fut le maître à penser de notre défense », dira un haut fonctionnaire du Département d'État) et s'est éloigné des réalités françaises. Après la mort de Darlan, il a manifesté, cependant, son souhait de prendre part de nouveau aux affaires françaises. D'où la mission dont il est chargé en ce printemps 1943.

Cette mission, c'est le président Roosevelt en personne qui la lui a confiée, convaincu qu'il serait à même de conseiller utilement Murphy, de faire évoluer Giraud dans un sens démocratique et, surtout, de réaliser l'union des Français autour de lui et non autour de l'imprévisible chef des Français libres. Français de nationalité, haut fonctionnaire britannique depuis l'été 1940, à présent envoyé personnel du président des États-Unis dans un territoire français auprès de l'un des deux chefs souhaitant continuer le combat contre l'Axe, Jean Monnet est évidemment dans une situation très inédite. Et d'autant plus difficile que, issu d'un milieu républicain et foncièrement attaché aux règles démocratiques, il est loin d'être en phase avec le général Giraud.

La première tâche de l'inspirateur, qui travaille en liaison étroite avec Harry Hopkins, va donc être de « républicaniser » Giraud, de manière à le rendre acceptable par ceux qui veulent rétablir les libertés. Le 13 mars, Monnet marque dans cette direction un premier point en inspirant au général un discours de tonalité très démocratique où il répudie Vichy, proclame sa fidélité à la République et à ses valeurs. Giraud, bien entendu, est assez mécontent de se voir imposer ce virage. Avec sa naïveté confondante, il dira en privé : « Mais c'est un discours politique ! Je n'en crois pas un traître mot[38] ». Reste que l'initiative n'est pas passée inaperçue et a contribué à redonner quelque crédit au commandant en chef civil et militaire.

De Gaulle, plus que tout autre, est conscient du danger et c'est pourquoi, tout au long des semaines à venir, il va sans cesse faire monter les enchères, adopter une position intransigeante, au risque de paraître prendre ses distances avec Catroux, le négociateur habile qu'il a chargé d'assurer la liaison avec Giraud. Dès le lendemain du discours de ce dernier, le 14 mars, le chef de la France libre inaugure cette stratégie. Alors que Giraud l'invite sur-le-champ à venir à Alger discuter avec lui, de Gaulle sèchement refuse. « Ce coup de théâtre inattendu, immédiatement suivi d'une invitation à conférer, raconte Catroux, éveilla en lui un sentiment de méfiance. Il résolut d'attendre et de différer sa visite[39]. » Monnet et Catroux sont surpris par cette réaction mais, dans la mesure où elle traduit des arrière-pensées de la part du général, ils jugent plus sage de différer la rencontre.

La suite du dialogue entre Londres et Alger s'annonce donc très mal. Monnet, négociateur pour le compte de Giraud, estime importantes les concessions faites par son poulain. En regard, de Gaulle lui semble au contraire multiplier les conditions. Il souhaite notamment que le successeur de Darlan abandonne tout projet de suprématie par rapport à la France libre, comme il l'a laissé entendre à Anfa. Monnet s'inquiète aussi de la volonté affichée par le général de prendre au plus tôt la tête d'un gouvernement provisoire qui traiterait avec les Alliés et s'installerait en France le moment venu afin de préparer les élections. Aux yeux de l'ancien secrétaire général adjoint de la SDN, le général veut le pouvoir pour lui seul, ce en quoi il n'a pas tout à fait tort. Si le Connétable appelle, en effet, sincèrement de ses vœux l'union du mouvement de Londres et de celui d'Alger, ses représentants les plus qualifiés ne font guère mystère de son intention d'éliminer son rival. « Giraud aura les apparences et non la réalité du pouvoir », confie à de Gaulle Catroux qui voit bien le commandant en chef civil et militaire confiné dans les fonctions honorifiques de « lieutenant général de la République ». Contraint de se recentrer, concurrencé sur le terrain même où il a choisi de se battre, de Gaulle n'a d'autre issue que de contre-attaquer avec encore plus de véhémence. Le seul moyen pour lui de sortir du piège où l'attire Monnet est de hurler au scandale, de crier sans cesse plus haut et plus fort. Cette méthode n'est malheureusement pas sans risque, le premier étant un regain de tension avec les Anglo-Saxons.

En toute objectivité, s'il n'avait pas en vue l'instauration de sa propre autorité, il lui serait fort difficile de s'opposer au mémorandum, très modéré, que lui adresse Giraud le 1er avril. Rédigé en grande partie par Jean Monnet, ce texte, après avoir posé le principe selon lequel il ne saurait y avoir de gouvernement provisoire avant la libération du territoire national, distingue deux périodes. Durant celle antérieure à la libération, un conseil exercera la souveraineté de la France, gérera les ressources des territoires d'outre-mer, assurera la poursuite de la guerre aux côtés des Alliés, maintiendra l'unité d'action avec la Résistance en France. Dès que les circonstances le permettront, ce conseil se transportera en France et y assurera de manière provisoire l'administration des territoires partiellement libérés avec le concours des conseils généraux convoqués conformément à la législation en vigueur au 22 juin 1940. Au jour de la libération du territoire, ce conseil remettra ses pouvoirs au gouvernement provisoire, constitué en vertu de la loi Tréveneuc de 1872.

À première vue, rien ne semble s'opposer à un accord sur ce texte. Le conseil, certes, n'est pas élu, mais les circonstances s'y prêtent mal. Le rôle de la Résistance intérieure est encore ignoré, mais l'oubli est réparable. En réalité, l'obstacle, le *casus belli* aux yeux du général, est le caractère purement administratif du conseil prévu. Pour de Gaulle, ce point est fondamental et il ne le cache pas au général Catroux qui, dès le 9, lui conseille d'accepter la solution proposée par Giraud. Refuser tout caractère politique à l'organisme qu'il préside, c'est contester sa légitimité historique et derrière la manœuvre il voit, à juste raison, la marque de Washington. Sur ce point, il est résolu à ne pas transiger : s'il s'est abstenu d'évoquer cette première discorde, le 2 avril, devant Churchill avec lequel il était soucieux de nouer de meilleures relations après Anfa, il ne cache pas son point de vue à Eden, le 16 :

La France combattante est prête à accepter que Giraud soit commandant en chef en Afrique du Nord, à la condition expresse que, dans le même temps, le général ne prétende pas avoir un rôle politique ou même une position élevée au sein du Comité national. Si le principe de cette soumission au pouvoir civil est acquis, je suis prêt à accepter que le général Giraud soit à égalité avec moi. Il ne doit y avoir aucun malentendu sur la nature de cette suggestion. Il est essentiel que l'esprit de la France combattante puisse survivre. Moi et mes collègues sommes, par conséquent, prêts à accepter le général Giraud dans les conditions que je viens de mentionner et aussi quelques-uns de ses collaborateurs mais pas tous. Ce que nous avons en tête, c'est un comité reconstitué dans lequel moi et le général Giraud serions à égalité et qui comprendrait des hommes tels que M. Massigli, M. André Philip et les anciens ministres qui viennent juste d'arriver de France. M. Queuille pourrait jouer un rôle de concert avec un ou deux collaborateurs du général Giraud[40].

Le 28 avril, alors que Catroux et Jean Monnet estiment un accord possible, de Gaulle oppose donc une fin de non-recevoir absolue aux propositions formulées par Giraud. Dans un télégramme adressé à Catroux, il fustige les conceptions de son rival qu'il juge confuses, souligne le caractère absolu du principe de la subordination du commandant en chef au pouvoir civil — ce qui revient à enfermer Giraud dans une impasse compte tenu de son attachement à son poste et à ses cinq étoiles —, manifeste son souhait de voir l'issue reportée et l'accord éventuel se faire à ses conditions :

Je ne puis comprendre les atermoiements de Giraud dans une affaire qui est réglée d'avance dans l'esprit de l'immense majorité des Français, même en Afrique du Nord. D'autre part, je n'accepte pas d'entrevue en catimini à Marrakech, à Biskra ou ailleurs. J'entends aller à Alger en plein jour et en pleine dignité. J'attends une réponse positive ou négative, mais claire et nette d'ici le 3 mai.

Comme le souligne André Kaspi, il attend le succès de la mission de Jean Moulin : non seulement que les mouvements de résistance s'unissent complètement, mais qu'ils adressent à Londres un appel à l'unité et au ralliement derrière lui[41]. Le contexte se prête d'autant moins aux compromis que, de son côté, Giraud fait un calcul similaire. La bataille de Tunisie prenant un tour favorable, il espère, avec ses conseillers, bénéficier de ses retombées. « Qu'il entre à Tunis à la tête de ses troupes, s'inquiète d'ailleurs le gaulliste Charbonnières, collaborateur de Catroux, le voilà auréolé du prestige du vainqueur[42]. »

À partir de là, le ton monte, et tout semble contribuer à radicaliser les positions. De Gaulle est plus que jamais méfiant et décidé à imposer son point de vue. L'amiral Stark et Anthony Eden lui ayant appris que les Alliés sont disposés à le laisser aller à Alger, il ne comprend guère les réticences de Giraud à cet égard et en vient à se demander si Catroux ne le trahit pas en prônant sans cesse la patience. Le général sait aussi que le temps joue en sa faveur. Dans l'armée et l'administration, les défections se multiplient, l'autorité de son rival s'effrite. En attendant l'ultimatum fixé à Giraud, le 3 mai, la tension atteint son paroxysme. Dans chaque camp, les diplomates s'inquiètent. Du côté de la France combattante, les plus raisonnables s'emploient à éviter que le général n'insère quelque parole irréparable dans le discours qu'il doit prononcer le 4 mai. Massigli, en particulier, prône la modération.

De Gaulle, délibérément, écarte ces conseils de prudence. En grand tacticien, il juge au contraire le moment venu de brusquer les choses et, selon sa méthode favorite, c'est à l'opinion qu'il entend s'adresser directement. Le 4 mai, il joue donc le tout pour le tout en une intervention fulgurante. Des négociations en cours il ne dit rien, ce qui lui évite d'évoquer les gestes de bonne volonté de Giraud. En revanche, avec un art consommé, il insiste sur la volonté de la France combattante de réaliser l'union, condamne l'esprit vichyssois persistant, selon lui, à Alger dénonce les interventions américaines constantes, désigne enfin la capitale de l'Algérie comme le seul lieu de réunion possible. « La volonté nationale, souligne-t-il, est maintenant en marche, rien ne pourra l'arrêter et certainement pas un homme qui tient sa légitimité de quatre fonctionnaires demeurés fidèles au maréchal Pétain. »

Parmi les collaborateurs du général, les réactions sont contrastées : Soustelle est enthousiasmé, Massigli, effondré. Lucide, Charbonnières écrira que « si le discours était magnifique et les inexactitudes excusables dans le contexte polémique, le mépris souverain qu'il affichait pour le général Giraud et pour les autorités en place à Alger pouvait être considéré comme incompatible avec la poursuite de la négociation [43] ».

De fait, du côté de Giraud, c'est bien ainsi qu'est perçu ce discours. Jean Monnet, notamment, est scandalisé. Dans une note personnelle, il écrira :

> C'est le type parfait du discours hitlérien et l'application de ses méthodes. [...] Il faut se résoudre à conclure que l'entente est impossible avec lui ; qu'il est un ennemi du peuple français et de ses libertés ; qu'il est un ennemi de la reconstruction européenne dans l'ordre et la paix ; qu'en conséquence il doit être détruit dans l'intérêt des Français, des Alliés et de la paix [44].

Monnet est si indigné que, peu après, il reprendra les termes de cette note dans une lettre adressée à Harry Hopkins.

Le général est bien conscient d'avoir frappé très fort, peut-être trop fort et, comme de coutume, amorce discrètement un decrescendo. Après avoir traité durement Giraud, il lui adresse une lettre des plus aimables dans laquelle il ne formule plus que trois exigences : d'abord, le pouvoir central sera un organisme civil ne comprenant ni les hauts fonctionnaires de l'Empire ni le commandant effectif des troupes ; en second lieu, le pouvoir central, pour être plus représentatif des tendances populaires, s'adjoindra un conseil consultatif national comprenant les représentants des mouvements de résistance et des diverses organisations traditionnelles françaises ; la rencontre avec Giraud doit avoir lieu à Alger.

De l'autre côté de la Méditerranée, le message est accueilli favorablement. Bien conseillé par Macmillan, Giraud se montre conciliant. Somme toute, les désaccords entre les deux camps semblent maintenant plutôt légers ; d'autant plus que le gouvernement britannique insiste auprès de Giraud pour que la rencontre avec de Gaulle ait lieu à Alger. Jean Monnet lui aussi évolue. Sans doute voit-il toujours dans le général un homme dangereux, risquant de connaître le sort de Kerenski en devenant l'instrument des communistes, mais de plus en plus il se rend aux arguments de Harold Macmillan avec lequel il a de fréquents échanges de vues et qui ne cesse de prôner la modération, l'entente entre les deux généraux.

À partir de ce moment, la situation se clarifie. De Gaulle, chacun le voit, a marqué des points. Indépendamment de Eden, toujours digne de confiance et amical, il peut désormais compter sur l'appui, essentiel, de Macmillan. Même s'il nourrit beaucoup d'arrière-pensées, Jean Monnet travaille objectivement pour lui : s'il souhaite toujours que l'union se réalise autour de Giraud, il est de plus en plus conscient de son manque de sens politique, de plus en plus résigné à l'arrivée de de Gaulle à Alger.

Du côté américain, en revanche, subsistent de très sérieux obstacles, la personnalité du général continuant de susciter de fortes réserves. Robert Murphy notamment ne désarme pas et parvient souvent à faire prévaloir ses vues sur celles de Jean Monnet. Dans son *Journal de guerre*, Macmillan met bien en évidence les divergences d'appréciation existant entre les deux hommes : quand il a entendu le ministre résidant britannique expliquer qu'en Grande-Bretagne l'affrontement précède fréquemment l'accord, Monnet a souri, Murphy au contraire n'a pas caché sa réprobation, visiblement convaincu que de Gaulle profiterait de toutes les concessions pour abaisser le prestige de Giraud et contrecarrer les États-Unis de manière systématique. Pour lui, il ne le cache pas, le discours du 4 mai est intolérable, impardonnable. Les Américains auraient dû s'entendre avec les Britanniques afin que le Comité de Londres ne reçoive plus le moindre appui des Anglais.

L'influence que Murphy continue d'exercer à Washington, en particulier auprès du président, est d'autant plus fâcheuse, d'autant plus dommageable pour de Gaulle que Churchill arrive le 11 mai aux États-Unis pour y prendre part à la conférence dite « Trident[45] ». Le Premier ministre est à bout de nerfs ; il ne peut plus supporter le général, il vient d'ailleurs de rédiger un aide-mémoire dont la publication plus tard fera scandale ; et, à grand-peine, Eden et Attlee l'empêchent alors de prendre des décisions irrévocables. Or, loin de le calmer, les Américains le renforcent dans son hostilité. À ce moment-là, en se fondant sur les informations transmises par Murphy, Roosevelt rédige un mémorandum sans appel sur le mouvement gaulliste. Selon lui, la France combattante ne sert à rien sur le plan militaire et ne crée que des ennuis sur le plan politique. La personnalité de de Gaulle est intolérable :

> Il est victime d'un complexe messianique, se prend pour Jeanne d'Arc et est donc dangereux. Le plus simple est de placer Giraud à la tête des troupes françaises, de réorganiser le Comité national en écartant des gens impossibles comme André Philip et d'y faire entrer des hommes forts tels que Jean Monnet et d'autres collaborateurs de Giraud. Au lendemain de la libération de la France, les armées alliées prendront, pendant au moins six mois, la direction politique du pays en s'appuyant sur 90 % des maires et un grand nombre de fonctionnaires locaux. De Gaulle pourrait être nommé gouverneur de Madagascar.

« Je dois maintenant vous avertir solennellement que la question de de Gaulle a pris ici un tour extrêmement grave, écrit donc Churchill à Eden et Attlee, le 21 mai. Il ne se passe pas de jour que le président ne m'en parle. Bien qu'il le fasse très amicalement et souvent sur le ton de la plaisanterie, je suis sûr que l'affaire lui tient très à cœur. » Après avoir précisé que Roosevelt ne cesse de lui mettre sous les yeux des documents accablants sur la France combattante, le Premier ministre conclut :

L'important dans cette affaire, c'est que le président considère que cela se fait grâce aux fonds britanniques donnés à de Gaulle, et c'est uniquement par politesse qu'il s'abstient de nous dire que, dans l'état actuel de nos relations financières avec les États-Unis, ce sont, en un sens, des fonds américains. Je suis convaincu que nous devons faire cesser tout cela. De Gaulle a complètement laissé passer sa chance en Afrique du Nord. D'après moi, il ne s'intéresse qu'à sa propre carrière qui s'appuie sur la vaine prétention de s'ériger en juge de la conduite de chaque Français à la suite de la défaite militaire. Je demande à mes collègues d'examiner d'urgence la question de savoir si nous ne devrions pas dès maintenant éliminer de Gaulle en tant que force politique et nous en expliquer devant le Parlement et devant la France. Nous dirions dans ce cas au Comité national français que nous cesserons d'avoir des relations avec lui ou de lui donner de l'argent aussi longtemps que de Gaulle en fera partie. [...] Je serais quant à moi tout à fait disposé à défendre cette politique devant le Parlement et à montrer à tout le monde que le mouvement de résistance en France, qui est au cœur même de la mystique gaulliste, ne s'identifie plus à cet homme vaniteux et malveillant[46].

Depuis juin 1940, les rapports de Gaulle-Churchill ont connu beaucoup de péripéties, sans cesse les rumeurs de rupture ont couru, mais cette fois il est clair que le Premier ministre, soumis outre-Atlantique à de fortes pressions, est prêt à rompre les engagements signés en 1940 avec le Connétable. Dans une conversation qu'il a le jour même à la Maison-Blanche avec Alexis Léger, il se montre même encore plus explicite, violent, inquiet aussi de la politique intérieure et extérieure que le général pourrait mener après la libération. Léger, qui exclut catégoriquement toute idée de se rendre en Afrique du Nord tant que la Grande-Bretagne n'aura pas rompu avec le général, semble réussir, au moins pour un temps, à faire partager à son illustre interlocuteur ses lourdes préventions.

Alexis Léger : Je n'ai aucune confiance personnelle en Charles de Gaulle...
Winston Churchill : Moi non plus. Aucune confiance. Il est impossible. Je suis prêt à rompre définitivement. Il n'a jamais pu être amené à être raisonnable. Vous auriez pu bien l'influencer... Il est égoïste, personnel, follement orgueilleux, déraisonnable, prétentieux, il ramène tout à lui. Peu loyal, antianglais, antiaméricain. Il développe et laisse développer partout un sentiment d'anglophobie. Il fait tout pour opposer l'Angleterre et l'Amérique. Puéril, vu l'étroite et intime proximité personnelle entre Roosevelt et moi. Psychologiquement absurde. Inintelligent. Comme s'il tenait le sort du monde entre ses mains. De Gaulle a manqué encore, et peut-être définitivement, le coche une fois de plus, récemment, quand, après un dernier effort de ma part en sa faveur, lui ouvrant, in extremis, la possibilité de sauvetage par l'union avec Giraud, il a refusé d'aller à Biskra ou au Maroc pour se réserver une manifestation démagogique à Alger, ou pire une émeute avec effusion de sang, qu'il souhaite et

qui est possible du fait de la réaction de certains éléments nord-africains de l'armée.
Giraud, lui, est un homme d'honneur, un gentilhomme français, droit, direct et sans prétentions : il s'est rendu immédiatement à Anfa. C'est le vrai officier français de la grande tradition de l'armée française. Il donne la joie de retrouver la vraie France.
À Anfa, de Gaulle a été intolérable, incompréhensible et ridicule. Loin de comprendre mon appel, il a fait le boudeur, le dédaigneux supérieur, au surplus l'arrogant devant Roosevelt dont je lui ménageais l'accueil. Il a répondu qu'il n'avait pas à se déplacer pour aller causer avec des Anglais et des Américains, que, en ce qui concerne l'opportunité d'une rencontre avec Roosevelt, il n'avait pas à la rechercher, que, si M. Roosevelt souhaitait le rencontrer, il n'avait qu'à l'inviter à Washington. Était-ce admissible à l'égard du chef de l'État d'une nation de 70 millions[47] d'habitants engagés dans la guerre ? Quand j'ai fait comprendre ma réaction en définitive et que je devais dès lors lui retirer tout ce qu'il reçoit en Angleterre comme moyens d'action, alors seulement il s'est décidé à changer d'attitude et a daigné consentir à venir. Entre-temps, le temps s'était gâté. Trois jours ont été perdus.
J'avais souhaité alors vous voir venir en Afrique du Nord. Jean Monnet, qui n'a pas votre importance, a très bien travaillé. Pourquoi n'allez-vous pas là-bas avec Giraud, avec la vraie France ? Les Français, là, se sont magnifiquement battus. Ils ont fait 40 000 prisonniers. Voilà la vraie tradition, le vrai rôle de la France, retrouvé par cette armée d'Afrique, pendant que de Gaulle en reste à ses petites manœuvres politiques et personnelles dans son bureau de Londres. Il est loin du désintéressement, de l'efficacité et du courage de Giraud qui s'est jeté dans l'action, sans arrière-pensée et sans ménager personne, même pas les siens. Sa famille a été exposée, prise en otage, tandis que de Gaulle n'avait accepté de s'engager, en 1940, de prendre des responsabilités qu'à la condition expresse qu'on réussisse d'abord à soustraire toute sa famille et à lui assurer la sécurité préalable à Londres à ses côtés.
A. L. : Encore une fois, je ne peux aller prendre position aux côtés de Giraud et y entraîner des Français face au peuple français, que si la possibilité d'une position nationale est fournie par la cessation du dualisme que vous entretenez vous-même.
W. C. (insistant) : Vous devez venir à Londres, même comme émigré à titre privé. On a besoin d'hommes comme vous. Vous m'éclairerez. Vous pouvez beaucoup envers de Gaulle. Il dépend de moi pour bien des choses. Les Américains me reprochent de ne pas user de mes moyens d'action.
A. L. : Il m'est difficile de venir tant que le malentendu persiste (Alexis Léger précise dans son compte rendu : « sous-entendu : tant que la Grande-Bretagne appuiera de Gaulle... »). Je redoute une guerre civile en trois actes et trois ans, au lieu d'une éventuelle et saine épuration très brève.
W. C. : Sans aucun doute. De Gaulle lui-même veut cette révolution. Et nous savons à Londres, comme à Washington, qu'il agit au contraire de ce qu'il prétend aujourd'hui représenter. De Gaulle est nettement personnel, dictatorial. Il parle tout le temps de ses « fiefs ». Quant à sa démagogie ! Il a fait visiblement alliance avec les communistes qu'il invoque tout le temps.
A. L. : En politique étrangère, j'ai à me préoccuper de notions précises qui sont contraires à mes certitudes. Il me les a fait tenir[48]. Une politique européenne avec la Russie entraînera une politique antianglaise, contraire à mes convictions et à ma doctrine inébranlable en faveur du noyau permanent de la politique franco-britannique. Cette politique antianglaise, antiaméricaine, antiorganisa-

tion collective débouchera sur un nationalisme étroit. Il est facile de faire surgir d'un nationalisme étroit — comme en Allemagne avec Hitler — sur un fond d'humiliation nationale et chez un peuple si facilement xénophobe.
W. C. : C'est une certitude. De Gaulle évoque cette politique étroitement européenne, ou étroitement française à base de levier russe, jusqu'à évoquer directement l'extension immédiate de la politique franco-russe à la politique franco-allemande. On aurait ainsi un système européen à trois. Je sais tout cela. J'ai été maintes fois sur le point de rompre avec de Gaulle et de le remiser. Au point de vue militaire — cela est très secret — je vous confie que j'ai maintenant une autre carte : le général Georges qui s'est échappé et est prêt à s'engager. On l'a accusé de défaitisme. C'est un vrai militaire et un cerveau d'homme de guerre, un excellent général. Il est prêt.
Au point de vue politique, si j'écartais de Gaulle du Comité national, viendriez-vous y prendre sa place ? On a besoin de vous. Tous les hommes de Londres sont timorés devant de Gaulle. Massigli est très faible et a peur de de Gaulle. Je comprends bien votre position. De quel côté êtes-vous ? Avec le gaullisme, sans de Gaulle. Moi aussi !
Je suis à un tournant décisif. Avant même de vous voir, j'en étais au point où il n'était pas dit que je n'allais pas en finir avec de Gaulle. Mais que faire pratiquement ? Que me conseillez-vous ? Si je romps politiquement et moralement avec lui, quelles mesures précises prendre ? Le dessaisir en lui enlevant toutes les ressources dont il a le monopole de distribution et le laisser se retirer en Grande-Bretagne comme un émigré ? Que se passera-t-il alors en France ?
A. L. : Certainement un flottement et du désarroi en France, parce qu'on a laissé trop longtemps se propager une propagande personnelle et tendancieuse qui a créé le mythe. Mais pour grave que soit aujourd'hui le fait, si l'on en reconnaît l'aboutissement inadmissible pour l'avenir, il faut bien y remédier, même tardivement : à quelque prix que ce soit mais à temps. Le minimum dans l'immédiat est d'enlever à de Gaulle sa propagande (argent, radio, avions et parachutistes, réseau de communication). Après le malaise, il faudrait calmer le peuple français, le rassurer. Démocratiquement et socialement faire évoluer le milieu de l'Afrique du Nord. Développer la politique démocratique des répondants de la Résistance française à l'étranger. Il s'agit de dépersonnaliser le gaullisme sans faire de de Gaulle un martyr.
W. C. : Il faut que je vous revoie. Il est très possible que j'aie à prendre sans plus attendre des mesures décisives.
A. L. : Il conviendrait, je crois, d'inviter de Gaulle une dernière fois à aller s'associer à une simple collaboration militaire, à aller prendre le commandement de la grande armée française qui doit être mise sur pied pour l'arrivée sur le continent. Dès maintenant son Comité national et son entreprise politique seraient liquidés. La voie politique, qu'on a laissé compromettre, était celle envisagée à Anfa : coopération militaire et élargissement national au seul niveau de l'Afrique du Nord.
M. Roosevelt et vous-même devriez alors dire à de Gaulle : « ne voulez-vous pas renoncer à votre entreprise politique qui n'est pas compatible avec la coopération militaire qui intéresse seule, en ce moment, le point de vue interallié ? Alors libre à vous de vous consacrer à cette entreprise politique. Vous êtes désormais un chef de parti politique, un chef de mouvement national. Rien de plus légitime ; mais cela ne concerne que la vie politique française après la libération. Jusque-là [49]... »

Une dépêche relative à cet entretien, expédiée le 21 mai par Churchill à Eden et Attlee, atteste que l'éventualité d'une rupture est alors assez sérieuse. Les « tendances fascisantes » du général y sont clairement évoquées, tout comme sa tendance fâcheuse à s'appuyer sur l'Union soviétique. « Si nous pouvions introduire Herriot et Léger dans ce Comité dont de Gaulle serait exclu, il serait alors possible de constituer avec Giraud un groupement fort et qui représenterait parfaitement la France pendant la période de guerre. Je suis convaincu que les choses ne peuvent plus continuer comme avant[50]. »

La rupture pourtant ne va pas se produire pour la simple raison que, au moment où Churchill se laisse aller à ces divagations et à la rancœur, de Gaulle a virtuellement gagné. À Alger — mais la lenteur des communications empêche le Premier ministre de le savoir —, la querelle des généraux commence à lasser tout le monde, et Macmillan n'est pas le dernier à le dire. En coulisse, l'union fait des progrès, les esprits se calment. À Tipasa, au bord de la mer, Monnet et le ministre résidant britannique discutent calmement et, entre deux baignades en tenue d'Adam, mettent au point un compromis acceptable par les deux parties. Le comité destiné à concrétiser l'unification des deux mouvements comprendra deux présidents, deux membres nommés par Giraud, deux autres par de Gaulle, trois sièges étant laissés vacants pour l'instant. Le plus malaisé est de faire accepter à Giraud une rencontre à Alger, mais le 17 il cède enfin, envoie à de Gaulle une lettre conciliante. Dans le même temps, Catroux et Macmillan décident de partir pour Londres afin d'expliquer à leurs chefs respectifs la nécessité impérative de mettre fin à la crise. À partir de ce moment, le dénouement est proche.

À la différence de Churchill, éloigné de Londres, les ministres britanniques sont bien conscients de tout cela, et c'est la raison pour laquelle, réunis le 23 en cabinet de guerre, ils vont refuser catégoriquement de donner suite à la proposition de rupture exprimée par le Premier ministre. Clement Attlee et Anthony Eden notamment font valoir que « si De Gaulle, suivi par les Français libres, est une figure idéalisée et semi-mystique différente de l'homme que nous connaissons », le fait demeure « qu'aucun effort de propagande que nous pourrions entreprendre ne parviendra à convaincre les Français que leur idole a des pieds d'argile ». Au surplus, ajoutent Eden et Attlee, « nous serions accusés d'interférer dans les affaires intérieures françaises pour transformer ce pays en un protectorat anglo-américain ».

Dès lors, de Gaulle a gagné la partie et l'appui qu'il reçoit du tout nouveau Conseil national de la Résistance arrive à point nommé. En France, particulièrement, les légendes ont la vie dure. Parce que Jacques Soustelle l'a écrit et que de Gaulle l'a confirmé dans ses *Mémoires de guerre*, il est encore admis parfois que la création du Conseil de la Résistance à Paris, le 27 mai, aurait donné au général la possibilité de débloquer une situation difficile et d'arriver à Alger. En unifiant la Résistance sous l'autorité de l'homme du 18 juin, Jean Moulin aurait permis de vaincre les réticences de Giraud et d'imposer l'union des Français dans la guerre, aux conditions voulues par Londres. « Pourtant, souligne Jean-Louis Crémieux-Brilhac, les faits sont têtus : quand le Conseil de la Résistance tient sa séance inaugurale, l'union de Gaulle-Giraud est déjà acquise, et le télégramme annonçant cette réunion n'atteindra Londres qu'une fois de Gaulle parti pour Alger. Mais auparavant un concours de circonstances exceptionnel a permis de donner l'apparence de la réalité à ce qui n'était qu'un espoir, au prix peut-être d'un coup de pouce à la vérité[51]. »

Attendu depuis un mois, c'est-à-dire depuis la fin de la mission Arquebuse Brumaire[52], trois importants télégrammes venus de France, arrivés à Londres le 14 mai, annoncent l'appui de la Résistance à de Gaulle renforçant, certes, la position de ce dernier. Il est capital, en particulier, que Moulin précise : « Subordination de de Gaulle à Giraud comme chef militaire ne sera jamais admise par le peuple de France qui demande installation rapide gouvernement provisoire Alger sous présidence de Gaulle avec Giraud comme chef militaire. Quelle que soit l'issue des négociations, de Gaulle demeurera pour tous seul chef Résistance française. » Pour autant ces trois messages ne semblent pas avoir eu le moindre impact sur l'issue des négociations avec Giraud puisqu'ils n'ont pas été rendus publics tout de suite. Le 16 mai, le *Times* a consacré au sujet un éditorial, au demeurant assez mitigé. Le même jour, le journal *France*, dont on connaît l'hostilité au général, a évoqué lui aussi l'appui de la Résistance mais pour la dénoncer comme un moyen de pression inadmissible. Peu après, le 24 mai, Roger Cambon et Pierre Comert écrivent d'ailleurs à Jean Monnet pour lui dire leur indignation. Selon eux, le général veut rompre avec les Anglo-Saxons, il l'a confié récemment au général Cochet, il n'exclut pas de fonder sa politique uniquement sur les Russes et peut-être sur l'Allemagne[53]. Compte tenu de ces divers commentaires, il semble donc très peu vraisemblable que Giraud et ses partisans aient pu être impressionnés par l'appui de la Résistance à de Gaulle. L'hypothèse inverse peut même être tenue pour plausible puisque Roger Cambon et Pierre Comert n'ont pas caché à Jean Monnet que René Massigli était très mécontent de ne pas avoir été consulté avant la publication d'un communiqué de la France combattante prenant acte de la déclaration des mouvements de résistance : « Il est indigné et il a exprimé l'idée qu'il était à penser que de Gaulle désirait rompre les négociations. » Apparemment, l'appui formel qu'Édouard Herriot, dans une déclaration acheminée à Londres au même moment, apporte au chef de la France libre n'a pas le moindre impact sur ces bons républicains que sont Cambon et Comert.

Si l'effet produit sur les partenaires de de Gaulle par ces déclarations d'allégeance est hautement improbable, il est patent en revanche que la première réunion du Conseil de la Résistance, quelques jours plus tard, le 27 mai, est une victoire éclatante du général. Scène extraordinaire que cette séance inaugurale dans un petit appartement de la rue du Four, en plein Paris occupé : autour de la table les dix-sept participants sont plus ou moins recherchés par la Gestapo. Toutes les tendances de la Résistance sont représentées. Les mouvements de zone nord ont cinq porte-parole : le docteur Roger Coquoin (Ceux de la

Libération), Jacques Lecompte-Boinet (Ceux de la Résistance), Pierre Villon (Front national), Charles Laurent (Libération Nord), Jacques-Henri Simon (Organisation civile et militaire). Claude Bourdet (Combat), Eugène Claudius-Petit (Franc-Tireur), Pascal Copeau (Libération Sud) siègent au nom des mouvements de zone sud. André Mercier (Parti communiste), André Le Troquer (Parti socialiste), Marc Rucart (Parti radical et radical-socialiste), Georges Bidault (Parti démocrate populaire), Joseph Laniel (Alliance démocratique), Jacques Debû-Bridel (Fédération républicaine) s'expriment, pour leur part, au nom des partis, tandis que les centrales syndicales ont respectivement pour porte-parole Louis Saillant et Gaston Tessier. Les représentants de la droite ont été trouvés in extremis, le Parti communiste est légèrement surreprésenté puisqu'il dispose de deux fauteuils, l'un au titre de la formation partisane proprement dite, l'autre au titre du Front national qui en est une émanation plus ou moins camouflée. Reste le succès que constitue la tenue de cette assemblée, l'appui, bien réel cette fois, qu'elle apporte au général. Les communistes, assez timidement du reste, ont bien essayé de contester l'adoption d'un texte inspiré par Georges Bidault confiant en quelque sorte à de Gaulle la gérance des intérêts de la nation mais, face aux protestations des autres membres de l'assemblée, ils ont promptement battu en retraite. Cette fois, l'unanimité nationale est bien réalisée autour de l'homme du 18 juin.

Coïncidence heureuse, au même moment, le chemin d'Alger s'ouvre pour le général. La proposition de Giraud, transmise par Catroux, n'est, certes, pas entièrement conforme à ce qu'il souhaite puisqu'elle stipule le principe d'un recours à la loi Tréveneuc après la libération, la règle de l'alternance et de la responsabilité collective en ce qui concerne le fonctionnement du comité. L'essentiel pourtant est acquis et de Gaulle n'est pas homme à se battre sur des points de détail. « En réalité, écrira Jean Monnet, c'était pour lui un cadre à faire éclater de toutes pièces, mais il s'estimait assez fort maintenant et se sentait assez pressé pour préférer le forcer du dedans. Au demeurant, il disait vrai car l'essentiel pour lui était qu'il fût invité à Alger et cela il l'avait obtenu[54]. » Dans tous les camps, les arrière-pensées subsistent, les plaies sont encore à vif. Monnet, de son côté, conserve toujours l'espoir de dissoudre l'autorité du général dans celle du comité. Churchill, lui, ne décolère pas. Arrivé à Alger, vers la fin du mois de mai, dans le plus grand secret, il s'y livre devant Robert Murphy à une violente diatribe contre de Gaulle. « Il m'a été rapporté, écrit dans ses notes le lieutenant Butcher, assistant d'Eisenhower, qu'à trois reprises le Premier ministre a parlé de de Gaulle comme d'un “salaud de première grandeur” ; les Anglais, a-t-il continué, sont maintenant victimes de leur propre effort pour créer un leader français qui est devenu un Frankenstein[55] ! »

Mais la venue du général est maintenant dans l'ordre des choses et, le 26, il se rend au Foreign Office pour y prendre congé d'Anthony Eden et lui demander de mettre à sa disposition un avion afin de le transporter à Alger. Car, si l'accord se réalise avec Giraud, c'est là qu'il compte désormais établir ses quartiers, tout en faisant de fréquentes visites en Grande-Bretagne.

La France, dit le général, a traversé une sombre période et son relèvement ne sera pas facile. Je crois cependant que les qualités essentielles des Français ont survécu et j'espère que la France sera capable de jouer son rôle. Pour l'après-guerre, je vois deux grandes puissances : la Russie et les États-Unis. Il serait désirable que la Grande-Bretagne, la France puissent travailler ensemble puisqu'elles se situent entre les deux[56].

Le général, décidément, obéit à une sorte de réflexe conditionné : la perspective de l'alliance de revers lui apparaît dès que le spectre de l'hégémonie surgit. Avant de quitter l'homme auquel il doit tout et qui vient encore de le sauver en résistant à Churchill, il lui annonce la nomination de Pierre Viénot en tant que représentant de la France libre en Grande-Bretagne. Il a pris soin aussi de remercier chaleureusement le roi George VI pour son hospitalité.

Le 30 mai, peu avant midi, Charles de Gaulle entouré de quelques fidèles, Massigli, Philip, Palewski, Billotte et François Charles-Roux, descend d'un avion à cocarde française sur l'aéroport de Boufarik. Au bas de la passerelle, seuls Giraud et Catroux accueillent le chef de la France libre. L'atmosphère n'est pas très cordiale. Quelques jours plus tôt, le général Giraud a écrit à Churchill : « Je ne sais pas si j'arriverai à m'entendre avec le général de Gaulle. J'ai fait le maximum de concessions et j'ai l'impression qu'on joue en face un jeu pas très loyal[57]. »

Fort de son grade de général d'armée, Giraud salue son interlocuteur, général de brigade à titre temporaire, d'un retentissant : « Bonjour, Gaulle ! » Très vite, dans la voiture qui emmène les deux hommes vers le palais d'été, le ton est acide. De Gaulle n'est pas homme à composer. Arrivé à Alger, il entend imposer sa loi. À preuve ce dialogue publié par Claude Paillat dans *L'échiquier d'Alger* :

— Quelles sont les personnalités que vous amenez au Comité ? demande, hautain, Charles de Gaulle. Les miennes, Philip et Massigli, sont de premier plan.
— Jean Monnet, réplique Giraud.
— Oui, coupe de Gaulle, ce petit financier à la solde de l'Angleterre...
— Et puis, le général Georges.
— Ah, vous voulez reconstituer le 4 bis (*allusion à l'état-major de Pétain*)... le général Georges a été assez moche pendant la guerre.
— Je réserve mon opinion, réplique sèchement Giraud.
— En tout cas, reprend de Gaulle, je veux éliminer tout de suite Noguès, Peyrouton, Boisson.
— ... Nous verrons. Il faut dire nous et non je. Je suppose que vous irez voir Eisenhower demain.
— Jamais de la vie ! Je suis ici chez moi. J'irai le voir s'il vient d'abord chez moi.
— Vous êtes chez vous... Dites plutôt que nous sommes chez nous[58].

Après cette entrée en matière plutôt fraîche, le climat ne cesse de se détériorer. Bien que le général ait ménagé jusque-là Jean Monnet, affectant de voir en lui, en particulier lors de ses entretiens avec Eden[59], un grand négociateur, tourné vers les tâches internationales, leur dialogue tourne vite au vinaigre. On ne sait guère ce qui s'est dit entre eux, ce soir-là, mais Macmillan, qui reçut à chaud les confidences de Jean Monnet, souligne dans son journal la très forte tension qui semble s'être produite entre les deux hommes :

> Le général, d'après Monnet, était dans un état curieux, passant du plus grand calme à l'excitabilité extrême... Il était très hostile à la fois aux Américains et dans une moindre mesure aux Anglais. Dans le courant de la conversation, il a observé que la domination anglo-saxonne en Europe était une menace grandissante et que, si cela continuait, après la guerre, la France devrait se tourner vers l'Allemagne et la Russie. Monnet a trouvé qu'il était difficile de percer son état d'esprit et de savoir si le général était un dangereux démagogue, un fou ou les deux[60].

Dans ces conditions, la première réunion commune le lendemain, à neuf heures, au lycée Fromentin, sur les hauteurs d'Alger, se passe très mal. La présence du général Georges aux côtés de Giraud n'a rien qui puisse enchanter de Gaulle ; encore ne sait-il pas que Churchill voit en lui un remplaçant éventuel à la tête des Français libres. Monnet est là également. D'entrée de jeu, le général exige que l'autorité absolue du Comité soit réaffirmée. Plus grave encore pour ses partenaires, il réclame la démission immédiate de Noguès, Boisson et Peyrouton. Par ailleurs, il entend exercer intégralement la souveraineté française et donc dénoncer l'accord Darlan-Clark. Le paroxysme de la tension est atteint quand Giraud, maladroitement, fait remarquer que les responsabilités de l'assassinat de Darlan n'ont pu être établies et que de Gaulle réplique que Bonnier de la Chapelle a été exécuté sans pouvoir se défendre. Vexé, le commandant en chef civil et militaire se cabre et réplique qu'il ne reconnaît ni la France combattante ni d'autres organisations, seulement tous les Français qui se dressent contre le Reich. Pour essayer de ramener le calme, Monnet, effondré, prône l'unité et fait à de Gaulle une concession importante : alors que, le 9 mai, en marge d'une lettre adressée à Harry Hopkins, il avait écrit de sa main : « Je pense que Boisson est un homme bien et devrait rester[61] », il admet qu'un certain nombre de hauts fonctionnaires compromis, dont le gouverneur général de l'AOF, devront laisser la place à d'autres. Il faudrait davantage pour calmer le jeu. Giraud, de toute façon, refuse pour le moment tout assouplissement de sa position. La séance se termine très mal. Furieux, de Gaulle ramasse ses papiers et sort en claquant la porte. Le soir même, Giraud, au comble de l'indignation, lui adresse une lettre dans laquelle il l'accuse de vouloir établir en France une dictature calquée sur le modèle nazi. Dans la foulée, le successeur de Darlan a la singulière idée de faire appel pour maintenir l'ordre à l'amiral Muselier. Pour de Gaulle, la provocation est manifeste. Pendant vingt-quatre heures, Alger vit dans l'anxiété, l'attente d'un pronunciamiento des gaullistes. Muselier, dit-on, s'apprête à faire arrêter le général !

La dynamique en faveur de la France libre et de l'union apparaît cependant invincible. Le soir de la première séance houleuse avec Giraud, de Gaulle a impressionné les journalistes, reçus à sa nouvelle résidence, la villa Les Glycines, maison assez modeste et incommode qu'il occupera désormais sur les hauteurs de la ville. Le même jour, à vingt-trois heures, Marcel Peyrouton, gouverneur général de l'Algérie, ancien ministre de l'Intérieur de Vichy, brûle les étapes en lui adressant sa démission : sans doute espère-t-il que l'on se souviendra qu'il a fait arrêter Pierre Laval le 13 décembre 1940. Le lendemain, après avoir vu sa démission acceptée par le général et reçu l'ordre de se considérer comme mobilisé à l'armée du Levant, Peyrouton rectifiera le tir, il est vrai, en remettant aussi son poste à la disposition de Giraud. Malgré les heurts, chacun sent que l'union est inévitable et, le 4 juin, après une ultime réunion à l'issue de laquelle Boisson a été provisoirement sauvé par Giraud, le communiqué tant attendu est publié :

> Les généraux de Gaulle et Giraud comme présidents, le général Catroux, le général Georges, MM. René Massigli, Jean Monnet et André Philip comme membres, constituent le Comité français de la Libération nationale qui sera ultérieurement complété par l'adjonction d'autres membres. Le comité ainsi constitué est le pouvoir central français.

Après tant de vicissitudes, la publication de ce texte est pour le général une victoire. L'équilibre du Comité lui est favorable. Bien que Monnet soit fort réservé à son égard, la majorité des membres lui est acquise. En pratique, Giraud ne peut compter que sur le général Georges, imposé par Churchill.

Pour de Gaulle, après ce succès, le danger potentiel est d'ailleurs constitué par le Premier britannique. Comme on le sait, il est arrivé à Alger et, si sa présence est discrète, son animosité envers le Connétable l'est moins. Sans doute a-t-il été échaudé par l'attitude du cabinet de guerre après sa demande de rupture avec la France libre. Un peu vexé, il a suggéré que Eden vienne passer quelques jours en Algérie : « Il est, a-t-il assuré, beaucoup plus qualifié que moi pour être garçon d'honneur au mariage Giraud-de Gaulle. » S'il a gardé son humour, Churchill reste profondément courroucé, l'attitude de de Gaulle l'exaspère. Présent à Alger, il va porter sur les événements un regard sévère et nourrir la vindicte du Département d'État.

Le 29, jour de son arrivée et veille de l'irruption du général sur le théâtre algérois, le Premier ministre a déjà manifesté un antigaullisme virulent lors d'une conférence avec Macmillan et Eden : ouvertement, il a exprimé sa crainte de voir le général faire un coup d'État à la faveur d'un prochain voyage de Giraud aux États-Unis [62]. Le 6 juin, recevant à déjeuner le nouveau Comité et ses deux coprésidents, Churchill semble calmé : quand de Gaulle poliment s'étonne de sa présence, il répond tout aussi courtoisement qu'il n'a nullement l'intention de s'immiscer dans les affaires françaises. En fait, le Premier ne désarme pas : à preuve un télégramme adressé le lendemain à Harold Macmillan : « Vous devriez vous associer avec les vues du président au sujet de Boisson. Quelque chose peut-il être fait pour débarrasser la propagande de ses partis pris gaullistes et assurer une meilleure présentation des nouvelles[63] ? »

En prenant, avec Roosevelt, la défense de Pierre Boisson qui, pour avoir rendu de réels services à la cause alliée, n'en a pas moins repoussé de Gaulle à Dakar, en 1940, et traité durement ses partisans, Churchill, évidemment, provoque le général. Peu après, il va plus loin encore en adressant des notes à certains journaux. Le 13 juin, paraît ainsi dans l'*Observer* un communiqué, non signé mais rédigé par le Premier ministre, affirmant que « l'opinion française ne soutient pas de Gaulle et que les Alliés se lassent ».

Il reste que le général ne cesse de fortifier ses positions. Il n'a pu échapper à Churchill que, dès le 5 juillet, quand le Comité a été complété, le déséquilibre au profit des gaullistes a été renforcé. À l'Information, aux Colonies, aux Transports et aux Travaux publics, à l'Économie, au Travail et aux Finances arrivent, en effet, Henri Bonnet, René Pleven, René Mayer, André Diethelm, Adrien Tixier et Maurice Couve de Murville qui penchent nettement du côté de l'homme du 18 juin, même si certains ont fait un bout de chemin avec Giraud. En pratique, ce dernier ne gagne qu'un seul nouveau soutien : le docteur Abadie, une personnalité locale choisie par lui. La réussite du chef de la France libre est d'autant plus complète que, de l'avis général, l'équipe est compétente, désintéressée, à l'écart de querelles politiciennes.

En bon stratège, de Gaulle ne va pas tarder à essayer de tirer plus complètement profit de l'avantage qu'il a pris. La première manche a été gagnée, l'opinion a suivi, il reste à parfaire la victoire, donc à entamer le processus d'élimination de Giraud. Pour ce faire, il se place sur le meilleur terrain, celui de la tradition républicaine qu'il invoque sans cesse depuis peu. Dans tous les pays démocratiques, commence-t-il à faire valoir, le pouvoir militaire est subordonné au pouvoir civil. Il existe donc une incompatibilité entre les fonctions de commandant en chef exercées par Giraud et celles qu'il exerce au sein du Comité dont il est coprésident. Il lui faut choisir et, tant que la situation n'est pas réglée, les affaires militaires devraient être supervisées par un commissaire à la Défense ou un comité.

Giraud, bien entendu, refuse avec hauteur de suivre ce raisonnement et il y est encouragé par les Américains qui lui font totale confiance en matière de réorganisation et de modernisation de l'armée. Huit jours à peine après la constitution du Comité, une nouvelle épreuve de force se dessine ainsi. La situation est d'autant plus grave qu'au sein de l'armée d'Afrique d'assez nombreuses désertions se produisent, encouragées ouvertement par les gaullistes : « Les évadés de France, les libéraux, les juifs, écrit Jean-Louis Crémieux-Brilhac[64], se refusent à servir sous des officiers vichystes. Les permissionnaires FFL et le mouvement Combat d'Afrique du Nord leur prêtent la main. Si le phénomène n'a pas l'ampleur qu'on lui prête, il est voyant et de Gaulle ne le désavoue pas, Giraud, Juin, les chefs américains en sont révulsés. » Murphy s'agite beaucoup ; commençant à suspecter Jean Monnet de jouer un rôle curieux, hostile à Giraud, il alerte Roosevelt, lui annonce que Giraud menace de démissionner et que les gaullistes se livrent toujours à des manœuvres. Gaston Palewski est, en particulier, dans la ligne de mire : on le soupçonne de comploter contre Giraud très activement. Murphy ne cache pas non plus que de Gaulle a remis sur le tapis le problème de l'éviction de Boisson à Dakar. La réaction de Roosevelt est violente : il n'est pas question de laisser de Gaulle s'emparer de l'Ouest africain. « Cela est si sérieux, précise-t-il, que je dois considérer la possibilité d'envoyer plusieurs régiments à Dakar et aussi des navires de guerre s'il y a un signe indiquant que de Gaulle cherche à s'approcher de l'Afrique de l'Ouest[65]. » D'évidence le président des États-Unis considère que, jusqu'à la fin des hostilités, il a vocation à intervenir en territoire français, au moins pour contrer les visées du Connétable. Et bien qu'échaudé par l'attitude du cabinet de guerre lors de sa demande de rupture avec la France libre, Churchill, à ce moment-là encore, suit le président. Alerté par Macmillan, informé que le général menace maintenant de démissionner et de se replier sur Brazzaville, le vieux lion se déchaîne : le 12, l'*Observer,* sans le citer, publie une note inspirée par lui au ton menaçant : « Ceux qui lui ont témoigné le plus de sympathie et de tolérance n'en peuvent plus. Le général de Gaulle doit comprendre que c'est sa dernière chance de les retenir. La patience américaine a déjà dépassé les bornes. » Très vite, des mesures concrètes suivent. Le 14, le cabinet de guerre approuve, à la demande du Premier ministre, l'arrêt de tout virement de crédits à l'ex-Comité national. Le BCRA est, lui aussi, l'objet de mesures d'intimidation : à la dernière minute des fonds destinés aux réfractaires du STO et aux maquis de Haute-Saône sont débloqués, à condition qu'ils ne transitent pas par ce bureau, conformément à une directive du Premier ministre en date du 18 juin. Dans l'esprit de Churchill, il s'agit, une fois de plus, de ruiner le crédit de de Gaulle au profit du Comité. Par ailleurs, le Premier ministre donne instruction à Macmillan de s'aligner sur la position américaine concernant Boisson. « Vous pouvez, ajoute-t-il encore, faire valoir à de Gaulle que, s'il démissionne du Comité, il ne sera pas autorisé à retourner en Grande-Bretagne et je ferai des déclarations publiques à l'attention tant de l'opinion française que de l'opinion britannique, où j'expliquerai en quoi il a complètement trahi la confiance et la bonne volonté du gouvernement de Sa Majesté. » Apparemment, une éventuelle démission de de Gaulle ne gênerait pas Churchill : Catroux, selon lui, ferait un coprésident aux côtés de Giraud et Alexis Léger pourrait venir renforcer le Comité. Le 17, le Premier ministre jette encore tout son fiel dans une note destinée à Macmillan : « De Gaulle a certainement des tendances fascistes et dictatoriales. Tantôt, il se présente comme le seul rempart contre le communisme. Tantôt, il se targue du soutien communiste[66]. »

À Alger, il n'empêche que de Gaulle ne cesse de marquer des points. Tous les obstacles deviennent pour lui des tremplins. Ainsi tire-t-il encore profit d'un nouvel incident qui, le 9 juin, l'oppose à Giraud à propos de Peyrouton et de Boisson dont il veut la tête. Indigné par ces exigences, furieux de devoir abandonner des hommes qui, à ses yeux, ont servi la cause alliée, Murphy alerte Roosevelt. Le président est, lui aussi, courroucé. Informé, avec un certain retard, de l'emprise de de Gaulle sur le Comité, il réagit violemment. Dans une lettre adressée à Churchill le 17, il juge le moment venu de rompre avec le général, dont le comportement est, pour lui, inacceptable :

L'un des résultats de cette attitude est que Eisenhower a été contraint de donner la moitié de son temps à la situation politique purement locale que de Gaulle a détériorée. La guerre est si urgente et nos opérations militaires si sérieuses et si pleines de dangers, que nous ne pouvons les laisser menacer plus longtemps par de Gaulle. Nos deux pays ont solennellement juré de libérer la République française et, après le départ des Allemands, de rendre ce pays à la souveraineté et au contrôle du peuple français. Nous renouvelons ce serment[67].

Dans le même temps, le président avertit également Eisenhower et, en prévision de la rupture, lui donne des consignes de très grande fermeté. Mais, le 19, la manœuvre tourne court quand le général américain reçoit de Gaulle pour lui stipuler que, dans la perspective d'une prochaine intervention en Italie, Washington souhaite avoir l'assurance du maintien de Giraud au poste de commandant en chef. En présence de ce dernier, muet de stupeur, le général, dans une scène mémorable, immortalisée par les *Mémoires de guerre*, signifie au commandant en chef américain qu'il se trouve en territoire français, que l'état de guerre ne justifie pas tout, que la souveraineté française sera respectée et par voie de conséquence que le sort du commandant en chef ne saurait être réglé par les États-Unis. Peu après, le Comité français de Libération nationale est saisi du problème. L'intervention américaine, évidemment, est mal reçue ; Giraud est contraint de choisir, tandis qu'un comité militaire est mis en place sous la présidence de de Gaulle, avec des attributions étendues puisqu'il aura délégation du CFLN pour prendre toutes mesures relatives à l'organisation, au recrutement, à la fusion des forces françaises. En laissant passer cette réforme, Giraud se condamne à terme, comme Robert Murphy le soulignera dans ses Mémoires[68]. De Gaulle, lui, sort renforcé de cette nouvelle épreuve. À présent, il est vraiment passé maître dans l'art de retourner les situations et aussi d'utiliser la presse, qu'il affecte de mépriser : dans son journal, le lieutenant Butcher, assistant d'Eisenhower, souligne qu'au sortir de son entretien orageux avec Eisenhower, on apprit vite que le général s'était fait interviewer par Helen Kirkpatrick du *Chicago Daily News* afin de donner sa propre version de l'événement le plus vite possible[69].

Désormais, de Gaulle a une position relativement solide. Monnet n'a pas désarmé mais sa fonction l'oblige à observer une certaine réserve. Personne en tout cas ne s'affirme plus partisan déclaré de Giraud dont les capacités politiques apparaissent limitées. Ceux qui n'aiment pas le général n'auront plus pour objectif que de diluer son autorité dans celle du Comité — vieille technique de Churchill dont l'expérience a montré le caractère irréaliste. L'avantage pris par le Connétable à l'occasion de la mise en place de ce que l'on appelle la « dichotomie du 21 juin », système hybride et compliqué non destiné à durer, est d'autant plus net que bientôt Boisson démissionne, prenant soin, il est vrai, d'adresser sa lettre au seul Giraud.

Ouvertement, les Alliés ne pourront prétendre éliminer de Gaulle. À la fin du mois de juin, le lieutenant Butcher note alors dans son journal que, selon des rapports fiables, le général voit sa popularité croître rapidement. Surtout de Gaulle s'est acquis la sympathie d'Eisenhower, un allié de poids. Celui-ci, bien entendu, reste fidèle à Roosevelt, il appliquera ses instructions, il ne jauge pas encore exactement le personnage — dans un télégramme du 22 juin, il l'estime « sans capacité politique » ! — mais il en a pris la dimension. Grâce à lui, comme l'ont établi deux historiens américains, Mario Rossi et Kirk Munholland[70], la prise de contrôle de l'armée par les gaullistes sera grandement facilitée. Pour autant, de Gaulle n'a pas réussi à vaincre l'hostilité de Churchill, violente depuis la conférence d'Anfa. Le Premier britannique a, certes, cédé à Eden, admis que la rupture avec le général sous la pression américaine ne serait pas une bonne chose. Soumis à une forte pression de la part de Roosevelt, il a refusé la solution extrême proposée par ce dernier, il a donc sauvé le général puisque, pour des raisons de politique intérieure (l'opinion américaine est, dans l'ensemble, favorable à de Gaulle), le président ne peut agir de façon unilatérale. Son hostilité à l'homme qui, si souvent, s'est mis en travers de ses projets reste cependant virulente. Toute initiative du général, à ses yeux, est désormais suspecte. Rien ne le montre mieux que le télégramme empreint d'anxiété qu'il adresse à Roosevelt, le 25 juin, lorsqu'il apprend que Giraud s'apprête à quitter Alger pour se rendre en visite aux États-Unis : « Si les deux étaient invités, ce serait parfait mais je crois qu'il est dangereux de laisser le champ libre à de Gaulle tant que la position de Boisson est si incertaine. Quand le chat n'est pas là, les souris dansent[71]. »

XVI

UNE AUTORITÉ RECONNUE

Au moment où Churchill écrit ces lignes vengeresses, de Gaulle, en vérité, a bien d'autres préoccupations. Car, par une coïncidence inouïe, c'est au moment même où il atteint ses objectifs sur le plan international en marquant sa suprématie par rapport à Giraud que la Résistance intérieure, encore jeune et fragile, est décapitée par l'arrestation de Jean Moulin à Caluire dans des circonstances qui seront maintes fois décrites. La nouvelle arrive à Carlton Gardens, le 24 juin, sous la forme d'une dépêche adressée au BCRA par Claude Bouchinet-Serreulles qui courageusement a quitté ses fonctions à Londres pour aller se battre dans la clandestinité. L'information est d'autant plus vivement ressentie que, quelques jours plus tôt, on a appris en Grande-Bretagne l'arrestation du général Delestraint, chef de l'Armée secrète, piégé par la Gestapo alors qu'il se rendait à un rendez-vous fixé par Jean Moulin. Delestraint, Moulin s'en était rendu compte lors d'entretiens à Londres avec lui, avait acquis l'estime des Alliés qui, grâce à son action, s'apprêtaient pour la première fois à armer sérieusement la Résistance.

Mieux que tout autre, de Gaulle mesure le vide laissé par la capture de Jean Moulin, l'ampleur de la tâche accomplie par ce dernier. Dès leur première rencontre en 1941, les deux hommes, si différents à tant d'égards, s'étaient jaugés, compris, estimés. Avec son courage, son talent, ses connexions politiques, Moulin avait mené à bien la mission fixée par le chef des Français libres. Radical clairement marqué à gauche, proche de Pierre Cot, il avait su faire entrer le Parti communiste dans les organismes représentatifs de la Résistance intérieure, préalable obligatoire à son contrôle ; il avait su aussi comprendre la nécessité, a priori surprenante, d'obtenir l'appui des anciens partis politiques, unis au sein du Conseil de la Résistance. Successivement, délégué du personnel du chef de la France libre, délégué du commissariat national à l'Intérieur, chef en France combattante du service action du BCRA, président enfin du Conseil de la Résistance et commissaire en mission, Moulin était bien devenu, comme le souligne Daniel Cordier, le second personnage de la France combattante [1]. En ralliant à l'homme du 18 juin les mouvements de la zone libre, en créant des services communs aux trois principaux mouvements, en jetant les bases de l'Armée secrète, en constituant un comité de coordination de la zone Sud, il avait accompli, sur le terrain, une tâche immense. Pour de Gaulle, la perte, en ce début de l'été 1943, est d'autant plus sensible que Moulin ne lui a jamais manqué. « La disparition de Moulin, écrira-t-il dans ses *Mémoires de guerre*, eut de lourdes conséquences. Il était de ceux qui incarnent leur tâche et qu'à ce titre, on ne remplace pas. »

Si remarquable qu'ait pu être son succès, Moulin n'a cependant pu annihiler l'antagonisme toujours latent entre Carlton Gardens, soucieux de contrôler tous les mouvements, et ceux-ci, fort jaloux de leur autonomie. En dépit de la fondation du Conseil de la Résistance, le monde des combattants de l'ombre reste ravagé par des querelles intestines. À Londres même, durant les dernières semaines de son action, Moulin a subi une offensive en règle menée par Brossolette et Passy qui avaient pris pour cible ses méthodes jugées trop autoritaires, certains désordres de gestion, un entourage surtout jugé suspect c'est-à-dire inféodé au Parti communiste. Procès à l'évidence polémique puisque, près de cinquante ans plus tard, le colonel Passy devait confier à l'auteur de ces lignes que Meunier et Chambeiron, devenus effectivement compagnons de route du PCF dans les années cinquante, étaient alors, en 1943, des personnages sans reproche[2]. Emmanuel d'Astier, à peu près au même moment, avait ajouté ses propres griefs, dénonçant en Moulin un petit fonctionnaire stérilisant l'activité des réseaux, argument qui avait impressionné le commissaire à l'Intérieur, André Philip. Henri Frenay enfin n'avait pas caché qu'il souhaitait mettre à profit la nouvelle donne créée par l'amorce d'une union entre gaullistes et giraudistes pour affirmer son autonomie face à Rex, qu'il détestait. Fort de ses liens avec les Américains, entretenus notamment par son adjoint Pierre de Bénouville, fort aussi de son passage au deuxième bureau de Vichy, il semble qu'il ait eu alors le projet d'écarter des postes de responsabilité des hommes proches de Moulin au profit d'un de ses camarades de promotion, le capitaine Dunoyer de Segonzac, directeur de l'École nationale des cadres d'Uriage, un homme respectueux du maréchal mais patriote et antinazi. De ce climat d'extrême tension, l'ultime lettre de Jean Moulin à de Gaulle, le 15 juin, porte un éclatant témoignage : non seulement Frenay y est désigné comme l'un des responsables de l'arrestation de Delestraint (en raison d'imprudences), mais Rex insiste pour que les chefs de mouvement soient tenus dans l'ignorance de ce qui s'est passé. À l'avenir, souligne-t-il, « le nouveau chef de l'Armée secrète ne doit être désormais connu ici que de son chef d'état-major et de moi-même[3] ».

Avec son expérience administrative, son républicanisme intransigeant, Jean Moulin aurait pu être pour de Gaulle d'un grand soutien pour résoudre ces problèmes. Dans l'immédiat, son héritage est très difficile à régler. Le problème, aggravé encore par la dispersion des centres de décisions de la France combattante, est si ardu que le général ne désignera son successeur que trois mois plus tard, Claude Bouchinet-Serreulles assurant l'intérim durant l'intervalle.

Jean Moulin disparu, les chefs de mouvement revendiquent de plus en plus leur indépendance. De Gaulle, qui a eu tant de mal à établir son autorité sur un monde qui, longtemps, l'a ignoré, voit évidemment d'un très mauvais œil le réveil de ces féodalités. Parallèlement, se développe une controverse dont l'enjeu est de savoir si les deux zones Nord et Sud doivent être traitées de la même manière du point de vue de l'organisation de la Résistance. Comme au début, le clivage entre la France combattante et la Résistance intérieure resurgit. « Cette division originelle, souligne Daniel Cordier, fut aggravée par l'influence de plus en plus considérable des communistes, qui poussèrent certains choix au paroxysme. Pour eux, la politique de de Gaulle ne relevait pas d'une querelle de famille mais d'un combat idéologique : la condamnation qu'ils avaient formulée contre lui de 1940 à 1941 n'avait pas changé dans le principe, seule la tactique de circonstance avait provisoirement modifié leur langage et leur conduite[4]. »

Le général ne tarde pas à vérifier combien Moulin lui était indispensable. Dès le drame de Caluire, et avant même que l'on ait eu confirmation de la mort du président du CNR, des querelles intérieures ont surgi tant à Londres qu'à Alger, l'accord ne se réalisant que sur un point : l'adoption d'une solution provisoire qui consisterait à scinder les fonctions exercées par Moulin, Bouchinet-Serreulles représentant la zone Nord, et la zone Sud étant sous la responsabilité de Georges Bidault, un brillant agrégé d'histoire démocrate-chrétien. On n'entrera pas ici dans le détail de ces conflits : Daniel Cordier les a évoqués avec une précision qu'il est difficile de surpasser. L'essentiel est que, à quelques exceptions près, en particulier son ami le colonel Passy, personne ne souhaitait voir Pierre Brossolette succéder à Moulin. Au sein de la Résistance intérieure, à Londres ensuite, il s'est fait beaucoup d'ennemis. Comme toutes les personnalités flamboyantes, il ne sait pas transiger, la prudence n'est pas son fort, et, sans en être toujours conscient, il suscite de fortes jalousies. « Il a été taxé de se comporter en néofasciste », souligne l'un de ses biographes, Guy Perrier[5]. Certains assurent qu'il veut instaurer une dictature gaulliste après la guerre ! « Curieusement, soulignait Claude Bouchinet-Serreulles, il a toujours été employé à contre-emploi. Alors qu'il était d'abord un orateur, on l'a affecté aux services secrets[6] ! » Il incarne aussi une ligne clairement hostile au Parti communiste, au moment où il faut justement composer avec lui. À tous ces titres, il n'est pas, pour le général, le candidat idéal, mais ce qui le condamne, à ses yeux, c'est sa volonté d'indépendance, telle qu'elle s'exprimait dans la lettre qu'il a eu le front de lui écrire à l'automne 1942 pour souligner certains de ses travers. S'il sait reconnaître le talent et le caractère, de Gaulle apprécie avant tout le dévouement chez ses collaborateurs. « Comme en dernier ressort il veut pouvoir décider de tout, écrira Claude Guy, il lui importe au fond assez peu qu'on dispose des hautes qualités qui permettent les initiatives et les grands desseins. Il veut être obéi à la lettre. En choisissant son entourage, en choisissant ses principaux ministres et ses principaux hauts fonctionnaires, il cherchait visiblement à se garder de la désobéissance ou de la trahison. Il ne veut pas que ses ordres soient interprétés[7]. » « En adressant cette lettre à de Gaulle, confirmait Claude Bouchinet-Serreulles, Brossolette se condamnait. »

Logique la décision du général d'écarter l'homme qui, par sa stature, à défaut de sa stratégie, pourrait le plus prétendre à remplir la fonction désormais vacante, n'en a pas moins une lourde contrepartie. Chargé de l'écrasante succession de Jean Moulin, Claude Bouchinet-Serreulles a bien du mal à s'imposer, d'autant plus que Londres, jusqu'au 17 juillet, le laissera sans instructions. Alors qu'il propose la candidature de Georges Bidault pour succéder à Moulin, il n'obtient aucune réponse, peut-être parce que le BCRA du colonel Passy, ami de Brossolette, n'est pas pressé de voir réussir un rival de ce dernier. La situation ne prendra fin que le 16 août quand arrivera Jacques Bingen, désigné pour assurer la direction de la zone Sud, Bouchinet-Serreulles étant chargé de la zone Nord.

La situation provoquée par la tragique disparition de Jean Moulin est d'autant plus préoccupante que tout laisse prévoir prochainement un affrontement direct en France entre les Alliés et les troupes allemandes. Partout le reflux des forces de l'Axe se confirme. Leurs revers en Tunisie rendent probable un débarquement en Sicile. Dans le Pacifique, aux îles Salomon, les Américains marquent des points et repoussent de vigoureuses contre-offensives japonaises. Sur le front de l'Est, la bataille de Koursk se poursuit, tournant à l'avantage des Soviétiques. Dans l'hypothèse d'opérations sur le sol français, le rôle et éventuellement le contrôle d'une Résistance intérieure de nouveau divisée sont évidemment des questions centrales. Et l'importance des communistes au sein des réseaux constitue un problème supplémentaire, délicat à résoudre, puisque de Gaulle ne veut pas rompre avec ceux qui indéniablement sont les plus nombreux.

Cet accord tacite avec les communistes, fondé sur le souhait du général de ne pas les braquer, de les intégrer, de les contrôler, fût-ce au prix de concessions importantes, on en trouve le pendant en matière diplomatique dans ses relations avec l'Union soviétique. Un problème essentiel au moment où le combat pour la reconnaissance internationale du Comité est engagé, Anthony Eden étant l'avocat le plus ardent de de Gaulle.

Pour des raisons évidemment différentes, les Soviétiques sont sur la même ligne. Dès le 26 juin, Staline a écrit à Churchill dans ce sens. Il s'est dit déçu par un message du Premier ministre en date du 23, indiquant que la reconnaissance du Comité devait être différée, le haut commandement n'étant pas sûr de la loyauté de de Gaulle à l'égard des Alliés[8]. Oubliant son attitude hostile à la France libre jusqu'à la rupture du pacte germano-soviétique, il rendait un hommage appuyé au général, à son attitude patriotique en 1940. Pour lui, l'union avec Giraud étant réalisée, rien ne s'opposait plus à une prompte reconnaissance, qui correspondait aux vœux du peuple français. « Le gouvernement soviétique, concluait-il, n'a pas d'information qui confirmerait la présente attitude du gouvernement britannique vis-à-vis du

Comité français de Libération et plus spécialement du général de Gaulle. »

Dans les rapports du général avec les Soviétiques, comme dans ses relations avec les communistes français, tout est affaire de tactique. Chacun des protagonistes croit, espère en tout cas, berner l'autre. Faute de pouvoir décréter l'inexistence des communistes, de Gaulle les ménage, avec l'idée d'établir sa prééminence le moment venu. Dans l'Union soviétique, il voit surtout une grande puissance, susceptible peut-être de faire contrepoids aux Anglo-Saxons. À court terme, les intérêts convergent. Contre les Anglo-Américains et leurs alliés dans la résistance, de Gaulle apprécie le soutien de Moscou et du PCF. Les Soviétiques, eux, voient en Giraud l'ennemi de classe à abattre et en de Gaulle un moindre mal. Le 22 juin, l'ambassadeur Maisky, reçu par Eden, s'est livré ainsi à un vif éloge du général et a accablé Giraud, soupçonné de sympathie non seulement envers Vichy mais envers l'Allemagne : « Nous avons, a-t-il affirmé, des rapports selon lesquels Giraud a fait de curieux discours après son évasion et avant de gagner l'Afrique du Nord. Dans ces discours, il a parlé de l'Amérique comme de la première alliée de la France, de la Grande-Bretagne comme de la seconde, bien qu'en termes considérablement moins chaleureux, de l'URSS enfin comme de l'ennemie de la famille et de la religion. Giraud veut le succès de la Révolution nationale de Pétain [9]. »

> Mon grand-père, confirme aujourd'hui Vyacheslav Nikonov, le petit-fils des Molotov, considérait que le soutien soviétique renforcerait la position du général de Gaulle au sein de la Résistance, en particulier contre Giraud. En tant qu'héritier de l'école russe de diplomatie il considérait que la France avait un rang particulier. De plus les éléments donnés par les services d'espionnage laissaient penser que de Gaulle serait plus coopératif avec l'URSS que Giraud. En de Gaulle, il voyait d'abord un homme très intelligent, avec lequel on pourrait reprendre la tradition politique russe de dialogue avec la France. Cela dit, il souhaitait l'arrivée au pouvoir des communistes en France [10].

Pour les Soviétiques, on serait tenté de dire que le général avait vocation à être un « expédient provisoire », si l'expression n'avait pas une connotation trop précise. L'homme du 18 juin était en fait très sévèrement jugé à Moscou. Sur ce point les archives soviétiques — tant celles du Komintern que celles de l'État — sont particulièrement éclairantes.

> Un représentant typique de l'impérialisme français. Réactionnaire, ambitieux, se croit militairement plus capable qu'il ne l'est. Indiscutablement essaiera en France d'établir la dictature militaire. Il a été violent à l'égard des Anglais, verbalement, expression de son caractère hystérique. Cependant, les Anglais ne se laissent pas émotionner [*sic*] par les violences de langage et continuent à poursuivre tenacement la réalisation de leurs buts. Il est difficile d'admettre qu'il n'agit pas comme le désire le cabinet de Londres [11].

Ce portrait peu flatteur du général est extrait d'un rapport d'André Marty à Georges Dimitrov. Il s'appuie sur une « source sûre » à Londres, et ces informations, à l'évidence fournies par le général Petit, ancien chef d'état-major de de Gaulle à Londres et chef de la mission militaire française à Moscou, annoncent les choix idéologiques de ce dernier après la Libération, quand il deviendra le collaborateur du ministre communiste François Billoux, puis sénateur « progressiste ». La suite du rapport est de la même veine et donne une idée de ce que l'on pense du général et de la France libre à Moscou :

Colonel Passy : très suspect dans tous les domaines, à tous points de vue.
Lieutenant-colonel Billotte : a conservé de son internement en Union soviétique une hostilité permanente envers l'URSS.
M. Diethelm : inspecteur des Finances soutient ouvertement Vichy.
M. Pleven : anti-ouvrier, antisoviétique, homme d'Action française [12].
Le général Petit a été informé par sa femme actuellement aux États-Unis que Mme Pleven soutenait voici encore six mois publiquement l'opinion que Laval travaille en faveur de la France.
M. le professeur Cassin, commissaire à la Justice et à l'Instruction publique, carriériste, Action française [13].
M. Pallesky [*sic*] : Polonais naturalisé français, chef de cabinet de Raynaud [*sic*], violemment réactionnaire, violemment antisoviétique. Il est le véritable animateur du Comité national dans ses éléments révélés.
André Philipp [*sic*] : commissaire à l'Intérieur et au Travail, socialiste, élu contre le Front populaire à Lyon... Depuis 1931, a passé chaque année deux mois aux États-Unis d'Amérique. Titulaire des liaisons secrètes avec la France et du chiffre, donc aucune confiance.

Marty rapporte ensuite les jugements du général Petit :

L'autorité du Comité national repose uniquement sur les qualités militaires du général de Gaulle ; sur l'activité des forces militaires navales et aériennes du général de Gaulle et sur le mouvement de résistance en France. Le général de Gaulle manque d'expérience dans le choix des hommes ; en dehors des trois membres militaires, les membres du CNF ne représentent rien.
Catroux, haut-commissaire en Syrie, a été caractérisé par Garreau comme pétainiste. Quant au général de Larminat, actuellement commandant en chef français en Libye, entendant un jour jouer le *Chant du départ*, le général de Larminat demanda : « Qu'est-ce que c'est que cette chanson-là ? »
On peut donc considérer l'armée du général de Gaulle comme ne se différenciant pas encore sensiblement de l'armée formée par Giraud en Afrique du Nord. Ses cadres sont probablement plus réactionnaires que l'ensemble des cadres de l'Afrique du Nord française, à la suite de la mobilisation de vingt classes de Français décrétée par Giraud.
Le mouvement gaulliste hors de France et même ses forces militaires possèdent dans leurs cadres militaires et civils peu d'éléments conséquemment patriotes et antifascistes. Dans ces conditions, le mouvement gaulliste à l'étranger est de toute évidence utilisé par l'ennemi et ses agents de Vichy. [...] Le travail de l'ennemi et des fascistes est très favorisé par la base idéologique extrêmement confuse de ce mouvement où des patriotes sincères voisinent avec de purs carriéristes et des agents de l'ennemi et de Vichy. Les influences anglaise et américaine augmentent la confusion, approfondissent la division et facilitent le travail de l'ennemi. Dans ces conditions, il est d'une nécessité urgente que tous les éléments patriotes et avant tout les forces militaires, navales et aériennes du général de Gaulle, reçoivent une orientation politique claire. C'est la tâche des partis communistes intéressés de prendre les mesures nécessaires

pour aider à orienter politiquement tous les éléments communistes et sympathisants. [...] L'une des tâches les plus importantes des PC intéressés est de faire tomber, par une argumentation précise et claire, les préventions d'officiers patriotes contre le PC en France. De ce point de vue la présence d'une escadrille d'aviation française en Union soviétique aura une énorme importance politique encore plus que militaire.

Indépendamment des informations qu'elles apportent sur le comportement du général Petit, ces notes attestent les préventions des communistes à l'égard de de Gaulle et de ses collaborateurs, souvent caricaturés grossièrement sur des bases tout à fait fantaisistes. Le général n'est accepté momentanément que par réaction contre Giraud dont le portrait se passe de commentaire :

Giraud est un être aussi répugnant que Weygand. Antipopulaire, anti-ouvrier, ne mérite aucune confiance ; nul ne peut dire dans quelles conditions il s'est évadé et quel a été le prix de son évasion vraie ou simulée. Comme commandant de la VIIe armée, au début de la guerre, il était anticommuniste et antisoviétique. Lorsqu'il était gouverneur de Metz, il faisait lui-même la tournée des bistrots pour vérifier s'ils étaient bien fermés à l'heure dite, surtout pour empêcher toute propagande communiste.

Certes Marty est déjà à cette époque un peu marginalisé au sein du mouvement communiste. En butte à l'hostilité de Thorez il se distingue aussi par un antigaullisme outrancier. En l'occurrence, on est pourtant fondé à penser que son opinion est largement partagée à Moscou. Il est en tout cas frappant de constater que, quelque temps plus tôt, Bogomolov, ambassadeur à Londres, a fait part à son patron Molotov de sentiments identiques sur de Gaulle :

Quelques mots sur de Gaulle et son environnement. De Gaulle c'est le général qui rêve de la grandeur passée de l'Empire français impérialiste.
Maurice Dejean : ancien diplomate. L'homme typique du Quai d'Orsay. Comme diplomate, il mène toujours la ligne de Gaulle [...]. Il est le partisan de l'union stable avec l'Union soviétique.
Diethelm : l'homme qui est lié avec le grand capital belge. Une des figures les plus suspectes autour de de Gaulle.
Passy : ancien espion allemand. Il rend service aux Anglais mais ne les aime pas.
Dans le comportement de de Gaulle, il n'y a rien de démocratique. C'est un impérialiste français. Mais sa différence avec Pétain, c'est qu'il veut restaurer la France indépendante et grande, impérialiste, en continuant la guerre contre l'Allemagne. Il critique parfois l'ancienne démocratie et est partisan du renforcement du pouvoir exécutif. [...] Dans les cercles anglais, on est très mécontent de la position très indépendante de de Gaulle. La Grande-Bretagne et les États-Unis veulent qu'après la guerre la France reste un pays sans grand potentiel économique et militaire [...]. Dans l'Union soviétique, de Gaulle voit un appui pour sa politique. De Gaulle, comme les Anglais, a peur de la Révolution en France [14].

En bon tacticien, de Gaulle ne se fait pas faute de souligner l'appui public que les Soviétiques lui apportent. Il ignore ou affecte d'ignorer leurs arrière-pensées. Churchill, lui, est bien conscient de l'embarras où risquent de se trouver les Anglo-Saxons, au cas où Moscou reconnaîtrait tout de suite le régime d'Alger. Le Premier ministre sent aussi que du côté américain les choses évoluent dans un sens favorable au Connétable, en dépit de la position personnelle du président. Le 22 juin, Macmillan l'a averti que les généraux Eisenhower et Bedell Smith ne faisaient pas mystère, en privé, de leur opposition aux instructions de Roosevelt tendant à empêcher, au besoin par la force, le Comité français de se réunir [15]. Le lendemain, Churchill s'est dit choqué que les deux généraux aient pu exprimer ouvertement un tel avis, mais au fil de ses discussions, parfois très vives, avec Anthony Eden, avocat de la reconnaissance immédiate du nouveau pouvoir d'Alger, sa position a évolué. « La reconnaissance, a-t-il d'ailleurs fait valoir à Roosevelt le 19 juin, est à peu près inévitable. L'important est le contenu de l'acte de reconnaissance ; en l'occurrence il s'agit de souligner l'autorité : la responsabilité collective du Comité. En fait, j'essaie depuis de longs mois d'inciter ou de contraindre de Gaulle à se diluer dans une commission. Le but me semble atteint dans une large mesure par les dispositions actuelles. Macmillan a affirmé à plusieurs reprises que le Comité est en train d'acquérir une autorité collective et que de Gaulle n'en est nullement le maître [16]. »

Étrange argumentation ! Après avoir souligné depuis des semaines tous les défauts de de Gaulle, ce qui dans son comportement est censé faire obstacle à une action commune, Churchill, tout à coup, par un de ces retournements brusques dont il est coutumier, appelle le président des États-Unis à changer d'attitude, à reconnaître la réalité, avec l'espoir naïf et illusoire, cultivé au demeurant depuis des mois, que le Comité finira par étouffer de Gaulle. Comme si depuis juin 1940, le général n'avait pas démontré surabondamment sa capacité à faire éclater les cadres...

Curieusement, le Premier britannique n'est pas le seul à se bercer d'illusions sur la possibilité de canaliser de Gaulle, voire de le réduire à l'état de potiche en valorisant le Comité. Bien qu'ils jouent en ordre dispersé, Jean Monnet et Robert Murphy, le consul américain à Alger, s'affirment partisans de la même formule, avec des arrière-pensées différentes.

Depuis le mois de juin, Monnet paraît rallié à de Gaulle — il est en tout cas perçu ainsi par les giraudistes qui ne lui pardonnent pas sa trahison. Officiellement, il tient sa place au sein du CFLN. En fait, son rôle est assez différent. Dans *L'échiquier d'Alger*, Claude Paillat rapporte qu'en juillet, lors d'un dîner à Alger, plusieurs convives entendirent Jean Monnet qualifier de Gaulle de « danger public ». Il convenait selon lui de le noyer au sein du CFLN, jusqu'à ce que ce dernier fût en état de résister à ses volontés [17]. Mais on sait aujourd'hui que Monnet est allé plus loin encore [18]. Le 2 juillet, dans le plus grand secret, il a fait connaître à Roosevelt son avis, très négatif, sur de Gaulle, que l'on peut résumer ainsi : l'objectif du général est de provoquer une crise au sein du Comité de manière à prendre le pouvoir. Il est trop tard pour l'éliminer car cela le transformerait en martyr. L'essentiel est d'insister fortement sur le respect des règles démocratiques et d'amener le général à composer en plaçant autour de lui des gens sûrs.

Hostile à Jean Monnet dans la mesure où celui-ci, par réalisme, a abandonné Giraud, Robert Murphy développe lui aussi auprès du président des États-Unis la même argumentation déconcertante, tout en donnant du mouvement gaulliste une vision des plus inquiétantes :

> Le mouvement gaulliste, écrit-il le 8 juillet, a beaucoup de caractéristiques qui évoquent les méthodes traditionnelles de Tammany Hall[19]. Quelques-unes de ces caractéristiques rappellent également une des techniques employées au début des années vingt par le parti national socialiste allemand. Cette faction française, immédiatement après son arrivée en Afrique du Nord, a commencé à exécuter ce qui apparaît être un programme précis visant à contrôler étroitement cette zone pour en faire une base des futures opérations politiques en France, en attendant d'avoir le contrôle des leviers de commande des forces armées et en plaçant des militants dans les administrations de ces territoires. Un important officiel local a été récemment « approché » selon ce schéma et son interlocuteur a ajouté des arguments supplémentaires visant à faire valoir que le devoir patriotique des fonctionnaires est de rejoindre de Gaulle car ce dernier est le champion des droits des Français face à l'occupation alliée en Afrique du Nord. Il a été informé que les Américains n'ont pas l'intention de partir avant longtemps. D'autres arguments désobligeants pour les positions américaines tendaient à souligner que durant la dernière guerre la France a fourni à l'Amérique des forces sans imposer aucune condition. On prétend que nous restreignons les libertés des Français. On prétend que nous fournissons à contrecœur des armes et des fournitures économiques et cela seulement après avoir posé des conditions équivalentes à l'occupation et au contrôle de la zone.
>
> Le mouvement gaulliste est grandement renforcé par un département de propagande très efficace. Une bonne part de ce travail est faite par Gaston Palewski qui a été assez habile pour convaincre un ou deux journalistes américains du bien-fondé de la cause de de Gaulle et de l'injustice de la politique américaine à son égard[20].

Les nouvelles apportées par Robert Murphy à la Maison-Blanche sont d'autant plus de nature à semer l'inquiétude que, selon le diplomate, Catroux, joker traditionnel des Anglo-Saxons, n'a pas la moindre chance de triompher de l'énergie de de Gaulle, de son ambition, de sa capacité à mobiliser l'opinion. Selon Eugen Rostow, présent à Alger, et qui deviendra secrétaire d'État adjoint de Lyndon Johnson, Murphy répand enfin la rumeur selon laquelle le premier geste de de Gaulle, en arrivant en Afrique du Nord, aurait été non de voir Eisenhower mais d'aller rendre visite à André Gide à Tunis. Jean Monnet, ajoute Eugen Rostow, avait été lui aussi décontenancé par cette nouvelle[21]. En réalité, le général a simplement invité Gide à dîner le 26 juin, signe de sa particulière considération envers les écrivains, et la conversation a été, semble-t-il, « plutôt languissante », même si Gide a été favorablement impressionné par le général[22].

En visite aux États-Unis, au mois de juillet, Giraud ne contribue évidemment pas à calmer le jeu. Déjà marginalisé, il se consacre officiellement aux affaires militaires. Son voyage a d'ailleurs pour objet essentiel d'obtenir des Américains le concours nécessaire à l'équipement de l'Armée d'Afrique, but qui sera atteint. En privé, Giraud tient cependant un langage très dur à l'égard de son rival. À Alexis Léger qu'il rencontre le 8 juillet, il fait en particulier des confidences étonnantes qui le montrent moins naïf qu'on aurait pu le croire et le cas échéant prêt à employer des moyens expéditifs contre le Connétable et les partisans :

« Je n'ai aucune illusion sur les visions personnelles de de Gaulle. Je connais l'homme, ses conceptions, ses ambitions, ses réactions. Il a des moyens aussi extrêmes qu'illimités. Un entourage de gangsters, décidés à tout et par tous les moyens. J'ai vu Passy : intelligent mais prêt à tout. J'ai dû le traiter militairement. Dans cet entourage, il y a des factions, des ambitions, des hommes décidés à ne perdre à aucun prix le bénéfice de cette entreprise, montée comme leur chose propre. Il y a aussi des illuminés, quelques braves gens sincères mais au plus bas niveau ou à la périphérie. Tous ont une mentalité d'immigrés qui n'ont rien appris. Leur propagande est extrêmement habile et redoutable. Je suis loin d'en sous-estimer le danger. Ils effectuent un travail souterrain contre l'armée elle-même. Je mesure donc le danger[23]. »

Rapportant la conversation[24], Alexis Léger note alors ces quelques mots qui attestent à tout le moins une résolution implacable contre de Gaulle et les siens :

« Aucune acceptation, aucune illusion, aucune indulgence, aucun compromis. Décidé à y faire face [au danger] en vue d'une conclusion définitive et totale, sans accommodement. Envisagerait et accepterait conclusion radicale pour arrêter, même par élimination finale des gaullistes. » Giraud poursuit en envisageant les moyens de venir à bout du gaullisme :
« Je préfère recourir à une méthode progressive qui demandera six mois. J'aime mieux obliger de Gaulle à venir prendre position en Afrique du Nord pour l'y amener à se démasquer, à se démonétiser, à s'user devant le public français. Je compte sur ses maladresses inévitables vu son caractère et son tempérament. Au surplus ses conceptions exactes et ses moyens sont trop éloignés de l'esprit français pour qu'il ne se condamne pas lui-même une fois démasqué. Je ne crains pas, pendant ce temps-là, qu'il puisse entraîner l'armée, inaccessible à ses intrigues. Je puis me tromper mais je crois que c'est la meilleure méthode pour avoir totalement raison de lui. Au bout du compte, quand on pourra l'acculer à une phase d'irréductibilité et — les occasions du conflit se renouvellent continuellement — j'accepte les conséquences intégrales à tirer de cette situation finale contre lui.
Au point de vue politique, je lui ai déjà dit que je trouve absurde son américanophobie. Sans doute est-il bien d'évoquer la souveraineté française, l'indépendance française mais doit-on pour cela dénoncer nos Alliés, brouiller les relations de solidarité et de confiance contre l'intérêt de la France ? Et va-t-on utiliser la Russie contre nos alliés occidentaux ? J'ai déjà dit nettement à de Gaulle que je n'admettrai pas pareille conception. Il m'a dit un jour que j'avais la sympathie de l'Amérique et de l'Angleterre mais que je n'avais pas la seule solidarité nécessaire qui était celle de la Russie. Je le reprendrai toujours sur ce terrain. Ma conception est très nette. Quelles que soient les difficultés, discussions, divergences d'intérêt ou d'opinion. C'est un mariage de raison nécessaire que celui de la France — et je la mets la première — avec les deux

puissances occidentales, Angleterre et Amérique. Voilà le vrai système politique qui se suffit à lui-même. Vous êtes bien d'accord ? Je l'ai dit à Churchill tout en lui représentant nettement les fautes commises par la Grande-Bretagne : la faute grave de Mers el-Kébir, la maladresse de Dakar. Nous devons donc nous expliquer clairement avec nos voisins et les Américains, mais en vue d'un règlement et dans la plus étroite entente.
Quant à la Russie, je ne puis admettre qu'elle vienne contrôler notre politique intérieure. J'ai eu à libérer les députés communistes à Alger. Je leur ai dit : "Je vous libère car je ne sais pas très bien pourquoi vous avez été emprisonnés pendant la guerre et tout cela est dépassé. Mais en vous libérant je vous dis que j'admets que tout Français soit libre en France de ses propres opinions et convictions, comme moi-même je n'admets pas de ne pas être libre de mes opinions politiques et religieuses par-devant moi-même, tout en m'interdisant d'aller prendre aucun mot d'ordre à Londres. Ce que je n'admettrai jamais c'est que nous allions chercher jamais ou recevoir aucun mot d'ordre de Moscou." »

Roosevelt a-t-il connaissance de ces propos pour le moins abrupts, assez inhabituels dans la bouche d'un homme qui, en toutes circonstances, se veut avant tout militaire ? Rien n'indique que Léger a informé la Maison-Blanche. Rien n'interdit de penser non plus qu'il a au moins donné à ses amis américains le sens général du discours de Giraud. Déjà en possession des informations de Jean Monnet, du rapport de Murphy et de nombreuses dépêches de ses agents en Afrique du Nord corroborant ses divers éléments d'appréciation, le président des États-Unis, on le conçoit aisément, n'est guère enclin à tenir compte du vœu exprimé par Churchill, c'est-à-dire à procéder à la reconnaissance du Comité français de la Libération nationale. Il est d'autant plus réservé qu'il apprend alors par son ambassadeur à Londres, Winant, que René Massigli, un homme tenu pour responsable et modéré, se distingue alors par un antiaméricanisme assez vif[25].

En vérité, depuis l'arrivée de de Gaulle à Alger, Franklin Roosevelt ne décolère pas. Dès le 10 juin, il a câblé à Eisenhower, commandant en chef des forces alliées, personnellement assez bien disposé envers le général : « Je viens d'entendre parler de la démission de de Gaulle [...]. Il serait peut-être mieux de le laisser démissionner maintenant que d'avoir, dans un mois, une situation bien plus difficile[26]. » Le 17, à l'intention du même destinataire, il a mis les points sur les i : « Il doit être parfaitement clair que nous occupons militairement l'Afrique du Nord et que par conséquent aucune décision civile autonome ne peut être prise sans notre plein accord[27]. » Le 8 juillet, le ton monte quand Roosevelt apprend une initiative d'Eisenhower, qu'il juge complètement incongrue : « On me rapporte de Londres que, vous et Murphy, prenez en considération la reconnaissance du Comité français. Au nom de quoi allez-vous reconnaître le Comité sans consultation ni plein accord du président ? Sur ce sujet, une action commune avec les Britanniques est naturellement nécessaire[28]. »

Bien qu'en Amérique des voix connues — par exemple celle de Walter Lippman — se fassent entendre en faveur de de Gaulle, Roosevelt, comme on pouvait s'y attendre, oppose une fin de non-recevoir au souhait exprimé par Churchill. Aux yeux du président américain, il faut absolument éviter d'utiliser le mot reconnaissance, il est bien préférable de s'en tenir au terme « agrément à titre provisoire ». « Nous devons, insiste Roosevelt, nous réserver le droit de continuer à traiter directement avec les autorités françaises locales dans chaque colonie toutes les fois que cela servira la cause alliée. La Martinique constitue un bon exemple [29]. » L'arrière-pensée du président est évidente : au lendemain d'un éventuel débarquement en France, que l'on évoque de plus en plus souvent, il entend avoir les mains libres, ne pas reconnaître automatiquement la légitimité d'un Comité qui, dirigé par de Gaulle, pourrait être tenté de poser des conditions, voire des exigences.

Champion de la cause gaulliste, Anthony Eden est évidemment déçu par cette décision, logique du point de vue américain, mais à ses yeux, irréaliste. Toutefois, il ne se décourage pas. Au cours des semaines à venir, ses efforts vont beaucoup contribuer à débloquer la situation. Son mérite est d'autant plus grand que sa position est difficile aux côtés d'un Churchill certes partisan de la reconnaissance mais toujours très hostile à de Gaulle. Le 15 juillet, le Premier ministre a encore exhalé sa mauvaise humeur dans une lettre à lord Halifax, ambassadeur à Washington :

> J'ai une longue habitude du caractère et de la conduite de de Gaulle et s'il devait prendre le dessus ce serait au détriment de la France d'abord et de l'Angleterre ensuite. Animé de cette conviction, je dois me tenir aux côtés du président qui est notre plus grand ami, même quand je ne partage pas entièrement ses vues et ses méthodes. Présentement, nous allons faire valoir auprès de lui :
> a) Notre besoin de travailler avec le Comité français.
> b) L'importance de refaire de la France une puissance de premier ordre en Europe.
> Pour cette raison j'ai été heureux de lire le message du président à la France, à l'occasion de la prise de la Bastille [30].

En faveur de la reconnaissance du Comité, un dynamisme puissant joue néanmoins. Jour après jour, les soutiens se multiplient, tandis qu'aux Communes le gouvernement est, sur ce point, l'objet de fortes pressions. Après le Canada, l'Australie, l'Afrique du Sud, les gouvernements en exil apportent leur appui au CFLN. Il est difficile aussi pour les Anglo-Saxons de négliger l'avis de personnalités françaises qui, venues de France occupée et bien connues des diplomates alliés (notamment Robert Murphy qui y a longtemps officié) ont maintenant des postes en vue à Alger. C'est le cas, en particulier, de Maurice Couve de Murville, devenu, par une savoureuse ironie de l'Histoire, une précieuse caution du général. Directeur des Finances extérieures et des Changes à Vichy jusqu'au début de l'année, il a gagné Alger au printemps et s'est vu immédiatement confier le poste de « secrétaire général du commandant en chef » auprès de Giraud, avant d'évoluer en direction de de Gaulle et d'entrer au Comité français de la Libération nationale en juin. Loin de le desservir, son passé donne alors au contraire un grand poids à ses avis, notamment celui qu'il porte désormais sur l'homme du 18 juin :

J'ai déjeuné aujourd'hui, rapporte Desmond Morton dans une note du 28 juillet, avec le chancelier de l'Échiquier et M. Couve de Murville qui n'a pas pour de Gaulle d'attachement sentimental et personnel. Très au fait des problèmes posés par la reconnaissance du Comité, il m'a assuré avoir été surpris de voir naître la stature de de Gaulle. Les tentatives étrangères pour le déprécier ont renforcé son prestige en France même. Dans l'esprit de Couve de Murville, il n'y a pas de doute que, qu'on le veuille ou non, le général est maintenant en mesure de jouer un rôle des plus importants dans la France d'après-guerre, en tant qu'homme politique et non en tant que soldat. Étant donné la situation en France, Couve de Murville redoute une sorte de guerre menée par les communistes après le conflit et il voit en de Gaulle le seul rempart possible. Il est conscient que cela est contraire à ce que pensent les Américains mais il considère que ces derniers sont mal informés sur la France. Ces arguments ont déjà été très développés devant nous mais il n'est pas inintéressant de les entendre d'une personnalité française aussi dépassionnée et qui a montré un état d'esprit très libéral dans ses conversations techniques avec le Trésor sur les affaires financières internationales[31].

D'évidence, l'opinion de Maurice Couve de Murville compte pour les Anglais. De Gaulle l'a sans doute compris, comme il a parfaitement saisi l'intérêt pour lui de s'attacher des personnalités qui, indépendamment de leur valeur et de leur compétence, lui devront tout, compte tenu de leur carrière antérieure. « La première chose que de Gaulle m'ait dite à Alger, en 1943, c'est ceci : “Il faut trouver un poste pour Couve” », racontait Pierre Mendès France[32].

Figure importante et respectée de la France libre, ancien commissaire national à la Guerre, le général Legentilhomme qui entrera bientôt au Comité français de la Libération nationale, plaide aussi la cause de l'homme du 18 juin avec une totale liberté. À Eden, auquel il confie ses réticences à accepter le portefeuille de la Guerre qu'on lui propose, il brosse un portrait équilibré du général :

C'est un caractère difficile, complexe et terriblement vaniteux. D'où tous les béni-oui,-oui dont il aime s'entourer et à l'égard desquels il n'a pas de mots assez durs. Les membres de l'entourage font malheureusement barrage et récemment la situation est devenue si insupportable que Mme de Gaulle est arrivée en Afrique du Nord avec une avalanche de lettres pour le général, qui, autrement, ne lui auraient pas été transmises.

Cela dit, il est faux de prétendre que de Gaulle est antianglais. Il croit, de manière sincère, que la nouvelle Europe doit être fondée sur une alliance franco-britannique. Il n'a pas davantage de tendances dictatoriales. Il est susceptible, impulsif et gauche et ne songe jamais aux conséquences de ses actes, comme l'attestent ses relations avec les autorités américaines. Ayant maintenant à ses côtés un diplomate expérimenté, René Massigli, il ne commet plus les sottises qu'il a faites en Syrie et ailleurs. Son attitude envers le Premier ministre est caractéristique de l'homme. Il y a un an Churchill était pour lui « le plus grand chef de l'Histoire » ; il y a six mois il était un grand ennemi de la France. Assez récemment il est entré dans un bureau et a déclaré : « Chur-

chill est le seul homme qui lorsqu'il me parle de votre pays a les larmes aux yeux. Il aime la France. »
J'ai travaillé avec le général de Gaulle très étroitement pendant deux ans, et bien qu'il m'ait donné toutes les raisons de le supposer je peux vous assurer qu'il n'est pas antianglais[33].

Avec d'autres éléments d'information ces commentaires plaident en faveur de la reconnaissance du Comité dont de Gaulle est maintenant l'homme fort. Lors de la conférence Quadrant qui se tient à Québec au milieu du mois d'août, avec comme ordre du jour l'élaboration de la stratégie alliée, les responsables anglais reviennent à la charge auprès des Américains. Churchill n'est pas sans arrière-pensée, c'est le moins que l'on puisse dire : soulignant l'antipathie de Roosevelt à l'égard de de Gaulle, il a cru devoir préciser que lui aussi détestait cordialement ce dernier, bien que ce soit un homme d'un grand courage. Il est même allé jusqu'à dire que de Gaulle faisait partie de ces Français qui haïssaient l'Angleterre et qu'il serait capable de se joindre aux Allemands pour l'attaquer un jour[34]. Le Premier ministre n'en demande pas moins à Mackenzie King, le chef du gouvernement canadien, d'intervenir auprès de Roosevelt afin de procéder à la reconnaissance.

La précaution n'est pas inutile car, dès que les Britanniques abordent le problème de front avec les Américains, le ton monte. Le 20 août, Eden a un accrochage assez vif avec Cordell Hull. Le secrétaire d'État américain laisse entendre que, puisque la Grande-Bretagne aide de Gaulle, elle contribue à attaquer les Américains ! Cordell Hull — qui, le 8 juin, a exprimé des compliments de pure forme à Henri Hoppenot et Philippe Baudet venus lui annoncer la formation du CFLN — est littéralement déchaîné. Il prédit que le Comité se déchirera, disparaîtra, ce qui permettra de justifier devant les électeurs l'attitude prise par les États-Unis. « C'est un brave homme, note Eden, mais il est affligé d'une allergie incurable à l'égard des Français libres. En fin de compte, j'ai proposé que nous suivions chacun notre propre politique. »

Après un nouvel entretien entre Eden et Hull, le 22, chacun restant sur ses positions, on s'achemine donc vers des déclarations séparées, ce que les Américains déplorent. Une discussion entre Churchill et Roosevelt le même jour aboutit à la même conclusion. Comme Cordell Hull le confirme dans son journal, les États-Unis refusent de cautionner trop solennellement de Gaulle, de peur de le voir se comporter en dictateur. Résultat assez logique, on ne saurait trop le souligner, des critiques acerbes formulées à l'encontre du général par ceux-là mêmes qui maintenant demandent la reconnaissance de son Comité.

Celle-ci sera donc rendue publique par deux communiqués distincts. Le communiqué anglais, publié le 27 août, stipule que Londres reconnaît le Comité en tant que successeur de l'ancien Comité national français en ce qui concerne l'administration des territoires du Levant. Il le considère également comme l'organe qualifié pour assurer la conduite de l'effort de guerre français dans le cadre de la coopération interalliée. « La déclaration américaine, précise François Kersaudy, est naturellement plus limitée dans sa portée mais le fait même qu'il y en ait une et qu'elle comporte le mot reconnaître peut être considéré comme un succès non négligeable par la diplomatie britannique[35]. » Pour de Gaulle, l'initiative anglo-américaine est aussi une grande satisfaction. Sans doute s'agit-il d'une reconnaissance *de facto* et non *de jure*. Reste qu'elle atteste le chemin parcouru depuis le début de l'année. À la conférence d'Anfa de Gaulle avait été reçu en parent pauvre, sinon en paria. À présent le Comité dont il est le coprésident bénéficie d'une audience certaine à Washington.

Tous les problèmes sont loin d'être réglés mais, déjà reconnu par la Résistance intérieure, de Gaulle peut alors avoir la légitime satisfaction de remettre peu à peu la France dans la guerre et donc de lui donner plus tard des titres à partager les fruits de la victoire. Sur le plan militaire, pour les forces relevant du CFLN, cette année 1943 est celle d'un changement d'échelle notable. Si méritoires qu'ils aient pu être, des succès comme ceux de Koufra ou même de Bir Hakeim étaient restés sans influence notable sur le cours de la guerre. À partir des premiers mois de 1943, tout a commencé à changer.

Le tournant a été la campagne de Tunisie. L'affaire pourtant avait mal commencé pour les Français. Pour des raisons essentiellement stratégiques, les Alliés, en novembre 1942, avaient laissé de côté le protectorat français, non occupé jusque-là par les forces de l'Axe. Très vite, les Allemands s'étaient rendus maîtres des principaux centres stratégiques du pays sur lesquels s'étaient repliés l'Afrikakorps de Rommel et l'armée italienne, refoulés de Libye par l'avance de la VIIIe armée britannique. Leur résistance devait être acharnée dans le secteur de la ligne Mareth au sud, de Kasserine à l'ouest. Trois mois de lutte, de février au début du mois de mai, devaient pourtant permettre aux Alliés de reprendre l'avantage et à quelque 75 000 soldats français de montrer leur valeur.

La campagne de Tunisie, l'un des premiers grands succès des Alliés avec El-Alamein, n'a sans doute pas été gagnée grâce à l'action de de Gaulle et de ses partisans. L'Armée d'Afrique, sur laquelle Weygand a longtemps monté une garde vigilante, échappait alors à son contrôle. Les chefs qui s'y illustrèrent, Jean de Lattre de Tassigny et Alphonse Juin, exerçaient, peu de temps auparavant, des commandements importants pour le compte de Vichy. Juin a même effectué en décembre 1941 à Berlin, une mission auprès de Göring, aux côtés de Benoist-Méchin[36].

Le mérite du général en l'occurrence a été d'ordre politique. Au lieu de rejeter ceux qui sont sans doute à ses yeux des ralliés de la onzième heure, il a l'intelligence de les appeler à le rejoindre. Son attitude s'inscrit dans le droit fil de celle de Napoléon bien décrite par Las Cases : « Il avait constamment employé des hommes de toutes les classes, de tous les partis, sans jamais regarder en arrière d'eux, sans leur demander ce qu'ils avaient fait, ce qu'ils avaient dit, ce qu'ils avaient pensé, exigeant seulement, disait-il, qu'ils marchassent désormais et de bonne foi vers le but commun : le bien et la gloire de tous ; qu'ils se montrassent vrais et bons Français[37]. » De Gaulle n'oubliera rien mais il a compris que le pays avait besoin de toutes les compétences. Sur ces bases, pourra être réalisé, non sans mal il est vrai, l'amalgame avec les forces giraudistes.

En dépit de la valeur et de l'efficacité des troupes françaises en Tunisie, la France d'Alger reste cependant loin d'être un partenaire respecté par les Anglo-Saxons. On s'en aperçoit lors du débarquement allié en Sicile, le 10 juillet : le commandement français a été mis dans la confidence des préparatifs de l'opération mais aucun concours ne lui a été demandé, preuve que les chefs militaires anglais et américains n'ont toujours pas pleine confiance en de Gaulle , même si Giraud est revenu à ses côtés. Sous les ordres du général anglais Harold Alexander les forces américano-britanniques marquent vite des points décisifs. En un peu plus d'un mois, George Patton, commandant de la VIIe armée américaine, se rend maître d'une bonne partie de l'île et entre à Messine. Entre-temps, le 24 juillet, le Grand Conseil fasciste a fait tomber Mussolini, immédiatement remplacé par le maréchal Badoglio dont la volonté de résistance est faible, chacun le sait. Le 27, de Gaulle, sur les ondes de la radio à Alger, salue la chute du Duce, « preuve de l'échec d'un totalitarisme qui prétendait acheter la grandeur au prix de la liberté », et assure que la liquidation éventuelle de la guerre italienne ne saurait être durable sans la France ; mais rien n'indique un changement d'attitude des Alliés. Face à ces derniers la partie que s'apprête à jouer le général s'annonce d'autant plus difficile qu'à très court terme maintenant il a l'intention d'être seul maître à Alger et d'enlever à Giraud ses dernières attributions.

XVII

POLITIQUE D'ABORD

Toute sa vie, de Gaulle tablera ouvertement sur les fautes, les erreurs de jugement de ses adversaires ou de ses rivaux. Peu d'hommes d'État auront mieux su compenser la faiblesse de leurs moyens par une intelligence aiguë des situations et des rapports de force. En l'occurrence, il tire un appréciable profit du caractère improvisé de la stratégie américaine à son encontre. Longtemps, les milieux dirigeants n'ont pas voulu tenir le moindre compte de ce qu'il représentait. À présent, les choses ont évolué en sa faveur même si, au-delà des déclarations officielles, beaucoup à Washington souhaitent toujours l'éliminer. Mais, par chance, ses adversaires américains ont négligé de faire surgir des rivaux possibles. Éternel outsider des Britanniques, Catroux n'a pas été approché ; le général de Lattre de Tassigny, récemment rallié, pas davantage. Tout au plus nourrit-on quelques espoirs dans Herriot, voire Anatole de Monzie. Rien de très précis. Dans le feu de l'action, on a même oublié de valoriser le Comité : lors du voyage de Giraud en Amérique, aucune référence n'y a été faite par les officiels, et l'opinion s'en est émue.

Pour de Gaulle, tout cela constitue un atout. Giraud, en effet, ne saurait représenter une alternative crédible. En dépit de son courage, de sa compétence, de son indéniable patriotisme, il est trop marqué à droite, trop lié aux Américains, trop dédaigneux de la politique pour jouer ce rôle. En outre, il n'est pas porté par une dynamique, ses partisans du début ayant presque tous rallié le camp gaulliste. Malgré tout, Giraud reste un obstacle en raison de ses velléités d'indépendance, en particulier, dans le domaine militaire. De ce fait, son élimination apparaît inéluctable, la seule difficulté étant de l'amener à commettre un faux pas.

L'occasion se présente au début du mois de septembre, à la suite des événements survenus sur le front italien. Dans la péninsule, la situation a énormément évolué depuis quelques mois. Les Alliés ont marqué des points décisifs. Le maréchal Badoglio, successeur du Duce, a très vite fait savoir à Eisenhower qu'il était prêt à signer un armistice. Tout de suite le haut commandement allié a averti de Gaulle, confidentiellement, qu'il sera invité à envoyer un représentant, au nom de la France, lors de la signature. Mais quand l'armistice avec Badoglio est conclu, le 4 septembre, de Gaulle n'en est pas informé. Il ne le sera officiellement que quatre jours plus tard. Sa réaction, on peut le comprendre, est violente. Harold Macmillan ne cache pas son embarras lorsque, le 8 septembre, accompagné de Murphy, il se rend auprès du général et de René Massigli pour les informer :

> Après Massigli, écrit-il à Eden, nous avons vu de Gaulle. La réaction française immédiate, comme chacun pouvait s'y attendre, est très amère. Ils se plaignent d'avoir été traités de façon fort discourtoise en ayant été laissés dans l'obscurité. Je pense que, peut-être, le fait que l'Union soviétique ait été consultée et ait approuvé a rendu la chose encore plus difficile à avaler que si elle avait été simplement entreprise par le gouvernement britannique et les États-Unis [...]. Naturellement, tout cela est dû, en partie, à leur complexe d'infériorité et à leur mauvaise volonté à reconnaître que la France n'est plus une grande puissance[1].

L'affaire s'envenime encore quand on apprend que Giraud a été, lui, tenu au courant de tout et n'en a rien dit à ses collègues du Comité. De Gaulle est étonné et furieux. Sa colère explose lorsqu'il découvre que Giraud, sans prévenir personne encore une fois, a également, depuis des semaines, armé des patriotes corses avec l'appui de la Grande-Bretagne ! Le 26 septembre, Roosevelt, informé par Giraud, donnera sa version de l'incident à Churchill :

> L'autre samedi, une dispute s'est produite lors d'une réunion. Elle s'est terminée par le départ brutal de de Gaulle [...]. Il a perdu son sang-froid et protesté contre le secret observé par les militaires. Il a particulièrement protesté contre l'instauration de l'état de siège qui a placé la Corse sous la juridiction du CICC. En tant que chef du Comité, il prétend qu'il devait exercer ce contrôle. Maintenant le général de Gaulle tirera avantage de cette discussion pour évoquer de nouveau les problèmes au CICC. Il réclame la nomination d'un commissaire à la Défense, sous la seule responsabilité du Comité[2].

Déjà connue à Londres, cette exigence de de Gaulle suscite le courroux et l'inquiétude de Churchill. « La reconnaissance du Comité par la Grande-Bretagne et plus encore par les États-Unis est fondée, écrit-il à Macmillan, sur la double présidence et vous devez avertir tant de Gaulle que nos amis du Comité qu'un très grave danger serait créé par un changement fondamental de cette caractéristique. » Une fois encore, l'attitude de de Gaulle exaspère Churchill. Sous le coup de l'émotion, il imagine les hypothèses les plus folles : « Qu'y a-t-il de vrai dans le rapport selon lequel Thorez, le communiste, est arrivé à Alger ? De Gaulle intrigue-t-il à Alger avec lui[3] ? »

Au reçu de cette lettre, Macmillan transmet le message du Premier ministre au général et aux autres membres du Comité. Il s'emploie évidemment à accomplir cette mission en respectant les formes, en se gardant de paraître intervenir dans les affaires intérieures françaises[4]. Mais personne ne s'y trompe : la remarque de Churchill a valeur d'ultimatum. Dès le 29, le Premier britannique précise d'ailleurs : « Nos amis du Comité doivent comprendre que tout ce qui ressemblerait à une complète subordination de Giraud à de Gaulle, ou à la maîtrise par ce dernier du Comité, produirait un conflit direct avec les États-Unis. En dernière analyse, je me rangerai aux côtés du président. »

De Gaulle est bien décidé à ne pas se laisser impressionner. Depuis 1940, il connaît par cœur les méthodes de Churchill, ses menaces, ses brusques retours d'affection. Le système dyarchique qu'on lui a imposé est, pour lui, de plus en plus insupportable. Et Giraud commet trop d'erreurs pour qu'il ne soit pas tenté d'en profiter. Indépendamment de la confiance qu'il a manifestée au début à Marcel Peyrouton, ancien ministre de Vichy, le choix de Labarthe pour diriger son service de presse a décontenancé plus d'un observateur à Alger. La visite que lui a rendue Pierre Comert a également surpris. L'ancien responsable du service de presse du Quai d'Orsay en sortit au demeurant assez perplexe. « Mon cher ami, dira-t-il à Louis Joxe, de Gaulle ne fera qu'une bouchée de votre Giraud [5]. » Le général, malgré tout, est conscient du risque de conflit avec les Alliés, il est donc résolu à paraître respecter les formes lors de l'élimination de son rival. C'est ainsi que, le 2 octobre, le CFLN adopte une motion précisant qu'il élira son président pour une durée d'un an et qu'une réélection sera possible. À partir de là, le piège est tendu, il ne reste plus qu'à y faire glisser l'indésirable coprésident.

Ce que le général ne sait pas et qui pourrait atténuer sa satisfaction de pouvoir enfin espérer être seul maître du jeu du côté français, c'est qu'au même moment Churchill, loin de désarmer, donne pour instructions formelles à son ambassadeur de le marginaliser au sein du Comité. Quand sir Alfred Duff Cooper a été nommé ambassadeur à Alger en remplacement de Harold Macmillan, les milieux gaullistes se sont réjouis. Chancelier du duché de Lancaster depuis 1941, chargé d'une mission de coordination en Extrême-Orient, l'homme est francophile et ne dissimule pas son admiration pour de Gaulle, auquel il a apporté son soutien dès 1940 lorsqu'il occupait les délicates fonctions de ministre de l'Information. « Je le connaissais d'avant-guerre, écrit Gaston Palewski. J'avais pour son caractère, son sens politique, son éloquence directe et nourrie de culture la plus vive estime [6]. » « Duff Cooper, note plus malicieusement Jean Chauvel, était déjà tel que nous l'avons connu plus tard à Paris, intelligent, homme de plaisir, paresseux et utile [7]. » Mais, si bien intentionné qu'il soit, Duff Cooper représente son gouvernement ; or, avant son départ, Churchill lui a fait parvenir une note insistant sur le comportement souvent difficile du général, et après avoir lu ce document dont il ne connaissait pas jusqu'à présent le contenu, il a pris l'engagement, tout en gardant sa vive estime à de Gaulle, de rendre le Comité indépendant d'un personnage aussi peu compréhensif : « Comme le principal danger pour l'indépendance du Comité tient à la personnalité du général de Gaulle, écrit-il à Churchill le 18 octobre, le représentant britannique s'efforcera d'augmenter le mérite des autres membres du Comité tout en évitant un conflit ouvert avec le général [8]. » En faisant cette promesse, Duff Cooper répond entièrement aux vœux du Premier ministre qui, dès le lendemain, 19 octobre, lui adresse une lettre en forme d'instruction où perce son ressentiment vis-à-vis du chef de la France libre, sa volonté opiniâtre de l'éliminer :

Mon cher Duffie,
J'ai été heureux de recevoir votre lettre et de savoir qu'après un examen attentif de ces documents vous avez été en mesure de vous faire une claire impression des difficultés et de la complexité de votre tâche.
Je ne souhaite en aucun cas méconnaître les hautes qualités de de Gaulle [...] ou le fait qu'il soit un homme de grande stature. Pour beaucoup de gaullistes qui ne l'ont jamais vu, il représente l'esprit de la Revanche et de résistance à l'ennemi. Alexis Léger qui connaît toute la question se définit lui-même comme « gaulliste mais anti-de Gaulle ».
Vous devez faire tous les efforts pour obtenir sa confiance et pour cultiver amicalement des relations avec lui en le persuadant de travailler en harmonie avec ses collègues et avec ses alliés anglais et américains sans lesquels la libération de la France ne pourrait avoir lieu. Plus s'imposera l'idée selon laquelle le Comité est une entité collective, plus la prééminence indue de de Gaulle s'y fondra et meilleur sera le traitement que nous obtiendrons des États-Unis. Et plus, ce Comité aura la chance d'être, comme je le désire grandement, une institution symbolisant la France avec laquelle nous avons travaillé et combattu si longtemps. Je crois que la confiance que les États-Unis mettront dans le Comité et leur attitude envers la France seront inversement proportionnelles à la prééminence de de Gaulle. Ceux qui aiment la France doivent avoir cela à l'esprit.
De grandes difficultés vont survenir non seulement en Méditerranée mais en Syrie où Spears a défendu avec beaucoup de vigueur les intérêts britanniques. Il a créé de Gaulle, l'a fait entrer en rapport avec moi et l'a mis dans son avion. Mais maintenant les deux hommes se haïssent profondément. En fait, les Français éprouvent un intense dégoût à l'égard de Spears parce qu'il se bat pour les intérêts britanniques et parle un français qui est plus français que le leur. J'ai toujours soutenu Spears et il ne fait aucun doute qu'il a montré une grande force de caractère en Syrie [...]
Ma politique, là, en un mot, est que nous ne devons supplanter la France en aucune façon mais que l'indépendance de la Syrie devrait être une réalité et que l'influence française devrait être parallèle et similaire à notre influence et à notre position en Irak [...]
Massigli est un homme bien et Monnet, encore peu expérimenté, est plein d'habileté et de bon sens. J'ai une très haute idée de Catroux, à la fois pour son caractère et pour son habileté, Giraud a une personnalité décevante. C'est un soldat magnifique quoique démodé, un grand patriote, non un politicien, et il ne menace personne. Il est incapable de devenir un rival effectif de de Gaulle. Le fait qu'il continue à être président est, cependant, j'en suis sûr, indispensable pour que les États-Unis reconnaissent le Comité[9].

Les intentions de Churchill et son vrai sentiment vis-à-vis de de Gaulle apparaissent encore plus nettement dans une lettre, privée celle-là, adressée au même Duff Cooper dont il semble redouter le gaullisme un peu trop militant :

L'aide de la Grande-Bretagne et des États-Unis est essentielle pour faire réapparaître une France forte qui est, nous en sommes d'accord tous les deux, un intérêt britannique majeur. De Gaulle, je le crains, a conçu une profonde antipathie pour ces deux pays. C'est un homme qui a une mentalité fasciste,

qui est opportuniste, sans scrupules, ambitieux au dernier degré et son arrivée au pouvoir dans une France nouvelle conduirait à de grands schismes et aussi à une considérable opposition entre la France et les démocraties occidentales, spécialement le gouvernement américain [...].
Je vois de très graves dangers dans le futur. Je suis sûr que de Gaulle ayant échoué à diviser la Grande-Bretagne et les États-Unis essaiera de les brouiller avec la Russie. Je suis donc des plus désireux de mettre sur pied un Comité impersonnel et fondé sur le principe de la responsabilité collective pour symboliser la France.

En attendant, le général poursuit avec une ardeur redoublée son rapprochement avec l'Union soviétique. En butte à l'hostilité des Anglo-Saxons, apparemment indifférent au traitement que Staline vient de lui infliger lors de la signature de l'armistice avec l'Italie, il donne l'impression de vouloir conclure une alliance de revers. Bien que ses confidences sur ce point n'aient jusqu'à présent guère été soulignées, il ne s'en cache nullement. À Eden, qu'il reçoit à dîner le 11 octobre en compagnie de Gaston Palewski, il tient même un langage particulièrement net — au point que son visiteur s'en inquiète :

Le général, rapporte le secrétaire au Foreign Office, commence par une déclaration catégorique selon laquelle la France doit être à l'avenir aux côtés de la Russie. Les succès militaires de l'Union soviétique ont produit une profonde impression sur le peuple français qui sent bien que sa future sécurité dépend d'un étroit accord avec l'Union soviétique. L'établissement de bonnes relations devrait être des plus faciles puisque les intérêts russes et français ne sont nulle part en conflit. Rien ne les oppose excepté peut-être une différence de sentiment en ce qui concerne la Pologne [10].

« J'ai dit au général, précise Eden, que ce serait une erreur de croire que la politique de la Russie vis-à-vis de la France a toujours été aussi bienveillante qu'elle paraît l'être vis-à-vis du Comité. » Le chef de la diplomatie britannique met en garde sérieusement de Gaulle et souligne que, si de bonnes relations avec l'URSS peuvent s'insérer dans la politique anglaise, il espère que la France se tournera d'abord vers ses alliés et singulièrement la Grande-Bretagne. René Massigli l'approuve : un peu plus tard, il fera même comprendre à Eden que la politique du général vis-à-vis de l'URSS ne lui plaît guère et qu'il essaie d'en débattre au sein du CFLN.
Le général développe alors sa conception de la politique soviétique en Europe :

L'Union soviétique aura à faire, après la guerre, un grand travail de reconstruction. Elle devra aussi rechercher une sécurité politique et stratégique. Cet objectif pourrait être servi par l'incorporation de pays baltes et par la satisfaction des revendications territoriales russes qui sont assez bien connues en Finlande, Pologne et Roumanie. Mais cela ne suffira pas. L'Union soviétique souhaite avoir à l'ouest de ses frontières des États avec des gouvernements dont on pourrait penser qu'ils ne seraient pas hostiles à l'Union soviétique. Cette condition serait satisfaite si des gouvernements vraiment populaires étaient établis ; il ne serait pas nécessaire pour ces pays d'avoir des gouvernements communistes [souligné par nous]. Le gouvernement soviétique sait bien qu'il ne serait pas si facile de maintenir de tels gouvernements, soit en Finlande, soit en Pologne, encore que dans ce pays, une tentative soit prévisible. M. Molotov a été très franc avec moi, en 1942, quand il m'a dit que le gouvernement soviétique soutiendrait le mouvement gaulliste aussi longtemps qu'il resterait le champion d'une résistance populaire en France mais qu'il avait d'autres cartes à jouer en cas de besoin. Cependant, à mon avis, la structure de la société française rend hors de question l'instauration d'un régime communiste en France.

Eden ne réfute pas le constat du général. Pour ne pas aggraver le différend, il ajoute simplement qu'il espère fondée la conviction de son hôte selon laquelle le gouvernement soviétique pourrait travailler avec des gouvernements « populaires » sur ses frontières. De son côté, de Gaulle se dit « pas du tout heureux » de la position du gouvernement américain sur le sujet. « Il y a trop de gens en Amérique qui voient le spectre du communisme dans chaque mouvement populaire. »

En conclusion, Eden note que le général persiste à se montrer très méfiant vis-à-vis du gouvernement des États-Unis. Il l'engage vivement à voir Cordell Hull, précisant que ce dernier et Roosevelt « ont René Massigli en haute estime ».

Trois jours plus tard, de Gaulle tient des propos identiques à Averell Harriman : « Il parlait de la France et de la Russie, écrira le grand diplomate américain, comme des deux seules puissances en Europe après l'écroulement de l'Allemagne : "Les Anglais se retireront dans leur île et les Américains de l'autre côté de l'Atlantique. L'avenir de l'Europe sera déterminé par l'entente entre la France et la Russie. La politique française doit être liée à celle de l'URSS [11]." » Le 16 octobre, enfin, de Gaulle renouvelle ses déclarations devant un diplomate canadien au cours d'un déjeuner [12].

Provocation ? En tenant ce discours à différents interlocuteurs anglo-saxons, le général, évidemment, souhaite les amener à réagir, en leur faisant comprendre que la France pourrait conclure une alliance de revers. Pour autant son attitude n'est pas simplement celle d'un joueur, d'un diplomate machiavélique. À travers ce tableau de l'Europe à venir perce une conviction, la certitude d'un *realpolitiker* prêt à admettre l'hégémonie soviétique pourvu que la France puisse tirer son épingle du jeu. Qu'importe que l'URSS ne réponde pas à ses invites ! Qu'importe que la diplomatie soviétique, en l'espèce Bogomolov qui ne l'aime pas, prête l'oreille aux républicains intransigeants qui, tel Paul Blanc, directeur commercial de Citroën, stigmatisent son autoritarisme, son penchant pour la monarchie et le cléricalisme [13] ! Qu'importe que René Massigli dans une lettre confidentielle adressée à ce moment-là à Jean Monnet s'inquiète ouvertement de « ses illusions » sur l'Union soviétique [14] ! Le général sait, il le dit crânement, que le soutien de Molotov à son mouvement n'est pas désintéressé ; lucidement, il devine la tactique de Moscou, sa volonté inébranlable de favoriser l'entreprise du Parti communiste. Néanmoins, il se croit assez fort pour gagner la partie au lendemain d'une libération qui maintenant ne saurait tarder. Jusque-là, les communistes formant les gros bataillons de la Résistance, et l'URSS représentant, du moins à ses yeux, un possible contrepoids aux visées anglo-saxonnes, il faut composer tant avec l'Union soviétique que le PCF. Sans doute, y aura-t-il des contreparties : il est prêt à les accepter pourvu qu'elles ne mettent pas en péril ce à quoi il tient le plus, ce pour quoi il se bat depuis le 18 juin 1940 : effacer la honte de la défaite, maintenir le rang de la France, refaire d'elle une grande puissance.

Le pari est à la mesure de l'homme, de sa formidable confiance en soi, de sa conviction d'incarner le pays. Il est aussi risqué. En France la pression communiste se fait plus forte depuis la disparition de Jean Moulin.

À tous ceux qui doutent du gaullisme impeccable de Jean Moulin, écrira Jacques Baumel, il suffit de se replacer trois mois seulement après son martyre. Le paysage a changé. Les mouvements de Résistance sud et nord se sont politiquement renforcés et se sont rapprochés dans une instance : le comité directeur, que le délégué se borne à contrôler. Le CNR, qui avait été mis sur pied, et avec quelles difficultés, par Moulin pour représenter le pendant intérieur de la France libre et rassembler toutes les forces hostiles à Vichy et aux Allemands n'est plus présidé, et moins encore contrôlé par le délégué. Le CNR se trouve de facto en situation d'autonomie et donc de possible concurrence avec la France libre. Pour tenter de sauver ce qu'il croyait devoir l'être, Bouchinet-Serreulles a dû s'appuyer sur les forces de la gauche et principalement le Front national communiste, lui offrant en retour un tremplin politique inespéré. Par le jeu des rapports de forces, la ligne de fracture entre résistance communiste et non communiste s'est dangereusement accentuée. L'autorité de la délégation sortira très affaiblie de cette période de régence[15].

Claude Bouchinet-Serreulles n'ayant pas souhaité accepter la présidence du CNR — ce qui lui sera beaucoup reproché par Londres et par de Gaulle en personne, note Jacques Baumel[16] — c'est son candidat, Georges Bidault, qui, le 10 septembre 1943, est élu au poste créé pour Jean Moulin. Agrégé d'histoire, journaliste de grand talent, l'un des seuls à avoir protesté contre le « lâche soulagement » de Munich, ce militant démocrate-chrétien courageux a beaucoup de côtés attachants. Désintéressé et quelque peu bohème, il est d'une sincérité à toute épreuve. L'homme, malheureusement, est instable, influençable et n'a pas encore l'autorité pour s'imposer. Habile, issu des rangs de Combat mais ayant travaillé avec Moulin, il a aussi adhéré au Front national, émanation en réalité du Parti communiste. Dans ce nouveau contexte, la pression des partis et notamment celle du PCF sera beaucoup plus difficile à contrer. D'autant plus que, fidèle à ses méthodes, à la préférence qu'il donne presque toujours aux grands serviteurs de l'État, de Gaulle a nommé pour succéder à Jean Moulin en tant que délégué en France non Brossolette mais Émile Bollaert, grand préfet de Lyon, ami d'Édouard Herriot, de sensibilité radicale, aussi riche d'expérience administrative qu'éloigné du monde de la clandestinité.

Pour l'heure, ce danger communiste n'est pas le plus pressant pour de Gaulle. À Alger, il s'agit toujours de gagner la bataille pour le pouvoir absolu, de pousser jusqu'à son terme le processus engagé le 2 octobre, quand le Comité a décidé d'élire un président. Les formes devant être respectées vis-à-vis des Alliés, c'est par le biais d'une brusque démission collective, arrachée à ses collègues, que le Connétable réussit à venir à bout de Giraud le 6 novembre.

Louis Joxe est chargé d'obtenir l'aval des intéressés. Non sans mal, il parvient à obtenir l'accord du général Georges. Giraud, lui, s'exécute dans les deux sens du terme sans barguigner, conforme jusqu'au bout à sa réputation de soldat non politique. Il reste, bien sûr, commandant en chef, et le demeurera jusqu'en avril 1944, mais à dater de ce jour de Gaulle est quasiment le maître : il lui aura fallu moins d'un an pour se rendre à Alger, réaliser à son profit l'union avec Giraud et en définitive l'éliminer. Du coup, si ses partisans peuvent triompher, ceux qui dénoncent son penchant à l'autoritarisme, voire ses tendances dictatoriales ont des motifs d'être anxieux. En France occupée, à Alger, l'inquiétude monte, en particulier dans les milieux militaires giraudistes où l'on craint que le changement ne s'accompagne de substantielles concessions aux communistes. Du côté anglo-saxon, le mécontentement est encore plus net. Churchill ne décolère pas. « L'organisme que nous avons reconnu, écrit-il à Roosevelt, le 10 novembre, avait un caractère totalement différent dont l'essence était la coprésidence de de Gaulle et de Giraud. Je suggère que nous maintenions une attitude de complète réserve jusqu'à ce que nous puissions discuter de la position ensemble [17]. » Bien évidemment, il est trop tard pour revenir sur la reconnaissance. La tension n'en est pas moins très vive entre Alger et Londres. La crise est d'autant plus profonde, une nouvelle fois, qu'elle coïncide avec un affrontement violent relatif à la politique française au Levant.

En Syrie et au Liban, de Gaulle se retrouve pris au piège des promesses d'émancipation qu'il a dû faire quand il a éliminé les autorités de Vichy. Sous la pression des Anglais, Catroux a fini par accepter d'organiser des élections. Mais le moins que l'on puisse dire est que ces consultations se sont déroulées dans des conditions controversées. Tout a été mis en œuvre pour influencer les électeurs dans le sens souhaité, les personnalités les plus douteuses ont été utilisées, entre autres un certain Mokkadem, gangster bien connu dans toute la région, qui, traduit en justice pour une affaire de drogue, s'est vu acquitté pour l'unique raison qu'il est pro-Français et candidat aux élections à Tripoli ! Les Britanniques, bien entendu, ont protesté — sans autre résultat que d'être accusés de mener un jeu hostile à la France. « Au commandant britannique qui s'indigne de ces procédés, écrit François Kersaudy, l'ambassadeur Helleu, délégué général au Levant, confie que si Mokkadem ne revient pas à Tripoli pour les élections, lui Helleu, pour des raisons politiques, devra arrêter Camille Chamoun qui est le candidat rival aux élections [18]. » On peut difficilement être plus clair. Ces manœuvres sans gloire n'empêchent pas les partis nationalistes de l'emporter tant en Syrie qu'au Liban.

Devenu président de la République du Liban, avec Riadh es Solh pour Premier ministre, Bechara el-Khoury annonce bientôt son intention de proclamer l'indépendance en faisant voter des amendements constitutionnels. Délégué général de la France au Levant, l'ambassadeur Helleu est pris de court par cette initiative qui, théoriquement, est justifiée par les promesses antérieures de de Gaulle. Furieux, il se cabre, tempête et avec la même énergie qu'il a employée à élargir le gangster Mokkadem, il fait arrêter tout bonnement les principales personnalités libanaises, y compris le chef de l'État ! L'émotion est considérable. Le geste de Helleu est d'autant plus étonnant que, pour la première fois, le Liban avait un exécutif régulièrement élu. En Grande-Bretagne, on s'indigne, surtout que de Gaulle, loin de désapprouver l'ambassadeur, le couvre expressément : « Les mesures de forces que vous avez cru devoir prendre étaient probablement nécessaires. En tout cas, je considère qu'elles l'étaient puisque vous les avez prises[19]. » Le général, en fait, va plus loin encore en dénonçant toute l'affaire comme une provocation des Britanniques pour expulser la France du Liban. Le 13 novembre, la tension commence à retomber lorsque le général Catroux est envoyé au Liban avec les pleins pouvoirs. Du côté anglais cependant le mal est déjà fait. De nouveau, les plaies sont à vif. De Gaulle est pris en flagrant délit de mauvaise foi, mêlé à des intrigues peu glorieuses.

Vous avez sans doute été informé des lamentables outrages commis par les Français en Syrie, écrit Churchill à Roosevelt ce même 13 novembre [...]. Il n'y a pas de doute dans mon esprit que cela est un avant-goût de ce que signifierait le leadership de de Gaulle en France. Cela est entièrement contraire à la charte de l'Atlantique et à beaucoup d'autres choses dont nous avons pris l'engagement. La situation sera des plus graves, dans l'ensemble du Moyen-Orient, dans le monde arabe, partout où le peuple dira : « Quelle est cette France qui, tandis qu'elle est dominée par l'ennemi, cherche à dominer les autres ? » En conséquence, je pense que les gouvernements de Grande-Bretagne et des États-Unis doivent prendre l'affaire très au sérieux. Déjà nous avons vu complètement altéré par la prise de pouvoir complète de de Gaulle le caractère de l'organisme que nous avons reconnu. Les incidents au Levant sont d'un caractère différent et fournissent une pleine justification, avec le soutien de l'opinion publique mondiale, à rompre avec de Gaulle en tant que chef. Nous devons affirmer que le président libanais kidnappé et ses ministres doivent être remis en liberté, et en mesure d'exercer leurs pleines fonctions. L'Assemblée doit se réunir de nouveau, dès que les conditions légales et matérielles le permettront. Si le Comité national français ne parvient pas à faire cela tout de suite, nous devons lui retirer notre reconnaissance et cesser d'armer les troupes françaises en Afrique du Nord[20].

Les relations bien évidemment ne seront pas rompues, la raison finira par l'emporter, non sans qu'ait été adressée, le 19, par le gouvernement britannique une note exigeant la libération des personnalités libanaises, sous peine de voir les forces britanniques intervenir. Catroux, qui s'apercevra que l'ambassadeur Helleu « cesse d'être lucide à certaines heures de la journée », libérera le président libanais et ses ministres, le calme reviendra, à défaut d'une solution durable, mais l'incident aura gravement nui aux relations entre les Alliés et le général, ce dernier étant suspecté d'être décidément un personnage dangereux, prêt à rompre sa parole sitôt après avoir obtenu le pouvoir pour lui seul. Le moment de cette épreuve de force, en outre, était particulièrement mal choisi puisque, tant sur le front soviétique qu'en Italie et dans le Pacifique, les forces de l'Axe sont sur la défensive, ce qui laisse espérer le déclenchement prochain d'une opération de débarquement en Europe, entreprise qui requiert évidemment toute l'attention et l'énergie des divers responsables.

Je pense qu'il est improbable que l'amiral Q [Roosevelt] visite Alger, écrit Churchill à Attlee le 5 décembre. S'il le faisait, il ne recevrait pas de Gaulle mais seulement Giraud. Le grand obstacle à la réhabilitation de la France est la personnalité de de Gaulle. Comme vous le savez, j'ai prévu une contre-visite à l'armée française mais j'ai été refroidi par l'incident du Liban, par la démission de mon ami le général Georges et par les folies en cours. [...] À Téhéran, nous avons été surpris de constater combien profonde était la méfiance de Staline à l'égard de la France. Plusieurs fois, il a fait allusion au fait qu'une très large proportion de la nation française avait souhaité la collaboration avec l'Allemagne et souhaitait sa victoire. Cela n'altérera pas mes convictions mais cela montre combien de Gaulle est stupide en pensant qu'il peut jouer la Russie contre la Grande-Bretagne et les États-Unis[21].

Dans la partie de bras de fer qu'il joue, de Gaulle a, cependant, de nombreux atouts : à la base territoriale qui lui a longtemps fait défaut et dont il dispose maintenant s'ajoute un embryon d'État, un gouvernement reconnu par de nombreux pays, une administration précieuse pour gérer les territoires de l'Empire et même, depuis peu, une Assemblée délibérative. De tous les gouvernements en exil, le CFLN est le seul à être doté de tels moyens.

Détail trop peu remarqué, le général, à ce moment-là, sans le dire expressément, s'appuie sur les partis politiques traditionnels qu'il a déjà fait représenter au sein du Conseil de la Résistance et dont la caution n'est pas négligeable aux yeux des Anglo-Saxons. Parmi les membres du CFLN, tel qu'il est constitué après le remaniement de novembre 1943, il y a de grands techniciens comme René Massigli, aux Affaires étrangères, Henri Bonnet, à l'Information, Jean Monnet, commissaire en mission aux États-Unis. Il y a aussi des figures marquantes de la France libre comme le général Catroux, commissaire d'État chargé des Affaires musulmanes, René Pleven en charge des Colonies, André Diethelm, responsable de la Production et du Ravitaillement. La Résistance intérieure est également représentée par quatre de ses dirigeants : d'Astier, commissaire à l'Intérieur, Frenay, commissaire aux Prisonniers, François de Menthon, commissaire à la Justice, René Capitant, à l'Éducation nationale. Mais, pour la première fois depuis la création du CFLN, des politiques issus des formations de la IIIe République font leur entrée : Louis Jacquinot, modéré de droite, se voit confier la Marine ; le socialiste Pierre Bloch devient commissaire adjoint à l'Intérieur ; un autre socialiste, André Le Troquer, est à la Guerre et à l'Air ; un troisième socialiste, André Philip, est chargé des relations avec l'Assemblée tandis que le radical Pierre Mendès France reçoit les Finances. Pape du radicalisme, Henri Queuille surtout devient vice-président du Conseil. Assurant l'intérim de de Gaulle lors de ses déplacements, ce n'est pas un gaulliste inconditionnel, tant s'en faut, et vis-à-vis de l'homme du 18 juin, il gardera toujours une certaine méfiance : il n'en est pas moins une précieuse caution républicaine [22].

Les concessions faites au système parlementaire apparaissent aussi dans le souci du général de mettre sur pied une Assemblée. Depuis 1941, le projet était défendu par René Cassin ; il ne prit consistance qu'à partir de février 1943, pour aboutir à l'automne. L'« Assemblée consultative provisoire » s'apparente, certes, comme l'a souligné Philippe Tesson, davantage à un conseil révolutionnaire qu'à une chambre démocratique [23]. Elle est, en effet, composée pour moitié — c'est là son originalité — de représentants de la Résistance. En dépit des réticences initiales du général, le souci de continuité avec la République défunte a prévalu : vingt sièges sont réservés à des membres du Parlement tel qu'il était composé en 1939, sous réserve qu'ils n'aient pas voté les pleins pouvoirs au maréchal Pétain. L'Assemblée penchant nettement à gauche du fait des circonstances et de son mode de recrutement, de Gaulle a fait savoir qu'il souhaiterait que cinq sièges encore vacants soient réservés à des modérés ayant voté contre Vichy. Il manifeste aussi son désir personnel de voir arriver Auguste Champetier de Ribes [24], Lionel de Moustier [25], Louis Marin [26] et Robert Schuman.

Si le cérémonial de la Chambre des députés d'avant la guerre a été ressuscité lors de la séance d'ouverture, le 3 novembre 1943, en présence de de Gaulle, de Giraud et du corps diplomatique, l'Assemblée, comme son nom l'indique, n'a que des pouvoirs très limités. Ni législative, ni encore moins souveraine, elle a, selon l'expression de Félix Gouin qui le déplore, « les pouvoirs d'un conseil d'arrondissement [27] ». Ses avis sont purement consultatifs, même si, à l'initiative de deux tiers de ses effectifs, elle peut porter à son ordre du jour « toute question présentant un intérêt d'ordre national » et demander, selon la même procédure, « à tout membre du Comité un exposé verbal sur une question déterminée présentant un intérêt d'ordre national ».

Mais en refusant de suivre Pierre Brossolette et ceux qui, avec lui, auraient souhaité une profonde réforme du système politique, fondée sur la mise en quarantaine des partis de la IIIe République, le général a ouvert la boîte de Pandore. À peine réunie, l'Assemblée va devenir le foyer d'une vie politique renaissante. Dès le 10 novembre, le socialiste Félix Gouin donne le ton : « L'Assemblée sera ce que nous la ferons. Aucun problème d'ordre national ou institutionnel n'échappera à sa compétence. Certes, les textes limitent son pouvoir. Mais l'autorité ne se donne pas, elle se prend. Et nous la prendrons. » Bientôt, l'Assemblée pose des questions orales, malmène des ministres comme René Massigli ou François de Menthon, n'hésite pas à envoyer à de Gaulle des délégations pour suggérer telle ou telle mesure.

Le général, on s'en doute, n'est pas ravi de voir réapparaître ces usages d'antan. Pour l'heure, si énervé qu'il puisse être parfois, il joue le jeu, conscient sans doute qu'il s'agit là d'une contrepartie inévitable au choix qu'il a fait, par raison non par sentiment. Plus de vingt fois on le verra même venir s'exprimer devant l'Assemblée, se plier à ses rites avec un talent qu'on ne lui connaissait pas. Lors d'une visite des membres de la commission des Affaires étrangères, Jean Chauvel, auquel on a demandé d'apporter des documents, est le témoin narquois de cette dextérité :

À l'heure dite, j'étais là avec les notes. Le général les prit, les disposa sur son bureau, disant comme pour lui-même : « Oui, oui, du pain pour les canards. » Entrèrent les canards. Ils étaient visiblement intimidés. De Gaulle les fit asseoir autour d'une table, leur donna quelques explications, répondit à plusieurs questions, se penchant à travers la table pour se rapprocher d'un interlocuteur, parlant d'un ton qui allait du bonhomme au goguenard, presque au vulgaire ; puis se redressant, déployant, en majesté, une carte d'Italie et donnant, dans un silence quasi religieux, des indications « confidentielles » sur les opérations en cours ; enfin serrant, une à une, les mains, renvoyant ces gens à leurs affaires. La performance, très habilement conduite, m'avait intéressé. Je dis que cela me paraissait avoir très bien marché. À quoi l'on me répondit : « Oui, oui ; du pain pour les canards[28]. »

Dans la même perspective, il décide aussi de rendre son entière liberté à la franc-maçonnerie, en butte dès août 1940 aux persécutions du régime de Vichy et depuis lors officiellement dissoute. Le 23 décembre, à l'initiative du grand maître de la Grande Loge de France, Michel Dumesnil de Gramont, membre de l'Assemblée, il signe une ordonnance rétablissant dans ses droits une institution qu'il ne porte guère dans son cœur, voyant en elle, comme il le dira à Alain Peyrefitte beaucoup plus tard, l'un de ces comités Théodule susceptibles de faire échec à ses conceptions.

D'un autre côté, la présence au sein de l'Assemblée de personnalités issues des rangs de la Résistance fait passer un souffle d'air frais, atteste l'aspiration au changement de générations nouvelles aussi attachées à la démocratie que critiques à l'égard de la IIIe République finissante. D'ores et déjà, on songe à reconstruire la France selon des schémas très divers. Parmi les socialistes, des hommes tels que André Philip et Jules Moch appellent de leurs vœux une démocratie économique revivifiée, fondée sur des nationalisations et l'instauration de la Sécurité sociale. Les communistes militent en faveur de leur programme, ce qui ne saurait étonner personne. Plus modéré, Henri Frenay se fait l'avocat d'un socialisme humaniste, non marxiste. Tout cela, dans l'ensemble reste assez abstrait, à l'exception d'un projet d'école d'administration défendue par le recteur Laugier, d'une proposition de réforme de l'enseignement élaborée par une commission présidée par René Capitant. D'autres débats, non moins importants pour l'avenir, se déroulent en dehors de l'Assemblée : c'est le cas d'une réflexion sur l'Europe à venir, amorcée dès l'été 1943 par Jean Monnet et quelques proches, en particulier René Mayer et Hervé Alphand. Dans quelques notes ces esprits novateurs évoquent ce qui deviendra l'Europe des Six, fondée sur la délégation de souveraineté — une perspective qui déjà déplaît au général : il ne manque pas de le faire savoir[29]. Même s'il n'apparaît pas complètement au grand jour, ce bouillonnement d'idées montre qu'une France nouvelle se dessine. Du même coup, l'hypothèse d'une dictature exercée par de Gaulle apparaît bien improbable.

L'effet produit par ce retour progressif à la démocratie n'est malheureusement pas immédiat outre-Atlantique. Si Eisenhower est favorablement impressionné, si l'opinion tant anglaise qu'américaine l'est aussi, Roosevelt, lui, ne prend guère au sérieux l'Assemblée. À ses yeux, le CFLN n'est toujours pas un partenaire fiable. De passage à Alger, le 15 décembre, Mc Cloy n'a pas caché à ses interlocuteurs français que le Comité faisait trop de politique, qu'on s'inquiétait de voir écartés de tout commandement des hommes qui avaient conduit victorieusement les troupes françaises lors de la campagne de Tunisie[30]. Pour ces raisons, le président américain a refusé d'associer la France à la commission de contrôle pour l'Italie, comme le proposait Cordell Hull : « De Gaulle, a-t-il répondu à Churchill, continue sa méthode d'infiltration. Je ne vois pas pourquoi la France aurait droit à quoi que ce soit[31]. » Roosevelt, comme Churchill d'ailleurs, s'inquiète de voir passer en jugement, dans des conditions forcément peu satisfaisantes en regard du droit, d'anciens responsables de Vichy qui, en dépit de leur engagement, ont pu faciliter l'action des Alliés.

Ces craintes se trouvent confirmées le 20 décembre, quand Boisson, Peyrouton et Flandin sont arrêtés. Vu du côté anglo-saxon, le cas de ces trois personnalités liées à des degrés divers au régime de Vichy n'est pas perçu de la même façon qu'en France, et particulièrement dans cette partie de France en ébullition qu'est alors l'Algérie. S'il a repoussé énergiquement l'opération sur Dakar, en septembre 1940, s'il a pris contre les gaullistes tombés entre ses mains des mesures pour le moins expéditives — fait prisonnier à l'issue des combats de 1940, Hettier de Boislambert a passé de longs mois en prison —, le gouverneur général Boisson s'est en quelque sorte « racheté » en aidant à plusieurs reprises les Alliés en Afrique. Éphémère successeur de Laval en 1940, Peyrouton, malgré ses lourdes responsabilités à Vichy en tant que ministre de l'Intérieur, a gardé le contact avec les Anglo-Saxons : en 1942, il a quitté son ambassade de Buenos Aires lors du retour au pouvoir de Laval et est arrivé à Alger avec un passeport américain. Flandin est un ami personnel du Premier britannique. La réaction de Churchill est donc vive lorsqu'il apprend l'arrestation des trois hommes, sous la pression de l'Assemblée. Oubliant que Boisson a tout de même mis en échec une opération britannique en 1940, il presse sur-le-champ Roosevelt d'intervenir pour faire comprendre au Comité la « folie » de son initiative. Une fois de plus, le ton monte. Eisenhower est saisi par la Maison-Blanche. Roosevelt exige que les procès éventuels aient lieu seulement après la libération de la France[32]. Seule l'intervention du Foreign Office évite un incident plus grave.

L'affaire évidemment laissera des traces mais elle compromet moins qu'on aurait pu le craindre les entretiens Churchill-de Gaulle à Marrakech le 12 janvier. Le général une fois encore est ulcéré de se voir pour ainsi dire convoqué en terre française par le Premier britannique qui, retour de la conférence de Téhéran, a décidé une escale dans la capitale du Sud marocain, sans en avertir les autorités du protectorat. Pourtant la conférence marquera une relative accalmie dans les relations tumultueuses entre Churchill et l'homme du 18 juin. À preuve, cette relation inédite, rédigée à chaud par Duff Cooper, et qui dément la version dramatique qu'il publiera plus tard dans son livre *Old Men Forget* :

Après le déjeuner qui s'est déroulé fort plaisamment le Premier ministre, lord Beaverbrook, le consul et moi, nous nous sommes assis dans le jardin avec le général et M. Palewski pour une conversation qui a duré environ deux heures. Le Premier ministre a fait remarquer à de Gaulle qu'il n'était pas sage de s'aliéner sa propre bonne volonté et celle du président des États-Unis en persécutant ceux qui, quelles que soient leurs fautes antérieures, ont rendu des services à la cause alliée et qui, dès lors, avaient des raisons de croire qu'ils pourraient compter sur la protection du Premier ministre et du président. Il ne fait pas de doute que si M. Boisson n'avait pas remis Dakar aux Alliés un temps inappréciable aurait été perdu et beaucoup de sang anglais aurait coulé. M. Peyrouton a été fortement encouragé par les Britanniques et les Américains à quitter sa retraite sûre et à retourner en Afrique du Nord où il a rendu d'utiles services aussi longtemps qu'il est resté en fonction. Le Premier ministre a pris part à un déjeuner auquel ces deux messieurs assistaient et en prenant congé, il leur a dit : « Comptez sur moi. »
En ce qui concerne M. Flandin, il n'y avait pas d'engagements semblables de la part des gouvernements anglais et américain mais des trois qui ont été arrêtés, il est probablement le moins coupable. Il a servi le gouvernement de Vichy seulement durant une très courte période et ne peut être identifié à aucun de ses actes les plus répréhensibles. Le Premier ministre pense que si la ligne de partage séparant les coupables des innocents devait être portée à un niveau tel que M. Flandin soit inclus parmi les coupables, l'avenir de la France s'avérerait tragique et une guerre civile serait inévitable[33].

Sur une table traîne un journal local annonçant en larges titres le débat qui la veille s'est déroulé au sein de l'Assemblée française sur le thème de l'épuration. Tous les membres ont demandé les plus sévères peines pour ceux qui se sont rendus coupables de collaboration avec l'ennemi. Le général montre à Churchill cet article et l'assure que les hommes arrêtés seront jugés après la libération de la France ; entretemps, ils n'ont pas été maltraités.

M. Churchill, poursuit Duff Cooper, s'efforce de faire sentir au général qu'il est déraisonnable de prendre des décisions sans recueillir l'avis de ses alliés. Le Premier ministre lui-même, chef d'un empire victorieux et uni, a continuellement en tête les vues et les souhaits du président et du maréchal Staline et les consulte constamment.
La soudaine et violente action que les représentants du général ont menée en Syrie a créé une impression déplorable. Aujourd'hui, l'administration des empires coloniaux est une source de critiques spécialement de la part de pays comme les États-Unis et la Russie qui, eux-mêmes, ne sont pas sujets à des embarras de cette nature.

Soumis à ces critiques, le général ne perd pas son calme. Il s'excuse « sans conviction » pour les événements de Syrie, proteste de ses bons sentiments envers le général Georges, protégé de son interlocuteur, auquel, affirme-t-il, il a proposé le poste de grand chancelier de la Légion d'honneur. Il assure enfin ne pas avoir interdit à de Lattre de venir s'entretenir avec le Premier britannique, comme ce dernier le prétend. « Bien que le Premier ministre ait parlé avec une grande franchise, le ton de l'entretien était amical et à aucun moment il n'y eut de danger qu'il ne dégénérât en querelle », conclut Duff Cooper.

Plus tard, Gaston Palewski écrira : « Il ne s'est dit à Marrakech que des choses désagréables et pourtant tout ce qui aurait dû conduire à la rupture y contribua à la renaissance de l'Entente cordiale[34]. » Pour optimiste qu'elle soit, la remarque comporte un fond de vérité. Preuve en tout cas du changement de ton assez net observé par Churchill à l'endroit du général : une lettre envoyée à Roosevelt le 30 janvier — message étonnamment modéré où il traite l'affaire avec humour. « L'entretien a consisté principalement de ma part en une longue plainte et une énumération, pleine de bonnes manières et en mauvais français, des multiples folies de de Gaulle. [...] J'ai remarqué, souligne-t-il encore, évoquant les arrestations de Boisson, Peyrouton et Flandin, qu'établir la mauvaise conduite de nombreux Français était une curieuse façon de restaurer la grandeur de la France[35]. » Indépendamment de l'attitude du général qui paraît l'avoir agréablement surpris, Churchill est aussi impressionné de manière favorable par Emmanuel d'Astier de la Vigerie. À Marrakech, pendant la rencontre puis à Londres depuis lors, il a eu avec lui plusieurs entretiens et il est d'évidence tombé sous le charme de ce personnage hors catégorie, archétype du révolutionnaire en escarpin, aventurier de grand style alors aussi passionnément engagé dans la Résistance et le camp progressiste qu'il l'avait été avant 1940 à l'extrême droite : « C'est un homme remarquable, dans le style du Mouron rouge et fraîchement arrivé de France où il s'est rendu trois ou quatre fois... C'est un type bien, très violent et cinglant, mais l'un des meilleurs Français que j'aie découvert en ces temps sombres. » Avec habileté, d'Astier a plaidé la cause de celui qu'il appelle le Symbole et Churchill paraît l'avoir écouté en lui prêtant autant de crédit qu'à Catroux dont les interventions, et plus encore la caution, ont plus d'une fois sauvé la France libre. « Il m'a dit, poursuit le Premier ministre à l'intention de Roosevelt, que de Gaulle pouvait nous paraître non raisonnable mais qu'il ressentait si profondément l'humiliation de son pays qu'il avait un complexe d'infériorité, ce à quoi j'ai répondu silencieusement qu'avoir souffert de grands désastres n'était pas une excuse pour commettre de telles folies. » Churchill, en définitive, ne peut cacher — même en s'adressant à un homme qu'il sait si prévenu contre lui — l'estime profonde qu'il nourrit en dépit de tout pour le Connétable : « Je suis dans un sens désolé pour de Gaulle qui est un très grand homme, plus grand dans son genre que quiconque autour de lui. Nous sommes personnellement très amis. »

Étonnant Churchill qui, aussi cyclothymique et injuste que le Connétable, laisse, contrairement à lui, percer son émotion lorsque devient trop intense le conflit entre les sentiments personnels et ce qu'il croit être son devoir. Sur Roosevelt, l'effet de cette accalmie, d'ailleurs relative, sera malheureusement pour de Gaulle à peu près nul. Or le moment approche visiblement où se poseront des problèmes pratiques impossibles à régler sans l'aval ou tout au moins la neutralité de Washington. Désormais, la dynamique de la victoire joue nettement en faveur de la coalition hostile à l'Axe. Depuis le débarquement allié en Afrique du Nord, Stalingrad, El-Alamein et la retraite des Japonais à Guadalcanal, l'Allemagne nazie et ses alliés sont contraints partout à la défensive. En Tunisie, en Italie, les revers ont été éclatants. Sur le front de l'Est, l'Armée rouge oppose une résistance acharnée aux forces allemandes. Dans le Pacifique, l'Amérique sans cesse marque des points. L'aviation alliée bombarde enfin régulièrement les villes allemandes, y semant la panique. Désormais à Washington, on est convaincu de la nécessité de débarquer en Europe pour extirper la racine du mal. Pour ménager ses troupes, Staline plaide vigoureusement en faveur de l'ouverture d'un second front. En octobre, le principe d'un débarquement sur le versant nord-ouest de l'Europe a été posé d'un commun accord entre Churchill et Roosevelt. Une date a même été envisagée : mai 1944. Lors de la conférence de Téhéran, en novembre, Staline cautionne le projet. Tout donne donc à penser que, dans moins d'un an, la France sera le théâtre d'une bataille décisive et sans doute au moins partiellement libérée.

Or, plus approche le moment tant attendu, plus il s'avère que le président américain et ses principaux conseillers sont résolus à appliquer dans les territoires arrachés à l'ennemi un régime d'occupation militaire. Dès le 27 septembre 1943, le CFLN a fait parvenir aux Alliés une note stipulant son intention d'exercer son autorité pleine et entière après la libération mais il s'est heurté à un mur. Roosevelt n'a pas changé d'avis depuis novembre 1942, date à laquelle il avait précisé ses vues à André Philip : la France libérée doit, selon lui, être soumise aux autorités alliées pour une période relativement longue, jusqu'au moment où un gouvernement régulier pourra être mis en place à la suite d'élections libres.

Commissaire en mission depuis l'automne, arrivé à Washington en novembre, Jean Monnet, personnellement hostile à la solution de l'occupation militaire en dépit de son antigaullisme non dissimulé, n'a pu faire évoluer ses partenaires américains[36]. Tous ses interlocuteurs habituels, Stettinius, Dean Acheson, Henry Stimson (le journal de ce dernier en témoigne[37]), et son ami John Mc Cloy l'ont écouté développer ses arguments, sans renoncer à leurs résolutions. Bientôt le pot aux roses apparaît : le Trésor américain a l'intention très ferme de mettre en circulation, en France « libérée », des billets identiques à ceux émis par le commandement allié en Italie ! Monnet, abasourdi, demande des explications à Henry Stimson et s'entend répondre de manière très nette que la vraie raison de l'attitude américaine est que les autorités monétaires des États-Unis ne veulent pas s'engager dans un processus susceptible d'aboutir à une reconnaissance du CFLN, perspective que ni le président ni son secrétaire d'État Cordell Hull ne sont pour l'instant disposés à envisager[38]. Des pays comme la Belgique, la Norvège ou la Hollande devant être soumis à un régime bien plus libéral, Monnet fait observer qu'en alignant la France sur les pays ennemis ou vaincus, Washington risque de créer une discrimination qui sera cruellement ressentie. La réponse ne se fait pas attendre : la grande différence entre ces pays et la France est précisément qu'ils ont des gouvernements en exil reconnus par les Alliés ! On ne saurait signifier plus nettement que le sens du combat mené par de Gaulle depuis 1940 est délibérément ignoré outre-Atlantique, au moins dans les milieux dirigeants.

La vérité est que le président Roosevelt ne veut pas entendre parler d'une France dirigée par le général. Le 29 novembre, il câble donc à Henry Stimson des instructions fort nettes d'où il résulte que l'autorité chargée de traiter avec les populations civiles en France sera, au début, purement militaire. « Son expérience du Comité français en Afrique du Nord, note Henry Stimson, a été si désastreuse qu'il en est arrivé à cette solution[39]. » Selon le ministre de la Guerre américain, Roosevelt n'était pas dans les mêmes dispositions d'esprit un an plus tôt. Il avait même écarté une proposition allant dans le sens d'une administration directe. « Depuis, souligne-t-il, les conflits entre Giraud et de Gaulle ont créé une série de troubles, et nous avons été préoccupés par les ambitions politiques de de Gaulle et sa tentative de prendre le contrôle des troupes françaises que nous avons armées en Afrique du Nord. »

Aux yeux du chef de l'exécutif américain, de Gaulle décidément est une source constante de soucis, alors que la poursuite de la guerre jusqu'à la victoire doit mobiliser toutes les énergies. En dépit des assurances données, il persiste aussi à suspecter ses convictions démocratiques, à redouter surtout son nationalisme exacerbé. Dans la perspective de la reconstruction de l'Europe sur d'autres bases que la souveraineté absolue des États qui est alors à l'ordre du jour aux États-Unis (non seulement au Département d'État mais dans le milieu des gouvernements en exil, où le Belge Paul-Henry Spaak, fédéraliste convaincu, se démène beaucoup), de Gaulle évidemment fait figure de trublion. La fougue ombrageuse avec laquelle il a défendu les droits de la France, captive et bafouée depuis 1940, laisse augurer un comportement pour le moins difficile en temps de paix. S'il n'a plus aucun espoir d'avoir quelque influence sur Vichy, Franklin Roosevelt enfin persiste à penser qu'il a vu juste en 1940 en maintenant des contacts avec le régime de Pétain, afin de le contrôler et éventuellement de le modérer.

C'est d'ailleurs par un rappel particulièrement clair de cette politique que le président commence lorsqu'il adresse, le 5 janvier 1944, des instructions très précises à Edwin Wilson, nouveau représentant américain à Alger, quant à la conduite à tenir vis-à-vis du CFLN et du général de Gaulle en particulier. Malgré le caractère écrasant de la défaite de 1940, de larges parties du territoire français, fait valoir Roosevelt, restaient incontrôlées par les Allemands :

En dépit de la sévérité de la bourrasque, d'importants atouts français restaient intacts qui devaient être préservés du naufrage. C'est dans cette perspective et conformément à notre politique déclarée visant à donner toute l'assistance possible aux peuples du Commonwealth britannique et de l'Empire soumis à rude épreuve que ce gouvernement a décidé de maintenir des relations officielles — j'insiste sur ce terme — avec le régime du maréchal Pétain [...]. D'un point de vue militaire, les deux principaux atouts hors de portée des Allemands étaient la flotte française et l'Empire. En ce qui concerne ces deux atouts, les vues de ce gouvernement ont été sans cesse et avec force exposées devant le maréchal Pétain. [...] En définitive, la politique de ce gouvernement a rendu possible, en temps utile, la préparation des débarquements réussis au Maroc français et en Algérie. Cela pour l'aspect strictement militaire de notre politique jusqu'en novembre 1942. Les résultats parlent d'eux-mêmes[40].

Avec la même force, le président des États-Unis réfute aussi les arguments de ceux qui soutiennent qu'en agissant ainsi il a pris de fâcheuses distances avec les principes démocratiques, et souligne qu'il n'a jamais cautionné les atteintes portées par Vichy aux libertés et aux droits de la personne humaine[41]. Pour le président, ces relations sont restées sur le strict plan de la nécessité militaire : après coup, il est facile de les critiquer mais elles ont rendu de grands services, et d'abord aux Français eux-mêmes.

J'en arrive maintenant, poursuit Franklin Roosevelt, à la question de nos relations avec le Comité français de Libération nationale. Il ressort de ce que j'ai déjà dit qu'en ce qui concerne la France et l'Empire français, ce gouvernement a été guidé par deux principes fondamentaux qui ont formé la base de ma déclaration publique du 26 août 1943. Le premier de ce principe est que les considérations militaires, dans la poursuite de la guerre contre l'Allemagne, sont et doivent rester prééminentes. Bien que le sérieux de ce principe soit évident, il est malheureusement de fait que certains éléments français en sont venus à penser que la victoire alliée allait de soi. Ils ont, par conséquent, accepté que leur attention soit détournée de cette tâche principale et se sont adonnés en priorité à des activités politiques qui retardent l'effort militaire allié et constituent une constante menace contre lui.
Mais, si j'en crois mon appréciation du caractère du peuple français, son souhait le plus ardent est et a été de contribuer activement à la libération de la France. À cette fin, le fondement de notre politique a été d'étendre l'assistance à tout Français, quelles que soient sa situation ou ses convictions politiques, qui sont sincèrement désireux de prendre part au combat [...]
Le second principe de base qui a guidé ce gouvernement est que la souveraineté réside dans le peuple et qu'aussi longtemps que 90 % des Français ne sont pas libres d'exercer leurs droits politiques, aucun individu ou aucun groupe ne sera reconnu par les États-Unis comme le gouvernement de la France ou de l'Empire français. Ce gouvernement ne prendra pas davantage la moindre mesure qui pourrait avoir pour effet ultime de compromettre la possibilité pour le peuple français d'exercer librement ses droits politiques après la libération.
Mon appréciation de la part que des Françaises et des Français ont prise dans la guerre — à la fois avant l'armistice et depuis les sombres jours durant lesquels le général de Gaulle a suscité l'admiration universelle en brandissant la bannière de la résistance — me rend à tout le moins difficile d'avoir à dire

que, par certains aspects fondamentaux, les activités du général de Gaulle, et de certains de ses proches conseillers, ont profondément perturbé ce gouvernement. Notre sincère espoir était que les discussions qui ont eu lieu l'été dernier à Alger conduiraient à une réelle unité des Français. Au lieu de cela, le monde a été témoin d'un combat implacable pour le pouvoir politique qui, au risque d'affecter sérieusement l'effort de guerre, est même allé jusqu'à des encouragements à la désertion au sein de la flotte française et de la flotte de commerce menaçant ainsi d'immobiliser des navires pour un temps alors que la nécessité urgente d'en disposer se faisait sentir. En dépit de telles activités, le général de Gaulle et ses associés ont essayé de s'arroger à eux-mêmes le crédit de la résistance à l'Allemagne, ignorant ou dépréciant les efforts d'autres Français et l'énorme assistance rendue à la cause française par les États-Unis et les autres alliés.

Le contrôle des mécanismes de propagande en Afrique du Nord a abouti à une campagne visant à faire pression sur les États-Unis, sans doute à cause de leur refus de reconnaître le Comité français comme gouvernement de la France. Cette campagne est incompréhensible quand on sait que la présence du général de Gaulle en Afrique du Nord aujourd'hui et l'existence du Comité français de Libération nationale sont les résultats directs des campagnes militaires victorieuses du printemps dernier et n'auraient pu se produire sans la coopération des gouvernements américain et britannique.

Des efforts ont également été faits par l'intermédiaire de la presse et de la radio pour enfoncer un clou entre les États-Unis et la Grande-Bretagne d'une part, et de l'autre part, dresser les puissances anglo-saxonnes contre l'Union soviétique. Ces faits sont évidents pour quiconque lit la presse quotidienne. De telles tentatives étaient vouées à l'échec, comme l'ont prouvé les résultats des conférences de Moscou et de Téhéran, mais il est des plus décourageant qu'elles aient été entreprises.

La récente situation au Liban, à laquelle il a été heureusement porté remède, a donné une preuve de plus de la volonté apparente de subordonner l'effort de guerre à des considérations politiques.

En définitive, il y a eu de claires indications d'un effort appuyé visant à faire naître un esprit nationaliste français étroit, sans considération pour ses conséquences. Alors que chacun dans ce pays n'éprouve que de la sympathie pour le désir du peuple français de regagner sa place naturelle, une politique qui s'efforce d'unir les Français mais distille subtilement en eux un esprit de doléance contre les pays étrangers en général et leurs amis et alliés en particulier ne peut avoir qu'un résultat désastreux[42].

De ce document, deux lectures sont possibles. La première, optimiste, fait ressortir que, pour la première fois, Washington n'entretient plus l'illusion d'opposer à de Gaulle un rival — Giraud ou un autre — au moins au sein du Comité français de Libération nationale. On peut en conclure que les conseils en provenance des Britanniques ont fini par porter, dans une certaine mesure. Une autre lecture conduit à des constatations moins favorables au général. Dans ce document de travail, de toute évidence mûrement réfléchi, le président des États-Unis articule en effet les plus graves griefs contre de Gaulle. L'homme, il le laisse bien sentir, ne mérite pas confiance et nuit même à l'effort de guerre allié. Dans des mots à l'emporte-pièce devant tel ou tel interlocuteur, Roosevelt a parfois été plus incisif à l'égard du président du CFLN. Il n'a sans doute jamais été plus sévère, plus froidement hostile.

Bien qu'il ne fasse pas explicitement référence à cette crainte, on peut également penser que le président des États-Unis redoute que de Gaulle ne constitue un obstacle au processus de décolonisation qu'il entend encourager. En Amérique, une partie influente de l'opinion fait pression dans ce sens depuis un certain temps. Dès 1942, le Conseil fédéral des Églises protestantes, sous l'inspiration du futur secrétaire d'État, John Foster Dulles, a dénoncé l'illégitimité de la colonisation. De plus en plus souvent, on entend dire outre-Atlantique que l'Amérique pourrait être la puissance émancipatrice des anciennes colonies. « Sans cesse, écrit Jean-Baptiste Duroselle, des journaux américains, des sénateurs ou des gouvernements américains, insouciants du fait que les États-Unis avaient promis la restauration de la France et de son Empire, dans son intégrité (à Pétain, à de Gaulle, à Giraud), proposaient d'annexer des bases françaises : Dakar, la Nouvelle-Calédonie en particulier, mais aussi les Antilles, Madagascar. On sait que Roosevelt parlait souvent du non-retour de l'Indochine à la France et qu'à la conférence d'Anfa, il rencontra le sultan du Maroc, Mohammed V, seul à seul et l'encouragea à acquérir l'indépendance[43]. » Dans la mesure où il est perçu sous les traits d'un conservateur dans les milieux du Département d'État et où, comme on l'a vu au Moyen-Orient, il a en tout cas pris pour règle de maintenir le statu quo afin de ne donner aucun argument à Vichy, de Gaulle une fois de plus apparaît comme un empêcheur de tourner en rond.

Pour lui, il est donc urgent de réagir afin de ne pas subir les événements — ce qu'au surplus, il déteste. En outre l'idée de faire évoluer l'Empire, ou tout au moins de poser des jalons dans une telle perspective, commence à se faire jour au sein de la France combattante. Des hommes qui connaissent bien le problème y songent depuis un certain temps, entre autres Félix Éboué, premier gouverneur au Tchad, Henri Laurentie, secrétaire général de l'Afrique combattante, Pierre-Olivier Lapie, ancien parlementaire socialiste qui a succédé à Éboué au Tchad après avoir été le conseiller diplomatique de de Gaulle. Commissaire aux Colonies, René Pleven est, lui aussi, un esprit ouvert, et c'est par sa voix qu'a été annoncée, le 13 octobre 1943, la tenue d'une conférence destinée à assurer les progrès des populations françaises du continent africain. La réunion de cette conférence, à Brazzaville, le 30 janvier 1944, va donner au général l'occasion d'annoncer une évolution dont il ressent un peu confusément la nécessité, sans néanmoins que toutes les promesses de libéralisation soient tenues, loin s'en faut.

Sauf à être de mauvaise foi, il est cependant difficile de nier la réalité et la sincérité de la volonté de changement des organisateurs de la conférence. De toute façon, depuis 1940, tout ce monde des colonies est en profonde mutation, traversé par des aspirations diverses tendant toutes plus ou moins à la remise en cause du statu quo. Indépendamment de ce qui s'est passé aux États-Unis, les principes reconnus par la charte de l'Atlantique ont reçu partout un écho considérable. On en a récemment eu la preuve en entendant le maréchal Smuts d'Afrique du Sud lancer le slogan : « L'Afrique aux Africains. » Le Maghreb particulièrement a été touché par les idées nouvelles. Dès avril 1943, a été publié le « Manifeste du peuple algérien », posant le principe du droit de la population musulmane à s'affranchir de toute tutelle. La position de la France libre était a priori d'autant moins facile qu'au Proche-Orient le refus obstiné et réitéré de donner suite aux promesses d'indépendance était jugé sévèrement.

Face à ce défi, le commissariat aux Colonies avait sans aucun doute voulu réagir. À preuve, le programme général de la conférence et les réformes qui s'y trouvaient proposées : transformation de l'Empire colonial en une Fédération française des peuples et des territoires associés ; nouvelle politique économique, fondée sur la répudiation du Pacte colonial et de l'autarcie impériale ; création d'un fonds d'investissement ; mise en place d'une économie dirigée et planifiée ; politique de progrès dans le domaine de l'éducation ; élection de représentants ayant vocation à participer à l'administration et au gouvernement des territoires ; octroi de la citoyenneté française en fonction du niveau intellectuel, moral ou des services rendus à la cause française ; maintien enfin des institutions politiques des peuples africains afin qu'ils progressent dans la gestion de leurs propres affaires. Des questions importantes ont été, il est vrai, laissées de côté : en particulier, celle de la représentation parlementaire des colonies et de la citoyenneté, les uns, tel Éboué, étant partisans de la citoyenneté d'Empire, les autres, en revanche, étant, à l'instar de Laurentie, favorables à la citoyenneté française de plein exercice, réservée à une élite. Un autre fait est sûr : de Gaulle approuve l'orientation générale de cette politique. La « profonde et salutaire transformation de l'Afrique » qu'il avait évoquée à Londres dès le 23 octobre 1941, il la salue de nouveau, le 30 janvier 1944 dans son discours inaugural comme un progrès dont tous les indigènes devront profiter.

Force est pourtant d'admettre que la conférence n'aboutira qu'à des recommandations assez timides. Les raisons de ce décalage entre les intentions et les actes apparaissent multiples. La première tient au fait que la conférence est le théâtre d'un affrontement, à peine feutré, entre les gouverneurs formés à l'école de la IIIe République, profondément jacobins, allergiques à toute idée d'autonomie, et les modernes, comme Éboué, partisans d'évolutions pragmatiques, dans la ligne de sa célèbre circulaire du 8 novembre 1941 où se trouvait posé le principe fondamental de l'évolution des peuples africains « dans leur propre milieu ». Plus nombreux, les anciens l'emporteront, le principe de la décentralisation étant admis, au profit exclusif des autorités de tutelle et non des peuples colonisés. Pour la forme, un hommage assez hypocrite sera rendu à l'orientation tracée par Éboué mais la réalité est le maintien des grands principes jacobins, le refus de toute solution impliquant la reconnaissance des institutions indigènes, le tout dissimulant à peine un conservatisme marqué. En clair, l'assimilation reste la règle.

L'engagement pris par le général de rendre à la France son Empire et donc de ne pas s'engager à la légère dans des processus de libéralisation explique aussi la « timidité » des solutions esquissées à Brazzaville, pour reprendre l'expression de Gaston Palewski[44]. On n'oubliera pas non plus cette remarque faite par de Gaulle à Pierre-Olivier Lapie venu lui exposer les mérites du fédéralisme : « L'autonomie ? Je ne crois pas sage actuellement de l'accorder, pour diverses raisons dont la principale est celle-ci : les Européens d'Afrique du Nord saisiraient l'occasion pour s'en prévaloir, détacher l'Algérie de la métropole et créer une Afrique du Nord ségrégationniste à Alger, ce ne serait pas digne de la France et nous ne pouvons pas en prendre le risque[45]. » L'état de guerre décidément pèse lourd sur la conférence : c'est aussi la raison pour laquelle l'interdiction du travail forcé, édictée par la SDN dès 1930, sera délibérément ignorée.

Mais, si modestes que soient les résultats immédiats, on ne saurait prétendre que la conférence fut totalement inutile, qu'il n'en sortit rien de tangible. Dans une large mesure l'« esprit de Brazzaville » est certes un mythe — le texte final excluant « toute idée d'autonomie » —, un mythe ambigu, brocardé par les communistes qui y verront longtemps un leurre, redouté par les radicaux conservateurs, pour sa connotation contestataire, célébré modérément — et pour cause — par les thuriféraires du général. En refusant de trancher, de Gaulle a fait le choix du réalisme, il n'en a pas moins permis à des voix progressistes de se faire entendre, de prendre date. En nommant Catroux gouverneur général de l'Algérie dès le mois de juin (il ne prendra son poste qu'au retour de sa mission au Liban), le général en tout cas n'a pas opté en faveur de l'immobilisme. En voyant arriver ce libéral, partisan de solutions négociées, les défenseurs de l'ordre ancien ne s'y sont d'ailleurs pas trompés : un sourd mécontentement s'est répandu parmi eux, à l'annonce d'une réforme pourtant mesurée impliquant seulement la reconnaissance de la plénitude des droits politiques pour certains musulmans (titulaires de diplômes, anciens combattants...).

L'heure, en vérité, n'est pas à la discussion sur l'avenir des colonies mais à la guerre et aussi à la mise en œuvre de mesures destinées à permettre, le moment venu, la substitution du CFLN — qui *de facto* agit comme un gouvernement provisoire — au gouvernement de Vichy tombé dans une servitude totale depuis l'invasion de la zone Sud un peu plus d'un an plus tôt. Parmi ces mesures, l'organisation d'une justice, forcément exorbitante du droit commun, constitue une urgence à laquelle le général ne peut se dérober. En France et dans les colonies, trop de responsables se sont livrés à des actes injustifiables, voire à des trahisons ou à des crimes, pour qu'une épuration n'apparaisse inévitable. De Gaulle personnellement n'est pas hostile, loin s'en faut, à cette perspective. La raison d'État ne fait pas peur à cet héritier de Richelieu. « Je me rappelle avoir autrefois discuté à plusieurs reprises avec mon ancien chef de la question des représailles, écrivait significativement Geoffroy de Courcel à René Pleven quelques mois plus tôt. J'avais subi avec philosophie le reproche d'être timoré ou de voir petit lorsque j'exprimais l'opinion qu'à notre retour en France, le châtiment suprême serait difficilement applicable à plus de cinq cents individus, sauf le cas d'une révolution sanglante, d'une certaine durée où la fureur populaire aurait libre cours[46]. » Dès le 8 août 1943, de Gaulle a d'ailleurs déclaré que « l'union nationale ne peut se faire et ne peut durer que si l'État sait distinguer les bons serviteurs et punir les criminels[47] ». Il est aussi le premier à savoir que l'Assemblée consultative exerce une forte pression pour que les traîtres soient châtiés rapidement et sévèrement et que le Parti Communiste est décidé à exiger des têtes.

La première est celle de Pierre Pucheu, ministre de Vichy, arrivé en Afrique du Nord quelques mois plus tôt. Né en 1899, sorti du peuple, normalien, entré très jeune à la banque Worms, administrateur des établissements Japy, il est le prototype du technocrate que Vichy affectionne. Militant, avant la guerre, du PPF, le parti de Jacques Doriot, il a été appelé en février 1941 par l'amiral Darlan, au gouvernement en tant que secrétaire d'État à la Production industrielle. Réputé synarque[48], il est aussi, de l'avis général, patriote, très réticent à l'égard de la politique de collaboration avec l'Allemagne. Le 18 juillet 1941, il a accepté de devenir secrétaire d'État à l'Intérieur et s'est trouvé ainsi mêlé aux affaires d'exécution d'otages par l'armée allemande ; il a réussi à faire réduire le nombre des victimes — notamment lors des exécutions de Châteaubriant — mais on lui reproche de n'avoir obtenu ce résultat qu'en participant lui-même à la désignation des otages et en sacrifiant délibérément les communistes. En avril 1942, lors du retour de Laval aux affaires, il a quitté le gouvernement, est devenu ambassadeur à Berne. C'est alors qu'il est entré en rapport avec Giraud qu'il connaissait et qui lui a donné sa parole d'honneur qu'il serait bien accueilli en servant dans l'armée française. Ainsi est-il arrivé en Afrique du Nord pour y être bientôt mis en résidence forcée à Ksar el-Souk puis arrêté et traduit en justice sous la pression des communistes. Maurice Couve de Murville, selon des rumeurs persistantes, aurait conseillé à Giraud de faire interner l'ancien ministre.

Son procès s'ouvre à Alger le 5 mars 1944. « L'atmosphère est passionnée, constate Jean-Louis Crémieux-Brilhac. Les communistes mais aussi les gaullistes ardents, stimulés par *La Marseillaise* de Quilici, veulent la tête du nazi Pucheu [...]. Le procès est mal conduit et dans des formes discutables[49]. » Le procureur, le général d'aviation Pierre Weiss, un Nancéien patriote qui hait tout ce que représente l'accusé — l'argent, une certaine bonne conscience technocratique —, se montre implacable. Faute de preuves, le chef d'accusation relatif à la désignation des otages doit, en définitive, être abandonné. Formellement, on ne retient contre l'accusé que la participation au processus ayant abouti aux lois scélérates de l'été 1941, établissant des juridictions d'exception, les fameuses « sections spéciales » qui envoyèrent à la mort des résistants communistes[50]. Le 11 mars, Pucheu est, néanmoins, condamné à mort. Sur de Gaulle la pression des communistes et des résistants est forte pour que la grâce soit refusée. De France, Jacques Bingen, délégué général pour l'Intérieur, demande la tête de l'ancien ministre. Giraud intervient en sens contraire après avoir fait une assez pénible prestation durant le procès. De Gaulle refuse la grâce, non sans avoir fait part au condamné de son estime et lui avoir fait préciser que le sort de ses enfants ne serait pas oublié. De Gaulle, de toute évidence, a eu à résoudre un cas de conscience, d'autant plus difficile que les juges avaient exprimé le vœu que la sentence de mort ne fût pas exécutée. Son trouble transparaît dans l'aveu fait le lendemain de l'exécution à Emmanuel d'Astier : « De Gaulle était pâle. Devant la dernière responsabilité, il avait passé une nuit anxieuse. Il me dit à peu près littéralement ceci : "Nous avons du sang sur les mains[51]". »

La raison du trouble profond du général est aisée à comprendre. « L'exécution de Pucheu, le 22 mars, écrit avec beaucoup d'honnêteté Jean-Louis Crémieux-Brilhac, était à la fois un gage donné à l'aile marchante de la Résistance et aux communistes et une ultime mise en garde aux agents de Vichy. » Officiellement, de Gaulle ne veut cependant pas avoir paru céder à une faction. Seule la raison d'État peut et doit donc justifier la mort de Pucheu. Il le dira toujours, et notamment en termes particulièrement nets au bâtonnier Buttin, avocat de Pucheu : « Il est exact — et je ne lui ai pas caché — que je ne pouvais pas gracier Pucheu, pour raison d'État, et cela parce que le CFLN ne pouvait reconnaître la capitulation, dira-t-il à Claude Guy. Il était très important de nier que la France eût jamais consenti l'armistice. La France ne s'est pas rendue, elle avait continué à se battre dans les rangs de la France libre. » À son aide de camp, il confirmera avoir déclaré à Me Buttin : « Que Pucheu s'en soit pris aux communistes, la question n'est pas là. La question, c'est que Pucheu a été en Allemagne, qu'il a livré des otages, qu'il a envoyé en Allemagne des Français au titre du travail obligatoire. Pucheu a capitulé. Or, nous ne reconnaissons pas la capitulation !... Vous pouvez le dire de ma part à votre client : si je refuse son recours en grâce, c'est pour raison d'État[52]. »

Si rompu soit-il à l'exercice de la raison d'État, de Gaulle en l'occurrence n'y a apparemment pas recouru sans éprouver des difficultés morales. Quelles que soient les fautes voire les crimes de Pucheu, sans doute a-t-il bien conscience cette fois d'avoir été contraint de céder au Parti communiste et de s'être exposé aux griefs de tous ceux qui, adversaires de Vichy et peu favorables au condamné, ont été choqués par le spectacle du procès. Présent à l'une des séances, le colonel Passy en sortit révolté[53].

Éloquentes sont aussi les impressions[54] — inédites à ce jour — de l'un des plus sincères partisans de de Gaulle, l'ambassadeur de Grande-Bretagne, Duff Cooper :

> Le malaise que le procès de Pucheu a fait naître dans les esprits de ceux qui y ont assisté, ou qui en ont rendu compte, tient à la manière dont il a été conduit. Avant et pendant le procès, la culpabilité de l'accusé a été supposée

et il a été dénoncé quotidiennement comme un traître dans la presse. Le juge d'instruction, censé être impartial, était le directeur d'un journal qui était le plus violent de tous les dénonciateurs de l'accusé ; il était sans expérience juridique et il a surtout entièrement négligé son devoir qui était de faire les investigations préliminaires. La contribution des témoins communistes consistait en de longs discours politiques qui n'étaient pas fondés sur la moindre évidence. Leur prestation a été si lamentable qu'à un moment donné la rumeur a couru que le procès avait été engagé par le gouvernement afin de discréditer les communistes ! Beaucoup de témoins qui auraient dû être appelés étaient en Grande-Bretagne, au Portugal ou en Amérique. Certains documents significatifs étaient aussi impossibles à obtenir. Deux des histoires qui ont beaucoup circulé dans la presse concernant l'exécution des otages de Châteaubriant et la torture puis la mort du docteur Politzer étaient si privées de substance qu'elles n'ont même jamais pu être mentionnées durant le procès. [...]

Pour la majorité des Français, le seul point important était de savoir si Pucheu était innocent ou coupable des crimes dont il était accusé. Son crime a été de souhaiter la collaboration avec les ennemis de la France, en donnant assistance à ceux qui essayaient d'éradiquer la Résistance française. De ce crime, il ne peut maintenant y avoir de doute qu'il était coupable. Ses motifs peuvent avoir été honorables, nobles même. [...] Mais il est de fait qu'en tant que ministre de l'Intérieur, il a été contraint, par devoir, de maintenir les ordres et de supprimer ces éléments de révolte qui étaient opposés au régime de Vichy et à la politique de collaboration. Dans l'accomplissement de ce devoir, il a été par nécessité responsable de l'emprisonnement et de l'exécution de Français. Et il a été un agent volontaire. Aucune raison ne l'obligeait à rechercher et à accepter d'être membre du gouvernement de Vichy. Il n'avait pas même pris part à la politique avant la défaite de la France.

Contre sa condamnation, on peut néanmoins avancer un argument : si la collaboration est un crime, des millions de Français s'en sont rendus coupables et si cela doit être puni de la peine de mort, alors s'ouvre devant nous la perspective de poursuites judiciaires sur une échelle sans précédent.

[...] Le commentaire le plus pertinent sur la lamentable affaire de ce procès mal conduit est peut-être la remarque faite par mon collègue d'Union soviétique au commissaire français pour les Affaires étrangères : « Vous auriez dû consulter Vichynski[55]. »

On rapprochera ce jugement de celui d'un autre témoin, tout aussi impartial, le socialiste Jules Moch, proche de Léon Blum, présent à Alger au moment du procès :

Cette exécution fut un drame moral pour moi. Non que j'eusse la moindre sympathie, on l'imagine, pour la victime. Mais parce que l'attitude des deux coprésidents m'avait profondément heurté. Je ne pouvais admettre ni le silence de l'un ni la décision de l'autre. Le premier, en se taisant, commettait un acte de lâcheté ; le second, en laissant se dérouler le procès, sacrifiait la morale à la raison d'État[56].

XVIII

LE DÉBARQUEMENT

L'échéance capitale dont dépend à la fois le sort de la France et l'avenir de l'aventure commencée le 18 juin 1940, de Gaulle l'aborde dans de mauvaises conditions. Sa fatigue est évidente, sa santé se détériore et son humeur s'en ressent. Le pessimisme le gagne. Ses relations avec les Alliés sont au point mort. Les nouvelles qui lui arrivent de France sont, par ailleurs, très mauvaises. D'une part, nazis et vichyssois ne cessent d'infliger des coups cruels à la Résistance ; la Milice notamment répond de manière très dure aux assauts. Les affrontements et, par suite, les pertes enregistrées par les combattants de l'ombre ne touchent pas seulement le Sud-Ouest où l'activité intense des communistes fait monter la tension ; partout et en particulier à Paris, le bilan est lourd. Par ailleurs, la Résistance continue de s'affranchir de la tutelle de Londres, évolution entamée depuis la disparition de Jean Moulin. « Le CNR, a écrit très significativement Daniel Cordier, avait élu son président [...] et les mouvements clandestins avaient installé une délégation à Londres. La Résistance avait donc gagné la partie : le général de Gaulle, dont Moulin avait fait le chef politique et militaire de la Résistance, n'en était plus que le symbole[1]. » Exagération ? Sans doute pas car un peu partout se mettent en place les « conditions d'un pouvoir autonome de la Résistance face à de Gaulle[2] ». Et au sein de cette Résistance maintenant émancipée, les éléments communistes, souligne François Kersaudy, étendent leur influence, poursuivant en secret une politique qui n'a rien de commun avec celle du Comité d'Alger[3]. Le spectre d'une insurrection générale avant l'arrivée éventuelle de de Gaulle en France agite beaucoup les esprits.

Cette situation, le général ne peut évidemment que la déplorer et nul doute qu'elle ne contribue à altérer son humeur, voire sa santé. À mesure que les jours passent et que la date du débarquement se rapproche, sans doute mesure-t-il l'ampleur des difficultés auxquelles il sera confronté. Pour autant, force est de constater qu'il n'encourage en aucune manière — et c'est un euphémisme — ceux qui, au sein de la Résistance, souhaitent équilibrer l'action des communistes.

Henri Frenay ayant été, à la suite de ses conflits avec Jean Moulin, neutralisé avec le portefeuille des Prisonniers, reçu à l'automne lors du remaniement du CFLN, Pierre Brossolette est alors la seule personnalité d'envergure capable d'incarner cette autre ligne. À l'égard des communistes, ses sentiments sont dépourvus d'ambiguïté : « Ils resteront des adversaires pour nous, écrit-il alors. Sans doute, ne deviendront-ils pas toute la Résistance et le gaullisme. Je n'ai pas d'illusions à ce sujet. Aussi faut-il jouer très fin et très serré avec eux. Toutes les tactiques sont à envisager froidement... En tout cas ne jamais laisser au PC et au FN le bénéfice de l'idée-force, de l'unanimité nationale. Ne jamais avoir l'air de rechigner à cette unanimité. La faire par-dessus eux si c'est possible ; contre eux, s'ils font des fautes et sont relativement faibles et vulnérables ; avec eux, s'il n'y a pas moyen de faire autrement[4]. » Fort de ces principes, il s'est employé à les faire triompher dès le début d'une nouvelle mission clandestine en France, le 19 septembre 1943, et est immédiatement entré en conflit avec Claude Bouchinet-Serreulles et son adjoint Jacques Bingen, en charge de l'intérim de Bollaert à la tête de la délégation, durant le séjour de ce dernier à Alger. Pour l'ancien éditorialiste du *Populaire*, Bouchinet-Serreulles et Bingen ne sont pas suffisamment forts face aux exigences communistes. L'affaire dite de « la rue de la Pompe », c'est-à-dire la capture du secrétariat de Bouchinet-Serreulles, dès le 25 septembre, lui donne des arguments : des imprudences, soutient-il, ont été commises. D'accord avec son ami Passy à Londres, Brossolette semble alors avoir pour but de contrôler la délégation générale. Une épreuve de force d'une rare violence s'engage alors. Brossolette accable ses adversaires, qui eux-mêmes réagissent avec vigueur. Finalement, l'ex-adversaire de Moulin parvient à ébranler la position des deux délégués mais sa victoire est bien ce que Daniel Cordier appelle une victoire à la Pyrrhus car le remplacement, lors du remaniement du 9 novembre, de son ami André Philip, commissaire à l'Intérieur, par Emmanuel d'Astier, qui le hait, va sonner le glas de ses espérances. De fait, dès le 1er novembre, il est rappelé à Londres en même temps que Bouchinet-Serreulles et Bingen, mais ce qu'il ne sait pas, et qui apparaît hautement significatif, c'est que l'ordre émane du général de Gaulle en personne.

Manifestement, de Gaulle, si inquiet qu'il puisse être des menées communistes, ne veut pas se laisser engager par un homme dont il redoute l'indépendance et plus encore la stratégie. Brossolette s'est dit surpris de cette attitude lors d'une rencontre avec Jacques Baumel qui, aujourd'hui encore, s'étonne du manque de réaction de son ancien chef et s'interroge sur ses motivations. Tout indique, en réalité, que le général faisait un calcul froid, à la mesure du formidable pari qu'il a tenté. Comme le souligne encore l'ancien secrétaire général des MUR, le contrôle de la Résistance sous la houlette de Jean Moulin était un enjeu essentiel dans la perspective d'un duel avec Giraud. L'affrontement ayant pris fin à l'avantage de de Gaulle, sans doute celui-ci voit-il bien que l'appui de la Résistance intérieure, au sein de laquelle les communistes jouent un rôle important, lui sera indispensable au moment du débarquement pour justifier ses exigences face aux Alliés. Jusque-là, il importe donc de temporiser, de faire quelques concessions

— le refus de la grâce de Pucheu, par exemple —, quitte plus tard à reprendre les choses en main énergiquement. « De Gaulle a peur de la révolution, résume bien Bogomolov à l'intention du vice-ministre des Affaires étrangères Dekanozof. Cette révolution serait une catastrophe pour la France impérialiste. Mais maintenant la situation l'amène à être aux côtés des forces démocratiques[5]. »

C'est donc seul, isolé, tenu d'évidence en suspicion que Brossolette vivra ses derniers jours jusqu'à ce que, le 3 février, après avoir repoussé sans cesse le moment de rejoindre Londres, il soit arrêté, puis finalement identifié par les Allemands. On sait qu'il sautera du quatrième étage de l'immeuble de la Gestapo avenue Foch afin de ne pas parler.

Alors que se prépare la grande opération militaire qui doit, en bonne logique, porter un coup décisif au Reich et libérer la France, théâtre prévu de l'affrontement, on ne peut qu'être impressionné par les résultats obtenus par de Gaulle, le savoir-faire déployé. Victorieux de tous ses rivaux, porté à la tête d'un Comité que l'on peut tenir pour représentatif des principales tendances de la Résistance, fort d'une base territoriale importante et surtout d'un prestige qui fait si grandement contraste avec la déchéance où est tombé le gouvernement de Vichy, il dispose aussi de forces armées qui, sans pouvoir rivaliser avec celles des Alliés, ne sont pas négligeables, loin s'en faut. En Italie, le corps expéditionnaire du général Juin prend une part déterminante à la lutte contre l'Allemagne nazie. L'armée du général de Lattre marche sur ses traces. Éclatant succès pour un homme qui, moins de quatre ans plus tôt, avait commencé son aventure avec quelques officiers et un amiral controversé.

Pourtant, l'assise de ce prodigieux acteur, maître incontesté du verbe et de la mise en scène, reste fragile. Rarement dans une carrière, la roche Tarpéienne aura pu paraître plus proche du Capitole. Indépendamment de l'hypothèque que fait peser sur la suite des événements l'attitude de la Résistance intérieure, de Gaulle reste en butte à la méfiance de Churchill — renforcée depuis le procès Pucheu —, surtout à l'hostilité persistante de Roosevelt. Le général a beau avoir noué de bonnes relations avec Eisenhower qui, le 30 décembre, l'a assuré que les troupes françaises participeraient à la libération de Paris, il est le premier à savoir qu'en dernier ressort Roosevelt décide seul. Tenu dans l'ignorance des préparatifs du débarquement en Europe, sur l'ordre du président, il a la certitude que ce dernier envisage d'utiliser à sa guise les troupes françaises, mises à la disposition du commandement allié pour la circonstance, et que les territoires libérés seront d'emblée placés sous la dépendance de l'autorité militaire. Perspective évidemment inacceptable mais probable puisque rien ne semble pouvoir faire évoluer Franklin Roosevelt dont les griefs à l'encontre du Connétable ne sont pas dus, comme on le croit souvent, à quelques accès de mauvaise humeur mais à des motifs précis et, pour lui, très sérieux.

En cette fin de l'hiver 1943-1944, Roosevelt est d'autant moins enclin à baisser la garde que sont arrivées aux États-Unis de fâcheuses rumeurs sur le BCRA, les fameux services secrets de la France libre, dirigé par le non moins fameux colonel Passy. « État dans l'État », lien presque exclusif entre la Résistance intérieure et Londres, soumis à la tutelle du général et dirigé par une personnalité aussi exceptionnelle que secrète, le BCRA a souvent été critiqué pour ses méthodes, jugées tantôt imprudentes tantôt expéditives. Surtout les services secrets de la France libre ont été accusés de favoriser le pouvoir personnel de de Gaulle. Son action étant, par définition, assez opaque, il est encore aujourd'hui difficile de distinguer le vrai du faux dans cet ensemble de griefs. D'après Jean-Louis Crémieux-Brilhac, deux points sont acquis[6]. En premier lieu, à partir de l'insurrection corse et de la tentative de mainmise du Front national communisant sur l'île à l'automne 1943, il paraît établi que le BCRA (notamment Jacques Soustelle ayant alors autorité sur sa branche algéroise) n'a guère favorisé les parachutages aux maquis rouges — ce en quoi il ne se différenciait guère de Churchill qui, à la même époque, soumis à des demandes d'Emmanuel d'Astier, avouait sa hantise de voir se déclencher une guerre civile à partir de ces foyers de résistance. D'autre part, il est prouvé que le BCRA a freiné, au moins jusqu'au début de 1944, le passage de la Résistance à l'action armée, et manifesté son opposition à une insurrection générale prématurée. Ces deux attitudes apparaissent au demeurant conformes aux vœux du général, soucieux, on le sait, d'user à bon escient d'une Résistance qu'il sait dominée, en partie, par les communistes.

Cette fois les rumeurs sont plus sérieuses, plus dommageables aussi à l'image du BCRA et du gaullisme en général. Déjà, durant l'hiver 1942-1943, Roosevelt s'était ému d'apprendre qu'un homme, ayant avoué être un agent allemand, avait été retrouvé mort dans les locaux du BCRA. Scotland Yard avait conclu au suicide et classé l'affaire mais l'épisode n'avait pas été oublié. Les Français antigaullistes de Londres accréditaient aussi l'hypothèse selon laquelle le BCRA aurait dénoncé en France aux Allemands des résistants hostiles à de Gaulle.

L'affaire Dufour, qui défraya la chronique au début de l'hiver 1944, était plus fâcheuse encore. Maurice Dufour affirmait en effet avoir été malmené un an plus tôt à la section contre-espionnage du BCRA. Le scandale devint public quand Dufour, devant les tribunaux britanniques, intenta une action contre le général et le colonel Passy ! Après examen, l'affaire apparaissait singulièrement compliquée. S'il fut prouvé que Dufour avait bien subi des interrogatoires très poussés menés par le policier Wybot, il fut également établi qu'il avait menti lors de son arrivée en Grande-Bretagne en se prétendant chevalier de la Légion d'honneur et lieutenant du Génie.

De Gaulle, évidemment, était furieux d'être ainsi traîné devant la justice britannique. Il soupçonna Churchill d'être à l'origine de ce qui n'était pour lui qu'un montage et interdit à tout avocat de plaider en son nom ou en celui de ses subordonnés. Il s'opposa aussi à toute transaction : « On ne traite pas avec un imposteur et un déserteur », spécifia-t-il à Pierre Viénot[7]. Pour autant, l'affaire ne se dégonfla pas.

La presse s'en empara. L'*Observer* assura que Duke Street était le siège d'une véritable Gestapo. Le 6 janvier, Eden reçut une délégation de parlementaires qui lui posa des questions gênantes. Le ministre, non sans embarras, s'efforça « de désamorcer une bombe à retardement qui menaçait de détruire la politique française [8] ». Un mois plus tard, Eden est plus serein, plus précis aussi sur le fond, lorsqu'il s'efforce de faire le point à l'intention de Churchill :

> Durant l'hiver dernier nous avons eu connaissance de plusieurs cas attestant que les Français avaient placé en détention des membres de leurs forces pour des interrogatoires au sujet de leurs activités en France et leur auraient refusé l'accès à leurs avocats. Les interrogatoires ont eu lieu pour la plupart à Duke Street et dans un ou deux cas, il est évident que les prisonniers ont été physiquement malmenés. L'une des victimes (un élément assez douteux) a entamé une action en dommages et intérêts contre de Gaulle et d'autres. L'affaire est toujours entre les mains de la justice. Nous avons fait d'énergiques représentations aux Français quand nous avons entendu parler de ces choses et nous leur avons dit que, quelle que soit leur position par rapport à leur propre loi militaire, ils devaient se conformer à la loi britannique s'ils voulaient interroger leurs compatriotes dans ce pays. Cela a été une bonne chose d'avoir les deux versions en présence au sujet de cette affaire. Quelques-uns des gens de Passy et des militaires français se sont mal conduits, comme s'ils étaient au-dessus des lois, tandis que les opposants de de Gaulle n'ont guère de scrupules à exploiter ces affaires à des fins politiques et personnelles. Comme d'habitude dans un tel cas il est très difficile d'établir les faits. Incidemment, rien ne montre que de Gaulle lui-même ait eu connaissance de ce qui s'était passé [9].

Contrairement à ce que l'on prétendra souvent, le dossier des abus de Duke Street ne semble pas avoir été vide, même si les excès, sans pouvoir être justifiés, étaient compréhensibles compte tenu de l'état de guerre. Mais si, du côté anglais, l'affaire sera classée d'autant plus facilement qu'elle arrivera en justice le 1er juin, à un moment où l'urgence était manifestement ailleurs, il n'en ira pas de même du côté américain où elle sera exploitée longtemps contre de Gaulle et les siens. À la fin de l'année, lors d'un voyage de Passy aux États-Unis, le célèbre E.J. Hoover adressera à l'attorney général Francis Biddle une longue note affirmant que le chef des services secrets de la France libre est l'ancien secrétaire d'Eugène Deloncle, le chef de la Cagoule, accusation bien entendu non fondée. L'affaire remontera même jusqu'au président qui prendra connaissance de la note et l'enverra à Cordell Hull [10].

Pour toutes ces raisons, Franklin Roosevelt n'est pas près de changer d'opinion vis-à-vis de de Gaulle et du CFLN. Depuis qu'en novembre 1943, il a écrit à Cordell Hull pour lui indiquer que, selon lui, la France devrait être occupée militairement après un éventuel débarquement, sa position n'a pas varié. Sur instruction du chef de l'exécutif américain se prépare donc l'Amgot (Allied Military Government of Occupied Territories). De futures administrations civiles sont formées à Charlottesville en Virginie, et le problème de la monnaie devient aigu quand Roosevelt, de façon étonnante, s'oppose à ce que la devise de la République « Liberté, Égalité, Fraternité » figure sur tous les billets à mettre en circulation sur le sol français. En dépit des protestations de Mc Cloy et de Morgenthau, le président tient bon : « On ne saurait préjuger, répète-t-il, de la forme future du régime de la France. L'Empire pourrait être rétabli. — C'est justement ce que nous voulons éviter », s'insurge Morgenthau[11]. Négociateur français à Washington, Jean Monnet se désespère. Le problème qu'on lui demande de résoudre est sans solution : il ne saurait y avoir de monnaie française sans reconnaissance d'un gouvernement français, or cette reconnaissance Washington n'en veut à aucun prix !

En vérité, au-delà même de son incompatibilité d'humeur avec de Gaulle, c'est la perspective de voir sortir du conflit une France à la fois nationaliste et peu soucieuse de tirer les leçons du passé que Franklin Roosevelt repousse. Il connaît la France, on l'a dit, il n'a rien d'un francophobe mais, comme beaucoup d'Américains, le désastre de 1940 l'a amèrement déçu et cette désillusion transparaît à travers les propos qu'il tient à son ambassadeur à Alger, Edwin Wilson, le 24 mars 1944 :

Edwin Wilson : L'intérêt des États-Unis n'est-il pas de traiter avec un pouvoir français suffisamment fort pour qu'il ne soit pas conduit à intervenir dans les affaires françaises ?
Franklin Roosevelt : Les journalistes de ce pays exagèrent le besoin d'un gouvernement français fort à la Libération. Durant un certain laps de temps, la France ne ressentira pas la nécessité d'un tel gouvernement. Dans la période consécutive à la Libération et jusqu'à ce qu'il soit possible de traiter des problèmes constitutionnels, la France pourrait être gouvernée par les autorités locales dans les départements et communes. Pendant les longues années de la IIIe République n'a-t-elle pas été gouvernée comme cela ? Eisenhower, à mon avis, devrait avoir toute latitude de traiter avec d'autres groupes que le Comité français de Libération car ce Comité peut, par exemple, nommer de mauvais représentants dans une région, alors que d'autres groupes pourraient avoir des représentants dignes d'être pris en compte.
De toute façon, à mon avis, le système parlementaire français devrait être modifié afin d'éviter de trop fréquents changements de cabinet. À Casablanca, j'ai abordé le sujet avec de Gaulle et lui ai recommandé avec insistance d'étudier notre système de primaires : il a semblé peu au fait de ce système et surpris que je puisse m'intéresser à cela. Il y a trop de partis et de groupes en France, des dates fixes devraient être adoptées pour tenir des élections générales et des primaires devraient être organisées peu de temps auparavant.
E. W. : Il est de notre intérêt, je pense d'avoir une France forte, stable, amicale, démocratique, rétablie à une place importante dans le monde, ce qui implique une restauration de l'autorité française sur l'Empire.
À ces mots, le président désigne une grande carte du monde à l'autre extrémité de son bureau :
F. R. : Je suis d'accord avec vous mais je suis responsable de la préparation du système de sécurité du continent américain et, dans cette optique, trois points méritent, je crois, d'être soulignés.
Le premier concerne Dakar. Pour des raisons évidentes que j'ai déjà eu l'occasion d'évoquer, Dakar est d'une importance vitale pour la sécurité de cet hémisphère. À l'avenir, dans le cadre d'un système de sécurité des nations unies, il pourrait y avoir à Dakar une base aérienne et navale contrôlée non

par les Français qui ne le veulent pas, mais par deux pays directement intéressés, les États-Unis et le Brésil. On pourrait garder le drapeau français, la souveraineté française mais la gestion et le contrôle de la base seraient assurés par les États-Unis et le Brésil.
Le second point a trait à la Nouvelle-Calédonie. L'Australie et la Nouvelle-Zélande devraient avoir là une base avec quelques avions et des troupes pour contrôler la région. Là encore, on pourrait laisser flotter le drapeau français et garder la souveraineté française.
Le troisième point, qui suscitera le plus de difficultés, concerne l'Indochine. L'Indochine ne doit pas revenir à la France. Des étapes doivent être prévues pour permettre à ce pays d'accéder à l'indépendance. La région pourrait être placée sous le contrôle d'une commission internationale composée de représentants anglais, américains et chinois. Peut-être pourrait-on ajouter un Philippin qui connaîtrait le processus d'indépendance. L'indépendance que nous avons décidé de donner aux Philippins a mis quarante ans à devenir effective... Lors de la conférence du Caire, en présence de Churchill, je me suis tourné vers Tchang Kaï-chek et lui ai demandé : « Voulez-vous l'Indochine ? » Tchang Kaï-chek a décliné l'offre mais en précisant que l'indépendance devait être donnée à l'Indochine. J'ai alors demandé à Tchang Kaï-chek combien d'années lui semblaient nécessaires pour faire accéder l'Indochine à l'indépendance. Tchang Kaï-chek m'a répondu : « Trente à soixante ans. » Churchill, lui, n'était pas d'accord. Il exprimait des craintes concernant la Birmanie. Les Russes, en revanche, étaient d'accord. Le mieux serait évidemment que les Français aillent d'eux-mêmes vers l'indépendance. Le Maroc est aussi une autre région où des changements doivent se produire.
E. W. : Je sais que les Français sont très désireux de participer à la guerre dans le Pacifique. Quelles sont vos intentions à cet égard ?
F. R. : J'ai décidé que les forces françaises ne prendraient pas part à ces opérations.
E. W. : Mais la Marine française est particulièrement désireuse de se battre avec nous contre les Japonais, à la fois pour témoigner sa gratitude de ce qui a été fait pour la rééquiper et aussi pour jouer un rôle dans l'effort de guerre.
F. R. : Peut-être serait-il possible de permettre aux Français de montrer leur drapeau en participant sur une petite échelle ?
E. W. : Le général de Gaulle, à trois reprises, m'a fait savoir qu'il aimerait beaucoup venir à Washington afin de vous rendre visite. Il sait qu'il s'est mal conduit lors de la conférence d'Anfa et aussi que quelques-uns de ses représentants à Washington lui nuisent. Il croit que sa visite à Churchill à Marrakech a été un succès et a dissipé les incompréhensions. À Washington, il espère dissiper ses malentendus avec vous.
F. R. : Je serais heureux de le voir. Ce que je veux simplement éviter, c'est que de Gaulle fasse des discours ici, participe à des réunions de masse, car cela provoquerait des difficultés, du ressentiment contre le régime de Vichy, une guerre civile[12].

Alexis Léger vient de revenir à la charge auprès de Roosevelt en soulignant la nécessité de laisser la France libérée choisir son régime et donc de ne pas reconnaître le CFLN : visiblement il a été entendu. Dès le 15 mars d'ailleurs, le président, comme il le laisse entendre à son ambassadeur, a donné secrètement instruction au général Eisenhower de traiter avec d'autres groupes représentatifs que le Comité, à l'exclusion du gouvernement de Vichy.

Cette directive, le CFLN en a malgré tout connaissance, il s'en inquiète évidemment et, le 30 mars, Pierre Viénot, représentant à Londres, exprime son mécontentement à Anthony Eden ; il craint surtout que les Américains ne remettent en selle certains hommes politiques de la IIIe République — François Pietri, par exemple, qui a été ambassadeur de Vichy à Madrid. La réaction du secrétaire au Foreign Office, pourtant très francophile et très gaulliste, lui montre vite à quel point, en dépit du climat assez cordial de la rencontre de Marrakech, les relations entre Londres et Alger se sont dégradées et combien le procès Pucheu a contribué à cette détérioration. À Londres comme à Washington, le poids des communistes dans la Résistance inquiète ; les concessions que de Gaulle se trouve contraint de leur faire laissent entrevoir une France libérée ravagée par des règlements de compte, voire une guerre civile.

> L'exécution de Pucheu, souligne Anthony Eden, a fait un mauvais effet dans ce pays et, je n'en doute pas, aux États-Unis. Le pire dans cette malheureuse affaire est, peut-être, que le général Giraud ait apparemment invité Pucheu à venir en Afrique du Nord et que l'homme ait été en définitive jugé, condamné, exécuté... Il faut comprendre qu'après cette expérience nous ne voulons pas qu'une série de procès similaires et d'exécutions se produisent au fur et à mesure de l'avance des armées alliées. Les Alliés admettent qu'il soit nécessaire d'arrêter certaines personnes pour des raisons de sécurité mais ils estiment que les procès doivent être reportés après la libération complète. M. Viénot m'a dit qu'il comprenait notre inquiétude et qu'il savait que le général de Gaulle lui-même n'était pas heureux du procès Pucheu [13].

Eden, de toute évidence, est sous le coup des informations qu'il vient de recevoir d'Alger par l'intermédiaire du diplomate sir Eric Duncannon. Selon un rapport très alarmant adressé par ce dernier, le 20 mars, l'avocat de l'ancien ministre, Me Gouttebaron, a entendu de Gaulle lui dire qu'il ne pensait pas que Pucheu était un traître mais que la raison d'État était en jeu [14]. Selon les Britanniques, les communistes exerceraient sur de Gaulle une influence puissante. Ils proféreraient également des menaces contre les défenseurs de Pucheu, en particulier Me Buttin.

Le procès puis l'exécution de Pucheu, le poids des communistes étaient évidemment des pommes de discorde majeures avec les Alliés, très sous-estimées jusqu'à présent. Churchill, il le dit très clairement à Viénot le 4 avril, a été choqué par la fin de l'ancien ministre de Vichy, comme il a déploré l'arrestation de Peyrouton, Boisson et Flandin. S'il avoue admirer de Gaulle, il se dit aussi convaincu qu'il est un ennemi de la Grande-Bretagne. Pour ces diverses raisons, il lui semble impossible d'associer étroitement le général aux préparatifs du débarquement. « La formule élaborée par Roosevelt, souligne-t-il afin de mettre les points sur les i, n'a pas été rédigée à la hâte, elle a, au contraire, fait l'objet d'un consensus. Il serait difficile d'amener le président à la modifier, surtout après le procès Pucheu. » Une fois de plus Churchill se range aux côtés des Américains. L'élimination de de Gaulle est de nouveau à l'ordre du jour.

J'ai assisté à plusieurs conversations au sujet de de Gaulle entre Roosevelt et Churchill, confirmera en 1962 Averell Harriman dans une note à l'intention du sous-secrétaire d'État, George Ball, et, selon mes souvenirs, ils étaient tous les deux d'accord pour dire que de Gaulle était têtu, irréaliste quant au futur rôle de la France et qu'en tant que chef de son pays, il ne provoquerait que des difficultés [15].

Homme politique de droite rallié à la Résistance, Louis Marin est témoin de l'évolution du Premier britannique lorsqu'il est reçu à Downing Street, le 28 avril 1944 :

De la conversation et des commentaires auxquels elle a donné lieu dans les milieux gouvernementaux britanniques, lit-on dans un rapport établi par la Direction générale des services spéciaux de la France libre, il ressort que la position du Foreign Office et du gouvernement britannique serait la suivante :
a) Soutien absolu au général de Gaulle qui, normalement, sera le chef du gouvernement français après la libération.
b) Intention d'assurer une continuité entre la France de 1939 et celle de 1944. Le meilleur moyen, et celui considéré comme le plus favorable pour ne pas traiter avec Vichy, serait la convocation de l'Assemblée nationale.
c) Il s'agira de faire comprendre au général de Gaulle qu'il va se trouver en France devant une équipe et dans des conditions analogues à celles qu'il a trouvées en Afrique du Nord.
Pour les Anglais, il faudra traiter et compter dans l'année qui va suivre avec des hommes comme Pietri, Flandin, Anatole de Monzie, Herriot, Marin et autres personnalités importantes du monde politique d'avant Vichy.
d) L'épuration massive et instantanée est impossible. Elle devra se faire dans le calme et pour cela dans le temps.
e) Ni l'Assemblée consultative d'Alger ni le CFLN ne pourront se maintenir car ils ne représenteront plus rien dans une France libérée.
f) Bien peu de projets de loi établis à Alger pourront être mis en pratique en France [16].

Pour Churchill, cette position n'est pas facile à tenir. Le *Times* et l'*Economist* demandent même que le CFLN soit officiellement reconnu. À contrecœur, sans illusion, pour montrer sa bonne volonté, le Premier ministre essaie donc d'amener Roosevelt à des sentiments moins hostiles. Lassante comédie peu digne des enjeux ! Sur le fond, le président des États-Unis refuse de changer d'avis : les Français resteront à l'écart des opérations de débarquement — mais il fait savoir qu'il serait heureux de rencontrer le général. Ce dernier se montre aimable mais, comme Roosevelt ne veut pas consentir à lui adresser une invitation officielle, il marque qu'il ne s'abaissera pas à solliciter une entrevue. Churchill insiste mais le président, poussé par Cordell Hull, s'obstine ; le 8 avril, il a défini sa position dans une lettre à Churchill et n'en changera plus : pas d'information pour des partenaires qui n'ont pas fait la preuve de leur fidélité. « Si de Gaulle veut venir ici pour me rendre visite je serai très heureux de le voir et j'adopterai un ton paternel mais je pense que ce serait une erreur de ma part de l'inviter, sans qu'il ait manifesté son désir de venir [17] »

Churchill, dans ce rôle d'avocat du général, est à contre-emploi, peu convaincu de la justesse de sa position et dès lors peu persuasif. En désespoir de cause, il fait valoir qu'après tout de Gaulle dispose de forces navales considérables, dont le *Richelieu*, et dirige un très vaste empire, plusieurs fois mis à la disposition des Alliés. Peine perdue. Le 24 avril, alors que l'échéance approche, Roosevelt tranche : « Je n'ai aucune information qui me conduise à croire que de Gaulle et son CFLN ont donné une aide réelle à notre effort de guerre allié. Il me semble que les forces armées, y compris les forces navales et le *Richelieu*, ont été mises à notre disposition avant de Gaulle... Si de Gaulle vient, j'inclinerai ma tête avec une suavité complète, comme le requiert l'étiquette du XVIIIe siècle [18]. »

L'affaire semble d'autant plus mal engagée que l'éviction du général Giraud de ses fonctions de général en chef a encore creusé le fossé entre les Alliés et de Gaulle. Quand il a appris la démission de Giraud, le 7 avril, Churchill a explosé : l'événement ne pouvait, à son avis, que renforcer encore les préventions de Roosevelt à l'égard de de Gaulle.

L'impasse est donc totale : de Gaulle ne semble pas devoir être mis au courant, en temps raisonnable, de l'immense opération qui se prépare sur les côtes normandes. Par rapport au million d'hommes que les États-Unis, devenus enfin l'« arsenal des démocraties » selon l'expression de Jean Monnet, s'apprêtent à lancer dans le combat, les forces susceptibles d'être alignées par le général sont sans doute modestes. Hormis l'armée de Lattre, qui débarquera plus tard en Provence, l'essentiel des armées françaises se trouve en Italie, sur le front, prêt à marcher sur Rome, sous la conduite de Juin : en tout, du propre aveu de de Gaulle à Eisenhower, deux mille hommes. Le général a tout de même obtenu de celui-ci la promesse de faire transférer en Grande-Bretagne une division blindée qui doit être équipée sur place en matériel américain. C'est à la 2e DB commandée par Leclerc qu'a été dévolue la tâche d'être la grande unité française sans laquelle Eisenhower n'envisage pas d'entrer dans Paris : elle s'y prépare à Temara, près de Rabat, en attendant d'être acheminée en Grande-Bretagne, au début d'avril 1944. La participation française ne va donc avoir qu'un aspect symbolique et Churchill ne s'y est pas trompé : « La présence de cette unique division, a-t-il précisé à Roosevelt le 12 avril, ne donnera en aucun cas à de Gaulle le droit d'être tenu au courant de nos secrets : il faut le lui dire sans délai [19]. »

En pratique, les choses sont beaucoup plus compliquées car le délégué militaire du CFLN en Grande-Bretagne n'est autre que le général Kœnig, héros de Bir Hakeim qui, en Grande-Bretagne, jouit d'un très grand prestige. Comment le mettre à l'écart ? En outre, Kœnig est aussi commandant en chef des Forces françaises de l'intérieur. Il paraît donc doublement impossible de le court-circuiter. C'est pourtant ce qui se passera, sans doute parce qu'il apparaîtra irréaliste de le mettre dans le secret en lui demandant de ne pas le confier à de Gaulle. La situation est d'autant plus tendue qu'à partir du 17 avril le gouvernement britannique décide d'interdire toutes les communications par télégrammes chiffrés y compris les communications diplomatiques. Des exceptions sont prévues mais pas au bénéfice du CFLN. Dans ses *Mémoires*, le général parlera d'« outrages ». À titre de représailles, il refuse de recevoir Duff Cooper, interdit à Viénot et Kœnig d'avoir le moindre contact avec les Alliés. Le 7 mai à Tunis, il prononce enfin un très violent discours dans lequel il dénonce le traitement qu'on lui inflige et fait, à dessein, allusion « à la chère et puissante Russie, alliée permanente ».

Au Foreign Office, Eden est consterné non seulement parce qu'il éprouve de la sympathie pour de Gaulle mais parce qu'il redoute que la ligne suivie ne risque en définitive de faire le jeu de l'URSS. Dans la meilleure des hypothèses, le général, exaspéré par l'attitude des Anglo-Saxons, se tournera de plus en plus vers elle, comme le discours de Tunis le laisse supposer. Dans le pire des cas, Eden devine aussi sans doute ce qu'il adviendrait, au lendemain du débarquement dans un pays sans autorité centrale, dominé par des mouvements de résistance contrôlés en partie par les communistes. Malheureusement pour de Gaulle, c'est Churchill et non Eden qui décide en dernier ressort de l'attitude britannique et en la circonstance rien ne peut calmer l'ire du Premier ministre : « De Gaulle, quelle que soit sa grandeur, constitue l'unique obstacle à l'établissement de relations harmonieuses entre la Grande-Bretagne et l'Amérique d'une part et ce qui reste de la France d'autre part », écrit-il à Eden le 10 mai[20].

Jusqu'au débarquement allié, ces valses-hésitations vont durer. Le cabinet de guerre britannique étant fréquemment attaqué aux Communes sur sa politique à l'égard du CFLN, Duff Cooper déploie des trésors de diplomatie. Le 8 mai, il propose que de Gaulle soit invité à Londres afin d'y conférer avec les Alliés. Le 12, après avoir été convaincu par Eden à la suite d'un épuisant tête-à-tête, Churchill se laisse fléchir et plaide la cause du général auprès de Roosevelt. « Eisenhower, fait-il notamment valoir, attache une grande importance à l'action des réseaux de résistance français pendant et après le jour J. Par ailleurs, étant à la tête d'un considérable empire, de Gaulle ne peut voir ses communications interdites ou contrôlées[21]. » Tardivement Churchill comprend aussi que le risque est grand de voir les Russes prendre de court les Anglo-Saxons en reconnaissant le CFLN en tant que gouvernement provisoire de la République française. Il est vrai que la belle conduite des armées françaises sur le front italien rend de plus en plus intenable la position des Anglais et des Américains. L'opinion, la presse et le Parlement sont enfin plus que jamais favorables à de Gaulle et à son Comité. Le 24 mai, Churchill est obligé de venir s'expliquer aux Communes.

Churchill évidemment n'avouera jamais qu'il s'est trompé, mais entre Roosevelt, résolu à ne rien céder, et de Gaulle, impavide, sa position devient intenable. Une fois de plus, le général se révèle grand stratège. Face aux Alliés, murés dans leur incompréhension, il feint de n'être pas demandeur, comme l'attestent les instructions qu'il donne à Pierre Viénot le 25 mai[22]. Avec les apparences de la tranquillité, il poursuit résolument la voie qu'il s est fixée et ne cesse de marquer des points. Le 3 juin, le CFLN prendra le nom de Gouvernement provisoire de la République française et, le 27 mai, une invitation officielle à venir conférer à Londres parvient au général assortie d'une précision importante : sa liberté de communiquer et de circuler sera assurée. Le 29, de Gaulle répond par cette courte lettre (inédite) à Duff Cooper :

Alger, le 29 mai 1944.

Mon cher ambassadeur,
J'ai bien reçu votre lettre du 27 mai.
J'ai pris note de l'invitation que vous voulez bien me transmettre de la part du gouvernement de Sa Majesté britannique et dont je vous prie de bien vouloir le remercier.
Je vous sais gré d'autre part de m'assurer que, dans le cas où je me trouverais en Grande-Bretagne, j'y disposerai d'une entière liberté de mouvement et de communication.
Bien sincèrement à vous.

C. de Gaulle[23].

Rien, pourtant, n'est encore gagné. La date de la visite n'est pas fixée et rien n'indique que les Américains participeront aux discussions entre Français et Anglais, autrement dit que les accords éventuels auront force exécutoire. Roosevelt paraît toujours hostile, et il n'est pas convaincu qu'une entente avec le CFLN permettrait de faire l'économie d'une seule vie humaine du côté allié[24]. De leur côté, les chefs d'état-major britanniques, consultés par Churchill, se montrent résolument hostiles à l'arrivée du général avant le jour J. Fidèle à sa tactique, de Gaulle ne bouge pas ; sans faire un geste en direction de Washington, il essaie simplement de savoir par Duff Cooper si les conversations qu'il aura à Londres seront bien tripartites. Non sans raison, il confie aussi à l'ambassadeur en Grande-Bretagne que « l'amiral Fenard, revenu de Washington persuadé que la cause gaulliste n'a jamais été mieux comprise par le président Roosevelt, a été complètement mystifié[25] ». Finalement, Eden convainc le Premier ministre d'inviter de Gaulle sans tarder afin de le mettre dans le secret de l'opération Overlord. Par câble, Churchill confirme le 31 mai à 10 h 37 qu'il enverra au général son avion York personnel, sous réserve que le voyage s'effectue dans le plus grand secret[26].

Encore faut-il que le chef du tout nouveau Gouvernement provisoire accepte de venir à Londres, ce qui ne semble pas certain tant qu'il ne saura pas si les conversations y seront bien tripartites. Or, à ce moment-là, Roosevelt refuse encore d'associer les Français. Le 1er juin, écrivant à Churchill, il s'étonne lui aussi des malentendus apparemment créés par l'amiral Fenard, refuse de voir dans le CFLN un gouvernement provisoire et exclut que le général Marshall, qui doit arriver à Londres, puisse participer à des entretiens avec de Gaulle : « Marshall sera avec vous environ quatre jours avant le jour J. Nous ne pouvons pas lui donner les pleins pouvoirs pour négocier avec de Gaulle seul ou avec vous et de Gaulle conjointement car il s'agit d'un sujet complètement politique et non militaire[27]. »

À Alger, heureusement, René Massigli et d'autres membres du gouvernement exercent une pression continue sur le général pour qu'il ne s'enferme pas dans une attitude trop rigide et tout indique qu'ils sont écoutés. Churchill, de son côté, est décidé à tenir tête à Roosevelt : « Le cabinet de guerre, câble-t-il au président, pense que de Gaulle devrait être mis au courant d'Overlord, avant le déclenchement de cette opération. Le seul endroit adéquat pour l'informer est l'Angleterre. Je l'ai invité à venir ici aussitôt qu'il le pourra. Je n'ai pas encore sa réponse mais j'ai proposé de lui envoyer mon propre avion York pour l'acheminer. » Churchill fait aussi valoir qu'Eisenhower estime « qu'il serait bon que le général soit en quelque sorte "chambré" en vue des discours qu'il sera invité à faire à l'intention des Français le moment venu ».

Bien que la situation évolue à son avantage, le général hésite ou feint encore d'hésiter. Quelle sera l'attitude des Américains ? Sera-t-il considéré comme un partenaire à part entière ? Sera-t-il totalement libre ? Ces questions le préoccupent et, avant de partir, il veut obtenir sur chaque point litigieux des assurances. Sans doute sent-il aussi qu'il est maintenant en bien meilleure position : les alliés anglo-saxons, même s'ils disent officiellement le contraire, ont besoin de lui, Churchill vient presque de l'admettre. En bon joueur, de Gaulle fait donc monter un peu les enchères. D'où le ton de la lettre qu'il adresse à Duff Cooper au début de l'après-midi du 2 juin :

Mon cher ambassadeur,
J'ai reçu tout à l'heure (13 h 30) votre lettre d'aujourd'hui. Il me serait de toute façon impossible de partir dans la journée. Comme je vous l'ai dit ce matin, je suis en train de réfléchir à l'ensemble de l'affaire avant de répondre au message très aimable mais un peu inattendu du Premier ministre. Je crois pouvoir vous remettre une réponse demain matin.
Bien sincèrement à vous.

C. de Gaulle[28].

À Alger, la fièvre monte. Duff Cooper est inquiet. Le général, fait-il valoir ce même 2 juin à Churchill, se demande vraiment si les Américains sont disposés à l'inclure dans les conversations :

Il m'a dit en définitive qu'il pourrait venir simplement en tant que soldat pour visiter les troupes françaises qui vont prendre part à la bataille et parler au peuple de France depuis la Grande-Bretagne mais qu'il serait inutile pour lui de prendre part à une rencontre à moins qu'il négocie avec les Américains aussi bien qu'avec les Anglais[29].

Par chance, Duff Cooper croise René Massigli. Le commissaire aux Affaires étrangères est exaspéré et se dit disposé à mettre sa démission en balance afin que de Gaulle se décide à aller à Londres. En définitive, le général donne son aval. À quinze heures, le 3 juin, l'avion est prêt. Jusqu'au dernier moment le suspense est maintenu. Le chef du Gouvernement provisoire est le dernier à monter à bord. Jusqu'au bout

Duff Cooper craint qu'il ne déclare forfait, car il n'a pas l'assurance d'être associé aux négociations avec les Américains. Au matin du 4 juin, l'appareil se pose près de Londres.

Comme il s'agissait de nous faire avaler une pilule amère, a écrit Gaston Palewski, c'est avec des égards excessivement étudiés que nous fûmes reçus à Londres : une magnifique Daimler au chauffeur à la casquette parée de la couronne impériale et royale nous attendait. C'est dans les appartements luxueux du Claridge que nous fûmes cantonnés — je partageais le mien avec Hervé Alphand. On nous servait en ces temps de disette et de terribles restrictions des breakfasts somptueux et nous trouvions en descendant la flotille de voitures qui nous amènerait vers les lieux de la contestation de plus en plus ardue[30].

Après la *Marseillaise*, de Gaulle, qui doit résider à l'hôtel Connaught, gagne le quartier général d'Eisenhower. Entre-temps, Churchill a annoncé la nouvelle à Roosevelt, en lui précisant que le général ne recevra que le minimum d'informations d'ordre exclusivement militaire, qu'on lui expliquera en particulier que les impératifs de la guerre forcent à placer la zone des combats sous commandement allié[31].

La lettre envoyée par le Premier ministre au visiteur français est évidemment d'une tonalité toute différente.

Mon cher général de Gaulle,
Bienvenue sur ces rivages ! De très grands événements militaires vont avoir lieu. Je serais heureux que vous puissiez venir me voir ici, dans mon train, qui est près du quartier général du général Eisenhower [...]. Le général Eisenhower espère votre visite et vous exposera la situation militaire qui est extrêmement importante et imminente. Si vous pouvez être ici pour 13 h 30, je serais heureux de vous offrir à déjeuner ; nous nous rendrons ensuite au quartier général du général Eisenhower.

C'est donc le 4 juin, à l'heure du déjeuner, que le général arrive sur les lieux du rendez-vous : le wagon-salon du Premier ministre, stationné à proximité de la gare de Portsmouth. L'installation n'est pas un modèle de confort mais de Gaulle est moins agacé par la proximité de la baignoire de son hôte que par la présence du maréchal Smuts qui, peu de temps auparavant, a déclaré : « La France ne retrouvera jamais plus sa grandeur passée et n'aura sans doute d'autre choix que d'entrer dans le Commonwealth. » Churchill a beau faire preuve de beaucoup de chaleur et même laisser percer son émotion, le général reste de marbre pour marquer qu'il n'est pas dupe du traitement qui, à travers lui, a été infligé à la France. Quand le Premier ministre souligne qu'en échange de la liberté de communiquer par chiffre, il attend qu'aucune information de caractère militaire ne soit donnée aux autres membres du CFLN, de Gaulle ne répond pas directement mais indique qu'il doit impérativement être libre de communiquer avec Alger au sujet du front italien. Le ton est donné : aigre-doux.

Le général ne cesse de faire ressortir l'inconvenance avec laquelle il a été traité ; comme Churchill lui expose ce qui va maintenant se passer, dans très peu de temps, sur les côtes normandes, il réplique qu'ayant été tenu à l'écart des informations, il les avait subodorées car les services d'Alger chargés d'écouter les messages français transmis par la BBC avaient noté l'accroissement récent du nombre de ces messages et en avaient conclu que l'opération était imminente. Le Premier ministre ne cache pas sa mauvaise humeur : « J'ai toujours considéré ces messages comme imprudents. »

Bien que l'homme du 18 juin accepte le principe d'une allocution destinée aux Français et diffusée par la BBC, Churchill est visiblement mal à l'aise. Il veut essayer d'évoquer « certaines questions politiques » mais la conversation tombe. Après le déjeuner qui se déroule bien, le Premier britannique saisit la balle au bond : évoquant à nouveau l'incertitude qui pèse sur la date exacte du débarquement, il enchaîne : « Et maintenant nous pourrions parler politique. — Politique ? Pourquoi ? » réagit sèchement de Gaulle. Gêné, Churchill évoque alors la position de Roosevelt, ses réticences vis-à-vis du Comité, son mécontentement après le limogeage de Giraud ; il est donc, semble-t-il, moins réceptif à l'idée d'une visite du président du CFLN, devenu Gouvernement provisoire, à Washington. En l'occurrence, le Premier ministre applique à la lettre le scénario prévu par le chef de l'exécutif américain qui veut amener le général à faire le premier pas. « Rien ne presse, réplique de Gaulle, très conscient de la manœuvre et toujours soucieux de n'être jamais demandeur. En ce moment, mieux vaut être ici qu'à Washington. » Le Premier ministre ne s'avoue pas battu :

— Le général Marshall qui est en Grande-Bretagne pourra évoquer avec vous l'aspect militaire des opérations, étant entendu que, dans un premier temps, la partie libérée du territoire risque d'être exiguë — mais à deux reprises, il a refusé que des conversations politiques se tiennent entre représentants des trois pays. Mais je suis convaincu que si vous exprimiez le désir de voir le président, cette demande serait bien accueillie.
— C'est la guerre, faites-la, rétorque de Gaulle impassible,
— La France, insiste Churchill, a tout intérêt à s'entendre avec Roosevelt.
Et d'évoquer la question épineuse des billets...
— C'est la guerre, faites la guerre, réplique de Gaulle de plus en plus énervé,

Eden, à ce moment-là, croit bon de préciser que la Grande-Bretagne est partie prenante dans l'affaire. Bevin ajoute que le parti travailliste serait offensé si l'offre de conversation avec les États-Unis était repoussée. Pour de Gaulle, c'en est trop. Il explose :

— Comment ! Nous avons envoyé des propositions depuis septembre dernier. Vous ne nous avez jamais répondu. Il ne sert donc à rien de dire que le parti travailliste serait offensé. La bataille va commencer et je parlerai à la radio, soit. Mais quant à discuter des questions d'administration, il est clair que le président n'a jamais voulu me voir et voilà que, tout à coup, on me dit qu'il faut que j'aille lui parler. Pourquoi semblez-vous croire que j'aie à poser devant Roosevelt ma candidature pour le pouvoir en France ? Le gouvernement français existe. Je n'ai rien à demander dans ce domaine aux États-Unis d'Amérique non plus qu'à la Grande-Bretagne. Cela dit, il est important pour tous les Alliés qu'on organise les rapports de l'administration française et du commandement militaire. Il y a neuf mois que nous l'avons proposé. Comme demain les armées vont débarquer, je comprends notre hôte de vouloir régler la question. Nous-mêmes y sommes prêts. Mais où est, pour ce règlement, le représentant américain ? Sans lui pourtant, vous le savez bien, nous ne pouvons rien conclure en la matière. D'ailleurs, je note que les gouvernements de Washington et de Londres ont pris leurs dispositions pour se passer d'un accord avec nous. Je viens d'apprendre, par exemple, qu'en dépit de nos avertissements, les troupes et les services qui s'apprêtent à débarquer sont munis d'une monnaie soi-disant française, fabriquée par l'étranger, que le gouvernement de la République ne reconnaît absolument pas et qui, d'après les ordres du commandement interallié, aura cours forcé en territoire français. Je m'attends à ce que demain le général Eisenhower, sur instruction du président des États-Unis et d'accord avec vous-même, proclame qu'il prend la France sous son autorité. Comment voulez-vous que nous traitions sur ces bases ? Allez, faites la guerre avec votre fausse monnaie.

Lourd climat. Churchill, visiblement sur la défensive, s'emporte. Il enjoint presque à de Gaulle d'aller voir Roosevelt et finalement fulmine : « Sachez-le ! Chaque fois qu'il nous faudra choisir entre l'Europe et le grand large nous choisirons le grand large. Chaque fois qu'il me faudra choisir entre vous et Roosevelt, je choisirai Roosevelt. »

Depuis juin 1940, les deux hommes ont l'habitude de ces heurts. Ils en connaissent aussi heureusement les codes et comme à l'accoutumée la rencontre se termine de façon moins dramatique qu'on aurait pu le craindre. « À de Gaulle qui n'a jamais accepté la défaite ! s'exclame le Premier ministre en portant un toast à son visiteur. — À l'Angleterre, à la victoire, à l'Europe », rétorque le général.

Peu après, dans l'après-midi, Churchill et Eden conduisent de Gaulle au quartier général d'Eisenhower, situé dans une forêt toute proche. Il y est cérémonieusement reçu par le général Bedel-Smith, et par le commandant en chef allié qui lui explique le déroulement prochain des opérations avec d'autant plus d'amabilité qu'il est très mal à l'aise. Depuis longtemps, il défend de Gaulle en particulier auprès de Roosevelt mais l'intransigeance de son poulain le gêne maintenant de plus en plus, comme le souligne le lieutenant Butcher dans son journal : « La pression de de Gaulle pour arriver au pouvoir semble donner de nouveaux arguments à ceux qui, il y a quinze mois, prétendaient qu'il allait devenir le dictateur de la France. Ike, toujours d'après la même source, a reçu des informations selon lesquelles les Français attentistes, ni gaullistes, ni vichyssois craignent d'être exterminés[32]. » Eisenhower est aussi très habile, bon connaisseur de la psychologie du général. Il ne se contente pas de lui faire part de son projet, de lui préciser que, si le mauvais temps rend aléatoire l'opération, le débarquement, pour des raisons de marée et de lune, doit impérativement avoir lieu entre le 3 et le 7, avec finesse il sollicite son avis. Tactique avisée. Flatté, de Gaulle répond aimablement : « Je vous dirai seulement qu'à votre place je ne différerai pas. Les risques semblent moindres que les inconvénients d'un délai de plusieurs semaines qui prolongerait la tension morale des exécutants et compromettrait le secret. »

Tout se gâte malheureusement quand Eisenhower manifeste l'idée de s'adresser à la population française ; de Gaulle soudain se cabre : « Vous, une proclamation au peuple français ? De quel droit ? Et pour quoi leur dire ? » Le général est encore plus furieux lorsqu'il s'aperçoit que Ike a l'intention d'inviter la nation française à exécuter ses ordres, après s'être adressé aux peuples norvégien, hollandais, belge et luxembourgeois. L'administration française, précise-t-il, devra rester en place, obéir aux injonctions. Le moment venu les Français choisiront eux-mêmes leurs représentants et leur gouvernement. Eisenhower, d'évidence, n'a pas le projet d'évoquer, même de manière allusive, le nom de de Gaulle et le rôle éventuel du CFLN, proclamé Gouvernement provisoire. Les consignes du président Roosevelt ont été respectées à la lettre. En proie à une rage froide, de Gaulle dit sans ambages à Eisenhower son refus d'avaliser un tel dispositif. Diplomate, le commandant en chef allié propose à son visiteur de lui soumettre un autre texte. Sans enthousiasme, de Gaulle accepte. Désormais il n'a plus d'illusions : les Américains sont bien décidés à lui tenir la dragée haute ; dans cette partie de bras de fer, il est seul. Sur ces entrefaites, il rejoint Churchill, décline son invitation à dîner et rentre à Londres. La journée suivante promet d'être décisive.

De fait le 5 juin, à quatre heures, Eisenhower prend la décision d'attaquer le 6. Comme convenu, il adresse une nouvelle version de son appel à de Gaulle, mais il est trop tard pour régler le problème de fond. Le débarquement va donc avoir lieu en Normandie sans le moindre accord avec les Français sur la monnaie et l'administration. Anthony Eden, apôtre inlassable de l'union avec les Français, est peut-être encore plus mécontent que le général : « En raison de l'attitude du gouvernement des États-Unis, écrit-il dans une note, nous avons été incapables de signer un accord avec le CFLN [...] Nous avons, par conséquent, placé ce Comité dans une situation inférieure à celle des gouvernements en exil de Norvège, de Hollande et de Belgique. Une telle différence de traitement n'est pas justifiée [...] L'échec de tout accord avec le Comité français dans la sphère des affaires civiles ne sera pas compris dans ce pays. Un tel échec aura aussi de sérieuses répercussions sur les relations anglo-américaines[33]. » Pour autant, Eden est très conscient du caractère difficile du général et de son nationalisme foncier. « Cela accroîtra, conclut-il, l'autorité personnelle du général de Gaulle qui est plus intraitable et xénophobe que ses collègues. »

Le 5 juin dans la matinée, comme convenu, de Gaulle adresse à Eisenhower une version corrigée de l'appel de celui-ci destiné aux Français. C'est alors qu'il apprend, il s'y attendait d'ailleurs, qu'il est trop tard, que la proclamation est déjà prête à être diffusée en France. Ike a beau s'engager à toujours traiter avec le CFLN, le général est hors de lui. Sa réponse ne va pas tarder.

Comme cela était prévu, de Gaulle se voit sollicité de parler à la radio en compagnie d'Eisenhower à l'aube. Que dit-il à Charles Peake qui a repris auprès de lui ses délicates fonctions ? Le diplomate comprend en tout cas que de Gaulle refuse de parler. Dès lors une crise aiguë s'ouvre, d'autant plus grave que l'on apprend également que le général refuse aussi de laisser partir les deux cents officiers de liaison français — ce que Eden juge encore plus regrettable devant Pierre Viénot. Au cours du conseil de cabinet qui se tient à dix-huit heures trente, Churchill se livre à une violente diatribe contre de Gaulle. En réalité, il y a un malentendu. Le Connétable ne refuse pas de parler : il ne veut pas s'exprimer après Eisenhower[34]. Pierre Viénot s'entremet alors pour convaincre le président du CFLN de prendre la parole. L'atmosphère est dramatique. Aux toutes premières heures du 6 juin, alors que les premiers parachutistes alliés sont largués au-dessus des côtes normandes, Pierre Viénot se rend auprès d'Eden qu'il trouve en compagnie d'un Churchill déchaîné. Les nouvelles qu'apporte le représentant français ne sont pas de nature à calmer le jeu : si de Gaulle ne refuse pas de parler à la radio, il maintient en revanche sa décision au sujet des officiers de liaison. Churchill hurle de rage, menace de faire reconduire le général enchaîné à Alger ! Plus tard, après le départ du malheureux Viénot, Eden le trouve en train de dicter une lettre ordonnant à de Gaulle de quitter sur-le-champ la Grande-Bretagne.

Peu après, les premières nouvelles du débarquement, plutôt bonnes, détendent un peu le climat. Cependant, autour du Premier ministre, on s'inquiète toujours de ne pas voir le général manifester son intention de s'exprimer. Et lorsque, assez vite, le bruit court qu'il est résolu à parler, on tremble à l'idée qu'il pourrait attaquer la Grande-Bretagne et les États-Unis. Quand, à midi, le général arrive enfin dans les studios de la BBC, Duff Cooper est donc discrètement chargé d'empêcher la diffusion de l'allocution si elle est trop mauvaise. En fait, de Gaulle va prononcer l'un des beaux discours de sa vie :

> La bataille suprême est engagée. Bien entendu, c'est la bataille de France et c'est la bataille de la France ! Pour les fils de France, où qu'ils soient, quels qu'ils soient, le devoir simple et sacré est de combattre l'ennemi par tous les moyens dont ils disposent. [...] Les consignes données par le gouvernement français et les chefs français qu'il a qualifiés pour le faire doivent être exactement suivies. Derrière le nuage si lourd de notre sang et de nos larmes, voici que reparaît le soleil de notre grandeur.

En s'affirmant « gouvernement français », de Gaulle provoque délibérément Roosevelt et même Churchill, mais il est trop tard pour réagir et Eden ne censure pas l'émission. Il fait même mieux puisqu'il presse Churchill de discuter enfin avec les Français de problèmes d'administration. Il n'est d'ailleurs plus le seul de cet avis au sein du cabinet. Attlee a la même attitude et aussi Bevin qui fait valoir à Churchill des arguments empreints de bon sens : « Le Comité a toujours modéré de Gaulle ; je connais personnellement plusieurs membres de ce Comité — en particulier Tixier ; tous ces hommes veulent travailler avec la Grande-Bretagne. Même si l'on peut redouter des tendances dictatoriales de la part de de Gaulle, le Comité ne les tolérera pas[35]. »

Eden se bat. Il convainc Churchill : « Ou bien nous rompons avec de Gaulle — ce qui revient à rompre avec la France — ou bien nous concluons un accord avec lui. Il n'y a pas de voie médiane. Nous devons expliquer cela au président[36]. » Roosevelt, cependant, ne faiblit pas dans son hostilité au Connétable :

Bonne chance à vous pour vous entretenir avec la Prima Donna, a-t-il câblé à Churchill avant l'arrivée à Londres du Connétable. S'il vous plaît, pour l'amour de Dieu, ne dites pas à de Gaulle que je lui envoie un message amical pour qu'il vienne me voir. Le point essentiel est que, chef d'État, je refuse absolument de l'inviter à venir me voir. Mon message, via l'amiral Fenard, est que, s'il demande à me voir, je répondrai par l'affirmative de la manière la plus cordiale. La distinction est très importante[37].

Eden a d'autant plus de mérite de défendre le général que celui-ci se montre un allié particulièrement incommode. Sûr de son bon droit, fort de l'appui de l'opinion, il hausse le ton, se rend insupportable jusqu'à ce que toute opposition cesse. En l'occurrence, il déverse sa bile sur Duff Cooper et Eden, soulignant le caractère indigne du traitement qui lui est réservé et l'alignement sans gloire de la Grande-Bretagne sur les États-Unis. Pour le reste, il laisse Viénot discuter avec les Britanniques des problèmes d'administration de la France mais, d'avance, il rejette tout accord qui devrait être soumis à Washington pour approbation. Il est d'autant plus résolu à ne pas céder qu'il sent la situation évoluer dans un sens favorable. En France, la Résistance s'illustre de belle façon et apporte aux Alliés un concours qu'Eisenhower saluera sans aucune ambiguïté. Compte tenu de tout cela, la pression en faveur de la France se fait encore plus fortement sentir à l'intérieur du cabinet britannique.

La tactique du général se révèle payante : en dépit de son animosité, Churchill finit par plier. Le 7 juin, il cède aux instances d'Anthony Eden et demande à Roosevelt d'autoriser l'ambassadeur Winant à participer aux négociations sur l'administration civile. Il insiste également pour que le président rencontre de Gaulle. Churchill une fois encore sait faire la part des choses. Si aigu que soit son ressentiment à l'égard du Connétable, il s'efforce, à défaut de pouvoir être cordial, de rester lucide :

Ici ou à Washington, écrit-il notamment le 8 juin, il n'y a aucune intention de reconnaître le CFLN comme le gouvernement provisoire de la France ni de Gaulle comme maître de la France. Nous sommes engagés dans une des plus grandes opérations jamais tentées et la bataille continuera en Italie et en France pendant bon nombre de semaines. Aucune troupe française n'est engagée dans les opérations atlantiques. [...] Je me suis donné particulièrement du mal pour amener ici le général de Gaulle. [...] Nous ne pouvions avoir confiance en lui et en son Comité et les mettre dans le secret. Il s'est montré lui-même extrêmement désagréable en provoquant beaucoup de difficultés et en exprimant des plaintes que nous avons supportées patiemment.

Nous faisons de notre mieux pour promouvoir de bonnes relations entre le CFLN, y compris de Gaulle, et Washington. En ce qui me concerne, je ne consentirai jamais à me quereller avec le président des États-Unis à cause du général de Gaulle[38].

En clair, le Premier ministre ne fera pas la politique du pire — qui serait au demeurant sévèrement jugée par l'opinion — mais il n'aidera pas non plus le général au-delà de ce qu'il juge convenable. « Vous avez sans doute lu son discours, écrit-il ainsi à Roosevelt ce même 8 juin : il est remarquable car il n'a pas un seul soldat dans la bataille en cours. »

Cette ligne, Churchill va s'y tenir — avec plus de hargne vis-à-vis de de Gaulle qu'on ne le croit généralement. Sa réserve pleine de rancœur apparaît bien, en particulier, dans les préparatifs du voyage en Normandie que le général va être autorisé à effectuer deux jours après son hôte, le 14 juin. La pression de la presse et de l'opinion est telle que le Premier ministre ne peut s'opposer à ce voyage hautement symbolique, mais des consignes très strictes sont données aux autorités responsables de ce périple à haut risque afin que de Gaulle ne profite pas de l'occasion pour forcer la main des Alliés et imposer son autorité. Eden qui, le 13, offre un grand dîner en l'honneur du général au Foreign Office, donne des instructions dépourvues d'ambiguïté : « Bien entendu, de Gaulle durant sa visite en France sera pris en charge par les autorités militaires et ne pourra aller nulle part sans leur accord, précise-t-il à Churchill le 13 juin. Par ailleurs, de Gaulle qui ne devra pas profiter de sa visite pour faire une déclaration politique sera privé de moyen de diffusion, sauf par l'intermédiaire d'un disque contrôlé par nous [39]. » Dans les instructions qu'il donne au général Montgomery chargé d'accueillir de Gaulle en France, Churchill est, lui, beaucoup plus brutal :

> Je dois vous infliger une visite du général de Gaulle demain ; avec toutes les charges qui pèsent sur vos épaules, ce sera un fardeau. Je pense qu'il serait convenable pour lui de débarquer à la même heure que moi précédemment, de visiter votre quartier général, ensuite d'aller en voiture à Bayeux, s'il dispose d'assez de temps. Après quoi, il pourra visiter les plages et les ports et être de retour avant la tombée du jour. [...] Vos relations avec lui sont formelles mais nous sommes cependant ses hôtes. Je ne pense pas que vous devez le recevoir sur la plage. Il est suffisant qu'il arrive à votre quartier général. Il serait de beaucoup préférable qu'il fasse tous les discours qu'il souhaite après son retour en Grande-Bretagne. Il n'est certainement pas souhaitable pour lui de rassembler de larges foules à Bayeux ou de se livrer à des démonstrations politiques. Cependant si le peuple est désireux de l'accueillir lors de son arrivée, il ne nous appartient pas de l'en empêcher [40].

Par ailleurs, Churchill se range totalement aux côtés de Roosevelt dans l'affaire des billets. Le Premier ministre craint que de Gaulle ne dénonce comme fausse monnaie les billets que les Américains comptent mettre en circulation ; mais il ne s'oppose pas au président des États-Unis qui, le 13 juin, lui indique qu'en toute hypothèse Eisenhower mettra en circulation ces billets, malgré les protestations de de Gaulle, ce qui aura pour conséquence l'instauration d'un marché noir susceptible de provoquer une dépréciation rapide du franc français [41]. Entre de Gaulle et Churchill l'atmosphère est d'autant plus lourde que ce 13 juin, lors du dîner chez Eden, tous les participants ont entendu le général refuser catégoriquement l'idée, avancée par son hôte, d'adresser le lendemain un télégramme de remerciements au Premier britannique [42]. La tension atteint son paroxysme lorque l'on apprend que ce dernier, absent du dîner, soulève in extremis des objections au voyage.

Anthony Eden, approuvé par Attlee, tient bon cependant et, le 14, de Gaulle accompagné de Gaston Palewski, de Pierre Viénot et de l'amiral Thierry d'Argenlieu embarque sur le contre-torpilleur *La Combattante*, placé sous les ordres du commandant Patou. Pour le Connétable, la boucle est bouclée. Il y a quatre ans, jour pour jour, les Allemands entraient à Paris. Afin de rompre un silence un peu lourd, Pierre Viénot le fait remarquer au général qui rétorque simplement : « Eh bien ils ont eu tort ! »

> Dire ce que fut notre attente et notre joie en apercevant le rivage de la France... écrira Gaston Palewski. Le port amphibie qu'on avait aménagé pour permettre le débarquement des troupes ! Tout cela ce sont des souvenirs qui, à travers les ans, restent pour moi déchirants. Nous nous étions bien promis d'embrasser le sol de la patrie mais les véhicules amphibies qui ne disposaient d'aucune place, s'en allèrent tout naturellement sur les routes de Normandie et, avec Thierry d'Argenlieu, pendant que le général allait prendre contact avec Eisenhower, nous nous rendîmes à Bayeux pour prendre possession des lieux et l'accueillir [43].

Après avoir débarqué, peu après quatorze heures, sur une plage près de Courseulles, de Gaulle, comme prévu, se rend au quartier général de Montgomery ; les instructions de Churchill ont été respectées : « Monty » n'est pas venu accueillir l'homme du 18 juin sur la plage. Il s'agit pour le général d'abord de prendre contact avec la population, de montrer aux Alliés le soutien populaire dont il dispose, de superviser enfin la prise de fonction de son collaborateur François Coulet qu'il vient de nommer commissaire de la République pour les territoires normands libérés, celle aussi du colonel Pierre de Chevigné, chargé des subdivisions militaires. Les deux objectifs sont pleinement atteints. À Bayeux, puis à Isigny, de Gaulle, comme il le racontera dans ses *Mémoires*, reçoit un extraordinaire accueil. Sa satisfaction est manifeste. Son objectif était d'empêcher l'Amgot, de prendre de court les Américains. Il a pleinement réussi. « Tu vois, il fallait mettre les Alliés devant le fait accompli, dit-il à Béthouart. Nos autorités nouvelles sont en place. Ils ne diront rien. »

Bonne tactique. Le général, cependant, sous-estime l'animosité que son attitude a suscitée aux États-Unis. Indépendamment de Roosevelt, un homme aussi important que le secrétaire à la Guerre, Henry Stimson, lui est à présent profondément hostile. Le 11 juin, quand il a appris que le général s'opposait à l'usage des billets, il a noté, furieux, dans son journal : « C'est aussi mauvais que si nous avions essayé de voler des munitions sur les champs de bataille ou que si nous avions retourné nos avions contre nous [44]. » Le 12, lorsque la presse a fait état des déclarations de de Gaulle sur la monnaie, il a même téléphoné au président pour lui dire son indignation : le général a poignardé les troupes alliées dans le dos.

> Monsieur le président, il y a quatre ans, lorsqu'un aspirant dictateur poignarda dans le dos une nation voisine, vous avez parlé vigoureusement et fortement.

Aujourd'hui, sur une plus petite échelle, un chef censé être notre allié, a virtuellement poignardé nos troupes dans le dos sur les rivages français. Je fais allusion au discours que de Gaulle a prononcé hier dans lequel il a porté atteinte au crédit de la monnaie que nous proposons. L'argent est au même titre que nos canons une arme et faire cela au moment où nous combattions pour sauver son pays doit vous conduire à ne pas le reconnaître en le recevant ici jusqu'à ce qu'il se soit excusé et ait reconnu avoir mal agi.
Plus je pense à l'ensemble de la situation française, poursuit Stimson, plus je suis convaincu du danger constitué par de Gaulle. Dans chaque action, il a montré qu'il poursuivait des buts politiques pour son avancement personnel et non pour la cause commune [...]. Il a été, à certains égards, un brillant soldat mais c'est un homme égocentrique et pas fiable[45].

Le même jour le ministre de la Guerre américain rapporte encore qu'il a essayé d'aborder le problème français avec Cordell Hull mais qu'il n'a pu discuter utilement tant le secrétaire d'État était furieux contre de Gaulle, en proie au souvenir de ses conflits passés avec lui. Ce même 13 juin, Stimson, il est vrai, se calme, avec un argument pour le moins singulier : comme, manifestement, il est impossible d'utiliser en France les méthodes appliquées en Amérique où les consultations électorales sont supervisées par Washington (*sic*), « le mieux est de s'entendre avec de Gaulle qui, de manière évidente, représente tout de même l'opinion française ! »

Ce fait, le général, pour sa part, a pu le constater à Bayeux et à Isigny, où il a été accueilli au milieu d'un enthousiasme délirant. Les Anglais eux aussi ont remarqué cette immense popularité. Par contraste, la froideur de l'encadrement anglais est soulignée dans les rapports adressés au Foreign Office. « Après tout ce désordre et ce manque d'égards, note l'un des observateurs britanniques, il est surprenant que le général de Gaulle soit sorti de Normandie d'aussi bonne humeur[46]. »

De Gaulle qui sait maintenant la partie gagnée, ou du moins la première manche en passe de l'être, peut se montrer magnanime. De retour à Londres, il traite fort élégamment Anthony Eden à Carlton Gardens. Avec hauteur, il affirme être intéressé non tant par la reconnaissance de son Comité que par les problèmes d'administration et de monnaie. « Puis, notera-t-il dans ses *Mémoires de guerre*, j'écrivis à M. Churchill pour verser du baume sur les blessures qu'il s'était faites à lui-même. » Le Premier ministre, dans sa réponse, est nettement moins aimable :

Dès 1907 dans les bons et mauvais jours, j'ai été un ami sincère de la France, comme le montrent mes paroles et mes actes ; aussi est-ce pour moi un grand chagrin qu'aient été et soient élevés des obstacles à une association qui m'était chère. Ici, grâce à votre visite, que j'ai personnellement organisée, j'espérais qu'il y aurait une chance d'arrangement. Maintenant, il ne me reste plus qu'à espérer que ce n'ait pas été la dernière chance.

XIX

PARIS LIBÉRÉ !

De retour à Alger, le général est toujours d'excellente humeur. Au bonheur de voir le pays peu à peu libéré — même si l'Allemagne résiste durement et si le problème de l'administration des territoires passés sous le contrôle des Alliés n'est pas réglé — s'ajoute maintenant la certitude de voir le pari lancé en juin 1940 définitivement gagné. Et sans doute aurait-il été encore rasséréné s'il avait pu lire ces lignes écrites par Harold Macmillan à Duff Cooper le 22 juin :

> J'ai eu une longue conversation avec de Gaulle lors de son retour et je l'ai trouvé plus humain et même plus pétri d'humour que je ne l'avais jamais vu auparavant. Il est, je crois, réellement impressionné par le succès de notre débarquement et ne cache pas son admiration professionnelle pour l'habileté avec laquelle il a été planifié et mené à bien. Il a pris pour règle de dire qu'il ne comprend pas pourquoi il a été ballotté sans cesse entre Alger, Londres et Washington [...]. Je lui ai dit que si je m'appelais Charles de Gaulle, je ne me ferais pas de souci pour ma dignité à ce sujet. Il a été très content d'entendre cela et ronronnait comme un chat satisfait. Quoi qu'il en soit sa ligne générale est d'aller tout seul en avant avec ses propres plans et je le soupçonne de vouloir se rendre aux États-Unis avec une série de faits accomplis. J'ai essayé de lui suggérer qu'avec un peu plus de générosité de sa part, il aurait pu obtenir à la fois ce qu'il voulait et maintenir d'étroits contacts avec les Alliés. Il ne le dit pas vraiment mais j'ai l'impression nette qu'il n'est pas du tout désolé d'avoir des différends avec Washington et même Londres car il sait que cela le prémunit de toute suspicion d'être dans le fourgon des Alliés [1].

Telle est bien, en effet, la tactique du général quinze jours après le débarquement et alors que les forces alliées — 920 000 hommes, presque 600 000 tonnes de matériel et 177 000 véhicules — ont du mal à progresser face à un adversaire plus coriace que prévu qui, à cette date, a seulement abandonné le contrôle de l'extrémité du Cotentin et d'une partie des environs de Caen. De Gaulle est réaliste, il sait que le chemin de Paris passe par Washington mais, à aucun prix, il ne veut paraître en position de demandeur et son souci majeur est de s'imposer sur le terrain, sans que les Alliés puissent s'y opposer. Ses représentants François Coulet et Pierre de Chevigné se tirent, d'ailleurs, avec succès de leur mission : « Ils prirent, écrit Gaston Palewski, sans tambour ni trompette, possession de leurs attributions respectives et se mirent à les remplir en faisant accepter, comme fait accompli, la seule manière logique et raisonnable d'aborder le problème du débarquement sous ses aspects politiques et militaires[2]. » Sa position est d'autant plus assurée que les États-Unis entrent en campagne électorale pour une nouvelle élection présidentielle et que le président est obligé, dans cette perspective, de tenir compte d'une opinion globalement favorable à ce que de Gaulle incarne depuis le 18 juin 1940.

De Gaulle est donc maintenant résolu à se rendre à Washington, comme Churchill ne cesse de l'en prier, mais ni lui ni Roosevelt ne voulant perdre la face, l'organisation du voyage est compliquée. Depuis plusieurs semaines, les deux protagonistes jouent au chat et à la souris, l'un lançant des invitations non formelles, l'autre les écartant sans conviction. Mais cette fois, le général comprend que son intérêt est tout de même de conclure. Le 26 juin, il fait donc savoir qu'il se rendra aux États-Unis — à quoi Roosevelt répond qu'il se réjouit de cette initiative...

Si les apparences sont sauves, la réalité des relations entre de Gaulle et Roosevelt est peu réjouissante. Renforcé dans sa conviction par ses représentants en Europe qui voient dans le général un personnage arrogant, indifférent aux sacrifices faits par les Alliés, uniquement préoccupé de se faire reconnaître, le président a une opinion très négative de son futur visiteur[3]. Depuis la conférence d'Anfa, son jugement n'a pas changé : « C'est un dingue », dit-il même à Henry Stimson[4].

À Washington, où il arrive le 6 juillet, de Gaulle n'est pourtant pas mal accueilli. À son arrivée à la gare d'Union Station, dans une chaleur étouffante, sans doute n'est-il salué que par les dix-sept coups de canon réservés à un militaire de rang élevé et non par les vingt-deux de règle pour un chef d'État. Le comité d'accueil, sur l'instruction du Département d'État et non de la Maison-Blanche, selon Curtis Roosevelt, est réduit à des dimensions modestes : seul, un sous-secrétaire d'État est présent[5]. À la Maison-Blanche, malgré tout, le chef de l'exécutif observe une stricte correction. « Le président Roosevelt, écrit Gaston Palewski, semblait faire contre mauvaise fortune bon cœur. Lui, qui avait été si hostile et qui restait, dans le fond, assez ulcéré que de Gaulle ait eu gain de cause, nous reçut avec une parfaite courtoisie. Le général m'avait dit : “C'est un patricien”, et nous le vîmes, en effet, à la manière dont nous fûmes accueillis dans cette Maison-Blanche qui tenait encore un peu de la gentilhommière des États du Sud : un petit orchestre noir jouait sans conviction pendant que nous conversions à table et des plats américains nous furent servis[6]. » Par la suite, on racontera que lors du thé, marquant une interruption de séance, le président aurait proposé à l'amiral Leahy de l'eau de Vichy — humour que le visiteur n'avait guère apprécié — mais l'anecdote, rapportée sous toutes réserves par Raoul Aglion, est probablement apocryphe[7]. Cela n'empêchera nullement en tout cas le président d'offrir au général sa photo ainsi dédicacée (geste à l'évidence dicté davantage par des considérations diplomatiques que par des sentiments réels) : « Au général de Gaulle, qui est mon ami. »

Sur le fond, le bilan de la rencontre est moins satisfaisant. Roosevelt, de manière directe, a exposé à son visiteur ses vues quant à l'avenir du monde, singulièrement des colonies, et n'a nullement caché les conséquences que son programme aurait sur la souveraineté française. Un peu interloqué, de Gaulle a répliqué, sans grande illusion, qu'il serait dangereux de procéder trop rapidement. En réalité, l'essentiel est ailleurs et le général en est très conscient. Au-delà de ces heurts à fleurets mouchetés avec le président, il sait, en effet, qu'il est en train de gagner la bataille, capitale, devant l'opinion et la presse américaine. Avant même son arrivée, dès le 28 juin, Walter Lippman a pris énergiquement sa défense dans le *New York Herald Tribune* et partout où il se rend, en particulier à New York où le maire, La Guardia, est l'un de ses admirateurs, le comportement tant de la foule que des notabilités lui montre qu'aux yeux de l'Amérique, il représente déjà la France.

Comme les États-Unis sont en pleine campagne électorale, de Gaulle sait combien la chose est importante ; aussi est-il peut-être moins surpris qu'on pourrait le penser quand, le 11 juillet, le président propose subitement à Churchill de reconnaître *de facto* le CFLN, sous réserve qu'Eisenhower conserve la pleine maîtrise de la situation d'un point de vue militaire et que le peuple français soit démocratiquement consulté sur son avenir[8]. Churchill est un peu interloqué par ce brusque revirement, Eden encore plus, mais l'heure n'est pas aux tergiversations : le Premier ministre britannique prend donc acte de l'intention du président, tout en lui faisant incidemment remarquer que la seconde condition qu'il pose à la reconnaissance est sans objet puisque le CFLN, au mois d'avril, a pris solennellement la résolution d'organiser le plus vite possible des élections. Avec cette décision de Roosevelt, tous les problèmes ne sont pas réglés, loin s'en faut, mais un pas appréciable dans la bonne direction vient d'être accompli : de Gaulle est le premier à l'admettre. Cette reconnaissance par les États-Unis est aussi pour lui une réussite personnelle, la justification de son attitude depuis 1940. D'aucuns murmurent qu'un comportement moins abrupt aurait pu, depuis longtemps, arranger les choses et hâter une reconnaissance déjà obtenue par la plupart des gouvernements européens en exil mais le résultat est là et de Gaulle est convaincu qu'aucune autre voie n'était possible.

Pour ses débuts sur la scène internationale, le Connétable, somme toute, s'est plutôt montré à son avantage, porté en tout cas par une dynamique évidente — même s'il n'a pas pu obtenir la reconnaissance *de jure*, réclamée maintenant par Eden. À Washington, ceux qui ont eu l'occasion de le voir ont été le plus souvent séduits, comme si la certitude de toucher maintenant au but modifiait, au moins en apparence, son personnage, lui enlevant ses aspérités les plus difficiles à supporter. « Il n'était pas — en tout cas pas l'autre soir — le sévère et inflexible autocrate militaire que l'on m'avait si souvent décrit, écrit par exemple, manifestement séduit, le chargé d'affaires canadien. Au contraire, il était des plus amical, calme et courtois[9]. »

Après Washington, où les contacts avec la Maison-Blanche, pour corrects qu'ils fussent, étaient empreints d'une si grande tension que le dernier soir les membres de la délégation française, tel le diplomate Pierre Claudel[10], sont allés se distraire au restaurant, le voyage se poursuit en triomphe au Canada où le général, visiblement « dopé » par son succès, n'a pas de mots assez chaleureux pour saluer ce pays qu'il attaquera bien des années plus tard en termes très durs et qui, tout récemment, l'a soutenu une fois de plus en procédant à la reconnaissance du CFLN. Le Premier ministre Mackenzie King le fait d'ailleurs ressortir à Churchill, soulignant que l'acceptation par le gouvernement canadien du nouveau titre du Comité a pu avoir un effet favorable aux États-Unis[11].

À Ottawa, à Montréal, à Québec, l'impression se confirme : de Gaulle est métamorphosé par le périple qu'il vient de faire, les points qu'il a marqués, surtout le rôle international tout nouveau qu'il joue. Le personnage prend une stature encore plus impressionnante, en ce moment où il se hisse au seul niveau qui l'intéressera jamais : la politique mondiale. À Alger, où il le retrouve à son retour d'Amérique, son ami le général Vanier, ambassadeur du Canada, éprouve immédiatement cette impression :

Non seulement, de Gaulle est très touché par le chaleureux accueil que lui ont réservé le Premier ministre, le gouverneur général, la princesse Alice et les membres du gouvernement mais il s'exprime avec une hauteur et une autorité nouvelles, laissant clairement apparaître les principes directeurs de sa conduite en politique étrangère pendant les trois décennies à venir :

« Au cours de mon séjour à Ottawa, j'ai informé le Premier ministre Mackenzie King que la France ne pourrait accepter quelque accord que ce soit en Europe qui serait conclu par les grandes puissances sans son concours. Aucune des autres grandes puissances ne prend le même intérêt particulier en Europe. La voix de la France doit être entendue aussi dans le règlement des affaires internationales d'importance majeure, même si elles sont extérieures à l'Europe. Je n'approuve pas la suggestion selon laquelle seules les grandes puissances pourraient essayer d'établir et de maintenir la paix et généralement de contrôler les affaires du monde. Toutes les nations grandes et petites — et plus particulièrement les petites — devront avoir une voix dans l'organisation de la paix après la guerre. Cela n'empêchera pas les grandes puissances de conserver une importance prépondérante. Cependant, dans les affaires où les petites nations ont un intérêt spécial majeur, ces nations devraient participer à la discussion. [...]

La question de la reconnaissance n'a maintenant plus beaucoup d'importance, poursuit le général, avec un détachement affecté. Intervenue plus tôt sans doute aurait-elle pu intéresser les Français, mais maintenant ce qui compte réellement c'est une reconnaissance de la situation *de facto* dans les territoires français libérés, où les administrations sont déjà dirigées par des représentants du Comité.

À Washington, M. Roosevelt [...] a été des plus cordial. [...] Il m'a paru, cependant, inquiet quand j'ai été amené à lui parler de l'administration par le Comité des territoires français libérés. Il a insisté sur le fait que le commandant en chef devrait avoir le dernier mot dans les territoires qui sont toujours le théâtre d'opérations militaires. Cette inquiétude vient, je crois, d'un malentendu. J'accepte évidemment que le général Eisenhower agisse en tant que commandant en chef de toutes les forces alliées mais, pour moi, il tient son autorité en France du Gouvernement provisoire de la République française. Selon la Constitution, le gouvernement est habilité à décréter l'état de siège en tout endroit de la France et, en vertu de cette déclaration, à transférer à l'autorité militaire le contrôle de telle ou telle région. Dans les propositions faites au mois de septembre dernier, le Comité a suggéré une telle solution. Par conséquent, le général Eisenhower pourrait se voir investi du droit de gérer l'état de siège. Il n'y a aucune difficulté, à ce sujet, dans mon esprit[12]. »

Affirmation de la vocation des petites puissances à contrebalancer les grands pays réputés hégémoniques, coopération avec les Alliés dans le strict respect de la souveraineté française : toute la future politique de grandeur du général se trouve déjà affirmée dans ces confidences. Pour autant, de Gaulle ne renonce pas à l'une de ses tactiques favorites : diviser pour mieux établir son autorité. À preuve ce long développement sur l'attitude de Churchill, où percent à la fois l'assurance nouvelle d'un dirigeant maintenant reconnu, au moins virtuellement, par les grandes démocraties, et toute l'amertume accumulée depuis juin 1940, avivée encore sans doute par la mauvaise conscience d'avoir été contraint, en certaines occasions, Mers el-Kebir par exemple, de cautionner des initiatives douloureuses au cœur d'un Français patriote :

« La reconnaissance spontanée du Comité par M. Roosevelt, assure non sans une éclatante mauvaise foi le général, a piqué au vif le gouvernement britannique. M. Duff Cooper, hier, m'a exprimé son désappointement que l'on puisse penser que les États-Unis en l'occurrence ont fait le premier pas alors qu'il est évident que le Royaume-Uni était depuis longtemps favorable à cette reconnaissance et avait encouragé le président Roosevelt à y procéder. Les choses auraient été différentes si ma réception par M. Churchill, juste avant le débarquement, avait été plus chaleureuse. J'ai éprouvé le contraste entre la chaleur de l'accueil personnel du président Roosevelt et le déplorable traitement que m'a infligé le Premier ministre. J'ai été évidemment choqué d'apprendre que M. Churchill était allé en France, en compagnie du général Smuts, avant moi et sans m'en informer. J'ai vu M. Churchill, en une seule occasion, le jour de mon arrivée. Le général Smuts était là et c'est une chose que je ne peux pas oublier. Nous avons échangé quelques bonnes paroles lors du déjeuner mais il n'y a pas eu de discussions sérieuses. Plus tard, dans l'après-midi, M. Churchill devint très désagréable quand je signifiai mon refus d'admettre le discours que le général Eisenhower se proposait de prononcer à destination des Français, les arrangements monétaires qu'il proposait et qu'en conséquence j'interdisais aux officiers français de coopérer avec l'Amgot. Je vis peu le Premier ministre ensuite mais, à trois heures le jour suivant, M. Churchill convoqua M. Viénot et pendant plus d'une heure le morigéna de la façon la plus désagréable. Avant de quitter la Grande-Bretagne, j'ai écrit au Premier ministre une lettre que je crois être assez amicale. J'ai reçu une réponse que, dans l'intérêt de M. Churchill, il vaut mieux ne pas publier.

Je déplore la présente politique étrangère de M. Churchill vis-à-vis des Français, en particulier au Liban où il apparaît que l'on prend avantage de la faiblesse française pour tenter de réduire l'influence française. Lors de la célébration du 14 juillet à Beyrouth, ni le général Spears, ni aucun autre officier britannique n'est apparu. Je pense que cela est inexcusable. Sommes-nous des Alliés oui ou non ? »

Georges Vanier ne s'y trompe pas : cette charge contre Churchill est largement tactique ; toujours le général aimera jouer l'un contre l'autre, non sans provoquer parfois de fâcheux effets de boomerang. S'il feint d'avoir rencontré en Roosevelt un interlocuteur bienveillant, c'est pour montrer qu'il a plusieurs cordes à son arc et que le cas échéant, il pourrait échapper à un long tête-à-tête avec les Britanniques. Reste une évidence que Georges Vanier doit constater aussi : « J'ai rarement vu le général de Gaulle plus détendu et serein... Intuitif comme il est, il doit sentir que son voyage a été un grand triomphe personnel. »

La partie est pourtant loin d'être gagnée. « Comme elle est courte l'épée de la France au moment où les Alliés se lancent à l'assaut de l'Europe, constate amèrement le Connétable. Jamais encore notre pays n'a, en si grave occasion, été réduit à des forces relativement aussi limitées. » Des points décisifs, certes, ont été marqués. Conduit à la victoire en Italie par le général Juin, le corps expéditionnaire français s'est regroupé en Corse et en Afrique du Nord pour devenir la Ire armée du général de Lattre chargée, sous le commandement du général américain Patch, de marcher sur le Rhin à partir des rivages de Provence après avoir conquis l'île d'Elbe. La 2e division blindée de Leclerc s'illustre elle aussi : transférée, en avril, du Maroc au pays de Galles puis près de Hull, elle a débarqué en Normandie, le 1er août, en vue de participer à la marche sur Paris. Par ailleurs, la Résistance a remporté de beaux succès. Dans les Alpes et le Massif central, sans doute n'a-t-elle pas complètement réussi sa contre-offensive mais, en Bretagne, elle est parvenue à provoquer la déroute de l'occupant, ce qui a permis à Eisenhower d'entamer sa percée sur Paris. Restent, malgré tout, bien des obstacles sur la voie de la libération. Sous le commandement de chefs tels que Rommel et von Rundstedt, les armées allemandes, tout d'abord, résistent avec pugnacité. Le 1er août, soit près de deux mois après le débarquement allié, seuls deux départements français sont administrés effectivement par François Coulet. Du 11 au 16 juin, une furieuse défense des Allemands s'est fait déjà sentir devant Saint-Lô et, du 1er au 10 juillet, le même phénomène s'est produit près de Caen, retardant la libération de la ville. C'est seulement après l'échec du complot contre Hitler, le 20 juillet, la liquidation de Rommel lié aux conjurés et le choc moral qui en résulte au sein des troupes allemandes que peut se produire, à partir d'Avranches, la percée tant attendue, les Britanniques de Montgomery attirant le gros des forces allemandes du côté de Caen, tandis que les Américains du général Patton se ruent par le sud en direction de la capitale. De Gaulle suit, avec d'autant plus d'attention, sa progression qu'une unité française, déjà chargée de gloire, la 2e DB, participe à cette marche sur Paris. Unité prestigieuse puisqu'elle est commandée par

Leclerc ; unité symbolique surtout puisqu'elle regroupe des hommes venus de tous les horizons, des traditionalistes, du colonel de Langlade jusqu'à des anciens de la guerre d'Espagne. L'avancée de la 2e DB est triomphale. Avec Patton, elle s'engouffre entre Avranches et Mortain, fonce vers le sud, bifurque à l'est en direction d'Alençon, Le Mans et Chartres. Du Sud, arrivent aussi bientôt d'excellentes nouvelles : déclenché le 15 août, le débarquement en Provence, sous la direction du général Patch, réussit. Par la route Napoléon, la VIIIe armée américaine fonce vers Grenoble. Parallèlement, de Lattre, débarqué le 15 août entre Le Rayol, Saint-Raphaël et Cavalaire, se dirige sur Toulon, Marseille et la vallée du Rhône, Lyon et le Rhin. Toulon tombe le 22, Marseille le 29, avant la date prévue. Autant de signes encourageants pour le général.

Un cap essentiel est franchi et pour de Gaulle, de nouvelles difficultés surgissent, moins du côté des occupants que du côté de ses partenaires dans le combat pour la libération. La défaite allemande étant maintenant programmée, jamais il n'a été aussi près du but. Pour autant son accession aux responsabilités suprêmes n'apparaît pas certaine, loin s'en faut, car elle risque d'être entravée tant par les plans d'Eisenhower que par l'insurrection en préparation dans la capitale sous l'impulsion des communistes. Sans oublier les ultimes tentatives de Vichy visant à trouver une solution constitutionnelle excluant la « Prima Donna » avec l'appui des Américains...

De tous ces obstacles, le plus évident et le moins difficile à contrer est la tactique du général Eisenhower. Après la percée d'Avranches, il semble dans l'ordre des choses que Paris soit pris par la IIIe armée américaine dont la 2e DB n'est qu'une des composantes. Mais telle n'est pas l'intention d'Ike qui souhaite se diriger vers le nord afin d'amorcer une manœuvre d'encerclement des troupes allemandes. Parviendra-t-on à fléchir Eisenhower ? Pour de Gaulle, le problème est essentiel, tout comme il est capital que la 2e DB entre la première dans la capitale, avant aussi que l'insurrection projetée par les communistes soit déclenchée.

Celle-ci constitue une autre hypothèque majeure pour le général. Dans ses *Mémoires de guerre*, il ne mâchera pas ses mots :

> Certains éléments politiques de la Résistance voulaient tirer parti de l'exaltation, peut-être de l'état d'anarchie que la lutte provoquerait dans la capitale pour y saisir les leviers de commande avant que je ne les prenne. C'était tout naturellement l'intention des communistes. S'ils parvenaient à s'instituer les dirigeants du soulèvement et à disposer de la force à Paris, ils auraient beau jeu d'y établir un gouvernement de fait où ils seraient prépondérants... À mon arrivée, je trouverais en fonction un gouvernement populaire qui ceindrait mon front de lauriers, m'inviterait à prendre en son sein la place qu'il me désignerait et tirerait tous les fils... jusqu'au jour où serait établie la dictature du prolétariat.

Qu'en est-il exactement de cette menace ? Depuis que de Gaulle a écrit ces lignes, un certain nombre d'historiens ont tendance à penser qu'il a exagéré ce péril. Ils accordent foi aux rapports de Roger Garreau qui, se fondant sur ses fréquents entretiens à Moscou avec le secrétaire général du Parti communiste, Maurice Thorez, estimait que le Parti excluait toute prise de pouvoir [13]. Avec Jean Lacouture, on sera plus nuancé. Il n'est pas, en effet, interdit de se demander si les FTP, dotés d'une certaine autonomie par rapport au Parti, n'auraient pas pu être tentés par un certain volontarisme : « Jacques Soustelle [...] multipliant les citations (à vrai dire éloquentes) de quelques-uns des principaux responsables du Front national et du COMAC, parle de la mainmise communiste sur toutes les formations militaires, c'est-à-dire les leviers du pouvoir [14]. » Comment en douter alors qu'il ressort clairement des archives soviétiques que l'objectif des communistes et de leurs alliés français étaient de déstabiliser l'Ouest et de tenter d'y établir un régime ami ? Que des résistants proches des communistes tels que Pascal Copeau, ou éloignés d'eux comme Claude Bourdet, aient minimisé la menace communiste alors que le général l'aurait exagérée, il reste, comme le souligne encore très bien Jean Lacouture, « que l'insurrection parisienne mit en branle des forces et des émotions qui pouvaient prendre tout le monde par surprise et déborder les projets de Jacques Duclos comme ceux de Charles de Gaulle ».

Aux yeux du général en tout cas la menace était réelle. Depuis longtemps déjà les services du BCRA lui avaient transmis des informations attirant son attention sur le danger. Dès le début de l'année 1942, Passy lui avait fait parvenir cette note émanant de la préfecture de police de Paris, contenant des informations estimées « de bonne valeur » :

> Récemment, un des chefs du PC de Paris après arrestation, a fait les aveux suivants :
> 1) Le PC de Paris s'est organisé pour prendre le pouvoir.
> 2) Des listes de collaborateurs à passer par les armes ont été faites.
> 3) Les gaullistes seront mis en lieu sûr afin de les empêcher d'intervenir [15].

En octobre de la même année, Passy avait encore déposé sur le bureau du général un document éloquent intitulé « Copie d'une note confidentielle remise début octobre 1942 aux chefs de cellules belges et françaises : Résumé des instructions du PC aux militants belges et français » :

> La défaite de l'hitlérisme est actuellement plus que proche. Il importe de profiter de la situation qui se présentera le jour où les armées allemandes battront en retraite.
> Le jour de la libération, les meneurs seront chargés d'ameuter la population et principalement les milieux ouvriers, les inciter à faire grève et à protester contre le retour du régime capitaliste.
> Les manifestations qui devront prendre immédiatement le caractère d'émeutes seront dirigées contre les magasins et contre les maisons des capitalistes notoirement connus.
> Pendant que ces manifestations se dérouleront dans les rues, nos groupes de choc immobiliseront les services de police et de gendarmerie. Les militants s'empareront notamment des services suivants : centraux téléphoniques, mai-

sons communales, commissariats de police, casernes de gendarmerie, postes de radiodiffusion, dépôts d'armes et d'explosifs. D'autres groupes auront pour mission de paralyser l'action des parquets, gouvernement de province, commissariats d'arrondissement, etc., en se saisissant de la personne des magistrats et fonctionnaires.

Dernière menace, très réelle : les manœuvres qui surgissent des décombres de Vichy, ayant pour objectif de le court-circuiter avec l'appui des Américains. Divers scénarios sont alors échafaudés.

Dès le 9 août, alors qu'il est évident que les Alliés ont de sérieuses chances de reconquérir la capitale à court terme, Pierre Laval, expert en coups politiques, arrive à Paris et échafaude devant Anatole de Monzie, éberlué, un plan visant, dans la grande tradition soudain retrouvée de la IIIe République, à mettre sur pied un gouvernement acceptable par les Américains, toléré par les Allemands et susceptible d'assurer la transmission de la légitimité républicaine en écartant de Gaulle, le gêneur. En 1940, Laval a contribué, plus que tout autre, à abattre la République ; cette fois, sous l'effet du danger, il redécouvre tout à coup ses vertus. Le schéma qu'il a en tête tient en deux noms : Édouard Herriot qu'il voit bien à Matignon et Henri Queuille qu'il imagine à l'Élysée. Les deux hommes, cautions républicaines irrécusables, doivent servir en quelque sorte d'appât à d'autres caciques du régime défunt que Laval compte associer à son projet : le président du Sénat Jules Jeanneney et Édouard Daladier.

Fort d'une motion de confiance de quatre-vingt-sept maires de Paris et de banlieue (il est lui-même maire d'Aubervilliers), Pierre Laval s'active beaucoup, prend contact avec le préfet de la Seine, le préfet de police, le président du conseil municipal de Paris. Un détail paraît lui échapper : Queuille est à Alger et n'a manifestement aucune envie d'entrer dans le complot, Daladier est prisonnier à Itter en Autriche, Jules Jeanneney est à la campagne loin de Paris, Herriot, fortement déprimé, en résidence surveillée à Marainville dans l'est de la France.

Pierre Laval, pour autant, ne se décourage pas. Il sait pouvoir compter sur l'ambassadeur du Reich, Otto Abetz. Avec l'accord et l'appui de ce dernier, il réussit à aller chercher Herriot et sa femme dans leur retraite forcée et à les ramener à Paris, le 13 août, à cinq heures du matin. L'ancien chef du Parti radical pouvait-il vraiment entrer dans la combinaison ? Plus tard, il prétendra avoir décliné catégoriquement l'offre de Laval. La vérité est peut-être plus complexe. Herriot, en dépit de son intelligence et de sa culture, était aussi vaniteux qu'opportuniste. S'il a adopté en 1943 une position favorable à de Gaulle, il n'a jamais pris un engagement concret. Nul ne le sait mieux que Roosevelt qui, lui ayant proposé en août 1942 de venir aux États-Unis, a reçu cette réponse, aussi chaleureuse que vide de contenu :

> Vous m'avez fait demander, il y a quelque temps, par votre excellent ambassadeur, l'amiral Leahy, de vous rejoindre. J'ai senti vivement l'honneur de cette invitation. Si j'ai hésité, si j'hésite encore à m'y rendre, c'est que le pauvre

peuple français, martyrisé de toute façon, a besoin, dans son désarroi, de conserver quelques chefs qui sont demeurés démocrates. En le quittant sans pouvoir lui donner les raisons de mon départ, puisque tout moyen d'exprimer notre pensée nous est interdit, alors que les propagandes les plus hostiles peuvent s'exercer contre nous, je craindrais le soupçon de vouloir éviter le danger, de fuir les souffrances auxquelles nous sommes tous astreints.
Les événements peuvent changer et m'imposer d'autres résolutions que je vous ferai connaître. Quoi qu'il arrive, mon cher président, comptez sur mon intransigeante fidélité, sur mon dévouement absolu[16].

Herriot, en l'occurrence, n'aura pas de problème de conscience. Les Allemands, en effet, vont bien vite faire échouer ce trop astucieux montage : à peine arrivé à Paris, le vieux chef radical est retenu à l'Hôtel de Ville. Peu après le chef des services politiques de la Gestapo lui annonce qu'il est de nouveau prisonnier et qu'il doit repartir. Dans le même temps, Pierre Laval se voit lui aussi obligé de quitter Paris sans tarder pour rejoindre Belfort. Tout au plus accorde-t-on aux deux hommes un délai de quelques heures qui va rendre possible l'organisation d'un déjeuner tragi-comique réunissant les Herriot, les Laval, Josée et René de Chambrun, respectivement fille et gendre du chef de gouvernement, et l'ambassadeur Abetz. « Une conversation de salon au bord du gouffre », résume très bien Henri Amouroux[17]. À force de protestations, Édouard Herriot finira par obtenir de regagner Marainville et non de suivre les débris du gouvernement Laval en route vers l'Allemagne. Après le déjeuner, au moment de partir, il refuse de suivre le préfet Bouffet et René de Chambrun qui lui offrent de fuir par un souterrain. Heureusement pour de Gaulle, le président de la Chambre n'a pas le goût de l'aventure. De toute façon, les ultras de la collaboration étaient bien décidés à faire échouer l'opération et rien ne prouve que Roosevelt ait accordé au projet l'importance indiquée par le général dans ses *Mémoires*.

Autre souci pour de Gaulle : le problème lancinant de ses mauvaises relations avec Churchill. À cet égard, rien ne s'est arrangé, même si le Premier ministre a fait devant les Communes, le 2 août, une déclaration plutôt sympathique. Au Levant, tout d'abord, les relations franco-britanniques sont de nouveau exécrables depuis que le général Spears est intervenu dans une querelle franco-syrienne au sujet des troupes spéciales et en offrant de fournir des armes à la gendarmerie syrienne. De Gaulle s'en est indigné, Eden s'en est ému, Duff Cooper a demandé à Churchill le déplacement de Spears, décidément inapte à s'entendre avec les Français[18]. Mais le Premier ministre n'a rien voulu entendre, laissant une fois encore éclater sa méfiance envers de Gaulle, au cas où il s'installerait au pouvoir en France :

Je ne suis pas du tout d'accord avec la ligne que vous évoquez... Il ne s'agit pas d'un problème personnel bien que chacun ait le droit d'être traité avec justice. Le renvoi de Spears en ces circonstances détruirait la confiance que les Syriens et les Libanais ont dans notre résolution à tenir les promesses que, avec les Français, nous avons faites. Dans cette hypothèse, de graves désordres pourraient se produire. De plus, je suis certain que de Gaulle n'a pas l'intention de tenir ses promesses et que, s'il obtenait un pouvoir débridé en France, il chercherait avec nous une sérieuse querelle aussi bien sans doute qu'un soulèvement sanglant en Syrie[19].

Le jour où Duff Cooper lui adressait cette suggestion, Churchill, il est vrai, a reçu un véritable camouflet de la part de de Gaulle puisque, ayant informé ce dernier de son intention de passer à Alger et de s'y entretenir avec lui, il s'est entendu répondre : « Tout bien considéré, je pense qu'il est préférable que nous ne nous rencontrions pas cette fois-ci afin que vous puissiez prendre quelque repos entre deux vols. » Dans une note adressée à Eden, Churchill a relevé l'affront avec irritation. Une fois de plus, il frémit en pensant à ce qui l'attend si le général arrive au pouvoir : de Gaulle, de son côté, est furieux d'apprendre que le Premier ministre s'est rendu en Corse sans prévenir les autorités françaises.

En ce milieu du mois d'août, de bonnes nouvelles malgré tout arrivent à Alger : sur tous les fronts, les Allemands cèdent du terrain. En Normandie, les troupes du Reich battent partout en retraite et la route de Paris s'ouvre bientôt aux Alliés. Le débarquement en Provence a été un plein succès. Seule déception pour le général : le commandement américain a finalement refusé de donner le feu vert à l'opération Caïman que Billotte devait mener sur le Massif central. En revanche, sur le plan politique, le général a su retourner à son profit la défaite du maquis du Vercors : accusé par les communistes d'avoir abandonné les résistants en raison de leurs orientations trop rouges, il a contraint Fernand Grenier à présenter des excuses sous peine de démission forcée.

C'est le 15 août que de Gaulle, jugeant la situation perdue par les Allemands, décide de gagner la France. Il s'agit pour lui d'être à pied d'œuvre, de couper l'herbe sous le pied des communistes et d'accentuer sa pression sur les Alliés afin de faire le plus vite possible son entrée à Paris. Une fois encore les principaux obstacles à sa tactique vont venir de ses alliés anglo-saxons qui ne tiennent visiblement pas à le voir arriver trop vite, comme l'atteste l'organisation difficile du voyage. Le 15, Anthony Eden écrit à Duff Cooper qu'il a appris l'intention du général d'atterrir directement à Rennes, ce qui, prétend-il, est impossible, compte tenu de l'état des terrains d'aviation ; il serait préférable que de Gaulle arrive à Cherbourg et poursuive à partir de là son voyage par la route. L'homme du 18 juin, souligne Eden, « ne doit pas commettre la folie d'exposer sa vie inutilement dans de telles conditions[20] ». D'évidence, les Alliés veulent gagner du temps.

Le général n'est pas au bout de ses peines. « Le 18 août, après midi, je m'envolai d'Alger sur mon avion habituel dont Marnier était chef de bord, écrit-il dans ses *Mémoires de guerre*. Le général Juin et une partie de nos compagnons suivaient dans une forteresse volante que les Américains avaient tenu à nous prêter en alléguant que son équipage connaissait très bien la route et le terrain d'aviation. » En réalité, sous la pression des Alliés, il a initialement accepté, non sans difficultés, d'emprunter une forteresse volante envoyée par le général Eaker[21]. Malheureusement, précise Duff Cooper, le 18 août l'appareil s'est écrasé en atterrissant et la carlingue a été abîmée. « Un message urgent a été envoyé au quartier général allié afin qu'un autre appareil soit envoyé dans de meilleurs délais, conclut l'ambassadeur britannique. Faute de quoi, le général de Gaulle prendra son propre avion[22]. »

Apparemment, c'est ce qu'il fera, la forteresse volante endommagée suivant son appareil. Mais à peine est-il arrivé à Casablanca, avec l'intention de gagner Saint-Lô dans la nuit, qu'un nouvel incident survient. Le mauvais état de la forteresse volante et des considérations liées à la circulation aérienne imposent, font valoir les Britanniques, de patienter un jour. Finalement, le 19, de Gaulle quitte Casablanca au milieu d'un grand concours populaire. Lors d'une escale à Gibraltar, la comédie reprend : la forteresse volante, dit-on au général, n'est pas en état de reprendre l'air. « Sans mettre en doute la sincérité des motifs qui inspiraient cet avis, écrit-il, je jugeai bon de ne pas le suivre. À bord de mon appareil, je m'envolai à l'heure que j'avais dite. Peu après, la forteresse volante trouva le moyen de s'envoler aussi[23]. »

À huit heures du matin enfin, le dimanche 20 août, de Gaulle atterrit à l'aéroport de Maupertuis, près de Saint-Lô. François Coulet et le général Kœnig qui l'accueillent lui donnent de bonnes nouvelles. Patton continue de foncer vers Paris en l'encerclant. Dans la capitale, l'insurrection lancée par les communistes, avec l'accord des représentants du général, le conseiller d'État Alexandre Parodi et un jeune inspecteur des Finances devenu général FFI Jacques Chaban-Delmas, a permis la prise de la préfecture de police. Dans l'ensemble, les Allemands opposent une faible résistance.

Du côté de l'ex-régime de Vichy, aucune menace réelle ne peut non plus venir. Enlevé littéralement par les Allemands à l'hôtel du Parc, le 20 août, Philippe Pétain, contraint de suivre ses gardiens en Allemagne, n'est plus en mesure d'exercer la moindre pression, encore moins d'éliminer de Gaulle ; tout au plus souhaite-t-il qu'une sorte de continuité du pouvoir soit assurée. Dans cette perspective, avant son départ, il a chargé divers émissaires de négocier avec le général une solution acceptable. Par l'intermédiaire de Satine, un agent de renseignement de l'état-major interallié et d'un officier, le capitaine Ollion (que de Gaulle orthographie « Oliol » dans ses *Mémoires*), il tente tout d'abord de faire admettre une passation officielle des pouvoirs. Un peu plus tard, le 28 août, l'amiral Auphan (qui, en 1942, a conseillé au maréchal de gagner l'Afrique du Nord) prend contact, sur son ordre, avec le général Juin afin de remettre à celui-ci deux documents secrets. Le premier est l'acte constitutionnel du 27 septembre 1943, chargeant un collège de sept membres d'assurer, en cas d'empêchement du maréchal, les fonctions qui sont normalement celles de chef de l'État. Mais ce collège ne peut se réunir car ses membres se trouvent soit captifs en Allemagne (Weygand-Barthélemy) soit favorables à la Résistance (Léon Noël).

Le second, le seul en réalité susceptible d'effet, est un pouvoir en date du 11 août 1944 aux termes duquel le vainqueur de Verdun charge l'amiral Auphan de prendre le cas échéant contact avec de Gaulle afin d'essayer de trouver une solution susceptible « d'éviter la guerre civile et de réconcilier les Français de bonne foi ». À cet effacement devant de Gaulle, le maréchal ne met qu'une seule condition : « la sauvegarde du principe de légitimité qu'il incarne », mais le général qui a bâti toute sa dignité sur le refus de l'armistice (même si, en privé, il est plus nuancé) ne peut évidemment que repousser une telle offre. Il justifiera son geste dans ses *Mémoires* en affirmant sa légitimité avec hauteur : « Dans ce domaine, je ne saurais le moins du monde renoncer ni même transiger. Sans que je méconnaisse l'intention suprême qui inspire le message du maréchal, sans que je mette en doute ce qu'il y a d'important, pour l'avenir moral de la nation, dans le fait qu'en fin de compte c'est vers de Gaulle qu'est tombé Pétain, je ne puis lui faire que la réponse de mon silence[24]. »

Débarrassé de ce souci, le général craint, en revanche, l'installation à Paris d'un pouvoir de fait inévitablement communiste. Aussi est-il inquiet d'apprendre de la bouche d'Eisenhower que ses intentions n'ont toujours pas changé, qu'il compte non pas foncer vers la capitale, comme on pouvait le croire, mais l'encercler. Tout se passe comme si l'on voulait éviter de le voir arriver au pouvoir ! Le général s'étonne aussi que l'on vienne de placer en réserve la 2e DB de Leclerc. Patton a d'ailleurs dit clairement au commandant de la célèbre division qu'il ne se laisserait pas imposer sa stratégie. Devant Ike, assez mal à l'aise, de Gaulle accentue la pression, plaide énergiquement en faveur d'une offensive sur Paris avec la participation de la 2e DB. Le général, qui s'étonne aussi que l'accord organisant les rapports entre le commandant allié et les forces françaises ne soit pas signé, puise heureusement beaucoup d'énergie dans le climat de la France libérée. À travers le Cotentin, la Bretagne, le Perche, des foules en délire l'accueillent dans des villes pourtant martyrisées. Eden qui visite alors ces régions est lui-même très impressionné : « Le moral de la population française est incroyablement bon et partout les responsables parlent en termes des plus chaleureux de l'attitude de la population française. Je suis moi-même surpris de tout cela[25]. »

Eisenhower, pour autant, se fait toujours tirer l'oreille et l'effet de la plaidoirie du général auprès de lui semble avoir été à peu près nul, toujours d'après Eden : « Chacun est dans le meilleur esprit et bien entendu, plein de confiance. Eisenhower et Montgomery insistent sur le fait qu'ils ne changeront pas leurs plans de campagne pour assurer la chute de Paris. Cela viendra, le moment venu, comme la conséquence d'événements survenus ailleurs. Eisenhower a dit à de Gaulle qu'il ne pouvait être question que les Alliés envoient beaucoup de denrées alimentaires à Paris. Les opérations militaires doivent venir en premier et Paris devra être rationné. De Gaulle a accepté cela et Eisenhower rapporte qu'il est généralement dans un état d'esprit favorable, prêt à nous aider. » Ike cherche-t-il à donner le change ? Tout se passe en tout cas comme si de Gaulle n'avait même pas essayé de le convaincre.

Le général, malgré tout, ne se laisse pas abattre. Les Alliés, il peut le supposer, cherchent à gagner du temps, avec l'objectif de le faire arriver à Paris dans les conditions définies par Churchill dès le printemps, c'est-à-dire entouré de « sages » de la IIIe République, voire du régime de Vichy, ce qu'il refuse bien sûr. Par lettre adressée ce même 22 août à Eisenhower il insiste donc : les informations, en provenance de Paris, font penser qu'une libération rapide est souhaitable, faute de quoi des troubles pourraient éclater. De toute façon, le général n'a pas le choix car, ce même jour, Leclerc lui fait porter une lettre d'où il ressort que le chef de la 2e DB se propose de marcher seul sur Paris avec ses troupes, si les Américains ne donnent pas les ordres escomptés.

Acrobatique position que celle du général à ce moment-là, où il se trouve confronté à un problème dont les données sont multiples et dont le contrôle lui échappe en grande partie. L'important, pour lui, est certes la libération de Paris mais les conditions dans lesquelles cet événement se déroulera ne le sont pas moins. D'abord, il est essentiel que les premières troupes envoyées à Paris soient françaises — en l'occurrence la 2e DB. Sur ce point, il ne semble pas y avoir de difficulté. Eisenhower est d'accord. La seule vraie question est le choix du moment, de Gaulle souhaitant une intervention rapide, Ike craignant, lui, comme il le raconte dans ses mémoires *Croisade en Europe*, qu'une bataille prématurée ne provoque de graves dégâts dans Paris[26]. Le général doit concilier des exigences assez contradictoires. D'un côté, il est capital vis-à-vis des Alliés que Paris s'insurge ; de l'autre, il faut absolument éviter que l'insurrection ne dérape. Le risque est d'autant moins illusoire que les communistes contrôlent en partie les principaux organismes de l'insurrection parisienne : le président du comité parisien de libération est le communiste André Tollet ; le chef régional des FFI est le colonel Rol-Tanguy, ancien de la guerre d'Espagne, rompu aux techniques de la guérilla urbaine. Le plan de bataille, tel qu'il a été résumé par Alexandre Parodi et l'équipe de la délégation générale du GPRF en France le 11 août, peut, par ailleurs, inquiéter dans la mesure où il fait apparaître une sorte de partage de compétences entre le « gouvernement », le commandement militaire, la police et le comité parisien de libération.

C'est à la lumière de ces éléments que l'on peut comprendre la réaction du général lorsque, le 20 août au matin, il a appris la signature d'une trêve entre le général von Choltitz d'une part, Parodi, Chaban-Delmas et la majorité des membres du Conseil national de la Résistance d'autre part — trêve que les communistes au demeurant n'acceptent pas.

De Gaulle — il ne le dit pas tout de suite, mais il l'écrira noir sur blanc dans ses *Mémoires de guerre*[27] — désapprouve cette suspension des combats. Elle lui paraît sans objet alors que Leclerc et ses hommes sont seulement à soixante-douze heures de la capitale. Tout indique que d'autres motivations l'animent et Henri Amouroux les cerne bien :

> Assuré de ne pas arriver dans une Varsovie française, de Gaulle, à la fois pour d'autres raisons et pour les mêmes raisons que les communistes, ne pouvait

que désirer la poursuite de ces combats qui glorifiaient la ville, faisaient oublier la longue passivité de ses élites, réhabilitaient sa police, éliminaient les hommes de Vichy, écartaient de la victoire les Alliés et permettraient de faire accepter par tous — et bien au-delà des frontières — la légende de Paris libéré par lui-même.
Une trêve permettant l'écoulement paisible des troupes de von Choltitz, le long des rues et des boulevards bordés de promeneurs satisfaits, hilares et curieux aurait, certes, permis d'épargner quelques vies mais elle aurait privé de Gaulle parlant le 25 août à l'Hôtel de Ville, de ce splendide mouvement oratoire, parfaitement étudié et maîtrisé qui, vis-à-vis des Alliés, constitue aussi au cœur de Paris, la réaffirmation de la souveraineté française[28].

En juin 1940, de Gaulle avait déploré — sans le dire publiquement — que la capitale ait été déclarée « ville ouverte ». En refusant la suspension des combats dans Paris, quatre ans plus tard, il renoue avec cette continuité, conforme à sa conception de la souveraineté.

Le 22 août, la situation, par chance, commence à évoluer dans un sens plus favorable. On apprend, en effet, successivement la fin de la trêve (jamais observée par les communistes), la mainmise de la Résistance sur de nombreux monuments parisiens, l'intention clairement exprimée par celle-ci de voir l'aviation alliée attaquer les renforts allemands, les parachutages de commandos alliés aux environs de Paris, l'arrivée d'armes par voie aérienne. Point capital surtout : Eisenhower accepte enfin de changer sa stratégie. Il est vrai qu'il n'a pas cédé uniquement aux doléances du général, un officier de l'état-major de Rol-Tanguy, le commandant Cotteau, dit Gallois, ayant réussi à voir Bradley, l'un des adjoints d'Ike et à le convaincre.

Dès lors, les événements s'enchaînent à un rythme rapide. Les 21 et 22 août des barricades apparaissent un peu partout dans Paris. Le 22, dans l'après-midi, se tient à Matignon, sous la présidence de Parodi, le premier Conseil des ministres de la Libération — auquel assistent, non les ministres en titre, mais les secrétaires généraux des ministères. Enfin une presse nouvelle, *Le Figaro, Le Populaire, L'Humanité,* sort de la clandestinité. Le 23, le général quitte Le Mans en direction de Chartres. Partout une foule enthousiaste lui fait ovation. Au Mans, un homme bloque sa voiture en criant : « Vive le maréchal ! » « Comment voulez-vous qu'ils s'y retrouvent ? » glisse de Gaulle à l'oreille du nouveau commissaire de la République, Michel Debré[29]. À Chartres, lui parvient un message de Leclerc faisant savoir que si les FFI ont libéré l'intérieur de la capitale, la 2e DB se heurte dans le secteur de Trappes à une forte résistance des Allemands. Rendez-vous est donné au vainqueur de Koufra le lendemain à Rambouillet.

Dès le matin suivant, la 2e DB entre dans Paris, Billotte étant chargé de l'assaut principal par Antony et la porte de Gentilly, avec pour objectif l'hôtel Meurice où se tient von Choltitz. Dès lors, la capitale n'attend plus que l'entrée triomphale de l'homme du 18 juin. « La journée de demain, précise-t-il au préfet de police Luizet, sera décisive dans le sens que nous voulons. Quand j'arriverai, j'irai tout de suite au centre. »

Le « centre » ce n'est pas l'Élysée, ni Matignon, ni l'Hôtel de Ville, mais le ministère de la Guerre, rue Saint-Dominique. Quatre ans plus tôt, tout a commencé là pour de Gaulle, sous-secrétaire d'État à la Guerre ; il est d'autant plus logique que l'extraordinaire aventure se termine dans ces lieux alors que le conflit avec l'Allemagne est loin d'être fini. Ainsi sera affirmée aussi, symboliquement, l'importance du fil de l'épée, par-delà le caractère éphémère des régimes. « La France est un pays qui continue, ce n'est pas un pays qui commence », dira-t-il significativement à Philippe Viannay quelque temps plus tard[30]. La solution présente aussi l'avantage d'éviter le retour à la IIIe République. Ayant assuré la « pérennité nationale », comme il se l'était juré en juin 1940, il n'est pas disposé à remettre le pouvoir aux hommes du régime défunt, comme Churchill et les Américains le souhaitaient alors. Partant, on comprend pourquoi, dans la même soirée du 23, de Gaulle reçoit fraîchement une étrange délégation composée de son ancien collaborateur de juin 1940, Jacques Laurent, du banquier Alexandre de Saint Phalle, conseiller financier de Parodi, et de l'aide de camp de von Choltitz, tous partisans d'une convocation de la Chambre des députés.

Le 24 tout bascule. Dès le matin, alors que paraît dans *Le Figaro* un superbe article de François Mauriac sur le général, la ville est le théâtre de combats assez vifs. L'occupant oppose une résistance inattendue. À Massy et à la Croix-de-Berny, Leclerc enregistre même des pertes au sein de la 2e DB, tandis que Billotte piétine à Antony et à Fresnes. Le 25, cependant, le commandement allemand est pris d'assaut à l'hôtel Meurice. L'acte de reddition est signé par von Choltitz à la préfecture de police. Du côté français, Rol-Tanguy est présent aux côtés de Leclerc, à la demande des chefs de la Résistance. Pour le général, qui ne cache pas son mécontentement, il s'agit là d'un signe attestant qu'une menace communiste existe toujours. Le matin même, le CNR a d'ailleurs diffusé une proclamation aux termes de laquelle il se donne pour porte-parole de la nation française, aucune mention n'étant faite du Connétable ou du gouvernement.

Ce 25 août, de Gaulle touche cependant au but. Il a passé la nuit au château de Rambouillet et, dans quelques heures, il sera à Paris. Apothéose... Sur le passage de son cortège, de Rambouillet à la gare Montparnasse, la foule est en délire. Enfin, à seize heures quinze, il arrive à la gare Montparnasse, accueilli par Leclerc et son délégué militaire national Jacques Chaban-Delmas, dont la jeunesse et l'allure le surprennent si fortement qu'il répète : « Ça alors, ça alors » — à l'amusement de l'intéressé.

À dix-sept heures, après avoir embrassé son fils Philippe, il gagne le ministère de la Guerre. La description qu'il en fait est célèbre et le dépeint tout entier :

> La France a failli sombrer. Mais au ministère de la Guerre l'aspect des choses demeure immuable. Pas un meuble, pas une tapisserie, pas un rideau n'ont été déplacés... Sur la table, le téléphone est resté à la même place et l'on inscrit

sur les boutons d'appel exactement les mêmes noms. Tout à l'heure, on me dira qu'il en est ainsi des autres immeubles où s'encadrait la République. Rien n'y manque excepté l'État. Il m'appartient de l'y remettre. Aussi m'y suis-je d'abord installé.

Rétablir l'État, telle est bien l'obsession de Charles de Gaulle et c'est pourquoi, passant outre au vœu de Parodi qui souhaite le voir venir à l'Hôtel de Ville, pour saluer le CNR et le comité parisien de libération, il se rend d'abord à la préfecture de police. Avec Parodi et le préfet Luizet, il y règle les détails des cérémonies du lendemain : défilé sur les Champs-Élysées et à Notre-Dame. Puis, à pied, au milieu d'un immense concours populaire, il gagne l'Hôtel de Ville, où il va prononcer l'un de ses discours les plus célèbres : « Paris ! Paris outragé ! Paris brisé ! Paris martyrisé ! mais Paris libéré ! Libéré par lui-même, libéré par son peuple, avec le concours des armées de la France, avec l'appui et le concours de la France tout entière, de la France qui se bat, de la seule France, de la France éternelle. »

Ce discours qu'il affirmera avoir improvisé, de Gaulle, en fait, le porte en lui depuis 1940. Dès l'appel du 18 juin, tous ses actes, toutes ses initiatives, toutes ses paroles ont été dictés par le souci de pouvoir, un jour, tenir ce langage-là. Mais après avoir été l'interprète de l'enthousiasme populaire, le général, en grand politique, revient à son souci majeur : assurer la continuité de l'État. À Georges Bidault qui, les larmes au yeux, l'adjure de proclamer la République, il réplique : « La République n'a jamais cessé d'être. La France libre, la France combattante, le Comité français de Libération nationale l'ont, tour à tour, incorporée. Vichy fut toujours et demeure nul et non avenu. Moi-même suis le président du gouvernement de la République. Pourquoi irais-je la proclamer ? » Depuis le 18 juin, de Gaulle combat pour maintenir les droits de la France. Ce n'est pas maintenant qu'il va abandonner la thèse, à dire vrai assez acrobatique, sur laquelle il s'est constamment appuyé. L'État, c'est lui ; Paris s'est libéré seul.

La vérité, évidemment, est bien différente et l'on ne va pas tarder à s'en apercevoir. Lors de la cérémonie du lendemain sur les Champs-Élysées, puis à Notre-Dame, un climat inouï règne. Alors que les V1 et les V2 menacent l'agglomération parisienne, de Gaulle, dès quatorze heures, descend les Champs-Élysées, accompagné de Bidault — qu'il fait reculer d'un pas derrière lui —, des principaux membres du CNR et du comité parisien de libération. Alors qu'il quitte en voiture la place de la Concorde pour se diriger vers Notre-Dame, des coups de feu éclatent. Ils reprennent sur le parvis de la cathédrale puis durant la cérémonie (que le général préside, sans déclencher de polémique sur la laïcité, entouré, il est vrai, de deux athées déclarés, André Le Troquer et Alexandre Parodi). Dans l'assistance, la panique gagne. Beaucoup de participants se jettent à terre. « Il y a beaucoup de culs ici », grogne Le Troquer, tandis que le nouvel aide de camp du général, Claude Guy, hurle : « Debout ! » À l'initiative de de Gaulle la cérémonie est abrégée. De ce sacre d'autant plus impressionnant qu'il s'est déroulé sous la menace d'un attentat, le général sort grandi, même s'il a fallu écarter le cardinal archevêque de Paris, Mgr Suhard, coupable d'avoir présidé, il n'y a pas encore très longtemps, aux obsèques de Philippe Henriot, vichyssois de premier plan, assassiné par la Résistance.

La légitimité qu'il veut incarner et l'indépendance à laquelle il prétend restent pourtant fragiles, en ces toutes premières heures de la Libération. Vis-à-vis des Alliés surtout, sa position est des plus ambiguë. Pour marquer sa réprobation à l'entrée de la 2e DB à Paris, le général americain Gerow a prétendu interdire à Leclerc et à ses hommes de participer à la cérémonie du sacre — initiative sans gloire et non suivie d'exécution (bien qu'un tel manquement aux ordres soit justiciable de conseil de guerre !). De Gaulle n'en est pas moins contraint en sens inverse de solliciter le concours des Américains qu'il prétend officiellement récuser en tant qu'arbitre des factions françaises. S'il ne surévalue pas démesurément le danger communiste, les désordres l'agacent et, pour les prévenir, il a besoin d'appuis extérieurs. D'où la démarche qu'il fait auprès du général Eisenhower et que ce dernier prendra évidemment un malin plaisir à relater dans *Croisade en Europe.*

Dans ses *Mémoires,* de Gaulle reconnaît avoir présidé un défilé des troupes américaines mais en précisant qu'il n'avait pas demandé leur arrivée, ce que Dominique Lapierre et Larry Collins démentent, en se fondant sur des sources sûres : le général, par l'intermédiaire de Kœnig, a bel et bien sollicité l'intervention de renforts américains. Eu égard à la susceptibilité du Connétable en la matière, il paraît de toute façon improbable que des troupes américaines aient pu entrer dans Paris sans y avoir été invitées par lui. Minuscule, l'épisode atteste surtout l'étroitesse de la marge de manœuvre de de Gaulle au moment où s'achève pour lui le temps de la garde du drapeau et où commence une nouvelle période dominée par d'autres problèmes.

XX

ÉTERNELLE RUSSIE

En s'installant au ministère de la Guerre rue Saint-Dominique, de Gaulle, on l'a dit, a fait un choix hautement symbolique. Le message était clair : la France qui s'est faite à coups d'épée ne retrouvera son rang, n'effacera la honte de la défaite, qu'en participant à la bataille finale. Tout aussi chargées de sens apparaissent ses premières initiatives, qui décontenancent bien des témoins.

Dès le 27 août, sur la recommandation de son officier d'ordonnance, Claude Guy, il appelle tout d'abord à ses côtés, pour remplir les fonctions de secrétaire particulier, un jeune homme nommé Claude Mauriac. S'il a travaillé à la Corporation paysanne de Vichy — il ne le cache d'ailleurs pas —, le nouveau collaborateur de l'homme du 18 juin s'est fait connaître en publiant plusieurs livres, entre autres un *Cocteau ou la vérité du mensonge*, mais, quels que soient ses mérites et son talent, il est surtout à l'époque le fils de François Mauriac. Et c'est par son intermédiaire que va être reçu, dès le 31 août, parmi les tout premiers, le grand écrivain que de Gaulle admire depuis longtemps et qui, tout au long de la guerre, n'a cessé d'évoluer vers des positions proches de la France libre.

François Mauriac, qui vit alors très discrètement dans sa maison de Vémars, à une quarantaine de kilomètres au nord de Paris, dans un secteur encore occupé par les Allemands, est le premier surpris que l'on ait pu le retrouver. Il ne l'est pas moins que le général souhaite le voir toutes affaires cessantes. Le 31, à la table du Connétable, l'auteur du *Mystère Frontenac*, qui, selon Claude Guy, « avait l'air de quelqu'un qui tombe sur le Bon Dieu en chair et en os [1] », est encore plus déconcerté lorsque son hôte entame la conversation en lui parlant non de la situation politique ou militaire mais de l'actualité littéraire :

> Qui l'eût cru ? de Gaulle m'interrogeait sur André Gide ! Il s'intéressait à l'Académie, aux sièges à pourvoir. Je me rendais compte que, pour cet homme, la libération de Paris avait dû être un moment essentiel, certes, mais enfin qu'il ne détachait pas du temps vécu depuis juin 40 et du temps à vivre encore, jusqu'à ce que la nation ait été rétablie dans sa puissance et dans sa gloire. Ce que j'eusse voulu connaître, ce matin-là, c'étaient les chances que le général pensait avoir de réussir l'amalgame des FFI, des FTP avec l'armée régulière, de maîtriser la province alors que toutes forces étaient jetées dans la bataille

aux côtés des Alliés ; la France serait-elle présente le jour du règlement des comptes ?
J'appartenais moi-même alors au Front national. Je me trouvais empêtré dans ce filet que tenait fortement le Parti communiste. J'aurais eu mon mot à dire sur sa tactique... Mais non : de Gaulle s'intéressait à André Gide et à l'Académie[2] !

Trois jours plus tard, Paul Valéry, à son tour, est reçu dans des conditions identiques rue Saint-Dominique. S'il n'est pas certain que de Gaulle ait lu *L'idée fixe* ou *Monsieur Teste*, encore moins *La jeune Parque*, il est sûr qu'il a médité *Regards sur le monde actuel* et, bien entendu, le *Discours de réception à l'Académie française du maréchal Pétain* ! L'admiration qu'il porte au poète ne vaut pas adhésion à tous ses jugements, mais elle est sincère. Valéry a droit à des considérations plus politiques, le général lui tient même des propos assez stupéfiants, laissant entendre que les Américains et les Allemands pourraient avoir partie liée — ce qui dénote la vigueur de son ressentiment à l'égard de l'Amérique —, mais lui aussi est perplexe, d'après le compte-rendu qu'il fera dans ses *Cahiers*. « Je n'ai pas encore une idée nette du général qui semble assez secret. Difficile de faire l'analyse chimique qui discernerait l'homme, le militaire et le politique. Il me semble, cependant, qu'il a la concentration de celui qui joue une partie des plus compliquées. Il a bien des cartes dans le jeu actuel[3]. »

Le 7 septembre, un autre écrivain, alors notoire, Georges Duhamel, est lui aussi l'objet des mêmes attentions. Le général lui confie son souhait de voir Pétain être assigné à résidence dans le Midi en attendant la mort et son désir de s'écarter du pouvoir le moment venu.

Curieuses visites ! Elles ne prennent leur sens que si l'on sait que dans l'esprit du général, comme il le confiera plus tard à Alain Peyrefitte, un grand écrivain occupe le tout premier rang, bien avant un militaire ou un serviteur de l'État, si éminent soit-il. Pour de Gaulle, fervent de la longue durée, les régimes passent, les réalités nationales restent, et si les militaires ont vocation à les défendre, rien ne peut mieux les exprimer qu'un grand artiste de la langue. Déjà à Alger, on l'a vu, en juin 1943, André Gide a été l'un de ses premiers visiteurs. À Mauriac, Valéry et Duhamel succéderont bientôt Georges Bernanos et André Malraux.

Révélatrice est aussi la composition de l'équipe restreinte réunie par de Gaulle pour travailler à ses côtés. Comme à Londres et à Alger, Gaston Palewski occupe les très délicates fonctions de directeur de cabinet. On sait ce que le général lui doit. Doté de beaux états de service à Londres, à Alger, en Éthiopie (il a commandé les Forces françaises libres de l'Est africain), l'homme est souple et habile. Certains lui reprocheront de l'être trop et d'avoir beaucoup de liens avec le personnel de la IIIe République. Reproche infondé. Gaston Palewski est d'une loyauté absolue au général. Lorsqu'il fait preuve de pragmatisme, c'est simplement parce que de Gaulle, foncièrement réaliste, lui demande d'agir de cette façon. Le large clavier politique dont il dispose, Gaston Palewski l'utilise en tout cas au profit exclusif du l'homme du 18 juin.

Après lui, le personnage le plus important est le lieutenant Claude Guy. Jeune officier d'aviation en 1939, il a refusé la défaite, s'est évadé trois fois et a rejoint en 1941 les Forces françaises libres. En mars 1944, un accident d'avion a mis fin à sa carrière militaire. Sa destinée croise, alors, celle de de Gaulle. Pour remplacer le capitaine Étienne Burin des Roziers qui a obtenu l'autorisation de partir se battre, le général cherche un aide de camp « grand et bien pensant ». Sur la recommandation du général Édouard Corniglion-Molinier, alors commandant des Forces aériennes de l'Atlantique, Claude Guy voit sa candidature retenue le 13 juin juste avant le départ de de Gaulle pour la Normandie. Il occupera ce poste jusqu'en 1949 — non sans susciter de fortes jalousies et des haines tenaces. Fin, intelligent, sensible, cultivé, ami de Claude Mauriac, il joue, il est vrai, un rôle que personne auparavant n'a tenu et que personne ne remplira plus après lui, dirigeant les conversations avec habileté, suscitant des confidences, ce que l'on découvrira quand sera publié, après sa mort, son passionnant journal.

Différent mais très effectif est le rôle d'un autre nouveau venu au sein de l'entourage : René Brouillet qui, après avoir côtoyé Georges Pompidou en khagne et s'être dirigé vers la Cour des comptes, est devenu un proche de Georges Bidault, catholique et démocrate-chrétien comme lui. Nommé directeur adjoint du cabinet (sur le conseil d'un certain Michel Debré, membre du Conseil d'État, résistant depuis 1942, qui a préféré, pour sa part, rester commissaire de la République à Angers), il s'occupera plus particulièrement des rapports avec les organisations politiques, déployant dans cet office beaucoup de finesse vis-à-vis d'opinions assez éloignées des siennes. René Brouillet se gardera toujours de jouer le moindre jeu personnel mais son tact, son sens des nuances lui permettront d'avoir souvent, un peu dans l'ombre, un pouvoir d'inflexion réel.

Patron à Londres de la branche non militaire du BCRA, Louis Vallon se retrouve lui aussi au cabinet du général, chargé des affaires économiques et financières. Polytechnicien, d'abord socialiste, un temps attiré par le néosocialisme, l'homme est compétent, malgré un tempérament de chansonnier et un goût immodéré des bons mots qui lui vaudra un certain nombre d'ennemis. Savoureux retour des choses, de Gaulle, connaissant son penchant pour la « dive bouteille », dira de lui : « Vallon est lieutenant-colonel jusqu'à cinq heures et colonel à plein à partir de cinq heures ! »

Autour de ce noyau gravitent d'autres collaborateurs qui, souvent, vont acquérir un poids incontestable. Certains étaient déjà à Londres. C'est le cas d'Étienne Burin des Roziers qui a rejoint de Gaulle en 1942 après avoir servi à l'ambassade de Vichy, à Washington, d'Élisabeth de Miribel, à laquelle revint l'honneur de dactylographier l'appel du 18 juin, du général de Rancourt, titulaire de beaux états de service. D'autres viennent d'arriver, en particulier un jeune auditeur du Conseil d'État, Jean Donnedieu de Vabres qui, aussi désintéressé et compétent que réservé, gagnera la confiance du général et deviendra, sous la Ve République, secrétaire général du gouvernement. Le professeur de droit Demouliez et le futur politologue Jean Touchard complètent l'équipe.

Mais l'arrivée, sinon la plus remarquée, du moins la plus importante pour l'avenir, est évidemment celle d'un certain Georges Pompidou. Les circonstances exactes de son recrutement méritent d'être relatées tant elles ont été déformées par des légendes. Longtemps a prévalu la version selon laquelle de Gaulle aurait demandé à René Brouillet de lui trouver « un agrégé sachant écrire ». En réalité, le directeur adjoint du cabinet n'avait pas vu Georges Pompidou depuis la fin de ses études[4] et, après une première démarche auprès d'un autre collaborateur plus modeste du général, René Trotobas, dit Thibault, c'est lui qui se manifestera auprès de Brouillet par cette lettre étonnante :

> J'aimerais que tu me trouves quelque chose. Dans les circonstances actuelles, je me résigne mal à décliner *rosa*, la rose. Il me semble que je puis faire — momentanément au moins — autre chose. Non pour moi : tu sais que je n'ai pas d'ambition et ne demande rien d'important et de lucratif. Mais ce pays aura besoin de tout le monde et je me sentirais diminué de ne rien faire... Je n'apporte aucun génie, mais de la bonne volonté et, je crois, du bon sens.

Ainsi entre modestement mais avec une volonté de réussir d'autant plus évidente qu'il n'a pas le moindre titre de résistance, l'homme qui, vingt-cinq ans plus tard, succédera au général à la tête de l'État, après avoir été son Premier ministre. Avec ce normalien, agrégé de lettres, pur représentant de la République des professeurs, le gaullisme de gestion se profile déjà. Tel est d'ailleurs le désir du général qui commente ainsi une première note de Georges Pompidou insistant sur la nécessité d'un programme économique : « Ce que les Français de bonne foi attendent, c'est en somme que la France soit autre chose que ce qu'elle est, c'est-à-dire une nation gravement malade depuis longtemps, sans diplomatie, sans hiérarchie... et entièrement vide d'hommes de gouvernement. »

Aucun doute : à peine installé à Paris, alors que la totalité du territoire national n'était pas libéré et que la guerre n'est pas gagnée, de Gaulle entend rétablir l'État — quitte à entrer en conflit avec la Résistance. Prenant la parole, dès le 29 août, à la radio, il a été très clair : il n'est pas question d'accepter les désordres. Moralement et politiquement, il doit tenir compte des forces qui sont révélées dans la Résistance mais ses choix pour la composition du gouvernement attestent — c'est le moins que l'on puisse dire — qu'il n'entend pas s'appuyer sur l'aile la plus à gauche de la Résistance. Une expression, qui figure dès le premier paragraphe d'un communiqué publié le 8 septembre, résume la pensée du général : unanimité nationale.

Bien qu'il affirme toujours que l'acte fondateur du 18 juin 1940 est la source unique de sa légitimité, de Gaulle est réaliste, aussi conscient de la nécessité des équilibres qu'un an et demi plus tôt lors de la constitution du Conseil de la Résistance sous l'égide de Jean Moulin. Officiellement il ne veut pas renouer avec la IIIe République mais en appelant à siéger au gouvernement, doté du titre de ministre d'État, Jules Jeanneney, il distingue l'un des hommes les plus emblématiques du régime défunt, l'un des plus respectables aussi. Car s'il s'est abstenu lors du vote des pleins pouvoirs à Pétain le 10 juillet 1940, le président du Sénat a pris assez rapidement ses distances avec Vichy : consulté en 1942 par le comité de Londres, il a clairement donné son aval à de Gaulle, qui, de son côté, porte estime à ce radical issu du courant proche de Clemenceau.

Pour le reste, la famille démocrate-chrétienne se taille la part du lion au sein du cabinet. Le général, avant la guerre, on le sait, lui a manifesté sa sympathie en adhérant aux amis de *Temps présent.* Pour l'heure, c'est le courant d'idées dont il est le moins éloigné, ce qui explique, en partie, la nomination de Georges Bidault au Quai d'Orsay — l'autre raison de sa promotion étant évidemment la présidence du CNR. Le personnage n'a pas tout à fait le profil de l'emploi. Bohème, désordonné, il surprendra les ambassadeurs étrangers en les recevant le matin en robe de chambre, fumant un cigare, une coupe de champagne à la main, apaisant sa faim en avalant des tartines couvertes de moutarde. Sa culture, son honnêteté, le fait surtout qu'il ait, dès Munich, rompu avec la calamiteuse politique étrangère de la IIIe République, constituent en revanche des atouts compensant dans une certaine mesure sa nervosité, la versatilité de son caractère, à peine atténuée par son mariage avec Suzy Borel, première femme ayant accédé au rang de ministre plénipotentiaire.

La composition du gouvernement traduit, par ailleurs, le souci du général de faire appel à de nouveaux venus, qui lui doivent tout, et à marginaliser encore les hommes des débuts héroïques à Londres. Adrien Tixier en charge de l'Intérieur, André Diethelm titulaire du portefeuille de la Guerre, Catroux désormais ministre délégué en Afrique du Nord, René Pleven, qui reçoit la responsabilité des Colonies, est le seul personnage important de la phase initiale du gaullisme à exercer encore des responsabilités de premier plan. Parmi les chefs de réseaux que le général a également voulu marginaliser, Henri Frenay est le seul détenteur d'un portefeuille, encore se trouve-t-il à un poste assez secondaire : les Prisonniers de guerre. Les autres ministres sont issus, pour la plupart, de la Résistance mais sans y avoir exercé de fonctions dirigeantes : il en va ainsi du démocrate-chrétien François de Menthon, ministre de la Justice, de l'indépendant modéré Louis Jacquinot, ministre de la Marine, du radical Pierre Mendès France à l'Économie nationale, du socialiste Tanguy Prigent, responsable de l'Agriculture, du radical Giaccobi, chargé du Ravitaillement, du socialiste Augustin Laurent aux PTT, du communiste François Billoux — pur apparatchik que de Gaulle n'aime pas — qui prend en main la Santé publique. À ces représentants des partis passés par les réseaux s'ajoutent quatre techniciens : un laïque républicain, Alexandre Parodi, au Travail et à la Sécurité sociale, un grand commis radical,

René Mayer, aux Communications et au Transport, un spécialiste des Finances, Aimé Lepercq, aux Finances, un professeur de droit ultra-gaulliste, René Capitant, à l'Éducation nationale.

La volonté du général de rétablir l'ordre, de ne tolérer d'autre légitimité que la sienne et donc de contester toutes les autres, eussent-elles acquis leurs titres dans le combat contre l'occupant, éclate ainsi à travers la composition de ce cabinet. La presse issue de la Résistance d'ailleurs ne s'y trompe pas et exprime clairement sa déception.

Un mérite est au moins reconnu à de Gaulle : celui d'avoir été clair dans ses choix. Vis-à-vis des divers organismes nés de la Résistance et qui veulent tirer profit de la situation, sa position est dépourvue de la moindre ambiguïté. Dès le 28 août, il a fait venir rue Saint-Dominique le COMAC et l'état-major des FFI pour leur infliger un traitement mémorable. Dirigeant du Front national, animateur principal du COMAC, le chef communiste Pierre Villon est resté frappé de stupeur au spectacle d'un de Gaulle faisant ranger les responsables en rang d'oignon dans son bureau, les appelant à rejoindre leur emploi civil en termes dépourvus d'aménité. Sur-le-champ, le général a fait part aux membres du CNR de la dissolution des organismes supérieurs du commandement et des états-majors des FFI. Villon s'est vu proposer un poste ministériel — offre déclinée par le PCF qui ne peut tolérer que de Gaulle choisisse lui-même ses collaborateurs communistes —, mais à la condition d'en finir avec le COMAC.

Aux yeux du général, réaffirmer l'autorité de l'État est d'autant plus urgent que le gouvernement est loin d'exercer partout un pouvoir effectif. « Jusqu'où pouvait porter l'autorité gouvernementale et qui pouvait l'atteindre ? écrit Louis Joxe. Le nord du pays, la région parisienne une fois libérée, elle progressait certes, mais la France n'était plus qu'un archipel et le domaine royal celui des premiers capétiens. Jusqu'à Montlhéry, plus tard, jusqu'à la Loire les liaisons paraissaient bien assurées, mais au-delà que se passait-il[5] ? »

Pour de Gaulle, les divers organismes qui se réclament de la Résistance et entendent bien entreprendre la révolution constituent des féodalités inacceptables. Depuis le 18 juin 1940, son action n'a eu de sens que dans la perspective du jour où précisément il devrait assumer l'État, rétablir sa continuité et sa grandeur. Partant, on imagine sa fureur lorsqu'on lui apprend que, le 29 août, à l'issue d'une réunion publique du Front national à la Mutualité, Pierre Villon a appelé les masses à se rassembler en assemblées patriotiques et à réunir des comités locaux ayant vocation à constituer les états généraux de la Résistance française. François Mauriac, qui a eu l'imprudence d'assister à cette séance, se voit d'ailleurs discrètement rappeler à l'ordre par l'intermédiaire de son fils. En l'occurrence, de Gaulle blâme sans doute moins l'orientation politique de la manifestation que son principe même. Pareillement, s'il estime depuis très longtemps qu'une épuration d'assez grande ampleur est nécessaire, il entend que l'État la conduise. Il redoute surtout, et il le dit clairement dans ses *Mémoires*, l'action du Parti communiste, dont il a eu besoin jusqu'à présent face aux Alliés mais qui, selon lui, veut prendre le pouvoir et doit donc être rigoureusement contré.

La stratégie du Parti en réalité s'adapte sans cesse aux circonstances. Le but ultime, l'ensemble des archives le prouve, est bien le contrôle de l'État, mais des impératifs politiques peuvent imposer des pauses ou des compromis. La guerre n'est pas finie, Staline redoute toujours un accord entre Allemands et Américains, une grande circonspection est donc de mise. L'heure n'est pas à une stratégie classe contre classe, elle vise plutôt à utiliser les « idiots utiles » selon le schéma léniniste : d'où la tactique du Front national, paravent du PC. Les communistes enfin doivent tenir compte de la personnalité du général, de sa popularité, de sa résolution affichée de les combattre. De Gaulle a peut-être surestimé le péril communiste mais personne en sens inverse ne peut dire avec précision ce qui se serait passé si à la place de l'homme du 18 juin étaient arrivés au pouvoir à la Libération des notables de la IIIe République dans le style d'Édouard Herriot. Qui peut dire alors que, même avec l'appui des Américains, un tel pouvoir aurait été capable de résister au PC ? L'exemple de la Yougoslavie fait réfléchir, en dépit de différences de contextes : on sait que par suite d'une erreur de Churchill le pouvoir communiste de Tito réussira à s'y imposer et à éliminer Mihailović, le « de Gaulle yougoslave ». « Le risque d'une prise de pouvoir communiste existait, témoigne Claude Bouchinet-Serreulles, à l'époque directeur de cabinet du ministre de l'Intérieur chargé d'une mission dans les régions. Cependant, pour que la menace devînt réelle, il aurait fallu que fussent affaiblis les éléments non communistes. Il aurait fallu surtout que de Gaulle fût un autre homme. Il est certain en tout cas que, dès cette époque, le comportement des ministres communistes impatientait le général. Nous n'avions aucune illusion : la collaboration avec les communistes ne durerait que le temps de la guerre. Moulin avec qui j'ai évoqué ce problème quelques jours avant son arrestation en était lui aussi conscient[6]. »

Qu'il surestime ou non le danger, de Gaulle se montre implacable, surprenant par sa brutalité ceux-là mêmes avec lesquels il avait pactisé, pour des raisons uniquement tactiques depuis 1941. Au cours de la tournée en province qu'il effectue à partir du 15 septembre il sévit immédiatement et avec une extrême dureté. La restauration de l'État est son objectif premier.

À Lyon, le 15 septembre, tout se passe plutôt bien, même si le commissaire de la République, le journaliste Yves Farge, n'est pas précisément le prototype du haut fonctionnaire selon ses vœux. Partisan d'une épuration rigoureuse, Farge entend qu'elle soit faite dans l'ordre. « L'insurrection s'achève, la République commence », affirme-t-il. Ce langage plaît à de Gaulle qui, préoccupé par le Parti communiste, est aussi soucieux de démontrer aux Alliés que son pouvoir est solide et effectif.

Le même jour, à Marseille, la visite se passe en revanche très mal. Dans ses *Mémoires,* de Gaulle évoque la « dictature anonyme du Parti communiste » à laquelle, selon lui, les autorités ne s'opposaient pas avec suffisamment de vigueur. Ancien animateur de Libération proche des communistes, le commissaire de la République Raymond Aubrac n'adopte pas assez vite, à son gré, la psychologie du haut fonctionnaire et se montre très faible vis-à-vis de ses amis. De Gaulle surtout est fort défavorablement impressionné par le défilé des FFI auquel on l'a convié : pas d'uniformes, sauf parfois un pantalon ou une vareuse. Les jeunes femmes sont pour la plupart en robes légères. Le déjeuner se passe plus mal encore. Lucie Aubrac a eu la malencontreuse idée de bousculer le protocole et de placer aux côtés de l'illustre visiteur, non les hauts fonctionnaires et les diverses autorités, mais les responsables FFI et le chef de la Résistance. Le général, furieux, ne desserre pas les dents. Le soir, un peu calmé, il met les points sur les i : « Aubrac, vous avez bien compris, il faut restaurer l'État[7]. »

À Toulouse, le climat est encore pire. De Gaulle est convaincu que le commissaire de la République Pierre Bertaux est dépassé par les communistes[8]. La situation locale lui paraît révolutionnaire. Très durement, il se heurte en particulier au colonel Ravanel, un polytechnicien de vingt-six ans, récemment promu colonel par le COMAC. Pour de Gaulle, Ravanel est un homme dangereux à la tête de forces incontrôlées, issues des Brigades internationales. Il ne nie pas les services qu'il a pu rendre au maquis mais il voit d'un mauvais œil les démonstrations de force incontrôlées auxquelles il se livre. Le premier contact entre le Connétable et les résistants de la région est donc exécrable :

> Nous attendions donc de Gaulle, témoigne Ravanel. Nous étions convaincus que sa venue donnerait un nouvel élan à notre effort. Nos principaux dirigeants militaires étaient là pour lui rendre hommage. Je les revois, alignés dans un salon de la préfecture, fiers d'être présentés au chef de l'État. Ces hommes qui méritaient le respect pour leur courage et leur dévouement symbolisaient la France de demain. Que fit de Gaulle ? Il passa devant eux, visage de marbre, avec sa seule question : « Quel est votre grade dans l'armée ? » Comme si c'était l'essentiel. Elle ne gênait pas les officiers de carrière. Elle devenait discriminatoire pour les officiers d'origine FFI. Indignés, ces hommes se sentirent humiliés[9].

Après le déjeuner, quand le général s'entretient avec Ravanel en tête à tête, l'ambiance est encore plus détestable. D'emblée de Gaulle attaque. De quel droit le jeune colonel porte-t-il des insignes de l'ordre de la Libération ? Le responsable de la Résistance est stupéfié. Emmanuel d'Astier et Pierre Bloch lui ont annoncé qu'il avait été nommé compagnon de la Libération. Il a eu le tort de les croire. Il retirera son insigne... Son interlocuteur décontenancé par cette entrée en matière, le président du Gouvernement provisoire enfonce le clou : toute la région FFI est, selon lui, caractérisée par un vaste désordre. Ravanel tente de se justifier. Peine perdue. De Gaulle affirme avoir ses propres informateurs. Ravanel s'aventure donc à lui demander quel rôle il assigne maintenant à la Résistance. La réponse fuse, brutale : « Les questions civiles ne vous regardent pas. Elles sont du seul ressort du commissaire de la République. » Pierre Bertaux, qui plaide la cause des FFI en évoquant Valmy et Jemmapes, s'attire lui aussi une sèche réplique : « Vous ne m'apprendrez pas l'histoire de l'armée française. Il n'y a qu'une armée française, et c'est l'armée de la France[10]. »

À Marseille comme Raymond Aubrac lui présentait Lucien Molina, secrétaire des syndicats de la ville, en lui faisant valoir combien il avait joué un rôle important dans l'insurrection, de Gaulle avait déclaré : « Je n'aime pas les chefs de bande. » L'algarade infligée à Ravanel s'inscrit dans la même logique. Déjà à Paris, un pareil traitement avait été réservé au futur prix Nobel Jacques Monod. Commandant FFI, il avait été reçu avec une froideur glaciale quelques jours après la libération de la capitale. « Pour les questions de service, veuillez les traiter avec le général Kœnig que j'ai nommé gouverneur de Paris », tels avaient été les seuls mots qu'il avait pu recueillir. Tel est de Gaulle, implacable, dès que l'essentiel est en cause, prêt alors à se comporter avec la même dureté qu'un Richelieu face aux grands féodaux.

Aux yeux du général l'autorité de l'État est si sacrée, le péril constitué par les communistes si intolérable, qu'il est disposé à accepter sans trop de problèmes de conscience des hommes qui ont pu un moment assez long travailler pour le compte de Vichy. Ainsi le lendemain, à Bordeaux, où il se rend ensuite et où la situation est également tendue, n'hésite-t-il pas à faire appel à Maurice Papon, ancien secrétaire général de la préfecture de la Gironde, dont, au dire d'Olivier Guichard, il connaît parfaitement le passé[11]. C'est donc avec son aval que Gaston Cusin, commissaire de la République « plein de bon sens et de sang-froid », prend à ses côtés pour le seconder celui qui sera, soixante ans plus tard, le second Français condamné pour complicité de crime contre l'humanité.

De cette tournée d'inspection en province qui se termine par des escales moins houleuses à Saintes et à Orléans, de Gaulle revient peu rassuré, décidé en tout cas à hâter l'amalgame des Forces de l'intérieur et des troupes régulières. Émanation du CNR qui les a créées en mars 1944 en vue du maintien de l'ordre après la libération, les milices patriotiques suscitent aussi, de sa part, beaucoup d'inquiétude et il va saisir le premier incident pour mettre fin à leurs activités. Le 23 octobre, à Maubeuge, deux collaborateurs qu'il vient de gracier sont exécutés par ces milices. Tout de suite le couperet tombe sous la forme d'un décret de dissolution. À Claude Mauriac, de Gaulle précise : « S'ils résistent, nous tirerons... en l'air. Mais ils ne résisteront pas[12]. » Il raconte aussi qu'avec rudesse il a apostrophé les deux ministres communistes en plein Conseil : « Ils n'ont pas bronché. Ils sont restés et du moment qu'ils sont restés, que deux communistes ont assumé la responsabilité de la chose, la partie est gagnée. » Les communistes ne sont pas dangereux, précise-t-il, encore à Claude Mauriac. « Tout au plus des roseaux peints en fer. On ne fait pas de révolution sans révolutionnaires. Et il n'y a qu'un seul révolutionnaire en France : c'est moi. »

Au-delà de la provocation, de Gaulle s'impose avec une énergie farouche. Ceux qui ne le connaissaient pas encore sont stupéfiés par tant d'assurance. Le résistant démocrate-chrétien Pierre-Henri Teitgen, devenu ministre de l'Information, ne l'a jamais vu avant de lui être présenté lors du Conseil des ministres du 9 septembre. Il est littéralement médusé par le numéro auquel il assiste. À peine installé, de Gaulle marque d'un mot que le gouvernement qu'il préside n'a en fait jamais cessé d'exister depuis juin 1940, qu'il n'est donc pas nécessaire de l'installer : « Le gouvernement de la République, modifié dans sa composition, continue. L'ordre du jour appelle d'abord l'examen de la situation militaire. » Teitgen est frappé par l'autorité du propos, inquiet aussi de sa dureté ; bien que résistant, l'homme est de ceux qui seront toujours gênés par le personnage : « Sur un petit papier que j'ai fait parvenir en sous main à Bidault j'ai griffonné : "Il est extraordinaire !" ... Le message m'est revenu avec cette réponse : "Lucifer était le plus beau des anges !"... Elle m'indigna : je n'ai compris que plus tard ce qui pouvait sinon la justifier, du moins l'expliquer [13]. »

Brutale, cynique, cette attitude est adaptée aux circonstances. Elle porte vite ses fruits. L'heure n'est plus aux faux-semblants. Associés à la lutte commune, associés aujourd'hui au gouvernement, les communistes sont clairement dans la ligne de mire du général. Autant il les tolère lorsqu'ils s'en prennent aux vichyssois, autant il les écrase lorsqu'ils prétendent lui dicter leur loi. Peu importe qu'il évalue ou non correctement la force du Parti. Son objectif maintenant est de rallier la frange centrale de l'opinion qui n'aime pas le désordre et souhaite voir le pays redémarrer. Le moyen le plus sûr de la rassurer est de se montrer ferme vis-à-vis des communistes, ce qu'a bien compris le biographe soviétique du général : « Pourquoi leur attribue-t-il des intentions de conspiration et des ambitions ? Cette attitude était avant tout dictée par un profond instinct antirévolutionnaire doublé d'un calcul politique certain. Existait-il une meilleure voie pour gagner les faveurs, la loyauté de la bourgeoisie qui constituait la moitié de la population du pays, que de se poser en défenseur de ses intérêts [14] ? »

Ces signaux discrets envoyés aux anciennes élites sont bien perçus. Un peu plus d'un mois après la libération de Paris, André Siegfried, dont les jugements sont représentatifs des modérés, ne cache pas sa satisfaction lorsqu'il converse avec des diplomates américains. La force du Parti communiste en France l'inquiète, la domination de la vie politique par des groupes issus de la Résistance suscite sa méfiance. Il n'en est que plus heureusement surpris par la ligne que le général a adoptée :

Pratiquement inconnu en 1940, il a gagné popularité et prestige parmi toutes les classes de la population, de sorte que personne n'a pu discuter son leadership après la Libération. Je connais bien les accusations qu'on a portées contre de Gaulle. On a prétendu qu'il voulait devenir dictateur, mais même si ces griefs s'avéraient exacts, de Gaulle ne pourrait rien contre la volonté du peuple français de revenir aux formes normales de la démocratie. Combien de temps la situation actuelle peut-elle durer ? Je suis incapable de le dire. En revanche, de Gaulle qui n'a ni programme social, ni programme politique, à la différence de Pétain aurait, je le répète, le plus grand mal à se métamorphoser en dictateur[15].

Cette stratégie visant à la fois à restaurer et à rassurer ce qu'il sait être son électorat potentiel, de Gaulle s'y tient, certain que, comme André Siegfried, beaucoup de responsables en France sont soulagés malgré tout de le savoir aux commandes. L'organisation d'élections générales étant impossible en raison de l'absence de deux millions de prisonniers de guerre retenus en Allemagne, il prend soin, dès le mois d'octobre, de mettre en place une Assemblée consultative complétée par les cadres de la Résistance qui n'avaient pu rejoindre Alger. Pour autant, il n'est pas question de confier à cette « instance de bavards » la moindre responsabilité. Dans ses *Mémoires de guerre,* de Gaulle est, à cet égard, particulièrement net. Évoquant le penchant de tous les élus à préférer le « tranchant des mots » aux actes, il conclut par une de ces formules qui enchantent ses affidés autant qu'elles révoltent ses adversaires : « En tout cas, il me paraît bon d'offrir un exécutoire à son bouillonnement. »

Jamais de Gaulle n'a peut-être été plus franc dans son machiavélisme, et il faut lui rendre cette justice qu'il ne fera rien pour intervenir dans le fonctionnement de cette Consultative élargie qui, réunie pour la première fois le 7 novembre, justifie d'emblée ses craintes en portant à sa présidence non le résistant Pascal Copeau, comme on l'attendait, mais le socialiste Félix Gouin, incarnation de la République des comités. Fidèle à l'attitude qu'il avait adoptée lors des débats de 1943, il ne manifeste pas non plus la moindre intention de fonder le grand parti travailliste auquel Brossolette rêvait et qu'appellent encore de leurs vœux des hommes comme Pierre-Olivier Lapie ou l'avocat Georges Izard. Seule la reconstruction de l'État lui paraît une tâche digne de lui désormais. Peut-être estime-t-il aussi qu'une pareille formation le gênerait dans ses initiatives, l'enfermerait dans une mouvance alors que son but, inavoué mais évident, est de ratisser beaucoup plus large, y compris du côté de cette droite, hier encore aux côtés de Pétain. En matière politique son seul vrai geste significatif est le discret appui qu'il donne à la démocratie chrétienne renaissante. Indépendamment de la sympathie, ancienne, qu'il éprouve pour cette famille d'idées, sans doute voit-il dans son action un contrepoids possible à certaines tendances de gauche.

Au total, de Gaulle veut surtout rassurer. Le rebelle des années londoniennes est déjà loin. L'homme d'ordre est de retour. À ce moment-là, il ne se montre même pas très soucieux de modifier le régime. « La démocratie que les Français veulent avoir, déclare-t-il le 25 octobre, lors d'une conférence de presse, c'est un système politique dans lequel, autant que possible, puisque les hommes demeurent les hommes, les abus de l'ancien régime parlementaire seront abolis. » « Au moment où il est arrivé à Paris en 1944, confirme Jean-Marcel Jeanneney, il a été tenté d'actualiser la Constitution de la IIIe République. C'est mon père qui l'a convaincu de ne pas poursuivre dans cette voie. En réalité, il n'avait pas alors d'idées très précises. Mon père lui a fait valoir que la IIIe République était, par essence, un régime d'assemblée[16]. » La IIIe République, qu'il vilipendait encore en 1941, n'est évidemment pas le modèle absolu pour de Gaulle. Simplement à l'époque le souci de réforme politique est encore secondaire dans son esprit.

Son but, en effet, n'est pas seulement la défaite des forces de l'Axe mais la participation de la France à la victoire, or cet objectif vers lequel toute son énergie est tendue depuis juin 1940 n'est pas encore atteint. De Gaulle a gagné la première manche en s'établissant à Paris, il n'a pas gagné la partie. Ses préoccupations, par conséquent, sont à ce moment-là d'ordre militaire et assez logiquement — même si tel aveu peut être difficilement compris de nos jours — il admet que l'intérêt national bien compris s'accommode de la continuation du conflit. Rien ne serait plus catastrophique aux yeux du général qu'un succès trop rapide.

> Que la guerre dût se poursuivre, n'hésitera-t-il pas à écrire, c'était assurément douloureux sous le rapport des pertes, des dommages, des dépenses que nous, Français, avions à supporter. Mais, à considérer l'intérêt supérieur de la France — lequel est tout autre chose que l'avantage immédiat des Français —, je ne le regrettais pas. Car les combats se prolongeant, notre concours serait nécessaire dans la bataille du Rhin et du Danube [...]. Notre rang dans le monde et, plus encore, l'opinion que notre peuple aurait de lui-même pour de longues générations en dépendaient essentiellement [...] Quelle chance enfin offrait à l'unité nationale cette phase suprême où tous les Français traversaient l'épreuve, non plus séparés comme ils l'étaient hier entre l'Empire libre et la métropole opprimée, mais désormais placés dans des conditions identiques et régis par un seul pouvoir[17].

Partant, dans la poursuite de la guerre contre le Reich, de Gaulle défend en toutes circonstances un point de vue politique au sens le plus élevé et, à ce titre, il lui arrive fréquemment d'entrer en conflit avec Eisenhower. Le seul but du commandant en chef allié est de vaincre le plus vite possible. Pour de Gaulle le plus important, il ne s'en cache guère, est d'imposer les troupes françaises dans les combats, de manière à donner à la France des titres à figurer parmi les vainqueurs, au moment de la signature de la paix. Dès le 6 septembre, il a ainsi insisté pour que les troupes françaises soient engagées le plus vite possible dans les prochains combats en Allemagne[18]. En pratique, une telle exigence n'est pas aussi aisée à satisfaire qu'on pourrait le croire. Les Américains, dont la France est dépendante en matière d'armement, ne tiennent pas en effet à trop équiper des forces dont tous les éléments n'ont pas encore été complètement amalgamés à l'armée régulière. Vue de Washington, la France n'est pas perçue comme un allié sûr. Inutile donc de prendre des risques au moment où se prépare l'assaut final contre le Reich. Un certain nombre de chefs militaires français renâclent aussi à accepter une stratégie qui ne paraît pas toujours dictée par de pures considérations militaires.

Leclerc, en particulier, ne cache pas qu'il préfère continuer à travailler directement avec les Américains plutôt que d'être placé sous l'autorité de de Lattre qu'il déteste.

Je viens d'apprendre, écrit-il à de Gaulle le 16 septembre, par le chef de mon corps d'armée américain qu'il serait question de rattacher la division à l'armée du général de Lattre. Je me permets de vous signaler que ma division (j'en suis sûr) et moi-même préférerions rester dans la IIIe armée pour les raisons suivantes : 1) Après les combats de Normandie et de Lorraine, la coopération est bonne avec nos camarades américains. 2) Nos unités, corps et services, ont bien pris dans le fonctionnement militaire américain ce qu'il y a de bon. Ceci ajouté aux qualités françaises permet un bon rendement. Je sais avec certitude qu'il n'en est pas de même à l'armée B. 3) Enfin, ceci est peut-être un détail. Le général de Lattre ne s'est pas conduit envers moi en Afrique du Nord d'une façon qui puisse me donner envie de servir sous ses ordres[19].

Il en faudrait plus pour vaincre la formidable obstination de de Gaulle qui va notamment réussir à imposer que les forces de Leclerc prennent possession de Strasbourg. Déclenchée le 18 novembre, l'offensive menée par le chef de la 2e DB aboutit le 22 à la prise de la capitale de l'Alsace. Succès éclatant. Le serment de Koufra est tenu. La légende du gaullisme s'enrichit d'un nouvel épisode. Dans ses *Mémoires,* de Gaulle affirme avoir exalté l'exploit l'après-midi même devant le Sénat. Selon Henri Amouroux, la scène n'a laissé aucune trace dans les comptes-rendus parlementaires.

Tant de résolution marque bien que de Gaulle n'a aucunement l'intention de baisser sa garde ; jusqu'à la dernière minute de la guerre il s'acharnera à défendre les droits de la France, fût-ce contre ses Alliés. Churchill s'en aperçoit bientôt. S'étant annoncé à Paris sans prévenir pour le 11 novembre, il déclenche, par cette seule initiative l'ire du Connétable. Logiquement la reconnaissance officielle, le 25 octobre, du Gouvernement provisoire par les Anglo-Saxons devrait détendre l'atmosphère. Il n'en est rien. Intervenue très tard, sous la pression de l'opinion, à l'approche des élections présidentielles américaines, la décision a d'autant moins conforté le général qu'en matière d'équipement des troupes françaises, Londres a adopté la même position que Washington et que le Premier ministre qui vient de s'entretenir à Moscou avec Staline n'a pas jugé bon d'avertir son interlocuteur français.

L'accueil reçu par Churchill à Paris donne le change. Moins de trois mois après la libération de la capitale il est difficile d'y mal recevoir celui qui, plus que beaucoup d'autres, y a contribué. Installé somptueusement au Quai d'Orsay, le Premier britannique est ravi : il bénéficie même de la baignoire en or de Göring ! Aux Champs-Élysées, la foule des Parisiens l'acclame. Devant la statue de Clemenceau, de Gaulle, hôte parfait, fait jouer le « Père la Victoire ». Churchill ne cache pas son émotion. Il subjugue son auditoire en déclarant dans son français approximatif : « Le général de Gaulle et moi, nous nous sommes connus par tous les temps... je veux dire par toutes les tempêtes. »

La réalité des entretiens est moins empreinte de chaleur. À preuve, le compte-rendu envoyé sur-le-champ par Churchill à Roosevelt :

> Des commentaires faits par la presse française et d'autres pays, il ressort que toutes sortes de choses ont été décidées par moi et de Gaulle à Paris. Vous pouvez être sûr que nos discussions au sujet des choses importantes se sont toujours référées aux trois grandes puissances et spécialement à vous qui avez, de loin, les plus grandes forces en France. Eden et moi avons eu deux heures de conversation avec de Gaulle et deux ou trois de ses conseillers, après le déjeuner du 11. De Gaulle a posé un certain nombre de questions qui m'ont fait sentir combien il était très peu informé de ce qui avait été décidé ou était en train d'être fait. Il est naturellement désireux d'obtenir tout l'équipement moderne pour huit divisions supplémentaires, équipement qui peut seulement être fourni par vous [...] J'ai appuyé cet argument.
>
> En même temps, j'ai soutenu le souhait français de prendre la meilleure part possible au combat [...] et de ne pas avoir à entrer en Allemagne comme en soi-disant conquérant qui n'aurait pas combattu. J'ai souligné que c'était un point sentimental mais qui devait recevoir considération. La chose importante pour la France est d'avoir une armée préparée aux tâches dont elle a actuellement la charge, plus précisément son obligation de maintenir une France pacifique et ordonnée derrière le front de nos armées et aussi, plus tard, de contribuer à l'occupation de parties de l'Allemagne.
>
> Sur ce second point, les Français ont insisté très fortement pour prendre part à l'occupation de l'Allemagne non seulement sous commandement britannique ou américain mais avec un commandement français. J'ai exprimé ma sympathie pour ce vœu, sachant bien que viendra un temps, pas trop lointain où les Américains reviendront chez eux et où les Anglais auront de grandes difficultés à maintenir de larges forces outre-mer.
>
> J'ai vu une dépêche Reuter, émanant sans doute de manière non officielle de Paris selon laquelle il avait été décidé que la France pourrait se voir assigner certaines zones, la Ruhr, la région de la Ruhr, etc. pour ses troupes en garnison. Cela est inexact et il est évident que rien de tel ne peut être réglé à ce sujet, sauf en accord avec vous. Finalement nous n'avons pas essayé de régler quoi que ce soit ou de faire des arrangements définitifs[20].

Dans ce message à Roosevelt (dont Churchill envoie une version un peu adaptée à Staline le jour même) tout, certes, n'est pas négatif pour de Gaulle. Le Premier ministre admet avoir été reçu à Paris de façon magnifique ; il est heureux d'avoir rétabli des contacts personnels avec son hôte. La stabilité du pays l'a également frappé : « D'une façon générale, j'ai eu l'impression de me trouver devant un gouvernement organisé, appuyé sur une large base et qui prend rapidement de la force. Je suis certain qu'il serait extrêmement imprudent de faire quoi que ce soit pour l'affaiblir aux yeux de la France en cette période difficile et critique. J'ai éprouvé une impression de très grande stabilité en dépit des menaces communistes et il m'a semblé que nous pouvions sans danger faire davantage confiance aux Français dans l'avenir. » Reste que Churchill n'a pas pris le moindre engagement quant au maintien de la présence française dans les colonies et surtout qu'il n'a pas oublié le refus de son interlocuteur de se lier par une alliance à la Grande-Bretagne. De Gaulle, de son côté, a eu le sentiment de se trouver face à un partenaire pris dans un jeu auquel il n'est pas admis lui-même et la lettre de Churchill à Roosevelt atteste que cette impression n'était pas entièrement fausse. Plus que jamais il est donc décidé à poursuivre le jeu de bascule auquel il se livre depuis le début du conflit.

En direction des Russes, il a multiplié, depuis plusieurs mois, les signaux tendant à montrer qu'à Paris se trouve désormais un partenaire avec lequel on peut parler, voire négocier. Le 27 mai 1944, à la veille de son départ pour la Grande-Bretagne, le général a ainsi entrepris de faire revenir à des sentiments plus confiants un homme qui ne l'aime guère : l'ambassadeur Alexandre Bogomolov. À l'issue d'un déjeuner dans un petit restaurant à Tipaza, au bord de la mer, à soixante-dix kilomètres d'Alger, il s'est livré à son intention à un numéro très au point :

« Depuis la fin du XIXe siècle, la France, de façon tout à fait naturelle, a recherché l'union avec la Russie sur le continent. Grâce à cette union, la France a bénéficié de la victoire à l'issue de la Première Guerre mondiale. La Russie a abandonné cette guerre en 1917 pour faire sa révolution. Cela a mis fin à l'alliance franco-russe. Le gouvernement français s'est alors rapproché de la Grande-Bretagne, ce qui n'est pas allé sans sacrifices, le plus dur étant la résiliation de l'union avec la Russie sur le continent. Les Russes de leur côté ont fait des avances à l'Allemagne mais ils sont maintenant définitivement persuadés qu'aucune union, stable et sérieuse avec ce pays n'est possible. Si la Russie désire résoudre le problème allemand de façon radicale et durable, elle peut le faire uniquement en s'appuyant sur la France et d'autres pays démocratiques européens.
Nos relations avec la Grande-Bretagne ont été marquées par beaucoup de contradictions. D'une part, Churchill m'a accueilli cordialement et m'a beaucoup aidé ; mais il n'a rien compris à ma mission. La France, pour lui, est un pays mort. Après la Première Guerre mondiale, Churchill croyait en la puissance de la France, en son armée. Le fiasco spectaculaire de cette armée en 1940 l'a fait changer d'avis. Pour lui, la France a perdu la face, elle n'a pas un mot à dire. Churchill voulait me transformer en simple instrument de sa politique. Quand je résiste, il entre en colère.
Les relations franco-américaines sont loin d'être chaleureuses. Roosevelt comprend qu'il a trahi la confiance de la France et jusqu'en 1942 il n'a rien fait pour l'aider à combattre l'Allemagne. À l'heure actuelle, les États-Unis cherchent à subordonner la France à leurs intérêts, à la transformer en base de leur politique européenne. »
En partant pour Londres, de Gaulle veut être sûr de notre soutien, en cas de heurts sérieux avec Churchill et les Américains[21].

Du côté soviétique, personne n'est pour autant dupe de ce jeu du général. Dans un rapport adressé au ministère des Affaires étrangères, le 31 août 1944, Bogomolov souligne tout ce qui peut séparer de Gaulle de l'Union soviétique[22]. Les hommes qui l'entourent d'abord : Massigli, Palewski, Billotte, Diethelm, René Pleven, François de Menthon et même Emmanuel d'Astier constituent pour lui « une bande de néofascistes » suspecte et, sans aucun doute, animée d'idéaux antisoviétiques et anticommunistes. De Gaulle lui-même est très méfiant, souligne le diplomate. Simplement, il est conscient de la faiblesse actuelle de la France. À l'avenir, il pense pouvoir tirer parti du fait qu'en Europe l'Allemagne est exsangue, la Grande-Bretagne soumise à des forces centrifuges dans son Empire, la Russie mise à mal elle aussi par le coût de la guerre. Les États-Unis étant hostiles et la France n'ayant pas les moyens de mener seule sa politique, de Gaulle, souligne Bogomolov, souhaite trouver un appui du côté soviétique. Il poursuit donc une tactique et, aux yeux du diplomate, il n'est pas du tout certain que l'Union soviétique ait intérêt à entrer dans son jeu :

> Au point où en est la situation en Europe, nous ne sommes pas intéressés par la reconstruction d'une France forte. C'est pour cela que nous avons tendance à soutenir la politique américaine qui consiste à affaiblir la France en insistant sur l'aide réelle que ce pays a prêté à l'Allemagne fasciste pendant la guerre et sur la responsabilité du peuple français. Cela ne signifie pas, conclut Bogomolov avec subtilité, que l'Union soviétique doit activement soutenir, voire doubler, les Américains dans leur politique d'affaiblissement de la France. Il est suffisant et plus profitable de ne pas empêcher les États-Unis de mener cette politique. C'est le sens de notre relative passivité dans les relations franco-soviétiques. Les résultats secondaires de cette politique sont les contradictions anglo-américaines, ce qui ne va pas à l'encontre de nos intérêts.

De Gaulle, qui, bien entendu, n'a pas connaissance de ces réflexions mais pourrait tout de même se douter de l'état d'esprit des Soviétiques à son égard, est convaincu pour sa part de l'importance du facteur soviétique, de l'opportunité de l'utiliser contre les Alliés occidentaux et donc de la nécessité de se rendre à Moscou sans plus tarder[23]. Depuis quelque temps il en a le projet mais il craint les conséquences de cette visite sur le plan intérieur tant que la situation n'est pas stabilisée, ce que Bogomolov a très bien perçu : « Le général depuis longtemps a l'intention d'aller en URSS ; il a déjà la permission de Staline mais il ne vient pas car il redoute que ce voyage ne suscite en France une vague de sympathie très forte envers l'URSS. Il a tout à perdre et rien à gagner à une telle visite[24]. » À présent, le général juge que le moment est venu d'effectuer ce déplacement, il en formule donc le vœu auprès de Staline qui y répond favorablement — non sans avoir souligné à l'intention de Churchill que dans toute l'affaire de Gaulle a été demandeur.

Mettant en œuvre la stratégie bien analysée par Bogomolov, le président du Gouvernement provisoire est alors sincèrement convaincu de la possibilité de mener enfin un grand jeu diplomatique. Le 22 novembre, avant son départ, il souligne, à la tribune de l'Assemblée consultative, que la France est en passe de retrouver les moyens de son indépendance. En conséquence, il demande qu'elle fasse partie du conseil dirigeant des futures Nations unies. Prenant le chemin de Moscou, il est certain de représenter aux yeux de la Russie une puissance méritant considération, sûr aussi de pouvoir faire échec aux convergences qui viennent de se dessiner entre les trois « grands » et d'où la France est exclue. Très vite, en dépit des apparences, ses espoirs seront déçus.

Compte tenu des circonstances, le voyage est une vraie expédition[25]. Partis de Paris le 24 novembre, le général et sa suite (Bidault, Juin, Palewski, Dejean, Charbonnières, Étienne Burin des Roziers et Jean Laloy) font d'abord halte au Caire, où ils rencontrent le roi Farouk, à Téhéran, où le jeune souverain Mohammad Reza Pahlavi est très impressionné par son visiteur, à Bakou, où ils montent à bord d'un train prestigieux dit « train du grand-duc », à Stalingrad, enfin où l'enthousiasme de la foule assemblée pour les accueillir paraît fort relatif. La veille à Vosdock de Gaulle a confié à ses compagnons de voyage : « Quel grand peuple. Ils sont venus jusqu'ici. — Je parle des Allemands[26]. »

La remarque témoigne de l'état d'esprit du général lors de son arrivée à Moscou, le 2 décembre, et son biographe soviétique cernera bien ses arrière-pensées, refoulées pour la circonstance : « L'histoire et la géographie, les instructeurs permanents de de Gaulle, lui suggéraient d'une même voix que le chemin de la renaissance et de la grandeur de la France passait par Moscou. Mais cela signifiait qu'il fallait une fois encore chercher un appui dans un monde qui lui était étranger par sa nature sociale[27]. » Le général, mais nous sommes là dans le domaine des suppositions, n'est peut-être pas non plus très satisfait d'être, par exception, en cette position de demandeur qu'il déteste.

À Moscou, l'accueil n'est guère chaleureux. Le général est le seul à percevoir un courant de sympathie en provenance de la foule. D'évidence, les Russes n'accordent pas une importance excessive à leur hôte. « Les dirigeants soviétiques, écrit Jean Laloy, s'intéressent plus aux alliés puissants qu'aux alliés convalescents[28]. » De Gaulle est irrité : il refuse d'occuper la maison des hôtes qu'on lui destine au motif — plausible — qu'elle est truffée de micros. Sans crier gare, il décide qu'avec Palewski et Guy, il ira s'établir à l'ambassade de France où règne un froid sibérien car elle n'est pas chauffée. Garreau a beau mettre en garde le général contre la mauvaise humeur de Staline : de Gaulle ne veut rien entendre.

De fait, quand les entretiens commencent, Staline ne cache pas son mécontentement, sans cesse il crayonne sur le bloc posé devant lui, indifférent à l'impression qu'il peut donner. Peut-être veut-il marquer qu'il ne demande rien ? De Gaulle ne se laisse pas décontenancer. Il sait pourquoi il est à Moscou, il sait qu'il l'a voulu, il est persuadé du bien-fondé de sa démarche, aussi est-il décidé à payer le prix qu'on lui impose. Devant le Tsar rouge, il se livre donc de nouveau au numéro bien éprouvé devant Bogomolov à Alger : la France se languit loin de l'Union soviétique, elle sait le rôle capital qu'ont joué les forces russes pour la libération. « Au fond la cause des malheurs qui ont frappé la France a été le fait qu'elle n'était pas d'accord avec la Russie, qu'elle n'était pas liée avec elle par un traité efficace. » Au passage, il décoche aussi un coup de patte cruel à Weygand, bête noire des Soviétiques : « Les Allemands ne lui ont pas manifesté suffisamment de gratitude. »

Il en faudrait davantage pour faire évoluer Staline ! Sans souci excessif des formes, il souligne donc, comme le général le rapportera dans ses *Mémoires,* qu'il n'est pas question de soutenir la France dans son grand dessein allemand. Au surplus, en ce qui concerne la Sarre et la Ruhr, l'avis des Anglo-Saxons est indispensable : « Les deux guerres ont montré que la force des puissances continentales était insuffisante pour maîtriser l'Allemagne. Sans l'aide des forces anglaises et américaines, il est difficile de vaincre le Reich. Il faut tenir compte de l'existence de ces deux guerres. » En revanche, Staline spécifie bien que la Pologne a vocation à s'étendre jusqu'à l'Oder et la Neisse. « Autrement dit, constate Jean Lacouture, Staline exige ce qui l'intéresse et ne propose rien en échange[29]. »

À qui revenait l'initiative du pacte ? D'après la version française publiée par de Gaulle en annexe du troisième volume des *Mémoires de guerre,* il ne fait aucun doute qu'elle venait de Staline. Tout autre est, en revanche, la version soviétique de l'entretien qui fait apparaître le général en position de demandeur et même en héritier de la politique étrangère de Pierre Laval[30] !

De Gaulle dit qu'il ne pense pas que le Rhin puisse assurer à lui seul la sécurité de la France. De Gaulle est d'accord avec ce qu'a dit le maréchal Staline sur la nécessité impérieuse de créer une union des États antiallemands. Après la dernière guerre, la France a tout sacrifié à cette possibilité et elle comprend qu'il ne suffit pas de résoudre correctement le problème des frontières pour que le danger allemand soit écarté. Il faut une alliance des puissances antiallemandes pour empêcher l'Allemagne d'attaquer à nouveau. Telle est l'opinion du gouvernement français.
Staline dit que c'est bien.
Molotov dit qu'en 1935 un pacte a été signé avec la France, mais qu'il n'a pas été appliqué.
De Gaulle dit que Molotov ne veut sans doute pas voir la différence entre Laval et de Gaulle.
Molotov dit qu'il voit la différence, mais qu'il a seulement donné l'exemple d'un accord qui avait été signé, mais qui est demeuré sur le papier et n'a pas été observé.
De Gaulle dit que le traité de 1935 n'a pas été ratifié, mais qu'en lui tout n'était pas mauvais. Il contenait des éléments qui maintenant ne sont pas à l'ordre du jour. Par exemple, une série de dispositions de ce pacte étaient subordonnées aux clauses de la Charte de la Société des Nations. À notre époque, cela ne convient pas. Cependant, le pacte par lui-même n'était pas mauvais. Telle est l'opinion du gouvernement français. De Gaulle demande ce qu'en pense le gouvernement soviétique.
Staline fait remarquer que le pacte de 1935 n'était pas mauvais, mais qu'il n'a pas été appliqué.
Molotov dit que l'histoire de ce pacte nous a donné une leçon pour l'avenir.
Staline dit que cette guerre, très dure pour l'Union soviétique et pour la France, nous a beaucoup appris.
De Gaulle demande si Molotov ne pense pas que, précisé et complété, le pacte de 1935 serait acceptable.
Molotov répond qu'il a lu il y a quelques jours une déclaration faite à une conférence de presse au ministère des Affaires étrangères par M. Offroy, lequel a déclaré que ce pacte n'existait plus.
De Gaulle répond que le pacte n'existe plus, puisqu'il n'a pas été appliqué et qu'il s'agit maintenant d'élaborer un nouveau pacte. Il demande si Molotov

ne pense pas que le pacte de 1935 peut servir de point de départ pour l'élaboration d'un nouveau pacte.
Molotov répond qu'il se fonde sur les paroles du maréchal Staline quant à la nécessité pour les puissances antiallemandes de se mettre d'accord.
De Gaulle dit que l'Union soviétique a signé un traité avec l'Angleterre en 1942 et avec la Tchécoslovaquie en 1943. C'est un bon traité[31].

Qui a tort ? Qui a raison ? En vérité, ainsi que l'a remarqué Jean Laloy, « on ne connaît pas bien la genèse du pacte de 1944[32] ». Comme le voyage du général de Gaulle à Moscou, il semble avoir résulté d'un désir réciproque manifesté par des allusions qui ont permis peu à peu de donner corps aux intentions cachées. Des contacts préliminaires allant dans ce sens inclinent à penser que la version soviétique n'est pas complètement inexacte : « Avant même l'arrivée des Français, précise Jean Laloy, Staline a interrogé Churchill et Roosevelt sur la proposition d'alliance que, selon ses informations, les Français s'apprêtaient à présenter et, d'après un télégramme nº 86 adressé à Moscou par le ministre des Affaires étrangères (Georges Bidault) le 24 novembre 1944, il est dit : « J'emporte enfin une documentation permettant d'aborder et de pousser aussi avant que le souhaiterait le gouvernement soviétique l'étude des rapports contractuels entre la France et l'URSS[33]. » Autre indice qui peut laisser supposer que le général a fait le premier pas : le télégramme adressé à Churchill par Staline le 4 décembre : « Durant les entretiens, le général de Gaulle, comme je m'y attendais s'est focalisé sur deux questions principales : les frontières de la France sur le Rhin et la conclusion d'un pacte franco-soviétique d'assistance mutuelle du type du traité anglo-soviétique. » Toujours d'après Staline, la signature du pacte est loin d'être acquise, « faute d'explications suffisantes de la part des Français[34] ». Il est vrai aussi que l'intérêt des Soviétiques était de ne pas paraître demandeurs.

Somme toute, les entretiens ont plutôt mal commencé. Le lendemain, dimanche, le général assiste à la messe à Saint-Louis-des-Français, la seule église catholique ouverte en Union soviétique. Peu après, il reçoit la petite colonie française à Moscou. Enfin, au cours du premier repas officiel, Staline semble peu à peu se détendre. Parallèlement, de Gaulle prend la dimension du personnage vis-à-vis duquel il éprouve une « sorte de fascination » selon Jean Laloy, témoin omniprésent, en raison de son rôle d'interprète[35]. Il voit surtout l'homme qui a su mener son pays dans la guerre, le porter à la limite de ses possibilités. Le champion de la cause française juge en orfèvre le champion d'une cause qui est moins à ses yeux la cause soviétique que celle de la Russie éternelle. D'où ce portrait fouillé comme un dessin de Clouet, l'un des chefs-d'œuvre de de Gaulle dans un art qu'il maîtrise d'autant mieux que ses modèles possèdent force et relief :

Staline était possédé de la volonté de puissance. Rompu par une vie de complots à masquer ses traits et son âme, à se passer d'illusions, de pitié, de sincérité, à voir en chaque homme un obstacle ou un danger, tout chez lui était manœuvre, méfiance et obstination. La révolution, le parti, l'État, la guerre, lui avaient offert les occasions et les moyens de dominer. Il y était

> parvenu, usant à fond des détours de l'exégèse marxiste et des rigueurs totalitaires, mettant en jeu une audace et une astuce surhumaines, subjuguant ou liquidant les autres.
> Dès lors, seul en face de la Russie, Staline la vit mystérieuse, plus forte et plus durable que toutes les théories et que tous les régimes. Il l'aima à sa manière. Elle-même l'accepta comme un tsar pour le temps d'une période terrible et supporta le bolchevisme pour s'en servir comme d'un instrument[36].

De Gaulle, bien entendu, entretient consciemment la fiction que Staline représente la Russie éternelle, et ses interlocuteurs ne sont pas dupes. « Cette approche, observera son biographe soviétique Nikolaï Moltchanov, était certes très éloignée d'une vue objective de la situation. Mais en repoussant à l'arrière-plan l'opposition entre les structures sociales et politiques de la France et de l'URSS ne facilitait-il pas un redémarrage de la coopération entre la France et l'URSS ? »

Mais pour le moment, la coopération piétine. « Ce doit être bien difficile de gouverner un pays comme la France où tout le monde est si remuant », interroge Staline. À quoi de Gaulle répond : « Oui, et pour le faire, je ne puis prendre exemple sur vous car vous êtes inimitable. » Piqué au vif, le dictateur évoque alors le nom de Thorez dont le cas est épineux puisque, déserteur en 1939, il a passé la guerre à Moscou. De Gaulle marque son mécontentement. « Ne vous fâchez pas, dit Staline. Je me permets seulement de vous dire que je connais Thorez et qu'à mon avis, c'est un bon Français... Si, j'étais à votre place je ne le mettrais pas en prison... du moins pas tout de suite. »

Pendant ce temps, dans les coulisses, les Russes s'emploient à faire monter les enchères. Molotov feint de s'affoler. Le gouvernement français est seulement provisoire. Or les juristes soviétiques sont très pointilleux. Le Gouvernement provisoire peut-il vraiment engager la parole de la France ? « Vous avez signé un pacte avec les Tchèques, répond de Gaulle. C'est un gouvernement provisoire. Vous voyez bien qu'il n'y a pas de difficultés. » Le général s'agace. Après avoir reçu Ilia Ehrenbourg qui lui offre son roman *La chute de Paris*, description de la prise de la capitale par les Allemands en 1940, il observe devant Jean Laloy : « Si nous avions 8 000 kilomètres derrière nous, c'est nous qui écririons aujourd'hui la "Chute de Moscou". Il ne faut pas qu'ils nous embêtent. »

Mais les Soviétiques s'acharnent justement à « embêter » les Français, à faire monter la pression en portant le fer sur ce qui fait le plus mal : la question polonaise. Bidault, le 5 décembre, s'en aperçoit lorsqu'il rencontre au Kremlin Molotov pour discuter le projet de pacte préparé par les Français et transmis à la partie soviétique. De la question polonaise, le ministre des Affaires étrangères soviétique fait un véritable préalable :

> « Un pacte d'assistance mutuelle, vous l'avez dit vous-même, doit se traduire par des mesures concrètes. Vous savez que pour nous la question polonaise est la plus importante. Un pas quelconque de la part de la France dans cette direction serait considéré comme un signe concret de bonne volonté. Le gouvernement soviétique ne considère pas qu'il y ait là une prétention extraor-

dinaire. La question est liée à la défense de l'Union soviétique. Il s'agit en somme de savoir si l'Allemagne aura de nouveau à l'avenir la possibilité de continuer sa politique d'agression contre l'URSS et aussi contre la France. Je le répète, je ne demande pas que le gouvernement français adopte la même attitude que le gouvernement soviétique mais un rapprochement serait utile[37]. »

Le 6, au Kremlin, Staline renouvelle la même demande auprès de de Gaulle. Comme le général précise qu'il ne voit aucune raison de rompre avec le gouvernement polonais de Londres et de lui préférer celui du Kremlin patronné par Moscou, Staline s'emporte contre les « réactionnaires polonais de Londres » qui ont commis l'imprudence de lancer l'insurrection du ghetto de Varsovie sans prendre son avis et qu'il a laissé écraser. Le maréchal très clairement laisse entendre que la signature du pacte est liée à un changement d'attitude vis-à-vis de la Pologne : « Vous avez dit que la France a de l'influence sur le peuple polonais. C'est vrai. Mais pourquoi n'en usez-vous pas pour leur recommander la solution nécessaire ? Pourquoi prenez-vous la même position stérile que l'Amérique et l'Angleterre ont adoptée dès à présent ? Nous attendons de vous, je dois le dire, que vous agissiez avec réalisme et dans le même sens que nous. » Il ajoute en sourdine : « D'autant plus que Londres et Washington n'ont pas dit le dernier mot. » De Gaulle reste intraitable : « Le futur gouvernement de la Pologne est l'affaire du peuple polonais et celui-ci doit pouvoir s'exprimer par le suffrage universel. »

La situation paraît bloquée mais, le 7 décembre, à seize heures, lorsque les ministres des Affaires étrangères se retrouvent au Kremlin, Molotov désarçonne Bidault par une nouvelle inattendue :

M. Molotov : Vous savez que le maréchal Staline et M. Churchill entretiennent depuis longtemps une correspondance personnelle. Hier, dans la nuit, le maréchal Staline a trouvé dans son courrier une lettre de Churchill sur la question.
M. Bidault : Ceci est un élément nouveau.
M. Molotov : Dans la lettre reçue hier M. Churchill exprime sa sympathie pour un pacte franco-soviétique : en même temps il expose une autre idée. Il écrit qu'il vaudrait encore mieux conclure un pacte tripartite qui incorporerait notre traité anglo-soviétique avec certaines améliorations. Je crois que le gouvernement français sympathisera avec cette idée.
M. Bidault : Je me demande quelle serait la réaction de l'opinion française. Elle verrait dans les négociations une certaine « infériorisation » de la France. Il existe déjà un pacte anglo-soviétique. La France passerait au pacte tripartite sans stade intermédiaire[38].

Contrairement aux supputations avancées par certains, c'est bien Churchill qui, dans un télégramme adressé à Staline le 5 décembre à cinq heures quarante du matin, a fait cette proposition. Pour quelle raison ? La réponse se trouve dans le second paragraphe du texte où le Premier britannique insiste pour que les Soviétiques ne s'engagent à rien concernant la frontière est de la Pologne, ce point devant faire l'objet d'une discussion lors du sommet à trois auquel Roosevelt ne veut pas convier la France. Manifestement, Churchill souhaite éviter un tête-à-tête franco-soviétique, mais il est bien évident que Staline a sauté sur l'occasion pour faire monter les enchères, désorienter ses partenaires[39].

De Gaulle, comme on pouvait si attendre, est très mécontent de l'initiative de Churchill qui l'empêche de jouer dans la cour des grands Maurice Dejean lui fournit des arguments : d'une manière générale un pacte est évidemment beaucoup plus difficile à mettre en œuvre à trois qu'à deux, surtout lorsque les pays signataires n'ont pas les mêmes principes politiques :

Dans le concret, un accord tripartite entre la France et l'URSS et la Grande-Bretagne se trouverait exposé à tous les aléas qui peuvent compromettre les relations, entre la France et l'URSS ; entre la France et la Grande-Bretagne ; entre l'URSS et la Grande-Bretagne.
Ainsi, se trouveraient multipliés les cas où un tel accord deviendrait pratiquement inopérant.
Un exemple récent est fourni par l'accord anglo-franco-turc de 1939. En raison de la défection française en juin 1940, cet accord n'a pratiquement pas joué, bien que l'Italie contre laquelle il était spécialement dirigé soit entrée en guerre le 10 juin 1940[40].

Lorsqu'il retrouve Staline au Kremlin, le 8 décembre, de Gaulle fait preuve d'une extrême habileté. S'il tient à son idée de pacte à deux, utile à ses yeux pour rétablir le rang de la France, il sait aussi combien son interlocuteur est obsédé par la question allemande. Pour avoir gain de cause, il lie donc indiscutablement les deux questions. Dans la version française, publiée en annexe des *Mémoires de guerre*, l'idée est sous-jacente ; elle est en revanche exprimée avec beaucoup de force dans la version soviétique :

De Gaulle : Au cours de la guerre précédente et de la dernière guerre, la France a pu voir dans la pratique quelle politique d'alliances elle devait pratiquer. Le peuple allemand est situé dans une situation géographique telle qu'il menace en premier lieu la France et la Russie. La France et la Russie sont les deux pays qui se trouvent directement sous la menace allemande et qui paient le plus cher lors des invasions allemandes, quand cette menace se transforme en agression. Ainsi, la France et l'Union soviétique peuvent être qualifiées de premier étage de la sécurité. Le deuxième étage, c'est l'Angleterre. L'Angleterre ne s'est jamais pressée, parce qu'elle est un empire colonial et parce que son peuple a une mentalité particulière. L'Angleterre est toujours entrée en scène lorsque l'Allemagne combattait déjà, lorsqu'il était déjà trop tard pour les puissances se trouvant au premier étage. Après la guerre et le traité de Versailles, la France a agi de concert avec l'Angleterre pour assurer sa sécurité. Le résultat, c'est que, dans cette guerre, la Grande-Bretagne a combattu avec hardiesse et avec force, mais après avoir tardé à prendre des mesures importantes. Ce n'est pas là un reproche de la part des Français. Ce phénomène est dans la nature des choses. Il s'explique par le tempérament du peuple anglais et par le fait que l'Angleterre est un empire. Lorsque l'Angleterre doit entreprendre quelque chose, il lui faut tout d'abord consulter le Canada, l'Australie, la Nouvelle-Zélande, l'Afrique du Sud, et elle doit regarder vers Washington. L'Angleterre ne se presse jamais ; or la sécurité est parfois une chose très urgente.

Staline : C'est un fait, car les Anglais n'ont pas de service militaire obligatoire ni de cadres militaires permanents. L'Angleterre se prépare lentement et maintenant elle a entraîné ses troupes au cours même de la guerre. L'Union soviétique et la France ont des armées permanentes et c'est pourquoi elles sont toujours prêtes.
De Gaulle : Oui, il existe encore un troisième étage de la sécurité, ce sont les États-Unis et les autres États. Avant que les États-Unis ne se mettent en route, la guerre a le temps de faire du chemin. Cette fois-ci, les États-Unis sont entrés dans la guerre alors que la France était déjà hors de combat, que la Russie était envahie et que l'Angleterre se trouvait à deux doigts de sa perte.
Les Français voudraient attirer l'attention sur le fait que les engagements pris entre alliés doivent entrer en vigueur quand c'est nécessaire, immédiatement ; or l'Angleterre est une alliée avec laquelle il est difficile d'avoir affaire : elle est toujours et partout en retard. Elle a des intérêts partout et elle a des frictions qui peuvent, un jour, compliquer la situation et empêcher l'Angleterre de prendre les décisions nécessaires. C'est un fait. Entre vous et nous, il n'y a nulle part aucune divergence et nous avons les mêmes intérêts par rapport à l'Allemagne. La France comme la Russie se trouve en terre européenne. Elles ont intérêt à avoir des moyens sûrs et rapides d'assurer leur sécurité. La politique française oblige les Français à souhaiter en premier lieu un pacte d'assistance mutuelle avec l'Union soviétique[41].

Après avoir asséné ses vérités, le général refuse le pacte à trois et la reconnaissance du Comité de Lublin. En toute hypothèse, précise-t-il, il quittera Moscou le 10, le pacte ayant été ou non signé. Sur le premier point, Staline n'insiste guère, ce qui incite à penser qu'en effet il a utilisé la proposition de Churchill pour faire monter les enchères. En ce qui concerne le Comité de Lublin, il se borne à enregistrer le refus français de le reconnaître. Son objectif majeur est visiblement la signature du pacte : « Certains États, souligne-t-il, empêchent la France d'avoir une politique indépendante. Le pacte l'aidera à avoir une politique indépendante à cent pour cent ».

De Gaulle ayant souligné de son côté l'importance des relations directes entre Paris et Moscou, il n'y a virtuellement plus d'obstacles à la signature du pacte, d'autant plus que les Soviétiques savent bien que les plans d'après-guerre conçus à Alger s'inspirent de l'alliance franco-russe de 1893 : l'Allemagne sera enfermée dans un étau franco-soviétique ; au Reich, se substituera une confédération germanique aussi faible que possible ; la rive gauche du Rhin sera sous contrôle français, le bassin de la Ruhr sous contrôle international. Ces perspectives ne sauraient évidemment déplaire à Moscou. Un seul problème reste en suspens : la reconnaissance du Comité de Lublin par la France.

Dans une note adressée vingt ans plus tard au secrétaire d'État Dean Rusk, Averell Harriman, à l'époque ambassadeur des États-Unis, affirmera avoir réussi à dissuader le général, lors de sa visite à Moscou, de reconnaître le Comité de Lublin :

J'ai le souvenir qu'en décembre 1944, quand j'étais ambassadeur à Moscou, je fus informé par Bidault que la France allait conclure un traité avec l'Union soviétique incluant la reconnaissance du Comité de Lublin. J'allai voir de Gaulle directement et lui dis assez carrément qu'il avait le choix entre la bonne volonté de Moscou et celle de Washington. Il changea sa position et tint bon énergiquement à la forte pression de Staline. Il obtint finalement son traité en évitant la reconnaissance du Comité de Lublin. Il était prêt à revenir à Paris sans le traité, bien qu'à cette époque il l'ait considéré comme d'un intérêt politique considérable[42].

Jean Laloy gardait lui aussi le souvenir de cette intervention peu connue de l'ambassadeur des États-Unis : « Averell Harriman, confirmera-t-il à Jean Lacouture et Jean Labib, a dit au général de Gaulle : "Surtout faites attention. C'est un terrain extrêmement glissant, vous allez vous compromettre pour rien[43] ' » Là encore, la légende a fait son œuvre. Face à Staline, le général semble, en fait, avoir défendu les droits des Polonais avec moins de fermeté qu'on ne l'a dit. Le certain est que de Gaulle va user d'une astuce pour donner satisfaction aux Anglo-Saxons et ne pas trop mécontenter Staline. Quand ce dernier attaque le gouvernement polonais de Londres, il s'abstient de répliquer craignant de déclencher un incident difficile à maîtriser ; en revanche, tout en maintenant sa décision vis-à-vis du Comité de Lublin, il accepte un matin, à Moscou, de recevoir à l'ambassade de France ses représentants — qu'il juge « de petites gens peu représentatifs ». Et surtout, dans la nuit du 9 au 10 décembre, il décide d'envoyer un « délégué officieux », Christian Fouchet, auprès du Comité de Lublin. Les apparences sont sauves. En fait, en reprenant, semble-t-il, une suggestion faite à Maurice Dejean, le 5 décembre, par le diplomate soviétique Sergueinev, de Gaulle a donné à Staline une satisfaction réelle. Évoquant cette question polonaise près de quarante ans plus tard, Jean Laloy résumera tres bien : « Il y a bien eu résistance française mais elle a porté sur la forme, plus que sur le fond... À Yalta, quand Churchill se plaint de ne pouvoir envoyer en Pologne quelques observateurs pour l'informer, Staline réplique : "De Gaulle a un représentant là-bas . Pourquoi n'en faites-vous pas autant ?" »

Jusqu'au dernier moment malgré tout Staline est décidé à pousser son avantage, à essayer de déconcerter son partenaire pour obtenir de nouvelles concessions. De Gaulle était-il prêt, comme le prétendra Alexandre Werth, à céder la Pologne en échange de la reconnaissance de la souveraineté française sur la rive gauche du Rhin ? Rien ne le prouve formellement[44]. On voit même mal comment le dictateur aurait pu donner une telle assurance à la France sans l'accord des Anglo-Saxons. Mais par une sorte de réflexe conditionné, Staline tente sa chance. D'où l'extraordinaire numéro auquel il se livre le 9 décembre au Kremlin, lors d'un dîner grandiose, copieusement arrosé, auquel assistent Harriman et l'ambassadeur de Grande-Bretagne John Balfour :

Avec le général de Gaulle, note le rédacteur anonyme d'une relation de la soirée, le maréchal Staline pendant tout le dîner se comporte surtout comme un chef militaire, il parle presque exclusivement de son armée. Il porte d'ailleurs des toasts à chacun des maréchaux et chefs d'armée présents. L'atmosphère du dîner a été froide en comparaison de celle qui régnait au premier déjeuner offert par le maréchal Staline. Tout était évidemment calculé pour impressionner les Français et leur faire croire que le gouvernement soviétique ne tenait pas particulièrement à signer. Du coup pendant tout le dîner le mot alliance franco-soviétique n'a pas été prononcé, on a parlé de l'amitié entre les peuples[45].

Pour impressionner les Français, tout est bon. Toutefois, Staline porte des toasts parfois menaçants. Devant le maréchal de l'Air, Novikov, il déclare : « S'il ne travaille pas, nous le ferons pendre. » Puis, la grande scène : « Ah ces diplomates ! Qu'ils sont ennuyeux ! Qu'ont-ils à parler ainsi ? Une mitrailleuse, voilà ce qu'il faudrait. » Et d'appeler Boulganine : « Allez me chercher une mitrailleuse et mettez-la en batterie. Ces diplomates ! Quelle race ! » Suit la projection d'un film. Le thème est d'un goût pour le moins douteux : un conflit éclate avec l'Allemagne, l'Armée rouge triomphe, la révolution éclate à Berlin. « Je crains que la fin de l'histoire ne plaise pas à M. de Gaulle », dit Staline. Du tac au tac, de Gaulle réplique : « Votre victoire en tout cas me plaît. Et d'autant plus qu'au début de la véritable guerre, ce n'est pas comme dans ce film que les choses se sont passées entre nous et les Allemands. » Sur cette allusion perfide au pacte germano-soviétique, de Gaulle s'en va. Staline proteste : on va maintenant projeter un film gai. L'assistance est frappée de stupeur.

La suite est racontée par le rédacteur anonyme de la note du Quai d'Orsay :

À ce moment, exactement à minuit dix, le général de Gaulle prendra congé du maréchal Staline et partira. Le maréchal le fait rappeler en lui disant que le film va commencer. Le général de Gaulle entre dans la pièce, il ressort presque immédiatement et quitte le Kremlin en demandant à M. Bidault de le suivre.

Trois heures durant, dans la nuit moscovite, les discussions se poursuivent entre diplomates. Les Soviétiques veulent imposer la reconnaissance du Comité de Lublin. De Gaulle résiste et refuse de revenir au Kremlin. Finalement les Soviétiques se rendent à ses arguments.

Vers trois heures du matin, la décision de signer le traité est prise. Les représentants soviétiques qui n'ont pas préparé leur texte nous demandent une heure de délai. Il est convenu que la signature aura lieu à 4 h 15 dans le bureau de M. Molotov. MM. Palewski et Dejean vont informer le général de Gaulle à l'ambassade. Lorsqu'ils sont rentrés au Kremlin le maréchal Staline a fait dire qu'il assisterait à la cérémonie de la signature. Le général de Gaulle décide de venir également. Il arrive vers 4 h 14 chez M. Molotov, quelques minutes après on annonce le maréchal Staline. La signature a lieu à 4 h 45. Elle est suivie d'un souper qui dure environ une heure.
La délégation française quitte Moscou le matin même par le train à dix heures[46].

Les adieux se déroulent dans une atmosphère assez désagréable. De Gaulle est contracté, contrarié aussi, à telle enseigne qu'il renonce à offrir à son hôte le cendrier qu'il lui destinait et le remet à son collaborateur, le général de Rancourt[47]. Staline continue de faire de l'humour. « Votre général est quelqu'un d'extraordinairement obstiné mais j'aime les gens obstinés », dit-il à Henry de Rancourt[48]. « Nous les avons pour dix ans ces gens-là », confie de Gaulle à Jean Laloy dans le train qui ramène la délégation française vers Paris.

Devant l'opinion française le voyage est incontestablement un succès. De Gaulle en allant à Moscou a donné l'impression de jouer dans la cour des grands. Sur le Parti communiste qui commençait à opposer le Gouvernement provisoire au Conseil national de la Résistance, l'effet sera également heureux : cette velléité inquiétante se trouvera stoppée net. Revenu de son exil moscovite le 30 novembre 1944, Maurice Thorez, dès son premier discours public, a choisi la ligne de la légalité républicaine[49] — qui se révélera favorable d'ailleurs au PCF que l'alliance du 10 décembre a renforcé.

Vus sous l'angle de la politique extérieure, les avantages du pacte prêtent en revanche davantage à discussion. On sait du reste qu'en 1955, lors de l'entrée de la RFA dans l'Alliance Atlantique, il sera dénoncé par l'URSS sans provoquer la moindre émotion. Sans doute ne pouvait-on prévoir en 1944 les grands retournements de l'après-guerre, mais comme le souligne très bien Jean Laloy, « on aurait pu s'interroger dès 1944 sur la nature des engagements souscrits à Moscou[50] ». Selon le texte des articles 3 et 4 du pacte, l'assistance est en effet obligatoire non seulement, comme dans le traité anglo-soviétique du 26 mai 1942, en cas d'agression allemande contre l'un des signataires, mais aussi si l'une des parties est « impliquée » dans des hostilités avec l'Allemagne pour avoir pris « toutes mesures nécessaires pour éliminer toute nouvelle menace provenant de l'Allemagne ». Autrement dit, en cas de guerre préventive. Obligation extrêmement lourde et qui risque de soumettre le moins puissant des deux signataires à la volonté de l'autre. Plus grave encore est le fait qu'une clause semblable existe dans le pacte soviéto-tchèque du 12 décembre 1943, clause qui figurera également dans les traités signés par l'URSS avec le gouvernement yougoslave du maréchal Tito, le 11 avril, et avec le gouvernement provisoire polonais, le 21 avril 1945. Entre 1943 et 1945, l'URSS met progressivement en place un système de sécurité sur le continent européen, système fondé non sur la résistance à l'agression, mais sur la prévention de l'agression. À supposer que, comme Roosevelt l'a dit à Yalta, les États-Unis aient quitté l'Europe deux ans après la victoire, comment un tel système n'aurait-il pas été dominé par l'URSS ?

L'hypothèse, à dire vrai, ne semble pas avoir beaucoup inquiété le général, qui a non seulement accepté la clause d'assistance obligatoire mais l'a proposée, comme l'attestent les archives, et alors que Molotov songeait plutôt à un pacte défensif. Venant d'un homme d'ordinaire si sourcilleux en matière d'indépendance nationale, une telle attitude ne laisse pas d'étonner.

Le bilan du voyage est donc pour le moins nuancé. Pour ses vrais débuts sur le scène internationale, de Gaulle vient d'éprouver à quels risques on s'expose en voulant poursuivre une politique exclusive de grandeur nationale, sans en avoir réellement les moyens. Sur l'URSS, sur Staline, le général n'a aucune illusion. En allant à Moscou, il voulait montrer que la France était redevenue indépendante, faire accepter aussi sa politique à l'égard de l'Allemagne, politique de force calquée sur celle de Poincaré après 1919, impliquant le contrôle de la Ruhr avec l'intention non dissimulée de s'emparer de son charbon. En échange, il était prêt à reconnaître la frontière est de la Pologne, c'est-à-dire en clair à avaliser une prise de territoires par Staline — intention conforme aux vues qu'il avait exposées devant Eden en 1943. Le dictateur soviétique allait-il accepter ce troc ? Toute son astuce consista à faire ressortir la faiblesse de la position française et à faire dévier les conversations sur la reconnaissance du Comité de Lublin. S'étant placé en situation de solliciteur, de Gaulle n'était pas à l'aise. Staline, il le comprenait bien, ne souhaitait pas du tout l'aider ouvertement dans ses desseins vis-à-vis de l'Allemagne. Pour obtenir le pacte, signe apparent de la puissance retrouvée de la France, il fallait donc céder sur la Pologne, en sauvant les formes. Dans la présentation du traité et plus encore dans ses *Mémoires*, publiés en 1959, le général devait s'y employer, sans convaincre toujours : contrairement à une de ces affirmations, les délégués échangés avec le Comité de Lublin n'étaient nullement « officieux », qualificatif ajouté dans le passage du *Salut* relatif à l'affaire : Christian Fouchet devait être accueilli avec de grands égards.

En réalité, indépendamment des graves dangers qu'il comportait, le pacte n'allait pas être l'élément essentiel de la restauration du prestige français espérée par de Gaulle. Seule une politique audacieuse, moins dépendante des vieux clichés du XIXe siècle, aurait pu faire entendre efficacement la voix de la France, mais il n'y était pas encore prêt. Si, comme de nombreux indices le montrent, les Soviétiques, sans en avoir l'air, étaient aussi désireux que le général de conclure un pacte, on peut estimer avec Jean Laloy que la délégation française avait sans doute plus de marge de manœuvre qu'on ne l'a cru à l'époque. « Mais, comme note encore l'éminent soviétologue, il aurait fallu de meilleurs rapports avec les alliés occidentaux pour affronter celui de l'Est. Il aurait fallu aussi une politique allemande moins inspirée du passé. Il aurait fallu enfin être prêt à se contenter d'un communiqué ou d'une déclaration commune manifestant le rapprochement soviétique sans chercher à conclure si vite un traité[51]. »

De retour à Paris le 17 décembre, de Gaulle est immédiatement absorbé par les problèmes militaires et il ne va pas tarder à s'apercevoir combien la France est fragile. La veille, les Allemands ont en effet amorcé une violente offensive dans les Ardennes avec l'objectif essentiel de dérouter l'adversaire. But provisoirement atteint puisque la 28e division américaine a été enfoncée dans la Sarre. Pour les Français, l'offensive allemande arrive en outre à un moment où le moral des troupes est mauvais du fait, selon de Lattre, d'une sorte de désintérêt de la population pour la bataille en cours. À cela s'ajoute la mésentente quasi publique entre Leclerc et de Lattre, l'un ne supportant pas les méthodes de l'autre. La situation est telle que de Gaulle doit aller sur le terrain calmer le jeu. Il passe le soir de Noël chez Leclerc, à Strasbourg, dans une ambiance de siège, puis s'en va réconforter aussi de

Lattre ulcéré. Leclerc, enfin, ne cache pas le plaisir qu'il éprouve à travailler avec les Américains : « La situation de la division dans l'armée américaine est actuellement bonne, a-t-il dit à Juin le 30 septembre. Nous sommes dans une unité française et bien française défendant les intérêts de la France et la représentant de notre mieux tout en bénéficiant des avantages certains des grandes unités alliées[52]. »

L'offensive allemande se révèle de grande ampleur. Vingt-quatre divisions allemandes dont dix de panzers sont impliquées. De part et d'autre de Dinant, l'attaque s'est développée avec brutalité en direction de la Meuse, près d'être atteinte le jour de Noël. « La Meuse franchie, souligne Henri Amouroux, tout le front allié au Pays-Bas comme en Belgique se serait effondré. Pour éviter la catastrophe, il a naturellement fallu déplacer des unités et dégarnir les secteurs calmes[53]. » Bloqués dans les Ardennes les 25, 26 et 27 décembre les Allemands, ni à bout de forces ni découragés, vont lancer dans la nuit du 31 décembre sept divisions en direction de Saverne.

À partir de là, se noue ce qui est pour de Gaulle un drame : la perspective que Strasbourg soit abandonnée. Les troupes américaines ayant dû s'étendre vers le nord afin de permettre à l'armée Patton de contre-attaquer, le commandement américain est enclin à attendre l'affrontement sans essayer d'y remédier. Du 25 au 28 décembre, la menace d'un abandon de Strasbourg par les Américains se précise. Le 28, Devers ordonne aux troupes placées sous son commandement et à de Lattre de se replier en cas d'attaque ennemie. Donc de ne pas défendre Strasbourg.

Officiellement, de Gaulle n'est pas informé. Seul de Lattre a été mis au courant par Devers des intentions de repli des Américains et, ayant mal compris le message écrit en anglais, il n'a pas jugé utile d'informer le général. Le 28 décembre cependant, Juin, de passage au quartier général d'Eisenhower, a eu vent des projets américains et a averti le général. Avec un léger temps de retard, celui-ci réagit violemment. Le 1er janvier, il enjoint à de Lattre de défendre Strasbourg dans l'hypothèse d'un repli américain ; il écrit à Eisenhower pour lui dire que, s'il comprend son état d'esprit compte tenu de la situation, il est décidé à combattre pour défendre l'Alsace et il adresse à Roosevelt une lettre dans le même sens. Le 2 janvier, alors que l'on connaît enfin officiellement l'ordre de repli d'Eisenhower, il confirme à de Lattre, par l'intermédiaire de Juin, ses instructions de la veille. Juin d'ailleurs dès le 2 janvier se précipite chez Bedell Smith :

— Le général de Gaulle, annonce Juin, a ordonné à de Lattre de prendre à son compte la défense de Strasbourg.
— En ce cas, qui relève de la désobéissance pure et simple, rétorque Bedell Smith, la première armée française n'aura plus de cartouches ni un litre d'essence.
— Bien. Alors le général de Gaulle interdira aux forces américaines l'usage des chemins de fer et des transmissions françaises.

Jusqu'au bout, Eisenhower feint de ne pas comprendre. Mais de Gaulle est résolu à ne pas céder, et il le dit le soir même dans un télégramme adressé à Roosevelt, tandis qu'il demande à Churchill de le soutenir. Son appréciation de la situation est très nette : d'un point de vue tactique le repli serait une erreur ; en outre, plus grave encore, il ouvrirait la voie à de terribles représailles contre les Alsaciens qui ont accueilli les Alliés à bras ouverts. De Gaulle heureusement n'est pas le seul à s'émouvoir d'une telle perspective : le général Patton, réputé pour sa dureté, note dans son journal, à la date du 25 décembre, qu'il préférerait demander à être relevé de ses fonctions plutôt que d'appliquer un tel ordre. Dans une lettre, inédite jusqu'à ce jour, adressée à Eisenhower le 3 janvier, de Gaulle est donc très ferme :

Cher général,
Je viens juste de recevoir votre lettre. De plus le général Juin m'a donné un compte-rendu de sa rencontre avec le général Bedell Smith.
Je suis prêt, à tout moment, à discuter avec vous les raisons stratégiques qui nous ont amenés à décider « a priori » d'évacuer l'Alsace et une partie de la Lorraine après que les forces américaines et françaises placées sous votre commandement les ont prises à l'ennemi au combat.
Le général Juin a informé notre chef d'état-major de mon opinion sur le sujet. En outre, dans ma lettre du 1er janvier, je vous ai indiqué, qu'à mon avis, il était possible de tenir sur le nord de Strasbourg, au moins le canal de la Marne au Rhin.
Quand cette lettre a été écrite, je ne connaissais pas en effet l'étendue de l'ordre de retraite donné par vous au général Devers et je pensai qu'il était question de Strasbourg seulement. Mais rien de ce que j'ai dit et rien de ce que j'ai écrit ne peut me faire penser que d'un point de vue militaire j'approuve vos vues, telles qu'elles sont connues de moi. Je voudrais vous dire franchement que la vérité est exactement le contraire.
Dans tous les cas, je suis obligé de vous confirmer que le gouvernement français ne peut accepter que l'Alsace et une partie de la Lorraine soient délibérément évacuées, sans combattre, alors même que l'armée française en occupe la majeure partie. Consentir une telle évacuation et dans de pareilles conditions serait une erreur, tant du point de vue de la conduite générale de la guerre que du point de vue de l'intérêt des Alliés et de l'intérêt national français dont le gouvernement français a la charge.
Je suis, par conséquent, forcé de nouveau de prescrire au général de Lattre de défendre, avec les forces françaises dont il dispose, la position qu'il occupe présentement et également de défendre Strasbourg, même si les forces américaines battent en retraite sur sa gauche. J'espère que la manœuvre de l'armée américaine en tiendra compte.
Je regrette beaucoup, pour ma part, ce différend à un moment si grave et j'espère qu'il pourra être réglé.

C. de Gaulle[54]

Logique, normale, puisque Roosevelt a précisé immédiatement que l'affaire était du ressort exclusif du commandant en chef, cette lettre — vraisemblablement dissimulée à dessein — atteste aussi une nouvelle fois combien le général prendra des libertés avec la vérité dans ses Mémoires. « Il s'y présentera, souligne très justement Jean

Lacouture, comme si ses réactions avaient constamment précédé les initiatives de son vis-à-vis américain, pris de vitesse et en quelque sorte dissuadé par un esprit de décision et de résistance. Soit par sympathie pour Eisenhower, soit par amour-propre, il ne veut pas laisser paraître qu'il fut à deux doigts de se retrouver lanterné et joué par le généralissime [55]. » Cette lettre à Eisenhower atteste précisément la fragilité de sa position, le caractère incomplet de son information.

Elle montre aussi, et c'est tout de même le principal, le caractère presque providentiel de sa démarche. On imagine quelle aurait pu être l'attitude d'Ike si Édouard Herriot ou un autre fantôme de la IIIe République avait été à la place de de Gaulle — à supposer au demeurant que ce personnage ait eu la même réaction. Seul, en vérité, le général pouvait s'exprimer haut et fort avec l'espoir d'être entendu, même s'il est vrai qu'en la circonstance il a été puissamment aidé par Churchill, qui aussitôt averti a bondi à Paris pour convaincre Eisenhower, et aussi par l'effondrement de l'offensive allemande du Nord. Cette dernière nouvelle le commandant en chef allié l'a eue, en effet, peu avant sa rencontre avec Churchill et elle a évidemment pesé lourd dans son changement d'attitude.

Tenue secrète, l'affaire laissera des traces Toujours furieux de devoir quelque chose à quiconque, de Gaulle redoublera d'aigreur à l'égard de Churchill. À de Lattre qui n'a pas dissimulé combien il lui était difficile en la circonstance de combiner son devoir de Français et sa position de chef d'armée d'une coalition, il ne cache pas non plus son mécontentement. Il en veut aussi à Leclerc, coupable d'avoir exprimé sa satisfaction de travailler avec les Américains.

En tenant bon, de Gaulle, en tout cas, a accompli l'un des actes les plus positifs de sa carrière, l'un de ces gestes téméraires qu'il était le seul à pouvoir se permettre. Jamais plus qu'à cette occasion n'aura été justifiée son intransigeance, le soin jaloux avec lequel il aura défendu les intérêts français. Vigilance d'autant plus justifiée que le danger d'un abandon de Strasbourg mettra du temps à s'estomper. La bataille durera encore trois semaines donnant l'occasion à de Lattre de s'illustrer. Le 22, l'inquiétude monte de nouveau. Leclerc télégraphie à Juin : « À quatorze heures, je viens d'envoyer un télégramme au général de Gaulle disant que le commandement américain serait toujours décidé à abandonner l'Alsace [56]. » Une fois encore le pire sera évité et, le 30 mars, de Lattre, bientôt suivi par Leclerc pourra enfin engager la bataille suprême sur le sol même du Reich après avoir traversé le Rhin.

XXI

AVEC LES VAINQUEURS

La guerre en cet hiver 1944-1945 n'est pas totalement gagnée, comme une hydre l'Allemagne nazie se débat et inflige encore des coups cruels mais le cauchemar, on le sent, est en train de se terminer. Pour les Français, rien n'a beaucoup changé sur le plan matériel, la poursuite des hostilités impose des privations ; l'éloignement des prisonniers meurtrit beaucoup de foyers. Reste l'essentiel : la liberté retrouvée, l'honneur rendu, l'impression aussi d'avoir à la tête du pays un personnage d'un singulier calibre. Au plus fort de l'enthousiasme consécutif à l'armistice de 1918, Clemenceau n'avait pas déclenché des sentiments analogues. Cette fois, il est vrai, l'État et la République ne doivent leur existence et leur légitimité qu'à un homme. Depuis le Consulat et la maîtrise avec laquelle Bonaparte sut mettre fin à la Révolution, sans doute n'avait-on pas connu un tel phénomène.

L'homme se caractérise d'abord par sa réserve, son impénétrabilité, le secret qu'il cultive. Par tempérament et par nécessité, il n'aime pas se livrer, entretient le doute sur ses desseins, s'enveloppe volontiers de mystère selon les principes jadis exposés dans *Le fil de l'épée.* Si, dans la vie sociale, il se départit rarement d'une grande courtoisie — ce qui n'exclut pas une certaine rudesse avec ses collaborateurs militaires — il se réserve le droit d'en jouer. À l'exception, vraisemblablement, de Mme de Gaulle personne ne peut se targuer de bien connaître le personnage privé. Sa sensibilité est réelle mais elle ne s'exerce que dans une sphère très restreinte. Peut-être sa fille Anne, handicapée, et qu'il continue à entourer de beaucoup d'affection, comble-t-elle son besoin d'affectivité. Pour le reste, le maintien de la distance est la règle fondamentale de ses projets, de ses actes, de son comportement.

Ses convictions les plus intimes restent difficiles à préciser. Catholique, il ne dissimule pas, loin s'en faut, son attachement à l'Église romaine. De ce point de vue, il se distingue de la tradition de la IIIe République, au sein de laquelle aucun catholique pratiquant n'avait jamais accédé, depuis le début du siècle, à des responsabilités de premier plan. Pour autant, la sincérité et l'intensité de sa foi demeurent sujettes à discussion. Se définissant lui-même comme « catholique par l'histoire et la géographie », il s'affirme surtout gallican avec force. « Je me souviens, écrit Pierre-Henri Teitgen, d'avoir croisé le nonce dans l'escalier qui montait rue Saint-Dominique au bureau du général. Le futur Jean XXIII en sortait, un long rouleau de papier sous le bras ; il suffoquait d'indignation, semblait-il. Comme je lui demandais ce qui paraissait l'irriter, il s'est contenté de me dire : "Je lui ai montré une carte de France marquée de points rouges qui représentaient des écoles catholiques à la veille de disparaître faute de ressources. Eh bien, il m'a brutalement répondu : 'Cette carte, c'est celle de la France, alors c'est aux Français, pas à une autorité étrangère, qu'il appartient de décider'. Le pape... 'une autorité étrangère', je n'avais jamais imaginé qu'il pouvait parler comme ça[1]." »

Contrairement à ce que prétendent ses ennemis, il n'est pas indifférent aux souffrances, aux malheurs de ses proches. Il est encore plus sensible à l'injustice dont pourraient être victimes ceux ou celles qui se sont dévoués pour le pays, parfois jusqu'au sacrifice suprême. À Alger, alors qu'il était absorbé par mille tâches, il a trouvé ainsi le temps de se pencher sur le cas de l'épouse de l'un de ses compagnons dans l'ordre de la Libération, créé à Brazzaville en novembre 1940 : « Mme Broche, veuve du colonel Broche, tué à Bir Hakeim, n'a toujours pas vu liquider sa pension et se trouve dans l'embarras, écrivait-il à Geoffroy de Courcel. Elle habite Tunis. J'ai déjà fait demander pourquoi cela n'aboutit pas. On me répond oui ! mais on n'a rien fait. Voir cela et ne pas interrompre jusqu'à ce que la chose soit effectivement réalisée[2]. »

La France est, cependant, pour lui une réalité un peu abstraite. Le paysage que l'on découvre de son bureau de Colombey-les-Deux-Églises (pour l'instant la maison acquise avant la guerre, ravagée par les Allemands, est en cours de restauration) est, à cet égard, révélateur : s'il est empreint d'une sobre grandeur, aucune trace de vie humaine, aucun village, pas la moindre agglomération n'y sont perceptibles. Sans le dire, sauf à ses proches, le général se console mal de voir les Français conformes à l'image qu'ils ont toujours donnée depuis les Gaulois : querelleurs, égoïstes, demandant tout à l'État mais rétifs à suivre ses injonctions lorsqu'elles les gênent.

À cette idée qu'il se fait de la France, de Gaulle s'identifie totalement. L'ambition, au sens vulgaire, lui est étrangère. En revanche, il croit à sa mission au service de la collectivité nationale, ce qui explique qu'il accepte difficilement la contradiction. « Ceux qui me servent, je les méprise. Quant à ceux qui me contredisent, je ne peux pas les supporter », dira-t-il un jour à son premier biographe, Philippe Barrès[3]. De cette identification à la patrie dans sa pérennité, il résulte que le général s'autorise à agir selon les principes machiavéliens. Le personnage privé, pour autant qu'il existe, peut être pénétré de la morale chrétienne ; l'homme qui assume littéralement la France ne se sent pas tenu par ces règles. « La perfection évangélique ne conduit pas à l'empire », constatait-il déjà dans *Le fil de l'épée.* Lorsqu'il le juge bon pour l'intérêt national, il utilise donc un langage volontairement équivoque. Il s'adapte aussi à ses interlocuteurs. Enfin, il n'a pas son pareil pour se résoudre à des positions de repli tout en jurant qu'il s'agit d'une suprême stratégie visant à atteindre le but défini de toute éternité.

Pour le général, aucun doute, la politique prime la morale. Quand la raison d'État s'impose, il n'hésite pas : seule la tutelle britannique a probablement sauvé, en 1942, l'amiral Muselier d'un traitement expéditif en établissement sanitaire ; en 1943, il a jugé — et l'a dit à Eden — que l'élimination de Darlan était nécessaire pour des raisons nationales. En vertu des mêmes motifs, il a refusé la grâce de Pucheu. Et tout indique qu'il aurait employé une manière encore plus forte qu'une énergique reprise en main si les communistes avaient tenté d'imposer leur loi. Un tel comportement heurtera bien des consciences. Soupçonné au début de la guerre d'être très modérément républicain, de Gaulle maintenant se voit suspecté par certains d'avoir une curieuse conception du catholicisme. « Soumis à la hiérarchie chrétienne des valeurs, écrira Pierre-Henri Teitgen, persuadé que la morale domine, en toute hypothèse, la politique, j'avoue que semblables propos me font peur. C'est pourquoi de Gaulle, s'il ne m'intimidait pas (je revenais de trop loin), m'a quelquefois fait peur : dans les cas où je ne savais pas si j'avais en face de moi le Connétable de Lacouture ou le Prince de Machiavel[4]. »

Le nationalisme du général — pierre d'angle de toute sa politique — n'est pas fondé sur une vision simpliste, outrancière, bêtement cocardière. Très profondément, il croit que l'État « national et souverain dans ses frontières naturelles », pour reprendre une expression qu'il utilise souvent, est l'aboutissement d'une très longue histoire et qu'il ne saurait être dépassé. Partant, la rivalité entre les nations est toute naturelle et, si la paix peut être considérée comme un but raisonnable, on ne peut, selon lui, espérer l'obtenir que par des accords entre États souverains, essentiellement provisoires et révocables. L'idée d'un ordre international possédant des normes supérieures à celles de chaque nation est absolument étrangère à sa pensée. À peine admet-il, et visiblement à contrecœur, une certaine harmonisation de points de vue entre alliés, sous réserve que le jeu de la France reste libre. Pour maintenir le rang du pays, sa dignité, sa liberté, il ne recule devant rien, aussi prompt qu'à Londres à relever les affronts. En cette année 1945, il fait payer durement aux Américains leurs attitudes passées.

À cette époque, des délégués d'une commission sénatoriale américaine arrivent en France. Les services de l'ambassade de France les décrivent sous un jour fort désagréable : agressivement antifrançais, reprochant aux alliés vaincus en 1940 leur capitulation, assurant que leurs souffrances durant quatre ans ont été exagérées. De Gaulle a accepté le principe du voyage mais à peine les délégués sont-il dans son bureau qu'il leur inflige un singulier traitement :

> Madame et messieurs, je vous recevrai avec plaisir quand vous vous serez mis en situation régulière. J'ai autorisé en raison des nécessités de la guerre vos forces militaires à atterrir librement sur mes aérodromes, mais pour entrer en France les civils américains doivent être munis d'un visa que vous n'avez pas encore obtenu. Monsieur le ministre de l'Information vous le fera délivrer

sans difficulté par le ministère des Affaires étrangères. Après quoi, je serai heureux de vous recevoir demain dans l'après-midi.

L'affaire s'arrangera ; munis des fameux visas, les délégués seront reçus avec beaucoup de bonne grâce cette fois. De Gaulle a voulu clairement marquer qu'il est le chef d'un État souverain et peut-être aussi faire sentir à ses hôtes qu'il avait été mis au courant de leur attitude inamicale.

Au début de 1945, Pierre-Henri Teitgen est témoin et, à son corps défendant, acteur d'un épisode encore plus surprenant, mettant en cause cette fois les Britanniques :

Une belle nuit, au début de 1945, je fus réveillé par un coup de téléphone du général. « Vous dormez », me dit-il sur un ton de mauvais augure. Lui ayant fait remarquer qu'il était deux heures du matin, il s'en tint à ajouter : « Eh bien, venez de suite » et raccrocha. À mon arrivée dans son bureau, il me tendit, blanc de colère, pour transmission à la presse, un papier ainsi conçu :
« Le ministre de l'Information communique :
Malgré les mensonges du gouvernement de Londres, le gouvernement de la République française déclare que la France entend faire respecter ses droits sur les cantons de Tende et La Brigue. »
J'étais stupéfait, tant les termes de ce communiqué me paraissaient inadmissibles. Je rendis son papier au général en lui disant que je ne pouvais prendre à sa place la responsabilité de ce texte ; que, maintenu sous cette forme, il paraîtrait impliquer la rupture de notre alliance avec l'Angleterre et que, dès lors, il serait nécessaire de le soumettre à l'avis du ministre des Affaires étrangères et même du Conseil des ministres.
J'avais à peine achevé ma phrase que le général se dressait, me prenait par les deux épaules et, littéralement, me jetait dehors.
Mon sang ne fit qu'un tour ; au bas de son escalier ma décision était prise.
Le lendemain matin, dès neuf heures, je téléphonais à Palewski, directeur de son cabinet, pour lui dire de transmettre au général le message suivant : « Le ministre de l'Information prie Monsieur le président du Gouvernement provisoire d'accepter sa démission et de lui faire connaître dès que possible le nom de son successeur. »
Au bout du fil, Palewski hoquetait et répétait : « Mais c'est impossible... c'est impossible. » Je lui ai répondu sèchement que ce n'était pas à lui que je m'adressais, qu'il devait seulement remettre ce message à son destinataire[5].

Encore sous le coup de la scène inouïe de la veille, Pierre-Henri Teitgen cherche à s'informer. Le Quai d'Orsay lui apprend qu'interrogé aux Communes, Churchill vient d'affirmer qu'à sa connaissance la France ne prétendait pas avoir des droits sur Tende et La Brigue, deux cantons situés à la frontière franco-italienne qui, autrefois savoyards et toujours de langue française, devaient effectivement revenir à la France. En réalité, le Premier britannique a parlé trop vite, comme cela lui arrive souvent, l'incident ne tire donc pas à conséquence et de Gaulle, en définitive, l'admet. Pour se faire pardonner son comportement sans perdre la face, il téléphonera lui-même à Pierre-Henri Teitgen le lendemain matin :

— Dites-moi, cher ami, je désire depuis trois jours régler avec vous certaines questions, voyez si vous le pouvez en fin d'après-midi.

J'en perdis le souffle, mais je compris tout de suite. Au réveil, il s'était rendu compte qu'il avait eu tort, que, certes, il ne pouvait pas s'excuser formellement, mais qu'il lui fallait du moins gommer l'incident de la nuit... il ne m'avait pas vu et rien ne s'était passé ! Je devais être assez intelligent pour n'en pas demander davantage. Dans la soirée, il fut aimable et charmant ; l'affaire était close à la manière gaullienne[6].

De Gaulle est-il donc l'adepte du nationalisme intégral prôné par Maurras ? Du doctrinaire de l'Action française, au demeurant clairement engagé dans le camp de Vichy pendant la guerre et qui ne va pas tarder à devoir rendre compte de cette erreur, il s'est, on l'a dit, éloigné depuis un certain temps, devant au fond beaucoup plus à Barrès, à Péguy, à leur nationalisme émotif. Par la primauté absolue accordée à l'État national, par son refus de toute notion d'ordre international — sinon par le biais du concert européen —, par la subordination proclamée, dans sa vision du monde, de l'individu au groupe, par une certaine pratique de la raison d'État, le général est bien dans la droite ligne de Maurras, étant entendu qu'il s'en distingue sur quantité d'autres points.

Le critère de l'intérêt supérieur de la nation qu'il adopte toujours en dernière analyse, de Gaulle s'y réfère aussi pour traiter le problème majeur de la France libérée : l'épuration organisée, contrôlée, inéluctable qu'il a fallu mettre en œuvre après la période des exécutions sommaires.

En la matière, l'opinion du général est, semble-t-il, arrêtée depuis longtemps, même s'il l'a rarement exprimée. « De Gaulle, résume Jean-Jacques de Bresson, à l'époque chargé de ces délicates questions à son cabinet, n'était pas un homme tendre et il n'avait aucune sympathie pour les collaborateurs mais il tenait à ce que la justice soit rendue dans des conditions aussi sereines que possible[7]. » En pratique, l'objectif se révèle difficile à atteindre, d'autant plus que le chef du Gouvernement provisoire veut assurer la continuité de l'État, ce qui implique que tous les fonctionnaires amenés à servir Vichy ne soient pas mis en cause. Au moment des combats de la libération, on le sait bien maintenant, il a même été amené à confirmer dans des fonctions d'autorité des hommes qui, tel Maurice Papon à Bordeaux, avaient été conduits à prendre des responsabilités dans l'application des lois antijuives. À cela s'ajoute la difficulté de rendre une justice équitable et crédible dans un pays où tous les magistrats professionnels, à l'exception d'un seul M. Lemaire, ont prêté serment au maréchal Pétain et où les résistants demandent des sentences expéditives à l'encontre des plus coupables.

La base légale sur laquelle l'épuration va être entreprise est l'ordonnance du 26 juin 1944 relative à la répression des faits de collaboration prise à Alger et publiée au *Journal officiel* du 6 juillet. La disposition essentielle en est l'article 6 assimilant les cours de justice aux cours d'assises. Le code pénal s'applique donc. En vertu de l'article 75 prévoyant la peine de mort pour tout Français ayant pris les armes contre son pays ou coupable d'avoir entretenu des intelligences avec une puissance étrangère en vue de favoriser les entreprises de celle-ci, le châtiment suprême peut être appliqué aux ex-collaborateurs. L'article 76 stipulant la même peine pour ceux qui auront livré les secrets de la Défense nationale permet d'atteindre d'autres catégories de coupables. L'article 83 visant les atteintes à la sûreté extérieure de l'État donne enfin la possibilité de requérir les travaux forcés à perpétuité contre des collaborateurs de moindre envergure. Dispositions à l'évidence peu critiquables puisque conformes au principe fondamental de la non-rétroactivité des lois. Plus discutées, puisque contraires à ce principe, seront les ordonnances du 26 août et du 26 décembre 1944, créant la peine d'indignité nationale et ressuscitant le délit d'appartenance dont Vichy s'était servi pour sanctionner les dignitaires des obédiences maçonniques. Par rapport aux cours martiales des lendemains de la Libération, les cours de justice n'en marquent pas moins un progrès sensible.

Les intellectuels sont parmi les premiers à rendre compte, et le général est d'autant plus sensible à leur cas qu'il les place très haut dans son échelle de valeurs. Il les juge tant par rapport aux fautes qu'ils ont pu commettre qu'eu égard à leur talent, celui-ci étant à ses yeux une circonstance aggravante.

Premier jugé, Georges Suarez n'est pas une figure de premier plan. Journaliste, proche de Briand, il a versé, par pacifisme, dans la collaboration. Dès le 23 octobre, il a été traduit en justice et le moins que l'on puisse dire est que son procès a été expéditif, marqué par une forte pression communiste. Quand la peine de mort est prononcée, le chroniqueur de *L'Humanité* écrit : « On est indigné qu'il soit laissé au misérable la faculté de se pourvoir en cassation. » Le 8 novembre, Suarez est passé par les armes. De Gaulle a refusé la grâce : s'il n'est pas, intellectuellement, une grosse pointure, le condamné a été l'une des vedettes de la presse collaborationniste.

Après quelques personnalités de moindre envergure, qui parfois s'en tirent assez bien, vient le tour, le 18 décembre, du capitaine de vaisseau Paul Chack, ancien président des Anciens Combattants, auteur de livres consacrés à la Grande Guerre et qui, malencontreusement, s'est engagé dans le combat antianglais et antibolchevique. Bien qu'âgé, Chack sera condamné au châtiment suprême et exécuté.

Accusé d'intelligence avec l'ennemi et même de trahison pour ses articles furieusement antianglais, le romancier et polémiste Henri Béraud aura plus de chance. Accablé par l'amiral Muselier — qu'il a traité d' « amiral de bateau-lavoir » — il se voit défendu par François Mauriac : « Henri Béraud n'a pas besoin de protester qu'il est innocent de crime d'intelligence avec l'ennemi. Les débats l'ont prouvé avec évidence. Qu'on déshonore et qu'on exécute comme traître un écrivain français qui n'a pas trahi, qu'on le dénonce comme ami des Allemands, alors que jamais il n'y eut entre eux le moindre contact, et qu'il les haïssait ouvertement, c'est une injustice contre laquelle aucune puissance au monde ne me défendra de protester. » L'argumentation de Mauriac convainc de Gaulle. Cette fois, la grâce est accordée. Ce qui amènera le socialiste Daniel Mayer à critiquer de Gaulle devant l'Assemblée consultative pour sa mansuétude à l'égard de collaborateurs.

C'est en janvier 1945 que s'ouvre le procès le plus important : celui de Robert Brasillach, normalien, longtemps disciple de Maurras, romancier et critique reconnu, figure de la collaboration intellectuelle à la tête de *Je suis partout*. Le talent de l'écrivain est évident. Son fanatisme, au service des plus mauvaises causes, ne l'est pas moins. Son procès est mené tambour battant : entré dans le box des accusés le 19 janvier 1945 à treize heures, il en sortira condamné à mort à dix-huit heures.

En sa faveur de nombreux intellectuels écrivains et artistes se mobilisent — bien que son cas soit peu défendable puisque, s'il n'a dénoncé personne, il a non seulement contribué à égarer l'opinion par ses articles mais écrit dans des publications où figuraient de véritables appels au meurtre et à la délation. Du communisant Jean Effel à Henry Bordeaux, d' Albert Camus à Jean Cocteau, de Paul Valéry à Paul Claudel et, de nouveau, François Mauriac, toute la France pensante intervient auprès du général en faveur d'une grâce. Albert Bayet, président de la Presse française, esprit réputé rigide, n'est pas le dernier à s'émouvoir : « Ah, mon général, permettez-moi de vous rappeler que la Révolution française ne s'est jamais lavée du sang d'André Chénier. » Rapprochement assez douteux car, en dehors du talent poétique, tout sépare l'auteur de *La jeune captive* et celui de *Notre avant-guerre.*

Dans un premier temps, on peut penser que ces appels à la clémence joueront en faveur de l'écrivain. Reçu le 3 février rue Saint-Dominique, François Mauriac croit entendre de Gaulle murmurer : « Mais non, on ne fusillera pas Brasillach. » En définitive, la grâce est refusée. Pour expliquer l'attitude du général, on évoquera l'hostilité à toute mesure de mansuétude de Georges Bidault[8] et François de Menthon. Avec plus de vraisemblance, on a évoqué aussi une photo parue durant l'Occupation dans le périodique *Ambiance* et sur laquelle les jurés avaient cru voir Brasillach revêtu de l'uniforme allemand. En réalité, il s'agissait de Jacques Doriot. D'après Me Jacques Isorni, défenseur du condamné, qui se fait remarquer à l'issue de ce procès, le général avait dit à Louis Vallon : « Je ne peux pas gracier Robert Brasillach ; il a porté l'uniforme allemand. Il y avait une photo de lui dans le dossier en officier. » Thèse fragile comme le remarque Henri Amouroux[9]. Pourquoi, dans ce cas, le général n'a-t-il pas demandé à l'avocat de plus amples précisions au cours du bref entretien qu'il eut avec lui avant de se prononcer ?

En réalité, la ligne adoptée par de Gaulle, en la circonstance, est assez facile à comprendre. Deux formules la résument. « Brasillach a joué, dira-t-il. Il a perdu. Il paiera. À son degré d'intelligence, il ne pouvait ignorer le choix qu'il faisait. La trahison d'un intellectuel. Le choix contre l'esprit. » À Claude Guy, il confiera encore : « S'il n'y avait eu que des articles, jamais je ne l'aurais fusillé. Mais il s'agit de faire comprendre à ces garçons qui ont été tentés de lui obéir où était le crime et où était le devoir[10]. »

Charles Maurras, lui, aura plus de chance, bien que sa responsabilité intellectuelle ait été grande dans le dévoiement de beaucoup d'énergies. S'il n'a jamais été proallemand, il a été l'inspirateur intel lectuel de la funeste Révolution nationale et des dispositions antijuives prises dès 1940 dans ce cadre. Surtout, il n'a cessé d'attaquer la Grande-Bretagne, les États-Unis et la Résistance. Dès le lendemain de son arrestation à Lyon, le 7 septembre 1944, de Gaulle s'est employé à ce que son procès, inévitable, ait bien lieu dans les meilleures conditions. Le 10 octobre, Claude Mauriac l'a ainsi entendu promettre que le vieux chef royaliste ne passerait pas devant la cour de justice de Lyon, suspecte, selon lui, de partialité, mais devant la Haute Cour : « Et on peut compter sur elle pour qu'elle ne lui fasse pas de mal. L'indulgence est dans les habitudes de la Haute Cour. » Cette attitude est plus compréhensible à la lumière de deux articles, fort élogieux, qu'a consacrés l'auteur d'*Anthinéa* à de Gaulle en juin 1940. Au demeurant, comme le dira André Malraux, il était impossible de condamner Maurras si l'on mettait en application la politique étrangère de Jacques Bainville. En définitive, le directeur de *L'Action française* sera jugé à Lyon, du 24 au 27 janvier 1945, condamné à la réclusion perpétuelle et à la dégradation nationale. Le général n'aura donc pas à intervenir pour décider du sort de celui dont il avait dit un jour : « Il est devenu fou à force d'avoir raison. » Les deux articles de juin 1940 ne seront pas évoqués au cours des débats, probablement parce que tout le monde y avait intérêt.

Au cours de ces premiers mois de la Libération, les intellectuels ne sont pas les seuls, loin s'en faut, à répondre de leurs actes devant la justice. Pour le chef du Gouvernement provisoire, le problème de l'épuration est central. Et dans sa manière de procéder, on retrouve son souci obsédant de restaurer l'État, de mettre fin à l'anarchie et à l'arbitraire. Pour ce faire, dès qu'il l'a pu, il a exercé personnellement le droit de grâce. Il entendait ainsi mettre fin aux dérapages multiples constatés lorsqu'au début les commissaires de la République exerçaient cette prérogative. De ces décisions souvent contestées par la base, les conséquences, pour le moins regrettables, ne s'étaient pas fait attendre : un peu partout, on avait constaté des attaques de prison afin de faire passer la justice populaire.

Dès le 14 octobre, à la radio, le général demandait que cessent les improvisations d'autorité, et le 14 novembre, Adrien Tixier, ministre de l'Intérieur, rappelait aux commissaires de la République que le chef du Gouvernement provisoire avait décidé d'exercer lui-même la prérogative suprême. Les attaques de prison et les exécutions des condamnés graciés ne cesseraient pas pour autant. Le 30 décembre, de Gaulle dut mettre les points sur les i dans une note adressée aux ministres de la Justice, de l'Intérieur et de la Guerre. Tixier, peu après, lui répondit en le rendant implicitement responsable des désordres, du fait de sa trop grande clémence. La justice avait décidément du mal à être efficace et sereine en cette fin de guerre, mais de Gaulle ne consentit jamais à déléguer l'exercice de cette prérogative d'essence régalienne : « Comment, dira-t-il à l'un de ses collaborateurs, comment avez-vous pu ne pas être spontanément attentif à ce fait que l'exercice du droit de grâce est la prérogative la plus haute d'un chef de l'État ? Cette responsabilité, elle pèse sur moi seul. Moi seul aurai à en rendre compte à Dieu[11]. »

Dans l'ensemble, le général joue un rôle modérateur. Le constat ressort tout simplement des chiffres : sur 1 554 condamnés à mort, il en graciera 998, c'est-à-dire 64 %. Cette tendance du chef du Gouvernement provisoire est attestée aussi par le témoignage de ses proches collaborateurs de l'époque. S'il se montre le plus souvent froid et impassible, comme le souligne Pierre-Henri Teitgen, bientôt en charge de la Justice, il donne au président Patin, directeur des affaires criminelles et des grâces, l'image d'un homme plutôt enclin à commuer les peines capitales chaque fois que cela s'avère possible : « Au premier jour, il comprit que le devoir du chef d'une République renaissante était de mêler aux rigueurs de la loi une certaine clémence, dira Maurice Patin. Aussi, dans bien des cas, gracia-t-il des condamnés à mort dont la commission des grâces, dans sa majorité, et le ministre lui-même proposaient l'exécution. Il ne se décidait que d'après sa conscience, et sa conscience était telle qu'à plusieurs reprises, après avoir signé dans la nuit l'ordre de fusiller un condamné, il me pria le lendemain de surseoir à l'exécution et de lui rapporter le dossier pour un nouvel examen. » « Le général a joué un rôle modérateur, confirmera Jean-Jacques de Bresson, à l'époque secrétaire de la commission des grâces, place Vendôme. Il n'aimait pas l'épuration. Il considérait qu'il fallait épurer le moins possible. Il graciait dès qu'il avait un élément favorable. Il a gracié systématiquement les femmes[12]. »

Pour certains, une telle mansuétude est d'ailleurs inacceptable. Les passions ont été telles durant la guerre, les blessures si profondes que les victimes du régime de Vichy ont parfois du mal à comprendre l'attitude du général. Le Parti communiste se distingue notamment par sa critique d'abord insidieuse puis tout à fait explicite de la ligne suivie en la matière par le chef du Gouvernement provisoire. Très vite, le droit de grâce de celui-ci est contesté dans son exercice et même dans son principe. « Pas de pitié pour ceux qui préparèrent et accomplirent la trahison de la patrie, a déclaré, dès le 10 décembre 1944, le député André Gillot. Pas de pitié pour ceux qui firent guillotiner les patriotes français... et qui livrèrent au peloton d'exécution ennemi 75 000 des nôtres. » Ainsi naîtra la légende du parti des 75 000 fusillés. Pour les représentants du Parti communiste qui entend asseoir sa légitimité sur son combat contre l'occupant (depuis 1941), il n'est pas acceptable que le général minimise le rôle et le nombre des collaborateurs : « une poignée de misérables et d'indignes », « un nombre infime de malheureux ». Bientôt, le ton monte. Les porte-parole du PCF ne se contentent pas de regretter le temps de la Révolution française « où l'on savait châtier », pour reprendre l'expression d'André Wurmser : ils mettent en cause le chef du Gouvernement provisoire.

Au départ, la campagne orchestrée par le PCF prend pour cible le garde des Sceaux François de Menthon, qui, à l'Assemblée consultative, les 20 et 21 février 1945, subit un feu nourri d'attaques, modérés et socialistes relayant à l'occasion les communistes. « Si les victoires de Fleurus et de Jemmapes ont été possibles, déclare notamment le socialiste Édouard Depreux, c'est parce qu'à l'arrière on avait su châtier d'une manière inexorable les traîtres et les trafiquants du marché noir. » Et le 2 mars, c'est encore un socialiste, Daniel Mayer, qui, à la tribune de l'Assemblée, en présence même du général, stigmatise l'exercice d'un droit de grâce qui fait croire qu'il y a deux justices. De Gaulle est d'autant plus furieux qu'il lui est impossible de répondre de manière argumentée, la prérogative mise en cause par Daniel Mayer étant d'essence régalienne. Dès lors, la pression des communistes et de leurs alliés ne faiblira plus. En juin, François de Menthon, en butte à de vives critiques, alors qu'il n'a rien d'un tiède en matière d'épuration, devra céder la place à Pierre-Henri Teitgen, lui-même rapidement mis en cause. En décembre, Pierre Cot, député radical, bientôt apparenté au groupe communiste, soutiendra un amendement visant à ôter au chef du Gouvernement provisoire l'exercice de droit de grâce.

Qu'on ne s'y trompe pas : si de Gaulle est si mécontent que l'on discute ses décisions en un tel domaine, c'est d'abord parce qu'il considère le droit de grâce non seulement comme une attribution essentielle du chef de l'État, mais comme le signe tangible du rétablissement de l'autorité politique. En l'occurrence, le général est fidèle à sa philosophie générale : l'individu y est subordonné au groupe, en toutes circonstances ; la charité chrétienne n'intervient dans son jugement que dans la mesure où elle ne contredit pas la raison d'État. Dans l'accomplissement de cette responsabilité suprême, il essaie de se montrer équitable. « Il ne s'agissait pour moi ni de sentiment ni de politique, mais de justice, dira-t-il à Claude Mauriac à propos de la grâce d'Henri Béraud. Intelligence avec l'ennemi ? J'étudie le dossier de près et pour Chack qui a donné l'ordre à des Français de s'enrôler dans l'armée allemande, je dis oui — mais pour Béraud, je cherche vainement où il y a eu intelligence[13]. » Inversement, quand un condamné, a fortiori s'il est un intellectuel, s'est conduit d'une manière vraiment indigne, toute intervention auprès du général est vouée à l'échec. « Un cormoran qui parle cormoran » : ainsi François Mauriac résumera-t-il sa conversation avec de Gaulle à propos de Brasillach, ce qui explique peut-être pourquoi il s'est mépris sur ses intentions à l'endroit de l'écrivain.

Peut-être appréciera-t-on mieux l'état d'esprit du général dans ces douloureuses affaires si l'on tient compte du fait qu'à cette époque il ne se passe pas de jour sans que son attention soit requise par les problèmes extérieurs. Si la chute du Reich paraît maintenant inéluctable, le maintien du rang de la France, sa participation officielle à la victoire nécessitent un incessant combat. Fin janvier, alors que se confirme l'échec de la contre-offensive allemande, divers généraux anglais et américains annoncent ainsi que, bientôt, s'ouvrira une conférence à trois destinée à arrêter des mesures propres à hâter le terme de la guerre et à préparer la paix. Toujours d'après la même source, la France en serait exclue. Le général — on s'en doute — est très mécontent, sans être vraiment surpris. Dès le 15 janvier, il fait parvenir aux trois alliés une longue note leur demandant de convier la France à la rencontre en préparation. La démarche n'a aucun succès. Pour des raisons différentes, les trois grands ne tiennent pas à voir de Gaulle troubler le jeu. Exaspéré par le comportement du général tout au long de la guerre, Churchill ne veut pas l'avoir à ses côtés. Tout au plus songe-t-il à une participation partielle de la France à la fin de la conférence. Parce qu'il sait de Gaulle très opposé à son projet d'ordre mondial sous l'égide des États-Unis, Roosevelt campe sur les mêmes positions. Staline, lui, n'a que faire de la présence d'un partenaire dont il peut craindre les velléités d'indépendance, alors qu'il vient de conclure avec lui un accord, somme toute, fort avantageux. Malgré les efforts d'Anthony Eden, le Premier britannique ne cédera pas : il est vrai aussi qu'il est persuadé de pouvoir défendre les intérêts français mieux que le général.

Le général n'obtient qu'un résultat : l'arrivée à Paris de Harry Hopkins, le conseiller intime de Roosevelt qui, déjà atteint par le cancer qui l'emportera quelques mois plus tard, s'emploie à éviter une nouvelle détérioration des rapports franco-américains. Le 27 janvier, Hopkins est reçu par le chef du Gouvernement provisoire auquel il fait part de la douloureuse surprise que les États-Unis ont éprouvée lors de la chute de la France en juin 1940, de l'incompréhension qu'a suscitée outre-Atlantique un certain nombre de comportements des Français libres. Dialogue de sourds. Le général est convaincu que Hopkins est seulement chargé de « faire passer la pilule ». Le conseiller de Roosevelt, lui, ne cache pas à son hôte qu'à Washington on doute fort de la pérennité de son pouvoir.

Par une de ces ruses dont l'Histoire est pleine, à Yalta, du 4 au 11 février, c'est pourtant Harry Hopkins qui œuvrera le plus en faveur des intérêts français. Tandis que Staline, relayé par Roosevelt, manifeste une complète opposition à l'idée d'une participation française au contrôle de l'Allemagne, le père Joseph de la Maison-Blanche appuiera très efficacement Eden et Churchill, avocats éloquents de la France, convaincus que l'équilibre de l'Europe sera favorisé par sa renaissance. À la différence de Hopkins, aveugle aux buts véritables de Staline, les deux Britanniques comptent aussi sur Paris pour contrebalancer l'emprise de Moscou mais il est de fait que la conjonction de leurs efforts aboutira à faire reconnaître à la France un statut que sa défaite de 1940 ne laissait pas espérer : dotée d'un siège au Conseil de sécurité des Nations unies dont la conférence inaugurale va s'ouvrir à San Francisco, devenue membre de la Commission de contrôle interallié, autrement dit le gouvernement militaire de l'Allemagne installé à Berlin, elle se voit en effet reconnaître, à l'instar des trois autres puissances, une zone d'occupation.

Sans doute y a-t-il une différence entre l'octroi un peu dédaigneux de tels avantages et leur obtention de haute lutte, mais, avec Jean Lacouture, il faut observer qu'en la circonstance de Gaulle paie le prix de son comportement incommode parfois cassant : « Trop faible pour s'incliner en 1940, le général n'est pas assez fort pour s'imposer en 1945. » Le bilan pour la France est, en tout cas, plus que satisfaisant :

Sans doute, la France n'a-t-elle pas été invitée à la conférence de Yalta bien qu'elle en ait nettement exprimé le désir, reconnaît le Quai d'Orsay[14]. Sans doute le rôle qui lui a été attribué par la déclaration des trois puissances ne paraît pas très important. Cependant, les résultats de la conférence sont dans l'ensemble favorables à nos intérêts et la part qui nous est faite, d'ores et déjà, nous permet de prendre une place de plus en plus importante dans les décisions futures.

Reste une question sans cesse évoquée depuis plus d'un demi-siècle et d'abord par le général lui-même : l'issue de la conférence aurait-elle été différente si le chef du Gouvernement provisoire de la République avait été invité à siéger ? En clair, de Gaulle aurait-il voulu et pu s'opposer au président Roosevelt qui, dans l'espoir illusoire de maintenir l'entente des années de guerre avec l'URSS, consentit sur les bords de la mer Noire de notables concessions à Staline ? Compte tenu des positions passées du général vis-à-vis de l'Union soviétique et surtout du discours très réaliste, pour ne pas dire cynique, qu'il avait tenu à Eden en 1943 — et d'où il ressortait que la mainmise de Staline sur de nombreux pays d'Europe de l'Est était inéluctable, voire normale à ses yeux —, on peut sérieusement douter qu'il aurait eu la velléité de contrer les projets du chef de l'exécutif américain. En dépit de leurs divergences, Roosevelt et de Gaulle n'avaient pas une attitude très différente à l'égard de l'Union soviétique. « Qu'aurait pu faire à Yalta le représentant de la France ? écrit très bien Jean Laloy. Dans quel sens aurait-il pu infléchir les décisions ? Quelle politique aurait-il défendue à propos de l'Allemagne ? Lié par une alliance pour l'après-guerre avec l'Union soviétique, qu'aurait-il pu constater sinon qu'il ne comptait guère aux yeux de son allié ? Par quels moyens eût-il fait prévaloir son point de vue[15] ? »

Mais dans l'esprit du général, le sentiment d'humiliation, la certitude — fondée — que l'on a voulu l'écarter l'emportent sur toute autre considération. Bien que Churchill ait puissamment défendu les intérêts français, il ne lui en sait aucun gré. Quant aux Américains, ce qui vient de se passer renforce encore l'animosité qu'il leur porte. Aussi accueille-t-il particulièrement mal l'invitation qu'au retour de Yalta lui adresse le président Roosevelt, lors d'une escale à Alger. De Gaulle enrage d'être ainsi convoqué, sinon en territoire français du moins à bord d'un cuirassé amarré dans une base française. Sa colère est d'autant plus grande qu'il n'a pas été convié seul mais avec de nombreux chefs d'État arabes, y compris de républiques sous mandat français. On a beau lui faire valoir qu'il ne serait pas de bonne politique d'infliger une rebuffade à un homme malade, qu'il a semblé lui-même souhaiter une telle rencontre, que Georges Bidault, du moins, a cru le comprendre, rien ne peut le calmer. C'est donc une sèche fin de non-recevoir qu'il oppose à Franklin Roosevelt, et pour la première fois en une telle affaire, il est critiqué non seulement par la presse anglo-saxonne mais par une partie des journaux français.

D'Indochine arrivent aussi à ce moment-là de bien mauvaises nouvelles. Le 9 mars 1945, l'amiral Decoux, dont on connaît la position ambiguë, reçoit en fin de journée l'ambassadeur japonais Matsumoto. L'ordre du jour de l'entretien est un simple problème de fournitures. Or, tout à coup, Matsumoto sort de sa poche un ultimatum exigeant, sur la base de l'« accord de défense commune », que les forces militaires françaises et les services civils nécessaires aux opérations militaires soient placés sous son autorité. Le gouverneur général essaie de temporiser. En vain. À vingt heures, les Japonais passent à l'attaque. Dix minutes plus tard, la citadelle de Hanoi tombe. Très vite, toutes les autres garnisons vont connaître le même sort. Les plans de repli se révèlent illusoires. En moins de vingt-quatre heures, l'armée française qui s'est pourtant bien défendue (les Japonais accordent les honneurs de la guerre aux défenseurs de la citadelle) est mise hors de combat. Quatre-vingts ans de présence française prennent fin. L'épreuve est d'autant plus dure que les Japonais font preuve d'une cruauté inouïe. Non seulement Decoux et tous les membres de l'administration française sont internés, certains enfermés dans des cages et torturés, mais les forces nippones pillent et violent au mépris de toutes les lois de la guerre. Circonstance aggravante enfin : la résistance française, totalement inefficace, a montré de graves carences.

Le coup du 9 mars, à l'évidence, était prévisible. Les effectifs japonais avaient considérablement augmenté en un peu plus d'un mois, et la Sûreté disposait d'informations annonçant l'imminence d'une intervention. Or le général Mordant, chef de la Résistance et détenteur des pouvoirs militaires, a refusé de prendre les rumeurs au sérieux.

> Plus grave, écrit Jacques de Folin [16], historien de cet épisode, le 9 mars en fin d'après-midi deux compagnies de la garnison de Quang Yen partent en exercice au nord de Haiphong. Au moment de prendre le bac de Son Bac Dan, elles sont attaquées par l'armée japonaise qui ouvre le feu et les poursuit jusqu'à la citadelle de Quang Yen. Cet incident montre que les Japonais, forcés par les circonstances, ont attaqué plus tôt que prévu. Le résident de la province, l'administrateur Pisier, informe le résident supérieur de Hanoi M. Chauvet, vers dix-huit heures. Aussitôt le directeur de cabinet de Chauvet, l'administrateur Bonfils, prévient le général Aymé de l'imminence d'une attaque générale. Non seulement Aymé ne le croit pas mais il lève les mesures de sécurité (troupes consignées) prises le matin à Hanoi.

Commentant la conduite d'Aymé et de Mordant en la circonstance, Folin conclut : « On est confondu devant la légèreté, sinon le stupide entêtement, des deux grands chefs. » « Mordant, de l'avis général, ne s'est pas montré à la hauteur des circonstances. Il ne sait pas fédérer les éléments civils et militaires de la Résistance qui continuèrent de plus belle à se tirailler entre eux », souligne Frédéric Turpin dans une remarquable thèse sur le gaullisme et l'Indochine [17]. « Je suis allé voir Mordant chez lui, précise M Chauvet, pour lui dire que l'attaque était imminente mais il n'en a pas tenu compte. La responsabilité d'Aymé est à mon sens moins grande. Il a surtout été faible en la circonstance[18]. » Une fois de plus, on mesure combien de Gaulle a pu être desservi par des exécutants dénués de compétence.

Face à un tel désastre, la polémique, immédiatement, fait rage. Tout captif qu'il soit, Decoux triomphe. Depuis plusieurs années, il plaidait en faveur d'une politique de neutralité en Indochine. Pour lui, aucun doute : la politique belliqueuse de de Gaulle a suscité l'intervention japonaise. Au surplus sous la houlette de Mordant, son rival, l'organisation de la Résistance s'est révélée incohérente et a abouti à la confusion la plus extrême des pouvoirs. Ses partisans soulignent aussi la lourde responsabilité prise par l'émissaire du GPRF, François de Langlade, qui, fin novembre, a refusé de transmettre des instructions venues de Paris qui, à son avis, donnaient à l'amiral, longtemps resté fidèle à Vichy, des pouvoirs qui n'auraient pas été acceptés par la Résistance[19].

De Gaulle, on s'en doute, a une tout autre explication : loin d'avoir été provoqué par sa ligne de conduite, le revirement japonais a pour origine les progrès des Alliés dans le Pacifique. La chute des Philippines a conduit l'état-major nippon à définir de nouveaux objectifs. En réalité, l'affaire est complexe. Il semble que la chute des Philippines ait permis au ministère des Affaires étrangères de Tokyo de l'emporter sur l'état-major réticent à intervenir : la diplomatie japonaise était en effet convaincue de la nécessité d'un coup de force depuis l'arrivée au pouvoir du général à Paris et son alignement sur les Alliés[20].

Pour de Gaulle, en tout cas, les événements d'Indochine sont d'autant plus catastrophiques qu'il ne dispose pas sur place de forces susceptibles de contre-attaquer et que l'aide des Alliés est des plus réduites : les Américains, alertés, se bornent à effectuer quelques actions de bombardement. Tout ce qui se préparait en Indochine est jeté à terre, sans que l'on distingue une solution de rechange.

Faute de pouvoir faire autre chose et toujours décidé à réaffirmer la présence française, avant d'envisager des solutions différentes, le général commence par exalter la Résistance. Claude Mauriac note que, dans son discours radiodiffusé du 14 mars, il grossit la résistance française et surtout son efficacité. Dans la foulée, il affirme que ces événements, si malheureux soient-ils, ont tout de même permis de tester la fidélité des autochtones à la France — ce qui est loin d'être exact. Devant l'Assemblée consultative, le 20 mars 1945, il célébrera encore « la cohésion définitivement établie entre cette vieille métropole et les territoires d'outre-mer où elle a porté, souvent avec de grands mérites, et toujours avec de grandes idées, son drapeau qui est celui de la liberté[21] ».

D'un point de vue pratique, de Gaulle ne peut compter que sur des maigres forces. Le groupement du général Alessandri, en manœuvre à l'ouest de Hanoi, est parvenu à se soustraire aux troupes japonaises ; le 24 mars, il arrivera à Diên Biên Phu après des marches épuisantes au cours desquels dix pour cent des hommes sont morts de faim et de soif. Commandant de la région de Tonkin, le général Sabatier l'y rejoint avec ses soldats ; bien inspiré, il a pris au sérieux les rumeurs d'intervention japonaise et a quitté Hanoi à temps avec son état-major. Les deux généraux ont l'espoir de se maintenir à Diên Biên Phu au moins quelque temps. De Gaulle dépêche François de Langlade et le colonel Passy avec la mission de garder une portion, si faible soit-elle, des territoires indochinois, point de départ d'une action politique sur l'ensemble de l'Indochine. Désigné le 23 mars pour succéder à Mordant dans ses fonctions de délégué général, Sabatier ne pourra malheureusement s'acquitter de la tâche fixée, irréaliste, compte tenu des moyens réels d'action de la France en Indochine. La pression nippone est trop forte, l'aide américaine trop faible.

Plus le temps passe, plus les conséquences du coup de force japonais apparaissent catastrophiques. Voyant se dérober un territoire sur lequel il entendait, fût-ce de façon provisoire, rétablir la pleine souveraineté française, le général va se rétracter, s'arc-bouter sur des positions en définitive assez conservatrices. Le 24 mars, il rend ainsi publique, sous l'égide du GPRF, une déclaration sur l'Indochine qui, désormais, va lui servir de charte en la matière et brille surtout par ses ambiguïtés. Pour l'époque, le texte peut paraître marquer un progrès : le régime colonial antérieur est aboli, tandis qu'est créée une Fédération indochinoise disposant d'une liberté propre au sein de la future Union française. Mais en regard de ces novations la tendance au statu quo subsiste, dans la mesure où la constitution de la Fédération future n'a aucun caractère démocratique — le gouverneur général français y dispose de pouvoirs exorbitants non contrebalancés — et où la consultation de la population n'est pas réellement envisagée.

Or c'est précisément là que le bât blesse. En prétendant rétablir la souveraineté française — fût-ce avec des aménagements — sur un territoire dont les Japonais sont assez habiles pour annoncer l'émancipation, de Gaulle paraît aller à contre-courant de l'évolution historique. L'impression est d'autant plus fâcheuse qu'en distinguant cinq pays — Tonkin, Annam, Cochinchine, Cambodge et Laos — la déclaration gouvernementale semble faire fi de l'unité du Vietnam, fer de lance des nationalistes et réalisée depuis le coup de force japonais. En fait, il y a une nette antinomie dans ce texte de compromis entre les libertés démocratiques proclamées et les impératifs de rétablissement de la présence française.

Dans ces conditions, l'accueil réservé à cette déclaration ne peut être que décevant. Critiqué au nom du libéralisme par des coloniaux lucides tels que le gouverneur Henri Laurentie, elle est refusée sans appel par les premiers intéressés, autrement dit les Indochinois. Pour les intellectuels vietnamiens de France, la déclaration est dépassée. « Les contacts pris avec des organisations indochinoises (surtout vietnamiennes) sur place ne donnèrent guère plus de résultats intéressants, écrit Frédéric Turpin. La déclaration gouvernementale, et le futur statut de l'Indochine qu'elle contenait, lorsqu'elle fut connue par les intéressés ne recueillit que désapprobation et condamnation[22]. » Elle n'en devient pas moins la bible gaullienne en matière de décolonisation pour l'Indochine. L'amiral Thierry d'Argenlieu notamment, qui se verra confier un peu plus tard d'importantes responsabilités en Indochine, continuera à vouloir appliquer la politique définie par le général, même après son retrait du pouvoir en janvier 1946.

Mais, dans le même temps, la guerre arrive enfin à son terme. À partir du premier jour d'avril, les événements s'emballent. Le 12, Franklin Roosevelt s'éteint, immédiatement remplacé par le vice-président Harry Truman. De Gaulle voit ainsi disparaître quelque temps avant la fin de la guerre l'homme qui a peut-être œuvré le plus en faveur de la victoire et s'est montré au sein de la coalition son adversaire le plus implacable. Le général, à son habitude, juge l'illustre disparu avec une certaine sérénité : « Roosevelt, dit-il à Jean Donnedieu de Vabres, était en réalité un aristocrate. Il a rendu d'immenses services à l'Amérique. Mais il avait bien vieilli. Il savait qu'il allait bientôt mourir. À Yalta, il avait des absences. C'est ainsi qu'il avait convoqué cette conférence de San Francisco de manière prématurée[23]. »

Vers la fin du mois, Russes et Américains se rejoignent sur l'Elbe, Berlin tombe aux mains des Russes, la Ire armée française se dirige vers le Danube, les Anglais occupent Hambourg. Prudent, le général n'en reste pas moins fidèle à la politique du fait accompli : le 23, il donne l'ordre à de Lattre de tenir et d'administrer les territoires allemands conquis par les troupes françaises jusqu'à ce que les zones d'occupation aient été délimitées entre les gouvernements alliés. Le 26, Philippe Pétain rentre en France via la Suisse : dès son arrivée à Vallorbe, il est arrêté par le général Kœnig, le vainqueur de Bir Hakeim. De Gaulle affirmera toujours avoir regretté ce retour et ses conséquences, c'est-à-dire la mise en accusation du vainqueur de Verdun. Mais puisque ce dernier a pris ses responsabilités et n'a pas voulu rester en Suisse, la justice doit suivre son cours. « Je n'attache aucune valeur à l'usurpation de pouvoir de Pétain, dit-il alors à Jean Donnedieu de Vabres. La seule chose grave est l'armistice. Il ne faut pas que l'on puisse dire que la France a, un jour, abdiqué sa souveraineté, accepté de causer avec un occupant, sans quoi on pourrait toujours contester notre souveraineté. Cet armistice a été sans précédent dans l'Histoire. Il faut affirmer qu'il n'a pas existé ; pour cela, il faut donc que le gouvernement qui l'a fait soit censé ne pas avoir existé[24]. »

Le 28, Mussolini, capturé par des partisans italiens, est fusillé sommairement sur les bords du lac de Garde. Le 30, dans son bunker de la Chancellerie, Hitler se donne la mort alors que les Soviétiques ont investi la capitale du Reich. Avant de mourir, il a désavoué et chassé du parti ses deux successeurs désignés, Göring et Himmler, coupables d'avoir voulu négocier avec les Occidentaux contre les Russes. Himmler, d'ailleurs, s'est adressé officieusement à de Gaulle, le mettant en garde contre les Soviétiques dont l'objectif est de le liquider, et les Anglo-Saxons qui veulent faire de la France un satellite. « Choisissez l'entente avec l'Allemagne vaincue », a conseillé le sinistre Reichsführer des SS. De Gaulle, bien entendu, n'a pas donné suite à cette proposition mais, relatant l'épisode dans ses *Mémoires*, il l'assortira d'un commentaire un peu étonnant : « Mise à part la flatterie dont s'orne à mon endroit ce message du bord de la tombe, il y a sans doute du vrai dans l'aperçu qu'il dessine[25]. » Clairement de Gaulle, en cette fin de la guerre, redoutait une fois encore d'être coiffé au poteau, voire éliminé par ses partenaires.

Ses craintes ne sont pas tout à fait infondées. Le IIIe Reich s'étant avoué enfin vaincu par la voix du grand amiral Doenitz, successeur de Hitler, la participation du général Sevez, sous-chef d'état-major de l'armée française, à la signature de la capitulation, à Reims, le 7 mai, au quartier général interallié, ne soulève guère de problèmes. Il n'en va pas de même, en revanche, le lendemain à Berlin, lors de la cérémonie, plus formelle, à l'issue de laquelle le maréchal Keitel doit signer la reddition des armées allemandes. Le Soviétique Joukov, représentant de la puissance invitante, prétend ne pas être informé de la venue du général de Lattre. En hâte, un petit drapeau tricolore doit être confectionné. Vichynski, conseiller politique de Joukov, tente une ultime manœuvre pour éliminer les Français — preuve que les bonnes manières du général à l'égard de l'URSS n'ont guère été payantes. Les plus furieux de la présence de de Lattre sont tout de même les Allemands. Quand le maréchal Keitel fait son entrée, à minuit, le 8 mai, dans la pièce où doit avoir lieu la cérémonie, il ne dissimule pas sa fureur en découvrant le pavillon tricolore : « Ah, il y a aussi les Français ? Il ne manquait plus que cela. » Pour Keitel, qui sera pendu à l'issue du procès de Nuremberg, la scène, il est vrai, est particulièrement amère : en juin 1940, il était aux côtés de Hitler dans le wagon de Foch à Rethondes au moment de la signature de l'armistice.

De Gaulle, lui, atteint enfin son but, celui auquel il n'a pas cessé de penser une seconde depuis le 18 juin 1940 : rétablir le rang de la France, effacer le souvenir de la défaite. À cette fin, il a tout subordonné, tout sacrifié. Le voici récompensé de ses efforts acharnés, comblé au-delà de ce qu'il aurait pu imaginer[26]. Bien qu'il n'y fasse allusion ni dans le discours radiodiffusé qu'il prononce pour annoncer la fin de la guerre ni au cours des visites éclair qu'il effectuera le même jour à Orléans et à Strasbourg, sans doute s'estime-t-il aussi justifié d'avoir sans cesse prôné l'intransigeance. Pour l'Histoire, il restera « celui qui a dit non » — non à l'abdication nationale, non à la vassalité à l'égard des Alliés, non enfin et surtout à l'abjection. Si de Gaulle est un nationaliste et ne s'en cache nullement, sa conception de la grandeur inclut tout ce qui a illustré le pays depuis des siècles, notamment son message de liberté et de dignité.

XXII

LA REVANCHE DES PARTIS

Avec la capitulation du Reich, le 8 mai 1945, la première manche du pari entamé le 18 juin 1940 est gagnée : le rang de la France est miraculeusement préservé. Reste pour de Gaulle — que personne ne voit se retirer au lendemain de la victoire — un nouveau défi : relever le pays de ses ruines, panser ses plaies, jeter les bases de profondes réformes susceptibles de préparer un avenir meilleur.

La France sort exsangue du conflit. Si les hostilités ont provoqué moins de victimes que la Grande Guerre (600 000 contre 1 350 000), les destructions sont impressionnantes. À la campagne, les surfaces cultivées ont été considérablement endommagées et le manque de main-d'œuvre, d'engrais et de carburant concourt à rendre la situation catastrophique. Par rapport à 1938, la production agricole a baissé d'un cinquième. Dans l'industrie, le bilan est encore plus lourd ; la production industrielle a chuté de 50 %. Déjà sensibles avant 1940, les retards en matière d'équipement sont maintenant tragiques. Par ailleurs, le réseau de communications est extrêmement endommagé. Beaucoup de ponts et de locomotives ont été détruits. Peu de portions du territoire national sont intactes. Parmi les soixante-quinze départements sinistrés ceux de Normandie sont évidemment les plus atteints. Des villes comme Caen, Le Havre ou Saint-Lô sont pratiquement rayées de la carte. Les réfugiés sans abri posent d'immenses problèmes ; 23 % du capital immobilier ont été anéantis. Sur le plan financier, la situation est également très alarmante. Les prix ne cessent de monter. La dette publique a quadruplé depuis 1938. Les Français vivent donc très mal ; les produits de première nécessité manquent, les restrictions se font durement sentir.

De ce contexte dramatique, le général est très conscient. Rue Saint-Dominique, les rapports s'accumulent sur son bureau. De toute la France, des informations lui parviennent. Pour l'avertir, aucun moyen n'est négligé. En janvier, Claude Mauriac lui a ainsi remis une lettre signée « tante Elisa » commençant par « Mon cher petit ». Subterfuge évidemment d'une ménagère sûre par ce moyen de faire passer ce message : « Ce matin, j'ai été faire la queue une heure chez le boucher pour avoir 125 g de saucisson pour 1,250 de tickets. Qu'en penses-tu ? Les gens n'étaient d'ailleurs pas contents et les langues étaient bien montées. J'ai même entendu la réflexion suivante : "Du temps des Allemands, on était largement aussi heureux sinon plus. On voudrait nous faire regretter les Allemands qu'on ne ferait pas mieux.[1]" »

Pour modérée que soit son attention aux problèmes dits d'intendance, de Gaulle ne les néglige pas, d'autant moins que, de leur résolution, dépend l'avenir du pays, sa place dans le monde. La reconstruction économique de la France sur de nouvelles bases est réellement l'une de ses priorités. En la matière, il a quelques idées simples, parfois même simplistes, inspirées à la fois par son éducation, sa culture, son expérience de la guerre aussi. Instinctivement, il est partisan de l'étatisme, hostile au « laisser faire, laisser passer ». Le 1er octobre 1944, à Lille, dans un discours programme consacré à ces questions, il a déclaré :

> Nous voulons donc la mise en commun de tout ce que nous possédons sur cette terre et, pour y réussir, il n'y a pas d'autres moyens que ce que l'on a appelé l'économie dirigée. Nous voulons que ce soit l'État qui conduise au profit de tous l'effort économique de la nation tout entière et fasse en sorte que devienne meilleure la vie de chaque Française et de chaque Français.

Issu d'un milieu où l'argent, loin d'être la valeur suprême, est parfois tenu en suspicion, choqué par la conduite qu'ont eue durant l'Occupation de nombreux dirigeants d'entreprise, de Gaulle n'est pas, a priori, hostile aux profondes réformes de structures proposées par le CNR et la gauche de la Résistance, largement représentée au sein de l'Assemblée consultative. En 1942, Roger Garreau l'a entendu déjà se déclarer partisan de la « nationalisation des industries essentielles ». « Il va plus loin que je ne pensais », a confié le diplomate à André Marty[2]. Mais, en la matière, le général est bien le petit-fils de Joséphine de Gaulle, catholique ultra, préoccupée par les questions sociales, compréhensive à l'égard d'un homme tel que Jules Vallès. De ce fait, le programme du CNR est la charte fondamentale qui va s'imposer avec son aval. Inspiré par le Parti communiste après l'abandon d'un premier projet assez centriste élaboré en 1943-1944 par Émile Laffon, futur secrétaire général du ministère de l'Intérieur, ce programme (qui, selon l'historienne Claire Andrieu, aurait été en grande partie rédigé par Jacques Duclos) est fondé sur un axiome : la plus large socialisation des activités économiques. Est notamment prévue la nationalisation immédiate de secteurs aussi importants que les charbonnages, le gaz, l'électricité, les transports publics. En outre, cinq des plus grandes banques françaises, à commencer par la Banque de France, doivent passer sous le contrôle de l'État.

Dans ses mémoires, Jacques Baumel affirme : « Revenu aux affaires, le général ne nous cachera pas sa consternation devant la légèreté des responsables non communistes du CNR qui avaient pu laisser passer une pareille chose[3]. » Dès l'époque du Rassemblement du peuple français, il arrivera au général de prétendre que les nationalisations ont été dévoyées après son départ. À la Libération, alors qu'il était en charge des affaires de la France, force est, cependant, d'admettre que le programme du CNR ne suscitait guère de réserves et, en septembre 1999, l'ancien Premier ministre Pierre Messmer le regrettera dans les colonnes du *Figaro Magazine*[4]. Devant l'Assemblée consultative, le 2 mars 1945, les propos du général sont particulièrement nets :

> Bref, si nous n'imaginons pas l'économie française de demain sans le secteur libre aussi étendu que possible, nous déclarons que l'État doit tenir les leviers de commande. Oui, désormais, c'est le rôle de l'État d'assurer lui-même la mise en valeur des grandes sources de l'énergie : charbon, électricité, pétrole, ainsi que des principaux moyens de transport [...]. C'est son rôle d'amorcer lui-même la principale production métallurgique du niveau indispensable. C'est son rôle de disposer du crédit, afin de diriger l'épargne nationale vers les vastes investissements qu'exigent de pareils développements et d'empêcher que des groupements d'intérêts particuliers puissent contrarier l'intérêt général[5].

Au demeurant les nationalisations font alors l'objet d'un vaste consensus : « À cette date, souligne Claire Andrieu, l'idée avait conquis la quasi-totalité de l'opinion puisque, aux côtés de la CGT et des socialistes, la CFTC, les communistes et l'ensemble des mouvements de résistance avaient donné leur adhésion. Les droites aussi avaient cosigné l'accord mais seulement pour éviter de rompre l'union nationale clandestine[6]. »

Au rythme d'une par mois environ, les nationalisations vont ainsi s'échelonner jusqu'en mai 1946. Successivement passent sous contrôle public : les Houillères (ordonnance de décembre 1944 et loi de mai 1946), les compagnies d'électricité (loi d'avril 1946), Renault (ordonnance de janvier 1945), Gnome et Rhône (ordonnance de mai 1945 créant la SNECMA), les transports parisiens (loi créant la RATP, mars 1948), la branche accidents du travail des compagnies d'assurances (ordonnance d'octobre 1945 sur la Sécurité sociale), neuf grandes compagnies d'assurances (loi d'avril 1946), la Banque de France et les quatre banques de dépôts (loi de décembre 1945), et la banque de l'Algérie (loi de mai 1946).

Par ailleurs, certaines entreprises ou institutions font l'objet, au moins un temps, de mesures s'apparentant à des nationalisations — même si le terme n'est pas formellement utilisé. Il en est ainsi de l'École libre des sciences politiques (ordonnance d'octobre 1945), des entreprises de presse coupables de collaboration avec l'occupant (loi de mai 1946), de la Compagnie générale transatlantique, des Messageries maritimes (loi de février 1948) et de la société Air France (loi de juin 1948).

Dans l'ensemble, ces nationalisations, ou semi-nationalisations, s'inscrivent — ce qui explique leur pérennité — dans le cadre des politiques keynésiennes alors pratiquées par les différents pays d'Europe, et en particulier la Grande-Bretagne travailliste. Par son ampleur, il reste que le programme français de mise sous contrôle public est une victoire pour l'aile la plus à gauche de l'opinion et notamment pour le Parti communiste. La nationalisation de Renault, clairement présentée par le général comme une sanction (« Il n'y a aucune raison que Renault reste perpétuellement nationalisé du moment que Louis Renault est mort », déclarera-t-il en 1947[7]), porte, en particulier, la marque du PCF alors que l'on sait aujourd'hui que le dossier du mythique fondateur des usines de Billancourt, accusé d'avoir collaboré avec l'Allemagne, était en réalité très complexe. Dans ce cas précis, la volonté du Parti communiste d'imposer ses vues est d'autant moins réfutable que les circonstances de la mort de Louis Renault, à présent mieux connues, laissent apparaître le comportement pour le moins curieux de certains communistes mêlés à l'affaire[8].

Pour autant, de Gaulle est loin d'être un révolutionnaire. Chez le rebelle, il y aura toujours un certain respect des valeurs bourgeoises, des traditions, de l'autorité surtout qui interdit de le ranger sans autre forme de procès parmi les contempteurs de la société capitaliste. Partant, sa démarche en matière économique va être marquée par deux tendances un peu contradictoires. Autant certaines réformes de structure ne l'effraient pas, dans la mesure où elles lui semblent aller dans le sens d'un renforcement de l'autorité publique, autant il est spontanément classique, prudent, souple aussi en matière de gestion, ce qui va l'amener à repousser les thèses défendues par Pierre Mendès France.

Longtemps, le conflit a été latent. Très tôt, bien avant la fin de la guerre, le ministre de l'Économie nationale a fait de la lutte contre l'inflation son cheval de bataille, alors que des solutions moins rigoureuses étaient défendues par le ministre des Finances Aimé Lepercq, ancien dirigeant de Paribas, homme du Nord, grand résistant très lié au général et à Mme de Gaulle. Quand Lepercq est mort dans un accident de la route, en décembre 1944, et que de Gaulle a fait appel pour lui succéder à l'un de ses hommes de confiance, René Pleven, l'antagonisme a pris un tour plus aigu. En fait, Pierre Mendès France a perdu la partie presque dès son entrée en fonction au mois d'août 1944, quand les salaires ont été brusquement augmentés de 40 % et les allocations familiales de 50. Et la suite n'a fait que confirmer ses craintes, avec en particulier le lancement d'un grand emprunt, expressément voulu par le général, dans le but, étrange, de juguler l'inflation. Pierre Mendès France a le sentiment que l'on s'éloigne à grands pas des perspectives draconiennes mais selon lui nécessaires qu'il a tracées dès février 1944 dans une *Note sur les questions monétaires et financières (période immédiatement postérieure à la libération)*[9] :

> Malgré les efforts qui seront entrepris, on ne peut espérer mettre à la disposition du pays libéré, à brève échéance, l'ensemble des produits industriels et alimentaires. Il faudra expliquer au pays qu'il ne peut être pourvu, en même temps, en ravitaillement, en produits de consommation et en rééquipement des moyens de production [...]. L'effort du Gouvernement provisoire, après la libération, devra tendre à raréfier, dans toute la mesure du possible, les moyens de paiement utilisables sur le marché, afin de rétablir un équilibre relatif entre leur volume global et les quantités de marchandises susceptibles

d'être mises en vente. Les mesures à prendre concernent les diverses catégories du pouvoir d'achat, notamment les comptes en banque, les valeurs mobilières et surtout les billets en circulation. Plus les mesures seront sévères, plus vite il sera permis de desserrer les dispositions décrites plus haut dans l'ordre du ravitaillement et de la discipline économique[10].

Le ministre de l'Économie attache en particulier une importance extrême à l'échange de billets, mesure susceptible à ses yeux de mettre fin au marché noir : selon son plan, durant une brève période, tous les détenteurs de billets seraient contraints, sous peine de forclusion, de les remettre aux caisses publiques, étant entendu qu'en échange les porteurs recevraient une somme correspondant à leurs besoins, qu'il estime à 5 000 francs par adulte plus 2 000 francs par enfant à charge. L'objectif à atteindre, pour lui, est une réduction de moitié de la masse monétaire évaluée alors à 500 milliards, le blocage des comptes et l'échange des billets étant complétés par une taxation, voire une confiscation de tous les enrichissements illicites réalisés durant la guerre.

Peu après l'arrivée de René Pleven aux Finances, la crise éclate. Le 18 janvier, seuls deux ministres socialistes, Laurent et Tixier, ayant approuvé ses choix (les communistes lui sont hostiles), Pierre Mendès France adresse au général — qui, officiellement, n'a pas pris parti — une lettre de démission particulièrement critique. De Gaulle commence par refuser la démission puis convoque les deux protagonistes de l'affaire à plancher devant lui le dimanche suivant. Sur le fond, Pierre Mendès France est sans doute plus percutant que René Pleven dont l'exposé dure seulement cinq minutes. Pierre Mendès France, malheureusement pour lui, commet deux erreurs. D'une part, il parle pendant plus de trois heures, alors que l'économie n'est pas précisément le terrain de prédilection du général. D'autre part, sous l'influence de son conseiller Georges Boris, il s'enferme dans des principes dirigistes peu susceptibles d'emporter la conviction d'un interlocuteur adepte, en matière de gestion, d'une sorte de juste milieu entre l'étatisme et le libéralisme. La religion du général est faite mais, comme il ne dit rien, et que René Pleven paraît faire des concessions en consentant à ce que les échanges de billets soient avancés et non retardés jusqu'à l'été ainsi qu'il le désirait, Pierre Mendès France reprend sa démission. Il ne la confirmera que le 2 avril, quand il s'apercevra que sa ligne n'est pas suivie. Le départ s'effectue dans les conditions les plus correctes. Rien de mesquin dans cette querelle d'écoles : « Pierre Mendès France, écrit de Gaulle dans ses *Mémoires de guerre,* quitte le gouvernement à sa demande au mois d'avril. Il le fait avec dignité. Aussi gardai-je mon estime à un collaborateur d'une exceptionnelle valeur. » Sentiment sincère : vingt-cinq ans plus tard, une semaine avant l'échec du référendum de 1969, de Gaulle confiera à Maurice Schumann : « Il est vraiment dommage qu'il nous ait refusé son concours, mais que voulez-vous, il ne supporte pas d'être attelé[11]. »

De Gaulle a-t-il eu tort de trancher en faveur de René Pleven et de thèses plus souples ? Depuis plus d'un demi-siècle, commentateurs et historiens ont généralement regretté qu'en la circonstance l'homme du 18 juin n'ait pas fait le choix de la rigueur. Le débat, en réalité, n'était pas simple. Sur le plan des principes, les mesures proposées par Pierre Mendès France étaient difficilement réfutables. Leur coût politique risquait, en revanche, d'être très élevé et de Gaulle en était conscient. Le mécontentement populaire était probable ; tout au long du débat le Parti communiste avait pris position contre les théories de Pierre Mendès France — on assurera même qu'à l'Assemblée Jacques Duclos a applaudi René Pleven ! — et l'on pouvait redouter qu'il n'orchestre un vaste mouvement de protestation difficile à maîtriser. Pleven au contraire semblait soucieux d'équilibre. « Entre Mendès et moi, dira-t-il plus tard, l'opposition n'était pas entre dogmatisme et réalisme, entre théorie interventionniste et esprit pratique [12]. » Techniquement enfin les choses n'étaient pas non plus aussi simples qu'on le soutiendra. Esprit ouvert et qu'on ne peut suspecter de la moindre hostilité à l'égard de Pierre Mendès France, François Bloch-Lainé est très nuancé : « La solution libérale était absurde. Compter sur l'emprunt pour éponger les liquidités, craindre le recensement des avoirs et la gêne des transactions, c'était méconnaître l'ampleur du mal et préférer à tort la tranquillité des transactions. Mais de fortes contre-indications s'opposaient à la solution dirigiste [13]. »

Dernière remarque qui éclaire l'aspect humain de cette controverse : en multipliant les prestations radiodiffusées pour défendre sa politique, en ne citant pas une fois le nom du chef du Gouvernement provisoire, il n'est pas sûr que Pierre Mendès France ait fait preuve de beaucoup d'habileté. Entre ces deux hommes de grand format, la collaboration, voire le simple dialogue, s'annonçait décidément difficile.

Sur le terrain économique, de Gaulle finalement est plus proche d'un homme tel que Jean Monnet, auquel il s'est pourtant durement opposé depuis 1940 et qui, en mission à Washington, où il vient de s'acquitter avec succès des problèmes d'approvisionnement, commence à songer à la reconstruction d'une France moderne. « Vous parlez de grandeur mais les Français sont petits aujourd'hui, lui dira Monnet durant l'été aux États-Unis. Il n'y aura de grandeur que lorsque les Français assumeront la stature qui justifie la grandeur. Ils sont ainsi faits. Pour cela il est nécessaire qu'ils se modernisent car ils ne sont pas modernes. Il faut donc davantage de production, de productivité, il faut transformer le pays du côté matériel [14]. » Ce langage, le général est prêt à l'entendre. Depuis la Libération, il a pris conscience de réalités économiques, mesuré les retards français, compris la nécessité de se situer dans un ordre international. Même s'il en est agacé, il sait également combien les crédits américains sont, pour l'instant, importants. Sur ce terrain concret, Monnet et de Gaulle peuvent s'accorder : le dirigisme tempéré de l'ancien secrétaire général adjoint de la SDN correspond assez bien à ses propres options. « Vous avez sûrement raison, répond-il à son interlocuteur. Mais est-ce que vous voulez essayer ? — Je ne sais pas ce que je pourrais faire mais je vais m'y mettre », rétorque Monnet[15]. Encore quelques mois et naîtra l'idée du commissariat général au Plan.

Les problèmes de l'Empire absorbent aussi l'attention du général qui y fait face difficilement et parfois maladroitement. Après l'Indochine, le Moyen-Orient et l'Afrique du Nord entrent en ébullition. Dès le début de l'année, des troubles se sont produits au Liban et en Syrie. Les nationalistes arabes sentent qu'un monde nouveau est en train de naître et entendent prendre à la lettre les promesses d'indépendance faites par Catroux au début de la guerre. Le contexte est d'autant plus tendu que la France n'est pas bien représentée au Levant ; au singulier ambassadeur Helleu a succédé le général Beynet dont l'autorité est si contestée qu'à cette époque les exécutifs syrien et libanais n'entretiennent plus avec lui que des rapports purement administratifs.

Circonstance aggravante, de Gaulle est toujours en proie à l'obsession d'une mainmise britannique sur les zones d'influence française ; et c'est cette idée fixe qui, au début du printemps, va provoquer l'embrasement de la région. Sur la foi de rapports alarmistes émis par Beynet, le général décide d'envoyer au Moyen-Orient des renforts importants. Ambassadeur à Paris, Duff Cooper essaie de l'en dissuader ; vainement. Le ton monte entre Paris et Londres. Aux Communes, Churchill dément toute visée britannique sur la région mais précise que la Grande-Bretagne n'entend pas y maintenir les « privilèges » de la France. Et pour donner consistance à cet engagement, le Premier ministre fait acheminer sur les lieux une division de la XIVe armée.

Le 8 mai 1945 au matin, alors que l'armistice avec l'Allemagne vient d'être signé, des troubles graves éclatent en Syrie. La colère contre la France est si vive que la gendarmerie locale conduit les manifestations. Rapidement, les troubles s'étendent. Le 29 mai, le pire survient quand, à Damas, le général Oliva Roget fait tirer sur la foule et le Parlement. Le bilan de la répression est très lourd : plus de mille morts. Churchill est fou de rage et fait savoir que les forces britanniques ne resteront pas l'arme au pied si les violences persistent. Sous la contrainte, de Gaulle accepte un cessez-le-feu, non suivi d'effet en raison de l'aveuglement du général Oliva Roget. Dès lors, l'intervention britannique est inéluctable : en termes particulièrement vifs, et sans en avertir le général qu'il a autrefois si souvent défendu, Eden le dit devant les Communes le 31 mai, au nom du Premier ministre. Entre Paris et Londres, la tension est alors extrême. Le 4 juin, après avoir repoussé l'idée de conversations tripartites sur l'avenir de la région, de Gaulle va jusqu'à dire à Duff Cooper : « Nous ne sommes pas, je le reconnais, en mesure de vous faire actuellement la guerre mais vous avez outragé la France et trahi l'Occident. Cela ne peut être oublié. »

En la circonstance, l'obstination du général est d'autant moins compréhensible que, sur place, deux de ses partisans, l'universitaire Jean Gaulmier et le grand arabisant Maxime Rodinson, avaient mis en garde contre une intervention musclée[16]. Comme en Indochine au moment de l'intervention japonaise, l'avertissement n'aura pas été entendu. En proie à sa passion nationaliste et antianglaise, le général a bel et bien perdu son sang-froid. Même en tenant compte de certaines erreurs anglaises et du désir de Londres de canaliser le nationalisme arabe, en particulier par la création de la Ligue arabe, en mars 1945 à Alexandrie, il paraît bien difficile de justifier la politique suivie par de Gaulle. L'opinion française d'ailleurs le ressent bien ainsi : pour la première fois depuis la Libération une fêlure se produit alors entre les Français et l'homme du 18 juin. S'il a sauvé l'honneur et défendu, avec l'acharnement que l'on sait, les droits de la France, le général suscite la réprobation lorsqu'il se livre à des réactions manifestement excessives. Une fois encore, il se révèle très malaisé d'appliquer la politique définie par de Gaulle en matière coloniale : rétablir à tout prix la souveraineté française avant d'engager d'éventuelles négociations en vue de modifier les liens avec les peuples sous tutelle. Cette ligne est évidemment encore plus difficile à tenir après la fin officielle des hostilités.

En Algérie, le maintien obstiné de ces principes va rapidement aboutir à un drame. Depuis l'absurde rejet en 1936 du projet Blum-Viollette, dont le but était d'étendre les droits politiques à l'élite algérienne, la situation s'est considérablement détériorée. La IIIe République et le régime de Vichy ont laissé à de Gaulle un très lourd passif. À présent, l'indépendance est non seulement revendiquée par Messali Hadj, chef historique du Parti populaire algérien, par Ben Badis et le Conseil des oulémas, mais par le modéré Ferhat Abbas, naguère partisan de l'assimilation. La défaite, l'obstination de certains grands colons à défendre des privilèges inadmissibles, la rivalité entre de Gaulle et Giraud, le jeu subtil des Américains : tout cela a contribué à radicaliser la position des Algériens. En octobre 1943, le général, très conscient, on l'a vu, de la nécessité d'une évolution, a donné la nationalité française à plusieurs dizaines de milliers de musulmans à l'issue d'un discours prononcé à Constantine. Mesure de bon sens mais, hélas, trop tardive.

Alors que la guerre touche à son terme en Europe, la colère des Algériens ne tarde pas à éclater. Le 1er mai, à Alger et à Oran, de très violentes manifestations se produisent. Les forces de l'ordre ouvrent le feu : quatre manifestants tombent. L'ire populaire est d'autant plus difficile à maîtriser que le chef charismatique du PPA, Messali Hadj, a été déporté à Brazzaville huit jours plus tôt. Les victimes du 1er mai deviennent vite des martyrs. Le mécontentement enfle. Le 8 mai, de véritables émeutes éclatent à Sétif, tandis que l'armistice est signé. En ce jour de marché, la foule est très dense. L'emprisonnement de Messali Hadj la révolte autant que l'anime le désir de clamer l'indépendance. Venus parfois de très loin, les manifestants sont agressifs et armés. La situation se détériore rapidement. Des Européens sont attaqués. En deux jours, soixante-quinze colons sont ainsi assassinés dans des conditions atroces. À l'évidence le mouvement populaire est largement inspiré, contrôlé par les nationalistes.

La répression est impitoyable. En l'absence du très libéral gouverneur général Yves Chataigneau, le général Duval mène les opérations sans état d'âme. Mais tout indique que de Gaulle en personne a donné des instructions très strictes. Selon l'historien algérien, Mahfoud Kaddache, il aurait ordonné, le 12 juin, au gouverneur, par télégramme, de prendre toutes mesures nécessaires pour réprimer les agissements antifrançais d'une minorité d'agitateurs. Dans ses *Mémoires de guerre*, il se contentera d'écrire : « En Algérie, un commencement d'insurrection survenu dans le Constantinois, et synchronisé avec les émeutes syriennes du mois de mai, a été étouffé par le gouverneur général Chataigneau [17]. » Singulière manière de rejeter ses responsabilités sur un homme que ses préférences n'inclinaient guère à la répression, que son éloignement provisoire a empêché de prendre toute décision et qui, revenu à son poste, précisera que rien ne sera possible tant que l'Algérie n'aura pas de statut.

En Tunisie, la situation n'est pas non plus très brillante et, là encore, le général ne se signale guère par une volonté de réforme éclatante. Depuis 1934, date de la fondation du Néo-Destour, Habib Bourguiba mène le combat pour l'indépendance. Durant la guerre, il a adopté une attitude digne : emprisonné par les autorités françaises à Marseille, libéré par les forces de l'Axe, il a refusé énergiquement de collaborer avec ces dernières. Le moins que l'on puisse dire est que l'on ne lui en a pas su gré. À l'automne 1944, après la déposition du bey Moncef, très favorable aux nationalistes, par le général Giraud, il est vrai que le Combattant suprême a eu le tort de revendiquer, avec l'aval des Américains, « l'autonomie intérieure de la nation tunisienne dotée d'une monarchie constitutionnelle ». En guise de réponse, il n'a obtenu qu'une « réforme » renforçant en définitive les prérogatives de la France. Déçu, il gagne l'Égypte en mars 1945. Peu après une certaine détente se produit, le successeur du bey Moncef, Sidi Lamine ayant vu reconnaître, à l'occasion d'une visite à Paris le 14 juillet 1945, la légitimité de son aspiration vers une certaine autonomie ; mais avec Bourguiba, dont le prestige reste important et qui de son exil est un acteur clé, une occasion a été perdue. Dans toute l'affaire, nul doute qu'une certaine antipathie du général vis-à-vis du Combattant suprême n'ait joué. En effet, de Gaulle n'apprécie guère ce personnage profondément méditerranéen, proche à bien des égards des radicaux français, aussi volubile que démonstratif : Bourguiba en particulier l'agace en prétendant se réclamer de ses leçons.

Au Maroc, en dépit de la poussée des nationalistes et de l'encouragement que leur a apporté le président Roosevelt, en 1943, le climat est, en revanche, meilleur. Sans doute y a-t-il eu en janvier 1944, à Fès et à Rabat, des émeutes réprimées avec vigueur mais le sultan Mohammed ben Youssef est un interlocuteur aussi ouvert que modéré. Dès la fin de la guerre il a accepté l'invitation du général à se rendre en France et, le 18 juin 1945, il est reçu à Paris avec les honneurs dus à son rang. De Gaulle le fait compagnon de la Libération, en hommage au rôle des combattants marocains, en particulier sur le front italien. Si l'on en croit les comptes-rendus publiés en annexe des *Mémoires de guerre* du général, les entretiens entre les deux hommes ont permis de dégager quelques perspectives d'évolution : de Gaulle a promis une certaine libéralisation, tout en dénonçant le côté illusoire des promesses américaines ; en échange, le sultan a admis que le système du protectorat présente certains aspects positifs pour son pays.

Le général, à cette époque, n'est pas précisément, on doit bien en convenir, un initiateur de la décolonisation. Il sent partout, et singulièrement en Algérie, la nécessité d'une évolution, voire de ruptures, mais sa volonté opiniâtre de rétablir la souveraineté française avant toute discussion limite ses initiatives. Au début de la guerre, il pouvait paraître acceptable qu'il cherchât une base territoriale dans l'Empire ; à présent, le contexte est bien différent et ses positions, sans cesse réaffirmées avec vigueur, suscitent l'incompréhension.

Héraut de la grandeur française, le général se rend d'ailleurs bien compte que la nouvelle donne née de la paix lui est moins favorable, quel que soit son prestige personnel sur la scène internationale. Avec l'URSS, l'heure n'est plus à la détente, les ultimes illusions se dissipent. Nommé ambassadeur à Moscou, le général Catroux a constaté, le 19 mars, le changement d'humeur de Staline : « Je comprends difficilement que si les Français ont à se plaindre des décisions de Yalta et du comportement des Soviets à leur égard, ils ne se soient pas tournés directement vers eux au lieu de les faire saisir par un tiers », lui a déclaré le maréchal[18]. Peu à peu, les analyses de de Gaulle subissent une inflexion. Officiellement, il reste optimiste. « Vous verrez, a-t-il déclaré le 8 mai à son collaborateur Jean Donnedieu de Vabres, nous nous ferons une place excellente du point de vue extérieur. Les Américains après la mort de Roosevelt seront moins unis, moins habiles, moins forts. Les Russes ont échoué en Pologne, en Roumanie et naturellement en Hongrie. Les Anglais ont trahi tout le monde. Nous allons être les arbitres. Nous dirons le droit[19]. » Pour autant le général est loin de méconnaître l'intérêt de la protection américaine. À Jean Donnedieu de Vabres, toujours le 8 mai, il a confié son souhait de voir « associer pour l'avenir les États-Unis à la sécurité du continent européen en vue d'un équilibre nécessaire ».

Les faits justifient cette prudence. Pas plus qu'elle n'a été invitée à Yalta, la France n'est conviée à la conférence de Potsdam, le 17 juillet 1945, à l'issue de laquelle, face à un Staline toujours pugnace, Churchill et le nouveau président américain Harry Truman défendent bien (contrairement à ce que de Gaulle prétendra dans ses *Mémoires*) les intérêts occidentaux. Du côté américain, la méfiance est de règle. Roosevelt disparu, il est vrai que Truman évite de provoquer publiquement le Connétable[20]. Ancien marchand de bretelles du Kansas, ce politicien local, qui se révélera un grand président, particulièrement conscient du danger communiste, a l'intelligence de ménager la susceptibilité du général. Il lui fait donc vite savoir qu'il souhaite le recevoir bientôt. Rendez-vous est pris à Washington au mois d'août. Mais, au-delà de ces amabilités, la France de de Gaulle est très sévèrement jugée outre-Atlantique. Un rapport[21] remis au nouveau président, en prévision du voyage, évoque un pays immobiliste attendant tout de la puissance publique, « vivant à l'échelon national sur le marché noir, complètement inconscient de l'aide et de la sympathie américaines, une nation qui n'a jamais été informée de la Conférence de San Francisco [22], des traités de commerce et de Bretton Woods [23], qui croit que toute l'Amérique a les mêmes fournitures que les troupes basées en Europe. Un pays enfin où le coût de la vie est tel que seuls les riches peuvent vraiment subsister et qui a un tel complexe d'infériorité qu'une franche discussion est difficile voire impossible [24] ».

Compte tenu de ce climat, la rencontre de de Gaulle et de Truman ne peut que ressembler à un théâtre d'ombres. De part et d'autre, tout est fait pour accréditer l'idée d'un changement d'atmosphère après les sombres années de la guerre marquée par l'antagonisme avec Franklin Roosevelt. Avec Truman, l'idée d'un ordre universel, au sein duquel les États-Unis seraient appelés à jouer un rôle majeur, a été abandonnée. À cette thèse, soutenue avec succès sous Roosevelt par le secrétaire d'État Cordell Hull, le nouveau président préfère le schéma défendu autrefois par Sumner Welles : la paix et la stabilité du monde dépendent d'organisations régionales appelées à harmoniser le jeu des ambitions nationales et surtout à contrer la menace soviétique. À peine arrivé dans le bureau ovale, de Gaulle perçoit le changement amorcé par son interlocuteur. « À l'entendre, écrira-t-il dans ses *Mémoires de guerre*, on se sentait loin des vues d'un vaste idéalisme que déroulait dans ce même bureau son illustre prédécesseur [25]. » A priori, ce ton nouveau ne déplaît pas au général qui perçoit bien les objectifs de son partenaire : « L'essentiel consistait donc à éviter les querelles entre États et les secousses révolutionnaires afin que tout ce qui n'était pas communiste ne fût pas conduit à le devenir. » Pragmatique, Truman ne s'enferme pas non plus dans des positions de principe, et c'est ainsi qu'un accord sur la Sarre pourra être trouvé. De Gaulle souhaite obtenir le rattachement économique de cette région à la France. Truman n'y voit pas d'objection : il devine que cette solution permettra d'accroître la production d'acier et de charbon, ce qui soulagera les États-Unis. En matière coloniale, si une certaine ambiguïté subsiste, de Gaulle a gardé l'impression que le nouveau président est moins animé que son prédécesseur par l'idée de chasser les Français de leurs colonies. Comme de Gaulle, en outre, s'attache à dissiper tout soupçon d'antiaméricanisme de la part de son gouvernement, et que les États-Unis promettent des crédits et une aide relative au charbon, produit alors de première nécessité, le voyage sera un succès. À Washington, New York et Chicago, de Gaulle est acclamé par la foule américaine.

Après tant de malentendus, cette manifestation d'amitié est bienvenue mais elle cache mal le désaccord relatif à l'Allemagne et à son avenir. Partisan d'alliances régionales et donc à plus ou moins long terme d'une Fédération de l'Europe de l'Ouest (le mot n'est pas encore prononcé mais le projet est déjà défendu, à titre privé, par deux hommes qui vont jouer bientôt un rôle majeur dans la politique extérieure américaine : John Foster Dulles et le grand diplomate George Kennan [26]), Truman songe, en effet, dès cette époque, à réintroduire l'Allemagne vaincue dans le concert des nations, objectif que de Gaulle refuse obstinément. Déjà au mois d'avril, alors que Truman venait de prendre ses fonctions, John Mc Cloy, secrétaire d'État adjoint, a pu se rendre compte des intentions du général à cet égard lors d'un dîner à sa résidence de Neuilly :

Le général a parlé librement de certains problèmes qu'il a en tête. Il a des idées précises sur la forme que doit prendre l'administration de l'Allemagne. Il n'est pas en faveur de la politique de la terre brûlée mais il pense qu'il doit y avoir quelque contrôle économique de l'Allemagne et, à cette fin, plaide en faveur d'un contrôle économique de la Ruhr. La manière dont il esquisse son plan atteste que celui-ci est le fruit d'une mûre réflexion. En second lieu, il croit que la sécurité de la France implique que la rive gauche du Rhin lui soit octroyée. Il affirme que la rive gauche, de Cologne à la Suisse, devrait être sous la souveraineté française[27].

Au moment de son voyage à Washington, le général était toujours dans le même état d'esprit. Il voit l'Allemagne avec les yeux de l'historien Jacques Bainville qui, logique avec son système de pensée, critiquait le traité de Versailles au nom d'un nationalisme conséquent. D'où l'idée d'occuper la rive gauche du Rhin. Rien de plus révélateur au demeurant que l'expression utilisée par le général pour évoquer la patrie de Goethe : « les Allemagnes », c'est-à-dire très précisément celle de *L'Action française.* Face à Truman de Gaulle n'en a pas démordu : la sécurité de la France exige le démantèlement de l'Allemagne. Truman, qui, à Potsdam, s'est engagé dans un processus visant à terme à remettre sur pied des institutions centrales allemandes, ne peut admettre ce point de vue. Comme en font foi les comptes-rendus français et américain des entretiens, le désaccord sur ce point a été flagrant. Comme chacune des deux parties a voulu faire de ce premier contact une réussite, l'accent n'a pas été mis sur ce problème. La question, centrale, n'en resurgira pas moins avec force vers la fin de l'année.

De Gaulle a beau expliquer, dans une interview au *Times,* en septembre, qu'une Allemagne étroitement contrôlée rassurera l'Europe centrale, essentielle à l'équilibre du continent, les Américains ne comprennent pas la position française. Conformément aux décisions de Potsdam, ils s'emploient donc à mettre en place des administrations centrales allemandes. Dès le 19 septembre, le gouvernement français fait d'expresses réserves sur ce point. Le 3 novembre, le général reçoit l'ambassadeur américain, Jefferson Caffery, et lui tient un langage particulièrement ferme :

« Même si, contre notre attente, la mise sur pied d'administrations centrales allemandes devait apparaître recommandable, elle est, à l'heure actuelle, certainement prématurée. La plus grande confusion règne en Allemagne ; les zones ne sont pas encore administrées d'une manière ordonnée ; les puissances occupantes ne pratiquent en aucun domaine des politiques réellement concertées. D'ailleurs, le gouvernement français doute fort qu'une politique visant à reconstituer le Reich réponde à de sages vues d'avenir. Si le Reich doit un jour se relever, ce n'est pas du côté des États-Unis qu'il cherchera son point d'appui. Qu'adviendra-t-il alors de l'Europe ?

Je souhaite aussi réfuter une argumentation qui a cours, semble-t-il, dans certains milieux de Berlin, selon laquelle le gouvernement français, en s'opposant à la création d'administrations centrales allemandes, enfreindrait ses propres engagements. Les quatre puissances s'étaient mises d'accord pour décider en commun du statut politique et territorial de l'Allemagne après la capitulation. Or, à Potsdam, les trois grandes puissances ont réglé sans la France diverses questions intéressant l'Allemagne et fixé notamment les frontières orientales du Reich. Qui a donc violé les accords ?

Vous pouvez tenter de constituer des administrations centrales allemandes dont la compétence s'étendra à l'ensemble des zones américaine, anglaise et russe. Je doute que cette tentative vous conduise loin. En tout cas, jamais nous n'accepterons dans notre propre zone l'autorité de ces organismes. La France a dans cette question une position d'autant plus ferme qu'elle a, sur le Rhin, des intérêts spéciaux à défendre. M. Byrnes[28] lui-même vient d'admettre que les Russes portaient légitimement un intérêt spécial aux Balkans ; de même les pays rhénans présentent, pour la France, un intérêt particulier.

De toute façon, un problème prime sur les autres : celui du charbon. Sans méconnaître l'importance des livraisons des États-Unis qui, d'ailleurs, ne constituent que la contrepartie d'avances faites par l'économie française à l'armée américaine, il demeure certain que c'est le charbon de la Ruhr qui doit, en premier lieu, servir à la reconstruction de l'Europe. Le gouvernement français a présenté à ses alliés un plan permettant une exploitation meilleure des ressources de la Ruhr. Lors de mon voyage à Washington, j'en ai parlé au Président Truman et à M. Byrnes. Ces suggestions avaient, semble-t-il, été écoutées avec intérêt. Cependant, jusqu'à présent, aucune suite ne leur a été donnée[29]. »

De Gaulle ne se contente pas de cette mise en garde à l'ambassadeur des États-Unis. Sur-le-champ, il rédige à l'intention de Maurice Couve de Murville, alors directeur des affaires politiques au Quai d'Orsay, une note particulièrement nette, oubliée par les éditeurs des *Lettres, notes et carnets*, où percent ses conceptions fondamentales, inspirées directement de Bainville et de la pensée maurrassienne :

Il est difficile d'expliquer pourquoi le commandant en chef américain en Allemagne pose sans relâche à la commission de contrôle de Berlin la question de l'administration centrale allemande, alors que, par son mémorandum du 19 septembre, le gouvernement français a fait d'expresses réserves sur ce point et que rien ne lui a été répondu.

Les soucis du général Eisenhower quant à l'administration de sa zone sont très explicables. Dans l'état des choses, ce qu'il y a de mieux à faire, c'est d'organiser l'administration en Allemagne centrale en créant et faisant vivre un État de Bavière, un État de Bade, un État de Wurtemberg, un État de Hesse-Darmstadt, un État de Hesse-Cassel, un État de Hanovre (il faudrait alors que nous prenions Karlsruhe et que les Américains prennent tout le Wurtemberg). Quand ce sera fait, on pourra voir s'il y a lieu ou non de laisser ces divers États se fédérer et dans quelles conditions.

Actuellement, et étant donné d'une part l'attitude des Russes dans leur zone, d'autre part notre volonté de voir la rive gauche du Rhin et la Ruhr séparées de l'Allemagne, l'affaire de l'administration centrale allemande ne peut aboutir pratiquement à rien, sinon à des frictions entre alliés[30].

En adoptant cette position sur l'Allemagne, le général s'enferme dans une voie sans issue. « Revenir au partage de l'Allemagne, constate

Raymond Aron, c'est aller trois siècles en arrière[31]. » La situation est d'autant plus préoccupante que les Soviétiques, sur lesquels le général comptait beaucoup, sont loin de se révéler des alliés dociles. Quand ils ne se mettent pas en travers des projets du Connétable, ils sont enclins à demander la contrepartie de leur soutien passé.

Ambassadeur à Moscou, le général Catroux ne tarde pas à s'en apercevoir. À preuve cet échange de propos aigres avec Bogomolov, le 15 octobre :

Bogomolov : Les Français n'ont pas pu oublier l'appui que dans des circonstances difficiles le maréchal Staline a donné au général de Gaulle à Londres et qu'il lui a de nouveau apporté à Alger et à Paris.
G. Catroux : La France n'est pas ingrate mais il n'a pas dépendu d'elle que la confiance qu'elle avait placée en l'amitié de Moscou ne se soit pas affirmée ou développée. L'opinion française a accueilli avec chaleur et d'un cœur sincère la conclusion du pacte franco-soviétique en lequel elle a cru voir le gage d'une politique de coopération et d'appui réciproque. Elle a pensé que l'Union soviétique soutiendrait ses intérêts. Elle attendait de ses alliés qu'elle aidât la France à reprendre son rang, ses prérogatives de grande puissance. Sa déception a été d'autant plus vive lorsque cet espoir ne s'est pas réalisé. Les Français ont su que non seulement les Soviets n'avaient pas appuyé leurs revendications en vue d'avoir la qualité de membre fondateur de la commission des réparations et de participer aux conférences dites des Trois, mais qu'ils s'y étaient opposés. Cette attitude leur a paru inexplicable lors de la conférence de Potsdam où cependant les problèmes à débattre étaient, l'Union soviétique le savait, des problèmes essentiels de la France. Enfin, il y a quelques jours, les Français ont su, sans équivoque, que les alliés de Moscou entendaient les exclure du règlement de la paix à l'Est européen, alors que les gouvernements de Londres et de Washington soutenaient leurs légitimes prétentions. Tel était le processus qui expliquait et justifiait l'attitude de l'opinion française, laquelle jugeait à ses œuvres la politique soviétique[32].

La « belle et bonne alliance », nouée pendant la guerre, se révèle ainsi un fiasco. Le jeu de la France s'en trouve singulièrement réduit. Quelque temps plus tard le général versera dans un anticommunisme virulent.

À l'intérieur les problèmes ne sont pas moins préoccupants. Tandis que l'économie est réformée et reprend peu à peu vigueur, l'épuration est toujours, pour le général, un souci constant. Après les intellectuels, les grands responsables de Vichy commencent à être jugés. Incarcéré, en compagnie de son épouse, au fort de Montrouge depuis son retour en France et son arrestation, le maréchal Pétain prépare sa défense. Au début de l'été, Pierre Laval arrivera à son tour, livré cyniquement par Franco. Les procès de ces deux hommes qui symbolisèrent Vichy plus encore que Darlan vont occuper deux mois[33].

Tout indique que le général eût souhaité que Pétain demeurât en Suisse le reste de ses jours, comme les autorités de la Confédération lui en avaient donné la possibilité. Sur ce point, il existe tant de témoignages concordants qu'aucun doute n'est permis. Si forte qu'ait pu être son animosité à l'égard de son ancien chef, si sévère qu'ait pu être son jugement à l'égard de la politique menée de 1940 à 1944, si inexcusable qu'ait pu lui sembler l'attitude du maréchal en toutes circonstances, de Gaulle avait trop le sens de la continuité nationale pour souhaiter un tel procès qui ne pouvait que faire apparaître le double jeu de tant de gens qui, la Libération venue, se prétendaient résistants de la première heure.

Le prestige de Pétain, dira-t-il significativement à Alain de Boissieu (qui, membre de son cabinet militaire après de beaux états de service durant la guerre, allait devenir son gendre), a été utilisé par ce maquignon de la politique qu'était Pierre Laval. Sans le maréchal, voyez-vous, la flotte et l'Empire auraient continué de combattre aux côtés de l'Angleterre. La réaction du général Noguès, commandant en chef désigné de l'Afrique du Nord en juin 1940, est caractéristique sur ce point. La France libre aurait disposé alors de moyens considérables qu'elle aurait mis à la disposition des Alliés... Ce procès est, certes, un moment très pénible et douloureux de notre histoire. Il n'aurait jamais dû avoir lieu sous cette forme si le maréchal avait accepté de demeurer en Suisse, comme je le lui avais proposé. Je m'étais engagé à lui fournir tous les collaborateurs et toute la documentation qu'il voudrait pour justifier son attitude de 1940 et ensuite, au cas où il aurait voulu écrire. Le gouvernement suisse était d'accord pour l'héberger avec ses collaborateurs. Comment n'a-t-il pas senti que ce procès était inévitable, qu'il valait mieux qu'un maréchal de France n'y soit pas physiquement au banc des accusés ? Une condamnation par contumace n'aurait pas eu la même portée[34].

Pétain revenu en France, le procès doit avoir lieu. Le général désire qu'il soit rapide et que son nom, officiellement, n'y soit point mêlé. Pour autant il ne se désintéresse pas de la composition de la Haute Cour appelée à juger l'ancien chef de l'État. Là comme dans d'autres domaines, il fait preuve de machiavélisme. Pour conduire des débats, difficiles dans un climat passionnel et sous la pression d'une large partie de l'opinion, mieux vaut en définitive des hommes compromis. Le comportement du général Pierre Weiss (qui était resté longtemps à Vichy) lors du procès Pucheu l'a montré. Les erreurs passées sont pour de Gaulle garantes d'une certaine docilité. Une anecdote illustre bien cet état d'esprit. Le 19 avril 1945, de Gaulle reçoit à déjeuner, dans sa résidence de Neuilly, son jeune collaborateur Jean Donnedieu de Vabres, en charge de ces délicats problèmes : « Je parle du Béarn, raconte ce dernier qui en est originaire. Le général parle d'Ybarnegaray[35]. Il lui a dit, lorsqu'ils étaient ensemble dans le gouvernement Reynaud, qu'il continuait la lutte. Ybarnegaray ayant affirmé sa fidélité à Pétain et à Weygand, de Gaulle lui a dit que les Allemands ne lui laisseraient ni ses biens ni sa liberté. Sa maison est détruite. Il est en Allemagne. Avec Ybarnegaray ministre d'État, il y avait deux adjoints actifs chargés de la lutte contre les menées antinationales : Mornet et Bouchardon qui depuis. . Je raconte mon entretien avec eux : “Nous sommes si vieux ; nous ne connaissons plus personne.” Le général rit[36]. » Ainsi ces deux magistrats, qui ont prêté serment au maréchal comme tous leurs confrères, seront-ils nommés respectivement procureur général et président de la Haute Cour de justice. Pour Mornet, qui peut se vanter d'avoir eu autrefois la tête de Mata Hari et de Bolo Pacha, il s'agit là du couronnement d'une carrière menée sans états d'âme, sous tous les régimes. Bouchardon, lui, a reçu la promesse d'être nommé premier président de la Cour de cassation. « Durant la guerre, souligne Alain Decaux, il a donné une interview regrettable à l'hebdomadaire ultra-collaborateur *Je suis partout*, dans laquelle il exhalait son aversion pour la République et sa haine des Juifs[37]. »

Ouvert le 23 juillet, clos le 15 août, le procès aboutit à la condamnation à mort de Pétain, peine immédiatement commuée en détention à perpétuité par le général. Sur-le-champ, à bord de l'avion récemment offert à titre personnel par le président Truman au chef du Gouvernement provisoire, le vainqueur de Verdun, condamné en outre à l'indignité nationale et à la confiscation de ses biens, est transféré dans les Pyrénées, incarcéré au fort du Portalet, sinistre forteresse ruisselante d'humidité où il restera plusieurs semaines avant d'être transféré à l'île d'Yeu. De Gaulle, néanmoins, n'est pas complètement satisfait : la signature de l'armistice n'a pas été, en définitive, retenue contre l'ancien chef de l'État. Or, pour le général, là était l'essentiel, l'origine de la faillite de Vichy, la légitimité de son propre combat. Il l'avait d'ailleurs dit à Jean Donnedieu de Vabres, en avril, en termes particulièrement énergiques.

Un mois et demi plus tard commence devant la Haute Cour le procès de Pierre Laval. Il se déroule dans des conditions très anormales. La réprobation est unanime — y compris de la part de ceux qui n'oublient pas que Vichy a violé les principes juridiques les plus élémentaires. L'instruction tout d'abord a été bâclée, écourtée et, d'entrée de jeu, le président Mongibeaux avoue que tout doit être terminé avant les élections fixées au 21 novembre, et dans un sens évidemment prévu de longue date. Au cours des débats, Laval est insulté tant par les jurés que par les magistrats, à telle enseigne qu'il décide de ne plus assister aux audiences. Ses avocats protestent vigoureusement. Le 9, il est condamné à mort. Il est exécuté le 15 au matin, ranimé après avoir tenté de s'empoisonner. Comme il a interdit à ses avocats de formuler un recours en grâce, le général s'est vu seulement saisi d'une demande de procès équitable. Il a reçu les avocats sans mot dire, s'enfermant avec Maurice Patin, directeur des affaires criminelles et des grâces, et laissant la justice suivre son cours. Au demeurant, les interventions en faveur de l'ancien chef du gouvernement de Vichy ont été rares. Même s'il n'a pas été le plus détestable des dirigeants de Vichy, même s'il a protégé dans la mesure du possible les républicains, même s'il a accompli sans haine une politique désastreuse, il polarisait alors tous les ressentiments. « Je sais que Laval a rendu des services à son pays, a dit Pierre-Henry Teitgen à ses avocats pour les persuader de reprendre leur place au procès, mais toute la question est de savoir si pour défendre le camp de la France il fallait perdre son âme[38]. » De Gaulle en la circonstance a appliqué la raison d'État, et rien ne le montre mieux que cet aveu de Gaston Palewski, son directeur de cabinet :

Le procès de Pierre Laval, qui s'est mal passé, et son exécution, dans des conditions affreuses, m'ont beaucoup troublé. J'étais, en effet, lié avec sa fille Josée, qui avait épousé René de Chambrun. Avant la guerre, j'avais reçu plusieurs fois à dîner cette femme intelligente. Lorsque son père a été condamné, elle m'a donc tout naturellement écrit. Je m'ouvris de cette démarche au général :
— Je suis dans une situation délicate, lui dis-je. Josée Laval demande à me voir. Il m'est difficile de ne pas la recevoir.
Le général m'a répondu :
— Vous ne vous appartenez pas. Vous ne verrez pas Mme de Chambrun.
Par la suite, j'ai fait tenir à Josée le message suivant : « Votre père avait misé sur les Allemands. Si les Allemands avaient vaincu, nous aurions été pendus et c'eût été tout naturel. Mais du fait que ce sont les autres qui ont vaincu, ceux qui ont été les symboles de la collaboration avec l'Allemagne doivent être châtiés. » Ceci toutefois ne m'empêche pas de penser que Pierre Laval aurait pu être une carte de la France au cas où les événements auraient mal tourné[39].

Le procès fut sévèrement critiqué, y compris par les adversaires les plus farouches de Laval. Le *New York Times* stigmatisa une « magistrature aux ordres ». Léon Blum parla de « scandale et d'erreur ». Dans ses *Souvenirs,* Pierre-Henri Teitgen dénoncera Mornet et Mongibeaux, « médiocres et maladroits[40] ». Et des années plus tard, Georges Bidault écrira à René de Chambrun : « Je ne puis songer aujourd'hui à ce scandaleux épisode sans honte ni sans remords[41]. »

De Gaulle entretiendra toujours des rapports complexes avec le droit. Respect de la défense, procédures précises, indépendance de la magistrature, tous ces principes hérités de la tradition britannique et des Lumières n'auront jamais beaucoup de sens pour lui. Confronté à ce genre de problèmes, il s'emporte volontiers et l'on devine qu'il regrette le temps des légistes, cette ancienne France où le détenteur du pouvoir ne connaissait d'autres limites que la tradition et sa conscience. Dès lors qu'est en cause l'existence même de l'État et de la nation, le général est intraitable, à peine soucieux de ne pas trop susciter l'ire des juristes ou de l'opinion internationale. Ainsi auront été châtiés sans faiblesse les principaux responsables de l'État et les intellectuels auxquels il assigne la mission la plus haute.

Dans l'exercice du droit de grâce, le général, en revanche, continue de faire preuve de beaucoup de scrupule concernant les affaires de moindre envergure. À bien des égards, il joue un rôle modérateur et se montre plus clément que ne le sera son successeur, Félix Gouin.

Je pense, précise Jean Donnedieu de Vabres, qu'il était très sévère pour ceux qui avaient fait des actions de propagande, qui avaient porté l'uniforme allemand, qui s'étaient montrés sur le front allemand en Russie. Il était très sévère pour ceux qui avaient procédé à des dénonciations et qui avaient été responsables des actes cruels de la police allemande et de la Gestapo. Il était évidemment plus indulgent pour ceux qui avaient été entraînés, pour des raisons de gestion d'entreprise, dans des formes de collaboration économique qu'on pouvait leur reprocher mais qui n'avait pas la même gravité[42].

Si l'on se place en 1945, alors que beaucoup d'affaires restaient en suspens et ne seraient réglées que sous la IVe République, un bilan d'ensemble de l'épuration est malaisé à établir, et il est plus difficile encore de cerner le rôle personnel de de Gaulle dans cet épisode aussi nécessaire que rigoureux. L'épuration dite « sauvage », menée en dehors de toute base légale et souvent de façon extrêmement arbitraire, de la veille du débarquement allié aux premières semaines de 1945, a probablement coûté la vie à environ 10 000 Français. On sait que, dans toute la mesure du possible, et d'abord pour rétablir l'autorité de l'État dangereusement concurrencé par celle du Parti communiste et de ses alliés, de Gaulle s'est efforcé d'y mettre fin assez vite. Plus respectueuses des droits de la défense, même si leur fonctionnement fut loin d'être toujours régulier, les cours de justice et accessoirement les chambres civiques, spécialement chargées de réprimer le délit d'indignité nationale instruisirent (en prenant en compte la période postérieure au départ du général) 310 800 dossiers, 140 000 étant classés sans suite. « Les 127 000 dossiers restants, précise Henri Rousso, ont donné lieu à 58 000 jugements des cours de justice et 69 000 des chambres civiques. Les premiers ont prononcé 12 % d'acquittements, 6 % de dégradation nationale seule, 70 % de peines de prison et des travaux forcés (dont 4 % par contumace et 4 % à perpétuité) et 12 % de peine de mort (dont plus de la moitié par contumace et 767 suivies d'exécution). Les chambres civiques ont prononcé 67 % de dégradations nationales, 28 % d'acquittements et 5 % de relève pour faits de résistance[43]. » Comme le constate Henri Rousso, le bilan de l'épuration n'est pas négligeable. Il l'est d'autant moins qu'à ces chiffres il faut ajouter les 800 condamnations à mort prononcées par les cours militaires et exécutées, et les peines infligées par la Haute Cour aux responsables du régime de Vichy.

Et ce bilan n'est pas satisfaisant puisque, dans l'ensemble, les responsables économiques ont été peu touchés, beaucoup moins en tout cas, proportionnellement, que les intellectuels. Pouvait-il en être autrement ? Vaine question. Le débat n'a de sens qu'au regard des nécessités, fréquemment contradictoires, de l'époque. Sans doute, le général aurait-il pu s'attacher à soigner davantage la forme des grands procès, surtout celui de Pierre Laval. Pour le reste, il semble avoir cherché à respecter la règle fixée dès son séjour à Londres : punir sérieusement les principaux dirigeants de Vichy et les intellectuels collaborateurs, faire preuve en revanche d'une relative clémence à l'égard des seconds rôles. Dans cette dernière catégorie, si des injustices ont pu être commises, ce fut, semble-t-il, rarement de son fait. On n'oubliera pas non plus pour apprécier son attitude durant cette époque terrible que ses services ne disposaient pas toujours de toutes les données de base. Le 1er mars 1945, Jean Donnedieu de Vabres lui remettait ainsi une note contenant les chiffres suivants : « Nombre d'affaires soumises en cour de Justice, ou ayant été soumises en mars 1945 aux cours de Justice : 19 000. Classements sans suite : 8 000. Condamnations à mort : 680.

Travaux forcés ou relégations : 1 900. Peines de prison : 4 000. Dégradations nationales : 273. Relaxes : 1 172 [44]. » Il saute aux yeux que si le nombre des condamnations à mort est à peu près conforme à la réalité, le nombre des affaires évoquées, réellement, par les juridictions compétentes, était bien supérieur. Une idée fixe du général, par ailleurs, dominait tout : la volonté de remettre la France en marche. D'où la légèreté des peines infligées aux responsables économiques — moins de 200 condamnations ont été prononcées dans ce secteur. D'où aussi l'heureuse fin de carrière de hauts fonctionnaires en réalité très compromis dans la collaboration.

On soulignera enfin un fait troublant, souvent évoqué, aujourd'hui : la faible place dans la répression des crimes liés à la Solution finale. « Pour des raisons différentes, tenant aux textes juridiques et plus encore aux mentalités d'alors, constate Henry Rousso, ni les magistrats, ni les juristes résistants, ni même la plupart des victimes elles-mêmes n'ont, dans leur majorité, réclamé que soit fait un sort particulier aux crimes et délits antisémites [45]. » Les inculpés, dans leur immense majorité, se sont vu reprocher d'avoir trahi la France ou attenté à la République, les poursuites étant fondées sur les articles du code pénal réprimant toute collaboration avec l'ennemi en temps de guerre. Ce n'est que plus tard, lorsque les historiens auront mieux fait ressortir la spécificité de la Seconde Guerre mondiale et le caractère central de l'Holocauste, que la législation sera modifiée et que seront entrepris des procès pour crimes contre l'humanité, notion définie lors du procès de Nuremberg. À la chute du IIIe Reich, lorsque l'horreur des camps de concentration est apparue, plus tard quand les déportés survivants sont arrivés à Paris, hagards, fantomatiques, de Gaulle n'a pu cacher son émotion : ses proches l'ont même vu alors au bord des larmes, comportement, de sa part, très inhabituel. Mais, comme la plupart des Français, même touchés dans leur chair par les persécutions, le général mettra du temps à intégrer cet élément, proprement incroyable : le massacre planifié, scientifiquement organisé de millions d'êtres humains. S'il y eut erreur, elle fut collective et non le fait d'un homme [46].

Si pénible qu'elle soit, l'épuration ne détourne pas de Gaulle de la tâche à ses yeux la plus urgente : reconstruire l'État sur de nouvelles bases. La question institutionnelle sera toujours pour lui prépondérante mais le moins que l'on puisse dire est qu'en la matière il ne s'enferme pas dans des positions de principe. S'il est un domaine où se vérifie son pragmatisme, c'est bien celui-là.

Sur un point, son opinion est arrêtée, il l'a même exprimée de façon très vigoureuse en 1941 : la République a abdiqué en 1940, il n'est pas question de la rétablir, au moins sous la forme de la IIIe République. Ce sentiment, d'ailleurs, est largement celui de la majorité des résistants et d'une bonne partie de l'opinion. Seuls quelques radicaux manifestent une certaine nostalgie à l'égard du régime défunt. Pour le reste, les conceptions avancées par les uns et par les autres sont vagues. Si Léon Blum se distingue en plaidant dans *À l'échelle humaine* en faveur d'un système présidentiel, le parlementarisme rationalisé semble recueillir les plus nombreux suffrages. Le mécanisme de la dissolution automatique est ainsi proposé par certains. « Malheureusement, souligne à bon droit Paul-Marie de La Gorce, nulle part on ne voyait la vanité de ces artifices de procédure. Nulle part on ne prévoyait que les gouvernements issus d'un accord entre plusieurs partis seraient renversés ou éclateraient dès qu'entre eux des divergences apparaîtraient. Dès lors, les mécanismes prévus ne joueraient pas[47]. »

Curieusement, c'est le général lui-même qui va entretenir l'ambiguïté, plaider en faveur de la solution le plus souvent avancée par les responsables politiques : le retour à une IIIe République débarrassée de ses tares. Avant même la chute de l'Allemagne nazie, il n'a pas caché son sentiment à Jean Donnedieu de Vabres et Jean Touchard, reçus à Neuilly au printemps : « Nous sommes maintenant dans une situation inouïe. Dans les révolutions précédentes, il y avait toujours un régime prêt à ressortir, à surgir. Ici, ce n'est pas un régime qui s'est effondré mais deux régimes. Comment va-t-on s'y prendre ? Rétablir les institutions de la IIIe République ou élire une nouvelle Assemblée et en faire une constituante[48] ? »

Touchard, qui revient de captivité, ne se juge pas en état de répondre. Jean Donnedieu de Vabres, lui, se lance dans un réquisitoire argumenté contre la IIIe République et constate bien vite que de Gaulle ne le suit pas : « Le souvenir de la Révolution de 89 l'obsédait. » « Votre assemblée deviendra une Convention. Elle fera — c'est l'expression qu'il employait — des décrets à la tribune — c'est-à-dire des textes improvisés. » Sans le dire expressément, le général redoute aussi qu'une Assemblée constituante ne soit dominée par le Parti communiste.

En faveur du retour à une IIIe République aménagée et corrigée militent à la fois pour de Gaulle des arguments de fond et des raisons de pure opportunité. En adoptant cette solution, prônée par des constitutionnalistes aussi éminents qu'André Hauriou, il pense tout d'abord mieux établir l'illégalité de Vichy, voire son inexistence. Il sait aussi que la Constitution de 1875 donnait, en fait, de très grands pouvoirs au chef de l'État, et que, pour les rendre effectifs, il suffit de supprimer, pour les actes les plus importants, la règle du contreseing, d'éliminer l'accord du Sénat pour toute dissolution et de renforcer l'assise démocratique du président en élargissant le collège électoral. « Il voulait, souligne Jean Donnedieu de Vabres, que le président de la République puisse exercer la réalité du pouvoir exécutif, qu'il n'ait pas, comme les présidents de la IIIe République, un rôle de pure représentation, et il ne souhaitait pas que la réalité du pouvoir exécutif fût mise entre les mains de gouvernements instables, comme ceux que l'on a connus pendant toute la IIIe république et comme on en a, hélas, retrouvé sous la IVe. Il ne parlait pas encore de l'élection du président au suffrage universel mais il voulait, sous diverses formes et notamment par le référendum, la création d'un lien direct entre le président et le peuple. »

Reste à faire triompher ces vues, et là est précisément la difficulté, compte tenu du jeu des forces politiques. Pour le général, la question ressemble à la quadrature du cercle. Associés à l'œuvre réformatrice du gouvernement, les partis de gauche issus de la Résistance sont tous en faveur d'une Constituante, contre le retour à la IIIe République. Pour le soutenir dans cette affaire, de Gaulle ne peut compter que sur des formations avec lesquelles il n'a pas particulièrement d'affinités : le Parti radical et diverses formations de la droite traditionnelle. Encore ces dernières ne se cachent-elles guère de souhaiter une restauration pure et simple de la IIIe République, sans aucune des modifications que désire expressément de Gaulle.

À l'évidence, une correction de tir s'impose, et le général s'en rend compte d'autant plus vite que, dans son entourage, ses projets de retour à la IIIe République sont très critiqués, comme le rapporte Claude Mauriac[49]. Dès lors, plusieurs solutions sont envisageables. Dans un premier temps, de Gaulle paraît vouloir forcer la main aux électeurs en leur posant une question de confiance : ou bien on lui accorde le droit de gouverner selon ses vœux, ou bien il s'en ira. Jugé « aberrante » par René Brouillet, cette hypothèse est à l'ordre du jour à la fin du mois de juin, quand se propage soudain la rumeur d'un départ des ministres de gauche, favorables à une Constituante. Dans la soirée du 26 juin, le général appelle auprès de lui Pierre de Bénouville et lui laisse entendre qu'il va démissionner, et qu'après tout Édouard Herriot pourrait très bien prendre la tête du gouvernement[50]. Il n'en croit évidemment rien ! En agissant ainsi, de Gaulle veut, tout l'indique, provoquer une réaction, mais plusieurs de ses collaborateurs lui font valoir, à juste titre, qu'il serait pour le moins surprenant de le voir se livrer à une sorte de chantage (Brouillet emploie le terme) afin de sauver la IIIe République. Jules Jeanneney, ministre d'État, lui montre aussi le danger représenté par une Chambre et un Sénat susceptibles de se réunir en Assemblée nationale et d'imposer ainsi un parlementarisme sans frein. Sensible à ces arguments, de Gaulle finit donc par changer d'avis au début du mois de juillet : il annonce son choix en faveur d'une Constituante à l'issue du Conseil des ministres du 7 juillet.

La consultation du peuple, de toute façon, s'impose, mais cette solution doit être entourée de beaucoup de précautions, afin d'éviter que l'influence communiste ne l'emporte. À cette fin, une procédure extrêmement compliquée est prévue. Les Français, est-il décidé en juillet, seront appelés à faire un double choix. En répondant positivement à la première question, ils décideront que l'Assemblée qu'ils vont élire sera constituante ; en émettant un vote négatif, ils diront leur souhait qu'elle soit la Chambre des députés prévue par la Constitution de 1875. Au cas où le vote exprimerait une préférence en faveur de la Constituante, les Français seraient appelés à donner à cette Assemblée un mandat de sept mois afin d'établir une Constitution qui devrait être ratifiée par référendum. L'Assemblée, durant cette période transitoire, votera le budget et les lois que lui soumettra le gouvernement dirigé par un président élu par elle mais non responsable.

Cette tactique du général va être couronnée de succès. Face à lui, le Parti communiste mène le combat avec pour stratégie l'union républicaine : au motif que, durant la période transitoire, le cabinet ne sera pas responsable, les radicaux sont invités à rallier le camp des bons républicains. Pour la circonstance, la « Délégation de gauche », jadis fondée par Jaurès, est remise en activité. Le débat prend une tournure aiguë quand on apprend que, s'il accepte comme mode de scrutin la proportionnelle, le général refuse la proportionnelle intégrale, trop favorable aux jeux d'état-major et au PCF. Secrétaire général de la CGT, Léon Jouhaux proteste. De Gaulle, à son tour, s'offusque de voir un responsable syndical se lancer dans la bataille politique. La discussion s'envenime. Le Mouvement républicain populaire, les socialistes et certains modérés appuient au contraire les projets du général.

Le peuple répond à ses vœux. Le 21 octobre, les Français choisissent tout à la fois leurs députés et les bases des institutions futures. Par 96,4 % des voix, le corps électoral repousse le retour à la IIIe République, par 66,48 % des suffrages il approuve l'organisation provisoire des pouvoirs publics. Les résultats de la consultation consacrent donc la victoire du général, encore que la réponse à la seconde question soit moins franche qu'on aurait pu l'imaginer. Les partisans du non, communistes et radicaux, essuient une sévère défaite.

Le résultat des élections est plus contrasté. Le MRP, d'inspiration démocrate-chrétienne, qui apparaît alors comme le parti de la fidélité au général, obtient 4,5 millions de voix et 150 sièges, succès d'autant plus remarquable qu'il s'agit d'un parti récent, le seul vraiment issu de la Résistance. Avec un peu plus de 4 millions de voix, les socialistes obtiennent aussi un score favorable. Les modérés, en revanche, sont écrasés : la droite et les radicaux obtiennent moins de 100 sièges. Mais le grand vainqueur est tout de même le Parti communiste qui, avec plus de 5 millions de voix, a 150 sièges.

Il arrive qu'un danger en cache un autre : c'est ce qui se passe au lendemain de ces élections. À première vue, le problème pour le général est la présence au Palais-Bourbon d'une majorité de gauche et même marxiste. En réalité, le vrai péril est le retour, à des postes clés, des caciques de la IIIe République. Au sein du Parti socialiste, Vincent Auriol, Augustin Laurent, André Le Troquer, tous liés à l'ancien régime, sont les personnalités les plus marquantes. Même fatigué, Herriot reste le pape du Parti radical. Duclos, Marty, Cachin et Thorez dominent les communistes. « Sous l'apparence du renouveau, note Philippe Tesson, se cache une étonnante stabilité du personnel politique dirigeant[51]. »

S'il pouvait voir ce spectacle, Pierre Brossolette triompherait ! Il avait prôné la constitution d'une grande formation inédite autour de l'homme du 18 juin. Il avait prédit que les partis prendraient leur revanche. De Gaulle n'a pas voulu l'écouter, il a voulu la renaissance des anciennes factions de la IIIe République pour asseoir son autorité sur la Résistance. À présent, les événements donnent raison à Brossolette : les partis s'apprêtent bel et bien à se débarrasser du personnage incommode qui les a soumis. Dès le printemps, Édouard Herriot a discrètement ouvert les hostilités en petit comité : à l'ambassadeur de Grande-Bretagne, il a confié que de Gaulle était « une âme pure et un drapeau », mais sans cacher sa très relative estime pour son habileté politique[52]. Le mot d'ordre est lancé : la politique est affaire de professionnels, de Gaulle ne peut que troubler leurs jeux.

Fin octobre, la Délégation de gauche a élaboré un programme essentiellement économique, destiné officiellement à préciser les orientations trop vagues de la Charte du CNR, en fait à lier de Gaulle pour l'avenir. De son côté, le MRP rédige un programme assez peu différent. En pratique, tout est suspendu à l'attitude du général, à la majorité qui le soutiendra. Malgré la poussée des partis de gauche, de Gaulle n'est pas, a priori, très inquiet. Le succès du MRP est un motif de satisfaction. S'il est loin d'être un démocrate-chrétien, il est vrai qu'il éprouve du respect pour le vieux Marc Sangnier et se félicite de voir le seul parti nouveau issu de la Résistance affirmer fidélité à son égard. Le Parti communiste ne l'inquiète pas non plus outre mesure. Associé aux affaires, le PC est, selon lui, prisonnier de la légalité. Il se targue même d'avoir imposé cette idée.

Le 6 novembre cependant, lors d'une séance à l'issue de laquelle le général remet ses pouvoirs à l'Assemblée, l'antagonisme avec les partis se profile. Dans son discours inaugural, le doyen d'âge, Cuttoli, mêle les critiques aux louanges. Le général cette fois n'est pas dupe : le conflit s'annonce. Fort de sa position dominante, le PCF souhaite la formation d'un nouveau gouvernement de Front populaire, mais Léon Blum, dans *Le Populaire*, a écarté cette idée : à ses yeux, une majorité tripartite est l'unique solution. Bon gré mal gré les communistes sont obligés de s'y rallier. Tacticien avisé, de Gaulle se tient à l'écart des « désobligeants palabres » qui vont être nécessaires à la formation d'une nouvelle majorité regroupant la SFIO, le MRP et les communistes. En matière économique et sur la question laïque les points de vue des uns et des autres sont parfois très éloignés. Finalement, faute de lui trouver un remplaçant, les trois partis lui accordent une confiance unanime mais non sans arrière-pensées. Cette fois, entre de Gaulle et les formations partisanes, le mariage est vraiment de raison. L'Assemblée décrète que « le général de Gaulle a bien mérité de la patrie », mais cette amabilité gratuite ne trompe personne. « Je savais, écrit le Connétable, que ce vote était une révérence adressée à mon action passée, non point du tout une promesse qui engagerait l'avenir[53]. » La formation du gouvernement est très difficile. Les partis ont repris les habitudes. Les radicaux entendent rester à l'extérieur du cabinet. La SFIO exige la présence de ministres communistes. Le PCF entend de son côté obtenir les ministères clés.

Le 15 novembre, le choc se produit. Thorez réclame les Affaires étrangères, la Défense nationale et l'Intérieur. De Gaulle refuse. Le

PC prétend que l'on insulte ses 75 000 fusillés ! Le 17, le général parle et justifie son refus de confier au PC les trois leviers qui commandent la politique étrangère : à savoir « la diplomatie qui l'exprime, l'armée qui la soutient, la police qui la couvre ». Auparavant, le 16, il a remis son mandat à la disposition de l'Assemblée. Il assure qu'il quittera le pouvoir sans amertume.

Le PC hausse encore le ton : Non à la dictature ! Le 19 novembre, l'Assemblée se réunit sous la protection des gardes mobiles. « On s'attend au pire », écrit Philippe Tesson[54]. En pleine nuit, de Gaulle fait alors venir l'ambassadeur du Canada. « Il est possible, lui dit-il, que je ne réussisse pas à former un gouvernement. Dans ce cas, il pourrait être de l'intérêt général que je quitte la France pour un temps. Ma présence ici pourrait donner lieu à des manifestations en ma faveur, m'embarrasser et gêner mon successeur. Si le gouvernement canadien n'y voit pas d'objection, j'aimerais me rendre au Canada en tant que simple citoyen pour m'y reposer, comme M. Churchill l'a fait en France[55]. » L'ambassadeur précise que de Gaulle ne demanda aucun arrangement spécial pour lui au Canada. Apparemment, il avait déjà en vue un endroit où il pourrait se rendre directement, à bord de son avion privé.

Le gouvernement canadien, bien entendu, donne son accord, mais en définitive la crise trouve une issue. Sauf les communistes, tous les représentants des partis réaffirment leur confiance à de Gaulle. Jacques Baumel, porte-parole de l'UDSR, petite formation issue de la Résistance, trouve une solution : le Parti socialiste exige une participation communiste au gouvernement. Il aura satisfaction, sous la réserve que le PC n'obtienne pas les départements clés qu'il espérait. François Billoux recevra l'Économie nationale, Marcel Paul la Production industrielle, Amboise Croizat le Travail, Charles Tillon l'Armement. Choix habile qui rend les communistes solidaires de l'action gouvernementale.

Leur présence est équilibrée par celle d'André Malraux, autrefois proche d'eux, à présent toujours de gauche mais antimarxiste, après une résistance tardive et un engagement incontestable dans les combats de la Libération[56]. Il y a quelques mois, Gaston Palewski et Claude Guy ont commencé à penser que l'auteur de *L'espoir* pourrait être une précieuse caution progressiste pour le général. Amusé, ce dernier pensait toutefois que l'écrivain ne se laisserait pas facilement convaincre. Une rencontre d'une demi-heure, le 5 ou le 6 août, a tout changé. Malraux a eu plus de chance que Barrès, contraint de chanter les louanges de Boulanger : le Connétable est un héros à sa mesure. De Gaulle ne pouvait qu'être sensible à un tel appui. « Les deux hommes se trouvent réciproquement à leur goût » écrit Olivier Todd[57].

Ainsi commence un singulier compagnonnage intellectuel et politique, et rien ne s'oppose à ce que l'écrivain soit associé à l'œuvre de redressement. Nommé ministre de l'Information, Malraux veille dès lors sur l'image de celui qu'il qualifiait naguère de « fasciste », selon son neveu Alain, et dont l'itinéraire a été si différent du sien. Tous deux, « fervents des hautes destinées » (pour reprendre l'expression utilisée par de Gaulle à l'endroit de son ministre dans ses *Mémoires d'espoir*), partagent une certaine idée de la continuité nationale. Tous deux ont aussi la même conception de la démocratie caractérisée moins par le respect de règles formelles que par l'existence d'un lien direct et fort entre le Prince et les gouvernés.

Entre de Gaulle et les partis, cependant, le charme est définitivement rompu. Les méthodes de l'homme du 18 juin sont refusées par les chefs de formation politique ; leurs prétentions paraissent insupportables au chef du gouvernement. C'est sur le problème constitutionnel que de Gaulle tombera et le Parti socialiste va prendre la tête de l'offensive contre lui. Le 29 novembre, une commission est mise en place afin d'élaborer un projet de Constitution. Elle compte dix socialistes, sur quarante-deux membres, et parmi eux Vincent Auriol et André Philip, adversaires déterminés de la conception gaulliste en matière constitutionnelle. Leur but est clair : réduire de Gaulle, qui doit être le premier président de la IVe République, à l'état de potiche. Le chef de l'État dans le système qu'ils imaginent perdrait, en particulier, le droit de grâce et la présidence du Conseil des ministres.

La tension est rendue encore plus vive par la dégradation du contexte économique. Le 26 décembre, le franc est dévalué tandis que le rationnement du pain est rétabli. L'occasion est bonne d'en rendre de Gaulle responsable. Dans ce climat délétère les incidents se multiplient. Le premier a trait au budget militaire. Le général y tient. Il le considère comme son domaine réservé. Il désire que les crédits restent à un niveau élevé. Les socialistes ne sont pas de cet avis ; à leur yeux, il est impossible que 28 % des dépenses de la nation soient consacrées à la Défense. Ministre des Armées, Edmond Michelet a beau plaider le coût de la guerre en Indochine, les membres de la SFIO campent sur leurs positions. Dans la nuit du 31 décembre au 1er janvier, la discussion tourne à l'aigre, l'offensive socialiste étant menée par André Philip. Au cours de l'après-midi, le général se rend à l'Assemblée pour défendre ses positions. Rapidement, la discussion dévie : les socialistes entendent bien faire triompher le principe de la suprématie du législatif. Les communistes brillent par leur ambiguïté. Ils voteront avec les socialistes, explique Jacques Duclos, mais ils n'ont rien contre le général. « On pousse d'une main de Gaulle au bord du précipice, écrit Philippe Tesson, et de l'autre on le retient. On veut qu'il chancelle mais non qu'il tombe. On attend qu'il se soumette, qu'il plie[58]. »

Le général menace de démissionner. En définitive, le budget militaire est voté. Pour autant la victoire du chef du Gouvernement provisoire n'est pas complète, car, pour obtenir satisfaction, il a été obligé d'accepter un amendement de l'UDSR stipulant que la réduction de 20 % ne sera effective que si le gouvernement n'a pas déposé avant le 15 février son projet de réforme de l'armée. De Gaulle n'est pas homme à accepter de tels compromis. Pour lui, la coupe est pleine. Sur-le-champ, il part, en famille, passer quelques jours de vacances — les premières depuis 1939 — à l'hôtel Eden Roc au Cap d'Antibes. La lecture de Retz et de Saint-Simon l'absorbe, et sans doute y puise-t-il des leçons d'intransigeance.

Peu à peu, sa réflexion mûrit : il est décidé à partir. Depuis toujours le retrait est chez lui à la fois une tentation et une tactique. Il en a d'ailleurs usé de main de maître tout au long de la guerre. Cette fois, cette solution lui semble le seul moyen de provoquer une sorte d'électrochoc. Dans l'automotrice qui le ramène à Paris il fait part de son projet à Pierre de Gaulle, son frère, et Jacques Vendroux, son beau-frère. Le premier est hostile au départ. Le second y incline — à condition évidemment qu'il soit suivi d'un prompt retour triomphal, les partis ayant, dans l'intervalle, fait la preuve de leur incompétence. Jacques Vendroux se voit donner raison : « J'ai remis le train sur les rails, on veut m'empêcher de le conduire comme il faut. Au régime des partis, puisqu'on le veut, de faire ses preuves. »

En dehors du cercle familial, Jules Moch est le premier mis dans la confidence. Ministre des Transports, en tournée dans le Midi, il a croisé l'automotrice transportant la famille de Gaulle à Avignon et s'est arrangé pour être à Paris suffisamment en avance pour y accueillir le chef du gouvernement, conformément à la tradition républicaine. Quand, sur le quai de la gare, on lui a appris que le général descendrait de son train entre Alfortville et Maisons-Alfort pour rentrer discrètement dans la capitale en voiture, il a été éberlué. À l'heure dite, en effet, de Gaulle descend seul de l'automotrice, salue le préfet de police Luizet venu l'accueillir et Jules Moch, qu'il invite à effectuer le trajet jusqu'à la rue Saint Dominique dans sa propre automobile. Il fait froid en ce matin de janvier. De Gaulle rabat une couverture sur ses genoux et ceux du ministre des Transports. Très vite, il entre dans le vif du sujet. Après avoir fait jurer le secret à son interlocuteur — seulement autorisé à avertir Léon Blum dont il est très proche — le chef du Gouvernement provisoire se confie :

« Eh bien ! voilà : j'ai voulu réfléchir dans le calme, loin de tous et de tout. Depuis le début de cette expérience, je me sens en porte à faux. Le gouvernement a failli éclater dans l'affaire du traitement des fonctionnaires, il y a peu de semaines. Dans un certain sens, c'est Maurice Thorez qui l'a sauvé. Le débat sur la réduction des crédits de la défense nationale m'a convaincu qu'il m'est — il scanda les mots — im-po-ssi-ble de gou-ver-ner a-vec les par-tis ! Je l'ai dit aux députés ce jour-là. Je leur ai tout dit d'ailleurs : que c'était sans doute la dernière fois que je parlais dans cette assemblée, qu'ils allaient créer une situation impossible pour moi, pour le gouvernement, et aussi pour eux-mêmes. Il a fallu que je leur prédise les regrets qu'ils éprouveraient, un jour, de ne pas avoir tenu compte des nécessités de dignité, d'autorité et de responsabilité qui sont miennes en tant que chef de gouvernement pour qu'ils renoncent à leurs desseins de réduire démagogiquement les crédits et votent un texte en définitive anodin.

Mais je ne me sens pas fait pour ce genre de combats. Je ne veux pas être attaqué, critiqué, contesté chaque jour par des hommes qui n'ont d'autre titre que d'avoir su se faire élire dans un tout petit coin de la France.

J'ai pris du champ à Antibes, ces huit jours pour réfléchir. Le résultat de mes réflexions, c'est que je ne puis me résigner à subir les critiques de partis et

d'irresponsables, à voir mes décisions contestées, mes ministres critiqués, moi-même attaqué et mon prestige s'amenuisant.
Puisque je ne puis gouverner comme je le veux, c'est-à-dire pleinement, plutôt que de me laisser ligoter, plutôt que de voir démembrer mon pouvoir, je m'en vais ! »

Malgré la tension des dernières semaines, Jules Moch est stupéfait. Il n'en oppose pas moins au général des arguments qu'il croit valables :

« Comme Clemenceau, lui dit-il en substance, vous avez commis l'erreur de rester dans un contexte qui ne vous convenait guère mais vous avez choisi de rester et comme il n'y a rien de sérieux contre vous sinon des escarmouches, des blessures d'amour-propre, vous n'avez pas le droit de partir. »
De Gaulle avait écouté cette diatribe avec une rare patience, et même, me semblait-il, avec une certaine indulgence. Il posa à la fin sa main sur la mienne et, dans la voiture s'engageant alors dans la rue Saint-Dominique, il me dit d'une voix basse, lente, comme perdu dans ses pensées, une phrase qui me laisse stupéfait : « Peut-être avez-vous raison : on n'imagine pas, en effet, Jeanne d'Arc mariée, mère de famille et, qui, sait, trompée par son mari[59] ! »

Le 16, à l'Assemblée nationale, Édouard Herriot renforce encore la détermination du général en critiquant la régularisation par le gouvernement de l'octroi de la Légion d'honneur à des soldats tombés lors du débarquement américain en Afrique du Nord :

M. Édouard Herriot, réplique, cinglant, de Gaulle, m'excusera de lui répondre avec d'autant plus de clarté et de simplicité qu'avec Vichy depuis 1940 je ne me suis pas borné à échanger des lettres et des messages mais que j'ai tout de suite procédé à coups de canon. Le gouvernement de la République n'a pas voulu arracher ces décorations des cercueils des morts, des poitrines des mutilés. »

Ayant déjeuné avec Abetz quelques jours seulement avant la libération de Paris, le vieux chef radical n'était évidemment pas le mieux placé pour donner à de Gaulle des leçons de patriotisme.

Peu à peu quelques ministres, dont André Malraux, sont mis dans la confidence. Le 19, les commissaires de la République sont avertis à l'issue d'une réunion au ministère de l'Intérieur. Alain Savary et Pierre Bertaux ont conservé l'image d'un de Gaulle prêt à en découdre, certain de revenir aux affaires dans les plus brefs délais. « Regagnez vite vos postes ! Je m'en vais, ça va barder », dit-il à Alain Savary. « S'il y a course à l'opposition, c'est moi qui prendrai les devants », déclare-t-il selon Bertaux[60]. Un autre commissaire de la République, Victor Le Gorgeu, a, lui, un souvenir plus sobre. Les deux versions ne sont pas nécessairement contradictoires :

C'était le dernier jour de la réunion, généralement mensuelle, des commissaires de la République. Ce samedi matin, nous étions rassemblés place Beauvau, autour du ministre de l'Intérieur, Adrien Tixier. À treize heures, nous étions invités à déjeuner, comme de coutume, par le général de Gaulle.
Vers dix heures, arrive un message nous annonçant que le déjeuner était décommandé, mais qu'en revanche nous étions convoqués à quinze heures précises à l'hôtel de la rue Saint-Dominique, salle des armures. Évidemment,

il se passait quelque chose d'anormal, voire de grave, et cela ne manquait pas de nous intriguer mélancoliquement.
Nous étions tous présents à l'heure exacte. Dans une partie de la salle on avait placé sur une petite estrade un fauteuil doré et, en face, trois rangées de chaises pour les commissaires.
À quinze heures précises, le général de Gaulle descendait de son cabinet entre les deux haies habituelles de gardes républicains.
D'un geste un peu brusque, il écarta le fauteuil doré qu'on lui avait réservé et le fit remplacer par une simple chaise, puis s'adressa à nous dans les termes suivants, que je résume ainsi :
« Messieurs,
Vous ne vous étonnerez pas si je vous dis que les choses ne vont pas. Peu à peu, insensiblement, nous retombons dans la confusion d'antan, qui nous a fait tant de mal. Je suis obligé de gouverner avec les ministres que m'ont donnés les partis. Ces ministres en arrivent, hélas ! pour la plupart, à s'inspirer plutôt des consignes qu'ils reçoivent de leur parti que des intérêts véritables de la France. Il en résulte que je suis au point d'être déconsidéré vis-à-vis du pays et, ce qui est plus grave, vis-à-vis de l'étranger. C'est une chose que je ne puis supporter et, puisque je suis mis dans l'impossibilité de remplir ma mission, je dois inévitablement en tirer la conclusion logique.
Je suis sûr que vous me comprendrez.
J'espère que tout se passera dans l'ordre. En tout cas, vous allez immédiatement rentrer dans vos circonscriptions et, si quelque trouble se produit, vous prendrez, en vertu des pouvoirs que vous possédez, les mesures nécessaires.
Messieurs, je vous remercie de la collaboration que vous m'avez accordée. »
Nous étions stupéfaits, atterrés, silencieux. La garde rentra dans la salle et le général, après avoir serré les mains, se disposa à remonter dans son bureau.
Toutefois, avant de partir, il demanda : « Quel est le plus ancien d'entre vous ? »
On lui donna mon nom et, accompagnant ses paroles d'un geste du bras et de la main qui lui est familier, il me dit : « Montez avec moi ! »
À peine engagés entre les deux haies de gardes, le général me demanda : « Est-ce qu'ils ont compris ? — C'était assez clair », répondis-je.

Après s'être entretenu un moment avec Victor Le Gorgeu, dans son cabinet, le général conclut :

« C'est la Constitution de 1875 qu'il fallait conserver, en l'adaptant naturellement aux conditions actuelles et aux nécessités d'un pouvoir fort. Il n'en est pas ainsi et je ne puis couvrir ce que l'on prépare pour le malheur de la France.[...] Les hommes ne comptent pas ; seul l'État compte. Vous devez rester à votre poste[61]. »

Le dimanche 20 janvier, la démission est rendue publique, à l'issue d'un Conseil des ministres. Dans la salle, rien n'a été préparé, aucun buvard, aucun papier. Manifestement, un grave événement se prépare. Le général fait son entrée, serre les mains. « Ma mission est terminée, déclare-t-il tout de go. Le régime exclusif des partis est de retour, je le réprouve, mais à moins d'établir par la force une dictature dont je ne veux pas et qui sans doute tournerait mal, je n'ai pas les moyens d'empêcher cette expérience [...]. Vous épousez les querelles de vos partis respectifs. Ce n'est pas ainsi que je comprends les choses. J'ai donc décidé de me retirer. Ma décision est irrévocable. »

Les ministres, pour la plupart, sont stupéfaits. Vincent Auriol insiste pour que de Gaulle ne parle pas à la radio ; se rendant en définitive à ses arguments, il se borne à envoyer sa lettre de démission à Félix Gouin, président de l'Assemblée constituante. Il y reprend l'expression utilisée il y a quelques jours devant ses proches : « le train est sur les rails ». Selon Malraux, le général avait préparé un autre texte : « Je vous avais promis de vous rendre la démocratie. J'ai tenu mon serment. Maintenant mon devoir est de vous dire que dans une nation qui a perdu la place de premier plan qui a été la sienne jusqu'à ces dernières années le gouvernement des partis est un anachronisme redoutable. » Quelques semaines après Churchill, chassé de Downing Street par les électeurs, le Connétable quitte ainsi la scène où il s'est hissé en juin 1940. Tout indique néanmoins qu'il compte bien y revenir sans tarder.

XXIII

RASSEMBLER

« À moins d'établir une dictature... » De Gaulle a-t-il vraiment évoqué cette hypothèse dans son discours devant les ministres ? On en discute encore — les fidèles de l'homme du 18 juin écartant de manière systématique cette éventualité sacrilège. Force est en tout cas d'admettre que la possibilité de s'évader de la stricte légalité républicaine pour établir un régime autoritaire a bel et bien été évoquée par André Malraux, le lendemain même de la démission du général, lors d'une rencontre avec l'ambassadeur de Grande-Bretagne, Duff Cooper. Pour Duff Cooper, André Malraux, « qui est passé de l'extrême gauche à l'extrême droite, est l'un des fidèles à 100 % de De Gaulle ».

André Malraux : Le général a appris par expérience que le présent système de gouvernement par les trois partis est totalement impossible et que la situation nouvelle, celle que les communistes et les socialistes se sont mis d'accord pour établir, risque d'être encore plus désastreuse.
Duff Cooper : Si cela est le motif de la démission du général, il est sûrement très regrettable qu'il ne l'ait pas dit. En l'état actuel des choses ses partisans sont complètement mystifiés et peuvent avoir le sentiment que de Gaulle a déserté son poste à un moment critique et laissé ses supporters sans instructions. J'ai vu la nuit dernière un jeune général de la Résistance qui est un ami personnel, Pierre de Bénouville : il m'a dit tout cela avec les larmes dans les yeux. Il m'a dit qu'il y avait deux ou trois cents hommes en France prêts à mourir pour le général.
A. M. : De Gaulle, j'en suis sûr, donnera plus tard les raisons de sa démission. Aussi longtemps qu'il était en charge, il se sentait empêché de le faire, afin de ne pas rendre plus difficile la tâche de son successeur, mais en tant que simple citoyen, il aura le droit de faire toutes les déclarations qu'il lui plaira.
D. C. : Il lui était évidemment difficile de tenir une telle explication dans la lettre qu'il a déjà envoyée au président de l'Assemblée...
A. M. : Oui. Du moins la lettre lui a-t-elle permis de quitter sa charge avec dignité et le minimum de troubles.
Je n'ai aucun doute, en écoutant Malraux, note Duff Cooper : le général n'a en aucune manière l'intention de quitter la sphère politique et le mot « irrévocable » s'applique seulement à sa présente démission et non à sa future carrière.
A. M. : Les six prochains mois vont être très difficiles pour la France et la situation pourrait bien devenir désespérée avant les prochaines élections si l'on échoue à obtenir un prêt des États-Unis, qui pourraient hésiter à avancer

des crédits à un gouvernement à dominante communiste. Quand cette situation se produira, le général sans doute apparaîtra être de nouveau la seule alternative à la banqueroute et à la confusion.
D. C. : Le général pourrait-il réapparaître en tant que dictateur ?
A. M. : Mon pessimisme noir me convainc que la France va vers une dictature et je le regrette surtout parce que je sais que la notion de dictature est mal perçue en Grande-Bretagne. Je suis moi-même un adhérent convaincu du Bloc occidental car il offre le seul espoir de salut à la fois à l'Europe de l'Ouest et à la Grande-Bretagne. Mais cet objectif ne pourra être atteint sans qu'ait coulé beaucoup de sang et que de nombreux hommes aient péri. À mon avis de Gaulle serait pleinement justifié s'il devenait dictateur à un moment déterminé. De Gaulle a déjà essayé de donner au peuple français ce qu'il voulait, à savoir un gouvernement démocratique. L'expérience a prouvé que cela n'était pas possible. [...] Ce n'est pas la fin du gaullisme mais plutôt son début et, dans les mois qui vont suivre, un grand mouvement gaulliste surgira
D. C. : Il ne reste pas beaucoup de temps avant les élections et afin d'organiser un mouvement je suppose qu'il serait nécessaire d'utiliser quelques journaux. Avez-vous l'intention d'en lancer un ou de faire appel à ceux qui existent ?
A. M. (en haussant les épaules) : Il y a d'autres moyens d'influencer l'opinion..
D. C. : Je suppose que de Gaulle sera toujours sûr de pouvoir accéder à la radio.
A. M. : Si vous pensez cela, c'est que vous avez une très faible connaissance des communistes français ! Je suis toujours ministre de l'Information mais je m'attends à quitter mon poste à tout moment[1].

Malraux, certes, n'est pas de Gaulle, il n'est pas autorisé à parler en son nom. On peut simplement douter qu'il s'exprime ainsi, devant un interlocuteur particulièrement important et ami, sans un accord, au moins tacite, du général. Au-delà des spéculations, cet aveu de l'écrivain traduit bien ce qui va être chez les gaullistes jusqu'en 1958 une tentation, longtemps niée, mais bien réelle, comme l'attestent, on le verra, les archives à présent disponibles.

De la part du général, une seule chose est vraiment certaine à cette époque : son souci de ne pas laisser abîmer son image dans des jeux qu'il estime avilissants, la volonté de faire « une belle sortie ». Témoin capital de cette phase de la vie du Connétable, Claude Guy reçoit des confidences très claires :

« Je n'avais pas le choix. Quelques jours de plus et je m'émiettais... Alors les communistes me tenaient [...] S'expliquer ? Il n'en était pas question non plus. [...] Si j'ai eu tort, comme beaucoup le prétendent, je vous répondrai que l'opinion pardonne aisément à un homme une faute. Ce qu'il ne pardonne pas, c'est le manque de caractère. C'est le grand tort de Clemenceau d'avoir assaisonné tous ses textes et tous ses livres d'un je ne sais quoi de regret et de protestation qui corrompt un peu sa mémoire... Se taire ! Se taire ! en dépit des accusations, des lâchetés et des trahisons, quelle preuve de force[2]. »

Cette règle, de Gaulle s'y tient. Dès le lundi 21 janvier, il quitte la villa de Neuilly mise à sa disposition. Le déménagement est rapide. Aucun objet vraiment personnel dans cette demeure que le général, et plus encore Mme de Gaulle, n'ont jamais aimée, la jugeant trop somptueuse[3]. « Dans le salon, écrit Claude Guy, j'aperçois en vrac, sur une table, le sabre de Hitler que le général Leclerc rapporta de Berchtesgaden, l'ultimatum de Rommel au général Kœnig, une petite maquette du *Surcouf* et un tank offert par ses camarades de la DCR. Mme de Gaulle place ces deux objets dans la chambre de Philippe[4]. » Détail incongru : pour quitter Neuilly, de Gaulle et les siens montent à bord de la Cadillac offerte par Roosevelt.

Le soir même, le général établit ses quartiers au pavillon de Marly, déjà utilisé durant l'été et cette fois loué aux Domaines, la maison de Colombey étant encore inhabitable. Situé tout près de la majestueuse perspective de Marly, créée par le Roi-Soleil, le pavillon bâti au XVIIIe siècle est d'une sobre élégance mais l'aménagement est sommaire. Entre chien et loup, la famille s'installe dans une maison à peine ouverte. « On vient d'allumer la chaudière, raconte Claude Guy, les calorifères sifflent. Il fait presque aussi froid dans les deux petites pièces du rez-de-chaussée qu'au-dehors. Les murs imbibés d'humidité sous l'effet de la chaleur naissante se mettent à suinter, mouillant les liserés de tapis. Tandis que Mme de Gaulle s'enquiert de trouver cocotte et vaisselle, le général se met en quête d'un bureau. Toute la famille se réunit dans le petit salon où la température est plus supportable[5]. »

Réflexe d'homme de culture : de Gaulle trouve réconfort dans la lecture. Le *Disraeli* d'André Maurois retient son attention ce soir-là. Il y puise des réflexions sur l'avenir, le présent, des conseils aussi. Entre autres celui-là, qu'il rapproche de son attitude, récente, envers Édouard Herriot : « Ne vous défendez jamais devant une assemblée parlementaire, sinon en attaquant vous-même ; dans le plaisir que donne l'attaque nouvelle, ils oublient celle dont ils ont été l'objet. »

À l'évidence de Gaulle est en position de combat. Témoin de ces premières heures à l'écart du pouvoir, Claude Guy se déclare frappé par sa sérénité et sa douceur. Le moins que l'on puisse dire est que les propos qu'il rapporte démentent cette impression. Le général ne cesse de mordre, d'asséner des coups. Maudissant Muselier, Giraud, ceux qui se sont mis en travers de sa route, il souligne : « Il reste maintenant la dictature des partis. Oh ! s'il n'y avait eu que les partis socialiste et MRP, j'en eusse fait mon affaire depuis longtemps ! Mais avec les communistes, c'est une autre affaire ! Il ne suffira pas le jour venu de les mettre à la porte : il faudra les attaquer pour les détruire, il faudra les écraser[6]. »

Quand il apprend que Félix Gouin, socialiste sans envergure, en qui Léon Blum curieusement voit un « Attlee français », lui succède à la tête du Gouvernement provisoire, sa verve se déchaîne : « Ce n'est même plus le gouvernement d'Assemblée, c'est le gouvernement de brasserie ! [...] Ah, en vérité, l'heure de Ferdinand Lop[7] a sonné... Dire que pendant ce temps-là, tous ces pygmées s'agitent[8]. » Outre le « père Gouin », les dirigeants du MRP, spécialement Maurice Schumann, sont l'objet de ses sarcasmes. Parfois l'humeur est plus noire encore. « On aurait bien tort de compter avec les hommes. L'homme est véritablement une sale bête ! [...] Oui, nous sommes dans l'ère de la bassesse. Nous y sommes entrés probablement pour longtemps car la supériorité est intolérable aux petits hommes de basse politique. » L'espoir, malgré tout, est le plus fort : « Attendez quelques mois ! Alors on se souviendra seulement de l'acquis laissé à mon départ[9]. » Plus que jamais de Gaulle est cyclothymique et le pessimisme lui inspire des jugements très tranchés, voire aventurés. De plus en plus les communistes deviennent les ennemis à abattre, des « antinationaux ». Il n'oublie pas le rôle qu'ils ont joué dans sa chute et, du coup, voit parfois d'un œil un peu différent l'histoire de la Résistance. En février, il explique ainsi à François Mauriac qu'il y a eu deux sortes de Résistances, entre lesquelles nulle entente après la Libération n'était possible : « La mienne, la nôtre — qui était résistance à l'ennemi — et puis la résistance politicienne — qui était antinazie, antifasciste mais en aucun cas nationale[10]. » Propos manifestement excessifs, même si chez l'homme du 18 juin tout effectivement procède de la nation. Les Russes, naguère objet de tant de remarques aimables, sont à présent eux aussi voués aux gémonies. Selon Claude Guy, de Gaulle les voit débarquant à Paris, avant même la prise du pouvoir par le PCF ! Il prétend également toujours que la mise en place d'administrations centrales en Allemagne aboutira fatalement à la naissance d'un Reich dominé par l'Union soviétique[11].

Par-dessus tout, le général veut marquer qu'il se tient en retrait du « Système ». Cette volonté apparaît notamment dans cette lettre inédite adressée à Geoffroy de Courcel, relative à la gestion de l'ordre de la Libération dont le général demeure le grand maître :

Le Général de Gaulle

Marly, 31 mars 1946

Mon cher ami,

Je réponds à votre lettre. L'autre jour, le colonel Laporte m'avait apporté un certain nombre de propositions pour la croix de la Libération. J'ai trouvé, après examen, qu'elles avaient en général, et bien qu'étant à titre posthume, un caractère trop « politique ». J'en ai, toutefois, retenu cinq pour lesquelles j'ai signés des décrets antidatés, M. Gouin m'avait, d'ailleurs, écrit pour me prier de le faire.

Maintenant, et ne fût-ce qu'en raison des élections prochaines qui déclenchent des surenchères, je n'en signerai plus d'autres. Il y a, du reste, assez de compagnons de la Libération. Même si quelques-uns ont pu être oubliés, l'inconvénient qui en résulte ne vaudrait pas celui qu'il y aurait à tenir les barrières ouvertes. Le mieux est, au contraire, de profiter de mon départ pour clore définitivement les promotions !

Je vous dis cela pour l'ordre de la Libération. En ce qui concerne les médailles de la Résistance, cela a moins d'importance et je ne vois pas pourquoi ni comment je continuerais à m'en mêler. La commission d'examen n'a qu'à jouer son rôle et empêcher les abus, si elle le peut, quoique je ne me fasse pas d'illusions dans le régime et l'atmosphère actuels...

Croyez, mon cher ami, à mes sentiments fidèlement dévoués[12].

Parfois, le mépris pour les nains en charge des affaires éclate littéralement. De Gaulle s'esclaffe en particulier quand Edmond

Michelet, ministre des Armées, lui fait savoir, en avril, par l'amiral Ortoli, que le gouvernement a l'intention de trouver une solution administrative — décoration, promotion ou titre quelconque — permettant de régulariser sa position, puisqu'en fait il est toujours « général de brigade à titre temporaire » :

« Ils ne peuvent quoi qu'ils fassent se hisser à mon niveau, car le grandiose ne pénètre jamais dans leur esprit. Oui, ils ne peuvent percevoir le caractère absolument unique et exceptionnel de ce qu'a été l'odyssée de 1940 à la Libération, dont il n'est aucun précédent dans l'Histoire... Pauvres bougres ! [...] Je ne suis pas un général vainqueur, on ne décore pas la France[13]. »

De Gaulle, en vérité, ne tarde pas à s'ennuyer et peut-être à regretter son geste. « Une péripétie » : ainsi a-t-il qualifié son initiative dans une lettre adressée au diplomate Guy de Girard de Charbonnières. Hélas, la péripétie dure — et le gouvernement de Félix Gouin aussi ! Élu le 23 janvier, l'ancien président de l'Assemblée a été investi le 29 à la tête d'un cabinet composé de socialistes, de communistes, de MRP et d'un « sans étiquette », Henri Longchambon, chargé du Ravitaillement. Les hommes ont peu changé et l'âge moyen des ministres, surtout socialistes, confirme l'impression d'un retour à la IIIe République. Seul de tous les socialistes, le député maire de Marseille, Gaston Defferre, résistant courageux, a moins de quarante-cinq ans. De Gaulle ne peut passer ses journées à vitupérer le père Gouin et ses ministres ; dans la solitude de Marly, il envisage des hypothèses : le lancement d'un mouvement ou encore la récupération du MRP — cas de figure évoqué en mars lors d'une conversation avec Maurice Schumann. André Malraux, de son côté, est très actif et on lui prête des projets un peu mystérieux (à deux ou trois reprises, Claude Mauriac s'en fait l'écho dans son journal, pour les démentir). L'ambassadeur de Grande-Bretagne, Duff Cooper, dès le mois de février, avait évoqué ces bruits :

La ville est pleine de mystères et de rumeurs... Que va faire de Gaulle prochainement ? La vérité est qu'il n'en sait rien lui-même. D'une source très secrète mais fiable j'ai entendu dire au début de la semaine que Malraux avait évoqué de manière frénétique la nécessité du césarisme et même s'était fait l'avocat du crime politique pour y parvenir. [...] Il faut bien avoir à l'esprit aussi que ceux qui entourent de Gaulle aujourd'hui ont vécu des années dans la clandestinité, où ils ont acquis des habitudes de violence et perdu le respect de la loi et de la vie humaine. Par conséquent, si la situation devait se détériorer sévèrement, il n'est pas exclu que quelques éléments déterminés agissent de manière à mettre en place par la force un gouvernement efficace. »

Pour autant Duff Cooper juge que les réactions du général face à ce type de situation sont impossibles à prévoir :

À mon avis, il ne commettrait pas délibérément quelque chose qui lui paraîtrait moralement mauvais mais je le soupçonne de ne pas trouver de grandes difficultés à se persuader lui-même que son devoir est de faire ce qu'il veut. [...] Ceux qui ont vu le général durant la semaine rapportent qu'il est dans l'état d'un convalescent, ou même d'un somnambule. Il semble incapable de prendre la moindre décision ou d'établir le moindre plan pour le futur[14].

À dire vrai personne ne sait très bien quelles sont les intentions de de Gaulle et peut-être ne le sait-il pas lui-même. En attendant, il écoute. Le 5 février, par exemple, le général Billotte exprime le projet de créer non un parti mais une fédération qui regrouperait les meilleurs des autres partis : André Diethelm, René Mayer, Jacques Soustelle, le radical Yvon Delbos. Signe en tout cas d'une certaine impatience : le 1er avril, le général quitte sa retraite pour se rendre au cinéma sur les Champs-Élysées. Sa présence ne suscite aucune manifestation et peut-être en conçoit-il quelque dépit. La préparation de ses *Mémoires*, la reprise de la vie de famille — assombrie par la disparition de son frère Jacques, infirme depuis des années — ne l'absorbent évidemment pas. L'occasion de se manifester se présente tout naturellement : le 5 mai doit avoir lieu en effet le référendum sur l'avenir des institutions de la République nouvelle, suivi des élections législatives.

De Gaulle peut d'autant moins se désintéresser du débat que la Constitution présentée consacre la toute-puissance de l'Assemblée et la dictature des partis. Aux termes du projet, l'Assemblée détient la plénitude du pouvoir législatif, et le gouvernement en est l'émanation. Le chef de l'État n'a que des pouvoirs très limités. Seule tentative pour mettre fin à l'instabilité de la IIIe République : après deux crises ministérielles, la dissolution sera automatique. Pour de Gaulle, le désir d'intervenir est d'autant plus net que tout donne à penser que les partis de gauche domineront le régime. « Les discussions sur la valeur respective du mono ou du bicaméralisme ne sont que des trompe-l'œil, souligne Georgette Elgey. La nouvelle Constitution permettra-t-elle au Parti communiste de s'emparer légalement du pouvoir et d'instaurer en France ce que Maurice Thorez appelle « "la démocratie véritable", tel est l'enjeu[15]. »

Sur le fond, l'opinion du général est faite : le projet est inacceptable. Pour autant, il ne sort pas officiellement de sa réserve, laissant le MRP, la droite et les radicaux mener la campagne en faveur du non. Le 5 mai, les Français refusent la Constitution, par 59 % des voix contre 47 %. Pour la première fois depuis la Libération, la progression du Parti communiste est enrayée. De Gaulle ne change pas de stratégie. Au lieu de crier victoire, il réalise un vœu formulé à Londres et se rend en pèlerinage sur la tombe de Clemenceau à Mouilleron-en-Pareds. Il y prononce un discours de portée très générale insistant sur la nécessité d'un État fort, de l'énergie et du rassemblement. En application de la loi votée le 21 octobre 1945, une nouvelle Assemblée constituante doit, par ailleurs, être élue le 2 juin. Cette fois encore, de Gaulle s'abstient de toute intervention directe dans une campagne passionnée, dramatique même puisqu'un candidat MRP est assassiné. Les femmes qui votent pour la première fois grâce au général (qui a introduit cette réforme fondamentale contre les représentants des partis) sont particulièrement courtisées par le MRP. Le 2 juin, le corps électoral confirme les résultats du référendum. Le MRP gagne 809 000 voix et obtient 28,1 % des suffrages, soit 160 sièges. La SFIO, avec 23,8 % des suffrages et 115 sièges, subit en revanche une érosion. Le PC recueille 26 % des voix et 146 sièges. Le Rassemblement des gauches (modéré en fait) et quelques « sans partis » se partagent les 62 sièges restants. Le PC n'est pas à proprement parler battu, du moins n'a-t-il pas réussi à imposer les institutions qu'il comptait sans doute utiliser comme marchepied pour accéder au pouvoir.

Les événements donnent donc raison au général mais son refus de prendre parti publiquement l'empêche de revendiquer la victoire. Dans son entourage, un nouveau venu, le jeune Olivier Guichard, demeurera toujours persuadé que son patron a commis une erreur en observant cette réserve et qu'une intervention nette dans le débat constitutionnel aurait changé le cours des choses. Les formations politiques ayant démontré leur incapacité à se mettre d'accord et à doter le pays d'institutions stables, l'occasion est en tout cas excellente pour de Gaulle — qui, curieusement, n'a pas voté, par crainte des photographes — de faire sa rentrée après ces longues semaines de silence.

Homme de théâtre, il en a choisi le cadre avec soin : ce sera Bayeux, le 16 juin, deux ans jour pour jour après le débarquement sur le sol normand. Tout se passe le plus naturellement du monde. De nombreuses municipalités normandes ont sollicité l'homme du 18 juin, il a accepté leur invitation. L'avantage d'être resté muet est évident : il n'est pas en position de demandeur.

Le voyage commence bien. À Isigny, à Courseulles, à Bayeux, la foule est dense et enthousiaste. De nombreuses personnalités sont au rendez-vous, en particulier : Juin, Kœnig, Thierry d'Argenlieu, Maurice Schumann, René Capitant, Jacques Soustelle, André Malraux, Joseph Laniel. Selon son vœu, le général est accueilli par la municipalité à l'endroit même où il avait fait son entrée deux ans plus tôt. En uniforme, tête nue sous une pluie diluvienne, il prend la parole à quinze heures. Après avoir souligné que l'exemple de la France libre atteste que les pouvoirs publics ne valent, en fait et en droit, que s'ils s'accordent avec l'intérêt supérieur du pays ; après avoir souligné, pour l'heure présente, le péril communiste, il entre dans le vif du sujet : la nécessité d'institutions démocratiques « compensant les effets de notre perpétuelle effervescence ». À partir de là, de Gaulle trace les grandes lignes de son projet constitutionnel qui s'ordonne autour de deux points principaux : Instauration d'un exécutif fort, stable, indépendant du Parlement, ne procédant que du chef de l'État placé au-dessus des luttes partisanes. Dans cette perspective, le président serait élu par un collège élargi comprenant le Parlement et les représentants des colonies, de façon à donner vie au concept d'Union française. Création d'une seconde Chambre, appelée à contrôler la première Assemblée élue par les conseils généraux et municipaux, comprenant aussi des représentants des organisations économiques, familiales et intellectuelles. La vocation de cette seconde Chambre sera de rendre tangible le lien, de nature fédérale, entre les 110 millions d'hommes et de femmes au sein de la métropole et de l'Empire.

La réaction des partis de gauche est violente. Maurice Thorez, sans rire, dénonce le général factieux ; Léon Blum ne cache pas son affliction : « Entre le général de Gaulle et la démocratie il existe une incompatibilité d'humeur... Sur le principe, qui est tout bonnement le principe républicain, il n'y a pas de concession ni de conciliation possible. L'Assemblée directement élue au suffrage universel doit avoir le dernier mot. » Le MRP est plus nuancé. S'il reproche à de Gaulle de trop réduire les pouvoirs de l'Assemblée, il ne juge pas inconciliable avec la démocratie les conceptions du général. Simplement Georges Bidault ne voit pas pourquoi le MRP ferait campagne pour une Constitution qui aboutirait au retour au pouvoir de l'homme du 18 juin.

Objectivement, le discours de Bayeux ne devrait pas susciter de grandes réserves de la part de démocrates. Léon Blum, qui, dans *À l'échelle humaine*, vient de prôner un régime présidentiel, n'est pas des plus logiques. Les suspicions, en réalité, tiennent à la personnalité du général, à certaines de ses idées ou de ses méthodes. « Je vois pour lui tant de périls ! observe Jules Jeanneney le 2 mai devant Claude Guy. À notre époque comme les gens s'élèvent naturellement jusqu'à la bassesse, je vois surtout pour lui un péril. Ce péril c'est le soupçon qui s'est fait jour, qui est devenu bientôt un état d'esprit favorisé par les partis qui ne sont plus que des entreprises électorales, le soupçon que le général de Gaulle est entré dans son grand silence pour mieux guetter l'occasion du pouvoir[16]. »

Certains épisodes malheureusement pour de Gaulle donnent consistance aux rumeurs peu bienveillantes. Ainsi l'affaire Passy qui défraie la chronique à ce moment-là. Les faits sont connus. Lors d'un des premiers Conseils des ministres qu'il a été amené à présider après le départ de de Gaulle, Félix Gouin a informé le gouvernement qu'il ressortait d'un tout récent rapport du nouveau directeur des services secrets que son prédécesseur, le colonel Passy, lui avait transmis une comptabilité inexacte dissimulant des détournements de fonds. L'affaire semblait grave : placé sous l'autorité directe du général, Passy n'a pas détourné les fonds à son profit mais à des fins politiques qui, aujourd'hui encore, restent imprécises. Beaucoup, à l'époque, pensaient sans le dire tout haut que ces opérations avaient pu viser à constituer un trésor de guerre pour un futur parti gaulliste.

Ministre de la Justice, homme d'un désintéressement absolu et d'une rigueur proverbiale, Pierre-Henri Teitgen partageait cette opinion. Il a pris le dossier en main. Traduit devant une commission militaire d'enquête, Passy reconnaît les faits, tout en soutenant avec naïveté qu'ils n'étaient pas illégaux. Soixante jours d'arrêt de forteresse lui sont infligés. À partir de là, l'affaire devient étrange. Détenu, Passy dépérit. Sa femme s'alarme. Le professeur Louis Pasteur Vallery-Radot est autorisé à l'examiner et conclut qu'il est empoisonné à l'arsenic. Rendu à la vie civile, Passy sera toujours persuadé qu'il a été l'objet de la vindicte de l'un de ses adjoints, Pierre Fourcaud, ex-cagoulard notoire [17]. Jusqu'au bout, sans le dire expressément, il tiendra rigueur à de Gaulle de ne pas l'avoir couvert en la circonstance, de s'être borné à lui enjoindre de rembourser les fonds détournés, alors que tout indiquait que l'opération avait été faite, sinon à son instigation, du moins avec son accord tacite.

L'attitude du général en la circonstance est d'autant plus discutable que, non content d'agir ainsi envers Passy, il ira même, dans une lettre adressée à Maurice Schumann le 26 octobre 1946, jusqu'à soutenir que l'affaire Passy a été montée par des dirigeants du MRP : Georges Bidault, chef du Gouvernement provisoire depuis la fin du mois de juin, date à laquelle Félix Gouin, compromis dans le « scandale des vins », a dû démissionner, Pierre-Henri Teitgen, ministre de la Justice, et Edmond Michelet, ministre des Armées. Commentant cette lettre, Pierre-Henri Teitgen écrira :

> Je le déclare à regret : ce texte mériterait de figurer dans une anthologie des contrevérités, des injures et des diffamations. Ainsi donc... avec la complicité (il l'aurait bien fallu) des trois généraux et des deux colonels de la commission d'enquête, nous aurions, Bidault, chef de gouvernement, Michelet, ministre des Armées, et moi-même, ministre de la Justice — tous trois mousquetaires des premiers jours devenus compagnons de la Libération — nous aurions, dis-je, monté l'affaire Passy en lui donnant à dessein un caractère « qui a dépassé les limites mêmes de l'ignominie en même temps que de la sottise » et de ce fait nous aurions fait déferler sur ce pauvre Passy « un océan d'illégalités, d'avanies et de calomnies »... Pour moi, je ne répondrai pas à l'infamie par l'outrage [18].

De Gaulle en tout cas est définitivement sorti de la réserve qu'il s'était imposée. L'heure, pour lui, est à la réflexion. Après un long séjour au château de Sept-Fontaines, chez son beau-frère Jacques Vendroux, il s'est réinstallé à Colombey-les-Deux-Églises, dans sa maison restaurée. Au rez-de-chaussée, dans la tour d'angle qui vient d'être ajoutée, son bureau, de dimension modeste, meublé d'une table et d'un fauteuil Empire, offre un refuge à son travail d'écrivain : il vient, en effet, de s'atteler aux premières pages de ses *Mémoires de guerre.* Pour autant il n'envisage pas de demeurer le reste de ses jours cloîtré dans cette pièce dont les fenêtres s'ouvrent sur la forêt gauloise. La Boisserie n'est pour lui qu'un havre de paix, en vue de nouvelles étapes. La vie publique peu à peu reprend ses droits. Le 18 juin, deux jours après le discours de Bayeux, le général commémore son appel historique au mont Valérien, au cours d'une cérémonie poignante, qu'il a préférée à celle que Félix Gouin lui a proposée à l'Arc de Triomphe. Après le référendum, les élections, le discours de Bayeux qui lui a permis de reprendre contact avec l'opinion, il hésite malgré tout quant à la forme précise d'une action future. D'un œil il suit les progrès, assez impressionnants, de l'Union gaulliste fondée au début du mois de mai par René Capitant : 120 000 adhésions, 21 députés (pour l'essentiel MRP et UDSR) inscrits à ce qui n'est qu'un intergroupe. De l'autre, il regarde du côté des partisans du coup de force. Tentation vite réprimée selon Claude Mauriac : « L'expérience prouve malheureusement (a-t-il dit malheureusement ? En tout cas, l'adverbe était sous-entendu par le ton)... que les dictateurs finissent presque toujours mal[19]. » Avant de prendre position, il lui faut de toute façon savoir quel projet constitutionnel vont présenter les partis après l'échec du référendum. En attendant, il écrit et multiplie les déplacements. Le 29 juillet, il est à Bar-le-Duc où il met en garde contre la renaissance de l'unité allemande. Le 28 août, il se rend en pèlerinage à l'île de Sein, haut lieu de la France libre.

À partir de la fin de l'été, sa vision se précise. Il rompt tout d'abord avec le MRP, « parti de la fidélité » avec lequel le fossé n'a cessé de se creuser. Dans cette rupture, des considérations personnelles jouent. De Gaulle n'aime pas Georges Bidault. « Bidault, dit-il non sans beaucoup d'injustice à Claude Guy, est un véritable jocrisse, oui un jocrisse ! Il est incapable de préparer un conseil du gouvernement. Lorsque, par aventure, il avait la parole le Conseil des ministres c'était une boyaudade générale. Son ignorance est incroyable. Il ne connaissait rien aux Affaires étrangères. Quant aux questions financières elles sont toujours demeurées un mystère pour lui[20]. » En outre pour la formation de son gouvernement, à la fin du mois de juin, Georges Bidault a eu le tort de demander aux partis de désigner leurs représentants, ce qui le condamne aux yeux du général. Mais c'est sur l'avenir du régime que de Gaulle et le MRP divergent.

Par rapport à celui qui a été repoussé, le nouveau projet constitutionnel soutenu par le MRP marque quelques progrès. Le chef de l'État n'est plus une simple émanation de l'Assemblée nationale ; ses pouvoirs sont accrus ; élu pour sept ans, il choisit le président du Conseil, préside le Conseil supérieur de la magistrature ; il retrouve le droit de grâce et celui d'adresser des messages au Parlement. Une seconde Chambre est créée : le Conseil de la République dont les attributions sont, il est vrai, limitées, même si elle participe à l'élection du président de la République. Il reste que le projet prévoit toujours une Assemblée omnipotente dépositaire d'un pouvoir de contrôle et du véritable pouvoir exécutif. Le chef du gouvernement n'est pas nommé par le chef de l'État mais proposé par celui-ci à l'investiture de l'Assemblée. Le droit de dissolution est maintenu, mais dans d'étroites limites qui rendent son application pratiquement impossible.

« Gaulliste » pour les communistes qui le rejettent avec indignation, le projet est catégoriquement repoussé par le général. Après la rebuffade communiste, Bidault essaie de fléchir l'ancien chef de la France libre. Maurice Schumann et Pierre-Henri Teitgen font le voyage à Colombey. En vain. De Gaulle est convaincu de l'imminence d'une nouvelle guerre avec l'URSS : il tient à la primauté de l'exécutif afin que la situation de juin 1940 ne puisse se reproduire. Le 29 septembre, à Épinal, le couperet tombe, en dépit des adjurations de Maurice Schumann : « Nous déclarons que, malgré quelques progrès réalisés par rapport au précédent, ce projet de Constitution ne nous paraît pas satisfaisant... Un pareil compromis ne nous paraît pas un cadre qui soit digne de la République. »

Sur le fond, le général a raison, les événements ne tarderont pas à le montrer. Malheureusement pour lui, le corps électoral cette fois ne partage pas sa méfiance. L'opinion est lasse des controverses constitutionnelles. Le 19 octobre, le projet de Constitution est adopté par 35 % des électeurs inscrits. Seul un tiers des votants a suivi la consigne du général en faveur du non. Plus grave, de Gaulle enregistre encore un échec le 10 novembre, lors de l'élection de la première Assemblée législative dans le cadre de la nouvelle Constitution. Avec 183 députés, le PCF redevient le premier parti de France. Le MRP, fort de 173 députés, ne pâtit pas vraiment de sa rupture avec l'homme du 18 juin. Après une rentrée politique prometteuse, le général vient donc de perdre son pari. La IVe République se fera sans lui. Un moment, le bruit court qu'il pourrait accepter d'être chef de l'État : Gaston Palewski se fait même l'écho de ces rumeurs. Un démenti intervient vite. En janvier Vincent Auriol sera élu président de la République.

De Gaulle, lui, s'enferme à Colombey et nul doute que cette vie campagnarde forcée, sans perspectives, ne lui pèse. Le 16 janvier 1947, Louis Joxe et sa femme, reçus à la Boisserie, recueillent ces remarques d'un humour un peu grinçant. Le maître de maison relate l'histoire de la forêt des Dhuits. « Les deux invités, rapporte Claude Guy, qui sont frappés par l'âpreté du paysage, se taisent et se regardent... Le général, que ce silence flatte, dit en conclusion à Mme Joxe : "Alors, vous voyez, madame, ici, ce n'est pas gai." Mme Joxe, qui avait mal entendu, n'ose approuver. Mais le général répète d'une voix terrible, où perce une ironie superbe et évidente : "Je disais : ce n'est pas gai. En d'autres termes, on ne vient pas ici pour rigoler[21]". »

Parfois l'humeur du général est bien plus sombre et, comme toujours en pareilles circonstances, le jugement oscille entre un pessimisme total et une morne délectation. À longueur de journée, il stigmatise le Système, se reproche parfois d'avoir réintroduit les partis politiques, prend pour cible de ses sarcasmes le MRP : « Le MRP deviendra une épave, prophétise-t-il devant Claude Guy. Le Bidault, le Gay[22], le Schumann Maurice deviendront très rapidement des épaves[23]. » Et comme toujours, lorsqu'il est dans cet état d'esprit, la politique du pire est sa tentation : « Tout au fond de moi, dit-il encore à Claude Guy, je me réjouis de la victoire des oui. L'abcès n'est pas assez mûr, les partis ne sont pas assez crevés ou assez pourris (*sic*). La crise financière n'est qu'annoncée ; il faut encore un peu de temps pour que les partis achèvent de se déconsidérer. » Sur d'autres sujets, ce pessimisme fausse parfois ses jugements. En matière coloniale, il reste l'adepte d'une politique de force. Recevant Leclerc, le 25 novembre, il stigmatise le libéral Yves Chataigneau — « une chique molle » — et Eirik Labonne, résident général en Tunisie, coupable d'avoir laissé sans réponse un discours du bey Moncef favorable aux Américains et à l'ONU[24]. Sur l'Allemagne, son opinion est inchangée. À François Coulet, il déclare, le 26 novembre : « Vous avez commis l'erreur de réunir le Palatinat et la Rhénanie, sous une administration commune.

On se demande pourquoi Il fallait les scinder [...] Pas de blé pour le pays de Bade et de Wurtemberg, car nous ne les garderons pas. »

La crise ministérielle, ouverte par la démission de Bidault le 28 novembre et qui se termine à la mi-décembre par la formation d'un ministère socialiste minoritaire, accentue encore son aigreur. Les Français deviennent sa cible. « La prochaine fois il faudra employer pendant longtemps, je le crains, des méthodes d'un caractère beaucoup plus autoritaire... D'ailleurs qui sont-ils ces Français ? Des hommes, rien que des hommes, rien de plus que des bourgeois[25]... » La vie à Colombey est alors lugubre, ce qui explique sans doute ces jugements :

> Le général hiverne, note Claude Guy. Il a passé, pour la première fois depuis son retour à Colombey, la grille de son jardin : c'est pour aller s'asseoir quelques instants, hier après-midi, au chevet d'un fermier du voisinage, paralysé depuis sept ans. En dehors d'un tour de jardin par jour, il vit retiré dans son bureau, où il a repris récemment la rédaction de ses *Mémoires*. Il n'écrit pour ainsi dire aucune lettre. Il ne téléphone jamais. Palewski n'est pas venu le voir depuis longtemps. Seul contact politique : la radio de 19h45 et les journaux du matin qui parviennent ici avec vingt-quatre heures de retard[26].

Les fêtes de Noël se déroulent dans une atmosphère sinistre. De Gaulle est de méchante humeur. Devant lui, ses proches s'affrontent sur le point de savoir s'il doit ou non s'engager. Philippe de Gaulle plaide en faveur de cette solution. Mme de Gaulle s'y oppose. Le général explose : « Mais vous raisonnez comme une enfant, Yvonne ! Vous me faites rigoler tous les deux avec vos conseils. Vous savez bien que vous n'y entendez rien[27]. » Les hommes au pouvoir sont les victimes privilégiées de sa verve meurtrière. Léon Blum se voit accablé parce qu'il s'est rendu à Londres... dans un avion anglais ! Vincent Auriol est copieusement brocardé. Il est vrai qu'à peine élu, en janvier, il a eu l'idée singulière de convier les hôtes de Colombey à pendre la crémaillère à l'Élysée ! Invitation, bien entendu, sèchement refusée, comme a été rejetée l'offre de la médaille militaire par Léon Blum.

Peu à peu cependant la réflexion du général mûrit. Le 24 janvier 1947, il lance soudain devant Claude Guy : « Vous savez, il va falloir se mettre à ce rassemblement[28]. » Quelques jours plus tard, sa résolution est encore plus frappante :

> « Il faut tout recommencer à partir de zéro. Je vais refaire la France libre. Il faut en finir. Il faut briser cet asservissement de tous aux partis, ce... en un mot, cette infamie ! Mais ne vous illusionnez pas : c'est une montagne qu'il va falloir soulever ! [...] Thorez est le seul qui ne me trahira pas, je sais à quoi m'en tenir. Mais les autres ? Les autres, ils sont tellement lamentables[29]. »

Au début du mois de février, de Gaulle franchit un pas décisif en venant à Paris consulter quelques-uns de ses fidèles : Gaston Palewski, Michel Debré, André Malraux, entre autres. La rencontre a lieu en grand secret dans l'appartement, à peine chauffé et sommairement meublé, de son beau-frère Jacques Vendroux, avenue Victor-Hugo. La nécessité d'un rassemblement se fait maintenant sentir, avance-t-il. Confrontés à des problèmes démesurés, les partis ne réussiront pas à gouverner la France conformément à ses intérêts fondamentaux. Concrètement le futur rassemblement doit, selon le général, s'ordonner autour de trois principes directeurs : rassembler les Français autour d'un point de vue national ; offrir la perspective d'une troisième voie entre libéralisme et communisme : « La priorité, souligne de Gaulle, est de s'opposer aux communistes. Les socialistes doivent aussi être combattus car leur politique sociale revient pratiquement à proposer des nationalisations indéfinies » ; ne repousser personne, à l'exception des anciens vichystes et des communistes.

Les réactions des « happy few » mis dans la confidence sont diverses. Jacques Soustelle est partisan d'attendre. Michel Debré est pessimiste quant à la possibilité de recruter dans la fonction publique. André Malraux redoute aussi le manque de cadres compétents et la faiblesse des ressources financières, point d'autant plus crucial que le général ne cache pas son intention de créer une presse et non de s'appuyer sur des journaux existants. De Gaulle balaie ces objections. Dans la solitude de Colombey, il a pris ses résolutions. Qu'importe que Soustelle achève son *Histoire de la France libre*, que Malraux soit plongé dans sa *Psychologie de l'art*, le général, comme aux plus sombres heures de la guerre, est convaincu de l'impérieux devoir d'agir. L'environnement international lui semble très lourd de menaces et le régime des partis dans ce contexte est à ses yeux un danger mortel.

« Je vais refaire la France libre », répète-t-il alors constamment. En fait l'un des rares points communs entre les deux opérations est sa méfiance à l'égard des élites. En dehors du noyau associé au projet dès le départ — Jacques Soustelle, Gaston Palewski, Jacques Baumel — la plupart des hommes politiques importants vont en effet marquer leur hostilité à l'entreprise. Choqué que l'on puisse mêler l'aventure de la France libre à une opération de politique intérieure, René Pleven, joint par l'intermédiaire de Jacques Vendroux, va refuser de rejoindre son ancien chef — geste qui ne sera jamais pardonné. Pour les mêmes raisons, Pierre Mendès France adoptera une attitude identique. Seuls viendront des fidèles : Michel Debré, Louis Vallon, le résistant syndicaliste Yvon Morandat, Pierre de Bénouville, Philippe Barrès, pour qui l'aventure évoque, peut-être, *L'appel au soldat*, récit de l'aventure boulangiste, écrit autrefois par son père. Dans l'entourage proche, Claude Mauriac prendra vite ses distances, certain que les hommes de droite, voire d'extrême droite ne tarderont pas à contrôler le mouvement.

Pour autant de Gaulle ne se décourage pas. Il est décidé à donner vie à son projet qui est en définitive, à peu de choses près, celui qu'avait défendu autrefois Pierre Brossolette et qu'il avait repoussé pour des raisons purement circonstancielles. L'opération de lancement va se dérouler en trois temps. À Bruneval, falaise normande, haut lieu de la Résistance, la naissance prochaine du mouvement est annoncée officiellement par le général le 30 mars. À Strasbourg, huit jours plus tard, en la présence remarquée de l'ambassadeur des États-Unis, Jefferson Caffery, le Rassemblement du peuple français est porté solennellement sur les fonts baptismaux. Le 14 avril enfin, un simple communiqué fait part de l'entrée du général dans l'arène politique. Après ce grand moment, l'impression initiale se confirme : le succès populaire est indéniable.

À Bruneval, une foule très dense s'est pressée dans la boueuse campagne normande afin de venir entendre le général proclamer : « Le jour va venir où rejetant les jeux stériles et réformant le cadre mal bâti, où s'égare la nation et se disqualifie l'État, la masse immense des Français se rassemblera sur la France. » À Strasbourg, l'élan populaire était également sensible quand l'homme du 18 juin a défini ainsi les contours de la République selon ses vœux :

La République que nous avons fait sortir du tombeau où l'avait d'abord ensevelie le désespoir national, la République que nous avions rêvée tandis que nous luttions pour elle, la République dont il faut qu'elle se confonde maintenant avec notre rénovation sera l'efficience, la concorde et la liberté ou bien elle ne sera qu'impuissance et désillusion en attendant soit de disparaître de noyautage en noyautage, sous une certaine dictature, soit de perdre dans l'anarchie jusqu'à l'indépendance de la France.

Les notables, les autorités intellectuelles, les principaux organes de presse en revanche marquent très nettement leur réserve. *Le Figaro* clairement prend ses distances. Sous la plume de Rémy Roure, compagnon de captivité du général à Ingolstadt, *Le Monde* exprime la crainte de voir le Rassemblement se construire sur la théorie maurrassienne du pays réel et du pays légal. Le gouvernement réagit avec encore plus de force. Depuis janvier à la tête d'un cabinet tripartite, le socialiste Paul Ramadier a mis tout de suite les points sur les i : dès le lendemain du discours de Bruneval, le 31 mars, il s'est rendu à Colombey en fin de soirée afin d'avertir de Gaulle que, désormais, les pouvoirs publics se réservaient la possibilité de faire le départ entre les cérémonies commémoratives, auxquelles les autorités participeront, et les manifestations de caractère politique à l'issue desquelles il n'en ira pas de même, les honneurs militaires étant bien entendu exclus. Des dispositions sages au demeurant que le Connétable se hâtera malgré tout de retourner à son avantage, après avoir bien ri en apprenant qu'à la Boisserie, Ramadier n'avait pas été reconnu par le personnel et avait été contraint de décliner ses titres avant d'être introduit.

Désormais les choses sont nettes : pour les « républicains », ceux qui voient dans la IIIe République restaurée la forme insurpassable de la démocratie, de Gaulle est redevenu suspect — si tant est qu'il ait cessé de l'être. Eu égard à son action durant la guerre on s'abstient généralement de trop insister mais les arrière-pensées sont évidentes. « Ramadier, note ainsi le président de la République Vincent Auriol, a fait hier deux excellents discours. Indirectement il a répondu au discours de de Gaulle à Bruneval. Sur le thème "il n'est pas de sauveur suprême, ni César, ni tribun", il a fait en Aveyron l'éloge de la démocratie et sa supériorité sur le pouvoir personnel[30]. » Les apparences, il est vrai, jouent souvent contre le général et son mouvement, nourrissant les suspicions.

Le brusque renvoi par Ramadier des ministres communistes, le 4 mai, change tout d'abord la donne politique et déporte le tout nouveau RPF vers la droite. Alors que de Gaulle s'était fixé pour but initial la réforme des institutions, l'anticommunisme devient tout à coup son cheval de bataille. Au moment où la guerre froide commence, il choisit le camp de l'Amérique sans hésitation sinon sans quelques réserves mentales. Peu après il approuvera le plan Marshall, et l'ambassadeur des États-Unis Jefferson Caffery ne cache pas alors sa sympathie à l'égard de l'entreprise gaulliste. Autant d'aubaines pour ceux qui veulent enfermer de Gaulle dans le ghetto de l'anticommunisme extrême.

En raison de la personnalité de son chef, de ses méthodes, le RPF en outre n'est pas un parti tout à fait comme les autres. Contrairement à une opinion répandue, de Gaulle ne fait pas preuve d'un autoritarisme flagrant. Au sein du comité exécutif du mouvement, ses fidèles, Jacques Soustelle, Louis Vallon, Gaston Palewski, Louis Pasteur Vallery-Radot, Christian Fouchet, Jacques Baumel, André Malraux, Pierre de Bénouville, ont des responsabilités propres et les assumeront. Il n'en demeure pas moins, comme le souligne Olivier Wieworka, que la confiance accordée par de Gaulle à ses compagnons est toujours placée sous haute surveillance[31]. Lorsque l'un ou l'autre outrepasse les consignes ou les interprète à sa guise, le couperet tombe. « J'en ai assez de ces déclarations perpétuelles et maladroites de Soustelle, de Malraux, de Palewski et de Diomède Catroux ! dira-t-il à Claude Guy en novembre. Il faut que cela cesse ! Je suis assez grand pour faire état moi-même de mes intentions au moment choisi[32]. » Plus étonnant et plus choquant pour les profanes est le lien d'allégeance personnelle qui unit les responsables du mouvement au général. Celui-ci en joue d'ailleurs avec son machiavélisme habituel, n'hésitant pas à propulser sur le devant de la scène des hommes qui lui doivent tout et dont l'attitude de 1940 à 1944 n'a pas été particulièrement étincelante : l'ambassadeur Léon Noël, par exemple, signataire de l'armistice de 1940.

Tout cela, auquel s'ajoute un antiparlementarisme évident, achève de rendre le RPF suspect aux yeux des républicains de stricte obédience[33]. Le projet d'accepter la double appartenance de ses élus, voire de la susciter le cas échéant, n'est pas de nature non plus à rassurer les appareils partisans. Face à la proposition du RPF, les élus MRP réagissent en ordre dispersé. Après avoir adhéré à l'intergroupe et créé un Mouvement républicain indépendant schismatique avec le jeune Jean Charbonnel, Edmond Michelet se rallie. À l'opposé, Pierre-Henri Teitgen rompt avec de Gaulle arguant de la crainte qu'il éprouve de voir s'établir un pouvoir personnel. Déchiré entre deux fidélités, Maurice Schumann adopte une position plus nuancée, déplorant que de Gaulle persiste dans une attitude qui, en réalité, l'éloigne du pouvoir. Seuls, en définitive, des petits partis, vieux comme le Parti radical ou très jeune comme l'UDSR, acceptent la double appartenance.

Fort d'environ 400 000 adhérents au RPF, de Gaulle se lance à l'automne 1947 dans la bataille des municipales sous les couleurs de l'anticommunisme le plus radical. À Lille, dès le début de l'été, il a lancé sa croisade stigmatisant « l'idéologie matérialiste d'écrasement de l'individu et de mécanisation générale[34] ». À Vincennes, le 5 octobre, il reprend ce thème, mettant au passage les rieurs de son côté en dénonçant « les partis qui cuisent leur soupe, à petit feu, dans leur petit coin ». L'ancrage à droite est d'autant plus net que, sur le plan électoral, le RPF s'est allié aux partis les plus conservateurs, le PR de M. Le Provost de Launay et le courant le plus traditionaliste des gauches républicaines du docteur Bernard Lafay[35].

Stratégie payante. Le 19 octobre, le RPF enregistre un succès foudroyant : 40 % des suffrages se sont portés sur le mouvement gaulliste. Treize des vingt-cinq grandes villes françaises sont conquises, en particulier Paris, Marseille, Lille, Agen, Strasbourg, Bordeaux, Nancy, Le Mans, Grenoble, Saint-Étienne, Reims, Caen. À la veille du scrutin, de Gaulle confiait à Claude Guy[36] qu'à ses yeux six millions de Français étaient par nature inassimilables au RPF : deux millions et demi de révolutionnaires ; deux millions et demi « de ratés et de cocus, d'aigris et de jaloux », jadis clients du radicalisme, aujourd'hui ralliés à la SFIO ; un million de traditionalistes, émigrés de l'intérieur en voulant à la France d'être la France. Le résultat des urnes ne confirme pas complètement le pronostic ; il constitue malgré tout pour le général la plus heureuse des surprises. Il confirme aussi les craintes de ceux qui redoutent une démarche de style boulangiste. Peu après la consultation, le 12 novembre, le général tient une conférence de presse et y développe une argumentation pour le moins musclée :

> Le Rassemblement du peuple français est une force élémentaire, qui coïncide exactement avec ce que commandent l'instinct et la raison du peuple français [...]. La vague est levée ; je vous répète qu'elle va grossir et déferler. Je ne peux que plaindre ceux qui ne voudraient pas le comprendre. S'ils veulent lutter contre cette force qui rappelle certaines forces qui se sont, quelquefois dans notre histoire, manifestées et qui ont emporté tout, eh bien, ils seront emportés. S'ils veulent rester sur les rivages en déblatérant inutilement, leurs malédictions n'auront pas plus d'importance que des crachats dans les rues[37].

« Instinct... force élémentaire ». Pour sa rentrée politique, de Gaulle ne choisit pas les mots les plus rassurants pour des oreilles républicaines ! En privé, il tient des propos encore plus nets. Devant le général Billotte et Claude Guy, il parie ouvertement sur la chute rapide du régime et avertit que, le jour venu, il ne se laissera pas dicter sa loi par les hommes du Système : « Car c'est tout de même incroyable : le régime en est encore là qu'il s'imagine que je vais composer avec lui. Quelle illusion ! Entre eux et moi, il faut bien le comprendre, c'est une question de régime[38]. » Lorsqu'il est plus raisonnable, il se contente de réitérer son désir exprimé dans une déclaration, diffusée le 27 octobre, de voir des élections législatives organisées rapidement au scrutin majoritaire. Domine surtout chez lui la volonté de revanche, le désir de faire « payer » ceux qui se sont opposés à lui, aux premiers rangs desquels les dirigeants du MRP. Reçu le 9 novembre, Louis Terrenoire, député, gendre de Francisque Gay, est accueilli plus que fraîchement rue de Solférino, siège du RPF. Dans ses notes inédites, il évoque « une conversation de vingt minutes, pensée, pleine, sans bavures où, pas une seule fois, mon interlocuteur ne se débridera, ne me mettra à l'aise, ne se départira d'une attitude qu'il serait excessif de dépeindre comme glaciale, mais indéfinissable, faite d'une raideur et d'une obstination intérieure que rien ne dément dans l'aspect extérieur ! » Louis Terrenoire tente de défendre ses amis. « J'expose que le MRP existe, qu'il faut comprendre les sentiments de ses dirigeants : ils sont les héritiers d'une tradition plus que centenaire ; ils ne veulent pas la voir sombrer. Ayant conquis de haute lutte une place dans la République, ils redoutent qu'elle ne leur soit de nouveau contestée demain, s'ils déviaient d'une certaine ligne. » De Gaulle se montre intraitable : « Vos chefs m'ont trahi. Voyez ce qu'ils font. Ils ne veulent rien comprendre. Teitgen, je l'ai fabriqué ! Le petit Prigent, je l'ai inventé ! Je les connais bien. Ils se retrouveront plutôt d'accord avec les communistes[39]. » Le général, par ailleurs, marque nettement qu'il n'acceptera pas de former un gouvernement placé sous le contrôle de l'Assemblée en place.

Mme de Gaulle, tous les compagnons le savent, désapprouve l'initiative prise par son illustre mari ; elle redoute que l'aventureux Malraux ne l'entraîne dans une équipée dangereuse. Claude Guy la décrit alors résignée, convaincue qu'une attaque de la Boisserie par les communistes est imminente, attaque que le maître des lieux ne saurait repousser puisque, selon elle, il ne sait pas se servir d'une mitraillette. Les mois qui vont suivre confirmeront ses craintes. Les épreuves, il est vrai, s'abattent de nouveau sur le solitaire de Colombey. Le 28 novembre d'abord, Leclerc a trouvé la mort en Algérie dans un accident d'avion. De Gaulle a ressenti cette disparition comme un deuil personnel. « La mort de Leclerc, dit-il à Claude Guy, est une perte incalculable pour le pays. Je l'aimais. Oh ! Il était cabochard, bien entendu... On ne peut être parmi les plus grands sans être un peu cabochard. Mais croyez-moi, je me souviendrai toujours de ceci à son propos : il avait une chose que les autres n'avaient pas souvent : aucun sentiment chez lui, aucune pensée, aucune parole, ni aucun geste n'était jamais vulgaire ou médiocre[40]. » Au même moment sa santé laisse aussi à désirer. Il décide d'arrêter de fumer — en l'annonçant à son entourage pour être sûr de se tenir à cette résolution par amour-propre — mais il est convaincu, sur la foi d'un avis médical antérieur, d'être atteint d'un cancer[41]. Son humeur évidemment se ressent de tout cela. Il est irritable, émotif. Lors d'une visite à Mme Leclerc, il fond en larmes, ce qui n'est guère dans ses habitudes.

Dernier coup du destin, le plus terrible : la mort de sa fille Anne, le 6 février 1948. Depuis longtemps l'état de santé de la petite handicapée le préoccupait. Les médecins avaient annoncé à ses parents que le cœur ne se développait plus normalement. En ce début de février, à Colombey, elle succombe à une congestion pulmonaire[42]. « Maintenant elle est comme les autres », dira-t-il stoïque après l'enterrement. Nul doute que la disparition de l'être avec lequel il entretenait sans doute les relations les plus intimes et qui bénéficiait de sa part d'une affection profonde ne l'ait profondément affecté.

De Gaulle en tout cas fait preuve à ce moment-là d'une singulière maladresse. L'homme des tempêtes n'est pas à l'aise dans les jours ordinaires, surtout lorsqu'il s'agit de gérer une situation politique pour laquelle il n'a guère de goût. Ainsi se diluera jusqu'à disparaître un jour le grand élan apparu lors des élections municipales de 1947. Prisonnier de sa stratégie du tout ou rien, le général nourrit les craintes de ses adversaires en persistant à employer une phraséologie de tonalité fort peu « républicaine » et se montre peu apte au compromis, peu enclin aussi à pardonner. Vis-à-vis du MRP, il multiplie ainsi les erreurs, faute de magnanimité. Auprès de certains dirigeants du mouvement démocrate-chrétien, son crédit est pourtant inentamé :

Maurice Schumann, note Louis Terrenoire, a dit à Michelet sa conviction que jamais cet homme ne serait un dictateur. C'est aussi le sentiment de Marc Sangnier, reçu récemment pour la deuxième fois. Avant-hier dans les couloirs de la Chambre, Marc m'a exprimé son admiration pour de Gaulle : « Avec cet homme au moins on parle de choses intéressantes, de grandes choses. Ce n'est pas comme ici où ce qu'ils (les parlementaires MRP) me racontent ne parvient pas à m'intéresser. » Marc est très ému par l'affection, la gentillesse que lui manifeste le général. Je lui dis que c'est parce qu'il représente à ses yeux le chef de sa famille spirituelle, à laquelle il est profondément attaché[43].

Le général malheureusement accable de sarcasmes tous les responsables MRP qui ne veulent pas se soumettre purement et simplement. Bidault, François de Menthon, Pierre-Henri Teitgen (qu'il accuse même en privé d'avoir amplifié ses faits de résistance) sont l'objet des pires moqueries. Le résultat ne se fait pas attendre : quand Marc Sangnier, toujours selon Louis Terrenoire, vient plaider la cause du général devant ses amis députés MRP, ceux-ci l'assurent qu'il a été victime d'un comédien. Le précieux journal de Louis Terrenoire atteste aussi le cynisme avec lequel de Gaulle se disait prêt à faire réélire les dirigeants MRP y compris Georges Bidault, à condition qu'ils prennent l'initiative de provoquer des élections législatives anticipées.

Plus grave encore, le général rate son rendez-vous avec les Français, alors que toute sa stratégie est fondée sur le recours au peuple. À Marseille, les 16 et 17 avril 1948, où se tiennent les assises du mouvement, tout commence dans l'euphorie. Las ! Après un flamboyant discours d'André Malraux, de Gaulle déçoit lorsqu'il intervient le 17. En réclamant avec insistance des élections législatives anticipées, il inquiète même certains de ses partisans. Curieuse situation ! Après le triomphe des municipales, le RPF semblait avoir le vent en poupe. Le regain de la tension internationale avec le coup de force soviétique à Prague et le début du blocus de Berlin paraît jouer en sa faveur. L'instabilité gouvernementale aussi : en novembre 1947, Ramadier a démissionné à la suite d'un différend avec le secrétaire général de son propre parti, Guy Mollet. En juillet 1948, son successeur, le démocrate-chrétien Robert Schuman, l'imite, fragilisé par l'offensive de ceux qui prétendent que le MRP s'écarte des lois laïques en distribuant des subventions aux associations familiales (décret Poinso-Chapuis du 27 mai 1948). Accessoirement, les représentants des partis veulent éliminer Georges Bidault du Quai d'Orsay. En août 1948, le radical André Marie, qui a pris le relais, doit lui aussi déclarer forfait à la suite d'un oukase socialiste visant la présence de Paul Reynaud au gouvernement. Du 5 au 11 septembre 1948, Robert Schuman bat tous les records de brièveté avant le semblant de stabilité instauré par le docteur Queuille. Malgré l'autorité personnelle du chef de l'État, Vincent Auriol, malgré l'expérience des vieux chefs de parti dont il s'entoure — ceux que Georgette Elgey appelle les « Mandarins » : Herriot, Blum, Queuille, Schuman, René Mayer —, la République prend une vitesse de croisière calamiteuse. Or, de manière apparemment illogique, le RPF ne tire pas vraiment profit de ce contexte.

Plus tard, pour expliquer un tel échec, on cherchera un bouc émissaire et on le trouvera en la personne de Jacques Soustelle, secrétaire général du mouvement, brouillé avec de Gaulle au moment de l'affaire algérienne. « Irréalisme, sectarisme, refus du compromis, goût des structures contraignantes » : ces griefs seront souvent lancés contre ce renégat mis au ban du gaullisme. Jacques Soustelle, à cette époque, ne se distinguait peut-être pas par un sens éclatant du dialogue, ses éditoriaux du *Rassemblement*, l'organe du RPF, en témoignent. Reste qu'en se comportant ainsi il ne faisait qu'appliquer la tactique mise au point par de Gaulle. Dans un rapport établi à l'intention d'un ami américain à l'automne 1948, cette fidélité absolue à la ligne définie par le général est même très frappante[44]. Pour sortir de la crise institutionnelle permanente, éviter aussi l'arrivée au pouvoir des communistes, le secrétaire général ne voit qu'une issue : des élections qui devraient selon lui donner au RPF de 300 à 320 sièges (les communistes en obtenant 180, les socialistes 55, le MRP 50, le centre et la droite non RPF 140). L'issue est d'autant plus facile, selon Jacques Soustelle, que l'Assemblée, aux termes de l'article 6 de la Constitution, détermine la durée de la législature. Loin de se tenir à l'attitude de tel ou tel de ses responsables, le marasme dans lequel va peu à peu s'abîmer le RPF est dû à des équivoques fondamentales : ambiguïté de la démarche de son fondateur, ambiguïté aussi de la doctrine.

Au moment même où il demande, voire exige l'organisation d'élections générales, de Gaulle tout d'abord traverse une de ces phases où il met en doute les bienfaits de la démocratie, au moins sous sa forme parlementaire. Sur ce point, le journal de Claude Guy apporte des précisions très nettes : le 12 mars notamment le général a confié à son aide de camp que la montée du communisme rendait inévitable l'instauration d'un régime autoritaire. « En temps de guerre — et nous n'avons jamais cessé d'être en état de guerre — les démocraties sont vouées à l'effondrement parce qu'il y a aucune issue possible pour elles. » En public, bien entendu, il ne peut tenir les mêmes propos : pris entre ceux qui veulent qu'il « casse tout » et les partisans d'une « manœuvre sur le plan gouvernemental et parlementaire », il se contente de s'affirmer comme le recours, mais il le fait en termes tels qu'il suscite l'inquiétude sur ses intentions. Sans doute hésiterait-il à mettre en place un régime restrictif des libertés si d'aventure il en avait la possibilité. À Georges Pompidou [45], qu'il a appelé à ses côtés en avril 1948 avec le titre de chef de cabinet, il a même donné de fermes assurances dans ce sens. Il n'empêche que certaines de ses déclarations comportent des accents antiparlementaires qui donnent prise aux critiques et aux supputations. « Tout naturellement, écrit Jules Moch, le langage employé jadis à l'égard de Vichy se retrouve dans sa bouche à propos de l'actuel pouvoir : gouvernement de fait, auquel il dénie toute légitimité [...]. Il s'avance jusqu'à dissuader les puissances amies de prêter leur assistance à des "planches pourries" [46]. » Plus fâcheux encore, le service d'ordre du RPF emploie parfois des moyens pour le moins expéditifs. À Vizille dans l'Isère, le 17 septembre 1948, de graves incidents éclatent. Le lendemain, à Grenoble, un communiste est tué. Les gaullistes feront valoir qu'il y a eu provocation. Il reste que les méthodes utilisées par les « gros bras » du mouvement suscitent des interrogations légitimes.

Le flou de la doctrine ne contribue guère à dissiper les éventuels malentendus. En matière sociale, la recherche d'une troisième voie entre capitalisme et socialisme, pour bien intentionnée qu'elle soit, dissimule mal le conservatisme foncier des dirigeants et des hommes de l'appareil. Les archives du RPF sur ce point sont éclairantes. Le 7 mai 1950, le vice-amiral Ortoli transmettra au général une note sur l'association capital-travail rédigée par son frère Charles Ortoli, directeur de banque : « Mon frère, souligne l'amiral, estime que les bénéfices des sociétés sont faibles et craint que les répartitions pures et simples entre les employés ou ouvriers d'une entreprise ne se traduise en définitive par une déception [47]. » « De fait, écrit Charles Ortoli, on peut se demander en conclusion, si une codification de l'association capital-travail est bien opportune ; certains pensent que c'est là une formule destinée à plaire aux classes laborieuses, plus qu'à les avantager réellement. » « L'idée d'une association entre deux éléments réputés inéluctablement antagonistes, écrit de son côté à de Gaulle Hyacinthe Dubreuil, est due à l'influence écrasante de la propagande marxiste que l'Europe subit depuis un siècle et qui a fini par baigner les esprits qui s'en croient indemnes. Elle ne correspond pas à la réalité de la structure de l'entreprise qui présente ou tend à présenter par ses progrès internes le caractère de l'unité organique [48]. » Face à ces oppositions résolues, le thème de l'association capital-travail sera mis en sourdine, seuls les gaullistes de gauche, René Capitant et Louis Vallon, s'en réclamant avec âpreté. Le général, à l'avenir, se bornera à dénoncer l'« injuste condition ouvrière ».

En matière coloniale, le RPF adopte aussi des positions assez immobilistes, même si elles se réfèrent à l'« esprit de Brazzaville », dont on connaît au demeurant le caractère flou. En la matière de Gaulle lui-même montre la voie en prononçant à Bordeaux, le 15 mai 1947, un discours destiné officiellement à exalter le souvenir de Félix Éboué, mais dont la tonalité est de nature à rassurer les partisans du statu quo et qui surprend un peu venant d'un soldat peu sensible, comme on sait, à la grandeur de l'Empire et à sa mission :

Si nous commémorons aujourd'hui la mémoire de Félix Éboué, si Bordeaux, qui forma sa jeunesse, a voulu concourir à cette manifestation nationale par la présence enthousiaste de son peuple ici rassemblé, si la nation tourne en ce moment sa pensée vers la réunion que voilà, c'est d'abord parce qu'il est juste que soit rendu à un glorieux serviteur du pays l'hommage qu'il a mérité. Mais c'est aussi parce que le sort de l'Union française, dont Éboué fut, dans la paix et dans la guerre, l'un des meilleurs artisans, se joue dans le temps où nous sommes.

Œuvre magique ? Oui : cette espèce de neurasthénie qui résulte de l'excès des épreuves du passé et de l'incertitude de l'avenir, cette sorte de lâche illusion qui offre à notre lassitude le refuge fallacieux de la médiocrité, enfin le complot de dislocation mené par ceux qui, en France, jouent un autre jeu que celui de la France, peuvent bien tenter de nous cacher la valeur et la splendeur de ce que nous avons fait. C'est en vain ! En songeant à l'effort poursuivi par la France depuis quatre siècles, à travers quelles vicissitudes ! pour ouvrir d'immenses territoires à la civilisation ; en mesurant les trésors d'activité, d'efficience, de courage, qu'y ont sans relâche déployés nos explorateurs, soldats, marins, administrateurs, techniciens, colons, médecins, missionnaires ; en admirant les capacités des chefs qui s'y prodigueront, tels les Bugeaud, les Pélissier, les Faidherbe, les Cambon, les Lamy, les Brazza, les Gallieni, les Doumer, les Lyautey — pour ne citer parmi les morts des cent dernières années que quelques-uns parmi les plus grands — nous pouvons lever la tête !

Au moment où Hitler a déchaîné sur l'Europe les ambitions du Reich allemand, l'édifice de la paix française était fondé outre-mer. Grâce à nous, des peuples de toutes les races humaines, naguère plongées pour la plupart dans cette torpeur millénaire où l'Histoire ne s'écrit même pas, découvraient à leur tour la liberté, le progrès, la justice. Chez eux et grâce à nous, reculaient la famine, la terreur, la maladie, l'ignorance. Parmi eux et grâce à nous, naissaient des élites nouvelles que nous élevions, non point pour qu'elles abusent des autres mais pour qu'elles les entraînent vers un sort plus digne et meilleur. Y avait-il des ombres au tableau ? Oui, sans nul doute. Aucune œuvre humaine ne fut jamais accomplie sans erreurs. Mais enfin ces territoires, qu'eussent-ils été sans la France et qu'est-ce que la France en a fait ?

Pour le bien comprendre, il faut voir ce que, cent ans apres la pacification, est devenue notre Algérie. Il faut parcourir ces cultures admirables qui, sur des millions et des millions d'hectares où moururent à la peine tant de colons et de soldats, couvrent maintenant des espaces auparavant misérables. Il faut voir les ports, les routes, les barrages, les écoles, les hôpitaux que nous y avons construits. Il faut savoir qu'à notre arrivée, un million d'hommes vivaient à grand-peine sur le territoire algérien qui en nourrit aujourd'hui dix millions. Il faut, dans la Régence tunisienne, visiter les grands travaux que nous y avons réalisés comme, par exemple, les oliveraies splendides qui furent plantées sous notre impulsion. Il faut se rappeler que le Maroc, dont nul homme de bonne foi ne parcourt aujourd'hui les villes, les champs et les montagnes sans admiration stupéfaite, était, il y a quarante ans, un pays déchiré par le désordre et l'anarchie. Il faut songer que l'Indochine, où la production agricole, minière, industrielle et l'instruction des élites prenaient avant la guerre récente un extraordinaire essor, végétait douloureusement sous les abus et la violence avant que nous lui ayons ouvert les portes du progrès moderne. Il faut se demander dans quel état et sous quels maîtres vivrait aujourd'hui la grande île de Madagascar, si nous n'y avions assumé le devoir d'assurer son développement économique, intellectuel, politique et social. Il faut comparer enfin le sort actuel de notre Afrique noire où la civilisation pénètre les forêts, les savanes, les déserts et enjambe les fleuves farouches, brave les climats épuisants, avec le destin antérieur de ces terres, depuis toujours assoupies sous leur misère désespérée. La France tyrannique ? La France routinière ? La France coupable ? Allons donc ! En vérité, quand les événements terribles de la guerre récente vinrent nous pousser au bord de l'abîme, la France généreuse, tutélaire, libérale, était en train de faire avancer à grands pas vers la lumière plus de soixante millions d'humains[49].

En terminant, de Gaulle, certes, demande que des réformes soient entreprises afin de mieux associer les peuples sous tutelle, mais on chercherait en vain la moindre perspective d'évolution hors de l'autorité de la métropole : « Enfin, conclut-il, l'Union française doit être française, ce qui implique que l'autorité, je dis l'autorité de la France, s'exerce nettement sur place et que ses devoirs, ses droits, ses responsabilités demeurent hors de toute question dans les domaines de l'ordre public, de la défense nationale, de la politique étrangère et de l'économie commune. »

En Indochine notamment le général continue imperturbablement d'affirmer les droits imprescriptibles de la France. La politique de force menée par l'amiral Thierry d'Argenlieu n'est en aucune manière désavouée. Tout doit être fait, selon les responsables du RPF, et d'abord le premier d'entre eux, pour dissocier nationalisme vietnamien et communisme : c'est dans cette seule perspective que doit être soutenu l'empereur Bao Dai. De retour de son ambassade à Moscou, à la fin de 1948, le général Catroux, rallié entre-temps au RPF, défendra certes en son sein les solutions plus libérales mais sans grand succès, ses articles étant refusés par les responsables des publications du mouvement[50]. Le RPF s'aligne sur la pensée du général exprimée dans ses discours. Rédigé à la fin de 1948, un « rapport sur l'organisation constitutionnelle et administrative de l'Union française » reconnaît ainsi que l'évolution du monde pousse les peuples sous tutelle à s'affirmer : « Le principe essentiel, le leitmotiv de notre action, souligne de Gaulle dans ce document, doit par conséquent être le suivant : assurer dans tous les domaines les progrès des populations autochtones, les traiter avec justice et leur donner la possibilité de s'administrer elles-mêmes... conclusion à laquelle était arrivée la conférence de Brazzaville[51]. » Rituellement les gaullistes proclament que le préalable à un redressement de la situation dans les colonies est, de toute façon, le retour au pouvoir du général mais, de manière concrète, leurs propositions restent bien vagues.

En matière institutionnelle, la doctrine, fondée sur le discours de Bayeux, est plus nette mais sa portée s'atténue, au moins provisoirement. Grâce aux crédits américains, la France sort peu à peu du marasme et commence, grâce au Plan lancé par Jean Monnet et son équipe, à épouser son temps, à combler ses retards. Et si l'instabilité gouvernementale est évidente, la IVe République résiste mieux qu'on aurait pu le croire aux assauts du PCF. Jules Moch, en charge du ministère de l'Intérieur, s'est distingué notamment par sa pugnacité lors des grandes grèves lancées par les communistes à la fin de 1947 et à l'issue desquelles il a fallu mobiliser le contingent. Dans l'ensemble les responsables gouvernementaux ont adopté aussi une stratégie adéquate face à la montée du RPF. Vincent Auriol ne perd pas non plus son calme lorsqu'on lui apprend que l'armée serait affectée par les menées plus ou moins secrètes d'officiers gaullistes. « Il ne faut pas dramatiser », affirmait-il. De son côté, Jules Moch s'abstient de faire monter la pression, même lorsqu'il est personnellement cité, en termes souvent peu amènes, par le président du RPF. Au demeurant la progression du Rassemblement semble endiguée : malgré le report des élections cantonales pour des raisons de tactique politique, les élections au Conseil de la République qui ont lieu à la date prévue, en novembre 1948, enregistrent un score de 35 % pour les gaullistes, 10 % pour l'UPC[52], 13 % pour la SFIO, 8 % pour le MRP, 23 % pour les radicaux et centristes, 10 % pour la droite extrême.

Plus le temps passe, plus une sorte de piège se referme sur de Gaulle. En adoptant une voie médiane, celle du « recours », il impatiente les membres les plus remuants de son entourage, sans pour autant rassurer vraiment ceux qui ont peur des communistes. L'évolution est perceptible, à l'étranger aussi, singulièrement aux États-Unis, où l'on avait au début fondé quelques espoirs sur le RPF. « Le succès électoral du RPF, écrivait, dès décembre 1947, un diplomate américain, Michel Slezkine, ne saurait faire oublier les préférences du général de Gaulle pour le pouvoir personnel, non plus que les conditions dans lesquelles se pose le problème communiste au lendemain des élections françaises. On peut croire, et on doit prévoir que Moscou, tenant compte de leur résultat, modifiera en conséquence sa tactique de pénétration intérieure dans le sens indiqué dans cette note[53]. »

En vérité, ce qui dessert de Gaulle, c'est l'évolution du monde. Dans un premier temps, la guerre froide l'a aidé, le mettant en posture d'adversaire majeur du communisme. Mais peu à peu la violence de l'affrontement Est-Ouest a obligé la France à se ranger dans le camp occidental en renonçant à certaines originalités en politique étrangère. Confronté au danger soviétique elle a resserré ses alliances. Après le coup de Prague, elle a rejoint l'Union occidentale pour assurer sa sécurité. Au lendemain du blocus de Berlin, elle entrera dans l'Alliance Atlantique. Dès lors, il devient de moins en moins envisageable qu'elle fasse cavalier seul en maintenant ses positions quant à l'avenir de l'Allemagne. En pratique elle peut seulement obtenir quelques garanties sur le contrôle de la Ruhr et la démilitarisation. Après l'échec de la conférence de Moscou et le refus soviétique du plan Marshall, souligne Pierre Gerbet, le relèvement économique de l'Allemagne est devenu « inéluctable. La politique allemande définie par le général de Gaulle et conduite après lui par Georges Bidault, avec l'approbation de la grande majorité des partis et de l'opinion, apparaît de plus en plus irréaliste. Il faut s'adapter aux conditions nouvelles : la rupture de fait avec l'Union soviétique, la nécessité de fortifier l'Europe occidentale et donc de faire participer l'Allemagne à la reconstruction de l'économie européenne[54] ».

Dès le printemps 1948, lors de la signature de l'accord de Londres, il est apparu que Paris ne pouvait plus mener un jeu autonome concernant l'Allemagne. La France ne voit évidemment pas se profiler sans crainte un gouvernement de l'Allemagne occidentale dont on redoute qu'il ne mécontente les Soviétiques et qu'il ne devienne un pion au service des Américains. Le Quai d'Orsay, par la voix de Jean Chauvel, secrétaire général, et de René Massigli, ambassadeur à Londres, conseille cependant au gouvernement de ne pas s'isoler : la marge de manœuvre de la France est à peu près nulle. Petit à petit s'impose l'idée selon laquelle il n'y aura pas de solution globale en Europe sans rattachement de l'Allemagne de l'Ouest au camp occidental, avec pleine égalité de droits.

Cette nouvelle ligne, un homme l'incarne : Robert Schuman, successeur de Georges Bidault au Quai d'Orsay en juillet 1948, après avoir dirigé le gouvernement depuis le départ de Ramadier en novembre 1947. Né à Clousen (Luxembourg) en 1886, d'un père originaire de la Lorraine annexée au Reich et d'une mère luxembourgeoise, Schuman a été allemand jusqu'en 1918. Avocat, séduit par le catholicisme social, député de la Moselle depuis 1919, sous-secrétaire d'État aux Réfugiés dans le gouvernement de Paul Reynaud en 1940, il a voté les pleins pouvoirs à Pétain, ce qui lui a valu d'être frappé d'indignité nationale, ipso facto, à la Libération jusqu'à ce qu'un non-lieu ait été délivré en sa faveur, en septembre 1945, après intervention de de Gaulle. Ce dernier ne se fera pas faute de rappeler ce geste quand il sera reçu à Metz, fief du ministre, sans égards particuliers ; il ne pourra cependant empêcher Schuman de lui couper l'herbe sous le pied en affirmant la solidarité occidentale et en donnant un côté revanchard et passéiste à ses positions sur l'Allemagne. En la matière le général n'a pas évolué depuis 1945. Recevant John Foster Dulles (alors conseiller du général Marshall) il ne lui a pas caché qu'il restait partisan de l'atomisation de l'Allemagne en de multiples États : la mise sur pied d'un pouvoir central ne pouvait aboutir selon lui qu'à la constitution d'un gouvernement Staline-von Paulus[55].

Au danger de se voir ainsi marginalisé dans le domaine étranger, s'ajoute pour de Gaulle l'arrivée au pouvoir en septembre 1948 du docteur Queuille, très efficace et même assez redoutable défenseur du Système. Prototype du notable radical à l'ancienne mode et à l'allure débonnaire, l'homme ne manque ni de courage ni de patriotisme, comme l'a prouvé son attitude pendant la guerre. On lui prête ce mot : « La politique n'est pas l'art de régler les problèmes mais l'art de faire taire ceux qui les posent. » Et cet autre : « Il n'est pas de problème qu'une absence de solution ne finisse par résoudre. » Queuille en tout cas est un très fin manœuvrier et, en cette année 1948, il a vite compris que la guerre froide et la dislocation du tripartisme donnaient toutes leurs chances aux modérés de la troisième force. Maire de Neuvic pendant un demi-siècle, indéracinable président du conseil général de la Corrèze, il s'est imposé par son habileté à flatter les républicains de gauche comme de droite, son obstination à servir les intérêts de ses électeurs, au premier rang desquels les agriculteurs, sa connaissance aussi des dossiers. Propulsé au poste de responsabilité suprême, il applique avec succès les mêmes méthodes.

> Le voici à Matignon en septembre, écrit Jean-Pierre Rioux, têtu, persuadant sa majorité des urgences de la défense de la République, prenant en main les Finances. Il bloque l'ascension électorale du RPF, fait lever l'hypothèque communiste par les rudes interventions de Jules Moch sur le front des grèves. Il s'obstine, redonne confiance et bat au bout du compte le record de longévité gouvernementale de la législature. À son départ, en octobre 1949, l'aide Marshall arrive, l'inflation régresse, le Plan est solvable, l'agitation sociale est calmée. Les extrêmes défaits, Queuille a imposé une République du moindre mal, sa République de toujours, celle qui apaise le pays et favorise son élan vers la croissance et le mieux-être[56].

Pour de Gaulle, le maintien de Queuille aux affaires est d'autant plus dommageable que son mouvement, après les succès initiaux, connaît des passes difficiles. Même si le PCF mène alors contre le RPF une véritable guerre — Gaston Palewski affronte en particulier plusieurs fois des jets de pierres ou d'écrous lors de réunions publiques —, les incidents survenus à Grenoble et à Vizille, à l'automne 1948, ont nui à l'image de marque du RPF. Jules Moch en a profité pour souligner que la sécurité du général coûte cher : 10 millions de francs au cours des neuf premiers mois de 1948, ce qui conduit Ramadier, ministre de la Défense, à supprimer assez mesquinement l'escorte qui lui était accordée jusque-là. D'une manière générale, le RPF est assez mal perçu dans divers milieux et il ne fait pas grand-chose pour y remédier. Si la revue animée par Claude Mauriac *Liberté de l'esprit* est de qualité (Raymond Aron, Roger Nimier, Francis Ponge, Denis de Rougemont, Pascal Pia y collaborent) le bulletin du mouvement, d'abord bizarrement baptisé *L'Étincelle* — par référence à Lénine ! (sur une idée d'André Malraux) — , donne de lui l'image la plus désastreuse : parangon des vertus bourgeoises, d'un sectarisme rare, le polémiste Jean Noché en est l'une des « grandes plumes ».

Dernier élément à prendre en considération pour comprendre les problèmes rencontrés alors par le général et son mouvement : un calendrier électoral défavorable. Les élections législatives, on le sait, n'auront pas lieu avant 1951 et, en attendant, les autres consultations attestent que le général n'est pas à l'aise sur ce terrain. Déjà au lendemain des élections au Conseil de la République, il a fallu déchanter : pour se faire élire, bien des notables ont accepté l'étiquette RPF —, peu après le scrutin du 7 novembre, Jacques Soustelle a revendiqué 123 des 330 élus — mais, en définitive, quand le général a prétendu compter ses troupes, les élus gaullistes se sont trouvés réduits à la portion congrue : 56 parlementaires réunis sous l'étiquette Action démocratique et sociale. Le résultat des élections cantonales, retardées prudemment par Queuille en mars 1949 (une « ignominie » selon le général), est une autre déception. Avec un tiers des voix, le RPF se taille un beau succès au premier tour ; en revanche, au second, le jeu des partis se révèle le plus fort : de nombreux notables, élus sous les couleurs du RPF, se hâtent d'abandonner l'étiquette dès le lendemain du scrutin, ce qui fait dire à de Gaulle : « Ils entrent au RPF pour avoir des voix et ils en sortent pour avoir des places. »

Mais le pire reste à venir. Sentant le général mal à l'aise sur le plan de la tactique parlementaire et politicienne, les mandarins de la IVe République, ceux qu'il appelle les « hommes du Système », imaginent pour les élections qui doivent avoir lieu en 1951 un système électoral particulièrement pervers fondé sur les apparentements. Le maître d'œuvre de cette opération est Henri Queuille qui, après deux passages à Matignon (de septembre 1948 à octobre 1949 et du 2 au 12 juillet 1950) et la charge de vice-président du Conseil dans le cabinet Georges Bidault (octobre 1949-juillet 1950), a pris en main le ministère de l'Intérieur dans le gouvernement formé par René Pleven (juillet 1950-mars 1951).

« La loi des apparentements est la loi électorale la moins honnête de notre histoire », écrira, dans *Le Monde* du 26 avril 1951, le journaliste Rémy Roure. Pour Queuille et ses collègues le problème à résoudre tenait en trois termes : assurer la cohésion de la majorité de troisième force, réduire le groupe communiste, freiner le succès attendu des candidats du RPF. À leurs yeux, dans un contexte international particulièrement tendu depuis l'invasion de la Corée du Sud, rien ne serait plus redoutable que de voir le PC et le RPF en position d'arbitres. À l'issue de six mois de débats, après la démission de René Pleven en mars 1951, Henri Queuille, redevenu président du Conseil pour trois mois, réussit à faire adopter par la majorité de troisième force une loi électorale dont l'aspect purement tactique est flagrant puisqu'elle s'applique à la métropole et aux départements algériens à l'exception de certaines circonscriptions, en Seine-et-Oise par exemple, où le système précédent est maintenu, de crainte que gaullistes et communistes n'y tirent profit de l'adoption partielle du principe majoritaire. Comme dans le système de 1946, le scrutin à un tour se déroule dans le cadre départemental suivant la représentation proportionnelle mais plusieurs dispositions importantes sont clairement destinées à gêner gaullistes et communistes : apparentement des listes, mode d'attribution des sièges, panachage, rétablissement du scrutin majoritaire dans les élections partielles, rien n'est négligé pour assurer la suprématie de la troisième force.

Le système est très compliqué. Les partis ou groupements nationaux peuvent souscrire une déclaration d'apparentement afin de modifier la répartition des sièges. Ceux-ci sont, en effet, répartis suivant trois modes : si une liste obtient la majorité absolue, elle est élue en entier ; si un groupement de listes apparentées obtient plus de 50 % des voix, tous les sièges sont répartis entre les listes apparentées à la proportionnelle suivant la règle de la plus forte moyenne, modalité qui avantage les grands partis ; si aucune liste ou groupement de listes apparentées n'obtient plus de 50 % des suffrages exprimés, les sièges sont répartis à la représentation proportionnelle, les restes l'étant à la plus forte moyenne. Pour caractériser ce système aberrant et qui donnera lieu à de lourds contentieux lors des débats d'invalidation, André Malraux aura cette formule : « Prenez un archevêque, ajoutez le vénérable de la loge, retranchez un plombier, multipliez par une sous-maîtresse de maison close et agitez : vous aurez un député apparenté. » De Gaulle, lui, est scandalisé. Sans doute pourrait-il retourner le dispositif contre la troisième force en autorisant des apparentements mais justement il s'y refuse.

De toutes les décisions prises alors par de Gaulle, celle-ci était l'une des plus critiquées par ses propres fidèles : de Roger Frey à Jacques Foccart beaucoup considèrent que leur chef aurait dû jouer le jeu des apparentements.

> De toute évidence, soulignait Jacques Soustelle à la fin de sa vie, de Gaulle n'était pas très à l'aise dans la voie parlementaire. Il avait une méfiance irraisonnée vis-à-vis des Assemblées. Même l'Assemblée consultative d'Alger, qui était à sa dévotion, avait suscité sa méfiance. D'où d'ailleurs le départ rapide de 1946 : il pensait revenir très vite. Par nature, je crois, de Gaulle était allergique au système parlementaire. C'est la raison pour laquelle il n'a pas voulu s'engager, se porter lui-même candidat dans une circonscription. S'il l'avait fait, tout aurait été changé. Au lieu de cent vingt députés nous en aurions eu peut-être plus de deux cents et nous aurions pu contrebalancer la troisième force[57].

De fait, quand, le 17 juin 1951 dans la soirée, les résultats sont connus, il s'avère que le général a mal joué. Les partis au pouvoir l'emportent. Le principal objectif de la loi du 9 mai — briser les gaullistes et les communistes — est atteint. « Le pays, écrit justement Pierre Lefranc, n'avait pas encore pris conscience de l'ampleur de la faillite de la IVe République ; il ne ressentait pas la nécessité de profondes réformes. Quelques députés de plus n'auraient sans doute pas fait pencher la majorité de l'ensemble du Parlement en faveur d'une révision de la Constitution ; il était besoin de circonstances contraignantes[58]. »

Une chose est sûre : de Gaulle, décidément, est l'homme des tempêtes. Dans les temps ordinaires, il piétine, fait des erreurs de jugement, comme si son regard, aiguisé dans la longue durée, se révélait myope à court terme. Dans la bataille électorale force est d'admettre qu'il a commis un certain nombre de faux pas. Lors de ses interventions publiques, et surtout le 8 juin, à la radio, pendant le temps de campagne officielle qui lui a été octroyé (pour la première fois depuis son départ), il ne s'est guère montré inspiré. L'anticommunisme a paru être son seul credo. Dans le choix des candidats, il lui est arrivé de se tromper assez souvent en préférant des hommes en place, parfois très liés au Système, à des militants fidèles et dévoués. Les choix retenus se sont révélés particulièrement malheureux en Algérie. En décidant d'intégrer le RPF à la liste dirigée par Alain de Sérigny, le directeur du très influent *Écho d'Alger*, de Gaulle s'est retrouvé compromis avec la frange la plus conservatrice des grands colons, en l'occurrence l'encombrant Blachette, promu tête de liste.

Attendues avec impatience et espoir, les élections de 1951 ont marqué en réalité le début d'un irrémédiable déclin pour le mouvement créé par de Gaulle en 1947.

XXIV

AUX AGUETS

Embourbé dans la politique politicienne qu'il exècre, de Gaulle est profondément lucide sur les difficultés qu'il rencontre et les perspectives d'avenir. Dans la solitude de Colombey, il relit souvent les bons théoriciens militaires, en particulier Ardant du Pic, auteur de cette formule : « La peur ! La masse frémit [...]. Et ce frémissement sous peine de mécompte, doit entrer comme donnée essentielle en toute organisation, discipline, mode d'action. »

Reçu rue de Solférino peu après la consultation électorale du mois de juin, le journaliste Raymond Tournoux, qui va devenir l'un des interlocuteurs privilégiés du général, recueille des confidences empreintes de ce même réalisme cynique :

> « On ne peut vraiment rassembler les Français que sous le coup de la peur. En 1944, je les ai rassemblés contre les Allemands, en 1947 contre les communistes [...] J'ai fondé le RPF. Le pays se ressaisit. Les communistes reculèrent partout et là notamment où ils étaient le plus à craindre, dans les grandes villes, dans les banlieues, dans les usines. [...]
> Puis l'Occident a réarmé, Eisenhower est venu en Europe, les Américains ont installé des bases, les chasseurs à réaction ont été livrés, le plan d'aide militaire a été exécuté. Et le pays a été rassuré.
> En 1947, aux élections municipales, sous l'emprise de la frousse, beaucoup de Français nous ont rejoints. En 1951, aux élections législatives, nous avons subi un échec. Les partis ont regagné leurs clientèles, aidés par les féodalités, les affaires, la radio de l'abaissement et les stylos de la décadence. Cela signifiait : "que de Gaulle nous laisse dormir". J'en suis bien désolé pour les gens qui aspirent au repos. À l'époque où nous sommes, la France ne peut dormir tranquille. Que voulez-vous, cher ami, on ne peut rassembler à froid un pays qui compte 265 spécialités de fromages[1]. »

De Gaulle n'attend donc un éventuel retour au pouvoir que de la catastrophe — ses adversaires, toutes nuances confondues, ne se font d'ailleurs pas faute de le lui reprocher. Dès lors, il pressent bien que l'existence d'un groupe au Parlement risque de lui causer des soucis. La gestion d'un parti n'est pas précisément son fort.

La question de l'encadrement se pose sans tarder. Tandis qu'entrent au conseil de direction du mouvement cinq nouveaux membres, tous parlementaires[2], parmi lesquels Jacques Chaban-Delmas et

Pierre de Gaulle, Louis Terrenoire succède à Jacques Soustelle au secrétariat général. Choix heureux ? S'il n'a pas la personnalité et l'autorité intellectuelle de Soustelle, ce démocrate-chrétien sincère a des qualités humaines incontestables : elles vont lui être précieuses dans son nouveau rôle. On peut se demander, en revanche, s'il est le mieux placé pour séduire le MRP et le rallier, mission dont le général l'a investi. En sa faveur plaident son honnêteté, la force de ses convictions, son mariage aussi avec la fille de Francisque Gay, haute figure du mouvement démocrate-chrétien. Des hommes tels que Pierre-Henri Teitgen le considèrent en revanche comme un renégat et le fait qu'il ait accepté, à la demande du général, de se présenter, sans succès, contre René Pleven, dans les Côtes-du-Nord, ne plaide guère en sa faveur.

Porté à la présidence du groupe parlementaire après avoir longtemps occupé le poste de secrétaire général, Jacques Soustelle pose au général des problèmes d'un autre ordre. Longtemps il n'y a pas eu de nuage entre les deux hommes. Chez ses collaborateurs, de Gaulle apprécie d'abord la fidélité et l'intelligence : en l'occurrence il est comblé. Mais, avec l'insuccès du RPF aux législatives, tout a changé. Jacques Soustelle d'abord est mécontent d'être écarté du secrétariat général ; il a le sentiment d'avoir été désavoué. Plus grave, de vraies divergences apparaissent.

Dès le début de l'été 1951, la querelle scolaire a été relancée. À la mi-juillet, un non-parlementaire, Édouard Lizop crée l'Association parlementaire pour la liberté de l'enseignement. Son but est d'obtenir le rétablissement des subventions à l'école libre, instituées par Vichy et abrogées en 1945. Immédiatement, la discorde éclate. Radicaux, socialistes et communistes entendent défendre la laïcité. Les autres partis se disputent les voix catholiques. La position du RPF est délicate. Des laïcs y militent aux côtés des défenseurs de l'école libre. « En outre, raconte Pierre de Bénouville, Pie XII venait de faire voter pour le MRP par l'intermédiaire de l'*Osservatore Romano*, le journal du Vatican. Le général était furieux et c'est ainsi que je fus amené à me rendre à Rome pour y être reçu par le pape qui me parla d'ailleurs de de Gaulle en termes d'admiration[3]. » Pour sa part, Jacques Soustelle se range plutôt parmi les laïcs. Protestant agnostique, il propose la liberté de vote au sein du groupe RPF. De Gaulle explose — avec d'autant plus de mauvaise foi que, selon Louis Terrenoire, il inclinait lui-même en faveur de la même solution quelque temps plus tôt.

Mais bientôt va surgir entre le président du RPF et son lieutenant une divergence encore plus sérieuse. Après un premier tour de piste, purement symbolique, en juillet 1951, Jacques Soustelle est, en janvier 1952, pressenti par Vincent Auriol pour former un gouvernement. Le contexte est très difficile. Comme l'écrira René Mayer à Georgette Elgey, la question scolaire « a cassé, dès le premier jour, la législature nouvelle ». Arrivé à Matignon en août, René Pleven a été contraint de démissionner en janvier 1952, « puni » par la SFIO pour avoir laissé voter la loi Barangé favorable à l'enseignement libre. Le jeu du président de la République est très serré. Deux solutions s'offrent à lui :

soit faire entrer les socialistes dans la majorité, soit tenter de séduire les gaullistes. En raison des mauvaises relations existant entre le chef de l'État et Guy Mollet, secrétaire général de la SFIO, la première éventualité est pratiquement exclue. Reste la seconde qui implique le débauchage des députés RPF. L'opération est envisageable. De Gaulle ayant commis l'erreur de privilégier les notables, ceux-ci sont nombreux à l'Assemblée sous les couleurs du RPF, et la perspective d'un maroquin apparaît de nature à les faire évoluer. « Que seriez-vous sans moi ? » dit un jour le général à l'un d'entre eux. La réponse fuse : « Ministre, mon général[4] ! »

Jacques Soustelle est de ceux qui hésitent. De plus en plus, sans le dire, il s'impatiente de piétiner à l'extérieur du gouvernement, il est convaincu, sans doute sincèrement, que l'on peut agir à l'intérieur du Système. Tout cela, Vincent Auriol le sait ou le devine, et c'est pourquoi il fait appel au président du groupe RPF en ce début de janvier 1952. Soustelle est prudent. Il souligne que la situation n'est pas mûre, que le candidat du RPF ne saurait être investi, mais il accepte de se rendre à l'Élysée.

À l'annonce de ces nouvelles, de Gaulle est furieux. « Soustelle va trafiquer cet après-midi avec Auriol », tonne-t-il devant le fidèle Louis Terrenoire, qui s'en dit choqué[5]. Comme toujours en pareilles circonstances, le général voit dans l'attaque la meilleure défense — au risque de paraître excessif et injuste. Devant le conseil de direction du RPF qui se tient rue Solférino, l'après-midi même, il se déchaîne. Avant même que Jacques Soustelle n'arrive, sortant du bureau d'Auriol, il l'accable de sarcasmes. « Je voudrais bien connaître le programme de M. le président du Conseil. Et moi, qu'est-ce que je deviens dans cette affaire ? Quel poste M. le président du Conseil m'offre-t-il ? Le sous-secrétariat d'État aux Beaux-Arts ? Les Sports ? L'Éducation nationale peut-être ? » Les participants assistent, gênés, à cette scène pénible. André Malraux murmure : « Serait-il jaloux[6] ? »

Quand le président du groupe RPF arrive, le numéro tourne à l'aigre. Soustelle n'est pas très adroit. Peut-être ne dissimule-t-il pas assez sa satisfaction d'avoir été convoqué à l'Élysée. Pour autant, il reste très correct. Il s'affirme sans illusions sur l'issue de son tour de piste, certain malgré tout d'avoir servi le mouvement en faisant connaître sa véritable position :

> J'ai dit au président de la République, affirme-t-il dans une déclaration reprise par les journaux du soir, que la seule proposition qui m'est faite de constituer le gouvernement fait, à elle seule, justice des imputations répandues complaisamment que le RPF n'est pas un parti républicain. Il voudrait un large regroupement national. Mais la voie est-elle libre ? Une hypothèque doit d'abord être levée : la loi électorale. Les apparentements ont appelé à l'Assemblée une majorité qui a affirmé être la seule possible. C'est à cette majorité qu'il appartient de faire la preuve qu'elle n'est pas possible[7].

Objectivement, cette déclaration n'a rien de choquant. Un gaulliste aussi insoupçonnable que Louis Terrenoire en convient d'ailleurs ; il juge même que Soustelle a rendu service au RPF mais il remarque aussi ce qui a sans doute mis le feu aux poudres : le nom du général n'est pas mentionné ! « Soustelle, souligne encore Terrenoire, a néanmoins brouillé les cartes d'Auriol qui comptait non sur ce refus, mais sur un échec du RPF devant l'Assemblée, afin de pouvoir revenir à la majorité des anciens apparentés et contraindre les modérés à voter l'investiture d'un cabinet auquel les socialistes participeraient de nouveau[8]. »

De Gaulle, lui, n'a cure de ces nuances. Seul lui importe le fait que Soustelle lui a « manqué », a voulu voler de ses propres ailes. En raison de ce crime de lèse-majesté, la foudre s'abat sur lui en plein conseil de direction : « Vous êtes tous les mêmes ! Il suffit de dérouler un tapis rouge sous vos pas pour que vous marchiez dessus, quelle que soit la direction où il mène[9]. » Suit une longue litanie de reproches et de remarques blessantes à l'égard de l'ancien secrétaire général. La cassure morale, dès lors, est consommée entre de Gaulle et Soustelle, les maladresses s'étant accumulées de part et d'autre pour déboucher sur l'irréparable. Curieusement, Jacques Soustelle n'aura jamais conscience de la gravité de l'événement.

> D'accord, avec le général, nous disait-il en avril 1990, trois mois avant sa mort, j'ai fait un tour de piste. Je me suis tenu à ses instructions mais j'ai su qu'il en avait conçu beaucoup de mécontentement. En réalité, à partir de 1952, il a commencé à en avoir « ras le bol ». Il se désintéressait de l'affaire. Or, à ce moment, des gens aussi fidèles à sa personne que Diethelm, Kœnig, Billotte, Chaban ou moi-même avaient la conviction que, petit à petit, nous pourrions accéder au pouvoir. Il n'a pas eu la patience d'attendre. Il me disait : « Ils ne veulent pas de de Gaulle. Je reviendrai peut-être dans cinquante ans. » Évidemment, il se livrait alors à un numéro. Il disait aussi : « En fait, j'ai échoué tout le temps. » Il disait cela sans doute pour qu'on lui dise le contraire. Néanmoins, il était très pessimiste de 1952 à 1958[10].

En vérité, le pessimisme du général n'était pas injustifié. Le Système se défendait avec acharnement. La IVe République affichait un bilan moins désastreux qu'on le dira. Les crédits du plan Marshall continuent de faire des miracles. La croissance est de retour : la production augmente de 8 % en 1950, de 6 % en 1951. Seul, le bâtiment stagne. Le plein emploi est atteint : le chômage concerne seulement 1 % de la population. Les « trente glorieuses », qu'analysera Jean Fourastié ont déjà commencé. Sans doute y a-t-il beaucoup de points noirs. Les inégalités sociales restent fortes ; elles sont même presque aggravées par l'irruption du progrès technique : l'électricité, généralisée en ville, est encore rare dans les foyers campagnards. La soif de nouveauté, malgré tout, l'emporte ; la société de consommation se répand. Sur le plan extérieur, la menace d'une guerre plane constamment et l'on redoute l'invasion de troupes russes en Europe occidentale : une note dans les archives d'Harry Truman fait état d'un éventuel exil du pape aux États-Unis dans l'hypothèse d'une occupation de l'Italie par les Soviétiques... Mais la IVe République a su amorcer la réconciliation franco-allemande et jeter les bases de l'Union européenne. Inspirée par Jean Monnet, homme orchestre de la politique française à cette époque, la déclaration de Robert Schuman du 9 mai 1950 a marqué le début de la Communauté européenne du charbon et de l'acier, institution grâce à laquelle l'Allemagne va être réintroduite, à égalité de droits, parmi les autres nations. L'histoire de la seconde moitié du siècle prouvera le caractère central de cet événement, première atteinte au principe de la souveraineté absolue des États. Pour cette raison et aussi parce que les États-Unis lui ont semblé patronner de trop près le projet, le général a évidemment condamné la nouvelle perspective. Depuis que sa thèse du démembrement de l'Allemagne en de multiples États est devenue irréalisable, il s'est rallié à l'entente franco-allemande mais récuse toute idée d'un tête-à-tête économique avec la République fédérale nouvellement créée, qui, selon lui, ne peut tourner qu'à l'avantage de l'ennemi d'hier. L'Europe qu'il réclame de ses vœux doit respecter les souverainetés. Elle a aussi vocation à s'étendre vers l'est, en particulier, vers l'URSS dont il appelle à « changer le régime [11] ». Prisonnier d'une vision trop exclusivement « bainvillienne » de l'Histoire, le général a ainsi manqué un grand tournant historique.

Plus grave, plus inquiétant encore pour de Gaulle : le Système — défendu avec âpreté par le président de la République Vincent Auriol — ne tarde pas à trouver l'homme de droite modéré susceptible d'attirer certains notables ralliés, par tactique ou intérêt, au RPF et à son chef. À la tête d'une entreprise familiale de tannerie, maire de Saint-Chamond depuis des lustres, appartenant au groupe des Indépendants, Antoine Pinay n'a contre lui que d'avoir voté les pleins pouvoirs à Pétain en 1940 — encore n'est-il pas sûr qu'il s'agisse sur le plan politique d'un handicap dans cette IVe République où les passions se calment. L'homme — dont le génie est de « s'être fait une tête d'électeur », assure Édouard Herriot — a ses limites mais, s'il n'est pas un grand imaginatif, il est loin d'être le médiocre décrit par ses adversaires. Par rapport au milieu de droite d'où il est issu, Antoine Pinay présente aussi l'originalité d'être un Européen fervent, un atout dans le contexte politique de l'époque. Cela lui vaut des amitiés bien au-delà de sa famille d'idées : « C'est un homme simple, honnête, intègre, avec beaucoup de bon sens et de courage », assure Étienne Hirsch, esprit progressiste, collaborateur de Jean Monnet auquel il a succédé à la tête du commissariat général au Plan [12].

Ironie de l'Histoire, c'est en mars 1952, alors qu'il n'a peut-être jamais été plus proche du pouvoir, que de Gaulle voit le président de la République, Vincent Auriol, tel un prestidigitateur, tirer de son chapeau Antoine Pinay. En cette fin d'hiver, la France n'est toujours pas sortie de la crise ministérielle provoquée par la démission de René Pleven. Appelé à Matignon, le radical Edgar Faure n'a pu s'y maintenir que quarante jours, en dépit de son adresse proverbiale. Quelques jours avant son départ, le gouverneur de la Banque de France, Wilfrid Baumgartner, lui a écrit qu'en dépit des apparences, la France traversait une mauvaise passe financière et ne serait bientôt plus capable de faire face à ses engagements. Toutes les combinaisons susceptibles de mettre sur pied un gouvernement stable se sont défaites. Pressenti, Paul Reynaud a dû renoncer en raison de l'opposition de Guy Mollet, René Pleven a refusé de revenir. Soudain surgit Antoine Pinay. Le président de la République l'apprécie, bien qu'il n'appartienne pas à sa famille politique. Vincent Auriol, qui a fait de la croisade contre le RPF un combat personnel — « Je ne serai pas le Hindenburg de la IVe République », n'hésite-t-il pas à dire à ses visiteurs —, est convaincu de tenir l'oiseau rare dont il rêve depuis longtemps. Le vieil Édouard Herriot appuie aussi la manœuvre, convaincu, comme le chef de l'État, qu'il est urgent de se débarrasser de l'hypothèque d'un gouvernement de droite.

Dès que le maire de Saint-Chamond effectue un tour de piste, de Gaulle voit le danger. Le profil et les qualités du président du Conseil pressenti ne peuvent laisser indifférents les parlementaires gaullistes issus de la droite modérée, lassés d'entendre le général multiplier anathèmes et exclusives. Prototype de ces gaullistes d'occasion, Edmond Barrachin ne cache pas qu'il est séduit par la personnalité d'Antoine Pinay. On murmure même autour de lui que de Gaulle ne voit pas d'un mauvais œil la nouvelle étoile filante de la politique française.

Dès le 6 mars, le président du RPF est donc obligé de fulminer son excommunication sans appel : « Je n'ai pas sauvé la France pour la confier à Pinay. » Pour ne pas entrer en conflit ouvert avec lui, Edmond Barrachin ne vote pas l'investiture d'Antoine Pinay quelque temps plus tard, mais il prévient que c'est la dernière fois qu'il agit ainsi. Vingt-sept de ses collègues gaullistes n'ont pas ces états d'âme et, enfreignant les consignes, apportent leur soutien au nouveau chef du gouvernement. La IVe République, chacun le sent, est à un tournant. Avec Pinay, la droite classique, paralysée depuis l'épisode de Vichy, revient aux affaires ; la SFIO, pour la première fois depuis la guerre, ne peut imposer ses vues, alors que, paradoxalement, le chef de l'État sort de ses rangs.

De Gaulle est furieux. Il vitupère contre le régime qui « bouffe » ses députés, il dénonce « ceux qui sont allés à la soupe », mais déjà il est ailleurs, convaincu que, de toute façon, le rôle du Parlement est appelé à diminuer. Le RPF, il le proclame le 10 mars au cours d'une conférence de presse, n'a pas un objectif purement électoral. À terme, il doit rassembler les Français autour de quelques idées-forces. Et de lancer la formule qui deviendra fameuse : « Chaque Français fut, est ou sera gaulliste. Je ne jurerai pas qu'à quelque moment, malheureusement trop tard, le maréchal Pétain lui-même ne l'ait pas été quelque peu. »

Dès lors, le général ne cesse d'interpeller l'opinion — tactique qui lui est habituelle depuis la guerre chaque fois que les notables se mettent en travers de son chemin. Le 1er mai, à l'occasion d'un discours à Bagatelle, il évoque l'idée d'un recours possible sur un ton très « France libre ». Le 4 mai, il parle à Georges Pompidou d'un possible départ. Le 5 juillet, à Saint-Maur, à l'issue d'un conseil national élargi, sorte de congrès extraordinaire du mouvement, il se heurte à Edmond Barrachin et à ses amis qui n'acceptent plus sa stratégie. En son nom, Malraux leur répond : « Le général de Gaulle n'a dit à personne : Je vous mène aux places, ni même : Je vous mène au pouvoir. Il a dit : "Fasse la chance que nous y allions." » Vingt-six députés font alors sécession pour fonder une Action républicaine et sociale, décidée à collaborer avec le Système honni. Le déclin du mouvement est consommé. Quelques semaines plus tard, de Gaulle fait part à un proche, Jacques Bruneau, de son souhait de mettre le RPF en veilleuse.

« Veilleuse »... Les mots, comme toujours avec de Gaulle, ont une signification précise. Face au risque d'enlisement, à l'altération de son image qui peut en résulter, il voit la nécessité de se réfugier sur les hauteurs. Mais, dans le même temps, il perçoit bien l'utilité d'avoir deux fers au feu, de pouvoir, le moment venu, s'appuyer sur un appareil, si réduit soit-il. On perçoit là toute l'ambivalence de la position du général à l'égard des partis politiques, officiellement réprouvés, officieusement encouragés.

En la circonstance, de Gaulle a une raison majeure de ne pas négliger l'action parlementaire : plus encore qu'à la CECA, il est fanatiquement opposé à la CED, la Communauté européenne de défense, et décidé, par tous les moyens, à la faire échouer. Michel Habib Deloncle, alors secrétaire du groupe gaulliste de l'Assemblée nationale, garde le souvenir de ses interventions précises et constantes [13]. Pour le général il s'agit d'un conflit capital puisque le projet d'armée européenne, préparé par René Pleven en septembre 1951, à l'instigation de Jean Monnet, touche à l'essence même de ses certitudes : la défense nationale. Sur l'Europe, sur l'Allemagne, on sait qu'il a évolué. Il est maintenant convaincu qu'un accord franco-allemand est la clé de la paix ; la nécessité d'une entente avec les autres pays du continent lui apparaît aussi avec netteté, sans toutefois qu'il accepte l'idée d'un accord entre partenaires égaux. Pour que la réconciliation ait lieu, il faut que l'Allemagne demeure affaiblie. En l'occurrence, il lui importe peu que Jean Monnet n'ait pas proposé la Communauté européenne de défense mais se soit contenté de répondre à un ultimatum du secrétaire d'État Dean Acheson visant à réarmer l'Allemagne, faute d'accord entre les Européens. Pour lui, le projet est condamnable parce qu'il prévoit une armée européenne intégrée, parce que l'Allemagne retrouvera, par ce biais, une partie de sa puissance, parce que les États-Unis sont étroitement associés à l'affaire, parce que, enfin, toute atteinte à la souveraineté des États est condamnable. Le drame de Jean Monnet et du clan dit « des Européens » est que l'ultimatum américain est venu trop tôt : le projet d'Europe politique, prévu au départ par le commissaire général au Plan, n'a pu être évoqué et par conséquent le commandement de l'armée européenne intégré sera extérieur au vieux continent — solution à l'évidence difficilement acceptable. Monnet lui aussi souhaite une Europe forte et indépendante, rien n'est plus éloigné de sa pensée qu'une vassalisation du vieux continent : il l'a dit en termes très nets à René Pleven, en septembre 1951, lorsqu'il lui a fait part de ses suggestions. Les événements ne lui laisseront malheureusement pas le temps d'aller au bout de ses idées.

On ne fera pas ici l'historique de la CED, affaire très complexe, décisive quant à l'évolution de la conscience nationale. Au demeurant, du début à la fin, la position du général sera d'une simplicité évangélique : la dénonciation du projet scélérat ne souffre à ses yeux aucune faiblesse. Bientôt, ses plus zélés fidèles le relaient. Le sénateur Michel Debré, qui se distingue par sa violence verbale, prédit ainsi à René Mayer en octobre 1952 : « La France n'acceptera pas l'accumulation des défaites. Elle préférera le communisme si les nationaux ne comprennent pas qu'ils ont la responsabilité d'arrêter la décadence[14]. » De Gaulle, pour faire échouer la CED, est prêt à s'allier avec n'importe qui — des communistes à l'extrême droite. Il le dit avec brutalité.

En mai 1952, le gouvernement Pinay signe le traité de la CED. Un mois plus tard, de Gaulle déclenche sa grande campagne contre « ce mélange apatride où, pêle-mêle avec l'Allemagne et l'Italie vaincues, la France, entre toutes les grandes nations qui ont aujourd'hui une armée, est la seule qui perd la sienne, ayant ainsi accepté d'être une espèce de protectorat ». D'où la conclusion : « La nation dans ses profondeurs ne saurait ratifier l'abandon ni la dépendance qu'on vient d'accepter en son nom. » La lutte est totale. Une tentative de rapprochement avec le MRP tourne court précisément à cause de ce problème, un tête-à-tête de Gaulle-Teitgen ayant abouti à un constat d'échec. Le général a donc besoin de maintenir une présence parlementaire pour parer à toute éventualité.

Le cours des événements le convainc de rester fidèle à cette stratégie. Tandis que le radical René Mayer succède à Antoine Pinay, de décembre 1952 à mai 1953, le RPF continue son déclin. Le 26 avril 1953, le mouvement gaulliste enregistre une très lourde défaite lors des élections municipales. Il perd 60 % de ses voix et les quatre cinquièmes de ses élus à Paris, Lyon et Marseille. L'échec hâte la décision du général. Une semaine après les élections, il consulte les uns et les autres. Pompidou lui conseille de tout abandonner ; Soustelle et Terrenoire plaident en faveur d'un maintien du mouvement, solution finalement retenue. Le 6, il publie ce communiqué :

> L'effort que je mène depuis la guerre, entouré de Français résolus, n'a pu jusqu'ici aboutir. Je le reconnais sans ambages. C'est, il faut le craindre, au détriment de la France. Les choses étant ce qu'elles sont, que va faire le Rassemblement ? Il demeure un instrument ardent et convaincu. Avant tout, il doit s'écarter d'un régime qui est stérile et qu'il ne peut, pour le moment, changer. Mes compagnons pourront légitimement se présenter à telle ou telle élection mais ils le feront individuellement et non en mon nom. Au Parlement, ils ne sauraient non plus prendre part, en corps et ès qualités, à la série de combinaisons, marchandages, votes de confiance, investitures, qui sont les jeux, les poisons et les délices du Système.
>
> Par contre, il est plus que jamais d'intérêt public que le Rassemblement, dégagé de l'impasse électorale et parlementaire, s'organise et s'étende dans

le pays pour accomplir sa mission qui consiste à servir d'avant-garde au regroupement social et national du peuple pour changer le nouveau régime. L'occasion de ce regroupement peut venir d'une future consultation populaire. Elle peut venir aussi d'un sursaut de l'opinion qui, sous l'emprise de l'inquiétude, amènerait les Français à s'unir et le régime à se transformer. Mais elle risque hélas ! de se présenter sous forme d'une grave secousse, dans laquelle une fois de plus, la loi suprême serait le salut de la patrie et de l'État.
Voici venir le temps des illusions. Il faut préparer le recours.

Pour prendre date, de Gaulle a retrouvé l'inspiration des grands jours. Les journaux les plus hostiles à sa personne reconnaissent volontiers l'élévation de son propos. Certains s'inquiètent malgré tout de l'allusion à une « grave secousse ». Même accompagné d'un « hélas », ajouté à l'instigation de Georges Pompidou, ce court passage renforce des suspicions déjà anciennes. Est-il donc partisan d'un coup de force ? La vérité apparaît plus complexe. Retiré dans son village, occupant son temps à écrire ses *Mémoires,* de Gaulle, dont la solitude est très relative — il vient souvent à Paris et reçoit des visiteurs triés sur le volet —, n'attend évidemment rien d'une évolution en douceur : le régime, à ses yeux, est incapable de s'amender. Fidèle à son tempérament, comme à sa méthode, il guette le moment où la situation sera telle qu'il apparaîtra sous les traits du sauveur.

Faudra-t-il alors aider le destin, sortir de la légalité ? Il s'agit là d'un problème central, longtemps tabou. Comme l'attestent des documents inédits ou peu connus, la perspective ne faisait pas peur au général. S'il l'a écartée, en définitive, c'est seulement parce qu'il l'estimait inadaptée à l'époque. Autour de lui, certains compagnons, y compris un homme tel qu'Edmond Michelet, jugeaient cette prudence excessive. Tout l'art de de Gaulle, prince de l'ambiguïté, va être, jusqu'à l'instant décisif, de faire alternativement monter et baisser la pression, sans décourager tant d'ardeurs inemployées.

Au cours du printemps 1954, il paraît tenté de forcer le destin. La querelle de la CED bat son plein, déchirant l'opinion avec la même intensité que l'affaire Dreyfus autrefois ; le 7 mai se produit le désastre de Diên Biên Phu ; le gouvernement de Joseph Laniel, qui a succédé à René Mayer en juin 1953, apparaît faible, incapable de faire face à la situation. Le moment semble d'autant plus favorable à ce qu'il faut bien appeler un coup de force que le général a fait part depuis plusieurs mois de son intention d'organiser une manifestation à Paris, afin de protester contre la perspective d'une ratification du traité de la CED. Fixé au 9 mai, le rassemblement des gaullistes à l'Étoile est malheureusement pour le créateur du RPF un échec[15]. La grande foule prévue n'est pas au rendez-vous. Après s'être recueilli sur la tombe du soldat inconnu, le général doit repartir assez piteusement, et tout porte à croire que l'affaire l'incite à être désormais plus prudent. Pour autant le projet d'une intervention un peu brutale est loin d'être abandonné.

Louis Terrenoire a arrêté la publication de ses notes en 1954. La suite, conservée aux Archives nationales, éclaire de manière décisive ce point d'histoire toujours très discuté. Le 14 février 1955, le secrétaire général du RPF note [16] :

Le général a bien le sentiment que la dégringolade s'accentue. Avec une résolution dont il n'avait pu depuis longtemps donner une affirmation aussi nette il me dit : « Terrenoire, j'interviendrai dès que je sentirai que la conjoncture s'y prête. » Il me parle du pouvoir dont l'occupation doit être préalable à toute action. Il semble que, la pagaille s'accentuant, certains scrupules ont été chassés de son esprit. Est-ce que je lui prête mes propres pensées ? Certains mots que je trouve sibyllins sentent la poudre... et l'espérance.

Le 1er avril, le sujet est de nouveau abordé, mais le général, cette fois, paraît écarter la tentation :

De Gaulle vient d'être opéré de la cataracte pour la deuxième fois. Olivier Guichard qui s'est entretenu avec lui, rapporte ce dialogue :
— Mon général, vous avez pratiqué l'action au pouvoir puis tenté d'agir au Parlement en vue de redresser ce pays et vous n'avez pas réussi. Il reste l'action directe.
— Oui, répond le général, mais si je prenais une voiture et si je me rendais rue Saint-Dominique pour demander à celui qui s'y trouve de m'en donner les moyens, il serait bien emmerdé. De plus pour que quelque chose devienne possible, il faut que chaque Français se sente matériellement atteint.

Le 18 mai, le thème est de nouveau à l'ordre du jour, via Edmond Michelet :

Le même jour Michelet me dit qu'il a évoqué une fois de plus devant le général la seule issue au désastre brut qui nous emporte, à savoir le coup d'État. Il lui a fait part des conversations qu'il vient d'avoir en Allemagne avec les militaires de tous grades et qui se désespèrent dans l'attente de ce qu'ils souhaitent tous. Il lui rapporte, en particulier, les propos du colonel Dunoyer de Segonzac qui dirigea sous Vichy l'école des cadres d'Uriage et qui n'a plus confiance qu'en de Gaulle. Là-dessus, le général a répondu à Michelet : « Je sais, il est venu me le dire, il y a huit jours. »

Chez Michelet, au même moment, Louis Terrenoire rencontre le général Revers [17] et Jean de Fabrègues [18] : « Ces personnages dissemblables disent que, de plus en plus, ils rencontrent des gens qui les interrogent sur le seul espoir qu'ils puissent nourrir pour la France : celui d'un coup de torchon salvateur. » Le 19 juillet, le même Edmond Michelet, décidément beaucoup plus activiste qu'on aurait pu le croire, revient à la charge sur son sujet favori :

Michelet a reçu la visite du général Blanc [19]. L'armée, selon lui, serait prête à soutenir un coup d'État. Comme c'est un désir que l'ami Michelet caresse et ressasse, je me méfie... C'est aussi de coup d'État qu'il a entretenu hier le général de Gaulle. Ce n'est pas la première fois. Le général lui a dit : « S'il y avait un coup très dur, je me rendrais rue Saint-Dominique et je m'installerais à la place de Kœnig qui se mettrait à mes ordres. Mais si j'accomplissais la même démarche quand le moment n'est pas venu, Kœnig ne bougerait pas de son fauteuil et je serai ridiculisé. » Il dit aussi : « J'ai fait trois coups d'État : le 18 juin, à Alger, puis d'une certaine manière à la Libération. Pour les deux premiers, j'étais seul. »

Louis Terrenoire a, lui, une autre optique :

> À moins d'une Saint-Barthélemy algérienne je ne vois pas, dis-je à Michelet, quel événement pourrait constituer un coup dur qui réveillerait les Français et pourrait ramener de Gaulle au pouvoir. En revanche, je crois à une réinstallation progressive des communistes dans la politique française, sous le couvert de la détente internationale. Alors la « grande peur des bien-pensants » risque de se renouveler ; pris aux entrailles nos bourgeois se précipiteront comme en 1947 dans les bras du sauveur. Il est certainement regrettable que les chances de de Gaulle soient accrochées à une trouille, mais j'avoue ne pas avoir d'autre possibilité.

Michelet est cependant difficile à convaincre. Le 27, il revient à la charge : « Je suis entré au RPF en 1947 pour m'opposer à ceux qui parlaient d'un coup de force. J'y reste et je veux y militer de plus en plus pour réaliser un coup de force. »

De Gaulle, comme d'habitude, se révèle très habile dans le double jeu. Tantôt, il semble donner des gages à ceux qui, comme Michelet, veulent passer en force. Tantôt, il insiste sur l'importance de l'opinion, étant entendu qu'il mise sur la peur, non sur l'adhésion raisonnée. Avec les militaires, il lui arrive d'être très direct. La France s'est faite à coups d'épée, le glaive dans une nation est toujours l'élément essentiel. Plus que jamais, il en est convaincu. Au général Ély, dès le printemps 1954, il tient un langage sans ambiguïté. En témoigne le journal de marche d'Ély du samedi 8 mai 1954[20]. Il y a un malentendu au départ. De Gaulle accueille le général en silence, estimant que celui-ci est venu lui demander quelque chose ou se mettre aux ordres. Le général entame l'entretien sur l'Indochine. De Gaulle ne s'en prend pas à la conduite des opérations mais à la politique de guerre du gouvernement. Il s'attaque à M. Pleven qu'il faut toujours tenir à bout de bras et à Laniel qui est un « bœuf ». Au général qui lui demande quelle solution il entrevoit, de Gaulle répond qu'il faut envoyer trois divisions et traiter directement avec Hô Chi Minh. « N'oubliez pas que c'est de Gaulle qui a libéré l'Indochine. » Il interroge le général sur les possibilités techniques d'avoir trois divisions. En ce qui concerne l'internationalisation, il n'en veut pas plus que l'évacuation ou le cessez-le-feu. Revenant à la situation générale en France : tout va mal. Quant à lui, autour de lui, « les Français se sont rassemblés quand il y a eu une certaine tension mais ils l'ont ensuite abandonné ». Finalement, c'est l'armée et l'armée seule qui pourra sauver la situation. Le général lui demande : « Comment ? Un coup de force ? Non, estime de Gaulle, mais il ne s'ouvre pas autrement. Les chefs de l'armée doivent venir vers lui et tout ira bien. »

Deux ans plus tard à son ancien collaborateur, le général de Rancourt, de Gaulle parle de manière encore plus nette. En 1956, Rancourt souhaite quitter l'armée : on lui offre dans le secteur privé un poste attirant. Avant de se décider, il demande un avis à son ancien chef. La réponse va bien au-delà de conseils d'ordre personnel. Détail assez remarquable, on y trouve même le mot « Résurrection », qui sera le nom de code de l'opération destinée à ramener le général au pouvoir en mai 1958 :

30 octobre 1956
Mon cher ami,
Si notre armée de l'air était destinée à végéter indéfiniment, je comprendrais fort bien que vous vouliez transporter ailleurs votre activité et vos grandes qualités. Mais je crois très profondément que le marasme actuel, résultat presque inévitable des événements antérieurs, ne durera pas et que nous assisterons assez prochainement à une vigoureuse renaissance.
Dans ce cas, il serait vraiment dommage qu'un officier tel que vous, qui a acquis des titres et une expérience de guerre exceptionnelle et qui a devant lui un si bel avenir, ne soit pas là pour participer à la résurrection.
Êtes-vous sûr, en outre, que si brillantes que soient les propositions qui vous sont faites, vous trouverez à la longue beaucoup de satisfaction dans le genre d'activité qui vous est offert ? J'ai vu dans ma vie, notamment après la dernière guerre, beaucoup d'officiers de choix quitter l'armée. Il est extrêmement rare qu'ils ne l'aient, un jour ou l'autre, regretté.
Il va de soi que pour moi, si, comme il est possible, je suis amené à me mêler de nouveau et directement des affaires du pays, vous êtes de ceux — rares ! — dans l'armée de l'air sur lesquels je pourrais absolument compter...
J'espère que tout va bien pour vous et pour les vôtres. Veuillez, mon cher ami, présenter à Mme de Rancourt mes plus respectueux hommages, auxquels ma femme joint son bien sympathique souvenir. Pour vous-même, mes sentiments de fidèle amitié.

Ch. de Gaulle[21].

Très conscient des impératifs de l'époque, de la nécessité pour tout pouvoir de procéder du peuple et de respecter au moins les apparences de la légalité, de Gaulle ne franchit jamais le pas décisif, celui qui le mettrait hors la loi. Sa tactique, qui ne variera plus, est d'encourager les autres à s'engager, sans le faire lui-même. Il dispose de toute façon pour dissiper tout soupçon d'un excellent alibi : la rédaction de ses *Mémoires de guerre* qui va l'occuper de 1952 à 1958. Dès son séjour à Marly en 1946, il s'est mis au travail, mais le lancement puis la gestion du RPF ne lui ont pas laissé le loisir de s'atteler vraiment à cette grande tâche, capitale à ses yeux, puisque ce livre contribuera non seulement à fixer sa place dans l'Histoire mais aussi, très certainement, à préparer l'avenir.

Chaque jour, face à l'austère paysage sur lequel donnent les fenêtres de son bureau, de Gaulle s'astreint à travailler, aidé seulement, pour la recherche et la documentation, par un normalien, ami de Jacques Soustelle, ancien résistant, futur diplomate : René Trotobas dit Thibault. Pour le mémorialiste, l'effort est considérable. « C'est très long, confiera-t-il à Louis Terrenoire après la parution du premier volume en 1956. Car lorsque j'y ai travaillé pendant cinq heures, je préfère m'arrêter. Ce qui me prend le plus de temps, c'est de vérifier le moindre détail, mais ce dont je suis le plus fier c'est que personne n'a contesté les faits tels que je les ai relatés dans mon premier ouvrage. En Grande-Bretagne, comme aux USA, ils ont pu ne pas être d'accord avec mes jugements mais ils ne m'ont repris sur aucun point d'histoire. »

Confronté à la page blanche, de Gaulle se fait humble. Il semble parfois peu sûr de soi. Il aime « essayer » ses textes sur des proches, son beau-frère, Georges Pompidou, André Malraux, parfois Raymond Aron. « Est-ce publiable ? » s'interroge-t-il, à la stupéfaction de ses interlocuteurs. Affectation ? Peut-être, mais le général a une si haute idée des écrivains qu'on ne saurait exclure une part de sincérité dans son attitude. En tout cas, chaque jour il se bat avec les mots. Spontanément son style est parfois ampoulé, pompeux. Ce n'est qu'au prix d'un dur labeur qu'il parvient à un résultat satisfaisant. La langue, on le sent, est soignée, modelée, ciselée, certains passages ont bénéficié à l'évidence d'un surcroît d'attention. « Un peu trop littéraire peut-être, dans le sens le plus classique du mot, dira André Malraux. Mais le côté un peu trop Retz est compensé par l'actualité passionnante du propos. »

En février 1954, le premier volume est achevé, la dactylographie, comme toujours, ayant été assurée par la fille du général, Élisabeth de Boissieu. L'éditeur choisi est Plon, la maison qui publie habituellement militaires prestigieux et hommes d'État. Les quatre premiers exemplaires nominatifs sont adressés, dans l'ordre, au pape, au comte de Paris, au président de la République et à la reine d'Angleterre. « Dans cet ordre si logique, il y a tout de de Gaulle », dit le colonel de Bonneval à Louis Terrenoire. L'accueil, à quelques réserves près, est enthousiaste[22].

Les voyages constituent un autre moyen de détourner l'attention, de maintenir le contact avec les responsables et accessoirement d'échapper à la solitude de Colombey. De 1953 à 1956, de Gaulle effectue ainsi trois longs périples. Du 4 mars au 10 avril 1953, accompagné de plusieurs collaborateurs et de Mme de Gaulle, il part pour l'Afrique, à bord du Dakota offert par Truman. Salué partout avec les honneurs dus à un chef d'État — le gouverneur général Chauvet, qui l'accueille à Brazzaville, a reçu des instructions secrètes du gouvernement afin de lui réserver les plus grands égards — il est acclamé par la foule[23]. À Dakar, à Niamey, partout où il se rend, on se presse pour venir voir le mythe vivant qu'il est devenu. Les propos qu'il tient sont, dans l'ensemble, peu politiques. L'humour ne perd pas ses droits. Dans la capitale de l'AEF, le général déclare : « Je suis toujours heureux d'être accueilli à Dakar », allusion transparente à l'épisode cuisant de septembre 1940. Chemin faisant, il fait une incursion au Congo belge. Six mois plus tard, une nouvelle tournée l'entraîne à Madagascar, à la Réunion, aux Comores, à Djibouti — à Addis-Abeba aussi, où le reçoit l'empereur Hailé Sélassié. En 1956, c'est un véritable tour du monde qu'il effectue, du 8 août au 19 septembre. À un rythme soutenu, il visite le Gabon, les Antilles, Tahiti, les Nouvelles-Hébrides, la Nouvelle-Calédonie. Le voyage, comme à l'accoutumée, est surtout l'occasion de contacts populaires — ce qui n'exclut pas, à Tahiti, par exemple, de discrets signaux lancés aux Français libres : « Que les Français libres restent cohérents. Qu'ils pensent encore à de Gaulle. Nous n'avons pas fini notre tâche. Nous avons à jouer un rôle d'avant-garde. » Au retour, ceux qui ont participé au périple sont fébrilement interrogés. Louis Terrenoire note, le 26 septembre 1956 :

Déjeuner avec Jacques Foccart et Olivier Guichard qui ont accompagné le général durant son périple autour du monde. Autres convives : Roger Frey, Émilien Amaury, J. Chaban-Delmas. Au départ du lagon tahitien, cinq mille personnes l'acclamaient sur les rivages tandis que le bateau s'éloignait. Planté à l'arrière, le général sacrifie à la coutume qui consiste à jeter les couronnes de fleurs dont sont comblés les hôtes de marque. Ce qui signifie que l'adieu n'est pas un au revoir. « D'un geste noble et maladroit, dit Guichard, le général lance une couronne à la mer puis, se retournant vers moi, il me dit : "En somme les adieux dans ce pays, c'est une industrie nationale." » Le général est très friand de potage et comme sur le bateau Guichard s'obstine à n'en point prendre, le général lui lance : « On ne saurait relever une nation sans potage. »
Dans le même ordre d'idée, voici un autre mot, bien amusant. Le voyage de retour compta trois nuits consécutives en avion. Bien qu'il y eût quatre couchettes, le général ne cessa de demeurer droit dans son fauteuil, recherchant des interlocuteurs et ne cédant point au sommeil. La dernière nuit vers trois heures du matin, comme Mme de Gaulle manifestait l'intention de s'allonger, le général lui dit : « Yvonne, vous n'allez pas dormir. On nous annonce une soupe à l'oignon. »

Le 18 octobre, Terrenoire est reçu par le général qui lui confie ses impressions de voyage, plus politiques : « Je n'y suis pas allé pour la nature mais pour les hommes. » On le conçoit aisément puisque plongé dans la lecture de Conrad, il ne jeta même pas le coup d'œil à un troupeau d'éléphants survolé par l'avion. « Laissez, Yvonne, laissez », tel fut son seul commentaire.

« La France et les Français, poursuit le général devant Terrenoire, existent dans le Pacifique. Bien plus que les Anglais. Les Noirs des Antilles se sentent profondément et définitivement français. Trois grands événements les ont marqués : d'abord l'Ancien Régime, au temps de la marine à voile, puis 1848, Schœlcher, la libération des esclaves. Enfin, la France libre. Il est frappant que, dans les cérémonies, les anciens de la France libre soient au premier rang, ayant conscience de leur préséance et personne ne songeant à la leur disputer. Au contraire, d'un accord tacite tout le monde leur reconnaît une sorte de supériorité. »

Tout au long de ces années, tandis que la IVe République s'enlise dans le bourbier algérien, de Gaulle soliloque ainsi devant ses visiteurs. Louis Terrenoire, l'ambassadeur des États-Unis, Douglas Dillon[24], futur secrétaire au Trésor de Kennedy, ont consigné ses propos, inédits à ce jour, et d'autant plus précieux que peu de témoins de cette époque ont livré des confidences[25]. Quelques grands sujets, pour la plupart internationaux, occupent l'esprit du général.

Sur les derniers événements intervenus en Russie, et plus généralement dans le monde communiste, sur les relations Est-Ouest, son sentiment est net : « Depuis la mort de Staline, il n'y a plus que de petits bonshommes qui se disputent entre eux, dit-il à Terrenoire, le

18 octobre 1956. Et le communisme n'a plus d'avenir en tant que communisme. La Russie ne veut pas la guerre parce qu'elle sait qu'elle se ferait détruire. Les Chinois, c'est autre chose. Ils sont les seuls à pouvoir envisager la perte de cent millions d'hommes sans que la Chine disparaisse. C'est là qu'est le danger. »

« La Russie n'est pas affaiblie mais elle est amollie, dit-il encore à Terrenoire, le 18 décembre 1956. Elle n'a plus besoin du communisme car elle a atteint ses objectifs. Elle a une industrie, elle est devenue une grande puissance. Cela a coûté très cher aux Russes, mais la Russie se fout des Russes. Elle est amollie mais elle montre les dents et elle pourrait mordre si elle voyait de nouveau poindre la menace allemande. C'est pourquoi elle réagit si brutalement en Hongrie. Le grand danger pour demain serait une révolte de l'Allemagne orientale car les Allemands ne pourraient pas rester passifs. Aujourd'hui l'Allemagne de l'Ouest n'a pas encore d'armée. Ce serait peut-être moins grave, mais dans deux ou trois ans ? »
Je fais remarquer au général, rapporte Terrenoire, que les élections allemandes de l'an prochain pourraient amener les socialistes au pouvoir qui seraient tentés par la neutralisation.
« Oui, me dit le général. Il peut y avoir une phase socialiste, une phase de Weimar mais cela ne préparerait que mieux le réveil du nationalisme allemand qui réclamera un jour la Sibérie, la Prusse, l'Anschluss. » Il ajoute : « La neutralisation peut apparaître comme la seule solution mais c'est une solution à l'échelle de Maurice Faure. » Je lui pose alors la question : Et quelle serait la solution à l'échelle du général de Gaulle ? « Une confédération libre de l'Europe, me répond le général, mais pas l'Europe des fumistes, pas l'Europe de Jean Monnet, une Europe où il y aurait la Pologne et un jour la Russie. L'Allemagne y aurait sa place mais à condition d'accepter ses frontières actuelles. Sinon, elle n'en serait pas. »

À Douglas Dillon, qu'il reçoit régulièrement de 1955 à 1957, de Gaulle tient sur ces divers thèmes le même langage :

« Je crois que l'Allemagne de l'Ouest est maintenant définitivement et fermement attachée à l'Ouest, assure-t-il le 6 juillet 1955. Les Soviétiques, à mon avis, ne sont pas pressés de régler le problème de l'unification. En ce qui concerne les relations Est-Ouest, je suis en faveur de la coexistence car elle est tout simplement nécessaire et dans l'intérêt des peuples libres. Je ne pense pas que la France d'aujourd'hui possède l'état d'esprit nécessaire pour soutenir une autre guerre. Il en va de même dans les autres pays européens. Il est possible que l'Allemagne et la Grande-Bretagne se battent de nouveau. Pour cette raison, la coexistence et la détente avec les Soviétiques est nécessaire. Il faut donner à l'Europe de l'Ouest les vingt ou trente ans dont elle a besoin pour recouvrer force et confiance. Cette politique de coexistence pacifique ne devrait pas entraîner de trop grandes concessions de la part de l'Ouest. »

Un an plus tard, le 5 juillet 1956, le général évoque l'avenir :

« Du fait de la campagne de déstalinisation en Union soviétique, de la crainte naissante d'une agression armée soviétique et du regain croissant du sentiment nationaliste dans les pays européens, je pense que les prochains quatre ou cinq ans pourraient être une période de plus ou moins forte tension au sein de l'Alliance Atlantique. Cette tension ne provoquera pas de tensions dramatiques mais elle sera continuellement présente. »

Quelques mois plus tard, le 10 janvier 1957, de Gaulle précise ses conceptions :

« Les positions occidentales sont grandement affaiblies par la perte du Moyen-Orient. Une éventuelle perte de l'Afrique du Nord aurait les mêmes conséquences. Par chance et j'insiste sur le fait qu'il s'agit d'une chance, l'empire soviétique a commencé à craquer au même moment. Les difficultés à l'intérieur du bloc soviétique sont énormes. Le communisme soviétique a perdu la conduite de sa croisade idéologique et n'a plus aucune attraction auprès des masses dans le monde. Je ne pense pas que les Soviétiques pourront retrouver leur force idéologique antérieure. Le régime communiste russe durera probablement mais, de plus en plus, il deviendra simplement un régime de bourgeois fonctionnaires. »
Comme je m'apprête à prendre congé de lui, précise Douglas Dillon, de Gaulle ajoute : « J'ai entendu des rumeurs selon lesquelles vous retourneriez à Washington. Si cela est vrai, n'oubliez pas la Chine. Les Chinois, à l'heure actuelle, posent au monde le plus grand problème. Les Chinois, j'en suis convaincu, obtiendront pouvoir et puissance peut-être dans vingt-cinq ans, plus vraisemblablement dans cinquante ans, mais cinquante ans c'est une très courte période dans l'histoire du monde. Les Chinois, à mon avis, ne sont pas réellement communistes de cœur. Ils sont avant tout chinois. Il est très important que l'Occident et en particulier la nation prépondérante de l'Occident, les États-Unis, rétablissent le contact avec la Chine. Nous devons nous souvenir que ce sont des contacts avec l'Ouest qui ont amené les récentes difficultés avec le bloc soviétique. Les Soviets sont incapables d'empêcher tous les contacts. Le sentiment de liberté a pris son envol et c'est lui qui provoque la situation actuelle. »

À long terme, de Gaulle prédit l'émergence des peuples du Tiers Monde, voire un conflit racial. Le 20 avril 1956, il confie à Louis Terrenoire :

« Entre les Blancs, on s'achemine vers une coexistence de fait. Désormais, ce sont les peuples de couleur qui troubleront le monde. Napoléon, Bismarck, Hitler ont tenté tour à tour d'imposer leur domination à l'Europe. Aujourd'hui les USA et l'URSS ont renoncé à dominer le monde. Au conseiller de l'ambassade des USA, j'ai dit : "Les peuples de couleur n'auront le choix qu'entre l'anarchie et le totalitarisme. Nous autres Français avions fait ce qu'il fallait pour ménager les étapes et nous réussissions. Notre culture était de celle qui s'adaptait le mieux aux autres cultures. Mais à cause de notre défaite de 1940, vous nous avez cassé les reins. Alors c'est le dilemme : anarchie ou totalitarisme." » Aux questions que je lui posais le général avait répondu : « L'Union française elle-même ne devait être qu'une étape. »

Sur l'affaire de Suez : le sentiment du général est plus modéré qu'on pourrait le croire. Louis Terrenoire note :

7 août 1956 : Je suis reçu par le général de Gaulle à la veille de son départ pour les Antilles et le Pacifique... Nous parlons du coup de force de Nasser qui vient d'éclater. Il ne croit pas du tout à une aggravation de la crise ; selon lui, Britanniques et Français n'ont nulle envie de se battre. « Vous avez vu, me dit-il, qu'on évoque l'analogie avec la remilitarisation de la Rhénanie. Tous les journaux condamnent l'attitude du président du Conseil de l'époque qui avait

juré que Strasbourg ne devrait pas demeurer à portée des canons allemands. Mais aucun journal ne s'étonne et encore moins ne s'indigne du fait que M. Albert Sarraut[26] n'en a pas moins poursuivi sa carrière, puisqu'il est même à l'heure actuelle un des personnages du régime. Dans le gouvernement présent les hommes qui le composent ne se sentent aucunement responsables. »
13 décembre 1956 : Le général me reçoit à 15 h 30. Son fils, le capitaine de corvette, a failli participer à l'opération de Port-Saïd. Cela nous sert d'introduction. Il parle de la manière dont les Anglais ont conduit — si j'ose dire — l'opération. « Ils n'étaient pas d'accord avec leurs arrière-pensées, me dit le général. Et puis, ils ont été lambins comme d'habitude. Il faut s'appeler Guy Mollet ou Pineau, il faut être socialiste pour croire aux vertus militaires des Anglais. Ah oui, il y a eu Waterloo, ils ont eu affaire à un Napoléon fatigué qui courait à travers l'Europe depuis quinze ans. D'ailleurs, s'il n'y avait pas eu les Prussiens... Pour prendre le canal, dans le jeu actuel, il aurait fallu que la France pratiquât une grande politique et en courant des risques. Mais il n'y a eu qu'une velléité. Dès que Boulganine s'est mis à remuer les pieds, ils se sont dégonflés. »

La France, l'Europe, les États-Unis et leurs rapports respectifs inspirent aussi au général de fréquentes réflexions à voix haute. La fermeté sur les principes n'exclut pas de sa part la compréhension et la prise en compte des réalités :

« Le problème est difficile, dit-il à Douglas Dillon, le 6 juillet 1955, car maintenant les États-Unis sont le leader du monde et la France n'est plus une puissance importante. Par conséquent, le peuple français n'est plus intéressé par les affaires du monde. Néanmoins, les Français résistent aux pressions de toutes sortes, ce qui, je le reconnais, rend la situation difficile pour les États-Unis. La politique américaine en connexion avec la CED a été mauvaise. Vous avez essayé de faire pression sur la nation française afin qu'elle accepte une fusion des peuples sous une autorité européenne supranationale. Je suis très opposé à cette perspective et je crois que la majorité de nos concitoyens l'est aussi. Je suis, en revanche, en faveur de la plus étroite coopération entre les pays d'Europe et en particulier entre la France et l'Allemagne. L'intégration que vous défendez pour renforcer l'Europe d'un point de vue économique et social n'est acceptable que si les nationalités ne disparaissent pas.
À l'heure actuelle, je suis absorbé par la rédaction du second volume de mes *Mémoires* qui évoquera longuement les rapports avec les États-Unis puisqu'il traite de la période allant du débarquement allié en Afrique du Nord à mon arrivée à Alger. J'ai le souvenir de mes difficultés avec le président Roosevelt et rétrospectivement, je considère que nous avons eu raison tous les deux. J'ai été amené à agir d'une manière qui, je le reconnais, était intransigeante afin de maintenir la reconnaissance de la France en tant que puissance. Si je n'avais pas agi ainsi tout aurait été perdu. Mais d'un autre côté, je peux comprendre que le président Roosevelt, chef de la plus grande nation à l'intérieur de la coalition luttant pour le survie du monde libre, ait été gêné par mon attitude. »

Le 7 janvier 1957, quand de Gaulle évoque de nouveau le même sujet avec l'ambassadeur des États-Unis, il paraît, en revanche, moins serein :

« Il est évident que le présent régime aura bientôt de sérieuses difficultés. Cependant, cela ne produira pas de changement. Chaque fois, en effet, qu'un changement de régime apparaît de nature à donner à la France un gouvernement fort les États-Unis accourent avec une aide financière substantielle

susceptible de soutenir le régime actuel. Pour des pays forts, il est naturel que les autres pays soient relativement faibles et faciles à manœuvrer. C'est le cas du régime français actuel. Il est donc tout à fait naturel que les États-Unis souhaitent le conserver. Le régime est resté en place uniquement parce que les États-Unis l'ont sauvé à l'époque du plan Marshall et vous referiez la même chose sans aucun doute...
Douglas Dillon proteste : Nous n'avons pas le désir de voir une France faible !
De Gaulle : Sans doute. Peut-être ce désir n'est-il pas conscient mais il s'agit d'un intérêt national et je suis certain qu'il a gouverné la politique américaine dans le passé et qu'il la gouvernera dans l'avenir. Je ne suis, cependant, pas certain que les États-Unis verront leurs efforts couronnés de succès s'ils veulent préserver un régime faible en France. Pour le régime, les difficultés pourraient venir moins des questions financières que de l'Algérie. L'Algérie est un problème hautement émotionnel mais il n'affecte pas directement la vie des Français en métropole. Par conséquent, le destin de l'Algérie n'est pas de nature à susciter une action de masse en France. Les régimes ne mettent jamais fin à leur existence. On ne peut donc rien attendre de la présente Assemblée française. L'action de masse ne viendra que le jour où le peuple français dans sa grande majorité sentira que la vie est dure et difficile, ce qui n'est certainement pas le cas maintenant.
Je souhaite vous dire quelques mots au sujet de mon opinion sur les États-Unis. Les États-Unis sont clairement le pays le plus puissant du monde libre à l'heure actuelle. Il est ainsi conduit à prendre des décisions dans le monde entier, situation à laquelle le peuple américain n'avait jamais été confronté. Face à ce nouveau contexte, il est naturel que les États-Unis commettent des erreurs. Je crois d'ailleurs qu'ils en ont commis. Cependant, cela ne veut pas dire que toutes les actions des États-Unis ont été des erreurs et je crois que c'est une bénédiction pour le monde que les USA existent aujourd'hui. J'espère que le peuple américain pourra comprendre mon amitié pour les États-Unis même si je dois critiquer sévèrement tel ou tel aspect de la politique américaine. »

À l'égard des Américains de Gaulle alterne donc le chaud et le froid, tout en cultivant le contact avec l'ambassadeur soviétique Vinogradov. « À plusieurs reprises, dans ces années-là, raconte Vladimir Erefeev, numéro deux, à l'époque, de l'ambassade, je me suis rendu avec Vinogradov rue de Solférino. Le général souhaitait nous soumettre certains passages de ses *Mémoires*, notamment le récit de son voyage en Union soviétique et le célèbre portrait de Staline[27]. » Là encore une page paraît tournée. L'anticommunisme des débuts du RPF n'est plus de saison.

Toute sa vie de Gaulle aura pratiqué le double langage avec un art consommé. Nul n'aura mieux prêché le faux pour savoir le vrai, enveloppé de mystère ses intentions. La remarque s'applique au premier chef à ces années de la « traversée du désert ». Officiellement le général est « ailleurs », loin de l'agitation politicienne et vaine. En fait, il ne cesse d'observer, de s'informer et de prendre des contacts. Jusqu'au début de 1958, les perspectives ne lui paraîtront pas favorables

Investi le 7 mai 1954, Pierre Mendès France a donné un temps l'image d'une certaine cohérence. Même s'il a de l'estime pour son ancien ministre — il lui reprochait surtout de ne pas s'attaquer au problème institutionnel, précise Michel Habib Deloncle[28] —, de Gaulle s'est irrité évidemment de voir apparaître un rival très populaire. Dès son arrivée au pouvoir, il l'a critiqué. Le 6 juillet, recevant André Astoux, il lui a dit : « Mendès a été investi parce qu'il veut abandonner l'Indochine... Les communistes ont gagné, ils le savent et en profiteront[29]. » Le 30 août, en ne s'engageant pas fermement en faveur de la CED, Pierre Mendès France a objectivement permis le rejet du traité proposé par la France en 1952 (les députés gaullistes ont évidemment voté contre ce projet « scélérat » avec les communistes et quelques autres) mais le Connétable ne lui en a su aucun gré : à l'issue d'un entretien à l'hôtel Lapérouse (où il réside lors de ses passages à Paris), il lui a même reproché de ne pas avoir eu une attitude claire sur le sujet. Naturellement, il lui a prédit l'échec et quand, en effet, Mendès France est tombé, le 6 février 1955, victime de la situation en Algérie, il n'en a guère été affecté. Edgar Faure, qui lui a succédé et a mené une politique assez comparable, avec un autre style, lui a inspiré des sentiments identiques. Jamais depuis 1946, l'humeur du général n'aura été plus amère qu'à ce moment où des hommes de talent ont donné l'impression d'un certain renouveau. En juillet 1955, Douglas Dillon a été frappé par son noir pessimisme : « Il est sombre quant à l'avenir immédiat de la France, il pense que le peuple français a, au moins temporairement, perdu le dynamisme nécessaire à une grande nation. » Louis Terrenoire a lui aussi été frappé par ses jugements aventurés, conséquences de cet état d'esprit : en septembre 1955, il l'a ainsi entendu évoquer la perspective d'un accord à trois entre les États-Unis, l'Allemagne et la Russie, au détriment de la France contrainte d'abandonner la Sarre et d'européaniser l'Alsace-Lorraine[30] ! En septembre, il a encore été témoin de prédictions apocalyptiques : une prochaine guerre nucléaire, l'installation d'un pouvoir communiste à Paris, dans l'indifférence générale. Timidement, Terrenoire a évoqué la réaction possible de l'armée face à cette éventualité : « Il n'y a plus d'armée ! » a répliqué, cinglant, le général[31].

Mais à partir de l'échec d'Edgar Faure, le 29 novembre 1955, l'horizon soudain change pour le Connétable. Aux élections qui, par suite de la dissolution provoquée, contrairement à la tradition dite républicaine, par le président du Conseil sortant, les gaullistes subissent, certes, un échec. Le front républicain triomphe. Il reste que l'arrivée aux affaires du socialiste Guy Mollet sert le général. Intègre, avisé en matière européenne, l'homme en effet n'a pas de charisme et la politique de force qu'il croit devoir mener en Algérie va bientôt lui aliéner les milieux intellectuels. De Gaulle dès lors ne cache plus son espoir et son souhait de revenir un jour au pouvoir. Le 26 février 1956, Raymond Tournoux, dans *Combat,* fait pour la première fois allusion à son retour éventuel. « La preuve que tout n'est pas perdu, dit alors de Gaulle à un visiteur, c'est que je me tais, que j'écoute, que j'attends[32]. » C'est en tout cas en homme d'État responsable, et non plus en polémiste, qu'il s'exprime sur les grands problèmes de l'heure : dans les propos tenus à Dillon, à Terrenoire, à d'autres encore, le changement de registre est net. Sur l'essentiel, ses positions sans doute sont inchangées. La nation reste plus que jamais l'alpha et l'oméga de sa pensée, mais, les principes étant saufs, que d'évolutions admises ou en voie de l'être ! Condamnée par la marche du monde, sa position sur l'Allemagne n'est même plus évoquée à titre de référence. Officiellement la construction européenne est condamnée ; cependant on devine, à certaines nuances, que des accommodements pourraient être trouvés pourvu que de Gaulle mène le jeu et que la France ait le premier rôle. En matière coloniale, l'évolution est encore plus sensible. Il semble loin le temps où de Gaulle campait sur des positions conservatrices. Le retrait d'Indochine opéré par Mendès France et la décolonisation menée à bien par les Britanniques l'ont peut-être amené à réfléchir. À présent, le mouvement d'émancipation des peuples sous tutelle lui semble inéluctable, l'avenir de l'Algérie ne lui paraît pas obligatoirement lié à celui de la métropole et il le dit parfois assez crânement en privé.

À Douglas Dillon, dès 1955, il se montrait conscient des réalités, partisan de solutions évolutives :

« En ce qui concerne l'Afrique du Nord, le problème est des plus importants pour la France mais il ne peut être réglé que sur une longue période. J'ai toujours cru à une coexistence politique entre la France et les populations musulmanes avec un maximum d'association et un minimum de direction autoritaire de la part de la France. Les accords tunisiens ne me paraissent pas mauvais et je ne ferai rien pour empêcher leur ratification. Il n'en reste pas moins que l'atmosphère dans laquelle les négociations ont été conduites a été très regrettable. De telles négociations auraient dû être menées par un gouvernement français fort et confiant. [...] Malheureusement, les négociations ne se sont pas déroulées selon ce schéma et il est parfaitement possible que l'on ait l'impression que le gouvernement français a été conduit à faire des concessions contre son gré. Je crois que tout cela a été regrettable mais, tout bien considéré, les accords tunisiens doivent, je crois, être ratifiés tels qu'ils sont. »

Un an plus tard, le 18 mai 1956, Louis Terrenoire recueille des confidences de tonalité identique :

Tout de suite, note l'ancien secrétaire général du RPF, je lui fais part de mes inquiétudes : ça craque de partout. En Afrique du Nord, en Indochine. Le général a une mimique qui signifie : « Il n'y a rien là de nouveau. Ça continue. » À propos de l'Afrique du Nord, il me dit : « Nous sommes en présence d'une vague qui emporte tous ces peuples vers l'émancipation. Il y a des cons [*sic*] qui ne veulent pas le comprendre, ce n'est pas la peine de leur parler. Mais il est certain, si nous voulons nous maintenir en Afrique du Nord, qu'il nous faut accomplir des choses énormes, spectaculaires et créer les conditions d'une nouvelle association. Or, ce n'est pas le régime qui peut le faire. Moi-même je ne suis pas sûr de réussir (et comme j'esquisse un geste de protestation) : mais bien sûr, je tenterai la chose[33]. »

L'année suivante, devant l'ambassadeur des États-Unis, de Gaulle est plus sombre :

« Je suis pessimiste au sujet du monde arabe et en particulier de l'Afrique du Nord. Je pense que les événements en Afrique du Nord sont allés trop loin pour être renversés et il est maintenant impossible de prédire ce qui peut en résulter. De toute façon, tout cela est mauvais pour l'Occident. Fondamentalement les Arabes font peu ou pas de distinction entre les diverses nations occidentales y compris les États-Unis ; ils voient en elles des nations chrétiennes avec lesquelles par conséquent il est impossible d'être amis. Je ne pense pas qu'à l'heure actuelle le Moyen-Orient ait quelque désir de se tourner vers l'Union soviétique ou les communistes. Il est probable que les pays arabes joueront l'URSS contre les USA et vice versa, obtenant aide et assistance des deux côtés. Ils sont très habiles à ce jeu et l'ont mené avec succès pendant de nombreuses années entre la Grande-Bretagne et la France. Ce qui est changé à l'heure actuelle, c'est que la Grande-Bretagne et la France ont été remplacées par l'Union soviétique et les USA. »

Soucieux de voir la paix rétablie en Algérie, il souhaite aussi garder les mains libres. Le 19 juin 1957, Louis Terrenoire note :

Le général a l'air amusé par l'utilisation qui est faite de son nom et de son crédit à propos du statut futur de l'Algérie. On sait que la gauche s'emploie à l'annexer. « Si j'ai un plan, me dit-il, je me garderai bien de le faire connaître. » Il pense que rien n'est possible pour lui en ce domaine, sans avoir au préalable les mains entièrement libres. Il est agacé par l'abus de l'assimilation entre la résistance tunisienne ou marocaine et celle du général de Gaulle entre 1940 et 1944. Le sultan du Maroc a même aussi choisi le 18 juin pour célébrer la résistance marocaine ! « Est-ce que, moi, j'ai reçu la croix de fer ? me dit le général, faisant allusion à la croix de la Libération qu'il a conférée à Mohammed V. Est-ce que j'ai entretenu un ambassadeur à Berlin ? Est-ce que la France libre recevait des subventions de Hitler ? » Il me revient un détail intéressant à propos des vues du général sur l'Afrique du Nord. Il croit que le fossé est moins profond qu'on le dit entre les deux collectivités également chargées d'une croix d'épreuves et d'un fardeau de martyrs. Il songe à une paix où il n'y aurait en quelque sorte ni vainqueur, ni vaincu. « Tenez, me dit-il, le président du conseil municipal de Paris de retour d'une visite à Madrid m'a rapporté un fait intéressant. On lui a fait voir la cathédrale souterraine que Franco fait édifier à la mémoire des morts de la guerre civile et qui est déjà surmontée d'une croix gigantesque[34]. Or Franco lui a déclaré : "On y perpétue le souvenir des deux camps opposés." C'est cela qui est vrai, qui est juste », commente le général.

Le 10 septembre 1957, le même visiteur rapporte :

Le général m'a reçu à midi. Au cours de la conversation, j'ai demandé au général ce qu'il fallait penser de la loi cadre préparée par Bourgès-Maunoury sur l'Algérie. Le général en approuve les intentions. Il considère comme juste l'orientation fédérative de cette loi et la distinction établie entre les deux communautés. Il estime qu'on a raison de traduire dans les institutions la singularité de l'Algérie. En revanche, il pense que tout cela vient dix ans trop tard et que cette loi-cadre, que le régime est d'ailleurs incapable de transposer dans les faits, n'arrêtera en rien le mouvement revendicatif des Arabes. Il croit d'ailleurs que rien ne l'arrêtera dans le monde. Cependant, un tout autre régime qui régirait la France et la rendrait attractive pourrait tenter une expérience entièrement nouvelle d'association. Alors les Bourguiba se diraient : on va voir et on va essayer de causer. [...] La présence de la France au Sahara ne pourrait pas être compromise, selon lui, par une évolution très libérale de l'Algérie. Comme j'avais parlé d'assurer le passage vers le Sahara, il me répond : « Le passage, c'est le pipe-line, c'est comme la voie romaine. Il suffit de bien le garder et de le défendre le cas échéant. On enferme les pompes dans des trous, on fait surveiller le tout par des hélicoptères. La France a tout de même les moyens de conserver le Sahara. »

À l'instar de Louis Terrenoire, Christian Pineau et Alain Savary l'entendent à peu près à cette époque envisager l'indépendance des départements français de l'autre côté de la Méditerranée[35]. Pour autant, en dépit des conclusions auxquelles il semble maintenant parvenu, de Gaulle refuse évidemment de s'engager publiquement ; il dément toute évolution de sa pensée, et, convaincu de la nécessité de maintenir l'équivoque, il n'hésite pas, par une formule ambiguë, à encourager les partisans de la présence française[36]. Louis Terrenoire, un peu surpris, l'a entendu ainsi qualifier Jacques Soustelle de « grand monsieur », alors que, nommé gouverneur général de l'Algérie en février 1955, celui-ci y menait une politique ferme vis-à-vis des « rebelles »[37]. Et lorsque, le 28 octobre 1956, il lui fait valoir le danger d'un divorce de plus en plus accusé entre la métropole et l'Algérie, Louis Terrenoire s'entend répondre : « Je ferai une déclaration mais à quoi servirait-elle ? Ah si les habitants d'Alger s'emparaient du Palais d'Été, refusaient de s'incliner, ce serait différent[38]. »

De Gaulle en tout cas mise toujours exclusivement sur la crise, l'effondrement du régime. Si l'hypothèse d'un coup d'État est constamment évoquée, par le général lui-même en termes voilés, c'est à titre de menace, étant entendu que, de toute façon, une couverture légale est indispensable. Une chose est sûre : il ne croit pas que le régime soit capable de s'amender : « Il y a eu treize régimes différents depuis la Révolution française et aucun d'entre eux ne s'est volontairement réformé, dit-il à Douglas Dillon, le 5 juillet 1956. Ces régimes ont pris fin en raison d'une crise. Je m'attends à ce que l'Histoire se répète et à ce que le Parlement ne joue qu'un rôle limité dans le processus qui aboutira à un changement de constitution. »

Par bonheur pour lui, la IVe République glisse à grande vitesse vers l'abîme. Le drame algérien empoisonne la vie publique. Inexorablement, alors même qu'il marquait des points sur le plan européen en jetant les bases du traité de Rome, le gouvernement de Guy Mollet s'est discrédité en raison de sa politique en Algérie. L'esprit public évolue mais lentement, ce qui interdit au général toute démarche trop directe. Dans son *Bloc-notes* du 30 novembre 1956, François Mauriac (qui a désapprouvé clairement l'expérience du RPF) constate : « De Gaulle ! de Gaulle ! Mais comment réintroduire ce grand homme intraitable dans le système qu'il a dénoncé et qu'il s'est efforcé de détruire ? Le pays d'ailleurs le désire-t-il ? » Quelques mois plus tard, à Michelet qui observe devant lui : « Le retour de l'île d'Elbe n'a rien enlevé à la gloire de l'Empereur. Il en serait de même pour vous, si vous repreniez du service », le général réplique un peu mélancoliquement : « Je veux bien, mais qui me le demande[39] ? »

Une seule chose est certaine : de Gaulle n'est plus le pestiféré qu'il était au début de la IVe République. Dans les milieux officiels, depuis quelque temps, beaucoup ont repris le chemin de la rue de Solférino, où il a ses bureaux, au 5, dans un hôtel particulier légué par une riche sympathisante. Dès février 1956, Pierre Mendès France a montré la voie en sollicitant un rendez-vous. L'entretien n'a débouché sur rien de concret mais les deux hommes, semble-t-il, ont constaté la proximité de leurs vues sur l'Algérie. « Quand il était venu me voir l'an dernier, dira de Gaulle à Terrenoire, je lui avais dit qu'il se faisait encore des illusions sur ce système. Maintenant il a compris[40]. » Un mois plus tard, Pierre Mendès France a quitté le cabinet Mollet pour protester contre la politique menée de l'autre côté de la Méditerranée. En décembre 1956, douze jeunes parlementaires, dont Valéry Giscard d'Estaing et Jean de Lipkowski, demandent au président de la République René Coty, élu en décembre 1953, de faire appel à de Gaulle, et l'initiative apparaît d'autant plus encourageante que le chef de l'État semble rechercher le contact. Avocat havrais, prototype du bourgeois républicain, René Coty, en privé, est encore plus chaleureux : « C'est au moment où je me sens de plus en plus gaulliste que j'ai le moins la possibilité de le proclamer », a-t-il déclaré, dès 1955, à son gendre[41]. Dans le jeu du général, René Coty est dès lors une pièce essentielle. De Gaulle n'a peut-être pas oublié non plus qu'à la veille de la Libération, quand Laval s'apprêtait à ressusciter la IIIe République, sa manœuvre échoua en raison de l'opposition irréductible d'un sénateur inconnu et incommode nommé Coty[42]. L'intérêt du général est cependant, maintenant que le temps travaille en sa faveur, de ne pas se montrer trop empressé. Aussi est-il un peu évasif quand le chef de l'État lui propose une rencontre soit chez Emmanuel Monick, gouverneur de la Banque de France, soit chez lui à Étretat. Coty ayant jugé de son devoir d'avertir Guy Mollet, le projet, secret, échoue, ce qui n'empêche pas le président de refaire une tentative un peu plus tard par le biais de Jacques Chaban-Delmas.

Le 29 mai 1957, quand Guy Mollet démissionne, faute d'avoir pu résoudre la question algérienne, le régime entre pour beaucoup d'observateurs dans la phase finale de son agonie. Arrivé au pouvoir le 11 juin 1957 à la tête d'un cabinet composé de radicaux et de socialistes, le radical Maurice Bourgès-Maunoury réunit la majorité la plus étroite de toute l'histoire de la IVe République (240 voix contre 194 et 190 abstentions). L'homme est compétent mais froid, et la liquéfaction de l'État éclate aux yeux de tous quand, le 18 juin, de Gaulle se paie le luxe de faire savoir au président du Conseil, pourtant compagnon de la Libération, qu'il ne veut pas le voir à la cérémonie du mont Valérien. Le 17 septembre, Bourgès-Maunoury tombe à son tour ; il a échoué à faire adopter une loi-cadre sur l'Algérie (approuvée dans son principe par de Gaulle) qui, tout en réaffirmant l'appartenance du principe des départements à la République, prévoit un exécutif autonome et des assemblées territoriales.

Félix Gaillard, qui lui succède au terme de trente-six jours de crise, a, a priori, de meilleures chances : inspecteur des Finances, ancien chef de cabinet de Jean Monnet, issu d'une dynastie radicale des

Charentes, il est le plus jeune chef de gouvernement qu'ait jamais connu la France. Son intelligence, son talent politique, sa conscience des enjeux internationaux ne réussiront pas à sauver la IVe République. Au Palais-Bourbon, le climat devient surréaliste. L'absentéisme est flagrant et les cinquante-cinq députés appartenant au mouvement de Pierre Poujade, chef de file des commerçants en colère, ne contribuent guère par leur comportement à redonner lustre aux institutions démocratiques. Dès son arrivée à Matignon, Gaillard se fixe pour but d'entreprendre une réforme constitutionnelle visant à corriger les tares les plus flagrantes de la IVe République, de rétablir les finances publiques par une politique d'austérité, de s'attaquer au problème algérien. Tâche immense qui vite s'avère écrasante. Ayant obtenu la reconduction des pouvoirs spéciaux en Algérie et le vote de la loi-cadre avec les aménagements importants favorables à la population européenne, Félix Gaillard se laisse engluer dans le conflit algérien. Le 8 février 1958 survient un incident qui va tout faire basculer : l'aviation française bombarde le village tunisien de Sakhiet Sidi Youssef, proche de la frontière algérienne.

En France et à l'étranger, l'émoi est considérable. Félix Gaillard se trouve dans une situation très difficile, contraint d'accepter une mission anglo-américaine de bons offices conduite par Robert Murphy. L'opinion perd confiance et l'hypothèse d'un appel à de Gaulle prend soudain corps. Significatif de l'état d'esprit des milieux dirigeants est ce dialogue impromptu, dans les couloirs d'un théâtre, entre Michel Debré, fidèle entre les fidèles, et André François-Poncet, ambassadeur de France, académicien, très réservé envers de Gaulle (notamment parce que, haut-commissaire en Allemagne au lendemain de la guerre, il y a appliqué la politique de Robert Schuman) :

A.F.P. : Je crains que nous n'allions après la chute de Gaillard vers un épisode gaulliste.
M.D. : Soyez sûr que ce ne sera pas un épisode.
A.F.P. : Si, parce qu'après le général viendront les communistes.
M.D. : Les communistes au contraire arriveront si la France perd ses colonies les unes après les autres.
A.F.P. : En cas d'épisode gaulliste, un cas de conscience se posera à moi.
M.D. : ?
A.F.P. : Oui. Devrai-je collaborer[43] ?

XXV

UNE TECHNIQUE DU COUP D'ÉTAT

De l'erreur de Sakhiet, la IVe République ne se relèvera pas. L'opinion saisit, à travers cette affaire, le caractère aigu du drame algérien, la fragilité du pouvoir, la perte de prestige du pays. Les jours du gouvernement de Félix Gaillard sont désormais comptés.

Le processus de dépérissement est très rapide. De Gaulle l'exploite avec maestria. Sur-le-champ, le président tunisien Bourguiba a condamné « un acte de piraterie inadmissible » et rappelé son ambassadeur à Paris Mohamed Masmoudi. Par un hasard heureux pour le Connétable, Masmoudi, le soir de la rupture entre Paris et Tunis, dîne chez Roger Stéphane en compagnie d'Olivier Guichard . Celui-ci voit tout de suite le parti que le général peut tirer de la situation : à peine rentré chez lui, il lui conseille de recevoir le diplomate à Colombey. Aussitôt dit, aussitôt fait : le 9, à dix-huit heures, l'ambassadeur franchit les portes de la Boisserie. Il en ressort deux heures plus tard, radieux, conquis. Le lendemain, le secrétariat du général diffuse ce communiqué au ton déjà présidentiel qui marque son retour politique, après plusieurs années de silence :

> Le général de Gaulle a écouté ce que l'ambassadeur a cru devoir lui dire au sujet tant des récents incidents à la frontière franco-tunisienne que des vues de son gouvernement quant au règlement des problèmes de l'Afrique du Nord pour autant que ceux-ci concernent la République tunisienne. Le général a répondu à M. Masmoudi qu'il souhaitait que du côté tunisien on ne laisse pas les présentes difficultés compromettre l'avenir en ce qui concerne l'association de la France et de la Tunisie.

En se démarquant d'une opération controversée, de Gaulle vient de marquer un point important. Pour beaucoup de ceux qui ont été choqués par le bombardement français, il s'agit là d'un signal. Dès le 11 février, Pierre Mendès France à l'Assemblée nationale suggère le nom de de Gaulle pour résoudre les difficultés de l'heure. De son côté, François Mauriac, jadis si hostile au RPF, écrit : « Le pays savait qu'il pouvait recourir à lui [de Gaulle] quand tout paraîtrait perdu. Eh bien, cette heure a sonné. » Peu après, l'historienne Georgette Elgey publie dans *Paris-Presse* un article annonçant comme une évidence la prochaine rentrée du général par des moyens légaux. Raymond Tournoux dans *Combat* et Maurice Duverger dans *Le Monde* s'expriment en termes identiques. La société politique s'agite. Doit-on, peut-on, faire appel à de Gaulle ? Dans les milieux de la gauche libérale, on en discute activement. L'initiative du solitaire de Colombey a impressionné de manière favorable mais on continue de se méfier du militaire, si étranger aux mœurs parlementaires.

Secondé par Jacques Foccart, et surtout par Olivier Guichard qui entretient des rapports personnels avec nombre d'hommes politiques de toutes nuances, de Gaulle pratique alors ce qu' Odile Rudelle appellera très bien l' « art des audiences[1] ». Systématiquement, les réseaux nés durant la guerre sont réactivés, de manière à provoquer une reprise de contact. Maurice Schumann, par exemple, retrouve le chemin de la rue de Solférino, après des années d'éloignement. Aux uns et autres, le général tient un langage soigneusement balancé ; de manière à indiquer une direction — la réforme en Algérie — sans pour autant déclencher la colère des ultras dont le concours peut se révéler essentiel. En grand artiste de la politique, de Gaulle s'attache moins à convaincre qu'à séduire. « Il écoute et enregistre un maximum d'informations, écrit Odile Rudelle, puis coupe court aux conclusions attendues et espérées en reconduisant à la porte un hôte qui, écrasé sous la chaleur des propos entendus, en devient littéralement incapable de soulever la moindre objection[2]. » À travers son discours, une évidence s'impose : s'il faut se préparer, le moment n'est pas encore venu de forcer le destin. Tel est en tout cas le sens du langage qu'il tient à Louis Terrenoire, le 5 mars :

Je suis reçu par le général à 10 h 40 et reste auprès de lui une demi-heure. Avant moi, le vieux Cassin, vice-président du Conseil d'État, après moi Albert Camus.
Mes premiers mots sont pour demander au général s'il est avancé dans la rédaction du troisième tome de ses *Mémoires*. Il me répond avec un sourire entendu : « Oui. Bientôt, je serai un homme libre. » Je lui parle alors de la poussée de gaullisme qui se manifeste dans le pays. Il en convient aussi mais ajoute : « Il y a, en effet, dans l'opinion, un sentiment d'inquiétude nationale. Les gens sont inquiets au sujet de la France. Ils se demandent ce qu'elle va devenir. Ils s'inquiètent de la voir reculer. Mais ce sentiment d'inquiétude nationale n'est pas encore une angoisse personnelle. Ils ne se sentent pas menacés directement ou du moins pas encore. Du coup, ils ne perçoivent absolument pas que, pour que la France puisse s'en tirer, elle devrait accéder à un univers nouveau. Alors quand on leur parle de de Gaulle, ils ne le voient pas comme apportant cet univers nouveau. Il y a la combinaison Mendès-Mitterrand ; il y a la combinaison Bidault-Soustelle-Morice ; il y a donc, pensent-ils, la combinaison de Gaulle. »
Seul, en effet, le général peut replacer toutes les données de tous les problèmes dans un univers nouveau. « Les communistes, me dit-il, tout usés qu'ils soient, représentent un univers nouveau. C'est pourquoi ils progressent. »
Comme j'évoque les difficultés effroyables qu'il trouverait en reprenant la direction des affaires et comme je prononce la formule « dictateur », comme en temps de guerre, le général écarte le mot d'un geste très net de la main. « Dictature, non, me dit-il, mais pleins pouvoirs, certes. Voyez-vous, la grande

différence entre les dictatures que nous avons connues en Europe et ma façon de voir et d'agir, c'est que moi, je rends des comptes. Les dictateurs se font plébisciter une première fois. Puis, c'est fini. Ils ne rendent jamais compte de leurs actes. » Il serait aussi nécessaire, lui dis-je, de créer un grand mouvement populaire autour de notre gouvernement, il faudrait aussi ressusciter le Rassemblement qui réunirait des hommes de tendances différentes sans pour autant faire disparaître ces tendances.
« Il y a, à l'heure actuelle, me répond de Gaulle, plus d'un député qui a la nostalgie du Rassemblement, où aucun d'eux ne s'est jamais senti opprimé. »
Sur les affaires d'Afrique du Nord, quelques mots seulement à propos de Murphy, ponctués d'un rire plus jovial que sarcastique : « Quand ils voient arriver Murphy, les Arabes comprennent que ce n'est pas sérieux. D'ailleurs, la puissance américaine est en déclin. Les États-Unis ne retrouveront plus leur puissance de naguère. » L'ersatz de ligne Maginot que l'on est en train d'édifier à la frontière algéro-tunisienne lui apparaît comme un signe tragique d'impuissance. Je voudrais connaître le sentiment du général sur ce qui s'est passé après son départ du pouvoir en 1946. Car le MRP se vante d'avoir sauvé la France et la République en ne laissant pas en tête à tête au gouvernement les socialistes et les communistes majoritaires à la première Assemblée constituante.
Le général ne répond pas précisément à ma question mais il me déclare : « J'ai eu le désir de quitter le pouvoir tout de suite après la victoire mais c'était alors céder le pouvoir aux communistes. Or, je voulais au contraire démontrer qu'on pouvait gouverner sans s'incliner devant leurs prétentions et, en fait, sans eux car, à partir du moment où ils se sont inclinés devant les refus que je leur avais opposés pour les ministères clés, les socialistes ont compris — et le pays a compris — que les communistes avaient perdu la partie. Il en a été de même pour la suite quand j'ai lancé le Rassemblement. Alors le pays a compris que le moment était venu de se débarrasser des communistes. » L'entretien est terminé. Le général me raccompagne et debout, près de la porte, il me dit : « Si je ne reviens pas, je crois bien que finalement ce seront les communistes qui l'emporteront[3]. »

Peu à peu rue de Solférino, une stratégie se met en place. Aucune voie n'est négligée. L'homme du 18 juin a toujours eu plusieurs fers au feu. Dès le lendemain de son entretien avec Louis Terrenoire, le général reçoit Léon Delebecque, un personnage hors série, à peu près inconnu du grand public, qui va jouer un rôle capital dans les semaines à venir. Lillois de Paris comme celui qu'il sert avec une ferveur désintéressée, entré à l'usine à quatorze ans, ancien résistant, figure de proue du RPF dans le Nord, ce militant est un activiste-né. Au cours des dix dernières années, il a été de ceux qui, comme Malraux et Debré, regrettaient que l'on ne forçât pas le destin. En raison de ses activités professionnelles dans le textile, il connaît l'Algérie. Récemment il y a éprouvé la popularité du général au sein de la communauté musulmane. Chef du bureau d'action psychologique au cabinet de Jacques Chaban-Delmas, ministre de la Défense du gouvernement Gaillard — la participation des gaullistes au Système a tout de même des avantages ! — il s'est attaché, non sans succès, à canaliser vers les gaullistes le mécontentement des Algériens et à prendre des contacts dans l'armée.

Le 6 mars, Delebecque dit tout cela à de Gaulle et le convainc que la situation a changé depuis la guerre, époque à laquelle les pieds-noirs penchaient, du moins l'affirmait-on, du côté de Pétain et de Giraud. Mais, si dévoué qu'il soit, Delebecque souhaite savoir où l'on va : en clair, quelles sont les intentions du général concernant l'Algérie, lui-même ne souhaitant pas un abandon. La réponse fuse, à la fois catégorique et ouverte sur l'avenir : « Delebecque ! Avez-vous vu de Gaulle abandonner quoi que ce soit, surtout une parcelle de territoire ? Tout dépend quand, comment et à quel moment. Les départements ? Mais il n'est pas question pour de Gaulle de lâcher quoi que ce soit[4]. » Il est difficile d'être aussi équivoque avec tant d'assurance. Le général, en revanche, tient à être clair en ce qui concerne son rôle futur : si un mouvement d'opinion se dessine, il est d'accord pour y répondre, mais comme Delebecque précise qu'il voit en lui essentiellement un arbitre, il dissipe toute ambiguïté : « Je ne suis pas un arbitre. Vous ne voyez pas de Gaulle arbitre entre une Constitution que vous connaissez, une guerre que le Système ne sait pas terminer et les députés qui sont pris à la gorge. Si je dois revenir, si on fait appel à moi, eh bien je reviendrai à la tête des affaires du pays[5]. » Depuis toujours, le président Coty précisait : « C'est ma place qu'il veut » : il ne se trompait pas.

Reçu le 19 mars à onze heures, le général Petit, de l'état-major du général Ély, est depuis la guerre un gaulliste sentimental. Il ne cache pas son opinion, et son chef lui a demandé d'aller sonder de Gaulle afin de savoir si, le cas échéant, il répondrait à l'appel d'une armée désireuse de voir établi un pouvoir politique plus ferme, plus fort. Sur ce sujet, le Connétable ne se montre pas disert ; peu après, Ély devra obtenir de Michel Debré l'assurance qu'il est bien prêt à reprendre les affaires en main. Le contact avec l'armée, malgré tout, est assuré. Sur les Algériens musulmans, Petit reçoit en tout cas une confidence très claire : « Ce ne sont pas des Provençaux ou des Languedociens, ce sont des Arabes et jamais ils ne s'intégreront[6]. »

En s'entretenant le 20 mars avec Raymond Triboulet, président de ce qui reste du groupe parlementaire gaulliste, le général se tient informé de l'évolution des esprits au Palais-Bourbon. Et au-delà de ses fonctions, Triboulet est un personnage qui compte car il entretient des rapports privilégiés avec le chef de l'État. De Gaulle en profite pour faire passer un message. À son interlocuteur, soucieux de savoir s'il répondrait le cas échéant à un appel de René Coty, il réplique : « Vous me voyez convoqué à l'Élysée, pressenti, m'exposant à la discussion de l'Assemblée et échouant à l'investiture ! Vous voyez de Gaulle dans cette comédie[7] ? » De Gaulle manifestement juge que le moment d'agir n'est pas encore venu. Il sait les réticences, voire les oppositions qu'il risque de rencontrer sur le plan parlementaire. Pour avoir attendu douze ans, il ne veut plus risquer un échec en brusquant les choses, en commettant des faux pas.

Le 15 avril, le ministère Félix Gaillard est renversé à la suite d'un vibrant réquisitoire de Jacques Soustelle. S'ensuit une longue crise politique, dernier soubresaut de la IVe République avant son agonie. Georges Bidault, l'un des chefs de file du combat pour l'Algérie française, ayant déclaré forfait, René Coty fait appel à René Pleven dans un contexte dramatique. Tandis qu'un peu partout des comités se forment pour appuyer le retour du général au pouvoir, à Alger, l'état-major essaie de plus en plus d'imposer ses vues, c'est-à-dire le maintien coûte que coûte de l'Algérie au sein du territoire national. Dans ces conditions, toute faiblesse à l'égard des militaires serait une erreur et Pleven prend justement une initiative fatale : le 16 avril, il demande aux généraux Salan et Jouhaud de lui remettre un mémorandum exigeant du gouvernement qu'il s'engage de manière solennelle « à ne jamais tolérer que l'Algérie cesse de faire partie intégrante de la France ». Au cours de ces années passées, en raison de l'attitude qu'il a adoptée à son égard et aussi de son rôle moteur dans la construction européenne, particulièrement la CED, de Gaulle a pris fortement en grippe son ancien bras droit. « C'est le Chautemps de la IVe République », a-t-il confié il y a quelques mois à Louis Terrenoire[8]. Cet épisode n'est pas fait pour rapprocher les deux hommes.

De Gaulle, lui, est beaucoup plus machiavélique : par signes discrets, il fait monter la tension, se garde de donner un blanc-seing à ceux qu'il appelle les « braillards d'Alger », mais évite de les désavouer. « Quant aux militaires, confie-t-il à André Philip, je me tiendrai tranquille le temps que les chefs se désavouent entre eux. De ce qu'il restera, je ferai ce que je voudrai avec des promotions et des décorations. » À ceux qui à Alger travaillent au triomphe de sa cause, il donne enfin le feu vert. « Je saurai prendre mes responsabilités », dit-il à Léon Delebecque. À l'adjoint de ce dernier, Lucien Neuwirth, l'un des plus jeunes résistants de France, qui lui demande ce qu'il fera si ses amis se manifestent en sa faveur, il confie : « Je vous répondrai. » Et pour bien marquer son adhésion, sur le pas de la porte, il met la main sur l'épaule de Neuwirth, qui ne l'oubliera jamais[9].

En attendant la fièvre monte. La crise politique s'accentue. Le 2 mai, la SFIO décide, pour sauver son unité, de ne plus participer au gouvernement, sonnant ainsi le glas de la tentative de René Pleven. Conséquence de cette résolution : ministre résident à Alger, partisan de la manière forte vis-à-vis du FLN, le socialiste Robert Lacoste quitte son poste, laissant le champ libre aux capitaines et aux colonels. Le lundi 5 mai enfin, après trois semaines de crise, le président de la République estime devoir reprendre contact avec le général. On connaît ses sentiments envers lui. Dès le lendemain, le général Ganeval, collaborateur du chef de l'État, se rend donc au domicile de Jacques Foccart, avenue de l'Opéra. Il y confère avec le maître des lieux, Olivier Guichard et le colonel de Bonneval.

Le 7 mai, raconte Olivier Guichard[10], j'allai dîner à Colombey pour mettre le général au courant. Il considéra que les choses se passaient désormais convenablement puisque c'était le président de la République lui-même qui le prévenait, lui qui avait toujours dit que la IVe République allait périr. Il me dit alors, le 9 mai, de répondre ceci au général Ganeval : dans l'ordre actuel des choses le général n'envisage pas de se rendre à l'Élysée. Si le président de la République a quelque chose à dire au général de Gaulle, il n'a qu'à utiliser un procédé qui a déjà été employé : faire remettre une lettre à laquelle le général répondra de façon précise. Cette correspondance fera naturellement l'objet d'une entente préalable. C'est-à-dire qu'elle sera suivant le souhait des parties, ou bien totalement et définitivement secrète ou bien publique [11].

De Gaulle, une fois de plus, refuse de se mettre en position de demandeur, de risquer surtout d'être désavoué. Sûr de son étoile, assez confiant pour tenir la dragée haute au président de la République, il attend son heure. Le Système épuise ses dernières cartouches ; pour ses dirigeants la marge de manœuvre se réduit, il le sait.

Dans l'ombre, et même de plus en plus souvent à visage découvert, les comploteurs agissent pour donner un coup de pouce à l'Histoire. Aujourd'hui encore, il est difficile de préciser le nombre exact de conspirations. Treize, comme l'ont affirmé Serge et Merry Bromberger [12] ? Pour simplifier, on les regroupera par famille de pensée.

Comme toujours en pareilles circonstances, on voit réapparaître des hommes d'extrême droite, en particulier le fameux docteur Martin, qui a été de tous les complots depuis des années [13]. Plus sérieux est ce que l'on pourrait appeler le complot des généraux, ou du moins de certains généraux, déchirés entre leur fidélité à la République et leur inquiétude quant à l'avenir de l'Algérie. Viennent ensuite les pieds-noirs activistes, moins organisés, avant tout attachés à leur terre, gaullistes dans la stricte mesure où ils voient en de Gaulle l'homme qui maintiendra l'Algérie dans la République. Viennent enfin les gaullistes que l'on trouve d'ailleurs dans d'autres complots. À Paris, ce sont avant tout Michel Debré et Jacques Soustelle, l'un passionnément gaulliste, passionnément attaché à l'Algérie française, l'autre plus passionnément attaché désormais à l'Algérie qu'au général. Celui-ci, en tout cas, garde une réserve extrême vis-à-vis de toutes ces conjurations, y compris celles fomentées par ses proches. Par Olivier Guichard, par Jacques Foccart, par d'autres encore, il se tient informé de tout ; à l'occasion, il donne un discret encouragement, comme il l'a déjà fait, on l'a vu, quelques mois plus tôt en recevant certains militaires. Mais à aucun prix il ne veut apparaître à visage découvert. Moins par vertu que par nécessité, il souhaite revenir aux affaires par des moyens légaux, ce qui ne lui interdit pas, jeu subtil, de laisser ses amis ou prétendus tels ruiner le régime.

Le 8 mai, le président de la République fait appel pour constituer le gouvernement à Pierre Pflimlin. Président national du MRP, ministre des Finances dans le cabinet Gaillard, catholique, résolument européen cet alsacien, maire de Strasbourg, n'a pas la réputation de mettre facilement ses convictions en veilleuse. Au mois de septembre 1957, un projet d'entrevue entre lui et le général a échoué de son fait. Son collaborateur, Pierre Billecocq, cousin d'Olivier Guichard, lui avait suggéré de s'arrêter, un jour, à Colombey sur la route de Strasbourg. Pflimlin a répondu qu'il n'avait pas le temps. « J'ai compris, dira Pierre Billecocq, que ce républicain qui avait été quatorze fois ministre de la IVe République, qui ne connaissait pas le général, avait sûrement la crainte des militaires [14]. » Sur le problème algérien, ce démocrate-chrétien est enfin convaincu que la force ne résoudra rien, qu'une solution politique est indispensable.

Son entrée en scène est d'ailleurs immédiatement marquée par le désaveu que les militaires infligent à son programme réformiste pour l'Algérie, désaveu inspiré par Jacques Soustelle aux généraux Salan, Jouhaud, Allard, et à l'amiral Auboyneau. L'avertissement, qui prend la forme d'un télégramme, est très grave puisque l'armée, représentée par le sommet de sa hiérarchie, marque son refus d'une négociation diplomatique, son unanimité devant la perspective d'un abandon. Son trouble laisse augurer une réaction de désespoir, au cas où les événements suivraient un cours contraire à celui qu'elle souhaite. À partir de ce moment, la situation se dégrade très rapidement. À Alger, les ultras s'échauffent. Faute d'avoir pu convaincre Robert Lacoste de se ranger publiquement à leurs côtés, ils chambrent les émissaires officieux du général. Dans l'avion qui le ramène à Paris, Léon Delebecque (en principe interdit de séjour en Algérie !) ne dit mot quand Alain de Sérigny, le puissant directeur de *L'Écho d'Alger*, lui confie : « À défaut de Robert Lacoste, si Soustelle est d'accord, je vais moi-même lancer un appel au général de Gaulle [15]. »

Approuvé par Jacques Soustelle, le texte est publié le 11 mai dans *Dimanche matin*, édition dominicale de *L'Écho d'Alger*. Son retentissement est d'autant plus grand qu'il paraît en même temps qu'un appel pour une manifestation à Alger, le 13, jour où Pierre Pflimlin doit solliciter l'investiture. Le FLN en outre annonce avoir exécuté trois prisonniers politiques français.

De Gaulle, pour sa part, se garde de prendre publiquement la moindre initiative. « Il ne connaît plus, écrit Odile Rudelle, que les gens en charge : le président de la République, l'armée ou le Parlement. Pour le reste, il entre dans la zone de silence et de méditation dont il ne sort qu'avec des paroles ciblées en vue d'un résultat précis : apaisement républicain pour les parlementaires, capacité d'initiative pour les militaires mais statu quo pour ses proches [16]. » Le 12, quand Olivier Guichard vient à Colombey, de Gaulle lui précise qu'il n'a rien à dire à Soustelle. « Ne bougez pas », spécifie-t-il à Michel Debré et Jacques Foccart. L'affaire étant bien engagée, le général ne souhaite pas que ses fidèles, dont certains seront peut-être appelés demain à des postes en vue, se compromettent avec excès.

Mandataire officieux n'appartenant pas au premier cercle des fidèles, Léon Delebecque, lui, agit sans trop de précautions. Dès l'annonce de la manifestation du 13 mai à Alger, il a décidé que de semblables démonstrations de force auraient lieu dans beaucoup de grandes villes en métropole. Le 12, il a exposé ses vues à Jacques Soustelle : « Mon plan ? Après la manifestation, le Comité de salut public se rendra dans les bureaux de Maisonneuve. La foule restera sur le Forum pour faire pression et ne le quittera plus avant qu'il y ait un gouvernement de salut public. Vous voyez ce n'est pas légal, mais enfin ce n'est pas la révolution [17]. »

Ce plan va être appliqué presque à la lettre. Le 13, la foule algéroise s'empare du Gouvernement général. Les bureaux sont dévastés. Le Forum est noir de monde. Robert Lacoste ayant refusé de reprendre le chemin d'Alger [18], Félix Gaillard, qui expédie les « affaires courantes » — expression assez cocasse en l'occurrence — avant l'investiture de Pierre Pflimlin, accepte d'abord de confier au général Salan tous les pouvoirs civils et militaires. Mais la foule n'aime pas Salan, elle veut Massu, alors commandant militaire du département d'Alger. Rapidement, Félix Gaillard, pour gagner du temps et calmer le jeu, autorise donc Salan à déléguer ses pouvoirs. Sur-le-champ, un vague Comité de salut public est mis sur pied. Massu en est le président et rend compte de l'événement au président de la République en ces termes : « Vous rendons compte création d'un Comité de salut public civil et militaire présidé par moi, général Massu. » La confusion est complète, l'autorité de l'État bafouée, annihilée.

Pendant ce temps, le débat d'investiture du cabinet Pflimlin se déroule dans une atmosphère irréelle. Les invectives fusent, les arguments volent bas. Non sans courage, Pierre Pflimlin propose une révision de la Constitution destinée à mettre un terme à l'instabilité ; mais, malgré lui, il est prisonnier des usages, du Système, de la nécessité de subtils dosages. Les socialistes et les Indépendants lui mènent la vie dure. Il essuie aussi des refus, notamment celui de Maurice Papon, ancien préfet de Constantine, auquel il a proposé la succession de Robert Lacoste en Algérie. Tandis que Félix Gaillard observe : « Vous discutez sur un cadavre », les caciques s'agitent, se livrent à d'interminables supputations sur les contours de l'union à réaliser. Près du palais Bourbon, une manifestation gaulliste tourne court piteusement, ce qui n'empêche pas le général Ély de prophétiser en passant à Matignon : « Vous ne vous en tirerez qu'en appelant de Gaulle [19]. » Pour avoir reçu du Connétable des confidences très précises en 1954, l'ancien chef d'état-major sait à quoi s'en tenir... Alors que cette nuit dramatique se termine Pierre Pflimlin finit tout de même par être investi. S'il a promis d'être ferme, on remarque que son propos n'est pas très précis : « à regret, il condamne une attitude d'insurrection contre la loi républicaine ». À trois heures trente, la confiance est votée, mais les communistes ayant décidé de s'abstenir, le cabinet ne recueille que 274 voix (contre 120 et 137 abstentions). À Alger, la nouvelle est mal accueillie. Le général Massu annonce que l'investiture n'a été obtenue qu'avec la complicité des voix communistes ; il en profite pour supplier de Gaulle de rompre le silence en s'adressant au pays en vue de former un gouvernement de salut public.

Le général se garde évidemment d'écouter cette exhortation. Pour lui, le moment décisif approche ; la moindre erreur peut être fatale ; à aucun prix, il ne doit inquiéter. À l'aube, alors que Michel Debré est immobilisé par une sciatique et que Jacques Soustelle, par suite des interdictions de vol décrétées par le gouvernement, se trouve dans l'impossibilité de rejoindre Alger, de Gaulle, comme chaque mercredi, quitte Colombey à bord de sa 15 CV Citroën à destination de la capitale. Sur son bureau, rue de Solférino, il trouve une lettre de ralliement de Georges Bidault, signe des temps eu égard à ce qui a pu opposer les deux hommes dans un passé récent.

Les nouvelles qui lui parviennent sont toutes de nature à l'encourager. De toute part, le navire fait eau. Le président de la République lance un appel aux forces armées mais personne ne s'en soucie. Complété par l'arrivée des socialistes Guy Mollet, Max Lejeune et Albert Gazier, le gouvernement n'est en prise sur rien. Comble d'infortune : Antoine Pinay étant resté à l'écart, les Indépendants menacent de se retirer. En Algérie, la sédition s'organise et s'étend : des Comités de salut public surgissent à Constantine, à Oran, à Bône.

Salan joue un rôle décisif — peut-être un peu malgré lui. Par nature, il est hésitant. En la circonstance, il est mal à l'aise dans son double rôle de représentant du pouvoir central et de chef nominal de la rébellion. Discret collaborateur du gouverneur général Boisson à Dakar, il n'est évidemment pas un fidèle de l'homme du 18 juin. Sa femme en outre est très antigaulliste. Mais ses collaborateurs et ses subordonnés sont tous pour le général. Il va donc suivre ses troupes et s'écrier devant le Comité de salut public : « La victoire, c'est la seule voie de la grandeur française. Je suis donc avec vous, avec vous tous. Vive la France ! Vive l'Algérie française ! Vive le général de Gaulle ! » Le ralliement toutefois ne va pas sans états d'âme, comme l'atteste la suite des événements au Gouvernement général, cette fois racontée par Pierre Viansson-Ponté :

> Sur le balcon, il marquera un temps d'arrêt, un soupir comme disent les musiciens et un léger recul, après avoir acclamé l'Algérie française. Léon Delebecque, qui se tient derrière lui encadré des généraux et de quelques civils du CSP, lui pousse un doigt dans les reins : « Criez : Vive de Gaulle ! » Alors Salan, docile, se rapproche du micro et crie : « Vive de Gaulle ! » A-t-il cru avoir dans le dos le canon d'un revolver ? On le dira. Il le nie. Mais ce qui est sûr c'est qu'une demi-heure plus tard, revenu à son bureau de la Xe région militaire par le souterrain qui relie l'état-major au Gouvernement général, il confiera comme hébété, à ceux qui l'entourent : « Je n'ai pas crié "Vive de Gaulle". Ils prétendent que je l'ai dit. Eh bien tant pis j'accepte. »
> C'est bien un acte manqué [20].

Salan en tout cas était heureusement inspiré car, à dix-huit heures, le général sort enfin de son silence par ce communiqué d'un ton souverain :

> La dégradation de l'État entraîne infailliblement l'éloignement des peuples associés, le trouble de l'armée au combat, la dislocation nationale, la perte de l'indépendance. Depuis douze ans, la France, aux prises avec des problèmes trop rudes pour le régime des partis, est engagée dans un processus désastreux. Naguère le pays, dans ses profondeurs, m'a fait confiance pour le conduire tout entier jusqu'à son salut. Aujourd'hui, devant les épreuves qui montent de nouveau vers lui, qu'il sache que je me tiens prêt à assumer les pouvoirs de la République [21].

Habileté suprême : l'Algérie n'est même pas évoquée, ce qui évite à de Gaulle d'être un jour prisonnier de ses paroles. Pour le reste, le programme est clair et simple. La balle est désormais du côté du gouvernement et du chef de l'État. Un seul préalable est exigé : la fin du régime des partis.

Le moins que l'on puisse dire est que le cabinet Pflimlin ne prend guère cette direction ! L'ambassadeur des États-Unis qui, ce jour-là rend visite à Jean Lecanuet, chef de cabinet du président du Conseil entend évoquer de subtiles dosages : afin d'éviter le renvoi de Lacoste à Alger, Pierre Pflimlin aurait l'intention de demander au très droitier Roger Duchet, chef de file des Indépendants, de rejoindre le gouvernement. Par ailleurs, Lecanuet se perd en conjectures sur « la profondeur et la complexité du réseau gaulliste » et ne sait comment interpréter le « Vive de Gaulle » tout récent de Salan. Honnête homme, viscéralement antigaulliste, Jean Lecanuet a beau se persuader que la situation peut être renversée : ses dires sont autant de signes du contraire[22].

De Gaulle, pour sa part, conduit l'affaire sans commettre une faute. Comme en 1943 à Alger, il évite tous les pièges sur la route du pouvoir. « Il a fait preuve, dit aujourd'hui Olivier Guichard, d'une maîtrise très grande des événements. Il n'a réagi vraiment qu'au moment de la demande de rendez-vous du général Ganeval. Là, il a marqué le coup. À partir du 11 mai, il a suivi vraiment les choses de près. Mais il ne laissait pas percer ses sentiments. Il disait : "Quand les gens en auront assez, ils marcheront !" Une chose est sûre : à ses yeux l'essentiel était le problème français, non la question algérienne. Il fallait faire redémarrer le pays sur des nouvelles bases[23]. »

À partir de ce moment, de Gaulle est en tout cas au centre du débat. À l'Assemblée, ses fidèles et ses adversaires s'affrontent Raymond Triboulet suscite une vive hostilité à gauche en soutenant que le général a rétabli la démocratie et la République. Guy Mollet — dont le rôle est capital puisque une éventuelle investiture dépend de la SFIO —, de son côté, l'adjure de sortir de l'ambiguïté en lui posant publiquement trois questions dans l'après-midi du 16 :

— Reconnaissez-vous pour seul légitime le gouvernement actuel ?
— Désapprouvez-vous tous les promoteurs du Comité de salut public en Algérie ?
— Êtes-vous prêt, si l'on vous convoquait éventuellement pour former un gouvernement, à venir vous présenter devant l'Assemblée nationale avec un programme et, si vous êtes battu, à vous retirer[24] ?

En réalité, comme le devine l'ambassadeur d'Israël, Jacob Tsur, loin de vouloir humilier le général, Guy Mollet lui tend une perche[25]. En contact étroit avec Olivier Guichard qui s'emploie à le rassurer sur les sentiments démocratiques de son patron, il fait alors de plus en plus contrepoids aux autres chefs de la gauche radicale et socialiste, résolument antigaulliste.

Il paraît avoir été entendu puisque l'on apprend rapidement que de Gaulle tiendra le 19, au palais d'Orsay, une conférence de presse la première depuis 1955. En attendant, la situation se dégrade et la position du gouvernement s'effrite d'heure en heure. Le 16 toujours, des manifestations de fraternisation entre Européens et musulmans se sont produites ; mais elles n'avaient rien de spontané. L'intégration devient le mot d'ordre des Français d'Algérie. « Eux qui durant tant d'années se sont opposés aux droits civiques pour les musulmans, note l'ambassadeur d'Israël, eux qui exigeaient un gouvernement très dur en Algérie soutiennent aujourd'hui avec enthousiasme la proposition de Soustelle d'intégration totale des musulmans avec plein droits civiques[26]. » Le 17, dans des circonstances rocambolesques (il a quitté son domicile parisien dans le coffre de la voiture du général de Bénouville !), Jacques Soustelle arrive à Alger où Salan, de nouveau indécis, l'accueille très froidement, menace de l'expulser et l'expédie dans le bled après être apparu à ses côtés sur le Forum devant une foule en délire. Le même jour, le général Ély, chef d'état-major général, démissionne.

Dans ce contexte, de Gaulle s'efforce de rassurer. Avant même sa conférence de presse, il s'y emploie, en particulier du côté américain — ce qui est capital compte tenu du rôle de « protecteur » joué par les États-Unis tout au long de la IVe République. Le 16, deux gaullistes d'inégale envergure effectuent d'actives démarches du côté de l'ambassade américaine. Le premier est Edmond Michelet qui fait valoir à l'ambassadeur que le choix est désormais entre de Gaulle et le Front populaire. Le général, assure-t-il, n'est pas impliqué dans le complot algérien. Il est fermement proaméricain et favorable à l'Alliance Atlantique. Il arrivera au pouvoir par les voies légales. Il mènera en Algérie une politique libérale. Le même jour, un ami de Jacques Foccart, Henri Tournet, fait passer dans la même direction un message analogue, un peu plus explicite : Non, de Gaulle n'est pas antiaméricain ; il n'est pas davantage antiallemand mais il est vrai qu'il est profrançais. Il est en faveur de l'OTAN, à condition que la France ne soit pas asservie. Il souhaite l'avènement de l'Europe, mais auparavant la France doit être forte. La partie la plus intéressante du message concerne l'Algérie : de Gaulle, affirme Tournet, est hostile à une politique de force ; la personnalité des musulmans doit être reconnue. S'il revient au pouvoir, le général espère convaincre l'armée de sauver en Algérie ce qui peut être sauvé ou de mettre sur pied un Commonwealth de l'Afrique du Nord[27]. Le lendemain, un collaborateur de Jacques Chaban-Delmas, Jacques Mousseau, prend une initiative similaire. La réaction américaine, telle qu'elle transparaît à travers un rapport du Département d'État en date du 19, est modérée : on donne acte au général de sa volonté de dialogue en Algérie mais on insiste aussi sur ses méthodes « paternalistes »[28]. Ses sentiments pro-occidentaux et favorables à l'Alliance Atlantique ne sont pas mis en doute, toutefois on craint qu'il ne reprenne son jeu de bascule avec les Soviétiques et qu'il ne mette en œuvre une politique de grandeur. Sans doute est-il plus un homme du centre, voire du centre-gauche, qu'un homme de droite, mais, s'il revient aux affaires, de sérieux problèmes sont à redouter. L'Europe naissante a tout à craindre du nationalisme ombrageux du général.

Les heures précédant la conférence de presse du 19 mai sont marquées par un regain de tension. « Paris vit dans l'attente de cet événement, note l'ambassadeur d'Israël dans son journal. Ce matin, des rumeurs selon lesquelles le gouvernement souhaitait l'interdire se sont éteintes. Mais la police surveille l'hôtel d'Orsay. » De fait, le ministre de l'Intérieur socialiste, Jules Moch, républicain intransigeant et de tempérament fort peu gaulliste, est bien décidé à ne pas se laisser déborder. Autour du vieil hôtel d'Orsay, il a fait déployer un impressionnant dispositif policier — la plus grande manifestation de force jamais réalisée à Paris.

Lorsqu'il paraît, dans un décor Napoléon III désuet, de Gaulle a l'air vieilli, alourdi, marqué par l'inaction. L'impression est d'autant plus saisissante qu'on l'a rarement vu en public depuis trois ans. Les grosses lunettes qu'il chausse désormais pour lire (il a subi deux opérations de la cataracte) accentuent encore la marque de l'âge. Mais le propos est toujours aussi aisé, ironique, mordant, séduisant. Le général visiblement veut plaire et rassurer. Face à un auditoire loin de lui être acquis, il se présente comme un homme seul, « n'appartenant à personne, appartenant à tout le monde et peut-être encore utile ». La crise algérienne, affirme-t-il, peut être le point de départ d'une résurrection. Décidément, de Gaulle tient à ce mot qu'il a déjà employé dans une lettre adressée au général de Rancourt et qui va servir de nom de code à une opération controversée. Se bornant à évoquer « une délégation de pouvoirs », il ne précise pas les conditions dans lesquelles pourrait se produire son éventuel retour au pouvoir. Il explose — assez drôlement d'ailleurs — quand Maurice Duverger lui demande s'il ne risque pas de mettre en péril les libertés publiques : « L'ai-je fait ? Les libertés, au contraire, je les ai rétablies quand elles avaient disparu. Croit-on qu'à soixante-sept ans je vais commencer une carrière de dictateur ? » Il est, en revanche, moins convaincant quand, à la question : « Pourquoi n'avez-vous pas condamné Salan ? », il répond : « Le gouvernement n'a pas dénoncé la sédition. Moi qui ne suis pas le gouvernement pourquoi le ferai-je ? » En d'autres circonstances, on a vu le Connétable moins respectueux des grandeurs d'établissement. En réalité, tout en s'efforçant de calmer le jeu, le général a, discrètement, adressé des signes aux militaires et aux tenants d'une ligne dure. Les mots aimables réservés à Lacoste et à Mollet n'ont pas été insensibles à certaines oreilles. Le flou artistique où il a dilué ses intentions concernant l'Algérie a été interprété dans le même sens.

L'effet est à la mesure de ces ambiguïtés. À Alger — où il fallait apaiser les activistes toujours utiles pour faire monter la pression — ces paroles ont été bien accueillies. Pascal Arrighi, radical de droite, fort lié aux ultras, arrive alors en Corse et, en liaison avec un cousin du général, Henri Maillot, rallie le département à la cause gaulliste dans une atmosphère assez folklorique. Salan, le lendemain, souligne que de Gaulle a fait naître « une immense espérance » Les libéraux, en revanche, sont fort déçus. Entrée dans la salle de l'hôtel d'Orsay « gaulliste de résignation », Françoise Giroud en est ressortie antigaulliste de conviction. Maurice Clavel, à son habitude, éructe : « Je suis contre ! » Infiniment plus grave : Pierre Mendès France, jusque-là très favorable à de Gaulle, change totalement de bord. La non-condamnation de la sédition le révolte. Il voit là un « péché originel » dont le général risque de ne pas se relever. L'épisode est considérable. Rien ne dit que Mendès et de Gaulle auraient pu travailler ensemble. En dépit d'une estime réciproque, l'expérience de 1945 n'avait guère été fructueuse. Il n'en reste pas moins que la caution de l'ancien président du Conseil aurait pu rallier à l'homme du 18 juin nombre d'esprits progressistes. Plus attendue était, en revanche, l'attitude de François Mitterrand, qui campe sur les mêmes positions, certain de ne jamais parvenir à s'entendre avec de Gaulle, sûr aussi qu'en prenant figure d'opposant notoire, il signe son propre destin. En définitive, parmi les libéraux, seul François Mauriac se signale par son engagement en faveur du général. Il est avant tout sensible au personnage, à un certain style, à ce qu'il devine aussi des intentions du Connétable concernant l'Algérie. Né à droite, fervent de Barrès, sensible à certains arguments de Maurras, il est moins choqué que certain de ses amis par les bruits de botte que l'on commence à entendre autour de l'homme du 18 juin[29].

En attendant, la désagrégation des pouvoirs publics se poursuit. « Ce n'est un secret pour personne que le gouvernement ne contrôle plus la situation », note le 20 mai l'ambassadeur d'Israël[30]. Déjà d'ailleurs les responsables présents prennent discrètement l'avis du général : une opération contre le FLN en territoire algérien est ainsi stoppée. Parallèlement, le travail des gaullistes auprès de l'ambassade des États-Unis se poursuit. Le 21, Tournet retourne rue du Faubourg-Saint-Honoré avec, affirme-t-il « la tacite approbation de de Gaulle ». Les diplomates américains pensent qu'il n'est pas aussi proche du grand homme qu'il le dit mais, compte tenu de ses liens avec Jacques Foccart, ils l'écoutent. Sur l'Algérie, ce que dit Tournet semble crédible : le général appliquera une politique libérale, il s'acheminera même vers l'autonomie[31]. S'il ménage les activistes à des fins tactiques, de Gaulle laisse donc ses fidèles accréditer l'idée qu'il ne maintiendra pas coûte que coûte une présence française de l'autre côté de la Méditerranée. De cela, l'ambassadeur d'Israël est du reste convaincu : « L'opposition à de Gaulle, note-t-il lucidement, tient pour l'essentiel à une incompréhension tragique. En réalité, il n'a pas du tout l'intention de mener une politique de force. Soustelle et de Gaulle sont deux hommes bien à part. Soustelle est gaulliste mais de Gaulle n'est pas "soustellien"[32]. » Seul l'ambassadeur de Grande-Bretagne, Gladwyn Jebb, vieil antigaulliste, reste convaincu que de Gaulle a des visées dictatoriales, même s'il souhaite revenir au pouvoir légalement[33].

Il est vrai que le général s'impatiente. Le parc de la Boisserie commence à lui paraître un peu exigu, même si la solitude de Colombey est fort peuplée. De tous bords, on se rue chez celui qui, à présent, fait figure de sauveur. Antoine Pinay, accompagné de son conseiller, Henri Yrissou, fait ainsi le voyage, moins pour ramener de Gaulle au pouvoir que pour l'inciter à calmer les militaires d'Alger. « Le général est un bien brave homme », aurait-il dit à son retour à Paris. Le lendemain, 23 mai, Georges Boris, un ancien de Londres devenu le proche conseiller de Pierre Mendès France, est dans le bureau au rez-de-chaussée de la tour d'angle. De Gaulle plaide sa cause, en espérant sans trop y croire que l'ancien président du Conseil finira par composer.

À présent, tous les leviers de l'État sont paralysés. « C'était un spectacle d'impuissance impressionnant, écrira André Siegfried, que celui d'un ministre de la Guerre sans armée, d'un ministre du Sahara, d'Algérie ne pouvant même se rendre dans le domaine de son action gouvernementale. La carence de l'autorité était totale, la perte de crédit complète[34]. » On admire dans ces conditions que René Pleven, ministre des Affaires étrangères d'un cabinet virtuel, ait eu assez de sang-froid pour confier à l'ambassadeur des États-Unis le 23 mai : « N'accordez foi à aucune rumeur, à aucun bobard circulant en ce moment. »

Le 26 mai au matin, de Gaulle, qui n'est alors qu'un simple particulier, prend une initiative pour le moins singulière : il convoque chez lui le préfet de la Haute-Marne, Marcel Diebolt, pour lui dire qu'il souhaite rencontrer le président du Conseil.

> À seize heures, rapporte Pierre Pflimlin, Marcel Diebolt arrive et me remet un message manuscrit du général de Gaulle. Voici les termes de ce message .
> « Le général de Gaulle a convoqué le préfet de la Haute-Marne le 26 mai au matin. Il l'a invité à faire, de sa part, à M. Pierre Pflimlin la communication suivante. "Les événements qui se précipitent et qui menacent gravement l'unité de la nation française me semblent exiger qu'un contact direct soit établi d'urgence entre le gouvernement et moi-même. Ce contact aurait pour objet d'examiner comment pourraient être évités des incidents de nature à aggraver la situation, en attendant que soient établis des pouvoirs publics capables d'assurer l'unité et l'indépendance du pays[35] " »

D'évidence, de Gaulle estime que la comédie a assez duré. Il n'a d'ailleurs pas tout à fait tort puisque, au reçu de ce message, Pierre Pflimlin ne songe pas une minute à résister. Tout de suite, il convoque Guy Mollet qui, de son côté, a reçu une lettre de Colombey. « Nous tombons d'accord sans difficultés sur le fait qu'il faut accepter de rencontrer le général. Je pense que nous n'avons plus aucune chance de sauver le régime si un coup de force doit être déclenché contre lui, ce qui paraît alors probable, et que l'entente avec de Gaulle est peut-être le seul moyen de sauver l'essentiel des libertés démocratiques. » Avant tout, Mollet veut obtenir du général la condamnation de la révolte. Pflimlin est d'accord sur ce point mais ne souhaite pas en faire un préalable. Dans un premier temps, il est prévu que les deux hommes iront voir de Gaulle ensemble, peut-être avec Jules Moch. Mais ce dernier refuse ; comme beaucoup de ses camarades socialistes, il n'accepte pas que de Gaulle joue avec la République. Pflimlin ira donc voir de Gaulle seul au lieu choisi par ce dernier : la résidence de son ami Félix Bruneau, conservateur du domaine de Saint-Cloud. On est loin du scénario imaginé la veille par un haut fonctionnaire et proposé à Pierre Pflimlin : l'enlèvement du général à Colombey, sa séquestration dans une maison forestière, le désaveu des activistes obtenu de lui « par des moyens appropriés ».

Les circonstances dans lesquelles le chef du gouvernement se rend au rendez-vous, fixé à minuit, en disent long sur l'état du régime. Pendant que son collaborateur Jean Lecanuet distrait les journalistes, il quitte l'hôtel Matignon à bord d'une voiture banalisée, en direction du ministère de la Défense. Là, Michel Poniatowski, son chef de cabinet, le fait sortir par une petite porte et l'emmène dans son véhicule personnel au domicile de son directeur de cabinet, René Larre, à Neuilly. Marcel Diebolt l'attend et doit le conduire dans une autre automobile au lieu fixé pour l'entrevue secrète. Malheureusement, après avoir traversé le parc de Saint-Cloud, la voiture cale et refuse de démarrer. Un agent s'approche : il ne reconnaît pas le président du Conseil ! Finalement, à bord d'un autre véhicule, Pierre Pflimlin, non sans quelque émotion, arrive à bon port.

De minuit quinze à deux heures du matin, de Gaulle et le chef du gouvernement confèrent en tête à tête. Discussion souvent difficile, voire orageuse. Pierre Pflimlin veut bien s'effacer mais dans la dignité. À son hôte, il brosse un tableau très sombre de la situation. Le général l'approuve : « Si un coup de force avait lieu, je me retirerais dans mon village. Je ne prendrais pas le pouvoir dans un tumulte de généraux. » Il marque une réserve encore plus grande quand le président du Conseil évoque « les Français d'Algérie qui veulent rester français » : « Je les connais ceux-là : ils ne sont pas très intéressants... » Sur l'épisode corse, Pierre Pflimlin recueille ce commentaire : « C'est une affaire ridicule : il paraît qu'un de mes cousins y est mêlé. Je ne le connais pas. »

Malgré tout, de Gaulle refuse de désavouer publiquement les rebelles, comme le lui demande son interlocuteur : « Je ne peux pas faire ce que vous me demandez. Après tout, ces gens veulent que ça bouge ; ils trouvent le régime mauvais, je ne peux pas leur donner tort. » Après une discussion plus doctrinale sur la nécessité d'édifier des « institutions ne dépendant plus de l'Assemblée », de Gaulle réitère son refus à son interlocuteur, son « désaveu » : « Et alors si je le faisais et si mon appel était entendu, que se passerait-il ? Tout continuerait comme avant. »

> Cette fois, je le sens, nous sommes au cœur du débat, écrira Pierre Pflimlin. Il m'observe, il me soupèse, méfiant, un peu dédaigneux, et sans doute froidement calculateur. Je réponds : « Il n'est pas question de laisser les choses comme elles sont. Il n'est pas question que mon gouvernement subsiste au-delà d'un délai de transition. » Il reprend, poussant la pointe, la lèvre est ironique, l'œil m'épie : « Quand on est au pouvoir, c'est généralement pour s'y maintenir. » Cette fois, je me fâche, étonné et scandalisé qu'il puisse me soupçonner de vouloir le manœuvrer pour rester au gouvernement. Je m'écrie : « Croyez-

vous vraiment que dans une telle situation, mon souci puisse être de faire durer ce gouvernement en me livrant à je ne sais quelles manœuvres ? Mon seul souci est d'épargner à mon pays le malheur de la guerre civile. C'est pourquoi je suis ici[36]. »

Le général se radoucit mais le dialogue de sourds continue. Pour prendre position, de Gaulle exige « un élément nouveau, c'est-à-dire l'annonce du changement de gouvernement ». « Ce qu'il veut, précise Pierre Pflimlin, c'est un transfert immédiat du pouvoir, sans d'ailleurs le dire aussi explicitement. » « Je ne puis, souligne encore le chef du gouvernement, vous donner le pouvoir sans l'accord de ceux qui m'ont donné mandat de l'exercer » À quoi le général réplique , de nouveau ironique : « C'est le Système qui parle par votre bouche ! » Pour relancer la discussion, le général suggère alors une rencontre à quatre avec Guy Mollet et Antoine Pinay. L'entrevue prend fin ; de Gaulle manifestement est mécontent de son caractère clandestin. En même temps, il craint que Pierre Pflimlin, s'il parle, ne souligne l'absence de résultats et ne décourage l'opinion.

De Gaulle le sent bien : l'affaire est bloquée. Selon des confidences de Michel Poniatowski à des diplomates américains, Pierre Pflimlin est décidé à contrer tant une junte militaire qu'un gouvernement présidé par l'homme du 18 juin et arrivé au pouvoir par des moyens non légaux. « La situation est sans issue, souligne Michel Poniatowski. Si une junte arrive, le sang coulera. De Gaulle ne sera pas investi par le Parlement. Dans les deux hypothèses, l'avènement du Front populaire est à redouter[37]. » Pour sortir de l'impasse, il faut fatalement brusquer les choses, bluffer, et de Gaulle depuis toujours excelle à cet exercice auquel il donne grand style. Cette fois encore, il n'hésite pas.

Le lendemain matin, alors qu'il confère avec le président du Sénat Gaston Monnerville, Pierre Pflimlin a la surprise de voir arriver Michel Poniatowski qui lui apporte un pli d'un collaborateur du général, accompagné du communiqué suivant, en instance de diffusion :

J'ai entamé hier le processus régulier nécessaire à l'établissement d'un gouvernement républicain capable d'assurer l'unité et l'indépendance du pays.
Je compte que ce processus va se poursuivre et que le pays fera voir, par son calme et sa dignité, qu'il souhaite le voir aboutir.
Dans ces conditions toute action, de quelque côté qu'elle vienne, qui met en cause l'ordre public risque d'avoir de graves conséquences. Tout en faisant la part des circonstances je ne saurais l'approuver. J'attends des forces terrestres, navales et aériennes présentes en Algérie qu'elles demeurent exemplaires sous les ordres de leurs chefs : le genéral Salan, l'amiral Auboyneau, le général Jouhaud.
À ces chefs, j'exprime ma confiance et mon intention de prendre incessamment contact avec eux[38].

En lisant ce texte inouï, Pierre Pflimlin se dit « surpris et choqué ». Contre toute évidence, de Gaulle ment en affirmant : « J'ai entamé le processus régulier nécessaire à l'établissement d'un gouvernement républicain. » Le président du Conseil demande à Michel Poniatowski d'essayer d'arrêter la diffusion du communiqué, mais il est trop tard.

Sur-le-champ, Pierre Pflimlin se rend à l'Élysée, assez inquiet car il n'a pas informé René Coty de sa rencontre avec le général. Le président de la République, heureusement, fait preuve de hauteur de vue et conseille judicieusement son visiteur en l'adjurant de ne pas publier un démenti. Dès lors, de Gaulle a virtuellement gagné car, comme le souligne Pierre Pflimlin, en ne démentant pas la version des événements qu'il a donnée, on reconnaît de manière implicite que « le processus régulier nécessaire à l'établissement d'un gouvernement républicain » a bien été entamé.

À partir de ce moment, tout va très vite. Au palais Bourbon, le garde des Sceaux, Robert Lecourt, informe les députés de l'imminence d'un Conseil des ministres extraordinaire. François Mitterrand intervient alors pour souligner que le gouvernement est lié par un contrat : « Il ne peut pas disparaître sans avoir votre accord , affirme le député de la Nièvre, soucieux de prendre le bon profil pour l'avenir. À vingt et une heures, Pierre Pflimlin confirme son entretien avec de Gaulle et aussi le désaccord qui l'a marqué. Il laisse toutefois entendre qu'il est prêt à passer la main. Après son intervention, les travaux parlementaires reprennent. L'ordre du jour appelle l'examen d'une réforme constitutionnelle totalement occultée par les événements[39]. La révision est adoptée par 408 voix contre 165.

Personne ne s'en soucie car, dans l'après-midi du 27, trois ministres indépendants, Boscary-Monsservin, Garet et Ribeyre, ont démissionné. En pleine nuit, à trois heures du matin, Pierre Pflimlin réunit un conseil de cabinet à Matignon pour annoncer que, dans ces conditions, il est enclin à se retirer. « La discussion s'engage, écrira-t-il. Certains ministres sont opposés à la démission. Je précise que dans mon esprit il ne saurait s'agir de créer une vacance du pouvoir. Il s'agit seulement d'offrir au président de la République la possibilité de rechercher une solution de rechange dans le respect de la légalité. Cette formule recueille l'approbation unanime[40]. »

Le général est maintenant très près du but, mais tout indique qu'il a précipité les choses en rentrant à Colombey le 27 mai, après avoir eu connaissance d'un élément nouveau : vraisemblablement, comme l'a suggéré Jules Moch, une information reçue d'un consul étranger à Alger et selon laquelle « l'entourage du général Massu a prévu le débarquement en France à la date du 28 mai ». « Cette opération Résurrection, écrit François Pernot, auteur d'un article de référence sur cet épisode, représente la menace suprême, l'épouvantail des hommes du système de la IVe République en cette fin du mois de mai 1958. Il s'agit en fait d'une opération, d'abord prévue pour la nuit du 27 au 28 mai, dont la première mouture a été rédigée entre le 15 et 20 mai par le colonel Ducasse et l'état-major du général Massu. Elle a ensuite été complétée, après le retour en Algérie, le 23 mai, du commandant Vitasse et du capitaine Lamouliatte, envoyés par le général Salan en métropole dans la nuit du 17 au 18 mai, pour prendre le pouls des troupes métropolitaines, expliquer la position et les souhaits des troupes d'Algérie et se mettre en liaison avec tous les mouvements favorables à la cause de l'armée[41]. »

Initialement, il s'agissait de transporter à Paris quatre régiments de parachutistes — deux d'Algérie et deux du Sud-Ouest aux ordres du général Miguel, commandant la région de Toulouse — afin d'impressionner le personnel politique. Coup d'État ? « Soulèvement national », précisent les initiateurs de l'affaire. Au demeurant l'opération est improvisée, mal organisée. Personne n'y croit, à commencer par Salan qui, informé que le général cherchait à en savoir plus, lui dépêche son chef d'état-major, le général Dulac, le commandant Mouchonnet et deux officiers de l'armée de l'air, les colonels de Laborderie et Delachenal. Le 28 au matin, ils sont à la Boisserie et Dulac ne cache pas à de Gaulle son pessimisme.

Le général lui aussi est très dubitatif quant aux chances de succès de l'opération. Pour autant, il ne désavoue pas formellement un éventuel commencement d'exécution. Le général Dulac, témoin fiable, raconte : « Revenant sur le plan Résurrection pour en évoquer les traits essentiels, il conclut assez solennellement : "Il eût été immensément préférable que mon retour aux affaires s'effectue par la voie du processus." Il se lève alors et me dit devant la porte : "Il faut sauver la baraque ! Vous direz au général Salan que ce qu'il a fait et ce qu'il fera, c'est pour le bien de la France[42]." » Ainsi le général Salan a le feu vert pour mettre en œuvre l'opération Résurrection ou ne pas la déclencher. Finalement, impressionné par la volonté du général de revenir au pouvoir par la voie légale et aussi par le ralliement progressif des socialistes menés par Guy Mollet, Salan ajourne l'opération. Reste que le général paraît bien en avoir approuvé au moins le principe. « Rien ne lui interdit, souligne très bien François Pernot, de se servir de Résurrection comme d'une arme de dissuasion et de l'agiter tel un chiffon rouge devant les yeux des parlementaires pour les persuader qu'il est le seul à pouvoir éviter le déclenchement de cette opération. » Tel est bien, en effet, ce qui va se passer après le premier ajournement.

Dans l'armée de l'air, de Gaulle a des appuis solides. Le 17 mai, des avions de chasse ont survolé Colombey en formation de croix de Lorraine. Le lendemain, le ministre de la Défense, Pierre de Chevigné, a interdit le ciel du village de Haute-Marne. Encore Chevigné ne savait-il pas que, selon le plan Résurrection, des commandos de l'air, placés sous les ordres du lieutenant-colonel Coulet, devaient être largués à proximité de la Boisserie afin d'assurer la sécurité du général. Enfin et surtout, tous les avions de transport nécessaires à Résurrection sont mis en alerte par le général de Rancourt, commandant le GMATA[43] — auquel, deux ans plus tôt, on l'a vu, le solitaire de Colombey a conseillé de rester dans l'armée. Le 20 mai, ce fidèle, ancien de Londres, compagnon de la Libération, a donné son accord de principe au commandant Vitasse pour qu'il apporte son concours à Résurrection à condition que le général soit informé et ait donné son aval.

À première vue, la mise en œuvre du plan Résurrection, après son ajournement par Salan le 28, peut sembler superflue. Au lendemain de la démission de Pierre Pflimlin, le 28 au matin, la voie paraît ouverte au général. C'est compter sans l'intoxication des esprits et d'ultimes manœuvres. À Alger, le bruit court que Pflimlin n'a démissionné que pour laisser place aux communistes. Le groupe socialiste dont dépend l'investiture renâcle toujours, en dépit du soutien apporté à de Gaulle par l'ancien président de la République Vincent Auriol. Le 28 surtout, toujours à Saint-Cloud et à minuit, le général, à la demande de René Coty, a rencontré le président du Sénat, Gaston Monnerville, et le président de l'Assemblée nationale, André Le Troquer. Or, si Gaston Monnerville s'est montré relativement conciliant, André Le Troquer a fait preuve d'une grande intransigeance. Le « processus » paraît bloqué.

Le 29 mai, journée cruciale, Salan reçoit donc, à neuf heures, un coup de téléphone d'Olivier Guichard qui lui dit : « Nos affaires se présentent mal. À vous de jouer maintenant[44]. » Cette fois, et Massu le confirmera dans ses *Mémoires*, il s'agit de déclencher une opération Résurrection limitée à la métropole, sans les factieux d'Alger, destinée uniquement à intimider les hommes politiques en concentrant des troupes dans la région parisienne sans l'appui des parachutistes. Encore faut-il avoir directement le feu vert du principal intéressé. En fin de matinée, une réunion dramatique se tient rue de Solférino. Le récit en sera fait par le général Nicot de l'état-major de l'armée de l'air, et publié par le général Jouhaud dans son livre *Serons-nous enfin compris ?* D'après ce témoignage, à l'issue d'une réunion de l'état-major gaulliste, Pierre Lefranc aurait appelé le général de Gaulle à Colombey afin d'avoir son accord pour déclencher l'opération et l'aurait obtenu. Ce texte, comme il fallait s'y attendre, fut immédiatement démenti par Pierre Lefranc[45] — ce qui suscita cette mise au point du général Nicot dans *Le Monde* du 17-18 juin 1984 :

Je confirme ce que j'ai écrit dans mon témoignage concernant cette affaire. Le 27 mai, à la demande des chefs d'état-major (EM) des trois armées et du général Ély, je me suis rendu rue de Solférino où j'ai été introduit par le général de Rancourt pour faire état de leurs scrupules à faire revenir le général de Gaulle aux affaires avec le concours et l'appui des forces armées sans l'accord explicite du général.
Le général de Rancourt, que je viens d'interroger ce jour, me confirme que MM. Debré, Lefranc, Papon, Foccart et Guichard (et probablement le colonel de Bonneval et le commandant Vitasse, d'Alger), entre autres, assistaient à cet entretien, d'où il est ressorti que le général, effectivement, souhaitait revenir aux affaires par des voies légales, mais que, faute d'ouverture politique du côté du président Coty ou du gouvernement en place, il n'y avait pas d'autre voie, pour sauver le pays, qu'un retour appuyé par les forces armées et que, dans l'état du moment, cela semblait bien être la seule issue.
L'accord de l'EM gaulliste paraissant insuffisant aux trois chefs d'EM, et au général Ély, pour intervenir, le général Gelée, à leur demande, me prie de retourner rue de Solférino, le 29 mai en fin de matinée, pour obtenir l'accord personnel et verbal du général.
Les mêmes personnes étaient présentes rue de Solférino, à l'exception du général de Rancourt, du colonel de Bonneval et du commandant Vitasse

J'ai exigé qu'un membre de l'EM gaulliste téléphone à la Boisserie pour que je puisse exposer au général de Gaulle les scrupules des chefs d'EM. Après concertation, c'est M. Lefranc qui, au bout d'un certain temps, vers 12h-12h30 peut joindre la Boisserie. Il conserve le combiné et l'écouteur et je ne peux pas entendre le général répondre à l'exposé que lui fit Lefranc, ce dernier se contentant de dire, en fin de communication : « Oui, mon général, bien, mon général, mes respects, mon général ! » Se tournant vers moi et mes compagnons, Lefranc déclare : « Le général est d'accord pour que l'opération soit déclenchée sans retard. »
M. Lefranc peut nier les faits que je rapporte et faire état, pour donner du poids à cette dénégation, de sa parole de saint-cyrien. Saint-cyrien moi-même, de la promotion Joffre, ma parole vaut bien la sienne. Je n'ai jamais fait de politique et n'ai jamais été considéré comme un menteur ou un mythomane pendant mes trente années de carrière militaire, ni par la suite du reste.
Quel intérêt aurais-je à inventer cette histoire ? Bien sûr, les principaux protagonistes sont morts et ne peuvent témoigner. Sont encore vivants le général Gouraud, le général de Rancourt et moi-même. J'affirme, une fois de plus, que les faits historiques que j'ai rapportés sont exacts.

On ne départagera pas le général Nicot et Pierre Lefranc. On signalera seulement que la version du général Nicot a été corroborée par le général de Rancourt. On remarquera aussi, toujours d'après la même source, la présence au sein de l'état-major gaulliste de Maurice Papon, tout nouveau préfet de police, dont le concours était d'autant plus essentiel que son supérieur hiérarchique, le ministre de l'Intérieur Jules Moch, était très opposé à de Gaulle. Maurice Papon niera toujours avoir participé à la réunion de la rue de Solférino. « Cela étant, précisait-il en 1998, j'étais très favorable au retour du général et, si je n'étais pas rue de Solférino le 29, je savais tout ce qui se passait et se préparait depuis le début par le général de Boissieu, gendre de de Gaulle. Celui-ci, j'en suis convaincu, ne serait pas revenu au pouvoir autrement que par les voies légales mais il est vrai qu'il n'a cessé de faire monter la pression [46]. »

Finalement, l'opération Résurrection sera décommandée. Dès la fin de la matinée du 29, alors que se tient la réunion dramatique de la rue de Solférino, on apprend, en effet, que le président de la République doit adresser un message au Parlement. À quinze heures, cette communication du chef de l'État est lue devant les deux assemblées. « Le pays étant au bord de la guerre civile, déclare René Coty, je me suis tourné vers le plus illustre des Français, vers celui qui, aux années les plus sombres de notre histoire, fut notre chef pour la reconquête de la liberté et qui refusa la dictature pour rétablir la République. » Le chef de l'État fait en même temps savoir qu'il invite le général de Gaulle à venir conférer avec lui en vue de la formation d'un gouvernement de salut national et qu'il se démettra de ses fonctions s'il n'est pas entendu. Dès lors, effectivement, Résurrection n'avait plus de raison d'être. Avant même d'avoir entendu l'appel du président, Salan, dont tout dépend, a d'ailleurs donné l'ordre de suspendre une nouvelle fois l'opération. Il n'empêche que celle-ci a connu un début d'exécution. « L'ordre du général Salan, écrit François Pernot, n'a pu être répercuté à temps auprès du général de Rancourt qui, à quinze heures, a déjà fait décoller six Dakota du Bourget en direction de Perpignan. » Finalement, vers seize heures, les avions pourront être rappelés en vol et détournés sur Orléans. Il s'en est fallu de très peu que le bruit des armes ne couvre la déclaration du président de la République.

Sur l'heure, le général monte à bord de sa 15 CV Citroën et, à dix-neuf heures vingt, il entre à l'Élysée par la grille du Coq. « René Coty, écrit-il, débordant d'émotion, m'accueille sur le perron. Seul à seul, dans son bureau, nous nous entendons aussitôt. Il se range à mon plan. J'accepte d'être investi le 1er juin par l'Assemblée nationale où je lirai une brève déclaration sans participer au débat[47]. »

« Au moment où une tension extrême fait revivre toutes les menaces de guerre civile, lui écrit ce même jour René Cassin, je vous prie instamment d'accepter certaines formes qui achèveront de donner à votre prise de pouvoir une régularité ralliant des masses de bons citoyens[48]. » Le vice-président du Conseil d'État va être entendu. Sûr maintenant de gagner la partie, de Gaulle transige : il viendra devant l'Assemblée et les pleins pouvoirs qu'il demandera dureront six mois et non un an, comme il en avait le projet au départ. « Les événements qui nous pressent peuvent d'un jour à l'autre devenir tragiques, souligne-t-il dans la soirée. Il est d'une extrême urgence de refaire l'unité nationale, de rétablir l'ordre de l'État et de mettre les pouvoirs publics à la hauteur de leurs devoirs. »

En rentrant chez lui au soir de cette journée historique, de Gaulle peut être satisfait. Sans doute n'a-t-il pu éviter que l'on voie, derrière bon nombre de complots depuis des semaines, plusieurs de ses fidèles. À ce moment où le destin hésitait, certains d'entre eux, Michel Debré et Léon Delebecque en tête, n'ont pas caché qu'ils souhaitaient sortir de la stricte légalité. Tout cela, qui s'est su, a nourri contre lui de nouvelles suspicions chez les républicains intransigeants. Mendès, par conviction, Mitterrand, pour des raisons sans doute plus mélangées, vont se saisir de cet argument et pendant des années ne le lâcheront plus. Reste que le « processus », d'un bout à l'autre, a été contrôlé au maximum de façon à ne pas vraiment sortir de la légalité. Au demeurant, indépendamment de l'action du général, il est patent que la IVe République était à bout de course. Pourvue en hommes souvent honnêtes et compétents, elle était minée par un régime d'assemblée poussé jusqu'à l'absurde, legs, comme l'avait bien vu André Siegfried, de l'influence communiste lors de la Libération[49].

XXVI

LE PLUS ILLUSTRE DES FRANÇAIS

Pour le général, la journée du 30 mai marque une singulière revanche. Douze ans après avoir quitté le pouvoir, victime de l'ostracisme des partis, quatre ans après l'échec du RPF dont l'orientation démocratique n'a cessé d'être mise en doute, voici qu'il revient sur la scène entouré de la considération presque générale. À Colombey, il reçoit le maréchal Juin, Guy Mollet, Vincent Auriol. Ce dernier, autrefois si hostile, n'est pas le dernier à vanter le désintéressement de son hôte. Guy Mollet est subjugué. Le lendemain, à l'hôtel Lapérouse, de Gaulle s'offre même le luxe de recevoir les caciques du Système tant vilipendé. Vestige de la IIIe République, associé à ses heures les moins glorieuses, Édouard Daladier a même jugé bon de venir, lui qui, il y a quelques jours, était décidé à défendre la République coûte que coûte. Lors de cette réunion une seule opposition réelle se manifeste : celle de François Mitterrand, déjà décidé à se lancer dans un jeu solitaire avec l'espoir d'en recueillir un jour les dividendes. Décidément rebelle au charisme du général, le sénateur de la Nièvre, ministre à de nombreuses reprises sous la IVe République, multiplie les amabilités empoisonnées — ce qui lui vaut cette réplique : « Vous êtes un homme politique, monsieur Mitterrand. C'est bien, il en faut. Mais en certaines circonstances, les hommes politiques doivent savoir se hausser au niveau des hommes d'État. » Vivement souhaitée par René Coty, la rencontre tourne nettement à l'avantage du général.

L'homme, chacun le sent, a mûri. La période noire du RPF a porté ses fruits. À présent de Gaulle sait qu'il peut être conciliant dans la forme sans transiger sur les principes. Alors que sa pente naturelle est et restera de profiter à plein d'une victoire, il apprend à faire le geste qui débloquera une situation. Le gouvernement qu'il constitue témoigne de cet état d'esprit. Autour de lui, premier dans la hiérarchie, le général appelle, avec le titre de ministres d'État, quatre piliers du régime défunt : Pierre Pflimlin, Guy Mollet, Louis Jacquinot et l'Ivoirien Félix Houphouët-Boigny. La présence d'Antoine Pinay aux Finances atteste aussi que l'heure n'est pas aux règlements de compte. D'une manière générale, la classe politique traditionnelle est loin d'être sous-représentée. Le radical Jean Berthoin prend en charge l'Éducation nationale, le socialiste Max Lejeune reçoit la responsabilité du Sahara, un MRP, Paul Bacon, devient ministre du Travail, tandis qu'un obscur radical, M. Ramonet, est nommé secrétaire d'État à l'Industrie et au Commerce.

La nouveauté, et la marque du général, respectueux des compétences, est constituée par l'arrivée de techniciens, non parlementaires : le préfet Émile Pelletier est nommé ministre de l'Intérieur ; le polytechnicien Pierre Guillaumat, ministre des Armées ; le gouverneur des colonies, Bernard Cornut-Gentille, se voir confier la France d'Outre-mer. Ambassadeur à Bonn, Maurice Couve de Murville s'installe enfin au Quai d'Orsay[1]

Les gaullistes, en définitive, sont loin de se tailler la part du lion. Amèrement d'ailleurs, Michel Debré stigmatise la composition de l'aréopage entourant le général : « Quatre politiciens : Houphouët, ce Noir, Pflimlin, ce fourbe, Mollet, ce primaire, et Pinay, ce sot[2]. » Seuls trois gaullistes, de premier plan il est vrai, reçoivent des attributions ministérielles : Michel Debré devient garde des Sceaux, ministre de la Justice ; Edmond Michelet, ministre des Anciens Combattants ; André Malraux, enfin, est nommé ministre délégué à la présidence du Conseil. Signe capital pour l'avenir : aucun des porte-parole les plus tonitruants de l'Algérie française ne reçoit de portefeuille. Ni Jacques Soustelle, ni Georges Bidault, ni Roger Duchet, ni le radical de droite André Morice ne font partie du nouveau cabinet. Et à Alger, c'est peu dire que la liste des ministres déçoit.

De ce fait, l'appui du Parlement est fondamental. Quand, le dimanche 1er juin à vingt-trois heures vingt, de Gaulle fait son entrée dans l'hémicycle du palais Bourbon, où il n'était pas venu depuis son algarade avec Édouard Herriot en 1946, l'émotion est perceptible sur presque tous les visages. Celle du nouveau président du Conseil est évidente et sans doute est-ce la raison pour laquelle il ne se livre pas à l'une de ses meilleures performances. Pierre Mendès France apparaît en proie à un trouble profond lorsque, butant sur les mots, il vient dire à la tribune que, la mort dans l'âme, il ne votera pas l'investiture. En termes relativement mesurés, Jacques Duclos, Pierre Cot et Tanguy Prigent appellent à voter « contre le pouvoir personnel ». Une fois de plus François Mitterrand se distingue par la virulence de ses propos : « Lorsque le 10 septembre 1944, le général de Gaulle s'est présenté devant l'Assemblée consultative, issue des combats de l'extérieur ou de la Résistance, il avait à ses côtés deux compagnons : l'honneur et la patrie. Ses compagnons d'aujourd'hui, qu'il n'a sans doute pas choisis, s'appellent le coup de force et la sédition. »

En définitive, la confiance est votée par 329 voix contre 224. Calmés, il est vrai, par Maurice Thorez, les communistes hurlent au fascisme. La première manche est gagnée, non sans équivoque. De Gaulle, son intervention l'a laissé entendre, veut avant tout réformer les institutions tandis que les parlementaires le voient plus volontiers dans le rôle d'un syndic de faillite. Mais pour le moment, nécessité fait loi et, dès le 3 juin, l'Assemblée vote définitivement, avec les pouvoirs spéciaux pour l'Algérie et les pleins pouvoirs demandés, la dévolution du pouvoir constitutionnel exigée par le général. Celui-ci multiplie les amabilités. Le résultat en passe d'être acquis, on le voit serrer des mains dans les travées. Il salue ainsi Paul Reynaud, ce qui paraît normal, et Georges Bonnet, ce qui l'est moins, l'ancien ministre des Affaires étrangères de la IIIe République, redevenu député radical de la Dordogne, étant le symbole de la politique munichoise. À Pierre-Henri Teitgen qui veut savoir si, dans le nouveau régime, il y aura une « Assemblée principale » élue au suffrage universel, il réplique : « Évidemment. La meilleure preuve en est le plaisir et l'honneur que j'éprouve à être ce soir parmi vous. » Des rires accueillent cette déclaration un peu forcée. L'opération séduction n'en est pas moins un succès. Furieux de n'être pas ministre, Georges Bidault ne convainc guère lorsqu'il prédit : « Aujourd'hui, musique de chambre, demain musique militaire. »

Si obsédé qu'il soit par les questions constitutionnelles, de Gaulle ne peut que constater l'urgence du problème algérien. Dès le 4, il s'envole donc pour Alger. Le voyage est triomphal. La journée a été déclarée fériée ; la foule massée depuis les premières heures du jour le long du parcours est énorme. Des arcs de triomphe ont été dressés. Avant de se poser, la Caravelle du président du Conseil survole la ville encadrée d'appareils militaires formant un grand V. Arrivé à onze heures trente, le général met une heure pour parcourir les vingt kilomètres qui le séparent du centre. Une pluie de confettis salue son entrée dans la ville en délire. Au Palais d'été, il déjeune puis donne audience aux corps constitués et aux membres du Comité de salut public. Une visite à bord du croiseur *De Grasse* lui permet de rencontrer les représentants des forces armées. Le grand moment arrive, en fin d'après-midi, quand de Gaulle en uniforme s'adresse à la foule rassemblée sur le Forum, devant le Gouvernement général. La situation de l'orateur, contrairement aux apparences, est loin d'être facile. La ferveur populaire qui marque son voyage s'adresse peut-être moins, et il le sait, à l'homme de légende qu'à celui dont le retour aux affaires est censé être le garant du statu quo. Position d'autant plus désagréable qu'il a toujours professé ne tenir sa légitimité que de l'Histoire et ne dépendre de personne. Sans tarder, il lui faut donc prendre ses distances mais sans évidemment rompre avec ceux qui ont tout de même si puissamment contribué à son retour au pouvoir et dont le concours est toujours indispensable.

« On ne sort de l'ambiguïté qu'à son détriment. » De Gaulle, qui connaît ses classiques, a certainement médité cette maxime du cardinal de Retz. C'est en tout cas par une formule d'une superbe ambivalence qu'il commence son allocution. En s'exclamant : « Je vous ai compris » devant une foule où se trouvent des Européens mais aussi nombre de musulmans, il est presque sûr de susciter une adhésion à bon compte. Peut-être n'a-t-il été jamais plus habile, plus cynique, plus froidement calculateur. Comment faire admettre à des gens inquiets, en proie à la crainte d'être abandonnés, que ces quelques mots, somme toute chaleureux, ne valent pas adhésion à leur programme ? « Et pourtant, souligne à bon droit René Rémond, la suite du discours, admirable morceau d'éloquence et chef-d'œuvre d'habileté destiné à marquer le désaccord et en même temps à engager l'irréversible, aurait dû éveiller les soupçons[3]. » En déclarant textuellement : « Il n'y a plus que des Français à part entière dont les droits quelle que soit leur communauté sont égaux » ; en annonçant, de manière solennelle, que ces principes seront mis en application dès les prochaines échéances électorales, de Gaulle en effet annonce tout simplement l'instauration du collège unique auquel les pieds-noirs ont toujours manifesté une allergie profonde, persuadés qu'ils seraient, dans cette hypothèse, submergés par la vague musulmane. Récemment, on l'a vu, une évolution s'était fait jour dans la communauté française mais son caractère tactique était assez clair. La suprême habileté du général aura été de prendre au pied de la lettre les porte-parole de ce mouvement. Vis-à-vis des Algériens, l'ouverture est en tout cas réelle. Par ailleurs, et sans doute ne le remarque-t-on pas assez, le général se garde de reprendre à son compte le slogan « Algérie française » — sauf à Mostaganem, le 6. Encore l'exclamation semble-t-elle lui avoir échappé de manière inopinée.

Dès son retour à Paris, le président du Conseil s'attelle à ce qui est à ses yeux la vraie urgence : la réforme des institutions. Depuis que le pouvoir de réviser la Constitution lui a été accordé par le Parlement, le 3 juin, la IVe République est virtuellement morte. Contrairement à ce qui s'est passé en d'autres occasions, la période transitoire cette fois va être courte. La loi impose en la matière des délais stricts mais, surtout, l'initiative émane d'un gouvernement homogène et, en cas de divergence, de Gaulle tranche souverainement.

Le discours de Bayeux n'est pas l'unique source de la Constitution à venir. Sous la IVe République, beaucoup de bons esprits ont songé à procéder à quelques changements dans le sens de la rationalisation, en particulier en matière budgétaire. La faculté du Parlement d'accroître les dépenses avait été fortement découragée. Les idées de contrat de législature, de dissolution automatique en cas de crise ministérielle et de régime présidentiel avaient fait leur chemin. Par ailleurs, la réflexion constitutionnelle d'André Tardieu et de spécialistes comme le juriste Carré de Malberg est largement mise à contribution. De Gaulle pour sa part tient avant tout au renforcement de l'exécutif. Il l'a dit à Bayeux et n'a cessé de le répéter. Cependant il ne souhaite pas l'instauration d'un véritable régime présidentiel. Marqué par les événements de 1940, il tient avant tout à ce que le chef de l'État puisse exercer, en cas de besoin, une sorte de dictature temporaire. À ses idées s'ajoutent celles de Michel Debré, adepte d'un parlementarisme rationalisé à l'anglaise.

Concrètement, l'élaboration de la nouvelle Constitution est confiée à deux organismes : un comité d'experts, essentiellement composé de membres du Conseil d'État (les professeurs de droit public n'y jouent qu'un rôle marginal contrairement à ce qui avait été le cas en 1946), et une seconde instance, plus politique, qui réunit autour du général, de Michel Debré et de René Cassin, vice-président du Conseil d'État, les quatre ministres d'État.

Le vendredi 13 juin, le comité tient sa première réunion D'emblée, le général souligne les principes directeurs de sa réforme :

Seul le suffrage universel est la source du pouvoir. Le pouvoir exécutif et le pouvoir législatif doivent être effectivement séparés. Le gouvernement doit être responsable devant le Parlement. L'autorité judiciaire doit demeurer indépendante. La Constitution doit permettre d'organiser les rapports de la République avec les peuples qui lui sont associés.
Certains de ces principes, souligne le général, ne soulèvent aucune difficulté. C'est le cas du premier et du quatrième. D'autres au contraire doivent être éclairés et précisés.
Le principe de séparation des pouvoirs est au cœur de la question constitutionnelle. Les pouvoirs ne seront réellement séparés qu'à deux conditions.
Ils ne doivent pas avoir la même source. Le gouvernement ne doit donc pas procéder du Parlement mais du chef de l'État. Les pouvoirs doivent être séparés par leurs compositions. Si les membres du gouvernement sont en même temps membres du Parlement, dans un pays comme la France où la nature même de la vie politique conduit à la multiplicité des partis, le gouvernement sera divisé. Les membres du gouvernement ne doivent donc pas demeurer parlementaires. Les membres du gouvernement ne doivent pas davantage demeurer des hommes de partis.
Le gouvernement étant ainsi séparé du Parlement, la responsabilité ministérielle n'entraînera pas l'instabilité gouvernementale. Toutefois, ici encore, des précautions devront être prises et la responsabilité devra été organisée de telle sorte qu'elle ne joue pas sur tous les sujets mais seulement sur certains d'entre eux ; qu'elle n'intervienne pas à chaque instant mais seulement à certains intervalles.
Le président aura, dans les institutions nouvelles, un rôle essentiel. Il est la source de l'exécutif. Il a pour mandat d'assurer le fonctionnement régulier des pouvoirs publics, notamment par l'exercice de droit de dissolution qui lui appartiendra en propre et par la possibilité qui lui sera donnée de faire appel au référendum. Afin de jouer pleinement son rôle d'arbitre, il ne sera pas mêlé aux détails de la politique. Afin d'avoir une autorité réelle, il sera élu par un collège très large. Il n'est pas possible qu'il soit élu par le seul Parlement. Il n'est pas souhaitable qu'il soit élu au suffrage universel. Il faudra donc trouver un collège très large, comparable, dans une certaine mesure, au collège sénatorial mais complété, dans des conditions analogues, par l'intervention d'élus des pays d'outre-mer. De cette façon, le président aura immédiatement un caractère « fédéral », ce qui est capital pour l'avenir.
Le Parlement comportera deux chambres. Les rapports respectifs de ces deux chambres ne seront pas les mêmes que sous la Constitution de 1875 mais la position de la seconde assemblée sera plus forte que dans la Constitution de 1946 Toutefois, en dernier ressort, le dernier mot doit rester à l'Assemblée issue du suffrage universel direct.
La seconde chambre, cependant, ne remplirait pas la mission qui doit être la sienne aujourd'hui si elle avait un caractère purement métropolitain et purement individualiste.
J'envisage donc un Sénat fédéral comportant trois sections distinctes, la première assez semblable au Conseil de la République, la seconde assurant la représentation des forces économiques et sociales, la troisième celle des peu-

ples d'outre-mer. La Constitution doit permettre à la République française d'organiser ses rapports avec les peuples qui lui sont associés. Elle doit donner le droit à la République d'entreprendre une véritable fédération. Il faudra donc que la Constitution permette une certaine évolution[4].

Dans l'ensemble de Gaulle n'étonne guère ses interlocuteurs. Sans doute a-t-il une assez curieuse conception de la séparation des pouvoirs — au profit exclusif de l'exécutif. Sans doute établit-il de sérieuses restrictions au domaine de la loi, mais ce n'est pas ce qui heurte le plus les membres du comité. Le point qui soulève le plus de discussion — et de réticences, même parmi les fidèles du général — c'est sa volonté de transformer profondément le Sénat par adjonction de représentants des forces économiques. Dès cette époque, en effet, les délibérations le prouvent, le général a en tête le projet qu'il soumettra à référendum en 1969 et qui provoquera son départ. Guy Mollet, le premier, se dresse contre cette perspective : il y voit une regrettable entorse au principe selon lequel le pouvoir législatif dérive uniquement du suffrage universel. Pour des raisons à peu près similaires, Pierre Pflimlin est également hostile au dessein du général. De son côté, Michel Debré craint une politisation des forces économiques. Le général écarte l'objection : cette section, souligne-t-il, ne délibérerait que des questions de sa compétence et en tout état de cause l'Assemblée nationale aura le dernier mot.

Pour le reste le débat tourne essentiellement autour du rôle du président de la République. « Si celui-ci entre en conflit avec le Parlement et s'il a été procédé en vain à plusieurs dissolutions, s'inquiète Guy Mollet, que se passera-t-il ? Ne serait-il pas préférable que la dissolution ne puisse être décidée qu'à la demande du gouvernement et du Parlement ? N'est-il pas essentiel de préciser que le président de la République ne doit pas intervenir dans la vie politique ? » Sur ce point, la réponse du général ne brille pas par la clarté : « Je ne vois pas d'inconvénient à ce que le président de la République ne décide la dissolution qu'à la demande du gouvernement, à condition qu'il soit seul maître de la décision. Je pense aussi que la possibilité pour le chef de l'État de recourir au référendum sera de nature à empêcher la multiplication des dissolutions. »

En réalité, pour le général seule compte l'autorité du président de la République, poste qu'il se voit déjà occuper. Le 23, lors d'une nouvelle réunion, il rappelle donc toute l'importance qu'il attache au principe de la séparation des pouvoirs et par conséquent à l'existence d'une autorité qui ait pour mandat de veiller à cette séparation et qui dispose des moyens de remplir son mandat. Pour lui, le chef de l'État doit donc non seulement désigner le gouvernement et dissoudre l'Assemblée, mais pouvoir révoquer le gouvernement dans les cas graves. « En période normale, souligne-t-il, c'est le chef de l'État qui doit assurer la marche des affaires. Il ne faut pas qu'à tout moment il puisse dissoudre le gouvernement. Il est un arbitre. C'est seulement quand il estime que les circonstances sont exceptionnelles qu'il dispose de ce pouvoir. » Arbitre et vrai chef d'un exécutif renforcé, tel est donc le chef de l'État aux yeux de Charles de Gaulle. Une conception très personnelle, très pragmatique, en fait très avantageuse pour le titulaire de la fonction qui pourra subitement changer de rôle. « Un arbitre qui touche le ballon », dira Georges Vedel. Une conception en rupture avec la pratique constitutionnelle républicaine, sinon avec la lettre de la Charte fondamentale de 1875 qui donnait en théorie d'assez grands pouvoirs au chef de l'État.

Au fil des réunions, les ambiguïtés, plus ou moins voulues par de Gaulle, sont loin d'être levées. Il est difficile qu'il en soit autrement dès lors que le pays traverse une crise grave et que l'urgence impose sa loi. En l'occurrence, le Conseil des ministres auquel sont soumis les textes passés devant les deux comités ne joue qu'un rôle assez limité. Des garanties n'en existent pas moins puisque, avant d'être soumis au peuple pour ratification, les projets doivent subir la critique de deux instances de poids : un organisme *ad hoc*, le Comité consultatif constitutionnel réunissant trois membres et présidé par Paul Reynaud, et le Conseil d'État. Composé pour une bonne part de non-parlementaires, le premier organisme exerce un contrôle utile sur certaines dispositions techniques. Le Conseil d'État intervient lui dans la définition du domaine de la loi et du règlement, pour critiquer aussi le projet visant à établir l'incompatibilité entre les fonctions gouvernementales et parlementaires. Finalement, Michel Debré qui, comme le général, tient beaucoup à cette disposition l'emporte.

Les dispositions relatives à la Communauté, nouvelle appellation des Territoires d'outre-mer, suscitent en définitive les controverses les plus vives. À Michel Debré et Félix Houphouët-Boigny, fédéralistes convaincus qui souhaitent le maintien d'un seul État, s'opposent notamment le Sénégalais Léopold Sédar Senghor, défenseur de la solution confédérale impliquant plusieurs États, plusieurs citoyennetés, une certaine indépendance des politiques. Après de durs affrontements, Senghor finit par l'emporter. « Revenu sur mes terres normandes après avoir été battu, j'ai dit à mon ami Georges Pompidou que si le principe d'autodétermination des colonies n'était pas expressément reconnu, je ferais campagne contre le projet référendaire », racontait celui qui devait devenir le premier président du Sénégal[5]. Soumis à cette pression, de Gaulle finit par admettre, contre son vœu initial, que chaque territoire d'outre-mer pourra s'autodéterminer, le choix étant entre l'adhésion à la Communauté et l'indépendance complète, c'est-à-dire la rupture. C'est ainsi que durant les dix derniers jours du mois d'août, le général effectue une grande tournée en Afrique noire, pour défendre la solution retenue. Seule la Guinée se distingue par son hostilité. Sékou Touré, chef du mouvement indépendantiste, rejette violemment toute association avec la France. Le général n'en est pas particulièrement ému. L'Empire, même s'il lui a fourni une base territoriale pendant la guerre, n'a pour lui aucune charge émotive. L'indépendance de la Guinée ne sera pas à ses yeux un crève-cœur, et il le dit clairement.

Le 3 septembre, la première étape du changement constitutionnel s'achève avec le passage, assez formel, du texte devant le Conseil des ministres. Il ne reste plus qu'à soumettre le projet au référendum. La campagne s'ouvre le 4 septembre, date symbolique de la chute du Second Empire, par une cérémonie grandiose, place de la République, conçue par André Malraux. L'auteur de *L'espoir* a tout fait pour accréditer l'idée d'une continuité républicaine. Il n'y a pas complètement réussi : le général parle devant une foule triée sur le volet. Un peu plus loin, le Parti communiste organise une manifestation et des bagarres s'ensuivent. Contrairement à une idée répandue, l'adhésion « franche et massive » réclamée par de Gaulle ne paraît guère acquise au début de la campagne, même si un rejet du texte est exclu. Si le renforcement de l'exécutif est généralement considéré comme un objectif souhaitable, il n'en va pas de même pour les dispositions spécifiques. L'article 16 qui donne au chef de l'État la possibilité d'exercer un temps limité une sorte de dictature de salut public dans des circonstances exceptionnelles est ainsi vivement critiqué par la gauche. Le mode de désignation du président de la République est aussi controversé : élu par un collège de notables essentiellement ruraux, comme le Sénat, le chef de l'État sera, assure Georges Vedel, « l'élu du seigle et de la châtaigne ». Le 13 mai enfin a laissé des traces qui ne sont pas près de s'effacer : François Mitterrand et Pierre Mendès France en particulier assurent ne pouvoir oublier l'injure ainsi faite par de Gaulle à la démocratie. Tout en émettant des réserves, Gaston Defferre prône en revanche une réponse positive — prise de position qui compte au sein de la SFIO.

Mais en fin de compte, chacun le sait, c'est pour ou contre de Gaulle que l'on se prononcera, pour ou contre la direction qu'il a esquissée en Algérie. Celle-ci étant, on le sait, fort ambiguë, les motivations des oui et des non ne sont pas faciles à démêler. Tout ce que l'on peut dire est que de Gaulle, une fois encore, réussit à faire éclater le vieux clivage gauche-droite. Si le oui est soutenu par l'immense majorité de la droite, du MRP et la majorité des radicaux, il est également défendu par de nombreux socialistes. Le non a pour avocats le Parti communiste, certains radicaux, une forte minorité de socialistes, des syndicats comme la FEN, des organisations traditionnellement très ancrées à gauche comme la Ligue des droits de l'homme.

En faveur du oui une intense propagande est entreprise, à telle enseigne que beaucoup s'inquiètent de voir le pouvoir en place mobiliser tant d'énergie à convaincre.

Jamais depuis le Second Empire, exception faite peut-être des élections de 1877, on n'avait assisté en France sur la République à un tel déploiement de propagande, écrira un esprit aussi mesuré que Pierre Viansson-Ponté. Jamais la mainmise sur la RTF, le truquage délibéré de l'information parlée et en images n'avaient atteint un tel degré. Jamais la simple équité n'avait été à ce point bafouée dans le débat électoral. Jamais l'abus de moyens de la puissance publique n'avait été aussi flagrant. [...] L'érosion des capacités d'étonnement et l'indignation de l'opinion devant de tels excès ne saurait faire oublier que, conçue dans le péché, la Ve République allait naître dans le mensonge[6]

En regard de cette déferlante, les moyens des partisans du non sont très faibles : en pratique les publications communistes et *La Dépêche du Midi,* le grand journal radical du Sud-Ouest. Le 28 septembre, le oui triomphe avec près de 80 % des suffrages (79,25 %), résultat d'autant plus significatif que la participation électorale a été sans précédent : 84,94 % des électeurs ont voté. Seuls quelques fiefs traditionnels de la gauche, en particulier dans le Sud-Ouest, enregistrent un certain frémissement du non. En Algérie, 96 % des électeurs ont approuvé la réforme. Dans les départements et territoires d'outre-mer, le oui a recueilli 93 % des suffrages. Seule la Guinée a émis un vote négatif. Elle deviendra indépendante dès le 20 octobre. De Gaulle a gagné son pari. Au moins provisoirement les controverses constitutionnelles prennent fin puisqu'une bonne partie de la gauche, Guy Mollet et Gaston Defferre en tête, a fait approuver le changement de la République.

On l'a souvent souligné : dans cette première phase consécutive à son retour au pouvoir, de Gaulle semble peu se préoccuper des Affaires étrangères. En réalité, il s'en faut de beaucoup qu'il s'en désintéresse. Simplement avant de prendre des initiatives, de poursuivre les objectifs auquel il tient, il lui faut rassurer tous ceux qui dans le camp occidental se sont inquiétés, sous la IVe République, de ses déclarations hostiles à l'Alliance Atlantique et à l'Europe. De toute façon, il ne pourra commencer à agir que lorsqu'il sera maître du jeu à l'intérieur, ce qui n'est pas encore vraiment le cas.

Le choix de Maurice Couve de Murville pour occuper le poste de Vergennes au Quai d'Orsay traduit exactement ce désir de calmer le jeu, tout en plaçant à un poste clé un homme dont le passé vichyssois, giraudiste et même antigaulliste, est gage de docilité. Inspecteur des Finances à l'origine, il a poursuivi après son départ du Comité de Libération nationale une carrière de diplomate. Titulaire de postes importants sous la IVe République, ambassadeur au Caire puis à Bonn, il s'y est forgé une réputation de grand professionnel, favorable à l'Alliance Atlantique et raisonnablement européen, hostile en tout cas au protectionnisme. En Allemagne surtout il a noué de très bonnes relations avec le chancelier Adenauer ; c'est d'ailleurs à cela qu'il attribuera toujours sa nomination[7]. Depuis la fin des années trente, enfin, il est très lié à Jean Monnet, même s'il n'épouse pas toutes ses thèses, loin s'en faut. Dans les capitales occidentales, on sait donc que, s'il est d'accord sur beaucoup de points avec de Gaulle, il ne sortira pas d'un certain cadre. « Couve de Murville, indique un rapport du Département d'État remis au président Eisenhower, est un Français, nationaliste d'abord et avant tout, mais il apparaît profondément convaincu de la nécessité de l'Alliance Atlantique et d'une étroite relation de travail entre les États-Unis et la France. Bien que ministre de de Gaulle il envisage pour la France un rôle plus important au sein de l'OTAN. Ses vues sur l'Algérie étaient considérées dans le passé comme assez libérales mais ses idées présentes ne sont pas connues[8]. » Secondé par ce grand négociateur, de Gaulle, très discrètement, s'emploie à apaiser ses partenaires occidentaux, et d'abord les Américains, quant à ses intentions. Les initiatives qu'il est d'ores et déjà décidé à prendre pour faire entendre avec beaucoup plus de force la voix de la France parmi ses alliés n'en auront que plus de force puisqu'elles seront le fait d'un pays ami et loyal.

Cette stratégie, car c'en est une, minutieusement préparée, va réussir au-delà de toute espérance. Aux États-Unis, la méfiance traditionnelle des milieux dirigeants vis-à-vis de l'homme du 18 juin, partenaire incommode, s'estompe même de manière très sensible. Après l'épisode Pflimlin de toute façon tout le monde s'était bien rendu compte, à Washington, que la IVe République n'avait plus la moindre chance de survie. À Paris, l'ambassadeur Houghton s'est voulu rassurant : « De Gaulle, câblait-il le 2 juin, a fait hier soir une magistrale prestation à l'Assemblée[9]. » Plus encore que les messages envoyés par Henri Tournet, ami de Jacques Foccart, la caution du président Coty a compté aux yeux des Américains. Secrétaire général de la présidence de la République, Charles Merveilleux du Vignaux déploie en tout cas beaucoup de zèle auprès des diplomates américains afin de les convaincre que de Gaulle sera fidèle à l'Alliance Atlantique.

À Washington, le président Eisenhower est évidemment, en raison des souvenirs de la guerre, un partenaire a priori mieux disposé que quiconque pour le général. Fait plus notable encore, le secrétaire d'État John Foster Dulles paraît à ce moment précis assez sincèrement gaulliste. Le 5 juin, lors d'un entretien avec le docteur von Brentano, ministre allemand des Affaires étrangères, il tient un langage des plus conciliants :

Dans l'ensemble, le général de Gaulle a été dans un passé récent une figure assez mystérieuse. J'ai le souvenir d'avoir eu avec lui, il y a quelques années, un long entretien concernant beaucoup de problèmes qui nous occupent aujourd'hui. Récemment j'ai eu l'occasion de retrouver et de relire les notes de cette conversation. Elles m'ont semblé assez rassurantes. Depuis qu'il assume le pouvoir, le général en tout cas n'a pas pris d'initiatives inquiétantes ; au contraire il a été prudent concernant les questions d'intérêt commun. Il est naturellement prématuré de dire qu'il n'y aura pas de problèmes. Cependant si la France sous de Gaulle devient une nation plus forte, chacun en sera heureux. Une de nos grandes préoccupations a été la faiblesse de la France. Je crois que la France est fondamentalement une nation forte. La France est forte économiquement et aussi en raison de la productivité de ses habitants. La France devrait être pour les Alliés du monde libre un allié plus important qu'elle ne l'a été dans le passé, spécialement si, corrigeant son système parlementaire, elle acquiert un plus grande stabilité[10].

Avec l'autorité personnelle qu'il détient, Raymond Aron, en visite aux États-Unis[11], conforte ces bonnes dispositions : « De Gaulle, dit-il le 13 juin à Christian Herter[12] et Allen Dulles, directeur de la CIA, ne négociera sans doute pas avec le FLN car le peuple français ne l'admettrait pas. Le général n'acceptera pas non plus que les Algériens disposent de l'autonomie dans le domaine diplomatique et militaire mais il est prêt à pousser très loin le *self governement* [13]. » « Le peuple français, souligne-t-il le 16, lors d'une visite au Département d'État, est fondamentalement en faveur d'une forme autoritaire de gouvernement, pour autant que des libertés civiles soient maintenues. Les libertés ont été jusqu'à présent maintenues par de Gaulle. L'alternative est un régime fasciste en Algérie puis en France. » Guy Mollet, dont le crédit n'est pas négligeable outre-Atlantique, ne tarit pas non plus d'éloges sur le général : « C'est un vrai grand homme, dit-il à un diplomate américain le 14 juin, et il n'a aucune intention de mettre fin à la République [14]. » Même l'homme d'État belge Paul Henri Spaak, Européen émérite, alors secrétaire général de l'OTAN et peu sensible au charisme du général, plaide en sa faveur avec une chaleur surprenante : « De Gaulle, confie-t-il le 24 juin au sortir d'une audience à Matignon, est un profond penseur, un caractère. Il semble calme, raisonnable, même adouci. De Gaulle m'a indiqué que la France souhaitait prendre sa pleine part à l'OTAN, jouant un rôle plus actif. Une France forte, stable et digne de confiance est évidemment importante pour l'alliance [15]. » Détail plus troublant : Spaak assure que le général ne voit pas d'objection à l'installation de sites de fusées IRBM en France, sous réserve que la liberté d'action de son pays soit respectée.

Les Américains et leurs alliés européens partisans de l'intégration ont, il est vrai, des raisons d'être heureusement surpris de l'attitude du général. Durant toute la IVe République, il n'a cessé de dénoncer la construction européenne telle que Jean Monnet et Robert Schuman l'ont conçue. Tenant d'une autre Europe — en fait jamais définie de manière positive — il a sévèrement critiqué la CECA, pris une part déterminante à la mise à mort de la CED, émis de fortes réserves sur le Marché commun et Euratom. Or, à peine arrivé au pouvoir, il indique assez clairement son désir de tenir compte des réalités. Fondamentalement il ne change pas d'objectif : la France doit mener le jeu ; si l'Europe se fait, elle doit la guider. En attendant, il faut appliquer les traités au mieux de ses intérêts. Le Marché commun en particulier est compatible avec eux. Maurice Couve de Murville et surtout le grand économiste Jacques Rueff ont en effet achevé de le convaincre qu'il était nécessaire d'ouvrir l'économie française à la concurrence internationale. Partant, un terrain d'entente avec les « Européens » est possible. Tout de suite, le général fait d'ailleurs passer le message. Lors de sa visite à Colombey, Antoine Pinay a été sur ce point apaisé. Peu après Jean Monnet a également reçu des assurances. En la circonstance, Jacques Chaban-Delmas a servi d'intermédiaire :

Quand le général est revenu aux affaires, Jean Monnet a demandé à me voir et m'a tenu ce langage : « De Gaulle, à sa manière, est un Européen. Il faut que nous nous entendions. Dites-lui qu'en aucun cas, nous ne nous opposerons à lui ». Le général, qui, en dépit de tout, tenait Jean Monnet pour un homme remarquable, m'a tout de suite dit que cette réaction ne le surprenait pas. Dans le même temps, il me confirma sa résolution d'appliquer le traité de Rome. « Mon général, lui avais-je dit, les Européens sont crucifiés. Votre retour, à leurs yeux, c'est la fin du processus communautaire. – Pas du tout, m'avait-il répondu. L'Europe est indispensable. Le Marché commun est nécessaire à la France. Je vais essayer que nous entrions à la date prévue dans le Marché commun [16]. »

Le ralliement du général au traité de Rome est d'autant plus capital que celui-ci, à peine signé, court les plus grands risques du fait d'une initiative britannique visant à instituer une zone de libre-échange où se diluerait inévitablement l'Europe naissante [17]. L'appui de de Gaulle à ce projet pourrait faire capoter tout le mouvement mis en œuvre depuis 1950. Or non seulement le général ne va pas appuyer cette perspective, mais il va s'y opposer.

Le 29 juin, recevant à Paris le Premier ministre britannique, le conservateur Harold Macmillan, une vieille connaissance des années de guerre, il le lui dira en des termes qui, du même coup, définissent sa position face à la construction européenne :

« J'ai constaté, au départ, que les Britanniques, M. Churchill, par exemple, étaient favorables au mouvement européen qui, pour vous, présentait sans doute l'intérêt de redresser l'Allemagne dans des conditions raisonnables.
L'idée européenne a continué à progresser, l'idéologie s'en est mêlée, les Américains y ont été favorables. C'est dans ces conditions qu'on a fait la CECA qui ne vous a pas contrariés, puis la CED, qui ne vous a pas contrariés non plus alors que moi j'étais contre. Après on a fait l'Euratom et, ce qui est beaucoup plus sérieux, le Marché commun. Alors, vous avez commencé à trouver que cela allait trop loin. Mais on ne peut pas déchirer ce qui est fait. Dans tout cela, il y a tout de même du bon et en France, finalement, on n'est pas hostile à cette politique.
Nous nous trouvons, maintenant, devant vos propositions. Je ne suis pas hostile à une Europe élargie, au contraire, mais il y a le traité de Rome. D'autre part, l'institution du libre-échange sans précaution peut avoir de grands inconvénients pour nous [18]. »

Si cette orientation européenne est ferme et ne sera pas mise en cause, il reste que de Gaulle l'utilise pour apaiser le camp atlantique afin d'apparaître comme un partenaire responsable. Le moment venu, et il le sait, les exigences qu'il compte formuler quant au fonctionnement de l'OTAN n'auront que plus de poids. « Jusqu'à ce jour, écrit Pierre Viansson-Ponté, la mise en condition psychologique des alliés et l'évaluation de la situation réelle préparent l'entrée en lice. Rassurés, les chefs de la diplomatie occidentale vont défiler à Paris et ils seront tout étonnés de rencontrer un interlocuteur raisonnable, maître de lui, mesuré dans ses propos, cordial même, fort différent, leur semble-t-il, du démiurge, du nationaliste véhément, de l'adversaire passionné qu'on leur avait complaisamment décrit [19]. » Pour le reste, les propos du général à Macmillan se veulent accommodants, raisonnables. Au détour de la conversation il lance simplement, comme un ballon d'essai, la grande idée qu'il se promet de rendre publique le moment venu :

« Je voudrais dire que nous attachons une grande importance à une réorganisation de l'Alliance Atlantique. Nous ferons des propositions à ce sujet prochainement. Ce qui nous préoccupe le plus c'est le problème de notre participation à ce qui est mondial, à ce qui se passe à Washington et à quoi nous ne sommes pas associés... Ce que nous voulons c'est une entente à trois. La situation a complètement changé depuis que l'OTAN a été créée. »

Devant John Foster Dulles, reçu à Paris le 5 juillet[20], le général se livre au même numéro, avec le même succès. Entre les deux hommes des divergences existent et ne sont pas niées. Devant son hôte, le secrétaire d'État expose la doctrine traditionnelle du *containment* du communisme, met l'accent sur la dimension idéologique de l'affrontement Est-Ouest. En conséquence, il insiste sur la nécessité d'une stricte discipline à l'intérieur de l'OTAN, en particulier dans le domaine atomique. Pour lui, les États-Unis disposant d'une telle avance dans ce domaine, il serait inutile et ruineux que les autres pays occidentaux se lancent dans la course à la bombe. Washington est prêt à leur en octroyer, dans les limites d'une législation restrictive et avec la certitude qu'elles ne seront utilisées que dans des cas de figures déterminés. « Il est également dans notre intention, ajoute-t-il, si votre gouvernement le désire, de l'aider dans l'installation de moteurs atomiques de sous-marins. » En réponse, le général ne dissimule pas les points sur lesquels il se sépare de son interlocuteur :

« Vous avez exprimé votre sentiment concernant la France, et vous avez remarqué que l'opinion américaine avait été désappointée par le fléchissement français. Vous en connaissez les raisons : la France a subi en cinquante ans six invasions et a connu trois régimes. En plus de cela, elle n'a pas le pétrole et elle n'a pas le charbon. Peut-être que, si tout cela arrivait aux États-Unis, cela provoquerait chez vous d'ennuyeuses conséquences. Cependant, la France est là. Elle reprend ses moyens. Elle est un élément considérable du monde, et la preuve, c'est que vous êtes là et moi aussi.
Mais comment la France peut-elle avoir sa place dans la situation mondiale ? Car si la France cesse d'être mondiale, elle cesse d'être la France. C'est vrai du point de vue territorial comme du point de vue politique.
Vous avez parlé de la menace à laquelle nous faisons face. Je suis d'accord avec vous sur ce que vous en pensez. Peut-être serai-je moins formel en ce qui concerne notre interprétation sur la situation de la Russie et de l'Europe de l'Est. J'ai été frappé, quand j'étais aux affaires, de ce qu'il y avait de nationalisme dans la politique soviétique. Il y a une combinaison du nationalisme et du communisme d'où résulte l'impérialisme. Vous dites qu'il y a un gouvernement soviétique et un parti communiste. Je crois qu'il y a surtout le tsar. Et quand les Russes disent "le Parti", c'est un peu comme vous quand vous dites "le Congrès". Vous avez remarqué avec raison que la question se présente d'une manière tout à fait différente dans les pays satellites. Là, le nationalisme est plus fort que le communisme et vous avez raison de noter cette faiblesse soviétique dans l'Europe de l'Est. Les Russes n'ont pas réussi à conquérir ces pays.
En présence de cette menace, vous considérez que vous avez des responsabilités primordiales et vous avez raison. Vous pensez aussi que vous ne pouvez pas défendre le monde libre tout seuls et vous avez noté que d'autres pays ont forcément des responsabilités, et parmi eux, la France. Cela est vrai du point de vue de la défense commune comme du point de vue de la France elle-même. Si la France ne participe pas à la direction de la défense du monde libre dans ses instances les plus élevées, alors, elle ne s'y intéressera pas beaucoup. Elle

n'y mettra ni ses moyens ni son esprit. Il faut que la France ait la certitude d'exercer des responsabilités mondiales. Or, ceci n'a pas été pris en considération jusqu'à maintenant. L'OTAN ne couvre qu'une partie de l'Atlantique et non pas le monde entier. Cette responsabilité mondiale est avant tout atomique. Tout s'organise en fonction de la force atomique. [...] Je me résume : pour que la France se sente à sa place dans l'Occident, il faut procéder à des changements importants. Pour cela, il nous faut envisager des arrangements, formels ou empiriques, grâce auxquels la France participera à la préparation et à l'emploi des armes atomiques stratégiques.
En second lieu, il faut que les armes promises à la France soient placées sous sa responsabilité, aussi bien pour les rampes que pour les ogives et les armes nucléaires.
Il faut ensuite que l'OTAN soit élargie vers l'Afrique et vers l'Orient, sous une forme ou sous une autre, et il faut une réorganisation du commandement. J'ai vu Norstad[21] ; il m'a fait bonne impression mais son système n'est pas satisfaisant.
Enfin, vous avez dit qu'il fallait que l'OTAN fonctionne sur le plan politique. Oui, certes, mais ce serait beaucoup plus facile si l'on constitue un système au sommet dont j'ai parlé. J'ai vu Spaak. Il est bien à sa place. »

À ce programme, Dulles — fait remarquable — ne répond absolument pas. Il sait qu'il ne peut donner satisfaction au général. D'évidence, on veut éviter à tout prix ce qui peut apparaître comme une pomme de discorde. Révélateur est l'échange final relatif à la publication éventuelle d'un communiqué :

Dulles : Nous devions éviter tout communiqué traitant des questions de fond. En ce qui me concerne, je comprendrai très bien qu'il n'y en ait pas.
De Gaulle : Faisons un petit communiqué, si vous en voulez. Si vous n'en voulez pas, n'en faisons pas.
Dulles : Ce que nous devrions dire, c'est que nous avons fait le tour d'horizon habituel sans chercher à atteindre des conclusions positives aux termes de cette conversation.

L'attitude du général va se révéler fort judicieuse. En exposant ses intentions de manière posée, il surprend agréablement ses interlocuteurs. Il sait que pour l'instant les Américains sont sensibles à son programme tant en ce qui concerne la remise en ordre intérieure que l'Algérie, et il en profite pour créer une atmosphère consensuelle, ce qui permettra, le moment venu, de rejeter sur ses partenaires la responsabilité d'une rupture. Il y réussit d'ailleurs dans une large mesure. Avant de quitter Paris, Dulles adresse ainsi au chancelier Adenauer un compte rendu très favorable de l'entretien et de la conversation privée qui a suivi. Les perspectives tracées par le général en matière institutionnelle lui ont paru raisonnables :

En ce qui concerne l'Algérie, souligne-t-il également, le général m'a dit que son but premier était de calmer le jeu. Il espère que les Algériens voteront lors du référendum constitutionnel à venir. Il a pris pour principe d'avancer pas à pas et de ne pas préjuger de l'avenir. Il pourrait être possible d'établir un arrangement pour dix ans et décider à ce moment ce que sera l'étape suivante.
[...] Dans l'ensemble j'ai trouvé que nos entretiens s'étaient bien passés et

qu'il y avait, du début à la fin, une cordiale atmosphère. Le général m'a semblé assez fatigué, ce qui est compréhensible compte tenu de son voyage en Algérie mais il semblait relaxé, confiant et mentalement alerte. Il a semblé apprécier la lettre amicale du président Eisenhower que je lui ai remise au début de l'entretien... Certainement des problèmes exigeront en raison du fort désir exprimé par le général de voir la France jouer un plus grand rôle au sein de l'OTAN et dans le monde. Nous devons être tous les deux conciliants et obligeants mais de tels développements ne sauraient s'effectuer au détriment de nos relations étroites avec les autres puissances européennes, y compris notre pays, ou au détriment des intérêts occidentaux dans d'autres zones, y compris le Moyen-Orient[22].

Les limites de la bonne volonté américaine, de Gaulle les perçoit clairement. Dulles a eu beau l'accabler de compliments, assurer qu'il est un grand homme, rien n'est changé fondamentalement dans l'attitude américaine. Quand, durant l'été, la révolution irakienne, d'inspiration nassérienne, met le Moyen-Orient en ébullition, Washington ne consulte pas ses alliés pour décider une opération militaire à Beyrouth. Il en sera de même en Asie lorsqu'une menace de la Chine communiste sur Formose amène les États-Unis à faire intervenir la VIIe flotte du Pacifique. De tout cela de Gaulle s'impatiente. La France est traitée à ses yeux en vassale. Il en aura encore la preuve lorsqu'il se retrouvera isolé en soutenant un projet de conférence au sommet.

Le moment approche où il n'acceptera plus d'être ainsi traité mais, pour se faire respecter, il a besoin d'alliés. La France, il doit bien le constater même s'il le regrette, n'a plus son poids d'antan. Mais vers qui se tourner ? Seul un pays important est susceptible d'apporter une aide appréciable. Pour de Gaulle, seuls les grands pays comptaient, contrairement à ce qu'il disait en public. Les dirigeants britanniques s'aligneront, selon lui, à peu près toujours sur ceux de Washington, seule l'Allemagne de l'Ouest est susceptible d'entrer dans un tel jeu. La partie ne s'annonce pas facile. La République fédérale est née de la volonté des Américains, elle compte sur eux pour sa sécurité. En outre, dès le lancement du plan Schuman, le chancelier Adenauer s'est révélé partisan d'une Europe supranationale. A priori, il est douteux qu'il change brusquement d'avis et de stratégie, d'autant plus que outre-Rhin le général n'a pas une bonne image, non point tant peut-être du fait de son rôle pendant la guerre qu'en raison de son opposition à la CECA et à la CED dont l'objectif était de réintroduire l'Allemagne de l'Ouest à égalité de droits dans le jeu international. La remise en cause de la coopération nucléaire entre les deux pays (entamée par les gouvernements de la IVe République) décidée dès le 17 juin 1958 a également produit une fâcheuse impression à Bonn. Mais, avec son intuition supérieure, de Gaulle devine qu'Adenauer est un homme avec lequel il pourrait s'entendre. Si européen qu'il soit, le chancelier a accepté le plan Schuman en 1950 contre l'avis des milieux d'affaires (qui redoutaient une intrusion du dirigisme français) parce qu'il avait vu que sur le plan politique, pour l'Allemagne vaincue, l'occasion était inespérée : l'intérêt, le rayonnement de son pays comptent pour lui. Par leur attachement à la tradition, leur univers mental, leur rigueur aussi, le Connétable et l'ancien maire de Cologne, persécuté par les nazis, sont en outre assez proches. Durant l'été 1958, le général lance donc l'opération séduction, avec d'autant plus d'ardeur qu'il s'agit pour lui de gêner les Américains qui considèrent la République fédérale comme l'élément clé de l'Alliance Atlantique et de la construction européenne. La suite est racontée par Adenauer dans un texte inédit, écrit à chaud, et conservé dans sa demeure de Rohndorf, sur les bords du Rhin, près de Bonn :

Au cours de l'été 1958, je reçus des visites d'hommes politiques qui prétendaient agir sur ordre de de Gaulle. Ils me pressaient de rendre visite à de Gaulle à Paris. Selon eux, je recevrais le meilleur accueil de sa part. Ils attiraient mon attention sur le fait que Macmillan et Foster Dulles étaient venus déjà en France. Je leur répondis qu'en tant que représentant d'un peuple vaincu, il m'était impossible d'effectuer cette visite dans la capitale française [...] Enfin, je vis arriver un certain M. Violet[23] qui affirmait être particulièrement proche de de Gaulle. Il me dit que de Gaulle me priait de lui rendre visite à Colombey-les-Deux-Églises, sur le chemin de mes vacances d'été à Cadenabia [...] J'acceptai. Le 14 septembre, je me rendis, en passant par Strasbourg, à Colombey.
J'étais très soucieux. Je pensai que de Gaulle et moi étions très différents par notre être et notre façon de penser et qu'il nous serait impossible de nous entendre. [...] Colombey-les-Deux-Églises est un village situé à cinq cents mètres d'altitude dans un environnement particulièrement austère et pauvre. La maison de de Gaulle date du siècle dernier, c'est une maison de maître, peut-on dire, avec quelques belles pièces au rez-de-chaussée, alors que les chambres à coucher, situées à l'étage supérieur, sont très modestes et petites. La demeure est entourée d'un grand jardin.
Le général me reçut avec beaucoup de prévenance ainsi que Mme de Gaulle. J'avais à mon côté le ministre des Affaires étrangères von Brentano et M. Carstens[24], du côté français, M. Couve de Murville et M. Joxe, secrétaire général au Quai d'Orsay. Après le repas, de Gaulle proposa que nos suites respectives aillent visiter Chaumont, à une quarantaine de kilomètres[25]. Il souhaitait que nous puissions discuter en tête à tête.
L'entretien entre le général et moi, qui dura plus de quatre heures et ne fut interrompu que par une promenade dans le jardin, eut lieu dans la bibliothèque, la pièce principale de la maison. Aux murs de très beaux rayonnages. Au cours d'une pause, j'eus l'occasion de jeter un coup d'œil sur leur contenu. Je fus surpris de la grande quantité de beaux livres qui s'y trouvaient — spécialement des ouvrages de caractère historique. Sur proposition de de Gaulle, nous n'avions qu'un seul interprète : le Français Mayer que je connaissais également. Il n'eut d'ailleurs à traduire qu'à peu près la moitié de l'entretien, car la maîtrise de l'allemand que possédait le général et ma connaissance du français permettaient entre nous un dialogue direct.
L'entretien porta sur les domaines les plus variés. Il se déroula d'une façon exceptionnellement ouverte, sans grande phrase ni verbiage. Nous étions en total accord dans notre analyse de la situation du monde. Nous étions aussi d'accord pour penser que la France et l'Allemagne devaient être liées par une étroite amitié qui, seule, pourrait sauver l'Europe de l'Ouest.
De Gaulle me confia qu'après l'effondrement du Reich, il avait craint, comme la plupart des Français, que l'Allemagne, une fois rétablie, ne prît sa revanche sur la France. C'est pourquoi en tant que président du Gouvernement provi-

soire (en 1944-1945), il avait œuvré en faveur d'un rapprochement entre la France et la Russie soviétique. Mais entre-temps, me précisa-t-il, il avait acquis la conviction que le peuple allemand ne nourrissait pas un tel désir de revanche. D'où son changement de politique ; sa volonté de tisser des liens étroits avec l'Allemagne pour se protéger de la Russie soviétique.

Je fus particulièrement intéressé par les remarques suivantes du général. « Ma tâche la plus difficile est de ramener sur terre, au sens des réalités, les Français nationalistes qui planaient dans leur ciel nationaliste. » Il évoqua aussi sa santé. « Le plus jeune de nous deux c'est vous, me dit-il. Je n'ai pas votre force physique et psychologique. » J'ai observé que, maintenant revenu aux affaires, il constaterait vite combien le travail lui donnerait vite de nouvelles forces. De Gaulle me parla des Anglais et des Américains. « Les Anglais ne sont pas des Européens ; précisément ce sont des Anglais. » Il se montra peu aimable envers les Américains. Selon lui, ils étaient encore très jeunes, non fiables et peu solides, et ils ne comprenaient rien à l'Histoire ni à l'Europe. Lors d'une promenade dans le jardin, il m'emmena à un endroit d'où l'on pouvait distinguer le paysage au-dessus d'une haie. Il me dit alors : « Aussi loin que votre œil puisse voir vous ne distinguez dans cette solitude pas une seule habitation humaine. Un pauvre territoire. »

En fin d'après-midi, les ministres des Affaires étrangères et leurs collaborateurs revinrent de Chaumont. Le dîner comme le déjeuner se passa d'une façon très simple et digne. Nous allâmes dormir très tôt. Pour ma part, je passai la nuit à la Boisserie dans une chambre petite et meublée simplement. Le lendemain matin, nous nous retrouvâmes. La conversation tourna autour de nos deux familles et de sujets généraux. Je partis après le petit déjeuner et fus salué tout au long de la route par des foules en délire.

J'étais très satisfait de cette visite. Je m'étais fait une tout autre image de de Gaulle et fus très agréablement surpris par sa simplicité. Je lui ai d'ailleurs dit, lors de l'après-midi où nous nous sommes retrouvés seuls, que j'étais heureux d'avoir rencontré un homme si différent de ce que j'avais cru. Nous allions, lui ai-je dit, travailler bien et en confiance.

Rarement de Gaulle aura été plus habile que lors de cette rencontre de Colombey. En recevant le chancelier chez lui, où aucun dirigeant n'a jamais été admis, il l'a distingué et honoré. Adenauer a été rassuré par cet univers bourgeois, provincial, traditionaliste ; il s'est senti en pays de connaissance. En admettant, fait rarissime, avoir commis une erreur après la guerre en négociant avec Staline le pacte de 1944 contre l'Allemagne, le général a en outre acquis la confiance de son partenaire. Le chancelier n'a pu qu'être heureux d'entendre des propos aussi raisonnables que ceux-ci :

« Le peuple français a traversé une grave maladie. Il a été un grand peuple Il s'est surtout cru très grand. Il s'est cru la vedette du monde. Il est vrai qu'il l'a été souvent. Mais il ne s'est pas adapté à la situation réelle. Il ne se console pas de ne plus être cette vedette. C'est pourquoi nous avons le communisme et l'anarchie intellectuelle dans beaucoup de milieux. La France doit trouver un nouvel équilibre moral, fondé sur des réalités nouvelles, pour redevenir une nation cohérente [26]. »

La conversation sans doute a porté sur des généralités, rien de concret n'a été décidé mais le contact s'est révélé très positif. Point important pour de Gaulle : le chancelier a exprimé une vision de la situation internationale compatible avec la sienne :

> « Les Américains ont beaucoup et généreusement aidé l'Europe mais ils sont trop rapides dans leurs bons comme dans leurs mauvais réflexes.[...] Nous devons donc rendre l'Europe indépendante des États-Unis.[...] L'URSS n'est plus un pays communiste. C'est une dictature asiatique.[...] L'OTAN nous a rendus malheureux [*sic*]. Je ne suis d'ailleurs toujours pas satisfait. »

A priori le terrain paraît donc favorable à la poursuite d'un rapprochement. Treize ans après la fin de la guerre, la rencontre en tout cas frappe les esprits et contribuera pour beaucoup à asseoir la crédibilité du général en matière internationale.

Après cette réussite diplomatique, le moment est propice pour aborder le problème de l'Alliance Atlantique. Le 24 septembre, dans le plus grand secret, de Gaulle adresse donc au président Eisenhower et à Harold Macmillan un mémorandum sur le sujet. Ses propositions stupéfient ses interlocuteurs. Il suggère en effet une coordination étroite des politiques des trois pays, sur un pied d'égalité et bien au-delà du champ d'application du Pacte Atlantique. Les sujets stratégiques d'importance majeure, en particulier l'utilisation de l'arme atomique, devraient faire l'objet de décisions conjointes. En réalité la France exige un droit de veto. Dulles en aura confirmation plus tard. Non formulée, l'idée du directoire atlantique est sous-jacente à cette proposition : aux yeux du général le monde doit être dirigé par les grandes puissances.

Avant même que l'affaire ne soit connue, en particulier par les articles d'André Fontaine dans *Le Monde* des 11 et 12 novembre, les Américains sont décidés à refuser la proposition du général. Comme l'indique une note du Département d'État, le 25 octobre, ils redoutent d'abord les effets qu'une telle initiative pourrait avoir parmi les alliés de l'Amérique . si chacun veut dire son mot en une matière aussi sensible, la conduite des opérations deviendra impossible. Au cours d'une conversation avec le secrétaire d'État Dulles, le président Eisenhower insiste pour que l'affaire soit réglée au niveau du sous-secrétaire d'État et que, dans l'hypothèse d'une discussion, on fasse bien ressortir que son objectif serait de parler du plan et non de sa mise en application. Revenu de son enthousiasme, Dulles estime, pour sa part, que de Gaulle veut surtout attirer l'attention :

> J'incline à penser, écrit-il, que le mieux serait de demander aux Français ce qu'ils veulent exactement. Je pense que de Gaulle veut cristalliser une relation tripartite. Il me dit une chose. Il dit des choses différentes aux autres. Il veut rendre le monde témoin de l'émergence graduelle de la France en tant que grande puissance. Il acceptera tout ce qui servira ce dessein. En revanche il sera beaucoup plus embarrassé si nous lui demandons ce qu'il veut exactement[27]

Dulles voit assez juste. Pour autant, il ne soupçonne probablement pas le véritable dessein du président du Conseil français. En réalité, celui-ci est déjà décidé à quitter l'OTAN :

Le mémorandum de 1958 n'était qu'un procédé de pression diplomatique, dira-t-il en mars 1959. Je cherchais alors un moyen de sortir de l'Alliance Atlantique et de reprendre une liberté qui avait été aliénée par la IVe République au moment de la signature du traité de l'OTAN. Alors j'ai demandé la lune. J'étais sûr que l'on ne me l'accorderait pas. Ce n'était pas la peine d'y compter : ils me la refuseront toujours. Les Anglo-Saxons voudraient pouvoir employer la force à leur guise et ils ne veulent pas de nous à cause de cela. Ce qu'ils veulent c'est nous dominer.

Tenus devant quelques journalistes et l'un de ses collaborateurs, rapportés par Raymond Tournoux dans *La tragédie du Général*[28], confirmés par Pierre Viansson-Ponté[29], ces propos n'ont jamais été démentis. Mieux, ils seront authentifiés en 1966 par Maurice Couve de Murville qui, interrogé lors d'une campagne électorale par l'écrivain Alfred Fabre-Luce, précisera avoir eu connaissance, dès 1958, de la volonté du général de quitter l'OTAN. Au demeurant, quelque temps plus tard, le général tiendra un langage particulièrement net à l'ambassadeur de Grande-Bretagne sir Gladwyn Jebb : « De toute manière la France ne restera pas dans l'Alliance telle qu'elle est[30]. »

Le pragmatisme du général est souvent souligné et parfois hors de propos. Ce qui frappe dans toute cette affaire, c'est plutôt l'inverse : une étonnante obstination dans la poursuite d'un grand dessein. À peine revenu au pouvoir, de Gaulle est bien décidé à réaliser son rêve de toujours, vraisemblablement antérieur à la Seconde Guerre mondiale : contrer la puissance américaine, rendre à la France son indépendance et sa grandeur. Faute de moyens, il est obligé pour l'instant de composer mais, en attendant l'instant favorable, il prend la meilleure pose, décidé à laisser aux Américains la responsabilité d'une rupture.

L'initiative confirme aussi qu'au-delà des concessions tactiques de Gaulle est resté fidèle à son credo : les rapports de force sont le moteur exclusif de la vie internationale ; pour jouer un rôle il faut posséder un certain poids et une longue histoire. Reçu le 25 septembre à Matignon, Paul Henri Spaak entendra d'ailleurs le général lui expliquer très cyniquement sa vision des choses, spécifier en particulier que la Grande-Bretagne, dans le mémorandum français, n'a été citée que pour mémoire :

Le général de Gaulle a répondu qu'il fallait en revenir aux principes et notamment à celui selon lequel seules les grandes puissances mondiales peuvent définir une politique mondiale. En l'occurrence, cette politique devrait être déterminée, pour ce qui concerne le monde libre, par les trois grandes puissances occidentales : États-Unis, Grande-Bretagne et France. Mais comme les Américains et les Anglais se sont jusqu'à présent montrés hostiles à une telle façon de faire, il en résulte qu'il n'y a pas de politique mondiale de l'Occident. Pour ce qui est plus particulièrement de l'OTAN, il faudrait que ce fût la France, l'Allemagne et l'Italie qui définissent la politique commune de l'OTAN. M. Spaak ayant demandé pourquoi la Grande-Bretagne serait tenue à l'écart, le général a répondu qu'il ne demandait pas mieux qu'elle soit associée, mais que, d'une manière générale, l'Angleterre ne participait aux consultations que pour les freiner et ou en entraver le progrès, qu'elle restait insulaire et qu'enfin elle était détournée de l'Europe par ses obligations envers le Commonwealth. La réalité est donc qu'il incombe à la France, à l'Allemagne et à l'Italie de définir la politique commune de l'OTAN, faute de quoi cette organisation demeurera un aréopage sans efficacité[31]

Paul Henri Spaak n'a donc pas tort de souligner dans un mémorandum, quelques semaines plus tard, que le système proposé par le général fait bon marché des intérêts des pays moyens tels que les Pays-Bas, le Portugal ou la Belgique et donc ruinerait l'Alliance Atlantique :

Je suis convaincu que ni l'Italie, ni l'Allemagne ne marqueront jamais leur accord à ces idées et, plutôt que de se soumettre à un directoire mondial dont elles seraient exclues, elles reprendraient leur liberté complète avec tous les dangers que cela représente à la fois pour l'Europe et pour la cohésion du monde occidental. Je ne vois pas non plus que les petits pays de l'Alliance, s'ils étaient privés de l'instrument de discussion et de concertation que représente pour eux l'OTAN et qui constitue la seule possibilité de défendre leurs idées et leurs intérêts, plutôt que d'accepter les directives de directoire, se réfugieraient dans la neutralité[32].

À l'intérieur de l'Hexagone, les résultats des premier mois de gouvernement sont plus tangibles. On peut même dire qu'en trois mois, d'octobre à la mi-décembre, la France, sous l'égide de de Gaulle, va vivre une véritable révolution tant constitutionnelle que politique, économique et sociale.

Le mandat des députés élus en 1956 ayant pris fin avec le résultat positif du référendum constitutionnel, une nouvelle Assemblée doit d'abord être élue, les 23 et 30 novembre. Le mode de scrutin n'ayant pas été fixé par la Charte fondamentale, conformément à la tradition parlementaire française, c'est au général qu'il revient de le choisir. Alors qu'il avait opté en 1945 en faveur de la représentation proportionnelle, il impose cette fois le scrutin uninominal majoritaire à deux tours, qui a la réputation d'atténuer le rôle des partis et de limiter les variations du corps électoral. De Gaulle, qui est d'ores et déjà décidé à succéder à René Coty, espère ainsi pouvoir rester au-dessus des « factions », inclure en particulier dans la nouvelle majorité des socialistes. En termes très nets, Georges Pompidou, en l'occurrence porte-parole du chef du gouvernement, le dit d'ailleurs à un diplomate américain trois jours avant le scrutin :

Je prévois une petite opposition de gauche d'un côté de la nouvelle Assemblée, peu de communistes et une petite opposition de droite à l'autre extrémité. Entre les deux, une large majorité du Parlement, allant des socialistes aux modérés, pourrait soutenir la politique du général de Gaulle. À mon avis, il est inévitable que le nouveau gouvernement comprenne des socialistes aussi bien que des modérés. Cela peut, je le sais, créer certaines difficultés, en particulier dans le choix de la politique économique[33]

Telle est bien, à quelques nuances près, la situation qui sort des urnes à l'issue du premier tour. Traditionnellement fort en France le clivage gauche-droite subsiste mais s'estompe. Le Parti communiste perd environ 30 % de ses électeurs (3 850 000 contre 5 millions en 1956). La

SFIO résiste mieux, surtout dans ses fiefs traditionnels de province. Le Parti radical est presque éliminé de la vie politique. Le MRP maintient à peu près ses positions. Ceux qui se réclament officiellement du général – bien que celui-ci ait interdit l'utilisation de son nom même sous la forme d'un adjectif – se taillent la part du lion. Regroupés sous le sigle UNR-UDT (Union pour une nouvelle république-Union démocratique du travail, qui réunit les gaullistes dits de gauche), ils triomphent littéralement au second tour, tandis que leurs alliés indépendants enregistrent eux aussi un joli succès. Avec respectivement 198 et 133 élus, les deux formations dominent l'Assemblée. La gauche est réduite à la portion congrue : 10 communistes, 44 socialistes, 23 radicaux. De Gaulle est-il satisfait du résultat ? Sans doute pas autant qu'on pourrait le croire. S'il n'a rien fait pour désavouer ses partisans, l'élection de cette Chambre introuvable ne le réjouit pas particulièrement. S'il accepte les commodités de ce que l'on va appeler le « fait majoritaire », il sait que l'union la plus large possible est indispensable, non seulement en raison de l'acuité du problème algérien mais de l'ampleur des réformes en cours.

L'autorisation de légiférer par ordonnances ayant été donnée pour quatre mois à compter d'octobre, les textes tombent en rafale, à telle enseigne que l'on a pu comparer cette courte période à celle du Consulat durant laquelle Bonaparte fit surgir la France moderne. Les plus importantes de ces ordonnances portent modification du statut d'organisation du Comité constitutionnel. Des ordonnances capitales concernent aussi la réforme des études médicales[34].

Les ordonnances relatives à l'économie comptent enfin au nombre des actes fondateurs de la Ve République. Le général y prend une part déterminante. Sans être aussi catastrophique que le prétendront certains de ses partisans, la situation financière qu'il trouve à son retour au pouvoir est préoccupante. Trois points noirs doivent être à l'évidence traités : le déficit budgétaire, un taux d'inflation trop élevé, l'épuisement progressif des ressources en devises étrangères. Plusieurs gouvernements de la IVe République s'étaient essayés à y porter remède, sans grand succès. Félix Gaillard avait pris les problèmes à bras-le-corps, mais le temps lui avait manqué. L'urgence est d'autant plus impérieuse qu'en vertu du traité de Rome la France s'est engagée à amorcer une baisse des droits de douane.

Dans l'immédiat, il faut donc résoudre un très délicat problème de trésorerie. Pour cela le général utilise pleinement la réputation de son ministre des Finances, Antoine Pinay, qui, sous la IVe République, a émis un emprunt fameux, célèbre aussi pour les exonérations fiscales assez singulières dont bénéficiaient les souscripteurs[35]. Dès son arrivée rue de Rivoli, l'ancien président du Conseil lance donc un nouvel emprunt à 3,5 %, indexé sur l'or comme ses devanciers et comportant les mêmes avantages fiscaux. En matière économique de Gaulle sera souvent dirigiste, colbertiste, mais toujours avec pragmatisme. Après la Libération il avait ainsi préféré Pleven, le souple, à Mendès, le chantre de l'austérité. Douze ans plus tard, il procède à un choix du même ordre, avec une arrière-pensée identique : rassurer les classes moyennes. Il y réussit d'ailleurs pleinement. Annoncé dès le 10 juin, ouvert le 17, l'emprunt est un plein succès : en huit jours 72,6 tonnes d'or entrent à la Banque de France. Sans inflation, la trésorerie est, au moins provisoirement, assurée, et le programme des importations n'est pas remis en cause. Tous les problèmes ne sont pas réglés, loin s'en faut, mais le péril le plus immédiat est écarté.

Reste à agir plus en profondeur, à préparer les réformes assez ambitieuses. C'est la tâche à laquelle va s'atteler, à la demande du général, le célèbre économiste libéral Jacques Rueff. Dès le mois de juillet 1958, celui-ci a eu l'intuition que le retour au pouvoir du général de Gaulle pourrait créer les conditions du consensus national indispensable au succès d'un plan de redressement financier. Décidé à s'attaquer en priorité à l'inflation, « mal français par excellence », il préside avec une très grande autorité les travaux d'un comité qui porte son nom, curieusement secret à l'origine, et dont la mission première est de procéder à une sorte d'état des lieux de l'économie.

Aux côtés de Raoul de Vitry, président de Pechiney, de Jean Guyot, proche de Jean Monnet, associé gérant de Lazard Frères, de L.J. Gignoux, membre de l'Institut, de M. Lorain, président de la Société générale, le comité réunit des hauts fonctionnaires comme Salter, sous-gouverneur de la Banque de France, Brassart, président de la section des Finances du Conseil d'État. Entre Rueff et ces derniers, acquis en général aux théories keynésiennes y compris au caractère inéluctable de l'inflation, l'échange est vif, souvent stimulant. Bientôt un rapport est prêt, rédigé de la main du président. Dans tout cela, Antoine Pinay ne joue pratiquement aucun rôle. Évoquant une réunion avec le ministre des Finances Jacques Rueff souligne : « J'eus l'impression qu'il fut stupéfait et ébloui par l'ampleur de la tâche accomplie et le caractère total du plan dont elle recommandait l'adoption. » Deux collaborateurs du général ont été en revanche très actifs : Roger Goetze, conseiller technique, et Georges Pompidou.

Le 8 décembre, le rapport est définitivement adopté, signé par tous les membres du comité. En fait, dès le 18 novembre, ce que l'on va appeler le plan Rueff a été approuvé, à l'issue d'une réunion au cours de laquelle de Gaulle reçoit l'économiste, entouré de Georges Pompidou, de Roger Goetze, du ministre des Finances Antoine Pinay et de Wilfrid Baumgartner, gouverneur de la Banque de France :

> À la fin de l'entretien, écrira Rueff, le général me dit brusquement : « Toutes vos recommandations sont excellentes. Mais si je les applique intégralement et qu'il ne se passe rien, aura-t-il valu la peine de bouleverser le pays ? » J'ai noté le soir même ma réponse : « Je vous affirme, mon général, que le plan, s'il est intégralement appliqué, rétablira en très peu de semaines l'équilibre de notre balance des paiements. De cela je suis absolument sûr ; j'accepte que l'opinion que vous avez de moi dépende entièrement du résultat obtenu[36]. »

L'objectif principal du plan, comme le général le soulignera dans ses *Mémoires*, est de juguler enfin l'inflation. Un ensemble de mesures est proposé afin de mettre fin au désordre des finances publiques. Dans cette perspective, Jacques Rueff préconise une limitation des dépenses, notamment une réduction du concours apporté par l'État à la couverture du déficit d'entreprises publiques ou de divers régimes de protection sociale. Par la majoration de certaines taxes (sur le vin, l'alcool, le tabac notamment), la hausse de plusieurs tarifs (gaz, électricité, transport, charbon, services postaux), la suppression enfin de nombreux régimes d'exonération, une augmentation des recettes est par ailleurs attendue.

Le deuxième objectif est d'ordre monétaire ; le plan vise à rétablir la confiance et par conséquent à fixer de manière incontestée la valeur du franc. « Seule, souligne Jean Guyot, une très large convertibilité permettra de tester la réalité et la durabilité de la nouvelle donne monétaire ainsi réalisée. L'établissement d'un franc lourd, par suppression de deux zéros dans toutes les stipulations en francs, est une base à couronner l'opération par une action psychologique[37]. »

Le troisième objectif, lié aux deux autres, est d'ouvrir la France vers la concurrence internationale. « Les mesures suggérées, souligne le rapport, ne seront sans dommage pour l'équilibre économique et n'auront leur plein effet sur le marché financier que si l'économie française est remise à nouveau en contact et en communication avec l'extérieur. » Cet objectif, de Gaulle l'approuve pleinement, comme l'attesteront ses *Mémoires* où il stigmatise les méfaits du protectionnisme. Si elle paraît aujourd'hui aller de soi, l'option à l'époque était décisive, et tout porte à croire qu'en la circonstance le général a été sensible aux arguments de Jacques Rueff, très au fait des réalités européennes en raison de sa présence durant sept ans à la Cour de justice des Communautés européennes. Maurice Couve de Murville soutiendra toujours aussi avoir plaidé dans le même sens. « L'adoption de la recommandation du comité relative au Marché commun, écrit Jean Guyot, se trouve ainsi établir un pont entre les deux grandes pensées politiques contemporaines, si souvent divergentes, celle de Jean Monnet et celle du général de Gaulle. »

De toutes les décisions prises par le général, celles-ci, d'ordre financier, sont, à coup sûr, parmi les plus importantes puisqu'elles détermineront l'orientation du nouveau régime dans différents domaines, pour plusieurs années. Elles sont aussi les plus critiquées. L'augmentation des impôts provoque de vives réactions, à droite comme à gauche, et Antoine Pinay n'est pas le dernier à dire son mécontentement. L'augmentation du SMIG dans les entreprises nationales, conforme aux vues sociales du général, suscite en particulier l'ire du ministre des Finances et de ses amis libéraux. « J'ai mis une heure à convaincre Pinay de ne pas démissionner », dira Roger Goetze[38]. Plus grave, ces mesures provoquent un début de crise politique. Les socialistes se déchaînent contre une orientation qu'ils jugent, eux, trop libérale. Au motif que la justice sociale est oubliée, Guy Mollet et ses amis songent à donner leur démission. Habilement de Gaulle leur fait valoir que le changement de régime leur donnera l'occasion de manifester leur désaccord, avec moins de conséquences dommageables. Il n'en reste pas moins qu'entre le général et le ministre d'État — qui a tout fait pour son retour au pouvoir — la lune de miel est bel et bien terminée. Comme dans chaque grande circonstance, de Gaulle ne s'est pas laissé arrêter par des revendications catégorielles, des récriminations plus ou moins intéressées. « Les Français crieront, et puis après... » dit-il alors souvent à son conseiller Roger Goetze.

Rétablir l'autorité de l'État, lutter contre les factions, telle est aussi la démarche du général en ce qui concerne l'Algérie, avec plus d'ambiguïté, il est vrai. Dès son retour à Paris après le fameux « Je vous ai compris », son souci premier a été de prendre ses distances de manière nette, voire brutale avec les membres du Comité de salut public, puissants auxiliaires lors de son retour au pouvoir. Désaveu de leur thèse ? En grande partie certainement. De Gaulle ne croit pas à l'intégration et, en privé, n'en fait pas mystère[39]. Mais surtout il ne veut dépendre de personne et empêche quiconque de parler en son nom ou au nom de la France — ce qui est d'ailleurs dans son esprit la même chose. Après la libération de Paris, il a déjà, on le sait, ramené à la raison, et surtout à l'ordre, ceux qui en province menaient l'épuration selon des conceptions toutes personnelles. Une fois encore, il fait preuve de la même inflexibilité. « Dès le milieu du mois de juin, il a rejeté avec hauteur une motion votée par le comité d'Alger, rappelle René Rémond, et la lettre qu'il a adressée à ce sujet au général Salan qualifiait l'initiative d'"incident fâcheux et intempestif"[40]. » Plus significatif encore : sous le couvert d'une promotion, Salan a été rappelé à Paris, alors que son rôle a été essentiel et que, par sa prudence, il a évité quelques faux pas. Après lui, le pouvoir militaire et le pouvoir civil seront bien scindés. Nommé commandant en chef le général Maurice Challe supervisera les opérations militaires. Haut fonctionnaire, proche de Jean Monnet, homme de dialogue et de haute conscience, Paul Delouvrier se verra attribuer les pouvoirs civils, avec le titre de délégué général.

Cette réorganisation achevée, le général prend à l'automne une initiative très remarquée et commentée dans différents sens. Le 3 octobre à Constantine, il propose un plan dont l'objectif avoué est de réduire l'écart entre les niveaux de vie des deux communautés, de vaincre le chômage et la misère. Des mesures sont prises pour scolariser la population musulmane et favoriser ainsi son intégration dans la fonction publique. D'autres dispositions sont encore plus ambitieuses. En particulier la distribution de certaines terres aux Algériens et un crédit de cent milliards, destiné, sur cinq ans, à favoriser l'implantation de l'industrie lourde.

Pour tenter de résoudre le problème algérien, de Gaulle a-t-il donc deux fers au feu, comme le prétendra Alain Peyrefitte ? Une telle précaution est assurément conforme à son caractère, et le plan de Constantine peut, a priori, paraître s'inscrire dans une telle perspective. Par ces mesures respectant le principe d'égalité entre les deux communautés, qu'il a revendiqué dès son accession au pouvoir, il semble donner des gages aux libéraux. En se lançant dans un programme d'investissement à long terme et coûteux, il paraît en revanche vouloir préserver la présence française. En réalité, domine surtout dans son esprit l'idée d'assainir la situation afin de négocier éventuellement, en position de force, et surtout d'éviter un abandon au FLN. Lors d'un voyage en Algérie, à la fin du mois d'août, sans doute a t-il rencontré des notables musulmans dont certains étaient, de notoriété publique, en contact étroit avec le FLN. Pour autant, on ne peut parler de rapprochement. De Gaulle veut simplement, semble-t-il, explorer la possibilité de bâtir une sorte de Commonwealth à la française où pourrait prendre place l'Algérie. « C'est pour l'Algérie que je fais la Communauté », a-t-il confié à plusieurs interlocuteurs lors de son voyage en Afrique noire au mois d'août. Pour le FLN, il n'y a donc rien de nouveau. Sa réplique sera, à l'automne, la constitution du Gouvernement provisoire de la République algérienne, présidé il est vrai par le modéré Ferhat Abbas.

Dans ses *Mémoires*. Edgar Faure rapporte que, le 14 juillet, de Gaulle lui a dit · « Voyez-vous, l'erreur la plus commune, par tous les hommes d'État, c'est de croire dur comme fer qu'il existe à chaque moment une solution pour chaque problème. Il y a pendant certaines périodes des problèmes qui n'ont pas de solution. » Bien que rapportée par un esprit particulièrement imaginatif, la remarque a toutes les chances d'être authentique. De Gaulle, à ce moment-là, sait surtout ce qu'il ne veut pas : un rétrécissement de sa liberté de manœuvre, et surtout un tête-à-tête direct avec le FLN qui équivaudrait à une reconnaissance *de facto*. Le 23 octobre, quand au cours d'une conférence de presse, il déclarera : « Que vienne la paix des braves et je suis sûr que les haines iront en s'effaçant », il ferme en fait la porte à tout dialogue, ne laissant au FLN d'autre issue que de se soumettre, ce que celui-ci refusera en opposant une sèche fin de non-recevoir à la proposition.

Plus que jamais en cette période le général est soucieux de ne pas engager l'avenir, d'être dans la meilleure ou la moins mauvaise position possible en cas de négociation. En témoignent, avec les confidences rapportées par Edgar Faure, ces propos, soigneusement distillés par Georges Pompidou à un diplomate américain en novembre :

« La solution du problème algérien ne peut être que soit l'indépendance soit l'assimilation. L'intégration, telle qu'elle est généralement conçue, est impossible. D'un autre côté, une Algérie complètement séparée de la France serait une Algérie perdue pour l'Occident. C'est une dangereuse illusion de croire que l'influence française peut être remplacée par une influence occidentale par le biais d'une aide étrangère ou de crédits. Le jour où tous les liens avec la France seront rompus et la majorité des Français d'Algérie rapatriés, l'influence occidentale se désintégrera dans toute l'Afrique du Nord et l'attraction du Caire et des pays de l'Est deviendra irrésistible. Je considère que le FLN a fait une grosse faute en n'acceptant pas l'offre de négociation du général. Je pense que le FLN a craint qu'en acceptant la proposition de de Gaulle ses positions militaires ne s'effondrent de manière dramatique et que

les combattants du FLN ne voient pas de raison de continuer à combattre. Personne ne veut être le dernier mort avant l'armistice.
[...] Le drame est qu'il n'existe aucun responsable algérien avec lequel les Français pourraient traiter. Parmi les chefs du FLN aucun ne commande vraiment le respect. Ils sont davantage suivis pour leurs propres troupes que par la masse des Algériens. Il y a quelques semaines chacun pensait que Farès était l'homme qui pourrait résoudre le problème algérien. Chacun parle maintenant de Ben Bella[41]. »

De tout cela, il résulte que de Gaulle vraisemblablement n'a pas choisi. Sa position tient en deux mots : il veut éviter que le FLN soit l'interlocuteur unique. Il souhaite d'autre part créer un autre climat en Algérie. Son atout est d'être maintenant seul maître du jeu. Très vite, il a fait comprendre à René Coty que le changement de régime devait se traduire par l'arrivée d'un nouveau chef de l'État[42]. Le dernier chef de l'État de la IVe République s'est donc effacé, et, le 21 décembre, le Congrès a élu Charles de Gaulle président de la République et de la Communauté – 78,5 % des grands électeurs se sont portés sur son nom. Pour la forme, deux concurrents lui ont été opposés : le communiste Maranne et un universitaire, M. Chatelet, porte-parole du reste de la gauche, tétanisée depuis le 13 mai.

XXVII

ESQUISSE D'UN DESSEIN

« Le premier des Français est désormais le premier en France. » C'est par ces mots qui ressemblent à une lapalissade que René Coty accueille à l'Élysée Charles de Gaulle, le 9 janvier 1959, à l'issue d'une cérémonie d'investiture réunissant les corps constitués et les ambassadeurs étrangers en poste à Paris. Le général n'a pu refuser cette transmission des pouvoirs mais tout indique qu'il l'a acceptée à contrecœur. Quelques jours auparavant, un incident très significatif de son état d'esprit a eu lieu :

> À l'approche du jour J, révèle Pierre Lefranc, à l'époque son chef de cabinet, le général Catroux, grand chancelier de la Légion d'honneur, m'avait fait savoir qu'il souhaitait, selon l'usage, remettre au nouveau chef de l'État les insignes de grand-croix et le reconnaître en tant que grand maître de l'ordre. J'ai fait part, bien entendu, de ce vœu au général qui s'y est opposé avec véhémence : pour lui, tout était réglé depuis la Libération.
> Devant une telle détermination j'ai été obligé de prévenir le général Catroux. Mais celui-ci n'a rien voulu entendre ! Le général de Gaulle a été obligé de s'incliner[1].

Aux yeux du général, il ne saurait y avoir d'autre légitimité que celle que confère l'Histoire, en l'occurrence celle qu'il a acquise le 18 juin 1940, la seule fonction du scrutin qui l'a porté à la magistrature suprême étant d'avoir raffermi le lien de confiance avec la nation. De cette conception, il ne se cache d'ailleurs nullement. « Guide de la France et chef de l'État républicain, j'exercerai le pouvoir suprême dans toute l'étendue qu'il comporte désormais », a-t-il déclaré dans une allocution radiodiffusée le 28 décembre 1958. Par rapport à la tradition des Républiques défuntes, la rupture est totale : l'emploi volontaire de termes comme « guide », peu apte à séduire les desservants des anciens régimes, le dit plus encore que les intentions affichées. Celles-ci au demeurant existent. « De Gaulle, écrit très bien Lucien Jaume, poursuit une idée de l'État dont l'aspect essentiel pourrait s'énoncer ainsi : la République, au moins en France, n'est ni authentique ni complète tant que l'État républicain ne se dote pas d'une tête[2]. » Peu importe en définitive la forme du régime. Dans l'absolu, chacun le sait, ses préférences allaient à la monarchie. Pour autant une République réformée, rénovée, le satisfait pleinement. L'essentiel est que soit respecté ce principe formulé par Paul Valéry : « Pour gouverner, il faut un moi. »

Dans le climat de ce début de 1959, cette conception ne suscite pas de réactions aussi vives qu'on pourrait le craindre. Alors que le problème algérien n'est pas encore en voie de résolution, nécessité fait loi. Si opposé qu'il ait pu être au plan Rueff, Guy Mollet, républicain irréprochable, approuve la Constitution :

> « Le fait que l'on puisse faire des critiques, confie-t-il à des diplomates américains, montre que la démocratie est préservée en France. Le pays est fondamentalement entre les mains de de Gaulle. Il se comporte comme une sorte de monarque et étant donné le profil de l'assemblée qui a été élue il doit malheureusement continuer à agir ainsi. Si les résultats avaient été différents, les relations entre le chef de l'État et les autres organes de l'État auraient probablement été assez différentes. La gauche française n'a d'autre espoir que de voir de Gaulle persévérer dans cette voie. Ce combat est plein d'ironie mais vrai[3]. »

À ces considérations s'ajoute le fait que la majorité, précisément parce qu'elle est très large, est jugée fragile. « L'UNR, souligne encore Guy Mollet, ne représente rien en termes d'organisation cohérente. Je ne vois aucun homme s'imposer pour demain dans cette masse, sauf parmi des inconnus. » Sémillant jeune inspecteur des Finances, tout récemment promu secrétaire général de l'UNR, Albin Chalandon partage à peu près ce point de vue : selon lui, on peut estimer qu'au sein de cette Chambre incontournable vingt à trente députés ne resteront pas fidèles à de Gaulle, les défections risquant d'affecter la fraction la plus à droite[4].

Concrètement, le changement institutionnel, l'arrivée à l'Élysée de Charles de Gaulle, les vicissitudes de l'heure et la présence au Palais-Bourbon de cette énorme majorité se conjuguent pour provoquer une mutation majeure dans le fonctionnement de l'État. Désormais la présidence de la République est au centre de tout, rien d'important ne se fait ou ne se décide sans l'aval du chef de l'État ou de ses collaborateurs les plus proches. Conséquence de cette transformation, les structures de la présidence de la République sont profondément modifiées. Sous la IIIe et la IVe Républiques, les présidents dépourvus de pouvoirs réels, sauf en politique étrangère, n'avaient qu'une maison des plus restreintes. Tel n'est plus le cas a partir de 1959 : avec quelques variations, les services de la présidence comprendront environ une trentaine de personnes.

Le collaborateur le plus important du chef de l'État est le secrétaire général de la présidence. L'impulsion de l'action gouvernementale venant dorénavant de l'Élysée, il lui revient de servir d'intermédiaire entre le général et beaucoup de ses interlocuteurs. Pour ce poste de confiance, de Gaulle a choisi un fidèle entre les fidèles, Geoffroy de Courcel, celui-là même qui l'a accompagné à Londres le 17 juin 1940. Ce gaulliste historique du tout premier cru n'est heureusement pas un féal : il l'a prouvé pendant la guerre en allant se battre courageusement en Afrique. Il accomplira sa mission avec élégance et tact en évitant autant que possible que ses services ne deviennent une sorte de supergouvernement. Fatalement, il n'y réussira pas toujours. De notoriété publique, les affaires algériennes seront à partir de 1959 directement suivies à l'Élysée. Pour l'assister, contrôler les rouages de l'État, assurer la liaison avec les ministères les plus importants (Justice, Intérieur, Finances, Affaires étrangères, Éducation nationale), le secrétaire général aura à ses côtés quatre conseillers techniques, l'un traditionnellement membre du Conseil d'État, l'autre de l'inspection des Finances, un autre encore issu du Quai d'Orsay, le quatrième étant toujours un universitaire.

Parallèlement, le cabinet du président de la République assure le fonctionnement interne de la présidence. Pour le diriger le général a fait appel à un homme qu'il connaît également de longue date : René Brouillet qui, en 1945, a introduit Georges Pompidou dans les premiers cercles du gaullisme. René Brouillet exercera lui aussi ses fonctions avec un doigté très sûr, entouré d'une dizaine de chargés de mission (auxquels s'ajoutent des officieux de rang plus modeste).

Autre conséquence de la présidentialisation du régime : le gouvernement émane du chef de l'État, lui seul est maître en dernier ressort de sa composition. Cette subordination, de Gaulle la marque avec éclat le jour même de son investiture en nommant Premier ministre Michel Debré. Ce choix, qui ne surprend personne — le nom du garde des Sceaux circule dans les salles de rédaction depuis des semaines —, signifie clairement que l'indépendance ne sera pas la qualité la plus appréciée à l'Élysée dans l'exercice de la fonction. S'il est loin d'être un gaulliste de la première heure, Michel Debré est un partisan enthousiaste, voire frénétique du général. Membre du Conseil d'État, il est aussi ardemment républicain que son père, le grand pédiatre Robert Debré, mais ses convictions, alliées à un réformisme sincère et à la passion du service public, s'accommodent sans problème de la personnalisation du régime voulu par l'homme du 18 juin. Dans une certaine mesure, on peut même dire que Michel Debré est plus gaulliste que de Gaulle. Sous la IVe République, il s'est notamment distingué par la vigueur de ses attaques contre la construction européenne. Seul son attachement passionné à l'Algérie française risque, un jour, de poser des problèmes au général. Celui a-t-il vraiment regretté, comme l'assurent ses proches, de voir élue une énorme majorité à sa dévotion ? Le choix de Michel Debré semble plutôt prouver qu'il recherche avant tout un exécutant fidèle. Quelles que soient les qualités et les mérites de l'impétrant, la fonction de Premier ministre ne peut s'en trouver valorisée.

La composition du gouvernement confirme cette première impression. Le Premier ministre perd à peu près toute liberté de manœuvre : l'Élysée lui impose ses principaux ministres. Dans la hiérarchie, Jacques Soustelle est le second, un rang protocolaire dissimulant mal sa perte de crédit auprès du chef de l'État. À défaut d'être

Premier ministre — sans doute son rêve secret — il aurait souhaité obtenir l'Intérieur, mais ce vœu se heurte à celui du général qui souhaite maintenir à ce poste Jean Berthoin. Il a donc des attributions assez secondaires : les DOM-TOM, le Sahara, la Recherche atomique. Encore a-t-il failli déclarer forfait en dernière minute, heurté par des rumeurs selon lesquelles Ben Bella, capturé en octobre 1956, pourrait être libéré[5].

Pour le reste, les technocrates l'emportent de loin sur les politiques, selon le vœu du général, volontiers fidèle au vieux principe : « le plus ancien dans le grade le plus élevé ». Déjà très à l'aise dans son nouvel office, Maurice Couve de Murville reste au Quai d'Orsay ; haut fonctionnaire, Pierre Guillaumat prend en charge les Armées. Venu de la même sphère, bien qu'il soit officiellement socialiste, André Boulloche se voit confier l'Éducation nationale. Préfet, Pierre Sudreau devient de son côté ministre de la Construction, tandis que Jean-Marcel Jeanneney, agrégé de droit, est à l'Industrie. Bernard Chenot conservant la Santé publique et Pierre Chaberet, préfet, étant nommé secrétaire d'État auprès du Premier ministre, sept techniciens se trouvent investis des plus hautes responsabilités — huit si l'on considère qu'André Malraux, ministre des Affaires culturelles, peut être rattaché à cette catégorie.

Au titre des politiques figurent trois ministres d'État : Félix Houphouët-Boigny, Louis Jacquinot (Indépendant) et Robert Lecourt (MRP). Edmond Michelet à la Justice, Antoine Pinay aux Finances, le MRP Robert Buron aux Travaux publics et aux Transports, Roger Houdet à l'Agriculture, Paul Bacon (MRP) au Travail, Raymond Triboulet aux Anciens Combattants, Roger Frey (un gaulliste venu de Nouvelle-Calédonie qui a fait ses classes au RPF) à l'Information complètent cette équipe politique, exclue à l'évidence des postes de grande responsabilité. Parmi les secrétaires d'État, Mlle Nafisa Sid Cara représente la communauté musulmane. À ses côtés siègent quatre autres politiques : l'industriel Max Fléchet, ami d'Antoine Pinay, le démocrate-chrétien Joseph Fontanet, le gaulliste Michel Maurice-Bokanowski et un tout jeune parlementaire indépendant qui fera beaucoup parler de lui : Valéry Giscard d'Estaing.

La marque du général est d'autant plus forte que les attributions de chacun ont été fixées par lui et que les conseils de cabinet — pratique courante quand il était à Matignon — sont immédiatement supprimés. Sauf exception, rarissime, le gouvernement ne peut se réunir hors de la présence du président de la République. De tout cela, il résulte que les deux têtes de l'exécutif tendent à se confondre. Dans un contexte aussi difficile, le général estime que toute autre solution est impossible. « Un Premier ministre indépendant, observait Georges Pompidou à l'automne, ne pourra exister que lorsque les problèmes les plus importants auront été réglés. À ce moment-là, le gouvernement pourra être soit de centre-droit, soit de centre-gauche. » Très logiquement et intelligemment, Georges Pompidou a d'ailleurs tiré les conséquences de cette situation : certain, selon plusieurs de ses proches, dont Olivier Guichard, d'être un jour Premier ministre, il a préféré retourner à la banque Rothschild tout en occupant un siège au tout nouveau Conseil constitutionnel.

Le changement est aussi marqué par des interventions publiques nombreuses du chef de l'État et une action constante auprès de l'opinion. Comme toujours, la meilleure arme du général est le Verbe, par lequel il court-circuite les milieux traditionnels et noue avec les Français un dialogue direct. Au début, il est loin de maîtriser l'usage des médias, surtout la télévision dont il a été écarté durant la IVe République. Armé d'épaisses lunettes, il lit maladroitement ses discours. Mais bientôt, conseillé par le publicitaire Marcel Bleustein-Blanchet, il sollicite l'avis de comédiens, abandonne ses besicles, et fait merveille sur le petit écran. Dès qu'il arrive à l'Élysée, sa technique de communication s'enrichit également d'un nouveau genre où il excelle : la conférence de presse à grand spectacle — tous les ministres convoqués et disposés en rangs d'oignon. À l'avenir, la vie politique sera ponctuée par ses grand-messes à l'occasion desquelles personne ne s'étonne que l'orateur ait suscité d'évidence des questions et n'ait pas répondu à certaines. Dernier mode de communication inédit : le tour de France des provinces, entamé dès le 14 février 1959 par une visite dans le Sud-Ouest. Avant la fin de l'année seront également parcourus le Berry et la Touraine, en mai ; le Massif central, en juin ; le Nord et le Pas-de-Calais, en septembre ; l'Alsace, en novembre. Au cours de ses tournées, le général reçoit les notables, s'adresse aux populations rassemblées, exalte le génie de la région visitée. « Tout lieu par lequel passe de Gaulle, soulignera ironiquement Jean-François Revel, se trouve à ce moment, transfiguré, hissé à l'altitude d'un centre d'importance mondiale[6]. » Parfois sa verve s'épuise, par exemple lorsqu'il salue « Fécamp, port de mer et qui entend le rester », mais le rituel qui peu à peu s'établit va contribuer pour beaucoup à maintenir vivant le lien qu'il entretient avec la population.

L'autorité détenue par le général est d'autant plus forte que les contre-pouvoirs sont plus nombreux et plus faibles au sein de la nouvelle configuration institutionnelle. Du fait de l'élection d'une majorité très large, l'Assemblée nationale joue, pour l'instant, au moins, un rôle assez formel. Contrairement au vœu de de Gaulle qui, en dépit des souvenirs de juin 1940[7], souhaitait voir Paul Reynaud accéder au perchoir, Jacques Chaban-Delmas — conscient du handicap constitué par sa participation à de nombreux gouvernements de la IVe République — a certes réussi, lors de la première réunion de l'Assemblée, le 9 décembre 1958, à se faire élire président au scrutin secret. Mais cette manifestation d'indépendance timide apparaît sans grandes conséquences. Au demeurant, dans son discours programme, en janvier, Michel Debré, relayant un désir exprimé par le chef de l'État dans un message au Parlement, exhorte les députés à s'abstraire des intérêts de clan, de classe et de parti. « La dépolitisation de l'essentiel national est un impératif majeur », souligne-t-il. En application de ces principes et des théories du général, aucun vote de confiance n'a été demandé à l'Assemblée après la constitution du gouvernement ; il est donc entendu explicitement que celui-ci n'émane que du chef de l'État.

Dans ces conditions, les contre-pouvoirs se trouvent essentiellement en province et au Sénat. Les 8 et 15 mars, les élections municipales, malgré l'adoption du scrutin majoritaire, font nettement apparaître une bonne résistance des partis traditionnels, y compris le Parti communiste (qui regagne environ la moitié des voix perdues en novembre). Le 26 avril, le résultat des élections sénatoriales confirme cette tendance. Le Sénat bénéficie alors d'une autorité renforcée. De Gaulle d'abord lui a rendu son nom et par là même une partie de son lustre. En outre, battues aux législatives du fait de la vague gaulliste, des personnalités de premier plan comme François Mitterrand, Edgar Faure, Jacques Duclos ou Gaston Defferre y font leur entrée. À cette occasion, Gaston Monnerville est réélu président et, bien qu'il ait été assez conciliant lors des événements du 13 mai, il se révèle de plus en plus hostile à la personne du général. Si curieux que cela puisse paraître, Gaston Monnerville le soupçonne de racisme et craint qu'il ne veuille l'empêcher, lui, l'homme de couleur, né en Guyane, de réaliser son rêve secret : devenir président de la Communauté. Dans ses notes inédites, il rapporte ainsi que peu de temps auparavant de Gaulle s'est opposé à la création d'un poste de vice-président de la Communauté, de crainte de voir Félix Houphouët-Boigny en devenir le premier titulaire. Alors que Pierre Pflimlin, toujours selon Monnerville, avait exprimé son refus de voir un homme de couleur accéder à cette fonction, le général serait resté silencieux. « Qui ne dit mot consent », conclut, sans autre forme de procès, le président du Sénat qui a de plus en plus le sentiment d'être trahi. « J'ai toujours eu en horreur le mensonge, note-t-il dans ses carnets[8], cela tient certainement à mon tempérament mais aussi à l'éducation que j'ai reçue. Surtout de ma mère. La conséquence fut que je ne témoignais pas d'estime à ceux qui me trompaient en dissimulant la vérité. De Gaulle fut de ceux-là. » Désormais le général n'aura pas d'adversaire plus déterminé que ce Guyanais aussi attaché à la mère patrie que farouchement républicain.

À terme, lorsque le contexte politique sera moins tendu et le problème algérien en voie d'être résolu, cette concentration des pouvoirs apparaîtra malsaine. En court-circuitant les corps intermédiaires, en privilégiant une relation directe et passionnelle avec l'opinion, de Gaulle se condamne à une dramatisation permanente qui, un jour, se révélera difficilement compatible avec l'objectif de modernisation du pays qu'il poursuit par ailleurs. Pour l'heure, le débat normal ne pouvant avoir lieu dans l'enceinte du Parlement, les intrigues se nouent au sein des partis, à commencer par la formation dominante. Albin Chalandon ainsi ne cache pas ses réticences à l'égard de la politique définie par l'Élysée. Reçu à déjeuner le 25 février à l'ambassade des États-Unis, il exprime ses doutes quant au bien-fondé de la politique économique et financière du gouvernement inspirée par Jacques Rueff. À son avis, une telle politique visant à faire baisser la demande intérieure risque de casser l'expansion[9]. À l'intérieur de l'énorme majorité, des murmures se font également entendre à droite, quand, dès le 13 janvier, de Gaulle annonce des mesures de clémence en faveur de sept mille internés administratifs, le transfert de Ben Bella et de ses compagnons de la Santé dans une enceinte fortifiée, enfin la remise en liberté de Messali Hadj.

L'Algérie, tel est bien d'ailleurs toujours le principal sujet de préoccupation du général, le problème qui bouche l'horizon politique. Jusqu'au mois de septembre 1959, il ne se passe à peu près rien — période d'attente durant laquelle, lentement, une maturation se produit. Le plus évident est la contradiction qui peu à peu se révèle entre les propos du président de la République et ceux du Premier ministre.

En public, de Gaulle ne s'engage pas. « Rien n'est plus vain que de donner dans les slogans et les rodomontades », déclare-t-il dès le 30 janvier dans une allocution radiotélévisée. Son propos tend simplement à fermer doucement la porte à toute solution dite passéiste, c'est-à-dire fondée sur le maintien d'un statu quo à l'évidence non viable. Le 29 avril, il déclare ainsi à Pierre Laffont, député UNR, directeur de *L'Écho d'Oran*, que « l'Algérie de papa est morte ». « Si on ne le comprend pas, souligne-t-il, on mourra avec elle. » En privé, en revanche, de Gaulle est beaucoup plus explicite. Dès le 17 décembre 1958, le général Ély a appris par Pierre Guillaumat que « tous les gens liés à l'affaire du 13 mai devaient être éliminés ». Le 13 février, le général en personne lui avoue : « Il faut en finir avec cette guerre qui est mauvaise pour l'armée... Elle prend le goût de la politique et ne fait pas là-bas son métier[10]. »

Au contraire, Michel Debré multiplie les déclarations stipulant que rien ne pourra mettre fin à la présence française. « La légitimité française, a-t-il indiqué dès l'investiture du général, est fondamentalement établie au regard des valeurs éternelles parce qu'elle est la seule qui soit inspirée par la volonté de fraternité humaine. » À la mi-mars, lors d'un voyage en Algérie, il affirmera aussi « qu'on ne peut séparer l'Algérie de la France et nous ne la séparerons pas ».

L'opinion, singulièrement en Algérie, est troublée par ces déclarations de tonalités si différentes. Et dans l'armée, le malaise commence à prendre une tournure inquiétante. Déjà l'élimination des militaires des comités de salut public a été peu appréciée. La nomination du général Salan au poste — essentiellement honorifique — de gouverneur militaire de Paris l'a été moins encore. Certains officiers se rassurent, et en fait s'aveuglent, en prenant au pied de la lettre les déclarations de Michel Debré. D'autres, en revanche, ne cachent ni leur inquiétude ni leur colère. C'est le cas du général Boyer de la Tour, qui adresse alors à de Gaulle un texte très éclairant, inédit à ce jour :

> Reste l'armée (surtout les terriens et les aviateurs). Elle est bien différente de celle d'avant-guerre, surtout parmi ses jeunes cadres qui représentent l'élément dynamique. Son évolution est normale car on ne peut demander à des

soldats d'aller se battre à travers le monde, après la secousse morale de la période 1940-1945, et d'amener toujours le drapeau, sans avoir l'impression nette d'avoir été vaincus. Ils pensent de suite à la « trahison », d'où une rancune tenace et un certain mépris des valeurs hiérarchiques. Ses généraux, pour ne pas être tenus en suspicion par leurs cadres, sont parfois obligés de les suivre. De plus, la forme de guerre révolutionnaire où l'armée est engagée lui a forcément donné des idées politiques. Contrairement à ce que souvent on croit, elle n'est pas conservatrice dans le sens donné autrefois à ce mot mais elle est traditionaliste et sociale. Ses idées, sous ce dernier rapport, sont souvent très avancées. Votre arrivée au pouvoir l'a comblée de joie, d'autant qu'elle a pensé y avoir contribué. L'Algérie pour elle est un test, elle n'abandonnera jamais ce pays. Elle aussi ne peut souffrir Mendès qui symbolise à ses yeux la trahison ; enfin, chose plus grave, l'armée déteste son ministre.
Je ne connais pas M. Guillaumat et n'ai absolument rien contre lui mais je vous dois la vérité. C'est un fait contre lequel on ne peut rien. Jamais aucun ministre n'a été aussi impopulaire. On lui reproche : son antimilitarisme, d'avoir des ambitions sans bornes et d'être, de ce fait, un danger pour vous. De placer ses amis, souvent accusés de mendésisme, dans tous les postes clés (atome, Sahara, administration) et enfin d'être un représentant d'intérêts financiers.
[...] Il n'est pas exagéré de dire que de la solution, bonne ou mauvaise, du problème algérien, dépend le sort de la Communauté et de notre pays entier. Or, c'est un problème difficile car sur ce sujet bien des passions se déchaînent. Ma conviction profonde est qu'en profitant de l'élan donné par les événements du mois de mai de l'année dernière il aurait été facile, le moral du FLN s'étant totalement effondré à l'époque, de régler l'affaire en peu de mois. Il fallait évidemment s'engager et je comprends parfaitement vos scrupules à le faire. À longue échéance, vous avez eu sans doute raison, à condition que les principes de la souveraineté de la France ne soient pas mis en question, sous quelque forme que ce soit. Seulement il ne faut pas se faire d'illusions, la lutte durera encore longtemps[11]

De Gaulle, ce texte l'atteste, est parfaitement informé des risques qu'il court si se poursuit l'équivoque. La situation est d'autant plus compliquée qu'il n'est pas lui-même acquis, loin s'en faut, à la perspective d'une Algérie coupée totalement de la France. Dans cette phase de réflexion, il n'exclut qu'une hypothèse . celle de livrer l'Algérie au GPRA. En termes très nets, il le dit au prince Moulay Hassan du Maroc et au président italien Gronchi :

« On commet fréquemment une erreur de base à propos de l'Algérie, explique le général au futur roi du Maroc le 2 juin. On entend souvent, en effet, comparer l'Algérie au Maroc et à la Tunisie. Or, c'est un cas tout à fait différent. Le Maroc et la Tunisie ont toujours été et sont des États avec leurs cadres, leur souveraineté, etc. L'Algérie n'a jamais été et n'est pas un État. L'Algérie est une poussière d'hommes. Vouloir considérer l'Algérie comme un État est irréel. Ferhat Abbas n'est pas le gouvernement de l'Algérie, l'Algérie n'a jamais eu de gouvernement.
Il y a un sentiment de la personnalité algérienne, auquel je ne vois pas d'objection, mais cela ne veut pas dire qu'il y ait un État algérien. L'évolution de l'Algérie, c'est l'égalité des droits. Les Algériens peuvent désormais s'exprimer librement par leurs votes. Certes, tant que la guerre dure, les élections sont aléatoires, mais, néanmoins, la voie est tracée, qui permettra aux Algériens de dire librement ce qu'ils veulent. C'est là une révolution. D'autre part, il faut

que l'Algérie se transforme économiquement et culturellement et qu'elle forme ses cadres. Or, il n'y a que la France qui puisse l'aider à le faire. Ce n'est ni Ferhat Abbas, ni Nasser, ni personne d'autre qui pourrait le faire à sa place. Si je donnais l'Algérie à Ferhat Abbas, il serait incapable d'en faire quelque chose. On verrait s'instaurer un épouvantable désordre, et d'ailleurs Ferhat Abbas serait chassé par d'autres. En somme, la politique française en Algérie c'est d'accorder la liberté à chaque citoyen et de transformer le pays au point de vue économique et culturel.
Quel sera l'aboutissement de cette évolution ? Je n'en sais rien et, en tout cas, je me refuse à le décréter. Cela dépendra de beaucoup de choses, et qui peut dire ce que sera le monde dans vingt ans ? Quant à Ferhat Abbas, l'Algérie ne s'est pas donnée à lui et il n'y a aucune chance qu'elle le fasse. La guerre qu'il poursuit est donc sans issue[12]. »

Devant le président Gronchi, le 24 juin, le général est encore plus explicite :

« La France ne veut pas du tout, comme on le prétend, maintenir sa domination sur l'Algérie. Ce que sera le sort futur de l'Algérie je n'en sais rien. Lorsqu'on me parle d'intégration ou d'indépendance, je hausse les épaules. Ce qu'il faut, c'est que l'Algérie puisse choisir en connaissance de cause. Il faut donc la développer politiquement, culturellement, socialement. Il faut qu'elle puisse savoir ce qu'elle veut. À cet égard, la direction est prise. L'égalité des droits existe. Les musulmans ont commencé à s'exprimer. Ferhat Abbas et sa bande, en continuant la guerre, empêchent l'Algérie de choisir librement son destin. D'ailleurs, les dirigeants FLN ne sont pas et ne seront jamais le gouvernement de l'Algérie car ils sont avant tout la guerre civile entre musulmans. L'avenir de l'Algérie, c'est le suffrage universel[13]. »

« À ce moment-là de Gaulle a cru que son prestige allait permettre de faire naître une coopération exemplaire avec l'Algérie et plus généralement avec la Communauté », précise Jean-Marie Soutou, qui sera secrétaire général du Quai d'Orsay sous la présidence de Valéry Giscard d'Estaing.

J'étais alors consul général à Milan et, chaque mois, je voyais longuement Gaston Palewski, ambassadeur à Rome, lorsqu'il revenait de Paris par le train. Il me racontait ses entretiens avec le général, dont il était le confident. La coopération avec l'Algérie devait être, aux yeux de de Gaulle, l'icône de sa politique. Dans son esprit, elle devait être fondée sur deux piliers : l'exploitation du pétrole et le polygone d'essais nucléaires du Sahara. Car bien sûr il n'était pas question pour lui, dans ces années-là, de céder cette région[14].

Pour le reste, de Gaulle continuait de réfléchir, en tenant compte des réalités. Lucidement, il sent l'impatience croissante de l'opinion métropolitaine et redoute la déception en cas de poursuite du conflit ; les Français sont las de voir leurs enfants partir pour l'Algérie et y courir des risques mortels. La pression internationale se fait également très forte et il en est bien conscient ; lors de la prochaine session de l'ONU la France, chacun le sait, se trouvera en posture d'accusée, comme il l'avait prédit à Terrenoire en 1956. Du même coup, les grands desseins de politique étrangère seront compromis. Le général connaît enfin le poids financier de la guerre. Pour toutes ces raisons, il est convaincu de la nécessité de franchir une nouvelle étape. Pendant les vacances d'été, il décide donc de prendre sur l'Algérie une initiative spectaculaire. Il l'annonce pour le 16 septembre.

Dès le 21 août, peu avant une tournée de quatre jours en Algérie, il s'ouvre de ce projet au ministre des Affaires étrangères australien, M. Casey :

« Je pars pour l'Algérie en vue de prendre contact avec l'armée et d'examiner quelle est la meilleure suite à donner aux opérations. Je déplore que la rébellion entrave l'appréciation des réformes propres à résoudre le problème algérien. Les rebelles n'ont aucun droit de parler au nom de l'Algérie — droit qui ne trouve un fondement que dans la possession des mitraillettes. Dès que la rébellion sera terminée, la population algérienne déterminera elle-même son avenir par la voix du suffrage universel. Quant à l'incidence de l'affaire d'Algérie sur la prochaine réunion de l'ONU, je n'y peux rien et je ne saurais accepter que le Ghana dicte sa politique à la France. Je dois constater que la réalisation de la solution libérale prévue par la France en Algérie est retardée par l'aide apportée à la rébellion, sous une forme ou sous une autre par certains pays occidentaux[15]. »

Le 26 août — fait inhabituel — le général fait un tour de table à l'issue du Conseil des ministres. Très vite un clivage se dessine, certains faisant bloc derrière Soustelle, hostile à toute idée d'abandon, d'autres se rangeant autour de Malraux et de Michelet, partisans d'une reconnaissance de la personnalité algérienne. Après la discussion, de Gaulle, toujours un peu sibyllin, tire la conclusion : « Messieurs, je vous remercie. Dans cet ordre d'affaires, il faut marcher ou mourir. Je choisis de marcher. Mais cela n'empêche pas qu'on peut aussi mourir. »

De Gaulle réservant ses déclarations hostiles au FLN à un cercle très restreint, alors que ses déclarations publiques ou ses initiatives tendent à accréditer plutôt l'idée d'une évolution, sa politique algérienne devient indéchiffrable. De passage à Paris le 2 septembre, le président Eisenhower s'avoue perplexe devant son homologue français : d'une longue discussion « un peu confuse » avec Nafissa Sid Cara, il a retiré l'idée que les musulmans avaient dans une certaine mesure confiance en de Gaulle mais qu'ils ne savaient pas bien où ils voulaient aller. « Le fait est, répond le général à Eisenhower, que les musulmans ne savent pas ce qu'ils veulent. Les Français ont mis en œuvre et poursuivent des efforts pour hâter le développement du pays. Ils font cela pour deux raisons : par principe et à cause du pétrole du Sahara. Pour pouvoir faire sortir ce pétrole, ils ont besoin d'une Algérie en paix[16]. »

Jamais avoué publiquement, ce dernier point est capital dans la réflexion du général. Autant la perte de l'Algérie ne constituerait pas pour lui un crève-cœur, autant l'expulsion de la France du Sahara et l'abandon de ses richesses pétrolières importantes pour l'indépendance nationale lui répugnent. À la veille de l'intervention du 16 septembre, ce point est central dans l'esprit de de Gaulle, avec son corollaire : jamais le GPRA ne contrôlera l'Algérie. Sur ce dernier point, sa conviction paraît alors inébranlable. Le 5 septembre, au ministre des

Affaires étrangères espagnol venu lui dire qu'en échange de sa réserve vis-à-vis du FLN, le général Franco souhaitait qu'il soit ferme à l'égard des républicains émigrés, il réplique :

« Je n'accepte pas que l'on établisse une comparaison entre les émissaires du FLN et les émigrés espagnols en France. Et cela pour deux raisons : d'abord le FLN est en insurrection ouverte contre la France, il tue des soldats français, il égorge ses frères musulmans, il perpétue des attentats en France. Il s'en est même pris à la personne d'un membre du gouvernement français. Tel n'est pas le cas des réfugiés espagnols qui n'assassinent personne. La deuxième raison pour laquelle je ne peux accepter cette comparaison, c'est que le gouvernement espagnol en exil, bien qu'il ne soit plus le gouvernement de l'Espagne — la preuve, c'est que vous êtes ici en ce moment —, l'a été dans le passé et qu'il procède d'un gouvernement qui a été reconnu par le monde entier et sous l'autorité duquel vous étiez vous-même. Cette situation n'a aucun rapport avec celle de M. Ferhat Abbas qui n'a jamais été le gouvernement de l'Algérie et l'est aujourd'hui moins que jamais [17]. »

Amorcer une évolution dans le sens libéral, tout en refusant le contact avec les rebelles algériens et avec l'arrière-pensée de garder le pétrole saharien : telle est la voie étroite choisie par de Gaulle. À l'évidence le message sera difficile à faire passer. Les partisans des différentes solutions ne retiennent de son attitude que les signes qui confortent leurs propres certitudes. Le voyage de quatre jours en Algérie ne permet pas de lever toutes les équivoques. Debré, Couve de Murville et Joxe ont beau assurer, le 8 septembre, devant la commission de la Défense nationale de l'Assemblée, qu'il n'y aura pas de négociation avec les rebelles, les partisans de l'Algérie française s'alarment, le maréchal Juin en tête.

Le 16 septembre, dans une allocution radiodiffusée, le général rend enfin public le résultat de sa réflexion. Il annonce le droit à l'autodétermination pour les Algériens et le choix entre trois formules : la sécession, la francisation, l'association. Sans ambages, il condamne la première formule qui n'apporterait que misère, chaos et la dictature belliqueuse des communistes. D'évidence, il ne croit pas à la francisation, autrement dit à l'intégration. La solution qui a sa préférence est donc l'association, qu'il définit ainsi : le gouvernement des Algériens par les Algériens, avec l'aide de la France et en union étroite avec elle pour l'économie, la défense, l'enseignement, les relations extérieures. Dans ce cas, ajoute-t-il, le régime intérieur de l'Algérie devrait être de type fédéral. La question de l'indépendance est laissée en suspens.

Le discours marque une césure sinon une rupture. Jusque-là certains fidèles du général faisaient semblant de ne pas voir vers où il se dirigeait. À présent les choses sont plus claires. Subsiste tout de même le problème d'une éventuelle autonomie totale et de sa conséquence : la reconnaissance, au moins du fait, du GPRA en tant qu'interlocuteur — une éventualité que de Gaulle, on l'a vu, a catégoriquement repoussée devant plusieurs témoins, ce qui donnera des armes efficaces à ceux qui se préparent à contrer sa politique afin de maintenir la présence française en Algérie.

Comme dans beaucoup de grandes circonstances de sa vie, le général trouve ses meilleurs appuis à gauche. Les socialistes, les radicaux (leur aile droite évoluant autour d'André Morice) approuvent. Le MRP est sur la même ligne. Le PC réagit favorablement après une fausse manœuvre qui l'a amené, le 17 septembre, à critiquer l'autodétermination. Seuls peuvent s'en étonner ceux qui ignorent combien la ligne du Parti a été ambiguë depuis l'entre-deux-guerres. À droite, en revanche, les réactions sont beaucoup plus mitigées, voire franchement hostiles. Les Indépendants expriment d'assez fortes réserves, tandis que l'UNR se divise. Seule l'UDT, de nuance « gaulliste de gauche », déclare une adhésion complète aux perspectives tracées le 16 septembre.

S'il a le mérite d'une certaine clarté, le discours du général a donc radicalisé les positions. À l'intérieur de la majorité, Jacques Baumel se veut optimiste devant les diplomates américains. Bien qu'aux yeux de Michel Debré l'intégration reste la seule solution, il se dit convaincu que les ministres UNR demeureront loyaux envers de Gaulle : « Même Soustelle préférait se retirer de la vie publique plutôt que d'entrer en opposition ouverte. » Partisan déclaré de l'Algérie française, l'Indépendant Roger Duchet se dit persuadé, lui, que le général n'a jamais cru à la possibilité de maintenir la présence française : « Personne ne peut croire que l'association puisse être autre chose qu'un bref interlude vers l'indépendance[18]. »

Au sein de l'armée, le malaise s'amplifie. Le bruit court qu'un complot se trame contre de Gaulle et que certains colonels s'agitent beaucoup Les rumeurs sont fondées. Bâtie sur le modèle de celle du 13 mai, la conjuration vise, on l'apprendra plus tard, à installer un directoire militaire, avec à sa tête le général Zeller, de Gaulle ayant été au préalable envoyé en retraite à Colombey ! Le président de la République, qui a décidé de minimiser, au moins publiquement, les résistances suscitées par sa politique, se contente en l'occurrence d'assurer les généraux Ély et Challe qu'il n'a aucune intention de négocier avec le FLN, ce qui est alors exact.

Sur le plan politique, l'atmosphère se dégrade rapidement. Au début de la session parlementaire, le groupe Unité de la République, qui réunit la plupart des députés d'Algérie (51 sur 71), sort avec fracas de la majorité. Après une déclaration de Michel Debré, assurant qu'il n'y aura pas de négociations avec le FLN, des députés UNR, parmi lesquels Biaggi, Arrighi, le colonel Thomazo et Delebecque, quittent le groupe gaulliste — initiative maladroite puisqu'elle accrédite l'idée que la cause de l'Algérie française est très minoritaire au sein de l'UNR. En définitive, Jacques Soustelle, conscient de l'erreur, finit par dissuader cinq députés parmi les neuf de partir, et la déclaration du 16 septembre est implicitement approuvée, à l'issue d'un scrutin à l'Assemblée nationale, par 441 voix contre 23 et 28 abstentions, 60 députés, pour la plupart d'Algérie, n'ayant pas pris part au vote. Néanmoins les rumeurs de coup d'État restent persistantes, Lucien Neuwirth en particulier s'en fait l'écho. On murmure que des tueurs seraient arrivés en métropole via l'Espagne et que des personnalités politiques seraient directement menacées. C'est dans ces conditions qu'éclate la fameuse affaire de l'Observatoire, à l'issue de laquelle il se révèle que François Mitterrand aurait pu être de mèche avec un ancien parlementaire poujadiste pour monter un attentat simulé.

Vers la fin de l'année 1959, la confusion est totale. Chacun s'efforce de faire parler de Gaulle dans son sens. Tandis que Michelet et ses amis voient dans la déclaration du mois de septembre un pas de plus dans la voie libérale, le général Massu s'emploie à faire croire que ces déclarations sont avant tout destinées à rassurer l'étranger. Malgré l'expulsion des neuf députés récalcitrants de l'UNR, malgré un message présidentiel aux armées assez net, le malentendu est toujours manifeste. Il faut dire que certains trouvent assez commode de ne pas le dissiper et feignent de négliger que la pensée du général a connu une évolution profonde. En réaffirmant le 10 novembre, au cours d'une conférence de presse, que le choix des Algériens sera entièrement libre, de Gaulle franchit d'évidence une étape de plus dans la direction redoutée par les partisans de l'Algérie française.

Toutefois le FLN ne manifeste aucun intérêt visible pour ses projets. La position des nationalistes algériens n'a pas changé d'un iota. Au cours de l'hiver 1958-1959, il a fait savoir officieusement que la reconnaissance du droit à l'autodétermination était un préalable obligatoire. Curieusement, le message a été transmis par l'intermédiaire de l'écrivain Jacques Benoist-Méchin, ancien ministre de Vichy, condamné à mort en 1947, gracié en 1954, et devenu depuis lors le partisan enthousiaste du dialogue avec les pays arabes. En visite au Caire, Benoist-Méchin a été reçu par Nasser qui lui a fait part des vues du FLN. De retour à Paris, l'historien de l'armée allemande n'a pas rendu visite à de Gaulle, comme on le dira souvent, mais il a transmis les souhaits du GPRA à Maurice Schumann, alors président de la commission des Affaires étrangères de l'Assemblée nationale [19]. C'est alors que le GRPA a fait monter les enchères en désignant pour le représenter, lors d'éventuels pourparlers, Ben Bella et ses compagnons, emprisonnés depuis leur capture en 1956. Le général évidemment a pris ce choix pour une insulte.

L'une des conséquences de ces divers événements est que la présidentialisation du régime s'accentue. En butte à de graves difficultés, de Gaulle ne peut se permettre d'être contesté, si peu que ce soit, à l'intérieur de son camp, et les circonstances exigent qu'il intervienne plus directement qu'il ne l'a sans doute souhaité au début. Lors des assises de l'UNR, qui se déroulent à Bordeaux du 13 au 15 novembre, Jacques Soustelle et ses amis se voient ainsi exclus de la direction du mouvement gaulliste. L'ancien gouverneur général de l'Algérie en tire immédiatement la conclusion : en privé il se déclare maintenant prêt à faire cavalier seul pour le cas où le général viendrait à partir ou à disparaître. D'autre part, Albin Chalandon, dont on redoute non sans raison l'esprit d'indépendance, se voit préférer pour le secrétariat général de l'UNR le très sûr Jacques Richard, ancien secrétaire général du RPF. Enfin, dans un discours appelé à un grand retentissement, Jacques Chaban-Delmas définit ce que l'on va appeler la théorie du domaine réservé du chef de l'État, domaine défini par l'usage récent :

> Le secteur présidentiel comprend l'Algérie, sans oublier le Sahara, la Communauté franco-africaine, les Affaires étrangères, la Défense. Le secteur gouvernemental se rapporte au reste, un reste d'ailleurs considérable. [...] Dans le premier secteur le gouvernement exécute, dans le second, il conçoit. Pour l'UNR, dans le premier cas, elle doit suivre de Gaulle pas à pas. Dans le second, il lui revient de devancer l'événement[20].

Désormais, c'est sur la base de cette intervention que les gaullistes s'appuieront pour établir le partage de compétences entre le président, le Premier ministre et le gouvernement. Ainsi est octroyé au chef de l'État, par la création d'une coutume, des compétences qu'il ne tient pas de la Constitution. Cela ne veut pas dire qu'à l'avenir le général pourra régler tous les détails, y compris les plus infimes ; cela signifie que, dans plusieurs domaines, il détient ce que l'on appelait jadis un « droit d'évocation », c'est-à-dire qu'il peut intervenir directement pour régler tel ou tel problème, quel qu'il soit.

La présidentialisation croissante est encore confirmée par la difficulté qu'éprouve Antoine Pinay à se faire entendre. Il n'est pas, n'a jamais été et ne sera jamais gaulliste — il ne le cache nullement. En raison de son rôle sous la IVe République et particulièrement vis-à-vis des gaullistes, le général le déteste. Au surplus, il est européen et, porté par une heureuse conjoncture lors de son passage au pouvoir, il a atteint les sommets de la popularité. Sa situation est intolérable. Il a dû avaliser des hausses d'impôts contraires à sa doctrine et le succès de l'emprunt de 1958 lui a été volé. Enfin, il est de notoriété publique qu'il joue un rôle très modeste dans la définition des buts de la politique économique.

La crise est d'autant plus aiguë qu'Antoine Pinay, convaincu d'avoir joué un rôle clé dans le retour au pouvoir du général, fait volontiers valoir ses droits à la reconnaissance. Or de Gaulle professe ne rien devoir à personne. Le ministre des Finances l'irrite d'autant plus qu'il intervient au Conseil des ministres dans des domaines extérieurs à sa compétence. L'OTAN, l'Europe, l'hostilité envers l'Amérique sont pour lui autant de sujets de préoccupation, et il le dit. Le 3 novembre, alors que le climat est très lourd entre les deux hommes depuis le début de la préparation du budget, un grave incident éclate : Antoine Pinay vient d'exprimer des doutes quant à l'attitude française à l'égard de l'OTAN. Le général explose : « Monsieur le ministre des Finances s'intéresse aux problèmes de politique étrangère ? — Oui, je m'y intéresse », répond Antoine Pinay, qui ajoute que la France poursuit à ses yeux une ligne diplomatique dangereuse. Dès lors, la rupture est inévitable. Elle interviendra au début de l'année 1960.

En politique extérieure, on traverse aussi une période d'attente. De Gaulle, en revenant au pouvoir, a défini des buts, assez lointains comme le retrait de l'OTAN, mais il est loin d'avoir encore les moyens de sa politique et surtout la guerre d'Algérie est pour lui un boulet. Vis-à-vis des États-Unis, le général, pour l'instant, évite toute attaque frontale. Il s'affirme publiquement allié fidèle, proclame la nécessité de l'Alliance Atlantique. Fin mai 1959, quand John Foster Dulles agonise, terrassé par un cancer, il assure le président Eisenhower de sa sympathie en termes chaleureux (cette partie de la correspondance a disparu dans l'édition des *Lettres, notes et carnets*) : « Aux dernières heures de la vie de John Foster Dulles dont l'état, je le sais, vous cause une peine profonde, je porte ma pensée vers lui qui, de toute sa valeur et de toute son ardeur, a bien servi notre Occident[21]. » Pour autant, le chef de l'État supporte très mal la tutelle qu'exerce selon lui l'Amérique. Alors que l'on se dirige vers une conférence à quatre (qui se tiendra en mai 1960) et qu'il faut répondre aux Russes, qui multiplient les notes agressives sur Berlin et le problème allemand, de Gaulle manifeste un extrême souci d'indépendance. De passage à Paris, lors d'un ultime voyage en février 1959, Dulles l'a appris à ses dépens. Le général s'est même payé le luxe de manifester son originalité en étant plus ferme face à l'URSS que les Américains.

En réalité, le général poursuit avec une remarquable constance son dessein : la remise en cause de l'intégration au sein de l'OTAN, à plus long terme la dénonciation des accords liant la France à cette institution. Pour l'heure, la réaction française au refus américain de prendre en compte le mémorandum de 1958 reste graduée. Dès le 31 janvier 1959, au cours d'un comité de défense, décision a été prise de reprendre le contrôle de la flotte de Méditerranée. En temps de paix, les unités navales étant seulement « réservées pour l'emploi » et non vraiment « intégrées », l'initiative de Paris n'était pas trop grave. Cela n'a pas empêché qu'elle a été mal accueillie par les Américains Mais pour de Gaulle, ce n'est qu'un premier pas, il le confirme dans une lettre du 25 mai 1959 à Eisenhower, qui reprend l'argumentation développée à travers le mémorandum, avec plus de vigueur encore. À l'avenir, aux termes d'un accord bilatéral d'avril 1959, toute subordination navale est exclue. La France, souligne le président français, appartient au camp de la liberté mais, ayant retiré sa flotte du commandement intégré, elle refuse aussi le stockage des armes atomiques américaines sur son territoire[22]. De Gaulle ne cache pas non plus combien il est mécontent de voir l'Amérique garder pour elles ses secrets atomiques.

Les relations soudain se tendent. Le point central de la controverse, même si des deux côtés on ne le dit pas, porte sur le problème nucléaire. Depuis que la crise de Suez a démontré que les États-Unis avaient une conception assez personnelle de leurs intérêts vitaux, la France a décidé de se doter d'une force nucléaire — sur ce point le général ne fait que poursuivre avec une ardeur nouvelle la politique entamée par la IVe République. Dans le contentieux nucléaire qui maintenant existe entre la France et les États-Unis, trois dossiers sont particulièrement sensibles : le stockage des armes atomiques par les avions américains hors de France ; l'installation de rampes de lancement de fusées ; l'aide à l'acquisition d'un sous-marin atomique. À l'arrière-plan se profile le très délicat problème du partage nucléaire. Les Américains sont évidemment réticents à livrer des secrets de cet ordre à un allié qui multiplie les signes inamicaux et inquiète par sa propension aux alliances de revers. Un dialogue de sourds commence. Il durera plusieurs années, le général montrant une grande aptitude à rendre ses partenaires responsables du piétinement des négociations.

Pour l'heure, de Gaulle s'irrite aussi de voir Américains et Russes se rapprocher, comme semble l'attester une visite de Mikoyan[23] aux États-Unis, une autre de Nixon à Moscou et, en septembre, le grand voyage de « M. K. » (Khrouchtchev) à travers les États-Unis. Les indices d'un rapprochement sont à dire vrai très minces, mais la seule perspective d'une atténuation de l'antagonisme a le don de mettre de Gaulle en colère.

En l'occurrence, il réagit avec d'autant plus de violence que, contrairement à son attente, ses relations avec Moscou sont au point mort. Ambassadeur à Paris, Vinogradov, qui s'est fait à plusieurs reprises son avocat, ne bénéficie en réalité que d'une influence limitée au Kremlin. Plus écouté est un représentant typique de la vieille garde, Georgui Joukov, correspondant de l'agence Tass et de la *Pravda* en France. Destinées à Souslov[24], ses notes montrent un état d'esprit fort peu compréhensif : malgré les signaux qu'il a pu envoyer, de Gaulle y est sévèrement jugé. Selon ce gardien de l'orthodoxie léniniste, la Constitution de 1958 n'est pas démocratique, au motif qu'elle donne au chef de l'État les pouvoirs d'un dictateur. « Les forces révolutionnaires d'Europe occidentale, poursuit Joukov, veulent prendre leur revanche. En France, sous le drapeau du patriotisme, la réaction française veut maintenant restaurer l'ordre fasciste et écraser les forces démocratiques[25]. » Le 5 novembre 1958, il notait encore, comme si les événements de France devaient avoir un effet d'entraînement : « Après la victoire de de Gaulle les cercles fascistes s'activent en Italie[26]. » Par ailleurs, le problème algérien divise toujours Paris et Moscou. De là le ton aigre de l'entretien entre de Gaulle et Vinogradov, le 6 mars 1959 :

Vinogradov : On s'étonne à Moscou de l'attitude de la France. N'avez-vous pas naguère conclu un pacte avec l'URSS concernant l'hypothèse où l'Allemagne serait menaçante ? Ou bien au contraire, les liens entre la France et l'Allemagne de l'Ouest se resserrent. Et pourtant nous avons pris soin de ménager la France et tout particulièrement votre position.
De Gaulle : La France n'est animée d'aucune hostilité contre l'Union soviétique. Elle n'en a ni les moyens ni le désir. Ce serait là, au surplus, une politique contraire à nos traditions. En ce qui concerne la puissance allemande nous ne considérons pas qu'elle soit actuellement menaçante. Nous pensons qu'elle ne nous menace pas et nous sommes certains qu'elle ne vous menace pas vous. [...] Si l'Union soviétique, comme vous l'affirmez, n'a que des intentions pacifiques et est désireuse de coexister, pourquoi pose-t-elle avec une si grande pression et une telle urgence les problèmes de Berlin et de l'Allemagne, comme s'il était impossible de prendre son temps pour y apporter une solution[27] ?

Dans ce contexte, il n'est guère surprenant que le partenaire privilégié du général soit encore et toujours le chancelier Adenauer. Depuis la première rencontre à Colombey, les relations entre les deux hommes se sont approfondies. De Gaulle est d'autant plus enclin à entrer dans les bonnes grâces du vieil homme d'État qu'il compte, on le sait, à terme sur l'Allemagne pour affirmer une identité européenne contre les Anglo-Saxons. À Marly, lors d'un entretien, en mars 1959, à l'issue duquel il a rassuré le chancelier quant à la position française sur des questions clés comme Berlin, la transformation de la RDA en État ou la démilitarisation de l'Europe, il a même évoqué à mots couverts cette perspective :

« De toute manière, que l'Alliance Atlantique continue ou qu'elle doive être interrompue, il y a un intérêt majeur pour nos deux pays, soit dans l'Alliance, soit en dehors de l'Alliance, à rester d'accord. Ni vous ni moi n'avons la puissance au même titre que d'autres. Mais vous remontez et nous montons : l'avenir nous appartient donc. Même s'il devait arriver quelque chose de grave pour l'Allemagne, ce que la France ressentirait directement, l'avenir demeurerait entre nos mains[28]. »

Sur bien des points de Gaulle et Adenauer restent profondément opposés. Notamment, ils ne voient pas l'avenir de l'Europe de la même façon. De Gaulle affirme certes la nécessité d'une union du vieux continent mais sa préférence, il ne cesse de le répéter, va à une Europe des patries. Reste qu'une connivence profonde existe entre les deux hommes. Le 2 décembre 1959, lorsqu'ils se rencontrent à l'issue d'un voyage du chancelier fédéral à Paris, l'Histoire avec un grand H est au rendez-vous :

Le chancelier Adenauer : Je vous suis reconnaissant de l'occasion qui m'est offerte de vous exprimer mes idées et mes soucis. Je vous dirai en toute franchise que je suis un ami convaincu de la France et que j'ai toujours admiré votre œuvre. Je souligne le mot « toujours », car pendant la guerre j'ai été impressionné par votre décision courageuse de maintenir haut le drapeau français lorsque les troupes de Hitler occupèrent la France.
Le général de Gaulle : J'apprécie profondément vos paroles parce que c'est un Allemand qui les prononce. Vous avez parlé de la guerre et vous vous souviendrez que pendant la guerre aucune de mes paroles ni aucun de mes actes n'ont été outrageants pour le peuple allemand lui-même[29].

Même lorsqu'ils évoquent des sujets brûlants, comme les relations avec les États-Unis, Adenauer et de Gaulle restent à un haut niveau de réflexion. Le général ne cache pas ses différends avec Washington sur l'OTAN, l'Europe et aussi la décolonisation. À ses yeux, la politique américaine en Afrique et en Orient, en « surenchérissant sur les communistes », ne peut avoir que des conséquences désastreuses :

Le général de Gaulle : [...] Si la guerre avait éclaté il y a dix ans, la Tunisie, le Maroc, l'Algérie, la Libye et l'Égypte se seraient rangés, avec toutes leurs capacités morales, politiques, économiques, voire même militaires, à nos côtés. Si une guerre mondiale éclatait aujourd'hui, il ne faudrait plus compter sur aucun concours africain. Si la guerre mondiale éclatait dans dix ans, toute

l'Afrique serait contre nous. Voilà le résultat de quinze années de politique américaine. Ce raisonnement vaut aussi pour l'Asie.
Le chancelier Adenauer : Mais il faut tenter de convaincre les États-Unis. Je regrette beaucoup les nuages qui existent actuellement entre la France et les États-Unis. Nous avons besoin des Américains pour autant qu'il n'y a pas de désarmement nucléaire, et cela pour maintenir une paix effective. Si l'Amérique tournait le dos à l'Europe, ce serait renforcer le communisme.
Le général de Gaulle : On ne peut jamais avoir tout ce que l'on désire en politique. Il est nécessaire que l'Alliance Atlantique subsiste. Mais sa forme actuelle ne me paraît pas satisfaisante. Il est nécessaire aussi que l'Europe envisage de prendre dans l'Alliance Atlantique ses propres responsabilités pour la défense de notre continent.
Le chancelier Adenauer : Nous ne pourrons pas assumer la responsabilité de cette défense sans désarmement nucléaire. Il est impossible que l'Europe puisse rattraper l'avance des Russes. Je suis très content que vous ayez une arme atomique française, ne serait-ce que pour faire entendre la voix de l'Europe. Mais jusqu'au désarmement nucléaire plusieurs années se passeront encore et si, même avec raison, vous attaquez par trop l'OTAN, les Américains se sentiront vexés puisqu'ils considèrent l'OTAN comme leur création. Par conséquent, je vous répète ma suggestion de vous voir faire la critique de l'OTAN sur les points où de grandes erreurs sont commises. Cela portera d'autant plus que vous n'êtes pas seulement le président de la République française, mais un soldat qui a la compétence voulue pour reconnaître les faiblesses de cette institution.

Il s'en faut de beaucoup que ce fructueux dialogue franco-allemand soit sans nuage et sans arrière-pensée. Si surprenant que cela puisse paraître, on doit d'abord noter avec Georges Henri Soutou que de Gaulle était « dans cette première période 1958-1959 beaucoup plus réservé à l'égard de l'Allemagne que les gouvernements précédents depuis 1956[30] ». Depuis 1950, la France avait pris l'habitude de réintroduire l'ancien ennemi héréditaire à égalité de droits dans le jeu diplomatique. Même si ses rapports personnels avec Adenauer étaient particulièrement chaleureux, le général avait une autre perspective :

Pour de Gaulle, souligne encore très justement Georges Henri Soutou, l'Allemagne divisée, sans frontière définitive, sans rôle mondial, au passé abîmé, ne se situait pas au même niveau que les États-Unis, la Grande-Bretagne et la France. La France conservait sa supériorité sur elle, supériorité qui serait encore accentuée par son prochain armement nucléaire. Paris pouvait bien, au niveau européen, causer avec Bonn, pour les affaires mondiales, les véritables interlocuteurs seraient les Anglo-Saxons.

Tout cela, Adenauer le sent. Il sait aussi que l'objectif de son partenaire est d'utiliser l'Allemagne pour ajouter sa puissance à celle de son propre pays et assurer ainsi une prépondérance française en Europe. Il n'a pas oublié non plus que lors de l'entrevue de Colombey, un an plus tôt, alors même que le mémorandum sur l'OTAN était rédigé, de Gaulle ne lui en avait soufflé mot, signifiant par là son refus de voir la République fédérale jouer dans la cour des grands[31]. Tous ces éléments négatifs qui se superposent à l'antiaméricanisme et à l'hostilité du général vis-à-vis de l'OTAN, Adenauer en a conscience. Reste malgré tout chez lui la certitude que de Gaulle est le seul homologue à sa mesure, le seul aussi à pouvoir sceller la réconciliation franco-allemande. Surtout le chancelier sait que de Gaulle a défendu les intérêts allemands quand, en 1958, l'URSS a ouvert la crise de Berlin, exigé l'évacuation de l'ancienne capitale par les Occidentaux. Alors que les Américains, imités par les Anglais, étaient tièdes dans leur appui à Bonn, le général immédiatement s'était montré très ferme, et Adenauer, bien entendu, ne l'a pas oublié. L'aggravation de la crise de Berlin, à la fin de l'année 1959 et au début de 1960, ne peut donc que provoquer un rapprochement entre le chancelier et le général.

Alors que le problème algérien reste sans solution et que les nouvelles orientations diplomatiques ont du mal à porter leurs fruits, c'est sur le front intérieur que de Gaulle a des motifs de satisfaction, même si des problèmes épineux contribuent à alourdir le climat.

La querelle renaissante de l'école libre est le principal souci du général. Sur ce thème, l'un des seuls qui lui permettent pour l'instant de faire entendre sa différence, la gauche mobilise. Le Comité national laïque réussit à organiser des manifestations de grande ampleur. Dans le camp adverse, les partisans de l'école libre s'inquiètent. Pour calmer le jeu, le gouvernement remet le problème entre les mains d'une commission présidée par le socialiste Pierre-Olivier Lapie. Reçu par le nouveau pape Jean XXIII le 27 juin 1959, de Gaulle se voit sollicité de « faire quelque chose pour les écoles privées[32] ». Sa réaction est conforme à la tradition gallicane dont il s'est toujours réclamé : sans répondre sur le fond, il souligne simplement qu'un tel geste ne peut être fait en tout état de cause dans une atmosphère de bataille. Chef d'un État laïque, le général respecte toujours, en pareilles circonstances, les principes républicains, même s'il ne fait pas mystère de ses convictions et de sa pratique religieuse. Le ton au demeurant continue de monter. Finalement le rapport de la commission, puis le projet de loi qu'en tire le gouvernement, offre à l'enseignement libre, avec la formule du contrat d'association, une solution des plus avantageuses tant sur le plan financier que sur le plan de l'indépendance vis-à-vis de l'État. Officiellement, les porte-parole de l'enseignement privé ne sont pas satisfaits, mais cela n'empêche pas leurs adversaires de l'être moins encore. Les laïques se mobilisent. Au début de l'examen de la loi devant le Parlement, le 23 décembre, le ministre de l'Éducation nationale, André Boulloche, démissionne : bien que catalogué « technicien », son appartenance à la SFIO le plaçait en position inconfortable. Louis Joxe, qui le remplace, ramène le calme, sans que l'on ait l'impression que le gouvernement — soumis à la pression efficace des partisans de l'enseignement libre — ait réussi, selon son vœu, à dépolitiser une affaire touchant à l'essentiel de la vie nationale.

Le contexte politique est donc difficile, et l'on s'en aperçoit au Palais-Bourbon, lors de la première session de l'année, en avril. Les parlementaires n'ont guère apprécié que le gouvernement les empêche de rétablir par le biais des « questions orales » la procédure des interpellations d'autrefois. Avec le Sénat, la détérioration du climat se confirme quand, approuvé par le Conseil constitutionnel, le Premier ministre, soutient que certaines dispositions adoptées par la haute assemblée ne sont pas conformes à la loi fondamentale. La tension a été sensible aussi quand, au mois de mars, pris entre la solidarité gouvernementale et leur fidélité au Sénat, Jean Berthoin, ministre de l'Intérieur (par ailleurs victime peu de temps auparavant d'un grave infarctus), et Roland Houdet, ministre de l'Agriculture, ont démissionné du gouvernement, remplacés respectivement par deux techniciens : Chatenet et Rochereau. À l'évidence s'annonce une crise qui risque, à plus ou moins long terme, de mettre à mal la solidité de la majorité.

Pour de Gaulle, ces inquiétudes sont heureusement compensées par une amélioration sensible et même spectaculaire de la situation économique. Souvent brocardé, le couple à la don Quichotte et Sancho Pança ou à la Laurel et Hardy formé par le général de Gaulle et Antoine Pinay n'en a pas moins suscité d'heureux effets psychologiques. S'y ajoutent les retombées favorables du plan Rueff. Premier point positif : les réserves d'or et de devises sont reconstituées à un rythme soutenu et impressionnant. Le 1er janvier 1959, aux 590 millions de l'encaisse or de la Banque de France s'ajoutaient 377 millions de dollars. Les dettes, rien qu'à l'Union européenne des paiements, s'élevaient à 484 millions de dollars. Six mois plus tard, un milliard de dollars sont en réserve. Il faut y adjoindre l'encaisse or. Les dettes sont presque épongées. Par ailleurs, le franc lourd se comporte très bien face au mark. Signe encourageant enfin, et facteur premier de l'amélioration impressionnante de la situation du Trésor : stimulé par la dévaluation le commerce extérieur se redresse. Déficitaire de 1 411 millions de dollars en 1957, la balance des paiements de la zone franc avec l'étranger est excédentaire de presque 600 millions deux ans plus tard.

Il reste, bien entendu, des zones d'ombre. Efficace, le plan de redressement a produit des effets boomerangs parfois mal supportés. La pression fiscale assez sensible entraîne des critiques — en particulier de la part des adversaires de la politique dite de grandeur (qui implique de coûteux investissements dans des secteurs comme la Défense ou la Recherche). La réduction, assez marquée aussi, des prestations de la Sécurité sociale est mal ressentie par les classes modestes. La suppression de l'indexation des prix agricoles suscite la colère du monde paysan, celle de la retraite du combattant indigne les militaires. Fait plus inquiétant : la situation de l'emploi s'est dégradée de manière nette au cours du premier trimestre de l'année 1959. L'intéressement des salariés à la marche de l'entreprise, objet d'une ordonnance, le 7 janvier, n'aboutit à rien de concret. Le taux de croissance surtout reste faible : il est pour 1959 de 3 %, alors qu'il s'établira à 5,8 % par an en moyenne pour les années 1959-1965. Mais heureusement, le gouvernement s'en préoccupe : le 13 novembre est ainsi mis en place un comité chargé d'examiner les situations de fait ou de droit qui constituent d'une manière injustifiée un obstacle à l'expansion. Dirigée notamment par Jacques Rueff et Louis Armand (directeur de la

SNCF, esprit d'envergure), cette instance doit élaborer un rapport sur ces problèmes. En définitive, si les mesures parfois draconiennes de 1958 n'ont pas encore porté tous leurs fruits, la direction choisie semble la bonne. Les étrangers d'ailleurs ne s'y trompent pas : assez massivement, ils investissent en France. De nombreuses sociétés américaines en particulier s'implantent à ce moment-là, et de Gaulle s'en inquiète. Mais qu'il le veuille ou non, l'effort de modernisation qu'il souhaite et favorise s'inscrit dans l'interdépendance croissante des économies occidentales.

XXVIII

EQUIVOQUES

Pour Charles de Gaulle, l'année 1960 commence dans la solitude, presque le recueillement. Comme en toutes les occasions où il s'est trouvé face à des échéances cruciales il décide, à la fin de 1959, de s'éloigner de la capitale. Par exception, il ne s enferme pas à Colombey. En voiture, accompagné de sa femme, de son beau-frère et de sa belle-sœur Vendroux, il gagne l'hôtel de l'Abbaye de La Celle, près de Brignoles, dans le Var. Au cours de promenades en forêt ou face à la mer, il affermit ses résolutions.

De retour à Paris le 11 janvier, après un long voyage en voiture, ponctué de pique-nique sur le bord de la route le général trouve une situation délétère. Les réactions des milieux européens d'Algérie à son discours du 16 septembre ont montré qu'une épreuve de force devait être envisagée Après cette intervention, la reprise en main de l'armée a été difficile. Dans son journal (inédit), vers la fin du mois, le colonel Yves Godard, chef de la Sûreté d'Alger, note ,

> Nouvel an 1960 ; à Alger. L'année qui vient de se clore a ramené le malaise et dissipé la confiance née d'un grand espoir de fraternisation et marquée par le oui massif du 28 septembre 58. Depuis le 16 novembre dernier et ses nébuleuses options, l'incertitude est devenue inquiétude, angoisse même pour certains malgré les points marqués par l'armée qui poursuit ses efforts.
> Jamais l'Algérie n'a été très gaulliste. De Gaulle le sait bien et ne lui pardonne pas. On se souvient pourtant ici que, s'il est revenu au pouvoir, c'est bien grâce à Alger. On l'a, certes accepté, plutôt qu'appelé et à la condition qu'il garde l'Algérie. Après avoir toujours, ou presque, refusé d'être clair, il a, avec l'autodétermination, dévoilé un jeu qui rompt le contrat. Ceux qui, d'Alger, ont chassé Pflimlin découvrent qu'ils ont été refaits. D'où leur colère et l'impérieux désir de faire « quelque chose », n'importe quoi, pour que cesse l'imposture. Pour faire éclater la chaudière, il suffit d'en boucher la soupape. C'est chose faite avec l'éviction de Massu, et c'est le 24 janvier[1] Jour néfaste entre tous pour le devenir de dix millions de Français[2].

Le 18 janvier, un coup de tonnerre a éclaté dans une atmosphère déjà très lourde. Un journal de Munich, *Süddeutsche Zeitung*, a publié une retentissante interview du général Massu. Le commandant du corps d'armée d'Alger y critiquait la politique gouvernementale d'autodétermination et mettait en doute l'obéissance de l'armée aux futures directives de Paris. Immédiatement, Paul Delouvrier et le général Challe opposaient un démenti aux propos de Jacques Massu. Le lendemain, le ministre des Armées, Pierre Guillaumat, agissait de même et convoquait à Paris le trop fougueux militaire.

Le 19 janvier, de nombreux signes de tension apparaissent en Algérie. On s'inquiète d'une réunion des plus hauts responsables qui doit se tenir à l'Élysée le vendredi 22. L'annonce que le chef de l'État doit intervenir à la radio et à la télévision le 29 fait également monter la fièvre malgré un communiqué apaisant publié à l'issue du Conseil des ministres, le mercredi 20 janvier. Le contexte est d'autant plus alarmant à Alger qu'en raison d'une conférence prévue à l'Élysée, consacrée à la situation en Algérie, le délégué général et le général Challe retournent maintenant à Paris. Le général Massu y est également présent, et l'on s'attend à ce qu'il soit vertement tancé. « Pour autant, note Yves Godard le 20, personne ne croit encore sérieusement que les sanctions auxquelles il est exposé puissent aller jusqu'à une relève totale de son commandement[3]. » Le jeudi 21, après un calme de façade, les imaginations soudain s'enflamment lorsque l'on apprend que Georges Bidault, partisan acharné de l'Algérie française, est déclaré indésirable à Alger jusqu'au 1er février. La fièvre monte encore quand circule la rumeur selon laquelle le général Massu n'assisterait pas à la réunion au sommet de l'Élysée.

> La coupe est déjà pleine, note dans son style échevelé Yves Godard le 21, et, comme rien ne nous est épargné ce soir-là, elle déborde avec les premiers échos de l'audience que de Gaulle a accordée, mardi dernier, 19 janvier, à trois députés, Lauriol, Portolanno et Laradji, porteurs d'une motion des municipalités de la Mitidja. Pour une fois, le « sot en hauteur[4] », un souvenir de l'École de guerre, a été clair, ce qui est chose rare : pas question d'intégration ; c'est une invention de l'armée qui, en toutes circonstances, n'a jamais fait que des c ... (passons sur le détail pour ne pas évoquer des souvenirs douloureux). Les musulmans, voyons, ce ne sont pas des Français, ces gens-là ! Moi, je sais ce qu'ils pensent parce qu'ils me le disent.

La peur et la colère dictent seules à présent la conduite des partisans de l'Algérie française. En proie au désespoir, déchaînés contre de Gaulle, même s'ils devraient savoir qu'il n'a jamais cru à l'intégration, ils abandonnent toute démarche rationnelle.

Le vendredi 22 janvier, à dix heures, la réunion au sommet prévue depuis plusieurs jours se tient à l'Élysée. À midi, un communiqué est publié. Une fois de plus l'équivoque triomphe : la perspective de l'autodétermination est réaffirmée mais il est indiqué d'autre part que « la pacification sera menée jusqu'à son terme ». L'annonce d'une tournée prochaine du président de la République en Algérie est annoncée. On apprend aussi le même jour que le général Massu, à titre de sanction, est relevé de son commandement.

Dans la soirée, on s'arrache *Le Monde* dans les rues de Paris : Pierre Viansson-Ponté, l'éditorialiste des grandes occasions, y annonce le prochain limogeage de Challe, qui serait remplacé par le général Jacquot, un libéral de gauche, tenu en suspicion dans l'armée et détesté par les pieds-noirs. Le malaise grandit. Parmi les militaires ceux qui ont persisté à prendre à la lettre certaines déclarations de de Gaulle ne décolèrent pas.

Curieusement, la nuit du 23 au 24 janvier est calme à Alger. Seul le bruit des camions militaires atteste que la situation est très tendue un dimanche d'hiver. Le Forum est particulièrement protégé par les gardes mobiles. Désertant son PC habituel du Palais d'été, Paul Delouvrier s'est installé auprès de Challe avec l'évident souci de le contrôler. Mais le dispositif de sécurité mis en place comporte d'étranges lacunes : bientôt un petit avion lâche sur la ville des tracts appelant les Européens à la révolte. Aussitôt, Paul Delouvrier appelle par radio les Algériens à se reprendre. Mais le moins que l'on puisse dire est qu'il ne convainc pas. À partir de dix heures, les rues s'animent et la manifestation commence à se dessiner. Vers midi, le plateau des Glières est noir de monde. Les renseignements généraux estiment la foule à environ cinquante mille personnes.

À ce moment-là, aucun incident sanglant n'est encore survenu mais il reste des motifs d'inquiétude sérieux. Dès la levée du jour, le député Pierre Lagaillarde, ancien président des Étudiants d'Alger, héros du 13 mai, a d'abord installé un véritable camp retranché dans les facultés de droit. Un peu plus tard, on a noté dans la foule la présence de territoriaux en tenue, autrement dit d'éléments d'une sorte de garde nationale destinée à lutter contre le FLN, et qui constitue en fait le fer de lance de l'activisme. C'est d'ailleurs au siège des unités territoriales, à l'angle de la rue Laferrière et de la rue Charles-Péguy, que s'est installé dans la matinée (« J'aurais préféré, note Godard, que les orateurs parlent d'un balcon moins officiel que celui d'une annexe du cinquième bureau ») l'état-major de la manifestation mené par un personnage haut en couleur, le patron de café Jo Ortiz, ancien responsable poujadiste, qui se flatte d'avoir changé le cours de l'Histoire en organisant les jets de tomates contre Guy Mollet en 1956[5] Le parlementaire n'a que mépris pour le patron de bistrot hâbleur, mais le plus fanatique des deux n'est pas celui auquel on pense immédiatement. « Je connais bien Lagaillarde, écrit Godard. Je n'ignore pas qu'il adore le panache et qu'il lui arrive, à l'occasion, de bluffer un peu, mais je le sais aussi capable, tout en défendant tard, d'agir très vite et de saisir l'occasion au vol. » Les deux hommes n'ont pas non plus les mêmes méthodes. Lagaillarde veut amener l'armée à désobéir, Ortiz veut s'emparer du Gouvernement général.

Il est donc tentant de jouer l'un contre l'autre en temporisant. Ce calcul est celui d'Yves Godard, l'un de ces officiers, qui, selon Pierre Viansson-Ponté, intoxiquent les responsables de l'ordre public en prétendant assurer la liaison avec le chef des manifestants. Il va se révéler désastreux. Au lieu de décider, les chefs militaires négocient, persuadés de pouvoir gagner du temps. On prend au sérieux les menaces de Lagaillarde. On lui envoie des émissaires. Pendant ce temps, Ortiz parade sur son balcon. On traite aussi avec lui. Et ce qui devait arriver arrive : les intermédiaires sont eux aussi intoxiqués. Gardes, Argoud, Godard aussi dans une certaine mesure, restent du côté des insurgés. Dès lors, un enchaînement tragique se met en marche. Ni le général Challe ni Paul Delouvrier ne veulent répliquer au coup par coup, mais ils veulent déblayer le terrain occupé. À dix-huit heures, le choc se produit. Des hommes meurent : six parmi les Algérois, quatorze du côté des forces de l'ordre. Les blessés, dont certains gravement atteints, sont également nombreux.

Soudain des barricades surgissent. À vingt heures, de Gaulle est prévenu à Colombey par René Brouillet. De retour à Paris, il confère avec les responsables à l'Élysée, de minuit à deux heures et demie du matin. À Alger, le cours des événements s'accélère. L'assaut doit-il être donné ? Les autorités semblent hésiter. En sortant de l'Élysée, Michel Debré va voir le général Ély afin de le mobiliser en faveur du chef de l'État. À Paris, la fermeté semble de mise. Roger Frey assure que les barricades seront nettoyées. Dans la matinée, de Gaulle s'adresse au pays :

> L'émeute qui vient d'être déclenchée à Alger est un mauvais coup porté à la France en Algérie, un mauvais coup porté à la France devant le monde, un mauvais coup porté à la France au sein de la France. Avec le gouvernement, d'accord avec le Parlement , appelé et soutenu par la nation, j'ai pris la tête de l'État pour relever notre pays et notamment pour faire triompher dans l'Algérie déchirée, en unissant toutes ses communautés, une solution qui soit française. Je dis en toute lucidité et en toute simplicité que, si je manquais à ma tâche, l'unité, le prestige, le sort de la France seraient du même coup compromis et d'abord il n'y aurait plus pour elle aucune chance de poursuivre sa grande œuvre en Algérie.
>
> J'adjure ceux qui se dressent à Alger contre la patrie, égarés qu'ils peuvent être par des mensonges et par des calomnies, de rentrer dans l'ordre national. Rien n'est perdu pour un Français quand il rallie sa mère la France.
>
> J'exprime ma confiance profonde à Paul Delouvrier, délégué général, au général Challe, commandant en chef, aux forces qui sont sous leurs ordres, pour servir la France et l'État, à la population algérienne si chère et si éprouvée.
>
> Quant à moi, je ferai mon devoir.
>
> Vive la France.

Cet appel n'a aucun effet. Face aux passions déchaînées, le verbe n'agit pas. Tous les intermédiaires possibles, Massu, Soustelle, Robert Lacoste, Salan, Zeller, se révèlent incapables de maîtriser le mouvement. Ce lundi 25, de Gaulle a une vive algarade avec son vieux camarade, le maréchal Juin, chaud partisan de l'Algérie française : « Tu vois, notre chance à tous les deux, c'est notre âge, lui dit-il. Je suis un vieil homme. Je vais bientôt mourir. Mais je ne leur céderai pas. »

Dans le plus grand secret, le Premier ministre, Michel Debré, se rend à Alger : Lagaillarde envisage de l'enlever ! Le chef du gouvernement rencontre des colonels et des généraux. Beaucoup le pressent de reprendre à son compte la formule « Algérie française ». Le Premier ministre revient d'Alger certain de l'imminence d'une insurrection de l'armée, moralement très atteint, marqué même physiquement. À son retour, la capitale bruit de rumeurs invérifiables. L'une est exacte : le président de la République a bien été furieux de recevoir des messages exagérément orientés, respectivement des généraux Salan et Edmond Jouhaud.

Chef d'état-major de la Défense nationale, le général Ély, que l'on dit indéchiffrable, engage en fait tout son crédit personnel pour soutenir la politique du président de la République, au risque d'être démenti cruellement par l'Histoire, comme l'atteste ce message adressé à Maurice Challe, le 28 janvier :

> Les vues que me permettent d'avoir ma position et les responsabilités que j'assume en tant que chef d'état-major général de la Défense nationale me conduisent à appeler votre attention sur plusieurs éléments dont vous avez très certainement conscience, mais auxquels, dans votre situation actuelle, il vous est sans doute difficile d'accorder l'importance qu'ils ont dans le contexte national et international, qu'ils ont dans l'esprit du gouvernement et qu'ils auront surtout pour l'avenir du pays.
> Trois facteurs dominent la conjoncture présente et les préoccupations du gouvernement :
> Le général de Gaulle est notre seule chance. Sa retraite entraînerait la perte de l'Algérie et bien entendu celle de la France et celle de l'Occident.
> L'Algérie doit rester française. C'est la raison d'espérer des populations européenne et musulmane et la raison d'agir pour l'armée et pour la métropole.
> Cette armée sera l'élément déterminant de l'avenir de la France, dans la mesure où elle se constituera selon les normes envisagées.
> [...] Il est par suite nécessaire de la reprendre en main, étant entendu qu'il n'a jamais été question de mener une action de guerre contre des Français, mais d'assurer le maintien de l'ordre et non pas celui du désordre.
> Et ce serait fausser la pensée du gouvernement que de lui prêter l'intention d'attaquer des femmes et des jeunes gens.
> Ceci étant, pour reprendre l'armée en main il importe
> - de faire appliquer les ordres donnés et les dispositions arrêtées par vous-même d'ailleurs,
> - d'éliminer ceux qui ne veulent pas comprendre,
> - de placer aux postes clés ceux qui sont à même de remplir totalement les missions qu'ils recevront.
> Je vous demande donc d'agir dans ce sens, sans chercher à justifier un passe que je ne discute évidemment pas.
> Mais prenez la situation telle qu'elle est dans l'immédiat pour la transformer de manière souhaitable, car l'avenir repose sur vous, avenir de l'Algérie certes, mais avenir de l'armée et du pays.
> Vous savez que pour cela vous pouvez compter sur mon appui le plus total, car vous avez plus que jamais ma confiance. Vous avez celle du gouvernement[6]

À Paris, les milieux politiques s'agitent Pour faire échec à la révolte d'Alger, Guy Mollet songe à mettre sur pied un comité d'entente entre la SFIO et l'UNR dans une optique de défense républicaine. À droite, au contraire, des clameurs discordantes sont perceptibles, au sein des Indépendants en particulier. À Alger, la tension s'accroît encore. Les insurgés remettent en liberté les condamnés du procès de l'attentat au bazooka[7]. Dans le même temps, des manifestations de fraternisation organisées par les colonels tournent au fiasco.

De leur côté, Challe et Delouvrier ne sont pas vraiment résolus à intervenir ; ils craignent de ne pas être obéis par l'armée.

Le jeudi 28, ils choisissent une autre tactique, alors que de Gaulle est de plus en plus manifestement exaspéré. Brusquement, ils quittent Alger afin de se mettre hors de portée de l'insurrection. L'opinion est frappée, mais Paul Delouvrier surprend lorsque, de manière dramatique, il intervient sur les ondes pour adjurer les révoltés de rentrer dans la légalité et placer sa famille, en particulier son dernier fils Matthieu, sous la protection des Algérois. Dans le camp adverse, la confusion est à son comble. Lagaillarde et Ortiz échangent maintenant des insultes. Pour tous les observateurs, les pouvoirs publics sont dépassés. De Gaulle ne peut qu'en être furieux. Les tergiversations de Challe et de Delouvrier l'irritent au plus haut point. Ouvertement, on incrimine les complicités dont bénéficieraient les activistes au sein même du pouvoir d'État. Très favorable à la cause de l'indépendance algérienne, Louis Terrenoire, dans son journal inédit, se déchaîne contre ceux qui, à l'Élysée même, sabotent, selon lui, l'action du chef de l'État :

> 30 janvier 1960 : Sept jours se sont écoulés depuis que les barricades ont surgi à Alger. Heureusement, ce ne fut pas une semaine sanglante. Mais c'était l'amorce d'une explosion qui ne s'est pas produite parce que l'opinion métropolitaine a vivement réagi au grand dam des conspirateurs de Paris. Ceux- ci sont nichés partout, jusqu'à l'Élysée, en la personne du chef de cabinet militaire du président de la République, le général de Beaufort, ami de Bidault. On m'a assuré que c'est lui qui avait averti, il y a quelques jours, les personnages visés par les opérations et les perquisitions policières. On cite parmi les conjurés les généraux Allard [8] et Lecomte [9] qui auraient déclaré qu'ils préféreraient se faire abattre plutôt que de laisser organiser un référendum sur la politique algérienne dont a parlé la presse. Chaban-Delmas a rapporté au général ce propos du général Zeller, ancien chef d'état-major général : « Ce vieux con (de Gaulle), on s'en débarrassera avec deux balles, afin d'en économiser dix. » Dans les couloirs du palais Bourbon, transformés en ministère de propagande de la VIe République, Lauriol, député d'Alger, tenait pendant ce temps-là une conférence de presse où il se solidarisait avec les insurgés et Pascal Arrighi, l'étrange député d'Ajaccio, jouait les porte-parole officieux et tirait de sa poche des listes ministérielles où notamment il figurait en bonne place. Sentiment personnel : ma rage [10].

Enfin, le 29 janvier, le général intervient sur les ondes. C'est le de Gaulle des grands jours, en uniforme, imbu de sa légitimité historique incarnant l'autorité, jetant l'anathème comme Jupiter la foudre :

> Si j'ai revêtu l'uniforme pour parler aujourd'hui à la télévision, c'est afin de marquer que je le fais comme étant le général de Gaulle aussi bien que le chef de l'État.
>
> Nous combattons, en Algérie, une rébellion qui dure depuis plus de cinq ans. La France poursuit courageusement l'effort nécessaire pour la vaincre. Mais elle veut aboutir à une paix qui soit la paix, faire ce qu'il faut pour que le drame ne recommence pas ensuite, agir de manière à ne pas perdre, en fin de compte, l'Algérie, ce qui serait un désastre pour nous et pour l'Occident. Le monde, en proie aux vastes crises et mouvements que l'on sait, assiste à cette lutte qui le trouble et dont cherchent à se mêler les divers camps opposés. Il est

clair que l'unité, le progrès, le prestige du peuple français sont en cause et que son avenir est bouché tant que le problème algérien ne sera pas résolu.
Compte tenu de tout cela, j'ai pris, au nom de la France, la décision que voici : les Algériens auront le libre choix de leur destin. Quand, d'une manière ou d'une autre — conclusion d'un cessez-le-feu ou écrasement total des rebelles — nous aurons mis un terme aux combats, quand ensuite, après une période prolongée d'apaisement, les populations auront pu prendre conscience de l'enjeu et, d'autre part, accomplir, grâce à nous, les progrès nécessaires dans les domaines politique, économique, social, scolaire, etc., alors ce sont les Algériens qui diront ce qu'ils veulent être. Cela ne leur sera pas dicté. Car si leur réponse n'était pas vraiment leur réponse, il pourrait bien y avoir, pour un temps, une victoire militaire, mais rien, au fond, ne serait tranché.
Au contraire, tout peut l'être, et je le crois, en faveur de la France, quand les Algériens auront pu faire connaître leur volonté en toute liberté, dignité et sécurité.
Bref, l'autodétermination est la seule politique qui soit digne de la France. C'est la seule issue possible. C'est celle qui est définie par le président de la République, décidée par le gouvernement, approuvée par le Parlement, adoptée par la nation française.

Cette fois le verbe agit. Les responsables reprennent confiance, l'armée aussi. Sur-le-champ des ordres suivent. En proie à une sainte colère, le général fulmine ses directives. L'autorité de l'État ne peut, plus longtemps, être tenue en échec. Sans ménagement, avec toute la dureté dont il est capable lorsque l'essentiel est en jeu, il le dit à Paul Delouvrier, le dimanche 31, dans ce message inédit :

Il est nécessaire que les forces de l'ordre l'emportent à Alger sans plus tergiverser. La question est là désormais non plus du tout dans les ménagements. Les ordres donnés dans ce but par tous et par le commandant doivent être exécutés strictement. C'en est assez des adjurations balancées à la radio, des barrages rompus, des consignes qu'on négocie. Rien ne peut être pire aujourd'hui que la défaillance de l'autorité. Celle-ci doit s'imposer à qui que ce soit et s'il le faut par les armes. Je regrette et m'explique mal que le commandement et les unités jusqu'à présent affectés à la ville d'Alger n'aient pas été relevés avant ce dimanche. Vous ne devez sous aucun prétexte tolérer aucun pourparler vis-à-vis des chefs rebelles. Les laisser s'enfuir serait une faute grave. Les coupables devront en fin de compte être arrêtés et livrés à la justice. Vous communiquerez le texte de ce message au général Challe et au général Crépin, signé Général de Gaulle[11].

Très vite la rébellion est écrasée. Lagaillarde est écroué à la Santé après une reddition grand-guignolesque. Ortiz réussit à gagner l'Espagne. Une fois encore de Gaulle a su forcer le destin ; seul, il a conservé son calme, mais sa victoire a un goût amer : les plus hauts responsables de l'armée, à son invite, se sont portés garants de sa volonté de maintenir la présence française en Algérie ; les événements ont fait ressortir aussi à quel point étaient gangrenés l'armée et même le proche entourage du chef de l'État. Reçu le 29 janvier, Louis Terrenoire est d'ailleurs témoin du mécontentement de ce dernier, de sa volonté de mettre en place des responsables plus dociles :

27 janvier 1960 : hier soir de Gaulle a prononcé devant les caméras de la télévision une allocution qui a produit une énorme sensation. Il n'a rien concédé aux insurgés. Il a parlé en chef de l'armée. À peine suis-je entré dans son bureau, à midi, que son énergie, sa résolution me frappent. Seul, son visage émacié trahit la fatigue ; pendant vingt minutes il me redit comment il voit l'avenir de l'Algérie et comment doit se dérouler, selon lui, le processus de l'autodétermination.
Première phase : cessez-le-feu ou écrasement de la rébellion, suivie d'une longue période de paix ; deuxième phase : scrutin d'autodétermination avec ou sans la France. Troisième phase : [illisible].
Revenant presque dans les mêmes termes sur ce qu'il m'avait dit à l'automne, il est disposé à faire l'intégration, si les Algériens le veulent mais il n'y croit guère. Ils ont envie de s'administrer eux-mêmes. En revanche, de Gaulle a foi dans la volonté des musulmans de ne pas se séparer de la France le moment venu.
Lorsque le général a terminé, j'observe les questions brûlantes ; je lui dis : « En ma qualité de président du groupe UNR, je veux vous parler au nom des grognards qui marchent au canon, qui se font tuer (ils l'ont montré) mais qui ont l'impression d'être plus clairvoyants que certains des chefs qui les conduisent. » Je lui fais alors le procès, à titre d'exemple, de M. Guillaumat, ministre des Armées. Le général le défend mollement : il a été tantôt trop habile tantôt trop timide, il n'a pas osé changer ceux qui devaient l'être. Et de se plaindre que ses directives s'infléchissent en se transmettant de l'Élysée à Matignon et de Matignon rue Saint-Dominique.
L'insurrection algérienne et ses ramifications à Paris ont incontestablement ouvert les yeux à de Gaulle qui admet désormais qu'un bon nombre d'exécutants doivent être remplacés. En interprète fidèle des députés UNR, je lui dis : « Lorsque vous parlez de rénovation, de redressement, c'est vrai pour ce qui dépend directement de vous ; mais vous êtes trahi aux divers stades de l'exécution [12]. »

Les mesures appropriées sont rapidement mises en œuvre. Dès le lundi 1er février dans l'après-midi, un Conseil des ministres extraordinaire adopte un projet de loi donnant les pleins pouvoirs au gouvernement ; le lendemain, il doit être soumis au Parlement, convoqué en session extraordinaire. En vertu de l'article 58 de la Constitution, de Gaulle désire que le gouvernement puisse légiférer par ordonnances pendant un an. L'affaire est rondement menée. Dès le mardi 2, l'Assemblée examine le texte. Par 441 voix contre 75, le projet est adopté. Michel Debré a beau soutenir que les ordonnances ne porteront pas atteinte aux libertés fondamentales, tous les observateurs soulignent que le Parlement n'a jamais été plus abaissé.

Parallèlement, le gouvernement est remanié de façon profonde. Les partisans les plus résolus de l'Algérie française, Jacques Soustelle et Bernard Cornut-Gentille, s'en vont. La rupture entre l'ancien gouverneur général de l'Algérie et de Gaulle est consommée au cours d'une entrevue qui dure moins de deux minutes. « Quel dommage, mon général, dit Soustelle, très ému, que nous ne nous soyons pas séparés un peu plus tard : cela aurait fait tout juste vingt ans que je vous avais rejoint à Londres [13]. » À la veille de sa mort, en avril 1990, Jacques Soustelle avait la voix brisée en évoquant ce souvenir. Pour lui, la rupture n'était pas seulement politique, elle était personnelle et touchait au plus intime de sa vie. Dans l'heure qui suit son départ du gouvernement, Soustelle proclame sa foi en l'Algérie française. Le 25 avril, il sera exclu de l'UNR. À l'intérieur du cabinet, certains changent d'attributions : c'est le cas de Roger Frey et de Pierre Guillaumat, par exemple, qui deviennent ministres délégués. Parmi ceux qui arrivent, on remarque Pierre Messmer, héros de Bir Hakeim, qui prend en charge les Armées. Louis Terrenoire et Jean Foyer deviennent membres du gouvernement, l'un est chargé de l'Information, l'autre est nommé secrétaire d'État à la Communauté. Les attributions de Jacques Soustelle sont partagées entre l'Indépendant Louis Jacquinot et le démocrate-chrétien Robert Lecourt.

La remise en ordre se traduit aussi par la création, le 14 février, d'un comité pour les Affaires algériennes, qui se réunit à l'Élysée dès le 17. Présidé par le chef de l'État, cet organisme, auquel participent de hauts fonctionnaires, court-circuite souvent le gouvernement. Ainsi s'affirme encore la suprématie absolue du président de la République. Et tandis que la justice militaire frappe durement Lagaillarde, Alain de Sérigny, le très activiste directeur de *L'Écho d'Alger*, une sévère épuration est menée parmi les élus : au sein du conseil municipal de Paris, Alain Griotteray, rapporteur général, est notamment exclu en raison de ses sympathies pour l'Algérie française. Depuis son retour aux affaires jamais le général n'a concentré autant de pouvoirs. Sa popularité, il est vrai, atteint son zénith : au lendemain de la semaine des barricades, 75 % des Français approuvent son action. La mise au pas du Parlement, les mesures d'exception, le court-circuitage des rouages gouvernementaux sont compris et approuvés par l'opinion. Seuls 17 % des Français sont mécontents de lui, et 8 % indifférents. L'équivoque, qui sur l'Algérie s'aggrave de jour en jour, est donc, il ne faut jamais l'oublier, massivement approuvée par l'opinion. En la circonstance, de Gaulle est le porte-parole d'un peuple exténué par le drame, lassé de voir ses enfants mourir de l'autre côté de la Méditerranée, décidé à se sortir de l'ornière à n'importe quel prix.

Le chef de l'État, il est vrai, est servi aussi par la chance : à peine sorti de la semaine des barricades, il peut mettre à son actif quelques éclatants succès. Le 13 février d'abord, la première bombe atomique française explose au Sahara. « Hourra pour la France ! » câble le général, qui oublie évidemment de signaler que la bombe est en réalité celle de la IVe République, puisque, depuis Pierre Mendès France, tous les gouvernements y ont apporté leur contribution. L'engin nucléaire n'a pu également être mis au point sans l'aide des États-Unis. Le général se garde aussi de le souligner. Le 1er avril, une deuxième bombe explosera, suscitant moins de réactions enthousiastes.

La période est aussi marquée par une intense activité diplomatique. Le général a d'abord la satisfaction d'apprendre qu'après beaucoup de tergiversations, un sommet des quatre « grands » (États-Unis, Union soviétique, Grande-Bretagne, France) se tiendra à Paris, le 16 mai, avec l'objectif de mettre fin à la guerre froide. Auparavant, à la mi-mars, Nikita Khrouchtchev, nouveau maître du Kremlin après la mort de Staline et l'élimination de Boulganine, doit se rendre en visite officielle en France. Jamais un dirigeant soviétique de ce rang n'a effectué un tel voyage à Paris depuis la révolution d'Octobre. De Gaulle est d'autant plus heureux de cette perspective, qu'il se sent en position de force. Les relations de la France et de l'OTAN sont à présent un peu meilleures, la délicate question de la flotte française en Méditerranée a été abordée directement entre le chef de l'État et le général Norstadt : les problèmes en suspens doivent faire l'objet d'un accord de coopération. De Gaulle est aussi persuadé que, désormais puissance nucléaire, la France pourra hausser le ton dans le cadre de la conférence du désarmement à Genève. Il est hanté par le rêve de la voir jouer un rôle d'arbitre mondial. Le 13 mars, recevant le Premier britannique Harold Macmillan, il s'est d'ailleurs posé en grand protecteur du continent européen, prêt au dialogue avec une Grande-Bretagne plus autonome par rapport aux États-Unis, très soucieux des intérêts de l'Allemagne ; le Premier ministre l'a appris à ses dépens lorsque, ayant suggéré de jeter un peu de lest sur la question de Berlin, il s'est entendu répondre que l'Allemagne devait être ménagée « Si l'Allemagne devenait un élément incertain (par rapport à l'Occident) la France se trouverait immédiatement en danger. »

Le 23 mars 1960, Nikita Khrouchtchev arrive à Orly, salué en ces termes par l'homme du 18 juin : « Eh bien, vous voici, monsieur le président, plein de vie et d'activités, l'esprit rempli de vastes projets. » En s'exprimant ainsi, de Gaulle sacrifie surtout aux exigences de la politesse diplomatique. Staline le fascinait. Le personnage qui a succédé au Tsar rouge lui paraît d'un format bien inférieur. Ses jugements en témoignent. « Staline c'était Dostoïevski, dira-t-il. Nikita Khrouchtchev c'était Gogol[14]. »

Si de Gaulle, à l'occasion de cette visite, espère faire figure de « quatrième grand », Nikita Khrouchtchev, lui, arrive d'assez méchante humeur. La politique allemande de la France le mécontente et l'inquiète. D'autant plus que, peu de temps auparavant, le 27 janvier, le chancelier Adenauer, reçu en audience par Jean XXIII, a déclaré : « Je pense que Dieu a imposé au peuple allemand une mission particulière en ces temps troublés, celle d'être le gardien de l'Occident contre les puissantes influences de l'Est qui sont amenées à peser sur nous[15]. »

Durant les premiers jours de la tournée en France qu'il effectue avant de rencontrer de Gaulle, Nikita Khrouchtchev ne manque pas une occasion de marquer sa colère. Le 29 mars, déjeunant à Reims après avoir visité les champs de bataille de la Première Guerre mondiale, il prend à partie le ministre d'État Louis Jacquinot qui, devant lui, a vanté la réconciliation avec l'Allemagne · « Votre discours a été si diplomatique que je ne sais si, d'après vous, les Allemands sont venus en agresseurs ou en invités. »

C'est donc dans un climat relativement tendu que commencent, le 11 avril, au château de Rambouillet, les entretiens entre le général et Khrouchtchev. Néanmoins, de Gaulle use d'un langage de vérité, en particulier sur l'Algérie :

« En abordant cette question avec vous je fais une exception. Nous n'aimons pas parler avec les étrangers de ce problème. Trois solutions me semblent possibles : l'indépendance totale de l'Algérie, l'assimilation totale et l'association. Nous sommes d'accord sur toute solution à condition que la population algérienne l'accepte. La situation en tout cas s'aggrave car il n'y a jamais eu de structures d'État dans ce pays. Nous nous trouvons face à une masse humaine amorphe. Les cadres locaux n'ont pu être formés. Si la France quitte l'Algérie ce sera le chaos. Un jour, peut-être dans vingt-cinq ans, ce pays pourra s'organiser. Mais pour l'instant ce n'est pas possible. [...] Il n'y a pas de gouvernement algérien. Il y a un groupe d'individus qui a la prétention d'être le gouvernement algérien[16]. »

Sur le problème allemand, de Gaulle est également ferme. On notera malgré tout qu'il fait allusion *in fine* à l'élimination des États-Unis de la sphère européenne et à la disparition de l'OTAN[17] :

« Je serai tout à fait franc avec vous. Commençons par le problème allemand. Depuis toujours l'Allemagne a été l'ennemie de la France. Cela a été le cas en 1870, en 1914, en 1940 enfin : cette fois la France a failli disparaître à cause de son voisin d'outre-Rhin. Dans ces conditions, il était bon que la France puisse trouver en la Russie un allié fiable et fidèle. Comme vous le savez, j'ai effectué en 1944 un voyage à Moscou pour rencontrer Staline. Alors même que la guerre n'était pas encore terminée je m'inquiétais beaucoup du sort que la Grande-Bretagne et les États-Unis réserveraient à l'Allemagne. J'ai tenu à Staline le langage suivant : "La France a beaucoup souffert de la guerre mais elle peut relever la tête. Par ses succès et ses développements futurs, il est nécessaire de créer des conditions grâce auxquelles le militarisme allemand ne pourra plus menacer la France et le reste du monde."
Mais que s'est-il passé après ? L'Union soviétique a créé un énorme bloc dans la partie est de l'Europe. L'Europe de l'Ouest comptait, elle, une Allemagne vaincue et une France affaiblie par la guerre, même si elle commençait à s'en remettre. Face au bloc de l'Est on a alors le sentiment en France d'une menace, d'autant plus que l'existence de blocs correspondait à l'existence de deux systèmes sociaux antagonistes.
Dans ces conditions, la seule politique réaliste pour la France était la politique d'équilibre vis-à-vis du bloc soviétique. Et cette politique d'équilibre impliquait l'appartenance de l'Allemagne à l'Occident. L'Allemagne doit être à nos côtés non pour poursuivre des desseins agressifs mais pour que l'on se sente tranquille en Europe. La France ne veut pas une Allemagne agressive. Si une telle politique d'équilibre en Europe avait pu être mise en œuvre nous n'aurions pas eu besoin des États-Unis. Bien sûr nous voulons rester amis avec les États-Unis mais dans ce cas de figure nous n'aurions plus besoin de l'OTAN. »

En somme, de Gaulle, qui n'a pas encore la force de frappe dont il rêve, estime prématuré un rapprochement avec la « Russie soviétique », pour reprendre l'expression qu'il utilise toujours. La France n'est pas en position de mener un tel jeu. Il pense simplement qu'au-delà des idéologies, les systèmes capitaliste et communiste se rapprochent — d'où, un jour, la possibilité d'une coopération sur la base des réalités nationales :

« Vous parlez des camps socialiste et capitaliste. Je comprends l'immense différence entre nos deux systèmes. Néanmoins je dois vous dire que j'attache pour ma part moins d'importance à cette différence. Nous sommes très dépendants de l'évolution de la technique. Nos usines ressemblent beaucoup aux vôtres. Nos travailleurs travaillent probablement dans les mêmes conditions que les vôtres. Le progrès matériel surgit partout. Les camps socialiste et capitaliste ont fait leur apparition après la Première Guerre mondiale. Actuellement il n'y a pas de guerre. Quelle sera l'évolution demain ? Je ne le sais pas. Mais je crois que l'appartenance au camp socialiste ou au camp capitaliste ne peut pas nous empêcher de tomber d'accord. Je soutiens l'idée qu'avec le temps les différences entre capitalisme et socialisme ont tendance à s'amenuiser. L'expérience de ma vie montre que le capitalisme a connu des changements énormes. Dans ma jeunesse une partie importante de la bourgeoisie vivait de dividendes. Aujourd'hui les chefs des entreprises les plus importantes vivent de leur travail. Je crois que le socialisme évolue aussi. Je n'impose pas mon point de vue mais il me semble que, dans leur future évolution, les pays socialistes connaîtront un développement plus fort de la liberté et du libéralisme. Ainsi les différences entre les deux systèmes ne vont pas s'approfondir mais au contraire s'effacer... De toute façon, l'appartenance au camp socialiste ou capitaliste ne nous interdit pas de tomber d'accord. »

Par la suite, on soutiendra qu'un malentendu s'est produit en cette occasion entre le général et Khrouchtchev. En réalité, les deux interlocuteurs se sont parfaitement compris et sont restés sur leurs positions. Certain de son succès personnel lors du prochain sommet, de Gaulle n'a pas repris son interlocuteur lorsque celui-ci a attaqué les Américains et les Allemands. Il n'en a pas moins porté sur lui un regard lucide : « C'est un mélange de bonhomie, de roublardise et de brutalité », confiera-t-il à Louis Terrenoire[18].

« M. K., dira-t-il encore au Premier ministre de Nouvelle-Zélande le 16 avril, est un *self made man* habile, sans culture de base, dont la carrière s'est faite année par année : un militant qui continue à penser et a réagir avec cette déformation. C'est ainsi qu'il affirme constamment la supériorité du système communiste et des résultats obtenus, sans craindre d'exagérer jusqu'à la contre-vérité. Quant à sa politique, je partage votre sentiment : Nikita Khrouchtchev ne se lancera pas dans une guerre dont les conséquences en tout état de cause pourraient être fatales aux progrès réalisés par l'Union soviétique, notamment au cours des quinze dernières années. J'ai la conviction que le souci essentiel de Khrouchtchev est l'amélioration de la condition économique en Russie et que, dans ce but, il fait porter ses efforts sur l'accroissement du potentiel industriel de son pays. À cet effet, il met tout en œuvre en vue d'une meilleure utilisation des ressources existantes, de la recherche de nouvelles richesses, surtout en Sibérie, et la formation des étudiants, des techniciens et des savants. L'appareil industriel est loin d'être parfait mais les progrès de la production sont considérables et ne tarderont pas à le devenir encore.

J'attire votre attention sur les conséquences sociales et politiques de la puissance industrielle soviétique et de l'amélioration du bien-être en Russie. L'état d'esprit de la population soviétique a évolué de façon sensible. Il s'est créé une opinion publique qui aspire à plus de liberté. Or Nikita Khrouchtchev s'identifie à ce mouvement. Il donne le sentiment de vouloir être, sur le plan intérieur soviétique, l'homme qui a apporté le bien-être à son peuple et sur le plan international celui qui, par une conquête pacifique des marchés, devra démontrer aux côtés du parti comme du monde entier la supériorité de l'économie communiste sur l'économie socialiste[19]. »

Sur l'Union soviétique, le général a sans doute les illusions de la plupart de ses contemporains : comme les meilleurs économistes occidentaux et même un esprit aussi indépendant qu'Alfred Sauvy, il croit à la capacité de rebondissement de l'URSS. Pour le reste, il évalue de manière froide les rapports de force, même si l'on note que, peu après, il infléchit légèrement son discours en repoussant toute solution politique du problème allemand et en insistant sur la nécessité de la détente. Par ces concessions, essentiellement verbales, le général veut seulement, on le sait, mettre toutes les chances de son côté dans la perspective du prochain sommet, qui lui inspire un optimisme raisonnable :

« Cette conférence, dira-t-il à John Diefenbaker, sera un succès si elle n'est pas un échec, c'est-à-dire si on se sépare sans être en opposition totale. C'est tout ce que l'on peut espérer. Il est impossible en effet de régler en huit jours les problèmes du désarmement, de l'Allemagne, des relations entre l'Est et l'Ouest. Ce qu'il faut c'est déterminer quelques points sur lesquels on peut chercher réellement un accord et décider qu'on continuera à en discuter pour essayer d'aboutir à un résultat[20]. »

L'optimisme du général va être déçu. Tout commence très mal. En avril, le Kremlin durcit le ton. Peu après, un avion espion américain est intercepté et abattu au-dessus du territoire de l'URSS. Entre Moscou et Washington, des notes violentes sont échangées. Nikita Khrouchtchev s'étrangle d'indignation puis semble s'apaiser. Eisenhower se justifie : Khrouchtchev sous-entend alors qu'il ne viendra pas à Paris. De Gaulle, lui, reste impavide : à Londres, du 5 au 8 avril, puis au Canada et aux États-Unis, du 22 au 29 avril, il est vrai qu'il reçoit un accueil enthousiaste qui conforte ses ambitions.

La première séance du sommet, le 16 mai, est dominée par l'incident que vient de provoquer l'avion espion américain. La discussion s'enlise. Khrouchtchev exige des explications et des excuses. Le général s'emploie à calmer le jeu :

Ces vols, qu'il s'agisse d'avions, de satellites ou de missiles, constituent sans doute un problème sérieux. Ils contribuent à accroître la tension. En ce moment un satellite soviétique traverse le ciel et, dix fois par jour, il survole le territoire français. Ces satellites peuvent prendre des photographies et demain ils pourront opérer des destructions considérables. Nous devons examiner ce problème dans son cadre qui est le désarmement et la tension internationale. Se séparer à propos d'un incident local ne servirait pas l'humanité. Il y a beaucoup de diables dans le monde et le rôle de cette conférence est de les exorciser[21].

Malgré toutes les ressources de sa dialectique, de Gaulle ne parvient pas à tirer le sommet de l'ornière où il se trouve plongé. Le 17, les trois Occidentaux doivent constater l'absence de leur collègue soviétique. Ce dernier, après avoir réitéré ses demandes d'excuses, repart le 19 pour Moscou, non sans avoir multiplié les marques de courtoisie envers le général. Pour de Gaulle, qui a mis tant d'espoir dans cette réunion, l'échec est flagrant et la déception qu'il éprouve transparaît à travers le caractère un peu désordonné de sa riposte. Dans un premier temps, à l'issue d'une allocution prononcée le 31 mai, il semble décidé à poursuivre dans la voie de la coexistence pacifique, condamne Nikita Khrouchtchev pour la forme, parle avec chaleur du Marché commun et de l'Europe des Six. Après quoi les rapports avec l'Union soviétique s'aigrissent. Sur le désarmement, de Gaulle et M. K. échangent des notes de plus en plus acerbes. Dans le même temps, le chef de l'État essaie de resserrer les liens avec l'Allemagne en recevant Adenauer à Rambouillet, à la fin du mois de juillet ; mais la rencontre se passe assez mal. Si impressionné qu'il soit par son homologue français, le chancelier allemand voit clairement son jeu, qui vise à détacher l'Allemagne de l'Amérique pour en faire l'allié objectif de la France face aux deux blocs. Sa réaction est vive :

> Lors de sa déclaration devant la commission des Finances du Parlement français, M. Debré avait dit que trois puissances, la France, l'Angleterre et l'Amérique devaient assumer la direction de l'OTAN. Il est évident que des problèmes particuliers touchent certains pays. Mais il paraît imprudent actuellement de déclarer, en réponse à une question de M. Paul Reynaud, qu'en l'absence d'armes atomiques la France deviendrait un satellite. D'autres pays qui ne possèdent pas non plus d'armement nucléaire pourraient en tirer des conclusions analogues, ce qui ne serait certainement pas dans l'intérêt du monde occidental[22].

Dans une très longue lettre adressée au général, le 8 octobre, Adenauer ira plus loin encore :

> Comme vous je suis convaincu de la nécessité de réformer l'OTAN, mais ce n'est pas le moment, compte tenu du caractère alarmant de la situation internationale. Il faut éviter toute attitude qui pourrait fragiliser l'Alliance. Le destin du monde dépend de la présence américaine en Europe. Je suis convaincu que les Américains rempliront leurs obligations vis-à-vis de nous... Mais ils retireront leurs troupes si nous déclarons refuser l'intégration. En tant que soldat, vous m'approuverez certainement si je vous dis que les forces européennes seules ne seraient pas capables de résister, même pour un temps très court, à un assaut du bloc de l'Est. Je vais même encore plus loin : sans les liens permanents avec les États-Unis, nous serons politiquement en situation d'échec face à la pression soviétique[23].

Aux États-Unis aussi l'idée récurrente du général visant à établir un directoire tripartite de l'OTAN suscite de nouvelles aigreurs. Comme le chancelier allemand, le président Eisenhower voit bien la faille dans l'argumentation de son homologue français : de Gaulle, en public, affirme toujours le droit des peuples à disposer d'eux-mêmes ; ses initiatives diplomatiques en revanche font uniquement apparaître son souhait de confier la conduite des affaires du monde aux grandes nations. Malgré son estime pour le président français, qu'il a défendu durant la guerre contre le Département d'État et Roosevelt, Ike avoue sa perplexité, alors qu'il vient de recevoir une nouvelle demande du général quant au partage des responsabilités au sein de l'OTAN :

Depuis plusieurs mois, le général de Gaulle se réfère à la stratégie d'un monde tripartite. Mais au cours de ses conversations avec moi, il a toujours été si nébuleux dans l'exposé de ses théories, qu'apparemment j'ai été incapable de lui répondre d'une manière adéquate. Il parle de « notre Occident » mais il mentionne seulement nos trois pays (États-Unis, France, Grande-Bretagne). Je suis sûr que cela ne veut pas dire qu'il ignore l'Allemagne, l'Italie, les Pays-Bas, les pays scandinaves, la Turquie ou la Grèce. Cependant, sa pensée sur toute cette question semble montrer qu'il est prêt à faire de nos trois nations le groupe de contrôle de l'OTAN. [...] Aux plaintes du général concernant notre égoïsme en matière nucléaire, il ne peut être apporté de réponse. Au lieu d'accords bilatéraux sur cette matière, nous avons plaidé en faveur de *joint stock pile* destiné à la défense de l'Europe occidentale. Apparemment le général pense que nous devrions supporter tous ces fardeaux mais renoncer à tout contrôle sur l'emploi des forces, alors que dans le même temps il exige le droit pour la France de contrôler toutes ses propres forces pour sa défense spécifique[24].

De Gaulle piétine, il le sent bien, et comme toujours en pareille circonstance, son réflexe est de détourner le tir sur un bouc émissaire : l'ONU lui sert alors de cible pour son rôle dans l'affaire congolaise qui émeut à ce moment-là la conscience internationale. L'indépendance du Congo belge, devenu Zaïre au début de l'été 1960, s'est en effet très mal passée. Riche province minière du pays, le Katanga, sous la houlette de Moïse Tschombé, a fait sécession. Pour protéger l'évacuation de ses ressortissants, la Belgique a décidé de faire intervenir des commandos parachutistes. À la demande de Patrice Lumumba, le chef du Mouvement national congolais, partisan d'un État unitaire, l'ONU a envoyé des contingents. Or, le général, dès les premiers troubles, a souhaité que les Occidentaux se concertent pour agir ensemble, éviter l'infiltration soviétique et une intervention de l'ONU. Les États-Unis n'ayant tenu aucun compte de son avis et misé au contraire sur l'ONU dans cette affaire afin de ne pas mécontenter tous les gouvernements africains, le général explose, dénonce une organisation qui symbolise tout ce qu'il déteste et qui prétend en plus s'intéresser au problème algérien.

De Gaulle n'aime ni perdre ni voir les événements lui échapper. C'est le cas en cet été 1960, où la confusion règne un peu partout, où les États-Unis ne prennent plus aucune initiative, l'avenir du pays dépendant de l'issue du scrutin présidentiel qui, à l'automne, doit départager le démocrate Kennedy et le vice-président républicain Richard Nixon. Lors du Conseil des ministres du 13 juillet, la déception de de Gaulle éclate. Louis Terrenoire note :

Au dernier Conseil des ministres, le général s'est montré soudain préoccupé de la situation internationale (la bolchévisation de Cuba, un nouvel incident aérien soviéto-américain, les événements du Congo belge). À propos de

Khrouchtchev, il a déclaré : « Je continue à croire qu'il ne veut pas la guerre mais il empoisonne l'univers et il faudra le lui dire un de ces jours. » Puis il a poursuivi : « Quant aux États-Unis, leur inconsistance est désormais évidente. Leur politique, c'est un désastre. Envoyer un avion dans les parages soviétiques en ce moment, ce n'est pas très normal. En ce qui nous concerne, nous devons nous ressourcer à l'intérieur de nous-mêmes. Il faut réaliser une plus grande concertation nationale. Il est inouï que le monde politique ne le comprenne pas. Il devrait faire preuve de plus d'abnégation. En outre, je crois qu'il conviendra de prendre bientôt de grandes initiatives en Europe. Le moment en est venu. » La raison de la hâte du général, c'est la crainte de voir l'Amérique s'enliser avec l'élection de Nixon ou de Kennedy, « des politiciens sans plus ». « Roosevelt, me dit-il, a commis de grandes erreurs mais c'était un seigneur. Truman lui-même se trouvait sur la lignée de la puissance. Parce que Eisenhower avait conduit les armées alliées à la victoire, on a cru qu'il serait un bon président des États-Unis. Hélas[25] ! »

La question algérienne contribue par ailleurs à assombrir l'humeur du général. Plus le temps passe, plus il se rend compte que ce boulet le gêne considérablement sur la scène internationale, la France étant sans cesse en accusation à l'ONU. Le problème est d'autant plus ardu et lancinant qu'il n'a toujours pas trouvé une réponse adéquate et que le comportement de l'armée durant la semaine des barricades lui interdit de trop dévoiler ses intentions. Dans ces conditions, l'équivoque est fatale. Au cours d'un voyage en Algérie entrepris le 3 mars 1960, connu sous le nom de « tournée des popotes », de Gaulle contribue à l'accentuer en tenant un langage très dur vis-à-vis du FLN, destiné à réconforter les militaires :

On ne pourra rien faire si on ne l'a pas emporté d'abord sur le terrain d'une manière indiscutable. Ce sera très long. Le drapeau français flottera longtemps encore, soyez-en certains, à Alger. L'indépendance serait à la fois une catastrophe, une sottise, une monstruosité. Ce sont les Algériens qui décideront. Je crois qu'ils diront : « une Algérie algérienne liée à la France ».

« Lorsqu'il revint de la tournée des popotes, rapporte Louis Terrenoire dans son journal, il parut étonné des ravages causés par les propos que les militaires avaient soigneusement isolés de leur contexte avant de les diffuser à plaisir comme le dernier état de la pensée du général[26]. » En l'occurrence, l'étonnement du général surprend : tout indique en effet qu'il a tenu durant cette tournée des propos très fermes susceptibles de jeter le trouble dans des esprits déjà enfiévrés. Le général Challe, commandant en chef, est du nombre, et dans ses *Mémoires*, Paul Delouvrier, qui travailla longtemps à ses côtés, écrira :

Si, à cet homme qui était gaulliste et n'avait pas d'idées politiques sur l'Algérie, on avait dit en haut lieu et en temps utile : « On n'échappera pas a l'indépendance mais il faut régler les affaires proprement, c'est-à-dire sans victoire de l'adversaire, ni un nouveau Diên Biên Phu », je ne crois pas qu'il se serait laissé prendre à des argument du cinquième bureau. Au début, ni lui ni son chef d'état-major, le colonel Georges de Boissieu, un grand chêne qui était la solidité et le bon sens mêmes, n'étaient contaminés par ce cinquième bureau et ils réagissaient en militaires, réfléchissant seulement pour savoir comment l'emporter sur le terrain[27].

La raison pour laquelle le général temporise, louvoie, au risque de créer un malentendu redoutable, est facile à comprendre : il n'a pas renoncé à trouver un interlocuteur autre que le FLN. Toute son attitude est alors dictée par ce souci. Dans cette perspective, il décide d'avancer au 23 mai les élections cantonales prévues pour l'automne en Algérie. Au même moment, l'initiative singulière d'un responsable algérien de haut niveau, Si Salah, lui fait croire qu'il a réussi.

Si Salah est le chef de la wilaya IV du FLN. L'attitude du général l'a fait réfléchir : de Gaulle tient visiblement tête aux pieds-noirs. Sa sincérité lui paraît incontestable. Avec l'un de ses adjoints, le commandant Si Mohamed, et le commandant Lakdar, il décide, dans le plus grand secret, d'engager des pourparlers. Par différents intermédiaires, dont Edmond Michelet, des contacts sont pris. Bernard Tricot, nouveau collaborateur du chef de l'État, et le colonel Mathong du cabinet de Michel Debré, reçoivent mission de suivre l'affaire. Du 28 mars au 2 juin, ils ont quatre entretiens en Algérie avec le chef de la wilaya. Et en mai, ces contacts se révèlent si prometteurs que le général décide de recevoir à l'Élysée le chef FLN. Bien entendu, le secret le plus absolu est observé.

L'entrevue se déroule le 10 juin dans des circonstances étonnantes. Le voyage des Algériens a été rocambolesque, leur entrée à l'Élysée digne d'un roman d'espionnage. De Gaulle les accueille dans son bureau ; il leur adresse un signe mais ne leur serre pas la main. Un aide de camp dissimulé derrière un rideau se tient prêt à faire feu avec une mitraillette. Le général réitère ses propositions : les Algériens pourront décider librement. Si Salah exprime le souhait de pouvoir rencontrer Ben Bella dans sa prison pour le tenir au courant. Le général refuse. Déçu, le chef de la wilaya n'en est pas moins impressionné. D'autant plus que de Gaulle lui a annoncé confidentiellement son souhait de proposer un cessez-le-feu au cours d'un prochain discours.

De fait quatre jours plus tard, le 14 juin, le général s'adresse à la nation et, après avoir évoqué l'avenir de l'Algérie et de la Communauté, il s'adresse de manière directe aux dirigeants du FLN. Son offre, pour la première fois, est claire et nette : il s'agit de trouver une fin honorable aux combats, de régler la destination des armes, d'assurer le sort des combattants.

Ce discours marque bien une rupture et il est accueilli comme tel. Les partisans de l'Algérie française se déchaînent ; Georges Bidault dénonce « une sombre folie ». Les socialistes, les démocrates-chrétiens du MRP en revanche font vite connaître leur approbation. Presque sur-le-champ, le 18 juin, le GPRA fait savoir enfin qu'il est disposé à entamer un dialogue sur des bases claires. Peu après, ses représentants sont connus : avocat à la cour, marié à une Française, Ahmed Boumendjel mènera la délégation aux côtés de Ben Yahia.

Rarement le général aura tenu presque publiquement des discours aussi contradictoires, assurant les militaires de la nécessité d'une victoire sur le terrain et entamant dans le même temps des négociations dont l'issue logique sinon programmée est l'indépendance de l'Algérie. La démarche du chef de l'État a sans doute une certaine logique : pour négocier il est préférable d'être en position de force ; elle n'en est pas moins très déconcertante pour toutes les parties en présence.

La remarque vaut d'abord pour le GPRA dont les représentants, arrivés le 25 à Paris, sont immédiatement conduits à la préfecture de Melun pour y être quasiment prisonniers. Le climat de la rencontre est très mauvais. Délégué de Michel Debré, le général de Gastines refuse de serrer la main de son visiteur. M. Moris, représentant du président de la République, marque une réserve identique. D'emblée, les négociateurs algériens se voient refuser le droit de rencontrer Ben Bella, comme ils le souhaitent. Très vite, l'entrevue tourne au fiasco : les représentants du GPRA n'acceptent pas, comme le veulent les Français, qu'un cessez-le-feu soit le préalable obligatoire à toute discussion. Le bilan de la rencontre est finalement très mince et plutôt favorable aux Algériens qui ont réussi à montrer publiquement que de Gaulle, en fait, ne leur proposait pas un vrai dialogue.

Pour beaucoup la démarche du général est indéchiffrable. Pourquoi a-t-il adopté un comportement aussi raide après avoir souhaité manifestement l'organisation d'un premier contact ? Ses fidèles eux-mêmes sont désarçonnés, à commencer par Louis Terrenoire :

Quand s'engagèrent les premiers pourparlers avec les émissaires du FLN, le général se déclara d'emblée assuré que des impondérables allaient désormais peser en faveur de la paix. Il faut sans doute attribuer à cette conviction (qu'il devait affirmer en public lors de son voyage en Normandie au début de juillet) son comportement très ferme dans la conduite de ces négociations préliminaires. Le général m'apparaît alors comme un pêcheur qui a réussi à ferrer un gros poisson et qui le laisse se fatiguer avant de retenir sa ligne. Mais il arrive que le poisson, d'un coup de rein, casse la ligne. L'avenir dira si l'échec de la mission Boumendjel-Ben Yahia n'aura été qu'un épisode noir. Il est possible aussi que le général ait redouté, selon un réflexe qui lui est habituel, que ses instructions ne soient exécutées avec cette moindre fermeté que sa méfiance le pousse à prêter à ceux qui sont chargés de les appliquer. Or, je crois bien que c'est le contraire qui s'est produit. M. Moris, secrétaire général des Affaires algériennes, ne me paraît pas très attaché à la politique du général, il a par ailleurs un côté pète-sec qui ne me paraît pas le signe d'une grande ouverture d'esprit. Il y a donc de fortes raisons de penser qu'il a exagéré dans le sens de la raideur.

On m'a rapporté de ce Moris des propos qui confirmaient mon jugement. Il disait, par exemple : « Que signifie cette formule de l'Algérie algérienne ? Elle n'a aucun sens. » D'autre part, pendant les entretiens de Melun, il aurait refusé à Boumendjel de téléphoner pour s'informer si sa fille, étudiante à Paris, avait réussi son baccalauréat. Il ne semble pas en revanche que, pendant les entretiens de Melun, Michel Debré ait dévié le moins du monde par rapport à la ligne de conduite fixée par le général. Il n'a cessé d'ailleurs de croire — en quoi il s'est trompé — qu'on pouvait tout refuser aux émissaires du FLN, tellement la délégation avait envie de venir[28]

Après cet épisode, la solution du problème algérien apparaît plus éloignée que jamais. Pis, personne ne saisit plus la politique du chef de l'État en la matière. En annonçant le droit à l'autodétermination des Algériens tout en poursuivant les combats, en luttant contre le terrorisme et en recherchant une hypothétique troisième force en Algérie, de Gaulle déconcerte tout le monde. Comme le souligne Pierre Viansson-Ponté, le général n'a plus de politique algérienne[29]. Son humeur s'en ressent d'ailleurs. Le 5 mars, à son retour d'Algérie, il a tenu des propos très pessimistes au général Ély :

Ély : Il faudrait que vous alliez plus souvent en Algérie et moins en métropole.
De Gaulle · Mais c'est utile. D'ailleurs j'irai en Algérie, les engueuler dans les villes. J'y retournerai... Si je suis encore là.
Ély : Mais vous en avez pour des années.
De Gaulle : Oh ! Je suis au bout du rouleau.
Ély : Mais tout le monde admire votre résistance, votre santé.
De Gaulle · Oh mon pauvre Ély, je ne sais pas, je risque de tomber. Je ne me plais pas en lunettes. Devant le soleil, je ne vois rien. Je suis au bout du rouleau.
Ély · Mais non, mon général, vous êtes toujours égal à vous-même. Et qui vous remplacerait ?
De Gaulle : Oh ! ça s'arrange toujours. Je suis obligé de prendre une contenance. . sans cela je tombe... Je vais à Colombey ce soir.
Ély : La voiture vous repose.
De Gaulle : Me repose... C'est-à-dire que je n'y vois plus rien ! À Colombey, je vais me promener en forêt. À l'Élysée, je suis prisonnier. Mais je n'abandonnerai pas[30] !

L'indépendance des États africains, préparée il est vrai par la judicieuse loi-cadre de Gaston Defferre, se déroule en revanche dans de bien meilleures conditions. Au début de l'année, le Cameroun et le Togo, territoires sous mandat dont l'autonomie était prévue de longue date, prennent sans doute leur envol dans des conditions peu satisfaisantes, du fait d'attentats orchestrés par l'UPC (Union des populations camerounaises). Partout ailleurs en revanche le processus s'est effectué dans des conditions satisfaisantes : ce fut le cas au Sénégal, au Dahomey, au Niger, en Haute-Volta, en Côte d'Ivoire, au Tchad, en République centrafricaine, au Congo, au Gabon, pays qui ont accédé à la pleine souveraineté au mois d'août. La Fédération du Mali (Sénégal et Mali) cependant éclate. Le vrai échec est celui de la Communauté, qui se délite et dont les institutions ne fonctionneront jamais.

Somme toute, 1960 est pour le général l'année de toutes les incertitudes. Partout l'horizon apparaît sombre. Sur le plan intérieur, la situation est également tendue.

Avec le Parlement, les relations du chef de l'État se sont encore détériorées. Au printemps, un grave incident a éclaté. Quelque peu téléguidés par la FNSEA, une majorité de députés ont demandé une convocation de l'Assemblée nationale afin de discuter de la crise agricole. Au mépris de l'article 29 de la Constitution (qui stipule que la session doit être convoquée si elle est demandée par la moitié des membres de l'Assemblée), le chef de l'État a refusé d'obtempérer. Deux cent quatre-vingt-sept députés, soit dix de plus que la majorité requise, s'étant manifestés en faveur de la convocation, beaucoup s'indignent de l'attitude du président de la République. Il en faudrait plus pour émouvoir ce dernier. À ses yeux, le chef de l'État n'a pas, en la circonstance, un pouvoir lié. Émanant en quelque sorte d'une catégorie socioprofessionnelle, la demande, à ses yeux, est nulle et non avenue, solution conforme au demeurant à sa conception de l'intérêt public.

Au début de l'automne, le grand débat sur la force de frappe autonome française marque une nouvelle dégradation des rapports entre le général et le Parlement. Rendu inévitable par l'accession de la France au rang de puissance nucléaire, annoncé durant l'été par le Premier ministre et de Gaulle en personne, le projet de création d'une force atomique spécifiquement française déchaîne d'emblée de furieuses hostilités. Dès que le texte de loi est déposé au Parlement, en octobre, les atlantistes, toutes nuances politiques confondues —socialistes, radicaux, MRP — se déchaînent. Alors que le gouvernement soutient que le coût de cette force de dissuasion ne dépassera pas 1,5 % des dépenses de l'État, les adversaires du projet dénoncent la mégalomanie du président de la République. Paul Reynaud, à cette occasion, se sépare très nettement de son ancien protégé. Guy Mollet se distingue aussi par la vigueur de ses attaques. La situation est telle que le gouvernement doit utiliser la procédure de la question de confiance pour faire passer le texte. L'opposition réplique par le dépôt d'une motion de censure. Le 25 octobre, 207 députés votent cette motion de censure. Les élus du centre dans leur majorité, plus de la moitié des Indépendants, l'ensemble de la gauche et ses élus d'Algérie manifestent ainsi leur opposition à la force de frappe, au régime et à son chef. Au palais du Luxembourg, le conflit est encore plus vif : par 186 voix contre 83, les sénateurs repoussent le texte. Deux motions de censure (qui recueillent respectivement 214 et 215 voix) et trois lectures du texte sont nécessaires à l'adoption définitive de la loi, selon le vœu du général. Plus grave encore, le débat, pour long qu'il ait pu être, n'a pratiquement rien apporté sur le fond. Une fois de plus, il est démontré que le Parlement ne joue pas son rôle normal.

En cet automne 1960 où les perspectives sont si sombres, de Gaulle n'a qu'une carte maîtresse : sa popularité inentamée, à son zénith même. Face à la contestation des élites, l'atout est de taille et il a pu en prendre la mesure durant l'été lors d'un voyage en Normandie. Partout les foules lui ont réservé un accueil enthousiaste, et sans doute a-t-il noté avec intérêt que les passages les plus applaudis de ses discours ont été ceux dans lesquels il évoquait le caractère inéluctable de la fin de la guerre, l'aspect chimérique de l'intégration, la nécessité de trouver un compromis. Dès lors, tout est clair : les partisans de l'Algérie française peuvent hurler et les porte-parole de la gauche dénoncer — ils ne s'en privent pas — la lenteur du processus de paix ; sûr du soutien populaire, il est décidé à imposer la solution à laquelle il s'est finalement rallié. La pilule sera difficile à faire passer, du sang et des larmes couleront, mais aucune autre solution n'est possible selon lui. Plus que jamais, il lui faut aussi s'envelopper de ruses et de mystère, laisser planer le doute sur ses intentions, endormir les différents adversaires afin de les empêcher de faire échec au plan prévu. Expliquer ? Discuter ? Informer ? Il n'en est pas question. Dans les moments de crise, de Gaulle retrouve les vieux réflexes, qui, aux plus sombres heures, l'ont conduit à parler pour la France sans trop se préoccuper de ses élites. Le sens du dialogue, la valeur de compromis, le respect de l'opinion d'autrui, toutes choses consubstantielles au dialogue démocratique, le général les ignore avec superbe pour privilégier une relation directe avec le peuple.

Mais en choisissant la dissimulation, en se gardant de révéler ses intentions profondes, en pariant sur les effets de la surprise et non une pédagogie plus saine, le général attise des passions contradictoires, suscite des extrémismes, et va en fait retarder l'acceptation de l'inéluctable. Toute sa vie, l'auteur du *Fil de l'épée* a pratiqué avec maestria l'art du double langage. Jamais peut-être la méthode ne s'avérera plus dommageable.

Pour de Gaulle, en tout cas, il n'y en a pas d'autres. De juillet à la fin de l'année, il va donc mettre sur pied son plan de bataille. Durant tout l'été, il se tient coi, laissant simplement s'installer en Algérie des commissions de contrôle. Le 5 septembre, au cours d'une conférence de presse assez décevante, il se découvre peu, écartant l'idée de négocier avec le FLN, insistant sur l'existence d'une personnalité algérienne, demandant pour le reste qu'on lui laisse les mains libres. Dès le lendemain, en revanche, il s'emploie à mettre en condition systématiquement le pays. Au cours de voyages en province, il insiste sur le caractère utopique de l'Algérie française — tout en renouvelant, il est vrai, son refus de négocier avec un hypothétique « gouvernement algérien ». « Ce serait un abominable chaos, souligne-t-il, notamment à Albertville. Cette espèce de reddition serait affreuse. Cela je ne le ferai jamais[31]. » Des mots que l'on saura lui rappeler[32].

Personne ne sachant plus vraiment quelle est la politique du général, les extrémistes se déchaînent, chacun avec de bonnes raisons. Le 1er octobre, les partisans de l'Algérie française se mobilisent pour manifester à l'Étoile. Six membres de l'Académie française, dont le maréchal Juin, sont là, ainsi que les maréchaux de Lattre et Leclerc, et un certain Jean-Marie Le Pen[33]. Peu après le mouvement fait une recrue de poids en la personne du général Raoul Salan. Atteint par la limite d'âge, l'ancien commandant en chef est en retraite depuis le mois de juin. Devenu président de l'Association des combattants de l'Union française, un groupement très activiste, il inquiète d'autant le gouvernement qu'il a décidé de se retirer à Hydra, banlieue élégante d'Alger. Paul Delouvrier a beau protester contre ce projet, Salan maintient sa décision et multiplie les signes envers les adversaires de la politique du général : le 14 septembre, il a franchi un pas capital en publiant un manifeste condamnant expressément la politique algérienne de de Gaulle. À partir de là, l'escalade commence. Le 17 septembre, le chef de l'État donne des instructions à Geoffroy de Courcel : « L'installation du général Salan à Alger est, de toute manière, incongrue. Dès lors qu'il entre en ligne politiquement, sa présence à Alger est intolérable. Il est nécessaire de la lui refuser et ceci sans aucun délai [34]. » Convoqué par le ministre des Armées, Pierre Messmer, le général se voit signifier l'interdiction formelle de retourner en Algérie. À la fin de l'entretien, Salan refuse de serrer la main du ministre. Le 30 octobre, après avoir tenu une étonnante et théâtrale conférence de presse en présence du général Zeller, de Pierre Poujade et de Georges Bidault, il gagne l'Espagne en compagnie de son aide de camp, le commandant Fernandi. De l'autre côté des Pyrénées, il prend tout de suite différents contacts : il rencontre notamment Ramón Serrano Súñer, beau-frère de Franco et son ancien ministre des Affaires étrangères. Le passage dans une semi-clandestinité n'est pas simple pour cet officier général, le plus décoré de l'armée française, mais il ne peut plus reculer.

En sens inverse, la même radicalisation se produit. Du côté gauche de l'opinion, la conférence de presse du 5 septembre a également profondément déçu. En se voulant prudent, le général a rendu furieux tous ceux qui souhaitent un arrêt des combats, fût-ce au prix d'une négociation immédiate avec le FLN. La pratique persistante de la torture, à laquelle de Gaulle n'a consacré que quelques mots assez neutres lors de son voyage en Normandie durant l'été (« quelques incidents fâcheux qui d'ailleurs doivent être réprimés »), conduit les rangs des protestataires à grossir : aux habituels signataires de pétition — Sartre, Beauvoir, Marguerite Duras — s'ajoutent maintenant des catholiques de gauche heurtés dans leur conscience par une pratique dégradante. Lancé en juillet, le manifeste dit « des cent vingt et un » suscite beaucoup d'adhésions, alors même qu'il proclame le droit à l'insoumission dans le conflit algérien. Un moment, on se demande si Sartre ne sera pas inquiété pour avoir signé pareil texte, mais le pouvoir recule à inquiéter un tel « monument national ».

Le 4 novembre enfin, le président de la République sort de son silence. Et de l'ambiguïté. Alors que jusqu'à cette date il semblait toujours exclure une négociation avec le GPRA, il évoque la perspective d'une « République algérienne ». Elle existera un jour, assure-t-il, tout en agitant l'épouvantail d'une « Algérie soviétique ». Pour l'anecdote, on retiendra que les mots « République algérienne » ont été ajoutés au dernier moment et à l'insu du Premier ministre, Michel Debré, dans le texte de l'allocution. Pour le reste, le chef de l'État annonce un prochain référendum sur le problème algérien et agite une menace : dans l'hypothèse où le gouvernement serait renversé, il y aurait dissolution. Enfin, si des troubles éclataient, l'article 16 serait appliqué inéluctablement.

Immédiatement, ce discours suscite de fortes réactions à Alger. La plupart des hauts fonctionnaires sont très émus, plusieurs directeurs d'administration, à commencer par le secrétaire général de la Délégation, M. Jacomet, donnent leur démission. Paul Delouvrier réussit à enrayer le processus sans parvenir cependant à convaincre Jacomet, qui, révoqué, sera remplacé par un inspecteur général de l'administration réputé très sûr, Max Moulin.

Cette fois, de Gaulle a presque tranché le nœud gordien. Reçu le 8 novembre, le général Ély est témoin de la résolution du chef de l'État, de son espoir, aussi, encore affiché, de trouver un « interlocuteur valable » de l'autre côté de la Méditerranée. Une fois de plus, le général est décidé à passer en force, et son état d'esprit perce dans cette note adressée à Geoffroy de Courcel, le 29 novembre :

> Le journal télévisé du 23 novembre annonce avec pompe que M. Soustelle a proposé à M. Richard [35] un entretien radiotélévisé sur l'affaire algérienne.
> Je voudrais savoir si quoi que ce soit d'une pareille sottise est vraiment envisagé par la RTF. Dans l'affirmative, il faut immédiatement l'interdire (ceci pour M. Terrenoire) [36].

XXIX

LA NATURE DES CHOSES

La vie de Charles de Gaulle est jalonnée de ruptures : rupture avec Pétain dans les années trente ; rupture avec la France asservie en 1940 ; rupture avec Muselier en 1942 ; rupture avec les partis en 1946 ; rupture avec certains élus RPF en 1952. Les voies du compromis sont généralement étrangères à l'auteur du *Fil de l'épée*. Toujours, il sera l'homme du refus, « celui qui dit non », qui tranche dans le vif lorsqu'il le faut. Une fois de plus l'Histoire se répète. L'onde de choc suscitée par le discours du 4 novembre se révèle puissante, profonde, dévastatrice. Aucune possibilité de dialogue avec les partisans de la présence française en Algérie n'existe plus. Publiquement, le maréchal Juin rompt une amitié de cinquante ans et apporte son appui à Salan et à Jouhaud, entrés dans une semi-clandestinité. On se rassure en haut lieu en répétant que l'armée a d'autres mentors que le vainqueur du Garigliano. Il n'empêche que l'incident marque les esprits.

À l'intérieur même de la majorité le clivage existant entre partisans et adversaires de la politique algérienne du chef de l'État s'accentue. On en a la preuve lors du procès des Barricades qui, ouvert le 3 novembre, révèle crûment les divisions des partis au pouvoir. Un nombre respectable de députés UNR apportent ainsi leur soutien à Pierre Lagaillarde qui, par l'intermédiaire de son ami Jean-Marie Le Pen, demande à l'Assemblée nationale de suspendre sa détention. À la fureur du président de la République, et bien que la requête devant la représentation nationale n'ait pas abouti, le tribunal militaire mettra d'ailleurs en liberté l'ancien chef de la rébellion et ses comparses, qui profiteront évidemment de l'aubaine pour fuir et rejoindre secrètement les milieux activistes d'Algérie.

Plus grave encore, l'harmonie est rompue au sommet de l'État. Si loyal et discipliné qu'il soit, le Premier ministre Michel Debré ne peut plus cacher qu'il désapprouve en fait les perspectives tracées par le président de la République. De ce climat conflictuel, les méthodes du gouvernement de Michel Debré, déjà très personnelles en temps normal, se ressentent. Partisan enthousiaste de la négociation et, à ce titre, *persona non grata* aux yeux du Premier ministre, Louis Terrenoire, dans son journal, rapporte cette scène survenue pendant l'été et qui se passe de commentaires :

11 août 1960 : J'ai réussi à être reçu par le Premier ministre mais avec quinze minutes de retard sur l'heure prévue. Du coup, il s'est mis à trépigner d'impatience après dix minutes d'entretien. Il s'est borné d'ailleurs à m'écouter. Je ne sais si M. Debré agit de la même manière avec les autres ministres mais il préfère donner des initiatives par écrit, plutôt qu'au cours d'entretiens. Des mots dictés à la hâte à la suite d'une information partielle, voire tendancieuse. Des mots brefs, impératifs, ce qui me fait dire que l'excellent Michel conduit le char de l'État à la façon d'un charretier, en faisant claquer son fouet[1] !

Au milieu du gué il n'est toutefois pas question de changer le Premier ministre. Michel Debré boira donc le calice jusqu'à la lie. De Gaulle, quant à lui, est décidé à mener les choses rondement. Après le 9 novembre, il expose au Conseil des ministres ses intentions, et précise que l'objet du référendum annoncé sera l'organisation des pouvoirs publics en Algérie en attendant l'autodétermination. La consultation aura lieu le 8 janvier 1961. Début décembre, le général compte se rendre en Algérie pour y défendre sa politique. Celle-ci n'étant plus la même, contrairement à ce que l'on prétend en haut lieu, à défaut d'un nouveau Premier ministre, des changements d'hommes sont cependant inévitables. Le 22 novembre, le ministre de l'Éducation nationale Louis Joxe est ainsi nommé ministre d'État chargé des Affaires algériennes. En faisant appel à ce fidèle d'une discrétion presque légendaire, le président de la République veut moins, en vérité, comme on l'assure, reprendre en main un domaine particulièrement délicat, qu'offrir, le jour venu, un interlocuteur acceptable, c'est-à-dire de haut rang, au GPRA. À Alger, la relève des responsables intervient aussi : à Paul Delouvrier, usé, meurtri par une mission impossible, succède un haut fonctionnaire sans le moindre état d'âme, Jean Morin. En faisant appel à un simple exécutant, membre du corps préfectoral, le général est sûr, au moins, d'être obéi. Proche de Georges Bidault, le nouveau délégué général exécutera d'autant plus strictement les injonctions du gouvernement.

Le 9 novembre, devant le Conseil des ministres, le général n'a pas caché sa détermination de mener à bien « la double mission qui [lui] a été confiée par le pays : refaire la France et terminer la guerre d'Algérie » ; ce dernier objectif étant maintenant prioritaire à ses yeux, il est résolu à forcer des étapes pour trouver un règlement. Le 28 novembre, Louis Terrenoire sort ravi d'un entretien avec le président de la République : devant la fédération UNR de l'Orne, il a prononcé, le 20 novembre, un discours très libéral : le général est sur la même ligne. « Ce que vous avez dit dans l'Orne, a-t-il dit au ministre de l'Information, traduit tout à fait ma pensée. » Évidemment il a aussi ajouté : « Ce ne sont pas les sentiments de Michel Debré ; je dis bien les sentiments, pas sa politique. Que voulez-vous, il est déchiré[2]. »

En Algérie, où il se rend du 9 au 12 décembre, de Gaulle peut constater la violence des oppositions suscitées par la ligne qu'il a imposée, encore ne s'agit-il que de la partie émergée de l'iceberg. À l'annonce de ce déplacement, le général Crépin, commandant en chef en Algérie, a manifesté une très vive inquiétude : « C'est de la folie ! Comment vais-je maintenir l'ordre ? » De fait le périple se déroule dans les pires conditions. Le premier jour, les services de sécurité déjouent un attentat à Orléansville, alors que les principales villes d'Algérie sont le théâtre de violentes manifestations européennes et musulmanes. À Alger, on remplace les parachutistes par des CRS et des gendarmes qui laissent passer la foule. Plusieurs Européens sont alors tués, d'autres blessés. Le 12, de violents heurts s'étant produits entre des partisans de l'Algérie française et des contre-manifestants musulmans, le général modifie le programme initialement prévu, évite Alger et regagne Paris via Sétif. La colère des pieds-noirs a été d'autant plus violente que, avant le départ de de Gaulle, des ordres avaient été donnés visant à faciliter le déroulement de manifestations musulmanes favorables au pouvoir. Le bilan est très lourd : Jean Morin, dans une allocution, annonce soixante victimes, dont cinquante-cinq Algériens.

Plus grave encore est ce qui s'est passé en coulisses, et dont le général n'a peut être pas eu connaissance sur-le-champ : l'existence d'un complot dont le chef est le général Jouhaud, personnalité prestigieuse, ancien chef d'état-major [3], beaucoup plus à même d'entraîner l'adhésion qu'un Ortiz ou un Lagaillarde. Pied-noir installé en Algérie, Jouhaud est devenu président d'honneur du Rassemblement national des Français d'Afrique du Nord. L'objectif des conjurés était d'obtenir l'appui des forces armées et de s'emparer des leviers de commande. Dans cette perspective, le voyage de de Gaulle devait se transformer en piège : on dira plus tard que le but principal était de capturer le président de la République, de le retenir prisonnier, de le juger, voire de l'abattre sommairement. Certains des conjurés auraient même eu l'idée cocasse de le faire dégrader sous l'Arc de Triomphe par un sous-officier musulman !

De Gaulle, de toute façon, n'est pas homme à se laisser impressionner. En Algérie, on l'a vu prendre des bains de foule malgré des risques évidents. Revenu à Paris, il s'engage à fond dans la bataille pour le référendum. Jour après jour, la tension avec le Premier ministre augmente. Michel Debré n'est pas un partisan du statu quo en Algérie, mais il voudrait ménager de longues étapes. Or le chef de l'État veut maintenant aller vite. Louis Terrenoire note dans son journal le 16 décembre · « Michel Debré, que je vois en fin de journée, à Matignon, me déclare sans ressentiment apparent : “Il faut que le général choisisse. Il nous a dit au Conseil des ministres que nous allions vers un État FLN. Nous ne pouvons donc pas continuer à engloutir des milliards en Algérie [4] ” » Désespérément, le Premier ministre essaie de freiner de Gaulle sur la voie des concessions aux Algériens. Le 20 décembre, par exemple, le président de la République doit prononcer une allocution radiotélévisée afin d'expliquer l'enjeu du prochain référendum ; au début de l'après-midi, Louis Terrenoire voit Michel Debré et lui demande des informations sur le contenu du discours :

Il me l'indique grosso modo, rapporte le ministre de l'Information dans ses notes, mais me précise surtout qu'il est intervenu pour faire enlever au général les mots « négocier » ou « négociation ». Il lui a donné pour cela des raisons juridiques qui me semblent assez éloignées de la vraie question. En vérité, pour Michel Debré lui-même, ce n'est qu'un prétexte ; il s'agit une fois de plus de freiner autant qu'il le peut, la politique algérienne du général. Ces petits mots (je ne juge pas l'affaire au fond) auraient suffi pour que cette allocution n'apparaisse pas comme une redite, intéressante d'ailleurs mais peu susceptible de modifier la situation[5].

De fait, la campagne électorale apparaît quelque peu statique et décevante. Juste avant son voyage en Algérie, de Gaulle — initiative tout à fait exceptionnelle de sa part — a essayé de mobiliser les partis politiques, ou du moins certains d'entre eux. À l'Élysée, il a convié à venir s'entretenir avec lui les représentants de formations dotées de groupes parlementaires tant à l'Assemblée nationale qu'au Sénat, règle qui a éliminé à la fois le Parti communiste et l'extrême droite. Courtoisement, Guy Mollet au nom de la SFIO, Félix Gaillard au nom du Parti radical, André Colin au nom du MRP, Roger Duchet au nom de l'UNR sont venus conférer avec lui. À tous, il a confié son espoir de voir l'association l'emporter sur la sécession ou l'intégration, jugées dangereuse ou utopique. Si les radicaux et les Indépendants, en proie à de fort débats internes sur le problème algérien, ont retenu en définitive le principe de la liberté de vote, de Gaulle a réussi à rallier à son point de vue, en dehors du mouvement dévoué à sa personne, deux grandes formations : la SFIO et le MRP ; mais cette adhésion n'a pas provoqué un vrai regain du débat public. Face à une opinion lasse et impatiente d'en finir, seuls les partisans de l'Algérie française, menés par Jacques Soustelle, se distinguent par leur vigueur.

Pour de Gaulle, et pour tous les observateurs du reste, la réponse du corps électoral ne fait pas de doute. Seule importe à ses yeux l'ampleur de sa victoire, et par conséquent sa liberté de manœuvre à venir. Pour atteindre le résultat qu'il escompte, une seule solution : dramatiser, personnaliser le débat. *In extremis,* il va s'y employer.

Le 4 janvier, à la fin du Conseil des ministres, rapporte Louis Terrenoire dans ses notes inédites[6], le général a dit quelques mots du prochain référendum ; c'est pour nous laisser entendre fort clairement que, si le total des suffrages négatifs et des abstentions est fort, il saura en tirer la conclusion. Du coup dans le brouhaha qui suit le départ du patron on évoque des chiffres. Valéry Giscard d'Estaing met une particulière insistance à calculer que 70 % des oui et 30 % d'abstentions, cela donne 49 % des inscrits. Dans mon tête-à-tête avec le général, je le trouve presque accoutumé à l'idée de son échec et d'une nouvelle retraite. Je lui fais remarquer que Kennedy[7] va gouverner les États-Unis pendant quatre ans avec 30 % des suffrages. Il me répond : « Ce n'est pas la même chose ; c'est une élection et puis je ne m'appelle pas Kennedy. » Je rétorque : « Le peuple français serait frappé de stupeur et n'accepterait pas ce départ dû à un malentendu. Il irait vous chercher à Colombey ; ce serait une fausse sortie. » De Gaulle : « À mon âge, on ne fait pas de fausse sortie. » Le général évoque ensuite ce qui se passera dans cette hypothèse : Pinay, président de la République ; Guy Mollet, Premier ministre avec l'Algérie, les communistes et les militaires sur les bras. Il semble feindre une grande poussée de joyeuse humeur à cette évocation. Moi : « Je répète qu'on irait vous rechercher à Colombey. » De Gaulle : « Si je revenais ce serait sans le Parlement, sans la fonction publique, sans l'inviolabilité des magistrats[8] »

Après avoir livré cette confidence dont les républicains s'indigneraient s'ils en avaient connaissance, de Gaulle s'apprête à jouer en maître de la crainte suscitée par son éventuel effacement. Le 6 janvier, à treize heures, lorsqu'il s'adresse aux Français pour une ultime intervention avant le scrutin, le général est sur cette ligne. Le référendum, il le sait, n'aboutira à un résultat significatif que s'il apparaît comme une affaire personnelle entre lui et le corps électoral. Il lui faut donc être précis : « Je me tourne vers vous par-dessus tous les intermédiaires, souligne-t-il En vérité — qui ne le sait — l'affaire est entre chacun de vous, chacun de vous et moi-même. »

Le soir du 8 janvier 1961, de Gaulle sait qu'il a gagné son pari. Le taux de participation est, certes, assez moyen pour l'époque (76,4 %), mais le succès du oui est incontestable, sinon inespéré 55,91 % des inscrits et 75,26 % des suffrages exprimés ont apporté leur caution aux perspectives tracées par le chef de l'État pour l'Algérie. Fait notable : le non n'a gagné qu'un point par rapport à 1958. En Algérie, comme on pouvait s'y attendre, le oui l'a massivement emporté parmi les musulmans, les Européens se prononçant très majoritairement en faveur du non. Avec le sentiment douloureux d'avoir été abusés, depuis 1958, date à laquelle ils avaient pour la plupart soutenu le retour au pouvoir de l'homme du 18 juin, les partisans de l'intégration sont maintenant, de manière nette, dans l'opposition, l'adhésion à la politique algérienne définie par l'Élysée étant, principalement, le fait de la gauche. Une nouvelle donne qui ne paraît pas déplaire au général quand, le 10 janvier, il reçoit Louis Terrenoire, qui rapporte dans ses notes

« C'est très favorable », dis-je.
Manifestement le général est enchanté des résultats ; il me les commente par rapport à ceux de 1958, suppute les transferts de voix, déchiffre les bulletins nuls :
« Un million de voix communistes sont allées au oui. Plus d'un million de voix ont répondu à l'appel de l'extrême droite, en faveur du non. Il s'agit de cette masse flottante qui est toujours contre tout ce qui est pour quelque chose. Hier La Rocque, Poujade, aujourd'hui Soustelle
— C'est le camelot du roi permanent
— À Paris, poursuit le général, beaucoup de bulletins nuls ont été déposés par les gens de gauche ; ils disaient oui à la première question, non à la seconde. C'est la France vivante qui a voté oui, le Nord, l'Est, l'Ouest, là on voit l'avenir, là où il y a de nombreux enfants, tandis que le non a été le plus fort dans les départements qui meurent qui se vident, la Creuse, le Gers, l'Ariège. »
Soudain le général change de contenance et il m'interpelle d'une façon inhabituelle en commençant par « monsieur le ministre de l'Information » :
« Jusqu'à présent j'ai fait de nombreux discours, il s'agissait de préparer progressivement l'opinion à ce qui doit arriver. Maintenant cela devient sérieux, il faudra se taire, car on aura des contacts avec le FLN, et on va les entreprendre. Oh, il y a bien des personnages vibrionnants qui ont tenté à diverses

reprises de jouer les intermédiaires mais ils n'étaient pas mandatés pour cela. Désormais, ce sera autre chose.
— Vous devez être, mon général, suffisamment informé de ce que pensent les chefs de l'insurrection.
— Absolument pas et c'est par là qu'il faut commencer. Tout ce que l'on sait c'est qu'ils sont divisés. »
D'après Chaban-Delmas que j'ai vu avant de me rendre à l'Élysée, le général était « dans le bleu » lorsque le GPRA envoya des émissaires à Melun, sans doute sans volonté réelle de réussir. Mais de Gaulle, mal informé tout autant que prudent, dut croire que l'envoi d'émissaires constituait une orientation irréversible pour la négociation. Il le déclara au Conseil des ministres et me dit alors, comme d'une éventualité prochaine, qu'il recevrait Ferhat Abbas dès que les pourparlers seraient correctement engagés et le cessez-le-feu pratiquement acquis. Je mets le général en garde contre les mesures d'organisation des pouvoirs publics en Algérie (deuxième point de la loi du référendum) qui pourraient servir de prétexte au FLN pour se dérober à la négociation. Je lui demande :
« Après ce que le référendum vient de révéler en Algérie, c'est-à-dire l'emprise du FLN sur les musulmans, je ne vois pas ce que pourrait être cette "confrontation de toutes les tendances" dont vous avez parlé dans votre discours ?
— Mais si, il y a d'abord les Européens qui représentent une tendance, puis le MNA ; enfin on ne sait pas ce qui se passera et s'ils seront toujours d'accord entre eux — s'il n'y a pas d'accord, l'Algérie de demain pourrait être un enfer. Quant aux réformes à accomplir, elles doivent surtout être d'ordre administratif. En cas de sécession, la France devra rapatrier tous ses cadres, et renvoyer en Algérie les 350 000 travailleurs musulmans qui seront immédiatement remplacés par des Italiens. Pour la première fois dans notre histoire, le peuple a eu à se prononcer sur un texte législatif qui engage son destin. C'est la première manifestation d'une forme de démocratie directe[9]. »

À présent, dans l'esprit du général, une évidence s'impose : les rebelles qu'hier encore il fustigeait, et avec lesquels il se permettait de n'avoir aucun contact, sont les seuls interlocuteurs possibles. En France, beaucoup d'observateurs sont du reste convaincus que les pourparlers avec le FLN ont déjà commencé dans l'ombre. Dès le 16 janvier, en tout cas, le GPRA se déclare disposé à engager les négociations avec la France « sur les conditions de la libre consultation du peuple algérien ». Formulation habile qui, une fois encore, place Paris en position de demandeur. La situation reste néanmoins fort confuse. Afin de montrer qu'il reste fort, le FLN multiplie les violences. En métropole, la pression des organisations de gauche en faveur d'une négociation s'intensifie, tandis que la fièvre activiste monte dans les milieux militaires et européens d'Algérie.

Dans ce contexte, de Gaulle comprend que sa marge de manœuvre est singulièrement étroite. Il se résout à la seule solution qui lui reste, mais à contrecœur, comme l'atteste cette petite scène relatée par Louis Terrenoire :

Lors du Conseil des ministres du 18 janvier, de Gaulle résume sa position sur l'Algérie. Après le conseil, il me dit ce qu'il a préparé là-dessus pour le communiqué. Un texte sur lequel il a dû peiner, tellement il est raturé. Chaque mot, chaque phrase a dû être passé au tamis le plus fin. Il est tellement illisible que je lui dis de le faire dactylographier. Il me le commente avec des gestes arrondis, enveloppants : il s'agir de créer un climat de paix d'où personne ne pourra s'échapper [10].

En attendant, l'algérianisation continue, non sans inconséquences. Le 20 janvier 1961, le ministre d'État des Affaires algériennes envisage ainsi dans une note [11] le problème du maintien de l'ordre après un éventuel cessez-le-feu : « Afin de désengager l'armée de cette mission, il convient selon le ministre de créer une force de police algérienne, à majorité musulmane, à partir de la Sûreté urbaine et des GMS, auxquels s'ajouteront des harkis, des magheznis, des membres des autodéfenses et éventuellement des ex-soldats de l'ALN. » Apparemment, personne ne songe qu'une telle force sera vite noyautée par le FLN et sera un instrument de vengeance contre les harkis fidèles à la France.

En face, les partisans de l'Algérie française s'organisent de manière presque paramilitaire au sein du FAF (Front de l'Algérie française). L'organisme, de caractère semi-clandestin, comporte, comme un état-major, des branches « Actions », « Renseignements », « Finances », « Informations ». La cheville ouvrière en est André Canal, dit le Monocle, un industriel algérois particulièrement déterminé. Bientôt, il trouve un adjoint en la personne du lieutenant Degueldre, déserteur du 1er REP après les incidents du mois de décembre. Dès le 25 janvier, ces hommes déterminés, voire fanatiques, passent à l'action directe en faisant poignarder dans son cabinet, en plein centre d'Alger, un avocat libéral, Me Popie. Parallèlement, le général Challe accentue sa rupture avec le régime. Relevé de son commandement après la journée des Barricades, nommé commandant des forces terrestres Centre Europe au SHAPE [12], il prend sa retraite par anticipation pour entrer à la société Saint-Gobain. Il vient d'opposer un sec refus aux colonels activistes qui le pressaient de prendre la tête d'une nouvelle conjuration En revanche, il multiplie les déclarations critiques envers le pouvoir. « Que la France renonce à la bombe atomique et accepte l'intégration atlantique, qu'elle fasse l'Europe unie et forte et les États-Unis, l'Europe l'aideront en échange à garder l'Algérie où se joue le sort de la civilisation », déclare-t-il non sans illusions au Premier ministre Michel Debré lors d'une entrevue orageuse. Le moment approche d'évidence où ce soldat jusqu'alors discipliné rompra les amarres pour se jeter dans l'aventure de la rébellion.

Les perspectives de paix en Algérie se précisent aussi. À cet égard, la date du 20 février est capitale. Ce jour-là, dans une propriété du Valais en Suisse, deux émissaires du GPRA, MM. Boumendjel et Boulharouf, rencontrent Georges Pompidou, pour l'heure directeur de la banque Rothschild, et le diplomate Bruno de Leusse, membre du cabinet de Louis Joxe. C'est là l'aboutissement de longues et complexes tractations menées par l'intermédiaire du professeur Jean Bernard et d'un diplomate helvétique, Olivier Long [13]. La phase finale a commencé le 10 janvier — le jour même où le général a précisé à Louis

Terrenoire qu'une autre phase de négociations avec le GPRA allait débuter — quand décision a été prise d'organiser en Suisse, dans un délai rapproché, une entrevue entre un émissaire du GPRA et un envoyé personnel du président de la République.

A priori le choix de Georges Pompidou peut surprendre : il n'occupe aucun rang dans la hiérarchie de l'État. « Précisément, dira Bruno de Leusse [14], c'était là le coup de génie du général de Gaulle. Il fallait prouver aux Algériens que, cette fois, le chef de l'État s'engageait personnellement sur la voie de la négociation; sortant du cercle sans issue des fonctionnaires, il choisissait un homme de confiance qui, parlant en son nom, définirait les objectifs, tracerait les étapes, arrêterait la procédure. » Plus tard, les Algériens confieront à l'alter ego du futur Premier ministre : « Nous avons été flattés car nous connaissions les rapports qui existaient entre le général de Gaulle et M. Pompidou. » Socialistes, s'apprêtant à fonder un État socialiste, ils ne s'étonnent apparemment pas d'avoir face à eux un grand banquier.

Dans une note, écrite de sa main et abondamment raturée, le général a nettement délimité la mission d'information des deux émissaires français : il s'agit à la fois de faire connaître la position française au GPRA et de percer ses intentions. Les instructions du général sont très claires : une trêve est le préalable obligatoire à toute négociation officielle au niveau ministériel. La France n'a rien à demander. Elle propose simplement aux Algériens deux solutions : coopération ou rupture. Dans cette hypothèse, les Français seraient regroupés dans des zones appropriés. La souveraineté française demeurerait en quelques points stratégiques. Mers el-Kébir, par exemple, et le Sahara seraient en quelque sorte mis entre parenthèses, la consultation des populations dans un territoire quasiment inhabité n'ayant pas grand sens. Toutes les tendances politiques algériennes, y compris le MNA, seraient associées aux pourparlers.

Le 19 février au matin, Georges Pompidou et Bruno de Leusse se retrouvent face à leurs homologues algériens dans un hôtel choisi par les diplomates suisses. L'homme de confiance du général ayant exposé le cadre de la discussion à venir, Boumendjel se lance dans un long et accablant réquisitoire contre la France. Georges Pompidou lui répond par un silence de trois minutes. Bruno de Leusse a alors la bonne idée de détendre l'atmosphère en rappelant son ascendance savoyarde, son appartenance à une province qui est devenue française seulement en 1860, et donc l'antériorité de son interlocuteur dans une nationalité qu'il réprouve. Ahuri, Boumendjel finit par éclater de rire.

Après cet incident provoqué volontairement bien évidemment de notre part, racontera Bruno de Leusse, M. Pompidou reprend les instructions du général de Gaulle, paragraphe par paragraphe, longuement, avec beaucoup de clarté, de vigueur. Et les Algériens prennent des notes. Bien évidemment, les points de divergence sont nombreux. [...] Les désaccords se concentrent tout d'abord autour du préalable que le général de Gaulle met aux négociations, c'est-à-dire l'arrêt des combats. Bien évidemment, les Algériens ne l'admettent pas [15].

La seconde pomme de discorde est relative à la procédure de consultation sur l'autodétermination : le contrôle de l'ONU, refusé par le général, le rôle d'une éventuelle commission du contrôle, la place de l'armée, la formulation de la question.

La troisième divergence grave concerne enfin l'avenir du Sahara. Officiellement, de Gaulle n'évoque jamais cette question. En fait, il y pense toujours, et depuis longtemps, comme l'attestent des réflexions tenues à ce sujet sous la IVe République. « Le Sahara est une mer sans frontières, dira-t-il aussi à Paul Delouvrier. Il n'a rien à voir dans cette affaire [16]. » À ce moment, le problème est à ses yeux d'autant plus capital que les essais atomiques français sont réalisés dans cette région et qu'il faudrait du temps pour créer une autre zone d'expérimentation. Pour de Gaulle, le point est fondamental. Mettre le Sahara dans la négociation, c'est renoncer à la puissance nucléaire, ce dont il ne saurait être question après tant d'efforts. « Bien évidemment, souligne Bruno de Leusse, c'est le point d'achoppement. Le FLN pose d'une manière très précise la question du champ d'application du référendum [17]. »

La journée se termine sur le constat de ce désaccord. Les impressions de Georges Pompidou, consignées par Bruno de Leusse, ne sont cependant pas totalement négatives. Le point positif — le seul à dire vrai, mais il est de taille — c'est la volonté évidente de négocier des Algériens. Pour le reste, les obstacles à l'aboutissement des pourparlers restent considérables, le principal étant le désir opiniâtre du général de ne pas vouloir évoquer le sort du Sahara. S'ajoute à tout cela, selon le directeur de la banque Rothschild, la crainte des Algériens d'être « roulés ». En tout état de cause, les Algériens doivent maintenant répondre à des questions précises : quelle sera la nationalité des Français qui resteront en Algérie et celle des musulmans qui désireront rester français ? Quelle sera la situation de l'armée française en Algérie durant la période d'accession à l'indépendance ? La France pourra-t-elle conserver quelques bases ? Le problème du Sahara, surtout, est-il central au point de bloquer toute discussion ? Compte tenu de la difficulté qu'ont les émissaires algériens à correspondre avec leurs mandants, une réponse ne peut être espérée dans un délai proche. Tout au plus Boumendjel et Boulharouf peuvent-il laisser entendre qu'il ne saurait y avoir une trêve de principe avant un règlement politique d'ensemble, que la France ne peut s'attendre à garder longtemps ses bases, qu'en revanche des garanties pour les Européens sont envisageables.

En attendant la réaction du GPRA, de Gaulle, selon un plan soigneusement établi, reçoit à Rambouillet, le 27 février, le président tunisien Bourguiba, intermédiaire officieux en l'occurrence avec le GPRA. Bien qu'il ne l'aime guère, le général entoure le Combattant suprême de beaucoup d'égards. De la rencontre il ne sort pas grand-chose, sinon des conseils réciproques de modération.

Les Algériens en définitive réagissent plus vite que prévu. Dès le 5 mars, à Neuchâtel cette fois, négociateurs français et algériens se retrouvent. Le climat est mauvais. Sur un mode mineur, il est vrai, Boumendjel reprend ses attaques contre la France. Sans se laisser impressionner, Georges Pompidou réplique en soulignant que ce genre de philippique n'a aucune portée à huis clos. Une fois encore, le banquier en mission s'efforce de rassurer non, de Gaulle ne veut pas rouler les Algériens · la trêve est différente du cessez-le-feu : on peut l'interrompre à tout moment. Fait essentiel, l'envoyé du général précise qu'après l'indépendance éventuelle de l'Algérie, la question du Sahara pourra être posée. Outrepasse-t-il les consignes données par l'Élysée ? se demande Bruno de Leusse. Georges Pompidou précise aussi qu'après obtention de la trêve, de Gaulle s'engage à recevoir Ferhat Abbas à l'Élysée.

Curieusement, les Algériens ne semblent guère touchés par ces concessions. Veulent-il apparaître en position de force ? Leur attitude est-elle dictée par des dissensions internes du GPRA ? Aujourd'hui encore, il est difficile de l'établir. Georges Pompidou ne cache pas sa déception. Cependant il ne renonce pas : il propose que les négociations publiques s'ouvrent à Évian, le 20 mars.

De retour à Paris, Georges Pompidou est reçu par de Gaulle, dont l'approbation est totale, tout comme son désir d aboutir vite « Il faut aller de l'avant », conclut-il. Bruno de Leusse, lui, retourne à Genève pour revoir les Algériens. D'ultimes difficultés surgissent. Les Algériens ne veulent pas entendre parler d'Évian, ville française que de Gaulle a choisie précisément pour cette raison. Le général prétend également vouloir associer le MNA de Messali Hadj aux négociations. Ces différends retardent la fixation d'une date pour l'ouverture des pourparlers. Pendant ce temps, malheureusement, la violence se déchaîne. L'OAS (Organisation de l'armée secrète), qui sort ainsi de l'ombre, assassine, le 7 avril, le maire d'Évian pour le punir d'avoir prêté sa ville pour la négociation. L'organisation terroriste frappe aussi en plein Paris, en particulier au domicile de François Mitterrand ; elle ne peut, dans ces conditions, que percevoir comme un encouragement l'acquittement, le 2 mars, des douze accusés présents au procès des Barricades.

De Gaulle malgré tout se veut serein. Délibérément ou non, il ignore le mouvement de colère qui monte dans l armée. Début janvier, il a rassuré le maréchal Montgomery que préoccupait l'état d'esprit des militaires : « À l'exception de quelques officiers qui ont pu être tentés de participer à des complots, l'armée n'a jamais cessé d'être loyale [18]. » Depuis lors, il n'a pas varié. Lors d'une conférence de presse, le 11 avril, il se montre également impavide vis-à-vis des Algériens : « Aujourd'hui, souligne-t-il, la France considérerait avec le plus grand sang-froid une solution telle que l'Algérie cessât d'appartenir à son domaine » « La décolonisation est notre intérêt et par conséquent notre politique », conclut-il. L'objection selon laquelle les États-Unis ou l'Union soviétique risqueraient de prendre la place de la France en Afrique du Nord ne le trouble pas davantage : « Je réponds qu'à tous deux je souhaite d'avance bien du plaisir. »

Pour les pieds-noirs et de nombreux militaires, ces prises de position sont autant de provocations. Dans ces milieux on ne perçoit que l'envers de la situation décrite par le chef de l'État : la victoire sur le terrain a été obtenue, le FLN est à bout de souffle, tout reste possible. La situation internationale est totalement oubliée. Mais les porte-parole de ces milieux fanatiquement attachés à l'Algérie française ont l'énergie du désespoir : ils vont le montrer sans tarder.

Le vendredi 21 avril, vers vingt et une heures, le président de la République s'apprête à assister à une soirée de gala à la Comédie-Française en l'honneur du président Senghor, en visite officielle. *Britannicus*, pièce où règne la trahison, est au programme... De Gaulle ne sait encore rien de ce qui se trame à Alger, sinon que des rumeurs d'agitation courent. De l'autre côté de la Méditerranée, le général Gambiez et le directeur de la Sûreté, M. Aubert, ont commencé à s'inquiéter en fin d'après-midi, lorsque la Sécurité militaire leur a signalé des mouvements de troupes suspects. Un dispositif de protection a été mis en place. Soudain tout se précipite. En fin de soirée, le 1er REP, cantonné près d'Alger et commandé par le commandant Denoix de Saint-Marc, fonce vers le centre ville. Dans sa voiture de commandement, le général Gambiez va au-devant des rebelles, tente de s'interposer. En vain. Entre deux et quatre heures du matin, les insurgés se rendent maîtres de tous les centres névralgiques. Au Palais d'été, douze personnalités sont retenues prisonnières : le délégué général Jean Morin, M. Aubert, leurs collaborateurs, un ministre de passage à Alger, Robert Buron. L'opération s'est réalisée sans violence. Un seul coup de feu sans conséquence a été tiré.

Vers quatre heures du matin, le président de la République a été réveillé. À cinq heures, Louis Joxe le rejoint à l'Élysée. Les premières décisions sont prises : accompagné du général Olié, le ministre en charge des Affaires algériennes doit se rendre en Algérie de toute urgence. Leur avion atterrira où cela sera possible. Dans la capitale, on commence à savoir ce qui s'est passé. Soldat prestigieux et jusque-là loyal, le général Challe cette fois a cédé aux sirènes activistes, avec l'idée de parachever la victoire militaire obtenue sur le FLN et d'obliger de Gaulle à revenir sur sa politique. Depuis qu'en décembre, il a repoussé les avances des colonels, il a noué beaucoup de contacts, en particulier avec Antoine Argoud, ancien chef d'état-major de Massu. Ce dernier l'a convaincu qu'un coup de force était possible. Le colonel Godard, lui aussi, retourné, a exprimé un avis similaire. Bientôt, les généraux Jouhaud et Zeller ont apporté leur caution, imités par le général Faure, comploteur-né, à Paris, et surtout Salan à Madrid. Challe n'aime guère Salan mais le concours de ce dernier ne peut être négligé. Ainsi encouragé Challe a franchi le pas décisif.

À Paris, tandis que toutes les autorités s'affolent, de Gaulle est le seul à garder son calme, à ne pas prendre l'affaire au tragique. Le samedi après-midi, lors du Conseil des ministres, il fulmine : « Savez-vous ce qui est grave dans cette affaire : c'est qu'elle n'est pas sérieuse. » Il sourit ouvertement de l'inquiétude de Roger Frey et d'André Malraux, qui entendent organiser la mobilisation des républicains. La suite des événements, dont on ne peut donner ici qu'un bref résumé, va justifier son attitude.

Malgré l'arrivée de Salan à Alger le dimanche matin, malgré le ralliement des généraux Gouraud et de Pouilly, l'insurrection montre vite des signes d'essoufflement. Entre Salan, qui prétend incarner une sorte de pouvoir civil, et Challe, responsable des affaires militaires, le courant continue de mal passer. Et tous ces groupuscules apparaissent comme tétanisés quand, le dimanche soir à vingt heures, de Gaulle, en uniforme, se lance à la télévision dans une philippique mémorable dont la cible est le pouvoir insurrectionnel établi en Algérie : « Ce pouvoir a une apparence, tonne-t-il : un quarteron de généraux en retraite. Il a une réalité . un groupe d'officiers partisans, ambitieux et fanatiques. Ce groupe et ce quarteron possèdent un savoir-faire expéditif et limité. » Tel Jupiter, le général poursuit en interdisant « à tout Français et d'abord à tout soldat » d'obéir aux ordres des insurgés. Il annonce enfin la mise en œuvre immédiate de l'article 16 de la Constitution lui donnant des pouvoirs exceptionnels.

Tout le monde le reconnaît le de Gaulle des grandes occasions a parlé. Il n'est jamais meilleur que lorsqu'il lui faut ainsi incarner seul la légitimité. Nulle objectivité, nul souci de compréhension dans ses propos, bien sûr. Qu'un homme tel que Maurice Challe ait été en quelque sorte poussé au désespoir, faute d'avoir été éclairé, et même parce qu'il a été trompé sciemment, de Gaulle évidemment ne saurait le reconnaître. L'essentiel est que le message passe, ce qui est le cas. Le général ne néglige pas la corde sensible en lançant un inhabituel : « Aidez-moi ! » aux Français, et en assurant qu'il a pris des dispositions afin d'assurer la pérennité de sa politique par-delà sa propre personne. De fait, la veille, il a confié à l'un de ses proches : « Je ne partirai d'ici que les pieds devant. » Il lui a remis aussi une enveloppe cachetée avec cette instruction · « Voici mon testament politique. Vous me le rendrez mercredi si, comme je le pense, tout est terminé à cette date. »

L'effet de l'allocution est immédiat. Grâce aux transistors, les jeunes soldats du contingent sont directement atteints... et retournés. Les fausses rumeurs se dégonflent. La réalité apparaît, cruelle pour le « quarteron » : seule la ville d'Alger est aux mains des insurgés. Partout, les stocks d'approvisionnement sont en voie d'épuisement. Coup dur enfin pour les généraux d'Alger : les principaux conjurés parisiens, dont le général Jacques Faure, ont été démasqués et arrêtés dès le début de l'affaire. La rumeur de l'arrivée imminente des parachutistes rebelles court sans doute. Elle provoque même une pitoyable intervention du Premier ministre, Michel Debré, qui invite la population à aller, « à pied ou en voiture », convaincre les mutins « de leur lourde erreur ». Pendant un peu plus d'une journée, Paris vivra ainsi dans l'affolement. En Algérie, pourtant, l'insurrection tourne court. Les modérés du complot pressent Challe d'abandonner la partie : le 25, il se rend à leurs arguments ; arrêté, il est sur-le-champ transféré à la

Santé. Zeller se rendra, lui, le 6 mai. Jouhaud et Salan, en revanche, plongent dans la clandestinité.

Une fois encore, la dramatisation profite au général. En vérité, il ne semble avoir jamais sérieusement douté de l'issue. Il n'a que mépris pour ces généraux mutins qui refusent de comprendre le sens de l'Histoire. Recevant Paul Reynaud le 10 mai, il lui tiendra sur ces hommes, qu'il a contribué à égarer, des propos très durs :

C. de Gaulle : Ce qui domine c'est leur sottise. Leur idée était qu'ils seraient acclamés par les civils et par l'armée unanime et qu'en France l'opinion politique forcerait de Gaulle à s'entendre avec eux.
Paul Reynaud : Mais le ravitaillement de l'Algérie ?
C. de Gaulle : Apparemment, ils n'y ont pas pensé [19].

De Gaulle sait qu'au lendemain de cette fronde si mal organisée, l'opinion le soutient. Il lui faut donc frapper dur et vite, mettre à profit les moyens offerts par l'article 16. Dès lors, il ne s'embarrasse pas de scrupules juridiques. Sur l'heure est instauré, afin de juger les mutins, un haut tribunal militaire d'une légalité plus que douteuse. En application des pouvoirs qu'il s'est octroyés, de Gaulle multiplie les mesures autoritaires : les arrestations pleuvent, les destitutions aussi, certains groupes sont dissous. À gauche notamment, on commence à s'inquiéter des libertés que le général prend avec le droit, même si c'est pour la bonne cause. Les craintes redoublent lorsque, pour donner l'impression de faire bonne mesure, le pouvoir fait saisir *L'Humanité*. Le climat se tend d'autant plus que de graves incidents éclatent alors dans le secteur public, auxquels le gouvernement réplique par des réquisitions.

Porté par l'opinion, de Gaulle ne change rien à sa stratégie vis-à-vis des Algériens. Dès le 20 mai, une délégation française élargie, composée de Louis Joxe, Roland Cadet, conseiller d'État, Bernard Tricot, collaborateur du général, Bruno de Leusse et du diplomate Thibaud, retrouve à Évian les représentants du GPRA. D'entrée de jeu, Louis Joxe annonce des mesures spectaculaires : une trêve unilatérale d'un mois, la libération de six mille prisonniers ou internés. La phase décisive de la négociation est d'évidence engagée.

Par chance, le contexte international est sinon favorable du moins relativement calme. Contrairement à ce que l'on aurait pu craindre, l'échec du sommet de Paris un an plus tôt n'a pas abouti à une crise. Dans le monde, bien des foyers d'agitation persistent : au Congo, par exemple, le meurtre en février de Patrice Lumumba, champion charismatique de l'indépendance, a provoqué une poussée de fièvre ; la situation au Laos inquiète ; la malheureuse expédition de la baie des Cochons à Cuba et son échec surtout ont terni les débuts de la présidence de John Kennedy. Malgré tout, rien ne fait craindre dans l'immédiat une conflagration prochaine entre les deux grandes puissances. Un élément somme toute assez favorable pour la visite qu'entreprend John Kennedy en France à partir du 31 mai.

À l'égard du nouveau président des États-Unis, de Gaulle a légèrement évolué. Lors de l'arrivée de celui-ci à la Maison-Blanche, il n'a pas caché le tenir pour un politicien. Le fait que le père de John Kennedy ait été le très germanophile ambassadeur à Londres au début de la guerre et les attaques qu'il a menées lui-même contre la France à l'ONU à propos du problème algérien ne plaidaient guère en sa faveur auprès du général. À présent, celui-ci paraît plus ouvert, moins systématiquement hostile. Sur la politique américaine, il n'a certes pas d'illusion. À Harold Macmillan, reçu au château de Rambouillet, le 28 janvier 1961, il a confié qu'à son sens Washington est toujours décidé à conserver le monopole atomique. En visite à Paris, au début du mois de février, le chancelier Adenauer lui a cependant fait entendre sur le nouveau chef de l'exécutif américain un discours plus positif, qu'il a écouté avec attention, tout en restant fort circonspect :

« Les débuts du nouveau président des États-Unis ne m'ont pas fait mauvaise impression, a-t-il avoué. Il faudra maintenant le voir à l'action. Dans les affaires américaines, il y a un fait nouveau, qui auparavant n'existait qu'à l'état latent, c'est l'évolution de l'opinion publique de ce pays. Cette situation intérieure, caractérisée par le désir, qui devient un besoin, de trouver une coexistence, influera maintenant de façon directe sur la politique avec les Russes et il n'est pas impossible que leur attitude à l'égard de l'Europe s'en trouve également modifiée. Les Américains se disent intéressés par l'OTAN. On peut néanmoins se demander s'ils auront la volonté de manifester cet intérêt autrement que par des paroles à un moment où ils se trouvent de plus en plus engagés dans les affaires africaines, dans les Caraïbes et demain en Amérique du Sud. Il est donc possible que l'Europe leur paraisse plus étrangère, surtout en raison de leur propre affaiblissement matériel et des obligations qu'ils doivent assumer dans d'autres régions du monde. Je ne doute pas de la bonne volonté de Kennedy. Je ne le crois pas isolationniste. Mais je pense qu'il éprouvera beaucoup de difficultés intérieures et que sa psychologie à l'égard de l'Europe en sera modifiée, surtout en ce qui concerne l'aide matérielle[20]. »

Du côté américain, l'état d'esprit est à peu près similaire, à cette nuance près que Kennedy est, malgré tout, impressionné par la stature historique du général. Compte tenu des enjeux et du lourd contentieux qui, notamment en matière atomique, existent maintenant entre son pays et la France, le président prépare ce déplacement avec beaucoup de soins. Dès le début du mois de mars, il dépêche ainsi à Paris Averell Harriman. Proche de Roosevelt, l'ancien ambassadeur à Moscou, représentant éminent de l'*establishement* libéral de la côte est, n'a jamais beaucoup apprécié de Gaulle, mais l'homme jouit d'un grand prestige. Le général le reçoit donc avec prévenance, non sans lui tenir un langage très clair : « Quand les Américains nous demandent : Que pensez-vous de l'OTAN ? nous sommes tentés de leur répondre en leur demandant à leur tour : Que veulent faire les États-Unis[21] ? » Pour sa part, Kennedy n'est pas non plus disposé à transiger sur ce sujet. L'OTAN, à ses yeux, est la pièce maîtresse du système de défense occidental, et il n'est pas question de le remettre, si peu que ce soit, en cause. En termes nets, il le dit aussi à Paul Reynaud, qu'il reçoit, le 14 avril, à la Maison-Blanche, et qui lui donne des précisions sur la personnalité du général :

> P. Reynaud : Je connais de Gaulle depuis vingt-sept ans ; son attitude envers beaucoup de problèmes est déterminée par le fait qu'il a été longtemps officier et qu'il n'a pas eu la possibilité de voyager, de connaître d'autres pays.
> J.F. Kennedy : Je peux comprendre que le général fasse quelques réserves au sujet de l'ONU mais il arrive tout de même à l'ONU de jouer un rôle positif. C'est le cas, je crois, au Congo. Je suis aussi très préoccupé par son désir de donner à la France une capacité nucléaire. Ce qui me soucie, ce n'est pas simplement que la France possède cette arme, c'est le fait qu'à terme l'Allemagne dispose des mêmes moyens. Cela sera dangereux le jour où Adenauer quittera la scène politique. Si je peux comprendre l'attitude du général à l'égard de l'ONU, je ne peux être d'accord avec lui en ce qui concerne l'OTAN[22].

Kennedy ne néglige aucune information sur le président français. Par l'intermédiaire de son conseiller, l'historien Arthur Schlesinger Jr., Pierre Mendès France lui fait parvenir d'étranges commentaires : « N'oubliez jamais qu'il y a un fond de folie chez de Gaulle. Il m'a dit une fois : "J'ai deux frères : l'un est fou et on l'a enfermé. L'autre est normal. Je suis entre les deux[23]." » Plus sérieusement, Pierre Mendès France souligne que de Gaulle aime les lutteurs. Ainsi a-t-il été impressionné par Ben Gourion. Le célèbre journaliste Cyrus Sulzberger, souvent reçu par de Gaulle, est lui aussi mis à contribution : bien avisé, il conseille au président américain de lire *Le fil de l'épée*.

Jean Monnet (dont Sulzberger note à juste titre que les Américains exagèrent son crédit dans la France gaullienne) suggère, lui, une tactique sage, fondée sur l'expérience :

> De Gaulle ne peut être convaincu de quoi que ce soit par un argument. Mais il a une grande capacité à s'adapter aux faits. Le président doit lui parler en termes historiques, évoquer de grandes et irrésistibles tendances historiques. De Gaulle répondra à cela. Le président fera impression sur de Gaulle s'il lui parle de la tâche historique d'organiser et d'unifier l'Europe, du destin de la France qui est de prendre une part majeure dans ce processus, de l'importance d'associer tant la Grande-Bretagne que l'Allemagne à cette unité naissante[24]

Complétée par un rapport très détaillé du Département d'État sur le général, la documentation dont dispose Kennedy à la veille de sa rencontre avec de Gaulle est donc de bonne qualité. Il n'empêche que des problèmes fondamentaux séparent grandement les deux pays, en particulier les perspectives de réforme de l'OTAN et le souhait de la France de mettre sur pied une force de frappe autonome. Le 5 mai, dans une lettre adressée au général Gavin, ambassadeur à Paris, le secrétaire d'État Dean Rusk a mis, à cet égard, les points sur les i : la question clé n'est pas tant de savoir si la France accédera à une capacité nucléaire autonome, que d'être vigilant quant aux effets que cette opération pourrait avoir sur l'Allemagne[25]. L'inquiétude du président est donc partagée en haut lieu à Washington.

Tout cela, de Gaulle et Kennedy l'ont parfaitement en tête lorsque, le 31 mai en fin de matinée. ils se retrouvent à l'Élysée, en la seule présence de leurs interprètes respectifs. Quelques instants plus tôt, Paris a réservé un accueil des plus chaleureux au président américain un million de personnes sont venues l'applaudir tout au long du trajet d'Orly au centre de la capitale. L'atmosphère de ce premier entretien n'en est pas moins légèrement tendue. Berlin est le thème unique de la discussion, et l'on sait que le général donne volontiers des leçons de fermeté à ses partenaires occidentaux. Au moment où Khrouchtchev menace d'empêcher les Occidentaux d'accéder à l'ancienne capitale du Reich et va même jusqu'à envisager, sur un prétexte, une troisième guerre mondiale, Kennedy, au contraire, est enclin à l'apaisement vis-à-vis des Russes. D'où le ton aigre-doux de cette première prise de contact :

C. de Gaulle : Khrouchtchev a engagé son prestige dans cette affaire. Le fait qu'il n'agisse pas indique qu'il ne veut pas la guerre. Pour les Occidentaux, il n'y a pas de raison de se retirer de Berlin. J'ai dit à Khrouchtchev que s'il voulait plus tard une détente, comme il le prétend, il devrait poursuivre les conversations sur le désarmement général. À long terme, cela pourrait conduire à une solution du problème de Berlin et de la question allemande dans son ensemble. J'ai dit aussi à Khrouchtchev que s'il insistait pour traiter de Berlin dans le cadre de la guerre froide cela signifiait qu'il ne voulait pas de solution pacifique.
J.F. Kennedy : Oui. Mais comment faire croire aux Soviétiques que la position des Occidentaux est ferme ?
C. de Gaulle : Nous devons montrer notre résolution à aller jusqu'à la guerre même si je crois que Khrouchtchev ne la veut pas.
J.F. Kennedy : Nous courrons le risque de voir les Soviétiques ne pas croire à notre fermeté et bloquer Berlin-Est.
C. de Gaulle : Il n'y a pas de possibilité de victoire militaire dans la zone de Berlin aussi devons-nous souligner que des combats autour de Berlin signifient une guerre générale[26].

Après l'interruption du déjeuner, la discussion reprend, toujours tendue. Kennedy craint de toute évidence une épreuve de force. De Gaulle pour sa part se veut serein : « L'Union soviétique n'est pas économiquement autosuffisante et a besoin d'avoir des échanges commerciaux avec l'Ouest. La possibilité de représailles économiques existe donc. » Après Berlin, le Laos est une autre pomme de discorde. Au lieu de soutenir, aux côtés des Américains, les forces anticommunistes comme le souhaite Kennedy, le général prône le neutralisme par le biais d'un appui donné au prince Souvanna Phouma : « Souvanna, affirme de Gaulle, n'est pas communiste et pourrait former un gouvernement plus ou moins neutre. » La proposition n'enthousiasme évidemment guère Kennedy qui craint le neutralisme et sa conséquence logique : un retrait des États-Unis favorisant les visées communistes au Vietnam, voire en Thaïlande. Dialogue de sourds, qui peut d'autant moins trouver une issue, que le général n'a pas oublié l'attitude américaine lors de la guerre d'Indochine et veut régler les comptes tardivement :

C. de Gaulle : Dans le passé, les États-Unis ont jugé nécessaire malheureusement de remplacer plus ou moins la France en Indochine. Nous en supportons maintenant les conséquences. La France ne refera pas les erreurs du passé et n'interviendra pas militairement. Une nouvelle intervention militaire en

Indochine ne mènerait à rien, même si elle était menée par les États-Unis. Si, pour des raisons de prestige, les États-Unis se livraient à cette opération, la France ne s'y opposerait pas, sauf dans l'hypothèse d'une guerre générale. Dans ce cas, la France soutiendrait toujours les États-Unis... De toute façon la situation peut évoluer différemment quand les peuples du Sud-Est asiatique auront compris les vrais objectifs de la Chine communiste ; les Soviétiques interviennent aussi en raison de leur propre peur des Chinois... La pire des choses serait une défaite militaire dans cette région.

Le lendemain, 1er juin, dans la matinée, le troisième tête-à-tête est un peu plus fructueux. On vient d'apprendre l'assassinat de Trujillo, tyrannique « protecteur » de la République dominicaine. Le spectre d'un nouveau Cuba surgit soudain. De Gaulle s'en inquiète, et Kennedy apporte des informations rassurantes, tout en regrettant qu'à Cuba les États-Unis ne soient pas intervenus en temps utile, c'est-à-dire dès les derniers jours de Battista. Il souhaite par ailleurs qu'en raison des liens existants entre l'Europe et l'Amérique latine, la France exerce une influence bienfaisante dans cette partie du monde.

J.F. Kennedy : Les États-Unis sont suspects en Amérique latine : ils sont perçus comme le colosse du Nord. La France au contraire bénéficie d'une forte estime. Les diplomates français pourraient donc en Amérique latine user de leur influence favorable au profit des politiques occidentales.

C. de Gaulle : Je souhaite vous parler franchement au sujet de l'Amérique latine. Je comprends très bien à la fois les difficultés et les intérêts des États-Unis dans l'hémisphère occidental. Les États-Unis sont la première puissance dans cette partie du monde. L'Amérique latine est une des zones de responsabilités et d'intérêts privilégiés pour les États-Unis. Je comprends aussi les difficultés psychologiques que vous rencontrez en Amérique latine. Il y a une différence de race : les États-Unis appartiennent au monde anglo-saxon, le sud du continent est au contraire latin. Il y a une différence de pouvoir : les États-Unis sont puissants et l'Amérique latine est faible. Il y a une différence de situation : les États-Unis sont riches et l'Amérique latine est pauvre. Par conséquent, il y a une hostilité de la part des pays latino-américains contre les États-Unis, hostilité qui n'empêche évidemment pas les Latinos-Américains d'attendre de l'aide de la part des États-Unis. Ceci s'applique plus au peuple qu'au gouvernement car, comme toujours, les gouvernements ont une meilleure compréhension des problèmes pratiques que les peuples. Il est évident aussi que les Soviétiques essaient d'exploiter cette hostilité afin d'infiltrer l'Amérique latine.

Maintenant il y a aussi l'Europe ou plutôt il devrait y avoir l'Europe car jusqu'à présent ce n'est pas l'Europe mais la France, l'Italie et l'Allemagne qui agissent : il n'y a pas d'action concertée. D'ores et déjà, la France, l'Italie et d'un point de vue économique l'Allemagne ont quelque influence en Amérique latine. Si ces efforts européens étaient coordonnés, cette influence pourrait jouer un rôle utile en Amérique latine, particulièrement d'un point de vue économique et culturel. Une telle action concertée de la part de l'Europe pourrait montrer aux Latino-Américains qu'ils ne sont pas réduits à un face-à-face avec les États-Unis mais que le rôle principal revient aux États-Unis. Une telle situation pourrait être psychologiquement meilleure que l'état de fait actuel — y compris pour les États-Unis.

J.F. Kennedy : Les États-Unis sont tout à fait en faveur d'une telle action concertée par les puissances européennes. Notre intérêt en Amérique latine est principalement de préserver du communisme les pays du continent. Aussi les intérêts européens et américains sont-ils complémentaires. L'action européenne en Amérique latine pourrait être bonne pour les États-Unis et les relations occidentales.

Les positions sur l'avenir de l'Angola sont en revanche nettement divergentes. Kennedy souhaite que le général fasse pression sur Salazar afin que le Portugal se désengage en Afrique. De Gaulle refuse : toute intervention de cette sorte risquerait, à ses yeux, de déboucher sur du désordre au Portugal, voire l'établissement d'un régime communiste. De nouveau le dialogue de sourds recommence.

Sur l'OTAN et le projet français de force nucléaire autonome, les discussions de l'après-midi du 1er juin aboutissent à la même impasse. Avec toute la conviction dont il est capable, de Gaulle énumère tous les griefs qu'il nourrit depuis longtemps contre l'organisation atlantique, et qu'il a résumés dans son fameux mémorandum de 1958 : si l'alliance est nécessaire, l'organisation intégrée est inacceptable. Le contexte de toute façon a changé : la France n'est plus faible. Au surplus, il n'est pas démontré que l'Amérique volerait au secours d'un pays européen en utilisant des armes nucléaires, si d'aventure se produisait une attaque soviétique avec des moyens conventionnels. Manifestement très marqué par les événements qui viennent de se produire en Algérie, le général avance aussi un argument pour le moins singulier :

> « Prenons l'exemple des généraux qui viennent de se révolter en Algérie. Je ne veux pas dire qu'ils ont été encouragés par l'OTAN mais simplement que l'état d'esprit des généraux envers leur gouvernement est dû au caractère supranational de la Défense européenne. La neutralité de ces généraux qui ont désobéi a leur gouvernement peut être due au fait que la défense a été dénationalisée. Il est difficile pour la France d'avoir un État stable et un gouvernement stable si ce gouvernement ne se sent pas responsable de la Défense. Qui plus est l'absence de défense nationale n'est pas bonne pour l'Alliance elle-même. La guerre, si elle survient, sera terrible et ne pourra être gagnée sans le plein soutien du peuple. Par conséquent, il est nécessaire de rétablir une défense nationale. »

À ces arguments d'inégale valeur, Kennedy oppose un discours très construit, d'où il ressort que si l'Union soviétique attaquait l'Europe occidentale, même avec les moyens conventionnels, Washington utiliserait à son encontre l'arme nucléaire. « Les États-Unis étant une démocratie, souligne-t-il, il serait très difficile de frapper les premiers. C'est pourquoi il y a des troupes américaines en Europe : ainsi les Russes doivent comprendre que toute attaque contre les pays européens est une attaque contre l'Amérique. » De Gaulle n'est pas vraiment ébranlé par ces assurances. Il ne croit pas complètement que les Soviétiques comprendraient qu'en attaquant l'Europe occidentale, ils provoqueraient l'Amérique. Kennedy, loin d'être ébranlé par cette remarque, rétorque perfidement que dans l'hypothèse de la mise sur pied d'une force de frappe française, il n'est pas sûr non plus que l'Allemagne se juge correctement protégée.

Dans ces conditions, les ultimes entretiens, le 2 juin, ne peuvent être positifs. Une fois encore, le problème nucléaire est à l'ordre du jour et chacun campe sur ses positions. De Gaulle essaie de faire admettre à son interlocuteur l'idée d'une direction tripartite de l'OTAN, mais Kennedy voit le piège et ne s'engage qu'à consulter davantage la France : « Je crois que les États-Unis devraient étendre à la France les garanties que mon prédécesseur, le général Eisenhower, a données au Royaume-Uni en matière de consultation sur l'utilisation des armes nucléaires : je consulterai la France pour tout emploi d'une arme atomique n'importe où dans le monde, à moins qu'une attaque imminente mette en jeu la survie des États-Unis. » Dans l'esprit du président américain, il s'agit d'une simple politesse destinée à faciliter l'argumentation qu'il présente *in fine* en faveur de l'entrée de la Grande-Bretagne dans le Marché commun, requête présentée à la demande d'Harold Macmillan, et que de Gaulle écoute poliment sans s'engager.

Somme toute, en dépit du faste déployé lors de cette visite d'État, en particulier lors d'une mémorable soirée à Versailles, le bilan de la visite est mince. Les contacts personnels ont été bons, mais aucun problème de fond n'a été réglé, et tout indique que cette situation perdurera. Le partage de la responsabilité nucléaire, question centrale, apparaît très difficile à réaliser. De Gaulle n'a renoncé à aucun de ses objectifs, simplement il sait que la situation française ne permet pas encore de ruer dans les brancards. Le règlement de l'affaire algérienne et la mise au point de la force de frappe constituent à ses yeux des préalables sans lesquels une politique d'indépendance nationale ne pourra être entamée.

De Gaulle, au demeurant, paraît parfois sinon découragé, du moins désabusé, comme s'il était soudain écrasé par l'ampleur de sa tâche. Le politologue américain Nicolas Wahl, qu'il reçoit durant l'été, est témoin de cet état d'esprit qui n'exclut cependant pas une frappante continuité de vue, la volonté de poursuivre d'amples desseins. Depuis 1940, le général excelle dans ces numéros destinés à surprendre l'interlocuteur, voire à le tromper.

Ma conversation, rapportera Nicolas Wahl au président Kennedy, m'a laissé pour principale impression que trois années au pouvoir ont considérablement modifié sa conception générale de l'avenir de la France et l'estimation de son propre rôle sur le cours de son histoire. De Gaulle me semble avoir perdu son mordant. Son état d'esprit est empreint de lassitude, ce qui transparaît dans la monotonie et la douceur de sa voix, la rareté des formules affirmatives ou saisissantes, l'absence de gestes ou d'autres signes de vitalité. Ses vues sur l'avenir sont très fatalistes et, chose peut-être plus surprenante, la définition qu'il donne de son propre rôle est extrêmement limitée. Je ne veux pas laisser croire que de Gaulle a vieilli anormalement et que les rumeurs sur sa sénilité sont fondées. Son esprit semble aussi agile que toujours et ses réponses sont rapides et sûres. Simplement c'est la substance de ses réponses qui a changé et cela a nécessairement affecté la manière dont il les exprime. Si l'âge est un facteur mineur, mon sentiment est que sa seconde expérience du pouvoir a intensifié sa tendance au fatalisme et à respecter ce qu'il appelle invariablement « la nature inchangée des choses ». De cela découle logiquement une vue plus limitée de son influence sur les événements.

Historiquement de Gaulle a été à la fois un initiateur en politique et un fondateur de l'unité nationale. Aujourd'hui, il m'apparaît avoir largement renoncé à sa fonction de fondateur et limiter son rôle à celui de gardien de l'unité durant une période au long de laquelle des forces mécaniques transforment la France et par conséquent décident de son avenir indépendamment de l'action humaine. Pendant notre conversation, il a clairement insisté sur cette définition de son rôle. Quand, par exemple, je lui ai demandé quels hommes et quelles institutions, dans sa vue fataliste des choses, pouvaient hâter l'évolution de la France vers une société pleinement moderne, il a répondu en disant que les institutions ne pouvaient rien et les hommes très peu. « En ce qui concerne les hommes, a-t-il poursuivi, mon rôle est simplement de tenir les Français éloignés des menaces, qu'il s'agisse de convulsions internes violentes et de soudaines réactions qui pourraient conduire à la disparition de la France. » [...] L'intensité avec laquelle il soutient ces vues semble liée aux désillusions du pouvoir, aux frustrations provoquées par le problème algérien et au choc d'avoir vu son autorité mise en cause lors du putsch d'avril dernier. [...]

Le fatalisme renforcé de de Gaulle m'a été révélé par notre premier sujet de conversation. Je lui ai rappelé qu'en 1958 il avait défini pour moi le but principal de son action comme étant la restauration d'une ambition nationale française. « Pensez-vous, lui ai-je dit, que cette ambition ait été revivifiée ? » Sa réponse m'a étonné, à la fois par son caractère catégorique et parce qu'elle admettait implicitement un échec. De Gaulle m'a répondu que très certainement la France n'avait pas retrouvé son ambition nationale — qui est d'être une grande puissance — et que cela ne serait probablement pas le cas dans un proche avenir. En effet, selon lui, les Français savent très bien que leur puissance matérielle est inadaptée à ce rôle et, aussi longtemps que cela sera le cas, ils ne se comporteront pas comme les citoyens d'une grande puissance. Il élimine immédiatement le substitut que représenterait une ambition nationale à l'échelon européen ; selon lui, la France ne peut avoir de vraie ambition nationale qu'à l'échelon mondial. Lui ayant demandé comment la France pourrait redevenir une grande puissance, de Gaulle a expliqué que cela pourrait être le résultat d'une évolution historique lente à l'intérieur de laquelle la guerre, incontestablement, pourrait être un facteur déterminant. « C'est la guerre, après tout, qui a fait tomber la France de son rang de grande puissance après 1914, a-t-il poursuivi, et ce pourrait être encore la guerre qui ferait y tomber les grandes puissances d'aujourd'hui, tandis que la guerre pourrait aussi rendre à la France son rang de grande puissance. D'autres facteurs tels que le développement économique et scientifique pourraient aussi contribuer à faire croître le pouvoir matériel de la France et par voie de conséquence la renaissance de son ambition nationale. » En réponse à ma question sur son propre rôle dans ce processus, loin de son optimisme de 1958, il souligne que son rôle est simplement de rappeler aux Français que l'ambition nationale doit être leur but et d'empêcher dans le même temps la disparition de la nation dans les malheurs tels qu'une guerre civile ou une intégration de l'Europe qui ne respecterait pas les souverainetés nationales.

Il n'a pas d'illusion non plus sur le rôle limité que la France pourrait jouer. Je lui ai suggéré qu'il était possible que les Français n'aient plus d'ambition nationale au niveau mondial et que l'appui qu'ils lui accordent soit plus motivé par son prestige historique que par les buts qu'il les adjure de maintenir. À ma surprise, de Gaulle a admis que cela était vrai. « Cependant, a-t-il ajouté, tandis que leur raison leur dit qu'une telle ambition est vaine, les Français malgré tout me supportent confusément parce que leur sentiment tend toujours vers une ambition de cet ordre... »

De Gaulle paraît aussi avoir abandonné ses illusions quant à sa capacité à réformer l'État français. Au cours de notre discussion sur les problèmes intérieurs il a dit que l'État s'était corrompu depuis la chute de la monarchie absolue en 1789. Et comme je lui demandai s'il l'était toujours, il m'a répondu vivement que c'était évidemment le cas ; il m'a expliqué que les cadres de l'État étaient « mous », lents à obéir, amorphes, d'une loyauté incertaine. « Tout cela est la faute du régime passé », a-t-il insisté, mais j'ai trouvé intéressant qu'il n'ait en aucune manière suggéré qu'il y avait porté remède ou qu'il l'espérait pour le futur. Il a pris l'armée comme un exemple de cadre de l'État devenu incertain dans sa loyauté et expliqué combien à l'heure actuelle il s'efforçait de la débarrasser de ses idées fixes relatives à l'Algérie française (l'une des raisons de son manque de loyauté). Le seul changement institutionnel qu'il envisage pour le moment est un nouveau mode d'élection du président de la République. Afin d'assurer la légitimité de son successeur, a-t-il souligné, il pourrait être nécessaire dans le futur d'élire le chef de l'État au suffrage universel direct. Mais cela ne voudrait pas dire que la France adopterait un régime présidentiel. Selon de Gaulle — et c'est la première fois qu'il insistait sur ce point — la France est une nation profondément monarchiste, ce qui requiert un exécutif situé au-dessus de l'inévitable cacophonie quotidienne des partis et des intérêts. « À côté de ce chef, dont la mission est de décider les grandes options en matière de politique étrangère et de défense, il doit y avoir un autre exécutif, en charge du prix du lait, des problèmes quotidiens inhérents à tout État. » En un mot de Gaulle est satisfait de l'arrangement constitutionnel présent et il n'a pas donné d'indications quant à un changement de Premier ministre ou une sérieuse modification des institutions existantes. De plus en décidant que son successeur sera élu au suffrage universel de Gaulle a répondu lui-même à la question : qui sera son successeur ? [...]

Sur l'Algérie, il m'a donné l'impression de ne rien attendre de positif des négociations avec le FLN. [...] Comme je prenais congé, je lui dis que, comme dans le passé, je le trouvais pessimiste en ce qui concerne le futur immédiat mais raisonnablement optimiste quant à l'avenir de la France. Il me répondit qu'il n'était plus, depuis longtemps, ni pessimiste ni optimiste car il avait compris que les grands hommes, qu'il s'agisse de Staline, de Roosevelt ou de Churchill (il n'a pas mentionné d'autres noms !), exerçaient très peu de pouvoir sur les événements et les peuples. « La nature des choses est immuable, a-t-il insisté, et ce n'est que rarement qu'on peut la faire évoluer[27]. »

XXX

NÉGOCIER À TOUT PRIX

Le 20 juillet, les négociations avec les Algériens reprennent à Lugrin dans les plus mauvaises conditions. La crise franco-tunisienne à propos de la base de Bizerte alourdit considérablement le climat. Le 5 juillet, Bourguiba a redemandé aux Français d'évacuer le site. En prenant cette attitude, le président tunisien qui faisait figure de maillon faible au sein du monde arabe, a restauré son image vis-à-vis des Algériens. L'affaire, malheureusement, s'envenime rapidement. Quelques jours après l'initiative du Combattant suprême, plusieurs milliers de Tunisiens bloquent la base. Le lendemain, des renforts de parachutistes arrivent et la place est reprise par la force à l'issue d'un affrontement meurtrier. Saisi par le gouvernement tunisien, le secrétaire général de l'ONU est mal accueilli par les Français. À New York, siège de l'organisation internationale, Paris n'est pas condamné, les motions hostiles à sa politique n'ayant pas été approuvées par un nombre suffisant de pays. La France n'en est pas moins en position inconfortable, accusée de maintenir ses privilèges de puissance coloniale. Dans ces conditions, les négociations de Lugrin s'enlisent. Le 27, la rupture est consommée. La crise de Bizerte a démontré l'unité du monde arabe et poussé de Gaulle à l'intransigeance. Obstinément, le chef de l'État refuse d'abandonner le Sahara, condition évidemment inacceptable pour les Algériens. Sur-le-champ, la violence de nouveau se déchaîne. Pour la seule journée du 29 juillet, le bilan des attentats du FLN est lourd : dix-huit morts et près de cent blessés. En sens inverse, l'OAS répand la terreur : les services officiels estiment à près de cinq cents les explosions meurtrières imputables à l'organisation terroriste depuis la fin du mois de septembre.

Après la rupture, la solution politique semble plus lointaine que jamais. Parallèlement, la situation internationale est soudain très tendue. À l'ONU, à Genève, les Soviétiques se montrent intransigeants ; le 13 août, ce durcissement se traduit par la construction du fameux mur de Berlin. Le conflit Est-Ouest entre dans une nouvelle phase : la circulation aérienne en direction de Berlin est réglementée sévèrement, les pourparlers sur le désarmement sont rompus, bientôt les Russes annoncent leur intention de reprendre leurs essais nucléaires. Pour le général, ces événements constituent autant de signes annonciateurs d'un conflit possible entre les deux blocs et dans une telle hypothèse, quels que soient ses griefs à l'égard des États-Unis, il entend se ranger aux côtés de ces derniers. Partisan de la fermeté face aux prétentions soviétiques [1], il va bientôt multiplier les gestes de bonne volonté, en particulier dans le domaine européen, et dans cette perspective le problème algérien constitue à ses yeux une entrave dont il importe de se défaire. D'où l'évolution de sa pensée, sensible à travers ses propos tant publics que privés. Aucun règlement politique n'étant en vue, le « dégagement » s'impose à lui comme l'unique solution, étant entendu que, dans un premier temps, les Européens seront regroupés dans une partie du territoire algérien pour assurer, autant que possible, leur sécurité. Les notes, prises par Louis Terrenoire lors du Conseil des ministres du 30 août [2], attestent ce changement d'esprit. Après un exposé de Louis Joxe, ministre d'État chargé des Affaires algériennes, de Gaulle prend la parole :

« Les dirigeants du FLN vont dans un sens inévitable, le sens révolutionnaire. C'est assez logique dans la perspective d'une Algérie sans la France. Mais ils ne se sont pas aperçus que, nous aussi, nous prenons une direction révolutionnaire. Nous voulons nous dégager. C'est cela notre politique. Si ces messieurs acceptent de s'accorder avec nous pour quelque chose de convenable, ils le peuvent encore. S'ils ne le veulent pas, nous allons essayer d'en trouver d'autres. Et si ces derniers ne le veulent pas davantage, eh bien, nous nous dégagerons quand même. Alors, ce sera le regroupement avec toutes ses conséquences.
[...] Ce n'est pas nous qui ferons l'autodétermination. Il faut que ce soit les Algériens. Et si les uns et les autres ne le veulent pas, nous ferons le regroupement. Préparer regroupement et rapatriement, voilà la vérité. Il n'y en a pas d'autre. L'association, ce serait un cadeau que nous ferions à l'Algérie. La coopération, nous pouvons y consentir, mais nous n'y tenons pas. C'est ça la vérité. Il faut avoir le courage de se mettre devant. Ils disaient : "Choisissez entre la valise et le cercueil", mais c'est nous qui leur laisserons le cercueil. Cependant, nous devons tenter ce dernier effort : essayer de trouver des gens qui prendraient conscience de leur responsabilité algérienne. »

De Gaulle cependant n'a guère d'illusion : les Algériens veulent l'indépendance complète.

« Au mois de janvier, on a fait un référendum et l'association a été implicitement proposée à l'Algérie. Pas un centième de musulmans d'Alger, pas un centième de musulmans d'Oran, pas un cinquantième de musulmans de Constantine qui ait trouvé cela intéressant. Cela ne les intéresse pas du moment que cela vient de la France. Ils me font penser à ces tableaux de primitifs où l'on voit les diables entraîner les réprouvés vers l'enfer. Or les damnés ne font pas grise mine aux diables mais ils font le poing aux anges. Eh bien, que le diable les emporte. »

Cette volonté d'aboutir à une solution, quel qu'en soit le prix, apparaît également le 5 septembre, à l'issue d'une conférence de presse tenue par le général à l'Élysée. Pour la première fois, il reconnaît en effet le caractère algérien du Sahara, ce qui rend possible une reprise des négociations. Parmi les pieds-noirs, la colère est immédiate, et l'OAS réplique quelques jours plus tard en s'attaquant à la personne même du chef de l'État : le 8 septembre, alors que le convoi présidentiel roule vers Colombey, sur la nationale 19, une violente déflagration se produit sur son passage à la sortie du village de Crancey, près de Pont-sur-Seine, dans l'Aube. La DS du général et de Mme de Gaulle traverse un rideau de feu avant de s'arrêter quelques dizaines de mètres plus loin, tous ses occupants étant indemnes. Seul le sang-froid du chauffeur a permis au président de la République d'échapper à la mort. Descendu de voiture, de Gaulle murmure simplement sur le bord de la route : « Quels maladroits ! » Devant ses ministres, le 13 septembre, il se montre plus prolixe : d'évidence le coup a été durement ressenti.

De Gaulle : « Evidemment la bête humaine mesure avec soulagement ce à quoi elle a échappé, mais au point de vue spéculatif et historique, peut-être cela aurait-il mieux valu que de mourir dans son lit ou autrement. Il est vrai aussi que les conséquences politiques en eussent été lourdes et que du point de vue de l'intérêt public, il était préférable que cette tentative échouât. »

L'ire du général vise aussi les parlementaires de gauche qui ont déposé la veille une motion de censure afin de protester contre son refus, exprimé dans une lettre au Premier ministre en date du 31 août, de voir l'Assemblée nationale censurer le gouvernement tant que l'article 16 est en vigueur. À la fin du Conseil, qui a duré quatre heures, le général évoque ce qui s'est passé la veille, au palais Bourbon, où les députés de toutes tendances, sauf l'UNR, ont refusé de siéger, en manière de protestation contre l'interdiction qui leur était faite de légiférer, en dehors de la session, sur le régime de l'article 16 :

« Ce qui me fait de la peine, c'est de constater la fragilité extrême de notre redressement et, par conséquent, du pays. Sans doute y a-t-il des progrès dans les profondeurs de la nation mais parmi ceux qui parlent et s'expriment c'est plus que jamais la dérision. En fait, notre unité ne repose que sur un élément personnel... Les gens de la IVe République sont inconsolables d'avoir perdu de leur importance mais, si on les ressuscitait, on ne résoudrait en rien le problème. D'ailleurs aucun parti n'apporte la moindre solution positive. Tout ce qu'ils savent faire c'est de cracher de la bile et de pisser du vinaigre. Et avec cela aucune audience véritable dans l'opinion. Si je disparaissais, la polarisation s'effectuerait sur l'activisme et le communisme [cette crainte semble désormais dominer sa pensée, souligne Terrenoire] : entre les deux extrêmes ne subsisteraient qu'un épouvantable marais d'où naîtraient des combinaisons diverses et éphémères. Une seule voie demeure, celle de la raison et donc de la continuité. Non sans peine, il nous faut maintenir la République. Tourner la Constitution pour ressusciter ce qui était avant, c'est vouloir déconsidérer ce qui reste de l'institution parlementaire. Mais beaucoup veulent scier la branche sur laquelle tout le monde est accroché. »

Vis-à-vis des Européens d'Algérie, l'état d'esprit du général s'infléchit aussi. L'action de l'OAS radicalise sa position. Homme du Nord étranger au monde colonial, il n'a jamais beaucoup aimé les pieds-noirs. Peu à peu, ils deviennent à ses yeux des gêneurs, voire des traîtres auxquels la patrie ne doit rien. Au cours des mois à venir, sa colère à leur égard ne va cesser de croître.

Dès le Conseil des ministres du 20 septembre, Louis Terrenoire en recueille les premiers échos — choquants, puisque des innocents, des femmes et des enfants en particulier, font partie de cette population vouée aux gémonies :

Long débat sur l'Algérie au Conseil.
« Il n'y a de réel en Algérie, dit de Gaulle, que le FLN et l'OAS, mais comme il s'agit de ne pas laisser massacrer tout le monde, il faudra mettre les Français dans un coin. » Vis-à-vis de ces derniers (qui sont à 90 % derrière l'OAS), il a ce mot : « La France ne doit rien à des gens qui travaillent contre son intérêt. Si finalement on va vers un arrangement avec le FLN, on fera l'autodétermination dans des conditions convenables et quant aux Européens, les nouveaux maîtres de l'Algérie voudront eux-mêmes utiliser quelques cadres. »
Diverses questions sont posées (que le général a tort de ne pas prendre comme telles, c'est-à-dire comme des questions, mais comme s'il s'agissait d'objections). Pour ma part, j'exprime la crainte que toute démarche en vue d'un règlement du problème algérien ne serve désormais de prétexte à une intervention généralisée des Européens, fomentée par l'OAS, d'où le risque de placer le général dans l'impossibilité de faire appliquer ses décisions sur le terrain. À ma question sur l'éventualité d'une rébellion européenne ouverte, le général répond : « Ce ne sont pas des héros. Ils peuvent assassiner. Ils ne sont pas capables de se battre. » Puis il enchaîne, agacé, en déclarant que jamais qui que ce soit ne lui a fait une proposition constructive.

Entre de Gaulle et l'OAS, la guerre est maintenant totale, sans concessions. Arrêté peu après l'explosion de la bombe, l'un des auteurs de l'attentat du Pont-sur-Seine détourne l'attention au cours de son procès en accréditant, non sans un certain succès, l'idée que l'affaire a pu être montée par des proches du chef de l'État. Quoi qu'il en soit, on apprendra plus tard que, dans une note du 9 septembre, le colonel Godard, passé à la rébellion, a bel et bien donné l'ordre d'éliminer la « Grande Zhora », c'est-à-dire de Gaulle. Peu à peu s'impose ainsi, dans l'esprit de ce dernier, l'idée non seulement d'abandonner tout projet de partage du territoire algérien, mais d'accorder le minimum de protection possible aux Français d'Algérie, rebelles à son grand dessein. Sur ce point, les notes inédites de Louis Terrenoire relatives au Conseil des ministres des 27 septembre et 4 et 18 octobre sont sans équivoque :

27 septembre 1961.
De Gaulle : « La situation présente ne durera plus longtemps. En fait, la situation algérienne a mûri ; elle n'est pas loin d'être mûre. »
Le Conseil évoque un incident relatif aux filles du général Vanuxem, impliqué dans l'OAS. Le grand chancelier de la Légion d'honneur les a empêchées d'entrer dans une maison d'éducation de l'ordre. Un débat s'engage.
André Malraux : « Ce n'est pas l'esprit du gaullisme de se venger sur les faibles. »
Debré insiste dans le même esprit, malgré l'agacement évident du général qui lui réplique vertement : « Gouverner, c'est être dur. Lorsque vous serez rigoureux vous aurez le droit de présenter des observations. »

4 octobre 1961.
Valéry Giscard d'Estaing, qui intervient rarement dans les débats politiques, avance la solution du partage[3].
De Gaulle : « Cela ne me paraît pas pratique. Les Européens ne sont pas implantés en Algérie de manière telle qu'ils puissent se passer des musulmans, qu'il s'agisse du ressemelage de leurs souliers, des travaux de la terre ou de leur faire la classe. Si vous aviez des populations équivalentes, peut-être, mais ce n'est pas le cas. L'Algérie est caractérisée par la confrontation des communautés. Ce serait satisfaisant pour l'esprit de faire deux Algérie. Mais ce n'est pas pratique. » À propos du regroupement qui n'est pas le partage, de Gaulle ajoute : « Le regroupement est une solution transitoire de sécurité. Quant aux Européens, leur idée c'est que ça ne change pas, qu'ils continuent d'avoir l'armée près d'eux et de bénéficier des millions que nous engouffrons chaque année en Algérie. Mais ce n'est ni notre idée ni notre intérêt. »

18 octobre 1961.
À propos de ce qui vient de se passer à Paris (manifestation de musulmans[4]) et chaque jour à Oran le général me dit : « C'est la preuve que j'ai raison lorsque je parle de désengagement. Ces 9 millions d'Algériens musulmans, qui seront 20 millions dans quelques années, n'accepteront pas de vivre dans les mêmes conditions qu'avant avec le million d'imbéciles que sont les Européens d'Algérie. »

La lutte contre l'OAS est alors la priorité absolue du général. De rudes coups sont assénés à l'organisation terroriste. Le 7 septembre, les services de police ont marqué un point important en arrêtant à Orly Maurice Gingembre, un homme d'affaires parisien impliqué dans le combat clandestin : les documents contenus dans sa serviette ont permis de nombreuses arrestations. Plusieurs personnalités sont ainsi emprisonnées, entre autres, Bousquet, un journaliste de *Rivarol*, l'historien Raoul Girardet, le colonel de Blignières, soupçonné d'être le chef d'état-major de l'OAS en métropole, le général Vanuxem, qui lui niera toujours être, sous le pseudonyme de Verdun, le chef militaire suprême, délégué par Salan. Ce coup de filet porte vite ses fruits : l'OAS est désorganisée, presque décapitée, et un document découvert dans la serviette de Maurice Gingembre a permis d'établir les liens de Georges Bidault avec l'organisation.

Encouragé par ces résultats, de Gaulle ne se laisse pas impressionner par les résistances diverses que suscite sa nouvelle politique algérienne. Inflexiblement, il maintient que le Parlement ne peut exercer son droit de contrôle durant l'application de l'article 16 et, saisi par le président de l'Assemblée nationale Jacques Chaban-Delmas, le Conseil constitutionnel lui donne raison, ce qui accrédite une fois de plus l'idée que cette haute instance ne joue aucun rôle effectif. Vis-à-vis de l'armée, heurtée par les procès, troublée par la mise en congé du général Olié, chef d'état-major général, et la mise en disponibilité du général Beauffre, représentant de la France au groupe permanent de l'OTAN, le chef de l'État est également impavide. Fidèle à sa tactique, il n'accepte aucune concession. Tout au plus, annonce-t-il, le 10 septembre, sa volonté de mettre fin à l'application de l'article 16 et d'établir avec le pouvoir législatif des relations normales. En direction des agriculteurs, il fait également un geste de bonne volonté en ce qui concerne la fixation du prix des produits laitiers. Le 2 octobre, au cours d'une intervention télévisée, d'un ton très dur, de Gaulle a stigmatisé le « tracassin » : il ne déviera plus de cette ligne.

Vis-à-vis du FLN, en attendant une éventuelle reprise des négociations, son attitude est cependant loin d'être conciliante : il déteste qu'on lui force la main. Les 17, 18 et 20 octobre, quand le FLN a mobilisé trente mille algériens dans les rues de Paris et que la répression de la police est apparue brutale — de nombreux morts, des dizaines de blessés ont été dénombrés[5] — il ne joint pas précisément sa voix à ceux qui protestent et critiquent le préfet de police Maurice Papon. À preuve, ces notes (inédites) de Louis Terrenoire, lors du Conseil des ministres du 26 octobre 1961 :

Il est beaucoup question de l'Algérie et des Algériens au cours du Conseil des ministres qui se réunit à partir de neuf heures trente. D'abord à propos des séquelles des dernières manifestations de rue à Paris, qui donnent lieu à un exposé de Frey, ministre de l'Intérieur. Il nous dit les effectifs de Nord-Africains en France dont le nombre atteindrait au bas mot 400 000. Il est question d'exactions policières, l'état d'esprit des gardiens de la paix de Paris s'inspirant en ce moment d'une volonté de venger leurs morts tombés sous les balles des tueurs FLN plutôt que du strict maintien de l'ordre. On évoque la « lâcheté du barreau de Paris » (Debré) qui permet à des avocats communistes ou FLN de retarder l'action de la Justice contre lesdits tueurs, ce qui exaspère les policiers. « Tout gaulliste et ancien déporté qu'il soit, le bâtonnier Arrighi se conduit mal », souligne Michel Debré.

Sudreau et Buron s'étant inquiétés de la brutalité de la répression et le second ayant invoqué la concordance des points de vue de la presse à cet égard, qu'il s'agisse de *L'Express* ou du *Parisien libéré*, le général lui fait observer que cette concordance est beaucoup moins due aux faits qu'au désir de ces organes de le viser. « Ils n'ont, en réalité, croyez-moi, qu'une seule cible », dit-il. Sur la question des « exécutions différées », le général poursuit : « J'ai suspendu les exécutions depuis que nous avons commencé les négociations avec le FLN. Si elles n'aboutissaient pas très vite à la fin des attentats, les exécutions seraient reprises. » Quant à la présence de 400 000 Nord-Africains en France, elle amène le général à observer : « Quand la situation en Algérie sera réglée d'une manière ou d'une autre, il faudra aussi régler cette affaire à fond. C'est une fiction de considérer ces gens-là comme des Français pareils aux autres. Il s'agit en réalité d'une masse étrangère et il conviendra d'examiner les conditions de sa présence sur notre sol. » « Les réalités et nos intérêts, souligne-t-il encore, nous poussent à permettre la naissance d'un État algérien mais cet État doit sortir des urnes, donc d'un scrutin d'autodétermination. Et il vaut mieux qu'il ait lieu après qu'un accord aura été conclu sur l'ensemble des questions, notamment les garanties aux Européens. Au scrutin d'autodétermination, les deux questions seraient les suivantes : Voulez-vous être un État indépendant ? Voulez-vous que cet État coopère avec la France ? L'autodétermination n'est peut-être qu'une formalité mais elle est essentielle. Pour conduire à l'autodétermination un pouvoir provisoire sera nécessaire ; libre au FLN d'y collaborer. Et si de tout cela rien n'est possible, alors nous laisserons l'Algérie à elle-même et nous n'avons pas besoin du FLN pour ça. » Et le général d'ajouter : « Parfaitement, si un jour nous en avons assez, et ce jour n'est pas loin. » À propos du Sahara, il conclut : « Ou bien nous ferons un arrangement convenable ou bien il n'y aura pas d'accord et nous resterons au Sahara aussi longtemps qu'il nous plaira d'y rester. »

Pour le général, la sortie de l'épreuve apparaît encore lointaine. Rien n'indique alors clairement la volonté du FLN de parvenir à un accord, et l'OAS multiplie crimes et exactions en Algérie. À Paris, au Palais-Bourbon, le 8 novembre, l'organisation secrète fait une éclatante démonstration de force en enregistrant l'appui public de plusieurs orateurs, dont Georges Bidault et Jean-Marie Le Pen. Le lendemain, nouvelle provocation : Jean Valentin, député non inscrit de la Charente, suggère de réduire le service militaire à dix-huit mois et, en contrepartie, d'appeler huit classes de jeunes Français d'Algérie sous les drapeaux, ce qui reviendrait à armer l'OAS. Le 16 novembre enfin, lors d'un rassemblement à la Mutualité organisé par la fine fleur des partisans de l'Algérie française, Georges Bidault, André Morice, Max Lejeune, Robert Lacoste, le nom de Salan est ouvertement acclamé.

La situation est d'autant plus alarmante qu'afin de lutter contre l'OAS le régime fait appel à des polices parallèles composées d'aventuriers souvent peu recommandables, partisans de méthodes expéditives. « Tout va de travers, écrit Pierre Viansson-Ponté. Des alliances étranges s'ébauchent : FLN et barbouzes contre l'OAS, militaires et activistes contre les policiers, tandis que dans chaque camp, “faucons” et “colombes” s'entre-déchirent et parfois en viennent aux mains[6]. »

Confronté à ce qui ressemble fort à un début de guerre civile, de Gaulle, à son habitude, fulmine menaces et excommunications à l'encontre de tous ceux qui attentent à l'autorité de l'État : les terroristes FLN et OAS sont renvoyés dos à dos, tandis que l'opposition est soupçonnée des pires arrière-pensées. À l'issue des Conseils des ministres du 13 novembre et 19 décembre 1961, Louis Terrenoire recueille ces propos particulièrement carrés.

13 novembre 1961.
Il est question de la grève de la faim pratiquée depuis quelques jours par Ben Bella, Buron s'en inquiète et Chenot parle de « chantage à la mort ».
De Gaulle : « Lorsque je suis revenu j'ai trouvé Ben Bella en prison. Dès que possible, j'ai fait en sorte que sa situation soit améliorée, puis je l'ai fait placer en résidence surveillée. Le jour où on cessera de s'égorger, je renverrai Ben Bella au Maroc. Je n'en démordrai pas. Mais si M. Ben Bella tient absolument à mourir, nous ferons tout pour l'en empêcher. Peut-être fait-il cette grève pour se revaloriser mais pour jouer un rôle il vaut mieux rester vivant. Quant à ceux qui pleurnichent et se lamentent, laissons-les faire. De toute façon, il ne se passera pas six mois avant que nous n'ayons décroché. En ce qui concerne le regroupement ce sera le retour de l'armée et j'annonce au Conseil qu'il va se produire[7]. »

19 décembre 1961.
Le général conclut le Conseil : « Pour ce qui est de l'OAS, il n'y a pas de question sur le combat par tous les moyens. Ce n'est pas parce que les magistrats sont lamentables qu'il faut laisser en liberté ce joli monde. Vous avez bien

fait d'interdire les manifestations qui, sous prétexte de s'élever contre l'OAS, se dressent contre le gouvernement. »
Le général parle de l'« ivresse de l'opposition » qui existe actuellement. « Depuis trois mois et demi, nous sommes au bord de la guerre civile. Ceux qui avaient et plus encore ceux qui préparent des coups sont atteints d'une maladie nouvelle qui stupéfiera les historiens. Il s'agit d'un cas de frénésie d'impuissants. Ils scient la branche sur laquelle ils sont accrochés. » [...] Dans notre tête-à-tête qui suit le Conseil des ministres, le général revient sur l'ivresse de l'opposition dont il a parlé et qui, manifestement, l'indispose vivement et le dispose à une profonde amertume. « Voyez-vous, me dit-il, tous ces gens-là au Parlement, dans la presse, les syndicats sont furieux de ne pas être dans le coup. »

La fin de l'année est marquée par une recrudescence des activités de l'OAS, tandis que s'intensifie la lutte menée contre elle par les pouvoirs publics. À la suite de la manifestation déjà évoquée du 16 novembre, à la Mutualité, à l'issue de laquelle le nom de Salan a été ovationné, le Comité de Vincennes est dissous, le 22. Le 5 décembre, Georges Bidault annonce le lancement prochain d'une organisation nouvelle. Celle-ci, on l'apprendra plus tard, existe déjà sous une forme clandestine depuis deux mois. Pour la circonstance, l'ancien chef du gouvernement n'a pas hésité à reprendre la dénomination du Conseil national de la Résistance, qu'il présida à la fin des années noires. Dans son esprit, il s'agit en quelque sorte de canaliser l'OAS — ce que Salan voit d'ailleurs d'un très mauvais œil. Par cette initiative, Bidault entre vraiment dans l'illégalité, puisqu'il prétend la patrie en danger, délie les citoyens de leur devoir d'obéissance envers les pouvoirs publics et nomme Salan... commandant en chef ! Raoul Salan, de son côté, multiplie les appels à la population, de sa retraite clandestine. Jacques Soustelle enfin décide de quitter la France, convaincu qu'il va être arrêté, peut-être assassiné. Parallèlement, déclenchée par Salan et ses adjoints, la violence aveugle de l'OAS frappe durement. À Alger, de nombreux cadres civils et militaires sont assassinés. Du 1er au 15 janvier, deux cent vingt personnes périssent ainsi et quatre cents sont blessées. Paris est également touché L'attentat qui, dirigé contre André Malraux à Boulogne, touche la petite Delphine Renard, indigne l'opinion. Les Français sont d'autant plus choqués que rien ne paraît mettre en échec l'organisation terroriste. Les arrestations de responsables importants de l'OAS sont encore relativement rares et les partis de gauche accusent le pouvoir d'inertie. Le malaise est encore aggravé par les poursuites engagées contre l'abbé Davezies, prêtre de la mission de France, qui a apporté une aide au FLN, et l'acquittement par le tribunal militaire de trois officiers accusés d'avoir torturé une femme musulmane.

Entre le général et une partie de l'opinion, un hiatus s installe alors. Impavide, sourd aux récriminations, indifférent aux critiques, de Gaulle voit un mouvement de colère puissant monter contre sa personne, ses méthodes, son régime. En novembre, la Corse l'a reçu froidement, et il n'a pas été applaudi lorsqu'il a affirmé : « En Algérie, l'issue est maintenant en vue. » À Marseille, il a été sifflé quand il a stigmatisé « ceux qui ragotent, qui racontent, qui écrivaillent pour essayer de nous diviser et de nous opposer les uns aux autres ». À gauche, mais aussi au centre et à droite, des voix connues s'élèvent maintenant pour critiquer sévèrement son action, sa manière de gouverner. Devant des diplomates américains, Antoine Pinay se montre très sévère : « De Gaulle n'a pas de politique, il improvise sans cesse. Il voudrait régner et qu'il n'y ait pas de vrai gouvernement. Sans doute souhaite-il la décolonisation mais il y a une grande incertitude quant aux moyens d'y parvenir[8] » « Vous faites une erreur en exprimant publiquement votre soutien à la politique algérienne du général, renchérit Pierre Mendès France devant un autre diplomate américain. Je suis convaincu que tout autre gouvernement réglerait le problème mieux et plus vite[9]. » Membre important du PSU et l'un des créateurs de *France Observateur*, Gilles Martinet va encore plus loin . « De Gaulle, assure-t-il, est un monarque libéral avec des tendances staliniennes. Il a certains traits communs avec Staline. Comme lui c'est un réaliste brutal. » En Algérie, constate Maurice Faure, président du Parti radical, l'OAS exerce un pouvoir de facto. Le gouvernement est incapable de faire progresser les négociations avec le FLN. « Personnellement, je doute qu'il soit possible de parvenir à un accord avec le FLN car celui-ci émet sans cesse de nouvelles exigences et la France est contrainte constamment à de nouvelles concessions. À l'heure actuelle, la principale difficulté est que de Gaulle s'est de plus en plus isolé des forces qui pourraient l'aider. Il ignore les partis démocratiques libéraux et les syndicats[10]. »

Dans cette tranche de la classe politique, qui va de la gauche non communiste au centre droit, et dont l'atlantisme est le credo, on n'hésite pas à envisager l'après-de Gaulle. Tel est d'ailleurs le thème du dîner périodique qui réunit à cette époque au domicile de Pierre Uri, ancien collaborateur de Jean Monnet, place de l'Alma (d'où le nom de « dîner de l'Alma »), des personnalités de cette mouvance, parmi lesquelles Guy Mollet, Antoine Pinay et Maurice Faure. À l'étranger, aux États-Unis en particulier, on est plus circonspect : contrairement à ce que croit Pierre Mendès France, aucun gouvernement ne ferait mieux que celui au pouvoir, assure un diplomate américain[11]. Les notes de Louis Terrenoire relatives au Conseil des ministres du 17 janvier 1962 attestent que le malaise est perceptible au sommet de l'État — mais de Gaulle se montre intraitable :

17 janvier 1962.
La grosse affaire aujourd'hui c'est le déchaînement des violences dans les grandes villes d'Algérie. À coup sûr, l'opinion est profondément troublée ; elle doute de l'autorité de l'État et le prestige du général de Gaulle se trouve atteint. Il est certain que les fonctionnaires d'autorité font preuve à tous les échelons de mollesse, quant aux juges, surtout lorsqu'il s'agit de militaires, ils montrent leur scandaleuse complaisance pour les activistes algériens ou pour les fautes de leurs camarades.

33

33. Août 1944, libération de Paris. De gauche à droite : général Gerow, André Le Trocquer, Kœnig, de Gaulle, général Hodges.

34. Août 1944, descente des Champs-Élysées après la Libération. À la droite du général : Alexandre Parodi ; à sa gauche : Georges Bidault, Joseph Laniel et André Le Trocquer.

34

35. Juin 1945, Eisenhower reçoit la croix de la Libération des mains de de Gaulle.

36. Gouvernement de Gaulle, 1945. À la droite du général, Vincent Auriol et Maurice Thorez. À sa gauche, Pierre-Henri Teitgen et Francisque Gay.

37. 8 septembre 1947. À Saint-Jean-de-Luz, Mme de Gaulle. Derrière le général, on reconnaît Jacques Baumel et Claude Mauriac.

38. Rue de Solferino, pendant la « traversée du désert ». Chaque semaine, la Citroën 15 CV conduit le général de Colombey à Paris.

35

36

CLAUDINE-HENRI

37

38

GRAD
Paul Patard
ARTISAN-TAPISSIER
LITERIE
5844Z75

39

40

41

39. Mai 1948, avec les militants du RPF.

40. Juin 1958, Gouvernement général de l'Algérie: «Je vous ai compris.»
À la gauche du général, Jacques Soustelle.

41. 6 juin 1958, en Algérie.

42

42. Hôtel Matignon, 6 novembre 1958. Sir Winston Churchill devient compagnon de la Libération.

43. Palais de l'Élysée, 8 janvier 1958. Charles de Gaulle devient le premier président de la Ve République. Le général Catroux, grand chancelier de la Légion d'honneur, lui remet le collier de grand maître de l'ordre. À l'arrière-plan, Geoffroy de Courcel et Olivier Guichard.

43

44

45

44. Bonn, mai 1962. À la gauche du général, le chancelier Adenauer. La pancarte en allemand proclame : « Nous voulons une Europe fédérale. »

45. En Algérie, à Ouled Rached, août 1959. Derrière de Gaulle, le général Challe et le colonel Georges Buis. À gauche, Laurent Clément, sous-préfet de Bordj Bou Aneridg.

46

47

46. 1962, en Allemagne avec Konrad Adenauer.

47. Mai 1961, avec John et Jacqueline Kennedy et Mme de Gaulle.

48

48. 1966, Georges Pompidou reste Premier ministre après l'élection présidentielle de 1965.

49. Avec André Malraux.

50. 26 juin 1966, ambassade de France à Moscou. À gauche Leonid Brejnev, à droite Alexis Kossyguine.

51. 1965, conférence de presse à l'Élysée. À l'arrière-plan, le gouvernement. On reconnaît, de gauche à droite, Roger Frey, André Malraux, Louis Joxe, Pierre Messmer, Jean Foyer, Valéry Giscard d'Estaing, Georges Pompidou, Alain Peyrefitte et Maurice Couve de Murville.

49

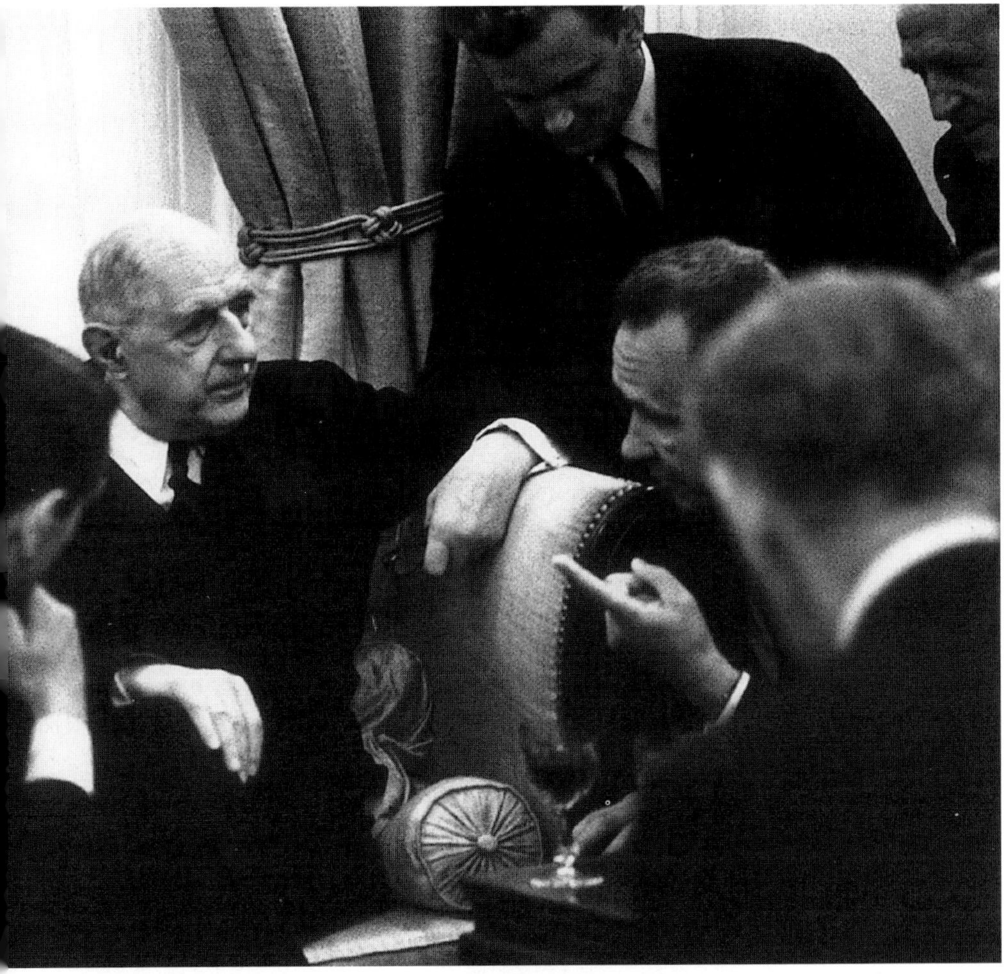

50

51

52

53

54

52. Cambodge, 2 septembre 1966. Accompagné du prince Norodom Sihanouk, de Gaulle arrive au stade de Phnom Penh où il va prononcer un important discours condamnant l'intervention américaine au Vietnam.

53. Parc des Princes, 21 mai 1967, Coupe de France de football. Remise de la coupe au capitaine de l'Olympique de Lyon, Di Nallo.

54. Hôtel de ville de Montréal, 24 juillet 1967 : « Vive le Québec libre ! »

55

55. 30 mai 1968, retour de Baden-Baden à l'héliport d'Issy-les-Moulineaux.

56. 22 mars 1969, cour des Invalides. Le général remet les insignes de commandeur de la Légion d'honneur à Maurice Grimaud, préfet de police en mai 1968.

56

57. Avec David Ben Gourion, 1960.

58. Washington, 31 mars 1969, obsèques du général Eisenhower. Richard Nixon reçoit les condoléances de de Gaulle. À droite, Pat Nixon.

59. Dublin, 17 juin 1969. avec le président Eamon De Valera.

60. 20 juin 1970, palais du Pardo. Le général Franco accueille l'ancien chef de l'État. Entre eux Lopez Bravo, ministre espagnol des Affaires étrangères.

57

58

59

60

62

63

61. Colombey-Les-Deux-Églises. Référendum du 27 avril 1969. Le général s'apprête à voter.

62. Juin 1969, en Irlande dans les dunes de Derrynane. Avec le commandant Flohic, aide de camp, et Mme de Gaulle.

63. La Boisserie, été 1970. De gauche à droite : le général de Boissieu, Mme de Boissieu, Anne de Boissieu, Mme Jacques Vendroux, Mme de Gaulle.

64

64. Notre-Dame de Paris, 12 novembre 1970. Anthony Eden, devenu lord Avon, et Harold Macmillan quittent la cathédrale après avoir assisté au service religieux célébré à la mémoire de Charles de Gaulle. Les deux anciens Premiers ministres britanniques ont été les fermes partisans du général pendant la guerre. Sans la ténacité d'Eden, Churchill, soumis aux pressions américaines, aurait peut-être abandonné l'homme du 18 juin au printemps 1943.

Crédits photographiques :

Cahier 1 : 1, 2, 3, 4, 6, 11, 15, 16, 23 : coll. part., Paris/Bridgeman Giraudon-Archives de Gaulle. 5 : coll. part. 7, 8, 10, 20 21, 24 : ECPAD/France. 9, 30 : L'Illustration/Keystone. 12, 14, 18, 19, 22 : D.R. 13 : collection S.H.A.T.-D.R. 17 : Imperial War Museum, Londres. 27, 28, 29, 32 : Institut Charles-de-Gaulle-D.R. 25 : Rue des Archives/TAL. 26 : Camera Press/Imapress. 31 : Keystone.

Cahier 2 : 33, 34, 41, 42, 47, 48, 51, 54, 58, 60, 61 : Rue des Archives/AGIP. 35 : ECPAD/France. 36, 62 : L'Illustration/Keystone. 37 : Institut Charles-de-Gaulle-D.R. 38 : *Paris Match*/Pedrazzini. 39 : AFP/Intercontinentale. 40, 50, 52, 53, 57, 59 : AFP. 43 : Darolle/Corbis Sygma. 44 : AFP/UPI. 45, 56 : coll. part.-D.R. 46 : Erich Lessing Etranger/Magnum. 49 : Gisèle Freund/Agence Nina Beskow. 55 : Bureau/Gamma. 63 : coll. part., Paris/Bridgeman Giraudon-Archives de Gaulle-D.R. 64 : *Paris Match*/Garofalo.

De Gaulle résume ainsi la situation :

« Il y a une insurrection algérienne. Elle n'existe en réalité pratiquement plus contre la France ; depuis des mois, il ne s'est rien passé sur les barrages. Il s'agissait de savoir si l'armée se rebellerait à son tour ; ce n'était déjà plus vrai en avril, ce ne l'est plus du tout maintenant. Le terrorisme se déchaîne là où les communautés sont massivement en présence l'une de l'autre, c'est-à-dire dans les grandes villes, et la fureur de leurs extrémistes se traduit en assassinats. Les prétentions de l'OAS à la prise de pouvoir à Paris ne possèdent pas la moindre chance. C'est un cas d'hystérie. L'immense masse de la métropole abhorre l'OAS. Malheureusement, à Alger et à Oran, son activité a libre cours ou peu s'en faut. Pourquoi ? Parce que tous les musulmans sont complices du FLN et parce que tous les Européens sont complices de l'OAS. En présence de ces faits, le devoir strict des pouvoirs publics est de sévir. Nous pouvons avoir ou nous avons à faire face à deux situations : si l'OAS tente de prendre le pouvoir à Alger ; dans cette hypothèse les moyens nécessaires ont été mis en place; des garnisons de l'armée sont cantonnées aux points sensibles, prêtes à intervenir. Je suis pour ma part certain qu'ils tireront; si ces garnisons ne se révélaient pas suffisantes, des réserves désignées entreraient dans la ville et balaieraient tout sur leur passage. En ce qui concerne le terrorisme vulgaire qui consiste à s'entre-zigouiller, il faut que les préfets fassent leur métier. On leur a assimilé les gendarmes et les CRS ; ceux-ci doivent être dans la rue. Or, ils n'y sont pas ; s'ils y étaient on empêcherait les assassinats et on arrêterait les assassins. On transférera ce joli monde dans la métropole et on fera passer devant les tribunaux militaires spécialement constitués car s'il s'agissait de tribunaux normaux (regard vers Messmer), on sait ce qu'il arriverait. »

Le 18 janvier, un très léger remaniement ministériel intervient : successeur d'Antoine Pinay au ministère des Finances, Wilfrid Baumgartner démissionne, pour des raisons essentiellement personnelles, et laisse la place à Valéry Giscard d'Estaing, secrétaire d'État depuis plusieurs années. Malgré son importance politique et l'arrivée à un poste clé d'un homme jeune et de premier plan, le changement suscite peu de commentaires, tant l'opinion est obnubilée par l'affaire algérienne. Au sein du gouvernement l'anxiété est perceptible. Louis Terrenoire note ainsi après le Conseil des ministres du 24 janvier :

Sur l'exposé du ministre de l'Intérieur s'enchaîne une discussion qui traduit l'inquiétude des ministres devant l'augmentation des actes de terrorisme imputables à l'OAS. Buron notamment se plaint du silence du gouvernement. Il réclame une justice plus sommaire. De Gaulle en profite pour tracer une synthèse des événements, comme il le fait de temps à autre :

« Il y a d'abord le problème des Européens d'Algérie qui s'acharnent dans leurs illusions, d'où les barricades de janvier 1960, d'où le putsch d'avril 1961. Il se développe aussi une certaine ambiance politique qu'ils cherchent à utiliser et à accentuer. Alors les hommes politiques de la IVe République se servent des craintes suscitées par l'OAS pour se faire valoir. Les communistes de leur côté s'efforcent d'en tirer profit et les anciens vichystes d'y trouver l'occasion d'une revanche. La cible c'est celui qui vous parle. Du coup quelques personnes ont décidé qu'elles devaient dîner ensemble afin de combler un vide. Pourquoi n'ont-elles pas comblé ce vide dès le mois de mai 1958 ? Je vous le demande.

Laissons cela. Février sera un mois décisif. Ou bien nous n'y arriverons pas. S'il n'y a pas d'accord, la situation risque d'être très grave. Enfin on va voir.

Pour revenir à l'OAS, ne nous dissimulons pas qu'on prend goût au meurtre. Avant la guerre il y a eu la Cagoule. La Résistance, il faut bien le dire, y a contribué aussi. Le vice essentiel c'est que nous n'avons pas de justice. Il nous faudra donc des tribunaux d'exception, car on ne peut même pas obtenir que les procès s'engagent. Nous allons transférer tous les plastiqueurs au tribunal spécial militaire qui existe car je préfère réserver la possibilité offerte par l'article 16 pour des circonstances exceptionnelles.
Pour ce qui est de la presse, c'est le lobby du dîner de l'Alma. On ne s'y console pas de faire des articles qui ne servent à rien. En attendant les journalistes grossissent tout cela. Pourtant, même s'il y a 500 plastiqueurs, ce n'est pas le fascisme en marche ! Notre pays est malade; il est encore malade des événements de 1940; il est malade de Vichy; il est malade de l'Algérie, malade du communisme, malade des partis qui ne sont que des clubs qui ne savent pas s'élever au-dessus d'eux-mêmes... Notre redressement est commencé malgré cela. Je me réserve de choisir le moment où il faudra entrer dans les voies exceptionnelles. »
Le général lève alors la séance mais en se rasseyant, il croise les bras et nous déclare, sur un ton de persiflage, et après avoir jeté un regard circulaire : « Vous êtes bien gentils, messieurs les ministres, mais je ne vous entends pas souvent. » Et s'adressant plus spécialement à Pisani qui a fait une intervention de style très radical, en écho aux propos de l'Alma : « Monsieur le ministre de l'Agriculture, j'aurais beaucoup de plaisir à vous entendre sur le sujet qui semble vous préoccuper et dont vous vous gardez bien de parler. J'aimerais qu'on dise ce qui a été fait lors des barricades et lors du putsch et qui a été seul à le faire. »

À la fin du mois, malgré les apparences, la situation évolue pourtant. Poursuivies de façon secrète depuis l'échec de Lugrin, les négociations avec le FLN semblent entrer alors dans une phase moins décourageante. Plus le temps passe, plus apparaît le caractère mythique d'une Algérie algérienne sans le FLN. Comme le prouve une conversation avec Michel Debré, le 9 janvier 1962, le général n'y croit plus (même s'il reproche au gouvernement, non sans mauvaise foi, de ne pas avoir assez exploré cette voie) et le Premier ministre n'y accorde qu'une attention de commande[12].

Les notes (inédites) de Louis Terrenoire relatives au Conseil des ministres du 31 janvier 1962 montrent cette évolution :

L'OAS veut faire sauter les piliers de la tour Eiffel où sont accrochés les câbles de la télévision. De Gaulle : « Est-ce qu'elle serait restée debout sur trois piliers ? »
Important exposé de Joxe sur l'état des négociations avec le FLN. Il s'en dégage l'impression qu'on devrait enfin aboutir. D'ailleurs, selon le calendrier fixé par de Gaulle, il ne doit plus y avoir que deux réunions. [...] Grand fait nouveau : c'est le FLN qui demande maintenant la coopération avec la France. Joxe termine sur ces mots : « Nous allons voir si nous pouvons conclure, c'est-à-dire faire à la fois la paix et l'Algérie nouvelle ; il reste à savoir s'ils sont capables de se décider. » De Gaulle approuve et dit : « Il y aura l'indépendance et l'association, ce qui veut dire que nous les paierons. » Guillaumat, très réservé sur les conditions de l'accord, demande quelles seront les garanties données aux Européens. Mimique de Michel Debré qui opine ostensiblement chaque fois qu'une réserve est formulée. L'annonce de toute bonne nouvelle

semble lui faire mal au cœur. De Gaulle conclut : « Le jour où l'accord sera publié en France et en Algérie on comprendra ce que nous avons voulu, qui est très digne, constructif, correspondant à la réalité et par conséquent vivable. » À propos du difficile « maintien de l'ordre » (ce qui est un euphémisme) en Algérie, il traite Morin de « mollusque ».

Le général a toujours excellé dans l'art de faire des concessions sans en avoir l'air. Une fois de plus il va le démontrer. Le 5 février, il lui suffit d'un silence sur une question clé au cours d'une allocution pour lever le dernier obstacle à la reprise des pourparlers ; « En s'abstenant, écrit très bien Pierre Viansson-Ponté, de parler de coopération organique, de Gaulle renonçait à une politique qui tendait à créer une minorité institutionnelle en Algérie et reconnaissait donc enfin l'unité du peuple algérien[13]. »

Peu remarqué, sinon par quelques initiés, ce geste de bonne volonté ne suffit pas à calmer la fièvre des mouvements de gauche, heurtés à la fois par la violence de l'OAS et la relative impuissance des pouvoirs publics. Le 8 février, un mot d'ordre de rassemblement est donc donné pour le soir même à la Bastille par diverses organisations, notamment le Parti communiste et le PSU. La préfecture de police interdit la manifestation. Les organisateurs passent outre et soudain la tragédie éclate. À proximité de la station de métro Charonne les forces de l'ordre chargent les manifestants. Outre une centaine de blessés, huit d'entre eux meurent étouffés contre les grilles de la station, qui avait été fermée. Le préfet de police, Maurice Papon, et le ministre de l'Intérieur, Roger Frey, font immédiatement figure d'accusés — y compris à l'intérieur du gouvernement. On les accuse de brutalités inutiles, voire de provocations. De Gaulle, pour sa part, n'a pas d'état d'âme, comme en témoigne les notes de Louis Terrenoire relatives au Conseil des ministres du 14 février :

> Un débat assez vif s'engage sur la manifestation du 8 février (suivie par les obsèques des victimes de la répression policière qui ont attiré un immense concours de foule). Roger Frey proteste parce que des ministres l'ont désavoué lors des entretiens avec les journalistes. Il voudrait qu'une information judiciaire fût ouverte contre les organisateurs de manifestations (syndicalistes de la CGT et de la CFDT). Chenot s'y oppose avec des arguments d'ordre politique qui font honneur à sa personnalité. Debré appuie Frey ; Sudreau le critique indirectement. Le général intervient : « Nous en verrons bien d'autres. On ne peut pas ne pas ouvrir une information, mais faisons en sorte qu'elle n'ait pas de suite immédiate. Dans cette affaire, on a vu, une fois de plus, à l'œuvre une certaine faune syndicale et chrétienne. Naturellement, la radio-télévision a tout fait pour grossir l'événement... Le résultat n'est pas bon. Nous sommes au dernier moment de l'affaire algérienne, du moins je le crois. On ne peut pas se substituer à un peuple. Or, ce peuple est malade. Il se plaît à se déchirer, voire à se battre. En tout cas, sur ce que nous avons fait, il devra trancher le plus vite possible par les moyens démocratiques, c'est-à-dire par le suffrage universel ! »

Le signal lancé par le chef de l'État dans son discours du 5 février a été, semble-t-il, immédiatement reçu ; dès le 11 février, aux Rousses, dans le Jura, les pourparlers avec le FLN ont repris. Conduite par Louis Joxe, ministre d'État chargé des Affaires algériennes, gaulliste du premier rang, la délégation française comprend le démocrate-chrétien Robert Buron, ministre des Travaux publics, et l'Indépendant Jean de Broglie, secrétaire d'État auprès du Premier ministre chargé de la Fonction publique. En associant aux négociations des hommes de sensibilités assez différentes, le général marque sa volonté d'engager la France le plus possible. Cette fois, en dépit du terrorisme de l'OAS qui complique beaucoup la résolution du problème, la volonté d'aboutir est évidente. Dès la première réunion, les délégués français et algériens (ces derniers sont en liaison constante avec Ben Bella et ses compagnons désormais détenus à Aunoy) paraphent un projet d'accord et décident de se retrouver le 7 mars, à Évian. Le samedi 17 février, le président de la République, contrairement à ses habitudes, ne se rend pas à Colombey ; enfermé dans son bureau, il y reçoit Michel Debré, toujours écartelé, et se tient en contact téléphonique permanent avec Joxe. Les derniers obstacles à surmonter ne sont pas négligeables. En Algérie, l'OAS, avertie de l'imminence d'un accord, répand la terreur, tuant de nombreux innocents, au nombre desquels l'écrivain kabyle Mouloud Feraoun. La composition du futur exécutif provisoire algérien et l'application des garanties données aux Européens d'Algérie suscitent d'ultimes tergiversations. Enfin, le lundi soir 19 mars, Louis Joxe laisse entendre qu'un accord est imminent. De fait, en attendant la réponse définitive des dirigeants du FLN, réunis à Tripoli, le Conseil des ministres est saisi, le mercredi 21 février, des conclusions de la réunion des Rousses. Le compte rendu (inédit) qu'en a laissé Louis Terrenoire, mérite d'être connu, en particulier la partie finale où le chef de l'État commente avec une sèche brutalité le sort des pieds-noirs :

C'est aujourd'hui un Conseil historique, Joxe doit, en effet, y présenter les conclusions des deux mois de négociations secrètes avec le FLN. Au moment où le général de Gaulle prend place, après avoir fait, comme à l'ordinaire, le tour de la table en serrant les mains, j'entends son voisin de gauche Jacquinot lui dire : « Eh bien, ça y est ! » et de Gaulle lui répliquer : « Rien n'y est jamais, vous savez ! »

Joxe commence son grand amphi à dix-sept heures et le termine à dix-huit heures dix. Un peu plus d'une heure lui a suffi (c'est peu !) pour nous résumer l'ensemble des accords dont on ne pensait pas qu'ils seraient aussi complets. Jeanneney défend non la dernière manifestation mais le besoin populaire de manifester sa réprobation contre l'OAS. Le général lui réplique en parlant de la « vachardise de l'opinion et de l'inexistence des partis ». « Pourquoi les partis ne se manifestent-ils pas, eux, s'exclame-t-il, en organisant des réunions, car le droit de réunion existe. »

En conclusion de ce débat dominé par cette atmosphère de guerre civile, que l'OAS s'efforce de répandre et que le PC est trop heureux de tirer à son profit, le général déclare : « Il est possible que nous périssions mais nous ne devons pas périr en fuyant. D'ailleurs, nous ne périrons pas. » Les ministres et les secrétaires d'État sont ensuite interrogés, un à un, par le général. C'est la seconde fois que je le vois procéder de la sorte (la première devait être au lendemain des barricades). Guillaumat, d'un ton morose, donne le premier son point de vue. Puis, chacun est appelé à se prononcer dans l'ordre du tour de table. Après l'assentiment, plein de restrictions mentales, de Guillaumat, le ton approbatif s'élève, il atteint presque l'enthousiasme avec André Malraux qui parle de victoire. Nafissa Sid Cara est naturellement inquiète et pose beaucoup de questions. Triboulet, imperturbablement, condamne la partie des accords qui vise le Sahara mais opine affirmativement pour le reste. Bokanovski, en vieux militant RPF, dit sa joie d'avoir été de ceux qui ont milité depuis 1947 pour le retour du général de Gaulle au pouvoir. Paye approuve puis développe de nombreuses restrictions touchant l'application qui sera faite des accords (mais Malraux a fait observer qu'aucun traité n'a jamais été appliqué tel qu'il avait été signé). Couve clôt la série, en exprimant un scepticisme « made in Quai d'Orsay ». Debré prend ensuite la parole. Selon lui, les textes sont de bonne qualité et il le répète à plusieurs reprises. « Une petite ombre qui ne pouvait pas ne pas exister. L'absence de toute garantie écrite pour les musulmans engagés avec la France. » Pour le Sahara, il est moins satisfait (n'affirmait-il pas, il y a peu de temps encore, que la souveraineté française n'y serait pas mise en cause ?). Le ton du Premier ministre s'élève et il entreprend de tirer la philosophie de l'événement. « Nous touchons, dit-il, à la fin d'une période douloureuse, Malraux a parlé de victoire, mais il s'agit plutôt d'une victoire sur nous-mêmes. Maintenant, tout dépend de ce que sera la France. Si elle est forte, alors nous pouvons continuer le combat d'une autre manière et maintenir ce qui doit l'être. »

Comme il n'avait pas particulièrement goûté cette substitution des rôles, le général entend donner au débat sa propre conclusion : « C'est un aboutissement. L'aboutissement d'une crise. Mais un aboutissement n'est jamais qu'un départ... Il fallait tenir compte des réalités du monde. C'est une issue favorable. Il n'est pas nécessaire d'épiloguer sur ce qui a été fait ou n'a pas été fait naguère. Les hommes sont les hommes et peuvent se tromper. Mais il était indispensable de dégager la France d'une situation qui ne lui procurait que des malheurs. Que les accords soient aléatoires dans leur application, c'est certain. Nous aurons à faciliter les choses à cette Algérie qui va apparaître. Mais il ne fallait pas l'empêcher de naître. On lui donne sa chance. Il est nécessaire maintenant que la France s'intéresse à autre chose. La question, pour nous, ne doit plus être essentiellement l'Algérie. Nous devons nous intéresser à nous-mêmes. D'abord, il faudra que la France, dans sa masse, approuve ce qui va être fait en son nom. Il faut que la nation parle dans les moindres délais. (Tout le monde ne sera pas d'accord mais ce sera le petit nombre.) Parmi ces derniers, il y aura ceux dont le sentiment blessé aveugle, en toute bonne foi, la raison. Quant à ceux qui continueront de se dresser contre l'État, ils devront subir la rigueur de la justice. Je pense d'ailleurs qu'ils seront désarmés par la manifestation démocratique de la volonté nationale. »

Après le Conseil, de Gaulle m'appelle auprès de lui, avec Debré et Joxe pour mettre au point les termes du communiqué. L'affaire est vite réglée. J'en prends note sous la dictée du général. Puis celui-ci, tourné vers Debré, s'exclame en détachant avec force les mots : « En vérité, il est miraculeux que nous en soyons arrivés à ces accords. Car, songez-y, depuis cent trente ans "ils" n'ont cessé d'être dominés, trompés, dépouillés, humiliés. Il est miraculeux qu'ils acceptent encore de vivre avec les Européens. Je ne l'aurais jamais cru. » Debré réagit sur un ton légèrement ergoteur : « Cependant, mon général, la France a fait beaucoup dans ce pays. — Oui, bien sûr, conclut le général, nous leur laissons un pays organisé et en partie équipé »

La scène aurait mérité d'être enregistrée, tant elle était significative. Ah ! combien d'heures le général a-t-il consacrées à entraîner sinon à convaincre son Premier ministre.

La colère du général à l'encontre de la communauté européenne ne saurait cependant être comprise sans tenir compte de la violence inouie déclenchée par l'OAS. À Alger notamment on ne compte plus les morts, pour la plupart musulmans, imputables à l'organisation terroriste. Malgré ses divisions internes, malgré les rivalités ou divergences d'opinion entre ses dirigeants, le général Salan, Antoine Argoud, le capitaine Pierre Sergent ou André Canal, celle-ci reste redoutable. Déclenchée le 10 mars, une offensive policière de grande envergure porte quelques fruits sans réussir à éradiquer le mal. Par ailleurs, le contexte politique est très tendu en raison des démissions de parlementaires de l'UNR sur la question algérienne et des critiques incessantes de la gauche à l'encontre de l'attitude adoptée par le pouvoir. Autant de motifs de mécontentement pour de Gaulle, autant de raisons à son humeur sombre, notée par Terrenoire lors du Conseil des ministres du 28 février, au cours duquel il évoque ses projets constitutionnels, sa vision de l'avenir immédiat après la fin du cauchemar algérien :

Dans l'exposé de Frey, il apparaît — et le ministre de l'Intérieur le souligne — à quel point l'OAS exerce de séduction sur un nombre important d'adolescents et de tant de jeunes hommes. Messmer envisage de dissoudre les sociétés de préparation militaire devenues des pépinières de jeunes plastiqueurs. De Gaulle intervient : « Le mal de cette jeunesse relève de plusieurs causes. D'abord et malgré l'essor de l'instruction, on est de moins en moins assuré de la volonté d'éducation nationale de l'Université de France. En outre si ces gamins sont partis vers l'aventure, ce n'est pas sans rapport avec les histoires dont on les accable, qu'il s'agisse de cinéma, de la rue... Il y a enfin une démoralisation généralisée. C'est ainsi que le préfet maritime de Brest me disait que parmi ses marins le chiffre chronique des vols est passé de 50 à 200. Pour ce qui concerne la préparation militaire, cela n'a jamais été sérieux. Et puis nous avons beaucoup trop d'officiers de réserve qui, en dehors des années de leur service, n'ont pas de véritable utilité militaire. Les associations d'officiers de réserve sont des noyaux d'activisme. De même que le ministre de l'Intérieur doit liquider cette frange de la police dont il parlait tout à l'heure, de même il faut liquider tous ceux qui sont douteux dans l'armée. "Quand ton œil se scandalise, arrache-le et jette-le au loin." »

Joxe rend compte ensuite de ses entretiens avec les élus algériens. « Nous en prenons acte, dit le général ; quant à la reprise des négociations avec le FLN, il ne faut pas recommencer les palabres : il faut qu'ils se décident. » Après ce Conseil, je reste assez longuement avec le général. Il me parle de ses intentions : référendum : 1er avril ; élections vers la fin du même mois. Pour le referendum il compte dans une même question demander l'approbation du cessez-le-feu, l'acceptation éventuelle de l'indépendance de l'Algérie et un mandat de confiance pour la suite des événements. De quoi embêter les communistes.

Pour la révision constitutionnelle, il pense qu'il appartiendra à la future assemblée nationale, « si sa composition est convenable », de proposer l'élection du président de la République au suffrage universel. « Le rôle du président de la République, me dit-il — et je ne parle pas de moi mais pour "après de

Gaulle" — c'est d'assurer la continuité, continuité de la politique étrangère, de la défense nationale et même de la politique économique et financière Comment le chef de l'État peut-il accomplir sa mission en face de l'Assemblée, s'il ne représente pas toute la nation ! Le collège actuel est un collège sénatorial. Le président ne serait qu'un super-sénateur. »
J'évoque les crises à la Millerand[14]. Le général opine puis poursuit : « Si l'Assemblée nationale le veut vraiment, je ne crois pas que le Sénat puisse s'opposer à cette réforme. Les députés ont les moyens au besoin de "torturer" les sénateurs. »

Le 18 mars enfin, les négociations d'Évian aboutissent après d'ultimes tergiversations portant sur les attributions respectives de l'exécutif provisoire et du haut-commissaire de France, les garanties prévues pour les Européens, le maintien de l'ordre. Pour la France désormais le choix est simple : il s'agit d'avaliser l'entrée en scène d'une Algérie souveraine et indépendante. Formellement les Algériens auront le choix entre trois formules : maintien des départements français ; indépendance totale et sans liens avec la France ; indépendance dans la coopération — mais tout le monde sent qu'il s'agit d'une clause de style. Lors du Conseil des ministres extraordinaire, réuni ce 18 mars à quinze heures, tous les titulaires de portefeuilles en sont bien conscients, même si chacun réagit avec sa sensibilité propre et en proposant quelques aménagements. Le général, une fois de plus, se montre implacable vis-à-vis des Européens d'Algérie, appliquant sans le dire le système de la responsabilité collective.

De Gaulle, rapporte Terrenoire, réagit « vivement » à une remarque de Raymond Triboulet concernant la susceptibilité des Européens d'Algérie : « On ne fait pas la paix en Algérie pour les Français d'Algérie. S'ils ne font pas ce que la France veut, ils ne sont pas des Français. Au surplus, on leur offre la possibilité de revenir s'établir en France. » [...]
Le général remercie les trois négociateurs et spécialement Joxe : « Le but à atteindre c'était le cessez-le-feu et un chemin tracé pour la suite. Si les gens du FLN ne le faisaient pas... Eh bien tant pis pour eux. Vous savez que cela a toujours été le fond de ma pensée. »
On passe à l'examen du texte de loi qui sera soumis au référendum de la métropole. Comme la Constitution ne permet pas une approbation directe et explicite de l'action du pouvoir (et le général le regrette) on doit élaborer des textes ambigus.
Michel Debré présente une remarque de forme. Il est appuyé par Chenot.
De Gaulle : « Je vais avoir contre moi tout le Conseil d'État. Or le Conseil d'État est représenté ici. » De Gaulle (un peu plus tard) : « On nous a foutu une Constitution ! » [sic]. Hilarité au sein du Conseil. Suit une vive discussion entre de Gaulle et Pisani sur la nature du référendum. Le ministre de l'Agriculture regrette que la question posée ne puisse pas être plus précise. De Gaulle lui fait d'abord comprendre que les précautions introduites dans la Constitution afin d'éviter de donner au référendum des apparences plébiscitaires sont dues à l'intervention de ses amis politiques au sein du Comité constituant ; il ajoute que le peuple ne s'y trompera pas après l'explication qu'il lui fournira lui-même. Le débat continue, toujours aussi vif, grâce aux observations des juristes du gouvernement, observations qui ne sont d'ailleurs pas concordantes.

De Gaulle : « J'ai trouvé le Conseil d'État devant moi, en la personne du Premier ministre », lequel n'a pas l'air de trouver la réflexion de son goût. Comme Valéry Giscard d'Estaing propose une modification, manifestement destinée à atténuer la part de confiance personnelle du général [*sic*], impliquée par le texte, Malraux se réveille, explose et mord à la manière d'un dogue.
De Gaulle (à l'adresse de Valéry Giscard d'Estaing) : « C'est une manière de voir les choses. » Le général conclut ce débat sur les décrets d'application du cessez-le-feu par ces mots : « Dites-vous bien qu'on ne réglera pas sans risques l'affaire algérienne. »

Les accords d'Évian approuvés, il reste à nommer un haut-commissaire français en Algérie. En définitive, Christian Fouchet, fidèle entre les fidèles, est choisi. Il aura à ses côtés Bernard Tricot, membre du Conseil d'État, intégré depuis déjà plusieurs mois aux services de la présidence de la République. Candidat déclaré au poste attribué à Christian Fouchet, le général Billotte, gaulliste historique, toujours agité et légèrement mythomane, a gâché ses chances par des manœuvres que le chef de l'État juge sévèrement, après le Conseil, en tête à tête avec Louis Terrenoire [15].

Le Conseil à peine terminé, Ben Bella et ses compagnons de captivité sont libérés conformément aux accords ; ils arriveront dans la soirée à Genève à bord d'une Caravelle Le lendemain à midi, le cessez-le-feu intervient officiellement tandis que Salan donne l'ordre de « lancer immédiatement les opérations de harcèlement dans les villes contre les forces ennemies ». Ordre immédiatement suivi d'effet, en particulier à Bab el-Oued, le quartier populaire d'Alger, qui va être le théâtre d'une terrible guérilla urbaine à l'issue de laquelle beaucoup de cadres et de jeunes soldats se désolidariseront des terroristes.

La tâche s'annonce donc rude pour Abderrhamane Farès qui, nommé président de l'exécutif provisoire algérien, s'apprête à gagner Alger après avoir été libéré des prisons françaises où il se trouvait incarcéré pour avoir collecté des fonds destinés au FLN. Ancien président de l'Assemblée algérienne, modéré, libéral, proche des radicaux français dont il partage le credo, il va se trouver immédiatement plongé dans un chaos dont il n'imaginait peut-etre pas la complexité. De Gaulle, pour sa part, oppose aux ultimes menées de l'OAS sa résolution habituelle. En témoigne les notes de Terrenoire se rapportant au Conseil des ministres du 23 mars :

Deuxième Conseil des ministres de la semaine. Pisani révèle un peu de son cœur antigaulliste en faisant des réserve sur la double nomination de Fouchet et de Tricot en Algérie. « Ce sont, dit-il, des symboles peu capables d'apaiser les Européens d'Algérie. »
De Gaulle réplique vivement : « Évidemment, Godard n'est pas disponible ! » Il ajoute : « Ce n'est pas en fonction des Français d'Algérie mais de l'Algérie que la France doit agir. »
Exposé de Joxe sur la situation en Algérie. Elle se détériore gravement à Oran et à Alger ; dans cette dernière ville, aujourd'hui, les commandos de l'OAS ont tué des soldats français ! Joxe est plus un négociateur qu'un chef. Messmer

ne parvient pas à faire exécuter ses ordres par l'armée. De Gaulle est sourdement irrité : « Il faut, dit-il, mettre un terme à cette émeute insolente. Le malheur c'est l'hésitation. Tous les moyens sont réunis et on ne les emploie pas. Le gouvernement, le ministre d'État et la Haute Cour sont piégés là-dessus. »
Triboulet se lance dans une plaidoirie : « Les insurgés, il faut les réduire, mais la masse il faut la séduire ! » Le général l'interrompt à plusieurs reprises. Triboulet continue : « Si on faisait appel, par exemple, aux dirigeants des Anciens Combattants ? — Ah ceux-là, je les attendais », coupe le général.
Pisani pose une question au sujet de Salan. De Gaulle (après une vague explication sur la « vie errante » de Salan) : « La nation n'admet pas que l'OAS assassine des gens dans la rue. Si l'armée ne fait pas son devoir, elle risque de se dissocier de la nation qui la rejetterait. Ce serait très grave : aujourd'hui bien sûr mais aussi pour un long avenir. »
Le général conclut le Conseil en déclarant : « Nous allons vers le référendum. Il peut être agréable ou désagréable de voir tant de voix diverses se mélanger. Constatons en tout cas la différence éclatante qui existe entre le peuple qui est d'accord avec moi et les professionnels de la politique qui m'attaquent. Cette différence est caractéristique de notre temps. »
Après le Conseil, le général me demande de déclarer aux journalistes : « Le Premier ministre a fait savoir au gouvernement que la question capitale est de briser l'insurrection armée et de la réduire intégralement. » La formule « fait savoir au gouvernement » devrait provoquer l'émotion de Joxe et Messmer. Debré fait adoucir la formule. L'AFP rectifie. Finalement de Gaulle écrit une courte lettre au Premier ministre, laquelle, quoique ferme de ton, défroisse les susceptibilités.
Pendant notre tête-à-tête, le général critique vivement le rôle des forces de l'ordre en Algérie. « Maintenant, me dit-il, que les autres ont tué quelques troupes, leurs chefs vont bien être obligés de réagir, sous peine de voir la troupe se fâcher. » En me raccompagnant jusqu'à la porte, le général se gausse encore de tous ceux qui n'ont cessé de l'attaquer et qui, maintenant, vont faire voter oui.

Lors du Conseil du 30 mars 1962, Terrenoire se plaint de l'inertie de la magistrature face à l'OAS. « C'est une plaie profonde et on n'y remédiera pas par les procédés ordinaires », affirme de Gaulle. Le 23 mars, il a déjà abordé la question :

« Tout le monde sait qu'en France la justice n'est pas rendue. Il s'est créé, dans l'esprit des magistrats, une complicité avec le barreau ; à partir du moment où les affaires qui sont jugées ont un rapport avec la politique, on ne rend pas la justice parce qu'il s'agit, en somme, de protéger l'individu contre l'État. Cette pauvre France manque de vertèbres. On essaie de les lui refaire ; toutes ses structures sont atteintes. Dans une société où tout le monde est dans l'opposition, la magistrature se refuse à servir l'État. »

Au sujet du Conseil du 30 mars, Terrenoire poursuit :

Messmer parle de l'incident Juin. Notre unique maréchal a reçu des émissaires de Salan qui lui demandait de passer en Afrique du Nord et d'y prendre la tête de l'OAS. Juin a refusé mais a commis l'imprudence de remettre une lettre au messager du général félon. Celui-ci a fait un tract et le *Daily Telegraph* l'a reproduit. D'où le scandale ! Juin, naïf, ne pensait pas que sa lettre serait utilisée. « Il restera toujours un pied-noir », dit le général, qui nous donne connaissance de

la lettre, assez piteuse, que Juin lui a adressée. A propos de son refus de rallier la subversion, le maréchal écrit : « N'étant pas un tout fou, je n'ai aucune intention de me lancer dans une aventure à soixante-quatorze ans. » Il écrit aussi qu'il se reconnaît coupable et qu'il a mérité une sanction. La sanction est approuvée par le Conseil : Juin est mis à la retraite d'office.
À une question de Lucien Paye, de Gaulle répond : « Oui, il reste maréchal, dignité qu'on a conférée à lui-même mais aussi, d'une certaine manière, à ses compagnons d'armes. Même au maréchal Pétain, je n'ai pas retiré cette dignité. »
Après le Conseil, je demande au général s'il a pris une décision au sujet des élections. Il me répond qu'il n'en est encore rien. On verra le 9 avril. Et il me demande ce que j'en pense. Je lui réponds que je suis ennuyé de constater à quel point les députés et le gouvernement ont un état d'esprit défaitiste.
« Pourquoi ne pas conserver l'ancienne Assemblée ? me dit le général. Elle n'est pas gênante. Et puis à partir de l'autodétermination, il n'y aura plus de députés d'Algérie ; par conséquent le groupe UNR aura une importance proportionnellement plus grande. Enfin, en laissant cette Assemblée aller jusqu'au terme de son mandat, je garde la possibilité de dissoudre la suivante si celle-ci entrait en conflit avec moi, possibilité que je n'aurais pas avant un an si j'usais maintenant du droit de dissolution. »
Le général tire un papier d'une pile de feuillets posés sur son bureau et me lit une réflexion de Chamfort qu'il y a recopiée : « Premier principe : il n'y a de souveraineté que dans le peuple. Deuxième principe : il ne faut jamais lui permettre de s'exercer. » À huit jours du référendum, le général semble goûter très particulièrement la saveur de cette double maxime.

Lors du Conseil du 6 avril, Terrenoire note cette réflexion de de Gaulle : « L'Afrique ne rapportera jamais rien que des dépenses... On ne s'est pas associé à l'Afrique pour s'enrichir. »

Après un exposé de Messmer sur les impressions qu'il a retirées d'un rapide voyage en Afrique du Nord, le général prend la parole, avant de lever la séance : « En Algérie, le processus suit son cours et il faut qu'il le suivre. Le cessez-le-feu est fait — sauf à Alger et à Oran, à cause de l'OAS. L'armée est loyale et fait son devoir ; du reste c'est bien ce que nous attendions. Il faut bien le dire même si c'est cruel : la situation s'est éclaircie à partir du moment où les forces de l'ordre se sont servies de leurs armes. Si elles avaient riposté aux mitraillages des gendarmes en janvier 1960, il n'y aurait pas eu de barricades, pas de putsch et jamais d'OAS. Voilà la vérité ! »

Le 8 avril, le référendum organisé en métropole apporte une caution massive au général : seuls 24,33 % des électeurs se sont abstenus, et le oui l'emporte avec 90,70 % des suffrages exprimés et 64,87 % des électeurs inscrits. Les accords d'Évian sont ainsi spectaculairement approuvés. Les partisans de l'Algérie française, de l'ex-poujadiste Jean-Marie Le Pen au socialiste Max Lejeune, sont très clairement désavoués. Le vote blanc ou nul préconisé par le PSU et *La Depêche du Midi* n'est le fait que d'une très étroite minorité. Éprouvée par un drame qui dure depuis huit ans, lasse d'envoyer ses enfants se faire tuer en Algérie, la masse des Français a suivi de Gaulle, qui le, 11 avril, tire les leçons du scrutin :

« Les résultats du référendum peuvent être interprétés de toutes les façons ; il n'en est pas moins vrai, évident, éclatant qu'il s'en dégage une volonté d'unité

nationale. De même, il s'agit d'une approbation massive de la politique du chef de l'État et de son gouvernement pour l'Algérie. Cela est évident aussi... En somme, il s'agit d'une espèce d'aboutissement. Nous avons entrepris notre tâche en vue de la résurrection du pays et du règlement de l'affaire d'Algérie. Le 13 mai a été le résultat d'une décomposition générale, notamment de l'État. Je ne suis pas revenu au pouvoir pour régler l'affaire algérienne seulement. Nous avons trouvé inextricablement mêlées la conjoncture politique et l'Algérie. Au point de vue de la nation et au fond des choses le référendum apporte la solution de l'affaire algérienne. Ce n'est pas le seul avertissement mais c'est ce que nous avons atteint. Maintenant des problèmes apparaissent qui se posent au chef de l'État. Il a des responsabilités vis-à-vis de lui-même, vis-à-vis du gouvernement, et vis-à-vis du Parlement.
Aujourd'hui, je ne vous dirai pas encore quelle réponse j'ai entendu me donner à moi-même. Vous serez informés bientôt. (Le général hésite, semble chercher une conclusion et termine comme la semaine précédente.) Je ne vous en dirai pas davantage. »

Comme d'habitude, de Gaulle ne s'épanche pas. On peut simplement deviner à travers certaines confidences qu'il ne lui a pas toujours été facile de refermer ce chapitre de l'histoire de France écrit depuis 1830. « Il n'y a que les imbéciles qui refusent d'être malheureux », dira-t-il à Charles Morazé [16].

Dans l'esprit du chef de l'État, il s'agit maintenant de tourner la page. Le Sahara étant perdu, il veut en finir au plus vite, quitte à ne pas prendre toutes les précautions susceptibles de protéger harkis et pieds-noirs. Sondés en novembre 1961, les préfets d'Algérie ont fait savoir que la seule solution pour assurer la sécurité des musulmans fidèles à la France serait de les transférer en métropole. Or, au fil des mois, le président de la République n'a cessé de prendre ses distances avec cette option. Peu à peu, on a réduit le nombre des musulmans « fidèles » et ayant donc le droit d'être secourus. Plus grave, on renonce à la présence de l'armée en zone rurale pendant une période assez longue afin de protéger les Algériens menacés. « Cette nécessité, précise le général Maurice Faivre, a été reconnue par Pierre Racine dès 1960, et par le général de Gaulle en mars 1961. Mais après Évian, elle est abandonnée, la période transitoire est réduite à trois mois, l'armée est regroupée et abandonne le bled au FLN. Enfin les interventions de l'armée sont interdites [17]. »

Le général est si impatient d'entamer une nouvelle phase qu'il ne va pas attendre dix jours pour mettre fin aux fonctions de Michel Debré. Depuis longtemps, on le sait, le Premier ministre est usé, écartelé entre sa fidélité envers le chef de l'État et son hostilité à l'indépendance algérienne. De Gaulle en outre supporte de plus en plus mal les méthodes de travail d'un chef de gouvernement soucieux du moindre détail, toujours réticent à déléguer. Plus tard, de Gaulle confiera à Louis Vallon : « Quelle que soit mon estime à l'égard de Debré, je suis épuisé par sa manière de procéder. Je préférerais repasser dix fois chez le dentiste plutôt que de travailler de nouveau avec lui [18]. » Au surplus, un désaccord de fond oppose les deux hommes. Michel Debré souhaite organiser des élections législatives après le référendum.

Or le général est hostile à cette éventualité. Par principe, il se méfie de la dissolution, il ne la conçoit que comme une arme ultime. Il craint aussi que les partis ne profitent de l'occasion pour redresser la tête. Il tient enfin à marquer que le gouvernement procède au premier chef du président de la République.

Pour toutes ces raisons, il juge utile de le remplacer. Formellement, la Constitution ne lui donne pas le pouvoir de congédier le Premier ministre mais les débats juridiques ne l'embarrassent guère Si l'usage n'existe pas, il suffit simplement de le créer : dès le 14 avril, l'affaire est conclue. À quinze heures, au début du Conseil des ministres, Michel Debré présente sa démission. Dans ses notes, Louis Terrenoire rapporte la scène :

> « Je donne la parole à monsieur le Premier ministre pour une communication qu'il a à vous faire. » C'est par cette formule que le général ouvre le Conseil. En fait, il s'agit de la lecture de sa lettre de démission dont Michel nous donne connaissance non sans laisser apparaître une vive émotion. Son regard semble briller de larmes mal contenues.
> Marmoréen comme à l'accoutumée, le général donne ensuite lecture de sa réponse puis il ajoute quelques mots de remerciement disant à M. Debré qu'il fait désormais partie de la réserve de la nation (indispensable en démocratie, comme l'est la réserve en stratégie). Il veut bien ranger tous ses ministres dans la même réserve.
> « Je vous remercie, messieurs », dit en levant cette séance le président de la République. Selon son habitude, il fait, avant de se retirer, le tour de la table pour serrer la main de chacun.

La première phase de ce qu on appellera la « République gaullienne » se termine ainsi. Commence dès lors une nouvelle étape durant laquelle le général espère avoir plus de liberté de manœuvre. Pouvait-on régler autrement le problème algérien ? On en discutera longtemps. « Le général a fait preuve parfois dans cette affaire d'une inutile cruauté », confiait Alain Peyrefitte à la fin de sa vie [19]. Le constat est difficilement réfutable. Richelieu en la circonstance a été le modèle de de Gaulle. Comme le cardinal, il a montré face aux obstacles une résolution, une énergie presque surhumaines ; et pour arriver à ses fins, il s'est montré aussi rusé, ingrat, indifférent à la morale commune Pour l'un et l'autre, la grandeur du pays aura été l'objectif suprême légitimant le recours à tous les moyens.

XXXI

NOUVELLE DONNE

Michel Debré remercié et mis en réserve, Georges Pompidou est immédiatement nommé Premier ministre. Seul de Gaulle pouvait se permettre de promouvoir ainsi une personnalité peu connue du grand public, totalement extérieure au Parlement, et marquée par ses fonctions de directeur de la banque Rothschild.

Être distingué ainsi par le Prince n'a pas vraiment surpris l'ancien professeur de lettres. Depuis qu'il avait quitté son poste de directeur de cabinet du général, au tout début de 1959, ses amis, Olivier Guichard en tête, savaient bien que, s'il ne voulait pas être ministre, c'est parce qu'il espérait avoir un jour le rôle de premier plan pour lequel le qualifiaient son intelligence et ses talents. En le plaçant à ses côtés lors de la cérémonie d'investiture de 1959, le fondateur de la Vᵉ République avait d'ailleurs légitimé cette aspiration. Dès l'automne 1961, Georges Pompidou savait qu'il lui fallait se préparer ; en février, le général en personne lui a fait part de ses intentions : « Une phase de mon action est terminée. Il faut donc changer de Premier ministre. Je vais faire appel à vous et vous n'avez pas le droit de refuser. » Reçu par lui le 23 mars, un diplomate américain l'a trouvé prêt à répondre à l'appel du chef de l'État, sans perdre pour autant son humour habituel :

> « Je ne voulais pas devenir Premier ministre mais nous vivons sous une dictature et chacun doit faire ce qui est ordonné. J'aurais préféré poursuivre ma carrière bancaire. Ce que je ne voulais pas, c'était devenir chef du gouvernement pour quelques mois avant des élections législatives car, dans ce laps de temps, on ne peut rien faire. Pouvez-vous me donner l'assurance que je pourrai trouver refuge en Amérique quand ma tâche sera terminée [1] ? »

Pourquoi avoir choisi Georges Pompidou ? Le général, en vérité, a longtemps hésité : « Tout dépendra des circonstances, disait-il, quelques mois plus tôt, au président du Conseil constitutionnel, l'ambassadeur Léon Noël. Si les questions économiques apparaissent un jour donné les plus urgentes, je choisirai Pompidou. Si au contraire la politique étrangère doit retenir toute mon attention, je ferai appeler Louis Joxe [2]. » En désignant le directeur de la banque Rothschild, de Gaulle semble donc marquer que la priorité des priorités est désormais l'assainissement complet de l'économie, préalable obligatoire à la grande politique d'indépendance nationale qu'il entend mener après la fin de l'affaire algérienne.

Pour conduire cette tâche d'envergure, Georges Pompidou ne manque pas d'atouts. Normalien devenu conseiller d'État puis banquier, sans doute n'est-il pas un vrai professionnel des finances, mais son intelligence souple, sa faculté d'adaptation, l'étendue de son expérience, la variété de ses relations font de lui un homme de terrain apte à saisir les problèmes dans leur complexité, et sans jamais abandonner un point de vue pragmatique. Issu d'une famille socialiste, lui-même engagé de ce côté durant sa jeunesse, le nouveau chef du gouvernement est l'inverse d'un doctrinaire, l'antithèse à cet égard de son prédécesseur. Profondément attaché à la vision gaullienne, comme l'attestera plus tard son livre *Pour rétablir une vérité,* il s'attachera à la mettre en œuvre avec réalisme, en tenant compte des circonstances. Sans conteste, il n'a guère l'esprit d'aventure, sa démarche est prudente, mais ces traits de caractère paraissent complémentaires par rapport à ceux du général.

Aux yeux de ce dernier, Georges Pompidou présente enfin, sur le plan politique, le double avantage d'être totalement fidèle tout en symbolisant une certaine ouverture. N'ayant pas participé à la Résistance, le nouvel hôte de Matignon est le premier à savoir qu'il doit son extraordinaire fortune à la seule faveur du chef de l'État, ce qui d'ailleurs ne manquera pas bientôt de susciter quelques jalousies dans les rangs gaullistes. Par ses origines, son tempérament finalement assez proche du radicalisme, il n'en est pas moins un homme de dialogue, connaissant le monde politique, sinon le Parlement, plus qu'il ne veut bien le dire, entretenant des relations courtoises avec nombre d'hommes politiques très éloignés du gaullisme, à commencer par Guy Mollet. Sans doute n'a-t-il jamais affronté le suffrage universel ; sans doute fait-il figure de fidèle exécutant ; sans doute est-il marqué par son passage rue Laffitte ; sans doute sa promotion risque-t-elle d'être interprétée comme un signe de plus que le régime dérive vers le pouvoir personnel, mais en définitive, par sa personnalité et son expérience, Georges Pompidou apparaît bien l'homme de la situation. Son art d'arrondir les angles a d'autant plus de chances d'être précieux que de Gaulle vient de rompre complètement avec Guy Mollet au cours d'une entrevue courtoise mais sans équivoques. Le refus de toute participation au gouvernement signifié par le secrétaire général de la SFIO au président de la République montre qu'on n'a supporté celui-ci qu'afin qu'il résolve, tant bien que mal, le problème algérien, mais qu'il n'est pas question de cautionner plus longtemps son exercice trop impérieux du pouvoir.

Les premières réactions à la nomination de Georges Pompidou n'en sont pas moins généralement hostiles. À gauche, on dénonce le mauvais coup porté au régime parlementaire. Pierre Mendès France résume bien le sentiment de cette partie de l'opinion en écrivant dans L *Express* du 19 avril 1962 : « Non décidément nous n'avons pas le droit de savoir pourquoi, dans le sérail, le changement du grand vizir a été ordonné et quelles conséquences politiques en découleront. »

En dépit de ses bonnes relations personnelles avec nombre de personnalités éloignées du régime, Georges Pompidou peine donc à concrétiser sa volonté d'ouverture. La SFIO ayant refusé de participer, ce qui a entraîné le départ de Lucien Paye, le nouveau chef du gouvernement concentre ses efforts sur certaines personnalités du Parti radical ou du MRP, sans grand succès. Edgar Faure, qui se tient dans une prudente expectative depuis le début de la Ve République, refuse un ministère d'État rassemblant l'Éducation nationale et la Recherche scientifique, de peur d'être exclu du Parti radical où il vient d'être réintégré. Du côté du MRP, Georges Pompidou est un peu plus chanceux. Le 14 avril, malgré l'opposition du président du Mouvement, André Colin, la commission exécutive vote la participation au gouvernement, tout en l'assortissant d'un plaidoyer en faveur de l'Europe. Pierre Pflimlin et Maurice Schumann rejoignent au sein du cabinet trois autres démocrates-chrétiens, Robert Buron, Paul Bacon et Joseph Fontanet, mais leur arrivée est loin de valoir blanc-seing. D'évidence le tout nouveau gouvernement est sous haute surveillance, et lors d'une conversation avec un diplomate américain, Guy Mollet en a bien donné la raison, évoquée lors d'un récent « dîner de l'Alma », dont le général a décidément raison de se méfier : autant l'opposition non communiste a pu accepter la politique algérienne du régime, voire certains aspects de la politique intérieure, autant elle refuse tout compromis concernant la politique extérieure, singulièrement en matière atlantique [3]. Un peu plus tard, un autre atlantiste, le démocrate-chrétien Jean Lecanuet, président du groupe MRP du Sénat, le confirmera auprès des mêmes interlocuteurs : « La participation du MRP est conditionnelle ; elle est liée au respect par le gouvernement des orientations générales adoptées par les instances dirigeantes : si le général adopte, en particulier en matière européenne, des positions contraires à cette ligne les ministres du MRP sous la conduite de Pierre Pflimlin n'hésiteront pas à démissionner [4]. »

L'ouverture politique souhaitée par le Premier ministre apparaît donc limitée et très fragile. Les radicaux n'ont pas répondu à son appel, seuls les démocrates-chrétiens l'ont entendu, encore semblent-ils prêts à ruer dans les brancards au moindre prétexte. Pour le reste, l'équipe ministérielle de Michel Debré n'est pas complètement bouleversée. André Malraux, Louis Joxe, Roger Frey, Pierre Messmer, Raymond Triboulet, tous vieux gaullistes, restent à leur poste. Homme de confiance du président de la République pour les Affaires étrangères, Maurice Couve de Murville demeure au Quai d'Orsay. Ambassadeur à Rome depuis la fin de la IVe République, Gaston Palewski, fidèle entre les fidèles, prend en main, avec le titre de ministre d'État, le porte feuille de la Recherche. L'UNR se taille ainsi la part du lion, avec l'espoir d'être mieux écoutée, associée à l'action du gouvernement : il est significatif que ce soit le secrétaire général du mouvement gaulliste, Roger Dusseaulx, qui prenne en main le portefeuille des relations avec le Parlement.

Dans ces conditions, le sentiment général, après la formation du cabinet, est celui d'un succès relatif du nouveau Premier ministre. La déception est encore plus flagrante quand, le 26 avril, Georges Pompidou se présente devant l'Assemblée nationale. En montant à la tribune (dont il ne connaît même pas l'accès !), il peut se prévaloir de deux succès incontestables : l'installation dans les meilleures conditions possibles de l'exécutif provisoire algérien à Rocher-Noir et surtout l'arrestation, le 20 avril, à Alger, du général Raoul Salan, chef de l'OAS. Sa première prestation devant les députés n'en est pas moins l'objet de mille critiques. La forme d'abord impressionne peu les habitués du palais Bourbon. Mal à l'aise, lisant son texte d'un ton monocorde, Georges Pompidou ne suscite guère l'adhésion. Le fond n'entraîne pas davantage. En se bornant à énoncer quelques généralités sur la nécessité de combattre l'OAS, le rôle du Plan, l'attachement de la France gaullienne au traité de Rome et à l'OTAN, le nouveau chef du gouvernement lasse ses propres partisans. Seul François Mitterrand décèle « chez cet orateur hésitant, qui lisait plutôt mal son texte, une force inhabituelle en ces lieux ».

Le résultat de cette prise de contact ratée ne se fait pas attendre : le 27, le gouvernement ne mobilise qu'une faible majorité — 259 voix contre 198 — en faveur de la confiance. Seuls 29 Indépendants sur 123, 8 parlementaires Entente démocratique sur 20 et 30 MRP sur 50 ont émis un vote favorable. Au sein du dernier groupe, l'échec est flagrant puisque les instances dirigeantes du mouvement démocrate-chrétien ont pris position en faveur de la participation au ministère. Pour mesurer la déconvenue de Georges Pompidou et l'érosion de voix dont il est victime, on doit se souvenir qu'en 1959, le cabinet Debré, lors de son entrée en fonction, avait rallié 459 suffrages. Pour Georges Pompidou, le vote est d'autant plus préoccupant qu'en coulisses, les membres de l'UNR, le parti gaulliste, ne cachent pas leur hostilité à toute ouverture[5]. Sur la masse des gaullistes, l'emprise du général est presque absolue, mais Georges Pompidou ne peut exclure que des éléments tièdes, peu sûrs ou isolés, ne soient tentés de s'affirmer, surtout après la fin du drame algérien.

En fait, c'est le général qui, le 15 mai, va attirer la foudre sur son gouvernement, en tenant des propos très durs contre l'Europe supranationale, les fonctionnaires apatrides et les « intégrés », à l'issue d'une retentissante conférence de presse :

Il n'y a que les États qui, à cet égard, soient valables, légitimes et en outre soient capables de réaliser. Je l'ai dit, je répète qu'à l'heure qu'il est, il n'y a et il ne peut y avoir d'autre Europe possible que celle des États, en dehors naturellement des mythes, des fictions et des parades. L'Europe intégrée, comme on dit, où il n'y aurait pas de politique, se mettrait alors à dépendre de quelqu'un du dehors qui, lui, en aurait une. Il y a aurait peut-être un fédérateur mais qui ne serait pas européen. Et peut-être est-ce cela qui, dans quelque mesure, et quelquefois inspire certains propos de tel ou tel partisan de l'intégration de l'Europe.

Une telle charge, à dire vrai, n'est pas inexplicable. Pour en comprendre la logique, il importe de revenir sur l'évolution de la politique européenne du général. Après avoir accepté et mis en œuvre le Marché commun, de Gaulle, conscient du poids réel de la France, a admis la nécessité d'organiser une Europe politique, comme le suggère cette note inédite :

> Dans la coopération politique des Six, je vois avant tout la pratique d'une coopération politique France-Allemagne, qui peut et doit devenir une réalité ne fût-ce qu'en liant l'Allemagne à l'Occident.
> Quant au Marché commun, mon avis est qu'il demeurera au niveau d'un traité de commerce facilitant les échanges et obligeant notre industrie à se moderniser. Cela étant, rien n'empêche d'imaginer que la coopération politique franco-allemande s'étende un jour à l'Angleterre. Pour cela, il faut que ces trois grandes nations européennes prennent un jour la résolution de s'organiser en dehors des États-Unis[6].

Dans cette optique, il s'est, on l'a vu, tourné vers Adenauer, avec l'espoir de le rallier à ses conceptions. Le Français était hostile à la supranationalité et désireux de s'affranchir de la tutelle américaine. L'Allemand était attaché à l'acquis européen, soucieux de maintenir une présence américaine en Europe. Mais en dépit de ces divergences, on crut, ou l'on feignit de croire, qu'une entente était possible. Après bien des tergiversations, le principe des réunions périodiques des chefs d'État et de gouvernement fut accepté. La première conférence de ce type eut lieu à Paris, les 10 et 11 février 1961, la seconde à Bonn, le 19 juillet de la même année. Le but était l'union politique.

À ce moment-là, l'ambiguïté triomphait. Adenauer faisait semblant de croire que de Gaulle n'était pas partisan de l'Europe des nations. À Dean Acheson, secrétaire d'État d'Harry Truman, devenu l'un des conseillers de Kennedy, il confiait : « Récemment, je suis arrivé à la conclusion que, petit à petit, le général abandonne son opposition à toute forme d'intégration[7]. » Poliment, Acheson prenait acte du « signe encourageant[8] ». Jean Monnet, dont l'autorité était grande dans les capitales occidentales, se montrait lui aussi compréhensif.

Lors de la conférence au sommet de Bonn, une commission d'experts, présidée par Christian Fouchet, alors ambassadeur au Danemark, fut chargée de préparer un avant-projet. L'optimisme était toujours de mise parmi les « européens ». De Gaulle paraissait prêt à sauvegarder le cadre communautaire existant et l'Alliance Atlantique. Cependant, au cours des travaux de la conférence, on s'aperçut vite que rien n'était réglé. Le général maintenait son veto à l'intégration. Les Néerlandais, très atlantistes, refusaient tout système visant à s'affranchir de la tutelle américaine. Le projet rendu public le 20 novembre 1961 n'en témoignait pas moins d'une certaine ambition. Sans doute l'Europe des nations était-elle ouvertement revendiquée, les institutions demeuraient dans un strict cadre intergouvernemental et les décisions continueraient d'être prises à l'unanimité. Reste que l'accent était mis nettement sur l'urgence d'une politique étrangère et d'une défense communes. Il est vrai aussi que ces buts étaient lointains, imprécis. En définitive, cette première version de ce que l'on appellera le « plan Fouchet » était acceptable par les partisans de l'Europe, et Monnet n'y trouva rien à redire

Malheureusement, on ne saura jamais ce que ce plan valait en pratique, ni si de Gaulle, encouragé par un succès, et donc certain de « mener l'affaire », pour reprendre l'une de ses expressions coutumières, n'aurait pas fini par faire preuve d'un grand pragmatisme. À Washington, certains s'inquiétèrent en effet des velléités d'indépendance à l'égard de l'Amérique que contenait ce projet, et si Adenauer resta sourd à leurs critiques, il n'en alla pas de même des Néerlandais qui, par la voix de leur ministre des Affaires étrangères, M. Luns, bientôt relayé par le Belge Paul Henri Spaak, exprimèrent, à la fin de 1961, leur opposition au plan, en soulignant une fois de plus la nécessité d'intégrer la Grande-Bretagne le plus vite possible au Marché commun, conformément aux souhaits des Américains. En butte à ces attaques, de Gaulle réagit vivement. L'attitude des Néerlandais et des Belges le conforta dans ses idées. « Il se consola vite du plan Fouchet », précisera Jean-Marc Boegner, son conseiller diplomatique[9]. En janvier 1962, unilatéralement, il proposa donc une nouvelle version du plan, où la sauvegarde du traité de Rome et des institutions communautaires n'était plus assurée. Dans ces conditions, la conférence des ministres des Affaires étrangères, réunie à Paris le 17 avril 1962, aboutit à un échec. Dès lors, le général pouvait reprendre sa liberté de parole. D'où le ton tranchant de sa conférence de presse du 15 mai.

À la sortie de celle-ci, Alain Peyrefitte, nouveau ministre de l'Information, rencontre Pierre Pflimlin : « Il est plus que rouge : presque violacé. Je l'interroge du regard. “Cette conférence de presse, me dit-il, en martelant les syllabes, pose un grave problème politique[10].” » De fait, le maire de Strasbourg est furieux. « Ces propos, écrira-t-il, m'ont en effet paru de moins en moins supportables. Condamnant impitoyablement la doctrine européenne à laquelle j'étais attaché, ils portaient d'autant plus que le général était en pleine forme. Aisance, vigueur, brio. Jamais la maîtrise du verbe et le talent de pamphlétaire ne s'étaient manifestés avec plus d'éclat[11]. »

Immédiatement, à l'initiative de l'ancien président du Conseil, les ministres du MRP se concertent. Plusieurs d'entre eux ont été également choqués. Personne n'ayant jamais envisagé la substitution d'une langue « intégrée » aux langues nationales, ils n'ont guère apprécié d'entendre le chef de l'État caricaturer leur projet en ces termes blessants : « Dante, Goethe, Chateaubriand appartiennent à toute l'Europe dans la mesure même où ils étaient respectivement, et éminemment, italien, allemand et français. Ils n'auraient pas beaucoup servi l'Europe s'ils avaient été des apatrides et s'ils avaient pensé, écrit en quelque espéranto ou volapük intégré. »

La discussion est rondement menée : comme Maurice Schumann le fait remarquer, en vertu de l'article 23 de la Constitution, les députés devenus ministres perdent leur siège après trente jours, et il se trouve que ce délai expire le soir même (la disposition au demeurant ne s'applique qu'à Maurice Schumann et Pierre Pflimlin). Le 15 mai, à vingt-trois heures trente, les ministres membres du MRP annoncent donc leur démission. Tous ne sont pas aussi catégoriques que Pierre Pflimlin. Maurice Schumann, vieux gaulliste, souhaite surtout ne pas quitter le MRP ; Joseph Fontanet est par nature modéré, son admiration envers le général reste entière ; Paul Bacon et Robert Buron sont habitués aux foucades du chef de l'État. Tous, néanmoins, se sont rendus aux raisons de Pierre Pflimlin : si rien n'était vraiment nouveau dans les propos du général, la provocation publique n'était cependant pas tolérable. Inquiétante est aussi, aux yeux de l'ancien président du Conseil, la décision annoncée par le président de la République de ne pas mettre les troupes d'Algérie à la disposition de l'OTAN.

Sur-le-champ, Georges Pompidou est prévenu. Son désappointement est visible. L'arrivée des ministres MRP a été son œuvre ; leur départ est pour lui un échec. Le général accuse également le coup. À sa demande, Pierre Pflimlin l'appelle en pleine nuit. Dans ses *Mémoires d'un Européen,* il rapporte ainsi le dialogue :

Un quart d'heure ou une demi-heure plus tard, on m'informe que de Gaulle souhaite me parler au téléphone. J'appelle l'Élysée. La voix de de Gaulle : « Voyons, mon cher ami, cette décision est tout à fait excessive, je ne peux l'accepter. » J'explique nos raisons. De Gaulle, longuement, entreprend de me convaincre que notre décision n'est pas justifiée, qu'elle comporte dans les circonstances actuelles de graves inconvénients. Je réponds que c'est pour nous une question de principe et de conscience. « Vous avez piétiné des convictions auxquelles nous sommes attachés. » De Gaulle : « Je comprends que vous puissiez être meurtris, mais moi, ne suis-je pas aussi blessé très souvent, même par vos amis ? Je ne vous empêche d'ailleurs pas de défendre vos idées, même publiquement. Où arrivera-t-on si chacun s'en va parce qu'il est en désaccord sur un point ? [...] Vous partez au moment où tout est difficile, les grèves, le procès Salan...Vous ne pouvez pas faire cela. D'ailleurs, sur l'affaire européenne, je suis d'accord avec Adenauer et Fanfani. » Je réponds que c'est toute l'orientation de la politique européenne qui est en cause et non pas seulement les dispositions à prendre dans l'immédiat, sur lesquelles, en effet, un accord pourrait être possible. Il y a aussi, dis-je, la politique atlantique. « Vous avez annoncé que les troupes d'Algérie ne seraient pas remises à la disposition de l'OTAN. Cela me paraît grave. » De Gaulle : « C'est une chose décidée depuis quelque temps. Nos troupes d'Allemagne et le CATAC (forces aériennes basée à Lahr et à Entzheim) resteront à l'OTAN. Quant aux troupes d'Algérie, il faut qu'elles soient stationnées en France, c'est absolument indispensable. » Je parle aussi du « fédérateur » extra-européen. De Gaulle (pour la première fois, la voix est irritée) ; « Mais vous voyez bien quelle est la politique de Kennedy[12]. »

Scène étonnante ! Le général sincèrement paraît dépité, presque désarçonné. Il a toujours souhaité s'appuyer sur la coalition la plus large possible et surtout, il déteste être mis devant le fait accompli.

D'abord surpris, selon Pierre Pflimlin, il se fait ensuite persuasif : « Les inflexions étaient douces presque suppliantes à certains moments », précisera l'ancien président du Conseil, qui avouera avoir été gêné tout au long de cette conversation. « Je n'étais pas insensible à ce qu'il disait , à ce ton, direct, humain. » À la fin, le général se reprend :

« En tout cas, je ne peux pas admettre que vous partiez ainsi, sans m'avoir revu. Je vous demande d'assister demain matin au Conseil des ministres. Je vous verrai l'après-midi et je vous assure que, d'une manière ou d'une autre, l'affaire sera réglée dans la journée. — J'en parlerai à mes amis mais je ne peux pas vous le promettre. »

La suite de l'entretien téléphonique est encore plus surprenante :

C'est fini. Soudain la voix change : « Mon ami, vous me faites de la peine... » La voix est douce presque tendre. Mouvement d'un cœur emmuré dans la fierté, dans le devoir d'État et cependant sensible, ou suprême tentative, calculée, de reconquête ? Je ne le saurai jamais. Je balbutie : « Je le regrette » et je raccroche.

Consultés à la suite de ce singulier entretien, les ministres membres du MRP refusent d'assister au Conseil des ministres. Ils acceptent simplement d'accompagner Pierre Pflimlin à l'Élysée pour une ultime visite au général avant le Conseil. Rendez-vous est pris à neuf heures, mais à la suite d'une panne de sa montre, l'ancien chef du gouvernement arrive avec une demi-heure de retard ! Cette fois, le général tente de minimiser l'incident et l'importance de ses déclarations :

« Tout cela, reprend-il avec un sourire, n'a pas tellement d'importance. Personne ne sait ce qui se passera dans trois ans. Je ne serai plus là. Peut-être vos idées l'emporteront-elles à ce moment-là. Il se peut aussi que je change d'avis. » Soudain le masque s'éclaire d'un sourire goguenard : « Eh bien, prenez du champ. Donnez-vous le temps de me convaincre. » Cette fois, le jeu est manifeste... Il parle encore des trois ministres qui, au gouvernement depuis des années, étaient parfaitement informés : « Et voilà que vous les faites partir eux aussi. Tout cela est profondément déplorable. » Je lui demande s'il ne veut pas les revoir. Ils attendent. Il répond non avec une sécheresse dédaigneuse [13].

Un instant contrarié, de Gaulle déjà s'est repris. Devant le Conseil des ministres, quelques instants, il va rejeter avec superbe la responsabilité de la rupture sur les démissionnaires. Alain Peyrefitte rapporte ses propos :

« Cette démission est fâcheuse dans les graves circonstances où se trouve le pays. La question de l'Europe ne se pose pas sous un angle nouveau. Mais la fin de la guerre d'Algérie nous prépare de rudes semaines. Ceci explique peut-être cela. En tout cas il ne faut pas croire qu'un tel événement doive et même puisse interrompre le fonctionnement régulier des pouvoirs publics. Nous continuons. L'incident va être clos dans la journée par l'attribution des portefeuilles qui viennent d'être... abandonnés » (il a attendu avant de choisir ce mot ; il le martèle pour montrer qu'il l'emploie au sens militaire d'abandon de poste) [14].

Une fois de plus, de Gaulle sort à son avantage d'une crise majeure qui aurait pu avoir de sérieuses répercussions.

Quelques jours plus tard, un nouvel orage éclate, plus grave encore. Le 23 mai, devant le haut tribunal militaire, Raoul Salan sauve sa tête, alors que, le 13 avril, son adjoint Edmond Jouhaud a été condamné à mort. Le verdict apparaît d'autant plus choquant qu'indépendamment des responsabilités moins lourdes de Jouhaud, sa naissance en Algérie constitue une sorte de circonstance atténuante. Le général, lui, est furieux. Sa réplique est foudroyante : il refusera la grâce de Jouhaud.

De fait, presque immédiatement, le chef de l'État rejette le recours en grâce, après avoir reçu de manière glaciale l'avocat du condamné, le bâtonnier Jacques Charpentier. À ses yeux, la situation est très simple. Les juges, en n'infligeant pas à Salan le châtiment suprême, ont trahi leur mission, cédé aux menaces de l'OAS. Pour laver l'affront, l'adjoint de Salan doit périr. Tout est prêt pour l'exécution. Dans sa fureur, le général piétine non seulement la plus élémentaire équité, mais il est aussi prêt à violenter le droit, qu'il ignore, et qui est, à ses yeux, un obstacle à l'accomplissement de ses desseins. À preuve, cette note effarante qu'il adresse sur-le-champ à Georges Pompidou et au garde des Sceaux, Jean Foyer :

> 25 mai 1962
> J'attends un projet d'ordonnance réformant le Code pénal notamment dans ses dispositions qui facilitent ou organisent l'obstruction, dès lors qu'il s'agit de juger des crimes contre la sûreté de l'État.
> J'attends un autre texte positif et précis contre l'OAS et tous ceux qui l'aident, un texte permettant notamment la liquidation de la presse OAS (*Aspects de la France*, *Rivarol*, *Carrefour*, *L'Aurore*, etc.).
> J'attends un projet d'ordonnance concernant la possibilité de mettre à la retraite les magistrats à partir d'un certain âge (et cet âge ne doit pas être élevé).
> C. de Gaulle [15]

Par bonheur, Georges Pompidou et Jean Foyer ont plus de sang-froid. Horrifiés à l'instar du ministre des Armées, Pierre Messmer, par la résolution du général, ils vont tout mettre en œuvre, y compris la menace de démissionner immédiatement, pour sauver le général Jouhaud. Face à une telle détermination, face au risque de crise politique qu'entraînerait le départ du Premier ministre, le chef de l'État finit par fléchir. Jouhaud aura la vie sauve. Pour venger l'affront, on se contentera de supprimer le haut tribunal militaire, décidément indocile, et de lui substituer une cour militaire de justice, d'une légalité plus que douteuse.

En proie au ressentiment, de Gaulle a bien failli commettre une grave erreur. Pour les mêmes motifs, parce que la raison d'État et la colère à l'égard de ceux qui ont entravé sa politique conditionnent sa vision, il prend aussi, pour liquider cent trente ans de présence française en Algérie, des décisions très lourdes de conséquences, peu connues à l'époque, engageant sa responsabilité devant l'Histoire

À sa décharge, l'OAS fait tout pour rendre encore plus dramatique une situation déjà très difficile. Après l'arrestation de Salan, l'organisation terroriste, tombée aux mains de colonels *desesperados*, s'est lancée dans une suicidaire folie meurtrière, pratiquant systématiquement la politique de la terre brûlée. L'objectif est à la fois d'empêcher l'installation de l'exécutif provisoire algérien à Rocher-Noir, près d'Alger, et de gêner l'armée dans l'accomplissement de ses missions. Le 17 juin, un accord sera conclu entre Farès, le président de l'exécutif provisoire, et Jean-Jacques Susini, l'un des chefs de l'OAS, mais son application sera très difficile. Longtemps encore les violences persisteront.

Devant une telle situation, la fermeté est évidemment indispensable ; néanmoins, les observateurs les plus étrangers à la cause de l'Algérie française se demandent, à l'instar de Pierre Viansson-Ponté, « si la répression ne procède pas de l'esprit de revanche contre des hommes qui ont un moment menacé le régime, si on ne fait pas un procès d'intention à des soldats qui ont voulu tenir le serment qu'on leur avait fait prêter de garder l'Algérie à la France [16] ». En privé, Georges Pompidou ne cache pas combien le gouvernement craint l'arrivée en métropole de commandos décidés à y installer la guerre civile.

Pour les mêmes raisons, le regroupement en France des harkis est entravé de manière délibérée par les pouvoirs publics, sur instruction du chef de l'État. Les faits, maintenant connus grâce à l'ouverture des archives, sont simples et accablants. Lorqu'il croyait encore à la possibilité de trouver un autre interlocuteur que le FLN, le général paraissait décidé à protéger les musulmans fidèles à la France : « Nous avons le devoir de nous en occuper aujourd'hui, nous devrons nous en préoccuper demain », déclarait-il notamment à Nafissa Sid Cara, le 21 février 1962 [17]. Après la signature des accords d'Évian, Georges Pompidou assure encore que toutes les dispositions ont été prises pour qu'il n'y ait pas de représailles [18]. Louis Joxe, de son côté, déclare : « La France n'abandonnera pas ceux qui lui sont restés fidèlement attachés [19]. »

Avec plus ou moins de naïveté, les responsables français croient encore à la parole du FLN, dont la délégation, à Évian, a promis qu'il n'y aurait pas de représailles, au moins jusqu'à l'autodétermination. Or, comme le souligne le général Faivre, ces promesses étaient mensongères. « Les directives secrètes des wilayas inspirées par l'EMG, écrit-il, prescrivent en effet de se montrer conciliants envers les harkis afin de ne pas provoquer leur départ en métropole, ce qui leur permettrait d'échapper à la justice de l'Algérie indépendante. Les valets du régime ne trouveront le repos que dans la tombe [20]. »

Outre cette erreur d'appréciation, d'autant moins compréhensible que le général n'est pas homme à prendre des vessies pour des lanternes, la faute des pouvoirs publics français est de négliger toute disposition pratique pour protéger les musulmans menacés. « Entre le 15 mars et le 26 mai, écrit Maurice Faivre, aucun plan d'accueil en métropole n'est établi. C'est la cause première du drame. » En fait, comme les préfets d'Algérie l'ont souligné dès novembre 1961, la seule protection efficace est le transfert en métropole ; or, au fil des semai nes, cette hypothèse va être envisagée dans un sens de plus en plus restrictif. Dès le début du mois d'avril, une commission présidée par Michel Massenet, membre du Conseil d'État, voit ses conclusions, favorables à d'importants rapatriements de supplétifs, rejetées par Louis Joxe. Le 13 mai, on limite le transfert aux personnes réellement menacées. Le problème, apparemment non prévu, est que le nombre des harkis menacés ne cesse d'augmenter, du fait même qu'aucune précaution n'a été prise en leur faveur. Dans les régions évacuées par l'armée en application des accords d'Évian, des règlements de compte surviennent dès le cessez-le-feu. « Des sévices graves sont exercés contre les supplétifs et les notables pro-français », précise le général Faivre[21].

À la mi-juin, le général Martin, chef d'état-major interarmes, propose d'intensifier les transferts (« en présence de personnes en danger, il est du devoir de tout élément militaire et même de tout militaire isolé de porter secours », écrit-il alors) mais le 21 juin, craignant que la métropole ne soit débordée, le comité des Affaires algériennes, présidé par le général de Gaulle, refuse cette perspective. « L'intervention dite d'initiative, décide-t-on à l'issue de cette réunion, ne devra être envisagée pour assurer la protection de nos forces ou celle de nos nationaux que dans les cas de légitime défense ou d'attaque caractérisée. »

Cette décision, cautionnée par le général, est capitale. Elle va aboutir en effet à l'assassinat programmé et méthodique des musulmans fidèles à la France. Le 1er juillet, quand les ex-départements français accèdent officiellement à l'indépendance, à la suite du vote massif émis en ce sens par six millions d'Algériens (le oui l'a emporté avec plus de 90 % des inscrits), le martyre des harkis commence. Dès le 25, alors que le premier ambassadeur de France, Jean-Marcel Jeanneney, vient de prendre ses fonctions à Alger, siège du nouveau pouvoir, des massacres organisés se produisent un peu partout. Les harkis et leurs enfants âgés de plus de douze ans sont en particulier chargés du déminage sur la frontière algéro-tunisienne. L'hécatombe est terrible. Combien de musulmans fidèles à la France sont-ils ainsi tombés ? Il est difficile de le dire. Dans son ouvrage indispensable à la connaissance de cette période, le général Faivre avance le chiffre de 60 000 à 80 000 victimes, mais en précisant « qu'il est impossible à vérifier ». Une chose en revanche est sûre : « Certains membres du gouvernement français [étaient] au courant des sévices subis par les Français musulmans mais jamais la question n'a été abordée, ni au Conseil des ministres, ni au comité des Affaires algériennes comme si, étant devenu algériens, ils ne relevaient plus de la responsabilité de la France[22]. »

Dans cette sinistre affaire, la décision du 21 juin n'est malheureusement pas un acte isolé. Au long des semaines suivantes, d'autres initiatives non moins funestes interviennent. Dans une note du 24 août notamment, le général de Brebisson précise : « Il convient de cesser de donner asile aux Algériens sauf dans des cas exceptionnels ; il y a lieu de ne procéder en aucun cas à des opérations de recherches dans les douars de harkis ou de leurs familles. » Tout donne à penser qu en agissant ainsi, le commandant en chef se conformait aux vœux du président de la République.

Les Européens d'Algérie sont à peine mieux traités. De Gaulle, on le sait, ne les aime pas. Dès le 25 avril, au Conseil des ministres, il a fixé à leur égard la ligne de conduite à observer. Présent à cette réunion, Pierre Pflimlin rapporte :

Il [de Gaulle] déclare : « Les Français d'Algérie voudraient que cela continue, que rien ne change, c'est-à-dire qu'ils puissent continuer à tuer des musulmans. Il faut qu'ils sachent que, de toute façon, le scrutin d'autodétermination aura lieu le 1er juillet au plus tard et qu'ils n'ont donc plus que peu de temps pour changer de comportement. » Louis Jacquinot demande timidement si les Français d'Algérie seront par la suite protégés par l'armée française. De Gaulle répond sèchement : « Il n'en est pas question. Après l'autodétermination le maintien de l'ordre public sera l'affaire du gouvernement algérien, ce ne sera plus le nôtre. Les Français n'auront qu'à se débrouiller avec ce gouvernement. » Les formules se succèdent, froides, coupantes. « Ils confondent les intérêts de la France avec leurs propres intérêts. Ils se trompent. L'intérêt de la France est de régler l'affaire algérienne. Napoléon a dit : En amour la seule victoire est la fuite. En matière de décolonisation la seule victoire est de s'en aller. Ensuite, il peut arriver que l'on nous demande de revenir[23]. »

Pour les pieds-noirs, dont beaucoup ne connaissent d'autre terre que l'Algérie où ils sont nés, la situation est d'autant plus tragique qu'à la distance manifestée par le général à leur égard s'ajoutent des menaces liées à l'évolution du nouvel État dirigé par le FLN et aux ripostes de l'OAS. Discrédités en raison de leurs contacts avec les Français, les négociateurs d'Évian et leurs proches sont bientôt remplacés à Alger par des durs, au premier rang desquels Ahmed Ben Bella qui, devenu chef de l'État, fait régner la terreur, vide de leur contenu les accords d'Évian et contraint à l'exil des milliers de pieds-noirs. De ce fait, l'exode des Européens, déjà amorcé avant l'indépendance, s'intensifie dès l'été. À la fin de 1962, un million de pieds-noirs auront ainsi quitté le pays. Seuls deux cent mille y resteront, dans des conditions souvent précaires.

Grâce en partie à Georges Pompidou, plus sensible aux problèmes humains que le général, l'accueil et le reclassement des pieds-noirs s'effectueront dans les conditions les moins mauvaises possibles compte tenu des circonstances. Un temps envisagé, le projet d'un regroupement autoritaire des Européens d'Algérie dans le Midi sera finalement abandonné. Pour l'avenir, le reclassement sera préféré à l'indemnisation — option sage compte tenu de l'impossibilité de maintenir certains privilèges. La formule du capital de reconversion octroyé aux rapatriés se révélera également une bonne idée : plus de 60 000 reconversions seront ainsi entreprises et souvent réussies. Reste que, tout au long de l'épreuve, les pieds-noirs n'entendront jamais un mot de compassion, pas la moindre parole de sympathie, comme s'ils étaient tous collectivement responsables du bilan contesté de cent trente ans de présence française. Face au drame humain, le général resta de marbre. Le mot de la fin sur ce triste épisode appartient sans doute à Pierre Pflimlin :

Cette froide résolution où l'on ne peut percevoir le moindre signe de compassion ne manque pas de grandeur et en tout cas d'efficacité. Si de Gaulle était différent, s'il n'était pas comme un roc au milieu de tant d'hostilités, d'incertitudes, de lâchetés et de trahisons, quelle chance y aurait-il de voir aboutir sa politique qui, malgré ses erreurs de méthode, ses duretés, ses injustices, est fondamentalement vraie[24].

Pour l'heure, cette insensibilité attise surtout les passions. L'indépendance de l'Algérie étant devenue effective, les partisans de l'OAS deviennent littéralement fous. À la tête d'un dérisoire « Conseil national de la Résistance », Georges Bidault éructe, tempête, dénonce l'illégitimité des accords scélérats. Expulsés d'Algérie par la force des choses, les membres de l'organisation terroriste répandent la terreur en métropole. Leur objectif, tous les responsables en sont conscients, est maintenant de s'attaquer au chef de l'État, responsable à leurs yeux du désastre. Depuis les accords d'Évian, on sait en haut lieu que la sécurité du général n'est plus assurée s'il maintient ses habitudes, continue à se déplacer sans protection suffisante. Dès le 5 mai, Roger Frey, ministre de l'Intérieur, a mis en garde le Premier ministre :

« Un certain nombre d'informations concordantes me font craindre la possibilité d'une reprise violente du terrorisme OAS dans un avenir rapproché... Je ne vous cache pas que les déplacements que fait chaque semaine le général de Gaulle pour se rendre à la Boisserie me préoccupent beaucoup car il est humainement impossible d'assurer une surveillance sans défauts sur un parcours de trois cents kilomètres. J'ai souvent attiré l'attention du général sur le danger que comportaient ces déplacements réguliers, sans avoir pu jamais parvenir à le persuader d'y renoncer. Bien plus, il persiste à vouloir participer à des manifestations publiques comme la finale de la Coupe de France de football et à poursuivre ses voyages à travers la France, sans vouloir s'arrêter un seul instant à l'objection que je lui fais des risques accrus qu'il court et qu'il fait courir au pays[25]. »

Les craintes du ministre de l'Intérieur sont fondées. Le 22 août, au Petit-Clamart, sur la route de l'aéroport de Villacoublay, d'où il doit s'envoler à destination de Saint-Dizier près de Colombey, le président de la République échappe par miracle à un attentat. Mitraillée par un commando de l'OAS, sa voiture, pilotée par Francis Marroux, et dans laquelle ont également pris place Mme de Gaulle et son gendre, Alain de Boissieu, réussit à rouler quelques centaines de mètres. Lorsqu'elle s'arrête, on constate que plus de cent projectiles l'ont atteinte. L'un d'eux, que l'on retrouve dans l'un des montants de la vitre arrière, aurait dû logiquement toucher le général en pleine tête. Seule la présence d'esprit du général de Boissieu a permis d'éviter le pire ; en enjoignant à ses beaux-parents de se baisser, il leur a sauvé la vie. En définitive, personne n'a été atteint[26]. Sortant de la DS criblée de balles à Villacoublay, le chef de l'État se contente d'observer « Cette fois c'était tangent », tandis que Mme de Gaulle, à la stupeur générale, s'exclame : « J'espère que les poulets n'ont rien eu. » Renseignements pris, les poulets étaient des volailles enfermées dans le coffre en prévision du séjour à Colombey...

Cet attentat précipite la réflexion du général. Deux jours après avoir échappé à la mort, il convoque Georges Pompidou pour lui annoncer la mise en œuvre prochaine d'un projet envisagé par lui de longue date : l'élection du président de la République au suffrage universel direct. L'objectif est clair : il s'agit de soustraire la désignation du chef de l'État à l'emprise des partis — évidente dans le cadre du mode d'élection indirecte retenu en 1958 — et, très concrètement, d'empêcher l'accession à la première charge de l'État d'Antoine Pinay, donné régulièrement gagnant en cas d'élection anticipée. En petit comité, l'ancien président du Conseil ne cache d'ailleurs pas qu'il cultive son capital de sympathie.

Pour Georges Pompidou, personnellement peu convaincu de la nécessité d'une telle réforme, ce n'est pas une surprise. Si une telle perspective était absente du discours de Bayeux, si le général l'a écartée en 1958, elle est à l'ordre du jour depuis mars 1961. L'UNR, le parti gaulliste, en a discuté lors de ses assises de Strasbourg, en avril 1961. Jacques Chaban-Delmas s'y est rallié expressément. Peu après, un communiqué de l'Élysée a semblé marquer la réserve du président de la République à l'égard du projet mais, depuis avril 1962, les milieux informés savent que celui-ci est sans doute près d'aboutir. Le 10 mai, le politologue François Goguel, secrétaire général du Sénat et interprète autorisé de la pensée gaullienne, a confié au diplomate américain Francis de Tarr que l'idée intéressait le général, mais qu'il y songeait seulement pour son successeur qui aurait besoin, selon lui, de l'onction du suffrage universel[27]. Le 30 mai, Alain Peyrefitte est témoin de sa détermination à faire aboutir le projet rapidement : « On ne pourra plus, lui précise-t-il, spéculer sur le retour des partis pour saboter les accords d'Évian et le reste[28]. »

Les représentants et porte-parole des partis sont précisément les premiers à comprendre le danger. Leur réaction est d'autant plus violente que, dès le 19 septembre, le général annonce au Conseil des ministres que — en violation flagrante de la Constitution — cette réforme se fera par la voie du référendum, le Parlement étant court-circuité. Immédiatement, une levée de boucliers impressionnante se produit. Avant même que le général n'annonce au pays ses desseins dans une allocution radiotélévisée, le 20 septembre, Guy Mollet, au nom de la SFIO, marque son hostilité avec force. Les communistes sont sur la même ligne. Plus étonnant encore, il se confirme qu'afin de répondre à une provocation du pouvoir, des contacts discrets ont lieu entre les socialistes, les radicaux, les démocrates-chrétiens du MRP et les Indépendants. À l'intérieur de la majorité, en revanche, les voix discordantes sont rares. Au sein du gouvernement, un seul ministre, Pierre Sudreau, exprime clairement son désaccord et démissionne. D'une rectitude unanimement reconnue, le maire de Blois regrette que la Constitution ne soit pas respectée. Certains gaullistes malgré tout émettent des critiques plus ou moins sérieuses à l'encontre du projet. Louis Joxe et Robert Boulin préconisent la réduction simultanée à cinq ans du mandat présidentiel. Alain Peyrefitte et Roger Frey sont partisans de la création d'un poste de vice-président. En privé, devant un diplomate américain, Michel Debré dresse de son côté un véritable réquisitoire où perce probablement la rancœur d'avoir été écarté :

« J'ai essayé de convaincre le général de procéder prochainement à des élections ; le pays a besoin de cette consultation ; le gouvernement serait plus fort et pourrait prendre des mesures hardies dans le domaine social. Mais je doute qu'il m'écoute. Par nature le général n'est pas intéressé par ce qui a trait au Parlement et, même s'il peut pencher en faveur d'un système comportant un exécutif fort comme aux États-Unis, il a du mal à réaliser le besoin d'un contrepoids législatif réel. Sa tendance est d'aller de référendum en référendum et de rendre le Parlement de plus en plus faible. Si cela se produit, si le Parlement a de moins en moins d'influence en France, il se produira des troubles sérieux lorsque de Gaulle quittera la scène[29]. »

Les opposants, en fait, tiennent précisément ce langage, à cette nuance près qu'ils expriment publiquement leur pensée. Le premier d'entre eux, celui qui va tenter de catalyser toutes les critiques, est le président du Sénat, Gaston Monnerville. L'homme est un adversaire très résolu de de Gaulle. Guyanais, fier de son parcours exemplaire d'avocat et de parlementaire, le second personnage de l'État, issu de la mouvance radicale, est d'abord un censeur impitoyable de la Ve République telle qu'elle fonctionne depuis 1958. Vieux républicain, méfiant envers le pouvoir personnel, il a déjà exprimé ses réticences lors des événements de mai 1958. Pour lui, une République où le Parlement n'a pas le dernier mot n'est plus tout à fait une République : s'il ne le dit pas, il le pense profondément. À cette opposition d'idées, s'ajoute, on l'a vu, une antipathie de plus en plus marquée à l'égard du chef de l'État. Dans ses notes inédites[30], Gaston Monnerville a consigné deux anecdotes qui en disent long sur ses arrière-pensées. La première a pour toile de fond la visite du chah d'Iran en 1961 : « Le chah demande à de Gaulle en prenant le café : "Quels sont les hommes prépondérants en Afrique noire ?" De Gaulle d'un ton méprisant : "Il y avait Lumumba." Le chah insiste : "Mais en Afrique d'expression française ?" De Gaulle : "Peuh... Ils sont avec nous parce qu'on leur donne des crédits." » La seconde anecdote est encore plus explicite : « Au dîner du Sénat ayant précédé le voyage en France du président Senghor, Mme Monnerville, placée à table à la droite du président de la République, parle de ce prochain voyage et de Mme Senghor (d'origine normande). De Gaulle : "Je ne comprends pas qu'une femme blanche épouse un homme de couleur." Mme Monnerville : "Pour moi, je n'ai pas à m'en plaindre." » Compte tenu de l'extrême courtoisie du général et de sa galanterie la seconde histoire paraît peu vraisemblable. Reste que Monnerville pense alors sincèrement que de Gaulle est raciste. Son hostilité s'en trouve évidemment accrue.

En l'occurrence, Gaston Monnerville est surtout furieux d'avoir été placé devant le fait accompli, puisque le Parlement a été court-circuité. « À plusieurs reprises, écrira-t-il dans ses notes inédites, au cours de l'année 1961 puis en 1962, j'entendis parler de l'intention du général de Gaulle de procéder à une réforme pour modifier la

Constitution de 1958... J'essayais d'être mis au courant.. Sans aucun résultat... Je n'ai jamais été consulté, ni informé, ni averti de quoi que ce soit et c'est par cette allocution télévisée, le 20 septembre, que j'apprends tout. » Le président du Sénat est blessé, meurtri d'avoir été tenu à l'écart de toute réflexion. La suite de ses notes l'atteste ·

Le roi Olaf de Norvège devant arriver à Paris le 23 septembre, j avais accepté d'être présent aux cérémonies prévues en son honneur. Je reviens donc du Midi pour y assister... À la gare, dans le salon d'attente, je me trouve aux côtés de Pompidou qui me salue en arrivant. . Arrive Jacquinot qui me salue et s'écrie, s'adressant à Pompidou : « Qu'est-ce que j'apprends ? Que veut-on faire à ce pauvre président du Sénat ? On veut lui enlever ses pouvoirs et réviser la Constitution. » Pompidou ne répond rien. Jacquinot reprend sa question en me mettant la main sur l'épaule, d'un air protecteur. Je me dégage et je dis : « Je t'en prie, si l'on doit me parler un jour d'une révision constitutionnelle quelconque, j'espère que cela ne sera pas au hasard d'une rencontre dans le hall d'une gare. » Comme il ne comprend pas, il insiste, alors que le Premier ministre ne dit toujours rien, je brise net la conversation.

Le soir, lors du gala à l'Élysée en l'honneur du souverain norvégien, des scènes analogues se produisent. Gaston Palewski, toujours soucieux d'arrondir les angles, propose de s'entremettre auprès du général. Mais il est trop tard, Monnerville est furieux : « Je ne charge personne de faire mes commissions », dit-il avant de quitter les lieux. Désormais, les ponts sont coupés, plus rien ne peut arrêter la colère du président de la haute assemblée, tandis que se constitue un « cartel des non » contre le projet de révision. Le 30 septembre, le congrès du Parti radical se réunit à Vichy. Le président du Sénat saisit l'occasion pour porter l'estocade en termes volontairement violents voire blessants

À la tentative de plébiscite qui est en train de se développer, je réponds non.. .. Je réponds non pourquoi ? Parce qu'il y a une violation délibérée, réfléchie de la Constitution de la République qui dit que la révision de la Constitution ne peut avoir lieu qu'à l'initiative du président de la République, sur proposition du Premier ministre... ou à l'initiative des Assemblées du Parlement. Or, avant la décision du président de la République, il n'y a eu ni proposition du Premier ministre, ni initiative des Assemblées. Laissez-moi vous dire que la motion de censure m'apparaît comme la réplique directe, légale, constitutionnelle, à ce que j'appelle une forfaiture.

Forfaiture : le mot est très fort. Appliqué à un magistrat, il est synonyme de prévarication. Dans le contexte, contrairement à ce que l'on croit généralement, ce n'est pas contre le président de la République que Gaston Monnerville l'a lancé, mais contre le Premier ministre :

En dehors d'une initiative parlementaire, c'est au Premier ministre seul qu'il appartient de saisir le président de la République d'une demande de référendum. Or il y a quelques mois il était hostile au référendum, il l'avait fait savoir, autour de lui... Si donc, il accepte de signer aujourd'hui la requête du chef de l'État dans ce dessein, c'est que ce geste lui a été imposé. Il va donc prendre la responsabilité très grande de couvrir la violation de la Constitution par le chef de l'État[31]

De Gaulle n'en est pas moins atteint très durement par cette attaque que Georges Pompidou ne pardonnera jamais. (Quinze jours avant sa mort en mars 1974, recevant le serment des nouveaux membres du Conseil constitutionnel, au nombre desquels Gaston Monnerville, nommé par Alain Poher, il refusera de serrer la main de ce dernier.) Le discours du président du Sénat galvanise l'opposition. À l'exception notable de René Capitant et de Maurice Duverger, tous les grands juristes stigmatisent la violation délibérée de la Constitution. Le Conseil constitutionnel et le Conseil d'État émettent un avis défavorable. En coulisses, Gaston Monnerville se déchaîne : « Si les gens savaient un dixième de ce qu'il a fait, comment il nous a menti durant les derniers dix-huit mois. Mais chacun sait que le gaullisme ne survivra pas à de Gaulle [32]. »

Le 2 octobre, après l'audition par la Chambre d'un message présidentiel que plusieurs parlementaires écoutent assis, en signe de protestation, une motion de censure est déposée par plusieurs partis : la SFIO, mais aussi les Indépendants de l'Entente démocratique et surtout le MRP. Pour le général, l'échec est patent. Quelques jours plus tôt, son conseiller Pierre Lefranc assurait à un diplomate américain [33] que les socialistes et les radicaux pourraient être tentés de déposer une motion de censure pour des raisons internes, et seulement s'il était certain que le MRP ne la voterait pas. En s'associant à l'entreprise, les démocrates-chrétiens accomplissent un nouveau pas vers la rupture. Seul signe encourageant pour de Gaulle : les opposants sont en réalité très divisés sur le fond de la réforme, comme en témoigne le dépôt d'un texte visant à établir un vrai régime présidentiel.

Pour l'instant, l'unité d'action prévaut, et c'est ainsi que, le 4, la censure est votée par 280 voix sur 480 — 12 Indépendants et seulement 7 parlementaires du MRP ont voté en faveur du gouvernement. En intervenant une dernière fois sur les ondes à treize heures, il n'est pas sûr que le général ait été bien inspiré. Pour la première fois sous la Ve République, le gouvernement est renversé. Dans l'opposition, on exulte. « La République est sauvée », écrit Jules Romains dans *L'Aurore*. Les nostalgiques des régimes défunts retrouvent soudain espoir. Le gaullisme n'est-il pas plus fragile qu'on ne l'a cru ?

Le général, lui, conserve le calme des vieilles troupes. S'il est atteint, il n'en dit rien et, pour bien marquer qu'il ne se juge pas désavoué, il ne reçoit Georges Pompidou que le 26 octobre, après avoir assisté à la fin des manœuvres Valmy I ; il souligne ainsi la subordination du gouvernement, le caractère en quelque sorte indicatif de la censure. Tirant la leçon de l'événement, il dissout l'Assemblée nationale, demande au Premier ministre de rester en place jusqu'aux élections, qui sont fixées au 18 novembre, le référendum devant avoir lieu le 28 octobre. Un moment, il a été envisagé de coupler les deux consultations mais, à l'instigation de Georges Pompidou, le général y a renoncé.

La double campagne qui commence n'a en vérité qu'un enjeu : accepte-t-on ou non la pratique gaullienne de la Ve République ? Derrière le président du Sénat se rassemblent tous les adversaires de cette conception antiparlementaire, du centre droit à la gauche. À cette occasion, de Gaulle a vu Paul Reynaud rompre totalement avec lui. Depuis un certain temps, l'ex-président du Conseil ne cachait pas son hostilité à la manière de gouverner de son ancien secrétaire d'État, ni sa méfiance à l'égard d'une politique, à ses yeux, trop antiatlantiste. Lors du débat sur la censure, il a franchi le pas, censuré le gouvernement, assorti son vote d'apostrophes peu amènes pour le chef de l'État : « La France est ici et non ailleurs... Monsieur le Premier ministre, allez dire à l'Élysée que notre admiration pour le passé est intacte, mais que cette Assemblée n'est pas assez dégénérée pour renier la République. » Désormais clairement dans l'opposition, Paul Reynaud mène en fait la double campagne électorale, de concert avec Gaston Monnerville. Sur le plan tactique, l'erreur est lourde. Le général a alors beau jeu de souligner que seuls les survivants de la République défunte s'opposent à lui. Le combat est rude. Georges Pompidou s'oppose à l'affichage dans les mairies du discours prononcé par le président du Sénat à Vichy. Les représentants des partis détestés hurlent au pouvoir personnel. Les thèmes des dîners de l'Alma ne sont pas oubliés : les caciques des partis traditionnels craignent qu'un nouveau blanc-seing ne pousse de Gaulle à se dégager de l'OTAN, à répudier l'Europe. « Il est grandement temps de remplacer de Gaulle, observe en privé Jean Lecanuet. S'il reste en place plus longtemps, il détruira tout espoir d'un vraie politique européenne et atlantique[34]. »

Dans une certaine mesure, les porte-parole de la classe politique traditionnelle vont être entendus. Le dimanche 28 octobre, la réforme constitutionnelle est adoptée par 62 % des votants. Dans l'absolu, le score est très honorable ; il est moins satisfaisant si l'on se remet en mémoire les triomphes enregistrés par le général lors des trois derniers référendums ; il est décevant si l'on considère que moins de 50 % des inscrits ont voté oui. Quand il apprend les résultats, de Gaulle est amer — à telle enseigne qu'il prétend vouloir rester à Colombey. Comme d'habitude, il se reprend vite. Le 31 octobre, devant le Conseil des ministres, il tire objectivement les leçons du scrutin :

> « Le résultat n'est pas ce qu'on avait espéré et qui était sans doute excessif, je le reconnais. Quelles conclusions peut-on tirer ?... Le pays n'a pas voulu le retour au système des partis... Il existe en France une majorité disposée à la rénovation .. Ce qui est touché à mort, ce sont les partis traditionnels. Les Indépendants, les MRP, les radicaux, les socialistes pour autant qu'ils prétendent être le pays sont démentis... Deux réalités qui les surpassent sont apparues désormais · le peuple et le chef de l'État[35] »

Le général estime donc que les partis, qui ont tout de même réussi à mobiliser 38 % des suffrages, ne triompheront pas lors des élections législatives.

Paradoxe . c'est au moment où les vieux partis donnent des signes d'essoufflement que de Gaulle, sans jamais le dire, déploie beaucoup d'énergie à en créer un afin de soutenir son action. En 1958, il s'était tenu loin de la cuisine électorale, assuré il est vrai de l'emporter sans peine. Cette fois, son attitude est toute différente : « Il met la main à la pâte, note Alain Peyrefitte. C'est lui-même qui choisit Louis Terrenoire comme secrétaire général de l'UNR pour distribuer les investitures et organiser la campagne. » Selon le même témoin, de Gaulle, au départ réticent, aurait en définitive été convaincu par Roger Frey et Georges Pompidou de prendre position en faveur des partisans du oui : il assoirait ainsi son autorité sur une majorité compacte qui lui devrait son existence [36]. En tout cas, par son intervention discrète dans la campagne, le général cautionne implicitement ce que l'on appellera la théorie du fait majoritaire, c'est-à-dire la présence aux côtés du chef de l'État d'un parti susceptible d'appuyer son action. Les commodités du système ne peuvent lui échapper, non plus que son incompatibilité irréductible avec le souci d'ignorer les frontières partisanes, affirmé depuis toujours. Le drame algérien en voie de résolution, de Gaulle sent peut-être que son autorité sera moins facilement acceptée ; d'où cette concession au réalisme, non sans conséquences.

L'heure, il est vrai, n'est pas aux controverses politiciennes. Subitement, en effet, le contexte international devient dramatique. À la mi-octobre, des avions espions américains ont rapportés des clichés attestant l'installation à Cuba de missiles nucléaires soviétiques. Peu après, il a été établi que ces vecteurs étaient des SS-4 d'une puissance de 2 ou 3 mégatonnes, soit cent fois supérieure à celle de la bombe d'Hiroshima. À Washington, l'anxiété a été d'autant plus grande que d'autres sites étaient alors édifiés de manière à être opérationnels à la fin de l'année. Dans le monde entier, la fièvre est montée, tandis que les Américains hésitaient entre deux types de riposte : blocus ou bombardement de Cuba. Jamais la planète n'a été plus proche d'un cataclysme depuis la fin de la guerre.

Le président Kennedy finalement se prononce en faveur d'un type de riposte graduée. La marine et l'armée entament un blocus de l'île, et si la situation ne s'améliore pas, un bombardement des missiles soviétiques est prévu. Dans l'hypothèse où les Soviétiques entendraient raison, le chef de l'exécutif américain se dit prêt — en privé bien sûr — à démanteler les sites nucléaires en Turquie et en Italie.

Comme dans toutes les grandes circonstances, et en particulier lors de la crise de Berlin, de Gaulle n'hésite pas une minute à se ranger aux côtés de l'Amérique, qui sollicite alors l'appui de ses alliés. Même s'il se livre souvent à un jeu de bascule avec l'URSS il reste un adversaire déterminé du communisme. Surtout, il connaît les rapports de force. Au mois de mai, en visite aux États-Unis, André Malraux a été très clair lors d'une conversation avec Kennedy : « Le général critique certes souvent votre politique, mais, en cas de tension, il compte sur le parapluie nucléaire américain [37]. »

Le lundi 22 octobre, c'est donc avec la plus extrême courtoisie que de Gaulle reçoit à l'Élysée l'envoyé prestigieux dépêché auprès de lui par Kennedy : Dean Acheson, haute figure du Département d'État. « De Gaulle s'est levé, racontera celui-ci, et a marché jusqu'au côté gauche de son bureau où il a attendu. J'ai traversé la pièce ; il m'a tendu la main et déclaré en français : "Votre président me fait un grand honneur en m'envoyant un émissaire aussi distingué." J'ai pensé que c'était une phrase formidable parce qu'il n'y avait aucune réponse possible ; tout ce que j'ai pu faire, ç'a été de m'incliner légèrement[38]. » Le ton est donné. Sans mot dire, le général lit un message de Kennedy, rédigé en anglais. Après y avoir décrit la situation résultant de la construction des sites nucléaires soviétiques à Cuba, le président conclut : « Il est de la plus haute importance que nous demeurions en contact très étroit durant les moments critiques qui nous attendent. » L'heure n'est pas aux polémiques, mais de Gaulle souhaite que son homologue américain précise sa pensée. « Pour être clair quant à nos rôles respectifs, demande-t-il à son visiteur, dois-je comprendre que le président vous envoie pour m'informer des décisions qu'il a prises ou êtes-vous là pour me consulter sur les décisions qu'il devrait prendre ? — Pour vous informer », répond simplement Dean Acheson. Même en temps de crise aiguë, Kennedy n'entend pas revenir sur le principe de l'indivisibilité du pouvoir de décision. Le général n'en est probablement pas surpris : il sera toujours temps de tirer la leçon de l'événement. Pour l'heure, il confirme à l'ancien secrétaire d'État de Truman que la France n'a aucune objection à formuler quant à l'attitude présente des États-Unis : menacés, ils sont en droit de réagir. Le blocus sera-t-il efficace ? De Gaulle en doute un peu, du moins empêchera-t-il l'entrée de nouveaux missiles à Cuba. Pour le reste, le chef de l'État estime que les Soviétiques, si le pire se produit, attaqueront plutôt à Berlin qu'à Cuba. Viennent ensuite les mots tant attendus par Dean Acheson : « Je ne pense pas que nous aurons la guerre, mais si les Soviétiques vous attaquaient dans des endroits comme Berlin, la France serait du côté des États-Unis. La France agira en accord avec vous[39]. » Dès lors, Sherman Kent, l'homme de la CIA, convié à se joindre à la réunion, n'a plus qu'à conforter par des pièces accablantes la conviction du président français. Sur le bureau, il étale une immense photo de Cuba : les sites nucléaires apparaissent nettement. À l'aide d'une loupe, le général admire la précision du travail tandis que Kent lui précise que ce déploiement atomique accroît de 50 % les capacités soviétiques de frappe contre l'Amérique. « Vous pouvez dire à votre président, déclare de Gaulle, impressionné, que la France le soutiendra dans tous les cas. »

Dans l'histoire des relations si difficiles entre l'homme du 18 juin et l'Amérique de tels instants ont été bien rares. « J'ai eu envie d'embrasser le général », confiera Lyon, chargé d'affaires de l'ambassade américaine, qui a accompagné Acheson. De Gaulle ressent lui aussi l'intensité de la scène. Son comportement le prouve, tel que le racontera Acheson :

> Arrivé à la porte de son bureau, alors que je prenais congé de lui, il se mit à parler en anglais, ce qu'il n'avait pas fait au cours de l'heure précédente et me dit : « Il me serait agréable que tous les contacts à venir sur le sujet soient conduits par vous. » C'était un grand compliment, du genre de ces mots gentils que Louis XIV pouvait adresser à un ambassadeur du sultan de Turquie[40].

Une semaine plus tard, les Soviétiques capitulent, les sites nucléaires de Cuba sont démantelés. Kennedy a gagné. Cependant, les rapports entre les États-Unis et la France gaulliste ne seront pas modifiés. Comme Adenauer, en visite à Washington, l'écrira au général, le 20 novembre, la crise a certes eu un caractère salutaire en ce sens qu'elle a provoqué un resserrement des liens entre l'Amérique et l'Europe occidentale[41]. Inquiet, le président américain, au début de la crise, a envisagé, selon Vincent Jauvert[42], d'aider de Gaulle dans son projet de force atomique autonome. Il a même demandé à Paul Nitze, du Pentagone, de préparer une directive destinée à changer radicalement la politique américaine dans le domaine de l'assistance nucléaire de la France. Malheureusement, le secrétaire d'État Dean Rusk, antigaulliste avéré, a volontairement omis d'évoquer cette éventualité devant Dean Acheson avant son départ pour Paris. L'affaire n'a donc pas été abordée lors de la conversation de l'Élysée.

Une grande occasion manquée ? En matière nucléaire, il existe une logique qui pousse à l'unité de décision. Rien n'indique donc que la velléité de Kennedy aurait été suivie d'effets. L'épisode n'en est pas moins symptomatique de la difficulté qu'éprouve le gouvernement américain à s'accommoder du général. « À la réflexion et avec le recul, je dois avouer que nous avons été bien maladroits avec le général de Gaulle », nous dira beaucoup plus tard l'un des principaux conseillers de John Kennedy, le séduisant et cultivé Mc George Bundy, ancien doyen de Harvard[43].

Cette éclatante manifestation d'amitié franco-américaine a-t-elle vidé de sens l'argumentation développée par le cartel des non ? La question n'a pas souvent été posée, mais on peut penser que les électeurs ont été sensibles à ce geste de bonne volonté vis-à-vis d'un allié, alors que la guerre atomique semblait imminente. Le général d'ailleurs a été peu critiqué par l'opposition pour son attitude tout au long de la crise. En tout cas, les 18 et 25 novembre, les Français infligent une cinglante défaite aux opposants. Les Indépendants perdent 86 sièges, la droite 12, le MRP 20. Seuls les communistes progressent et gagnent 30 sièges, tandis que la SFIO accroît sa représentation de 4 élus. L'UNR remporte six millions de voix. Avec 30 Indépendants giscardiens et 10 modérés favorables au régime, le général a désormais la majorité absolue à l'Assemblée nationale. Hormis Maurice Faure et Guy Mollet, tous les dirigeants du cartel des non sont battus. Paul Reynaud, en particulier, voit sa carrière politique se terminer sur une défaite, provoquée par l'homme que naguère il a contribué plus que tout autre à hisser au premier rang. Pour les notables, le camouflet est cuisant. La presse qui a prédit un échec pour le pouvoir se trouve également touchée. De Gaulle a atteint son but : les corps intermédiaires sont enfin marginalisés et de la manière la plus satisfaisante, par le peuple ! Lors du Conseil des ministres du 28 octobre, il ne cache pas sa joie :

« Le référendum et les élections ont constitué ensemble une opération heureuse. Le peuple a pris dans ses profondeurs une nouvelle direction. Cela apparaît d'une manière plus éclatante dans les élections législatives que dans le référendum. Le pays adopte les idées nouvelles et un comportement nouveau dans sa voie politique et ses institutions. Il tient à la continuité et à la cohérence des desseins. Les Français souhaitent voir poursuivre ce qui a été entrepris. Ils veulent que ce qu'on décide d'essentiel en leur nom corresponde à leur volonté profonde[44]. »

Le problème algérien réglé, l'appui parlementaire étant assuré par une majorité docile, l'opinion apparaissant toujours fascinée par le sauveur de 1958, la voie est ouverte pour l'accomplissement de plus vastes projets. Moderniser la France, lui rendre son rang, conserver son indépendance, au besoin contre ses alliés, tels vont être désormais les objectifs du général.

XXXII

L'ALLIÉ RHÉNAN

Après le triomphe de cet automne, la première initiative du général est de reconduire Georges Pompidou dans ses fonctions. Surprenante aux yeux de certains, la brusque promotion de l'ancien directeur de la banque Rothschild s'est révélée un choix heureux. En six mois, Georges Pompidou a pris la mesure de ses fonctions, et les difficultés rencontrées lui ont donné l'occasion de montrer une réelle habileté politique. L'homme n'est pas un imaginatif et ne le sera jamais ; en revanche, il sait apprécier une situation, ramener les problèmes à l'essentiel, trouver des solutions tenant compte du temps, facteur clé en politique. À ces qualités rares, à une autorité grandissante à la tribune, s'ajoutent, pour faire de Georges Pompidou un personnage irremplaçable, une adhésion totale de sa part aux principes directeurs du gaullisme. Politique étrangère autonome, choix de la voie intergouvernementale pour construire l'Europe, nécessité d'une économie saine et moderne : tous ces objectifs du général sont également les siens, même s'il est plus enclin à arrondir parfois les angles. Sur les moyens d'action, il pourra y avoir divergence entre les deux hommes ; très rarement sur les buts. Georges Pompidou confirmé dans son rôle à la tête d'un nouveau cabinet ressemblant comme un frère au précédent, un partage des tâches va très vite être instauré : au président de la République, la définition des grands axes de politique étrangère, la gestion souvent en prise directe des dossiers relatifs à ce domaine ; au Premier ministre la responsabilité de l'économie, des affaires sociales, sous réserve d'un droit d'évocation permanent du chef de l'État, c'est-à-dire la faculté pour ce dernier de se saisir d'un dossier pour le traiter directement. On sait, par exemple, que le général a quelques idées arrêtées en matière financière. L'intendance n'a pas toujours pour lui un caractère secondaire. Les problèmes économiques et financiers bénéficient même alors d'une priorité, chacun étant bien conscient que l'indépendance a pour condition un assainissement et, si possible, une puissance accrue. La période en outre est très favorable à une politique volontariste.

Depuis 1960, constatent Jean-Louis Monneron et Anthony Rowley, l'évolution de la production intérieure traduit une croissance soutenue : 5 % de moyenne annuelle pour ces treize années, ce qui constitue un résultat tout à fait remarquable. En elle-même d'abord car jamais au cours de son histoire la France n'a connu une période de croissance aussi intense et aussi longue, mais aussi par rapport aux pays étrangers. Parmi les pays développés seul le Japon réalise une performance supérieure ; même les niveaux records des miracles allemand ou italien des années 1950 sont dépassés[1].

Comme dans d'autres domaines, la Ve République tire profit de bons choix opérés sous la IVe, et heureusement sauvegardés par le général en 1958. Imposée par la construction européenne, l'ouverture de l'économie française sur le grand large a eu d'heureuses conséquences, comme Maurice Couve de Murville, avocat du Marché commun auprès du général, l'avait prévu. Dans les milieux dirigeants, l'état d'esprit a changé. La perte de l'Empire n'a pas été ressentie comme une catastrophe — d'autant plus que l'approvisionnement en matières premières n'est pas, pour l'instant, menacé —, les chances offertes par l'Europe sont d'autant mieux perçues que les pouvoirs publics apparaissent décidés à aider ceux qui porteront haut les couleurs de la France à l'extérieur. Pour hostile qu'il soit à la supranationalité, le général comprend très bien ce changement radical de contexte. Pragmatique, il voit sans crainte excessive se mettre en place un nouveau libre-échange symbolisé par des mesures telles que la diminution des taxes douanières à l'intérieur du Marché commun, la libéralisation progressive du commerce par la suppression des contingentements, en 1960, ou la libre convertibilité du franc, à la fin de 1961. À ses yeux, la France a une belle carte à jouer dans cette nouvelle donne, pourvu qu'elle soit dynamique : bientôt la Communauté économique européenne prendra, dans les échanges extérieurs du pays, la place autrefois tenue par les colonies, et cette perspective ne l'effraie nullement. Encore modeste, la pénétration de capitaux étrangers en France, conséquence de l'internationalisation, peut sans doute avoir des effets fâcheux, mais de Gaulle sait qu'il dispose des moyens susceptibles de canaliser le mouvement dans un sens favorable aux intérêts français.

Dans ce contexte, à tant d'égards inédit, l'industrialisation est un objectif prioritaire, la condition *sine qua non* d'une sauvegarde efficace des positions françaises. De Gaulle le sent. Homme de terrain, Georges Pompidou en est également très conscient, d'où le rôle qu'il va jouer dans ce domaine. Tâche immense ! L'Hexagone n'est certes pas un désert industriel. Dès le lendemain de la Libération, par la volonté du général d'ailleurs, la transformation de l'appareil de production a commencé, en particulier par le biais d'une planification souple, indicative, menée sous l'égide de Jean Monnet. Dès le retour au pouvoir de de Gaulle en 1958, il s'est révélé que la production industrielle était le vecteur principale de la croissance[2]. Pourtant, bien des points noirs demeurent : toutes les branches, loin s'en faut, ne sont pas aussi dynamiques que l'automobile, l'aéronautique ou la chimie. Le bâtiment connaît une stagnation préoccupante. Déjà menacé par les produits synthétiques, le textile donne des signes d'essoufflement. Malgré des restructurations intelligentes (Sidelor, de Wendel, Lorraine Escaut, Forges et Ateliers de la Loire), la métallurgie est en crise. Là plus qu'ailleurs des concentrations s'imposent afin que des entreprises de taille européenne puissent résister à la concurrence. Sur ce plan, la France est alors très en retard. Première entreprise française, EDF n'atteint, par son chiffre d'affaires, que le onzième rang en Europe Heureusement, à l'époque, les mentalités changent. Du côté des entrepreneurs, la conquête des marchés extérieurs devient un objectif majeur : Michelin s'implante aux États-Unis et regarde vers l'Amérique du Sud. La nécessité de constituer des groupes susceptibles de tenir la dragée haute aux géants anglo-saxons ou allemands est également ressentie. De ce fait, des éléments favorables à une action concertée des pouvoirs publics et des responsables de l'économie existent à ce moment. S'il voit les choses de loin, le général approuve pleinement son Premier ministre, qui va œuvrer puissamment en faveur de la modernisation par un discours résolument industrialiste, une politique du crédit adéquate, une fiscalité incitative.

Parallèlement à ces changements, une ambitieuse politique d'aménagement du territoire est également mise en œuvre à cette époque. Là encore, le terrain a été préparé depuis la guerre. Sous la IVe République, la publication de nombreuses études, et surtout de *Paris et le désert français* du géographe Jean-François Gravier en 1957, a fait prendre conscience des excès du centralisme — mal national depuis Napoléon — et de la disparité existant entre les régions en matière de développement. À l'ouest d'une ligne Le Havre – Marseille existe une France qui somnole et prend sans cesse du retard. Dès 1950, Eugène Claudius-Petit, ministre du gouvernement Bidault, a jeté les bases d'une politique susceptible de remédier à ce déséquilibre, de faire sortir de leur torpeur des zones comme le Massif central et le Sud-Ouest. En 1955, Pierre Mendès France a poursuivi cet effort en incitant les entreprises à s'installer en province mais, malgré la création de vingt-deux régions de programme en 1956, il reste beaucoup à faire, notamment à établir une carte des zones à industrialiser en priorité

Dans ce domaine, de Gaulle n'est pas très imaginatif, pour reprendre l'expression d'Olivier Guichard, nommé à ce moment délégué général à l'Aménagement du territoire. En pratique, c'est donc Georges Pompidou qui va prendre en charge ce problème. Il le traitera, à son habitude, sans a priori. Pour le chef du gouvernement, il ne s'agit pas de lancer l'État dans le financement de tranches entières d'équipement, mais d'encourager la réalisation de certains projets . un canal, un tronçon d'autoroute, la réfection d'une route. En 1962, cette politique est à peine amorcée mais il est clair que, sous l'impulsion du Premier ministre, on s'éloigne d'un certain dirigisme. Animé par la passion dévorante de l'État, Michel Debré était un étatiste déclaré Avec Georges Pompidou, plus proche du libéralisme, le pragmatisme l'emporte. Contre l'avis du commissaire général Pierre Massé, le Plan devient moins rigide, incitatif. Dans le cadre du Ve Plan, Pierre Massé souhaiterait une politique clairement volontariste à l'égard de certaines régions ; il voudrait aussi que l'on fît payer aux citoyens le coût réel de certains services comme les transports. Georges Pompidou considère avec circonspection ces projets. Pour lui, les Français ne sont pas en situation de les supporter : après le traumatisme de la guerre d'Algérie, ils ont envie de souffler. La croissance doit donc être une priorité, même si elle a pour contrepartie une inflation plus ou moins forte. Aux yeux de l'ancien banquier, une forte circulation monétaire est le signe d'une bonne santé économique — ce qui n'est pas forcément l'opinion du général et de ses conseillers. D'où la perspective d'un conflit à plus ou moins long terme entre les deux têtes de l'exécutif sur ce sujet.

Le général, il est vrai, est alors très absorbé par la politique étrangère. Là comme ailleurs, cependant, il marque le souci de respecter les étapes. La plaie de la guerre d'Algérie est encore mal refermée : le colonel Bastien-Thiry, principal responsable de l'attentat du Petit-Clamart, sera condamné à mort, le 4 mars, par la Cour militaire de justice, et exécuté le 11, le général ayant refusé de le gracier [3]. Par ailleurs, le rapatriement des pieds-noirs risque, on le croit alors, de peser lourdement sur l'économie, alors que les réformes de structure sont à peine engagées. Le général sait donc que la prudence s'impose. Il n'en est pas moins décidé à poursuivre son grand dessein extérieur : rétablir la grandeur française, construire l'Europe autour d'elle, contrer autant que faire se peut les États-Unis, puissance à ses yeux hégémonique. « Les Français, confie-t-il à Alain Peyrefitte, ont besoin d'avoir l'orgueil de la France. Sinon ils se traînent dans la médiocrité, ils se disputent, ils prennent un raccourci vers le bistrot... Si [La France] n'a plus les dimensions d'une grande puissance, si elle n'a pas une grande politique, elle n'est plus rien [4]. » Le 24 janvier 1963, il précise, devant le même interlocuteur :

> « Voyez-vous, nous avons choisi de fonder notre politique sur les réalités et non sur les apparences. Or quelles sont les réalités ? D'abord l'Amérique. C'est un pays en expansion qui cherche à maintenir et à confirmer son hégémonie en Occident. Les États-Unis sont sortis vainqueurs de la guerre. Ils pensent qu'ils réussiront toujours à mener le monde comme ils l'ont fait depuis 1945... Les Anglais seront leur cheval de Troie en Europe. Pour cela, il suffit que la Communauté européenne s'ouvre au monde anglo-saxon ; moyennant quoi ils y feront la loi... Quelle est la deuxième réalité internationale ? La Russie. En pratique, elle a sans doute renoncé à diriger le monde et comprend que son heure est passée. Mais elle ne veut pas être bouffée et elle a raison. Et quelle est la troisième réalité internationale ? C'est la France. Nous sommes en ce moment les seuls, en dehors des Américains et des Russes, à avoir une ambition nationale, à nous y tenir et à avoir le courage de le dire. En dehors de ces trois réalités internationales, il n'y a que des nébuleuses, il n'y a que des pays divisés contre eux-mêmes, il n'y a que les éternels candidats, il n'y a que les perpétuels hésitants [5]. »

La grandeur qu'exalte de Gaulle n'a évidemment pas le même sens que ce terme pouvait avoir un siècle plus tôt. Il ne s'agit pas de se lancer dans des conquêtes militaires ; le temps en est définitivement révolu (même si l'éventualité d'une guerre entre Européens restera toujours présente dans son esprit).

« La magistrature de la France est morale, dit-il encore à Alain Peyrefitte. En Afrique, en Asie, en Amérique du Sud, notre pays est le symbole de l'unité des races, des droits de l'homme et de la dignité des nations. La France représente quelque chose d'essentiel. Elle avait exagérément décliné depuis un siècle. Elle doit reprendre sa place... Notre pays se distingue des autres en ce que sa vocation est plus désintéressée et plus universelle que celle d'aucun autre. La France, chaque fois qu'elle est elle-même, est humaine et universelle. La vocation de la France c'est d'œuvrer pour l'intérêt général[6]. »

D'essence à la fois monarchique et jacobine, le nationalisme du général se veut donc pacifique. Il n'en est pas moins exclusif de tous les autres, ou plutôt de ceux susceptibles de le concurrencer. Dans la vision gaullienne du monde, seules comptent les grandes puissances, on ne le répétera jamais assez. Les moyennes et les petites n'existent que dans la mesure où elles peuvent favoriser le jeu de la France. Très logiquement, c'est sur ces bases claires que le général, au tout début de l'année 1963, va donner le coup d'envoi de son grand projet diplomatique caractérisé par la mise en cause de la suprématie américaine. Présentant ses vœux aux Français, le 31 décembre 1962, il a annoncé : « Le temps est venu où, sans tomber dans l'outrecuidance, nous pouvons et nous devons regarder loin et viser haut. » Le mois de janvier de fait va être marqué par deux initiatives majeures : le 14 janvier, une conférence de presse tenue à l'Élysée au cours de laquelle le chef de l'État contre spectaculairement l'Amérique ; le 22 janvier, la signature à Paris d'un traité franco-allemand d'entente et de coopération qui, par-delà l'officialisation du rapprochement avec l'Allemagne de l'Ouest, constitue une autre pierre jetée dans le jardin de l'Oncle Sam.

Dans *Les mille jours de Kennedy*, l'historien Arthur Schlesinger Jr. assure que la conférence de presse du 14 janvier restera un coup sévère porté à l'unité atlantique. De fait, ce jour-là, sur un ton modéré mais ferme, le président de la République française a exprimé son total refus des deux projets les plus chers à John Kennedy en politique etrangère : la force multilatérale et l'entrée de la Grande-Bretagne dans le Marché commun. De Gaulle a des raisons de ne pas être satisfait des Américains vis-à-vis desquels il s'est montré loyal lors de la crise de Cuba : non seulement il n'a pas été remercié de son attitude mais, en décembre, lors d'une rencontre à Nassau, aux Bahamas, avec le Premier britannique Harold Macmillan, Kennedy a paru lui tendre un piège. Dès que les résultats du sommet ont été connus, le général a estimé qu'il était visé. Sans le dire, il n'a jamais désespéré d'établir avec Londres une alliance militaire susceptible d'équilibrer la superpuissance américaine. D'où son impression d'avoir été joué à Nassau, puisqu'en échange d'une aide américaine pour la construction de sous-marins porteurs de fusées et de l'octroi de fusées Polaris, éventuellement armées de têtes nucléaires, Harold Macmillan a accepté d'assigner cet arsenal atomique à la force multilatérale de l'OTAN. Tout de suite, de Gaulle a perçu le calcul de Kennedy : l'aval des Britanniques obtenu, il serait possible de proposer le même traitement à la France — qui perdrait alors son statut de puissance atomique. Dès le 19 décembre, le général a fait part à Alain Peyrefitte de sa détermination à refuser les propositions américaines de force multilatérale et à mettre sur pied une puissance atomique autonome. Le 4 janvier, il a donc tenu un langage très clair à l'ambassadeur Charles Bohlen :

« Nous ne sommes pas favorables à la conception des forces intégrées. Nous tenons à ce que notre force atomique soit une force nationale. Nous voulons que nos bombes demeurent entre nos mains. Nous ne pouvons les confier à d'autres ni en partager la disposition avec d'autres car l'enjeu est trop grand. La position du gouvernement américain, pour ce qui est de ses propres armes atomiques, est d'ailleurs identique à la nôtre et cela est parfaitement naturel [7]. »

Voulue avec obstination par Washington, l'entrée de la Grande-Bretagne dans le Marché commun risque par ailleurs aux yeux du chef de l'État, non seulement de ruiner toutes les chances d'une Europe indépendante selon ses vœux, mais de porter un coup fatal aux institutions déjà en place. Compte tenu de ses liens avec le Commonwealth, des problèmes spécifiques de son agriculture, de la singularité irréductible de son système politique, l'Angleterre, de fait, ne paraît pas prête à rejoindre le Club des Six, et, au cours des négociations ouvertes depuis plusieurs mois, des « européens » aussi convaincus que Jean François Deniau ont noté le caractère ambigu de sa démarche vers l'union du vieux continent [8]. En la circonstance, de Gaulle néglige le fait que l'hostilité des Anglais à la supranationalité pourrait servir ses intérêts. Les liens étroits entre les États-Unis et la Grande-Bretagne priment tout à ses yeux.

Enfin, pour le général, à supposer qu'il ait jamais eu un doute à cet égard, le concept de partenariat à égalité avec l'Europe, lancé par Kennedy à Philadelphie, le 4 juillet, n'est qu'un leurre. Inspirée en partie par Jean Monnet, défendue par l'économiste Walt Rostow, conseiller de la Maison-Blanche (qui y voit un moyen de rééquilibrer la charge financière de l'OTAN en faveur des États-Unis), cette idée séduisante est restée une coquille vide. Sans le dire publiquement, Jean Monnet n'y croit déjà plus beaucoup : il craint que les Américains ne retiennent seulement du système que les avantages économiques, préférant pour le reste une Europe émiettée et satellisée à un partenaire capable de discuter à égalité. De fait, le *Trade Expansion Act*, adopté par le Congrès le 1er octobre, sera le seul aboutissement concret du discours de Philadelphie. Pour le reste, le Pentagone monte une garde vigilante et refuse tout partage de responsabilités en matière militaire. Dans *L'Alliance incertaine*, Georges Henri Soutou estime que le général, « en repoussant toute forme de discussion sur Nassau et en renvoyant à plus tard toute décision sérieuse sur l'OTAN, fit échouer une chance, certes ténue, de réaliser très rapidement la réforme de l'Alliance sur une base tripartite qu'il avait réclamée depuis 1958 [9] ». Sans nier la propension de de Gaulle à dramatiser, à prêter les pires arrière-pensées à ses interlocuteurs, force est de constater en l'occurrence que la chance était en effet très mince.

À partir du début de l'année 1963, de Gaulle en tout cas est décidé à ne plus se laisser arrêter par la prudence. De passage à Paris, le

10 janvier, le secrétaire d'État adjoint George Ball, grand ami de Jean Monnet, tente de vanter les avantages de la force multilatérale à Maurice Couve de Murville. Vains efforts ! « Il est mieux de vous dire tout de suite, précise le ministre des Affaires étrangères, que nous ne donnerons jamais notre accord pour participer à une telle force ! »

Pour John Kennedy et ses conseillers, les propos tenus par le général à l'Élysée le 14 janvier devant la presse ne constituent donc pas vraiment une surprise. Ils n'en marquent pas moins une inflexion sensible de la politique extérieure française. L'ambassadeur du Royaume-Uni à Paris, sir Pierson Dixon, ne s'y trompe pas. À ses yeux, la conférence de presse du 14 janvier a la même importance que l'allocution télévisée du 16 septembre 1959 relative à l'autodétermination de l'Algérie :

> Le président de la République semble vouloir ouvrir une brèche dans les méthodes de pensée pratiquées depuis le plan Marshall. Le chef de l'État veut établir l'action diplomatique dans une perspective française... De Gaulle a préparé sa conférence de presse depuis vingt ans. On y retrouve pratiquement mot pour mot ses idées sur l'Europe, la Grande-Bretagne et le reste exposées dans un discours prononcé à Alger en 1944, dans le discours de Bayeux de 1947 et une conférence de presse de 1961. De Gaulle est maintenant en mesure d'agir selon les schémas qui lui ont paru toute sa vie nécessaires à la France Tout un système est en train d'être organisé autour de lui... Lundi prochain attendons-nous à ce que le général de Gaulle essaie d'amarrer la France et l'Allemagne par une initiative extrêmement spectaculaire [10].

Judicieuse prédiction ! Le 22 janvier, dans le salon Murat de l'Élysée, Charles de Gaulle et Konrad Adenauer signent en effet un traité d'entente et de coopération qui, après tant d'années d'affrontements, officialise la réconciliation entre les deux pays, jusque-là ennemis héréditaires, et concrétise leur volonté de travailler ensemble, en particulier dans le domaine de la défense. La réconciliation, en fait, les historiens le savent, a été amorcée dès 1950 par Jean Monnet et Robert Schuman, promoteurs de la CECA, qui réintroduisait l'Allemagne sur un pied d'égalité dans la communauté internationale. Dans une préface à l'ouvrage d'Henri Froment-Meurice, *Vu du Quai*, Hélène Carrère d'Encausse, dont l'objectivité ne peut être mise en doute, souligne à cet égard :

> Il est courant désormais de tenir le général de Gaulle pour l'artisan du rapprochement franco-allemand et de projeter les liens étroits qui l'unissaient au chancelier Adenauer sur toute la période qui commence en 1945. Très opportunément, Henri Froment-Meurice balaie la légende, montre que ce rapprochement ne fut pas, et de loin, l'œuvre du seul général qui, en 1945, croyait encore à la nécessité de démanteler l'unité allemande et espérait qu'une alliance franco-russe pourrait empêcher la renaissance d'une Allemagne forte [11].

La conclusion de ce traité n'en est pas moins un événement d'une importance majeure. Dans la conscience collective, qui se nourrit d'images et de signes forts, l'accolade entre le chancelier et le général restera une scène mémorable attestant, dix-huit ans après la guerre, la fin d'un antagonisme séculaire.

Mais l'initiative du général n'est pas dépourvue d'arrière-pensées, loin s'en faut. Elle s'inscrit même très précisément dans le cadre d'une stratégie visant à briser la tutelle américaine sur l'Europe. Comme l'écrit Pierre Maillard, c'est « dès le voyage du chancelier Adenauer en France en juillet 1962, à un moment où la rupture des négociations à Six pouvait paraître comme non définitive, que fut formulée pour la première fois l'idée d'une entente à deux [12] ».

Malgré les mises en garde de ses conseillers Schroeder et Blankenhorn, ambassadeur à Paris, soucieux de préserver à la fois l'Europe des Six et l'Alliance Atlantique, Adenauer accepta alors la perspective annoncée par le président français de construire l'Europe à partir d'un noyau dur franco-allemand. Exprimé devant des témoins abasourdis, l'accord du chancelier sema immédiatement l'émoi par les européens et les atlantistes. Directeur d'Europe au Quai d'Orsay, Jean-Marie Soutou prévint Jean Monnet de l'importance des événements en cours : un changement d'orientation radicale de la politique étrangère française n'était pas à exclure [13].

Dès lors, la perspective d'un accord direct entre Paris et Bonn se précisa. En septembre 1962, l'idylle de Gaulle-Adenauer atteignit son zénith quand le président de la République française effectua en Allemagne un grand voyage, au cours duquel il scella la réconciliation devant des auditoires en délire. « À Hambourg, dira plus tard Helmut Schmidt à Valéry Giscard d'Estaing, il y avait plus de monde que pour Hitler. » Le projet ne put qu'être renforcé par cette tournée triomphante ; il le fut aussi par la crise de Cuba, dans la mesure où les États-Unis ne parurent pas très soucieux de recueillir l'avis de leurs alliés.

Mais l'élément essentiel qui conduisit à la signature de l'accord historique fut la conviction de Konrad Adenauer. Le vieux chancelier ne voulait en aucune manière trahir l'Alliance Atlantique et l'Europe. Simplement, comme il n'avait pas totalement confiance dans les États-Unis pour assurer la sécurité de son pays, il cherchait une assurance du côté français. En outre, souligne Pierre Maillard, il voulait à tout prix « garder l'appui de de Gaulle dans une série de questions vitales concernant la sécurité de l'Allemagne, consacrer la réconciliation franco-allemande et mettre fin à une rivalité plus que séculaire ; enfin, par l'exercice de cette solidarité, il souhaitait prévenir le risque toujours redouté pour lui d'un repli du pays voisin sur soi, d'où pourrait résulter une résurgence de l'association avec la Russie [14] ».

Dès l'automne 1962, le projet d'union franco-allemande prit corps. Le 18 septembre, tout de suite après le voyage du général, un mémorandum fut remis par la France à la République fédérale. Il n'y était pas question de traité, seulement d'une coopération renforcée dans des domaines essentiels, comme les Affaires étrangères, la Défense, l'Éducation et la Jeunesse, rien donc qui pût remettre en cause officiellement les rapports avec l'OTAN ou la Communauté européenne.

Peu après, tout à coup des difficultés surgirent. À Bonn d'abord, une crise gouvernementale se produisit. L'autorité du chancelier fut contestée. On évoquait l'éventualité d'une grande coalition. Parallèlement, les Américains commençaient à allumer des contre-feux. Lors d'un voyage à Washington, les 13 et 14 novembre, Adenauer se vit conseiller par Kennedy d'accepter l'entrée de la Grande-Bretagne dans le Marché commun. Mais le chancelier, vieux renard de la scène diplomatique, ne se laissa pas impressionner : les obstacles confortèrent sa volonté d'aboutir à un accord avec Paris. C'est en tout cas à ce moment-là, semble-t-il, qu'il commença à envisager le projet d'un traité et non d'un simple accord pour sceller la réconciliation entre les deux pays déchirés par l'Histoire. Les conversations Kennedy-Macmillan, aux Bahamas, en décembre, le surprirent par ailleurs désagréablement : sur une très importante affaire de sécurité, l'Allemagne n'avait même pas été informée ! Adenauer était donc résolu à prendre une sorte de double assurance pour l'Allemagne : le 14 janvier 1963, il avalisa le projet de force multilatérale devant George Ball, en visite à Bonn. Dans le même temps, il poursuivit son rapprochement avec la France.

L'obstination avec laquelle il recherchait une alliance avec la France paraissait d'autant plus méritoire à certains de ses conseillers, partisans de l'Europe et de l'Alliance Atlantique, que de Gaulle ne lui facilitait guère la tâche. En prenant position, le 14 janvier, de manière très catégorique contre la force multilatérale et l'entrée de la Grande-Bretagne dans le Marché commun, le général plaçait Adenauer en position délicate. « La signature d'une convention avec la France qui devait avoir lieu les 21 et 22 janvier 1963, écrit Georges Henri Soutou, prenait désormais un sens différent de celui qu'elle avait au départ, et devenait un soutien à de Gaulle dans l'affaire de la candidature britannique et de défi aux Anglo-Saxons[15]. » De ce fait, Adenauer se trouvait en butte aux critiques des européens et des atlantistes, nombreux au sein de la diplomatie allemande. Le ministre des Affaires étrangères, Schroeder, était lui-même très hostile aux perspectives tracées par de Gaulle, que le chancelier, à ses yeux, avait tort de cautionner. Ayant annoncé son intention d'aller discuter avec Macmillan des problèmes évoqués à Nassau, Schroeder se vit d'ailleurs sérieusement admonesté par Adenauer, qui redoutait qu'une telle initiative n'alimentât les rumeurs de double jeu de sa part[16]. Pour ne rien arranger, le SPD, jusque-là très réservé à l'égard des États-Unis, se rallia à ce moment-là aux conceptions de Kennedy : l'idée d'un partenariat avec l'Amérique séduisait beaucoup plus que l'union avec la France.

Adenauer une fois de plus balaya les objections. Le 9 janvier, il demanda à son ministre des Affaires étrangères de lui faire parvenir toutes les pièces qu'il jugeait utiles de connaître avant son séjour à Paris. Sa confiance envers les Américains était entamée et il tenait à la signature d'un accord avec la France. C'est donc dans ces conditions que, le 16 janvier, le gouvernement fédéral décida, pour des raisons constitutionnelles, de proposer à la France de conclure non une simple convention mais un traité en bonne et due forme. Adenauer préférait un simple accord. Peut-être pressentait-il déjà qu'un traité ne serait pas facile à faire ratifier par le Bundestag, condition indispensable pour qu'il entrât en application. De Gaulle, à l'origine, n'avait pas non plus envisagé l'hypothèse d'un texte aussi solennel. Les deux hommes d'État acceptèrent pourtant la suggestion de la diplomatie allemande. C'est ainsi que le traité fut signé à l'Élysée le 22 janvier, lors d'une visite du chancelier en France.

Pour l'essentiel, le traité reprend les dispositions du mémorandum proposé par la France le 18 septembre 1962. Des rencontres au plus haut niveau sont prévues à intervalles réguliers . les chefs d'État ou de gouvernement conféreront au moins deux fois par an, les ministres des Affaires étrangères une fois tous les trois mois, les chefs d'état-major tous les deux mois. Par-delà le souci proclamé de parvenir à une diplomatie harmonieuse, le traité comporte en effet d'importantes stipulations d'ordre militaire. « Sur le plan de la stratégie et de la structure, y lit-on, les autorités compétentes des deux pays s'attacheront à rapprocher leurs doctrines en vue d'aboutir à des conceptions communes. Des instituts franco-allemands de recherche opérationnelles seront créés. » Comme le souligne Georges Henri Soutou, « cette notion de conception commune prend tout son sens dans l'opposition commune franco-allemande à la nouvelle stratégie américaine [17] ». De Gaulle, convaincu du caractère aléatoire de la défense atlantique face à l'Union soviétique, n'entendait pas encore à cette époque remettre totalement en cause l'OTAN. Soucieux de réformer l'organisation afin d'y faire entendre la voix des partenaires de l'Amérique, il souhaitait donner en quelque sorte une garantie supplémentaire à ses alliés du vieux continent, et d'abord aux Allemands, en mettant à leur disposition la force de dissuasion française, pilier de la future défense européenne. Mais dans ce système, point capital trop souvent négligé, la France gardait un rôle prépondérant, la République fédérale n'étant en aucune manière considérée comme un partenaire égal. À l'issue du dernier entretien avant la signature du traité, le 22 janvier, de Gaulle a d'ailleurs bien pris soin de marquer par une inflexion de ton qu'il dirigeait malgré tout l'attelage, que sa prochaine venue en Allemagne était subordonnée à sa ratification du traité :

Le général de Gaulle : Il faut maintenant parler de notre prochaine rencontre Conformément à ce qui a été dit dans le traité que nous allons signer, je suis tout à fait d'accord pour venir en Allemagne en juin ou juillet prochain, en un lieu et à une date qui pourraient être fixés par le chancelier. Mais je tiens à dire, bien entendu, que je n'effectuerai ce voyage que si le traité a été au préalable ratifié.
Le chancelier Adenauer : Je suis entièrement d'accord.
Le général de Gaulle : J'insiste et je répète : il faut que le traité ait été ratifié.
Le chancelier Adenauer : Cela me paraît évident.
Le général de Gaulle : Donc, sous cette condition, je serai en Allemagne dans environ six mois [18].

En privé au moins, le général n'a jamais caché qu'au sein de l'Europe future la France devait avoir la première place.

Cette volonté à peine dissimulée de diriger l'unité franco-allemande à venir, l'orientation nettement antiaméricaine de celle-ci, encore renforcée par la conférence de presse du 14 janvier, tout cela ne passe pas inaperçu dans le camp atlantiste et singulièrement à Washington. De Gaulle commence à franchir la ligne jaune au-delà de laquelle il y a lieu de s'inquiéter. Tout de suite, Adenauer prend les devants, dans une lettre adressée à Dean Acheson dès le 29 janvier :

> Dans plusieurs articles de presse ou rapports, le gouvernement fédéral et moi-même avons été critiqués pour avoir signé le traité franco-allemand. Depuis l'été dernier, j'ai informé le secrétaire d'État de mon intention de nouer des rapports plus étroits avec la France. L'ambassade américaine à Bonn a toujours été informée. Le traité par conséquent n'a pas été une surprise pour le gouvernement américain [19].

Adenauer termine ce plaidoyer *pro domo* en soulignant qu'il a plaidé auprès du général en faveur de solutions raisonnables à Bruxelles. Le traité franco-allemand reste cependant une provocation pour les Américains. Dès lors, il doit être contré, et puisqu'il y aura ratification du texte par le Bundestag, le terrain de la riposte est tout trouvé.

Officiellement, la réaction américaine est relativement mesurée. « Je ne crois pas, observe dans un premier temps l'ambassadeur Charles Bohlen, que de Gaulle a le projet délibéré d'éliminer la présence et l'influence américaines du continent européen. Encore cela requiert-il une définition de ce que signifie l'influence américaine [20]. » Pour le diplomate, de Gaulle n'est pas opposé aux États-Unis en tant que tels mais au rôle excessif qu'ils jouent, selon lui, auprès de ses alliés européens. En privé cependant, les responsables américains ne cachent pas leur inquiétude. Dans une note du 30 janvier destinée à John Kennedy, Mc George Bundy précise que si le gouvernement américain n'a jamais douté de la volonté du général de hisser la France au premier rang en Europe, il a été surpris en revanche de la rapidité avec laquelle cet objectif a été affirmé, si peu de temps après la fin de la guerre d'Algérie [21]. À mesure que le temps passe, les effets négatifs de la conférence de presse du 14 janvier apparaissent nettement. Pour évoquer de Gaulle, les Américains retrouvent des expressions inutilisées depuis Roosevelt. Le 2 mars, dans une lettre privée adressée à Mc George Bundy, Charles Bohlen ne dissimule pas son pessimisme. Un récent déjeuner avec Louis Joxe a renforcé ses présomptions à l'égard du général : au dire du ministre, pourtant fidèle entre les fidèles, le chef de l'État, de fort méchante humeur et soupçonneux, « rumine sombrement ». Pour l'instant, un accord avec l'Union soviétique semble improbable mais « aucun collaborateur du président français ne connaît vraiment sa pensée ». De Gaulle, assure Charles Bohlen, est l'incarnation d'une France conservatrice, pénétré de principes hiérarchiques, religieux et militaires ; c'est même d'après lui la raison pour laquelle il s'est opposé à Pétain ! En outre, il ne connaît pas l'étranger, la structure constitutionnelle des Etats-Unis est certainement pour lui un mystère. La pérennité de l'État est son seul but, les idéologies le laissent indifférent. La nation est pour lui un absolu, d'où son opposition à toute forme d'intégration. « C'est un homme d'une très grande courtoisie naturelle en surface, souligne l'ambassadeur, mais il est en réalité extrêmement froid et même brutal dans sa façon de congédier des collaborateurs immédiats dès lors que les intérêts du pays ou du régime sont en jeu[22]. » Ouvertement, l'ambassadeur des États-Unis envisage l'éventualité de la disparition du général par mort naturelle ou à la suite d'un assassinat[23]. Peu après, il souligne à l'attention de Dean Rusk combien est ridicule la crainte du général de voir survenir un arrangement entre les États-Unis et l'Union soviétique[24].

Disciple de Jean Monnet, le secrétaire d'État adjoint George Ball est à peu près du même avis. Pour lui, et il ne se prive pas de le dire, de Gaulle poursuit des chimères, selon les vieux schémas du XIXe siècle. Après Napoléon, de Gaulle est à ses yeux le continuateur de la dangereuse illusion nationaliste. Le secrétaire d'État Dean Rusk va pour sa part plus loin encore : il le soupçonne de préparer à terme un retournement des alliances et de vouloir s'entendre avec les Soviétiques[25].

Très vite, une riposte américaine est à l'étude. La prudence semble de mise. Kennedy, tout d'abord, malgré tous les points de friction, a une admiration sincère pour le général : « En tant qu'homme politique, il est fasciné par les succès du général de Gaulle », avoue Mc George Bundy[26]. Le prestige du président français est un élément essentiel à prendre en considération, et la signature récente du traité franco-allemand l'a renforcé encore. À Paris, Bohlen est découragé : de Gaulle ne refuse jamais de le recevoir mais il ne sort rien de ces dialogues de sourds. À Washington, Mc George Bundy se montre donc partisan d'une tactique souple définie dès novembre 1962 :

> Le général de Gaulle doit être traité par le président avec un calme olympien et les nations européennes doivent être discrètement encouragées à s'opposer à son but d'être leur chef de file. Nous devons être particulièrement attentifs aux événements d'Allemagne et devancer toute tendance de leur part à entrer dans la plus vague association nucléaire avec la France[27].

Une fois de plus, le problème nucléaire est ainsi au centre du débat. En la matière, Français et Américains jouent au chat et à la souris. Washington souhaite que de Gaulle accepte la force multilatérale, sans contrepartie, en renonçant à la construction d'une force de frappe autonome. Sans jamais le dire nettement, le général, qui sait la difficulté (et le coût) de mettre sur pied une telle puissance atomique, essaie d'obtenir, également sans contrepartie, des sous-marins et des têtes nucléaires. Le 4 janvier, le marché a été évoqué, en termes à peine voilés, quand Charles Bohlen a été reçu à l'Élysée. Autour de Kennedy les points de vue s'affrontent quant à l'opportunité de donner à la France ce qu'elle souhaite. Le secrétaire d'État Dean Rusk est partisan de la plus grande fermeté. Clara Luce, la célèbre éditrice de journaux, très liée aux Kennedy, plaide au contraire la cause du chef de l'État français. En Europe les atlantistes donnent aussi leur avis. Personnalité importante de la CDU, américanophile proclamé, le Dr Kurt Birrenbach, fort mécontent du traité avec la France, conseille à Kennedy, par l'intermédiaire de Dean Acheson, d'amadouer le président français en lui offrant une coopération en matière atomique. En réalité le problème est sans solution car, de part et d'autre, des arrière-pensées en faussent la perception. Le général cache à peine qu'il veut jouer sur deux tableaux : cela est si vrai qu'à ce moment il ordonne au SDECE et au deuxième bureau de l'état-major de lancer une vaste opération d'espionnage aux États-Unis [28]. Les Américains, en sens inverse, ne sont disposés à donner des informations en matière nucléaire que si la France renonce à une force de frappe indépendante. Dans une lettre privée [29] adressée à Clara Luce, le 19 février 1963, le président Kennedy est particulièrement net :

> Je partage sans réserve votre thèse selon laquelle l'objectif devrait être de favoriser, non d'empêcher une vraie union européenne, de barrer la route à la domination de l'Europe par les forces communistes internes ou externes, non de prêter la main à ce processus. Cette unité européenne construite par les Européens, défendue à la fois par ces derniers — capables et désireux de se défendre eux-mêmes — et par les Américains (auxquels on demande de ne pas abandonner l'Europe) est fondée sur l'historique réconciliation franco-allemande ; les États-Unis traitent cette union européenne non comme un satellite mais comme un partenaire fiable et égal. Dans cette perspective de travail avec nos alliés, personne — le général de Gaulle moins que tout autre — ne devrait être « rappelé à l'ordre », ou voir contesté son droit souverain à élaborer une politique propre. Un tel comportement, comme vous le remarquez, favoriserait la désunion au lieu de tendre vers l'unité.
>
> D'un autre côté, peu de dirigeants européens avec lesquels j'ai parlé semblent assurés que l'unité et la sécurité européennes pourraient être assurées par une France à laquelle on aurait donné la possibilité de remplacer les États-Unis en tant que protecteur nucléaire de l'Europe. Ces dirigeants savent que l'Europe a toujours besoin de notre puissance et ils estiment, à juste titre, qu'ils peuvent compter sur nous. De plus, lisant vos avertissements relatifs à l'instabilité politique de tant de nations européennes, je suis même moins enclin que jamais à laisser la décision de la paix ou de la guerre nucléaire entre les mains d'une myriade de nations et de dirigeants, sans avoir l'assurance de savoir comment et par qui la décision sera prise et ce que les États-Unis pourraient gagner à remettre à d'autres l'un de leurs atouts les plus importants. Je ne crois pas qu'il soit de l'intérêt des États-Unis d'envisager la possession d'un arsenal comme un attribut légitime et désirable pour chaque nation souveraine.
>
> Il me semble que les objectifs que vous et moi poursuivons, que les réels problèmes et craintes européennes auxquels vous faites allusion pourraient être réglés par *un nouvel arrangement qui maintiendrait l'indivisibilité du pouvoir nucléaire, tout en donnant aux Européens une participation effective à l'entretien et à la direction* [30]. Vous avez raison de faire valoir qu'une totale confiance dans le pouvoir nucléaire américain ne satisfait plus les besoins de toute l'Europe. Et nous sommes présentement en train d'explorer avec les Européens comment un nouvel arrangement — qui augmenterait la puissance occidentale au lieu de la diviser — pourrait être mis sur pied, conformément aux principes précités. [...] Si nous y parvenons — et ce ne sera pas facile — cela sera sûrement une plus grande

contribution à l'unité, a la fois militaire et politique, que la création de plusieurs forces nationales séparées, aucune d'entre elles n'étant assez forte pour détruire les Soviets, mais toutes étant suffisamment importantes pour constituer un fardeau financier et, dans des mauvaises mains, un danger militaire.
En bref, nous ne voulons pas que le sort d'une paix ou d'une guerre nucléaire soit décidé par une multitude de nations sans notre participation. Les Français et d'autres Européens ne veulent pas que tout soit décidé, comme vous le dites, par le presse-bouton de Washington, sans leur participation. Notre tâche est donc de trouver une formule susceptible de concilier les deux intérêts. Et si nous sommes entraînés dans une guerre nucléaire, ne devrions-nous pas avoir droit au chapitre en ce qui concerne la décision ? N'est-ce pas ma responsabilité première en tant que président des États-Unis de protéger les intérêts des États-Unis dans ces affaires ?

Entre le général et l'Amérique la guerre désormais est déclarée.

En effet, estime Georges Henri Soutou, de Gaulle était passé du raisonnable, c'est-à-dire d'un projet de construction politique et militaire de l'Europe et de rééquilibre de l'Alliance Atlantique, à l'excessif : ses affirmations répétées imprudemment devant tous les interlocuteurs, selon lesquelles la garantie nucléaire américaine avait disparu, [...] ne pourraient être pleinement crédibles alors que les États-Unis venaient de décider un accroissement gigantesque de leurs forces nucléaires stratégiques et tactiques [31].

Conformément aux recommandations faites au président par ses collaborateurs les plus proches, la riposte américaine va être discrète et d'autant plus difficile à contrer.

Pour Washington, il est essentiel que l'Allemagne ne se lie pas trop à la France — même si, le 14 janvier, Adenauer a renouvelé son adhésion à la force multilatérale. Les milieux américanophiles de Bonn vont donc très vite faire l'objet d'une action méthodique afin que les liens atlantiques ne soient pas remis en cause par le traité de l'Élysée. Kurt Birrenbach, dont on connaît les convictions et qui possède un large clavier de relations de part et d'autre de l'Atlantique, devient rapidement l'homme clé de l'opération, comme l'attestent les passionnantes archives qu'il a laissées.

Le traité de l'Élysée a peine signé, Birrenbach se démène comme un beau diable, prend contact avec ses éminents amis américains, propose des solutions et pourquoi pas ses services. Un peu en marge, dans l'ombre, un personnage clé le seconde du côté américain : Shepard Stone de la fondation Ford, très proche des milieux européens. Dès la fin du mois de janvier, Birrenbach s'adresse en termes quasiment identiques à deux monstres sacrés de la diplomatie américaine : Dean Acheson, l'ancien secrétaire d'État de Truman, à présent conseiller de Kennedy, et John Mc Cloy, « le citoyen à titre privé le plus influent des États-Unis [32] », ami intime de Jean Monnet, ancien haut-commissaire américain en Allemagne, qui a littéralement porté la République fédérale sur les fonts baptismaux et dont le prestige est grand outre-Rhin.

Cher monsieur Mc Cloy, écrit Birrenbach, le 31, je vous suis très reconnaissant d'avoir compris l'appel que je vous ai lancé par l'intermédiaire de M. Shepard Stone. Avec mes amis de la CDU nous avons fait le maximum pour convaincre le chancelier d'être ferme durant sa visite à Paris. J'ai cependant l'impression que mes arguments n'ont pas pesé suffisamment fort et c'est pourquoi j'ai recours à vous. Très évidemment le chancelier fédéral n'a pas suffisamment réalisé les implications du grand dessein du général pour l'Allemagne dans ses relations avec les États-Unis [33].

À Dean Acheson, Birrenbach expose le problème devant lequel les Allemands atlantistes sont placés :

Comme j'ai eu l'occasion de vous le dire plusieurs fois, nos possibilités de convaincre la France sont très limitées. Cela est dû en partie à notre passé politique, en partie à l'extraordinaire importance que la France a pour nous compte tenu de sa position géographique [34].

En conclusion, l'homme politique allemand suggère aux Américains de faire un geste vis-à-vis du général dans le domaine atomique, en le faisant bénéficier du même traitement que les Britanniques : « Éclaterait alors aux yeux de tous l'absurdité de l'idée du général selon laquelle, à la base de l'accord de Nassau, la Grande-Bretagne agirait comme agent des États-Unis en Europe. » Pour Birrenbach, il ne s'agit bien entendu que d'un artifice : il le reconnaîtra d'ailleurs lui-même en spécifiant, huit jours plus tard, aux mêmes correspondants, que l'aide ainsi apportée à de Gaulle aurait un caractère « limité et symbolique ».

Quelques jours après, les réponses des correspondants américains arrivent à Bonn. Comme d'habitude, Mc Cloy est direct : pour lui l'Allemagne n'est pas condamnée à choisir entre les États-Unis et la France ; il s'agit seulement de savoir si l'on veut continuer à construire le monde libre, sur les bases choisies après la guerre, c'est-à-dire l'Europe et l'Alliance Atlantique, ou si avec de Gaulle on reviendra au vieux système du XIXe siècle :

Certains me disent que le chancelier a été dupé par de Gaulle. Il est beaucoup trop « vieux renard » pour cela. Et la surprise face aux réactions parfaitement naturelles des États-Unis au vu des événements de ces dernières semaines n'est pas convaincante. En tout cas elle ne me convainc pas [35].

Le 19 février, Kurt Birrenbach reçoit la réponse de Dean Acheson — et la solution au problème posé aux atlantistes par le traité franco-allemand :

Le chancelier Adenauer a fait une erreur — et à mon avis une sérieuse erreur — en signant le traité avec la France... Signer ce traité après le manifeste politique du général de Gaulle et juste avant qu'il n'exprime son veto à l'entrée de la Grande-Bretagne dans le Marché commun a été un acte d'une singulière inconséquence [36].

Pour l'ancien secrétaire d'État, il faut désormais raisonner froidement. Donner à la France une quantité limitée et symbolique de têtes nucléaires, comme le propose son interlocuteur ? Il n'en est pas question.

Cette solution ne sera jamais acceptée par le gouvernement des États-Unis et en toute hypothèse n'aurait pas le plus léger effet sur la résolution du général de Gaulle. Mais, il y a une chose que les trois partis du Bundestag pourraient faire pour envoyer un message plus clair au président français : ce serait d'ajouter une réserve, sinon un amendement stipulant la détermination allemande de maintenir la défense de l'Europe à travers l'OTAN et la connexion avec l'Amérique du Nord.

Ainsi clairement suggérée par le conseiller diplomatique de Kennedy, l'idée, on le sait, va faire son chemin. À Bonn, comme Mc Cloy l'avait bien deviné, le climat est favorable à une telle initiative. Socialistes, libéraux, et même une partie de la CDU ne sont pas sur la même ligne que le chancelier. Beaucoup souhaitent un rapprochement avec la France, mais dans le cadre de l'Alliance Atlantique.

Jean Monnet, inquiété par la signature du traité, est par ailleurs dans le même état d'esprit et son avis compte à Bonn, où l'on n'a pas oublié son rôle, en 1950, lors des débuts de la construction européenne. Quand de Gaulle, revenu au pouvoir, a avalisé le traité de Rome, il s'en est réjoui. En contacts réguliers avec Maurice Couve de Murville, il a par la suite plusieurs fois rencontré le général tête à tête. Avec pragmatisme, il a appuyé certaines de ses initiatives, positives à ses yeux, entre autres la première version du plan Fouchet, tout en sachant très bien qu'il n'avait pas la même conception de l'Europe que lui. Agacé par le personnage depuis 1940 (« Il fait un très bon cognac, malheureusement cette occupation ne lui suffit pas », a-t-il dit à Eisenhower en août 1962 [37]), de Gaulle prétend qu'il est l'homme des Américains.

Dès 1960, il a mis en garde Maurice Couve de Murville : selon lui, Washington, en transformant l'OECE, visait à « réintroduire M. Jean Monnet dans le circuit de la direction économique mondiale ». Perspective évidemment inadmissible à ses yeux : « M. Jean Monnet, n'étant pas fonctionnaire français, ne peut être responsable de quoi que ce soit. D'autre part, on ne peut accepter qu'il fonctionne comme irresponsable [38]. » En fait partisan d'un partenariat à égalité entre l'ancien et le nouveau continent, Monnet n'est pas l'« homme des Américains ».

Je crois qu'au fond, sur l'essentiel, il était d'accord avec de Gaulle, assure Henry Kissinger, tous deux pensant que l'Europe devait avoir une identité forte. La différence était que de Gaulle pensait qu'il fallait l'exiger en s'opposant aux Américains, alors que Monnet voulait parvenir au même résultat en collaborant avec nous [39]

En l'occurrence, il reste que l'« Inspirateur », comme l'appelle le général, est inquiet. Depuis l'été 1962, il redoute que le rapprochement franco-allemand ne soit un premier pas vers l'Europe de l'Atlantique à l'Oural, prônée par le président de la République. À partir de la signature du traité de l'Élysée, il va donc tout mettre en œuvre pour que ce texte ne puisse servir un objectif qu'il réprouve. Longtemps subodorée, en particulier par Maurice Couve de Murville, son intervention peut être à présent prouvée : d'une lettre de Kurt Birrenbach, il ressort que le préambule du traité fut mis au point en avril, lors d'une réunion à l'hôtel Koenigshof de Bonn à laquelle participaient Jean Monnet, son adjoint Max Kohnstamm, Kurt Birrenbach et Herbert Wehner, figure importante du SPD [40]. De toutes les initiatives de

Monnet, celle-ci a été l'une des plus discutées par ses propres partisans. Georges Berthoin, (futur président européen de la Commission trilatérale) notamment lui déconseilla, à l'époque, de la prendre, certain qu'on la lui reprocherait un jour[41]. Le plus probable est que Monnet était alors vraiment inquiet de la tournure prise par la diplomatie gaullienne.

Quoi qu'il en soit, le 16 mai, le Bundestag ratifie le traité accompagné du fameux préambule[42]. Le général est évidemment fort irrité :

> « Les Américains, dit-il à Alain Peyrefitte, essaient de vider notre traité de son contenu. Ils veulent en faire une coquille vide. Tout ça pourquoi ? Parce que des politiciens allemands ont peur de ne pas s'aplatir suffisamment devant les Anglo-Saxons ! Ils se conduisent comme des cochons ! Ils mériteraient que nous dénoncions le traité et que nous fassions un retournement d'alliance en nous entendant avec les Russes[43]. »

Bien entendu, ce projet n'aura pas de suite. Officiellement, le gouvernement français fait même savoir qu'il n'a pas d'objection à l'adjonction du préambule, dont Adenauer, mal à l'aise, n'a pas dit un mot à de Gaulle, dans une lettre du 16 mai annonçant la ratification[44]. En visite à Bonn, au début du mois de juillet, le général marque simplement son mécontentement en déclarant devant Adenauer : « Les traités, voyez-vous, sont comme les jeunes filles : ça dure ce que ça dure. Si le traité franco-allemand n'était pas appliqué, ce ne serait pas la première fois dans l'Histoire. » Et de citer le vers célèbre de Victor Hugo : « Hélas ! Que j'en ai vu mourir de jeunes filles. » Il ajoute aussi, il est vrai, que le traité n'est pas une rose, mais une roseraie qui fleurira aussi longtemps qu'on en prendra soin, ce qui est tout de même moins négatif. Si contrarié qu'il soit, de Gaulle, à ce moment-là, pense encore que l'Allemagne évoluera et se défendra du jeu des États-Unis pour constituer avec la France un axe solide en Europe. On sait aussi qu'Adenauer, même s'il mène un double jeu, redoute que la garantie nucléaire américaine ne soit plus aussi solide qu'autrefois. Pour le général, le vrai souci est le départ prochain du chancelier, alors âgé de quatre-vingt-sept ans. Son successeur désigné, le Dr Erhard, ministre des Finances, père du « miracle économique allemand », adepte du libre-échange, ne cache en effet nullement sa profonde américanophilie.

Mais dès la fin de l'hiver, les réalités nationales requièrent toute l'attention du général. L'euphorie des derniers mois de 1962 aura été de courte durée. Subitement, beaucoup de clignotants s'allument, signalant, à court terme, des conflits sociaux, et, à plus longue échéance, peut-être une crise financière. Dès le premier mois de 1963, les prix flambent et, plus grave encore, les revenus des salariés font apparaître des disparités alarmantes. Les mineurs sont parmi les moins favorisés. Alors que certaines entreprises publiques comme EDF accordent des enveloppes à leurs salariés pour compenser la stagnation de leur pouvoir d'achat, les Houillères, appartenant à un secteur en crise, sont contraintes de suivre une politique moins généreuse. Il en résulte, en ce début d'année 1963, un grave mécontentement parmi les mineurs, un conflit qui va prendre une dimension inattendue.

Le 1er février, un ordre de grève est lancé par les syndicats de mineurs, afin de protester contre la fin de non-recevoir opposée à leurs revendications par le ministre de l'Industrie, Michel Maurice-Bokanowski. Sagement, le général suit l'affaire de haut, la gestion du dossier revenant au Premier ministre. Malheureusement, celui-ci accumule bientôt les faux pas. Convaincu que tout s'arrangera bientôt, puisque seul un écart de 0,77 % sépare la direction des grévistes, il estime aussi que le mouvement de grève déclenchera vite la colère des citoyens. Or ces deux certitudes vont se révéler fausses. Non seulement les réserves en charbon sont suffisantes pour que les effets de la grève ne se fassent pas sentir en plein hiver, mais l'opinion publique juge plutôt avec sympathie les revendications des mineurs. À ces erreurs d'appréciation, Georges Pompidou ajoute une lourde faute tactique : auprès du général, il se fait l'avocat de la réquisition des mineurs par le gouvernement.

Tout au long du chapitre consacré par Alain Peyrefitte à cette affaire dans le tome 1 de *C'était de Gaulle*, aucune nuance n'apparaît entre le général et le chef de gouvernement. Comme dans toutes les occasions où l'autorité de l'État lui semble en cause, le président de la République se fait l'avocat de la fermeté. Après avoir signé le décret de réquisition, le 4 février, à Colombey-les-Deux-Églises, il ne manifeste pas le moindre mécontentement à l'égard du chef du gouvernement.

Le général couvre son Premier ministre du regard, note Alain Peyrefitte, Pompidou a fait montre dans cette crise de fermeté, de maîtrise, de mesure, de précision. De Gaulle est manifestement satisfait de ce comportement. La réquisition est une épreuve entre le Parti communiste et le gouvernement. Les imbéciles suivent le PC, comme l'évêque d'Arras, la CFTC et Le *Figaro*. La réquisition a été faite. J'en prends la responsabilité. (Il a détaché les syllabes de cette phrase.) Si on ne l'avait pas faite, ça n'aurait rien changé ; les données étaient là et elles auraient joué de toute façon[45]. »

Au dire de Michel Maurice-Bokanowski[46], le général aurait tout de même été plus en retrait, voire sceptique, sur le bien-fondé de la réquisition. Les effets désastreux de cette mesure en tout cas ne se font pas attendre. L'autorité de l'État est battue en brèche. L'ordre avalisé par le président de la République reste lettre morte dans des régions acquises au gaullisme depuis longtemps comme le Nord et la Lorraine. La grève, complète, va durer un mois, provoquant des mouvements de sympathie à l'intérieur même des rangs de la majorité. Après un discours décevant de Georges Pompidou, le 8 mars, une issue finit par être trouvée le 13. Ce jour-là, le Conseil des ministres décide l'installation d'une commission présidée par Pierre Massé, chargée d'un rapport sur l'évolution des salaires des secteurs public et privé. Rendu public le 22, ce document, rédigé par des « sages », laisse apparaître un écart de 8 % pour les charbonnages, de 4,7 % à 5,2 % pour la SNCF, de 3,1 à 3,6 % pour EDF. Le 3 avril, après de nouveaux atermoiements du pouvoir, un accord intervient prévoyant de rattraper les salaires. Assez vite, le travail reprend à l'instigation du syndicat CFTC mené par Joseph Sauty, qui avait lancé le mouvement de grève. Mais pour le régime l'épreuve a été rude. Pour la première fois depuis longtemps les syndicats ont fait une démonstration de force réussie, la volonté du gouvernement a été tenue en échec, l'autorité du Premier ministre entamée. Même s'il a semblé prendre quelque distance avec les solutions prônées par ses ministres, et d'abord le premier d'entre eux, de Gaulle ne sort pas indemne de l'affrontement. L'« intendance » vient de révéler toute son importance.

Longtemps occultés par l'affaire algérienne, d'autres problèmes de gestion intérieure resurgissent avec acuité en cette fin de printemps 1963 et sollicitent l'attention du général. Premier sujet d'inquiétude : le monde paysan, alors en pleine colère. Depuis plusieurs années, ce secteur est en mutation profonde tant du fait de la construction européenne que des transformations techniques et des impératifs économiques nouveaux. En 1960, une loi d'orientation agricole a fixé des objectifs très ambitieux « pour une génération et davantage ». Afin d'assurer la parité entre l'agriculture et les autres formes d'activité économique, priorité a été donnée à l'action sur les structures. « Une politique agricole, affirmait le ministre de l'Agriculture de l'époque, ne peut être uniquement ni même avant tout une politique des prix. Le revenu des agriculteurs est la conséquence de la structure des exploitations. » Dans cette perspective, la création d'un organisme adéquat, les sociétés d'aménagement foncier et d'équipement rural (SAFER), destinées à acheter des terres et à les remettre entre les mains des jeunes agriculteurs, a été prévue, mais toutes ces louables intentions tardent à entrer dans les faits. Au début de l'été, l'effondrement de certaines productions et l'abaissement de 10 % des droits de douane, appliqués fin mai aux produits de consommation, provoquent une flambée de colère dans le monde paysan. Un peu partout, les rues sont envahies par des manifestations. En Normandie, le ministre de l'Agriculture, Edgard Pisani, est retenu prisonnier et contraint de consommer des litres de lait. Sur l'octroi de crédits, le gouvernement se montre intraitable. En revanche, il fait voter la loi d'application de la loi-programme agricole créant les SAFER, et il institue un fonds destiné à absorber les surplus en cas de surproduction. Les campagnes s'apaisent mais le malaise gagne d'autres secteurs. Des augmentations de salaires sont partout réclamées, les grandes villes sont le théâtre de défilés où l'on réclame « Charlot des sous » sur l'air des lampions.

Le 19 avril, dans une allocution radiotélévisée, le général répond « Des sous et des crédits ne sauraient être alloués que si nous les possédons... si notre pays ne retombe pas dans l'inflation. » En termes très nets, le chef de l'État distingue ainsi le péril principal qui, selon lui, menace la France. Depuis un certain temps, à dire vrai, les experts sonnaient le tocsin. En douze mois, il apparaît que la masse monétaire a augmenté de 16,5 % (contre 2,6 % aux États-Unis, 4 % en Grande-Bretagne, 7,4 % en Allemagne) et de 86 % en quatre ans et demi. Dans les milieux dirigeants, on prend peu à peu conscience du danger. Le 7 mai, Valéry Giscard d'Estaing, ministre des Finances, avertit le Conseil des ministres : « L'inflation nous menace et nous risquons d'entrer dans un cycle infernal comme autrefois[47]. »

De Gaulle manifestement est ravi d'entendre ce langage. Attentif aux arguments de Jacques Rueff selon lequel l'inflation est due essentiellement au déficit de la balance des paiements américains, il n'en reste pas moins convaincu que l'État se doit de tout mettre en œuvre pour juguler les désordres monétaires. Georges Pompidou en revanche n'est pas du même avis. La croissance est, à ses yeux, un impératif, et mieux vaut accepter une certaine inflation plutôt que de la briser. D'où sa réaction très négative aux projets du ministre des Finances visant à taxer les entreprises dont les gains sont distribués en rémunérations, donc susceptibles de faire monter les prix et les salaires.

Au début du mois d'août, de Gaulle manifestement excédé, convoque exceptionnellement un Conseil des ministres afin que des mesures énergiques soient prises lors de la rentrée de septembre. Le 28 août, il confie à Alain Peyrefitte :

> « Il faut préparer l'opinion à quelques évidences. Stabiliser les prix et les salaires, c'est une politique digne d'un gouvernement. L'inflation c'est le laisser-aller, c'est le chien crevé au fil de l'eau. Nous allons mener une politique d'action contre la hausse ; une politique de rigueur. Le gouvernement est obligé de constater que la croissance des salaires et des prix dépasse ce qui est raisonnable. Il faut donc prendre des mesures draconiennes[48]. »

En privé, Georges Pompidou exprime encore des doutes sur le bien-fondé d'un plan d'ensemble dont il redoute les effets négatifs sur la croissance. Lors du Conseil des ministres du 12 septembre, il fait part de l'enthousiasme modéré du patronat et des agriculteurs quant aux mesures projetées[49]. Mais cette fois il est trop tard pour tergiverser. De Gaulle est intraitable. « Dans tous les domaines, déclare-t-il à l'issue de ce même Conseil, j'entends qu'on ne se borne pas à des mesures fractionnelles. Il fallait un plan à effet général. » Peu après, Georges Pompidou, flanqué de Valéry Giscard d'Estaing, présente donc aux journalistes les axes directeurs du programme de stabilisation. Réduction de la dépense publique, création de nouveaux impôts (en particulier sur le tiercé et les valeurs foncières), restriction de crédits, blocage des prix, incitation à l'épargne ; aucune des mesures annoncées n'est de nature à provoquer l'enthousiasme des foules. Le lancement d'un emprunt complète un dispositif rigoureux qui, à peine annoncé, suscite d'âpres critiques. À droite, les réserves, notamment dans les milieux patronaux, ne s'expriment heureusement pas de manière publique. Il n'en va pas de même à gauche : dans *Le Populaire*, organe de la SFIO, Claude Fuzier résume l'opinion générale en dénonçant « un chef-d'œuvre de duplicité ».

Curieusement, personne ne semble soupçonner que ce plan suscite des divergences d'appréciation entre de Gaulle et son Premier ministre. Dans *Le Figaro littéraire*, François Mauriac, souvent plus critique, souligne même le talent, la conviction avec lesquels Georges Pompidou a présenté ces dispositions impopulaires. Georges Pompidou, les mois à venir vont le confirmer, ne cesse de freiner, tandis que Valéry Giscard d'Estaing a tendance à encourager de Gaulle dans son attitude intransigeante :

« Le général est tellement volontariste qu'il ne peut pas supporter l'idée que la vie économique n'obéisse pas à sa volonté, ni au Plan, confie un mois plus tard le Premier ministre à Alain Peyrefitte. Giscard, après avoir pendant un temps renâclé à ce plan de stabilisation que le général voulait lui imposer ainsi qu'à moi, a enfourché ce cheval ; il en fait son affaire personnelle. C'est maintenant moi qui traîne les pieds... L'économie ne se dirige pas comme une parade[50]. »

De Gaulle, lui, ne se laisse pas dévier de son objectif :

« Il y a dans ce pays une volonté de développement national, mais il n'y a pas de volonté de s'opposer à l'inflation, dit-il encore à Peyrefitte Les individus comme l'État ont l'argent facile... On proteste pour en obtenir toujours plus que les copains car ce qu'on souhaite, ce n'est pas tant d'en avoir beaucoup, que d'en avoir plus que les autres[51]. »

Sur le plan extérieur, la fin de l'année 1963 est moins marquée par des initiatives spectaculaires du général que par d'importants changements d'hommes sur la scène internationale. À l'automne, en moins de trois mois, trois puissances occidentales majeures, l'Allemagne, la Grande-Bretagne et les États-Unis ,voient leurs dirigeants s'effacer ou disparaître. Si la retraite, pour raison de santé, d'Harold Macmillan et son remplacement par le secrétaire au Foreign Office, lord Home, un pair écossais mal adapté à l'époque contemporaine, a peu de répercussions sur les rapports avec la France, il n'en va pas de même du départ de Konrad Adenauer et de l'assassinat de John Kennedy.

Comme prévu, Adenauer quitte en octobre la Chancellerie qu'il occupait depuis la fondation de la République fédérale. Avec ce Rhénan obstiné et courageux, de Gaulle voit s'éloigner un partenaire plus qu'apprécié, vénéré et respecté. L'affaire du préambule a jeté une ombre sur les relations franco-allemandes, pas sur les rapports entre le chancelier et le général. Quand les deux hommes d'État se retrouvent à Rambouillet, le 21 septembre, pour une ultime rencontre officielle, la lune de miel franco-allemande semble de nouveau au zénith. Adenauer se déclare déçu par la politique américaine séduit au contraire par les positions de son hôte ;

« Surtout, il ne faut pas que la France relâche ses efforts en matière nucléaire. Votre conception, général, est bonne et juste. Je la partage sans la moindre réserve. Que les Américains ne se fient pas trop aux Polaris, ni à la force multilatérale. Pour des raisons politiques, j'ai cru devoir l'accepter, mais je n'ai pas confiance en elle .. Il n'y a pas d'autre réalité européenne que l'Allemagne et la France et, si ces deux réalités ne sont pas unies dans tous les domaines, nous serons noyés[52]. »

À l'heure du départ, reste surtout chez le vieux chancelier l'essentiel : la fierté d'avoir parfait la réconciliation avec le voisin d'outre-Rhin : « L'amitié franco-allemande est le résultat le plus important de toute mon activité pendant les quatorze années où j'ai dirigé la politique allemande[53]. » Quelles qu'aient pu être les arrière-pensées de part et d'autre, le traité franco-allemand a scellé, de fait, la concorde retrouvée entre les deux peuples si déchirés par l'Histoire. Les craintes des atlantistes se révéleront vaines ; il est vrai que le préambule empêche a priori toute dérive. Grâce aux cadres ainsi en place, les élites des deux pays apprendront à se connaître et à travailler ensemble. Si la suite des événements prouvera que, prêts à se rapprocher de la France, les Allemands ne sont pas disposés à remettre en cause l'Alliance Atlantique et le parapluie nucléaire américain, l'Europe n'aura pas de plus puissant moteur que le couple franco-allemand. Quant à l'amitié de Gaulle-Adenauer, elle est l'une des plus étonnantes de l'Histoire contemporaine : « Je n'ai jamais vu de Gaulle à ce point fasciné par un homme, si ce n'est par Malraux. Miracle de l'un, génie de l'autre », constatera Alain Peyrefitte[54]. Ayant noué ces liens, le général a-t-il raté une grande occasion en ne jouant pas franchement le jeu de l'Europe unie, dont il aurait pu prendre la tête ? Beaucoup de bons esprits l'ont pensé. L'Histoire est remplie d'occasions manquées.

Avec le nouveau chancelier, Ludwig Erhard, de Gaulle sait déjà qu'il n'aura pas le même dialogue. Économiste de formation, ce bourgeois chaussé de bottines à crochets, comme à l'époque de Guillaume II, est fondamentalement atlantiste, et s'il croit à l'Europe, il la voit davantage comme une zone de libre-échange que comme un ensemble géopolitique distinct du monde anglo-saxon.

L'assassinat du président Kennedy à Dallas, le 22 novembre, est pour de Gaulle un événement d'une portée encore plus grande. Malgré bien des réserves et des divergences de vues, le général avait de la considération pour Kennedy. Cela n'empêchait pas de sa part un langage direct. Ainsi, quelques jours plus tôt, le 5 novembre, avait-il été très ferme devant l'ambassadeur Bohlen. En termes très nets, il avait repoussé la suggestion d'un voyage officiel aux États-Unis, tout en semblant envisager la possibilité d'une rencontre de travail avec le chef de l'exécutif américain. Non moins clairement, il avait confié à Bohlen son opinion sur l'engagement grandissant des forces américaines au Vietnam, le coup d'État tout récent qui venait de coûter la vie au président Diem et à son beau-frère M. Nhu, bête noire des communistes, mais aussi des bouddhistes qui l'accusaient d'établir une dictature catholique sur le pays :

> « C'est vous qui aviez poussé le président Diem et son équipe et nous n'avions pas eu à nous en louer. Cela ne vous a pas réussi. Je ne crois pas que ce que vous entreprendrez au Vietnam, par voie d'interventions directes dans la politique de ce pays, puisse réussir. Il est regrettable pour l'Amérique que le président Diem et M. Nhu aient été assassinés. Ceux qui les ont remplacés n'auront sans doute pas plus de succès. Notre propre expérience nous a appris que les hommes qui détiennent le pouvoir en vertu de l'ingérence étrangère sont voués à l'échec. Cela est encore plus certain lorsque le rôle qu'on leur assigne est de faire la guerre. Nous allons voir comment la situation se développera, mais nous ne croyons guère qu'elle évolue favorablement. Mon sen

timent personnel est que la sagesse eût consisté, comme cela avait d'ailleurs été décidé à Genève en 1954, à ne pas se mêler des affaires du Vietnam. Cette observation vaut évidemment pour les communistes, mais elle vaut aussi pour vous. Je crains que vous ne vous soyez enlisés dans une entreprise vaine dont il vous sera de plus en plus difficile de vous dégager[55]. »

Aussitôt averti de la mort de John Kennedy, immédiatement remplacé par le vice-président Lyndon Johnson, un démocrate texan assez peu au fait des affaires internationales, le général se montra sincèrement affecté. Le meurtre, dont les instigateurs restent inconnus, semble resserrer ses liens avec le président disparu : « C'est bien simple, dit-il à Alain Peyrefitte, ce qui est arrivé à Kennedy, c'est ce qui a failli m'arriver. Son histoire est la mienne. » Pour lui, John Kennedy est mort victime du conflit entre Blancs et Noirs, « des races qui ne peuvent pas s'entendre et dont chacune craint d'être dominée par l'autre[56] ».

Comme dans toutes les circonstances graves, le général est le premier à manifester sa sympathie à l'Amérique. À peine la nouvelle de l'assassinat connue, il a fait savoir qu'il se rendra aux États-Unis pour les obsèques. De fait, le 25 novembre, après avoir présenté ses condoléances à Jacqueline Kennedy, il assiste à la grandiose cérémonie en l'honneur du président défunt.

Oublierons-nous jamais ces funérailles ? écrit le journaliste Max Ascoli dans *The Reporters*. Marchant derrière l'affût du convoi, au garde-à-vous, devant la tombe, Charles de Gaulle était là, lui qui ne nourrissait pas un attachement particulier pour Kennedy ou pour notre pays. Cependant, il avait été le premier à venir et on ne voyait que lui, comme s'il n'y avait pas eu d'autres dirigeants étrangers.

« Je suis ici, dit-il au secrétaire d'État Dean Rusk, parce que j'ai été envoyé par le peuple français. L'amitié franco-américaine est une réalité et c'est la seule chose qui compte[57]. » La politique pour autant ne perd pas ses droits. Avant même que Kennedy ait été inhumé au cimetière d'Arlington, George Ball a rédigé un mémorandum à l'intention du nouveau président Johnson sur la conduite à tenir à l'égard du général : après avoir conseillé de développer devant le président français des arguments de bon sens, tel que la nécessité de présenter un front uni au communisme, le secrétaire d'État adjoint précisait :

Je pense qu'il est important d'éviter toute suggestion selon laquelle les États-Unis seraient prêts à aider la France dans son propre effort nucléaire. Je suis certain que le président de Gaulle ne proposera pas cela mais le ministre allemand des Affaires étrangères et d'autres dirigeants allemands ont récemment souligné devant nous que toute indication de la possibilité d'une aide américaine à la force militaire française créerait d'énormes problèmes au gouvernement Erhard[58].

XXXIII

FÊLURE

Trois versions et presque trois Constitutions nouvelles, a écrit le grand constitutionnaliste André Hauriou, sont sorties l'une de l'autre pendant onze années à la manière de ces poupées russes qui s'emboîtent les unes dans les autres et au milieu desquelles on finit par trouver le noyau de bois dur : le compromis de 1958 ; la Constitution de 1962 ; la Constitution qui s'est affirmée à partir de la conférence de presse du président de la République du 31 janvier 1964 [1].

L'observation assurément surprendra aujourd'hui : si le tournant fondamental de 1958 et la réforme de 1962, instituant l'élection du président de la République au suffrage universel, sont dans tous les esprits, les considérations d'ordre constitutionnel développées par de Gaulle à l'issue de cette conférence de presse du début de 1964 sont aujourd'hui généralement oubliées ; à tort, car si elles n'ont peut-être pas marqué une évolution durable de la pratique institutionnelle, elles n'en sont pas moins révélatrices des conceptions très personnelles du général en la matière.

Une Constitution, c'est un esprit, des institutions, une pratique... L'esprit de la Constitution nouvelle consiste, tout en gardant un Parlement législatif, à faire en sorte que le pouvoir ne soit plus la chose des partisans mais qu'il procède directement du peuple, ce qui implique que le chef de l'État, élu par la nation, en soit la source et le détenteur... Le président est évidemment le seul à détenir et à déléguer l'autorité de l'État... Mais s'il doit être évidemment entendu que l'autorité indivisible de l'État est confiée tout entière au président par le peuple, qui l'a élu, qu'il n'en existe aucune autre, ni ministérielle, ni civile, ni militaire, ni judiciaire, qui ne soit conférée et maintenue par lui, enfin qu'il lui appartient d'ajuster le domaine suprême qui lui est propre avec ceux dont il attribue la gestion à d'autres, tout commande, dans les temps ordinaires, de maintenir la distinction entre la fonction et le champ d'action du chef de l'État et ceux du Premier ministre.

L'« autorité indivisible de l'État »... La formule évoque irrésistiblement Louis XV, le monarque absolu, déclarant devant le Parlement de Paris en 1766 : « C'est en ma personne que réside l'autorité souveraine. » Jamais sans doute de Gaulle n'est allé si loin. Depuis juin 1940, il lui est arrivé plus d'une fois de choquer les républicains ; sous la IVe République, ils ont dénoncé son penchant à l'autoritarisme ; en

1958, les circonstances de son retour au pouvoir ont éveillé bien des commentaires ; la Constitution qu'il a proposée et fait approuver par le peuple à cette époque a suscité moult critiques, au même titre que la pratique institutionnelle qui a suivi. Jamais pourtant n'avait été nié par le chef de l'État, avec autant de force, le fondement du régime représentatif, c'est-à-dire le principe de la séparation des pouvoirs. En affirmant, et avec quel éclat, la subordination du pouvoir judiciaire, de Gaulle rompait avec le modèle de l'État libéral.

Le général a au moins un mérite : celui de la franchise. Le fonctionnement de l'État correspond à peu près en effet au tableau qu'il a dressé. En dépit de la marque personnelle qu'il parvient à imposer dans certains secteurs, le Premier ministre a peu de marge de manœuvre vis-à-vis du président de la République, qui s'est attribué le pouvoir (non prévu par la Constitution) de le révoquer. Sans exception, les ministres, quels que soient leur valeur et leur talent, sont de purs exécutants. Présidé par Léon Noël, un fidèle entre les fidèles, le Conseil constitutionnel est loin d'être alors l'organe de régulation qu'il est devenu plus tard. C'est ainsi que, saisi par Gaston Monnerville et prié de déclarer inconstitutionnelle la procédure suivie en 1962 pour réviser la Constitution, il s'est déclaré incompétent. Plus indépendant en raison de sa longue histoire et de sa composition (les opposants au pouvoir en place y sont traditionnellement nombreux puisqu'ils y trouvent refuge alors que leurs collègues proches de la majorité en charge des affaires peuplent les cabinets ministériels), le Conseil d'État poursuit sa double mission de juge administratif et de conseil de gouvernement, mais il se heurte souvent à la volonté du général de contrôler le pouvoir judiciaire. En octobre 1962, l'affrontement a été très rude quand la haute assemblée a décidé que la Cour militaire, qui venait de condamner à mort le dirigeant OAS André Canal, devait disparaître, au motif que le gouvernement ne pouvait instituer une juridiction dérogeant par sa procédure aux principes généraux du droit (notamment par la suppression des voies de recours). En graciant Canal, en instituant sur-le-champ une commission de réforme du Conseil d'État chargée explicitement de dessaisir au profit du juge judiciaire le juge administratif, le général, ivre de rage, a marqué de manière très nette qu'il tenait pour peu de chose les décisions de la haute assemblée. Par ailleurs, on ne compte plus les procès intentés à des particuliers sur la base de l'article 26 de la loi du 29 juillet 1881, réprimant toute offense au chef de l'État. Pour avoir crié : « Hou ! Hou ! » lors du passage du général, pour avoir crié : « À la retraite ! » dans des circonstances identiques, des citoyens sont traînés devant les tribunaux et condamnés. Les écrivains mal pensants qui, tels Jacques Laurent ou Alfred Fabre-Luce, contestent tel ou tel aspect de l'action du président de la République, s'exposent à des sanctions analogues. La radio et la télévision d'État sont enfin sous la coupe directe du régime. Le ministre de l'Information ne se cache même pas de donner des instructions aux rédacteurs. En pratique, les seuls contrepoids à la mainmise du pouvoir sont le Sénat — boycotté par les ministres sur ordre du chef de l'État depuis le coup d'éclat de Gaston Monnerville, en 1962 — et la presse écrite tant nationale que régionale. Il est au demeurant de notoriété publique que le général supporte très mal la moindre contestation venant des journaux. Ses rapports avec *Le Monde* sont exécrables. « Savez-vous ce que je fais quand je veux rire ? déclarera-t-il un jour au directeur du quotidien, Hubert Beuve-Méry. Je lis *Le Monde.* » De Gaulle est d'autant plus amer à l'égard de ce journal qu'il en a favorisé la naissance à la Libération.

Le général, certes, n'est pas un dictateur ; il est trop intelligent pour ne pas voir qu'un régime piétinant les libertés essentielles serait voué à une disparition rapide, mais ses rapports avec le droit sont toujours assez équivoques, et nul doute que sa pente naturelle ne soit d'affirmer son autorité, avec d'autant plus de bonne conscience que, dans son esprit, elle se confond avec celle de l'État. Reste surtout, et le point est capital, qu'il n'envisage pas de continuer à agir sans un appui populaire explicite, dans le respect des échéances électorales au premier rang desquelles l'élection présidentielle de 1965.

Précisément, c'est la perspective de cette consultation majeure qui, peu à peu, rompt le climat d'asthénie, réveille la vie politique. Deux ans avant le terme légal du mandat présidentiel, beaucoup d'opposants estiment que le régime est en réalité fragile puisqu'il repose essentiellement sur un homme âgé. Le général d'ailleurs se représentera-t-il ? Certains en doutent et les stratèges gaullistes, à commencer par le ministre de l'Intérieur Roger Frey, entretiennent la rumeur afin de forcer leurs adversaires à se révéler. Seuls ceux qui connaissent bien de Gaulle ont peu d'état d'âme : Michel Debré, par exemple, qui, dès le printemps 1963, a confié au ministre conseiller de l'ambassade des États-Unis, Cecil Lyon, que le chef de l'État serait probablement candidat à sa propre succession : « Il aime le pouvoir et il lui reste beaucoup de choses à faire[2]. » Les opposants en tout cas s'agitent beaucoup depuis quelques mois, convaincus qu'un candidat d'union bien choisi pourrait sinon vaincre le président de la République, du moins mettre en échec son héritier désigné. Dans les divers partis à gauche ou au centre, dans les journaux, au sein des clubs qui se multiplient alors — le plus connu d'entre eux étant le club Jean Moulin — un débat est en cours. *L'Express* bientôt devient l'organe de cette campagne : c'est dans ses colonnes que Jean Ferniot y a tracé, en octobre, le portrait-robot d'un mystérieux M. X, susceptible de mettre en échec le fondateur de la Ve République. Il est rapidement apparu que M. X ne pouvait être que Gaston Defferre, député, maire de Marseille, socialiste modéré. Peu à l'aise dans les débats où il est desservi par un élocution hachée, grand notable, résistant courageux pendant la guerre, intelligent décolonisateur lors de son passage dans les gouvernements de la IVe République (on lui doit notamment la loi-cadre de 1957 qui assura l'émancipation sans trop de douleur des colonies d'Afrique noire), il se voit dès lors assigner une rude mission ; unir sur son nom les socialistes, les radicaux et le cas échéant des démocrates-chrétiens ou des modérés[3]. On espère aussi que, tout antimarxiste qu'il soit, le maire de Marseille saura attirer vers lui quelques communistes.

Par chance pour le général, les projets de Gaston Defferre suscitent d'emblée non seulement l'hostilité du Parti communiste, qui subodore, à juste raison, des relents d'atlantisme dans l'opération, mais l'animosité des caciques de la SFIO, au premier rang desquels Guy Mollet. En décembre, le secrétaire général de la SFIO n'a pas caché, lors d'une visite à l'ambassade des États-Unis, ses fortes réticences à l'égard de M. X : le projet à ses yeux résultait de la volonté opiniâtre d'un petit groupe désireux de s'assurer la direction de la gauche démocratique[4]. Dans cette perspective, il fallait fabriquer un homme et travailler à la désintégration de la SFIO. Le groupe, composé notamment de Jean-Jacques Servan-Schreiber, de François Mitterrand, de Charles Hernu et de Jean Ferniot, réunit les mêmes hommes qui ont poussé Pierre Mendès France. Dans une large mesure, le conflit qui se prépare est une querelle de générations. Imaginée par Jean-Jacques Servan-Schreiber, menée par une équipe assez hétérogène au sein de laquelle coexistent des patrons modernes, de jeunes syndicalistes, des hommes politiques de gauche mal à l'aise au sein de la vieille SFIO, l'opération Defferre est un révélateur parfois cruel des clivages d'une opposition encore peu structurée. Elle est aussi, on l'oublie souvent, d'inspiration atlantiste, comme l'ont perçu les communistes, et européenne. À quelques exceptions près, ceux qui soutiennent Gaston Defferre sont partisans d'une Europe organisée, alliée aux États-Unis (ce en quoi ils ne se différencient guère d'ailleurs de Guy Mollet). Très vite, Gaston Defferre fera le voyage à Washington et, reçu par le président Johnson, critiquera la politique étrangère du général, en s'engageant à la corriger dans l'hypothèse de son élection :

> « Si je suis élu président je considérerai que mon premier devoir sera de venir parler avec vous. La discussion est impérative pour trouver des solutions à des problèmes communs et pour coordonner les politiques. De Gaulle ne discute pas. Il préfère le monologue. La politique de neutralisation préconisée par le général au Vietnam n'est pas la politique d'un allié véritable[5]. »

À la fin de sa visite Gaston Defferre précisera toutefois que sa divergence de vues avec le général de Gaulle « ne signifie pas que la France doive être soumise aux États-Unis ».

À l'égard de cette entreprise, de Gaulle affecte la plus totale indifférence. Le 26 septembre 1963, à Lyon, il déclarait : « L'essentiel ce n'est pas ce que peuvent penser le comité Gustave, le comité Théodule ou le comité Hippolyte. » Peu après, à Alain Peyrefitte qui l'interrogeait sur le sens exact de cette formule, il précisait :

> « Par exemple, je pensais au club Jean Moulin ou à la franc-maçonnerie... Ce n'est pas pareil mais ça revient au même. Ils ne pensent qu'à me faire des embarras, l'un comme l'autre ; sans compter ceux qui cumulent et il y en a sûrement plus d'un. Ce sont les féodalités qui se dressent contre l'État. S'appeler Jean Moulin, ça ne manque pas de culot, alors que Jean Moulin a été un de mes compagnons les plus fidèles, peut-être le plus précieux. Le comité

Anatole est une façon pour des hauts fonctionnaires de fournir gratuitement des heures supplémentaires[6] »

Derrière la candidature de Gaston Defferre, à l'égard de qui il n'a aucun grief personnel, il perçoit les mêmes forces, celles qui depuis 1940 critiquent le sens de son combat au nom d'une conception républicaine orthodoxe. Il s'émeut d'autant moins de cette contradiction que le contexte lui est favorable : l'opinion publique dans ses profondeurs lui demeure encore attachée. Qu'il s'agisse de politique intérieure, ou de problèmes extérieurs comme l'attitude vis-à-vis de l'Europe ou de l'Amérique, les Français approuvent assez largement son action.

Le problème de la succession ne peut malgré tout être oublié : de Gaulle a soixante-treize ans, et s'il déploie une belle activité, en particulier au cours de ses voyages, les misères de l'âge ne l'épargnent pas complètement. Depuis l'opération de la cataracte qu'il a dû subir avant 1958, son acuité visuelle est réduite — au point que ses gardes du corps doivent l'aider à se diriger lorsqu'il est en public sans lunettes — et, depuis quelque temps, l'état de sa prostate inquiète ses médecins. Bien entendu, le secret le plus absolu est gardé ; en février et en mars, il effectue un voyage en Amérique latine sans que personne ne soupçonne qu'il porte une sonde. C'est donc avec stupéfaction que, le 17 avril dans l'après-midi, les Français apprennent que le président — qui s'est adressé à eux la veille dans une allocution radiotélévisée consacrée essentiellement aux problèmes économiques — a été opéré à l'hôpital Cochin par le professeur Aboulker et son assistant le docteur Ady Steg. L'intervention s'est bien déroulée, l'illustre patient se porte bien : on apprend bientôt que, fidèle à ses habitudes, il a organisé de main de maître le scénario garantissant la discrétion de son entrée à l'hôpital, exigeant en particulier que la nouvelle ne soit diffusée que sur son ordre express, après son réveil. Un communiqué officiel a aussi annoncé que, faisant jouer l'article 21 de la Constitution, le président de la République confiait au Premier ministre le soin de présider le Conseil des ministres, « en vertu d'une délégation et sur un ordre du jour déterminé ». Le mercredi suivant, Georges Pompidou assure ainsi, pendant quelques minutes, l'intérim de l'une des fonctions les plus emblématiques du chef de l'État.

De toute les conséquences politiques de l'hospitalisation du général, cette mise en vedette du Premier ministre est probablement la plus importante. Le chef de l'État reprenant à vue d'œil force et vigueur, son indisposition n'étant pas d'origine cancéreuse, les spéculations sur sa capacité à gouverner font long feu. En revanche, cet incident de santé, banal, contribue à faire prendre conscience à chacun, y compris dans les rangs gaullistes, que de Gaulle pourrait avoir bientôt un successeur.

Longtemps, Georges Pompidou a été un Premier ministre, non point transparent, mais avant tout soucieux de servir celui qui l'a distingué et hissé à un rang aussi haut. Petit à petit, par la force des choses, en raison des impératifs de la gestion, il a affirmé son autorité, on l'a vu, dans des domaines relatifs à ce que de Gaulle appelle l' « intendance » — l'économie, l'aménagement du territoire, les affaires sociales — et qui pour autant sont loin d'être négligeables. Récemment, de manière insensible, il a aussi étendu ses compétences à l'Éducation nationale, un secteur auquel il porte un intérêt tout particulier, compte tenu de sa formation. Peu à peu, le locataire de Matignon existe par lui-même et donne son vrai profil à la fonction de chef du gouvernement, réduite à la portion congrue sous Michel Debré. Les initiés, toujours attentifs au moindre signe, remarquent aussi que Georges Pompidou a dernièrement fait appel, pour être directeur adjoint de son cabinet, à un haut fonctionnaire mendésiste, Michel Jobert, étranger au monde gaulliste, d'emblée mal vu par l'UNR.

On chuchotait, on protestait, ou on écrivait pour protester, écrit l'ancien collaborateur de Georges Pompidou. Quelques mois plus tard, Édouard Balladur, maître des requêtes au Conseil d'État, devait nous rejoindre et il fut l'objet des mêmes démarches dénuées d'indulgence et de confiance. Il avait été le collaborateur de Robert Bordaz, directeur général de la RTF, qui déjà paraissait frondeuse ou hostile au pouvoir[7] !

La montée en puissance du Premier ministre est également attestée à ce moment par l'assurance qu'il prend en public, notamment à la tribune du Palais-Bourbon. Huit jours après l'hospitalisation du général, a lieu précisément à l'Assemblée nationale un débat qui permet à Georges Pompidou de donner toute sa mesure. Député de la Nièvre, François Mitterrand émerge à peine de l'abîme où l'a plongé l'affaire de l'Observatoire. Convaincu, selon ses dires, que le pouvoir a voulu l'abattre, il réagit en usant de la meilleure tactique . l'attaque. Ce jour-là, il a donc prévu de demander au chef du gouvernement des précisions sur la répartition des pouvoirs et des compétences entre les deux têtes de l'exécutif. Requête évidemment très intéressée car, adoptant l'attitude d'un avocat scrupuleux du droit, l'ancien ministre de la IVe République compte bien faire ressortir que la Constitution est sans cesse violée par celui qui en bonne logique devrait avoir à cœur de la faire respecter. De fait, devant l'Assemblée, François Mitterrand se montre brillantissime et n'a guère de mal à établir qu'aux termes de la loi fondamentale, le président de la République est essentiellement un arbitre. Pour Georges Pompidou le défi est de taille, mais il va le relever brillamment en usant de son argument favori : le bon sens. Solennellement ratifiée par le peuple, la réforme de 1962, plaide-t-il, a modifié l'équilibre institutionnel en renforçant encore l'autorité du chef de l'État. Le rôle du Premier ministre n'en est pas moins réel, toutes les décisions importantes étant prises, selon l'orateur, après discussion entre les deux responsables de l'exécutif.

Si, à l'issue de ce débat, François Mitterrand se pose en prétendant, en porte-parole d'une opposition qui commence à sortir de sa léthargie, Georges Pompidou, lui, fait figure d'héritier présomptif. L'impression est ressentie par tous les témoins, brusquement conscients de la vulnérabilité du général. Si ce dernier venait à s'effacer, le Premier ministre pourrait prendre le relais, commence-t-on à chuchoter dans les coulisses du parti gaulliste. La cote de popularité de Georges Pompidou monte dans le même temps, de sorte qu'en septembre, lors du congrès UNR de Dinard, Jacques Chaban-Delmas traduira le sentiment général en présentant le Premier ministre comme « l'homme dont on attend beaucoup pour demain et après-demain ». On remarque aussi que, de plus en plus, Georges Pompidou apparaît seul en public lors de ses déplacements, tant en province qu'à l'étranger.

De Gaulle, comme tout à chacun, constate ce que l'on appellera une « résistible ascension », et la rencontre de deux courbes : la sienne, inéluctablement vouée à descendre compte tenu de l'âge, et celle de l'homme qu'il a hissé sur les pavois et dont la stature comme le talent éclate. Imagine-t-on qu'il puisse en être heureux ? En tout cas, il affecte l'indifférence et à tout hasard se comporte en tentateur vis-à-vis de celui en qui l'opinion voit son successeur le plus probable. Le 21 mai, lors d'un voyage en Mayenne, patrie de Mme Pompidou, il rend ainsi un hommage aussi appuyé que remarqué à son Premier ministre. Celui-ci se découvrira-t-il, signant du même coup son arrêt de mort politique ? Il est trop avisé pour se comporter de la sorte mais, plus tard, il avouera avoir percé les intentions secrètes du général : « Le général [...] à bien des reprises depuis 1962 m'avait dit et répété que je devais être, après lui, président de la République. Je devinais maintenant qu'il m'avait tâté et tenté pour voir mes réactions[8]. »

À l'extérieur, la période est moins marquée par des initiatives spectaculaires que par des gestes annonciateurs d'axes futurs. En attendant d'avoir une force de frappe opérationnelle et la puissance économique dont il rêve pour la France, le général pose des jalons. Avec Lyndon Johnson, le courant ne passe pas. « C'est un cow-boy radical-socialiste », a dit de Gaulle à Alain Peyrefitte. Aucun langage commun, aucune sympathie personnelle n'existant plus, les frictions entre Paris et Washington se multiplient.

Il en est allé ainsi le 24 janvier, quand le Quai d'Orsay a annoncé la reconnaissance de la Chine communiste et par voie de conséquence la rupture avec Formose. Bien que la décision de Paris ait été attendue — en mission à Pékin, quelques semaines plus tôt, Edgar Faure l'avait laissé présager — la réaction américaine a été très négative : Paris aurait nui aux intérêts du monde libre[9]. Plus tard, il est vrai, avec plus d'objectivité, Brzezinski se demandera devant le ministre ouest-allemand des Affaires étrangères Schroeder si, en la circonstance, le président français n'a pas voulu adresser un signe à Moscou, en montrant sa liberté de manœuvre[10].

En la circonstance, il apparaît surtout que de Gaulle a fait preuve de réalisme. La Chine de Mao, on ne peut que le constater, prend une importance grandissante sur la scène internationale, et il n'est pas raisonnable de l'ignorer.

« Dès 1959, lors d'une cérémonie à l'Élysée où je représentai Vinogradov, raconte Vladimir Evefeev, alors numéro deux de l'ambassade soviétique en France, le général avait fait preuve d'une grande perspicacité sur la question chinoise : "Vous devez être très prudents vis-à-vis des Chinois", m'avait-il dit. À ce moment-là, le schisme entre Moscou et Pékin n'existait pas, rien ne semblait l'annoncer. J'exprimai donc à de Gaulle ma perplexité. "Vous savez, me répondit-il, j'ai des informations. Les dirigeants chinois sont en fait hostiles à la Russie soviétique et vous le verrez bientôt. Dès que cela se produira, nous serons sur le même bateau [11]." »

En Amérique latine, où, depuis 1920, les États-Unis se sont substitués à la Grande-Bretagne, de Gaulle espère aussi trouver un terrain favorable à sa contestation de l'hégémonie américaine. Dès janvier 1963, il a confié à Alain Peyrefitte qu'il y avait là une magnifique carte à jouer : « L'Amérique latine déteste les Américains, elle désire ardemment échapper à leur hégémonie et elle ne veut pas non plus de la Russie ou de la Chine... À plusieurs pays européens, nous pourrions faire plus que séparément [12]. » Jeu très serré toutefois car la révolution cubaine, en marche depuis 1958, agit sur le continent comme une onde de choc provoquant un peu partout, face au péril castriste, un renforcement des régimes autoritaires ou des dictatures militaires. Une sorte de troisième voie à l'écart de ces régimes et du modèle cubain est d'autant plus hypothétique que les États-Unis détiennent le nerf de la guerre : les crédits. Dès avant 1961, Kennedy a ainsi proposé à l'Organisation des États américains — dont Cuba a été exclue — un ambitieux programme d'aide : l'Alliance pour le progrès.

En regard de ces arguments très forts, le général n'a rien d'autre à faire valoir que son propre prestige et le capital de sympathie dont la France bénéficie depuis le siècle des Lumières dans ces régions. Au Mexique, où il se rend du 16 au 19 mars 1964, les choses se présentent plutôt bien. Le président Lopez Mateos, sans remettre en cause l'appartenance de son pays au camp occidental, se montre soucieux de prendre quelques distances vis-à-vis de ses protecteurs nord-américains. Et de Gaulle a eu l'heureuse idée de rendre au Mexique des drapeaux pris et exposés aux Invalides. Acheminés en secret à Mexico, ils y ont été accueillis par d'étonnantes manifestations de joie patriotique, heureux présage pour le bon déroulement du voyage.

De fait, le président de la République est reçu avec enthousiasme. Prenant la parole au balcon du Zocalo, la place centrale de Mexico, devant plus de trois cent mille personnes, il déclenche un véritable délire en prononçant une allocution en espagnol se terminant par la formule désormais célèbre : « *Marchamos la mano en la mano.* » Partout on lui réserve une réception des plus chaleureuses. Le bilan de la visite n'en est pas moins assez maigre. D'entrée de jeu, le général a exhorté ses hôtes à s'affirmer. Lors d'un entretien avec le président Lopez Mateos, il précise sa position vis-à-vis des États-Unis de manière très directe :

« Après la guerre, ils avaient tout : la force, l'influence et la bombe atomique et, par conséquent, ils jouaient un rôle capital dans tous les domaines. Ils ont organisé l'ONU pour couvrir leur politique. Depuis les choses ont changé. Le

bloc soviétique possède les armes nucléaires. Les États-Unis ne sont plus sûrs de pouvoir défendre le monde libre sans être détruits.
L'Europe par son économie et son travail est entrée sur la scène mondiale. La France a même acquis une force atomique. Il y a le tiers monde, qui a ses ambitions, ses propres vues et la volonté de ne dépendre de personne.
Ce sont là des faits nouveaux qui changent tout, mais les États-Unis ne les ont pas acceptés : d'où les difficultés entre eux et nous. Ils n'acceptent pas non plus de politique indépendante de la part de leurs alliés. Mais il faut qu'ils l'acceptent. Dans combien de temps le feront-ils ? Je ne sais. Mais cette évolution est nécessaire et je suis sûr qu'ils finiront par y arriver. Alors il n'y aura plus de difficultés entre eux et nous[13]. »

À ces considérations générales, Lopez Mateos répond poliment, mais rien de concret n'est décidé, si ce n'est « le renforcement de la communauté de vues et d'idéal » animant les deux peuples, ce qui n'engage guère l'avenir. Les Mexicains d'évidence se sont montrés circonspects, soucieux de ne pas provoquer Washington. Le général, de son côté, s'est voulu prudent à l'occasion de ce premier voyage en Amérique latine, comme s'il avait voulu tâter le terrain. Les Américains d'ailleurs ne s'y trompent pas : si l'ancien président Truman déclare sans souci excessif de formes : « Le général de Gaulle cherche à concurrencer les États-Unis en Amérique latine mais il ferait bien de ne pas fourrer son nez dans nos affaires car il risque de se le faire couper », les diplomates gardent leur sang-froid. Du rapport établi par le chargé d'affaires américain à l'issue de la visite, il résulte qu'en venant à Mexico, de Gaulle a surtout contribué à réintroduire le pays sur la scène internationale, événement marqué, après trente ans d'austérité, par la réapparition du président de la République en habit et cravate blanche à l'occasion du dîner offert en l'honneur de l'illustre visiteur. À l'automne, le chef de l'État mexicain confirmera à Adlai Stevenson, vieux routier de la diplomatie américaine, que ses conversations avec de Gaulle ont surtout été consacrées aux relations bilatérales[14]. Bien sûr, ce n'est qu'à moitié vrai mais le Mexique, conscient de sa liberté de manœuvre limitée, n'est pas disposé à suivre de Gaulle dans sa croisade contre les blocs.

Le général la poursuit néanmoins, certain d'être un jour entendu. À l'automne 1964, il reprend son bâton de pèlerin et accomplit un très long périple en Amérique du Sud. Du 20 septembre au 16 octobre, il visite dix pays : le Venezuela, la Colombie, l'Équateur, le Pérou, la Bolivie, le Chili, l'Argentine, le Paraguay, l'Uruguay, le Brésil enfin, qui a pu être ajouté à la liste puisqu'au début de l'année a cessé un conflit avec ce pays concernant la pêche de la langouste. Partout, sauf en Argentine où des manifestations liées au péronisme troublent la liesse populaire, de Gaulle est reçu en triomphateur. Partout il tient le même discours, qu'il formule ainsi, le 25 septembre, devant les membres de la junte militaire de gouvernement de l'Équateur :

Notre monde qui se transforme, qui est fait d'États responsables de leur développement propre, ne doit pas être orienté sur deux pôles uniquement. Bien que ces deux pôles ne soient nullement comparables — que le pôle américain

respecte les libertés ; le pôle soviétique peut s'effondrer s'il ne fait pas sa place à l'homme — il est dangereux tout de même que le monde soit pris entre ces deux seules forces. Le monde est riche et varié. L'Amérique latine est nécessaire à son équilibre, tout comme l'Europe si elle sait s'unir.
La politique française vise à aider l'Europe à s'unir et l'Amérique latine à se développer. Son développement est en effet indispensable à l'équilibre, à la paix, au progrès. La France est sincère et elle n'agit contre personne. Elle comprend les relations toutes naturelles qui existent entre l'Amérique latine et les États-Unis. Elle a aussi ses relations propres avec les pays européens. Rien de cela n'est contradictoire [15].

Le moins que l'on puisse dire est que ce langage est diversement apprécié par les responsables latino-américains. Parfois, de Gaulle emporte vraiment la conviction de ses interlocuteurs. C'est le cas en Colombie, le 23 septembre, où le président Guillermo Valencia déborde d'enthousiasme au point de confier à son auguste interlocuteur, sous le sceau du secret (« Je vais maintenant vous parler de façon intime comme seuls peuvent le faire des Latins entre eux »), tout le mal qu'il pense de l'Amérique :

« Les États-Unis en tant que puissance continentale représentent aux yeux des Colombiens un vide intellectuel — une absence d'âme — qui explique que les États-Unis ne nous comprennent pas. Pour eux les problèmes se réduisent toujours à des apports plus ou moins importants de dollars, alors qu'il existe des problèmes dont la solution ne doit pas nécessairement être assortie de mesures financières. C'est pourquoi je suis complètement d'accord avec vous. Comme vous l'avez dit : "L'heure de la France a sonné." Ce que vous avez vu dans les rues de Bogota hier et aujourd'hui démontre que ce qui manquait au peuple colombien était la visite d'un président français, d'une personnalité aussi éminente que celle du général de Gaulle, qui viendrait cueillir les fruits d'une graine semée il y a deux cents ans [16]. »

Au Chili, en revanche, de Gaulle trouve un partenaire totalement fermé en la personne du président Alessandri :

Quand le général est arrivé au Chili, je suis allé l'accueillir à Valparaiso, dira-t-il à son amie la princesse Liliane de Réthy, et nous avons fait le chemin jusqu'à Santiago seuls en voiture, les autres membres de la délégation suivant dans d'autres véhicules. J'ai été choqué et surpris que de Gaulle se livre à une violente attaque contre les États-Unis tout au long des deux heures de route qu'a duré notre parcours. Il décrivait les États-Unis comme une pieuvre qui aurait exploité les pays d'Amérique latine, mis la main sur leurs ressources naturelles, contrôlé leur politique étrangère. Il m'a adjuré de libérer le Chili de l'emprise américaine, de lui redonner sa liberté dans les affaires économiques et politiques. « La France, m'a-t-il dit, a beaucoup d'affection pour le Chili qui doit être une tête de pont entre l'Amérique latine et l'Europe. »
Bien que choqué et embarrassé, j'ai répliqué au général de Gaulle que les relations entre le Chili et les États-Unis n'étaient pas du tout mauvaises, en dépit de la disproportion existant quant à la taille et à la richesse des deux pays. Le Chili a rencontré beaucoup de compréhension aux États-Unis et dépend beaucoup de leur assistance économique . Sans doute est-il souhaitable qu'il s'affranchisse de la dépendance vis-à-vis de l'Amérique mais cet objectif ne pourra être réalisé que plus tard [17].

Au-delà du succès médiatique que remporte ce périple, la vérité est que de Gaulle lutte sans cesse contre des réalités qu'il ne peut faire changer : le caractère indispensable de l'aide américaine pour ces pays, l'impossibilité pour la France de se substituer aux États-Unis. À Asunción, au Paraguay, le 7 octobre, où le reçoit le général Stroessner, implacable dictateur, de Gaulle est d'ailleurs pris à son propre piège. Quand Stroessner sollicite une aide de la France. il se voit contraint de préciser :

« En ce qui concerne la coopération, voici quelle est la politique de la France. Notre pays a de très lourdes charges dans ce domaine. Il y consacre six ou sept millions de dollars par an. Il fait cet effort en faveur de ses anciens territoires d'Outre-mer (Afrique noire, Algérie) avec lesquels il a des accords précis. Il est obligé d'aider ces territoires à poursuivre leur développement et il y consacre une grande partie de ses propres ressources. La France consacre, en effet, à la coopération 2,5 % de son revenu national. Dans ces conditions, ses possibilités à l'égard de l'Amérique latine sont naturellement limitées. Mais les choses peuvent changer [18]. »

Si elle ne les inquiète pas outre mesure, cette perspective irrite les Américains, d'autant plus que ce nouvel assaut du général s'ajoute à la reconnaissance de la Chine communiste. À Paris, l'ambassadeur Bohlen est à la fois accablé et résigné :

Il ne semble pas y avoir la moindre chance d'une amélioration aussi longtemps que de Gaulle sera au pouvoir, écrit-il le 5 mars dans un rapport destiné au président. Il est cependant bien conscient du fait que la survie de la France dépend de la protection militaire américaine. Pour le moment, il paraît avoir oublié l'Europe et son attention semble se porter principalement vers le soi-disant Tiers Monde, particulièrement l'Amérique latine. Le danger est qu'il lance des idées, qui se révéleront plus fortes que ce qu'il croit. Peut-être n'est-il pas conscient du fait que le sentiment antiaméricain en Amérique latine est d'inspiration communiste [19].

Compte tenu de ce climat, Bohlen recommande la plus grande prudence dans les relations avec de Gaulle : « Une rencontre serait inutile faute de vrais sujets de discussion et toute concession est à éviter car elle renforcerait le général dans sa conviction de détenir la vérité. » D'un point de vue pratique, l'ambassadeur conseille donc d'éviter toute provocation, tout propos susceptible d'alimenter une polémique. « Vis-à-vis du général de Gaulle, témoigne Walt Rostow, le président Johnson avait décidé d'avoir la même attitude qu'à l'égard de Mao Tsé-toung : il fallait l'ignorer, surtout ne jamais l'agresser [20]. »

Quelques-uns voulaient attaquer le président de Gaulle personnellement, dira Dean Rusk, et essayer de saper son autorité en France et en Europe. Mais le président Johnson n'a jamais voulu laisser faire cela car il ne croyait pas aux vendettas à l'encontre des personnalités occupant les responsabilités les plus hautes [21].

Ce modus vivendi a d'autant plus de mal à être respecté qu'à Washington on est très indisposé par les positions sans cesse réaffirmées du général sur le Vietnam et sa nécessaire neutralisation. Ambassadeur à Saigon, convaincu que la France n a aucun rôle à jouer dans l'ancienne Indochine, Henri Cabot Lodge sonne régulièrement le tocsin. En privé, le président Johnson ne cache pas son très vif mécontentement :

Au Vietnam, les déclarations du chef de l'État français ont une influence spéciale Les récentes déclarations du général de Gaulle concernant la neutralisation des anciens États d'Indochine ont provoqué de profondes incertitudes au Vietnam. Le fait que ces remarques aient été imprécises a suscité spéculation et suspicion. Des rumeurs relatives à des intrigues d'agents français circulent maintenant sur la place publique à Saigon. Certains prétendent même que les récentes attaques barbares contre les Américains ont été inspirées et dirigées par des Français. Il y a un réel danger que la France et les Français deviennent à Saigon, plus que les Vietcong, la cible du courroux populaire. Rien de tout cela ne sert les intérêts de la France, non plus que les intérêts occidentaux. Je veux par conséquent que vous cherchiez à avoir rapidement un entretien avec le général de Gaulle, afin de lui parler de tout cela et de voir avec lui les moyens susceptibles de remédier à la situation actuelle[22]

De ce constat, il ne sort rien. Sur le sujet sensible du Vietnam, le fossé se creuse entre l'Amérique et la France. De Gaulle considère que la neutralisation est la seule issue, toute intervention militaire étant vouée à l'échec, Lyndon Johnson refuse, lui, d'abandonner la région au communisme.

La divergence de vues devient patente en avril 1964, lors de la conférence de l'OTASE[23] à Manille. Alors que Dean Rusk, jugeant la situation stabilisée au Sud-Vietnam après l'élimination de Diem, sollicite l'aide militaire des alliés de l'Amérique, Maurice Couve de Murville prône la neutralisation du Sud-Vietnam, l'ouverture de négociations immédiates avec la Chine et le Nord-Vietnam. De ce fait, un communiqué commun ne peut être mis au point. À Washington, on s'alarme d'autant plus que l'orientation « nationaliste » imprimée à la politique extérieure française paraît devoir perdurer après la mort ou la retraite de de Gaulle, au dire des experts de la CIA[24] Au lendemain de la conférence américano-vietnamienne d'Honolulu, des 1er et 2 juin 1964, à l'issue de laquelle la guerre s'intensifie, le secrétaire d'État adjoint George Ball est dépêché à Paris afin d'expliquer la politique américaine dans l'ex-Indochine et tenter d'y rallier le général. Mais la rencontre ne débouchera que sur un constat de désaccord. Muni d'instructions très précises du président Johnson et d'une lettre de ce dernier[25], Ball se heurte aux vues du général. Entre les deux interlocuteurs, le courant ne passe pas. Peu au fait des réalités françaises, le secrétaire d'État adjoint n'a aucune sympathie pour le général, et la réciproque est vraie. À l'exposé de Ball tendant à justifier l'intervention américaine dans le Sud-Est asiatique, et notamment au Vietnam, de Gaulle oppose une fin de non-recevoir

« Je ne pense pas que vous puissiez gagner même si vous avez plus d'avions, de canons et d'armes de toutes sortes. Le problème est d'abord politique et psychologique. Je ne veux pas dire que tous les Vietnamiens sont contre vous mais ils considèrent l'Amérique comme une puissance étrangère et une très dominante. La France considère que le grand Est asiatique est une région "pourrie". Même si les États-Unis y étaient engagés la France ne saurait les suivre dans une guerre, en tant qu'allié, ou à un autre titre[26]. »

Les points de vue sont à l'évidence complètement antagonistes. En marge du compte-rendu américain figurent des annotations peu amènes : « *Wow !...* », « *non sense*[27] ». De manière plus diplomatique, George Ball conclut : « L'ambassadeur Bohlen et moi avons l'impression que le général de Gaulle attend simplement que les faits lui donnent raison[28]. »

De Gaulle, en effet, ne dévie pas d'un pouce de la ligne choisie, certain du bien-fondé de son analyse. Bientôt, toute la péninsule indochinoise est en ébullition, et il y applique ses principes. Au Cambodge, il appuie le prince Sihanouk, adepte d'une ligne neutraliste, qui se tourne vers la France afin de s'opposer à des incursions sud-vietnamiennes. Au Laos, il défend les mêmes idées auprès du prince Souvanna Phouma, venu lui décrire la situation après le coup d'État militaire proaméricain du 19 avril, qui a mis fin à toute perspective de neutralité. Pour l'heure, alors qu'au début du mois d'août, après l'attaque d'un destroyer américain par les Nord-Vietnamiens, Washington se lance dans une guerre totale, de Gaulle sait qu'il n'a aucune chance d'être entendu. S'il n'a pas compris la réalité de la menace communiste sur le Sud-Est asiatique, il a bien vu en revanche l'erreur de tactique des Américains, convaincus que les Nord-Vietnamiens céderont, comme autrefois l'Allemagne, à une puissance de feu sans cesse accrue. En réclamant une conférence internationale — initiative régulièrement contrée par le Département d'État — de Gaulle se contente de prendre date. George Ball n'imagine pas alors sans doute que, quelques mois plus tard, il en arrivera à partager les doutes du général sur l'efficacité de la riposte américaine, et quittera l'administration Johnson.

Vis-à-vis d'Israël, de Gaulle commence aussi, à ce moment-là, à infléchir son attitude. Après la guerre, il a approuvé la création de l'État hébreu et, pendant longtemps, on a cru qu'il ne remettrait pas en cause la politique d'étroite amitié et de coopération nouée par la IVe République entre la France et Israël. La cause semblait d'autant plus entendue qu'entre le général et David Ben Gourion, le père de l'indépendance israélienne, la sympathie était réciproque. Enfin, le fondateur de la Ve République ne paraissait guère pressé d'opérer un rapprochement avec les Arabes. Indépendamment de la guerre d'Algérie et de la lourde hypothèque qu'elle faisait peser, ses sentiments à l'égard des Arabes ne paraissaient pas des plus chaleureux. S'il n'avait jamais cru à l'intégration, c était en grande partie pour ce motif. Son état d'esprit transparaît bien à travers deux notes inédites, adressées à Maurice Couve de Murville au printemps 1962[29]. En juin, le général précisait :

Nous n'avons rien à « désirer » et surtout rien à manifester, quant au rétablissement des relations avec les États arabes d'Orient.

À cet égard, d'ailleurs, nous n'en « préférons » aucun, car tous se sont très mal conduits à notre égard. À mesure qu'ils nous demanderont de reprendre

les relations — s'ils le font, ce sera pour leur intérêt — nous examinerons la question, cas par cas.
Pour le moment, nous avons la demande de la Jordanie. Acceptons de lui donner satisfaction en principe et ne nous pressons pas de le faire en pratique. Plus nous les ferons attendre, et plus il deviendront anxieux d'être admis.

Le 14 avril, il écrivait :

Nous n'avons aucune raison de nous presser de rétablir des ambassadeurs à Amman, à Ryad, à Bagdad, au Caire.
Ces États ont rompu avec nous. S'ils veulent renouer, qu'ils le demandent. Nous verrons alors à loisir et cas par cas ce que nous aurons à faire. De toute façon, ils ont beaucoup plus à gagner que nous à cette reprise. Bref nous les ferons attendre.
Pour Damas, c'est différent, car la Syrie, en tant que telle, n'avait pas rompu avec nous. Si donc elle demande à établir des relations, nous y consentirons. Mais, bien entendu, il ne nous faut, à aucun prix nous donner en solliciteurs.

Progressivement, l'entente presque parfaite entre Paris et Tel-Aviv sous la IVe République s'est toutefois altérée. Entre les deux pays, depuis 1960, la question nucléaire alimentait un contentieux de plus en plus délicat. Après l'opération de Suez, il avait été convenu que la France aiderait Israël à posséder l'arme atomique. Le général revenu au pouvoir, les accords furent remis en cause. Officiellement, de Gaulle mettait en avant la crainte d'être accusé par les États-Unis de contribuer à la prolifération du nucléaire. En réalité, il voyait sans doute plus loin et pensait déjà à la possibilité d'un rééquilibrage de la diplomatie française dans cette partie du monde. En 1963, il a également écarté toute perspective d'accord militaire avec Israël, contrairement au vœu de David Ben Gourion, inquiet de la politique agressive des États arabes voisins.

Au printemps 1964, quand le Premier ministre travailliste Levi Eshkol se rend à Paris en visite officielle, ce virage de la politique française est bien amorcé. Si le général affirme son amitié envers l'État hébreu et son admiration, il assortit ces sentiments positifs de prudence, de conseils, à l'égard d'une politique étrangère jugée désormais aventureuse :

« Pour maintenir l'équilibre de l'Orient, il est nécessaire que la présence d'Israël, même si elle constitue parfois un problème, soit un élément de bon sens, de raison et d'équilibre général, déclare-t-il au Premier ministre israélien. Nous admirons votre œuvre, cette œuvre que vous entreprenez sur le terrain. De nombreux Français que vous invitez avec tant de générosité vont venir sur place et témoigner de l'extraordinaire mise en valeur de votre pays et du caractère admirable des progrès obtenus, de votre résolution nationale et de votre volonté de rester un peuple libre, indépendant et fort.
Cela nous satisfait pleinement et nous sommes très bien disposés envers Israël. Toutefois, comme vous réussissez et que, comme nous le disons en français, "vous avez beaucoup de choses qui vous restent sur le cœur", vous n'êtes pas toujours commodes avec vos voisins. Ce sont, vous le savez, des Arabes et en tant que tels, ils exagèrent. Nous souhaitons que tout en restant fermes et prospères, vous soyez également patients et pacifiques. Voilà ce que nous souhaitons[30]. »

Le général, certes, est loin d'abandonner Israël. Le 11 novembre 1964, recevant le dictateur syrien Hafez el-Hassad, qui assure que « l'existence d'Israël n'est pas naturelle », il se montre ferme et, non sans humour, conseille même à son visiteur d'imiter l'État hébreu qui excelle à mettre en valeur les terres déshéritées :

« Ce n'est pas la France qui a créé Israël. Nous l'avons trouvé. Israël existe. Les Israéliens y sont nombreux, venus de différents pays. C'est un fait accompli. Naturellement, nous n'accepterions pas qu'Israël attaque les Arabes et que par la guerre il étende ses territoires. Cela, nous ne l'accepterions pas. Je dirai cela au roi Hussein de Jordanie que je recevrai la semaine prochaine et qui, comme vous, me parlera de ce problème [31]. Mais nous n'approuverons pas non plus les Arabes, s'ils font la guerre pour détruire Israël. Ce que vous venez de me dire, je le sais, je connais cette situation. Mais les pays arabes ont de vastes territoires et des ressources immenses. Je vous pose une question : ne pensez-vous pas que, dans le moment présent, le premier intérêt des pays arabes soit la mise en valeur de ces territoires et l'exploitation de ces richesses considérables, que l'intérêt de ces pays est d'abord de s'organiser économiquement, socialement et techniquement [32] ? »

Tout indique cependant que la relation spéciale avec Israël est déjà sérieusement remise en cause.

Sur le plan intérieur, la fin de l'année 1964 est aussi une période d'attente. Dans la majorité, on ne s'inquiète pas outre mesure de la candidature à présent déclarée de Gaston Defferre. La tâche du maire de Marseille sera rude, et le résultat des élections cantonales de mars 1964 — marquées il est vrai par un taux d'abstentions record — atteste que la stratégie qu'il combat, c'est-à-dire des accords du type Front populaire, semble avoir la préférence des électeurs. Réunir un front antigaulliste, des socialistes aux Indépendants, ne sera pas chose facile. D'autres tactiques par ailleurs sont à l'œuvre. Président du MRP, Jean Lecanuet ne cache pas son désir d'isoler les gaullistes des modérés et de réaliser l'union avec les démocrates-chrétiens, qu'il représente, autour d'Antoine Pinay [33]. Presque au même moment, une candidature se déclare à l'extrême droite : celle de l'avocat Jean-Louis Tixier-Vignancour. Avocat vedette des procès de l'OAS, cet ancien vichyste, doué d'un très grand talent d'orateur, ne peut espérer mordre au-delà de la clientèle des pétainistes et des nostalgiques de l'Algérie française. Pour le général et ses fidèles, il n'y a donc là aucun sujet d'inquiétude. Signe des temps, preuve du prestige dont jouit le chef de l'État, la perspective de manœuvres au sein de l'opposition stimule plutôt le pouvoir. Loin de tenir compte des critiques, de Gaulle accentue le caractère personnel de son régime. C'est ainsi qu'un simple décret lui attribue la responsabilité d'engager la force de frappe atomique.

Cette évolution est d'ailleurs dénoncée à ce moment avec éclat par François Mitterrand dans *Le Coup d'État permanent*. De cette charge, au style étincelant, on retient surtout alors le caractère systématique des attaques contre le général, la remise en cause des principes fondateurs du régime — y compris la prétention de l'homme du 18 juin à incarner la totalité de la Résistance —, la dénonciation surtout des atteintes aux libertés perpétrées depuis 1958. François Mitterrand frappe fort et avec cruauté :

Bien des erreurs, bien des échecs, de la Ve République s'estomperont aux yeux de l'historien quand sera venue l'heure du bilan. La personnalité du général de Gaulle, libérateur de son pays, quatorze ans avant d'en devenir dictateur, est riche de tant d'attraits qu'elle survivra à son œuvre finalement assez mince. Mais si le souvenir s'atténue de cet étonnant mélange de duplicité et d'audace, rien ne fera oublier qu'il aura consacré, légitimé, lui l'humaniste, le chrétien, le héraut du monde libre, l'effacement du droit du citoyen à défendre sa liberté personnelle... Régime oblige : le pouvoir absolu a ses raisons que la République ne connaît pas[34].

Par ce ton, François Mitterrand se singularise : personne au sein de l'opposition n'attaquera jamais le chef de l'État de la sorte. Peu lui importe. Son but est de prendre date.

Comme toujours, en cette fin d'année 1964, de Gaulle cultive le mystère le plus absolu sur ses intentions. Le 10 octobre, en petit comité, Georges Pompidou a déclaré qu'il y avait huit chances sur dix pour que le général se présente[35]. Toutefois personne ne connaît le fond de sa pensée. L'humour, comme souvent, lui sert d'échappatoire. « Pour vous, M. X, ce sera le général de Gaulle », a-t-il ainsi confié, lors de sa conférence de presse du 31 janvier 1964, à un journaliste qui l'interrogeait sur ses projets. Au fidèle Louis Vallon, il dit aussi : « Je suis optimiste, Vallon, parce que j'ai un bon secrétaire général. — Vous voulez parler de Burin des Roziers sans doute, mon général, rétorque le chef de file des gaullistes de gauche. — Mais non, Vallon, mais non ! De Guy Mollet bien sûr ! Un excellent secrétaire général qui intervient au moindre danger[36]. »

En attendant l'instant où il se dévoilera, le général se consacre à son activité favorite : la recherche de nouveaux thèmes d'affrontement avec les alliés occidentaux, non sans arrière-pensée électoraliste parfois. Lors de sa conférence de presse du 4 février 1965, il se livre ainsi à une attaque violente contre l'Organisation des Nations unies. À travers l'institution new-yorkaise, c'est bien sûr l'Amérique, principal contributeur, qui est visé. De Gaulle n'a jamais aimé l'ONU, qu'il lui arrive d'appeler « le machin », et en qui il voit l'héritière de la défunte SDN, c'est-à-dire, à ses yeux, le type même de la structure inefficace et inacceptable dans son principe, puisqu'elle prétend se situer au-dessus des États. Si, pour lui, la paix est un but nécessaire, elle ne peut résulter que d'accords et d'équilibres entre États souverains. Issue du siècle des Lumières qu'il n'aime pas, l'idée d'un ordre mondial lui est absolument étrangère. Le 25 juin 1964, il a dit tout cela en termes très nets au prince Norodom Sihanouk :

« Autant nous sommes favorables, comme vous, à la convocation de la conférence des 14 pour le Cambodge, pour le Laos, et aussi un jour ou l'autre pour le Vietnam, autant nous ne sommes pas favorables à l'intervention de l'ONU dans cette affaire. Là où l'ONU a agi, que ce soit au Congo ou à Chypre, les résultats n'ont jamais été bons, car ce sont les États qui ont les responsabilités réelles, et non l'ONU. Ce sont du reste les Etats qui prennent ces responsabilités derrière l'ONU aussi bien au Congo qu'à Chypre. Ce sont les Américains qui viendraient derrière l'ONU au Cambodge. D'autre part, l'ONU ne comporte ni le Vietnam, ni la Chine. Sincèrement, nous devons vous dire que nous ne sommes pas favorables à l'introduction de l'ONU dans cette affaire. La chimère de l'ONU n'arrange pas les choses[37]. »

Mais ce 4 février, à l'Élysée, la mise en cause des Nations unies est à dire vrai éclipsée par la diatribe du président de la République contre le système monétaire international dominé par les États-Unis. En cette matière aussi, les conceptions du général mûrissaient depuis longtemps. Pratiquement dès son arrivée à l'Élysée, Jacques Rueff, conseiller fort écouté en matière financière, a attiré son attention sur les dangers du Gold Exchange Standard[38]. Tant que sera en vigueur ce système, affirmait l'économiste libéral, les États-Unis connaîtront un déficit durable de la balance des paiements, l'inflation sévira dans les pays créanciers de l'Amérique, le dollar sera inconvertible par épuisement progressif des réserves d'or et des devises américaines.

À l'Élysée, Jacques Rueff a trouvé des oreilles d'autant plus attentives que l'inflation demeure menaçante en dépit de l'assainissement financier de 1958 et du plan de stabilisation. La cause du mal est extérieure, pensent aussi Étienne Burin des Roziers, secrétaire général de la présidence, et Maurice Couve de Murville. De Gaulle lui-même s'intéresse aux théories de l'auteur d'*Épître aux dirigistes.* « Certes, écrit Jacques Rueff, le général de Gaulle ne connaissait pas les mécanismes subtils de la création monétaire par émission d'euromonnaies, mais il avait une capacité peu commune à saisir l'enchaînement des causes et des effets[39]. » Au début de l'année 1965, le chef de l'État est convaincu qu'il faut dénoncer le système. Le 4 février, après avoir dressé un fort sombre tableau du système en vigueur, il réclame donc son remplacement par celui de l'étalon-or : « Eh oui, s'exclame-t-il, l'or qui ne change pas de nature, qui se met indifféremment, en barres, en lingots ou en pièces, qui n'a pas de nationalité, qui est tenu éternellement et universellement comme la valeur inaltérable et fiduciaire par excellence. » Dans son autobiographie, Jacques Rueff assure que, loin d'être l'expression d'un antiaméricanisme viscéral, ses conceptions, reprises par le chef de l'État, répondaient à des exigences d'ordre économique tant à l'intérieur que sur le plan international. On n'en doutera pas. Reste que, dans l'esprit du général, cette contestation du Gold Exchange Standard s'inscrivait clairement dans le cadre d'une contre-offensive visant ce qu'il appelait l'hégémonie des États-Unis. Longtemps encore, l'idée reviendra, d'autant plus récurrente que la France n'a pas les moyens de la faire aboutir.

En fait, concrètement, c'est sur le plan européen que le général peut espérer marquer des points, faire reculer ceux qui, à ses yeux, veulent l'inféodation vis-à-vis des États-Unis. La France, à Bruxelles, a les moyens de se faire entendre ; sans elle, rien n'est possible, et la période est favorable à une action d'éclat. Le 15 décembre 1964, la rude bataille du Marché commun agricole a abouti à un premier accord, laissant de côté le problème du financement. Ces points marqués, le plan Fouchet étant définitivement abandonné, de Gaulle n'a plus aucune raison de ménager les « technocrates apatrides », selon lui aux ordres de l'Amérique. Ambassadeur des États-Unis auprès des Communautés européennes et ami de Jean Monnet, Robert Schaetzel a d'ailleurs parfaitement compris son point de vue :

> De Gaulle manquait d'intérêt et avait même du mépris pour les affaires économiques. Il considérait que c'était un secteur qui devait être laissé à ceux qui n'étaient pas assez doués pour les affaires politiques. Au départ, il a donc laissé se développer le Marché commun en pensant que cet accord n'était pas nécessairement contraire à l'idée qu'il se faisait de l'indépendance de la France et de sa grandeur. Mais un jour il s'est aperçu qu'il pouvait y avoir conflit, que la France risquait de voir dicter une loi qu'elle n'avait pas complètement approuvée et il a décidé de réagir [40]

Le prétexte d'une contre-attaque française est assez facile à trouver. En mars 1963, l'Assemblée parlementaire européenne a affirmé, dans une résolution, sa foi dans les États-Unis d'Europe, « communauté supranationale et démocratique fondée sur l'égalité des droits des États membres et dotée d'institutions propres indépendantes des gouvernements ». Bien que la déclaration se situât dans la droite ligne du traité de Rome, aux termes duquel une Commission unique doit remplacer la Haute Autorité de la CECA et les commissions de la CEE et l'Euratom, le général s'est montré très irrité. Il l'a été encore plus quand, en juin 1963, l'Assemblée a demandé à avoir un droit de décision sur le budget le jour où la Communauté disposerait de ressources propres. L'élection au suffrage universel des parlementaires européens, réclamée au même moment, a suscité aussi ses très fortes réserves.

Pendant deux ans, un affrontement violent a été évité. Les autres gouvernements européens ne tenaient pas particulièrement à voir l'Assemblée s'affirmer face au Conseil des ministres. La France paraissait faire des concessions. Elle acceptait en particulier le principe de la fusion des exécutifs, ce qui, dans l'esprit du général, avait l'avantage de faire disparaître Euratom — organisation honnie entre toutes puisqu'à ses yeux le nucléaire devait rester une affaire nationale — et d'appliquer les règles modérées du traité de Rome à la CECA, d'esprit plus franchement supranational. À Bruxelles, le 8 avril 1965, un traité réglant ce problème est signé. Une commission unique aura le pouvoir d'initiative au sein des communautés, tandis qu'un Conseil des ministres, dont la composition variera en fonction des problèmes traités, sera mis en place. Reste en suspens le problème du siège des institutions et de l'administration communautaire.

La tension monte néanmoins, et tous les observateurs le sentent. De plus en plus, il apparaît que les gouvernements européens n'ont pas la même vision des finalités de la construction européenne. Beaucoup se situent sur la même ligne que le Comité d'action pour les États-Unis d'Europe de Jean Monnet qui, le 1er juin 1964, a adopté une déclaration ambitieuse prônant une intégration progressive mais résolue, une politique collective en matière nucléaire, des relations au partenariat avec les États-Unis. Le général, au contraire, fait de plus en plus cavalier seul. Alors qu'un an auparavant il parlait encore d'Europe indépendante, il semble vouloir maintenant reprendre sa liberté, freiner l'engrenage communautaire.

Le 20 janvier 1965, recevant le chancelier Erhard à Rambouillet, il lui tient ainsi un langage très ferme sur la construction politique. L'heure n'est plus aux concessions :

« Nous avons l'un et l'autre exprimé le souhait que cette affaire puise être remise en route. Nous sommes tombés d'accord sur les principes étant donné ce que nous faisons déjà dans le cadre du Marché commun, il nous a paru nécessaire que cela ait un prolongement sur le plan politique. Le développement du Marché commun implique en effet pour les gouvernements de graves décisions à prendre. Que faire de l'argent qui vient s'accumuler, des divers prélèvements que nous effectuons, quelles mesures prendre en matière de moyens de communications et de transports, en matière d'impôts, en matière de prestations sociales, etc. Les responsabilités de plus en plus grandes qu'ont à assumer les gouvernements impliquent la nécessité pour eux d'une plus étroite collaboration. Le cadre de Bruxelles est très bien, très utile pour les négociations, mais ce n'est pas ce qu'il faut pour la prise de décisions. Donc, nous sommes en faveur de ce que l'on appelle, si l'on peut dire, la relance européenne[41]. »

La coopération scientifique et surtout le Marché commun agricole continuent d'être des priorités aux yeux du général, en revanche l'intégration économique suscite ses réserves, au même titre que l'élaboration d'une politique commerciale commune. Comme le soulignera Pierre Gerbet, le général souhaite en effet utiliser les accords commerciaux dans la politique française de rapprochement avec l'Est[42]. À ces raisons de fond, s'ajoute l'hostilité personnelle que de Gaulle porte au président de la Commission, le Dr Hallstein, un Allemand proche de Jean Monnet, et souvent plus radical que ce dernier dans la défense des conceptions supranationales. Hallstein se comporte en chef d'État. Le 1er janvier, les représentants des États membres de la Communauté européenne doivent lui présenter des vœux selon un protocole très strict. « Le général de Gaulle était très irrité par ce comportement », témoigne Jean-Marc Boegner[43]. Le glissement vers la supranationalité inquiète d'autant plus le président de la République qu'à l'issue du passage à la troisième étape de la période transitoire, le 1er janvier 1966, le vote à la majorité doit devenir la règle, une perspective évidemment totalement inacceptable pour lui[44].

Par chance pour lui, les ultras de l'intégration vont lui offrir sur un plateau d'argent le prétexte qu'il attendait pour rompre le processus en cours. En vue du marché agricole et industriel unique, qui doit être mis en œuvre le 1er juillet 1967, la Commission suggère en effet au printemps 1965 de transformer l'ensemble des prélèvements agricoles et droits de douane industriels non nécessaires à la couverture de la politique agricole commune en ressources propres, échappant au contrôle des Parlements nationaux, mais non à celui de l'Assemblée européenne dont les pouvoirs doivent par conséquent être étendus. Parallèlement, les attributions de la Commission seraient accrues de manière sensible. La proposition, en réalité, est l'œuvre de Walter Hallstein et du vice-président de la Commission, le Néerlandais Sicco Mansholt, et qui a grandement contribué à mettre sur pied la politique agricole commune. Cette fois, Mansholt paraît, à l'instar du président Hallstein, nettement moins bien inspiré. En chargeant trop la barque — contre l'avis de Jean Monnet —, en dissimulant à peine que leur intention est de mettre en difficulté de Gaulle devant le monde paysan juste à la veille de l'élection présidentielle, ils commettent une très lourde erreur. Le général va l'exploiter avec délectation et maestria.

Habilement, de Gaulle ne se découvre pas tout de suite. Secondé très efficacement par Maurice Couve de Murville, dont le flegme fait merveille dans ce genre de situation, il commence par paraître composer. Lors du Conseil des ministres des Affaires étrangères du 15 juin, le chef de la diplomatie française se montre très subtil. Afin de rendre caduques les propositions de Hallstein et Mansholt relatives aux ressources propres, il n'exige pas l'affectation communautaire des prélèvements agricoles avant 1970. Il se contente de demander un règlement financier pour cinq ans. Son point de vue suscite bien entendu l'opposition de la Commission, des Italiens et des Néerlandais, mais en laissant entendre aux Allemands qu'il n'est pas totalement fermé à la perspective d'un accroissement limité des attributions de l'Assemblée européenne, il espère avoir leur appui.

La crise éclate lors du Conseil des 28, 29 et 30 juin. Cette fois, Maurice Couve de Murville emploie un langage très carré et demande l'adoption du règlement financier. Finalement, les Allemands ne le soutiennent pas et épousent le point de vue de la Commission. En retour, le ministre français s'oppose à ce que la discussion se poursuive selon la procédure habituelle des marathons ; présidant la séance il la lève *sine die*. Une escalade commence. Le 1er juillet, on apprend que le représentant de la France auprès des Communautés européennes est rappelé à Paris et que les fonctionnaires français ont reçu l'ordre de ne plus se rendre à Bruxelles. Ainsi commence la politique de la chaise vide et la crise la plus aiguë qu'ait connue la Communauté depuis sa fondation.

Dans l'opposition, l'attitude du général est sévèrement jugée. Centristes et socialistes déplorent un nouveau coup porté à l'Europe, même si beaucoup pensent, comme Jean Monnet, que Hallstein et Mansholt ont fait des surenchères bien inutiles. Mais au moment où se produit la crise de Bruxelles, européens et atlantistes sont en plein désarroi car la candidature de Gaston Defferre vient de se fracasser, victime du refus des dirigeants socialistes et MRP d'abandonner une part de leur identité. Pour les socialistes menés par Guy Mollet, il n'était pas question de transiger sur la laïcité ; pour le MRP, il n'était pas acceptable d'envisager une alliance électorale avec le Parti communiste. De fait, en raison de cet échec, deux candidatures, l'une au centre, l'autre à gauche, deviennent quasiment inéluctables.

Mais, au début de l'été, on ne sait toujours pas si le général a l'intention de se présenter ou non à l'élection présidentielle de décembre — même si beaucoup pensent qu'il sollicitera un second mandat. À la fin du mois de juin, initiative assez inhabituelle de sa part, il prend l'avis, sinon le conseil, de quelques-uns de ses plus proches fidèles — André Malraux, Michel Debré, Georges Pompidou et Gaston Palewski —, lors d'un dîner à l'Élysée. Tous évidemment plaident en faveur d'une nouvelle candidature mais la soirée se termine sans que l'on connaisse la résolution du général. Une chose est sûre : l'idée de faire appel au comte de Paris, si lui-même ne se présentait pas, n'est pas du tout à l'ordre du jour. Monarchiste de cœur, de Gaulle a pu sembler parfois encourager le prince. En 1949, il lui a probablement fait parvenir des assurances [45]. Par la suite, il ne l'a jamais découragé. Vraisemblablement, il a agi de manière à ne pas s'aliéner un homme incarnant à ses yeux un principe et un symbole, mais sans jamais lui donner le feu vert. Il est non moins clair qu'il veut ménager le suspens jusqu'au bout et ne le révélera qu'à la toute dernière minute.

Tactiquement justifiée, cette démarche va compter pour beaucoup dans la dégradation progressive des relations entre de Gaulle et Georges Pompidou. En son for intérieur, ce dernier est à peu près convaincu que le général se représentera. Cela ne l'empêche pas d'estimer, en privé, qu'une autre candidature, à soixante-quinze ans, n'est guère raisonnable. Lors du dîner de l'Élysée, fin juin, Gaston Palewski a d'ailleurs remarqué qu'il s'était exprimé avec moins de fermeté que les autres convives [46]. Surtout, Georges Pompidou ne sait quelle attitude adopter. Au cas où un accident surviendrait, il sait qu'il doit se préparer : c'est la raison pour laquelle il a laissé Merry Bromberger écrire sur lui un livre assez hagiographique. Il n'ignore pas non plus qu'une hâte trop visible nuirait à son crédit auprès du chef de l'État. Sa situation est d'autant plus délicate que rien n'indique, dans l'hypothèse d'une retraite, que le général ait l'intention de désigner un héritier. « De Gaulle n'est pas le genre d'homme à choisir un successeur », a précisé André Malraux lors d'un voyage en Inde. Le ministre d'État s'est montré en outre fort évasif quand on a essayé de savoir si Georges Pompidou était le mieux placé pour prendre la suite.

Au début du mois de septembre, le 9 très exactement, la campagne prend un tournant décisif quand François Mitterrand annonce sa candidature. Tout espoir de fédérer les modérés et la gauche non communiste étant vain depuis l'échec de Gaston Defferre, l'ancien ministre de la IVe République se réclame d'une stratégie d'union de la gauche, mais son initiative a d'autant plus d'impact que son hostilité aux communistes est connue. « Il ne veut pas risquer d'avoir le moindre contact personnel avec ses nouveaux partisans », martèle ainsi devant des diplomates américains son ami Charles Hernu, après le ralliement du Parti communiste à son entreprise. En dépit des zones d'ombre de sa carrière, en dépit de son implication récente dans l'affaire de l'Observatoire, l'homme est redoutable. Son talent oratoire, sa culture, son charisme en font un adversaire sérieux. Sa pugnacité naturelle est en l'occurrence décuplée par l'antipathie marquée qu'il porte au général, et qui est réciproque. Dès leur première rencontre à Alger, en 1943, tout s'est très mal passé. Venu de la Résistance intérieure via Vichy, Mitterrand ne pouvait que déplaire au général. « De Gaulle ! Quelle gueule d'empeigne ! » a confié de son côté le jeune Rastignac à des amis lors d'un séjour en France, peu après cet épisode[47]. À la Libération, rien ne s'est arrangé. Commissaire général aux Prisonniers en 1944, Mitterrand, présenté au connétable, n'a obtenu qu'un commentaire : « Encore vous[48] ! » Entre ces deux grands machiavéliens, entre « le Lion et le Renard », pour reprendre l'expression de Pierre de Boisdeffre, fin analyste de leurs destins croisés, aucune entente, aucun dialogue même ne sera jamais possible[49]. Foncièrement européen, attaché à l'Alliance Atlantique, deux constantes dans un parcours assez sinueux, l'auteur du *Coup d'État permanent* est à bien des égards l'antithèse vivante de de Gaulle. Personne n'imagine qu'il puisse le battre, mais il peut espérer le mettre en difficulté, et peut-être l'emporter sur Georges Pompidou.

Le Premier ministre est précisément très conscient du danger. Aussi, fin septembre, alors que le général reste enveloppé de mystère, fait-il une démarche discrète auprès de Valéry Giscard d'Estaing afin de savoir s'il serait soutenu par les Républicains indépendants au cas où... Quelques jours plus tard, le ministre des Finances lui apporte une réponse positive.

Tout au long de l'automne, l'attente se prolonge. Comme le général l'espère, les opposants sont contraints de se révéler, s'exposant du même coup aux attaques. Antoine Pinay refusant en définitive d'entrer en lice comme tant de notables l'ont pressenti depuis des mois, Jean Monnet auquel beaucoup pensent aussi n'ayant aucun désir de jouer les premiers rôles, un espace au centre est libre, entre Mitterrand et le candidat de la Ve République, quel que soit son nom. Président du MRP, Jean Lecanuet s'y engouffre le 19 octobre, bien qu'il ait annoncé huit jours plus tôt que le général était « imbattable »[50]. Il défendra dans la campagne les couleurs européennes, la cause de l'amitié avec l'Amérique mise à mal par la politique gaulliste.

Enfin, dans les derniers jours d'octobre, un communiqué de l'Élysée annonce que le chef de l'État s'exprimera le 4 novembre a l'occasion d'un discours radiotélévisé. Le général a donc attendu l'ultime moment pour annoncer sa décision. Partant, on escompte qu'il se représentera puisqu'un autre candidat se réclamant de ses idées n'aurait plus le temps de se faire connaître. De fait, telle est bien sa résolution :

> Aujourd'hui, je crois me savoir prêt à poursuivre ma tâche, mesurant de quel effort il s'agit, mais convaincu qu'ainsi c'est le mieux pour servir la France.. Que l'adhésion franche et massive des citoyens m'engage à rester en fonction, l'avenir de la République nouvelle sera décidément assuré. Sinon personne ne peut douter qu'elle s'écroulera aussitôt et que la France devra subir — mais cette fois sans recours possible — une confusion de l'État plus désastreuse encore que celle qu'elle connut autrefois.

« Rester en fonction ». De Gaulle ne choisit jamais les mots au hasard. En employant cette expression il trahit sa pensée : dans son esprit, l'élection du mois de décembre est une formalité, l'occasion simplement de retremper la légitimité qu'il affirme incarner depuis juin 1940. Selon lui, il n'a d'ailleurs pas de vrai choix. Les autres candidats, qu'il ignore superbement, ne présentent aucun projet crédible. S'il n'est pas réélu, le régime s'écroulera, la décadence reprendra.

Comme d'habitude, de Gaulle a dramatisé, mais cette fois le discours est moins bien passé. Et rien ne va se dérouler selon le scénario prévu par le général, qui a décidé de ne pas faire campagne, d'abandonner son temps de parole sur les ondes, à l'exception d'une ultime intervention. Dès que les débats télévisés commencent, deux candidats surtout, François Mitterrand et Jean Lecanuet, font preuve d'un talent incontestable. Leurs arguments, leurs critiques, voire leurs attaques portent d'autant plus que la télévision, depuis des années, est réservée aux seuls détenteurs des vérités officielles. De Gaulle part du principe que tout se jouera sur son image historique. Erreur profonde. Le drame algérien passé, les Français sont plus nombreux à être attentifs au bilan de ces dernières années.

Objectivement, l'œuvre accomplie est honorable. S'il a ralenti un peu l'expansion, le plan de stabilisation ne l'a pas cassée, loin s'en faut. Avec un indice 148, la France ne se situe pas dans le peloton de tête des pays européens, mais une reprise s'annonce et, sur le front des prix, les dispositions draconiennes de 1963 ont porté leurs fruits : de 5 % par an avant l'été 1963, la hausse du coût de la vie est tombée à 3 %. D'un point de vue financier, la situation est très assainie . les réserves en devises ne cessent de croître ; en novembre 1964, le stock de cinq milliards de dollars a été dépassé. En matière sociale, les effets du plan de stabilisation sont plus marqués, sans être calamiteux. Le logement continue d'être un problème crucial pour les catégories les plus pauvres, et le pouvoir d'achat des travailleurs payés au SMIG stagne de manière assez préoccupante, tandis que les couches les plus favorisées de la population bénéficient de la suppression progressive de la taxe professionnelle et de certains avantages fiscaux en faveur des actionnaires. Surtout, le volet social du gaullisme est resté lettre morte : les gaullistes de gauche, fort sensibles à cet aspect des choses, feront bientôt d'ailleurs de Georges Pompidou le bouc émissaire de cet état de fait. Seul succès incontestable dans ce domaine : l'intégration réussie des pieds-noirs, d'autant plus frappante que leur rapatriement s'est déroulé dans des conditions désastreuses.

En regard des préoccupations des Français liées à leurs conditions de vie, quel est l'impact des problèmes extérieurs sur la campagne ? Il est difficile de l'évaluer. Traditionnellement, ces questions laissent les électeurs assez froids. On ne saurait toutefois comprendre la raison de l'écho de plus en plus favorable rencontré par Jean Lecanuet sans y faire référence. En portant sa critique sur la politique européenne et atlantique, le président du MRP a visé juste. Une frange de l'opinion se reconnaît dans son discours. À Alain Peyrefitte, de Gaulle a dit :

« Le vrai sujet de l'élection présidentielle, c'est l'indépendance[51]. » D'une certaine manière, il a raison — même si tout indique qu'une partie de l'électorat conteste la forme qu'il donne à cette notion.

Dans les rangs gaullistes, on s'inquiète d'autant plus du mutisme souverain du général et de la campagne de ses concurrents qu'un fossé, déjà perçu sur le terrain, est en passe de se creuser entre l'homme du 18 juin et les générations plus jeunes. Des problèmes comme les droits des femmes, la liberté de la contraception (l'avortement est encore tabou dans la plupart des milieux) préoccupent une partie de l'opinion. Or, dans ce domaine, de Gaulle est l'homme de sa génération. S'il a donné aux Françaises le droit de vote, il les voit volontiers au foyer, en tout cas vouées en priorité à la transmission de la vie. Pour cette raison, parce que la France a besoin d'enfants, pour d'autres motifs aussi liés à sa culture, il commence ainsi par refuser la pilule, dont François Mitterrand fait l'un de ses arguments de bataille (le 29 octobre, le candidat de la gauche a déposé une proposition de loi visant à autoriser la propagande anticonceptionnelle).

> « La pilule ? Jamais ! a rugi le général devant Alain Peyrefitte. Jamais mon gouvernement ne déposera un tel projet de loi ! On ne peut pas réduire la femme à une machine à faire l'amour ! Vous allez contre ce que la femme a de plus précieux, la fécondité. Elle est faite pour enfanter ! Si on tolère la pilule, on ne tiendra plus rien, le sexe va tout envahir[52] ! »

Bientôt, les sondages traduisent une évolution de l'opinion non favorable au candidat sortant. Parti d'un seuil très bas, François Mitterrand voit sa cote monter à 27 % des intentions de vote, tandis que Jean Lecanuet obtient 15 %. Dans le même temps, de Gaulle perd presque six points. De 67 %, il tombe à 61 %. Au gouvernement et dans les rangs du parti gaulliste, on commence à s'affoler, mais personne n'ose intervenir auprès du chef de l'État pour qu'il change de tactique. Finalement, Georges Pompidou se dévoue, sans obtenir d'autre résultat que l'engagement de Michel Debré qui, non sans succès, affrontera Pierre Mendès France sur les ondes d'Europe 1 afin de défendre les couleurs du régime. Pour le reste, l'« Association pour le soutien à l'action du général de Gaulle », seule habilitée par ce dernier à intervenir, continue d'agir de manière extrêmement discrète. Non seulement le président de la République n'utilise pas son temps d'antenne, mais les affiches que l'on placarde pour le soutenir le font apparaître en surimpression d'un texte officiel, flou, sur un fond bleu éteint. Lorsqu'il descend de voiture pour regarder des panneaux électoraux, Georges Pompidou est consterné.

Le 24 novembre marque un tournant décisif. Ce jour-là on apprend par l'IFOP que la cote du chef de l'État est désormais inférieure à 50 %. La perspective d'un ballottage, jusque-là très hypothétique, devient sérieuse. Soumis aux pressions de ses ministres, le général annonce lors du Conseil des ministres qu'il ne renoncera finalement pas à son temps d'antenne, les 30 novembre et 3 décembre. Pour le reste, il est inflexible. « Vous ne voulez tout de même pas que je proclame : “Je m’appelle Charles de Gaulle” », dit-il à Alain Peyrefitte qui le presse de s’engager davantage[53]. Le même jour, il oppose une fin de non-recevoir à Roger Frey, qui lui suggère d’utiliser contre François Mitterrand son passé vichyssois, attesté par son amitié avec René Bousquet, l’attribution de la Francisque, une photo surtout, alors inédite, le représentant saluant avec respect le maréchal Pétain. Les arguments qu’il fait valoir auprès du ministre de l’Intérieur le dépeignent tout entier :

> « Vous ne m’apprenez rien. Mitterrand et Bousquet, ce sont les fantômes qui reviennent : le fantôme de l’antigaullisme issu du plus profond de la Collaboration. Que Mitterrand soit un arriviste et un impudent, je ne vous ai pas attendu pour le penser. Mitterrand est une arsouille [...] Non, je ne ferai pas la politique des boules puantes. [...] Non, n’insistez pas ! Il ne faut pas porter atteinte à la fonction pour le cas où il viendrait à l’occuper[54]. »

De toute façon, il est trop tard pour mettre sur pied une contre-offensive. Les dés sont jetés. Le 5, l’inimaginable se produit donc : l’homme du 18 juin est en ballottage. Seuls 43,70 % des électeurs, soit un peu moins de 10 millions, se sont portés sur son nom. Avec 32,29 % des suffrages et 7 millions de voix, François Mitterrand obtient un succès indéniable, tandis que Jean Lecanuet crée la surprise en recueillant quatre millions de voix, soit 15,85 % des votes. Jean-Louis Tixier-Vignancour, Pierre Marcilhacy, candidat indépendant, et Marcel Barbu, fantaisiste candidat des « chiens battus », obtiennent respectivement 5,27 %, 1,73 % et 1,16 %.

L’issue du second tour ne fait aucun doute... à condition que le général ne se laisse pas emporter par la déception. Dans un premier temps, ses proches et les membres du gouvernement semblent redouter qu’il ne reste à Colombey, où il a voté comme d’habitude. Dans la soirée, Georges Pompidou lui téléphone pour affirmer sa résolution, sans succès apparent. Louis Joxe prend alors le relais. Il est écouté, semble-t-il. « Comment voulez-vous, fait-il valoir, que les électeurs de Lecanuet, en tout cas la majorité d’entre eux, mêlent leurs votes à ceux des communistes ? » À quoi de Gaulle répond à Alain Peyrefitte, qui parle avec lui en dernier : « Je ne vois pas comment les 56 % qui ont voté contre moi aujourd’hui vont se déjuger dans deux semaines[55]. »

Le chef de l’État est-il sincère lorsqu’il paraît ainsi douter de l’utilité de poursuivre ? Plus tard, en juin 1968, il avouera qu’ « une vague de tristesse a failli [l]’entraîner au loin ». On se gardera cependant de prendre cette déclaration à la lettre. Depuis toujours, de Gaulle excelle à susciter l’adhésion en envisageant de partir. En l’occurrence, s’il y a eu déception, elle semble avoir été rapidement surmontée puisque, dès ce soir-là, alors que Georges Pompidou lui lit un projet de communiqué dans lequel est évoquée « la division qui a empêché l’élan national », il lui demande de remplacer « empêcher » par « différer ». Dès cet instant, l’hypothèse du second tour semble être dans son esprit.

De fait, le général annonce bientôt qu’il entrera en lice — seul cette fois face à François Mitterrand Le coup reçu a été rude, et d'autant plus sensible que la surprise est venue de Jean Lecanuet, qui a réalisé un bon score en faisant porter sa critique sur la politique extérieure du régime. Rasséréné par un rapport de François Goguel, de Gaulle en tout cas est décidé à se battre, à utiliser tous les moyens mis à sa disposition. Son habileté est d'accepter une suggestion d'Alain Peyrefitte et d'Étienne Burin des Roziers : un dialogue avec un journaliste et non plus un monologue. Très vite, le choix de l'interlocuteur est arrêté : il s'agira de Michel Droit, directeur du *Figaro littéraire* et gaulliste patenté. Les entretiens télévisés avec ce journaliste respectueux font merveille. Soudain, les téléspectateurs découvrent un autre de Gaulle, vif, enjoué, maniant l'ironie avec maestria. Quand le général brocarde en sautillant sur son fauteuil les « cabris » qui crient : « L'Europe ! l'Europe ! l'Europe ! », il se coupe peut-être de certains partisans de Jean Lecanuet, très attachés à la construction communautaire, mais il met à coup sûr les rieurs de son côté, ce qui électoralement est important. Près de trente ans plus tard, Jean Lecanuet n'avait pas oublié la moquerie : « Le général, disait-il, m'a traité de cabri ; à mes yeux, il était une sorte de mammouth, prisonnier de ses conceptions nationalistes[56]. » Blessé, le président du MRP n'adresse pas de consignes précises à son électorat ; il sait que de toute façon la plus grande partie hésitera à mêler ses suffrages à ceux du Parti communiste. Bientôt, les réactions aux entretiens avec Michel Droit s'avèrent positives. « Ah, si tu m'avais toujours parlé comme ça », dit à de Gaulle la petite Marianne de Faizant dans *Le Figaro.*

Sur le terrain, le discours du général est cette fois efficacement relayé par les élus gaullistes, les ministres, et le premier d'entre eux, Georges Pompidou, consterné par la tournure des événements avant le premier tour, a donc finalement été écouté. Cette fois, le chef du gouvernement fait figure de directeur de campagne, mais sans que ses suggestions soient toujours retenues. Ainsi de Gaulle, partant de l'idée, assez juste, selon laquelle le Front populaire n'a pas laissé que des souvenirs négatifs, a-t-il repoussé la proposition de Pompidou visant à présenter François Mitterrand comme l'héritier de Léon Blum. Pour le reste, en revanche, le Premier ministre joue un rôle très actif qui ne passe pas inaperçu. On remarque notamment qu'au cours d'une conférence de presse, le 15 décembre, il se porte garant de la volonté du général de repenser son action après le second tour. A-t-il reçu des confidences dans ce sens ? Engage-t-il sa propre parole ? Le propos est en tout cas abondamment commenté.

Ces efforts portent leurs fruits. Face à l'énorme machine de guerre gaulliste, François Mitterrand n'a négligé aucun contact, aucun moyen de gagner des voix d'où qu'elles puissent venir. Ayant fait le plein des voix de gauche, il lui faut mordre sur le centre, même sur la droite, voire l'extrême droite antigaulliste. Dans cette optique, les ralliements de Jean Monnet (à contrecœur, car le personnage de Mitterrand lui est profondément antipathique) et de Paul Reynaud sont appréciables Après l'appel de Jean Lecanuet à poursuivre la construction d'une Europe politique unie et de l'Alliance Atlantique, ils attestent le ralliement d'adversaires résolus de la politique étrangère du général. Plus ambigu est l'appui octroyé par Jean-Louis Tixier-Vignancour, ou celui de Jacques Soustelle et Georges Bidault en exil.

Le 19, après une journée de pluie qui n'a pas empêché les électeurs de se rendre en masse aux urnes (les abstentionnistes atteignent seulement 15,45 % des inscrits), les résultats tombent : le général est réélu par douze millions et demi de voix, soit 54,50 % de suffrages, François Mitterrand rassemblant sur son nom dix millions et demi de Français, et 45,49 % des bulletins exprimés.

Pour de Gaulle, le résultat est loin d'être satisfaisant. Il est clair qu'une partie des Français aspire au changement. Cela est particulièrement vrai dans les vingt-quatre départements du Midi, favorables à François Mitterrand. Donnée plus préoccupante encore, les études électorales vont faire apparaître que les moins de trente-cinq ans et les hommes actifs ont préféré le candidat de l'opposition. La rupture est nette, même si le général reste à l'Élysée.

De Gaulle, écrit Pierre Viansson-Ponté, n'est plus, il ne sera jamais plus le même. Il a dû se comporter en candidat, se réinsérer dans un univers partisan, faire référence à une équipe, à une majorité. Il a été conduit à présenter un programme. Il est désacralisé, ramené du plan de la mystique au plan de la politique. Il avait voulu un plébiscite. Il a d'abord joué la partie comme un référendum. Le second tour a été un contre-plébiscite [57]

XXXIV

L'HÉGÉMONIE AMÉRICAINE

« C'en est fini des doutes, des tâtonnements et des renoncements, affirme le général, le 31 décembre 1965, dans son discours de vœux. 1966, assure-t-il, sera l'année de la sérénité, de la confiance et de l'ardeur. » Une fois de plus le verbe gaullien transcende de réalités prosaïques, dures, gênantes. En théorie, après l'élection présidentielle, de Gaulle est libre de choisir un autre Premier ministre et de remodeler le gouvernement. En fait, tout l'incite à une certaine prudence Une échéance électorale majeure est prévue au printemps 1967, puisque le mandat des députés élus en 1962 arrivera à son terme à cette date. Pour mener cette bataille, Georges Pompidou s'impose. Peu à peu, il a pris de l'assurance, la tribune du Palais-Bourbon ne lui fait plus peur, la préparation du scrutin présidentiel a montré son emprise sur la majorité. Un autre chef de gouvernement serait-il capable de mener la majorité à la victoire en si peu de temps ? De Gaulle en doute. Le pragmatisme une fois encore l'emporte, et il compte bien de toute façon se consacrer en priorité aux affaires internationales. Reste qu'entre les deux têtes de l'exécutif le climat n'est plus le même On savait depuis longtemps, par des indiscrétions, que Georges Pompidou avait été meurtri de ne pas être mis dans le secret d'une nouvelle candidature, depuis la publication de *C'était de Gaulle* d'Alain Peyrefitte on voit combien la blessure a été profonde. « Inconvenant », a commenté le Premier ministre à la mi-octobre, alors qu'il ne savait pas à quoi s'en tenir[1]. « Insultant », renchérit Michel Jobert après la déclaration du général le 4 novembre[2].

> Il a été très malheureux, confirme sa collaboratrice Simonne Servais. Il était comme un funambule écartelé entre ses fonctions de Premier ministre et son rôle éventuel de candidat. Humainement, cela était difficile à vivre. Il a été blessé. Peut-être avait-il oublié combien le général était resté un militaire, ayant le goût de la surprise[3].

Reconduit dans ses fonctions, Georges Pompidou forme, début janvier, un gouvernement dont la caractéristique principale est de ne pas comprendre Valéry Giscard d'Estaing. Ce départ est imputable au Premier ministre. En dépit des différences de tempérament et d'orientation, de Gaulle porte considération au grand argentier, archétype de ces techniciens compétents qu'il a toujours prises[4] Sans doute n'a-t-il pas été insensible non plus aux arguments que le ministre des Finances lui a présentés en faveur de la poursuite du plan de stabilisation. Pour cette raison précisément et aussi parce que le personnage est, par son envergure, l'un des rares à pouvoir prétendre à la succession, Georges Pompidou a fait de cette élimination une affaire personnelle. À l'automne, les deux hommes, à la demande du chef de l'État, ont paru se réconcilier lors d'un dîner chez Lipp soigneusement médiatisé. Pure apparence. Aux yeux de Georges Pompidou, le rival devait être écarté. L'opération n'alla évidemment pas sans susciter beaucoup de rancœur et entraîner des conséquences politiques.

Au sein du gouvernement, le général a imprimé sa marque en rappelant Michel Debré aux Finances, Edgar Faure à l'Agriculture, Edgard Pisani à l'Équipement, le général Billotte aux Dom-Tom, mais l'influence grandissante du Premier ministre se mesure à la faveur dont bénéficie l'un de ses poulains, comme le jeune énarque Jean Charbonnel, ou encore André Bettencourt, sénateur républicain indépendant, mais peu giscardien, de Seine-Maritime. De fait, Georges Pompidou devient aussi le chef de la majorité parlementaire. Résolu, comme le chef de l'État, à respecter les échéances normales, et donc à ne pas procéder à une dissolution, il prend alors en main les problèmes de stratégie électorale. Marginalisé durant les mois qui ont précédé le scrutin présidentiel, le Premier ministre prend ainsi sa revanche, au grand dam des gaullistes de gauche, René Capitant en tête, qui le soupçonnent d'être hostile à la participation, volet social du projet gaullien, dont la mise en œuvre est à l'ordre du jour.

Pour l'heure, le Premier ministre fait prévaloir ses vues en matière économique et financière. Rendu public le 16 février, le plan Debré est conforme à ses directives. Après des années d'austérité — trop longues à son avis — il s'agit tout à la fois de favoriser l'industrialisation du pays et de revaloriser les revenus agricoles afin d'enrayer la progression du vote paysan en faveur de la gauche. Des incitations à l'investissement et des dispositions visant à favoriser les regroupements d'entreprises sont notamment prévues pour atteindre le premier objectif. Elles ne tarderont pas à porter leurs fruits ; peu après, Usinor absorbera Lorraine-Escaut, Peugeot et Renault passeront un accord d'association, Ugine et Kuhlmann fusionneront ; le rapprochement du Comptoir d'escompte et de la BNCI donnera naissance à la Banque nationale de Paris. En amorçant cette politique, Georges Pompidou confirme sa montée en puissance et éveille bien des soupçons, voire des inimitiés, dans l'entourage du général. La « résistible ascension » du Premier ministre, pour reprendre l'expression de Pierre Viansson-Ponté, a bel et bien commencé.

Mais le général, en ce début d'année, a un sujet d'inquiétude autrement plus grave : l'affaire Ben Barka, qui a commencé à l'automne précédent et qui, miraculeusement, n'a pas empoisonné la campagne présidentielle. Le 29 octobre 1965, Ben Barka, chef de la gauche marocaine, a été enlevé en plein Paris devant le Drugstore

Saint-Germain-des-Prés. Très vite, on a appris qu'en la circonstance des policiers et des fonctionnaires français avaient prêté main-forte à des Marocains venus s'emparer du principal opposant à Hassan II. L' « affaire », comme la nommera bientôt Emmanuel d'Astier de la Vigerie, est doublement gênante pour le pouvoir. Elle atteste d'abord de sérieux dysfonctionnements dans les services secrets et la police ; elle ne peut qu'altérer, d'autre part, les relations avec le royaume chérifien, puisque le ministre de l'Intérieur du souverain, l'énigmatique général Oufkir, était présent à Paris lors de l'enlèvement et y a pris, selon toute vraisemblance, une part très active. Tout indique enfin que Ben Barka est mort, probablement a-t-il été supprimé en France peu de temps après son enlèvement.

Pour les adversaires du régime, de quelque bord qu'ils soient, l'affaire est une aubaine inespérée, l'occasion de flétrir les mauvaises fréquentations de certains services tolérés au moment de la lutte contre l'OAS, de dénoncer enfin l'hypocrisie du président de la République, qui traite l'épisode comme il a toujours traité ce genre d'histoires : avec un souverain mépris. On a souri, l'air entendu, lorsque, le 6 novembre, de Gaulle a écrit à la mère de Ben Barka : « Je peux vous assurer que la justice exercera son action avec la plus grande rigueur et la plus grande diligence. » Pour les adversaires du chef de l'État, il ne peut que s'agir d'une formule creuse. Au début de l'année, alors que l'affaire connaît des rebondissements rocambolesques avec le mystérieux suicide de l'un des protagonistes principaux, Georges Figon, la suspension du SDECE d'un autre comparse, Leroy-Finville, les mandats d'arrêt lancés contre Oufkir et son adjoint, le colonel Dlimi, et la nomination du général Guibaud à la tête du SDECE en remplacement du général Jacquier, le chef de l'État reste obstinément fidèle à sa ligne de conduite. Quelle que soit la gravité des faits constatés, il couvre l'État, la République. « Tout cela, affirme-t-il lors de sa conférence de presse du 21 février, n'a rien que de vulgaire et de subalterne. » La formule fait mouche mais à peu près personne n'estime qu'elle traduit la vérité. Pour la majorité des commentateurs, le général entend étouffer l'affaire, et s'il a confié à l'ambassadeur Léon Noël la mission d'étudier une réforme de la police, c'est évidemment pour noyer le poisson.

Interprétation polémique ? Presque quarante ans après les faits, la vérité apparaît assez nuancée. Désormais un peu mieux connue grâce à la déposition, en juillet 2001, de l'ex-agent secret marocain Ahmed Boukhari, l'affaire ne paraît guère avoir été menée par les agents du roi du Maroc avec des complicités françaises de très haut niveau. L'intervention d'un curieux avocat, Me Lemarchand, ami des truands, ancien des réseaux gaullistes contre l'OAS, en contact avec le ministre de l'Intérieur Roger Frey, est évidemment un élément à prendre en considération, mais, de même que la formule « Foccart est au parfum » utilisée par l'un des protagonistes pour se couvrir, elle ne peut suffire à mettre en cause le sommet de l'État.

Mes services, précise le préfet Maurice Grimaud[5], à l'époque directeur général de la Sûreté nationale, avaient recueilli des renseignements selon lequels le palais cherchait alors un contact avec Ben Barka. Si, de son côté, Jacques Foccart avait été informé de quelque projet de discrète rencontre avec un émissaire du roi, ce ne fut certainement pas d'un enlèvement en plein Paris, opération à laquelle il est exclu qu'il ait pu donner son consentement. Comme il voyait le général tous les soirs et que leurs rapports étaient de totale confiance, il ne lui aurait certainement pas caché une information mettant en cause le souverain marocain. En revanche, s'il n'a eu connaissance que d'un vague projet de rencontre de Ben Barka avec un envoyé du palais, ce n'était pas forcément du niveau des affaires dont il entretenait le général. Quand éclata le scandale, impliquant Oufkir et une équipe de truands français, il dut mesurer bien vite les risques d'éclaboussures sur ceux qui, de près ou de loin, avaient eu quelque connaissance du « vague projet ».

Roger Frey s'est vraisemblablement trouvé dans la même délicate position lorsque son ami Lemarchand commença à confier à ses proches qu'il avait bien informé le ministre de l'Intérieur de ce qui se tramait dans les milieux dont il était familier. Sans doute, là aussi, ne parla-t-on ni d'enlèvement ni de violences car je n'imagine pas M. Frey fermant les yeux sur une tentative criminelle de cette ampleur, aux retombées imprévisibles. Il a plus vraisemblablement écouté d'une oreille distraite ce projet de rapprochement entre Ben Barka et le roi, affaire n'entrant guère dans ses responsabilités.

Lorsque les journalistes accusèrent les plus hautes autorités de l'État « d'avoir su et de n'avoir rien fait », il fallut dresser quelques contre-feux. Roger Frey disposait d'un conseiller juridique, Bruno Chalret, détaché par le parquet de Paris auprès du ministre de l'Intérieur et du directeur général de la Sûreté pour assurer la liaison avec la Chancellerie. Il confia à l'habile magistrat le soin de guider Lemarchand dans ses difficiles relations avec la Justice et de lui éviter les propos imprudents. Tout cela créait un sensible malaise tant dans le milieu judiciaire souvent gêné dans ses investigations que parmi les chefs de la police ou de la gendarmerie. J'en reçus quelques confidences.

Cela dit, si Roger Frey a essayé discrètement de tirer d'affaire son ami Lemarchand, toute complicité de sa part dans l'enlèvement ou même toute approbation tacite me paraissent exclues. Sauf découverte de quelque fait nouveau, je crois encore que le général a vu juste en laissant toute la responsabilité du crime à Oufkir et en le ramenant du côté français à des complicités « vulgaires et subalternes ».

Convaincu en effet de la complicité d'Oufkir, le général en tout cas a marqué un profond mécontentement. Du côté français, il estimait que tous les manquements devaient être sanctionnés. Dès le 12 janvier, devant le Conseil des ministres, il n'a pas usé de litote pour évoquer l'affaire : « Le juge d'instruction mènera son instruction d'autant mieux que les ministres coopéreront avec lui. Il faut aller jusqu'au bout de la vérité. » « À l'évidence, note Alain Peyrefitte, le général est moins méfiant de la justice que ses ministres. Il a la conscience tranquille. Il n'est pas tout à fait sûr que tout le monde l'ait autant que lui. Il veut en avoir le cœur net[6]. » Une semaine plus tard, le 19, le chef de l'État est encore plus incisif :

« Les Marocains ont trouvé des concours en France avec une facilité lamentable. Je ne parle pas des hommes de main. Chacun en recrute, toutes les polices le font. Mais je parle des services de police. Il y a des choses peu claires, des complicités. Je ne l'admets pas. Il faut aller jusqu'au bout de la vérité et des conséquences[7]. »

À ses yeux, et il le dit, il est urgent que la police et le SDECE subissent de profondes réformes. Sur-le-champ, le SDECE est rattaché au ministère des Armées (et non plus au Premier ministre). La réforme de la police qui vise à supprimer la concurrence entre les différents services sera plus difficile à mettre en œuvre, en raison notamment de la volonté de Maurice Papon de préserver l'autonomie de la préfecture de police.

Vis-à-vis des Marocains, et notamment du roi qui a trahi sa confiance, de Gaulle est décidé à réagir aussi avec énergie. Le 19 janvier, il réclame l'inculpation des Marocains mis en cause. Il ne paraît pas craindre une rupture des relations diplomatiques. « Le coup, précise-t-il, a été monté à partir du Maroc par Oufkir. Je ne l'admets pas. Je l'ai dit au roi par l'intermédiaire de l'ambassadeur. Le roi n'a pas pu ou pas voulu désavouer les coupables. Nous tirerons toutes les conséquences[8]. » « Vous direz au roi que je suis désobligé », a précisé le général à Robert Gillet, ambassadeur à Rabat[9].

De Gaulle tiendra parole. Il n'oublie pas que, dès le 3 novembre, il a dépêché chez le souverain Robert Gillet et Philippe Malaud, chef de cabinet de Maurice Couve de Murville, et qu'une fin de non-recevoir à peine polie a été opposée à ses demandes d'explications. Hassan II partage vraisemblablement ce jugement d'Oufkir, formulé le 3 novembre, lors de son ultime séjour à Paris, devant Maurice Grimaud (les deux hommes se connaissent de longue date : le futur préfet de police de mai 1968 a été en poste à la résidence générale au Maroc au début des années cinquante) : « Ce Ben Barka est un démon, nourrissant des projets ténébreux et fréquentant des milieux dangereux. S'il a disparu, tant mieux pour nous tous[10]. » Dès lors, aux yeux du président de la République, l'inculpation d'Oufkir et de son adjoint Dlimi est inéluctable. Quand le roi du Maroc essaie de le faire fléchir, il se rebiffe vivement. Fin août, le roi envoie d'abord un émissaire, Ali Benjelloun, ancien ambassadeur aux États-Unis, afin de tenter d'éviter l'irréparable :

« Si Oufkir est condamné, une situation dramatique sera créée, fait valoir le diplomate au directeur des Affaires politiques du Quai d'Orsay. Sait-on à Paris que les membres du gouvernement marocain ne représentent pas les tendances politiques mais qu'ils sont choisis par le roi et que, de ce fait, une condamnation frappant l'un d'eux atteindrait le roi lui-même. Si le roi ne réagissait pas, sa personne et donc son régime serait discrédité. Est-ce l'intérêt de la France[11] ? »

Ce langage n'impressionne guère de Gaulle. Quatre jours plus tard, le roi Hussein de Jordanie se trouve dans son bureau et tente de plaider la cause d'Hassan II : le général, sans souci excessif des formes, met alors les points sur les i :

« Le Maroc s'est comporté vis-à-vis de la France de manière intolérable. La personnalité même de M. Ben Barka n'a qu'une importance secondaire dans l'affaire. Ce qui est inadmissible c'est qu'un ministre du roi du Maroc ait pu enfreindre ouvertement la souveraineté française et accomplir un crime sur le territoire français. Cet événement, absolument injustifiable en soi apparaît encore plus choquant si l'on songe aux relations d'estime et de confiance particulières qui existaient entre moi-même et le roi Mohamed V, ainsi d'ailleurs qu'entre moi-même et le roi Hassan II. Au surplus, dès l'origine de l'affaire, j'en ai saisi le roi et l'ai mis en présence des risques auxquels elle exposait l'amitié franco-marocaine. Mais le roi n'a pas paru tenir compte de cette démarche. Il ne s'est pas séparé de son ministre et a laissé les choses suivre leurs cours. Le procès va donc s'ouvrir. Oufkir sera condamné. Sans doute ne risque-t-il pas personnellement grand-chose puisqu'il se trouve à l'étranger. Toute cette affaire n'en est pas moins lamentable et nous la considérons comme telle [12]. »

Malgré cette réplique peu encourageante, Hussein insiste : une solution ne pourrait-elle être trouvée avant que s'ouvre le procès ?

« Il n'est plus temps, coupe le général. Sans doute cela eût-il été possible au départ et c'est dans cet esprit que j'ai fait tenir au roi un message. Mais encore une fois le roi n'a pas jugé à propos de faire quoi que ce soit : Oufkir est demeuré son ministre. Nous regrettons que les choses en soient venues là. Nous ne méconnaissons pas les difficultés auxquelles le roi doit faire face. Il est en butte à de multiples intrigues auxquelles les Américains sont parfois mêlés. Sa tâche n'est certes pas facile. Ce devrait être pour lui une raison de plus de maintenir dans la ligne droite ses relations avec la France [13]. »

Le procès annoncé par de Gaulle aura bien lieu. Dlimi, s'étant livré à la justice française, sera finalement acquitté et promu directeur de la Surêté au Maroc. Oufkir, en revanche, sera condamné par contumace à la réclusion criminelle à perpétuité. Tous deux auront une fin tragique. Impliqué dans l'attentat de Skhirat contre Hassan II, en 1971, le général Oufkir sera exécuté sommairement sur ordre du roi. Quant à Dlimi, il périra étrangement dans un accident de la circulation. Les relations Paris-Rabat ne seront normalisées qu'après le départ du général de Gaulle.

En dépit de cette affaire, tout indique que 1966 va être une grande année de la diplomatie gaullienne. Débarrassé de l'affaire algérienne et réélu pour sept ans, le général précise son dessein, préparé depuis longtemps. L'objectif principal, défini dès 1933 [14], est toujours de contrer l'Amérique, puissance réputée hégémonique, mais la tactique utilisée dans cette perspective est adaptée aux circonstances. L'Allemagne restant dans l'orbite des États-Unis, l'espoir de voir surgir une Europe indépendante s'évanouit. Du coup, le jeu de la France devient plus solitaire, plus libre également à l'Est. Dès le mois de janvier, de Gaulle enregistre en matière européenne sinon une victoire totale du moins un résultat satisfaisant. Saisis d'un mémorandum rédigé par Couve de Murville exposant les conditions d'un retour de la France dans les organes de la Communauté, boycottés depuis le 11 juillet 1965, les représentants des cinq autres pays membres de la CEE, réunis à Luxembourg, parviennent, le 9 janvier, à un compromis. Les pouvoirs de la Commission sont légèrement réduits, un calendrier de travail est arrêté et, surtout, il est admis que « lorsque dans le cas d'une décision susceptible d'être prise à la majorité sur proposition de la Commission, des intérêts très importants d'un ou plusieurs partenaires seront en jeu, les membres du Conseil s'efforceront dans un délai raisonnable, d'arriver à des solutions qui pourront être adoptées par tous les membres du Conseil dans le respect de leurs intérêts et de ceux de la Communauté ». Si elle a profité, lors du scrutin présidentiel, à Jean Lecanuet et à François Mitterrand, la stratégie de rupture choisie par le général a donc finalement payé. En défiant les Européens, et en s'exposant à leurs critiques — Paul Henri Spaak déclare alors à qui veut l'entendre que le président français est plus un personnage exceptionnel qu'un grand homme d'État —, de Gaulle a finalement gagné. « Sans changer les textes, nous avons obtenu dans une large mesure ce que nous voulions, soulignera Maurice Couve de Murville devant le Conseil des ministres du 2 février : vider la Commission de la supranationalité [15]. » En prétendant passer en force, Hallstein et Mansholt ont perdu ; et leur défaite est d'autant plus amère que Jean Monnet, réticent dès le départ face à leurs initiatives, approuve, du moins en privé, le désormais fameux « compromis du Luxembourg ». Au baron Bentinck, ambassadeur des Pays-Bas, il fait explicitement valoir qu'il est vain, pour l'instant, de prétendre imposer la règle de la majorité [16]. Dès le 28 février, la France occupe de nouveau sa place à Bruxelles au Conseil des ministres de la Communauté. Bientôt, reprennent les négociations sur le Marché commun agricole, le Kennedy Round [17], l'entrée de la Grande-Bretagne dans le Marché commun. La crise est terminée. Avec son règlement s'éloigne aussi le rêve d'une Europe plus ambitieuse. Plus que jamais, de Gaulle estime que la construction communautaire n'est acceptable que dans la mesure où elle sert les intérêts français :

> « Pour en finir avec le Marché commun, déclarera-t-il le 11 mai au Conseil des ministres, ou ne pas en finir parce que nous n'en finirons jamais, il ne faut jamais oublier de dire que nous courons des risques ; que nous assumons des charges pour le Marché commun industriel, par rapport à un pays comme l'Allemagne. Ce qu'il y a de profitable pour la France dans le Marché commun agricole est la compensation indispensable de ce qu'il y a de risqué dans le Marché commun industriel [18]. »

Depuis toujours, la conception américaine d'un monde stable dominé par des règles internationales paraît à de Gaulle irréaliste et dangereuse : à ses yeux, elle ne sert que de paravent à l'appétit de puissance des États-Unis. Dans un monde multipolaire, seules des nations indépendantes — en fait les seules grandes puissances — sont, selon lui, aptes à servir de contrepoids à un leadership trop pesant. D'où son aversion pour toutes les organisations de nature plus ou moins supranationale. Après avoir corrigé dans le sens qu'il souhaitait la construction européenne, il est donc résolu à réaliser le projet qu'il caresse depuis 1958 et dont il n'a d'ailleurs jamais fait mystère, pas même au président Kennedy en 1961 : le retrait de la France de l'OTAN.

Aux raisons de fond qui dictent sa conduite, s'ajoute aussi un motif plus lié aux circonstances, que l'on soupçonne rarement à l'époque et clairement révélé par les archives : la crainte de voir l'Allemagne retrouver son rang militaire, voire retourner à ses vieux démons en raison de la ligne observée par Washington en matière nucléaire dans le cadre de l'OTAN. Critiquée tous azimuts, y compris aux États-Unis, la force multilatérale a été officiellement abandonnée à l'issue d'une rencontre entre Johnson et Erhard, à la fin de l'année 1965. Pour remplacer ce système, que le général se vante d'avoir tué [19], le secrétaire à la Défense Robert Mac Namara a alors proposé la création d'un comité restreint, comprenant la République fédérale, et destiné à examiner l'emploi des forces stratégiques. Une nouvelle fois, de Gaulle a décliné l'offre. Seul l'intéresse la perspective d'un directoire à trois de l'OTAN, exposée dans le mémorandum de septembre 1958 · il le confirmera explicitement en rejetant une autre proposition de Mac Namara tendant à mettre sur pied un comité spécial ouvert à tous les pays membres de l'OTAN, et chargé d'étudier les aspects nucléaires des mesures à prendre en cas de crise. En refusant la solution du directoire qu'il soutient depuis son retour au pouvoir, en imaginant d'autres schémas, le chef de l'État estime que les dirigeants américains ouvrent la boîte de Pandore ; responsable de la diplomatie française, il ne cache pas en tout cas son inquiétude quant à une renaissance de la puissance militaire germanique. Il lui échappe complètement que l'Allemagne a changé depuis la guerre et qu'elle ne constitue pas à vues humaines une menace pour la sécurité de ses voisins.

« Dans la situation internationale, telle que je la vois aujourd'hui, a-t-il confié à Hervé Alphand au début du mois de novembre 1965, le problème principal est celui de l'avenir de l'Allemagne : les Allemands depuis quelques années sont repris par leurs anciennes ambitions et croient que, pour assurer leur réunification, il leur faut disposer d'une force atomique. Les États-Unis s'imaginent pouvoir apaiser l'Allemagne grâce à certaines solutions qui ne sont que des apparences (force multilatérale, participation de l'Allemagne à la stratégie nucléaire, etc.). En fait, ces prétendues solutions ne constituent pour les Allemands qu'un premier pas vers leur objectif final.
La France rejette toute participation directe ou indirecte sous quelque forme que ce soit de l'Allemagne à la force nucléaire. Si l'on venait à passer outre, c'en serait fini, en ce qui nous concerne, de l'Alliance. Les Américains ne se rendent pas compte qu'en cherchant à mettre sur pied des solutions d'apparence, ils mettent le doigt dans l'engrenage et favorisent en fait les ambitions de l'Allemagne. Il serait beaucoup plus simple de dire au gouvernement fédéral qu'en aucun cas l'Occident ne pourra revenir sur une politique qui consiste à les priver de la force atomique. Une position aussi catégorique n'aurait aucune influence néfaste sur le comportement allemand. Elle ouvrirait en revanche la porte à la détente avec l'Est, au modus vivendi européen qui, seul, permettrait la réunification allemande dans ses frontières actuelles, accompagnée des mesures de sécurité concernant l'arme atomique.
Mais les États-Unis ne paraissent pas décidés à prendre cette position franche. Ils n'admettent plus que leur décision soit même discutée par leurs alliés. Inconsciemment peut-être, ils en sont arrivés à ce degré de puissance qu'ont

connu avant eux d'autres Etats et qui les amène à imposer leur volonté, sans tenir compte de l'avis d'autrui, que ce soit au Sud-Vietnam ou en Europe[20]. »

En entrant dans le jeu de Washington, avec l'espoir d'accéder d'une façon ou d'une autre à la responsabilité nucléaire, le gouvernement du chancelier Erhard gêne considérablement le général. Tout espoir de modifier le système atlantique devient dès lors illusoire, d'autant plus que Paris s'oppose aussi à Washington en matière de désarmement.

De Gaulle, souligne Maurice Vaisse, ne voit dans le contrôle des armements qu'un artifice de la part des deux superpuissances pour maintenir leur monopole. C'est pourquoi il refuse de signer le traité de Moscou sur l'interdiction des essais dans l'atmosphère. Quant aux négociations sur le désarmement entreprises à Genève dans le cadre de l'ONU, il est très sceptique sur leur intérêt[21].

Au début de l'année 1966, jamais de Gaulle n'a été plus méfiant vis-à-vis de la République fédérale :

« Il existe entre nous, constate-t-il, une difficulté croissante à s'accorder. Cette difficulté semble inévitable du moment que l'Allemagne n'est plus le vaincu poli et honnête qui cherche à se gagner les bonnes grâces du vainqueur. Les Allemands sentent aujourd'hui renaître parmi eux des forces élémentaires et sont animés de nouvelles ambitions[22]. »

Un temps, le chef de l'État a pensé que l'Allemagne l'aiderait au sein de la Communauté européenne à contrebalancer la puissance américaine. « L'Europe, voyez-vous, c'est un plat, disait-il à Philippe Ragueneau : le rôti, c'est la France et l'Allemagne ; avec un peu de cresson autour, c'est l'Italie ; et de la sauce, c'est le Benelux[23]. » Cette perspective n'est plus de saison. À son estime, la seule manière de se faire entendre de Washington est désormais de se retirer de l'OTAN.

Cette mesure, à laquelle Georges Pompidou, lui, est secrètement hostile, le général l'a intégrée dans ses plans depuis un certain temps : en 1968, la force de frappe française sera opérationnelle, et la rupture est d'autant plus impérative que les États-Unis mènent au Vietnam une guerre qu'il désapprouve, et dans laquelle il ne veut se trouver engagé à aucun prix. Avant l'élection présidentielle, le 12 novembre 1965, il a fait part au directeur politique du Quai d'Orsay de ses intentions, en termes très clairs :

Le général de Gaulle considère qu'il importe de conserver avec les États-Unis de bons rapports et des rapports amicaux, mais qu'il n'y a pas lieu pour autant de se montrer trop conciliant. Il faut être précis et positif. Nous n'avons d'ailleurs aucun conflit direct avec les Américains en aucune partie du monde ; nous n'avons aucun désir d'expansion et ceci ne s'est pas produit depuis Napoléon. Nous n'avons même pas d'expérience comme la guerre du Mexique, où les États-Unis sont intervenus contre nous.

Une alliance est faite pour certaines éventualités du temps de guerre, et celle qui nous lie actuellement a été faite dans l'hypothèse d'une attaque de la Russie contre l'Europe occidentale. Or cette menace, qui peut, dans certaines circonstances, réapparaître, peut être considérée néanmoins à l'heure actuelle comme pratiquement inexistante. Dans ces conditions, si les Américains y tiennent, nous pouvons accepter d'examiner avec eux ce qu'il conviendrait de faire dans une telle hypothèse. Mais ceci ne légitime en aucune façon l'existence en temps de paix d'un commandement unifié, ni non plus la présence de troupes américaines sur notre territoire, ou d'un quelconque droit de survol par des avions américains.

Le traité de l'Atlantique Nord tel qu'il existe ne présente pas en soi de grands inconvénients, mais il paraît difficile au général de Gaulle de maintenir néanmoins, lorsque l'échéance de 1969 sera venue, un traité de caractère unilatéral. Ce que nous accepterions par contre, c'est une alliance avec les États-Unis et une alliance avec la Grande-Bretagne au cas, improbable mais toujours possible, où la Russie prétendrait un jour attaquer l'Europe occidentale.

Cette alliance, il n'est pas nécessaire de l'étendre à l'Italie qui n'existe pas, et encore moins à l'Allemagne. Il faudra en effet que les Américains comprennent que l'Allemagne ne peut être considérée par eux comme un allié de remplacement. Déjà deux fois, l'Allemagne a attaqué l'Europe et les Américains ne se sont pas pressés d'intervenir. La première fois en 1917, il a fallu qu'on leur coule des bateaux, la seconde fois en 1941, ils ont laissé faire le blocus des îles Britanniques jusqu'à ce qu'enfin le président Roosevelt se décide à faire passer la loi Prêt et Bail. Nous, Français, n'avons pas eu ces hésitations et nous l'avons montré dans les crises de Berlin et de Cuba.

Une alliance avec l'Allemagne est impensable, étant donné que nous n'avons pas les mêmes buts et les mêmes objectifs. L'Allemagne veut modifier ses frontières de l'Est et acquérir le contrôle des armes atomiques. La responsabilité des États-Unis est grande, en les encourageant sur cette voie.

Pour ce qui est de l'Allemagne, avec laquelle n'a pas été signé de traité de paix, et où l'on vit toujours sous le régime de l'occupation, la seule chose que nous pouvons admettre est de maintenir sur son territoire quelques forces françaises qui pourraient être appelées à intervenir aux côtés des troupes anglaises et américaines, au cas où l'Allemagne serait attaquée. Encore conviendrait-il de ne prendre aucun engagement formel à cet égard. Rien en Allemagne ne peut être organisé pour le temps de paix et, *même en cas d'attaque, nous nous réserverions d'intervenir ou de ne pas le faire, selon les circonstances. Si Hambourg, par exemple, était occupée par les troupes russes et que les Américains interviennent, nous n'en ferions pas nécessairement autant, si nous estimions de notre côté que cette intervention russe a été due à une provocation allemande.*

Ayant demandé au général s'il comptait soumettre prochainement aux Américains un plan de réorganisation de l'Alliance, il a répondu que s'il n'y avait pas eu l'échéance du 5 décembre, ceci aurait déjà été fait. Si après cette date, les choses restent en l'état, il est probable que nous pourrons faire connaître nos vues vers le printemps. Je lui ai dit qu'il était peu probable que les Américains songent à des alliances bilatérales. Il m'a été répondu que de toute façon un texte bilatéral ou multilatéral n'était pas vraiment nécessaire et que le fonctionnement de l'Alliance reprendrait de lui seul, en cas d'une véritable crise. Ceci n'empêchait pas pour autant des conversations d'état-major, mais au cas seulement où les Américains en exprimeraient le désir. Il fallait, dans mes conversations, appeler progressivement l'attention des Américains sur cet état de choses.

J'ai indiqué qu'une certaine tendance paraissait se dessiner à Washington pour prendre rapidement des décisions sans nous, concernant l'Alliance, sur l'intégration et la localisation du SHAPE et du Conseil Atlantique. Le général m'a

répondu que si nos partenaires agissaient dans ce sens, il n'y aurait pas lieu de s'en attrister et qu'il n'y voyait pour sa part aucun inconvénient.
Sur les problèmes d'Asie, le général estime que nous avons, il y a deux ans, fait connaître au monde, et en particulier aux Américains, la seule solution possible. Les Américains n'ont pas voulu en tenir compte et il est trop tard maintenant. J'ai dit qu'apparemment les Américains reprenaient pourtant les grandes lignes de notre programme de 1963. Le général estime qu'ils ne sont pas sincères en le disant, et que d'ailleurs puisque le premier des principes à appliquer est celui de la non-intervention, les Américains ne l'appliquent guère en envoyant de plus en plus de troupes et en continuant à bombarder. De toute façon, nous ne les aiderons pas à sortir de leurs embarras actuels. Par contre, pour la Chine, ils finiront par comprendre.
Sur l'Europe, le général m'a dit qu'il restait favorable à la négociation dite du Kennedy Round. Il s'agissait en effet de libéraliser le commerce international en évitant toutefois que nous soyons envahis par des exportations massives américaines de produits agricoles. Le Kennedy Round n'était d'ailleurs qu'une extension de la notion de libre-échange, vérité sous-jacente au Marché commun. On avait voulu à cet égard élaborer des systèmes compliqués qui s'étaient tous effondrés. Il valait mieux s'en tenir à cette zone de libre-échange avec quelques adaptations pour les produits agricoles.
Sur l'ensemble des problèmes franco-américains, le général m'a dit qu'il ne refuserait pas de recevoir le président Johnson si celui-ci exprimait le désir de venir le voir en Europe. Il le recevrait comme il avait reçu les présidents Eisenhower et Kennedy, mais je n'avais aucune proposition à faire à cet égard. Comme message à adresser au président lorsque je serai reçu par lui, il m'a dit de lui transmettre son salut[24].

De cet exposé, hormis le fait que les intentions pacifiques de l'Union soviétique y sont de nouveau soulignées, on retiendra avant tout un point essentiel : la possibilité pour la France de ne pas se sentir engagée par la solidarité occidentale au cas où les Russes attaqueraient une très grande ville allemande. En la matière, l'inflexion de la pensée du général est évidente. Jamais il n'est allé aussi loin, jamais il n'a réaffirmé avec plus de force son intention de faire cavalier seul, ni signifié plus crûment que seul compte à ses yeux l'intérêt national. Jamais enfin il n'a affirmé plus d'indifférence envers l'opinion, qui serait vraisemblablement fort émue si Hambourg était occupée par l'Armée rouge. Dès lors, le maintien de la France au sein de l'OTAN est virtuellement impossible. Pour la forme, de Gaulle ne l'annonce pas à ce moment-là. Sans conviction, il a réaffirmé son désir de faire de nouvelles propositions de réforme aux États-Unis, mais la décision de retrait est inéluctable.

Comme s'il voulait faire la preuve de sa bonne volonté, le général ne rend pas publique sa résolution lors de la conférence de presse qu'il tient à l'Élysée le 21 février 1966. Devant les journalistes du monde entier, il se contente, une fois de plus, de souligner la volonté de la France de disposer d'elle-même, de réaffirmer son rôle de puissance atomique et son refus d'être impliquée dans une guerre où ses intérêts ne sont pas engagés. Sans revenir sur l'adhésion à l'Alliance Atlantique, il annonce toutefois qu'il est décidé à modifier les dispositions d'application du texte relatif au commandement intégré. Aux États-Unis personne n'est dupe. Depuis plusieurs années, l'ambassadeur Charles Bohlen se dit convaincu que de Gaulle ira jusqu'à quitter l'OTAN et présentement il est renforcé dans sa certitude par un informateur du Quai d'Orsay qui affirme, se référant à une confidence du général de Brebisson, nouveau secrétaire général de la Défense nationale, que de Gaulle ne mourra pas avant que le dernier soldat américain ait quitté la France et que son but, en se retirant de l'OTAN, est de paraître avoir les mains libres vis-à-vis des dirigeants russes auxquels il doit rendre visite prochainement[25].

Le 7 mars, Bohlen n'en feint pas moins la surprise quand, convoqué par Couve de Murville, il se voit remettre une lettre du général destinée au président Johnson et annonçant le retrait de la France de l'OTAN[26]. Le ton de la conversation est dépourvu d'aménité. L'ambassadeur rappelle que lors de son passage à Paris, durant l'été 1965, le secrétaire d'État adjoint George Ball a bien fait remarquer à de Gaulle que l'OTAN était une question centrale pour les États-Unis qui, afin d'assurer la sécurité de leurs alliés en Europe, ont supporté depuis la fondation de l'Alliance la majeure partie de la charge financière. En outre, rien ne démontre vraiment les intentions pacifiques de l'Union soviétique qui reste une dictature, dominée par un petit groupe d'hommes préoccupés au plus haut point par des objectifs militaires. Bohlen souligne qu'il y a moins de cinq ans Washington a été obligé d'envoyer des troupes en Europe pour assurer la sécurité de Berlin ; il évoque une violation du traité de la part de la France.

À Washington, dès l'annonce de la nouvelle, un porte-parole de la Maison-Blanche parle de « coup de poignard ». En fait, si l'étonnement est de pure tactique, la colère est réelle. La veille de la convocation de Bohlen au Quai d'Orsay, une réunion consacrée à l'attitude de la France vis-à-vis de l'OTAN réunissait les plus hauts responsables, en particulier le secrétaire d'État Dean Rusk, le sous-secrétaire d'État George Ball, le secrétaire à la Défense Robert Mac Namara et Cyrus Vance[27]. La France y a fait figure d'accusée : il ne doit pas être permis, ont conclu les participants, qu'elle garde le bénéfice de l'Alliance tout en refusant de coopérer avec ses alliés ; il est exclu que des accords bilatéraux se substituent à ceux dénoncés par la France. Des mesures de rétorsion ont également été envisagées : une participation financière au déplacement des installations pourrait être demandée à la France ; aux Allemands de placer les forces françaises en Allemagne sous commandement allemand, « ce qui aurait pour effet de les placer en fait sous commandement intégré ». Autour du président Johnson, le ressentiment est profond, à la mesure de l'affront ressenti. Un brouillon de déclaration présidentielle, conservé dans les archives de Lyndon Johnson, évoque un « usage non avisé de la souveraineté nationale et même destructeur des meilleurs intérêts des alliés[28] ». À Bonn, le mécontentement est aussi perceptible. Dès le 9 mars, l'ambassadeur américain câble que Ludwig Erhard n'est pas dupe du jeu de de Gaulle vis-à-vis de l'Allemagne[29]. Le chancelier n'en conseille pas moins la prudence dans les réactions, de crainte de voir le général rouvrir la querelle du Marché commun. Bohlen se félicite d'ailleurs de sa modération alors que « l'irrationalité de de Gaulle pouvait l'inciter à demander des avantages en faveur de son pays[30] ». Envoyé en République fédérale, John Mc Cloy profite évidemment de l'occasion pour faire valoir au chancelier et à son ministre des Affaires étrangères Schroeder que de Gaulle est « malhonnête » et que son but véritable est de rabaisser l'Allemagne, à laquelle il refuse toute forme d'égalité[31].

Cette ligne au moins dans un premier temps est suivie, comme si, au moins publiquement, on voulait croire à Washington que la décision du général n'est pas sans appel. Durant presque deux mois des aide-mémoire vont être ainsi échangés. Le 29 mars, alors que Maurice Couve de Murville ne juge pas utile de se rendre au Conseil de l'OTAN qui se tient à Paris, un nouveau document en provenance de Paris précise : le 1er juillet 1966 les troupes françaises d'Allemagne se retireront du dispositif OTAN ; il en ira de même de tous les personnels français des commandements intégrés. Le 1er avril 1967, au plus tard, toutes les bases américaines en France seront fermées.

Cette fois, il n'est plus possible de se bercer d'illusions. Aussi la situation se tend-elle entre Paris, Washington et ses alliés. Le 18 avril, en visite à Paris, le Premier ministre danois, Krag, ne craint pas de contrer le président français :

Le général de Gaulle : Je suis heureux de revoir M. Krag.
M. Krag : Je remercie le général de Gaulle de bien vouloir trouver le temps de me recevoir. Il s'est passé beaucoup de choses dans le monde depuis la dernière fois que j'ai eu l'honneur de vous parler.
Le général de Gaulle : Oui, peut-être, mais le Danemark est toujours à sa place et la France aussi. Il s'est passé beaucoup de choses dans la politique et dans la presse, etc. mais pas beaucoup dans la réalité.
M. Krag : C'est avec beaucoup d'intérêt que j'ai lu vos déclarations sur l'Union soviétique comme une puissance plus pacifique qu'elle n'a été auparavant.
Le général de Gaulle : Oui, c'est l'impression qu'on a.
M. Krag : J'ai rendu visite au président Kossyguine l'année dernière et j'ai eu de longs entretiens avec lui. J'ai eu la même impression que vous, mon général. Il faut ajouter cependant que M. Kossyguine éprouve un grand respect pour l'OTAN et que son pacifisme a des rapports avec l'existence d'une organisation puissante de défense.
Le général de Gaulle : Oui, bien sur.
M. Krag : C'est pourquoi je trouve qu'il est essentiel que la France continue à rester membre de l'Alliance.
Le général de Gaulle : Nous comptons bien rester membre de l'Alliance Atlantique. L'Alliance Atlantique, c'est d'abord la France. La défense de la liberté en Europe, c'est aussi d'abord la France. Les Américains sont venus quelquefois, de temps en temps mais pas toujours, pas en permanence. Mais la France, c'est en permanence qu'elle défend la liberté en Europe. Et le Danemark le sait bien.
M. Krag : Je suis d'accord, mais est-ce qu'il n'est pas très important que les Américains soient en Europe, déjà en temps de paix ?
Le général de Gaulle : Oui, cela vaut mieux, j'en suis bien convaincu, il est bon qu'ils soient en Europe, là où il est normal qu'ils se trouvent. Il est normal

que les Américains se trouvent en Allemagne. Elle a été défaite, elle est coupée en trois morceaux et elle est en face de l'Union soviétique. La France n'est pas vaincue, elle n'est pas coupée en morceaux, elle n'est pas au contact des Soviétiques et il n'y a pas de raison pour que les Américains restent indéfiniment en France.
M. Krag : Pour le Danemark, la défense de l'Allemagne est décisive. Le Danemark ne peut être défendu que si l'Allemagne peut être défendue. Et la présence des Américains en Allemagne est pour le Danemark une chose décisive.
Le général de Gaulle : Nous comprenons cela très bien et nous ne souhaitons pas du tout voir les Américains quitter l'Allemagne[32].

De Gaulle visiblement s'impatiente. Le 13 avril, Washington a répondu à l'aide-mémoire du 13 avril. Le 22, Paris réplique à son tour sans que des mesures concrètes soient décidées. Le 3 mai, le général hausse donc le ton en formulant des règles nouvelles et très strictes concernant le survol du territoire français par les avions alliés. Cela ne l'empêche pas, le lendemain, de recevoir fort aimablement le sénateur Church et de lui confirmer qu'à ses yeux la question allemande est centrale dans la problématique de l'OTAN, providentielle aussi pour lui puisqu'elle garantit le maintien en République fédérale des troupes américaines indispensables à la défense de la France[33].

En attendant que les diplomates règlent tous les problèmes liés au retrait de l'OTAN, le général est résolu à favoriser la détente, à l'occasion du long voyage qu'il doit effectuer fin juin en Union soviétique, où il n'est pas retourné depuis sa visite à Staline en 1944. Depuis lors, ses sentiments à l'égard de la superpuissance de l'Est ont évolué. S'il estime toujours — il le dit à chacun de ses interlocuteurs — que le communisme n'est qu'un épiphénomène passager, il pense — et il le répète aussi constamment — que l'ex-empire des tsars est dans une phase de moindre agressivité. Pour accueillir l'illustre visiteur, rien n'a été négligé par les Soviétiques. Logé au Kremlin par faveur spéciale, reçu dans la métropole sibérienne de Novossibirsk, convié à visiter la cité des savants, de Gaulle est surtout le premier dirigeant occidental admis au cosmodrome de Baïkonour. Les membres de la troïka, Leonid Brejnev, premier secrétaire du PC, Kossyguine, Premier ministre, et Podgornyï, chef de l'État, l'y ont précédé pour assister en sa compagnie au lancement d'un satellite. À Leningrad, à Kiev, à toutes les étapes du périple, la foule n'est guère impressionnante, mais la qualité de l'accueil officiel équilibre cette absence de ferveur populaire, au demeurant assez habituelle en URSS.

La question allemande tient une place centrale dans les discussions avec les dirigeants soviétiques. Comme le soulignera Alain Peyrefitte, auquel sera accordé l'insigne privilège de lire les verbatim des entretiens, de Gaulle déploie une grande énergie à convaincre ses interlocuteurs du bien-fondé de sa position : le problème allemand, de plus en plus inquiétant à ses yeux, ne saurait être réglé que dans le cadre d'une politique nouvelle excluant l'affrontement des blocs.

Dès le premier entretien, le 21 juin, au Kremlin, il expose son point de vue en réponse à Leonid Brejnev, qui a soutenu que la République fédérale se dirigeait dans la voie du nazisme, et souhaitait, aux termes d'une note récemment remise par Bonn, une modification de ses frontières

Le général de Gaulle : Je vous remercie de cette explication claire et précise, qui d'ailleurs ne nous a rien appris, car nous savions déjà ce que vous en pensiez.
Pour nous aussi, la première question est celle de la sécurité en Europe. [...] Nous avons toujours pensé, comme vous, que le ferment de l'insécurité a été l'Allemagne. [...] Mais il y a aujourd'hui un autre élément dont il faut tenir compte et qui est l'existence de deux grandes puissances rivales dans le monde et en Europe. La question de l'Allemagne est devenue un accessoire de cette rivalité et, du même coup, entre dans un ensemble très différent. Pour nous, la question allemande fait partie de la rivalité entre l'Union soviétique et les États-Unis.
Vous avez parlé des frontières. [...] Je vous répète que nous sommes d'accord pour penser que les frontières de l'Allemagne ont été fixées définitivement au lendemain de la guerre.
En ce qui concerne la réunification, nous ne sommes ni très ardents, ni très pressés. Nous ne pensons pas que cet événement doive avoir lieu dans l'immédiat. Mais, ce qui me préoccupe, c'est l'évolution de l'Allemagne en fonction de la rivalité dont je vous ai parlé. Il y a danger à cause de cette rivalité. L'Allemagne n'a pas une force suffisante pour démolir l'Union soviétique, ni d'ailleurs la France. Nous avons, vous et nous, de quoi l'en empêcher. Mais, ce qui est inquiétant, c'est cette évolution, que nous devons infléchir dans le sens de la paix et dont je vais vous dire un mot[34].

En conclusion, de Gaulle souligne la nécessité de la détente. Détente entre les deux superpuissances, mais détente aussi vis-à-vis de l'Allemagne

Nous aussi, nous avons été bien abîmés par l'Allemagne. Nous n'en avons pas moins fait notre paix avec elle... Pour ce qui la concerne, la France fait tout son possible pour se soustraire à la conjoncture que je vous ai décrite. C'est la raison pour laquelle nous nous retirons d'une organisation militaire impliquant des engagements automatiques. Nous souhaitons que vous preniez vous aussi une attitude plus ouverte vis-à-vis des Allemands.
La question, c'est la détente, puis l'entente, de façon à nous retrouver entre Européens. Mais il faut être pratique et ne pas méconnaître la situation acquise par les États-Unis. L'Amérique a fait la guerre, elle a des droits en ce qui concerne l'Allemagne dans son ensemble et nous avons des raisons de penser que, si un règlement s'élabore entre Européens à son sujet, elle en sera peut-être finalement d'accord et même satisfaite. Les Américains ne sont pas si interventionnistes qu'on le dit. Il n'est pas certain qu'ils ne s'accommoderaient pas d'une entente européenne qui leur permettrait de se dégager.

Avant le voyage du général à Moscou, des inquiétudes s'étaient fait jour en Allemagne de l'Ouest. De Gaulle ne se laisserait-il pas entraîner à quelque fâcheuse concession ? Dès le début du périple, il est apparu que cette anxiété était sans fondement. Le général d'évidence était résolu à se tenir sur des positions bien définies à l'avance ; c'est ainsi qu'il a opposé immédiatement une sèche fin de non-recevoir à Leonid Brejnev, lorsque ce dernier lui a suggéré, dès le premier jour, de reconnaître la République démocratique allemande : « C'est votre création et donc un État artificiel dont la reconnaissance ne présenterait ni signification ni intérêt pratique. »

De retour à Moscou, le 29 juin, le général se tient sur cette ligne pour un dernier entretien (transcrit d'après sa version soviétique) à l'issue duquel il dit sa certitude de s'inscrire dans un grand mouvement historique :

La France ne veut pas se mêler des relations entre la Russie soviétique et les États-Unis. L'adversité qui existe présentement entre ces deux pays est un fait historique, même si la France comprend très bien que l'Union soviétique n'a aucune intention de faire la guerre aux États-Unis. Mais la France voudrait bien que l'Union soviétique et les États-Unis poursuivent des pourparlers, sur quelques questions, par exemple le désarmement. Encore une fois la France comprend très bien que l'URSS et les USA soient adversaires. Mais pour la France la situation dans le monde ce n'est pas seulement le conflit Union soviétique-États-Unis. C'est pourquoi la France est pour le renouveau de l'Europe qui n'est pas possible sans l'Union soviétique. C'est pourquoi je suis venu ici.

Même si cette voie doit être longue et difficile, la France la propose. L'intérêt pour la France de ses relations avec la Russie soviétique n'est pas conjoncturel. Notre politique est indépendante et nationale. C'est pourquoi la France ne changera pas de politique envers l'URSS. La France ne changera pas de cause. La politique de la France a été déterminée pour sept ans et ne changera pas même au-delà de ces sept ans[35].

Et après avoir rappelé sa position sur le problème allemand, de Gaulle conclut :

Il y a maintenant tous les motifs pour un rapprochement et une coopération entre les deux pays. La France croit que la Russie soviétique mène et mènera une politique pacifique. Je ne vois pas d'obstacles qui empêcheraient la France et la Russie soviétique de discuter et de faire coïncider leurs positions sur les quelques politiques. Si nos deux pays prennent cette voie nous pourrons prouver à l'Europe qu'il est nécessaire de fonder une nouvelle atmosphère internationale et d'en finir avec la guerre froide. Ce sera en tout cas l'intérêt de la France et celui de la Russie soviétique. Le monde entier comprend d'ailleurs l'importance de notre accord.

Somme toute, au-delà des mots ou plus exactement des formules diplomatiques creuses, de Gaulle s'est montré prudent. On peut juger fausse sa vision de l'Allemagne et plus généralement de l'Europe, mais force est de reconnaître qu'il s'est gardé de se lier les mains comme en 1944. La raison de cette circonspection est simple : même si, pour l'instant, la dénonciation de l'hégémonie américaine lui semble plus urgente, il n'a pas abandonné l'espoir de faire bouger quelque peu les choses à l'Est.

À cet égard, il semble toutefois décidé à ne pas brusquer les choses. En témoigne l'entretien, tout à fait privé et confidentiel, qu'il aura en Haute-Marne, le 21 août, durant ses vacances à Colombey, avec Jurgis Baltrusaïtis, chargé d'affaires en France du gouvernement lituanien en exil. Depuis longtemps, Baltrusaïtis entretient des relations assez étroites avec le général. Gendre de l'historien d'art, Henri Focillon, fervent gaulliste, il lui arrive fréquemment de le rencontrer chez sa belle-mère à Marainville, sa propriété proche de la Boisserie. Cette fois, la conversation porte évidemment sur le récent voyage en Union soviétique. Face à un interlocuteur très antisoviétique et dont les liens avec les services américains sont même de notoriété publique, de Gaulle brosse un tableau peu flatteur du pays qu'il vient de visiter :

> « La cuisine est sans imagination et toujours la même, le champagne soviétique est très médiocre. La Sibérie est complètement isolée, sans aucun contact avec l'Europe. Dans les universités, il y a beaucoup d'étudiants noirs mais ils sont tous mécontents et sans aucun contact avec les Russes. À Leningrad, où j'ai assisté à la messe, il y a un prêtre lituanien — un très bon prêtre mais les églises sont vides. Cela dit, les Russes ne m'ont tout de même pas montré un musée antireligieux[36]. »

Plus sérieusement, le général (qui, très fier de ses rudiments de russe, appris grâce au prince Andronikoff, interprète au Quai d'Orsay, récite à son hôte un poème de Pouchkine) aborde aussi le problème des pays baltes annexés de force par Moscou. « J'ai refusé de m'y rendre, prétend-il. Avec les dirigeants j'ai essayé d'aborder la question mais je n'ai pas obtenu de réponse. » Les Russes avaient-ils proposé à leur illustre visiteur une pareille promenade ? Si rien n'interdit de le penser, rien ne le prouve et les compte rendus de conversation tant français que soviétiques sont muets sur la question des pays baltes. En tout cas, on a connu de Gaulle plus combatif, et le souci des formes qu'il a manifesté en la circonstance, contraste avec la brutalité dont il fait preuve au même moment vis-à-vis de l'allié américain. Sans doute Paul-Marie de La Gorce cerne-t-il bien son état d'esprit, lorsqu'il souligne qu'à l'Est « il fallait d'abord commencer par convaincre des dirigeants qu'un rapprochement méthodique entre les deux moitiés de l'Europe était conforme à leur intérêt[37] ». La différence de traitement entre les responsables des deux blocs n'en est pas moins frappante.

Au terme de la visite, le bilan apparaît donc limité. Des commissions permanentes sont, certes, mises en place pour organiser la coopération économique ; le lancement d'un satellite français par les Soviétiques est prévu ; la régie Renault enregistre la commande d'une usine de montage ; l'URSS adopte enfin le procédé SECAM de télévision en couleur. Sur le terrain politique, la mesure la plus spectaculaire est l'installation d'une ligne directe entre l'Élysée et le Kremlin. Pour le reste, les déclarations d'intention l'emportent sur les mesures concrètes. Dans son style inimitable, Maurice Couve de Murville aura bien résumé le périple russe : « Ce qu'il y a de plus spectaculaire dans ce voyage, c'est justement qu'il ait eu lieu[38]. »

Moins de deux mois plus tard en revanche de Gaulle étonnera le monde en prononçant à Phnom Penh, au Cambodge, un discours historique, violente dénonciation de la présence américaine au Vietnam et apologie du droit des peuples à disposer d'eux-mêmes.

Sur le fond, sa position depuis un certain temps est bien arrêtée. Dès avant la mort de Kennedy, il a regretté et condamné l'intervention des Etats-Unis dans l'ex-Indochine française, convaincu que les GI s'épuiseraient à lutter contre un adversaire résolu, sûr de son droit, insaisissable. Militairement, de Gaulle, on l'a dit, a vu juste : plus tard, les experts du Pentagone seront bien obligés d'admettre qu'ils s'étaient trompés en imaginant qu'un effort de guerre massif parviendrait à avoir raison de la résistance nord-vietnamienne. La lutte contre le Vietminh, qui menait une guérilla implacable, n'entrait pas dans cette logique toute simple. Politiquement, le général est également convaincu du caractère mal fondé de l'attitude américaine Au cours des derniers mois, il n'a cessé de le répéter. Recevant, le 31 décembre 1965, Arthur Goldberg, envoyé spécial du président Johnson, venu lui annoncer une pause des bombardements sur le Nord-Vietnam, il lui a tenu un langage très net : persuadé de voir juste en privilégiant comme toujours les facteurs nationaux, voire ethniques, par rapport aux facteurs idéologiques, de Gaulle était aussi sans illusion quant à la possibilité pour l'instant d'interrompre le conflit. « La pause, dit-il à Arthur Goldberg, n'aura qu'un effet limité, seul le retrait mettra fin à l'affrontement[39]. »

« Cette détermination, précisera-t-il à Indira Gandhi, Premier ministre de l'Inde, ne pourra être prise qu'à l'intérieur de l'Amérique lorsque celle-ci en aura assez de faire une mauvaise affaire. » À l'ambassadeur de Chine, Huang Chen, il dit pareillement son pessimisme : « Le gouvernement français constate l'isolement grandissant des États-Unis sur le plan diplomatique comme sur le plan moral. Je crois comme vous que la fin de la guerre n'est pas pour demain. Je déplore l'existence de cet état de fait au point de vue humain, mais je ne vois pas le moyen d'intervenir directement[40]. » En fait, domine dans son esprit un antiaméricanisme de plus en plus violent.

> « Le drame s'est renouvelé et à cause des Américains, il faut bien le dire, déclare-t-il le 13 juillet au roi du Laos. Ils ont voulu prendre notre place. Ils se livrent à une action militaire. Nous considérons qu'ils ont tort de vouloir dominer, pour dire le mot, là où ils sont. Nous le leur disons diplomatiquement et même tout haut. Nous convenons qu'ils ont eu des raisons de se conduire ainsi, avant tout des raisons de nature idéologique, voir avec cela ne nous paraît pas suffisant[41]. »

En se rendant au Cambodge avec l'intention d'y proclamer tout ce qu'il dit en privé depuis des mois, le général n'a pas le moindre espoir de contribuer à un règlement. Le 25 juillet, l'ambassadeur Charles Lucet en reçoit l'aveu :

> Le général, rapporte-t-il, m'a dit qu'il ne pensait pas que le conflit vietnamien pourrait être l'objet, à l'heure actuelle, d'une solution pacifique. C'est pourquoi il réservait son attitude. Il se rendrait à Phnom Penh au début de septembre, mais ce n'était pas pour intervenir activement dans le règlement de cette affaire : le but essentiel de son voyage était de se rendre dans le Pacifique afin de dissiper les craintes que certains pouvaient avoir sur le danger des expériences en cours[42].

En fait, par l'intervention qu'il a prévue et dont il peut deviner le retentissement qu'elle aura, le général veut essentiellement prendre date. Comme toujours en pareille circonstance, il prépare méthodiquement le terrain et prend soin de paraître parfaitement sûr de son bon droit. « Le général était tout de même un homme sérieux », commente, pince-sans-rire, Jean-Marc Boegner[43]. L'opération est à hauts risques : à moins de deux cents kilomètres de la capitale du Cambodge, les GI se font tuer. Lors de l'escale d'Addis Abeba, qui lui donne l'occasion de rencontrer l'empereur Hailé Sélassié, il essaie ainsi de désamorcer le caractère explosif des déclarations qu'il compte faire en adressant directement un message au président Johnson. Au cours de la réception du corps diplomatique, il fait savoir à l'ambassadeur des États-Unis, M. Korry, qu'il souhaite s'entretenir avec lui, seul à seul. Un curieux dialogue s'engage, plutôt aigre-doux.

C. de Gaulle : Je vous demande d'abord de faire parvenir mes vœux les plus chaleureux au président Johnson. La route du Cambodge ne passe pas par Washington, ajoute-t-il avec un pétillement dans le regard.
Ambassadeur Korry : Je transmettrai votre message.
C. de Gaulle : Au Cambodge, je parlerai des Américains. J'admire et j'aime les Américains, il n'y a pas de doute à ce sujet. Mais on doit dire ce que l'on pense et les Américains me remercieront pour cela plus tard. Il est de leur intérêt et de l'intérêt de tous que je parle.
Ambassadeur Korry : Les Américains vous remercieront si vos actions et vos paroles servent à la fois la paix et la justice.
C. de Gaulle : Il faut mettre fin à la guerre. Pourquoi les États-Unis n'annoncent-ils pas simplement qu'ils veulent la paix, qu'ils vont arrêter les combats et qu'ils quittent le Vietnam ? Nous l'avons fait. Cela n'est pas difficile.
Ambassadeur Korry (avec un sourire) : J'ai toujours trouvé ironique d'entendre un Européen de votre génération se faire l'avocat de la paix à tout prix. Je reviens juste d'un séjour prolongé à Washington et je puis vous assurer que le président Johnson souhaite passionnément la fin de la guerre et la paix. Peut-être est-ce une bizarrerie américaine mais nous ne fuyons pas nos engagements et nos responsabilités particulièrement lorsqu'ils ont des implications qui m'apparaissent bien plus grandes que celles qui étaient en jeu en Algérie aux alentours de 1958.
C. de Gaulle : Je ne veux pas que les Américains quittent le Vietnam tout de suite, mais qu'ils annoncent leur détermination à le faire et à arrêter les hostilités de manière graduelle.
Ambassadeur Korry : Puisque vous êtes si intéressé à la paix pourquoi n'essayez-vous pas de convaincre les Soviétiques de favoriser une conférence de paix ?
C. de Gaulle (riant) : Oh, cette voie est une impasse complexe[44] !

« La façon dont vous nous recevez est extraordinaire », s'exclame le général à son arrivée à Phnom Penh, le 30 août 1966. « C'est que le Cambodge vous aime passionnément », réplique Norodom Sihanouk[45]. Le ton de la visite est donné. Faste et enthousiasme sont au rendez-vous.

Le prince Sihanouk, écrit Paul-Marie de La Gorce, avait fait ce qu'il fallait : l'accueil à l'aéroport de Phnom Penh par des fonctionnaires en habit de tradition et une reine dont la couronne datait du début du siècle. Un stade immense où les mouvements des spectateurs en tenue dessinaient sa propre effigie, un concert dont il avait composé l'ouverture et l'enthousiasme sans fin d'un peuple stupéfait d'entendre de ce héros lointain les mots qu'il voulait entendre[46]

Dans ce pays qui s'est affranchi récemment de l'assistance militaire américaine pour se tourner vers la France et dont le non-alignement est la règle, de Gaulle se sent en confiance, porté par une vague de sympathie. Sans doute a-t-il préparé avec soin le discours qu'il prononce le 1er septembre devant une foule en délire, mais la conviction qui l'anime est encore renforcée par le climat du voyage.

La position de la France est prise, affirme-t-il. Elle l'est par la condamnation qu'elle porte sur les actuels événements. Elle l'est par sa résolution de n'être pas, où que ce soit et quoi qu'il arrive, automatiquement impliquée dans l'extension éventuelle du drame et de garder en tout cas les mains libres. Elle l'est enfin, par l'exemple qu'elle-même a donné en Afrique du Nord... À moins que l'univers ne roule vers les catastrophes, seul un accord politique pourrait donc rétablir la paix. Sans nul doute, une pareille issue n'est pas du tout neuve aujourd'hui... mais la France estime nécessaire d'affirmer qu'à ses yeux, il n'en existe aucune autre... Elle le dit à cause de l'amitié exceptionnelle et deux fois séculaire qu'elle porte à l'Amérique, de l'idée que, jusqu'à présent, elle s'en était faite, comme celle-ci se la faisait d'elle-même, à savoir celle d'un pays champion de la conception suivant laquelle il faut laisser les peuples disposer à leur façon de leur propre destin.

Entre Paris et Washington, la divergence de vues sur le Vietnam est désormais éclatante. Alors que les Américains veulent à tout prix opposer un rempart à la vague communiste qui déferle en Asie du Sud-Est, de Gaulle, plus indifférent que jamais aux idéologies, exalte le droit des peuples à disposer d'eux-mêmes. D'un côté, la certitude que l'Amérique est nécessairement garante de l'ordre mondial, de l'autre la conviction selon laquelle le fait national est un correcteur nécessaire à la volonté d'hégémonie des superpuissances.

La réaction américaine est d'autant plus violente que, le 23 août, Dean Rusk a fait parvenir à Maurice Couve de Murville une lettre cordiale insistant pour que le général essaie de convaincre Sihanouk de s'entremettre entre Hanoi et Washington, et précisant en ces termes la position des États-Unis :

En tout cas le point fondamental de notre politique est que nous ne cherchons pas à maintenir une présence armée permanente au Sud-Vietnam, pas plus que des bases militaires ou une alliance militaire. Ce que nous voulons à la fin est une Asie du Sud-Est composée de nations indépendantes libres de déterminer leur propre destin, et plus tard — quand la menace pesant sur leur sécurité aura été réduite — dans un vrai sens non-aligné[47].

De Gaulle a-t-il eu connaissance de cette lettre ? Au Quai d'Orsay, sans convaincre, on avancera que la lettre du secrétaire d'État est arrivée à Paris après son départ pour le Cambodge. Au Vietnam, l'ambassadeur Cabot Lodge est outré par les propos du général tendant à présenter l'action des États-Unis en Indochine comme une agression et celle de leurs adversaires comme une « Résistance » : « C'est une contre-vérité totale et de Gaulle doit le savoir. L'agression est claire comme du cristal, aussi claire que l'était l'agression allemande contre la France en 1940[48]. » Le rapprochement avec la situation en Algérie ne convainc pas davantage l'ambassadeur : « Quand les Français revinrent pour imposer le colonialisme au Vietnam en 1945 pourquoi n'ont-ils pas appliqué leur soi-disant politique algérienne ? » « Nous sommes ici, poursuit Cabot Lodge dans un autre télégramme du même jour, en accord avec l'esprit de la Charte des Nations unies et du traité de l'Asie du Sud-Est, pour repousser une agression[49]. »

À Paris, Charles Bohlen n'est pas moins mécontent ; il s'avoue choqué surtout que le chef de l'État, se présentant comme un allié des États-Unis, ait choisi de s'exprimer d'une manière aussi brutale, en ne mentionnant même pas la présence communiste, à quelques kilomètres seulement du front[50]. En France, tel est bien aussi l'avis de ceux qui, conscients de cette menace communiste, n'en estiment pas moins aventurée et peu adaptée au terrain la stratégie américaine. C'est le cas en particulier de Jean Monnet qui, plutôt d'accord avec le général sur le fond, déplore sa façon de procéder, le caractère inamical et à ses yeux choquant de sa démarche. Entre la thèse américaine (l'agresseur est uniquement le Nord) et la thèse française (il s'agit simplement d'une révolte au Sud aidée par le Nord), il y a place, observera justement Alfred Grosser, pour une vérité intermédiaire : l'aide du Nord est si complète que le Sud sera purement et simplement annexé par lui[51].

Nul doute en tout cas que le discours de Phnom Penh ne s'inscrive dans une stratégie globale visant à faire entendre haut et fort la voix de la France, puissance à vocation mondiale aux yeux du chef de l'État. La suite du périple est également de nature à servir ce dessein : après avoir visité la Nouvelle-Calédonie et les Nouvelles-Hébrides, le général affirme la puissance française en assistant, au centre d'expérimentation du Pacifique en Polynésie, à l'explosion d'une bombe A. Il ne regagne Paris qu'à la mi-septembre, après un court passage en Guadeloupe où, par extraordinaire, ses proches le découvrent un soir sans cravate et sans veste lisant les journaux au bord d'une plage.

Sur le plan diplomatique, aucune initiative majeure n'aura lieu avant plusieurs mois. De retour en France, de Gaulle n'en suit pas moins avec attention les dossiers ouverts dans les mois précédents. Un rapprochement entre les deux parties de l'Europe lui semble désormais dans l'ordre des choses. S'affranchir de l'Amérique est toujours l'une de ses idées fixes. Dans son esprit, ces objectifs sont loin d'être immédiats. Ses calculs, on le sent désormais à la tonalité de ses interventions, s'inscrivent dans une perspective assez longue, et pour partie au-delà du terme normal de son mandat. Un certain messianisme est perceptible dans sa démarche. Particulièrement lorsque son discours se heurte à celui, implacable, de la *realpolitik*. C'est le cas notamment lorsque, le 1er décembre, il reçoit Alexis Kossyguine, en visite officielle en France. Après une entrée en matière dans laquelle de Gaulle affirme la volonté de la France de poursuivre son effort atomique, et donc de ne pas se sentir liée par un accord éventuel relatif à la non-dissémination des armes nucléaires, la discussion soudain se tend quand le chef de gouvernement soviétique souligne que des relations de son pays avec les États-Unis sont restées au point mort depuis l'été.

C. de Gaulle : Cela est compréhensible, puisqu'il y a la guerre au Vietnam. Vous ne pouvez donc rien faire. S'il n'y avait pas de guerre, il est probable que les États-Unis d'abord, et vous-mêmes ensuite, vous auriez trouvé de multiples raisons, sinon pour vous accorder, du moins pour établir des contacts et examiner ensemble toute une série de problèmes ; ce que nous aurions parfaitement compris.
A. Kossyguine : Cela est possible, mais je relève dans ce que vous dites une certaine imprécision. Que se passe-t-il en fait au Vietnam ? C'est nous qui faisons la guerre aux États-Unis et vous le comprenez bien. Nos soldats ne s'y battent pas, mais nos armes, nos instructeurs, nos observateurs sont engagés. Nous y éprouvons d'ailleurs mille difficultés, il n'y a pas de transport, il n'y a pas de frontière commune. Nous avons été obligés d'accroître notablement notre budget militaire pour 1967, d'un million 70 roubles, officiellement. [...] Vous dites que la guerre au Vietnam nous gêne et que, si elle n'avait pas eu lieu, nous aurions pu nous entendre avec les Américains sur toute une série de questions. Qu'entendez-vous exactement par là ? Encore une fois, nous ne voulons pas d'une hégémonie de deux États dans le monde ; cela est inconcevable pour nous par principe. [...] Nous voudrions tout faire pour amener une détente dans le monde. Mais, pour être franc, l'amitié de la France nous est infiniment plus précieuse que toute amitié que nous pourrions contracter outre-mer.
C. de Gaulle : Je vous en remercie. Quand j'ai fait allusion à votre arrangement éventuel avec les États-Unis, je ne visais pas une politique qui aurait réparti le monde. Je pense que, s'il n'y avait pas de guerre au Vietnam, vous auriez conclu avec l'Amérique une série d'accords, par exemple dans le domaine économique et pratique. Mais il y a le Vietnam. Vous me dites que c'est votre guerre et je le crois. C'est cela qui empêche un arrangement et une détente. Mais s'il n'y avait pas de guerre au Vietnam, vous-mêmes et les États-Unis vous seriez prêts à vous entendre et à conclure des arrangements pratiques et une détente. Et nous n'y aurions vu aucun inconvénient. Malheureusement, il y a la guerre et vous le pouvez pas.
A. Kossyguine : Même dans une situation telle que vous la décrivez, nous pourrions, par voie de consultation, trouver des arrangements tels qu'ils correspondent aux intérêts mutuels de l'Union soviétique et de la France. Je le dis de l'activité politique comme de l'économie.
C. de Gaulle : Je le pense, en effet. Notre coopération couvre beaucoup d'aspects pratiques, quand nous le pouvons, mais elle pourrait s'étendre au domaine politique, à bien des égards, et en particulier, sur l'Europe. Il y a en ce moment en Europe un certain progrès ; je parle non seulement de la France, mais encore d'autres pays d'Europe occidentale. Il y a un désir réel de se retrouver indépendant et européen. Cela se sent, peut-être pas dans les démarches diplomatiques mais en profondeur. Une politique de la Russie soviétique qui permettrait aux États européens de se sentir davantage eux-mêmes et qui les y encouragerait serait une bonne politique. Il y a peut-être là une chance à saisir. À cause de la guerre au Vietnam, les États-Unis sont en train de perdre moralement beaucoup de terrain en Europe. Cette guerre et la façon dont elle est menée ne sont pas bien vues, même si les gouvernements, sauf le français, ne le disent pas et même s'ils disent le contraire. Au fond, l'Europe n'accepte pas cette guerre et les États-Unis y perdent moralement donc poli-

tiquement. Comme ils ont beaucoup de besoins, militaires et autres, pour le Vietnam, les États-Unis s'intéressent moins directement à l'Europe. Je le répète : il y a peut-être là une occasion politique qui s'offre à l'Union soviétique et à la France d'organiser une politique plus européenne qui serait très bien vue en profondeur par beaucoup d'États de l'Europe occidentale, et peut-être partout, et peut-être même par l'Allemagne, imaginez-vous. Celle-ci en effet a éprouvé beaucoup de désillusions à l'égard des États-Unis et elle a besoin d'une nouvelle politique. Elle serait peut-être contente de la trouver en Europe, si vous et nous, nous pouvions nous en mettre d'accord.
A. Kossyguine : En principe, il serait en effet très bon que nous puissions nous mettre d'accord. Néanmoins, quand nous commençons à exposer une telle politique, certaines difficultés apparaissent. En quoi pourrions-nous unir politiquement nos vues et nos forces dans la perspective que vous présentez[52] ?

Sur deux points essentiels de la diplomatie gaullienne, Kossyguine a marqué ainsi son désaccord, sans le moindre souci des nuances diplomatiques. Alors que de Gaulle prétend vouloir éliminer toute intervention étrangère du Vietnam, il a affirmé crânement que le régime d'Hô Chi Minh ne pourrait se maintenir sans l'aide soviétique, et que de ce fait l'URSS était pratiquement en guerre avec les États-Unis. Le discours de Phnom Penh a donc été démenti de la manière la plus directe. D'autre part, la perspective chère au général d'une Europe indépendante, débarrassée de la puissance américaine, a visiblement laissé de marbre Kossyguine qui, il est vrai, n'avait pas vraiment le profil d'un romantique.

En fait, de Gaulle travaille pour l'avenir, son horizon n'est pas celui des gouvernants ordinaires, et rien ne le démontre mieux que son entente manifeste avec Willy Brandt, devenu, à la fin de l'année, ministre des Affaires étrangères du cabinet de coalition formé par le chrétien-démocrate Kurt Kiesinger à la suite d'une crise politique. Non seulement le général est à l'évidence ravi d'avoir d'autres interlocuteurs que le chancelier Erhard (tombé, victime de son immobilisme, des difficultés financières et de la montée de l'extrême droite), dont le passage aux affaires aura marqué un froid dans les relations franco-allemandes, mais il apprécie la volonté de dialogue avec l'Est de Brandt, même s'il le juge trop proche des Anglo-Saxons. Le 16 décembre, lorsque Willy Brandt se rend à l'Élysée, il reçoit une sorte de bénédiction pour ce qui deviendra plus tard l'*Ost-Politik*. Dans ses Mémoires, l'ancien bourgmestre de Berlin-Ouest reconnaîtra d'ailleurs avoir été encouragé dans sa démarche par la vision du général :

« Nos intentions ne sont pas très divergentes, lui a dit de Gaulle. Nous savons ce que vous souhaitez, c'est votre réunification, et vous savez que nous n'y avons pas d'objection et la souhaitons de notre côté. Nous la souhaitons pour vous et pour mettre véritablement un terme à la guerre mondiale et à ses conséquences. C'est à ce titre que nous sommes favorables à la réunification. Nous comprenons, et vous aussi je pense, que cela ne sera pas facile mais, à notre sens, cela ne sera pas impossible. Ce fut impossible dans les conditions de guerre froide où il aurait fallu faire la guerre à l'Union soviétique, ce que personne ne voulait, même pas vous, pas plus que les Américains. Il n'y a donc pas de solution de force pour la réunification allemande et il convient, par

conséquent, de trouver une autre voie. Vous connaissez celle que nous recommandons, c'est celle de la détente européenne. Nous pensons qu'il n'y a rien à faire, et notamment pour la réunification, si on ne change pas complètement les rapports en Europe entre les différents pays et notamment entre l'Est et l'Ouest. Que faire et comment faire ? Vous avez vu ce que nous faisons pour la détente avec l'Union soviétique. La Russie a changé, elle est obligée de changer, elle est même pacifique, bien qu'à sa manière, mais elle l'est. Nous avons tenté de profiter de tout cela pour prendre des contacts et faire avec elle de la détente et peut-être même de la coopération pratique. Nous pensons que c'est actuellement la meilleure politique pour l'Occident, pour les Européens de l'Ouest et aussi pour vous. Cela ne sera pas drôle ni commode pour vous, nous le savons, ni agréable, mais cela ne sera pas stérile ni vain et probablement pour vous, ce sera la meilleure voie.
Vous agirez comme vous le voudrez mais nous avons dit aux Soviétiques que nous étions pour cette politique, notamment la politique de la détente entre eux et vous, naturellement, cela comporte que vous soyez d'accord et que vous fassiez quelque chose pour cela. Vous avez déjà commencé et je ne pense pas que les Russes refusent une telle politique. J'ai dit à M. Kossyguine : "Quand M. Brandt viendra vous voir à Moscou, vous le recevrez bien." Il m'a répondu : "Oui, peut-être." Mais tout reste à faire. Nous vous aiderons si vous le voulez, en particulier à Moscou ; nous avons déjà commencé. Dans cette politique de détente, nous ne faisons rien qui soit nuisible à l'Allemagne, nous ne reconnaîtrons pas la RDA. MM. Kossyguine, Brejnev et Podgornyï ont insisté pour que je reconnaisse deux États allemands. Je leur ai dit non, il y a un seul peuple allemand, la RDA est artificielle.
Quant à vos rapports avec les gens de la RDA — comme il y a un seul peuple allemand et c'est là la vérité de base — chaque fois que vous les améliorez sur des questions pratiques, économiques, scientifiques, techniques, d'échanges de personnes, de touristes, de visites, nous trouverons cela très satisfaisant pour tous et particulièrement pour vous. Il faut maintenir ces contacts avec les Allemands artificiellement écartés. C'est cela notre politique à nous ; que la France ait une politique à elle, et elle en a une , que l'Allemagne ait une politique à elle, et c'est à vous d'en avoir une. La politique française, la politique allemande ou la politique anglaise qui serait la politique américaine ne serait pas une bonne politique. Nous ne sommes pas contre les Américains bien entendu. Ce sont nos amis, mais rien n'est pire pour l'Europe qu'une hégémonie américaine qui nous étouffe, qui nous empêche d'être nous-mêmes et de nous entendre avec l'Est[53]. »

L'arrivée à Bonn d'une nouvelle équipe et la présence au ministère des Affaires étrangères de Willy Brandt permettent également une certaine détente des rapports atlantiques. En juin, le conseil de l'OTAN n'avait pu résoudre le problème du stationnement des troupes françaises en Allemagne. Quelques jours après la rencontre entre de Gaulle et Willy Brandt, la question est réglée.

Pour autant, les rapports franco-allemands sont-ils au beau fixe ? Des signes de détente apparaissent. Indépendamment des relations personnelles qui se sont nouées entre de Gaulle et Willy Brandt, le chancelier Kiesinger se montre soucieux d'être plus aimable que son prédécesseur avec son prestigieux partenaire. Lors de sa visite à Paris, le 13 janvier 1967, il multiplie les gestes de bonne volonté et va jusqu'à prononcer ces mots auxquels l'oreille du général est particulièrement sensible.

« Le 9 mai 1950, M. Schuman est venu avec son plan. À cette époque, le peuple allemand et ses européens enthousiastes n'éprouvaient qu'un seul désir, celui de l'autodestruction. Le passé avait été si terrible qu'il fallait faire disparaître toute idée nationale dans une Europe anonyme. C'était une idée maladive puisque, comme vous le dites si justement, la nation reste l'élément déterminant[54]. »

A cette époque, Adenauer est toujours vivant, l'allusion de son pâle successeur à la volonté d'« autodestruction » qui l'aurait animé en 1950 apparaît d'autant plus choquante. Quoi qu'il en soit, bien des signes attestent que les relations franco-allemandes laissent encore à désirer. L'Allemagne, à l'évidence, n'est pas pressée d'abandonner le parapluie nucléaire américain, elle reste hantée par le problème de la réunification éventuelle, et de Gaulle le comprend :

« Quant à notre traité franco-allemand, déclare-t-il plus froidement que mélancoliquement à Kiesinger ce même 13 janvier, je conviens qu'il n'est pas facile de le faire vivre et cela est vrai surtout pour vous. Vous avez à affronter des difficultés à l'intérieur, d'autres vis-à-vis des pays de l'Est, d'autres encore vis-à-vis des anciens ennemis de l'Allemagne, ce qui vous met incontestablement dans une situation particulière. Cet état de fait ne vous permettait pas d'appliquer réellement le traité. Il aurait fallu pour cela une volonté qui n'existait pas dans la vie politique allemande et chez les hommes politiques allemands. Le traité a vécu pourtant, mais surtout sous la forme d'échanges de bons sentiments et en tant que virtualité[55]. »

La perspective, toujours ouverte, d'une entrée de la Grande-Bretagne dans le Marché commun et partant, aux yeux du général, d'un surcroît d'influence américaine sur le vieux continent altère également les rapports entre Bonn et Paris. Là encore, de Gaulle est franc et direct :

« Les Anglais ? Vous ne les aimez pas beaucoup, ils ne vous aiment guère, dit-il encore à Kiesinger. D'ailleurs la politique des Anglais est de n'aimer personne. Ce n'est pas un reproche mais une constatation. Ils sont aussi très habiles, très diplomates, et ont avec vous des liens, notamment commerciaux, politiques aussi, parce que les socialistes font partie de votre gouvernement et, dans le monde entier, les socialistes penchent vers l'Angleterre. Nous ne le cachons pas : si les Six considéraient les Anglais comme ils se considèrent eux-mêmes s'en serait fini de leur cohésion. Quant à la coopération franco-allemande, elle serait automatiquement terminée et nous serions automatiquement séparés... Les Anglais, eux, ont un lien permanent avec l'Amérique et si les Américains les quittent, la livre sterling s'effondrera et avec elle le Commonwealth. Si l'Angleterre entre dans la Communauté, c'est elle qui s'effondrera car l'Angleterre nous divisera. On peut renoncer au traité de Rome. On peut faire autre chose de l'Europe. Mais faire entrer les Anglais dans la Communauté, ce n'est ni pratique ni possible, ou alors il n'y aura plus de Communauté. Macmillan m'avait dit, à l'époque, qu'il préparait une guerre contre la Communauté économique, contre le blocus continental. Je lui avais dit qu'il n'en ferait rien et les événements ont prouvé qu'il n'a rien pu faire. Maintenant que c'est réussi, ils veulent entrer. Évidemment, il ne faut pas leur dire "jamais" mais "un jour peut-être". En tout cas si nos partenaires de la Communauté voulaient à tout prix faire entrer à présent les Anglais, nous quitterions la Communauté[56]. »

Pour le général, la question de l'entrée de la Grande-Bretagne dans le Marché commun n'est donc pas encore d'actualité en ce début de 1967, et il le dit très directement au pittoresque secrétaire au Foreign Office, le travailliste George Brown, dont le manque de manières défraie la chronique diplomatique. (Il le répétera en janvier à Harold Wilson venu lui rendre visite.) De Gaulle prend acte des promesses faites par ses interlocuteurs quant au code de bonne conduite que la Grande-Bretagne s'engage à respecter si elle est admise, mais il ne peut cacher qu'à ses yeux, indépendamment de toutes les questions techniques, le seul problème est celui des rapports privilégiés de Londres et de Washington :

« Je prends note avec intérêt de ce que vous me dites au sujet de vos intentions et des difficultés que vous devriez résoudre vous-mêmes. Je voudrais attirer votre attention sur un autre point ; il est politique et je serai franc. Je n'ai pas fait le Marché commun, mais quand il l'a été, il comprenait une intention politique. Les auteurs du traité de Rome, comme ils le disaient, voulaient faire l'Europe ; à leur façon certes, qui n'était pas la mienne. Naturellement, il y a eu beaucoup de changements et, spécialement, toutes ces idées de supranationalité se sont profondément modifiées. Il n'en reste pas moins que l'intention politique demeure dans la communauté des Six, à savoir : faire quelque chose d'européen. C'est la réalité qui a permis aux Six de surmonter leurs difficultés économiques, de s'accorder et de faire la Communauté. Que veut dire "quelque chose d'européen" ? C'est quelque chose qui n'est pas américain, sinon ce ne serait pas européen. On ne peut pas empêcher que cette intention ne soit très importante dans la Communauté des Six. Où en êtes-vous à ce point de vue ? Il ne s'agit pas d'une question de détail ni de modalités, il s'agit d'un esprit et d'intention profonde. Je sais bien que, parmi les Six, tous ne sont pas aussi convaincus ni aussi audacieux que le sont peut-être les Français d'aujourd'hui, quant à l'Europe européenne ; mais tous, dans une certaine mesure, ont cette intention. Et vous, quelle est votre intention politique ? Nous ne le savons pas bien. Je suis un vieil homme et qui a longtemps vécu à des moments difficiles. J'ai toujours vu, dans ces moments difficiles, que la Grande-Bretagne était liée à l'Amérique et qu'elle ne pouvait ni ne voulait se défier de l'Amérique. Je comprends bien qu'à cet égard aussi votre situation est spéciale et qu'elle n'est pas la même que celle dans laquelle se trouve le continent par rapport aux États-Unis, ni par la langue, ni par la mer. Mais le fait est là, qu'en direz-vous[57] ? »

En public, de Gaulle feint souvent de défendre le Marché commun que la Grande-Bretagne voudrait détruire. En privé, il n'use pas des mêmes précautions oratoires .

« Nous pensons, a-t-il dit ainsi au chancelier Kiesinger en janvier, que l'on aurait pu faire une autre organisation économique de l'Europe, une zone européenne du libre-échange. L'Angleterre y serait alors entrée comme tout le monde. Mais on en a fait un traité de Rome[58]. »

La réalisation de cette zone de libre-échange, il l'appelle maintenant de ses vœux, mais tant que l'organisation de l'Europe ne correspondra pas à ses souhaits, il est décidé à barrer la route à l'Angleterre, cheval de Troie des États-Unis.

L'Amérique est de plus en plus l'obsession du général. En visite à Paris le 14 décembre, Dean Rusk l'a appris à ses dépens en essayant de justifier à nouveau la politique américaine au Vietnam.

C. de Gaulle : Les États-Unis font certes la politique qu'ils jugent bonne et je n'ai nullement la prétention de leur donner des conseils. Je n'en pense pas moins qu'ils s'empêtrent dans des obstacles qu'ils croient insurmontables et qui sont en fait dérisoires, quand ils s'accrochent au Vietnam par comparaison à tout ce qu'ils pourraient faire en général et pour la paix.
D. Rusk : Nous pourrions arrêter une moitié de la guerre, celle qui dépend de nous, mais l'autre ?
C. de Gaulle : Vous êtes responsables des deux moitiés. Si vous n'étiez pas au Vietnam, il n'y aurait pas de guerre.
D. Rusk : Je vous remercie de ce que vous avez bien voulu me dire et qui intéressera certainement le président Johnson[59].

Là encore, un certain messianisme est perceptible dans la pensée et la démarche du général. Par rapport aux buts qu'il s'est fixés — contribuer à la détente et à l'écroulement des blocs — le problème vietnamien lui semble dérisoire.

« Ce sont là des questions locales, dit-il à Robert Kennedy le 31 janvier, mais je pense que le rôle des États-Unis dans le monde est beaucoup plus important. C'est une question mondiale. Il est important que les États-Unis gardent leur prestige, leurs amis, et cela est beaucoup plus important que les événements qui peuvent se passer au Vietnam. [...] Maintenant, pour revenir aux questions locales, il existe au Vietnam deux parties : le Nord, ce sont les Tonkinois, ce sont les guerriers, il sont les plus durs, ils sont les plus forts ; il y a ensuite le Sud, beaucoup plus complexe et plus mou. De tout temps, même avant le communisme, le Nord a essayé de dominer le Sud, et le Sud a essayé de résister à cette domination. Aujourd'hui, nous avons le communisme, mais dans le passé, à un autre niveau, la situation était exactement la même et elle serait identique dans l'avenir même s'il n'y avait pas le communisme. Cette différence entre le Nord et le Sud est donc dans la nature des choses[60]. »

Pour tenter d'être complet, on soulignera aussi qu'une certaine distance à l'égard de l'Afrique paraît avoir aussi été « dans l'ordre des choses » aux yeux du général. Certes, il reçoit souvent à Paris les chefs d'État des anciennes colonies. À Léopold Senghor ou à Houphouët-Boigny, il porte une vraie estime ; le continent noir fait partie intégrante de sa vision du monde. Reste qu'il ne visite plus guère les capitales de l'ex-Empire. Le voyage qui l'a conduit, durant l'été 1966, en Côte française des Somalis (et en Éthiopie) a été l'unique exception depuis 1959. La Communauté tombée en désuétude, la politique de coopération continue à faire partie du domaine réservé mais, en pratique, Jacques Foccart, secrétaire général pour les Affaires africaines et malgaches, joue un grand rôle.

Le moins que l'on puisse dire est qu'il est contesté. Foccart, il est vrai, ne s'embarrasse pas d'arguties. Pour lui, l'aide financière, technique et militaire accordée par la France aux nations africaines jadis sous tutelle doit servir l'intérêt national bien compris. « Le critère, note Maurice Vaisse, n'est pas le respect des droits de l'homme ou la démocratie mais la stabilité des régimes. Cette politique est clairement affirmée et assumée[61]. » L'objectif est souvent de contrer d'autres influences : soviétique, castriste, chinoise, mais aussi américaine.

Les résultats sont contrastés. Dans l'ensemble, la France maintient sa suzeraineté mais les modalités et les finalités de la coopération suscitent d'amples critiques. Raymond Cartier, dans *Paris-Match*, lance une vaste campagne sur le thème « La Corrèze avant le Zambèze ». Plus mesuré, le sénateur Édouard Bonnefous (Gauche démocratique) fait le procès du système de coopération mis en place et « des milliards qui s'envolent » : « De plus en plus nombreux sont les Français qui n'accepteront à l'avenir de lourds sacrifices pour le Tiers Monde que si de sérieuses garanties leur sont données sur l'utilisation des fonds, et à condition que soit institué un partage international des risques[62]. » L'économiste René Dumont met aussi en cause la façon dont l'aide est octroyée, tandis que François Mitterrand affirme : « La politique de coopération est celle du bourdon sur la vitre. » De Gaulle incontestablement a eu le mérite d'imposer le principe d'une aide aux nations pauvres contre une opinion rétive ; mais en voyant les choses de haut sinon de loin sans doute a-t-il favorisé parfois, au moins indirectement, des statu quo peu défendables.

Dans le domaine intérieur une certaine distance est aussi perceptible à travers les actes du général. Seule paraît vraiment l'intéresser la mise en œuvre du projet social qu'il s'est promis de réaliser : l'association capital-travail. En la matière, il y a d'ailleurs urgence car le climat est lourd et le gouvernement peu imaginatif. Dès la fin de l'hiver, des grèves se sont produites à EDF et à la SNCF, les augmentations de salaires dans le secteur public ayant été jugées insuffisantes. Au début du printemps, alors qu'une reprise économique est perceptible, la dégradation du climat social frappe tous les observateurs. Dans cet état de fait, Georges Pompidou a sa part de responsabilité. Il n'a pas des contacts faciles avec les syndicats, en particulier avec la CFDT qui met l'accent non sur les revendications salariales mais sur une évolution des rapports humains à l'intérieur de l'entreprise. Hanté par son dessein d'industrialisation, le Premier ministre est alors moins attentif à ce type de problèmes. Surtout, il redoute tout ce qui pourrait mettre en cause le principe de l'unité de direction à l'intérieur de l'entreprise.

Toutes les conditions d'un conflit au sommet paraissent réunies. De Gaulle voit d'un œil très favorable le projet de participation des salariés aux fruits de l'autofinancement des entreprises défendu alors par René Capitant et Louis Vallon, les deux enfants terribles de la gauche gaulliste. Georges Pompidou au contraire est totalement opposé à cette proposition et pas seulement parce qu'elle est soutenue par deux hommes qu'il déteste cordialement, l'un, Capitant, qu'il juge caractériel, l'autre, Vallon, dont il redoute la malveillance après avoir été son ami. Convaincu du caractère néfaste de la réforme envisagée, le Premier ministre ne peut l'enterrer complètement puisqu'elle a fait l'objet d'un amendement inclus dans la loi de Finances pour 1966 (connu sous l'appellation d'amendement Vallon, ce texte contraint en théorie le gouvernement à déposer avant le 1er mai 1967 un projet de loi relatif à la participation), mais il agit de manière à la faire enterrer par une commission *ad hoc* présidée par François Mathey. De fait, la commission constatera assez vite que patronat et syndicats ne manifestent aucun enthousiasme pour la perspective esquissée. Comme Michel Debré et Jean-Marcel Jeanneney partagent ce point de vue, la réforme paraît avoir peu de chance d'aboutir, du moins dans l'immédiat. Il est vrai que, si personne ne conteste qu'elle procède d'une intention généreuse, rares sont ceux qui en connaissent le contour réel. Trente ans plus tard, deux experts du gaullisme, Guy Sabatier et Philippe Ragueneau, donneront d'ailleurs de la participation cette définition très large

> Pour résumer l'on peut dire qu'afin d'atteindre de meilleurs rendements individuels dans l'intérêt de tous et la dignité de chacun, le général de Gaulle cherche à introduire de façon institutionnelle le social dans l'économique, l'économique dans le social, en réalité à rénover les comportements par l'esprit et la pratique de l'association, et à faire en définitive, que, dans le quotidien, le principal devienne le spirituel[63].

Le général, en tout cas, croit à son idée, même s'il n'en parle pas encore beaucoup, et de plus en plus cette conviction se heurtera à celles, solidement ancrées aussi, du Premier ministre.

L'hiatus qui se dessine entre l'Élysée et Matignon est d'autant plus sensible qu'en matière électorale Georges Pompidou impose sans cesse davantage ses vues. L'urgence, il est vrai, dicte la loi puisque des élections législatives doivent avoir lieu au printemps 1967 et que, dès le lendemain de l'élection présidentielle de 1965, l'opposition s'est organisée. Dans l'élan de sa performance contre le général, François Mitterrand a mis sur pied la Fédération de la gauche démocrate et socialiste. Début janvier, Jean Lecanuet a annoncé la création prochaine d'un Centre démocrate, « force neuve attachée au progrès et à l'Europe unie ». Dès le 13 janvier, Georges Pompidou a donc réagi en présidant pour la première fois une réunion commune des instances dirigeantes de l'UNR-UDT. Son mot d'ordre est simple : il faut aller uni au combat. Il convient par conséquent de réduire les deux dissidences possibles au sein de la majorité, celle des gaullistes de gauche et celle de Valéry Giscard d'Estaing et ses amis.

La première pose évidemment plus de problèmes que la seconde car tout condamne Georges Pompidou et Valéry Giscard d'Estaing à s'opposer. Désormais hors du gouvernement, l'ancien ministre des Finances use de sa liberté de parole retrouvée. Décidé à se placer, en vue de succéder au général, il refuse ainsi la proposition du Premier ministre de constituer un comité de liaison de la majorité. À ses yeux, une candidature unique de la majorité aux législatives ne s'impose nullement, un simple accord de désistement suffira. Dans la perspective d'une guerre de succession, Valéry Giscard d'Estaing a naturellement tout intérêt à préserver l'indépendance de son mouvement, alors que Georges Pompidou renforce son emprise sur le principal parti de la majorité jusqu'à en faire sa chose, l'instrument privilégié de son action à venir.

Le général ne peut qu'avoir une conception un peu différente. Formellement, il n'a jamais fait sienne la théorie du fait majoritaire et, même s'il la trouve commode, il s'en défie. Pour atteindre les objectifs qu'il s'est fixés dans le cadre de son second septennat, il lui arrive de penser que mieux vaudrait un soutien plus diversifié. Très conscient de ses armes constitutionnelles et de son prestige personnel, il caresse toujours le rêve d'un rassemblement au-delà des clivages habituels. Rien, en tout état de cause, ne peut lui être plus désagréable que l'émergence d'un parti dominant affranchi de sa tutelle, échappant à son contrôle, perspective qui commence à s'esquisser. Partant, il est plus serein que son Premier ministre, ou affecte tout au moins de l'être. Sous réserve qu'elle ne soit pas écrasante, une défaite de la majorité lors des prochaines législatives ne serait pas un drame, mettant *ipso facto* un terme à son œuvre. Très directement, il le dit à Alain Peyrefitte, le 10 septembre 1966, à bord du croiseur *De Grasse*, près de Mururoa dans le Pacifique :

> « Nous ne sommes plus au temps où les présidents du Conseil devaient plier les genoux devant les partis à la Chambre pour grappiller des voix. Et si jamais les députés parvenaient à voter la censure il faut qu'ils sachent qu'ils devront s'expliquer aussitôt devant les électeurs... Si nous n'avons pas de majorité à l'Assemblée nous nous en passerons ! À condition évidemment que nos troupes ne soient pas complètement écrasées. Cette Constitution a été faite pour gouverner sans majorité. Je ferais appel, comme en 1958, à des hommes nouveaux, des techniciens, des spécialistes... 485 élections locales ne peuvent pas prévaloir sur l'élection solennelle du président... Vous me voyez installer Mitterrand à Matignon ? Ça voudrait dire qu'on retournerait à la IVe République !... Dans ce cas-là, la Constitution donne au président les moyens de se tirer d'affaire tout comme le président des États-Unis se tire d'affaire quand il a en face de lui un Congrès hostile[64]. »

Sous la Ve République, le temps long est l'affaire du chef de l'État, en charge de l'essentiel. Le court terme, en revanche, est par nature de la responsabilité du Premier ministre. Jamais cette donnée n'a été plus évidente qu'en 1966-1967, où se précisent des divergences entre de Gaulle et celui qui, lui devant tout, n'en commence pas moins à penser sérieusement à la suite.

Le général, néanmoins, est d'autant plus décidé à se battre que l'hypothèse d'une victoire de l'opposition est loin d'être une vue de l'esprit. Au cours d'une conférence de presse tenue le 28 octobre à l'Élysée, il s'emploie donc à dramatiser, selon sa méthode habituelle. La cohésion de la majorité est pour lui une absolue nécessité. Comme le souligne Charles Bohlen dans un rapport l'action de Valéry Giscard d'Estaing est ainsi implicitement condamnée en même temps qu'est fermée brutalement la perspective d'une évolution du gaullisme vers une pratique plus souple, plus polycentrique, moins autoritaire [65]. En fait, pour mener à bien son ambitieux programme international, de Gaulle a besoin d'avoir les mains libres car les deux principaux chefs de l'opposition, François Mitterrand et Jean Lecanuet, se montrent extrêmement critiques vis-à-vis de sa politique étrangère. À l'ambassadeur des États-Unis, le président de la toute nouvelle Fédération de la gauche démocrate et socialiste [66] confie qu'à ses yeux le général poursuit des objectifs similaires à ceux des communistes chinois ! « Mon seul objectif, souligne-t-il, est de renverser le gaullisme, après quoi je mènerai une politique proaméricaine [67]. » Au même interlocuteur, l'ancien candidat centriste à la présidence de la République avoue de son côté que de Gaulle est un « danger pour la France [68] ». Théoriquement, la recherche de soutiens à gauche et au centre peut paraître séduisante, mais les impératifs de l'action ramènent irrésistiblement à ce type d'affrontement plus classique.

À mesure que l'échéance approche, cette logique s'impose. Le 20 décembre, la Fédération de la gauche démocrate et socialiste et le Parti communiste signent un accord. À l'intérieur de la majorité, Georges Pompidou marque un point en arrachant à Valéry Giscard d'Estaing le principe de l'unité de candidature dès le premier tour. Le 10 janvier 1967, le chef de file des Républicains indépendants réagit en critiquant l'action du gouvernement et en prônant le « oui mais » face au pouvoir gaulliste ; ce à quoi le chef de l'État réplique au cours du Conseil des ministres du 11 : « On ne gouverne pas avec des “mais”. » Contre son rival qui, théoriquement, n'avait pas attaqué de Gaulle mais sa façon de mener les affaires publiques, Georges Pompidou prend ainsi de nouveau l'avantage.

En tout cas, le résultat des élections est médiocre pour le pouvoir en place. Après un premier tour plutôt encourageant, à l'issue duquel l'UNR et les RI retrouvent à peu près avec 37,75 % des suffrages exprimés, le total des voix qu'ils auraient obtenu en 1962, le second tour leur donne une seule voix de majorité. À gauche, les désistements ont bien fonctionné et si les gaullistes effectuent une percée dans le Sud-Ouest, acquis traditionnellement à la gauche, quatre ministres — Pierre Messmer, Maurice Couve de Murville, Jean Charbonnel et Alexandre Sanguinetti — sont battus. Pour de Gaulle, l'avertissement est d'autant plus sérieux que l'UNR ne peut espérer se maintenir aux affaires sans l'appui de Valéry Giscard d'Estaing qui, avec quarante-cinq députés, est le maître de la situation.

Plus grave encore : pour la première fois depuis 1958, l'homme du 18 juin n'est plus libre de ses choix essentiels. Las de la mauvaise volonté manifestée par Georges Pompidou vis-à-vis de la participation, soucieux d'imprimer un nouvel élan à son action, de Gaulle, ce n'est pas un secret pour les cercles bien informés, souhaiterait changer le Premier ministre, appeler à Matignon Maurice Couve de Murville, exécutant fidèle. Or, du fait de l'échec du ministre des Affaires étrangères dans le septième arrondissement de Paris, où l'inusable Edouard Frédéric-Dupont a mobilisé tout l'électorat antigaulliste, le chef de l'État ne peut plus nommer le candidat de son choix. Il se trouve donc pratiquement obligé de reconduire Georges Pompidou dans ses fonctions. Une situation qui ne pourrait changer qu'à la suite d'une dissolution à laquelle de Gaulle songe, mais dont le prétexte est loin d'être encore trouvé.

XXXV

DÉFIS

La liberté restreinte du général après les élections législatives de 1967 se mesure bien au fait que, durant un mois, il se voit contraint de garder le gouvernement en place depuis un an. Une disposition constitutionnelle oblige en effet un député devenu ministre à ne plus prendre part à aucun vote, étant précisé qu'il dispose d'un mois pour choisir entre son portefeuille et son mandat. Vingt-deux membres du cabinet Pompidou ayant été élus au Palais-Bourbon et la majorité ne tenant qu'à une voix, Jacques Chaban-Delmas ne pourrait donc être réélu président de l'Assemblée nationale si un nouveau ministère était tout de suite constitué.

Le nouveau gouvernement Pompidou, formé le 6 avril, ne réserve pas de surprises majeures. Pour l'essentiel, les grands postes conservent leurs anciens titulaires. Désavoué par le corps électoral, Maurice Couve de Murville garde néanmoins le Quai d'Orsay. Un gaulliste éminent, Edmond Michelet, revient aux affaires avec le portefeuille de la Fonction publique ; un autre non moins chargé de titres, Maurice Schumann, fait aussi un retour remarqué, prenant en charge un grand ministère de la Recherche et des Questions atomiques et spatiales. Fidèle entre les fidèles, Olivier Guichard se voit enfin confier un portefeuille : celui de l'Industrie. Républicain indépendant fort peu giscardien, Raymond Marcellin devient ministre délégué chargé du Plan. De même nuance politique et ami personnel du Premier ministre, André Bettencourt reçoit le secrétariat d'État aux Affaires étrangères. Autre proche de Georges Pompidou et tout récemment élu en Corrèze, Jacques Chirac est de son côté nommé secrétaire d'État à l'Emploi. Somme toute, sans se tailler complètement la part du lion, les pompidoliens apparaissent plutôt renforcés à l'issue de la constitution de ce nouveau cabinet. En revanche, ceux qui souhaitent que la participation devienne une réalité sont complètement oubliés. Avant même la constitution du cabinet, leur porte-parole, René Capitant, a d'ailleurs donné de la voix. Au cours de la première réunion du comité d'action pour la Ve République, il a reproché en termes vifs au Premier ministre de ne pas être assez ferme vis-à-vis des giscardiens — grief assez singulier puisque les gaullistes de gauche jouent allègrement les trublions au sein de la majorité !

Faute d'avoir les coudées franches pour la constitution de ce gouvernement, le général a réitéré sa volonté de réforme dès le Conseil des ministres du 8 mars : « La question ouvrière n'a pas été réglée dans le Nord, dans le Pas-de-Calais, en Lorraine industrielle. Là, l'adhésion s'atténue et cela tient à ce que notre doctrine ouvrière n'est pas suffisamment affirmée. Il nous faut une doctrine ouvrière claire, attrayante et décidée. La condition ouvrière, c'est plus important encore que le niveau de rémunération [1]. » Lorsqu'il cherche à définir ce qu'il souhaite en ce domaine, de Gaulle semble buter sur les mots et peine à traduire une intuition juste en mesures concrètes. (L'âge, qui commence à se faire sentir, n'est pas seul en cause.) Michel Debré, en termes à peine voilés, lui en a fait la remarque. Malheureusement, la réponse n'a guère dissipé les ambiguïtés. Alain Peyrefitte a raconté la séance :

> « La condition ouvrière ? Mais elle est faite pour une large part de la dignité des travailleurs. Quand la dignité est reconnue, quand elle s'affirme, la condition ouvrière s'améliore. C'est la question ouvrière qui, avec le désarmement atomique, conditionne désormais les grandes questions de notre temps. » Autour de la table du Conseil les regards se croisent, s'interrogent. Oui, il a bien dit le désarmement atomique... Tout de même, placer la condition ouvrière au même niveau d'idéal et de difficultés d'atteinte, c'est assez inattendu [2].

Déjà à l'époque du RPF, de Gaulle n'avait guère réussi à faire sortir des limbes l'association capital-travail. L'héritage du capitalisme social dont il se réclame *in petto* apparaît toujours aussi difficile à mettre en pratique. Malraux voit plus juste en réclamant au même moment une politique sociale plus généreuse et en avertissant : « Quant aux jeunes, prenons garde. » Mais son imagination débordante n'aboutit guère non plus à des formules politiques.

Pour l'instant de toute façon, un seul problème domine tous les autres sur le plan intérieur : comment rendre quelque cohésion à une majorité fragile, mise à mal par des ambitions et des tactiques antagonistes. À cet égard, le général rejoint volontiers les conclusions auxquelles Georges Pompidou est parvenu. Comme lui, il estime qu'au mois de mars Michel Debré n'avait pas tort de proposer la mise en œuvre de l'article 38 de la Constitution, aux termes duquel le gouvernement a la possibilité de légiférer par ordonnances pour une période déterminée et sur des objectifs précis. L'avantage d'une telle procédure est évident dans le contexte politique du moment. Puisque la délégation de pouvoirs envisagée sera valable jusqu'à la fin du mois d'octobre et que le gouvernement disposera après ce délai de deux mois pour faire ratifier les ordonnances, tout débat sera reporté à la rentrée 1968, c'est-à-dire un an plus tard. Pendant douze mois, le risque de divergences trop criantes à l'intérieur de la majorité sera ainsi limité.

La méthode est rude, elle provoquera des grincements de dents, on peut déjà le prévoir, mais pour de Gaulle comme pour Georges

Pompidou, l'urgence impose sa loi : il ne faut pas abandonner la majorité aux forces centrifuges qui menacent de la disloquer.

> « Le grand phénomène est la transformation de notre monde, déclare le général lors du Conseil du 12 avril, et l'adaptation de la France à ce monde transformé... Le ministre de l'Économie a rappelé les impératifs financiers. Il y a aussi les impératifs sociaux ; le gouvernement doit s'en occuper vigoureusement. Pour le gouvernement, cela veut dire agir. Quant à la majorité, elle est la majorité... La majorité à des devoirs envers elle-même. Elle ne doit avoir qu'une organisation dans le pays. Il ne faut pas qu'on monte des organisations pour plus tard, pour après ; vous voyez ce que je veux dire. Puisque tout le monde a été élu sous une même étiquette, il ne doit y avoir qu'une seule étiquette. Sans quoi, ce serait une escroquerie vis-à-vis du suffrage universel[3]. »

Les gaullistes de gauche n'ayant pas de représentation parlementaire autonome et ne se distinguant que par leurs critiques du Premier ministre, de Gaulle, par ces mots, désigne clairement Valéry Giscard d'Estaing et les siens. Le « oui mais » préconisé par le chef de file des Indépendants visait Pompidou : le général, en réalité, s'est senti atteint, alors que jusque-là il n'avait pas d'animosité particulière contre son ancien ministre des Finances.

L'objet des ordonnances n'exige pas de grands efforts d'imagination. Le rétablissement de l'équilibre financier de la Sécurité sociale, le plein emploi, la participation des salariés aux fruits de la croissance, l'adaptation des entreprises aux besoins de la concurrence, enfin la modernisation et la reconversion de certains secteurs constituent autant de sujets qui réclament des solutions urgentes. Le 26 avril, le Conseil des ministres avalise le projet, une seule voix discordante se faisant entendre : celle d'Edgard Pisani, ministre de l'Équipement, qui critique l'« usage anormal » d'un article de la Constitution et en tire les conséquences en démissionnant, tout de suite remplacé par François-Xavier Ortoli, commissaire général au Plan, ancien proche collaborateur de Georges Pompidou.

Tactiquement, les ordonnances remplissent leur office. Isolé, Edgard Pisani n'entraîne personne derrière lui. Au contraire, René Capitant félicite — pour une fois ! — le Premier ministre d'avoir choisi cette excellente solution. Très critique vis-à-vis du procédé, l'opposition apparaît désarmée : les trois motions de censure qu'elle déposera le 18 mai et les 4 et 16 juin seront repoussées. Dans un entretien accordé à *L'Express* le 8 mai, Valéry Giscard d'Estaing qualifie de son côté le projet d'ordonnances d'« événement grave », mais assure qu'il ne votera pas une motion de censure : « Nous ne tomberons pas dans le piège ; nous n'ouvrirons pas ainsi une crise politique. » Pour parfaire l'opération, le général n'a plus qu'à appeler vigoureusement la majorité à l'union au cours d'une conférence de presse, le 16 mai.

Les problèmes de fond n'en subsistent pas moins. Valéry Giscard d'Estaing, qui se rallie à ce moment-là au Comité d'action pour les États-Unis d'Europe de Jean Monnet, ne cache plus, en privé, les réserves sérieuses que lui inspirent l'action du général et même sa manière de gouverner. À l'ambassadeur des États-Unis, Charles Bohlen, avec lequel il déjeune le 19 mai, il tient un langage des plus critiques :

« De Gaulle a toujours commis des erreurs sur les problèmes intérieurs et il a échoué notamment en 1946. Ni en 1948, ni en 1951, quand le RPF était au plus fort de son succès électoral, il n'a su exploiter la situation. La période 1935-1945 a vraiment été la décade du général et le point culminant de sa carrière, en particulier lorsqu'il soulignait l'impréparation de la France à la guerre. Mais maintenant il est en retard d'une époque. Sa dernière conférence de presse a été des plus négatives. Il a renouvelé son opposition à toute candidature britannique au Marché commun. Quant à ses idées sur le système monétaire international, inspirées par Jacques Rueff, elles sont absurdes. Pour l'instant, la majorité s'en tirera car je pense que la motion de censure ne sera pas votée, mais le général continuera à se montrer dur non seulement vis-à-vis de l'opposition mais de nous, les Républicains indépendants[4]. »

Sûr de son étoile, partisan d'une Europe libérale et fédérale, Valéry Giscard d'Estaing a désormais toutes les raisons de vouloir s'affranchir. D'autant plus que les présidentiables ne sont pas nombreux, et il le sait.

Mais il est vrai que le comportement du général, singulièrement en politique extérieure, son domaine de prédilection, a de quoi surprendre un esprit logique et froid comme Valéry Giscard d'Estaing. Quel que soit son prestige personnel, de Gaulle n'est pas sorti renforcé de l'épreuve des législatives. Partout dans le monde, le résultat a été interprété comme un nouvel avertissement des Français après le ballottage de 1965. Les plus optimistes estiment que le président sera obligé de tenir compte du message envoyé par le corps électoral et peut-être de mettre un terme à ses initiatives tonitruantes contre les hégémonies, singulièrement celle des États-Unis.

Or, c'est l'inverse qui se produit. Loin de sembler affaibli par le verdict des urnes, de Gaulle paraît galvanisé. En vérité, c'est dans la certitude d'avoir une mission à remplir, la conviction aussi que désormais le temps passe puisque l'âge est là, qu'il puise son énergie. Il est décidé à parler haut et fort, à engager de nouveaux chantiers en politique extérieure. « À l'arrière-plan, constate Pierre Viansson-Ponté, une même et constante pensée qui, elle, n'est pas nouvelle : l'hostilité envers l'Amérique[5]. » Aux États-Unis, on ne s'attend guère à une accalmie dans l'offensive lancée par le général. À Paris, après le départ du territoire français des dernières forces appartenant à l'OTAN, l'ambassadeur Charles Bohlen n'a que des mauvaises nouvelles à envoyer à Washington. Dès le début de l'année, le diplomate a compris lors d'une conversation avec Georges Pompidou qu'un nouvel assaut du général contre la position du dollar et le système monétaire international était à craindre, ce qui effectivement est advenu[6]. Le 9 mars, nouvelle alarme : recevant le chancelier Kiesinger, de Gaulle l'aurait incité à prendre ses distances vis-à-vis de l'OTAN. De son côté, Robert Kennedy, moins violent à l'égard du président français que son gouvernement, se dit convaincu, fin janvier, au sortir d'un entretien à l'Élysée avec lui, que son but n'est pas d'aider les États-Unis à sortir du bourbier vietnamien, mais de mettre à profit leurs ennuis pour pousser les avantages de la France dans le reste du monde. Partisan d'une solution évolutive au Vietnam, le frère du président assassiné se déclare aussi persuadé que de Gaulle s'accommoderait fort bien d'un pouvoir communiste à Saigon [7]. À Washington, on s'attend désormais au pire quand une nouvelle arrive de Paris. En avril, à Cologne, lors des obsèques du chancelier Adenauer, mort à plus de quatre-vingt-dix ans, tout le monde a pu noter que, sans l'insistance du président Lubbke, Lyndon Johnson et le général ne se seraient pas serré la main. Jusqu'au bout, Adenauer n'a pas ménagé ses efforts pour éviter que la France gaullienne ne sorte de l'orbite américaine et atlantiste. Le 31 mars 1967, il écrivait à de Gaulle dans un ultime message :

> Je vous en prie de tout cœur : prenez le leadership pour accomplir la tâche qui a été formulée par le vice-président Humphrey dans son discours de Godesberg, à savoir renforcer les compétences politiques de l'OTAN et construire une Europe forte et indépendante [8].

De fait, l'hostilité à la puissance américaine est bien à l'arrière-plan de la première initiative prise par de Gaulle après les élections, en matière internationale : le veto qu'il oppose à une nouvelle demande d'adhésion britannique au Marché commun, à l'issue de sa conférence de presse du 16 mai. Cette fois la position du général semblait a priori plus difficile à tenir. Le 10 mai, quatre cent vingt-huit députés, la majorité la plus importante qui ait été enregistrée à la Chambre des communes depuis un siècle, ont approuvé la candidature anglaise à la CEE, formulée le 2 mai par le Premier ministre travailliste, Harold Wilson. Officiellement, il ne s'agit pas d'un veto français et le ministre de l'Information Georges Gorse insiste sur cette nuance. Le général n'en campe pas moins sur des positions très connues : la Grande-Bretagne demeure une île, ses liens avec le Commonwealth constituent un grave problème, et plus encore les liens qu'elle a avec les États-Unis. En fait, ce que le général ne peut accepter, c'est que, par le biais de l'entrée de la Grande-Bretagne dans le cercle des Six, l'Europe atlantique ne retrouve vigueur. À Harold Wilson, le 19 juin, il le dira de la manière la plus claire :

> « Nous ne sommes pas sûrs que, si vous entrez un jour ou l'autre dans la Communauté, cette communauté atlantique ne se produirait pas. Vous aurez beau être dans la Communauté européenne, vous resterez comme vous êtes. En fait, vous introduirez, même si vous n'y tenez pas et si le gouvernement britannique n'y tient pas aujourd'hui, un élément dans l'ensemble favorable à l'affaire atlantique [9]. »

La crainte du général est d'autant moins feinte qu'il doit bien constater son isolement. Malgré lui, l'Europe progresse. Le jour même de sa conférence de presse à l'Élysée, les négociations du Kennedy Round se sont achevées à Genève, laissant apparaître du côté des Européens plus de cohésion qu'on aurait pu le penser. Le Marché commun agricole se met en place lui aussi. La substitution de la Commission unique aux trois exécutifs existant antérieurement ne va pas sans difficultés, mais celles-ci seront en partie surmontées quand le Belge Jean Rey sera désigné, le 6 juillet, pour diriger la première instance européenne.

La crise du Proche-Orient qui éclate au mois de mai donne au général l'occasion de se distinguer, avec un plus grand éclat encore, de la position des États-Unis ; elle marque aussi un tournant décisif de la diplomatie gaullienne, la rupture avec la politique de la France depuis la création de l'État hébreu. Les événements qui aboutiront à l'épreuve de force sont connus. Le 10 mai, le gouvernement de Tel-Aviv proteste contre la multiplication des actes terroristes perpétrés à proximité de ses frontières. Vingt jours plus tard, Nasser met son armée en état d'alerte afin de prévenir une attaque israélienne, selon lui imminente, contre la Syrie. Le 18 mai, le raïs exige le retrait des forces de l'ONU qui montent la garde à la frontière israélo-égyptienne depuis 1957. Tel-Aviv ayant refusé d'accueillir les casques bleus ainsi chassés par l'Égypte, le secrétaire général de l'ONU, U Thant, annonce le retrait des forces placées sous son autorité. Quatre jours plus tard, l'armée égyptienne occupe Charm el-Cheikh, port commandant l'entrée du golfe d'Akaba au fond duquel se trouve Eilat, unique accès israélien à la mer Rouge. Peu après, le colonel Nasser interdit l'accès du golfe à tout navire ravitaillant Israël : un acte de guerre caractérisé.

Le 19, alors que U Thant commettait une erreur manifeste en cédant à l'Égypte, sans recourir à la consultation internationale qui s'impose, aux termes des accords réglementant la présence de casques bleus au Proche-Orient, le Premier ministre israélien, le travailliste Levi Eshkol, a adressé à de Gaulle, par l'intermédiaire de son ambassadeur à Paris Walter Eytan, un message alarmant. De tous les chefs de gouvernement qu'Israël a connus, Eshkol n'est pas le plus médiatique ; il n'en est pas moins courageux et avisé. Le ton de sa lettre frappe par sa modération. Écrivant à l'heure où Nasser s'est rendu maître de Charm el-Cheikh mais n'a pas encore décidé de fermer le détroit de Tiran commandant l'accès au golfe d'Akaba, il précise notamment :

> Nous avons pris la décision, au cas où l'Égypte ne nous attaquerait pas, de ne pas agir contre les forces égyptiennes à Charm el-Cheikh, à moins que l'Égypte ne ferme les détroits de Tiran au libre passage des navires à destination d'Israël. Je suis persuadé que le poids de votre prestige et de votre influence au Caire, à Moscou et dans bien d'autres capitales ainsi qu'au siège à l'ONU et dans l'opinion publique mondiale, pourra apporter une contribution de tout premier ordre à la sauvegarde de la paix. Je me permets de souligner l'importance que j'attache aux efforts de persuasion auprès de l'Union soviétique au moment où la Syrie et l'Égypte croient avoir le soutien inconditionnel de ce pays dans toutes les éventualités. Cette conviction, fondée ou non, peut être dangereuse. Il me semble essentiel d'obtenir de Moscou l'expression d'une influence modératrice, tout en espérant que ce sera là le reflet de sa politique. Une affirmation solennelle du soutien que la France accorde à la sécurité et à l'intégrité territoriale d'Israël ainsi qu'au maintien de la paix dans le Moyen-Orient constituerait un élément politique et psychologique de la plus haute valeur dans la situation délicate et dangereuse où nous nous trouvons[10].

L'espoir du Premier ministre israélien va être vite déçu : non seulement le chef de l'État français ne répondra pas à son souhait, mais l'intervention de Paris auprès de Moscou va se révéler d'une inutilité totale. Le 24 mai, après le Conseil des ministres, Georges Gorse indique simplement que la France est préoccupée, qu'elle intervient auprès des pays concernés, mais que tout en jugeant que la navigation doit être libre, elle constate que les Égyptiens assurent que l'état de guerre subsiste. Devant l'acte belliqueux accompli par Nasser, le général ne réagit donc pas pour réaffirmer le droit et défendre l'existence d'un pays menacé. Le 25, il le confirme expressément au ministre des Affaires étrangères israélien, Abba Eban, de passage à Paris : selon lui, le nombre des bateaux utilisant le détroit de Tiran est très faible, et la fermeture du golfe d'Akaba ne constitue donc pas, à ses yeux, une agression. « N'ayant le choix qu'entre la soumission et la guerre, réplique Abba Eban, nous avons décidé de résister. — Ne faites pas la guerre, rétorque le général, qui conseille de s'abstenir de toute résistance au blocus. C'est le conseil d'un ami et d'un homme qui connaît les conséquences des choses. » Bientôt, il s'avère aussi que la concertation diplomatique réclamée par le président français se heurte à l'avis défavorable des Russes, très impliqués dans la crise, qui n'ont aucun intérêt à en faciliter le règlement, tandis que Washington l'accepte. Une fois de plus, les Soviétiques affectent le plus grand mépris à l'encontre d'une initiative du général. Plus le temps passe, plus il apparaît par ailleurs que Nasser s'enhardit : c'est ainsi qu'il conclut à ce moment-là un accord avec le roi Hussein de Jordanie, plaçant les forces jordaniennes sous un commandement arabe unifié : Israël ne peut que se sentir renforcé dans son impression d'être encerclé par les États arabes.

Le général, au fond de lui-même, le pense aussi certainement puisque dans le texte inédit (supprimé par les éditeurs des *Lettres, notes et carnets*) de sa réponse à Levi Eshkol, en date du 27 mai 1967, deux formules tombées de sa plume, tels des actes manqués, traduisent sa certitude de voir en effet la fermeture du golfe d'Akaba aboutir à un conflit armé :

Par votre message du 19 mai, vous m'avez fait part de l'inquiétude que vous inspire l'aggravation récente de la situation au Moyen-Orient du fait de la concentration d'éléments égyptiens très nombreux dans la péninsule du Sinaï et du retrait de la force des Nations unies de la région de Charm el-Cheikh. Il s'agit pour vous à la fois de la menace qui pèse contre vos frontières et de la liberté de la navigation dans le golfe d'Akaba. On peut craindre, en effet, que la situation subitement tendue et inquiétante dans laquelle se trouve la région dont Israël est le centre géographique ne dégénère en un conflit armé. Cependant, rien ne pourrait expliquer qu'aucune des parties en présence ait intérêt à une telle évolution. Ce n'est pas à moi qu'il appartient de dire que tel est le cas pour Israël : votre message en témoigne de la façon la plus autorisée. Il m'apparaît que cela est tout aussi vrai pour la Syrie ainsi que pour l'Égypte. C'est pourquoi il est essentiel, dans les circonstances présentes, que nul ne donne prétexte à des réactions dangereuses. Vous ne pouvez douter, monsieur

le Premier ministre, que tel soit le langage que la France tient à toutes les puissances intéressées.
Quant à la question de la libre navigation dans le golfe d'Akaba, je connais l'importance qu'elle revêt pour Israël. À cet égard, vous savez combien la France est attachée au maintien du statu quo dans le Moyen-Orient, qui, en fin de compte, lui paraît essentiel à la fois pour Israël et pour les autres États de la région.
Mon gouvernement a, d'ailleurs, proposé que les quatre grandes puissances membres du Conseil de sécurité se concertent sur la situation au Moyen-Orient. Il s'agit surtout d'obtenir que ces puissances s'abstiennent d'intervenir pour imposer leurs propres solutions et qu'aucune d'entre elles ne se livre à un acte ou à un geste qui pourrait être interprété comme une prise de parti. Nous espérons que cette initiative favorisera, tout d'abord, la détente, ensuite la coopération entre ces quatre États pour l'établissement de la paix et le règlement des questions les plus brûlantes qui se posent au Moyen-Orient.
C. de Gaulle [11]

Le caractère inconfortable de la position du général apparaît bien aussi à travers l'argumentation assez étrange que développe, le 1er juin, l'ambassadeur de France en Israël devant Abba Eban et M. Shek, directeur du département Europe occidentale au ministère israélien des Affaires étrangères :

M. Shek : Pour Israël, il est incompréhensible que, face à une menace précise contre Israël, la France se taise.
Abba Eban : Aucune considération tactique ne peut expliquer au peuple israélien et justifier à ses yeux qu'à l'heure la plus grave de son histoire la France soit silencieuse. C'est pour nous un coup que nous ne méritions pas. C'est le principe même de l'amitié entre la France et Israël qui se trouve mis en cause.
L'ambassadeur de France : Il faut distinguer deux choses. D'une part, la liberté de navigation, de l'autre des dangers qui menacent l'existence d'Israël.
Abba Eban : Les deux choses sont étroitement liées.
L'ambassadeur de France : En ce qui concerne la liberté de navigation, il s'agit avant tout, pour nous, d'une question de tactique. En ce qui concerne l'existence d'Israël, il est évident qu'elle est chère à la France. La question qui se pose est de savoir si une déclaration en ce sens est utile ou non.
Abba Eban : Une déclaration est importante et il faut qu'elle porte sur les deux aspects de la crise. Une garantie de l'intégrité territoriale d'Israël et son indépendance et une affirmation de solidarité de la part de ses amis. Ce sont des facteurs qui peuvent avoir une répercussion même sur l'élaboration des décisions que doit prendre le gouvernement d'Israël. Le blocus du détroit de Tiran n'est qu'un maillon d'une chaîne et constitue un acte de guerre qui nous donnera le droit de nous défendre. Sans Eilat et sans navigation dans la mer Rouge, Israël n'est plus Israël [12].

À l'évidence, la position du général pèse sur les choix du gouvernement de Tel-Aviv. En ne dénonçant pas l'agression commise par l'Égypte, en privant les Israéliens d'une caution morale et politique inestimable, de Gaulle contribue objectivement à radicaliser les positions. Abba Eban se désespère de ne pas avoir réussi à le convaincre :

Il est vital, écrit-il à l'ambassadeur Walter Eytan, que de Gaulle comprenne qu'il ne s'agit pas d'un nouvel incident mais d'un changement total de la situation géopolitique qui ne diffère en rien d'un conquête agressive des territoires... Nasser interprétera la non-intervention de la France quant au droit de la liberté maritime comme un soutien à son action. Le silence de la France ne fera qu'augmenter le risque de guerre... Si nous n'arrivons pas à freiner le lien que Nasser tisse avec l'Union soviétique, les intérêts israéliens seront en jeu mais également ceux de la France... Ainsi chaque jour qui s'écoule sans action concrète nous rapproche fatalement de ce que la France veut éviter [13].

Et rien ne démontre mieux le crédit dont dispose encore le général, le poids qu'il pourrait avoir sur les événements, l'autorité qui serait la sienne s'il affirmait tout simplement le droit, que cette ultime adjuration adressée, le 1er juin, par le Premier ministre Levi Eshkol :

Notre génération a vu le massacre d'un tiers du peuple juif par les nazis. L'État d'Israël est le dernier espoir d'un peuple qui depuis plus de 3 000 ans joue un rôle historique dans l'élaboration de la civilisation mondiale.
Il est de mon devoir de vous dire, Monsieur le Président, à vous qui occupez une place si éminente dans le monde et que le peuple juif sait être son ami, que la question que se posent tous les Juifs en Israël, et partout ailleurs, est celle de notre survie. Permettez-moi très respectueusement de vous faire part de notre perplexité en constatant que dans ces heures graves la voix de la France, gardienne des libertés et pionnier de la civilisation, ne se fait pas encore entendre publiquement.
Faites, Monsieur le Président, qu'en cette heure la France soit à nos côtés de façon non équivoque dans tous les domaines portant sur nos préoccupations politiques et de sécurité et que nos amis comme nos ennemis sachent que comme vous l'avez affirmé à plusieurs reprises elle est l'amie et l'alliée d'Israël [14].

Dans le monde juif, la réserve manifestée par le général est d'autant plus douloureusement ressentie que tout indique qu'il a pleine conscience de l'acte très grave commis par Nasser en fermant le détroit de Tiran. L'émotion est donc à son comble le 2 juin, quand, dans une déclaration solennelle, lue par Georges Gorse mais rédigée par le général en personne, le gouvernement français fixe officiellement ses positions :

La France n'est engagée à aucun titre ni sur aucun sujet avec aucun des États en cause. De son propre chef, elle considère que chacun de ces États a le droit de vivre. Mais elle estime que le pire serait l'ouverture des hostilités. En conséquence, l'État qui, le premier et où que ce soit, emploierait les armes n'aurait ni son approbation, ni, à plus forte raison, son appui.

Pratiquement sur-le-champ, Paris décide un embargo sur toute livraison de matériel militaire à destination de l'État hébreu et de sept pays arabes. Le 5 juin, après la constitution à Tel-Aviv d'un cabinet d'union nationale au sein duquel le général Moshe Dayan détiendra le portefeuille de la Guerre, les forces israéliennes, clouant au sol l'aviation de Nasser, anéantiront les défenses syriennes et égyptiennes. En six jours, la victoire sera totale.

C'est peu dire que la prise de position du général a surpris. En France, la sympathie à l'égard de l'État d'Israël a été spontanée, voire fervente. Le 31 mai, trente mille personnes sont venues manifester leur soutien à Israël alors que, à titre de comparaison, les rassemblements en faveur de la paix au Vietnam n'ont jamais réuni que quelques centaines de participants. Dans les jours suivants, pareilles démonstrations se produisent à Paris et en province où l'on suit avec passion les succès de l'armée israélienne. En trois jours, dix millions de francs sont réunis par le fonds de solidarité pour Israël. Le souvenir de l'Holocauste, l'opiniâtreté d'un petit État et de ses deux millions d'habitants, encerclés par des forces adverses, expliquent cet enthousiasme. Le Parti communiste est la seule formation politique à soutenir Nasser.. et à approuver la position exprimée par de Gaulle. Partout ailleurs ou presque la stupeur, la consternation, voire l'indignation sont perceptibles. Dans la gauche non communiste, les réactions à l'attitude du général sont très négatives. François Mitterrand, alors si proche des Israéliens qu'il prépare son intervention à l'Assemblée nationale dans le bureau de l'ambassadeur Walter Eytan, désapprouve vigoureusement, de même que Pierre Mendès France. Guy Mollet à l'Assemblée nationale insiste sur l'intangibilité d'Israël. Au centre, la condamnation est encore plus vive. Sans se prononcer sur la position choisie par le général, Valéry Giscard d'Estaing signe avec Pierre Mendès France, François Mitterrand, Jean Lecanuet et Daniel Mayer l'appel du Comité français de solidarité avec Israël.

À l'intérieur de la famille gaulliste, des murmures se font entendre et même une franche désapprobation. Trois ministres en exercice, Michel Debré, Roger Frey et Maurice Schumann, ne cachent pas que leur cœur est acquis à la cause israélienne. Deux ex-ministres des Anciens Combattants, Raymond Triboulet et Alexandre Sanguinetti, ont assisté, le 31 mai, à la grande manifestation en faveur de l'État hébreu. Au Palais-Bourbon, on a remarqué que beaucoup de députés gaullistes ont applaudi Guy Mollet lorsque ce dernier a défendu le droit à l'existence d'Israël. Plusieurs parlementaires UDR, Jacques Baumel, Albin Chalandon, Achille Peretti, Lucien Neuwirth, Robert-André Vivien, Yves Le Tac et Léo Hamon, laissent apparaître les mêmes sentiments. Même dans le cercle le plus intime du président de la République, la sympathie à l'égard d'Israël est perceptible. Le propre gendre du chef de l'État, le général de Boissieu, ne craint pas d'exprimer en ces termes — désaveu à peine voilé de la position définie le 2 juin à l'Élysée — son ferme soutien à l'un de ses collègues israéliens le général Ouzi-Narkiss : « Cher ami, bravo pour cette remarquable campagne qui récompense tous vos efforts depuis vingt ans. Soyez aussi brillants dans la négociation que vous l'avez été au combat et Israël pourra vivre dans la sérénité de la paix[15]. »

Ami fidèle d'Israël, André Malraux, quant à lui, ne se désolidarise pas du général mais, recevant le 30 mai le professeur Ady Steg et Vladimir Jankélévitch venus lui dire l'angoisse de la communauté juive française, il leur a tenu un langage compréhensif, un peu gêné aussi :

« Toute l'opération a été organisée par l'URSS. L'Égypte essaie par tous les moyens de provoquer Israël. Celui-ci doit avoir la force de ne pas répondre militairement en ce moment pour les raisons suivantes : la responsabilité juridique lui incomberait. Militairement l'engagement risque d'être trop coûteux en vies humaines pour Israël. L'URSS enverrait des missiles suffisamment pour entretenir la guerre mais pas assez pour que l'Égypte puisse l'emporter. La politique du gouvernement français découle du fait que militairement la France ne peut pas peser dans la décision en cas de conflit. En revanche, la France estime que, sauf si réellement l'URSS — ce qui est invraisemblable — désire la destruction de l'État juif, la solution réside dans la négociation entre les quatre grands. Israël ne doit donc accepter aucune concession, ce qui serait une capitulation, mais doit avoir la force d'attendre que la négociation soit engagée. Toute l'action de la France tend à obtenir pour Israël des garanties définitives des grandes puissances. Si la France ne manifeste pas publiquement sa sympathie, Israël ne peut pas ignorer que c'est à lui qu'elle va [16]. »

Jamais, même au moment de la guerre d'Algérie, de Gaulle n'a été aussi contesté, isolé dans son propre camp. Comment expliquer son attitude, surprenante à bien des égards ? L'hypothèse d'un antisémitisme latent, refoulé, résiste mal à l'examen. Sans doute y a-t-il ce mot « youpin » qui lui a échappé durant un séjour en Pologne, mais la suite a montré qu'il ne partageait pas les préjugés de son milieu, surtout sur ce terrain. Une anecdote dépeint bien son état d'esprit à cet égard [17]. Un jour, le ministre des Affaires étrangères a cru devoir lui signaler que la femme de M. X, que l'on se proposait d'envoyer représenter la France dans un pays arabe, était la petite-fille d'Alfred Dreyfus. Avant que le ministre ait pu terminer son explication le général l'interrompt : « Je sais. Mme X est la petite-fille d'un officier français. »

On a prétendu qu'à cette époque de Gaulle redoutait avant tout une guerre mondiale — l'une de ses obsessions récurrentes. « Au Vietnam, a-t-il dit notamment à l'issue d'une garden-party offerte aux parlementaires à l'Élysée, la troisième guerre mondiale est engagée... Il faut arrêter le processus. » Pour autant, il ne semble nullement croire à une véritable escalade au Proche-Orient, au contraire :

« Je crois que les Russes sont très embarrassés, dit-il à Richard Nixon, de passage à Paris, le 8 juin. Ils ont certes des arrangements avec les Arabes... Ils ont une certaine position, surtout dans les pays arabes qui se disent socialistes. Ils n'ont jamais occupé une position pareille à ce degré. Ils ne veulent pas la perdre. C'est pourquoi ils appuient les Arabes. Mais ils ne vont pas très loin et ils ne font pas beaucoup. Dès la victoire d'Israël, les Russes ont accepté le cessez-le-feu... D'ailleurs vous non plus ne voulez-vous pas aller trop loin. Vous avez, certes, appuyé Israël mais dans l'affaire du golfe d'Akaba, au fond, vous n'avez rien fait. Et je crois que vous avez eu raison [18]. »

« Je n'ai pas dit que je pensais que nous étions au seuil d'une guerre, dira-t-il même à Alexis Kossyguine, le 16 juin. Cela est possible mais ce n'est pas certain [19]. » Une fois de plus, en vérité, de Gaulle s'est comporté avant tout en gouvernant exclusivement soucieux des intérêts de son pays, en adepte de la froide raison d'État, doublé d'un tacticien retors. Depuis plusieurs années, il pense que la France doit se rapprocher des pays arabes, notamment parce qu'ils sont producteurs de pétrole, et la politique étrangère française a été, on l'a vu, déjà bien infléchie dans ce sens — à telle enseigne que, dès 1966, un responsable israélien pouvait écrire : « Dans l'opinion publique israélienne il y a désormais le sentiment que quelque chose est brisé dans nos relations avec la France[20]. » L'absence de l'ambassadeur de France lors de l'inauguration du Parlement israélien un an plus tôt a été particulièrement mal ressentie. Le général est convaincu de la nécessité de poursuivre cette politique et, très carrément, il le dira à Harold Wilson au Grand Trianon, le 19 juin :

> « Depuis 1957, beaucoup de choses ont changé, en particulier à l'égard du monde arabe, l'affaire d'Algérie a été réglée. Nous avons renoué avec les Arabes : cela est vrai avec l'Égypte, la Syrie, avec Hussein et même l'Arabie Saoudite et l'Irak, sans parler de l'Algérie, de la Tunisie, du Maroc, de la Libye, cela a toujours été vrai avec le Liban. Nous faisons pas mal de choses pour eux et nous avons des accords culturels et économiques avec certains de ces États, par exemple Nasser. Donc la situation a changé entre nous et les Arabes. Au cours de la bataille, l'opinion a été superficiellement en faveur d'Israël, pays petit et malheureux, mais au fond les Français et moi-même nous ne sommes pas pour une brouille avec les Arabes[21]. »

Aucun élan du cœur dans la position du général, pas la moindre considération pour ce que représente Israël aux yeux de millions de juifs après l'Holocauste. En ces journées dramatiques, il reçoit à l'Élysée plusieurs dirigeants arabes, en particulier, le 1er juin, le ministre des Affaires étrangères de la République arabe syrienne, et, le lendemain, le roi Fayçal d'Arabie Saoudite. Tous, en particulier le monarque, ne cachent pas leur haine de l'État juif, leur volonté de l'anéantir. Or, à aucun moment, de Gaulle n'exprime une vraie protestation d'ordre moral. Seul lui vient à l'esprit un constat froid, toujours formulé de la même façon :

> « Ce n'est pas la France qui a aidé à la création d'Israël. À cette époque, elle n'en avait pas la possibilité. Ce sont les Anglais, les Russes et les Américains qui l'ont créé. Mais il y a un État juif dans le monde et on ne peut pas l'empêcher... D'autre part, Israël a beaucoup de relations internationales, en Europe, en Amérique et même en Afrique et en Asie. C'est un fait et comment aller contre un fait[22] ? »

En privé, son argumentation est même encore plus brutale :

> « Vous savez, ces Israéliens sont insupportables, dit-il ainsi à Jacques Foccart. En 1948, ils ont déclenché des histoires ; en 1956, cela a été eux aussi. Évidemment leur territoire est drôlement constitué, drôlement bâti. Je n'étais d'ailleurs pas aux affaires quand cela a été décidé, mais ce n'est pas par la force qu'ils régleront leurs difficultés[23]. »

Pour comprendre l'attitude de de Gaulle, on n'oubliera pas enfin le fait que de nombreux partisans de l'Algérie française, Soustelle notamment, entretenaient des liens étroits avec l'État juif. Cette solidarité a probablement contribué à faire évoluer le général dans un sens anti-israélien.

Au bout du compte, le bilan est lourdement négatif, même du point de vue de l'intérêt national. Aucun des buts que le général s'était assignés en prenant sa position controversée n'a été atteint. Loin de calmer le jeu, la non-condamnation de la fermeture du détroit de Tiran, en violation d'engagements souscrits par la France, n'a en rien été favorable au maintien de la paix. Nasser, publiquement, s'est félicité des prises de position du président français, tandis que son confident Mohamed Heykal, directeur du très officieux quotidien cairote *Al-Arham*, constatait après le retrait des casques bleus : « Israël ne peut que relever le défi. La guerre devient donc inévitable... L'Égypte a exercé sa puissance et atteint ses objectifs sans recourir aux armes[24]. »

Évoquant l'attitude des responsables de l'État hébreu, Eli Barnavi note par ailleurs justement : « L'attitude française, perçue par l'opinion israélienne comme une véritable trahison, renforce le sentiment d'injustice et contribue à persuader les Israéliens que, en effet, une nation est toujours seule face à son destin[25]. » Concrètement, l'effet le plus évident de la prise de position de juin 1967 sera de renforcer les liens entre Tel-Aviv et Washington, d'affaiblir le poids de la France en Israël et d'y ruiner l'immense crédit dont jouissait jusque-là le général : « Au début des années soixante, une rengaine populaire qui faisait fureur en Israël, la chanson des quartiers, associait dans un même quatrain Ben Gourion et de Gaulle, précise Eli Barnavi. Dans l'imaginaire israélien seul le fondateur de la Vᵉ République rivalisait avec le fondateur de l'État hébreu. » À l'intérieur comme à l'extérieur, les dommages provoqués par l'attitude du général sont considérables. Pour la première fois, l'opinion française désavoue de Gaulle (près de 60 % des Français sont favorables à Israël) ; les plus hauts responsables du régime se posent des questions. Après un entretien avec le général, le Premier ministre britannique Harold Wilson écrira au président Johnson :

> Je pense que sa conversation avec Kossyguine et la situation au Moyen-Orient en général l'ont forcé à affronter la réalité, le manque d'influence réelle de la France dans les affaires internationales — et à faire le bilan de sa politique étrangère. Je pense qu'au fond de son cœur, il comprend que cela l'a mené à une impasse. Mais il est trop âgé et, je crois, trop las physiquement pour envisager une nouvelle approche[26].

Un certain fatalisme, de fait, semble dicter l'attitude du général dans les affaires du Proche-Orient. Il paraît n'avoir de sympathie pour aucun de ces peuples du Sud, loin de sa mentalité. Le 8 juin, il l'a dit à Richard Nixon :

> « J'en conviens avec vous : il faut un règlement, et il faut qu'il soit modéré. Je ne pense pas que cela soit pour tout de suite. Israël a remporté le succès initial, ce qui était connu d'avance, à cause des qualités de son armement, de son commandement et du fait que ses forces sont bien rassemblées. Or, il a maintenant atteint ses limites : il na va pas occuper Le Caire, ni la vallée du Nil. [...] Il va donc s'arrêter et il y aura une stabilisation de fait, qui durera un certain temps. Les Arabes vont se réorganiser, se refaire, se reprendre. Puis il

faudra qu'il y ait une négociation. Je pense comme vous qu'il est nécessaire d'aboutir à un règlement modéré. Ceux qui voudront exagérer, ce seront les Israéliens, et, comme vous le dites, ils ne le doivent pas, car ils ne pourront pas résister à long terme contre tous les Arabes. Mais les Israéliens sont des gens qui exagèrent, et cela depuis toujours : il n'y a qu'à relire les Psaumes. Les Arabes aussi d'ailleurs. Alors, entre gens qui exagèrent, il faudra bien que les grandes puissances viennent faire entendre la voix de la raison et les obligent à la raison. Il y faudra certes les Russes, sinon rien ne sera fait[27]. »

Huit jours plus tard, recevant Alexis Kossyguine, il s'est montré tout aussi sceptique sur les chances d'un règlement :

« Franchement, je ne pense pas que l'on puisse résoudre immédiatement le problème. Vous me dites qu'il faut punir l'agresseur et qu'Israël est l'agresseur. Il est vrai qu'il a été le premier à se servir des armes, mais il y en a beaucoup qui disent qu'il ne pouvait pas faire autrement, qu'il était menacé, que c'est un petit pays parmi les Arabes et qu'il lui était indispensable de se dégager. Tout cela conduit à une situation où il serait difficile de rassembler les énergies du monde pour punir Israël. Je ne pense néanmoins pas qu'il faille laisser Israël exagérer et garder toutes ses conquêtes. Il serait à la rigueur possible, après un temps fort long et des négociations très difficiles, d'aboutir à un arrangement raisonnable au Proche-Orient, si tant est qu'une telle chose y soit jamais possible. Je veux dire par là une solution acceptée par Israël et par les Arabes, et qui soit aussi acceptable pour les grandes puissances, condition indispensable. Israël perdrait une partie de ce qu'il a pris et garderait quelque chose. Peut-être qu'à partir de là, l'on pourrait aboutir à un modus vivendi diplomatique et pratique sur le terrain. Peut-être cela est-il possible. Si cela ne l'était pas, nous continuerions à nous trouver dans une situation de guerre plus ou moins caractérisée. Il est clair que si l'on ne peut pas conclure un tel arrangement, les Arabes s'efforceront de se venger et d'accumuler des forces pour mettre en question ce qui s'est passé. Les États-Unis soutiendront Israël dans cette concurrence, et dans cette concurrence armée. Il y aura donc peu à peu de très graves complications internationales, car vous et les États-Unis, vous êtes parties à l'affaire, et il apparaîtrait bientôt que vous y êtes opposés l'un à l'autre. On verra aussi que les Arabes ne sont pas grand-chose, qu'Israël n'est rien du tout, mais que la rivalité entre les Américains et les Russes est l'essentiel. Je vous le dis franchement : la situation serait alors tout à fait déplorable. Nous préférons de beaucoup que le temps et les pourparlers conduisent à une situation acceptée où Israël perdra une grande partie de ce qu'il a pris et où les questions pratiques seront réglées, comme celles des réfugiés, du golfe d'Akaba, de la circulation dans le canal et des relations de voisinage. Je le répète, cela durera très longtemps et sera fort désagréable. À défaut, l'on peut s'attendre aux pires complications internationales. Il va sans dire que nous préférons la première hypothèse, si elle est possible. Au demeurant, nous ne sommes engagés en rien, ni avec les Arabes, ni avec Israël[28]. »

L'indépendance nationale est, toujours, l'obsession du général. Si d'aventure un conflit généralisé naissait des antagonismes du Vietnam et du Proche-Orient, il entend y soustraire la France.

« Nous avons quitté l'OTAN en partie à cause de cela, afin de ne pas être partie à un conflit éventuel qui ne serait pas le nôtre et où nous risquerions de disparaître de façon stupide, dit-il à Harold Wilson le 19 juin. Nous ne sommes pas assez riches pour nous ruiner ni assez vivants pour mourir. Nous n'accompagnerons pas les États-Unis dans une crise internationale[29]. »

Dans la partie de bras de fer qui se joue au Proche-Orient, de Gaulle est décidé à mener froidement un jeu exclusif de tout autre considération que l'intérêt français. Scandalisé par cette inflexion brutale de la politique extérieure française, Raymond Aron l'a compris mieux que personne :

Raison d'État, écrira-t-il dans *De Gaulle, Israël et les Juifs*. Peu importe sympathie ou antipathie. Réconciliée avec le monde arabe, la France ne devait pas manquer de renforcer des liens que même la guerre d'Algérie n'avait pas rompus. Neutre, la France ne prenait pas assez de distance par rapport aux États-Unis... La tromperie au service d'une grande œuvre se pardonne aisément ; il n'en va plus de même lorsque l'objectif sent le pétrole et que le renversement des alliances semble dicté par l'humeur, l'amour-propre blessé ou d'obscurs calculs[30].

Lors de la crise de Berlin, et plus encore au moment de l'affaire de Cuba en 1962, de Gaulle avait su défendre des principes et son autorité s'en était trouvée renforcée. En adoptant une attitude bien différente dans ce conflit, où Israël, seule démocratie du Proche-Orient, était dans son droit et provoqué par ses voisins désireux de le voir disparaître, il a au contraire affaibli par avance l'écho que sa voix aurait pu avoir dans un éventuel règlement. Depuis plusieurs années, il souhaitait, on l'a vu, rééquilibrer la politique extérieure française au Proche-Orient. Force est bien d'admettre qu'il a choisi pour opérer ce changement le moment et la manière les plus contestables.

Renforcer l'influence française, damer le pion aux États-Unis, tels sont une fois encore les deux buts à l'évidence poursuivis par le général lorsque, le 15 juillet, il s'embarque sur le *Colbert*, à destination du Canada français, où il doit visiter l'exposition internationale de Montréal. Personne n'imagine pourtant que, quelques jours plus tard, il va se livrer à une initiative inouïe, sans précédent dans les annales diplomatiques, en s'écriant : « Vive le Québec libre ! » devant une foule enthousiaste, c'est-à-dire en encourageant de manière très claire les courants indépendantistes québécois au sein d'un pays ami, allié, dont beaucoup de citoyens anglophones ont donné leur vie pour la France, en 1944, sur les plages du débarquement.

La genèse de cet appel au sursaut, voire à la résistance apparaît longue, marquée par une maturation réfléchie. L'intérêt du général pour le Canada français est ancien : on en trouve trace dès sa jeunesse. À l'époque, il s'agissait, tout l'indique, d'un attachement sentimental à l'égard d'une terre abandonnée par la France à la couronne britannique aux termes du traité de Paris de 1763. Très longtemps d'ailleurs, de Gaulle aura eu une vision unitaire du Canada. Il y était d'autant plus enclin peut-être que la « Belle Province », autrement dit le Québec, ne s'était pas spontanément rangée derrière la France libre pendant la guerre. Le 10 mai 1945, deux jours après la victoire sur l'Allemagne, il remerciait en ces termes de son message d'amitié le général

Vanier, ambassadeur du gouvernement fédéral d'Ottawa en France : « Et moi, je vous félicite, Monsieur l'Ambassadeur, et à travers vous je félicite le cher et noble Canada, si près du cœur de la France et les vaillantes forces qui ont tant fait dans cette guerre ! Que Dieu protège votre pays qui l'a si bien mérité [31] ! » Peu après, on sait qu'il songea à s'établir au Canada pour fuire l'ostracisme des partis, mais rien n'indique qu'il ait eu l'intention alors de témoigner sa sympathie particulière aux francophones.

En 1960, lorsqu'il s'est rendu au Canada, seize ans après son premier voyage de 1944, aucun signe ne dénotait de sa part l'intention d'intervenir dans les affaires intérieures d'un État membre de l'OTAN. Au Québec, l'accueil populaire n'a pas été particulièrement chaleureux : encore dominée par un clergé catholique, à la pointe du combat pour un particularisme alors très empreint de traditionalisme, la société francophone ne voyait pas en l'homme du 18 juin un héros. Dans ses *Mémoires d'espoir*, de Gaulle soutiendra avoir évoqué l'avenir du Québec avec le Premier ministre fédéral, John Diefenbaker ; ce dernier contestera toujours ce point, et force est de constater que les archives lui donnent raison. Malgré tout le général paraît avoir, à cette occasion, découvert « le caractère très particulier du Canada français par rapport à la France et réciproquement ».

Dès lors, sa réflexion était en cours. Un an plus tard, dans une lettre à Geoffroy de Courcel, il évoquait le grand intérêt de développer les rapports avec le Québec, même s'ils pouvaient être désagréables au gouvernement d'Ottawa [32]. Le Canada français, il est vrai, commençait alors à évoluer. Après une longue période d'immobilisme, dite « de la grande noirceur », du gouvernement de Maurice Duplessis, l'arrivée au pouvoir du libéral Jean Lesage coïncida avec un développement économique important, une urbanisation impressionnante et la sécularisation de la société. Parallèlement, les revendications indépendantistes se multipliaient, en liaison avec le mouvement anticolonialiste international. Le Front de libération du Québec menait même des actions terroristes. De l'avis général, il restait beaucoup à faire pour que les francophones jouissent des mêmes droits que les anglophones — même si le gouvernement de Jean Lesage se montrait actif à cet égard.

Le début des années soixante marqua ainsi une intensification des rapports franco-québécois encouragés par le général. En 1961, une délégation générale du Québec s'installait à Paris ; deux ans plus tard, André Malraux inaugurait à Montréal une exposition scientifique et technique française. Les échanges culturels se développaient et aussi les conflits avec le gouvernement d'Ottawa, furieux de voir sa compétence fréquemment contestée.

Le général, de son côté, suivait de plus en plus près le secteur. Convaincu que le Québec deviendrait un jour un État indépendant (il le dit carrément à Étienne Burin des Roziers [33]), il méconnaissait délibérément les efforts réels du Premier ministre fédéral, Lester Pearson, tendant à assurer l'égalité entre anglophones et francophones. Lorsque Pearson vint à Paris, en janvier 1964, le moins que l'on puisse dire est qu'il fut accueilli froidement. Le général se montra réservé vis-à-vis de ses offres de coopération et insista au contraire sur la spécificité des liens avec le Québec. Pour couronner le tout, il précisa que, à ses yeux, le gouvernement fédéral était « un fait » et ne pouvait à ce titre être ignoré. Lester Pearson, bien entendu, repartit furieux. Moins d'une semaine plus tard, en visite à la Maison-Blanche, s'épanchant auprès de George Ball, il lui décrivit un de Gaulle « rigide et sclérosé, en retard de cent cinquante ans sur son époque[34] ».

La tension montait d'autant plus avec Ottawa que le général était renforcé dans son sentiment proquébécois par l'action d'un groupe de pression efficace. Partisans déclarés de la cause du Canada français, des hommes tels que Bernard Dorin, conseiller d'Alain Peyrefitte, Philippe Rossillon, haut fonctionnaire atypique, véritable croisé de la francophonie, le diplomate Jean-Daniel Jurgensen, directeur d'Amérique au Quai d'Orsay, le député gaulliste Xavier Deniau, René de Saint Légier, conseiller diplomatique à l'Élysée, le journaliste Pierre Louis Mallen, représentant de l'ORTF à Montréal, déployaient une action forcenée qui, au demeurant, se heurtait à la prudence du Quai d'Orsay, soucieux de ménager les prérogatives du gouvernement d'Ottawa. De cette circonspection, le général d'évidence n'avait cure. Comme dans d'autres domaines, il avait conscience de disposer de peu de temps en raison de son âge ; il était donc résolu à s'affranchir des règles habituellement en vigueur dans les relations entre États.

Au début de 1966, le général George Vanier l'apprit à ses dépens. Depuis l'époque où il représentait le Canada auprès du Gouvernement provisoire d'Alger, il entretenait des relations d'amitié véritable avec de Gaulle, qui lui portait une estime notoire. Devenu, en ce milieu des années soixante, gouverneur général du Canada, c'est-à-dire représentant de la reine d'Angleterre avec rang de chef d'État, il avait toutes les raisons d'envisager avec sérénité la visite officielle qu'il comptait effectuer en France pour répondre à celle faite par le général au Canada, en 1960. Son attente allait être cruellement déçue. Dès que ses collaborateurs, en février 1966, se mirent en rapport avec ceux du président, les difficultés commencèrent. Le gouvernement canadien tenait à ce que le gouverneur général fût reçu avec les honneurs dus à son rang ; or de Gaulle s'opposait à cette exigence. Embarrassé, Georges Galichon, son chef de cabinet, expliqua aux diplomates canadiens que le général proposait d'adopter un protocole intermédiaire entre celui réservé aux chefs d'État et celui destiné aux chefs de gouvernement : le général Vanier serait accueilli à l'Élysée par le président de la République, un déjeuner en son honneur serait donné après les entretiens habituels ; après quoi il serait invité à Rambouillet. « Le général, précisa Galichon, ne pense pas qu'il puisse recevoir le gouverneur général avec le même cérémonial que celui dont bénéficierait la reine d'Angleterre, chef du Commonwealth. » Les discussions s'envenimèrent. Chacun restait sur ses positions. Au mois de mai, Georges Galichon fit savoir aux Canadiens que le chef de l'État était inflexible malgré la grande amitié qu'il portait au général Vanier. En définitive, celui-ci, fort blessé, décida d'annuler sa visite et rédigea de sa main la réponse qui fut adressée à l'Élysée :

Le gouverneur général et le Premier ministre ont donné la plus grande attention aux informations contenues dans le télégramme du 8 juin et sont très déçus que le général de Gaulle n'ait pas jugé possible de donner des réponses affirmatives à aucun des points en discussion concernant la visite du gouverneur général en France. La position du général de Gaulle selon laquelle le gouverneur général ne peut se voir accorder un traitement de chef d'État rend notre position extrêmement difficile. Si nous acceptions cette solution cela créerait un précédent qui aurait de graves implications pour l'avenir. Les précédents gouverneurs généraux se sont rendus en visite d'État à Washington et ont été reçus avec toutes les marques de respect normalement données à des chefs d'État. Accepter un traitement inférieur pour cette visite en France pourrait porter préjudice à notre position au cas où des visites dans d'autres pays seraient proposées dans l'avenir. Dans ces conditions, il a été décidé, à notre regret, que la question d'une visite officielle devait être abandonnée[35].

L'incident, à dire vrai, eut surtout une portée symbolique. Les fonctions du gouverneur général étant purement représentatives, la visite de Georges Vanier n'aurait pas pu avoir de grandes répercussions. L'affaire, pour secondaire qu'elle soit, n'en révèle pas moins l'étonnante continuité de pensée du général — son inflexibilité aussi. Bien que le général Vanier fût son ami, il était décidé coûte que coûte à éviter tout geste qui pourrait renforcer l'autorité du gouvernement fédéral d'Ottawa. Le moment approchait où la légitimité de celui-ci allait être contestée.

À l'automne 1966, la perspective d'un voyage se précisa : le gouvernement fédéral fit alors savoir au général que sa venue était souhaitée à Montréal, en 1967, à l'occasion de l'Exposition universelle. La réception de l'invitation au Quai d'Orsay donna d'ailleurs un petit incident diplomatique fort significatif. Jean-Daniel Jurgensen, fort lié au groupe de pression québécois, reçut en sa qualité de directeur d'Amérique le ministre conseiller de l'ambassade du Canada, porteur du message des autorités d'Ottawa : « La reine d'Angleterre a-t-elle été invitée ? » murmura-t-il assez perfidement. « La reine du Canada sera la puissance invitante », rétorqua le diplomate canadien[36]. De toute manière, à ce moment-là, le général n'avait aucunement l'intention de traverser l'Atlantique.

« Le Québec, dit-il à Alain Peyrefitte, est devenu une marmite en ébullition. Si j'y vais, il faudrait que je me promène à Montréal et à Québec. Ma visite ne passerait pas inaperçue. Ça pourrait même faire sauter la marmite. J'ai autre chose à faire que cela. Ou alors, il faudrait me borner à l'Exposition. Mais vous me voyez traverser l'Atlantique pour aller à la foire[37] ? »

Indépendamment de son désir évident de ne pas cautionner le gouvernement fédéral, le général jugeait aussi sans doute que la situation politique au Québec était encore un peu incertaine. Le départ, en juin 1966, de Jean Lesage, l'artisan de la Révolution tranquille, l'avait déçu, et il ne connaissait guère son successeur, Daniel Johnson, chef de l'Union nationale, le vieux parti de Maurice Duplessis. Malgré son nom, Daniel Johnson était un Canadien français passionné, comme en témoigne son livre *Égalité ou indépendance*. À certains égards, il était même plus véhément, plus radical que Lesage, et il dénonçait comme une supercherie le bilinguisme préconisé par Pearson. De Gaulle finit donc par se persuader que la France devait miser sur lui. « Le général, précise Alain Peyrefitte, ne lui reprochait qu'une chose : de porter un nom anglais. "Il ne pouvait pas s'appeler Lafleur comme tout le monde[38] ?" »

Au début de l'année 1967, la réflexion du chef de l'État mûrit, ses résolutions se précisèrent. En janvier, il s'opposa catégoriquement à l'envoi de vœux à Ottawa à l'occasion de la célébration du bicentenaire du Canada.

« Le centenaire du Canada, rugit-il, c'est comme si on voulait fêter en 1989 le bicentenaire de la France ! Le Canada a été fondé il y a plus de quatre cent vingt ans quand Jacques Cartier en a pris possession au nom de François Ier. Après notre défaite en 1759, il y a eu un siècle d'asservissement et, depuis 1867, une subordination institutionnelle. Nous n'allons pas commémorer cette malheureuse date de notre histoire[39]. »

Peu à peu, l'idée d'un voyage au Québec progressa dans son esprit. Indépendamment de Daniel Johnson, qui lui avait écrit pour l'inviter, plusieurs personnalités ont sans doute joué un rôle dans sa décision. Le maire de Montréal, Jean Drapeau, sut plaider sa cause avec chaleur. Robert Bordaz, commissaire général du pavillon français à l'Exposition, fut lui aussi persuasif. C'est en tout cas le 13 février que de Gaulle annonça son intention à Jean Chapdelaine, délégué général du Québec à Paris, qui écrivit le lendemain à Daniel Johnson :

Le général souleva cette question [de son voyage] dès l'abord. Il est à noter que c'est la première indication précise qu'il ait donnée de ses projets. Il l'a donnée à nous seuls, en réponse à l'invitation que vous lui avez fait tenir. Il avertira Ottawa en temps et en lieu. Il m'a particulièrement demandé que nous gardions la chose secrète jusqu'à ce qu'il puisse s'exprimer publiquement [...].

Le général envisage de se rendre chez vous pour être à l'Expo le jour choisi par la France, c'est-à-dire le 25 juillet. Il remonterait le Saint-Laurent sur un navire de guerre avec premier arrêt à Québec... Le voyage se poursuivrait vers Montréal... De Montréal, le général prendrait un avion pour rentrer en France. Au cours de son séjour à Québec et à Montréal, le général, votre hôte, se confie à vous pour l'organisation du programme. Il ne lui déplairait pas de faire un parcours dans la campagne québécoise. L'accent, vous l'avez noté, est nettement sur une visite au Québec ; Ottawa aurait nettement la portion congrue. Il peut y avoir là des situations délicates à prévoir. La visite a un côté protocolaire. Il faudra aussi lui donner de la substance[40].

À Ottawa, on avait évidemment les mêmes craintes. Le jour même de la visite de Jean Chapdelaine à l'Élysée, l'ambassadeur de France au Canada, Leduc, représentant de la ligne classique du Quai d'Orsay, câblait à Paris que les autorités fédérales intensifiaient leurs offensives visant à reprendre à la province du Québec toute initiative en matière internationale. « Les invitations directes du ministre français par le délégué général du Québec à Paris sont très mal vues à Ottawa[41]. » On peut imaginer la colère des responsables de la diplomatie canadienne quand éclata la nouvelle de la visite du général au Canada français.

Dès ce moment, de Gaulle avait-il le projet de se livrer lors de sa visite à quelque acte d'éclat ? Bien des indices tendent à accréditer cette hypothèse. Le 29 mars, de retour en avion de Cherbourg où il a assisté au lancement du sous-marin atomique *Le Redoutable*, il murmurait devant Pierre Messmer et Alain Peyrefitte : « Je n'irai pas au Québec pour faire du tourisme. Si j'y vais, ce sera pour faire de l'histoire[42]. » Lors de la visite à Paris de Daniel Johnson, Premier ministre du Québec, il a souhaité qu'on le reçût avec un faste réservé habituellement aux chefs d'État. Alors qu'un an auparavant, il avait refusé que le drapeau à feuille d'érable du Canada flottât sur les bâtiments publics à l'occasion d'une éventuelle visite d'État du gouverneur général Vanier, il a contré ouvertement Maurice Couve de Murville et exigé que les étendards québécois à fleur de lys fussent disposés à profusion dans Paris. Pauline Vanier, veuve du général Vanier, décédé au mois de mars, a d'ailleurs été très choquée par ce qui était à ses yeux un affront. De passage à Paris, elle a été aussi consternée d'entendre de Gaulle lui dire, lors d'un déjeuner intime : « Le seul avenir possible pour le Québec, c'est de devenir souverain. Ça finira comme ça un jour ou l'autre[43]. » De Gaulle est donc résolu à intervenir pour aider le Québec. Une note non datée de la présidence de la République fixe en mai le cadre de son voyage, alors que les autorités d'Ottawa essaient encore de centrer sa venue sur la visite de l'Exposition de Montréal : « 1) Le général de Gaulle rend visite au Canada français à l'invitation de M. Daniel Johnson. 2) La visite de l'Exposition n'a qu'un caractère accessoire[44]. »

Le général se livre alors à ce qui ressemble fort à une opération de diversion vis-à-vis des autorités fédérales d'Ottawa. Il sait que son voyage au Québec soulève déjà des critiques — même si les commentaires officiels sont modérés. Pour avoir toute liberté au Canada et ménager éventuellement un effet de surprise pour quelque intervention, il rassure le gouvernement de Lester Pearson en lui faisant parvenir, en juin, le texte des allocutions qu'il compte prononcer tout au long de son voyage, et notamment à son arrivée à Ottawa et à l'issue du dîner offert en son honneur par le nouveau gouverneur général, Michener. Inédites, conservées dans les archives diplomatiques, ces deux interventions attestent une fois encore la capacité du général à tenir un double langage. L'allocution d'arrivée à Ottawa est ainsi conçue :

> Monsieur le gouverneur général, monsieur le Premier ministre, messieurs les ministres, monsieur le maire, c'est donc avec une profonde satisfaction que je me trouve à nouveau dans la capitale du Canada et vous apporte le salut de la France.
>
> Sept années durant lesquelles votre pays qui trouve aussi bien ses richesses dans son sol que dans la volonté et l'esprit d'entreprise de sa population a

connu un remarquable essor. Le spectacle magnifique qu'il m'a été donné de voir à Montréal a couronné les images du progrès et du développement recueillies partout au cours de mon trop bref voyage. L'Exposition que vous avez si généreusement placée sous le signe de Terre des Hommes m'est apparue comme un acte de foi dans votre propre avenir et dans celui de l'humanité. Car loin de se laisser absorber par sa propre et nécessaire conquête votre pays s'est généreusement ouvert aux préoccupations du monde entier. Pendant ces sept années marquées par de profonds changements de la situation mondiale, il n'a cessé de faire entendre sa voix sur la scène internationale. Comme la France, avec laquelle il partage une conception des valeurs et de l'idéal commun, il s'est avant tout attaché à favoriser la détente et à sauvegarder la paix. Poursuivie parallèlement ou de concert par nos deux pays, cette recherche des mêmes objectifs renforce encore une amitié, à deux reprises éprouvée sur les champs de bataille et qui, soutenue par une même volonté de coopération, tisse entre la France et le Canada des liens de plus en plus solides dans tous les domaines.
De cette amitié, de tout le prix que la France lui attache, je suis particulièrement heureux de pouvoir vous apporter ici l'assurance[45].

Dans le toast qu'il compte prononcer lors du dîner offert par le gouverneur général, de Gaulle va encore plus loin dans l'affirmation de liens particuliers et chaleureux avec le Canada, sans préjudice de ceux qui pourraient se tisser avec le Québec :

Sur le plan culturel, nos relations privilégiées sont comme il est naturel avec le Québec mais leur essor ne s'est pas traduit par une diminution de notre action en faveur de la langue française au Canada anglais. Son évolution sera certes influencée par celle du bilinguisme au Canada mais aussi par une meilleure connaissance des progrès technologiques réalisés dans les deux pays.
[...] Je lève mon verre, monsieur le gouverneur général, en votre honneur et en l'honneur de Mme Michener ainsi qu'au Canada tout entier dont tant d'éminents représentants sont rassemblés autour de vous.

Malgré ces paroles rassurantes, la tension ne cesse de monter à mesure qu'approche la date du départ. Le 18 juillet, une dépêche Associated Press sonne l'alarme :

Selon des sources bien informées, le voyage du président français le général de Gaulle au Canada serait une mission destinée à encourager le séparatisme canadien français. Le général et ses conseillers seraient d'avis que le mouvement séparatiste québécois finirait par l'autonomie au cours des dix prochaines années et la France serait conviée à en profiter. On ajoute que le président français s'emploiera à resserrer les liens culturels et historiques entre le Québec et la mère patrie dans l'espoir d'éloigner le Canada français du gouvernement d'Ottawa[46].

Le 22 juillet, alors que le général est sur le *Colbert*, à proximité des côtes canadiennes, et s'apprête à célébrer à Saint-Pierre-et-Miquelon le ralliement mouvementé de l'archipel à la France libre — contre les États-Unis —, le *Times* de Londres reflète l'inquiétude grandissante des anglophones : « Même si le général ne s'intéresse pas particulièrement au problème de l'autonomie, il ne manquera pas de mettre en évidence l'héritage français de la province, allant ainsi dans le sens de la thèse des francophones hostiles au gouvernement d'Ottawa[47]. »

Le 23 juillet, accueilli à l'Anse-aux-Foulons, près de Québec, par le gouverneur général, Roland Michener, le Premier ministre Daniel Johnson, de Gaulle assure : « Entre le Canada dans son ensemble et la France, il n'y a, il n'y a eu, il n'y aura jamais qu'estime et amitié. » D'évidence, le général veut continuer à rassurer ses hôtes. Il n'en commence pas moins tout de suite à préparer le terrain. À Québec, où, reçu par le maire Lamontagne, il déjeune avec le cardinal Roy, archevêque du Québec, primat de l'Église canadienne, après avoir assisté à la messe et communié, il reçoit un fervent accueil populaire. Hôte à dîner de Daniel Johnson à l'hôtel Château-Frontenac, il se découvre en affirmant : « On assiste ici à l'avènement d'un peuple qui veut disposer de lui-même. » L'ingérence dans les affaires intérieures canadiennes est déjà évidente. La ferveur populaire monte. Tous les journaux du Québec annoncent que la Belle Province réserve une « réception royale à un monarque républicain ». L'adjectif royal est souligné à dessein, comme pour rappeler que pour beaucoup de francophones, la reine d'Angleterre est une souveraine étrangère.

La journée du lendemain est une apothéose. Par le chemin du Roy, route de deux cent soixante-dix kilomètres, qui, sur la rive nord du Saint-Laurent, a été dédiée par les premiers pionniers français au roi de France, de Gaulle se dirige vers Montréal. D'après les estimations officielles, un demi-million de personnes se pressent sur son passage. L'enthousiasme de la foule est indescriptible. Dans chacune des petites villes où il fait étape, il prononce de courtes allocutions. Toutes marquent une sorte de crescendo. À Donnacona, il salue « un pays qui prend en main ses destinées ». À Sainte-Anne, il proclame : « Vous serez ce que vous voulez être. » À Trois-Rivières, il souligne : « Le Québec devient maître de lui-même pour le bien du Canada tout entier. » À Louiseville, il assure : « La France entend contribuer aux transformations matérielles et morales du Québec. » À Berthier, il souligne : « Vous prenez en main vos destinées politiquement et par les moyens modernes. » À Repentigny, il promet : « La collaboration dans les deux sens va aller en se développant. » En fin d'après-midi, le cortège parvient à Montréal. La traversée de la ville, avec un détour par un quartier populaire, voulu expressément par l'illustre visiteur, est triomphale. Vers dix-neuf heures, le général parvient au terme de son extraordinaire périple : l'hôtel de ville de Montréal. Normalement, d'après le programme officiel, de Gaulle ne doit pas s'adresser à la foule. Il est simplement prévu qu'il apparaîtra au balcon de l'hôtel de ville, après quoi il recevra sur une terrasse les invités de marque, devant lesquels il prononcera une courte allocution. Mais soudain, tout se précipite. La commentatrice de la radio québécoise Janine Paquet a saisi, dans la vérité de l'instant, l'événement historique, et après le discours du général, les étonnantes réactions de la foule :

> Eh bien, la foule scande : « On veut de Gaulle. On veut de Gaulle. » On attend. On attend. Puisque le balcon est comme je l'avais dit tout à l'heure

pavoisé on s'attend à ce que dans quelques secondes... Enfin, tout le monde espère ici... On s'attend à ce que le président de la France apparaisse au balcon pour saluer la foule. La foule attend. La foule presse les cordons de policiers. La foule est tellement dense que plusieurs voitures du cortège semblent n'avoir pu franchir l'emplacement où nous sommes. Mais les principales voitures sont évidemment en place au milieu de la rue.
Et voici que le président paraît ! À ses côtés, le maire Drapeau, Mme de Gaulle et Mme Drapeau.
Le président se rend aux quatre coins du balcon et il faut voir l'intensité de la foule. On ne sait pas si le président adressera la parole mais nous semblons en douter un peu. Il salue de la main et de ses grands bras paternels, comme on a dit. Toute cette foule crie : « On veut de Gaulle ! » De Gaulle hésite et voilà que des microphones sont hissés sur le balcon principal de l'hôtel de ville, que des projecteurs arrivent sur le président et l'auréolent et dans quelques secondes, c'est certain, le président va parler. On ajuste les microphones, on fait les essais d'usage. La foule chante : « On veut de Gaulle. » Dans la foule, il y a des gens qui pleurent. Comme les policiers de Québec. Tout comme évidemment ça s'est passé à l'hôtel de ville de Québec, l'émotion envahit la foule. On pleure. Il faut dire quand même que ces manifestations sont particulièrement prenantes. Voici le président de la France, le général de Gaulle : « C'est une immense émotion qui remplit mon cœur en voyant devant moi la ville de Montréal française ! Au nom du vieux pays, au nom de la France, je vous salue. Je vous salue de tout mon cœur Je vais vous confier un secret que vous ne répéterez pas. Ce soir ici et tout le long de ma route, je me trouvais dans une atmosphère du même genre que celle de la Libération... et tout le long de ma route, outre cela, j'ai constaté quel immense effort de progrès, de développement et par conséquent d'affranchissement vous accomplissez ici. Et c'est à Montréal qu'il faut que je le dise, parce que s'il y a au monde une ville exemplaire par ses réussites modernes, c'est la vôtre ! Je dis c'est la vôtre et je me permets d'ajouter : c'est la nôtre ! Si vous saviez quelle confiance la France, réveillée après d'immenses épreuves, porte maintenant vers vous. Si vous saviez, si vous saviez quelle affection elle recommence à ressentir pour les Français du Canada ! Et si vous saviez à quel point elle se sent obligée de concourir à votre marche en avant, à votre progrès. C'est pourquoi elle a conclu avec le gouvernement du Québec, avec celui de mon ami Johnson, des accords pour que les Français de part et d'autre de l'Atlantique travaillent ensemble à une même œuvre française. Et d'ailleurs le concours que la France va, tous les jours, un peu plus prêter ici, elle sait bien que vous le lui rendrez parce que vous êtes en train de vous constituer des élites, des usines, des entreprises, des laboratoires qui feront l'étonnement de tous et qui, un jour j'en suis sûr, vous permettront d'aider la France.
Voilà ce que je suis venu vous dire ce soir. En ajoutant que j'emporte de cette réunion inouïe de Montréal un souvenir inoubliable. La France entière sait, voit, entend ce qui se passe ici et je puis vous dire qu'elle en vaudra mieux. Vive Montréal ! Vive le Québec ! Vive le Québec libre ! Vive le Canada français et vive la France [48] ! »

Plus de trente ans après ce coup d'éclat, il apparaît que le général avait soigneusement préparé son intervention. Chef d'état-major particulier, l'amiral Philippon confiera à Alain Peyrefitte que, sur le *Colbert*, de Gaulle lui aurait dit : « Que diriez-vous si je leur criais : "Vive le Québec libre [49] !" » D'après Anne et Pierre Rouanet, auteurs d'une enquête très fouillée sur l'affaire, il semble même qu'il ait trompé les officiels canadiens et québécois, puisque, contrairement au programme officiel, celui du commandant Flohic contenait cette indication très claire : « Le président de la République s'adresse à la foule massée sur la place[50]. » Échaudé par son voyage en 1960, durant lequel il avait eu l'impression d'être constamment chambré, de Gaulle voulait préserver ainsi sa liberté. Dans le même sens, on notera aussi qu'interrogé sur l'opportunité de diffuser en direct le discours que le chef de l'État devait prononcer à l'université de Montréal, un responsable du Quai d'Orsay avait répondu, le 19 juillet : « Je n'ai pas d'objection à ce que ce discours [à l'université de Montréal] soit diffusé en direct. J'observe seulement que ce n'est pas la plus importante allocution que le général prononcera au Canada et même à Montréal. Le discours le plus marquant à Montréal sera celui de l'hôtel de ville[51]. » Reste évidemment à savoir si, dans l'esprit du diplomate, il s'agissait bien du discours prononcé au balcon de l'hôtel de ville ou de celui destiné aux notables. Il ne fait guère de doute en tout cas que peu avant l'arrivée du général à Montréal, un micro avait été disposé à tout hasard à proximité du balcon, à l'instigation semble-t-il de Pierre Louis Mallen. En toute hypothèse, il paraît clair que le général, décidé dès avant son départ à aider les Québécois par un geste spectaculaire, a choisi son moment, certain qu'au terme de ce parcours triomphal, le délire de la foule de Montréal lui offrirait la meilleure occasion. « Ça dépendra de l'atmosphère », avait-il dit sur le *Colbert* à l'amiral Philippon[52]. Peut-être ne s'est-il décidé à parler à l'hôtel de ville qu'à la dernière minute, mais de toute façon on peut être certain qu'il n'aurait pas terminé son périple au Québec sans lancer son appel.

Il paraît plus difficile en revanche de savoir si de Gaulle s'est exclamé : « Vive le Québec libre ! » en sachant que ce slogan était celui des indépendantistes du RIN, qualifiés par certains de terroristes, ou bien si la formule lui est venue spontanément à l'esprit. Dès son arrivée à Québec, sans doute a-t-il su que ces partisans d'une coupure complète avec le Canada avaient fui dès les premières notes du *God Save the Queen* qui saluait Roland Michener, gouverneur général. Pour autant, on ne peut affirmer avec certitude qu'il avait connaissance de leur cri de ralliement. Une chose est sûre : Daniel Johnson, présent à ses côtés en voiture tout au long de la journée et dont l'influence a été souvent évoquée, ne l'a certainement pas poussé à reprendre ce slogan utilisé par ses adversaires du RIN, partisans de solutions beaucoup plus radicales que les siennes.

Oubliée à présent, cette similitude entre la formule utilisée par de Gaulle et celle des indépendantistes est en tout cas ce qui explique le caractère réservé de beaucoup de réactions québécoises. Car si la foule massée devant l'hôtel de ville semble avoir été transportée d'enthousiasme, la plupart des officiels québécois ont été décontenancés. « Aujourd'hui encore, assure André Patry, chef du protocole et conseiller diplomatique de Daniel Johnson, je considère que le général a commis une grande erreur en reprenant ce slogan[53]. » Jean Lesage, dans une conférence de presse, s'est dit consterné, attribuant la faute du général à un fâcheux conseil de Daniel Johnson. Jean Drapeau est très contrarié et le cache à peine.

À Ottawa, on est carrément scandalisé. La presse se déchaîne. L'allusion du général à la Libération, comme si les fédéraux étaient comparables aux nazis, est jugée intolérable. Le ministre des Affaires étrangères, Paul Martin, presse le Premier ministre de manifester clairement sa colère. Peu après, alors que l'entourage du général fait savoir que celui-ci n'a jamais voulu mettre en cause l'unité du Canada, Lester Pearson lit à la télévision une communication où les propos du balcon de Montréal sont qualifiés d' « inacceptables ».

Dans ces conditions, et alors que Paul Martin a décidé de ne pas assister au dîner offert à Montréal, le 25, après la visite de l'Exposition par le général, celui-ci décide d'annuler son séjour à Ottawa et de rentrer à Paris. « Je l'ai vu le matin avant l'annonce de l'annulation, témoigne André Patry[54]. Il n'avait pratiquement pas dormi car il lui avait fallu téléphoner à Paris, en particulier à Georges Pompidou. L'âge manifestement se faisait sentir. Il était las et m'a-t-il semblé un peu surpris par le bruit fait par sa déclaration. » En tout cas, pratiquement sur-le-champ, de Gaulle monte dans son DC-8 et s'envole pour Paris.

À son arrivée à Orly, au petit matin, après une nuit au-dessus de l'Atlantique, le président de la République semble très satisfait : « Ah, messieurs, ce fut un voyage magnifique, magnifique, dit-il aux ministres qui l'attendent. Il fallait bien que je parle aux Français du Canada. Nos rois les avaient abandonnés. » C'est peu dire que ses impressions ne sont guère partagées par les membres du gouvernement. Si Georges Pompidou, prudemment, ne confie rien de ses sentiments, la plupart des ministres sont assez circonspects, voire inquiets. Maurice Couve de Murville ne dissimule pas sa désapprobation Trente ans plus tard interrogé par l'auteur de ces lignes pour savoir si, comme on le disait il avait qualifié de « connerie » l'initiative du général, sa réponse fut directe : « Mais bien sûr. Et d'ailleurs c'en était une[55]. »

La postérité ratifiera-t-elle ce jugement ? Sans doute pas. Le procédé utilisé pouvait paraître choquant et plus encore certains mots inutilement blessants. La comparaison de la journée du 24 juillet avec celle du 24 août 1944, jour de la libération de Paris, était d'autant plus de mauvais goût que le général n'ignorait pas le sacrifice de milliers de Canadiens anglophones durant la guerre. L'analyse historique n'échappait pas non plus à la critique. Contrairement à ce que pensait de Gaulle, les Québécois ne sont pas aujourd'hui des Français abandonnés, nostalgiques de la vieille France, mais, pour l'essentiel, des Américains de langue française entretenant des rapports sans ambiguïté avec les États-Unis. En outre, contrairement encore à l'opinion du général, Washington n'éprouve pas la crainte de voir un Québec plus ou moins souverain émerger sur la scène internationale. Dans le monde interdépendant d'aujourd'hui, une telle entité pourrait trouver sa place dans une structure telle que l'ALENA. Paradoxalement, les Canadiens anglophones redoutent plus cette même perspective que les Américains car ils savent que l'éclatement du Canada les placerait dans une dépendance presque inéluctable vis-à-vis du grand frère américain. Reste qu'en 1967, la situation des francophones au Canada était loin d'être assurée. En dépit des efforts du gouvernement fédéral, ils restaient souvent des citoyens de seconde zone, leur accès aux emplois de premier plan demeurait limité. Par son geste, de Gaulle, d'un seul coup, a redonné une fierté à quelques millions d'hommes et de femmes injustement traités. Comme le lui écrira, le 16 septembre, Daniel Johnson : « Votre visite et vos propos auront décomplexé nos gens[56]. » Il importe peu finalement de savoir ce que souhaitait vraiment de Gaulle : favoriser l'apparition d'un État indépendant ou bien contribuer simplement à l'affirmation de la personnalité québécoise au sein du Canada ? Le savait-il lui-même ? Seule reste une exigence de dignité et de justice extraordinairement exprimée par un vieil homme qui savait son temps compté et disposait pour cette raison d'une liberté totale.

« Il y a le pauvre homme de Gaulle et puis il y a le de Gaulle dont on attend l'Histoire, confia le général à Jean-Daniel Jurgensen dans l'avion du retour. Quand l'homme de Gaulle regarde le de Gaulle historique, il admet que le de Gaulle historique doit se conduire comme on l'espère de lui. Qu'importe si l'homme de Gaulle va prendre des coups ! Le devoir, vous m'entendez, le devoir du de Gaulle qui va mourir bientôt, c'était de prononcer cette phrase[57]. »

Les coups effectivement vont pleuvoir. En France d'abord. Indépendamment des états d'âme des membres du gouvernement, la presse dans sa quasi-totalité se montre hostile. *Le Figaro*, par la plume de l'ambassadeur André François-Poncet, stigmatise une erreur de première grandeur : « Sans vouloir accabler le pécheur, il est permis de s'étonner et de s'affliger de l'extraordinaire et humiliante mésaventure survenue par sa faute au chef de l'État français, au cours de sa visite au Canada. » Dans *Le Monde*, Hubert Beuve-Méry est encore plus net : « Le président de la République est atteint d'une hypertrophie maladive du moi ; ses intuitions politiques, souvent justes à l'origine, apparaissent vite dénaturées par une large surestimation du rôle et des possibilités de la France. » La presse internationale est elle aussi sévère. Le *Times* de Londres avertit : « Il est nécessaire, pour les Français comme pour les étrangers, de préparer une ligne de conduite qu'ils adopteront durant le long et triste processus du déclin du général. » Le *Guardian* constate cruellement : « Cela ressort plus du bouffon que de l'homme d'État. » Aux États-Unis, le *Washington Post* est le plus sarcastique : « Ce n'est pas le vrai général de Gaulle mais une caricature du président français qui vient de visiter le Canada cette semaine... De plus en plus ce que fait de Gaulle nous rend moins furieux qu'attristés et peut-être moins attristés qu'amusés. » Dans le camp communiste, l'attitude du général au Canada n'est pas moins jugée sévèrement :

Les officiels tchèques sont médusés par les agissements du président de Gaulle au Canada, rapporte un diplomate américain en poste à Prague. Selon eux, de Gaulle est proche de la sénilité et ses surenchères sont plus celles d'un excentrique que d'un véritable homme d'État. Ayant échoué à dissocier les pays d'Europe de l'Est comme il l'espérait, il veut maintenant créer des dommages partout[58].

Seul ou presque, l'ambassadeur de Grande-Bretagne à Paris, sir Patrick Reilly, s'avoue bluffé par l'extraordinaire performance du général[59].

Sur le plan intérieur, les répercussions du discours de Montréal se font également vite sentir, toutes pratiquement dans un sens négatif. La vision historique échappe pratiquement à tous les acteurs du jeu politique, qui ne retiennent que le caractère de plus en plus imprévisible des initiatives du chef de l'État. Seuls les communistes applaudissent ouvertement cette nouvelle attaque contre l'Oncle Sam. Dans la gauche non communiste, les réactions sont généralement très défavorables. Dans une lettre privée, Pierre Mendès France souligne le caractère fâcheux des déclarations du chef de l'État. Valéry Giscard d'Estaing, qui plus tard montrera de la compréhension vis-à-vis de la cause québécoise, stigmatise l'exercice solitaire du pouvoir. En privé Georges Pompidou paraît lui aussi se poser des questions[60].

De Gaulle, pour sa part, ne se laisse pas atteindre par ces attaques. Avant de quitter le Canada, il a brocardé « tout ce qui grouille, grenouille et scribouille ». Persuadé de voir juste et d'avoir peu de temps pour essayer de faire évoluer les choses dans la direction qu'il souhaite, il se montre sourd à toutes les critiques et, le 10 août, à l'issue d'une allocution radiotélévisée, il réaffirme avec une tranquille superbe les objectifs de sa politique extérieure : refus de la politique des blocs, soutien du droit pour chaque peuple à disposer de lui-même. Au passage, il assène une vigoureuse volée de bois vert à la presse, aux partis, à l'« école du renoncement national », au « conformisme absurde et périmé de l'effacement ». L'obsession de contrer les États-Unis l'habite. « Il faut lutter contre l'hégémonie américaine », a-t-il dit en juillet aux officiers du *Colbert.* Et le 1er juillet, recevant Alexis Kossyguine, horrifié par son séjour à New York (« Une ville terrible faite pour le châtiment, à l'usage des criminels peut-être, mais pas des gens normaux »), il a développé une vision très critique, non exempte de stéréotypes, des États-Unis :

« Il ne faut pas oublier que l'Amérique n'existe que récemment. Elle a été faite de gens qui sont venus de partout. Elle n'a pas existé de tout temps comme la France ou la Russie. Elle est faite d'une agglomération de gens, et depuis peu de temps, depuis deux siècles. Elle n'a pas de profondeur ni de racines, à aucun point de vue. Il ne faut pas oublier non plus que l'Amérique n'a jamais souffert, qu'elle n'a jamais été envahie, ni connu de révolution, de famine ou de malheur. Elle n'a jamais reçu de bombes. Elle n'a eu qu'une seule guerre intérieure, il y a un peu plus de cent ans, pour une question matérielle et non pas nationale. Ses réactions sont toujours celles d'un pays qui ne sait pas ce que c'est que de souffrir[61]. »

Lorsqu'il se rend en Pologne, au début du mois de septembre, de Gaulle fait preuve au contraire d'une modération remarquée vis-à-vis du camp socialiste. Déjà en 1965, recevant le Premier ministre Cyrankiewicz, il précisait : « Nous ne voyons pas d'inconvénient à une alliance avec la Russie dans la mesure où vous gardez votre politique nationale. » Cette fois, il accepte sans broncher les oukases du premier secrétaire du PC, Gomulka, dont le dernier souci est de libéraliser une régime indifférent aux libertés les plus fondamentales : c'est ainsi qu'il renoncera à rencontrer le cardinal Wyszynski, primat de Pologne et opposant notoire au régime. Par déférence pour le cardinal, l'évêque de Cracovie Mgr Wojtyla, futur Jean-Paul II, s'abstiendra d'accueillir lui-même le chef de l'État français. Assez mollement, de Gaulle s'efforce, au cours de ses entretiens avec le président Ochab notamment, de plaider en faveur de la réunification allemande. Devant la Diète, il condamne rituellement aussi la politique des blocs, mais sans grande conviction, et c'est encore sans mot dire qu'il écoute, dans la même enceinte, Gomulka opposer une sèche fin de non-recevoir aux perspectives pourtant prudentes qu'il vient d'évoquer. À son nouveau chef d'état-major particulier, le général Lalande, qui s'étonne du ton très dur de l'intervention du Premier ministre devant la Diète et qui souligne l'évidence d'une « reprise en main », il fait d'ailleurs, de retour à Paris, une réponse pour le moins désabusée : « Vous savez, il faut le comprendre et puis cette création de l'Allemagne de l'Est les arrange énormément. Mais il faut voir au-delà. Moi que l'Allemagne soit coupée en deux, je m'en moque, vous le comprenez bien[62]. »

Le général retrouve cependant toute sa pugnacité lorsqu'il s'agit d'attaquer les États-Unis ou leurs alliés, au premier rang desquels désormais Israël, dont les dirigeants n'ont pas voulu écouter ses conseils lors de la crise du printemps. Depuis lors, son ressentiment n'a cessé de croître. Le 12 juillet, lors d'un sommet franco-allemand à Bonn, il l'a laissé percer en exposant sa vision des choses au Proche-Orient au chancelier Kiesinger :

> « Je voudrais vous dire comment notre gouvernement a réagi de manière différente de ce que l'on appelle l'opinion publique. Si l'opinion publique est représentée par les journaux et par des hommes politiques — pas tous d'ailleurs — on a constaté un élan de sympathie pour Israël et une grande détermination d'un certain nombre de personnes politiques en faveur des États-Unis. Il existe, en France, un parti pris pour l'Amérique. C'est plus commode et cela paraît plus facile, et quelquefois, même plus avantageux. Voilà l'apparence de l'opinion publique. La politique gouvernementale ne correspond pas à cette opinion [...] Je vais maintenant vous donner mon idée sur l'origine des événements. Je me rappelle que lorsque Ben Gourion, alors chef du gouvernement, est venu à Paris, il y a quatre ans, il m'a dit : "Nous sommes deux millions (depuis ils sont d'ailleurs cinq cent mille de plus) et il faut que nous soyons quatre millions et nous n'avons pas de place." C'est ça le fond des choses : ils attendaient l'occasion et les Arabes leur ont bêtement offert cette occasion avec Akaba. Israël en a profité et a pris la place et les griefs avec les Arabes et d'autres vont maintenant se poursuivre indéfiniment que ce soit pour l'annexion de Gaza, de Jérusalem, ou même pour la mort de la Jordanie, car la Jordanie est condamnée à mort sans la rive droite du Jourdain[63]. »

Sur le *Colbert*, au mois de juillet, alors qu'il voguait vers le Canada, le général a tenu également des propos assez durs sur Israël aux officiers du bord. L'un d'entre eux en a rapporte la substance à l'ambassadeur d'Israël en France, Walter Eytan :

« Les Israéliens font du bon travail. Ils réussissent bien. Je les admire et les estime beaucoup. Mais il n'y a aucun lien entre cette amitié, l'État d'Israël et l'intérêt de la France. Il n'y a pas lieu de faire de sentimentalisme. Israël n'est pas une puissance impérialiste (avec un léger sourire). Elle se voit obligée d'étendre ses territoires pour assurer sa sécurité. Il est clair qu'elle ne renoncera à aucune conquête territoriale. Si Israël avait un peu plus d'expérience, elle aurait en mai dernier envoyé un bateau dans le détroit de Tiran. Si les Égyptiens lui avaient tiré dessus, Israël aurait réagi et personne n'aurait rien dit. Si les Égyptiens avaient permis au bateau de passer, ils se seraient humiliés. De toute façon la France ne pouvait pas aider Israël et les Israéliens ont prouvé qu'ils n'avaient pas besoin de notre aide. La France qui n'est pas une puissance musulmane peut aider les Arabes. De toute façon, elle s'assure une arrivée en pétrole illimitée alors que la Grande-Bretagne est le grand perdant de tous ces événements. Le canal de Suez restera fermé et je m'en félicite. Le malheur de la Grande-Bretagne me permettra de lui dicter les conditions dans lesquelles elle pourra être associée au Marché commun. L'Union soviétique reconstruit l'aviation égyptienne comme toujours. Les avions suivront les Egyptiens. Néanmoins, il se passera beaucoup de temps avant qu'ils puissent faire la guerre contre Israël[64]. »

Dans le même temps, alors qu'Israël n'accepte pas, conformément aux injonctions des Nations unies, de se retirer des territoires conquis de Gaulle manifeste un soutien de plus en plus chaleureux aux Arabes. Recevant l'émir du Koweït, le 5 septembre, juste après le sommet de Khartoum à l'issue duquel les chefs d'État arabes ont refusé tout dialogue avec Israël et nié surtout son droit à l'existence, il n'a que des paroles aimables :

« De tout temps, la France et les pays arabes ont été liés pour toutes sortes de raisons naturelles et historiques. Actuellement, nous avons assisté avec beaucoup d'attention et de sympathie aux difficultés que vous avez avec Israël. Nous savons que les chefs d'État arabes se sont réunis ces jours derniers à Khartoum. Il nous semble que la position moyenne qu'ils ont adoptée est la meilleure... Ce que les Arabes proposeront, la France y sera favorable[65]. »

Le 13 octobre, donnant audience au prince Fahed, vice-président du Conseil et ministre de l'Intérieur d'Arabie Saoudite, il tient un langage encore plus net : « Nous sommes très favorables aux Arabes. Nous sommes très favorables à leur progrès et à leur unité, à leur développement. »

Propos sincères ? On peut sérieusement en douter. Là encore, de Gaulle agit en adepte de la raison d'État. Sa sympathie réelle pour les Arabes semble fort limitée, rien n'indique en tout cas de sa part, à une date quelconque de sa vie, un vrai intérêt pour leur civilisation. D'après des sources israéliennes, ses sentiments à leur égard sont même franchement négatifs. « Le général n'aime pas les Arabes, ces effroyables salauds », affirme alors à un interlocuteur israélien Michel Debré[66], qui, d'origine juive, porte un jugement assez réservé sur la politique du général au Proche-Orient. « Le général méprise les Arabes », affirme de son côté Bernard Tricot à l'ambassadeur Walter Eytan[67]. Compte tenu des jugements formulés à l'égard des musulmans par de Gaulle devant Alain Peyrefitte à la fin de la guerre d'Algérie, on est enclin à accorder foi à ces confidences. En tout cas le général est convaincu de voir juste et d'avoir eu raison de conseiller à Israël de ne pas attaquer le premier. À Georges Pompidou et à Pierre Billotte, qui lui ont demandé au cours d'un Conseil des ministres : « Qu'auriez-vous fait à la place des Israéliens ? », il a répondu une fois de plus : « Ils auraient dû se faire attaquer. » « Nous l'admirons, affirme encore Michel Debré à son interlocuteur israélien, mais sur ce sujet il n'y a rien à faire. Il existe chez lui un obstacle d'ordre infantilo-psychologique sénile. »

Lors de la conférence de presse qu'il tient le 17 novembre, le général est encore plus net. Évoquant les débuts de l'État d'Israël « agresseur » au printemps dernier, il prononce notamment cette phrase qui, sur-le-champ, fait le tour du monde, suscitant une immense émotion :

> Certains même redoutaient que les Juifs, jusqu'alors dispersés mais qui étaient restés ce qu'ils avaient été de tout temps, c'est-à-dire un peuple d'élite, sûr de lui et dominateur n'en viennent [...] une fois rassemblés dans le site de leur ancienne grandeur, à changer en ambition ardente et conquérante les souhaits très émouvants qu'ils formaient depuis dix-neuf siècles.

Pour beaucoup, juifs ou non, les qualificatifs « peuple d'élite », « sûr de lui et dominateur » n'ont rien de particulièrement flatteur[68]. On évoque de nouveau l'influence maurrassienne qu'aurait subie le général. Les uns prétendent que de Gaulle n'a utilisé que des termes élogieux pour caractériser le peuple hébreu. Les autres au contraire que les termes en litige ne peuvent qu'alimenter l'antisémitisme. D'autres encore assurent que l'expression a dépassé la pensée du président de la République. Raymond Aron, blessé par la petite phrase, énoncera enfin une autre hypothèse dans un petit livre appelé à un grand retentissement, *De Gaulle, Israël et les Juifs* :

> En insérant une phrase sur le « peuple juif » dans un couplet historique sur la naissance d'Israël, le chef de l'État appelait volontairement deux réponses, l'une qui défendait l'État d'Israël, l'autre qui dénonçait la qualification sommaire, pour ne pas dire insultante, des Juifs en tant que tels. La conjonction des deux réponses donnerait un fondement nouveau à l'accusation implicite de double allégeance[69].

La double allégeance, c'est-à-dire le lien très fort éprouvé par des Français juifs vis-à-vis d'Israël, telle apparaît bien en effet la cible principale qu'a visée le général par cette phrase malheureuse. De Gaulle — doit-on encore le souligner ?— n'a rien d'un antisémite mais, fortement influencé par le nationalisme le plus intransigeant, il n'accepte pas facilement qu'un citoyen français puisse avoir des liens privilégiés avec un autre pays que le sien. Toute forme de communautarisme lui est donc logiquement insupportable. Au cours de ses entretiens officiels avec lui, le professeur Ady Steg, président de l'Alliance israélite universelle, ne l'entendra jamais une seule fois parler de la communauté juive française. En la circonstance, et cela est à l'origine du ressentiment exprimé par la fameuse petite phrase, de Gaulle ne peut accepter la solidarité active manifestée par certains juifs français vis-à-vis de l'État hébreu et par voie de conséquence leur désaveu de la politique définie par ses soins [70]. À Léo Hamon, heurté par ses propos et qui, en tant que vieux gaulliste, lui demande des éclaircissements, il le dit sans trop de précaution peu de temps après sa conférence de presse :

« Mes paroles ne s'adressaient pas à des hommes tels que vous mais puisqu'elles vous ont blessés, vous et ceux qui vous sont proches, je saisirai une prochaine occasion, les vœux de fin d'année par exemple, pour réparer cette impression. Au demeurant, comment un Juif non pratiquant tel que vous peut être blessé ? »
Un temps, le général hésite, puis ajoute :
« J'ai été choqué par les déclarations de certains Juifs français en particulier les Rothschild. Je pense aussi aux Dassault et à ceux qui leur ressemblent auxquels il ne reste même pas la fierté d'avoir gardé leur nom. Il y a eu des manifestations en France. Le fait qu'elles n'aient pas été organisées par l'ambassade les rend encore plus regrettables à mes yeux. Mais il y a quelque chose de plus grave encore c'est la pétition présentée par des officiers à l'Élysée et faisant état de leur opposition totale à ma politique envers Israël. Cela m'a rappelé la période de la guerre d'Algérie [71]. »

Ainsi pour le général le fait d'éprouver de la sympathie pour un pays étranger, fût-ce pour des motifs honorables, s'apparenterait-il à une tentative de rébellion. Il est en outre établi qu'il fit renvoyer au général Kœnig, ferme soutien d'Israël et fort critique envers sa politique au Proche-Orient, les trophées nazis qu'il lui avait offerts en 1945 et qui figuraient jusqu'alors en bonne place dans son cabinet de travail à Colombey.

Quoi qu'il en soit, l'erreur constituée par cette remarque ambiguë est lourde. Du coup, on ne prête guère attention au passage de sa conférence de presse dans lequel il a souligné les dangers d'une occupation par Israël des territoires conquis :

On sait que la voix de la France n'a pas été entendue. Israël, ayant attaqué, s'est emparé, en six jours de combat, des objectifs qu'il voulait atteindre. Maintenant, il organise, sur les territoires qu'il a pris, l'occupation qui ne peut aller sans oppression, répressions, expulsions, et il s'y manifeste contre lui une résistance, qu'à son tour, il qualifie de terrorisme. [...] Il est bien évident que le conflit n'est que suspendu et qu'il ne peut avoir de solution, sauf par la voie internationale. Mais un règlement dans cette voie, à moins que les Nations Unies ne déchirent elles-mêmes leur propre Charte, un règlement doit avoir pour base l'évacuation des territoires qui ont été pris par la force, la fin de toute belligérance et la reconnaissance réciproque de chacun des États en cause par tous les autres. Après quoi, par des décisions des Nations Unies, en présence et sous la garantie de leurs forces, il serait probablement possible d'arrêter le tracé précis des frontières, les conditions de la vie et de la sécurité des deux côtés, le sort des réfugiés et des minorités et les modalités de la libre navigation pour tous, notamment dans le golfe d'Akaba et dans le canal de

Suez. Suivant la France, dans cette hypothèse, Jérusalem devrait recevoir un statut international.

De Gaulle s'est sans doute rendu compte de sa bévue puisque, pour la première fois peut-être de sa vie, il prend le temps de s'expliquer, voire de s'excuser. Comme il l'a annoncé à Léo Hamon, il profite de la cérémonie du nouvel an à l'Élysée pour prendre à part le grand rabin de France, Jacob Kaplan, qui lui a exprimé sa surprise, et l'assurer qu'il n'a voulu offenser personne. Peu après, à David Ben Gourion qui a regretté le caractère blessant de certaines de ses expressions du 17 novembre (tout en déplorant que ces propos n'aient pas été examinés « avec tout le sérieux requis »), il écrit également pour se justifier. Faisant allusion aux trois termes qui, appliqués au peuple juif, ont choqué, il fait valoir au vieux lutteur qu'« il ne saurait y avoir rien de désobligeant à souligner le caractère grâce auquel ce peuple a pu survivre et rester lui-même après dix-neuf siècles passés dans des conditions inouïes ». En France et dans le monde entier, l'émotion persiste néanmoins.

« Écrivant librement en un pays libre, affirme Raymond Aron, je dirai que le général de Gaulle a sciemment, volontairement ouvert une nouvelle période de l'histoire juive et peut-être de l'antisémitisme. Tout redevient possible. Tout recommence. Pas question certes de persécution, seulement de malveillance. Pas le temps du mépris, le temps du soupçon [72]. »

Rarement bilan d'une année depuis 1958 aura été plus contrasté [73]. Alors que le résultat des élections législatives du printemps laissait prévoir des difficultés politiques, la situation à cet égard s'est améliorée, de manière même inespérée. Les ordonnances ont joué leur rôle, obligeant les partisans du pouvoir à serrer les rangs. En outre, Georges Pompidou, grâce en particulier à une toute jeune collaboratrice nommée Marie-France Garaud, a réussi à nouer des relations de confiance avec certains centristes et à leur faire accepter une sorte de *modus vivendi* implicite, garantissant le gouvernement contre toute mauvaise surprise en cas de motion de censure. Si Jean Lecanuet reste ancré dans une opposition résolue, René Pleven et le président du groupe Progrès et Démocratie moderne de l'Assemblée nationale, le brillant Jacques Duhamel, ancien collaborateur d'Edgar Faure, acceptent un dialogue constructif avec le chef du gouvernement. Le parti gaulliste, l'UNR, a enfin été repris sérieusement en main depuis qu'en juin le secrétaire général Jacques Baumel a laissé la place à une direction collégiale de cinq membres, parmi lesquels Jean Charbonnel, Jean Taittinger, et le nouveau jeune député maire de Dijon, Robert Poujade.

Pour le général, le contexte n'en est pas moins préoccupant car il saute aux yeux que le fédérateur de la majorité tend de plus en plus à être Georges Pompidou. Reconduit dans ses fonctions au printemps, ce dernier sait qu'il doit moins sa survie à Matignon à la confiance du général qu'à la défaite de Maurice Couve de Murville dans le VIIe arrondissement. Il se tient prêt, de son propre aveu (Pierre Viansson-Ponté en reçoit la confidence à ce moment-là), à assumer la succession du chef de l'État. Il la prépare aussi activement. En menant son opération en direction des centristes, il sert la majorité mais travaille aussi pour son propre compte. Cela est si évident que lorsqu'on a appris à l'automne qu'à son initiative se tiendraient, à Lille, du 24 au 28 octobre, les assises de l'UNR, René Capitant et Louis Vallon, les deux enfants terribles de la gauche gaulliste, ont fait savoir qu'ils n'assisteraient pas à ce grand rassemblement : « Là-bas domineront ceux qui proclament situer déjà leur action dans la perspective de l'après-gaullisme. Action dont tout nous fait craindre qu'elle ne soit sous l'emprise de forces qui tendent à modifier radicalement la politique voulue par de Gaulle, singulièrement dans le domaine extérieur et en matière sociale. »

De fait, les assises de Lille ont bien marqué le début implicite de l'après-gaullisme. Dans la capitale du Nord, ville natale du général, l'enthousiasme a sans doute déferlé à l'évocation de son nom, André Malraux a eu une ovation remarquée. Imperceptiblement, une page n'en a pas moins été tournée avec l'arrivée au secrétariat général du mouvement de Robert Poujade, homme de qualité, gaulliste sincère, mais né en 1928, trop jeune donc pour avoir connu activement les années de guerre, et dévoué à Georges Pompidou. Le Premier ministre — épaulé discrètement en la circonstance par des « barons » tels qu'Olivier Guichard, Roger Frey, Jacques Chaban-Delmas et Jacques Foccart — peut être d'autant plus satisfait qu'il a réussi à avoir le soutien bienveillant de l'aile gauche du mouvement, représentée entre autres par Jean Charbonnel et Philippe Dechartre.

Le général, d'ailleurs, n'est pas dupe de tout cela. Lors de sa conférence de presse du 17 novembre, un passage a fait dresser l'oreille des commentateurs politiques :

> Il appartient au président de la République, au chef de l'État, de maintenir les institutions dans leur esprit et dans leurs termes et d'orienter la politique de la France pour tout le temps qu'il est — le seul — mandataire du peuple français tout entier.
> C'est d'ailleurs, je le crois bien, ce qu'ont voulu manifester ceux qui se sont réunis à Lille.

Le vieux monarque, visiblement, n'aime guère entendre parler de succession — surtout lorsque les murmures viennent de ses partisans, secrètement inquiets de certaines de ses initiatives.

XXXVI

UN AUTRE MONDE

« Mon Dieu, mon Dieu, la vie est là simple et tranquille. » C'est sous l'invocation de Verlaine, que le général, au soir du 31 décembre, brosse un tableau de l'année future à l'occasion de ses traditionnels vœux radiotélévisés. Pour le chef de l'État, aucun vrai motif d'inquiétude : « Je suis sûr que nous subirons diverses épreuves, lacunes, déceptions... mais notre situation continuera de progresser et tout le monde y trouvera son compte. De toute façon, au milieu de tant de pays secoués par tant de saccades, le nôtre continuera à donner l'exemple de l'efficacité dans la conduite des affaires. »

Rétrospectivement, de tels pronostics font sourire. On se gardera cependant d'accabler de Gaulle : en ce début de 1968, personne ne devine le formidable mouvement de contestation qui, trois mois plus tard, va secouer la France, faire trembler le régime, fragiliser son chef. Un seul fait est patent : la dégradation progressive mais nette de la situation économique et sociale. Un peu partout des signes alarmants surgissent depuis quelques mois. L'expansion, jusque-là continue, faiblit, l'inflation réapparaît, le déficit du commerce extérieur s'accentue. Le nombre des chômeurs augmente aussi. Avec à peu près quatre cent mille demandeurs d'emploi, la France gaullienne ne fait pas trop mauvaise figure en Europe, mais ce chômage affecte les jeunes, phénomène inquiétant. Détail négligé de tous, sauf du président du CNPF, Paul Huvelin : le pouvoir d'achat des travailleurs payés au SMIG ne cesse de décroître depuis le début des années soixante. L'« entreprise France » qui somme toute fonctionne assez bien, et dont le Premier ministre se décrit volontiers comme le chef, fabrique ainsi des « oubliés de l'expansion », pour reprendre une expression de l'époque. Le seul motif de satisfaction du gouvernement est le coup d'arrêt donné, grâce aux ordonnances, à l'aggravation du déficit de la Sécurité sociale.

Plus en profondeur, une mutation immense se produit dont les effets directs et indirects n'apparaissent pas toujours avec netteté. Grâce à la prospérité retrouvée, la France poursuit l'évolution commencée sous la IVe République et se modernise à un rythme intense. L'univers décrit par Zola finit de disparaître, tandis que surgissent des usines modernes. Le réseau routier, vieillissant, s'enrichit d'autoroutes, les paysages urbains changent avec l'apparition d'échangeurs, de voies à l'américaine, de grands ensembles, sans âme, ni style non plus malheureusement. Dans le même temps, à mesure que l'exode rural s'accentue, les mentalités changent très vite. Fait souvent ignoré et phénomène sans précédent dans l'Histoire : en quelques années, la majorité des Français a abandonné l'espérance en un au-delà de la mort. De ce fait, l'individualisme gagne du terrain, la dimension collective de l'existence tend à se réduire, la notion d'autorité, dans tous les domaines, est contestée. La perte de l'Empire, la construction européenne, la réconciliation franco-allemande ont en outre porté un coup fatal à une certaine conception du patriotisme dans les générations montantes.

Comme les résultats des élections depuis 1962 l'ont prouvé, le fossé se creuse inexorablement entre une partie de l'opinion et de Gaulle. Les objectifs définis par le président de la République, en particulier dans le domaine extérieur, sont de moins en moins compris, et mal acceptés par les plus jeunes. La priorité pour eux n'est pas la mise en œuvre d'une diplomatie planétaire aux résultats forcément aléatoires, mais l'avènement d'une société permettant un meilleur épanouissement de l'individu. Or ce but est radicalement étranger à la vision des choses du général. Autant ce dernier est ouvert à des revendications de justice sociale, de dignité humaine — ce qui a cimenté son entente, durant la guerre, avec les forces de gauche, notamment le Parti communiste —, autant il ne peut accepter que la collectivité n'ait pas la priorité par rapport à l'individu.

L'introduction en France de la pilule contraceptive a bien fait apparaître cette divergence croissante entre ses conceptions et la culture dominante. Depuis plusieurs années, divers mouvements, au premier rang desquels les partis de gauche, avaient fait leur cheval de bataille de l'abrogation de la loi de 1920 réprimant toute publicité pour les produits anticonceptionnels. Lors de la campagne présidentielle de 1965, François Mitterrand a choisi ouvertement ce thème avec succès : la revendication par les femmes du droit de procréer librement, comme le laisse espérer la pilule dite de Pinckus, est à l'évidence un sujet porteur, intéressant des millions d'électeurs. À droite, en revanche, les positions sur le problème sont très réservées, comme celles de l'Église catholique : les arguments d'ordre médical se mêlent à d'autres, relatifs à la défense des bonnes mœurs, à l'équilibre démographique et à la force de la nation, pour empêcher toute remise en cause de la loi de 1920. À l'évidence le général campe sur ces positions. Lorsque Alain Peyrefitte évoque la question timidement, il se heurte à un non sans appel[1]. À l'intérieur de la majorité, les esprits malgré tout évoluent. Résistant de la première heure, gaulliste sentimental, Lucien Neuwirth, député de la Loire, est de ceux qui veulent faire bouger les choses. En 1966, il a donc déposé une proposition de loi visant à autoriser la pilule contraceptive. En liaison avec son ami le docteur Pierre Simon, cofondateur du Mouvement français pour le planning familial, il mobilise également des amis acquis à ses vues, au premier rang desquels Alexandre Sanguinetti, lui aussi gaulliste de l'espèce incontrôlable. Curieusement, celui-ci promet de faire intervenir Mme de Gaulle. A priori cette dernière n'est pas l'interlocutrice idéale pour ce genre de sujet, mais Sanguinetti assure qu'en ce domaine le général prend toujours l'avis de son épouse. Mère d'un enfant anormal, celle que la France entière appelle « Tante Yvonne » a peut-être sur la question un point de vue moins dogmatique qu'on ne pourrait le croire. En tout cas, l'idée d'Alexandre Sanguinetti se révèle juste : « Plusieurs jours passent, rapporte Pierre Simon. Il revient avec le sourire. Mme de Gaulle s'est montrée plus qu'intéressée par le projet. “La cause est gagnée, nous annonce-t-il. Nous avons le feu vert de l'Élysée[2].” »

Georges Pompidou et Jean-Marcel Jeanneney ayant plaidé, eux aussi, en faveur de la libéralisation, le général finit effectivement par accepter la réforme. Reste, comme le souligne Alain Peyrefitte, qu'il n'a jamais pris une décision « plus à contrecœur ». Reste surtout que, soucieux de favoriser la natalité, il entend assigner à la liberté nouvelle des femmes de très strictes limites. « Il ne faut pas faire payer les pilules par la Sécurité sociale, déclare-t-il en Conseil des ministres, le 7 juin 1967. Ce ne sont pas des remèdes ! Les Français veulent une plus grande liberté de mœurs. Nous n'allons quand même pas leur rembourser la bagatelle ! Pourquoi pas leur rembourser aussi les autos[3] ? » Entre le chef de l'État, presque octogénaire, et les jeunes Français le dialogue bientôt sera difficile. Dans l'avion qui l'a emmené en Pologne, à l'automne, il a marqué discrètement qu'il était d'accord avec sa femme, horrifiée par les minijupes et désireuse de les voir interdites.

Dans le domaine de l'éducation, le général a aussi des idées arrêtées qui doivent beaucoup à sa formation militaire, à sa vision nationaliste. Depuis plusieurs années, un problème aigu se pose qu'aucun esprit raisonnable ne peut nier : l'enseignement secondaire et, dans une large mesure, le supérieur connaissent une augmentation croissante des effectifs. Le libre accès à l'Université pose un problème ; l'adaptation de la formation au monde de l'emploi est aussi un sujet de réflexion pressant. Des universitaires ont proposé des solutions. Cros, auteur de *L'explosion scolaire*, a suggéré l'idée d'un tronc commun administratif impliquant la création de deux types d'enseignements : lycée et CES. Directeur de la pédagogie, rue de Grenelle, le recteur Capelle s'affirme lui aussi partisan de ces réformes.

À l'Élysée, depuis plusieurs années, elles ont un avocat obstiné en la personne de Jacques Narbonne, conseiller technique. Prévoyant que le système, s'il n'est pas réformé, risque bientôt d'exploser, cet agrégé de philosophie, ex-assistant à la faculté des lettres de Paris, est décidé à imposer ces idées nouvelles. Le général l'appuie. Dès avril 1963, un conseil restreint a ainsi défini deux objectifs complémentaires : démocratisation de l'enseignement par la généralisation de l'entrée en sixième, étant entendu que tous les élèves de sixième, soumis à un dispositif d'orientation, ne recevront pas le même type d'enseignement, d'où la création des CES ; adaptation d'autre part de la formation professionnelle, c'est-à-dire de l'enseignement technique[4].

Georges Pompidou est ouvertement hostile au projet. Représentant typique de la République des professeurs, il est très attaché au libre accès à l'Université. Il se méfie en outre de deux corollaires du système projeté : la mise en place de commissions d'orientation composées de spécialistes dont les compétences, singulièrement celles des psychologues, ne lui paraissent pas éclatantes, et surtout l'exclusion des parents, privés du droit de donner le moindre avis sur l'avenir de leur progéniture :

« Je suis un libéral, dit-il à Alain Peyrrefitte, nouveau ministre de l'Éducation nationale en avril 1967. Je n'incarcérai pas la jeunesse française. Les orienteurs, psychologues et sociologues professionnels, ne doutent pas de leur science, mais moi j'en doute. L'État intervient déjà dans suffisamment de choses. L'orientation ne doit pas être le rôle de l'État ! Ça doit être le rôle des parents, éclairés et conseillés par des gens compétents, c'est-à-dire les instituteurs et les professeurs de ces enfants. Un point c'est tout. Quant à la planification, on ne peut pas plus faire marcher les enseignants que les enseignés en colonnes par quatre[5]. »

La position de Georges Pompidou est d'autant plus forte qu'il a réussi à gagner à ses vues Christian Fouchet, le prédécesseur d'Alain Peyrefitte rue de Grenelle.

Conscient d'être ainsi contré en coulisses, le général n'en persiste pas moins à vouloir faire avancer ses propres conceptions. « Donner à la jeunesse une destination conforme à l'intérêt national » lui semble une tâche prioritaire. Le nouveau ministre, pour sa part, se montre circonspect sur le projet de sélection. S'il est loin de récuser l'idée, il craint que sa mise en œuvre n'ait été conçue avec plus d'esprit de géométrie que de finesse, et qu'elle ne provoque une « rébellion des associations de parents, que les syndicats d'enseignants s'empresseraient de soutenir[6] ». Désireux qu'un lien s'établisse entre les prévisions des plans de développement économique et la sélection puis l'orientation des étudiants, le général, lui, presse son ministre de conclure en faisant preuve d'autorité :

« Si vous voulez que tout le monde soit d'accord, vous n'y arriverez jamais. On ne progresse que par des faits accomplis auxquels les gens finissent par s'adapter [...]. Il faut régler ce problème de l'orientation une fois pour toutes : il faut vouloir l'orientation, il ne faut pas composer avec cette décision ; il ne faut pas biaiser. Il faut aller carrément de l'avant. [...] Quant à vos parents d'élèves, je me demande bien pourquoi vous les mettez. Qu'est-ce que c'est que les parents d'élèves ? Les parents des mauvais élèves ? Toutes ces associations, ce sont des groupes de pression, comme les associations d'anciens combattants. Il ne faut pas que les parents puissent participer à la délibération sur l'avenir de leur propres enfants. Il ne faut pas qu'ils puissent faire pression pour qu'on ouvre les vannes[7]. »

À la recherche d'un équilibre entre les positions du général et celles de Georges Pompidou, Alain Peyrefitte, au début de l'année 1968, met, non sans mal, au point un projet aux termes duquel le baccalauréat, conservé, n'ouvrirait plus de façon automatique les portes de l'enseignement supérieur ; les élèves entreraient sur dossier, les « recalés » étant dirigés vers des formations professionnelles ou d'autres catégories d'enseignement. Le Premier ministre ne dissimule pas ses réserves. Au fond de lui-même, tout en étant conscient de la nécessité d'une certaine sélection, il regrette l'ancien système. Il prévoit en tout cas que le texte aura beaucoup de mal à passer à l'Assemblée nationale, compte tenu de l'étroitesse de la majorité, et préférerait des décrets, échelonnés jusqu'en 1972, après un débat parlementaire fixé aux 14, 15 et 16 mai.

Plus encore que le fond de la réforme, c'est peut-être le style imprimé par de Gaulle pour y procéder et d'une façon générale ses méthodes de gouvernement qui provoquent les blocages en ce début de 1968, quand la tempête commence à se lever. « Toute ma vie a consisté à faire faire aux gens ce qu'ils ne voulaient pas faire », confie-t-il à ce moment au général Lalande[8]. Cette fois encore, il veut passer en force, comme il l'a fait à Londres vis-à-vis des dissidents de la France libre, des giraudistes à Alger, des communistes à la Libération, et des pieds-noirs au début des années soixante. Mais l'époque a changé, l'autorité n'est plus spontanément acceptée, le patriotisme ne va plus de soi et le général ne s'en rend pas bien compte.

En janvier, des signes annonciateurs apparaissent à Nanterre, université phare, installée au cœur de la banlieue industrielle et vouée aux sciences humaines. Les sociologues y sont nombreux, si nombreux qu'à la rentrée 1967 l'établissement était saturé. Quinze mille étudiants y sont inscrits, d'autant plus nerveux que leurs études ne débouchent pas forcément sur un emploi stable. Depuis plusieurs mois, ils sont inquiets. La réforme de l'enseignement supérieur en cours leur donne l'impression d'être encore plus marginalisés, ses modalités d'application suscitent beaucoup d'interrogations. En lettres notamment, le système des équivalences accordées aux étudiants passant en deuxième ou troisième année se révèle à peu près inapplicable. La colère monte. Une grève éclate. Le ministre de l'Éducation nationale refuse de céder. Tout dialogue se révèle impossible. À cela s'ajoute un problème en apparence secondaire, en réalité emblématique des aspirations de l'époque : celui de la liberté sexuelle à l'intérieur des résidences universitaires. Le 9 janvier, François Missoffe, ministre de la Jeunesse et des Sports, inaugure la piscine de la résidence. Soudain, il est apostrophé par un étudiant joufflu et rigolard de nationalité allemande : « La construction d'un centre sportif est une méthode hitlérienne, destinée à entraîner la jeunesse vers le sport, pour la détourner des problèmes réels, alors qu'il faut avant tout assurer l'équilibre sexuel de l'étudiant. » Sur le mode ironique, François Missoffe réplique en conseillant à son contradicteur de plonger. Mal lui en prend ! Le jeune Allemand soutient que la réponse du ministre est typiquement nazie. Renseignement pris, l'étudiant se nomme Daniel Cohn-Bendit ; les services de police l'ont repéré depuis un certain temps et catalogué comme anarchiste. Alain Peyrefitte désire son expulsion à la suite de l'incident. François Missoffe ne la souhaite pas. Le ministre de l'Éducation nationale maintient son point de vue. À sa demande, une procédure est mise en œuvre.

Dès lors, les violences ne cessent plus. À ce moment-là, elles sont surtout le fait de groupuscules gauchistes, infiltrés dans le milieu universitaire et dynamisés par leur opposition à la guerre au Vietnam. Les plus importants sont l'Union des jeunesses communistes marxistes-léninistes, de tendance maoïste, les Jeunesses communistes révolutionnaires, d'inspiration trotskiste, présente aussi en milieu ouvrier, enfin les Comités Vietnam de base, créés à l'initiative de l'UJCML contre l'« agression américaine au Vietnam ». Regroupant à peu près huit mille sympathisants, ces mouvements activistes poursuivent sans nul doute une stratégie de déstabilisation : on le voit quand soudain court le bruit, totalement infondé, selon lequel les responsables universitaires établissent des listes noires où figurent les étudiants particulièrement politisés et, à ce titre, indésirables. Leur importance ne doit toutefois pas être surestimée. Autant qu'on le sache, la conférence Tricontinentale, tenue à La Havane, en 1966, n'a pas pris la France, ni d'ailleurs l'Europe, pour terrain de manœuvres de la Révolution mondiale. Le vrai danger représenté par ces groupuscules est de maintenir une agitation endémique alors que la réforme universitaire enfièvre les esprits.

Comble de malchance pour le régime, cette tension survient alors que subitement le contexte politique lui devient défavorable. L'opposition de gauche est en train de faire son unité : le 9 janvier, la FGDS et le PC ont demandé la convocation d'une session extraordinaire du Parlement destinée à examiner le projet de loi d'habilitation des ordonnances et l'admission de la Grande-Bretagne dans le Marché commun. Le 23 février, l'ébauche d'un programme commun de gouvernement entre fédérés et communistes est publiée. Le centre donne aussi des motifs d'inquiétude : la constitution d'une Entente centriste gêne considérablement les rapprochements avec la majorité. Valéry Giscard d'Estaing enfin publie trois articles très remarqués, dans *Le Monde*, critiquant sévèrement le plan de soutien à l'économie que Michel Debré a rendu public le 24 janvier.

Le général, de son côté, paraît surtout préoccupé par les grands problèmes internationaux sur lesquels il a moins d'illusions que jamais, comme en témoigne cette conversation du 17 janvier avec le général Lalande, relative à l'achat éventuel de Mirages 5 par les Belges :

Général de Gaulle : Je n'ai aucune confiance. Ce pays artificiel a été créé par les Anglais contre nous. Ils en ont fait un royaume fédératif avec un roi allemand a qui ils ont donné pour épouse une fille de Louis-Philippe pour la forme. En réalité, l'État belge n'aime pas la France. Il se méfie d'elle. Ils ont peur d'être menottés. En 1914, ils sont bien été obligés de marcher pour éviter que les Allemands ne leur tombent sur le ventre. En 1940 aussi puis le roi a capitulé. Mais ils ne nous aiment pas. Je serais étonné qu'ils veuillent acheter les Mirages. Dès lors qu'une autre possibilité se manifeste, je suis convaincu qu'ils la saisiront.
Gal Lalande : Mais le Marché commun...

Général de Gaulle : Non, il n'y a que les États... La Belgique, l'Allemagne ne font jamais mouvement avec nous. Les Italiens sont armés par les Américains. Les Néerlandais ne nous aiment pas. Tout ça, le Marché commun, c'est du baratin de « politichiens » et de journaleux[9].

Dans ce climat tendu, l'agitation étudiante trouve un terrain favorable. Plus ou moins spontanés, les incidents se multiplient non seulement à Nanterre mais en province. L'annonce de l'ouverture prochaine à Paris de pourparlers américano-vietnamiens aurait dû calmer les manifestants pour la paix au Vietnam. Elle suscite au contraire des actions violentes, en particulier le saccage de la vitrine de l'American Express, à l'angle de la rue Scribe et de la rue Auber. Peu après, quatre jeunes responsables des exactions sont appréhendés ; gardés à vue pendant deux jours, ils seront relâchés. Cela n'empêche pas que les pires rumeurs se propagent sur le compte des forces de l'ordre. On parle de tortures policières. Le désordre s'installe. Le Mouvement dit du 22 mars, né à Nanterre pour protester contre l'arrestation des six étudiants, fédère alors beaucoup de manifestations. Et tandis que la contestation se structure, ses chefs émergent : Jacques Sauvageot, président de l'UNEF ; Alain Geismar, maître assistant à la faculté des sciences de Paris, chef de file du Syndicat national de l'enseignement supérieur (SNE-sup), de tendance gauchiste. Sans occuper de fonction précise, Daniel Cohn-Bendit exerce de son côté une influence incontestable. Son algarade avec le ministre de la Jeunesse et des Sports lui avait valu d'être déféré devant la commission d'exclusion de l'université. Il risquait d'être expulsé de France. S'étant excusé fort courtoisement auprès de François Missoffe[10] et celui-ci ayant déclaré l'incident clos, la commission n'avait pu que rendre un avis défavorable à son renvoi en Allemagne. Du coup, il a pu rester en France.

À ce moment personne en haut lieu ne s'inquiète outre mesure. Le journal de Jacques Foccart ne contient aucune allusion aux troubles étudiants jusqu'au début du mois de mai. À la mi-mars, Pierre Viansson-Ponté a publié un article qui deviendra célèbre : « Quand la France s'ennuie... » (*Le Monde*, 15 mars 1968).

Comment imaginer ce qui allait vraiment se passer ? note Alain Peyrefitte. [...] Même les chefs des formations subversives n'imaginaient pas à quel point ils allaient réussir. Nous avions toute confiance dans la solidité de l'État que le général avait rebâti. Quelques étudiants le feraient trembler, alors que les trois quarts de l'armée et la majeure partie de la classe politique n'y avaient pas réussi ? Cette hypothèse était insensée[11].

Le 25 mars, recevant Alain Peyrefitte, le chef de l'État s'avoue intrigué par ces gauchistes, mais lorsque son interlocuteur soutient qu'il faut agir avec vigueur contre les chefs du mouvement, en particulier, Cohn-Bendit, faire intervenir la Cour de sûreté de l'État, il paraît sceptique : « Vous croyez ? Ces gamins ? Ces rigolos ? Enfin j'en parlerai au Premier ministre[12] ? »

Après la fermeture de l'université de Nanterre par le doyen Grappin, en raison de troubles très sérieux, les vacances de Pâques n'apportent pas le calme escompté. La tension ne cesse même de monter, attisée par l'annonce imminente que la réforme universitaire va aboutir. Écartelé entre les exigences contradictoires du Premier ministre et du président de la République, Alain Peyrefitte fait entériner, le 24 avril, par le Conseil des ministres un projet conciliateur mais impliquant la mise en place d'une sélection à l'entrée de l'université. Immédiatement, les violences redoublent à Paris et en province. Le 1er mai, lors du défilé traditionnel organisé par la CGT de la Bastille à la République, le drapeau noir est brandi par quelques gauchistes.

Pour autant le calme prévaut encore au sommet de l'État, Georges Pompidou doit partir en voyage officiel en Afghanistan pour dix jours. Il n'envisage pas d'annuler ce déplacement, et le général ne l'y incite pas. Sur le plan parlementaire, le Premier ministre vient de marquer un point en faisant inscrire, contre toute attente, une proposition de Roland Dumas tendant à modifier l'article 34 de la Constitution dans le but de réserver au Parlement la possibilité d'introduire la publicité à l'ORTF. Surpris, redoutant que la proposition ne vienne en discussion dans des conditions trop favorables au gouvernement, la FGDS et le PC ont retiré le texte et déposé une motion de censure, mais celle-ci a été repoussée. Encouragé par ce succès, convaincu que les communistes, mécontents d'avoir vu attaquer l'un des leurs, Pierre Juquin, contreront les gauchistes, le Premier ministre part sans inquiétude excessive. Durant plus d'une semaine, il sera donc loin de Paris, parfois même difficile à joindre et à informer.

Dès le 3 mai, la situation se dégrade. Furieux d'une nouvelle fermeture de l'université de Nanterre et de la convocation de certains de leurs camarades en conseil de discipline, les étudiants envahissent la Sorbonne. À la demande du recteur de l'université de Paris, Jean Roche, le vieil établissement est évacué par la police. L'opération s'effectue en bon ordre mais très vite le Quartier latin devient une poudrière. Les jeunes protestataires s'activent un peu partout, des sympathisants, voire de simples curieux les rejoignent. Bientôt la violence atteint un tel degré que la police est obligée de réagir, à coups de matraques ou de grenades lacrymogènes. L'engrenage redouté se met alors en marche : très vite des pavés sont descellés ; place Edmond-Rostand une barricade se dresse. Beaucoup de manifestants sont appréhendés. La plupart d'entre eux sont rapidement relâchés. Restent seuls sous les verrous ceux que l'on considère comme des instigateurs des affrontements : Cohn-Bendit, Jacques Sauvageot, Pierre Rousset, fils de l'écrivain gaulliste David Rousset. En Iran où il séjourne avant d'arriver à Kaboul, Georges Pompidou est tenu au courant. Nul doute que, cette fois, il dissimule son inquiétude lorsqu'il déclare à Houchang Nahavandi, ministre du Chah : « On a fait évacuer la Sorbonne. Vous allez voir. Tout cela sera vite réglé [13]. »

À Paris, les problèmes qui surviennent sont de sa compétence, mais ils sont si graves que Louis Joxe, garde des Sceaux, qui assure l'intérim, hésite manifestement à prendre des décisions alors que Georges Pompidou doit rentrer prochainement. Par la force des choses, le général est obligé de traiter plus ou moins directement ces questions alors qu'il a pour règle, sous réserve d'une faculté d'intervention qu'il juge discrétionnaire, de laisser les titulaires de poste prendre leurs responsabilités. « Nous sommes dans une situation ambiguë, note Alain Peyrefitte, où le rôle du Premier ministre, théoriquement tenu par l'intérimaire, ne l'est pas vraiment, et où le chef de l'État le remplit partiellement [14]. »

En raison des événements, le général renonce à se rendre à Colombey pour le week-end. Le dimanche 5, à dix-huit heures, il convoque pour un examen de la situation Louis Joxe, Alain Peyrefitte et Christian Fouchet, le ministre de l'Intérieur. Très calme, il écoute le Premier ministre par intérim lui faire part des derniers développements. Issu de la gauche, d'origine universitaire (il est agrégé d'histoire), Louis Joxe répugne à sévir contre des étudiants. Aussi est-il enclin à penser, et il le dit, que la dixième chambre correctionnelle a eu la main lourde en condamnant en audience de flagrant délit quatre manifestants à dix mois de prison ferme et huit avec sursis. Le ministre de l'Intérieur campe sur les mêmes positions. Le général alors explose : « Vous trouvez ça excessif ? L'Histoire de France est pleine d'événements qui n'ont pris fin que quand quelques dizaines d'émeutiers sont restés sur le carreau [15]. » Indigné par la faiblesse qu'il dit avoir constatée, il donne des consignes de stricte fermeté. Pas question en particulier de rouvrir la Sorbonne. « Quand un enfant se met en colère et passe la mesure, conclut-il, la meilleure façon de le calmer c'est quelquefois de lui donner une taloche. » Ce à quoi Louis Joxe objecte : « Le problème c'est que ce ne sont plus tout à fait des enfants et pas encore des adultes. » La réunion se termine sans que le général ait réussi à faire partager sa conviction par les ministres présents. Plus enclin à la fermeté que ses collègues, Alain Peyrefitte souligne cependant que si la répression des émeutes était autrefois bien acceptée, il n'en irait certainement pas de même à présent.

Le général manifestement ne saisit pas la vraie nature de la révolte étudiante. D'où sa certitude que la fermeté policière viendra à bout du mouvement. Certains de ses propos semblent surréalistes à ses visiteurs. Gaulliste de très stricte obédience, Louis Terrenoire ressort très inquiet d'une audience à l'Élysée, le 6 mai :

> Le général a évoqué l'expansionnisme israélien : « Ils vont toujours trop loin dans toutes leurs entreprises. D'où le retour terrible du sort. » Nous parlons aussi de l'Angleterre à propos de sa demande d'adhésion au Marché commun. Il est pessimiste au sujet de l'avenir de la Grande-Bretagne estimant que c'est la structure de la société anglaise qui devrait être changée, avant que cette nation puisse jouer un rôle déterminant. À cette heure, le général ne semble pas s'apercevoir que c'est la France qui va être secouée furieusement et jusque dans ses profondeurs. Avant que l'entretien prenne fin il est bien question des désordres universitaires qui ont commencé à Nanterre mais de Gaulle n'en mesure aucunement la gravité ni n'en pressent les développements. « Les étudiants ont choisi la période des examens afin d'éviter de les subir. » Tel peut être résumé son jugement [16].

Le lendemain, les craintes des ministres présents à la réunion de l'Élysée se trouvent confirmées. Dès qu'elles sont connues, les condamnations prononcées à l'encontre des étudiants suscitent de nouveaux troubles qui tournent à l'émeute. Plus inquiétant encore pour le régime, les étudiants bénéficient alors d'un vrai soutien de l'opinion, y compris dans les catégories les plus bourgeoises. Le 8 mai, cinq prix Nobel, François Jacob, Alfred Kastler, André Lwoff, François Mauriac et Jacques Monod réclament au général des mesures d'apaisement, l'amnistie des condamnés en particulier. La réponse ne se fait pas attendre : « C'est méprisable de démagogie », déclare de Gaulle à Alain Peyrefitte en renouvelant ses consignes de fermeté [17].

En réalité, malgré l'impavidité qu'il affiche, de Gaulle a du mal à saisir la situation, le sens surtout des revendications estudiantines, il est vrai plutôt confuses. Soucieux de voir les pourparlers sur le Vietnam se dérouler dans une atmosphère moins troublée, il change souvent d'avis, ou du moins donne cette impression à ses interlocuteurs. Ce même 8 mai, alors qu'il prône la plus grande rigueur, évoque l'éventualité d'un appel des réservistes et va même jusqu'à donner pour instruction de tirer dans les jambes des manifestants, il se montre devant Jacques Foccart d'un calme olympien [18]. Évoquant les autres activités du chef de l'État le lendemain (réception d'une vingtaine de préfets, etc.), l'éminence grise de l'Élysée note dans son journal : « De tout cela, il ressort que le général n'a pas l'impression qu'en ce qui concerne les étudiants la situation est bien grave [19]. » Tactique ? Méthode Coué ? L'hypothèse ne saurait être exclue. Reste que ces changements d'appréciation déconcertent les responsables, à commencer par Louis Joxe. Le Premier ministre par intérim vit une épreuve douloureuse : « Le général avait changé, confiait-il en privé à la fin de sa vie. Il était désarçonné par cette révolte étudiante. Le matin, il me disait : "Au fond, il n'y a pas de raison de s'inquiéter, c'est un monôme." Le soir au contraire il avait changé d'avis et me donnait pour consigne de faire ouvrir le feu [20]. »

À ce moment en tout cas, il me semble bien qu'une tentative d'apaisement soit en cours. De Gaulle tient à ce que les pourparlers américano-vietnamiens ne soient pas troublés. Par ailleurs, des journées de revendication devant avoir lieu en Bretagne, on prévoit d'y envoyer une bonne partie des CRS, ce qui aggrave le problème du maintien de l'ordre. À l'Assemblée nationale, Alain Peyrefitte laisse donc entendre que, si l'ordre est rétabli, la Sorbonne et l'université de Nanterre pourraient être ouvertes rapidement.

La perspective d'un retour au calme va vite être cruellement démentie. En déclarant qu'il occupera la Sorbonne « jour et nuit », dès qu'elle sera ouverte, Jacques Sauvageot rend impossible tout geste de la part du gouvernement. Le général de son côté est furieux de voir *Combat* proclamer à la une : « De Gaulle a cédé. » Convoqué à l'Élysée, Alain Peyrefitte réussit à faire admettre au chef de l'État que son discours à l'Assemblée a été tronqué par le journal, qu'il a au contraire mis l'accent sur la nécessité d'une désescalade avant une éventuelle reprise des cours. « À la bonne heure ! s'exclame le général. Les conditions que vous avez posées ne sont pas remplies ! C'est évident ! Donc vous ne rouvrez pas la Sorbonne. Ce n'est pas vous qui changez d'avis. Ce sont les autres qui repoussent nos propositions. Il vous suffit de l'expliquer. [...] Ce qui les intéresse ce n'est pas le retour au calme et au travail, c'est de flanquer la chienlit. Vous voyez bien qu'il ne faut pas céder[21]. »

Dans le climat fou de ce mois de mai, le message passe évidemment mal. Survoltée, l'opinion retient que le gouvernement campe sur une position dure. Et immédiatement l'agitation reprend. La journée du vendredi 10 est décisive. Tôt dans la matinée, alors que les pourparlers américano-vietnamiens s'ouvrent avenue Kléber, les Comités d'action lycéens, largement noyautés par la Jeunesse communiste révolutionnaire, manifestent dans la capitale. Pour la première fois, les professeurs communistes les accompagnent souvent. Au fil des heures, la tension monte. Ami de Louis Joxe, Me François Sarda, avocat de l'UNEF, tente une conciliation, en vain. En fin d'après-midi, tout se précipite. Après un mouvement en direction de la prison de la Santé où sont détenus certains étudiants, le Quartier latin est occupé.

Dès lors, la situation devient objectivement insurrectionnelle et tous les projecteurs se braquent sur le préfet de police, responsable du maintien de l'ordre dans la capitale. Directeur de la Sûreté, on le sait, au moment de l'affaire Ben Barka, Maurice Grimaud est en charge de ce poste à haut risque depuis qu'il a succédé à Maurice Papon, en 1967[22]. Humaniste, lettré, homme de dialogue et de tolérance, il ne dissimule guère ses attaches progressistes, son admiration pour Pierre Mendès France, en particulier, ce qui ne l'empêche pas d'être d'une totale loyauté vis-à-vis du gouvernement. En la circonstance, un souci l'anime en priorité : empêcher toute effusion de sang, éviter aussi que le règne du général — pour lequel il éprouve admiration et respect, même s'il n'est pas un féal — ne se termine par une tragédie ; son adjoint Jean Paolini est sur la même ligne. Depuis le début des événements, ses nerfs ont été mis à rude épreuve et la semaine de repos qu'il a tenu malgré tout à prendre à la montagne, au début du mois d'avril, lui apparaît maintenant providentielle. Plus que jamais, il est décidé à maintenir son point de vue. Ce soir-là, alors que l'on est à deux doigts d'un drame, il considère que l'occupation du périmètre des universités est en quelque sorte un moindre mal. « Je préfère qu'ils occupent le Quartier latin, leur territoire traditionnel, plutôt que de les voir s'égailler à travers Paris, comme trois jours plus tôt lorsqu'ils avaient contourné nos barrages et filé sur les Champs-Élysées et l'Arc de Triomphe. C'était d'ailleurs les instructions très fermes de Christian Fouchet qui avait gardé un mauvais souvenir de cette équipée sauvage sur la rive droite[23]. » De toute façon, le projet du préfet de police est de procéder dans la soirée à une évacuation « d'abord en douceur et si nécessaire, un peu plus appuyée ».

Les événements en décident autrement. Plus libéral que pourrait le laisser croire son physique de baroudeur, le ministre de l'Intérieur, Christian Fouchet, est également soucieux de ne pas laisser passer une possibilité d'apaisement. Il vient donc de prendre l'initiative de pourparlers entre les autorités universitaires, le SNE-sup et l'UNEF. Il précise également au préfet de police que le gouvernement « va être amené à faire très prochainement une déclaration qui devrait donner largement satisfaction aux étudiants et apaiser les esprits [24] ». De ce fait, quand une barricade s'élève, Maurice Grimaud est contraint de différer l'assaut. Il y est au demeurant d'autant plus enclin que beaucoup de jeunes, certains venus en badauds, se trouvent aux abords de ce fort Chabrol. Le préfet de police se voit malgré tout contraint de mettre sérieusement en garde le ministre de l'Intérieur sur les grands risques qu'il prendrait à ne pas agir. Les négociations manifestement n'ont pas abouti tandis que, dans le même temps, les barricades ont proliféré. Une intervention des forces de l'ordre est maintenant inéluctable. À deux heures du matin, le préfet de police reçoit le feu vert de Christian Fouchet. Trois heures plus tard, l'opération la plus dure menée par la préfecture de police depuis le 6 février 1934 était terminée. Certes, les blessés sont nombreux de part et d'autre : mille environ du côté étudiant, quatre cents dans le camp de la police. Du moins n'y a-t-il pas eu de mort, ce qui constitue un prodige.

Si curieux que cela puisse paraître, ces événements dramatiques se déroulent sans que les deux plus hautes autorités de l'État interviennent et même soient informées. Par un hasard fâcheux Georges Pompidou visite les ruines romaines en Afghanistan près de la frontière russe ; le général, selon son habitude, s'est retiré assez tôt dans son appartement et personne n'a cru devoir le prévenir.

La responsabilité suprême est alors entre les mains de Louis Joxe, partisan d'une ligne modérée : « Je n'ai pas fait tirer à Alger. Je ne ferai pas tirer à Paris, assure-t-il. De Gaulle ouvrant le feu sur les étudiants ! Imaginez cela, c'est de la folie [25]. » L'absence de Georges Pompidou se fait dramatiquement sentir. Lui seul pouvait agir avec efficacité dans le sens de l'apaisement. « Si le Premier ministre avait été présent, note Raymond Tournoux, il aurait pu intervenir, ainsi que ce fut le cas lorsque le chef de l'État voulait faire fusiller Jouhaud, avec ce que nous appellerons une capacité de chantage, à savoir la menace de démission [26]. »

Réveillé le 11 mai à cinq heures par son aide de camp, de Gaulle immédiatement marque un profond mécontentement. Dès six heures trente, il convoque Louis Joxe, Pierre Messmer et Christian Fouchet. Il est si furieux de ce qui vient de se passer qu'il envisage un moment de recourir à l'armée. Pierre Messmer avec autorité, l'en dissuade faisant valoir que les troupes ne sont pas formées au maintien de l'ordre, qu'il existe en outre un risque que les jeunes du contingent fraternisent avec les étudiants. L'ire du chef de l'État se concentre sur Christian Fouchet, grognard auquel il porte estime mais coupable en l'occurrence, à ses yeux, de faiblesse.

> « Dans l'ensemble les ministres ont été bien, confie-t-il peu après à Jacques Foccart, mais il est certain que Fouchet, et je le lui ai dit, aurait dû intervenir beaucoup plus tôt. Il n'est pas normal, il n'est pas possible de laisser s'élever

une barricade. Je comprends très bien, j'en ai moi-même le souci, qu'il faut éviter les victimes. Bien entendu, il faut faire le maximum dans ce sens. Mais dites-vous bien que dès que l'on laisse quelque chose d'inadmissible se produire, on n'est plus maître de la situation ou on l'est difficilement. Il fallait dès que la première rue a commencé à être dépavée, dès qu'il y a eu une pierre sur une autre pierre, il fallait à ce moment-là intervenir, balayer l'affaire, rester sur ses positions et recommencer aussi souvent que cela était nécessaire[27]. »

À tous le général donne le même mot d'ordre : fermeté. Toute la journée, il reste sur la même ligne. Dans l'après-midi, il reçoit de nouveau le Premier ministre par intérim et le ministre de l'Intérieur[28].

« Nous lui avons dit, rapportera Louis Joxe à Alain Peyrefitte, que cette escalade est absurde et que la seule façon de l'arrêter c'est de libérer les manifestants emprisonnés, de promettre une amnistie, de rouvrir la Sorbonne, de retirer les forces de police. Le général a été intraitable : "On ne capitule pas devant l'émeute ! On ne discute pas avec les émeutiers ! Si vous vous déculottez, il n'y a plus d'État ! Le pouvoir ne recule pas ou il est perdu[29]." »

Plus le temps passe, plus le fossé se creuse donc entre le vieux monarque, ancré dans ses certitudes, déconcerté par une agitation dont il ne comprend pas les motifs, et les plus hauts responsables de l'État, soucieux d'éviter un bain de sang qui risque d'être fatal au régime. Même Alain Peyrefitte, plus enclin à la fermeté que ses collègues, conseille le soir même au chef de l'État d'accepter les revendications des étudiants et d'exiger en échange l'arrêt des manifestations. Apparemment, la situation est bloquée et personne n'imagine que la résolution du président de la République puisse être alors contrée. Avant la fin de la journée — l'un des plus extraordinaires moment qu'ait connus la Ve République — c'est pourtant ce qui va se produire.

À dix-neuf heures, Georges Pompidou atterrit à Orly. Dès son arrivée, il confie aux journalistes qu'il a des idées précises sur la situation. De fait, dès vingt heures, il tient à Matignon une réunion avec les principaux ministres et leur expose son plan. Sa résolution impressionne ses interlocuteurs ; ses projets les stupéfient. « J'ai été tenu au courant au fur et à mesure. Le temps m'a paru long. Tout ça, c'est une crise d'hystérie. J'ai la chance d'être vierge. Je suis seul en mesure de remettre les compteurs à zéro et de vous réconcilier avec les étudiants. » « Il a préparé dans la Caravelle du retour, rapporte Alain Peyrefitte, le texte d'une allocution avec la phrase clé : "J'ai décidé que la Sorbonne serait librement ouverte à partir de lundi. Les cours reprendront à la diligence du recteur et des doyens[30]". » Un silence pesant accueille cet exposé. Alain Peyrefitte le rompt en ne cachant pas sa désapprobation ; il en tirera peu après les conséquences en adressant sa démission à Georges Pompidou. Louis Joxe et Christian Fouchet, sans être heurtés par la stratégie qu'a choisie le Premier ministre, n'en sont pas moins très surpris. D'Afghanistan, Georges Pompidou n'a en effet cessé de donner des consignes de fermeté, alors qu'ils étaient plutôt enclins à négocier. D'évidence, le chef du gouvernement a voulu se réserver le bénéfice de la clémence. Louis Joxe sait aussi, comme les autres ministres, que le général est totalement opposé à la perspective évoquée et il le fait remarquer au Premier ministre[31]. La réplique ne se fait pas attendre, cinglante, sans appel, stupéfiante : « Le général n'existe plus, de Gaulle est mort, il n'y a plus rien. »

Un déclic s'est produit dans l'esprit du Premier ministre durant son voyage. Déjà au cours de l'année qui vient de s'écouler, il a exprimé, devant Alain Peyrefitte, en particulier, un jugement négatif sur le comportement du président de la République. Après le discours de Montréal et la conférence de presse du mois de décembre, à l'issue de laquelle de Gaulle a mis en cause le peuple juif, il a répété au ministre de l'Éducation nationale les mêmes propos, inimaginables dans sa bouche quelques mois plus tôt : « Vous voyez, le général n'est plus le même. Il a vieilli. Il n'a plus la même sensibilité aux conséquences des initiatives qu'il prend, à l'impact des propos qu'il tient[32]. » Quelques mois plus tard, devant le même interlocuteur, il a tenu, pour évoquer ses rapports avec le chef de l'État, un langage inhabituel de sa part :

> « Ne parlez pas au général de la confiance qu'il doit vous faire. Il n'en fait à personne. Cela fait partie de ses théories. Il me l'a dit à moi-même à plusieurs reprises. Il estime que le rôle du président de la République n'est pas de faire confiance au Premier ministre mais de le contrôler et par conséquent, dans une certaine mesure, de les suspecter... La notion de confiance est une notion sentimentale qui n'entre pas du tout dans son univers[33]. »

Tout se passe comme si peu à peu Georges Pompidou s'était libéré d'une tutelle. Dans ses relations avec le général, il y a toujours de sa part beaucoup de respect, d'admiration, voire une forme d'affection ; mais à mesure que le temps a passé, le lien s'est transformé de plus en plus en rapport de force. Depuis 1965, le chef du gouvernement sait que de Gaulle, cynique, veut éprouver sa fidélité et n'hésiterait pas à le congédier sans aucune considération d'amitié. Du coup, il voit ce qu'il ne voulait pas voir jusque-là et que tout le monde peut constater : de Gaulle a son âge, les raisonnements de son âge, les réflexes de son âge. L'intelligence, chacun en est d'accord, est inchangée mais la capacité d'adaptation et la rapidité de ses actions ne sont plus identiques. « Depuis environ deux ans, nous disait un gaulliste insoupçonnable, Marc Jacquet, le général avait changé[34]. » À présent Georges Pompidou tient exactement le même discours : « Vous savez, tout ça ne serait pas arrivé si... le général a changé[35] », confie-t-il à Alain Peyrefitte, le 13 mai, dans la soirée.

> Il est clair, ajoute Peyrefitte, que, pour Pompidou, le moment approche de prendre la place du général dans l'intérêt du pays. Mais ce sont des expressions qu'il n'emploie qu'en tête à tête. Toute son attitude montre qu'il est obsédé par cette idée et qu'il estime de son devoir, comme un fils aimant, de jeter le manteau de Noé sur l'affaiblissement du général[36].

Georges Pompidou en tout cas est bien résolu à profiter de l'avantage que lui donne la situation, à ne se laisser arrêter par aucune considération. Après la réunion à Matignon avec les principaux ministres, il part pour l'Élysée afin de défendre son plan et, à la surprise de tous, il réussit à la faire accepter immédiatement. Dans ses souvenirs, publiés après sa mort, en 1982, il soutiendra que l'accord présidentiel fut obtenu sur-le-champ. En réalité, d'une confidence du général à Alain Peyrefitte, il ressort qu'à ce moment-là le Premier ministre a jeté sa démission dans la balance[37]. Pourquoi douter de cet aveu du général dont on sait combien il était réticent à admettre que quiconque ait pu l'influencer ? Seule la menace d'une crise de régime s'ajoutant aux troubles de la rue a pu faire plier de Gaulle. « Si vous gagnez tant mieux, a-t-il dit simplement au Premier ministre. La France gagne avec vous. Si vous perdez, tant pis pour vous. » À partir de ce moment, le couple de Gaulle-Pompidou est virtuellement au bord de la rupture, voire au-delà. Seul le contexte dramatique oblige encore le président et le Premier ministre à rester ensemble. L'issue, à terme, ne pourra être que le départ de l'un ou de l'autre.

En attendant, Georges Pompidou, après avoir adressé son message à la nation dans la soirée, prend pratiquement tous les pouvoirs sans se laisser arrêter par les critiques, qui dans les rangs gaullistes en particulier, accueillent sa décision de rouvrir la Sorbonne le 13. À partir de ce moment-là, les ministres sont court-circuités, Matignon devient le centre névralgique du pays en contact constant avec le préfet de police[38]. Le lundi 13 mai, date symbolique, de la gare de l'Est à Denfert-Rochereau, une foule immense défile ; toutes les tendances de la gauche y sont représentées. La manifestation se termine en bon ordre, hormis quelques incidents. Ouverte, la Sorbonne a été occupée dès huit heures. Au moins n'a-t-elle pas été prise d'assaut, ce qui aurait certainement été le cas si la fermeture avait été confirmée. Une mauvaise nouvelle cependant : l'agitation gagne la province.

En principe, de Gaulle doit s'envoler le lendemain pour la Roumanie. Christian Fouchet le presse d'annuler ce voyage. Georges Pompidou plaide en sens contraire. L'ajournement de cette visite ne manquerait pas, selon lui, d'alimenter l'inquiétude. Peut-être n'est-il pas fâché non plus d'être seul aux commandes. Finalement, le général décide de partir pour Bucarest. Le déplacement est, à ses yeux, important. Nicolae Ceausescu, le maître de la Roumanie, pratique vis-à-vis de Moscou une ligne indépendante. Il est donc opportun de l'encourager dans cette voie même si son régime, sans être alors aussi ubuesque et odieux qu'il le deviendra plus tard, n'est pas à l'abri de toute critique. Mais comme il en a pris l'habitude, c'est par une charge contre les États-Unis que de Gaulle entame ses conversations avec Nicolae Ceausescu :

> « Pour ce qui est des États-Unis d'Amérique, nous avons toujours eu des rapports avec eux. Il ne faut pas oublier que nous les avons aidés à s'affranchir des Anglais au XVIIIe siècle. Nous n'avons jamais été en guerre contre eux, bien que nous ayons souvent été amenés à diriger nos canons contre d'autres peuples. Le fait est qu'il y a entre nous l'habitude d'une amitié. Cela est dû aux circonstances, au fait aussi que pendant longtemps les États-Unis n'ont pas été une puissance impérialiste. Nous n'avions donc pas de raison de leur en vouloir.

Cependant, après la Seconde Guerre mondiale que les États-Unis ont menée un peu en Europe mais surtout en Asie, leur puissance s'est accrue et avec cette puissance croissante ils sont devenus impérialistes. À cela s'ajoute un certain mécanisme américain : ils sont persuadés que leur puissance s'allie à la vérité. Ils croient que le bien est de leur côté et que le mal est leur adversaire. Et c'est sur cette attitude-là que nous ne les approuvons pas. Or, c'est un fait qu'après la dernière guerre, avec le plan Marshall, avec l'Organisation atlantique, les Américains ont, en quelque sorte, pris la conduite des affaires. À cela s'ajoute la puissance du dollar devenue monnaie mondiale. De cela, la France n'en veut pas. Sans compter que les Américains ont voulu prendre notre place en Indochine et qu'ils veulent supplanter d'autres influences en Asie et en Amérique latine. En fait, l'Amérique domine par son argent et par son économie. Elle est une puissance énorme. Mais les Américains se font des illusions, ils font aussi des erreurs, ils n'ont pas l'habitude de faire la guerre, d'être envahis, d'être bombardés, comme nous l'avons en Europe, et c'est pourquoi ils ne se gênent pas, ils croient que les choses vont d'elles-mêmes. Or, voilà que les peuples refusent de se soumettre. La France l'a montré, le Vietnam le prouve également[39]. »

Malgré les menaces qui pèsent déjà sur le « printemps de Prague », de Gaulle confirme aussi sa politique envers l'URSS.

« Envers la Russie, nous avons toujours de bons sentiments, nous sommes ses amis naturels. La Russie, il est vrai, nous a joué quelques mauvais tours. Nous aussi d'ailleurs, avec Napoléon Ier et aussi du fait de la politique de Napoléon III. Mais la Russie nous a joué, elle, un très mauvais tour en 1917 en nous abandonnant, puis en 1939 lorsqu'elle a signé avec Hitler le pacte de non-agression. Il est vrai qu'ensuite elle a lutté contre l'Allemagne, qu'elle s'est bien défendue et qu'elle a gagné. Ainsi, malgré son régime qui n'est pas le nôtre, nous n'avons pas de sentiments hostiles envers la Russie. Nous avons de bons rapports avec elle, et rien ne nous divise ni en Europe, ni en Orient, ni en Asie.

Cela dit, malgré ces bons sentiments, nous savons que la Russie est une grande puissance et qu'elle est en train d'accroître sa puissance et si nous la considérons pacifique aujourd'hui, nous ne savons pas si elle le sera toujours. En conséquence, tout en gardant de bons rapports avec elle, nous veillons à ce que sa puissance n'augmente pas outre mesure. »

En conclusion, le général lance l'appel, désormais rituel, en faveur de l'indépendance des pays satellites de l'Union soviétique.

« Nous croyons donc qu'une dépendance trop longue ou même définitive compromettrait l'équilibre en Europe. Dans une telle situation, l'Occident devrait nécessairement s'arranger avec les États-Unis d'Amérique, en d'autres termes il y aurait deux blocs [...]. Or, à cela la France, l'Allemagne et l'Angleterre ne trouveraient pas leur compte, l'Italie d'ailleurs non plus. Il faudrait éviter que la puissance des États-Unis et celle de la Russie se développent démesurément, sans quoi ce serait la fin de l'indépendance des États. »

Le reste du voyage sera, étrangement, consacré au tourisme. Le bilan de cette visite à Bucarest apparaît modeste.

Le même jour, à Paris, Georges Pompidou affronte la représentation parlementaire. Aux attaques dont il est l'objet de la part de l'opposition de gauche, il répond par un discours d'une grande hauteur de vues où il s'efforce, au-delà de l'événement, de situer la crise étudiante dans une perspective historique. Malheureusement, la désescalade qui semblait s'amorcer le 12 ne se confirme pas, loin s'en faut. Occupée, la Sorbonne devient le théâtre d'un gigantesque happening. Le 15, l'Odéon est pris d'assaut par les manifestants et connaît le même sort. Plus grave encore, le monde ouvrier commence à bouger. Si la CGT demeure opposée aux gauchistes, la CFDT ne dissimule pas sa sympathie vis-à-vis des jeunes. Surtout la base se montre très remuante, en l'absence de consignes syndicales. Les 15 et 16 mai, les usines Renault de Cléon, de Flins et de Billancourt sont occupées. Il en va de même à Lyon des usines Berliet et Rhodiaceta. Face à la montée des désordres, Georges Pompidou hausse le ton : « Le gouvernement doit défendre la République. Il la défendra », déclare-t-il à la télévision, le 16. Au fil des heures la situation se détériore. Le trafic ferroviaire est maintenant interrompu. Les occupations d'usines se multiplient. Georges Pompidou cependant ne perd pas son calme. En dépit de ce qui se passe, il sent que l'opinion est en train de se retourner, il est convaincu d'avoir pris, à son retour d'Afghanistan, la moins mauvaise décision, il est résolu surtout à éviter toute violence inutile [40].

En Roumanie, de Gaulle n'est pas du tout de l'avis de son Premier ministre. Tenu informé des événements heure par heure, il décide d'avancer légèrement son départ et dès son arrivée à Orly, le samedi 18 mai à vingt-deux heures trente, il marque son mécontentement. « Alors, vous avez laissé prendre l'Odéon ? C'est partout la chienlit », lance-t-il à Georges Pompidou. À minuit, il reçoit le Premier ministre et laisse exploser sa colère, rend implicitement son interlocuteur responsable de ce qui s'est passé en son absence. Pierre Viansson-Ponté assurera qu'à ce moment-là Georges Pompidou a proposé de se retirer [41].

Le lendemain, dimanche 19 mai, de Gaulle est dans le même état d'esprit lorsqu'il préside une réunion informelle à laquelle ont été convoqués le Premier ministre, Christian Fouchet, Pierre Messmer, Georges Gorse et Maurice Grimaud. Successivement le ministre de l'Intérieur et Georges Pompidou essaient de s'expliquer mais le général les coupe brutalement. « Ce qui se passe a assez duré, dit-il selon Maurice Grimaud. Cette fois, c'est la chienlit, c'est l'anarchie, ce n'est pas tolérable. Il faut que cela cesse. J'ai pris mes décisions. On évacue aujourd'hui l'Odéon et demain la Sorbonne. Pour l'ORTF, dit-il se tournant vers Gorse, vous reprenez les choses en main. Vous mettez les trublions à la porte et puis voilà. » Toujours selon l'ancien préfet de police, Georges Pompidou ne se laisse pas décontenancer. « Calmement, il expose ses vues en insistant sur le malaise de la police, dû à la fois à un manque d'effectifs et à un état d'esprit. Christian Fouchet appuie le diagnostic du Premier ministre. Pour autant de Gaulle ne se laisse pas fléchir : “Eh bien, Fouchet, il faut faire ce qu'il faut avec la police, il faut lui donner de la gnole... Il faut le faire tout de suite. Pour le reste, je vous confirme mes instructions : l'Odéon d'abord, la Sorbonne ensuite [42].” »

À l'évidence, les consignes du général sont inapplicables, à moins d'envisager froidement une tuerie. Maurice Grimaud le sait et le dit aussi calmement qu'il le peut, sans prendre de front son illustre interlocuteur. Georges Pompidou, totalement sur la même ligne et sentant, selon le préfet de police, « un léger fléchissement dans la décision du général », saisit alors la balle au bond : « On pourrait sans doute dégager l'Odéon tout de suite, mais pas la Sorbonne en même temps. » Sagement de Gaulle se rallie à ce point de vue. George Pompidou a montré dans cette affaire son souci de garder la main sur les affaires d'ordre public, comme il le faisait pour tous les secteurs menacés de l'État. Dès lors le ministre de l'Intérieur se trouvera largement dessaisi et le ressentira péniblement. C'est en liaison directe avec le préfet de police que Matignon suivra désormais les plus délicates opérations de maintien de l'ordre, et leur souci commun est d'éviter l'irréparable[43]. Providentielle alliance que celle de ces deux hommes assurément très différents mais soucieux d'éviter une tragédie[44].

Le général, en fait, a déjà en tête son plan de bataille. On le pressent lorsque, sur ses instructions, Georges Gorse à la sortie de la réunion élyséenne rend publique la lapidaire formule résumant sa pensée : « La réforme oui, la chienlit non. » Le 21 et 22 mai, tandis que la situation continue de se détériorer, le débat relatif à la motion de censure que la gauche a déposée se déroule au Palais-Bourbon. Georges Pompidou y tient tête à l'opposition. La motion est en définitive repoussée mais le Premier ministre a la mauvaise surprise de constater que 34 députés centristes sur 42 l'ont votée. En outre, deux gaullistes, et non des moindres, ont rué publiquement dans les brancards. Déchiré entre sa fidélité au général et le désir de censurer le gouvernement de son vieil ennemi Pompidou, René Capitant s'est démis de son mandat de député de Paris tandis qu'Edgard Pisani a suivi la démarche inverse, ce qui l'a conduit à voter avec l'opposition. À peine sorti du débat parlementaire, Georges Pompidou s'apprête à mener une partie encore plus difficile. Se sentant en position de force, les centrales syndicales ont accepté de négocier avec le gouvernement et le patronat : les trois partenaires doivent se retrouver autour de lui pour des discussions qui s'annoncent très ardues au ministère des Affaires sociales, le samedi 25. Tandis que le Premier ministre gère comme il le peut une situation sans cesse plus explosive, de Gaulle, fidèle à sa méthode, entend prendre de la hauteur, s'attaquer aux racines du mal. Le jeudi 23, il fait donc part au Conseil des ministres de son intention de procéder bientôt à un référendum sur la participation :

« Il faut que le pays nous dise : "Nous vous faisons confiance, à vous, tels que vous êtes, pour réformer l'université de manière à l'adapter aux besoins modernes de la nation ; pour que le rôle de la jeunesse soit établi et précisé ; pour que l'économie soit infléchie, afin d'améliorer le sort de tous et spécialement des moins favorisés ; pour que la participation soit étendue et qu'elle touche aux responsabilités, par l'association du personnel à la marche des entreprises ;

pour développer la formation et assurer l'emploi ; pour définir l'organisation régionale."
L'opération qui est à faire, l'opération que je dois faire, c'est un référendum portant sur ces sujets-là ; c'est demander au peuple un mandat pour faire ces choses-là. Si c'est non, ma tâche est terminée. Si c'est oui, nous le ferons[45]. »

Autour de la table du Conseil, un débat s'engage ; comme dans toutes les grandes circonstances chacun est appelé à donner son avis. Edgar Faure ne cache pas sa méfiance à l'égard de la démocratie directe ; Maurice Schumann applaudit des deux mains ; Alain Peyrefitte exprime sa préférence pour des élections législatives ; Edmond Michelet se fait l'avocat des jeunes : « Mon général, il faut comprendre les étudiants ; avec eux, il faut y aller mollo. » Georges Gorse plaide en faveur du couplage du référendum et d'élections ; Georges Pompidou enfin donne son avis. Échaudé par le débat sur la motion de censure, il « supplie d'abord qu'on ne parle pas d'élections prochaines. Nous ne tiendrons plus l'Assemblée dans les jours où on aurait particulièrement besoin d'elle ». S'il y doit y avoir dissolution, le Premier ministre veut garder le bénéfice de l'effet de surprise. Pour le reste, il se rallie au projet de référendum et conclut : « Mon général, nous avons été fidèles à votre personne et nous le resterons[46]. » Son approbation est évidemment de commande.

Le lendemain, de Gaulle confirme les pires craintes de ses fidèles lorsqu'il apparaît à la télévision pour annoncer son projet de consultation. Vieilli, las, il se livre à une analyse en profondeur de la situation sans pratiquement faire référence aux violences. Son propos paraît académique, sans prise sur la réalité. « La France écoute et la France ne frémit pas, note Raymond Tournoux. Les yeux restent secs. Le pays n'est pas remué jusqu'au bord des entrailles. Le charisme ne descend plus dans les chaumières. L'effet magique s'évanouit... Les gaullistes gisent, atterrés[47]. » Les réactions sont, à quelques exceptions près, négatives. Pierre Mendès France, dont le nom est de plus en plus évoqué pour prendre la suite en cas de crise aiguë, se montre exceptionnellement ferme : « Un plébiscite ne se discute pas, cela se combat. » Près de la gare de Lyon, une impressionnante manifestation se déroule au cri : « Adieu de Gaulle, adieu de Gaulle, adieu. » « J'ai visé à côté de la plaque », reconnaîtra bientôt le chef de l'État.

À partir de ce moment, le général donne à tous ceux qui le voient l'impression d'être dans une dépression violente, incapable de se reprendre. Le 25 mai, lendemain de son discours raté, devant Edmond Michelet, fidèle entre les fidèles, il ne cache pas son découragement : « C'est le barrage de Fréjus. Tout a craqué. Personne ne peut rien contre un tel cataclysme. Pas même le pape. Que pensez-vous du référendum ? Pensez-vous que je gagnerai ? » Edmond Michelet est sceptique. Il souligne une fois de plus la nécessité d'aller au-devant des jeunes, de prendre contact avec les syndicalistes proches d'eux comme ceux de la CFDT. Il se veut malgré tout tonique : « Vous avez réparé d'autres Fréjus... 1940 en était un autre... — C'est affreux mais en 1940 il y avait l'Angleterre, réplique le général, visiblement las. Et puis, il y a le drame que, désormais, j'ai soixante-dix-sept ans[48]. »

Autre proche, Jacques Foccart recueille des confidences de la même tonalité. Dans la négociation sociale qui s'ouvre ce jour-là, le général n'interviendra pas sinon pour approuver que Michel Debré, dont Georges Pompidou craint le manque de souplesse, en soit exclu. Les tractations sans doute ne sont pas de la compétence du chef de l'État ; son attitude n'en est pas moins remarquée.

Les discussions commencent dans un climat tendu. La nuit précédente des scènes d'émeute se sont produites à Paris et en province. Pour la première fois, il y a eu des morts. Chacun avance son explication au gré de ses humeurs. On retiendra celle d'Alain Peyrefitte, peu suspect de faiblesse à l'égard des étudiants en révolte : « Grimaud peut se prévaloir, depuis la nuit des barricades, d'une douzaine de jours calmes [...]. Et même il peut triompher en soulignant que c'est l'interdiction de séjour prononcée malgré son avis contre Cohn-Bendit qui a relancé le désordre[49]. » Contre toute attente cependant les pourparlers s'engagent mieux qu'on aurait pu l'espérer. Alors que Georges Séguy, secrétaire général de la CGT, et Jacques Chirac s'étaient mis d'accord secrètement pour fixer le SMIG à 2,70 F l'heure, Paul Huvelin, président du CNPF, annonce qu'il accepte de le porter à 3 F, soit une augmentation de 33 %. Deux millions de travailleurs sont concernés par cette mesure. La suite de la négociation est plus difficile. En privilégiant le dialogue avec la CGT, Georges Pompidou parvient néanmoins à un accord le 27, à sept heures trente ; indépendamment du SMIG, celui-ci concerne la formation professionnelle, la Sécurité sociale, le droit syndical dans l'entreprise. La performance accomplie par le Premier ministre apparaît assez remarquable, même s'il est vrai que la facture est lourde — mais pouvait-il en être autrement dans une telle crise ?

Malheureusement, en moins de deux heures, tout est remis en question. Le lundi 27, à dix heures du matin, on apprend que malgré les exhortations des dirigeants de la CGT, le vieux Benoît Frachon en tête, les ouvriers de Renault à Billancourt ont décidé, à l'unanimité, de continuer la lutte. La situation est d'autant plus grave que l'échec dynamise l'opposition. François Mitterrand et Pierre Mendès France, un temps dépassés par les événements, se trouvent en position de recours. Le Parti communiste mène, il est vrai semble-t-il, un jeu plus subtil. Officiellement ses dirigeants demandent le départ du général. En coulisses, dans les couloirs du palais Bourbon, Waldeck Rochet confie à Jacques Vendroux : « Dites bien au général qu'il n'a pas le droit de s'en aller[50]. »

Dans ces conditions le Conseil des ministres qui se tient à quatorze heures quarante-cinq se passe dans une atmosphère des plus lourdes. « D'un flegme exemplaire », selon Alain Peyrefitte, Georges Pompidou se dit convaincu que, moyennant une rallonge, les ouvriers de Renault finiront par céder[51]. D'humeur exécrable, de Gaulle déclare simplement : « Monsieur le Premier ministre, vous avez conduit ces négociations le mieux qu'il était possible et nous vous autorisons à aller jusqu'au bout de l'accord. » En position de faiblesse manifeste comment pourrait-il agir autrement ? Pour le reste, le chef de l'État marque avec vivacité son désir de voir les manifestations cesser : « Il y a encore un rassemblement à Charléty ce soir, ce doit être le dernier ! Ce n'est plus acceptable ! On ne défile plus [...]. On a eu grand tort de laisser des manifestations se poursuivre et s'enchaîner. On a eu grand tort de libérer les quatre étudiants détenus. On a eu grand tort d'ouvrir la Sorbonne aux émeutiers. » Après avoir insisté pour que la police bénéficie tout de suite d'avantages matériels sensibles, de Gaulle balaie sans explication l'avis défavorable émis par le Conseil d'État sur le projet de référendum. Il maintient la consultation prévue le 16 juin. Personne ne dit rien autour de la table quand Pierre Messmer pose la question qui est sur beaucoup de lèvres : « Et si le 16, faute d'imprimeries, faute de transports, le référendum n'avait pas lieu[52] ? »

Manifestement, de Gaulle est au fond de l'abîme. La tension atteint son point culminant le soir au stade Charléty[53]. Quarante mille personnes sont venues à l'appel de l'UNEF et du PSU. Convaincu que les choses risquent de mal tourner, Pierre Mendès France a tenu à être là. Sa présence est très remarquée. L'entourage du président de la République prend alors des précautions au cas où la situation s'aggraverait. Le 26, en secret, Jacques Foccart prévoit l'intervention d'un hélicoptère « pour dégager éventuellement le général si un début d'émeute généralisée envahissait l'Élysée[54] ». Devant ses collaborateurs, de Gaulle ne cache pas son pessimisme. Le général Lalande en est témoin le 28 mai :

À la fin de l'audience le général me demande ce que je pense de la situation. Période d'incertitude. Après les affrontements étudiants-police c'est une période de calme ; ce qui a du bon, mais de totale incertitude aussi.
Général de Gaulle : Alors quelle solution ?
Général Lalande : Les Français qui sont pour vous ont été habitués à être sinon encadrés, le terme n'est pas favorable, tout au moins orientés, guidés très nettement. Actuellement, ils manquent de directives.
Général de Gaulle : Quelles directives ?
Général Lalande : Leur dire ce qu'il faut faire, leur parler de la situation, parler des mesures à prendre, leur donner confiance.
Général de Gaulle : Quelle confiance ? Je n'ai aucune confiance. Devant un peuple qui est en train de se paralyser je ne puis rien dire. Je n'ai aucune confiance. J'ai le sentiment que nous courons à la catastrophe et je ne peux pas le leur dire.
Général Lalande : Vous pouvez leur dire votre inquiétude, leur demander de réagir.
Général de Gaulle : Je ne peux rien face à des gens qui ne veulent rien faire. Mes ministres ne m'obéissent pas. J'avais dit à Pompidou de reprendre l'Odéon. Ce n'est toujours pas fait.
Général Lalande : Mais voyez le 18 juin, vous avez demandé de réagir.
Général de Gaulle : Personne n'est venu ou si peu !
Inquiet de ces propos et de ce manque de réaction chez un chef-né, j'ai vu M. Foccart. Selon lui, le général est en période de crise écoute, hésite, attend. Il l'a fait d'autres fois. Puis il prend ses décisions[55].

Jacques Foccart reçoit à peu près au même moment des confidences aussi sombres. À la fin de l'entretien, le général regarde très profondément son collaborateur :

« Foccart, Foccart, je vous le demande, que puis-je faire ? Peut-on encore faire quelque chose ? — Mon général, bien sûr il faut : Oui bien sûr ! — Vous me répétez toujours la même chose, réplique de Gaulle. Mais encore une fois je vous dis que je ne peux pas lutter contre l'apathie, contre la volonté de tout un peuple de se laisser dissoudre. Ce n'est pas possible ; on ne peut pas sans arrêt le tenir à bout de bras. Qu'est-ce que vous voulez, on aura fait ce que l'on aura pu[56]. »

Bouleversé, Jacques Foccart constate peu après que Mme de Gaulle est dans un état d'esprit encore plus catastrophique :

« Vous savez, dit-elle, cela ne peut pas continuer comme cela. J'avais raison quand j'ai demandé au général de ne pas se représenter aux élections... Cela devient tout à fait infernal. Aujourd'hui pour la première fois de ma vie, j'ai été insultée dans la rue. J'allais du côté du XVIIe arrondissement et j'étais en voiture, lorsqu'un homme dans une DS — monsieur Foccart, dans une DS ! c'est-à-dire pas n'importe qui — m'ayant reconnu, a baissé sa glace pour me dire des insultes de toutes sortes que vous n'imaginez pas. C'est affreux ce que j'ai entendu, c'est épouvantable[57]. »

« J'ai pensé que cet incident que le général ne connaît pas, ajouté à d'autres, allait assombrir terriblement l'atmosphère », souligne l'éminence grise.

La conférence de presse tenue le matin par François Mitterrand était aussi de nature à faire monter la tension, puisque le président de la FGDS a fait acte de candidature à la présidence de la République.

De fait, dès le lendemain matin, les collaborateurs du président de la République sont conscients d'un changement radical. Bien des signes attestent que des événements graves, inhabituels, se préparent. À neuf heures trente, Jacques Foccart apprend que le Conseil des ministres prévu dans l'après-midi est annulé. Au même moment, Xavier de La Chevalerie, chef de cabinet, s'inquiète de voir plusieurs membres du personnel affairés à préparer des bagages dans l'une des cours du palais. « J'étais, je dois le dire, très choqué », témoigne-t-il aujourd'hui[58]. Jacques Foccart, de son côté, s'informe. « Torturé », sans doute parce qu'il a reçu des consignes de silence, le colonel d'Estienne, l'un des aides de camp, finit par lui avouer : « Écoutez, pour vous il n'y a pas de secret ; le général part pour Colombey où il va se reposer. » Alertés par le bras droit du général, Xavier de La Chevalerie et Bernard Tricot ne cachent pas leur trouble.

Arrivé à l'Élysée vers onze heures trente, Foccart croise Alain de Boissieu, le gendre du chef de l'État, qui paraît lui aussi « atterré ». Officiellement, il doit déjeuner avec son beau-père mais le secrétaire général pour la Communauté redoute que ce repas n'ait pas lieu, le départ pour Colombey semblant imminent. Jacques Foccart dit son angoisse, sa détermination aussi à poursuivre la lutte. Il exhorte son interlocuteur à tout mettre en œuvre pour convaincre de Gaulle de ne pas baisser les bras : « Écoutez, battez-vous, parce que ce n'est pas vraiment pas possible, enfin, c'est un abandon du pays ! Ce n'est pas tolérable, c'est contre sa nature, c'est contre son personnage historique. Je vous en supplie, battez-vous[59]. »

Sur ces entrefaites Alain de Boissieu est introduit dans le bureau de son beau-père Il racontera à Jacques Foccart le 22 octobre 1968 :

> « Lorsque je me suis trouvé avec lui, je l'ai vu complètement effondré, décidé à partir et il m'a annoncé à ce moment-là qu'il avait l'intention d'aller à Baden-Baden. Alors je lui ai dit : — Père, c'est absolument impossible. Vous ne pouvez pas faire cela, vous avez l'armée qui est prête à vous suivre. Des hommes sont prêts. — Oui, parce que c'est vous, parce que vous êtes mon gendre mais les autres ? — Les autres c'est la même chose. Enfin, je peux vous garantir que tous ceux qui sont en métropole ne bougeront pas. — Bon, et de l'autre côté du Rhin ? — Je lui ai répondu que j'avais tout lieu de croire que, pour Massu ce serait exactement la même chose. J'ai ajouté : Il n'y a pas de question : vous n'avez pas le droit de lâcher comme cela. — Mais je n'y peux rien, rien n'obéit plus ; les ministres ne commandent plus, ça fiche le camp et je veux prendre du recul. Je vais voir combien de temps je resterai et je veux créer un chaos. Et puis j'en ai assez, j'en ai assez. — Cela a été dramatique[60]. »

Alain de Boissieu, toujours selon Jacques Foccart, s'est alors levé, s'est mis au garde-à-vous en disant : « Ce n'est plus le gendre qui vous parle, c'est le général de Boissieu. Je vous dis : "Mon général, vous n'avez pas le droit de faire cela." » Il paraît que le général de Gaulle s'est levé à son tour, l'a embrassé et lui a dit : « Mais enfin quand même je veux aller voir. Alors, vous allez partir de votre côté, vous allez passer à Colombey et je vais probablement m'arrêter à Mulhouse. » Boissieu a répondu que ce n'était peut-être pas très indiqué. Le général de Boissieu précisera à Jacques Foccart, cette fois par écrit :

> « J'avais eu un entretien assez vif et pénible avec un interlocuteur qui m'écoutait sans réagir alors que je soutenais le point de vue que vous imaginez, celui que vous développiez quelques instants auparavant. J'avais devant moi un homme neutralisé par une certaine ambiance familiale (contre laquelle j'ai réagi en termes violents), par la fatigue et le chagrin. J'ai pensé à ce moment-là à bout d'arguments, dont certains cependant avaient porté, que l'électrochoc produit par une autre personnalité qu'il voulait consulter finirait peut-être par emporter la décision. Je n'ai rien fait pour empêcher le voyage, à condition qu'il soit bien entendu qu'aucune décision définitive ne soit prise avant qu'il ait vu son interlocuteur. De plus, il fut convenu que si le temps le permettait, il resterait chez lui le soir même ou à la rigueur le lendemain matin. » Il est également décidé que le général de Boissieu se rendra à Colombey pour y chercher certains documents dont un texte contenant ses dernières volontés et désignant Georges Pompidou comme successeur en cas de malheur[61].

À partir de là, tout se précipite. À la fin de son entretien avec Alain de Boissieu, de Gaulle veut lui remettre une lettre destinée à passer la main à Georges Pompidou. Le général de Boissieu résiste. Avec bon sens, il fait valoir qu'un tel document, contraire à la Constitution, mettrait Georges Pompidou en position intenable face à Gaston

Monnerville, intérimaire normal du président de la République en cas de vacance de la fonction. Le général finit par sembler admettre ces arguments. Il reprend donc la lettre mais en ayant soin de la glisser dans sa poche.

Dès le terme de la conversation, le général, Mme de Gaulle, l'aide de camp François Flohic, accompagnés du médecin de service, prennent, en voiture, la direction de l'héliport d'Issy-les-Moulineaux. Apparemment personne n'a remarqué leur départ. Ils emportent des bagages relativement volumineux, plus importants en tout cas que lors des week-ends à Colombey. Trois hélicoptères Alouette III les attendent. Dans le premier prennent place le général, Mme de Gaulle et François Flohic ; dans le second le médecin militaire de service et les responsables de la sécurité. L'hélicoptère réservé à la gendarmerie ouvre le convoi. Avant de quitter l'Élysée, le général a eu brièvement Georges Pompidou au téléphone. Il lui a annoncé son retour, jeudi 30, fait part de son besoin de repos et conclu étrangement : « Je suis vieux, vous êtes jeune, c'est vous qui êtes l'avenir. Au revoir. Je vous embrasse. »

La destination officielle des trois appareils est Colombey-les-Deux Églises. À bord de l'Alouette III du général, Mme de Gaulle se montre, semble-t-il, très pessimiste. Le général de Boissieu dira à Jacques Foccart :

> « C'est ainsi que le pilote qui accompagne le général me disait que dans l'hélicoptère survolant les usines en grève, chaque fois que Mme de Gaulle voyait les drapeaux rouges et les drapeaux noirs plantés sur les bâtiments, elle prenait le général par le bras et disait : "Là aussi, là encore un drapeau rouge." C'était un élément de découragement pour le général [62]. »

Première surprise pour les accompagnateurs du général : le convoi ne fait pas escale à Colombey mais à Saint-Dizier. Le plein de carburant est alors fait, ce qui indique que le voyage ne s'arrêtera pas là. De fait, les appareils reprennent l'air mais immédiatement un coup de théâtre se produit :

> L'Alouette III du général, relate Raymond Tournoux, se sépare de l'escorte des gendarmes. Soudain, sur le cadran du tableau de bord, à gauche, l'aiguille de l'altimètre oscille fortement. Le pilote amorce une descente accélérée vers le sol. L'altitude de croisière de l'Alouette est à 2 000 mètres. On chute à cent mètres. En exécution des consignes reçues, le copilote cesse d'émettre. Rasant les arbres et bientôt les flots on traverse le Rhin, on gagne l'étranger [63] !

Pendant ce temps à Paris c'est l'affolement dans les milieux dirigeants. Depuis le coup de téléphone étrange du chef de l'État juste avant son départ, Georges Pompidou était très inquiet. Il est atterré lorsque, vers quatorze heures ou quatorze heures trente, Bernard Tricot pénètre dans son bureau, « blanc comme un linge », annonçant cette nouvelle inouïe : « On a perdu la trace du général. Il n'est pas arrivé à Colombey ! — Il est parti pour l'étranger ! » s'écrie le Premier ministre, stupéfait et furieux [64].

Vers la même heure, le périple du général prend fin, au moins provisoirement, lorsque son hélicoptère se pose sur l'aéroport de

Baden-Baden. Immédiatement, François Flohic est chargé d'avertir le général Massu, commandant des forces françaises en Allemagne, qui fait la sieste. La suite est connue, racontée en particulier par Jacques Massu dans deux témoignages complémentaires et convaincants[65]. Sitôt arrivé à la résidence du commandant en chef, de Gaulle s'enferme avec lui dans son bureau tandis que Mme de Gaulle parle avec Mme Massu et que Philippe de Gaulle et sa famille, surgis eux aussi inopinément, prennent leurs quartiers dans une villa où ils resteront une quinzaine de jours. Selon le général Massu, le chef de l'État arrivé, découragé et très las, est alors prêt à abandonner la partie. Il ne se reprendra qu'après avoir été rassuré et revigoré par son hôte.

Tenue longtemps secrète, relatée en confidence à Georges Pompidou et à Pierre Messmer, cette version, dès sa publication en 1982 (consécutive à la parution des souvenirs posthumes de Georges Pompidou, *Pour rétablir une vérité,* qui en faisait état), a suscité controverses et démentis. Après ses deux témoignages, oral et écrit, auprès de Jacques Foccart, le général de Boissieu a soutenu la thèse selon laquelle le singulier voyage à Baden-Baden aurait été l'aboutissement d'une manœuvre, mûrement réfléchie, destinée à plonger le pays dans la stupeur et à retourner la situation. Preuve de cet état d'esprit selon l'ancien grand chancelier de la Légion d'honneur : la résolution initiale du général d'aller voir Jacques Massu soit au mont Saint-Odile en Alsace, soit au col de Dabo, ou en cas de mauvais temps à l'aérodrome de Strasbourg-Entzheim. Seule l'impossibilité où s'est trouvé, par suite de grèves, le gendre du chef de l'État de joindre Massu par téléphone aurait conduit les voyageurs à bifurquer vers Baden-Baden.

Avant de confronter ces deux thèses, il est temps de verser au dossier une pièce d'archive capitale, jusqu'à présent inédite. Cette déposition, écrite à chaud, dès le 31 mai, est celle du général Lalande, alors chef de l'état-major particulier du général de Gaulle, et disparu en 1995[66]. Ancien de la France libre, compagnon de la Libération, André Lalande est un témoin insoupçonnable de la moindre partialité Totalement dévoué au général, d'une probité attestée par tous, sa relation de cette extraordinaire journée du 29 mai est d'autant plus précieuse qu'il a été de ce petit nombre d'hommes avertis, dans la matinée, de l'imminence d'un départ :

Vers 8 h 20-9 h le général me convoque à son bureau.
Il me demande de partir à 13 heures pour aller voir de sa part le général Massu afin de voir quel était son état d'esprit et ce qu'il pensait de l'éventualité d'une action militaire en France, n'importe où, même à Paris. Me demande également la liste des unités les plus aptes à être envoyées en ce cas et celle qui seraient moins sûres. En bref sur quoi compter quoi qu'il arrive. Après cela, remplir une mission semblable auprès du général Beauvallet (commandant de la VIe région), du général Hublot[67] : aller le voir également. Plusieurs fois le général me demande si cela, c'est-à-dire, dans mon esprit, l'idée d'employer éventuellement la force armée au maintien de l'ordre, et donc de s'y préparer, ne me heurte pas et je l'assure que non. Leur poser à tous deux les mêmes questions. Revenir à Paris le lendemain 30 mai, peut-être avant le

Conseil des ministres de 15 heures, sinon dans l'après-midi ou la soirée. Le général ajoute : « Vous prendrez donc un avion du GLAM. De plus, il se trouve que le ménage de mon fils devrait aller en vacances en Forêt-Noire. Faute de moyens de transport, de train, ils ne peuvent pas partir ; alors prenez-les également en avion. Je pense que dans les conditions actuelles leur présence en France n'est pas souhaitable. Tout cela est secret. Montez votre affaire et rendez-moi compte. Mission militaire : vous la faites en tenue. » Après téléphoné au général Langlois, chef du cabinet militaire du ministre des Armées (M. Messmer) on découvre qu'il n'y a pas de Cessna mais un Beechcraft.

Je vais voir le général et il est convenu que l'aide de camp aviateur, le commandant Tallon, ira chercher son fils à Villacoublay qu'il ne connaît pas (officier de marine). Préparatifs divers. Travail de bureau. Je dis à Bordas que je serai absent 24 ou 36 heures et qu'il devra me remplacer. Finalement, je rends compte au général à 11 h 30 que tout est prêt : 2 Beechcraft, car le ménage de Gaulle fait six personnes ! Tallon les prendra avec deux voitures chez eux en ville. Nous nous retrouverons au terrain vers 12 h 45 pour décoller à 13 heures. Tout doit être fait dans la plus grande discrétion. Je dis bonjour, dans le bureau des aides de camp, à Alain de Boissieu qui me semble triste et tendu. Le capitaine de vaisseau Flohic s'apprête à partir à 12 h 45 avec le général. Celui-ci m'a dit en effet : « Je n'en peux plus. Je ne dors plus. Je vais partir moi-même me reposer un jour à Colombey et je reviendrai pour le Conseil des ministres que j'ai fait reporter d'aujourd'hui à demain 15 heures. »

Là-dessus, je me mets en tenue, déjeune hâtivement, écris un mot à Marie-Françoise[68] pour expliquer mon absence et file sur Villacoublay. Il est midi 15 environ. Arrivé au terrain à 12 h 45, Philippe de Gaulle et sa famille sont déjà arrivés et très astucieusement ils sont montés en avion : le ménage et un enfant dans un avion et les trois grands et moi dans l'autre. Je préviens Philippe de Gaulle que les deux avions subiront le même sort, c'est-à-dire que si l'un doit se poser, l'autre fera de même. Je donne les ordres aux équipages. Je pars en tête, l'autre avion suit à 5 minutes mais un contact étroit sera conservé entre les deux appareils.

Décollage 13 heures. À 1 h 20, je fais passer par le FAZAC de Metz l'ordre d'envoyer un officier du cabinet du général Massu et trois voitures au terrain de Baden pour 14 h 45, de la part du GLAM. À Strasbourg très forte brume mais finalement nous retrouvons l'autoroute et nous passons sans trop de difficultés.

À peine arrivé, je suis stupéfait de voir Flohic qui me dit : « Le général est là, vient de téléphoner et nous allons tout de suite à la résidence du général Massu. » Et en effet plusieurs hélicoptères et le personnel de la sécurité sont là. Le général et Mme de Gaulle sont dans l'Alouette III, je vais les saluer et demander au général si la mission qu'il m'a confiée tient encore. Il me dit : « Je monte chez Massu. Je vous verrai là-haut. Je vous donnerai ce soir une lettre pour M. Pompidou. »

Là-dessus les hélicoptères partent en effet et un commandant arrive avec trois voitures. On charge les bagages. Le ménage Philippe de Gaulle est en route pour la résidence. Je suis dans l'autre avec un officier de cabinet : personne n'y comprend rien.

À l'arrivée le général Massu et surtout Mme Massu qui, avec son sens de l'organisation, installe le général, Mme de Gaulle et Flohic chez elle, tandis que le ménage logera dans une villa à 50 m de là. Plusieurs serveurs transportent des bagages. Ordres pour un repas rapide. Le général s'entretient avec le général Massu qui sort au bout d'un moment pour me dire : « J'ai dit au

général qui vient se réfugier en Allemagne, que c'est impossible, il commet une folie. Il ne peut pas, il ne doit pas abandonner ainsi la partie. » Reprise des conversations dans le bureau. On prépare un repas pour Mme de Gaulle et Flohic. Je bavarde avec elle : « Depuis un mois mon mari ne dort plus, il écoute la radio, ça ne pouvait plus durer. »
Période confuse, les gens courent, viennent mais en bref il est clair que le général, estimant que la situation en France ne peut être rétablie et que sa sécurité personnelle et celle des siens n'est même plus assurée, a décidé, après le plein des hélicoptères à Saint-Dizier et après avoir repris l'air : direction Baden chez Massu.
Flohic n'en savait rien. Alain de Boissieu avait sûrement été prévenu car le général lui avait prescrit de régler différentes choses à la Boisserie. Ma mission avait donc vraisemblablement eu pour but de permettre le départ discret du ménage Philippe de Gaulle, mais il ne peut pas être totalement exclu néanmoins qu'il y ait eu évolution de la pensée du général entre ma première convocation à 8 h 30 et son départ à 11 h 45.
Quoi qu'il en soit les nouvelles circulent. L'ambassadeur de France à Bonn va arriver : un hélicoptère lui a été envoyé. Le général va le charger de prévenir le gouvernement allemand que le général est venu se réfugier sur son sol. Pendant ce temps, les conversations continuent dans le bureau Massu. Mme de Gaulle y entre puis Flohic puis moi et l'on apprend que finalement le général repart pour Colombey. Un plan de camouflage est mis au point : trop de personnes ont vu le général pour qu'il soit raisonnable d'espérer le secret. On dira donc une partie de la vérité dans une lettre très confidentielle destinée à l'ambassadeur : « Prévenir le gouvernement allemand que le chef de l'État est venu prendre contact avec le commandant en chef des FFA (forces françaises en Allemagne) et n'a pas pu l'en prévenir d'avance en expliquant, je crois, cette impossibilité par le fait que le voyage d'un maréchal russes aux FFA avait empêché d'atteindre plus tôt l'ambassadeur. » J'ai entendu lire quelques passages du projet de lettre et une courte discussion à son sujet mais je ne l'ai pas lue moi-même.
Mouvement divers de personnes. On redescend les valises du général et de Mme de Gaulle. Flohic s'apprête lui aussi. Les hélicoptères sont partis faire le plein au terrain. Le ménage Philippe de Gaulle va rester quelques jours dans la villa. Le général me prescrit de poursuivre ma mission : voir le général Massu, puis Beauvallet et Hublot. Dire à Beauvallet de venir le voir à Colombey le lendemain. Apparemment le général n'a pas décidé encore s'il tiendrait ou non le Conseil des ministres dans l'après-midi du lendemain jeudi.
Maintenant que tout est réglé la conversation traîne en attendant les hélicoptères. Le général reçoit ses enfants. Atmosphère dégagée en un sens puisque la décision « émigration » n'est pas maintenue, mais pénible car on voit à quel point de tension, de fatigue, cette période l'avait conduit. Mme de Gaulle demeure calme, souriante, d'un sourire un peu forcé mais elle fait face et lui aussi.
Au moment où enfin les hélicoptères décollent et où nous saluons le chef de l'État nous avons le sentiment d'avoir échappé à la catastrophe. Dans cette affaire, Massu a été formidable et par son dynamisme a su convaincre puis retourner le général. Le discours du lendemain donne la mesure de son succès[69].

Plusieurs évidences s'imposent après lecture de ce document.

Tout d'abord il paraît certain que de Gaulle, en toute dernière extrémité, était résolu à faire appel à l'armée pour ramener l'ordre[70] Les jours précédents, en particulier sur le conseil avisé de Pierre

Messmer, cette éventualité avait été écartée mais la permanence des troubles la rendait de plus en plus inéluctable. Maurice Grimaud, qui lui aussi y fut constamment opposé, n'est pas du tout choqué aujourd'hui que le général ait pu l'envisager dans l'hypothèse où les forces de l'ordre auraient été débordées [71].

Il semble également évident que de Gaulle voulait non seulement se reposer, prendre du champ mais se mettre hors de portée d'un éventuel coup de force sur l'Élysée. L'incident dont Mme de Gaulle a été victime le 28 l'a, semble-t-il, fait réfléchir. Le départ de son fils et de sa famille pour Baden-Baden s'inscrivait dans la même logique. Ces dispositions témoignent a priori d'un état d'esprit offensif. Pour autant elles ne préjugeaient nullement de la suite des événements. En cherchant à s'informer de l'état d'esprit de l'armée, de Gaulle a accompli une démarche normale, étant donné les circonstances. Il avait d'évidence en tête les précédents révolutionnaires du XIXe siècle, la fuite de Charles X et de Louis-Philippe. C'était aussi le réflexe d'un militaire soucieux de préserver sa liberté de mouvement.

Restent surtout deux éléments d'information essentiels : d'abord le découragement évident de Mme de Gaulle en arrivant à Baden et surtout le plan de camouflage évoqué par le général Lalande afin de faire oublier l'arrivée inopinée du président de la République en Allemagne et son intention avouée d'y rester un certain temps. À notre connaissance, c'est la première fois que la préparation d'un tel plan est signalée par un témoin. L'hypothèse est corroborée par la présence dans les archives allemandes de documents confidentiels, non consultables avant de nombreuses années, relatifs à la journée du 29 mai [72].

En laissant ce document dans ses archives, le général Lalande a clairement indiqué sa conviction : le général, à ses yeux, avait eu un moment d'hésitation, de doute, qui aurait pu se révéler très lourd de conséquences. Le chef de l'état-major particulier du général de Gaulle rejoignait ainsi l'opinion d'autres gaullistes notoires, à commencer par Jacques Massu, Georges Pompidou et Jacques Foccart. La version qu'il propose est d'autant plus digne d'intérêt qu'elle a été en quelque sorte authentifiée par plusieurs aveux ultérieurs du général en personne. Peu de temps après son retour, on sait qu'il dira à Georges Pompidou : « Pour la première fois de ma vie, j'ai eu une défaillance, je ne suis pas fier de moi. » Par la suite, à deux reprises en tête à tête, puis lors d'un déjeuner à l'Élysée en présence de témoins, il remerciera Jacques Massu de son action déterminante, ajoutant à l'adresse de sa femme : « Madame, c'est la providence qui a bien voulu m'envoyer à Baden et, allant à Baden, a permis que j'ai trouvé votre mari et que votre mari soit l'homme qu'il est. Il m'a convaincu de rester à un moment où j'étais indécis et par là tout a été changé. » À ces confidences déjà fort éclairantes, on en ajoutera une autre, jusqu'à présent inédite, et fort explicite : dans son journal, le général Lalande relate une conversation avec le général, peu de temps avant son départ définitif, le lundi 29 février 1969 . le général Massu souhaitait voir son commandement en Allemagne prolongé et avait écrit dans ce sens au chef de l'État.

Réponse de ce dernier à André Lalande : « J'en parlerai à Messmer J'ai à l'égard de Massu une dette personnelle. Il a été mêlé à des événements historiques. » Peut-on oublier que, le 7 juillet 1968, répondant à Michel Droit devant des millions de téléspectateurs, de Gaulle a déclaré : « Oui, le 29 mai, j'ai eu la tentation de me retirer. » Restent enfin les très singuliers propos, déjà cités, que le général tiendra très peu de temps après à Philippe Dechartre, et desquels il paraît ressortir que ce voyage à Baden a fait ressurgir dans sa mémoire l'autre instant de sa vie où il avait été à deux doigts de faiblir : les affreuses journées de Dakar en septembre 1940.

Tous ces éléments d'appréciation conduisent finalement à penser qu'un bref moment le général a vraiment été tenté de se retirer. Lorsqu'il quitta l'Élysée, sans doute avait-il plusieurs fers au feu, ne serait-ce, on l'a dit, que pour préserver sa liberté. Lorsqu'il arriva à Baden-Baden à l'improviste, il semblait bel et bien avoir décidé de s'effacer. Sa petite phrase au général Lalande : « Je vous remettrai tout à l'heure une lettre pour M. Pompidou » allait dans ce sens : il a emporté la missive que le général de Boissieu l'avait supplié de ne pas envoyer et avait maintenant, semble-t-il, la ferme résolution de la faire remettre à son destinataire. Par ailleurs, en évoquant la possibilité d'un départ de son père pour l'Irlande (d'où il aurait pu organiser la résistance sur le modèle de la France libre), l'amiral Philippe de Gaulle a conforté l'hypothèse d'un projet de séjour en Allemagne. Or c'est précisément en caressant cette idée que de Gaulle prenait un risque énorme. À ce moment, tout se joue en quelques heures — ce facteur essentiel est à peu près toujours oublié. Georges Pompidou l'a bien senti, d'où sa colère. S'il a pu déplorer de ne pas avoir les mains plus libres, le chef du gouvernement savait bien que le prestige du général restait un élément déterminant et que, de toute façon, son départ inopiné pour l'étranger risquait de créer une situation très dangereuse. En ce sens l'intervention du général Massu s'est révélée providentielle pour le Premier ministre : s'il a eu probablement un bref passage à vide, de Gaulle, en tout cas, s'est magnifiquement repris, comme le souligne le général Massu[73]. En quelques instants, les vieux réflexes de stratège ont réapparu, les décisions adéquates ont été mises en œuvre. Autant le général avait commis des erreurs graves depuis plusieurs mois, notamment en privilégiant des solutions autoritaires et des schémas de pensée hérités d'un autre siècle, autant, passé le temps de l'hésitation, ce moment de crise maximale l'a galvanisé. Une dernière fois l'homme des tempêtes allait donner toute sa mesure. Les événements de ce singulier mois de mai n'en avaient pas moins révélé la distance entre ses objectifs et les aspirations des générations nouvelles.

XXXVII

« JE TRIOMPHE ! »

Avant même que son hélicoptère ne se pose à Colombey en fin d'après-midi, le général a gagné la partie. Frappé de stupeur par cette longue disparition, le monde politique reprend ses esprits. Dans la majorité où des voix s'étaient élevées pour demander le retrait du chef de l'État, la discipline reprend ses droits, l'espoir renaît. À gauche, ce coup de théâtre déconcerte d'autant plus qu'on n'en connaît pas encore les secrets. Dès cet instant, l'agitation retombe. Une lassitude était apparue dans l'opinion, comme Georges Pompidou l'escomptait. Cette fois le vent est prêt à souffler fort en sens inverse. Pierre Mendès France et surtout François Mitterrand apparaissent en position inconfortable, candidats déclarés à un pouvoir qui, de toute évidence, n'est plus à prendre. Quant au Parti communiste l'ordre qu'il impose lors de la manifestation parisienne de la fin de l'après-midi — si redoutée par Georges Pompidou — montre qu'il est moins que jamais prêt à sortir de la légalité.

À Colombey où il arrive aux environs de dix-huit heures, le général fait preuve d'une sérénité qui contraste avec son attitude des jours précédents. Pris par l'action, il n'a pas encore le loisir de revenir sur le déroulement de la journée. Devant Flohic, son aide de camp, il récite des vers et lui demande qui en est l'auteur... avant d'avouer qu'il vient de les composer ! Dans la soirée, il rédige également le premier jet de l'allocution qu'il compte prononcer le lendemain à la radio. Le brouillon publié par Alain Peyrefitte dans son dernier livre, prouve qu'il était alors toujours favorable à la solution du référendum pour sortir de la crise, les élections législatives risquant selon lui d'être difficiles à organiser si l'agitation persistait. Pour le reste, l'accent est mis sur le Parti communiste et ses visées dictatoriales. De Gaulle sait bien que ce danger est alors minime mais tactiquement l'argument est bon : il est de nature à mobiliser le parti de l'ordre sur lequel il lui faut s'appuyer.

Après avoir passé la nuit à la Boisserie, le général, en fin de matinée, regagne Paris. Vers midi, il est à l'Élysée, donne le texte à taper à sa secrétaire, déjeune rapidement. À quatorze heures trente, juste avant le Conseil des ministres, il reçoit Georges Pompidou. Après les divergences des dernières années et plus encore celles des ultimes semaines, le voyage à Baden-Baden a altéré profondément leurs relations. Privé d'informations, le Premier ministre s'est jugé traité avec une « singulière désinvolture ». « Au terme de la soirée [du 29 mai], précisera-t-il dans ses souvenirs, j'étais décidé à démissionner. Je rédigeai ma lettre. Et dès le matin du jeudi 30, je fis venir Tricot pour l'en informer et demander à voir le général dès son retour[1]. » Plus tard, François Mitterrand donnera raison à Georges Pompidou : « Le départ du général pour Baden-Baden, quel qu'ait pu en être l'objet, est sans exemple dans notre histoire. Un président de la République qui quitte Paris pour aller à l'étranger sans prévenir personne, cela ne s'est jamais vu[2]. »

Introduit dans le bureau du chef de l'État, Georges Pompidou change rapidement d'avis : « D'emblée, écrira-t-il, je retrouvais le grand de Gaulle. "Vous restez, je parle au pays. Voilà ce que je lui dis." Et il me lut son projet d'allocution. Je ne me sentis pas la force de maintenir ma démission. » L'urgence impose sa loi ; les règlements de compte sont remis à plus tard. La discussion s'engage sur un point très précis : l'opportunité de recourir à des élections législatives. De Gaulle pense toujours que le référendum est la voie la plus adaptée au contexte. Le Premier ministre, lui, est désormais partisan de dissoudre l'Assemblée. Autant il estimait dangereux d'en agiter la perspective alors que la majorité avait besoin d'être remobilisée, autant il juge à présent indispensable de recourir à cette solution, normale en démocratie et qui ne peut, en bonne logique, être critiquée, encore moins sabotée par l'opposition, laquelle l'a d'ailleurs réclamée à cor et à cri. Dans ses Mémoires, Georges Pompidou laisse entendre qu'il a été contraint de faire une pression accentuée sur le général afin d'obtenir ce changement. Alain Peyrefitte, pour sa part, en doutait, certain que le recours aux législatives s'inscrivait dans les perspectives du général, lequel jugeait simplement qu'il serait plus difficile de les organiser qu'un référendum[3]. En tout cas, il finit par accepter la solution. Peu après, le Conseil des ministres se tient, fort brièvement, et le chef de l'État, dès la fin de la réunion, enregistre son allocution.

Contrairement à tous ceux qu'il a prononcés depuis 1958, ce discours n'est pas télévisé, il est retransmis par la radio. Ainsi l'a décidé le général. Indépendamment des grèves affectant le service public de l'ORTF et du souci de ne pas faire apparaître à l'écran un homme dont l'âge est évident et la fatigue sans doute visible, une considération tactique a dicté ce choix. Depuis plusieurs jours les responsables gaullistes, Jacques Foccart en tête, ont le projet d'organiser une manifestation à Paris afin de montrer la détermination des partisans de l'ordre. Le 27, le général a évoqué cette perspective devant son confident en termes assez vagues, suggérant simplement qu'elle ait lieu place de la Concorde. À présent tout est prêt. Les militants n'attendent qu'une consigne. Il n'apparaît donc pas très indiqué de les faire rentrer chez eux pour regarder la télévision. Le transistor au contraire peut être écouté partout. Ajoutons l'émotion que suscitera une voix historique, associée aux heures les plus noires de la guerre, lorsque, précisément par la radio, elle rendait l'espoir aux Français.

Qualité du texte, adéquation à l'événement, timbre de l'orateur, mise en condition des auditeurs surpris par cette heure inhabituelle : tout concourt à faire de cette intervention une réussite. Rarement de Gaulle aura été plus percutant. À peine a-t-il prononcé quelques mots que l'on sait qu'il n'est pas prêt à abdiquer devant la rue.

Je ne me retirerai pas... J'ai un mandat du peuple, je le remplirai. Je ne changerai pas le Premier ministre dont la valeur, la solidité, la capacité méritent l'hommage de tous... Je dissous aujourd'hui l'Assemblée nationale... Si cette situation de force se maintient je devrai pour maintenir la République prendre, conformément à la Constitution, d'autres voies que le scrutin immédiat du pays... La France est menacée de dictature. On veut la contraindre à se résigner à un pouvoir qui s'imposerait dans le désespoir national, lequel pouvoir serait alors évidemment et essentiellement celui du vainqueur, c'est-à-dire celui du communisme totalitaire. Naturellement, on le colorerait, pour commencer, d'une apparence trompeuse en utilisant l'ambition et la haine de politiciens au rancart. Après quoi, ces personnages ne pèseraient pas plus que leur poids qui ne serait pas lourd... Eh bien ! Non ! La République n'abdiquera pas. Le peuple se ressaisira. Le progrès, l'indépendance et la paix l'emporteront avec la liberté.

L'effet produit par ce discours est saisissant. Ceux qui ont vécu les événements l'ont presque tous ressenti : c'est lorsque le général eut fini de le prononcer que l'on devina que la tension allait retomber. À Paris, presque aussitôt, un million de manifestants affluent sur les Champs-Élysées. Le rassemblement prévu par Jacques Foccart prend des allures de triomphe. La foule, certes, est très mélangée. Au premier rang défilent les grands dignitaires du régime, d'André Malraux à Michel Debré, de Louis Joxe à Alain Peyrefitte, d'Edmond Michelet à François Missoffe et Robert Poujade. Très fatigué, François Mauriac a tenu à venir. Derrière une masse énorme où les vieux gaullistes de l'époque de la guerre et du RPF côtoient des nostalgiques de l'Algérie française et les militants d'Occident, les jeunes sont, de l'avis général, nombreux. Au total, c'est, pour reprendre l'expression de Pierre Viansson-Ponté, « l'un des visages du peuple de Paris[4] ».

Au soir de cette chaude journée de mai, le général, du balcon de son bureau, écoute la rumeur qui monte des Champs-Élysées. « Il est remis en selle, heureux, regonflé », constate le général Lalande, témoin des sombres heures de Baden[5].

Le lendemain, le gouvernement Pompidou est largement remanié, comme prévu. Si le Premier ministre tient à placer François-Xavier Ortoli à l'Éducation nationale et Raymond Marcellin à l'Intérieur, il saute aux yeux que la marque de l'Élysée se fait sentir fortement. « Le général, rapporte Jacques Foccart, a l'intention de choisir ses ministres parmi les hommes qui se situent à la gauche du gaullisme, tels que Morandat ou Dechartre[6]. » Dans le même dessein, il souhaite aussi confier un poste important à René Capitant. Christian Fouchet et quelques autres fidèles, ayant eu le tort de déplaire durant les événements, seront soit congédiés, soit changés d'affectation. Le cas de Roger Frey, d'un dévouement inégalé, est réglé en trois mots : « Roger Frey ne sera plus ministre. D'ailleurs, il n'y a plus de raison pour qu'il le reste, puisqu'il est ministre des Relations avec le Parlement. Comme il n'y a plus de Parlement, c'est tout à fait normal qu'il ne soit plus ministre[7]. » Globalement, l'aile gauche de la majorité est valorisée. René Capitant devient en effet garde des Sceaux, Yvon Morandat, grand résistant et président des Charbonnages de France, prend en charge le secrétariat d'État aux Affaires sociales, et Philippe Dechartre celui de l'Équipement et du Logement. Par ailleurs, l'événement est la permutation de Maurice Couve de Murville et de Michel Debré ; le premier, apres un très long « règne » au Quai d'Orsay, se voit confier le ministère des Finances. Michel Debré devient, lui, ministre des Affaires étrangères, ce qui semble présager un raidissement de la diplomatie française, au moins en matière européenne et atlantique.

Georges Pompidou apparaît en définitive affaibli. Non seulement, il a dû accepter la promotion de son vieil ennemi René Capitant (qui sur les marches de l'Élysée a jugé bon de déclarer : « J'avalerai la couleuvre Pompidou. Je ne dis pas que cela sera agréable mais c'est mon devoir ») mais il se voit en quelque sorte encadré par Michel Debré et Maurice Couve de Murville, désormais chargé d'un domaine où lui-même intervient souvent. On peut douter que la nomination de l'ancien ministre des Affaires étrangères rue de Rivoli ait été suggéré par lui, comme il le soutient dans ses Mémoires[8].

Entre le général et son ancien bras droit, le contentieux ne cesse de s'alourdir. Le moment n'est pas encore venu de le vider. Comme dans les vieux couples désunis d'autrefois, on sauve la façade, sans être dupe, sans illusion sur la durée de l'artifice. Le général, tout l'indique, ne peut tolérer la présence à ses côtés d'un homme que l'on crédite d'un savoir-faire en l'occurrence supérieur au sien.

Un fait est certain : partout le mouvement de contestation marque le pas. À l'étranger et singulièrement aux États-Unis, la performance du général a impressionné, même si l'on s'interroge sur les buts réels de son déplacement en Allemagne. Après le discours du 30 mai, le directeur de la CIA, Richard Holmes, a adressé à Lyndon Johnson un mémorandum à la fois alarmiste et partial soutenant que, « devenu l'archétype de l'autocrate tout-puissant et provocateur », le général était en train de perdre la partie[9]. Ce point de vue toutefois est loin d'être partagé par tous à Washington. Devenu *Deputy Under Secretary*, l'ancien ambassadeur Charles Bohlen, d'habitude fort critique à l'égard du président français, ne cache pas son approbation : « La position prise par de Gaulle, dit-il le 31 mai à l'ambassadeur de Grande-Bretagne sir Patrick Dean, est extrêmement courageuse et même admirable compte tenu des circonstances[10]. »

Dès le lundi 3 juin, la campagne électorale en vue des législatives commence et avec elle une nouvelle phase des rapports déjà tendus avec Georges Pompidou. De Gaulle souhaite qu'il y ait un candidat de la majorité dans chaque circonscription. Le Premier ministre ne semble pas reprendre cette idée dans ses interventions télévisées. Valéry Giscard d'Estaing annonce alors qu'il présentera cent ou cent cinquante candidats. Le 4 juin, devant Jacques Foccart, de Gaulle explose : « Je ne sais pas ce que fait Pompidou, je ne sais pas quel jeu il joue, tout cela est insupportable... Pompidou a parlé à la télévision et il n'a même pas cité mon nom ! Comme si je n'existais pas... Je trouve curieux que Pompidou n'ait pas dit "Après l'appel lancé par le général de Gaulle" ou quelque chose dans ce sens[11]. » La méfiance s'installe entre les deux hommes, nourrie par les informations reçues à l'Élysée sur l'attitude qu'ont eue durant la crise certains proches du Premier ministre, manifestement réjouis à l'idée de voir partir le chef de l'État. Presque tous les jours, selon Foccart, il revient sur ce point : « Cela n'est pas admissible. Je ne vois pas bien qui fait cela ; je sais pourquoi ils le font mais je ne vois pas pour qui ils le font. Je ne dis pas du tout que cela soit le Premier ministre, absolument pas, mais il y a autour de lui des gens dont c'est l'état d'esprit, dont c'est l'ambition et dont c'est peut-être l'intérêt. » Le comportement de Georges Pompidou lui semble curieux. Il le soupçonne notamment de vouloir tirer un profit personnel de la libération prochaine de Salan et d'autres responsables de l'OAS.

Une semaine après le voyage de Baden-Baden, la situation, si elle évolue dans un sens favorable au régime, est encore loin d'être normale. Le vendredi 7 juin, les écoles primaires et quelques lycées rouvrent leurs portes. À la Sorbonne, en revanche, les esprits sont toujours échauffés. On prépare les universités populaires d'été, qui échoueront, et surtout, dans l'après-midi de cette même journée, alors qu'arrive la nouvelle de l'évacuation par la police de l'usine Renault de Flins, des milliers d'étudiants gagnent cette banlieue. Des heurts très violents se produisent avec les forces de l'ordre. Par ailleurs, plusieurs conflits sociaux persistent et ont même tendance à se durcir.

Le soir de cette journée agitée, le général dialogue à la télévision avec Michel Droit. Son autorité, sa vivacité et son naturel sont éclatants. S'il a eu un passage à vide une semaine plus tôt, il saute aux yeux qu'il a complètement récupéré. Le verbe gaullien n'a rien perdu de sa séduction, reste pourtant une impression de déphasage avec la France de ce printemps 1968. Pour vanter une fois de plus la « participation », troisième voie entre le capitalisme « impitoyable » et le communisme « totalitaire », de Gaulle utilise une phraséologie datée. Rendre sa dignité à la condition ouvrière est un but louable, encore faut-il convaincre les principaux intéressés. Malgré son talent, il n'est pas sûr qu'il y réussisse. Et pour beaucoup de modérés, choqués par les événements, Georges Pompidou est désormais celui qui a tenu, celui qui a employé les mots justes. Plus encore que par leurs arrière-pensées ou leurs susceptibilités, c'est par le cours des choses que de Gaulle et son Premier ministre sont séparés.

Démenti cinglant à l'optimisme affiché par le général, des incidents violents se produisent encore dans les jours qui suivent. À Flins, envahi par les étudiants, le drame survient le 10 juin avec la mort de

Gilles Tautin, élève du lycée Stéphane-Mallarmé, membre de l'Union des jeunes communistes-marxistes-léninistes prochinois, tombé dans la Seine alors qu'il était poursuivi par les forces de l'ordre. Cette tragédie relance évidemment l'agitation. Le lendemain, 11 juin, Paris connaît une nouvelle nuit d'émeute. Objectivement, elle sert le gouvernement, dans la mesure où l'opinion se retourne cette fois définitivement contre la révolte étudiante. Par ailleurs, l'émission avec Michel Droit a produit un effet très positif sur l'électorat et la majorité. « Mon affaire d'hier a tapé, a dit le général à Jacques Foccart. Cela a tapé et cela a porté [12]. »

L'heure est désormais à la fermeté : « Il faut que vous sachiez, messieurs, que le désordre, à partir de maintenant ne travaille plus pour vous mais contre vous », déclare le général lors du Conseil des ministres du 12 juin [13]. Des mesures énergiques sont donc annoncées : interdiction de toute manifestation à Paris et en province, dissolution de plusieurs mouvements gauchistes sur la base de la loi de 1936 relative aux milices privées. Les groupuscules étant à peu près tous fantomatiques, la décision apparaît essentiellement symbolique. Concrètement, la reprise en main s'effectue plutôt par l'évacuation de l'Odéon, le 14, et de la Sorbonne, le 16, sans violence dans les deux cas. Cette nouvelle est de nature à calmer les esprits inquiets, d'autant plus qu'on apprend en même temps que le travail reprend un peu partout.

Indépendamment de ce retour progressif au calme, le contexte politique en cette veille d'élections apparaît favorable au régime. Une fois encore les communistes apportent un soutien objectif à la majorité, non seulement en attaquant les gauchistes, mais en refusant l'unité de candidature au premier tour, réclamée par la FGDS. La libération, le 15 juin, du général Salan, du colonel Argoud et de neuf autres détenus de l'OAS atténue le contentieux qui oppose le général aux ex-partisans de l'Algérie française. Il en va de même du retour en France de Georges Bidault et de Jacques Soustelle. La seule mauvaise nouvelle vient de la majorité : comme leur chef de file l'avait laissé pressentir, les Républicains indépendants présenteront un candidat dans toutes les circonscriptions où la majorité ne détient pas le siège. Furieux, de Gaulle, qui suit de très près la préparation des investitures, demande que l'on ne renonce pas à présenter un candidat UDR contre Valéry Giscard d'Estaing et son lieutenant Michel Poniatowski [14]. Mais en définitive, dès la mi-juin, les jeux apparaissent faits et le général en est conscient : « C'est une affaire réglée, j'en suis persuadé », dit-il à Jacques Foccart le 13 juin [15]. Le 18 juin, dans la voiture qui le conduit au mont Valérien, il est plus précis dans ses pronostics, plus mordant aussi dans la conversation :

> « Il est certain que nous gagnerons des sièges ; il est certain que la Fédération va se faire bouffer par les autres ; il est certain que les communistes vont souffrir mais vont se maintenir. Quant aux centristes, mon Dieu, je ne sais pas ce qu'ils vont faire. Ils ont pas mal de moyens qui viennent d'abord du patronat et de

nos ennemis traditionnels, ce qui est normal, mais aussi des juifs et, j'en suis certain, des Américains [16]. »

Le dimanche 23 juin, les résultats confirment le pressentiment du général. La poussée gaulliste se révèle très forte. Sur 154 sièges pourvus dès le premier tour, 142 sont emportés par des candidats UDR et giscardiens. La FGDS et le Parti communiste enregistrent un recul très sensible. Les centristes, auxquels aucun cadeau n'a été fait en raison de leur attitude lors du débat sur la motion de censure, font également un mauvais score. La France profonde, provinciale notamment, a répondu à l'appel du 30 mai.

Le 30 juin, une véritable vague gaulliste submerge la France. L'UDR détient la majorité absolue. Jamais dans l'histoire politique française un groupe aussi puissant n'a existé. Contrairement à ce que l'on a parfois prétendu, le général n'est pas mécontent de cette chambre introuvable : il est ravi. « Oui, c'est excellent et c'est vraiment le raz de marée », confie-t-il le soir même à Jacques Foccart, le témoin de loin le plus fiable en ce qui concerne cette période [17]. L'idée d'un départ prochain, une retraite en quelque sorte triomphale, ne semble être nullement dans ses projets. Dès le 2 juillet, il envisage l'avenir devant son confident et son intention de mettre en œuvre la participation. Ce grand projet qu'il n'a pu soumettre aux Français par référendum, de Gaulle y tient. Sans doute est-il conscient de son âge, de sa fatigue aussi, apparente au cours du mois passé, mais s'il a le projet, comme le révéleront ses proches, de se retirer pour ses quatre-vingts ans, il entend ne pas annoncer à l'avance son départ — ce qui est tout à fait compréhensible, toute perspective de départ risquant de ruiner son autorité — et sans avoir mis en œuvre auparavant la grande réforme qu'il juge indispensable.

Ces projets, bien arrêtés, sont au centre de l'extraordinaire imbroglio à l'issue duquel Georges Pompidou quittera l'hôtel Matignon. Dans *Pour rétablir une vérité*, ce dernier a donné sa version de l'affaire. En voici les grandes lignes. Alors que leurs rapports étaient déjà très difficiles, le chef du gouvernement, au lendemain du premier tour, a évoqué, semble-t-il devant le général, sa volonté de prendre du champ. Il réitère son souhait encore plus nettement après le second tour. Le mardi, lors d'un dîner très intime à l'Élysée auquel ne participent que Mme de Gaulle et Mme Pompidou, le général dit à cette dernière : « Madame, je puis vous dire que votre mari a tenu », et curieusement ne dévoile pas toutes ses intentions. À tous ses interlocuteurs, le Premier ministre confie son souhait de se retirer. Le mercredi, à l'issue du Conseil des ministres, de Gaulle très directement demande à Georges Pompidou s'il est prêt à mener à bien avec lui la participation. Le chef du gouvernement ne cache pas ses réticences sur l'interprétation du projet donnée par René Capitant. La conversation est interrompue par le début du Conseil des ministres. Dans les heures qui suivent, le Premier ministre réitère son vœu de ne pas continuer à Matignon, en particulier à Bernard Tricot. De son côté, le général évoque avec des proches la possibilité d'un départ de Georges Pompidou. A Jacques Foccart, il dit comprendre les raisons qui l'incitent à s'éloigner. Des noms de successeurs sont aussi avancés. Celui de Maurice Couve de Murville revient le plus souvent mais il n'est pas le seul. De Gaulle pense à Pierre Messmer, Jacques Chaban-Delmas et même Robert Galley, ministre depuis un mois... En apparence, tout se passe plutôt bien. « Il était simplement admis, précise Georges Pompidou, que j'écrirais au général pour lui exprimer le désir d'être déchargé de mes fonctions et qu'il me répondrait[18]. » Soudain, vers la fin de la semaine, le scénario bien huilé se grippe. Alors que de Gaulle s'interroge devant Jacques Foccart sur l'aptitude de Maurice Couve de Murville à gouverner, la rumeur du départ de Georges Pompidou se répand, partout accueillie avec surprise, voire stupeur. Beaucoup de gaullistes savent le rôle joué par le chef du gouvernement au mois de mai : ils s'alarment de le voir partir et certains dissimulent mal l'inquiétude que leur inspirent les projets sociaux du président de la République. À Matignon, le Premier ministre reçoit les visiteurs éplorés toute la journée de vendredi. Le soir, lors d'un dîner familial, son beau-fils, sa belle-sœur et aussi sa femme le supplient de reconsidérer sa position. En définitive, il cède. Le samedi matin, il téléphone à Bernard Tricot pour lui faire part de son revirement. Peu de temps après, le secrétaire général de la présidence le rappelle pour lui dire : « Le général s'est écrié : "C'est trop bête. Il est trop tard. J'ai proposé le poste à M. Couve de Murville." » « Je déclarai à Tricot que dans ces conditions tout était bien, mais puisque mon départ procédait d'une décision du général, je n'écrirais pas la lettre promise. »

Par rapport à la version de Georges Pompidou, l'ouvrage posthume de Jacques Foccart, *Le Général en mai*, contient cependant des éléments d'information importants qui permettent de mieux comprendre un épisode fort compliqué, tout au long duquel les arrière-pensées des deux principaux protagonistes ont été capitales. Celles de Georges Pompidou semblent avoir été évidentes. À Jacques Foccart, à qui il parle avec une grande liberté, il dit non seulement sa fatigue, sa lassitude, son besoin de retraite mais sa répugnance à affronter les difficultés économiques inéluctables selon lui de la rentrée, sa certitude par conséquent d'être, loin de Matignon, mieux placé pour succéder au général. Encore faut-il que ce dernier ait ce projet et, comme le souligne Jacques Foccart, que cet horizon ne soit pas trop lointain sinon l'ancien Premier ministre risque d'être oublié[19]. Jacques Foccart pense également que le général doit partir. L'épisode du 29 mai l'a douloureusement frappé. Deux jours plus tard (le 28 juin), il fait part à Georges Pompidou de cette conviction : « Il ne faut plus nous trouver en position de ne jamais le revoir. Il faudrait que le général décroche à son zénith. » « Bien entendu Pompidou est tout à fait d'accord, poursuit-il, il me dit : "D'ailleurs, le général sait que je sais, parce qu'il sait que Messmer sait. Mais nous sommes très peu nombreux à connaître la vérité. Et vous avez raison : c'est quelque chose qui doit nous donner à réfléchir et doit l'amener à se retirer au mieux de sa popularité[20]." » Le Premier ministre se sent si sûr de lui qu'il sort une feuille de papier manuscrite où il rassemble son argumentation à l'intention du général : « Évidemment, conclut-il, il ne faut pas que le général fixe de date, car rien ne serait plus mauvais. Ce serait l'ouverture de la campagne présidentielle et ce serait catastrophique. Mais il faut qu'il laisse entendre que, si je m'en vais, c'est pour ensuite me présenter à l'élection présidentielle. C'est très important[21]. »

Le général naturellement n'a pas connaissance de ce raisonnement, la feuille manuscrite ne lui sera, semble-t-il, jamais remise par Georges Pompidou, mais il le devine et c'est là, à l'évidence, la raison de son ressentiment.

> « Voyez-vous, confie-t-il à Jacques Foccart, le lundi 8 juillet. Je voudrais savoir si c'est vraiment de la lassitude ou si Pompidou ne joue pas une carrière et si cela n'a pas été une tactique, du calcul pour la suite, vous voyez ce que je veux dire, afin de mieux se préparer pour la suite, pour prendre une position plus confortable. Parce que cela, je ne l'admettrai pas. La tactique, ça existe, il faut la pratiquer, mais c'est à moi de la pratiquer, ce n'est pas à lui d'en faire le choix. » Le général me regarda d'un œil un peu soupçonneux, comme s'il avait l'impression que moi aussi je participais à la tactique dénoncée[22].

De Gaulle manifestement n'a pas l'intention de s'effacer, au moins dans un proche délai : « Il n'y a pas de raison que je m'en aille, sauf si j'ai une attaque[23]. » Partant, tous ceux qui se mettent en travers de son chemin commettent un crime de lèse-majesté. Georges Pompidou, sans peut-être s'en rendre compte, s'est mis dans cette situation, et le couperet est tombé.

Le général évidemment est partagé, comme cela lui arrive souvent. Quelle que soit sa colère, il sait — et le journal de Jacques Foccart l'atteste — que Georges Pompidou est l'unique successeur possible, le seul en mesure de maintenir l'héritage, en particulier, sur le plan international et en matière institutionnelle. Il est conscient aussi du rôle joué par lui en mai, de sa popularité et de son emprise sur la majorité. En même temps, il n'aime pas penser à sa propre succession et si celle-ci doit être bientôt réglée, il entend décider de l'heure. Georges Pompidou enfin est sans doute dépositaire de trop de secrets et surtout de celui du 29 mai. Cette dernière raison pèse vraisemblablement très lourd : de Gaulle a toujours détesté que l'on perce les mystères dont il entoure volontiers son action.

Reste une énigme : l'élimination de Georges Pompidou était-elle programmée dès le départ ou bien s'est-elle imposée peu à peu dans l'esprit du général comme une nécessité ? Dans *Pour rétablir une vérité*, le futur second président de la Ve République se dit certain de la préméditation du général. À preuve, à l'en croire, une information de Pierre Lazareff selon laquelle, dès le 28 mai, Maurice Couve de Murville aurait formé son gouvernement, d'accord avec le président de la République[24]. « Le général joue avec les hommes, dira à ce propos Georges Pompidou à Jacques Foccart. Il joue trop avec les hommes car vraiment faire ça à des gaullistes comme vous ce n'est pas bien. » L'affaire au demeurant est peut-être encore plus compliquée qu'on le croit, puisque Jacques Chaban-Delmas, en privé, se disait d'autant plus d'accord avec la version de Georges Pompidou qu'il se prétendait lui-même victime des méthodes du général. Il nous disait en juin 1983 :

« De Gaulle a joué la comédie non seulement à Georges Pompidou mais à moi-même. Il m'avait proposé Matignon. Or, dès que Georges Pompidou annonça son intention de se retirer, il déclara : "Si Pompidou m'abandonne, je pars." Livide, Jacques Foccart arriva alors chez moi, à l'hôtel de Lassay, et me fit part de la nouvelle. Affolés, nous nous rendîmes alors tous les deux à Matignon afin de supplier Pompidou de rester en fonction. De mauvais gré, il accepta de changer d'avis pour s'entendre congédier le lendemain[25] ! »

À partir de ce moment, Georges Pompidou, blessé, fait très nettement le départ entre des principes et une action qu'il approuve et sert depuis vingt ans, et ses sentiments envers de Gaulle. Désormais, il est clair que la relation personnelle passe à ses yeux après les impératifs politiques. Les apparences sont malgré tout sauvées dans la mesure du possible. Bien qu'ayant refusé d'écrire la lettre dans laquelle il devait exprimer le vœu d'être déchargé de ses fonctions, le Premier ministre sortant obtient une sorte de satisfecit sous la forme d'une lettre dans laquelle de Gaulle rend hommage à son action, notamment au mois de mai, et conclut : « Là où vous allez vous trouver, sachez, mon cher ami, que je tiens à garder avec vous des relations particulièrement étroites. Je souhaite enfin que vous vous teniez prêt à accomplir toute mission ou à assumer tout mandat qui pourraient vous être un jour confiés par la nation. » Si l'on en croit Jacques Foccart, Georges Pompidou a été très heureux de cette formulation. La référence à la succession du général sans être explicite n'en est pas moins, il est vrai, très claire.

En tout état de cause, Georges Pompidou a des motifs de se réjouir car pour l'opinion, même à gauche, c'est lui qui a tenu tout au long du mois de mai, et c'est le général qui a pris l'initiative de le congédier au lendemain d'un succès électoral en grande partie redevable à ses efforts. Dans la majorité et même dans les rangs gaullistes, la décision du chef de l'État est souvent mal comprise. François Mauriac exprime bien dans son « Bloc-notes » du *Figaro littéraire* le sentiment de ces électeurs perplexes :

En fait cet éloignement est, à mes yeux, une si grande chance pour Georges Pompidou (et donc pour nous qui gardons en réserve ce capital : un homme d'État) que l'accord a dû aller de soi, il me semble, entre le président de la République, uniquement soucieux de la France, et son triomphant Premier ministre, trop heureux de ne pas compromettre sa popularité et son prestige dans le long combat douteux qui va s'ouvrir.

Le pronostic du grand écrivain va rapidement se révéler juste. La nomination de Maurice Couve de Murville ne déclenche pas l'enthousiasme. On s'interroge sur les raisons de cette singulière promotion. Les qualités intellectuelles de l'ancien ministre des Affaires étrangères ne sont pas en cause, non plus que son sang-froid et son talent de négociateur. On se demande plutôt si ce protestant, au style si peu populaire et que l'on verrait bien siéger sur le banc de la Chambre des lords, saura établir le contact avec les élus et l'opinion. L'homme, en fait, est beaucoup moins austère qu'on le croit, mais la communication, comme on commence à dire, n'est pas son fort. En dépit de l'autorité indiscutable dont il jouit sur le plan international, sa stature politique dans l'Hexagone est d'autant plus limitée qu'un peu plus d'un an auparavant, il a été battu aux élections législatives dans le VIIIe arrondissement de Paris. Avant tout, il est un exécutant d'une grande intelligence et c'est la raison pour laquelle de Gaulle l'a choisi. Après plusieurs années de conflit larvé avec Georges Pompidou, le général entend avoir les mains libres, être obéi, surtout ne pas être concurrencé, toutes garanties que lui donne Maurice Couve de Murville, en raison notamment de son passé, de son rôle à Vichy. Pour mener les réformes auxquelles il tient, le président de la République a trouvé un bon second, non un chef d'état-major capable d'élan et d'initiatives ; on ne tardera pas à s'en apercevoir.

Vite connue, la composition du gouvernement de Maurice Couve de Murville accentue l'impression d'une disgrâce personnelle de Georges Pompidou. Pour l'essentiel, l'équipe est en effet la même que la précédente. On remarque le retour de Roger Frey, ministre d'État chargé des relations avec le Parlement, et de Jean-Marcel Jeanneney, ministre d'État sans portefeuille. Par ailleurs, Edmond Michelet, Roland Nungesser et Henri Rey quittent le cabinet, les deux premiers parce qu'ils n'ont guère d'atomes crochus avec le nouveau Premier ministre, le dernier parce que le général estime que son passage éclair au gouvernement au mois de mai est un signe de gratitude suffisant. L'événement, c'est l'arrivée d'Edgar Faure au ministère de l'Éducation nationale : on compte sur cet équilibriste de talent pour assurer une rentrée aussi calme que possible et, à plus long terme, réformer l'université. Les titulaires des principaux portefeuilles restent en place : Michel Debré aux Affaires étrangères, Raymond Marcellin à l'Intérieur, René Capitant à la Justice, Pierre Messmer aux Armées. Fidèle de Georges Pompidou, François-Xavier Ortoli succède à Maurice Couve de Murville rue de Rivoli.

Porté à la présidence du groupe UDR de l'Assemblée nationale, Georges Pompidou prend figure de statue du Commandeur du fait de l'injustice dont il paraît avoir été la victime et de la valeur qu'il a montrée. En se séparant de son ancien Premier ministre, le général a créé une situation tout à fait inédite sous la Ve République : désormais, hors des cercles du pouvoir, un homme incarne le recours, la possibilité d'une succession en douceur. Cette perspective s'impose d'autant plus que le général, tout en restant d'une vivacité physique et intellectuelle remarquable, accuse tout de même son âge. Ses proches sont conscients du problème. Le 5 juillet, Mme de Gaulle s'en ouvre très directement à Jacques Foccart : « Vous savez, il ne faut pas que ça dure trop longtemps parce que le général est vraiment très fatigué. » « Je crois que dans l'esprit de Mme de Gaulle, ajoute Foccart, la limite est la fin de l'année ou le début de l'autre[26]. »

Le gouvernement de Maurice Couve de Murville s'attaque sans retard à la poursuite du redressement entamé depuis de le début du mois de juin. Performance assez remarquable : malgré les difficultés économiques et en dépit de la présence au Quai d'Orsay de Michel Debré, l'échéance du 1er juillet à laquelle le Marché commun doit être complètement réalisé est respectée. Adversaire du protectionnisme, Maurice Couve de Murville met un point d'honneur à ne pas remettre en cause ce qui a été décidé ; il se bornera à demander quelques dérogations temporaires concernant les exportations d'automobiles, de produits sidérurgiques ou textiles. Malgré tout la position internationale de la France est affaiblie. Les événements ont montré la fragilité du régime. Les négociations de Grenelle ont abouti à des charges financières importantes.

La politique étrangère, en vérité, passe au second plan à partir de ce moment, bien que des problèmes restent aussi aigus notamment au Proche-Orient et au Vietnam.

Le pays replié sur lui-même, à l'écoute de sa jeunesse, anxieux de son équilibre, fait penser à un grand malade qui se soucie peu de tout ce qui se produit autour de lui, note Pierre Viansson-Ponté. Le général lui-même semble exceptionnellement indifférent aux secousses, aux crises, aux agitations les uns des autres. L'heure de la politique de grandeur, des défis et du fracas est révolue[27].

Le changement apparaît lorsque, dans la nuit du 20 au 21 août, les forces du Pacte de Varsovie envahissent la Tchécoslovaquie à l'issue d'une crise dont le point de départ avait été, plusieurs mois plus tôt, l'arrivée au pouvoir d'une nouvelle équipe décidée, sous la direction du nouveau secrétaire général du PC tchécoslovaque, Alexandre Dubcek, à tenter l'expérience d'un socialisme à visage humain et indépendant de Moscou. « Le général, écrit Jacques Foccart, est tout à fait conscient et bien décidé à marquer le coup vis-à-vis des Soviétiques, bien entendu, mais aussi à ne pas changer sa politique d'entente et de détente, considérant que c'est plus important que tout[28]. » De fait, la réaction française est singulièrement modérée, surtout si on la compare à celle, tonitruante , contre l'intervention américaine au Vietnam. Le général à l'évidence ne veut pas sembler se déjuger. Réunis à Colombey, de Gaulle, Maurice Couve de Murville et Michel Debré mettent au point un communiqué condamnant, bien entendu, l'invasion, mais surtout le retour à la politique des blocs et aux accords de Yalta, « incompatibles avec la liberté des peuples à disposer d'eux-mêmes ». Selon le général de Boissieu, présent à la Boisserie lors de ce second coup de Prague, le président de la République aurait attendu, avant d'agir, de savoir si les Tchèques étaient décidés à se défendre militairement, et leur apathie l'aurait convaincu de ne pas trop marquer le coup. Un fait est sûr : en privé de Gaulle accentuait encore la distance qu'il entendait prendre avec l'événement. « C'est une querelle entre communistes et après tout je m'en bats l'œil », a-t-il dit quelques semaines plus tôt à Olivier Wormser, ambassadeur de France à Moscou, venu le prévenir de l'imminence d'une intervention soviétique[29]. La remarque s'inscrit dans une logique affirmée dès avant Yalta, quand le chef de la France libre déclarait à Eden qu'il était inéluctable qu'une partie de l'Europe tombât dans l'orbite soviétique.

En fait, le général paraît plus touché qu'il ne veut bien le dire. L'impuissance de la France à modifier si peu que ce soit le cours des choses à l'Est éclate, et les moqueries de la presse anglo-saxonne à l'égard de son grand dessein soudain fracassé le touchent certainement. Le doute pour une fois semble le tarauder. Il ne le cache pas à M. Scranton, venu lui rendre visite le 20 septembre, de la part de Richard Nixon, candidat à la présidence des États-Unis :

« Un mouvement s'est dessiné depuis Khrouchtchev en faveur de la détente. Or je ne vous cacherai pas que j'éprouve aujourd'hui une certaine inquiétude, car je ne suis pas sûr que ce mouvement ne sera pas renversé. L'affaire de Tchécoslovaquie, spécialement, est un très mauvais signe ; il en va de même de la menace renouvelée contre l'Allemagne. Pourquoi cela ? Je ne le sais au juste, mais c'est peut-être parce que ceux qui pensent en général à la guerre, c'est-à-dire les militaires, — et vous savez que la Russie est en train de devenir un État militaire sous le communisme, et dans l'affaire tchécoslovaque, ils n'ont pas manqué d'exercer une très forte influence —, ceux-ci donc peuvent imaginer que dans quelques années, ils seront aux prises avec la Chine. Auparavant, ils doivent régler les problèmes à l'Ouest et en particulier le problème allemand ; car, s'ils sont un jour en guerre contre la Chine, ils craignent que l'Allemagne ne leur tombe dessus ; ce qui serait probablement vrai. Ils veulent donc l'empêcher, d'abord en matant l'Allemagne ; ensuite en s'arrangeant avec les États-Unis afin de garantir leur flanc occidental. Cela explique peut-être l'opération très dure contre la Tchécoslovaquie. Pour assurer leur sécurité, en particulier à l'égard de l'Allemagne, ils iront sans doute plus loin et ils exigeront certaines choses au moment qu'ils croiront opportun. Ce retournement de la tendance me paraît important[30]. »

Au-delà de l'affaire tchèque, c'est toute la politique étrangère de de Gaulle qui paraît soudain mise en question. Vingt fois, il a écarté les objections de ceux qui soulignaient qu'il était difficile d'organiser une Europe totalement indépendante des États-Unis, voire opposée à eux, alors que la plupart des pays du vieux continent étaient tributaires de l'Amérique pour leur défense. À présent, il admet que la question est, en effet, essentielle et qu'il n'a aucun moyen pratique de la résoudre :

« L'idéal serait, certes, que l'Europe occidentale s'organisât par elle-même, dit-il encore à M. Scranton. Mais l'idéal n'est pas de ce monde. En fait, à l'OTAN, ou bien il y a les États-Unis et puis les autres, c'est-à-dire les États-Unis et accessoirement les autres ; et l'Europe ne s'organise pas ; ou bien il n'y a pas les États-Unis et, parmi l'Europe occidentale, il y a la Grande-Bretagne, la France, l'Allemagne, l'Italie et quelques petites nations. La Grande-Bretagne ne peut pas se passer des États-Unis, l'Allemagne a peur et ne veut pas qu'ils s'en aillent ; l'Italie non plus. Le résultat est que l'on ne peut pas faire naître une Europe européenne... Telle est la réalité. Nous autres, Français, nous avons essayé quelque chose d'autre : sans quitter l'Alliance, nous sommes sortis de l'organisation militaire ; nous avons bâti nos propres forces et nous en avons autant et même plus que nous n'en avions dans l'OTAN. Nous reconnaissons néanmoins que la situation est très différente pour l'Angleterre, l'Allemagne et l'Italie, et qu'il n'y a donc pas de solution pratique. En fait, il n'y a que les États-Unis dans l'OTAN... Pour que l'Europe, indépendante des États-Unis, puisse se faire, il faut que les États qui la composent veuillent la faire telle. Ce n'est pas le cas. C'est ce que veut la France, mais non pas l'Angleterre, l'Allemagne ou l'Italie. Quand on essaie de dire, en Europe, ainsi que je l'ai fait à plusieurs reprises : unissons-nous pour faire une Europe indépendante, les autres ne vous suivent pas. Et l'on dit : de Gaulle veut établir son hégémonie sur l'Europe, il est contre les Anglo-Saxons. On le dit en Angleterre, en Hollande, en Allemagne, en Italie... Le résultat, c'est la situation actuelle, tout le monde veut dépendre des États-Unis et ne veut pas d'une Europe indépendante, tout en le regrettant, d'ailleurs au fond de soi. Tel est le fait politique élémentaire qui domine tout. »

Plus le temps passe, plus le général paraît certain de l'hypothèse qu'il a formulée devant l'envoyé de Richard Nixon : à savoir une menace soviétique, à plus ou moins long terme contre l'Allemagne. Le 23 septembre, il reçoit le nouvel ambassadeur des États-Unis, Robert Sargent Shriver, beau-frère de Kennedy, et évoque très sérieusement ce cas de figure, non sans s'interroger à voix haute sur la volonté américaine de défendre les frontières de l'Europe :

« Ne croyez-vous pas cependant qu'au fond de tout il y a la méfiance des Russes à l'égard des Allemands et la volonté de les faire reculer politiquement, militairement et économiquement ? [...] L'Allemagne occidentale est très inquiète et ce sentiment se manifeste de toutes les façons. Avant tout, elle regarde vers Washington, car elle s'attend à ce que l'Union soviétique pousse certaines pointes, au moins diplomatiques, contre elle. Dans une telle situation, où les Soviétiques ont maintenant pris l'offensive, du moins diplomatique et psychologique, contre Bonn, que comptez-vous faire ? Quelles sont vos intentions fondamentales ? [...] Je suppose que dans les mois qui viennent les Soviétiques diront peu à peu : l'Allemagne est revancharde, elle le prouve en ne reconnaissant pas la frontière Oder-Neisse, en ayant essayé, quand Dubcek a libéralisé le régime tchécoslovaque, de faire un Anschluss économique ; l'Allemagne veut être à Berlin, elle veut, par exemple, y réunir son assemblée pour l'élection du futur président ; elle continue à s'armer et refuse de ratifier le traité de non-prolifération ; elle veut donc avoir l'arme atomique. Je suppose donc que les Soviétiques organisent une offensive diplomatique avec l'Allemagne de l'Est, peut-être la Pologne et la Hongrie ; et que cela finisse par une avance du bloc communiste ; par exemple, une opération de l'Allemagne de l'Est pourrait être menée vers Hanovre ou vers Hambourg. Ulbricht commencerait par dire : “Nous ne pouvons pas supporter la menace des revanchards, il faut que nous prenions des précautions”, et il ferait avancer des troupes vers Hanovre ou Hambourg. Alors les Soviétiques diraient : “S'il y a une guerre, nous intervenons.” Que ferez-vous à ce moment-là ? Ferez-vous la guerre ? Telle est la question. Pour l'Europe, et en particulier pour nous-mêmes, c'est toute la question[31]. »

Deux ans auparavant, le général avait évoqué la même hypothèse et conclu que la France ne risquerait pas sa sécurité pour répondre à une attaque sur Hambourg. Devant l'ambassadeur des États-Unis, il va confirmer cette intention :

M. Shriver : Vous demandez en somme si les États-Unis sont prêts à remplir les obligations du traité qu'ils ont contractées pour l'Europe. Vous-même et le gouvernement français, considéreriez-vous une menace contre Hanovre ou Hambourg comme une menace contre la France et, dans ce cas, que feriez-vous ?
Le général de Gaulle : Vous parlez comme s'il y avait effectivement des puissances européennes avec leur politique et leur armement. Ce n'est pas le cas. Vous savez que la Grande-Bretagne ne ferait rien, sinon parce que vous l'auriez voulu ; que l'Allemagne non plus et l'Italie pas davantage. Alors, la question n'est pas de savoir ce que feront les nations européennes, elle est de savoir ce que feront les États-Unis. Si les États-Unis font quelque chose, automatiquement les Européens le feront. S'ils ne font rien, ceux-ci ne feront rien. Voilà pourquoi l'Allemagne est inquiète et se tourne vers Washington. Je ne pense pas qu'il faille comparer et dire : « Nous autres, Américains, nous agirons si l'Europe fait quelque chose », car l'Europe ne fera rien si vous ne faites rien. Au contraire, elle fera tout si vous faites tout... Nous Français, nous pensons qu'il y a l'Allemagne, mais il y a la France, sa vie ou sa mort. Il faut que vous sachiez que c'est cela que nous avons d'abord dans l'esprit.
M. Shriver : Je le comprends bien et c'est pourquoi je vous demande : une attaque soviétique, non pas contre la Yougoslavie ou la Roumanie, mais contre l'Allemagne, serait-elle considérée par la France comme une menace ?
Le général de Gaulle : Ce serait grave pour nous.
M. Shriver : Utiliseriez-vous vos forces classiques ?
Le général de Gaulle : Nous ne voulons pas être envahis. C'est la première chose. Les moyens à employer pour ne pas être envahis en sont une autre. Mais il y a d'abord ce que feraient les États-Unis.

Cet échange de vues se passe de commentaires tant il fait apparaître l'impasse dans laquelle se trouvait le général, incapable de faire adhérer à ses idées les partenaires européens de la France, tout en étant dépendant de la puissance américaine. Choquants sont en tout cas les propos, d'une mauvaise foi évidente, qu'il tient à Kurt Kiesinger, à Bonn, lors du sommet franco-allemand des 27 et 28 septembre 1968. Le climat est très tendu. Dès la première rencontre, le général accable de reproches le chancelier Kurt Kiesinger. Selon lui, la République fédérale porte une responsabilité dans ce qui s'est passé en Tchécoslovaquie. L'intervention des forces du Pacte de Varsovie était dirigée non contre les États-Unis mais contre l'Allemagne de l'Ouest car Moscou, dans l'éventualité d'un conflit militaire avec la Chine, craignait d'être attaqué « dans le dos » par la République fédérale. En outre, de Gaulle reproche aux Allemands de ne pas avoir établi de solidarité réelle avec la France.

Le général de Gaulle : Tout ça est arrivé parce que la coopération franco-allemande n'a pas fonctionné parce que l'Allemagne a voulu mener sa propre politique. Il est clair qu'actuellement les choses se jouent entre la Russie et la République fédérale. La démarche des Russes est tout à fait naturelle [*sic*] car ils veulent garder la mainmise sur leur empire, du point de vue idéologique notamment. Il n'est pas impossible qu'ils essaient d'atteindre leurs buts en menaçant la République fédérale elle-même. Que feraient alors les Américains pour la défense de la République fédérale ? Cela est difficile à dire. Une chose est sûre, c'est qu'en cas de crise très sérieuse, ils n'utiliseraient pas leurs armes

nucléaires, du moins pas au début. Ce qui signifie que l'Allemagne serait occupée. La France ne se trouve pas dans la même situation à l'égard de la Russie soviétique. Si la situation devenait vraiment très grave, les conditions aujourd'hui ne sont pas réunies pour qu'existe entre la France et l'Allemagne une solidarité fondamentale et par-dessus tout une solidarité qui conduirait l'un des pays à combattre ou à mourir pour l'autre. L'Allemagne a sa propre politique à l'Est ; elle a le droit de mener cette politique et peut-être est-ce la seule envisageable pour elle. Mais c'est une politique qui consiste à réclamer la réunification avec la zone d'occupation soviétique, à ne pas renoncer à ses frontières et en dernière instance à ne pas renoncer pour toujours à l'arme atomique. Je pense que si l'Allemagne avait mené une autre politique, on ne serait peut-être pas dans cette situation vis-à-vis de l'Union soviétique.
Cette tentative a été faite au moment de la signature du traité bilatéral, entre Adenauer et moi-même. Mais elle a été immédiatement "multilatéralisée" par les Allemands et soumise aux conditions des Six, c'est-à-dire réduite à néant[32]. »

L'urgence pour le général est donc de s'attaquer aux questions intérieures et en particulier à la réforme de l'Éducation nationale. En charge du ministère de la rue de Grenelle, Edgar Faure la mène avec la hardiesse et la dextérité qu'on lui connaît, en suscitant aussi d'âpres critiques de l'aile droite de la majorité. Entouré de libéraux, partisans de thèses jugées non conformistes, comme son principal conseiller, le recteur d'Orléans Gérald Antoine, l'ancien président du Conseil de la IVe République est accusé de laisser noyauter son administration par le PSU. Il est la cible des organisations regroupant les défenseurs de l'Université traditionnelle. On redoute donc dans ce milieu la mise en œuvre prochaine d'une loi d'orientation consacrée à la réforme universitaire.

Élaborée en toute hâte au mois d'août, la loi est définitivement adoptée par le Conseil des ministres du 19 septembre, non sans avoir été l'objet de commentaires peu amènes lors des journées parlementaires de l'UDR à La Baule. Georges Pompidou, qui déteste Edgar Faure et accessoirement sa loi, s'abstient de rendre publique son appréciation. On sait, en revanche, que le chef de l'État défend son ministre et les principes nouveaux, voire révolutionnaires qu'il entend voir désormais régir la vie universitaire : autonomie des établissements, contrôle continu des connaissances, pluridisciplinarité, condamnation du cours magistral, élection des responsables universitaires, transformation de la pédagogie, etc. À dire vrai le général n'est peut-être pas convaincu du bien-fondé de toutes ces réformes — en particulier la suppression de toute forme de sélection ne peut que le heurter — mais l'objectif majeur pour lui reste une rentrée sans trop de problèmes, et il est prêt à en payer le prix. Dans la mesure du possible, il tente d'infléchir le texte dans la direction qui lui convient. « Vous savez, cette loi qui fait beaucoup discuter, je l'ai entièrement revue, dit-il à Jacques Foccart le 25 septembre. C'est tout à fait autre chose que ce qu'Edgar Faure m'avait proposé et qui à ce moment-là ne convenait pas. Malgré cela, si on veut proposer des amendements, je suis d'accord en particulier pour l'introduction de personnes extérieures dans les conseils de l'Université[33]. » Le général est entendu. Au cours du débat au Palais-Bourbon de très nombreux amendements sont proposés, acceptés par Edgar Faure, et finalement la loi d'orientation est votée. Avec les communistes, six UDR, parmi lesquels Christian Fouchet, Alexandre Sanguinetti et Raymond Triboulet, s'abstiennent. Malgré ses très fortes réserves à l'égard du projet, Georges Pompidou émet un vote positif. Quelques semaines avant sa mort, il le regrettait encore devant André Bergeron. Le mot de la fin appartient à Pierre Viansson-Ponté :

> En tentant de substituer dans la cellule universitaire française l'organisation du désordre au désordre inorganisé, écrit-il dans son *Histoire de la République gaullienne*, le ministre de l'Éducation nationale, avec le concours de son collègue de l'Intérieur, a donné au régime ou plutôt au pouvoir politique un délai de quelques années, le temps de reprendre son souffle[34].

La France, en effet, n'a pas fini de panser ses plaies. Le redressement financier s'avère difficile malgré les mesures énergiques mises en œuvre dès le début de l'été : contrôle des changes, restrictions aux importations, hausse du taux de l'escompte, limitation autoritaire des hausses de prix. Les réserves de la Banque de France sont entamées et la totalité des droits de tirages disponibles au Fonds monétaire international a dû être utilisée. Le déficit du budget de l'État s'élève à présent à 13 milliards de francs. Pour le ramener aux environs de 10, les impôts sont alourdis, spécialement ceux qui frappent les hauts revenus. Des imprudences sont aussi commises. Ainsi, lorsque au début du mois de septembre, le contrôle des changes est supprimé alors qu'on vient d'annoncer une hausse des droits de succession : des milliards s'envolent pour l'étranger. À l'automne, les conditions d'une crise grave sont réunies : fixé en définitive à 11,6 milliards de francs, le découvert est exceptionnellement élevé ; par ailleurs, l'inflation renaît, la confiance dans le franc s'effrite, une vague de spéculation apparaît à ce moment. Les entreprises, parfois même celles du secteur nationalisé, anticipent massivement leurs achats à l'étranger et exportent dans les mêmes proportions leurs avoirs pour les changer en monnaie forte ou en or, dont le cours connaît une hausse spectaculaire. Au début du mois de novembre, la fièvre gagne les marchés financiers internationaux. À partir du 10, les banques centrales doivent intervenir pour soutenir les monnaies. On constate que 500 millions ont quitté la France. Le 13, à l'issue du Conseil des ministres, le général déclare : « Accepter la dévaluation ne rassure pas, loin s'en faut. » La crise s'accentue. Le 20, dans une atmosphère très lourde, la Bourse de Paris est fermée. L'ajustement monétaire semble désormais inéluctable et imminent. Les ministres des Finances du groupe des Dix accordent à la France un crédit de 2 milliards de dollars, mais le ministre ouest-allemand des Finances souligne cruellement que cette aide est subordonnée à la dévaluation du franc. Dans la soirée du 22, la dévaluation apparaît programmée pour le Conseil des ministres du lendemain. Le taux commence même à circuler officiellement. À l'Élysée, de Gaulle donne l'impression d'être au fond de la dépression. Le général Lalande rapporte dans son journal inédit :

> Le principe de la dévaluation ayant été admis, le général me demande ce que je pense de tout cela. Je réponds que je suis indigné par l'absence de civisme.
> De Gaulle : Alors mais qu'est-ce que je peux faire ? Je ne puis me substituer à un peuple.
> Général Lalande : Vous avez créé mille choses, modifié profondément le visage de la France. Vous avez dit, paraît-il, un jour : l'intendance suivra...
> De Gaulle : Moi ? Mais non je n'ai jamais dit cela, ce sont toujours les mêmes qui me font dire mille choses que je n'ai pas dites.
> Le général m'a semblé assez sévèrement touché. J'en ai parlé à Tricot, La Chevalerie et les aides de camp pour le regonfler, si besoin était[35].

Sur-le-champ, l'opération de « regonflage » est entreprise. L'entourage y joue son rôle mais l'action décisive va être menée par Jean-Marcel Jeanneney, et son ancien directeur de cabinet, Raymond Barre, devenu vice-président de la Commission. Depuis plusieurs jours le ministre d'État, épaulé par Edgar Faure, plaide contre la dévaluation.

Il est, à dire vrai, très isolé quand soudain il abat une carte maîtresse : l'assurance, transmise par Raymond Barre, que les banques européennes ne font pas d'une dévaluation du franc la condition de leur aide. Du coup, tout est changé. Le général est convaincu. Lors du Conseil des ministres extraordinaire, réuni le samedi 23 à quinze heures, la décision de garder la parité du franc est annoncée. Elle fait l'effet d'une bombe. À terme, l'ajustement est indispensable, mais rien n'aurait été plus catastrophique que de le réaliser dans les pires conditions, au milieu d'une intense spéculation.

Alors que le général presse le gouvernement de mettre au point la réforme régionale et la transformation du Sénat, le climat politique se dégrade pourtant. Le volontarisme affiché par le général ne convainc pas toujours et il n'est guère servi par le Premier ministre, dont l'allure compassée et de plus en plus désabusée n'est guère apte à susciter l'enthousiasme des foules. En privé, dans les rangs gaullistes, les commentaires se font parfois acides. « Pendant des années, confie Jacques Chaban-Delmas, les gaullistes ont regardé un grand personnage faire du trapèze volant avec un filet. Puis il a fait ensuite du trapèze mais sans filet. Aujourd'hui, on le voit faire une sorte de gymnastique curieuse, sans filet et sans trapèze. Alors, il est logique que nous soyons inquiets[36]. » L'âge du général est plus que jamais à l'ordre du jour. Le 9 septembre, lors d'une conférence de presse où il s'est montré au demeurant très incisif, ses quintes de toux ne sont pas passées inaperçues. Le 26 septembre, lors d'une réception à l'Élysée, tous les invités étrangers se déclarent frappés par son vieillissement. Philippe de Gaulle s'alarme :

> « Je trouve que mon père est fatigué, confie-t-il à Jacques Foccart. Quand les épreuves viennent, il n'a plus la forme suffisante, il n'a plus les réactions qu'il faudrait...Voyez-vous, il n'est plus comme il était ; avant il décelait toujours le jeu de l'adversaire ; là il s'est laissé surprendre (en mai 68)... Il n'a pas eu les

réactions qu'il fallait dès qu'il a vu ce qu'il avait à faire ; il n'a pas contre-attaqué alors que toujours, c'est dans son tempérament, il attaque, jamais il ne se laisse surprendre. J'estime qu'il y a un moment où il faut savoir s'en aller ; je vois que maintenant il va falloir voir cela de très près[37]. »

L'atmosphère est surtout empoisonnée par la sordide affaire Marcovic, montée ou exploitée afin de perdre Georges Pompidou. On ne rappellera ici que les très grandes lignes de cet épisode nauséabond. À la fin de septembre 1968, dans une décharge des Yvelines, à Élancourt, a été retrouvé le cadavre d'un jeune Yougoslave, Stephan Marcovic, garde du corps d'Alain Delon. Très vite, la presse s'est emparée de ce fait divers car une lettre du disparu accuse nommément de son élimination éventuelle l'acteur et un ancien truand, François Marcantoni. On remarque qu'un autre garde du corps de Delon s'est suicidé aux États-Unis peu de temps auparavant dans des conditions peu claires. Il apparaît aussi bientôt que Stephan Marcovic, fêtard invétéré, était en contact du fait de ses relations avec l'acteur et sa femme Nathalie (dont il était devenu l'amant), et avec de nombreuses personnalités parisiennes qu'il aurait fait chanter. Des photos d'un genre particulier commencent à circuler sous le manteau. Clairement Mme Pompidou est mise en cause par la rumeur.

Comme il advient souvent dans ce genre d'affaires, Georges Pompidou est le dernier prévenu. Personne n'ose le mettre au courant. C'est en définitive l'un de ses anciens collaborateurs, Jean-Luc Javal, qui, au lendemain des vacances de la Toussaint, l'avertit. Édouard Balladur et Michel Jobert lui ayant confirmé les dires de Jean-Luc Javal, l'ancien Premier ministre pense être vite au fait des derniers développements de l'affaire, car un ancien de son cabinet, le préfet Somveille, à présent directeur du cabinet du ministre de l'Intérieur Raymond Marcellin, doit justement venir le voir. Étrangement, le rendez-vous est remis deux fois, à la demande de M. Somveille. Finalement la rencontre a lieu et le préfet apprend à son ancien patron que l'affaire a connu, voici huit jours, un rebondissement puisqu'un jeune Yougoslave, nommé Akov, détenu à Fresnes, entendu par le juge d'instruction Patard, a écrit à Alain Delon une lettre, interceptée par les services pénitentiaires, d'où il ressort que, convié par des amis à une soirée animée dans une maison des Yvelines, il y aurait remarqué l'épouse du Premier ministre en exercice.

Georges Pompidou contre-attaque immédiatement et convainc les journalistes de l'inanité des accusations lancées pour lui nuire. À sa demande, il est également reçu par le général. L'entretien, tenu secret, est tendu. L'ancien Premier ministre sait qu'en faisant part à Raymond Marcellin du témoignage d'Akov, René Capitant s'esclaffait. Il sait aussi qu'à l'issue d'une réunion à laquelle participait Maurice Couve de Murville, le ministre de la Justice et le ministre de l'Intérieur, le général a déclaré : « Instruisez, monsieur le garde des Sceaux, instruisez. » Georges Pompidou est direct : « Ni place Vendôme, chez M. Capitant, ni à Matignon, chez M. Couve de Murville, ni à l'Élysée, il n' y a eu la moindre réaction d'homme d'honneur. » De Gaulle proteste, assure qu'il pas cru un mot des infamies colportées. Lors d'un second entretien, encore plus désagréable, Georges Pompidou exige que Bernard Tricot soit présent — « afin qu'il puisse noter les faits que j'allais révéler et aussi penser quelques motifs de prudence dans le ton de mon entretien avec le général ». Ce dernier demande à Bernard Tricot de convoquer René Capitant afin que l'enquête soit menée avec l'objectif de faire apparaître la vérité et non, comme c'est le cas jusque-là, selon l'ancien Premier ministre, avec la volonté de le compromettre. Cette fois encore de Gaulle n'a pas les mots qui pourraient calmer son ancien collaborateur blessé. Il évoque la calomnie, « destin des hommes d'État ». Georges Pompidou sort très affecté de l'Élysée. « Vous savez tout ce qu'il a trouvé à me dire, le père de Gaulle, rapporta-t-il à Pierre Viansson-Ponté : "Pompidou, la presse est basse !"[38] »

Étrange et diabolique affaire ! Aujourd'hui encore, il est difficile de faire toute la lumière sur ce montage destiné à ruiner les ambitions de l'ancien Premier ministre. Pour ce dernier, trois personnalités ont joué un rôle moteur dans l'exploitation du fait divers : René Capitant, Maurice Couve de Murville et Bernard Tricot. L'implication de ces hommes apparaît aujourd'hui peu contestable. Le garde des Sceaux, ennemi acharné de Georges Pompidou, s'est d'évidence conduit d'une manière à tout le moins critiquable en favorisant une piste bien précise au détriment d'autres. Maurice Couve de Murville, par ambition et jalousie, semble aussi avoir agi contre l'honneur : l'un de ses conseillers à Matignon, de notoriété publique, alimentait la presse en ragots contre Georges Pompidou. Quant à Bernard Tricot, adversaire de Georges Pompidou, pour des raisons un peu irrationnelles, il paraît, selon le journal de Jacques Foccart, avoir employé toute son énergie à relayer auprès du général les plus basses calomnies contre l'ex-chef du gouvernement[39].

Ces responsabilités fixées, il reste beaucoup de zones d'ombre. Qui furent les exécutants du montage ? Qui en fut le commanditaire ? Ces deux questions sont loin d'être résolues, même s'il est sûr que les ennemis de l'ancien Premier ministre appartenaient à la famille gaulliste. Non résistant, Georges Pompidou a catalysé sur son nom, cela est peu contestable, l'animosité, voire la haine de nombreux « compagnons », jaloux de son ascension. Certains gaullistes de gauche et des éléments proches du Service d'action civique ont vraisemblablement apporté un soutien logistique à l'opération. Les services secrets, épurés plus tard par Alexandre de Marenches, à la demande de Georges Pompidou, ont pu aussi compter dans leurs rangs des brebis galeuses. Mais pour le compte de qui ? Personne ne le sait vraiment tant l'affaire semble à tiroirs, plusieurs maîtres d'œuvre ayant pu agir soit de concert, soit en ordre dispersé.

Une chose est sûre : Georges Pompidou était convaincu qu'en la circonstance le général s'était mal conduit à son égard et vis-à-vis de sa femme. Dans *Pour rétablir une vérité*, il le laisse entendre et dans un autre texte, demeuré inédit, il affirme, semble-t-il, la responsabilité du chef de l'Etat. François Mitterrand, qui curieusement avait pu prendre connaissance de ce document rédigé par son prédécesseur, était du reste convaincu que ce dernier avait été victime de procédés expéditifs, « constante, selon lui, de l'histoire du gaullisme, de l'élimination de l'amiral Muselier à l'éviction de Giraud, en passant par la mort de Darlan[40] ». Et l'ancien président de la République ajoutait que durant la guerre, le général avait voulu l'expédier sur le front italien, l'exposant à une mort probable.

En attendant qu'un jour la publication du récit inédit de Georges Pompidou apporte peut-être de nouveaux éléments d'appréciation, on se bornera à souligner une évidence, attestée notamment par le journal de Jacques Foccart. Lorsque la rumeur lui est parvenue, il est de fait que de Gaulle ne la balaya pas et l'écouta même d'une oreille complaisante. Au début du mois de novembre, alors que Georges Pompidou était venu dîner à l'Élysée avec sa femme en toute intimité un mois plus tôt et que cette reprise de contact paraît avoir eu lieu dans un climat correct, de Gaulle confiait très explicitement à Jacques Foccart ses doutes, comme s'il n'excluait pas que Mme Pompidou ait été mêlée à l'affaire :

> « Elle est entichée d'artistes qu'elle veut voir alors qu'elle ne connaît rien à la vie de Paris. Et tous ces gens sont très dangereux, car ils ont toujours autour d'eux une espèce de cour de gens douteux. Alors il est facile de se laisser entraîner dans des réceptions organisées par des artistes lorsqu'on veut se donner un genre. Et puis là, voyez-vous, il se passe des choses pas convenables, et puis il y a des gens qui font des photographies et puis vous voyez... Vous savez cela m'inquiète quand même. Encore une fois c'est parce qu'elle ne connaît pas Paris. Les Pompidou se lancent trop avec les artistes et cela donne un genre qui n'est pas fameux[41]. »

En portant de telles appréciations devant ses collaborateurs, il est évident que le général nourrissait d'éventuelles suspicions.

De Gaulle a beau distribuer quelques bonnes paroles à Georges Pompidou, lui préciser qu'il peut l'appeler au téléphone lorsqu'il le souhaite, le lien affectif est définitivement rompu. L'ancien Premier ministre ne peut supporter que l'on s'en prenne à sa femme, il envisage devant Jacques Foccart de la venger lui-même ! Il n'admet pas l'attitude de Maurice Couve de Murville qui, chargé par l'Élysée de le prévenir, ne l'a pas fait, il est enfin amèrement déçu par l'attitude du général qu'il finit par soupçonner de vouloir l'abattre. « Finalement, il ne peut y avoir un homme qui monte à côté du général », disait-il à Raymond Tournoux au début de l'automne[42]. Il en est plus que jamais convaincu.

L'ancien Premier ministre désormais critique ouvertement devant des journalistes le chef de l'État. « Le général dit n'importe quoi, il dit oui à tout le monde », confie-t-il en mettant en cause la politique universitaire et monétaire suivie depuis son départ. De Gaulle, de son côté, marque sa mauvaise humeur. Jacques Foccart le note : « C'est ainsi, rapporte-t-il le 25 novembre, que l'autre jour, j'ai demandé à Lalande de faire mettre Pompidou dans la chasse du Parlement qui doit avoir lieu le 5 décembre, à Rambouillet, et le général, très sec, lui a dit : “Non ! Il a déjà été invité une fois, cela suffit.” Je dois dire que cela m'a fait mal et m'a inquiété pour l'avenir[43]. »

Au début de l'année 1969, le conflit publiquement éclate. Georges Pompidou doit se rendre en Italie. Avant ce déplacement, il rencontre à l'Élysée, de manière officielle cette fois, le général, et les conversations que l'ancien chef du gouvernement doit avoir tant au Quirinal qu'au Vatican sont évoquées. Le début de la visite se passe très bien. L'incident éclate le vendredi, quand, près avoir été reçu par le président de la République italienne et le président du Conseil, il reçoit à son hôtel quelques journalistes.

> Si le général de Gaulle venait à se retirer, je me porterais candidat à sa succession, déclare-t-il. Pour succéder au général de Gaulle, il faut deux conditions : qu'il ait quitté la présidence et que son successeur soit élu. Ce n'est, je crois, un mystère pour personne que je serai candidat à une élection à la présidence de la République lorsqu'il y en aura une.

La plupart des journalistes présents ne paraissent pas surpris par ces propos : en privé, devant des interlocuteurs de confiance, Georges Pompidou tient ce langage depuis plusieurs semaines. Correspondant de l'AFP, Robert Mengin l'est davantage. Sur-le-champ, il rédige une dépêche qui à Paris fait l'effet d'une bombe. Apparemment étonné, l'ancien Premier ministre désigne le coupable : Robert Mengin, antigaulliste virulent depuis le 19 juin 1940, qui aurait fabriqué une sorte de dépêche d'Ems, en ajoutant après l'annonce de la candidature de Georges Pompidou : « mais je ne suis pas pressé ». Grief à l'évidence tout à fait injuste : journaliste chevronné, d'une probité connue de tous et d'abord par le président de l'AFP, Jean Marin, Robert Mengin, moins au fait des rumeurs parisiennes, a accompli simplement son travail.

En réalité, tout indique qu'en distillant ces propos, Georges Pompidou cherchait le fusible adéquat susceptible de garantir sa bonne foi tout en assurant le plus large retentissement à ses propos. La meilleure preuve de son extrême résolution est le discours qu'il a tenus la veille de son départ, le 13 janvier, à un diplomate américain venu le voir à sa requête :

> « Pompidou très clairement m'a indiqué, racontera cet interlocuteur à l'ambassadeur Shriver, qu'il s'attend à revenir au pouvoir, probablement en tant que chef de l'État avant la fin de l'année. Il semble penser que de Gaulle quittera le pouvoir ou en sera chassé avant cette date. Il souhaite éviter un clash avant avec de Gaulle mais il veut que les dirigeants politiques tant à Paris qu'en province soient au fait de ses intentions... Pompidou est pessimiste au sujet de la manière dont la France est gouvernée. Il estime que la plus grande fermeté serait nécessaire vis-à-vis des étudiants, des ouvriers et des spéculateurs. Or, pour des raisons qui lui échappent, de Gaulle ne réagit pas avec l'énergie suffisante[44]. »

Le général, en tout cas, est furieux lorsqu'il apprend les propos attribués à son ancien Premier ministre. Poussé par Maurice Couve de Murville, il décide de réagir publiquement alors que, comme le souligne Paul-Marie de La Gorce[45], la sagesse aurait été de ne rien dire. À l'issue du Conseil des ministres du 22 janvier, il rend publique une déclaration solennelle : « Dans l'accomplissement de la tâche nationale qui m'incombe, fait-il dire par le ministre de l'Information, Joël Le Theule, j'ai été, le 19 décembre 1965, réélu président de la République. J'ai le devoir et l'intention de remplir ce mandat jusqu'à son terme. » Par la violence même de sa mise au point de Gaulle rend inévitable une réplique de Georges Pompidou. De fait, ulcéré, ce dernier, de passage à Genève, le 13 février, déclare de manière délibérée : « Je n'ai pas d'avenir au sens où vous l'entendez. J'aurai peut-être, si Dieu le veut, un destin national. » Cette fois la guerre est bel et bien déclarée. En privé, le général est encore plus violent :

« En réalité, il a commis une gaffe, estime-t-il devant Jacques Foccart le 23 février. Il n'avait pas à parler comme il l'a fait... Si on insistait, il fallait qu'il réponde : "On ne succède pas au général de Gaulle. Bien sûr après le général de Gaulle, il y aura des élections pour la présidence de la République mais on ne succède pas à de Gaulle : on est élu président de la République après de Gaulle[46]." »

Blessé, Georges Pompidou a commis le crime de lèse-majesté suprême. Aucune réconciliation n'est plus possible, d'autant plus que, dans le même temps, l'affaire Marcovic connaît toujours de curieux développements judiciaires destinés à l'évidence à atteindre l'ancien Premier ministre et son épouse. Le 12 mars, un dîner réunit à l'Élysée le général, ses deux anciens Premiers ministres et les épouses, mais Michel Debré souffrant, et Mme de Gaulle mal à l'aise, les mots réparateurs ne sont pas prononcés. De Gaulle ne reverra plus son ex-collaborateur. Georges Pompidou restera avec son amertume, l'impression d'avoir été abandonné. « Si j'avais été traité comme il a été traité au cours de cette affaire, j'aurais très vivement réagi moi aussi », nous disait Michel Debré, choqué par les procédés employés par certains gaullistes à l'égard de son successeur[47].

La brouille avec Georges Pompidou, devenue publique, constitue un handicap supplémentaire pour de Gaulle dans la perspective du référendum qu'il entend enfin organiser. Curieusement, la grande idée de la participation, lancée dans la fureur du mois de mai 1968, aboutit à deux projets de réformes : régionalisation d'une part, d'autre part transformation du Sénat en assemblée consultative comprenant désormais en son sein des membres des organisations syndicales et patronales. En théorie les deux idées peuvent se défendre. La centralisation, poussée à l'absurde, est l'un des aspects du « mal français » qu'analysera Alain Peyrefitte. La haute assemblée est, de l'avis général, une instance peu représentative sinon du monde rural, surreprésenté en son sein. Le problème est qu'en liant les deux questions — dont les rapports avec la participation ne sont pas aveuglants — de Gaulle risque de déchaîner des forces puissantes et très diverses. En dépit de son mode de recrutement, le Sénat a des défenseurs et le monocamérisme, synonyme de blocage des institutions, est dénoncé par des esprits sagaces. Les syndicats eux s'insurgent contre le mélange des genres : seuls les systèmes corporatistes ont mis sur pied des institutions proches de celle que de Gaulle veut voir apparaître en métamorphosant le Sénat. L'extrême gauche souligne le risque pour les syndicats de cautionner l'ordre établi.

La voie choisie par le général paraît d'autant plus risquée que toutes les catégories d'opposants sont susceptibles de se manifester en une telle occasion : la communauté juive française en particulier, qui a été, on le sait, très choquée par son attitude en 1967 et plus encore par ses propos relatifs au peuple d'Israël, « sûr de lui et dominateur ». Encore n'a-t-elle pas connaissance des déclarations de de Gaulle en petit comité. Au lendemain des événements de mai, il a ainsi, devant Jacques Foccart, durement attaqué le banquier Edmond de Rothschild, désormais opposant déclaré à sa politique et proche des centristes : « Ça c'est inadmissible. Voyez quand même si on ne peut pas le gêner un peu dans ses transactions... Voyez-vous, cet homme se déclare juif et français mais il est d'abord juif, ce qui veut dire en réalité qu'il est israélien... Vous ne pouvez pas le considérer comme un Français[48]. » Au début de l'année, de Gaulle a tenu un langage encore plus surprenant au général Lalande. Évoquant la « défense tous azimuts », nouvelle doctrine militaire théorisée par le général Ailleret, chef d'état-major, aux termes de laquelle l'Union soviétique n'est plus l'adversaire déclaré, de Gaulle soudain a abordé le problème des états susceptibles de menacer la France :

> « Il y a les pays qui ne font partie ni du Pacte de Varsovie, ni de l'Alliance Atlantique mais qui sont assez voisins des pays membres de ces pactes. Je pense en particulier aux pays arabes, surtout ceux de l'Orient. Ils peuvent mal tourner... Enfin, il y des fous comme Israël et il faut y avoir pensé pour le cas où ils voudraient nous faire du mal[49]. »

Hypothèse pour le moins saugrenue et choquante. Israël est, déjà, à l'époque, la seule vraie démocratie du Proche-Orient, et l'idée d'une attaque de l'État hébreu sur Paris hautement improbable.

Dès l'annonce du projet référendaire par de Gaulle, à Quimper, le 2 février, les oppositions se coalisent ; la droite, la gauche et même le centre semblent s'unir soudain. En Bretagne, l'accueil n'a pas été très chaleureux, un manifestant a même été arrêté alors qu'il s'apprêtait à donner un coup de parapluie au président de la République ! Seuls les gaullistes se battent en faveur du texte, encore certains ne sont-ils pas sans arrière-pensées. Dès le milieu du mois de février, le général pressent des difficultés de l'entreprise et peut-être son échec. À preuve, cette conversation avec le général Lalande :

> C. de Gaulle : La participation, c'est important, mais la réforme régionale, ils s'en moquent un peu...
> Général Lalande : Je ne pense pas. Mais le Sénat..
> C. de Gaulle : Le Sénat ? Tout le monde s'en fiche.
> Général Lalande : Sauf ceux qui en font partie.
> C. de Gaulle : Malgré tout ce n'est pas l'essentiel.

Général Lalande : Vous avez choisi le référendum justement pour toucher les Français, au-delà des partis.
C. de Gaulle : Mais maintenant que le mois de juin est loin, ils s'en fichent et après ils disent : « Le référendum nous l'avons fait à ce moment-là. Alors pourquoi recommencer[50] ? »

Le 29, le général paraît encore plus résolu à ajourner, à trouver une autre solution pour faire aboutir la réforme :

« Vous savez, dit-il au général Lalande, je ne suis pas pressé de faire le référendum. Tout le monde s'en fiche. Ça me revient de partout. Vous comprenez jusqu'à présent j'avais proposé un référendum pour des options capitales : la Constitution, l'Algérie, puis après cette histoire où ils avaient failli me descendre au Petit-Clamart, quand il y avait l'OAS. Maintenant ça ne les intéresse pas mais ça intéresse l'opposition parce que là-dessus, ils sont d'accord, je veux dire quand il s'agit de dire non. Et puis le référendum dont j'avais parlé en juin, c'est vrai, a eu lieu en fait : les élections ont donné un résultat qui vaut référendum. Si les non l'emportent, je suis obligé de m'en aller, alors que je peux obtenir la réforme par voie parlementaire pour ce qui est des régions. Le Sénat, non. C'est une modification de la Constitution. D'ailleurs, en juin, aussi je serais parti si je n'avais pas eu cette majorité. Je n'ai pas de raison de faire leur jeu en faisant un référendum où ils ont tout à gagner et pas moi[51]. »

Avant de décider, de Gaulle se consacre, quelques jours, à son passe-temps favori : la politique internationale. Mais l'année commence mal pour lui. Le 23 février, les relations franco-britanniques ont en effet été profondément altérées par la publication, dans le *Times*, du compte rendu d'une conversation entre le général et l'ambassadeur de Grande-Bretagne à Paris, sir Christopher Soames, gendre de Churchill. Selon le quotidien conservateur, le chef de l'État aurait plaidé en faveur d'une indépendance accrue de l'Europe et de l'Angleterre vis-à-vis de l'Amérique, réclamé le démantèlement de l'OTAN, appelé les Anglais à rejoindre une communauté transformée, pilotée par un directoire à quatre (Grande-Bretagne, Allemagne, Italie, France). L'émoi a été d'autant plus fort que de Gaulle aurait proposé aux Britanniques des pourparlers secrets et directs en vue de leur adhésion à la CEE. Sans convaincre, Paris fait savoir que le verbatim français ne correspond pas complètement à celui de sir Christopher Soames. En fait, le général a commis une imprudence, et Maurice Couve de Murville le dira très clairement un peu plus tard à Henri Froment-Meurice :

« Il m'a téléphoné après son entretien avec Soames — ce qu'il n'avait pas fait depuis 1959 ! Je l'ai senti un peu penaud. Je n'étais au courant de rien. C'est Debré qui l'avait convaincu de recevoir Soames. Il voulait que nous nous montrions gentils avec les Anglais. Le général a essayé de l'être et, comme il ne pouvait être question d'accepter les conditions de Londres pour l'entrée de la Grande-Bretagne dans la Communauté, la seule chose dont on pouvait parler avec les Anglais, c'était de développer un peu la coopération politique. Soames a raconté cela à Wilson qui s'est empressé de le dire à nos partenaires en leur laissant entendre que nous étions prêts à négocier avec lui dans leur dos. Quand de Gaulle m'a appelé, je lui ai dit que les Anglais allaient sûrement raconter cela à nos partenaires et c'est ce qui n'a pas manqué de se produire[52]. »

Du 28 février au 2 mars, la visite de Richard Nixon, nouvellement élu président des États-Unis, ne suscite heureusement pas les mêmes tensions. Depuis toujours, de Gaulle entretient des rapports excellents avec l'ancien vice-président d'Eisenhower, sans lui accorder malgré tout une estime excessive : « C'est un garçon sympathique et je crois que nous pouvons nous entendre avec lui, mais ce n'est pas un homme d'État », a-t-il confié à Jacques Foccart lors du scrutin présidentiel américain du 6 novembre 1968[53]. Le général a, en vérité, deux raisons de se réjouir. L'arrivée de ce républicain aux affaires peut faire évoluer l'affaire vietnamienne dans le sens qu'il souhaite ; Washington d'autre part ne cache plus ses réticences vis-à-vis d'une Europe communautaire, d'abord encouragée pour des raisons stratégiques puis tenue en suspicion depuis que les milieux d'affaires ont vu en elle un concurrent. Nixon, de son côté, est décidé à améliorer les relations franco-américaines. Son admiration pour le général paraît sincère, chose rare de la part d'un Américain. Les conseils d'apaisement par ailleurs ne lui ont pas manqué. « Avant la visite officielle que je devais faire en France, écrit-il, j'allai rendre visite à Eisenhower à l'hôpital Walter Reed. Âgé de soixante-dix-huit ans, il était cloué au lit et n'avait plus que quelques semaines à vivre. Mais son esprit restait vif et sa mémoire fidèle. Il dit pensivement : "Nous n'avons pas eu assez d'égards pour de Gaulle pendant la guerre[54]." » Cerveau de l'équipe de la Maison-Blanche, Henry Kissinger ne dissimule pas sa fascination à l'égard de de Gaulle. Avant le voyage en France, il s'est arrangé pour faire recevoir par le président un autre Américain sensible au charisme du général et expert en gaullisme : Stanley Hoffman. « Je crois, a-t-il écrit à Richard Nixon, que personne ne peut vous donner une meilleure analyse de de Gaulle et de sa politique[55]. »

Dans ce climat moins conflictuel, le courant paraît passer entre le dernier géant de la Seconde Guerre mondiale et Richard Nixon. Les entretiens sont cordiaux. De Gaulle semble apprécier d'être consulté à propos des relations des États-Unis avec l'Union soviétique et la Chine. Paternellement, il conseille à son visiteur de quitter le Vietnam, comme lui-même a abandonné l'Algérie. Nixon, de son côté, affirme comprendre la position française touchant l'OTAN. Il se félicite aussi de l'existence d'une force de frappe française. Le bilan de la visite n'en est pas moins contrasté. Par son prestige, il n'est pas douteux que de Gaulle a réussi à faire de la France un partenaire crédible pour l'Amérique. Reste que l'ambition avouée du général de transformer l'OTAN n'a pas abouti et que sur le plan économique et financier la France est isolée.

Ayant réussi à faire prendre conscience des difficultés inhérentes au système, souligne Maurice Vaisse, le général n'a pas su faire prévaloir ses vues, peut-être pour avoir préconisé un retour à un étalon-or conçu trop strictement. L'isolement qui en a résulté contraint la France à battre en retraite et les suites de mai 1968 ont suscité des tensions inflationnistes qui ont sapé la stabilité instaurée en 1958 et ajourné toute velléité d'autonomie nationale[56].

À mesure que le temps passe, de Gaulle semble de plus en plus enclin à faire cavalier seul sur le plan international, à aller jusqu'au bout de la logique exposée dans *Le fil de l'épée.* Henry Kissinger en a eu la preuve lors d'un dîner à l'Élysée[57]. Ayant demandé au général comment il pensait éviter que l'Allemagne ne domine l'Europe dont il rêvait, il s'est entendu répondre, très calmement : « Par la guerre. » « Il faudra leur rentrer dans la gueule », dira le général peu après à l'amiral Flohic, soucieux d'avoir son avis sur le même sujet[58].

Après cette dernière fanfare, le général replonge dans un climat lourd, peu favorable au référendum. Contrairement à ce que croyaient André Malraux et Maurice Couve de Murville, il n'avait pas, consciemment du moins, la volonté de finir son parcours par un suicide politique. Si cette hypothèse était la bonne, on voit mal pourquoi il aurait songé, comme on l'a vu, à renoncer à la consultation. On sait ainsi qu'il demanda à Roger Frey s'il lui paraissait possible d'en reculer la date[59]. Il est vrai, en revanche, que contre l'avis du ministre de l'Intérieur, Raymond Marcellin, il finit par se ranger derrière ceux qui répètent : « Le général ne peut reculer. » « Vous perdriez complètement la face », lui a dit le Premier ministre[60]. À mesure que les jours passent, le résultat négatif apparaît de plus en plus probable. Derrière leur nouveau président, le centriste Alain Poher, les sénateurs, ceux de l'opposition du moins, font une campagne assez efficace contre la suppression de la seconde chambre. L'argument porte. Les Français âgés et conservateurs savent que c'est le Sénat qui, en 1937, a mis fin à l'expérience du Front populaire. À l'intérieur de la famille gaulliste, des défections commencent à se produire : le constitutionnaliste Marcel Prelot, par ailleurs sénateur, rompt alors avec le général. René Cassin émet un avis très négatif sur le projet. À ces critiques de fond s'ajoute la situation nouvelle créée par l'émancipation de Georges Pompidou. Pour beaucoup, y compris des gaullistes, le général a désormais un successeur potentiel. Son départ ne serait pas un drame.

De Gaulle est bien conscient de tout cela, mais il est trop tard. Le 17 mars, un communiqué de la présidence de la République fait allusion « à la question de confiance que le général de Gaulle pose aux Français ». Dans le même temps, le conseil d'État émet un avis défavorable sur le projet de loi référendaire Dans la voiture qui, le 22 mars, les conduit à une prise d'armes aux Invalides, le général Lalande évoque la perspective des vacances de printemps à Colombey :

« Oui, répond le général, manifestement fataliste, mais, une fois de plus, il me faudra préparer un discours. De toute façon, je suis très serein parce que s'ils disent non au référendum, je partirai. Il faudra bien que ça se fasse un jour ou l'autre. Les choses ne peuvent pas tenir éternellement et ce serait un départ très convenable. — Faites quand même un bon discours, conseille Lalande. — Ne craignez rien. Oui, enfin je ferai au mieux de mes aptitudes », rétorque de Gaulle, étrangement modeste[61].

En mars, le chef de l'État s'envole pour Washington afin d'assister aux obsèques du général Eisenhower, décédé quelques jours plus tôt. Il tient à rendre hommage au commandant en chef des Forces alliées, à l'Américain qui seul contre son gouvernement l'a défendu à la fin de la guerre. Dans la capitale fédérale, lors de la cérémonie, le général écrase l'assistance de toute sa stature. Signe des liens assez étroits qu'il a noués avec Richard Nixon, il lui fait demander un rendez-vous pour discuter d'importantes questions durant son bref séjour. C'est la première fois qu'il se place en position de solliciteur face au chef de l'exécutif américain.

De retour à Paris, il semble n'avoir désormais aucune illusion sur l'issue du scrutin. Les oppositions au projet référendaire se révèlent sans cesse plus nombreuses. Après le Parti radical, le 9 mars, le PSU, le 16, le PCF, le 19, le Centre démocrate, le 22, Valéry Giscard d'Estaing, le 14 avril, se prononce à son tour pour le non. Selon Jean Mauriac, le général comprend alors que tout est joué. Le lendemain, au nom des centristes d'opposition, Jacques Duhamel rejoint lui aussi le camp des adversaires du projet. Avec Michel Droit, le 10 avril, le général a défendu sa cause à la télévision, sans provoquer le frémissement espéré de l'opinion.

Devant tous ses collaborateurs unanimes sur ce point, le général s'apprête à quitter la scène avec plus de trouble intérieur qu'il ne le laisse apparaître. Tandis que, marquée par les événements de mai 1968, Mme de Gaulle s'affole, conseille à ses enfants de se tenir prêts à partir avec une mallette contenant leurs biens les plus précieux, fait promettre à Jacques Foccart de s'occuper d'eux en cas de malheur [62], de Gaulle se laisse aller à de curieuses considérations historiques devant le général Lalande :

> Général de Gaulle : Voilà pour le référendum. Si c'est oui, j'ai gagné, et c'est bien. Si c'est non, j'ai gagné aussi parce que cela créera un bouleversement et qu'après cela sera la pagaille.
> Général Lalande : Mais je ne serais pas bien de voir s'instaurer la pagaille.
> Général de Gaulle : Moi non plus. Je ne désire pas perdre mais sur le plan historique, celui qui m'intéresse, j'aurais gagné dans les deux cas.
> Général Lalande : Enfin, mon général, le jour où il y aura un successeur il faudra quand même que ça marche.
> Général de Gaulle : Si c'est oui, je continuerai et nous tâcherons de mettre sur pied une solution qui aille, vaille que vaille, mais ce ne serait pas pareil car j'aurais triomphé au référendum. Mais finalement, dans les deux cas, je triomphe [63].

Mécaniquement, de Gaulle accomplit les devoirs de sa charge. Il reçoit ses collaborateurs qu'il remercie, ne leur laissant aucun doute sur le résultat du scrutin. Le mercredi 23, il préside le Conseil des ministres et conclut : « Nous nous réunirons en principe mercredi prochain. Nous avons, en effet, l'espoir de nous retrouver la semaine prochaine. S'il n'en était pas ainsi, ce serait un chapitre de l'histoire de France qui serait terminé. » Le lendemain, il interrompt le général Lalande qui veut lui faire signer le courrier : « Inutile, vous savez.

Maintenant tout cela est terminé. Le résultat est acquis. Ce sera non, c'est inéluctable[64]. »

Le mercredi 25 dans la matinée de Gaulle enregistre son ultime appel qui sera radiotélévisé le soir à vingt heures :

Votre réponse va engager le destin de la France parce que, si je suis désavoué par une majorité d'entre vous, solennellement, sur ce sujet capital et quels que puissent être le nombre, l'ardeur et le dévouement de l'armée de ceux qui me soutiennent et qui, de toute façon, détiennent l'avenir de la patrie, ma tâche actuelle de chef de l'État deviendra évidemment impossible et je cesserai aussitôt d'exercer mes fonctions.

L'enregistrement terminé le général, conformément à une décision prise la veille, s'apprête à quitter l'Élysée. À midi quarante-cinq, il prend un rapide repas en compagnie de Mme de Gaulle. À la dernière minute, Jacques Foccart veut le réconforter en lui montrant des sondages plus encourageants. Sa conviction n'en est pas entamée. Le repas terminé, il traverse une dernière fois le salon d'argent où Napoléon signa son abdication et monte dans sa DS, stationnée devant la roseraie. Mme de Gaulle et Flohic l'accompagnent. La voiture suit lentement l'allée du parc conduisant à la grille de l'avenue Marigny. Au garde-à-vous, le colonel Laurent, commandant militaire du palais, le salue comme il le fait toujours ; mais pour la première fois, le général demande au chauffeur d'arrêter : il baisse la vitre et, sans un mot, serre la main du colonel. À seize heures trente, il arrive à Colombey. À la servante qui l'accueille dans le vestibule, il lance : « Nous rentrons définitivement. Cette fois, Charlotte, c'est pour de bon. »

Le dimanche 27, jour de la consultation, le général entend la messe dans le salon de la Boisserie afin d'éviter les curieux rassemblés à l'église. À onze heures trente-cinq, il vote, serre la main du maire sans faire le moindre commentaire. Il s'enferme aussitôt chez lui dans l'attente des résultats. Dès la fin de la soirée, comme il en a reçu instruction, Bernard Tricot téléphone pour donner les premières tendances laissant présager à coup sûr la victoire du non. Le général — qui prend l'appel sur l'unique poste de la maison, au fond de l'antichambre, sous l'escalier — demande à son collaborateur de le rappeler à vingt-deux heures. À ce moment, les résultats définitifs sont presque connus : le non, qui triomphe dans la plupart des grandes villes et d'abord à Paris, l'emporte avec 53,97 % des suffrages exprimés. Face à ce désaveu clair, le général décide de brusquer les choses : sa démission doit être rendue publique dès minuit et non le lendemain à onze heures. Les termes en ont été fixés dans un document remis quelques jours plus tôt au Premier ministre. À vingt-trois heures, en présence de Bernard Tricot, du ministre de l'Information, Joël Le Theule, Maurice Couve de Murville décachette l'enveloppe et lit un communiqué dont la sécheresse le surprend : « Je cesse d'exercer mes fonctions de président de la République. Cette décision prend effet aujourd'hui à midi. »

ÉPILOGUE

« Pourquoi êtes-vous parti sur une question aussi secondaire que celle des régions ? demandera André Malraux au général en décembre. À cause de l'absurdité ? » « Il me regarde de nouveau fixement, poursuit l'écrivain : “À cause de l'absurdité[1].” »

Le dialogue, dans ces termes, a-t-il vraiment eu lieu ? Personne ne peut l'assurer. La vérité d'André Malraux n'est pas une vérité sténographique. L'échange en tout cas traduit bien l'hiatus qui s'est introduit entre de Gaulle et les Français. En 1940, quand il a assumé seul la France, l'enjeu était formidable, sans précédent dans notre d'Histoire. En 1958, il était également de taille : la République sinon la France étaient en jeu, le nœud gordien de la décolonisation devait être tranché. Dans les deux cas, la fin justifiait en quelque sorte les moyens. Pour relever le défi, les Français, au moins pour un temps, acceptèrent de faire confiance à un homme exceptionnel qui se situait parfois hors des règles communes. En 1969, la question posée n'était, certes, pas dérisoire mais, de nature technique, elle ne justifiait en rien la dramatisation voulue par le chef de l'État. Au-delà de tous les motifs invoqués, la vraie raison de l'échec est sans doute là, dans cette inadéquation criante, et en effet absurde, entre l'objectif fixé et la méthode adoptée pour l'atteindre.

De Gaulle désormais vit en reclus à la Boisserie. Il n'en sortira pas avant plusieurs jours. C'est de là qu'il suit l'installation d'Alain Poher à l'Élysée, où il préside le Conseil des ministres en l'absence de René Capitant qui a démissionné. Le premier visiteur qu'il y accueille, le 28 avril, à onze heures, est son beau-frère Jacques Vendroux arrivé au volant d'une Jaguar, inhabituelle en ces lieux austères. « Un seul mot un peu triste lui échappe, rapportera le frère de Mme de Gaulle : “On a réussi à endormir les Français... Quand ils se réveilleront, ils reconnaîtront sans doute que j'avais raison[2].” » Aux rares privilégiés admis à la Boisserie, le général tient à peu près le même discours. Le 30, le général Lalande trouve l'ancien chef de l'État très calme, maître de lui, détendu mais grave, partagé entre la tristesse d'avoir quitté le pouvoir et la satisfaction d'avoir fait une bonne sortie. « Je pars sur un succès, répète-t-il, car ce texte était bon pour la France et historiquement on le reconnaîtra. » De Gaulle se préoccupe aussi du sort de son fils : « Il faudrait le mettre sur la liste d'aptitude car il ne doit pas souffrir injustement de mon départ[3]. »

Apparemment, le général ne se targue auprès de personne de ce qui sera son plus beau titre de gloire, quand l'objet même de la réforme aura été oublié de tous : en démissionnant sur l'heure, en mettant ses actes en accord avec ses paroles, il a prouvé qu'il avait, lui aussi, une certaine idée de la démocratie.

Du monde entier des lettres parviennent à son secrétariat. Celles qui le touchent le plus sont signées du général Franco et de Richard Nixon :

> Cher Monsieur le Président, écrit ce dernier. C'est avec un profond regret que j'ai appris votre démission en tant que président de la France. J'ai beaucoup apprécié les francs et compréhensifs échanges de vues que j'ai eu le privilège d'avoir avec vous, à la fois comme citoyen privé, comme vice-président et en tant que président des États-Unis. Je n'oublierai pas non plus la courtoisie de votre accueil et la sagesse de vos conseils durant ma récente visite à Paris. Nos conversations ont été l'occasion d'un nouveau départ de la coopération amicale entre nos deux pays. Aux États-Unis, nous n'oublierons pas ce que vous avez fait pour la France, à la fois à l'intérieur et à l'extérieur et pour le monde, dans la guerre et dans la paix[4].

Le message n'est pas d'une originalité extrême mais venant de celui qui préside aux destinées d'un pays si souvent rebelle à sa politique, on conçoit qu'il ait touché le maître de la Boisserie.

Sur-le-champ, le général définit les principes de sa nouvelle existence. Si grande que puisse être son estime à l'égard de tel ou tel responsable, il entend ne plus avoir de contact avec le monde du pouvoir. Sur ses instructions, tous ses collaborateurs ont quitté l'Élysée à midi, le 28, ne laissant pas la moindre archive, à la fureur du président Poher. Autour de la Boisserie, le service de sécurité est retiré dès le 29 ; ne resteront que quelques gendarmes, les membres du service de protection des hautes personnalités, un représentant des Renseignements généraux. De Gaulle renonce à sa dotation d'ancien président de la République ; il annonce sa décision de ne pas siéger au Conseil constitutionnel, dont il est membre de droit. Il n'accepte que certaines facilités : un secrétariat, un bureau à Paris. Pour autant, il ne se désintéresse pas complètement de la suite : à son gendre, à Jacques Foccart qui vient le voir à Colombey, il recommande de rester à leur poste. Très vite, il envoie une lettre à Georges Pompidou qui lui a écrit dès son départ : explicitement, il approuve sa candidature à la présidence de la République, en ajoutant simplement de manière un peu cruelle :

> Sans doute eût-il mieux valu que vous ne l'ayez pas annoncée plusieurs semaines à l'avance, ce qui a fait perdre certaines voix au oui, vous en fera perdre quelques-unes et, surtout, pourra vous gêner un peu dans votre personnage, si vous êtes élu. [...]. Il va de soi qu'au cours de la campagne, tenant compte des dimensions de tout, je ne me manifesterai d'aucune façon. En particulier, votre lettre du 28 avril et ma réponse d'aujourd'hui resteront entre nous.

La formule assassine, « tenant compte des dimensions de tout », montre bien l'état d'esprit du général. Pour lui, il n'y a rien de commun entre la sphère où il se situe et celle du pouvoir, règne des contingences et des compromis. Le citoyen de Gaulle peut souhaiter que l'essentiel soit maintenu et donc que le candidat le plus proche de ses idées soit élu ; le personnage historique, lui, a une autre optique inévitablement plus égoïste, dominée par le souci d'offrir à la postérité le meilleur profil.

En attendant que le temps fasse son œuvre, le meilleur moyen d'y contribuer est de prendre géographiquement du champ. Depuis longtemps, le général souhaite connaître l'Irlande, patrie de certains de ses ancêtres. Il décide donc de s'y rendre sans tarder, à la fois pour se tenir éloigné des événements de France et y trouver l'apaisement. Car même s'il s'efforce de donner le change, le choc ressenti le 27 avril a été pour lui « terrible », selon l'expression de Jean Mauriac, qui ajoute : « Philippe de Gaulle a dit un jour : “Ce fut une grande tristesse, ce fut un grand chagrin... Le chagrin de son départ avait comme brisé son cœur[5].” »

Dès le 1er mai, Xavier de La Chevalerie prend contact avec Emmanuel d'Harcourt, ambassadeur de France à Dublin. Le hasard fait bien les choses : le diplomate est un ancien de la France libre, compagnon de la Libération, un de ces fidèles de l'époque héroïque particulièrement chère au cœur du général. Celui-ci a des souhaits très précis concernant l'organisation de son séjour et son premier lieu de résidence :

Sur la côte ouest de l'Irlande tout d'abord, dans un site sauvage et éloigné des agglomérations, ayant un accès facile à une plage aussi déserte que possible. Tant mieux si c'est au bord ou à proximité d'une forêt, où l'on puisse se promener à pied. Soit un petit hôtel qui soit confortable (ce serait le mieux), soit une villa convenablement chauffée. Ma femme et moi, un aide de camp et peut-être sa femme, un chauffeur, un cuisinier et valet de chambre (marin)[6].

L'endroit répondant aux exigences du général n'est pas facile à trouver, surtout en un délai si bref. « La saison commence, souligne Emmanuel d'Harcourt dans des notes inédites consacrées à ce séjour irlandais, dont il va être un témoin clé. La “mouche” de mai a déjà rempli de pêcheurs les petits hôtels. Les grandes demeures appartiennent à l'aristocratie anglo-irlandaise : cela ne peut plaire au général. »

Xavier de La Chevalerie, qui se rend en Irlande les 3 et 7 mai, constate la difficulté de la mission. Lorsqu'il revient à la Boisserie, le 8, il a cependant repéré différents endroits conformes aux vœux du général. La première étape est fixée dans la baie de Kenmare, à l'hôtel Heron's Cove. L'établissement ne comporte que quelques chambres très simples mais, situé sur une pointe rocheuse, il est à l'abri des regards indiscrets, au milieu d'un parc peuplé d'azalées et de rhododendrons. Favorisé par le Gulf Stream, le climat est réputé pour sa douceur. Le général décide de s'envoler dès le lendemain à destination de l'Irlande.

Le départ de la Boisserie s'effectue dans le plus grand secret, à huit heures du matin. Par précaution, le personnel n'a pas été averti, Mme de Gaulle a bouclé elle-même les valises. À l'aéroport de Saint-Dizier, où un an plus tôt il a fait escale avant de se diriger vers Baden-Baden, un Mystère 20 du GLAM attend le général. Seuls Maurice Couve de Murville, Michel Debré, François-Xavier Ortoli et Pierre Messmer sont au courant du voyage. La mise à disposition du Mystère 20 n'a pas posé de problème de conscience au général, toujours soucieux de ne pas prêter le flanc à la critique en raison des avantages dont il pourrait bénéficier : son Dakota, cadeau personnel du président Truman, a été donné à l'armée de l'air. Les services fournis en l'occurrence par le GLAM apparaissent comme une compensation à ce don.

Le 10 mai, à dix heures trente, le Mystère 20 se pose sur l'aéroport de Cork. Au dernier moment, le Premier ministre irlandais, John Lynch, a décidé de venir accueillir son hôte de marque. Le général sort le premier de l'appareil et salue le chef du gouvernement : « L'Irlande est un pays noble ! » Soudain il ne cache pas son mécontentement : soucieux d'obéir à ses consignes de discrétion, l'ambassadeur de France a décidé de venir au volant de sa voiture personnelle mais, handicapé par la prothèse qui remplace sa jambe perdue pendant la guerre, il parvient sur le terrain d'aviation seulement quelques minutes après l'atterrissage : « Que pensez-vous d'un ambassadeur qui arrive si tard quand j'annonce mon arrivée ? » dit l'ancien chef de l'État à Xavier de La Chevalerie qui, en la circonstance, le trouve « un peu dur ». La suite du séjour va montrer qu'il ne supporte pas facilement sa nouvelle situation. Le traumatisme ressenti le 27 avril se révèle soudain. « À son arrivée en Irlande, écrit Jean Mauriac, ceux qui l'approchent sont unanimes : le général demeure triste, en proie à un chagrin profond, à une peine qu'il ne songe pas à dissimuler : "J'ai été blessé en mai 1968, dit-il. Et maintenant, ils m'ont achevé. Et maintenant, je suis mort[7]." »

À peine installé au Heron's Cove, de Gaulle descend de sa chambre et questionne Emmanuel d'Harcourt : « Est-ce que vous vous y attendiez ? » Le diplomate croit alors que le général évoque son arrivée en Irlande. L'équivoque dissipée, il comprend que l'illustre visiteur veut parler de sa défaite lors du référendum ; très vite, il se reprend : « Pas du tout. — Je le savais depuis longtemps, rétorque de Gaulle. Je n'en sors pas diminué. Il fallait à mon âge trouver un moyen de partir. C'est bien comme cela. Je serais content que Pompidou soit élu. Mais ce serait un autre, mettons un socialiste, ce serait de même. Cela ne sera plus la monarchie. Cela va dégringoler. Ce qui est important, c'est de maintenir ce que nous avons fait, pour qu'un jour la France puisse le reprendre. Vous êtes bien de mon avis, ajoute-t-il à l'adresse de Mme d'Harcourt en aparté : c'est dommage pour eux mais, pour moi, ça c'est bien passé. »

« Après le déjeuner, rapporte Emmanuel d'Harcourt, le général auquel j'ai constamment trouvé l'air triste (j'ai vu que Mme de Gaulle avait les larmes aux yeux) revenait, comme dans son obsession, sur les circonstances de son départ, soulignant que les Français sont ingouvernables, toujours divisés, individualistes à l'extrême. “Les Anglais, les Allemands eux sont disciplinés. Le danger c'est que les Allemands en recouvrant les éléments de la puissance, recouvrent le désir d'entreprendre.” Regardant en arrière, poursuit l'ambassadeur, il distinguait trois périodes : Avant la guerre d'Algérie, les Français ont besoin de lui et l'ont supporté. Après la guerre d'Algérie, son autorité sur les Français s'est dégradée jusqu'en mai 1968. Après mai 1968, c'était fini, il fallait en sortir. La sortie s'est faite sur des questions auxquelles il faudra bien revenir : la participation, la régionalisation. » Le découragement du général, constaté également par le curé venu dire la messe dominicale, transparaît bien lorsque, en réponse à Emmanuel d'Harcourt, impatient de le voir rédiger son ultime message, il répond : « En aurai-je la force ? »

Finalement, la magie des lieux agit. Dans un long manteau gris, de Gaulle, en compagnie de son épouse et de son aide de camp François Flohic, arpente les dunes de Derrynane, en bordure de la mer. Sombre au début, comme l'ont immortalisé de célèbres photos qui apitoieront son vieil ennemi Paul Morand[8], il reprend vite force et résolution. De nouveau il travaille, dans le calme de Heron's Cove. C'est là que sont écrites les premières pages des *Mémoires d'espoir.* François Flohic remarque, de son côté, que l'ancien président de la République est désormais plus serein.

Le 23 mai, le général et sa petite suite quittent leur premier lieu de résidence à destination de Cashel et s'installent quelques jours dans un hôtel confortable. Les 24, 25 et 26 mai, le week-end de Pentecôte, Emmanuel d'Harcourt, seul (sans sa femme retournée à Paris), vient rejoindre l'ancien chef de la France libre. D'emblée, il est frappé par la transformation, l'heureux effet du climat.

> J'ai trouvé de Gaulle beaucoup mieux qu'à Heron's Cove, détendu, moins triste, moins obsédé... Je n'ai pas été surpris quand le général m'a cité, d'entrée de jeu, les paroles que Louis XVIII en exil, dans quelque ville d'Europe septentrionale, avait prononcées, en accueillant un visiteur qui était, en plus, un pèlerin : « *Vicit iter durum pietas*[9]. » [...] Il me dit qu'il trouve l'Irlande d'une grande beauté. Peut-être est-ce son état psychologique qui la lui fait particulièrement goûter[10] ?

Revigoré, de Gaulle paraît retrouver intérêt à l'actualité et même nourrit de très fugitifs espoirs : « On parle, rapporte Emmanuel d'Harcourt, du projet de Capitant qui fait savoir qu'il s'attend à une période de troubles qui provoqueront le retour du général. Mme de Gaulle a un haut-le-cœur à ces paroles. Il n'est pas certain qu'elles déplaisent au général. »

De Gaulle malgré tout préfère évoquer devant son compagnon d'armes les grandes heures de Londres, les débuts dérisoires et glorieux de la France libre. Une fois de plus il déplore qu'aucun vrai responsable ne l'ait alors rejoint. Noguès et Darlan restent ses cibles favorites. « Il y a eu, constate-t-il, dans la France libre bon nombre d'aristocrates qui se faisaient une certaine idée de la France, par exemple, d'Argenlieu, Larminat, Guillebon, Leclerc, vous-même. Il y a eu aussi pas mal de juifs, ou bien parce qu'ils étaient menacés, ou bien parce qu'ils étaient devenus passionnés de la France. À une autre famille appartenait Jean Moulin qui avait le sens de l'État[11]. » « Pensez-vous qu'il serait devenu communiste, comme Passy a tendance à la croire ? » interroge l'ambassadeur. De Gaulle, sur ce point, est catégorique : « Sûrement pas. Je crois qu'il aurait été avec moi. Brossolette était une sorte de philosophe du gaullisme alors que Jean Moulin se préoccupait de sa pratique. » L'amiral Muselier reste, en revanche, pour lui un très mauvais souvenir : il lui conteste même le mérite d'avoir choisi la croix de Lorraine pour emblème de la France libre. « En réalité, soutient-il, l'idée était venue de d'Argenlieu. Si on s'était battu contre les Anglais, ajoute-t-il sans sourciller, on aurait pris la croix gaélique. »

Combatif, vindicatif même, il revient au présent pour lancer quelques banderilles à Georges Pompidou : « Sa déclaration de Rome n'a pas entraîné beaucoup de voix, c'est maintenant qu'elle risque de lui en faire perdre. »

> Il définit Pompidou comme un « arrangeur », un homme cherchant peut-être à concilier l'inconciliable, précise Emmanuel d'Harcourt. Debré, Couve, Messmer, sont moins « arrangeurs » à ses yeux. Il professe une grande estime pour Couve. Les vieux réflexes de l'époque du RPF soudain refont surface. De Gaulle de nouveau mise ouvertement sur un scénario catastrophe, avec le fol espoir, peut-être, de jouer encore un rôle. « Poher va être élu, répète-t-il. Si c'est Pompidou, cela ne fera pas grande différence. Poher va sans doute dissoudre l'Assemblée à l'automne. Après ce sera la jachère. Il y aura des difficultés monétaires, économiques et sociales. Peut-être aurai-je encore à intervenir... »
> « Le regret de ma vie, c'est de ne pas avoir fait de monarchie, qu'il n'y ait pas eu un membre de la Maison de France pour cela. En réalité, j'ai été un monarque pendant dix ans. Il n'y a que moi à avoir une politique française. D'ailleurs à l'étranger, en Europe, quels sont ceux qui ont une politique ? Les Anglais n'en ont pas, les Allemands non plus ; je ne parle pas des Italiens[12]. »

Ces propos naturellement étonnent, surtout ceux comme Emmanuel d'Harcourt qui ne le fréquentent pas quotidiennement. François Flohic, lui, est moins surpris. Depuis des années, il a appris à décrypter le personnage ; dix fois il l'a entendu répéter : « J'ai fait une politique sans moyens. » « Il ne faut pas oublier, explique-t-il à Emmanuel d'Harcourt, que le général a été une sorte de monarque qui s'est mesuré à des titans : Staline ou Churchill. Tenez compte de l'échelle. » L'Irlande avec ses âpres paysages battus par le vent convient à sa méditation. De Cashel, il se rend le jour de la Pentecôte en voiture près de Doonloughan, dans une région désertique en bordure de mer. La vue est superbe sur l'océan parsemé de rochers et d'îlots. « Le général contemplait ce chapelet d'îlots, note Emmanuel d'Harcourt. "Il a fallu, disait-il, des milliers d'années pour que la mer attaque la côte et la déchiquette pour en faire ce qu'elle est aujourd'hui." »

Au retour de cette excursion, la conversation justement vient sur l'un des titans : « Staline, géant rustique, plein de passion pour la Russie. » La fascination perçue par Jean Laloy en 1944 persiste : « Il ne parlait jamais des Soviétiques, souligne de Gaulle, mais des Russes. Il était très sûr de lui, ce qui n'a pas été le cas de ses successeurs, en particulier Khrouchtchev. Il avait une vision du rôle de la Russie. Pour lui, le communisme n'était qu'un moyen au service de la puissance russe. »

Toujours courtois, le général se prête de bonne grâce sinon avec entrain aux questions de l'ambassadeur. Son enfance, les idées de son père, ses lectures de jeunesse, son séjour en Pologne, son amitié avec Toukhatchevski, ses rapports avec Pierre Mendès France sont tour à tour évoqués. Calmement, avec force anecdotes. Puis soudain, le problème de la construction européenne est abordé, et de Gaulle s'échauffe, manifestement en désaccord avec Emmanuel d'Harcourt qui prône une union plus grande, soulignant que la confédération européenne est une idée gaullienne.

« C'est vrai, rétorque-t-il en élevant la voix, mais une confédération cela veut dire conserver les pays. L'Europe, qu'est-ce que c'est ? Je voudrais qu'on me le dise. S'il s'agit du domaine politique, d'une politique européenne, comme nous l'avons tenté avec le plan Fouchet, l'expérience prouve qu'elle est impossible puisque les pays européens ont des conceptions politiques discordantes. L' Europe, ce sont des pays différents qui n'ont pas les mêmes idées. S'il s'agit du Marché commun, celui-ci ne peut pas marcher avec la Grande-Bretagne. Le Marché commun a été possible avec un petit nombre de pays qui se ressemblent par leurs dimensions, par leur voisinage, par leurs problèmes, par leur situation sur le continent. L'Angleterre, ce n'est pas tout cela. Elle s'approvisionne dans le monde entier, elle a des relations monétaires, elle a une économie dans l'état que l'on sait, elle a des rapports privilégiés avec les États-Unis. Tout cela la distingue des pays du Marché commun. Il est vrai que l'on peut faire autre chose avec l'Angleterre. D'abord le fait qu'elle n'appartienne pas au Marché commun n'empêche nullement les pays européens, à commencer par la France, d'avoir avec elle les meilleurs rapports et de se lancer dans d'importantes entreprises, comme le Concorde ou le tunnel sous la Manche. On peut inventer une autre formule de zone de libre-échange qui sera inévitablement atlantique. Mais tout cela n'a rien à voir avec l'Europe. Pour faire l'Europe, il faut en vérité un fédérateur, ce que fut Charlemagne, ce qu'ont essayé Napoléon et Hitler. Et puis, il faut probablement une guerre contre quelqu'un, ce qui contribue à souder des éléments d'origine différente. Si la France avait cent millions d'habitants peut-être serait-elle ce fédérateur ? L'Allemagne aurait pu récemment l'être mais les autres n'en voulaient pas. De même pour la Russie. » La conclusion s'impose : Schuman « le Boche » et Monnet « le fumiste » ont tracé la voie à ne pas suivre. « Il n'est pas possible de faire l'Europe en renonçant à la France, cela n'est pas admissible. La vocation de la France est de s'attaquer à de vastes entreprises mais les deux guerres l'ont trop fatiguée[13]. »

Après cette charge, le général se sent une ardeur nouvelle. L'échec du référendum et particulièrement l'indifférence à la participation proposée l'affectent profondément et sincèrement. Le problème social le préoccupe. « Les Américains me paraissent avoir été très loin dans la voie de la participation », hasarde l'ambassadeur. « En Amérique et en Europe, les problèmes sont d'une nature différente, rétorque de Gaulle. Dans nos vieux pays, l'attitude vis-à-vis de la terre et de l'usine n'est pas la même que dans un pays neuf, immense, où les populations se déplacent, sans racines, où se posent des problèmes ethniques et où la violence est la conséquence de la dimension. » Le problème de la jeunesse, apparu clairement un an plus tôt, est aussi pour le général un nœud gordien qu'il faudra trancher, mais le moins que l'on puisse dire est que ses conceptions doivent fort peu à l'esprit du temps : « Les professeurs plongés dans le monde de leurs idées n'ont rien compris aux nécessités nationales. Voltaire avait montré la voie... » « Au XIXe siècle, objecte Emmanuel d'Harcourt, il y a eu, me semble-t-il, un corps universitaire patriote. — Je n'en suis pas sûr, répond de Gaulle. Sans doute y a-t-il eu Barrès mais il y a eu aussi Anatole France. Pour que la jeunesse et les intellectuels soient attirés par l'idée de nation, il faut que celle-ci ait les éléments de la puissance. Nous les avons eus jusqu'à la Première Guerre mondiale, à l'époque où les Français inventaient l'automobile, l'avion et la TSF. »

À la fois interloqué et impressionné, Emmanuel d'Harcourt brosse cette fine esquisse qui paraît se rapporter à une figure d'un siècle déjà lointain :

> Un homme très grand, un peu dégingandé, le teint coloré, l'œil ferme, la voix haute, à la fois droit et sérieux, plein d'affabilité avec une suprême aisance. Saint-Simon dirait qu'il a grand air. Une courtoisie d'un autre temps avec la faculté de proférer des mots rudes. Le personnage reste impénétrable [14].

Le 3 juin, les voyageurs regagnent le Kerry et prennent leurs quartiers dans un bungalow appartenant à lady Grovenor, petite-fille du duc de Westminster, propriétaire du domaine de Kenmare. Emmanuel d'Harcourt, qui rend de nouveau visite aux de Gaulle les 10 et 11 juin, est enthousiasmé par cette nouvelle installation : une maisonnette simple mais confortable, placée dans un beau site face au lac de Kilkearney. La vue sur les prairies, le lac et les montagnes est exceptionnelle.

À cette troisième étape de son séjour irlandais, le général à l'évidence a surmonté son humeur dépressive. Il surprend plutôt l'ambassadeur par sa pugnacité, la très haute idée qu'il se fait de son rôle dans le monde. L'approche de l'élection présidentielle française, à l'issue de laquelle l'arrivée de Georges Pompidou à l'Élysée semble à présent programmée, si l'on en croit les nombreux sondages, explique-t-elle cette nervosité ? François Flohic semble le penser. Son ancien Premier ministre est en tout cas sa cible privilégiée. « Pompidou va être élu, confie-t-il à Emmanuel d'Harcourt. Il choisira Chaban comme Premier ministre ou peut-être plutôt Guichard. Pompidou est un arrangeur, c'est pourquoi je l'ai pris. Il est bien qu'il soit élu mais cela ne sera pas différent du résultat auquel aboutirait l'élection de Poher. » En voiture, le général vitupère contre les Anglais. Peut-être a-t-il appris que son hôtesse, Mme Grovenor, ne l'a accueilli qu'à la demande expresse du protocole ? Il confirme aussi le dessein qu'il avait amorcé au Québec, de rassembler les francophones du monde entier contre les Anglo-Saxons :

« Je n'ai jamais dit de choses désagréables aux Anglais mais ils se sont toujours mis sur notre chemin, parce que nous sommes continentaux et eux insulaires, intervenant où bon leur semble. Depuis Louis XV nous avons été en opposition avec eux dans le monde entier. Les Américains sont peut-être plus sentimentaux en politique. En tout cas si j'étais resté au pouvoir j'aurais aidé les Wallons, les Jurassiens, les Genevois et les Vaudois, les habitants des îles anglo-normandes à s'affirmer. Je leur aurais manifesté de plus en plus d'intérêt. La Belgique malheureusement a toujours été contre nous. Ce que j'ai fait au Québec est très important et doit permettre aux Canadiens français de s'acheminer vers un statut d'État indépendant. Sans doute auront-ils des liens avec les Canadiens anglais mais ils formeront un État français d'Amérique, homogène, avec des liens étroits avec la France.
Les Français, hélas, sont médiocres. Il en va de même des Italiens et des Américains. Les Soviétiques le deviendront de plus en plus, car l'époque le veut, c'est sa loi. Les gens d'aujourd'hui ne sont pas des héros. Depuis que je suis parti, tout s'est arrêté sur le plan international [15]. »

Le 15 juin, Georges Pompidou, comme prévu, est élu président de la République. Sur-le-champ, de Gaulle lui fait remettre par Xavier de La Chevalerie, un message immédiatement rendu public : « Pour toutes raisons nationales et personnelles, je vous adresse mes bien cordiales félicitations. » Sa pensée est sans doute bien traduite par ces lignes : froideur évidente à l'égard du nouveau chef de l'État, prise en considération malgré tout de l'intérêt national et, dans une certaine mesure, de leur passé commun.

Le 17 juin, les de Gaulle gagnent Dublin pour la partie officielle de leur séjour. Apparemment, le général, désireux au départ de se murer dans la solitude, a admis qu'il était difficile de ne pas rendre visite aux autorités grâce auxquelles il a pu trouver la quiétude. Le chef de l'État irlandais est en outre un personnage hors série : Eamon De Valera dernier héros vivant de la guerre d'indépendance, fondateur de la République. Âgé de quatre-vingt-cinq ans, De Valera, aveugle, n'exerce que des fonctions formelles mais de Gaulle qui ne le connaît pas est sans doute heureux de rencontrer enfin ce vieux lutteur.

À cinq heures, le 17 juin, lorsque le général arrive à Aras an Uachtarain, résidence du président, celui-ci, rapporte Jean Mauriac, « a un moment d'émotion. Il s'appuie à son bras, se laisse guider et tous deux — de même taille et de même stature — cheminent dans l'allée qui mène au château ». Le thé est servi. Âgé de quatre-vingt-onze ans, Mme De Valera est soutenue par ses deux filles. Exceptionnellement, par égard pour son hôte, le général s'exprime en anglais. Des bribes de la conversation sont saisies par les témoins : « *most kind welcome* », « *I am delighted with my stay in Ireland.* » Avec chaleur, de Gaulle remercie de tout ce qui a été fait pour lui. Puis la conversation prend un tour plus politique :

E. De Valera : Je suis content que Pompidou soit élu.
C. de Gaulle : Oui, c'est le moins mauvais. Et maintenant, monsieur le président, je voudrais vous demander de m'expliquer l'Irlande.

Un peu déconcerté, le président ne répond pas exactement : Les Français, dit-il, ont cru que, dans la dernière guerre, l'Irlande leur était hostile, car elle était neutre. En vérité, tant que les Anglais imposeront leur position, l'Irlande devra rester neutre.
C. de Gaulle : Vous n'êtes pas des continentaux.
E. De Valera : Si, nous voulons l'être. La Grande-Bretagne (le mot « ennemi » est prononcé, précise Emmanuel d'Harcourt) est un écran pour nous par rapport à l'Europe.
La conclusion de l'entretien comble d'aise le visiteur.
E. De Valera : Quand j'étais en Amérique, il y a longtemps, j'ai dit qu'il fallait souhaiter les États-Unis d'Europe ; puis je suis rentré chez moi. J'ai réfléchi et j'ai mesuré mon erreur. Aucun individu ne peut renoncer à sa personnalité. Il en est de même pour une famille et pour une nation.
C. de Gaulle : C'est tout à fait ce que je pense [16].

De retour dans les appartements mis à sa disposition au palais présidentiel, le général est pourtant loin d'être apaisé. L'élection de Georges Pompidou a été pour lui un nouveau choc, même s'il s'efforce de ne pas le laisser voir. « Pompidou a été élu avec un résultat médiocre. Il lui a manqué deux millions et demi de voix. Aucun communiste n'a voté pour lui. » La perspective de la prochaine arrivée de Jacques Chaban-Delmas à Matignon ne le transporte pas davantage : « C'est un habile, c'est un malin. » « Pompidou en tout cas ne fera rien. S'il y a des difficultés, il ne s'en tirera pas. Je doute que les gaullistes restent unis jusqu'aux prochaines élections législatives. Valéry Giscard d'Estaing et les gaullistes de gauche ne resteront pas dans la majorité. »

L'amertume ressentie est peut-être d'autant plus grande que l'on est à la veille du vingt-neuvième anniversaire de l'appel du 18 juin. C'est la première fois depuis la fin de la guerre que le général n'est pas présent à la traditionnelle cérémonie du mont Valérien. En ce jour historique, Emmanuel d'Harcourt a organisé un déjeuner en son honneur à l'ambassade de France. N'y assistent que certains de ses collaborateurs. De Gaulle, toujours affable, paraît ailleurs. Il n'échange que des propos anodins et de circonstance jusqu'au moment où Emmanuel d'Harcourt relance la conversation en lui demandant s'il ne pense pas que Louis XIV a engagé la France dans une voie qui ne pouvait déboucher que sur la Révolution. La réponse alors fuse, sans aucune précaution oratoire : « C'est ce qui se dit mais, à mon avis, tout ce qui est grand — et d'abord le service de l'État — a commencé sous lui. » La suite est plus étonnante encore. À la fin du repas, l'ambassadeur trouve les mots justes pour dire, sobrement, les sentiments de tous les convives : « Mon général, voulez-vous me permettre en ce vingt-neuvième anniversaire de vous dire simplement que notre pensée se tourne avec émotion vers cette journée de juin 1940 où vous avez convié tous les Français à s'unir à vous dans l'action, dans le sacrifice et dans l'espérance ? » Le général alors se lève et, sur le ton de la conversation, répond :

« Je vous remercie des paroles que vous venez de prononcer. Il est évident que cet anniversaire est celui d'un grand moment par ce qu'il a représenté. Il est bien que ce soit vous qui l'évoquiez. Vous êtes honoré en ce jour car vous êtes d'Harcourt et que vous vous adressez à de Gaulle et je suis honoré car je suis de Gaulle et vous êtes d'Harcourt. Je vous remercie de toutes vos attentions et de celles de vos collaborateurs, pendant mon séjour en Irlande. Je lève mon verre en votre honneur et en celui de Mme d'Harcourt. Évidemment nous pensons tous à la France. »

Après le déjeuner, le général, assis dans un grand fauteuil, aborde soudain l'actualité. Il annonce de grands bouleversements — la fin du Marché commun par suite de l'admission de l'Angleterre par exemple — tous liés à son départ. « Je fus très frappé, dira le lendemain un des convives, du spectacle de ce vieil homme assis dans ce salon et qui affirmait que son départ des "affaires" allait engendrer d'aussi gigantesques changements économiques et politiques[17]. » Avant de prendre congé, de Gaulle, en souvenir de son passage, inscrit trois maximes sur le livre d'or. La première est un proverbe du XIVe siècle : « Moult a appris qui bien connut ahan. » La deuxième est un aphorisme de Nietzsche : « Rien ne vaut rien, il ne se passe rien, et cependant tout arrive, mais cela est indifférent. » La troisième est une formule de saint Augustin : « Vous qui m'aurez connu dans ce livre, priez pour moi. » L'univers du général, on le voit, n'est plus guère celui de ses contemporains : c'est un monde peuplé de héros, d'hommes de guerre ou de saints, où les liens sont encore de nature presque féodale. « Vous êtes honoré car vous êtes d'Harcourt et que vous vous adressez à de Gaulle. » La formule atteste l'importance que le général prête aux références historiques ; il ne lui a pas échappé que l'histoire de la famille d'Harcourt se confond avec celle de la France depuis le début du second millénaire.

Le soir, après une excursion aux ruines de Glendaloch, l'un des sites les plus célèbres d'Irlande, et une rencontre avec le cardinal Conway, primat d'Irlande, le général assiste à un grand dîner offert par le président De Valera. La soirée est à la fois cordiale et peu ordonnée. Il y a tant de monde que la conversation entre les deux hommes d'État est difficile. Le chef de l'État irlandais porte un toast chaleureux : « Pour la plupart, nous ne pouvons pas penser à la France sans penser au général de Gaulle. Aujourd'hui c'est l'anniversaire du 18 juin, le jour où le général de Gaulle a allumé la grande flamme de la Résistance. Il a réussi. Nous le considérons comme la France. » De Gaulle est plus touché qu'il ne veut laisser paraître par ce magnifique accueil et on le sent à la confidence qu'il livre dans son remerciement : « En ce moment grave de ma longue vie, j'ai trouvé ici ce que je cherchais : être en face de moi-même. L'Irlande me l'a apporté de la façon la plus délicate et la plus amicale. Je vous en remercie particulièrement, monsieur le président. Votre œuvre est une grande œuvre nationale. Moi aussi j'ai essayé de faire une grande œuvre nationale. » Admiratif, Emmanuel d'Harcourt est d'autant plus sensible au changements de registre du général. Dans la voiture le conduisant au dîner, de Gaulle avait traité Hubert Beuve-Méry de « pourceau » et de « cloporte », ajoutant : « Quand vous voyez dans son journal quelque chose sur moi, vous pouvez vous dire à coup sûr que c'est faux. »

Avant de prendre le chemin de la France, de Gaulle, le 19, est reçu à déjeuner par le Premier ministre au château de Dublin, vieille forteresse britannique. Une conversation est alors prévue entre le général et M. Lynch. Pour la première fois depuis qu'il est en Irlande, l'ancien chef de l'État aborde des sujets directement politiques. En réponse au Premier ministre qui l'interroge sur les problèmes posés par la candidature de l'Irlande au Marché commun et lui demande conseil, il livre sa pensée. Encore plus opposé qu'autrefois à l'Europe supranationale, il s'interroge même sur l'opportunité du Marché commun :

« Quelque temps avant mon départ de l'Élysée, je suis arrivé à la conclusion que les dispositions du Marché commun étaient trop rigides et trop étroites pour permettre l'élargissement de la CEE. Une conception entièrement nouvelle était à mes yeux sans doute nécessaire. J'avais donc songé à un arrangement entre tous les pays européens intéressés, une sorte d'accord de libre-échange avec des dispositions particulières pour l'agriculture. La Grande-Bretagne ne s'y est pas intéressée et la suggestion en est restée là. Le danger d'une zone de libre-échange est qu'elle évolue en une zone atlantique où l'Europe ne serait plus guère l'Europe. Cela dit une politique européenne indépendante comblerait évidemment mes vœux mais il manque le fondement même d'une telle politique par suite du désaccord entre les pays européens. La Grande-Bretagne travaille à l'encontre d'une action européenne. L'Allemagne est divisée et dépend des États-Unis. Elle n'est pas libre d'avoir une politique étrangère. L'Italie est prête à s'en remettre aux États-Unis. De plus les investissements américains sur le vieux continent n'agissent pas dans cette direction.
Si vous me demandez mon avis, je vais être franc : il faut affirmer votre personnalité, il faut vous industrialiser, vous en avez les moyens. Vous avez votre indépendance politique. Il faut que vous obteniez votre indépendance économique et intellectuelle. Vous connaissez la Grande-Bretagne aussi bien que moi : elle sait ses intérêts. S'il le faut, elle ignorera l'Irlande, comme le Danemark et la Norvège[18]. »

Servi dans une grande galerie, sous les portraits des vice-rois britanniques, le déjeuner peut donner au général l'illusion qu'il est toujours aux affaires. Organisé avec un soin extrême, il réunit tout ce qui compte en Irlande : ministres, représentants de tous les partis, universitaires, militaires de haut rang. Il s'en faut pourtant de peu que la réception se termine mal. À la fin d'une brève allocution, en réponse aux propos du Premier ministre, de Gaulle, très consciemment, porte un toast à « l'Irlande tout entière ». Il tient donc parole : même retiré des affaires, il continue de provoquer les Anglo-Saxons. Les Irlandais évitent l'incident en retirant l'exclamation inopportune de l'enregistrement.

Immédiatement après le déjeuner, le général et ceux qui l'ont accompagné prennent l'avion pour la France. Revenu à la Boisserie, il y reste reclus, sinon pour de courts voyages et quelques promenades en voiture dans la « forêt gauloise » autour de son village. À Paris, le gouvernement a mis à sa disposition un secrétariat avenue de Breteuil où s'affairent ses collaborateurs les plus fidèles, Pierre Lefranc, Xavier de Beaulaincourt, Pierre-Louis Blanc. Il ne viendra jamais visiter les locaux. Il ne fera qu'un seul très court séjour à Paris : à l'occasion de la communion de sa petite-fille, il vient, en grand secret, déjeuner chez les Boissieu. À présent, sa volonté de se tenir à l'écart est manifeste. Fin septembre, Mme de Gaulle écrit à une amie : « Le général travaille à la seconde partie de ses mémoires. Il ne veut plus se mêler de rien, ni dire, ni encore moins faire dire par qui que ce soit. Personne n'a été chargé d'aucune action[19]. » Les visiteurs admis à Colombey sont triés sur le volet. Les ministres en exercice sont exclus, ce qui peine Michel Debré. Hormis des anciens de la France libre et quelques vieux camarades, seuls Pierre Messmer, Jean-Marcel Jeanneney ou encore Maurice Couve de Murville sont reçus. Officiellement de Gaulle ne veut patronner aucun mouvement — fût-il bien intentionné à son égard comme par exemple l'amicale parlementaire Présence et Action du gaullisme, dirigée par Pierre Messmer, ni favoriser personne. Il redoute surtout qu'une des personnalités admises à Colombey ne se targue d'avoir été distinguée. « Il connaissait l'ambition de Maurice Couve de Murville, nous disait son beau-frère Jacques Vendroux, aussi lorsqu'il l'invita à la Boisserie, il me demanda d'assister au déjeuner afin qu'il y eût un témoin, dans l'hypothèse où l'ancien Premier ministre aurait laissé entendre qu'il était l'héritier[20]. » Mais il n'applique pas la même précaution lorsque, à l'automne, André Malraux vient lui rendre visite. Que se sont dit les deux hommes ? L'admirable récit que l'écrivain a laissé de cette entrevue n'est évidemment pas un compte rendu exact. Il n'en donne pas moins la plus juste image du général au soir de sa vie, muré dans une solitude intemporelle, convaincu que son rêve de grandeur n'aura pas de lendemain. Parce que son univers mental est voisin de celui du général, parce qu'il se situe à la même altitude, Malraux comprend de Gaulle mieux que personne, sans en être dupe. S'il ne s'exprime jamais publiquement, de Gaulle, en privé, ne dissimule pas son jugement sévère sur le gouvernement en charge de la France. Ses sentiments à l'égard de Georges Pompidou n'ont pas changé. En dehors des traditionnels échanges de vœux, aucun contact entre les deux hommes. À la fin de l'année, des Américains savent par Xavier de La Chevalerie, nouvellement nommé ambassadeur à Mexico, que de Gaulle est très dur à l'égard du chef de l'État[21]. Est-il parfois tenté d'aller plus loin ? Son beau-frère, Jacques Vendroux, affirmait en tout cas que, par des indiscrétions médicales, le général connaissait l'état de santé précaire de Georges Pompidou et que cette considération l'avait conduit à ne pas dire publiquement certaines vérités trop dures[22].

Un an se passe ainsi, ponctué seulement par le travail, quelques visites, des promenades. Arrive le printemps, le général a pris pour règle de ne plus être en France pour l'anniversaire de l'appel du 18 juin. S'il est à Colombey, son absence au mont Valérien peinera les fidèles. S'il se rend à la cérémonie, sa présence suscitera des mouvements de foule, incompatibles avec sa retraite politique. Il décide donc de partir en voyage et, cette année, son choix se porte sur l'Espagne qu'il n'a jamais visitée. L'organisation du périple s'avère compliquée et réserve à ceux qui en ont la charge bien des surprises. Ambassadeur à Madrid, Robert Gillet se trouve dans une situation délicate lorsque l'un des aides de camp d'Emmanuel d'Harcourt lui fait savoir le projet du général et son souhait d'en discuter avec lui, dans la plus extrême discrétion. Une première fois le diplomate se rend en secret à Colombey et il ne tarde pas à s'apercevoir que le but du déplacement n'est nullement touristique : en réalité de Gaulle veut rencontrer Franco. Il sait tout ce que l'on reproche au Caudillo, mais depuis longtemps il pense qu'en définitive son régime a été bénéfique à l'Espagne ; il le lui a d'ailleurs écrit en réponse à la lettre que le chef de l'État espagnol lui a adressée après son départ et qui l'a beaucoup frappé : de toute façon il a toujours eu pour règle de ne pas tenir compte de l'orientation des régimes étrangers avec lesquels il était amené à traiter et il n'engage plus que lui. Rentré à Madrid, Robert Gillet est reçu par Franco. Le Caudillo souhaite recevoir de Gaulle dignement. Plusieurs paradors sont d'ores et déjà réquisitionnés ; un cuisinier doit suivre l'ancien président de la République d'étape en étape. Avant de se rendre une nouvelle fois à Colombey, Robert Gillet décide d'avertir Georges Pompidou et est reçu par lui. Arrivé à la Boisserie, l'ambassadeur comprend vite que le programme envisagé par les Espagnols ne convient pas du tout au général :

> En réalité, il voulait faire le voyage uniquement à cause de la lettre envoyée par Franco un an plus tôt. Son idée initiale était d'aller le voir directement à Madrid. Je lui ai naturellement déconseillé cette option, en lui faisant valoir qu'elle susciterait des réactions de l'opinion. Je lui ai suggéré d'aller d'abord à Saint-Jacques-de-Compostelle, il a accepté mais il ne voulait pas transformer ce voyage en pèlerinage[23].

Finalement Robert Gillet établit le programme des étapes. Le seul vœu du général est de séjourner dans le Sud une dizaine de jours, en un endroit isolé afin de se reposer.

Le 3 juin enfin, les de Gaulle, accompagnés d'une petite suite, prennent par la route le chemin de l'Espagne. Ils y parviennent après une étape au château-hôtel de Ramegousse. La Galice déçoit le général. Les monuments retiennent peu son attention. À l'Escurial où il rejoint l'illustre visiteur après la première partie du périple consacrée à l'ouest du pays, Robert Gillet s'en aperçoit : « L'intérieur du palais paraissait peu l'intéresser. Rien ne semblait l'intéresser. J'ai eu alors l'idée de demander à un huissier d'ouvrir une fenêtre afin qu'il puisse voir le panorama, désolé et splendide, qui s'étend jusqu'à Madrid. "Mon général, lui ai-je dit, ce paysage va vous intéresser." Et en effet, peu après, le colonel d'Escrienne[24] m'a dit : "Il se demande pourquoi les Espagnols sont partis pour l'Amérique du Sud. En voyant cela, a-t-il ajouté, on comprend bien des choses." »

Peu après de Gaulle prend la direction du palais du Pardo, résidence du Caudillo, aux environs de la capitale. « Je l'ai averti de l'état du général Franco, raconte Robert Gillet. Je ne lui ai pas caché qu'il était affaibli, qu'il lui arrivait de pleurer. Il m'a répondu : "Oui, je ne voudrais pas que cela dure trop longtemps[25]." » L'accueil réservé à l'ancien chef de la France libre est des plus solennels. La cour intérieure du Pardo est parée de tapisseries somptueuses. L'entretien entre le général et Franco se déroule dans le bureau de ce dernier, une pièce majestueuse, encombrée de dossiers. Le Caudillo, en fait, ne travaille plus que quelques instants par jour et ces documents amassés constituent une sorte de décor de théâtre. Robert Gillet n'ayant pas souhaité assister à l'entretien, par discrétion, le ministre des Affaires étrangères espagnol, Lopez Bravo, est le seul témoin. De Gaulle parle, semble-t-il, beaucoup plus que son hôte ; un peu plus tard, il racontera à l'ambassadeur de France : « Franco m'a surtout parlé du communisme et du communisme en Asie. Je lui ai dit que, tout compte fait, sa gestion à la tête de l'État espagnol était positive. » La fameuse formule, rapportée souvent : « Vous êtes le général Franco, c'est quelque chose, moi j'étais le général de Gaulle » est l'un de ces mots historiques dont il est difficile de vérifier l'authenticité.

Fait exceptionnel, unique dans les annales du Pardo : un déjeuner suit cet entretien. Seuls y participent Mme Franco, le ministre des Affaires étrangères Lopez Bravo, Robert Gillet, le marquis et la marquise de Villaverde, gendre et fille du chef de l'État espagnol. La conversation ne sort pas des sentiers battus. La présence d'un interprète est inutile : Franco et son épouse comprennent bien le français. De Gaulle trouve le Caudillo « très vieux » bien qu'il soit plus jeune que lui.

En sortant du Pardo, le général se rend à Madrid en compagnie de Robert Gillet. La visite de la ville se déroule au pas de course. Après avoir entraperçu la Plaza Mayor, le petit cortège arrive au musée du Prado, fermé au public pour l'occasion. Là encore les consignes de de Gaulle sont impératives : « pas plus de trente minutes », indique-t-il à un membre de l'ambassade de France. « Le général, écrit Jean Mauriac, a aimé dans l'Espagne la rudesse de son climat, l'austérité des sites, l'isolement des villages qui, au cours des siècles, déterminèrent le caractère espagnol. La relation des paysages qu'il traversait avec l'histoire de l'Espagne et l'aspect humain de cette histoire, voilà ce qui l'a intéressé[26]. »

De Gaulle gagne ensuite Tolède, où il est l'hôte d'un ami de Robert Gillet, le docteur Gregorio Marañon, président de l'Académie espagnole, propriétaire d'une admirable maison face à la ville, de l'autre côté du Tage. Le général est séduit par ce site célébré par Maurice Barrès. La vieille-Castille l'enchante. Seul petit incident qui montre combien sa mémoire est excellente et sa combativité intacte : le gendre du docteur Marañon est un citoyen britannique qui, en 1940, n'était pas particulièrement favorable à la France libre. Un ange passe lorsqu'il l'apostrophe assez rudement : « J'ai le souvenir de certain article que vous avez écrit au moment de mon arrivée en Grande-Bretagne. Il n'était pas très agréable... »

De Gaulle et ses accompagnateurs prennent ensuite la direction du sud de l'Espagne. Du 9 au 13 juin, il séjourne au parador Del Castillo de Santa Catalina près de Jaen. Le 13, après avoir visité, toujours aussi vite, l'Alhambra de Grenade, il s'installe à Juanar, au cœur de la sierra

Blanca, chaîne montagneuse dominant la Costa del Sol, à mi-chemin de Malaga et de Gibraltar. Le petit parador qui l'accueille est un rendez-vous de chasse d'accès difficile. L'isolement est total, la vue splendide. Le général passe là dix jours, sans voir personne, protégé par la Guardia Civil qui a établi des barrages interdisant tout passage vers son lieu de retraite. Il travaille, corrigeant le manuscrit du premier tome de ses *Mémoires d'espoir*, dactylographié par sa fille. Le 18 juin, trentième anniversaire de l'appel, aucun changement au programme n'est prévu. Le directeur de l'établissement marque simplement l'événement en apportant pour le dessert un gâteau portant une croix de Lorraine. Le 23, commence le voyage de retour. Après de courts arrêts à Séville, Ségovie, Avila et Burgos, de Gaulle regagne la France par le col de Roncevaux. Auparavant, il a laissé des pourboires royaux à tous les établissements qui l'ont reçu et n'ont pas voulu lui faire payer son séjour. Le 27, il est à Colombey et constate que sa visite à Franco est mal perçue, même par certain de ses plus dévoués partisans. André Malraux dira que si l'événement s'était produit alors qu'il était au gouvernement, il aurait démissionné. Dans son « Bloc-notes » du *Figaro*, François Mauriac s'étonne lui aussi. Il en faudrait plus pour troubler le général. Contrairement à Mauriac et à Malraux, Franco n'est pas à ses yeux d'abord le chef de la croisade contre les républicains. Sans doute lui reconnaît-il le mérite d'avoir résisté aux pressions de Hitler qui souhaitait envahir l'Espagne pour rejoindre Gibraltar. En toute hypothèse, il estime que son propre passé le rend insoupçonnable. Il juge en fait le Caudillo selon les critères qu'il appliquait à Staline : au regard de l'Histoire et non à partir de principes abstraits. Sur ce plan, il n'a pas changé depuis 1940, même si on l'a connu plus attentif à la dignité humaine. « Il n'avait rien contre Franco », confirme Robert Gillet. Pareillement, il n'a rien contre Mao, qu'il compte rencontrer prochainement, lorsque Jacques Rueff, la romancière Han Suyin et l'ambassadeur à Pékin Étienne Manach auront réussi à régler les modalités d'un voyage en Chine. « Bien sûr il faudra que je puisse m'entretenir avec le président Mao, dit-il à sa nièce Marie-Thérèse de Corbie, en poste à l'ambassade de France à Pékin. Ce seront la Chine et la France qui s'entretiendront en la personne de de Gaulle et de Mao. » « Pour lui, ajoute Jean Mauriac, seul Mao a eu l'autorité nécessaire pour réaliser en Chine quelque chose d'important et seul son régime a pu tirer le pays de l'état de sous-développement et d'anarchie où il se trouvait[27]. »

Dès son retour d'Espagne, le général entame la rédaction du tome 2 de ses *Mémoires d'espoir*. Durant l'été, il en écrit deux chapitres. Comme d'habitude, il reçoit au mois d'août ses enfants et petits-enfants. À deux reprises, sa sœur Marie-Agnès vient aussi à Colombey. Personne ne remarque le moindre signe de fatigue de la part du général. Ainsi qu'il le fait depuis plusieurs mois, il supervise la publication, sous l'autorité de François Goguel, de ses *Discours et messages* chez Plon. De Gaulle pourtant sent que désormais le temps lui est mesuré. À son neveu Bernard, il confie : « Ces Mémoires, comme je voudrais les terminer avant ma mort. Je me dépêche, je me dépêche...

J'espère écrire le second tome en moins d'un an. C'est ma mission avant de mourir. » A-t-il été alerté par un accident de santé ? André Malraux le croit, bien que la preuve n'en ait toujours pas été apportée[28]. Autour de lui, en tout cas, la mort fauche. À l'automne, il voit ainsi disparaître François Mauriac et Edmond Michelet. Devenu très pompidolien, Mauriac a vu le général lui marquer une certaine distance. Lors de son séjour en Irlande, Emmanuel d'Harcourt l'a perçue. De Gaulle n'en témoigne pas moins sa tristesse à Mme Mauriac. Devenu ministre de Georges Pompidou, Edmond Michelet lui aussi a été un peu tenu à l'écart et en a souffert. Sa disparition n'en est pas moins pour de Gaulle une peine réelle. Mais quand Louis Pasteur Vallery-Radot meurt à son tour, il montre une nouvelle fois qu'il n'oublie pas facilement : la lettre qu'il adresse à sa veuve est pleine d'un ressentiment à peine contenu[29].

Le 23 octobre, Plon met en vente le premier tome des *Mémoires d'espoir.* L'opération a été montée dans le plus grand secret, la date de parution n'a pas été annoncée. Le volume arrive dans les librairies soudainement, le succès est immédiat. L'accueil de la critique, en revanche, est plus réservé, et de Gaulle, selon le témoignage de ses proches, en souffre. L'ouvrage, il est vrai, n'est de la même qualité que les *Mémoires de guerre.* La période évoquée, on l'a souvent fait valoir, n'a pas l'intensité des années de guerre, les personnages ont moins de relief, les enjeux ne sont pas aussi dramatiques. Il reste que le général a été moins heureusement inspiré. Il n'a retrouvé par bonheur sa forme que pour mordre, régler des comptes, dire crânement sa vérité.

Le général, qui, bien entendu, ne se prête à aucune interview, poursuit son travail avec ardeur. Le 22 novembre, il entrera dans sa quatre-vingt-unième année. La vie suit son cours normal. À l'occasion des fêtes de la Toussaint, il accueille à la Boisserie sa fille et son gendre, le général de Boissieu. Commandant l'aéronavale pour la deuxième région militaire, Philippe de Gaulle est retenu à Brest. Le jour des morts, 2 novembre, le général se rend en compagnie de sa femme au cimetière pour s'y recueillir sur la tombe de leur fille Anne. En sortant de l'enclos paroissial, il murmure : « La porte est trop étroite. Comme il y aura peut-être quelques visiteurs quand je serai ici, il faudra percer le mur et ouvrir une seconde porte[30]. » Le 3, il reçoit un vieux compagnon de la France libre, le général Renouard, qui a exprimé le vœu de le revoir avant de mourir. Après le départ du général et de sa femme, les Boissieu et leur fille Anne s'apprêtent à partir. Alors que la voiture démarre, l'ancien chef de l'État s'aperçoit qu'il n'a pas dit au revoir à sa petite-fille, pour laquelle il nourrit une particulière affection. Anne de Boissieu sort du véhicule et embrasse son grand-père.

Le dimanche 8, le général assiste comme d'habitude à la messe. Le curé Claude Jaugey remarque sa pâleur inhabituelle, accentuée encore par un grand manteau noir. De fait, les photos faites ce jour-là à la sortie de l'église trahissent le vieillissement de l'ex-président de la République. Un cliché (réalisé au téléobjectif pendant une promenade en forêt et publié plus tard par *Minute*) confirme l'impression : de

Gaulle y apparaît, la démarche incertaine, appuyé sur une canne, coiffé d'un chapeau Eden à bords roulés. Au cours de la semaine écoulée, il a pourtant effectué une randonnée de deux heures en voiture, puis plusieurs promenades sans inquiéter son entourage.

Le lundi 9 novembre, il travaille comme d'habitude toute la matinée, déjeune en compagnie de Mme de Gaulle, se promène à deux reprises dans le parc, reçoit à quatorze heures trente un jeune agriculteur de Colombey, René Piot, avec lequel il évoque l'aménagement d'une parcelle récemment acquise par lui dans le cadre d'une opération de remembrement. Sur ce terrain, il compte planter de nombreux arbres et doubler la superficie du parc de la Boisserie. Après cette visite, il travaille à ses *Mémoires*, prend le thé à cinq heures, consacre la fin de l'après-midi à sa correspondance. À son fils, il donne des indications d'ordre pratique pour la construction d'une maison. À sa belle-sœur, Mme Jacques Vendroux, il écrit : « Faites des vœux et même des prières pour le grand travail que j'ai entrepris. » Après avoir demandé deux adresses à sa femme, il ferme les volets de son bureau et s'installe à dix-huit heures quarante-cinq devant une table de bridge. Comme souvent il entame une réussite en attendant le dîner. Mme de Gaulle écrit, installée à un petit secrétaire.

Soudain, cinq ou six minutes avant dix-neuf heures, il pousse un cri de douleur. « Oh ! j'ai mal là dans le dos », murmure-t-il avant de s'effondrer la tête en avant, sans connaissance. Sur-le-champ, son médecin habituel le docteur Lacheny, établi à Bar-sur-Aube, accourt, prévenu par l'une des deux servantes. Le chauffeur, Francis Marroux prévient le curé qui tout de suite se rend à la Boisserie. Quand le médecin et le prêtre arrivent ensemble, le général agonise sur un matelas posé à même le sol de la bibliothèque. Le docteur Lacheny s'aperçoit immédiatement qu'il n'y a rien à faire : l'ancien chef de la France libre vient d'être victime, comme son frère, d'une rupture d'anévrisme, décelé probablement dès les années cinquante [31]. D'un regard, le médecin signifie à Mme de Gaulle que tout espoir est vain ; il fait une piqûre de morphine au mourant auquel le curé administre les derniers sacrements. À dix-neuf heures vingt-cinq, le cœur de Charles de Gaulle cesse de battre. Demeurée d'un calme impressionnant tout au long de la dernière demi-heure, Mme de Gaulle n'a qu'un mot qui vaut tous les diagnostics : « Il a tant souffert depuis deux ans. »

Tout ce qui suivit, les querelles entre héritiers, le froissement des susceptibilités, les arrière-pensées de ceux qui tout à coup reconnurent mille vertus au Connétable, mieux vaut l'oublier : l'Histoire n'y trouve pas son compte. De Gaulle qui aimait les mots justes aurait sans doute préféré cette appréciation équitable d'un grand diplomate américain, fort éloigné de ses conceptions, l'ambassadeur David Bruce, présent à Paris lors de la cérémonie en son souvenir à Notre-Dame : « La mort du grand homme a provoqué, comme on pouvait s'y attendre, une tristesse presque universelle. Tout ce qui avait trait à sa personnalité, y compris ses défauts, était de grande envergure, d'une dimension inconnue en France depuis Napoléon [32]. »

APPENDICES

NOTES

AVANT-PROPOS

1. M. Bloch, *L'étrange défaite*, Gallimard, Folio Histoire, 1990, p. 198.

2. Cf. *France-Soir*, 12 novembre 1970, « *Merci de Gaulle* » par Maurice Druon. Le Conseil de Paris avait invité les Parisiens à venir rendre hommage au général.

3. M. Agulhon, *De Gaulle, histoire, mythe, symbole*, Plon, 2000.

4. « L'Histoire de France est la plus belle collection de "phénomènes" au sens forain du terme. Napoléon, Clovis, Jeanne, Richelieu, Robespierre, etc. Nous avons l'histoire la plus fournie de grandes "vedettes". — Un musée de figures de cire » (Paul Valéry, 1944, *Cahiers II*, Bibliothèque de la Pléiade, 1975, p. 1541).

5. P. Chaunu, *La France*, Laffont, 1982.

6. A. Decaux, A. Peyrefitte, *1940-1945, de Gaulle, celui qui a dit non*, Perrin, TF1 Éditions, 2000, p. 12.

7. O. Guichard, *Vingt ans en 40*, Fayard, 1999. Dans sa très intéressante préface à la réédition du *Style du Général* (Éditions Complexe, 1988), Jean-François Revel écrit : « La médiocrité fuit l'erreur franche autant qu'elle bannit le vrai succès. De Gaulle connut les deux parce que c'était un véritable homme d'action, espèce fort rare dont il n'existe que quelques exemples par siècle. »

I. EN MARGE

1. E. Spears, *Pétain et de Gaulle, deux hommes qui sauvèrent la France*, Presses de la Cité, 1966, p. 211. « Il me confia, raconte Spears, que sa famille était la deuxième pour l'ancienneté de celles qui ont un domicile connu à Paris. » Claude Guy rapporte lui aussi : « Le général me rappelle volontiers, dans ses conversations, qu'il est de vieille lignée parisienne » (*En écoutant de Gaulle*, Grasset, 1996, p. 213).

2. J. Pouget, *Un certain capitaine de Gaulle*, Fayard, 1973, p. 17.

3. L'expression est de Jacques Soustelle.

4. J. Pouget, *Un certain capitaine de Gaulle*, *op. cit.*, p. 17.

5. Cité par C. Clerc, *Les de Gaulle, une famille française*, p. 20.

6. M. Marcq, « La famille », in Fondation Charles de Gaulle, *Charles de Gaulle, la jeunesse et la guerre, 1890-1920*, Plon, 2001, p. 28.

7. M. Marcq a donné cette précision oralement lors du colloque tenu à Lille en 1999.

8. M. Marcq, « La famille », *op. cit.*, p. 26.

9. *Ibid.*

10. C. Renault, *Joséphine Marie-Anne de Gaulle (1806-1885). Une femme de lettres témoin de son siècle*, mémoire de maîtrise sous la direction de M. Savart, université de Paris-XII, 1993-1994, p. 44.

11. M. Marcq, « La famille », *op. cit.*, p. 26.

12. O. Guichard, *Mon Général*, Grasset, 1980, p. 16.

13. Ph. de Gaulle, *Mémoires accessoires*, Plon, 1997, t. 1, p. 17.

14. *Ibid.*, p. 16.

15. C. Renault, *Joséphine Marie-Anne de Gaulle (1806-1885)*, *op. cit.*, p. 134.

16. *Ibid.*
17. Reproduit par C. Renault, *ibid.*, p. 135.
18. Ph. de Gaulle, *Mémoires accessoires, op. cit.*, t. 1, p. 17.
19. J. Vallès, *Œuvres*, t. 1, *1857-1870*, Bibliothèque de la Pléiade, 1975 p. 490.
20. M. Marcq, « La famille », *op. cit.*, p. 21.
21. C. Clerc, *Les de Gaulle, une famille française, op. cit.*, p. 25.
22. P. Pierrard, « Le Nord et Lille dans la vie de Charles de Gaulle », in *Charles de Gaulle, la jeunesse et la guerre, op. cit.*, p. 17.
23. Cité par Paul Bouteiller, préfet honoraire, in « Henri de Gaulle au ministère de l'Intérieur », *Revue administrative*, janvier-mars 1992, p. 169.
24. *Ibid.*, p. 168-170.
25. Ph. de Gaulle, *Mémoires accessoires, op. cit.*, t. 1, p. 26.
26 J. Lacouture, *De Gaulle*, Seuil, 1984, t. 1, p. 16.
27 Témoignage d'Édouard Bonnefous à l'auteur, juin 1999.
28 Archives Geoffroy de Courcel, notes d'Emmanuel d'Harcourt, juin 1969.
29. M. Thomas, « Une certaine idée de l'"Affaire" », in *Charles de Gaulle, la jeunesse et la guerre, op. cit.*, p. 160.
30. R. Tournoux, *Pétain et de Gaulle, secrets d'État, un demi-siècle d'histoire non officielle*, Plon, 1964, p. 20.
31. *Espoir*, n° 39, juin 1982, p. 66.
32. Archives Geoffroy de Courcel, notes d'Emmanuel d'Harcourt, juin 1969.
33. Publiée par R. Tournoux, *Pétain et de Gaulle, op. cit.*, p. 29-36.
34. Ch. de Gaulle, *Lettres, notes et carnets*, Plon, t. 1, p. 14.
35. M. Thomas, « Une certaine idée de l'"Affaire" », *op. cit.*, p. 165.
36. Cité par M. Thomas, *ibid.*, p. 159.
37. *Ibid.*
38. Ch. de Gaulle, *Lettres, notes et carnets, op. cit.*, t. 1, p. 36.
39. R. Tournoux, *Jamais dit*, Plon, 1971, p. 26.
40. Cité par R. Tournoux, *Pétain et de Gaulle, op. cit.*, p. 50.
41. *Ibid.*, p. 45.
42. Ch. de Gaulle, *Lettres, notes et carnets, op. cit.*, t. 1, p. 59.
43. R. Tournoux, *Pétain et de Gaulle, op. cit.*, p. 47.
44. *Ibid.*, p. 49.
45. C. Guy, *En écoutant de Gaulle, op. cit.*, p. 95.
46. P.-M. de La Gorce, *De Gaulle*, Perrin, 1999, p. 50.
47. Cité par A. Larcan, *Charles de Gaulle, itinéraires intellectuels et spirituels*, Presses universitaires de Nancy, 1993, p. 237.
48. Ch. de Gaulle, *Lettres, notes et carnets, op. cit.*, t. 1, p. 223
49. A. Peyrefitte, *C'était de Gaulle*, Gallimard, 2002, t. 1, p. 187-189.
50. Témoignage de Claude Bouchinet-Serreulles à l'auteur, avril 1999.
51. Cf. sur ce point A. Larcan, *Charles de Gaulle, itinéraires intellectuels et spirituels, op. cit.*, p. 395.
52. Témoignage de Maurice Schumann à l'auteur, janvier 1997.
53. Témoignage de Philippe Barrès à l'auteur, 1975.
54. P. Reynaud, *Carnets de captivité*, Fayard, 1997, p. 367. La sœur du général précise à P. Reynaud : « Charles était monarchiste, il défendait Maurras contre son frère Pierre jusqu'à en avoir les larmes aux yeux dans une discussion. Mais, au moment de Munich, il a désapprouvé entièrement l'attitude de Maurras et quand je lui ai demandé si c'était grave pour la France, il m'a répondu : "C'est irréparable." »
55. F. Mauriac, *De Gaulle*, Grasset, 1964, p. 85.
56. Archives Geoffroy de Courcel, notes d'Emmanuel d'Harcourt, juin 1969.
57. Ch. de Gaulle, *Lettres, notes et carnets, op. cit.*, t. 1, p. 59.
58. R. Tournoux, *Pétain et de Gaulle, op. cit.*, p. 42.
59. O. Rudelle, « Le Correspondant », in *Charles de Gaulle, la jeunesse et la guerre, op. cit.*, p. 79.
60. S. Berstein, *Histoire du gaullisme*, Perrin, 2001, p. 19.
61. Ch. de Gaulle, *Lettres, notes et carnets, op. cit.*, t. 1, p. 85.
62. *Ibid.*, p. 97-107.

63. *Ibid.*, p. 98.
64. *Ibid.*, p. 106.
65. *Ibid.*, p. 126.
66. Ph. de Gaulle, *Mémoires accessoires, op. cit.*, t. 1, p. 54.
67. R. Tournoux, *Pétain et de Gaulle, op. cit.*, p. 55.
68. Ch. de Gaulle, *Lettres, notes et carnets, op. cit.*, t. 1, p. 237
69. Ph. de Gaulle, *Mémoires accessoires, op. cit.*, t. 1, p. 55.
70. *Ibid.*
71. Cf. J. Lacouture, *De Gaulle, op. cit.*, t. 1, p. 71.
72. Le lieutenant de réserve Peuchot a terminé la guerre comme capitaine, officier de la Légion d'honneur, six citations, trois blessures. Ce témoignage a été publié dans la troisième édition du livre d'Yves Amiot, *La capture*, p. 201-202, étude qui en dépit de ses intentions n'établit pas une défaillance de de Gaulle à Damrémont en 1916.
73. Témoignage à la Fondation Charles de Gaulle, in O. Germain-Thomas et Ph. Barthelet, *Charles de Gaulle jour après jour*, p. 16.
74. Ch. de Gaulle, *Lettres, notes et carnets, op. cit.*, t. 1, p. 389.
75. *Ibid.*, p. 336-337.
76. *Ibid.*, p. 452.
77. Cité par J. Lacouture, *De Gaulle, op. cit.*, t. 1, p. 99.
78. Ch. de Gaulle, *Lettres, notes et carnets, op. cit.*, t. 2, p. 21.
79. *Ibid.*, p. 22.
80. *Ibid.*, p. 27.
81. *Ibid.*, p. 28.
82. *Ibid.*, p. 44.
83. In *En ce temps-là de Gaulle.*
84. Ch. de Gaulle, *Lettres, notes et carnets, op. cit.*, t. 2, p. 78.
85. Archives Geoffroy de Courcel, notes d'Emmanuel d'Harcourt, juin 1969.
86. « Le colonel Jacques Weygand (fils du général Weygand) m'a fait en 1969 un récit semblable », précise Emmanuel d'Harcourt.
87. R. Jarocki, *Tipl minut Ambassadora Wydanictwo*, Noukowe TWN, Varsovie, 1993.
88. Ph. de Gaulle, *Mémoires accessoires, op. cit.*, t. 1, p. 71
89. C. Guy, *En écoutant de Gaulle, op. cit.*, p. 213.

II. LE FIL DE L'ÉPÉE

1. R. Tournoux, *Pétain et de Gaulle, op. cit.*, p. 74.
2. *Ibid.*, p. 76.
3. *Ibid.*
4. *Ibid.*, p. 76-77.
5. *Ibid.*, p. 100.
6. *Ibid.*
7. SHAT, fonds général Lalande, 1 K 784.
8. R. Tournoux, *Pétain et de Gaulle, op. cit.*, p. 113.
9. L. Nachin, *Charles de Gaulle, général de France*, Colbert, 1944, p. 49-50.
10. Ch. de Gaulle, *Lettres, notes et carnets, op. cit.*, t. 2, p. 261.
11. R. Tournoux, *Pétain et de Gaulle, op. cit.*, p. 122.
12. Publiée dans *La Revue militaire*, en 1927.
13. L. Nachin, *Charles de Gaulle, général de France, op. cit.*, p. 52.
14. J. Lacouture, *De Gaulle, op. cit.*, t. 1, p. 149.
15. *Ibid.*, p. 156.
16. R. Tournoux, *Pétain et de Gaulle, op. cit.*, p. 127.
17. L. Nachin, *Charles de Gaulle, général de France, op. cit.*, p. 54-55.
18. Cité par R. Tournoux, *Pétain et de Gaulle, op. cit.*, p. 134.
19. Ch. de Gaulle, *Lettres, notes et carnets, op. cit.*, t. 2, p. 286.
20. R. Tournoux, *Pétain et de Gaulle, op. cit.*, p. 133.
21. *Ibid.*

22. *Ibid.*
23. R. Tournoux, *Jamais dit, op. cit.*, p. 36.
24. *Ibid.*
25. Ch. de Gaulle, *Lettres, notes et carnets, op. cit.*, t. 2, p. 329-330.
26. *Ibid.*, p. 331-333.
27. J. Lacouture, *De Gaulle, op. cit.*, t. 1, p. 146.
28. Cité par R. Tournoux, *Pétain et de Gaulle, op. cit.*, p. 135.
29. Ch. de Gaulle, *Lettres, notes et carnets, op. cit.*, t. 2, p. 354.
30. L. Nachin, *Charles de Gaulle, général de France, op. cit.*, p. 57.
31. Ch. de Gaulle, *Lettres, notes et carnets, mai 1969-novembre 1970. Compléments 1908-1968*, p. 250, lettre au colonel Émile Mayer, 30 juin 1930.
32. C. Guy, *En écoutant de Gaulle, op. cit.*, p. 71.
33. *Ibid.*, p. 225.
34. B. Ledwidge, *De Gaulle vu par un Anglais*, Flammarion, 1982.
35. Ch. de Gaulle, *Lettres, notes et carnets, op. cit.*, t. 2, p. 365.
36. Le maréchal Pétain était membre de l'Académie française et de l'Académie des sciences morales et politiques.
37. Cité par J. Lacouture, *De Gaulle, op. cit.*, t. 1, p. 168.
38. A. Peyrefitte, Présentation, in Charles de Gaulle, *Le fil de l'épée*, Imprimerie nationale, 1996.
39. SHAT, Conseil supérieur de la Défense nationale, carton 2 N 210.
40. J. Monnet, *Mémoires*, Fayard, 1976, p. 237.
41. Ch. de Gaulle, *Lettres, notes et carnets, op. cit.*, t. 2, p. 374.

III. LE « COLONEL MOTORS »

1. Churchill College, Spears Papers, SPRS 1/189, lettre de H. de Kérillis à E. Spears, 7 avril 1954.
2. Chef d'état-major de l'armée de l'air et l'un des chefs de la Cagoule. Traduit en justice à ce titre. Beau-père de Bertrand de Jouvenel.
3. Lettre de H. de Kérillis à E. Spears, 21 août 1954, Spears Papers, SPRS 1/89.
4. Ch. de Gaulle, *Lettres, notes et carnets, Compléments 1924-1940*, lettre au capitaine Christian Jayle, 8 juin 1934, p. 16.
5. Témoignage de Georges Roditi à l'auteur, juin 1996.
6. J. Lacouture, *De Gaulle, op. cit.*, t. 1, p. 219.
7. O. Guichard, *Mon Général, op. cit.*, p. 59.
8. Cité par J. Lacouture, *De Gaulle, op. cit.*, t. 1, p. 60.
9. *Vers l'armée de métier*, Plon, 1971, p. 100. Sur l'ouvrage, cf. X. Boniface, « *Vers l'armée de métier* de Charles de Gaulle : une relecture », in *Quel avenir pour l'armée ?*, XXVe colloque d'Aubazine, Brive, 14-15 octobre 2000.
10. Cf. les éditions d'après-guerre du livre. La France ne manquera pas tant de blindés — et souvent de meilleure qualité que les chars allemands (H. Amouroux, *La grande histoire des Français sous l'Occupation*, Laffont, t. 2, p. 438-439). « Ce qui a compté, c'est moins les armes que la manière de les utiliser », précise J.-P. Azéma (*De Munich à la Libération, 1938-1944*, Points Histoire, p. 70).
11. Il avait sans doute lu un article paru dans *Le Figaro* le 20 septembre 1916, relatif aux chars. On en retrouve certaines expressions p. 136 de *Vers l'armée de métier* (édition de 1934).
12. Cité par J. Lacouture, *De Gaulle, op. cit.*, t. 1, p. 230.
13. Ch. de Gaulle, *Vers l'armée de métier, op. cit.*, p. 190.
14. *Ibid.*, p. 248-249.
15. Ch. de Gaulle, *Lettres, notes et carnets, op. cit.*, t. 2, p. 420.
16. Tel est en tout cas le sens de l'article qu'il publiera dans *L'Action française* le 1er juin 1940.
17. Dans la *Revue des Deux Mondes* du 15 octobre 1936, Weygand écrira : « ... Non à

aucun prix deux armées, quand même la chose serait matériellement possible. L'armée française doit être une. »

18. Témoignage de G. Dupré à l'auteur.
19. G. Palewski, *Mémoires d'action, 1924-1974*, Plon, 1988, p. 22.
20. *Ibid.*
21. SHAT 27 N 116 CQG.
22. Témoignage de Jacques Benoist-Méchin à l'auteur, décembre 1981.
23. Archives personnelles de l'auteur.
24. En-tête du manuscrit.
25. Jean Fabry (1876-1968), ministre de la Guerre du 7 juin 1935 au 23 janvier 1936 (cabinet Laval).
26. G. Loustanau-Lacau, *Mémoires d'un Français rebelle*, Laffont, 1948, p. 120.
27. J. Auburtin, *Le colonel de Gaulle*, Plon, 1965, p. 27.
28. J. Laurent, *Mauriac sous de Gaulle*, cité par O. Germain-Thomas et Ph. Barthelet, *De Gaulle jour après jour*, *op. cit.*, p. 28.
29. J. Auburtin, *Le colonel de Gaulle*, *op. cit.*, p. 28.
30. Cité par J. Lacouture, *De Gaulle*, *op. cit.*, t. 1, p. 249.
31. Témoignage de Jean Chautemps à l'auteur, novembre 2001.
32. Président du cercle Fustel de Coulanges.
33. *L'Action française*, 3 juin 1940.
34. L'historien Pierre Renouvin.
35. La ligne Maginot. Mais celle-ci ne couvre pas la frontière avec la Belgique alliée...
36. Cité par B. Ledwidge, *De Gaulle vu par un Anglais*, *op. cit.*, p. 54.
37. Ch. de Gaulle, *Lettres, notes et carnets. Compléments 1924-1940*, p. 16, lettre à Christian Jayle, 8 juin 1934.
38. L. Blum, *Mémoires*, cité par J. Auburtin, *Le colonel de Gaulle*, *op. cit.*, p. 43.
39. L. Blum, *Œuvre*, t. 7, Albin Michel, 1955, p. 14.
40. E. du Reau, *Édouard Daladier*, Fayard, p. 185-186.
41. Ch. de Gaulle, *Lettres, notes et carnets*, *op. cit.*, p. 411, lettre à P. Reynaud, 24 septembre 1938.
42. *Ibid.*
43. J. Vendroux, *Cette chance que j'ai eue...*, Plon, 1974, p. 57-58.
44. B. Ledwidge, *De Gaulle vu par un Anglais*, *op. cit.*, p. 58.
45. R. Aron, *Charles de Gaulle*, Perrin, 1964, p. 41.
46. Le 1er octobre 1934, D. Halévy publiera un article très élogieux sur *Vers l'armée de métier* dans la *Revue des Deux Mondes* : « *L'armée de métier*, que vient de nous donner M. Charles de Gaulle, est à lire. L'auteur sait à fond de quoi il s'agit, car il est soldat, un des plus jeunes colonels de l'armée. Et ce qu'il sait, il sait le dire, car il est un écrivain-né. Qu'un homme de métier soit aussi un homme de plume, c'est une rencontre heureuse, mais rare. L'art d'écrire, en effet, est par soi-même un métier très difficile, très aimé, très absorbant. [...] Fêtons ce jour où y entre un soldat ; jamais entrée ne fut plus à propos. »
47. R. Tournoux, *Pétain et de Gaulle*, *op. cit.*, p. 410-412.
48. Ph. de Gaulle, *Mémoires accessoires*, *op. cit.*, t. 1, p. 139.
49. Dans son livre, *Mémoire buissonnière*, Marcel Jullian fait apparaître de Gaulle s'opposant formellement à la publication d'une pièce d'archives non précisée (Albin Michel, 2000, p. 286).
50. J. Lacouture, *De Gaulle*, *op. cit.*, t. 1, p. 279.
51. Cf. M. Jullian, *Mémoire buissonnière*, *op. cit.*, p. 286.
52. Berger-Levrault, 1938.
53. AN, fonds André Tardieu, 324 AP 8.
54. F. Monnet, *Refaire la République. André Tardieu, une dérive réactionnaire (1876-1945)*, Fayard, 1993, p. 75.
55. Ch. de Gaulle, *Lettres, notes et carnets*, *op. cit.*, t. 2, p. 486.
56. *Ibid.*, p. 490.
57. Cité par le colonel Paul Gaujac, « Le colonel de Gaulle commandant les chars de la Ve armée (septembre 1939-mai 1940) », in *Charles de Gaulle militaire, Revue historique des armées*, n° 2, 1990, p. 64.

58. Ch. de Gaulle, *Lettres, notes et carnets, op. cit.*, t. 2, p. 490.
59. Cité par J. Lacouture, *De Gaulle, op. cit.*, t. 1, p. 301-302.
60. É. Demey, *Paul Reynaud, mon père*, Plon, 1980, p. 11.
61. Ch. de Gaulle, *Lettres, notes et carnets, op. cit.*, t. 2, p. 492.
62. J. Lacouture, *De Gaulle, op. cit.*, t. 1, p. 308.
63. Notes du père Lucien Bourgeon (aimablement communiquées à l'auteur par Étienne de Montely).
64. H. Amouroux, *La grande histoire des Français sous l'Occupation, op. cit.*, t. 1, p. 392.
65. A. et P. Rouanet, *L'inquiétude outre mort du général de Gaulle*, Grasset, 1985, cité par O. Germain-Thomas et Ph. Barthelet, *Charles de Gaulle jour après jour, op. cit.*, p. 37.
66. Éditions Perrin.
67. H. Amouroux, *La grande histoire des Français sous l'Occupation, op. cit.*, t. 1, p. 393.
68. P. Huard, *Le colonel de Gaulle et ses blindés*, Plon, 1980, p. 297.
69. « J'avais espéré que l'ancien collaborateur du maréchal Foch, écrira Paul Reynaud, resterait fidèle à la devise de ce grand soldat : "On n'est vaincu que lorsque l'on s'avoue vaincu." Je me suis trompé sur ce point et je m'en accuse. » Document non daté. AN, fonds Paul Reynaud, 74 AP 89.
70. Il s'agit de Paul Reynaud.
71. *Le problème militaire français.*
72. Maurras publie un autre article sur le même sujet dans *L'Action française* du 3 juin.
73. Notes aimablement communiquées à l'auteur par M. le ministre Bernard Destremau.
74. *Ibid.*
75. Cf. son témoignage, P. de Villelume, *Journal d'une défaite*, Fayard, 1976.
76. Cité par J. Lacouture, *De Gaulle, op. cit.*, t. 1, p. 320.

IV. L'ABÎME ET LA RUPTURE

1. E. Spears, *Témoignage sur une catastrophe*, p. 103.
2. « La personnalité militaire du général de Gaulle dont parlait Maurras, il y a quelques jours, est une des heureuses innovations du nouveau cabinet, écrit Léon Daudet. Il est un maître, de l'avis général, dans cet art si difficile qui consiste à ouvrir au commandement des vues nouvelles et à reléguer aux vieilles lunes les fausses théories comme celle de la défensive toujours et partout (« Les personnalités militaires », *L'Action française*, 9 juin 1940).
3. SHAT, fonds Weygand, 1 K 130, carton 11. Cf. Annexes.
4. Témoignage de Maurice Schumann à l'auteur.
5. Interview à J. Oberlé citée.
6. D. Leca, *La rupture de 1940*, Fayard, 1978, p. 105-106.
7. *Ibid.*, p. 102.
8. Souvenirs inédits de Roland de Margerie.
9. AN, archives Paul Reynaud, 74 AP 22.
10. Mention manuscrite.
11. D. Leca, *La rupture de 1940, op. cit.*, p. 66. Et aussi dans ce sens : P. Baudouin, *Neuf mois au gouvernement*, Plon, 1948, p. 138, et Y. Bouthillier, *Le drame de Vichy*, t. 1, « Face à l'ennemi, face à l'allié », p. 45.
12. *Ibid.*
13. Ch. de Gaulle, *L'appel*, Plon, 1954, p. 55.
14. Grand adversaire du général au sein de l'entourage de Paul Reyaud, le colonel de Villelume l'a critiquée dans une note du 8 juin (AN, 74 AP 72) et prône un repli sur Bordeaux.
15. SHAT, fonds Weygand, 1 K 130, carton 13.
16. Ch. de Gaulle, *L'appel, op. cit.*, p. 55.
17. D. Leca, *La rupture de 1940, op. cit.*, p. 166.
18. J. Oberlé, interview citée.

19. SHAT, fonds Weygand, 1 K 130, carton 11, « Réponse du général Weygand à l'article de Gaulle-Oberlé ».
20. Ch. de Gaulle, *L'appel*, *op. cit.*, p. 44-45.
21. *Ibid.*
22. J. Lacouture, *De Gaulle*, *op. cit.*, t. 1, p. 229-239.
23. Ch. de Gaulle, *L'appel*, *op. cit.*, p. 45.
24. Souvenirs inédits de Roland de Margerie.
25. *Ibid.*
26. *Ibid.*
27. *Ibid.*
28. *Ibid.*
29. *Ibid.*
30. Ch. de Gaulle, *L'appel*, *op. cit.*, p. 49.
31. *Ibid.*
32. *Ibid.*, p. 50.
33. Dans son livre *En lisant les « Mémoires de guerre » du général de Gaulle*, Weygand conteste cette version. Selon lui, il avait été bel et bien convoqué à 18 h 15 par P. Reynaud, et c'est le matin de ce même jour, en présence de De Gaulle, qu'il remit au président du Conseil une note qui, toujours d'après lui, n'évoquait pas formellement une demande d'armistice (Flammarion, 1955, p. 50-51).
34. Publiées par B. Destremau dans sa biographie de Weygand, *Weygand*, Perrin, 1989, p. 503.
35. *Ibid.*, p. 503-504.
36. Archives Geoffroy de Courcel, G. de Courcel, texte inédit sur juin 1940.
37. Commandant de la Xe armée.
38. SHAT, fonds Weygand, 1 K 130, carton 11.
39. E. Spears, *Témoignage sur une catastrophe*, *op. cit.*, p. 143.
40. Ch. de Gaulle, *L'appel*, *op. cit.*, p. 53.
41. *Ibid.*
42. *Ibid.*
43. E. Spears, *Témoignage sur une catastrophe*, *op. cit.*, p. 165.
44. *Ibid.*
45. Ch. de Gaulle, *L'appel*, *op. cit.*, p. 54.
46. W. Churchill, *L'heure tragique*, p. 187.
47. E. Spears, *Témoignage sur une catastrophe*, *op. cit.*, p. 163.
48. Souvenirs inédits de Roland de Margerie.
49. Ch. de Gaulle, *L'appel*, *op. cit.*, p. 54.
50. *Ibid.*, p. 46.
51. *Ibid.*, p. 54-55.
52. SHAT, fonds Weygand, 1 K 130, carton 11, dossier 25.
53. *Ibid.*
54. *Ibid.*, cf. Annexes II, 2. J. Oberlé publié ce texte dans son livre *Jean Oberlé vous parle* et dans *France-Soir* du 19 juin 1945. Par un communiqué du Gouvernement provisoire daté du 26 juin 1945, le général de Gaulle tenta de contester l'authenticité de ce texte. Pour se justifier, J. Oberlé publia le manuscrit de l'interview, corrigé par le général. Dans des notes inédites (aimablement communiquées par Paul Collowald), Paul Kleffer, collaborateur de Robert Schuman, évoque, le 13 juin, une intervention du général de Gaulle sur l'hypothèse du réduit breton.
55. SHAT, fonds Weygand, 1 K 130, carton 11.
56. *Ibid.*
57. *Ibid.*
58. *Ibid.*
59. *Ibid.*
60. Ch. de Gaulle, *L'appel*, *op. cit.*, p. 56.
61. Hoover Institution, Stanford (Californie), document général Weygand, MS D 813 F8 W 54.
62. Ch. de Gaulle, *L'appel*, *op. cit.*, p. 55.

63. SHAT, fonds Weygand, 1 K 130, carton 11, lettre de M. Le Provost de Launay à M. Demolliens, avocat de Weygand, 12 novembre 1945.
64. Souvenirs inédits de Roland de Margerie.
65. *Ibid.*
66. C. Guy, *En écoutant de Gaulle, op. cit.*, p. 89.
67. *Ibid.*
68. Ch. de Gaulle, *L'appel, op. cit.*, p. 58-59.
69. *Ibid.*, p. 59.
70. SHAT, fonds Weygand, 1 K 130, carton 11, témoignage précité.
71. Archives Geoffroy de Courcel, G. de Courcel, texte inédit sur juin 1940.
72. Ph. de Gaulle, *Mémoires accessoires, op. cit.*, t. 1, p. 170.
73. J. Benoist-Méchin, *Soixante jours qui ébranlèrent l'Occident*, Plon, t. 2, p. 234. Benoist-Méchin donne pour cette scène la référence suivante : Le Roc'h, *Information nationale pour les marins*, mars 1942, p. 200.
74. Archives Geoffroy de Courcel, G. de Courcel, texte inédit sur juin 1940
75. Ch. de Gaulle, *L'appel, op. cit.*, p. 63.
76. Cette affaire est évoquée de façon complète par H. Amouroux, *La grande histoire des Français sous l'Occupation, op. cit.*, t. 2, p. 825. De recherches entreprises au Service historique de la Marine, il ressort que le *Pasteur* a été saisi le 4 juillet par les autorités britanniques et que le général de Gaulle n'a même pas été averti de cette initiative de Londres.
77. Ch. de Gaulle, *L'appel, op. cit.*, p. 62.
78. *Ibid.*
79. H. Amouroux, *Le 18 juin 1940*, p. 362.
80. Note publiée par R. Tournoux dans *Pétain et de Gaulle, op. cit.*, p. 426-441.
81. FJM FJR AME 834, publié dans É. Roussel, *Jean Monnet*, Fayard, 1996, p. 241-242.
82. Cf. également la note de R. Pleven publiée en annexe de *Pétain et de Gaulle, op. cit.*, p. 426-441.
83. AN, fonds Paul Reynaud, 74 AP 22.
84. Souvenirs inédits de Roland de Margerie.
85. J. Monnet, *Mémoires, op. cit.*, p. 24.
86. Geoffroy de Courcel, dans sa note, signale également que le général s'est trompé dans ses Mémoires en situant le premier appel téléphonique dans l'après-midi alors qu'il eut bien lieu, selon lui, « dans la matinée ».
87. Cette même expression est utilisée par Geoffroy de Courcel dans son texte.
88. AN, fonds Paul Reynaud, 74 AP 22.
89. Ch. de Gaulle, *L'appel, op. cit.*, p. 64.
90. *Ibid.*, p. 64-65.
91. Archives Geoffroy de Courcel, G. de Courcel, texte inédit sur juin 1940.
92. Souvenirs inédits de Roland de Margerie.
93. J.-B. Duroselle, *L'abîme*, Imprimerie nationale, 1982, p. 236.
94. Souvenirs inédits de Roland de Margerie.

V. L'HONNEUR DE LA FRANCE

1. C. Guy, *En écoutant de Gaulle, op. cit.*, p. 100-101.
2. H. Amouroux, *Le 18 juin 1940, op. cit.*, p. 364.
3. Churchill College, Spears Papers, SPRS 1/189, lettre de Spears à Henri de Kérillis, 14 avril 1954.
4. Ch. de Gaulle, *L'appel, op. cit.*, p. 67.
5. *Ibid.*
6. E. Spears, *Témoignages sur une catastrophe, op. cit.*, p 346-356.
7. *Ibid.* p. 364.
8. *Ibid.* p. 366.
9. *Ibid.* p. 367.
10. Churchill College, Churchill Archives.

11. À Henri de Kérillis, Spears écrira le 14 avril 1954 : « Quand Churchill lui a écrit pour qu'il décrive son départ de Bordeaux, il lui a donné un compte rendu assez erroné selon lequel je n'avais rien à voir avec cela. Churchill, cependant, me l'envoya. Je lui racontai la vraie histoire qu'il accepta ». (Churchill College, Spears Papers, SPRS 1/189).

12. Churchill, en effet, reprendra la version de Spears, bien que, dans une lettre adressée à ce dernier, il se soit déclaré « réticent à contredire de Gaulle sur un point qui ne serait pas matériel » (lettre à Spears, 20 novembre 1948). « Le même matin 17 juin, écrit Churchill dans ses *Mémoires*, de Gaulle se rendit à son bureau, prit un certain nombre de rendez-vous, afin d'endormir toute méfiance et se rendit à l'aérodrome avec son ami Spears. Ils se serrèrent la main, se dirent au revoir puis, dès que l'appareil commença à rouler, de Gaulle sauta dedans et fit claquer la porte. L'avion s'éleva dans les airs, tandis que les policiers et les officiers restaient bouche bée. De Gaulle, dans ce petit avion, emportait avec lui l'honneur de la France » (*L'heure tragique*, *op. cit.*, p. 229).

13. Geoffroy de Courcel a seulement quitté de Gaulle le 16 juin, tard dans la soirée « A-t-il réuni ses autres collaborateurs ce soir-là à son bureau, comme le dit dans son livre M. Amouroux, ou bien en a-t-il revu un certain nombre le matin à son départ, comme le dit une note de son cabinet datant de 1945 ? Je l'ignore », reconnaît-il honnêtement. (Archives Geoffroy de Courcel, G. de Courcel, texte inédit sur juin 1940).

14. *Ibid.*

15. *Ibid.*

16. *Ibid.*

17. Louis Dominique Girard, *L'appel de l'île d'Yeu*, p. 151.

18. H. Amouroux, *Le 18 juin 1940*, *op. cit.*, p. 327.

19. *Ibid.*, p. 364.

20. E. Spears, *Témoignage sur une catastrophe*, *op. cit.*, p. 163.

21. *Ibid.*

22. *Ibid.*, p. 368.

23. F. Kersaudy, *De Gaulle et Churchill*, Plon, 1981, p. 65.

24. Archives Geoffroy de Courcel, G. de Courcel texte inédit sur juin 1940.

25. Ch. de Gaulle, *L'appel*, *op. cit.*, p. 70.

26. Témoignage de Marianne Monnet-Nobécourt à l'auteur.

27. Témoignage de Geoffroy de Courcel à l'auteur, 29 janvier 1992, *in* É. Roussel, *Jean Monnet*, *op. cit.*, p. 243-244.

28. Témoignage de Geoffroy de Courcel à l'auteur.

29. Lettre aimablement communiquée à l'auteur par Robert Mengin.

30. Témoignage de Robert Mengin à l'auteur.

31. É. Roussel, *Jean Monnet*, *op. cit.*, p. 247.

32. Archives Geoffroy de Courcel, G. de Courcel, texte inédit sur juin 1940.

33. M. Schumann, *Un certain 18 juin*, Plon, 1980, « Appel du général de Gaulle aux Français » (version écrite) :

« Les chefs qui, depuis de nombreuses années, sont à la tête des armées françaises, ont formé un gouvernement. Ce gouvernement, alléguant la défaite de nos armées, s'est mis en rapport avec l'ennemi pour cesser le combat. Certes, nous avons été, nous sommes, submergés par la force mécanique, terrestre et aérienne, de l'ennemi. Infiniment plus que leur nombre, ce sont les chars, les avions, la tactique des Allemands qui nous font reculer. Ce sont les chars, les avions, la tactique des Allemands qui ont surpris nos chefs au point de les amener là où ils en sont aujourd'hui.

Mais le dernier mot est-il dit ? L'espérance doit-elle disparaître ? La défaite est-elle définitive ? Non !

Croyez-moi, moi qui vous parle en connaissance de cause et vous dis que rien n'est perdu pour la France. Les mêmes moyens qui nous ont vaincus peuvent faire venir un jour la victoire.

Car la France n'est pas seule ! Elle n'est pas seule ! Elle n'est pas seule ! Elle a un vaste Empire derrière elle. Elle peut faire bloc avec l'Empire britannique qui tient la mer et continue la lutte. Elle peut, comme l'Angleterre, utiliser sans limites l'immense industrie des États-Unis.

Cette guerre n'est pas limitée au territoire malheureux de notre pays. Cette guerre n'est pas tranchée par la bataille de France. Cette guerre est une guerre mondiale. Toutes les fautes, tous les retards, toutes les souffrances n'empêchent pas qu'il y a, dans l'univers, tous les moyens nécessaires pour écraser un jour nos ennemis. Foudroyés aujourd'hui par la force mécanique, nous pourrons vaincre dans l'avenir par une force mécanique supérieure. Le destin du monde est là.

Moi, général de Gaulle, actuellement à Londres, j'invite les officiers et les soldats français qui se trouvent en territoire britannique ou qui viendraient à s'y trouver, avec leurs armes ou sans leurs armes, j'invite les ingénieurs et les ouvriers spécialistes des industries d'armement qui se trouvent en territoire britannique ou qui viendraient à s'y trouver, à se mettre en rapport avec moi.

Quoi qu'il arrive, la flamme de la résistance française ne doit pas s'éteindre et ne s'éteindra pas.

Demain, comme aujourd'hui, je parlerai à la Radio de Londres. »

34. *Ibid.*, p. 11. C'est le moment de rappeler ce que de Gaulle écrivait en 1934 relativement à la mobilisation économique que réaliseraient les États-Unis en cas de conflit : « Les États-Unis, pourvus d'immenses ressources, tant en matières premières qu'en outillage et en main-d'œuvre, dotés d'une organisation économique qui leur permet d'en tirer un vaste rendement, capables de déployer pour le profit et, par suite, pour le travail, dans toutes les classes de la population, une ardeur grandiose, ont dans leur capacité de production une puissante force guerrière. D'autre part, ils se sont trouvés, jusqu'à présent, au point de vue géographique et politique, dans les meilleures conditions pour exploiter complètement cet avantage. Pas d'invasion qui puisse paralyser leurs usines et leurs mines, pas de blocus susceptible de les couper du dehors. Dans l'ordre des fabrications, comme dans les autres, ils ont le temps, l'espace et les moyens.

Ce n'est point assez, cependant, pour que soit fabriqué au moment voulu le matériel de guerre nécessaire. La puissance organique de l'industrie n'y suffit pas par elle-même. Quand on réfléchit à tout ce que la fabrication en séries comporte de complexité et de variété dans l'outillage, de sélection et d'accoutumance du personnel, d'ajustement du travail des machines avec la réception des matières premières, les transports, la distribution de l'énergie, on comprend que la plus florissante usine ne puisse changer, de but en blanc, le processus habituel de son activité. D'autant plus que le matériel de guerre ne supporte pas l'à-peu-près. Tout un travail d'adaptation s'impose qui ne peut être improvisé.

Précisément, au cours de la Grande Guerre, les États-Unis en ont fait l'expérience. On sait quels déboires ils eurent à essuyer, et que l'armistice survint sans qu'ils eussent figuré, sur les champs de bataille, un seul canon, un seul avion, un seul tank fabriqués en Amérique. [...] On voit que les États-Unis, assurés qu'ils étaient de ne se trouver menacés directement par personne ni, *a fortiori*, envahis, ne se sont guère préoccupés d'organiser leur effort "total", mais ont borné leurs mesures de mobilisation nationale à préparer le concours de l'industrie aux fabrications militaires. [...] »

Mais, concluait de Gaulle, « on ne s'avancerait pas beaucoup en affirmant que les États-Unis devront, un jour ou l'autre, étendre à tous les domaines de l'activité nationale la préparation guerrière qu'ils limitent, pour le moment, à l'industrie. Et l'on peut penser que l'initiative privée, les larges dépenses, les riches dividendes, qui forment à ce point de vue la base du système américain, feront place, tôt ou tard, à ces conceptions plus rigoureuses d'économie, d'obligation et d'égalité » (« La mobilisation économique à l'étranger », *Revue militaire française*, 1er janvier 1934, repris dans Charles de Gaulle, *Trois études*, Berger-Levrault, Paris, 1945, p. 62-79).

35. J.-L. Crémieux-Brilhac, *La France libre*, Gallimard, 1996, p. 50.

36. Ch. de Gaulle, *L'appel*, *op. cit.*, p. 71.

37. L. D. Girard, *L'appel de l'île d'Yeu*, *op. cit.*, p. 199-212.

38. J.-L. Crémieux-Brilhac, *La France libre*, *op. cit.*, p. 58.

39. L. D. Girard, *L'appel de l'île d'Yeu*, *op. cit.*, p. 205.

40. Cf. Annexes III.

41. H. Amouroux, *Le 18 juin 1940*, *op. cit.*, p. 363.

42. PRO, CAB 65/7, W. M. 171/40.

43. J.-L. Crémieux-Brilhac, *La France libre*, *op. cit.*, p. 49.

44. J. Colville, *The Fringes of Power*, p. 164-165, cité par J.-L. Crémieux-Brilhac, *ibid.*
45. Archives Geoffroy de Courcel, G. de Courcel, texte inédit sur juin 1940.
46. J. Fourmy, notaire à la retraite à Nogent-le-Rotrou, « L'appel du général de Gaulle », *Revue historique et archéologique du Maine*, n° 10, 1990.
47. Cf. J.-L. Crémieux-Brilhac, *La France libre*, *op cit.*, p. 49.
48. Cf. Ph. Cusin, *Le Figaro*, juin 1990.
49. *Le Figaro*, juin 1990.
50. Archives Geoffroy de Courcel, G. de Courcel, texte inédit sur juin 1940.
51. J. Marin, *Petit bois pour un grand feu*, Fayard, p. 219-220.
52. P. Bourdan, *Carnets des jours d'attente*, Pierre Trémois, 1945, p. 9-32.
53. R. Mengin, *De Gaulle à Londres vu par un Français libre*, La Table Ronde, 1965, p. 62-63.
54. C. Fouchet, *Mémoires d'hier et de demain. Au service du général de Gaulle*, Plon, 1971, t. 1, p. 20-21.
55. A. Weil-Curiel *Le jour se lève à Londres*, p. 217-218.
56. C. Hettier de Boislambert, *Les fers de l'espoir*, Plon, 1978, p. 178-179.
57. J. Marin, *Petit bois pour un grand feu*, *op. cit.*, p. 220-221.
58. A. Weil-Curiel, *Le jour se lève à Londres*, *op. cit.*, p. 219.
59. *Ibid.*, p. 225.
60. Archives Geoffroy de Courcel, G. de Courcel, texte inédit sur juin 1940.
61. E. Spears, *Pétain et de Gaulle*, *op. cit.*, p. 162-163.
62. J.-L. Crémieux-Brilhac, *La France libre*, *op. cit.*, p. 51.
63. Archives Geoffroy de Courcel, témoignage de G. de Courcel à Didier Adès, France-Inter.
64. Ch. de Gaulle, *L'appel*, *op. cit.*, p. 71.
65. G. Palewski, *Mémoires d'action*, *op. cit.*, p. 128-129.
66. *Ibid.*
67. Ch. de Gaulle, *L'appel*, *op. cit.*, p. 72.
68. *Ibid.*, p. 71.
69. SHAT, 22 B21 - JT, rapport de l'attaché militaire en Grande-Bretagne, 30 juin-16 juillet 1940.
70. E. Spears, *Pétain et de Gaulle*, *op. cit.*, p. 148-149.
71. Témoignage de Robert Mengin à l'auteur.
72. PRO, FO 371/24349.
73. SHAT, fonds Weygand, 1 K 130, carton 13, dossier 28, manuscrit du général Odic.
74. Éditions Solar, 1947.
75. Dans son livre *Mon Général*, Olivier Guichard se dit convaincu de l'authenticite des propos tenus à Remy (*op. cit.*, p. 242-243). O. Guichard précise aussi qu'interrogé par l'un de ses proches de Gaulle s'exclama : « Mais, voyons, bien sûr que je l'ai dit. Bien sûr que je le pense. Mais, entre nous, de quoi aurions-nous l'air si j'allais le chanter sur les toits ? » Dans ses souvenirs posthumes, *Pour rétablir une vérité*, Georges Pompidou assure avoir incité le général à ne pas reprendre la théorie du bouclier et de l'épée dans son discours de clôture des assises du RPF en 1950 (Flammarion, 1982, p. 134). Cf. annexe 4.
76. PRO, FO 371/24349, p. 10-12.
77. Souligné par nous.
78. Churchill College, Spears Papers, SPRS 1/134.
79. H. Amouroux, *Le 18 juin 1940*, *op. cit.*, p. 56.
80. PRO, FO 371/24349, p. 30.
81. *Ibid.*, p. 33.
82. Dans ses *Mémoires (1885-1967)*, André Maurois donne ces raisons, il ne cache pas son respect pour Pétain à l'époque, et relate l'entretien qu'il eut avec de Gaulle le 21 juin (Flammarion, 1970, p. 306-309). De Gaulle malgré tout continua à lui porter estime, comme en témoigne la lettre qu'il adressa à Mme André Maurois le 9 octobre 1967 lors de sa disparition :

« Chère Madame,

Que se soient éteintes la flamme et la lumière du magnifique talent d'André Maurois, c'est un profond chagrin pour ceux qui le lisent — c'est-à-dire qui l'admirent — au long des années. C'est une lourde peine aussi pour tous ceux qui connaissaient — c'est-à-dire qui estimaient — la très haute distinction humaine — si délicate et si généreuse — avec laquelle il menait sa vie, lors même qu'il traversait les orages de notre siècle. Aussi est-ce du fond du cœur que je prends part à la grande douleur qui est la vôtre et que ma femme joint aux miens ses sentiments les plus attristés.

Je vous prie de bien vouloir agréer, Chère Madame, mes hommages les plus respectueux. »

83. PRO, FO 371/24349, p. 33 à 36.
84. Témoignage de René Pleven à l'auteur, juin 1990.
85. É. de Miribel, *La liberté souffre violence*, Plon, 1981, p. 38.
86. PRO, FO 371/24349, p. 39-40.
87. AN, fonds René Cassin, 382 AP 79.
88. J.-L. Crémieux-Brilhac, *La France libre, op. cit.*, p. 62.
89. PRO, FO 371/24349, p. 149.
90. Harold Nicolson, *Journal des années tragiques (1936-1942)*, Grasset, 1971, p. 248 (29 juin 1940).
91. SHAT, 22, 2821-15.
92. C. Hettier de Boislambert, *Les fers de l'espoir, op. cit.*, p. 187.
93. *Ibid.*, p. 188.
94. E. Spears, *Pétain et de Gaulle, op. cit.*, p. 179.
95. *Ibid.*, p. 184.
96. Churchill College, Spears Papers, SPRS 1/136/1

VI. JE NE SUIS L'HOMME DE PERSONNE

1. Témoignage de Claude Bouchinet-Serreulles à l'auteur.
2. Cf. R. Cassin, *Les hommes partis de rien*, Plon, 1975.
3. Témoignage du colonel Passy à l'auteur.
4. C. Hettier de Boislambert, *Les fers de l'espoir, op. cit.*, p. 181.
5. Cf. le livre en forme de plaidoyer de son petit-fils, Renaud Muselier, *L'amiral Muselier, le créateur de la croix de Lorraine*, Perrin, 2000.
6. C. Guy, *En écoutant de Gaulle, op. cit.*, p. 182-183.
7 Témoignage de Charles Gombault, secrétaire général de *France-Soir*, document communiqué à l'auteur par Jean-Claude Comert, fils de Pierre Comert.
8. C. Bouchinet-Serreulles, « Souvenirs épars, 1940-1942 », *Espoir*, n° 67, juin 1989.
9. A. Weil-Curiel, *Le jour se lève à Londres, op. cit.*, p. 319.
10. AN, fonds René Cassin, 382 AP 31.
11. A. Weil-Curiel, *Le jour se lève à Londres, op. cit.*, p. 138.
12. AN, fonds René Cassin, 382 AP 103.
13. S. Weil, *Écrits de Londres et dernières lettres*, Gallimard, 1957, p. 61.
14. C. Guy, *En écoutant de Gaulle, op. cit.*, p. 43.
15. Churchill College, Spears Papers, SPRS 1/136/2, compte rendu de l'entrevue du capitaine Ciriez avec le général de Gaulle à St Stephen House le mercredi 17 juillet à 11 h 40.
16. « PC, le 4 juillet 1940

Note de service

La légion française étant dès aujourd'hui constituée, il est essentiel qu'une discipline et une tenue parfaites soient exigées des militaires de tous grades. Aucun manquement ne devra être toléré.

Le général de Gaulle, commandant la Légion, passera le samedi 6 juillet, à 10 h, une inspection des éléments stationnés à l'Empire Olympia Hall. Tous les officiers, sous-officiers, hommes de troupe devront être présents.

Le Général de Gaulle. »

17. R. Cassin, *Les hommes partis de rien, op. cit.*, p. 77.
18. PRO, FO 371/24360, 5 août 1940.
19. *Ibid.*
20. *Ibid.*

21. *Ibid.*, p. 36.
22. É. de Miribel, *La liberté souffre violence, op. cit.*, p. 25.
23. PRO, FO 371/24350, p. 398.
24. C. Guy, *En écoutant de Gaulle, op. cit.*, p. 48.
25. A. Peyrefitte, *C'était de Gaulle, op. cit.*, t. 2, p. 182.
26. Archives Geoffroy de Courcel, texte inédit d'Emmanuel d'Harcourt.
27. AN, fonds René Cassin, 382 AP 79.

VII. ÉCHEC À DAKAR

1. Spears, dans une note non datée, échafaude de son côté un plan de débarquement en Afrique du Nord, de préférence en Algérie (Churchill College, Spears Papers, SPRS 1/136/1).
2. *Ibid.*
3. Colonel Passy, *Mémoires du chef des services secrets de la France libre*, préface de Jean-Louis Crémieux-Brilhac, Odile Jacob, 2000, p. 68.
4. Ch. de Gaulle, *L'appel, op. cit.*, p. 98.
5. Churchill College, Spears Papers, SPRS 1/136/1, lettre du 8 août 1940.
6. Cité par F. Kersaudy, *De Gaulle et Churchill, op. cit.*, p. 82.
7. Churchill College, Spears Papers, SPRS 1/136/5.
8. M. Martin du Gard, *La carte impériale*, André Bonne, 1949, p. 97.
9. Archives Geoffroy de Courcel, lettre de Claude Hettier de Boislambert à G. de Courcel, 6 novembre 1940.
10. Churchill College, Spears Papers, SPRS 1/136/5.
11. Témoignage de René Pleven à l'auteur. *Le Figaro littéraire*, 18 juin 1990.
12. E. Spears, *Pétain et de Gaulle, op. cit.*, p. 208.
13. F. Jacob, *La statue intérieure*, Odile Jacob et Seuil, 1987 ; éd. citée, Gallimard Folio, p. 167-168.
14. Ch. de Gaulle, *L'appel, op. cit.*, p. 101.
15. E. Spears, *Pétain et de Gaulle, op. cit.*, p. 210.
16. *Ibid.*, p. 212-213.
17. A. Watson, *Échec à Dakar*, p. 103.
18. SHAT, 4 P2, état-major du général de Gaulle à Londres.
19. *Ibid.*
20. *Ibid.* Ces notes ont été publiées en 1949 par Maurice Martin du Gard dans son livre *La carte impériale, op. cit.*
21. SHAT, 4 P2, état-major du général de Gaulle à Londres.
22. *Ibid.*
23. *Ibid.*
24. C. Hettier de Boislambert, *Les fers de l'espoir, op. cit.*, p. 251.
25. E. Spears, *Pétain et de Gaulle, op. cit.*, p. 231.
26. *Ibid.*
27. Journal de Spears, cité par F. Kersaudy, *De Gaulle et Churchill, op. cit.*, p. 86.
28. *Ibid.*
29. M. Martin du Gard, *La carte impériale, op. cit.*, p. 122.
30. R. Tournoux, *Jamais dit, op. cit.*, p. 87-88. Dans *L'appel*, le général indique son désarroi après l'échec : « J'éprouvais les impressions d'un homme dont un séisme secoue brutalement la maison et qui reçoit sur la tête la pluie de tuiles tombant du toit » (*op. cit.*, p. 108).
31. J. Lacouture, *De Gaulle, op. cit.*, t. 1, p. 441.
32. Témoignage du colonel Passy à l'auteur.
33. Témoignage du général Massu à l'auteur.
34. Témoignage de Pierre Messmer à l'auteur.
35. Fondation Charles de Gaulle, fonds d'histoire orale.
36. Témoignage de Mme Jacqueline Beytout à l'auteur, 29 mai 2001.

37. Cf. annexe 5, sa lettre inédite à l'amiral Muselier dans laquelle il donne sa version des événements.
38. PRO, FO 371/28464, Dakar, 29 octobre 1940.
39. F. Kersaudy, *De Gaulle et Churchill, op. cit.*, p. 87.
40. PRO, FO 371/24345, p. 411, 27 novembre 1940.
41. M. Martin du Gard, *La carte impériale, op. cit.*, p. 136.

VIII. DUEL AVEC VICHY

1. B. Ledwidge, *De Gaulle vu par un Anglais, op. cit.*, p. 98.
2. Ch. de Gaulle, *L'appel, op. cit.*, p. 114.
3. SHM, fonds Muselier, lettre non datée de Mme de Gaulle à l'amiral Muselier.
4. F. Kersaudy, *De Gaulle et Churchill, op. cit.*, p. 90.
5. *Ibid.*, p. 94.
6. Les archives du Département d'État (NARA, box 5141) conservent la lettre du maréchal recommandant Rougier auprès des représentants diplomatiques (20 septembre 1940).
7. PRO, FO 371/24361, 17 octobre 1940.
8. *Ibid.*, 25 octobre 1940, compte rendu de l'entretien Churchill-Rougier.
9. *Ibid.*
10. *Ibid.*, entretien avec Weygand.
11. *Ibid.*
12. *Ibid.*, p. 244.
13. *Ibid.*
14. *Ibid.*
15. Ch. de Gaulle, *L'appel, op. cit.*, p. 309
16. PRO, FO 371/24345.
17. PRO, FO 371/24361, p. 237, 20 novembre 1940.
18. J.-L. Crémieux-Brilhac, *La France libre, op. cit.*, p. 126.
19. *Ibid.*, p. 132.
20. F. Kersaudy, *De Gaulle et Churchill, op. cit.*, p. 98.
21. H. Nicolson, *Journal des années tragiques, op. cit.*
22. E. Spears, *Pétain et de Gaulle, op. cit.*, p. 164-165.
23. *Ibid.*, p. 165.
24. PRO, FO 371/24347 - 33172.
25. J. Lacouture, *De Gaulle, op. cit.*
26. PRO, FO 371/24367, p. 358.
27. MAE, Guerre 1939-1945, Londres-Alger, carton 309.
28. Library of Congress, Leahy Diary, reel 2-3.
29. *Le Point*, 20 juin 1998, *De Gaulle et les Juifs.* L'existence de ces documents avait précédemment été signalée par B. Ledwidge et le Congrès juif mondial en 1969, lors de la guerre des Six-Jours, y fera référence en s'étonnant de l'évolution du général vers des thèses antijuives.
30. Cité par J. Lacouture, *De Gaulle, op. cit.*, t. 1, p. 458.
31. *Ibid.*, p. 459-460.
32. Ch. de Gaulle, *L'appel, op. cit.*, p. 337.
33. PRO, FO 371/24346, appreciation of General de Gaulle from M. Parr (Brazzaville), 14 novembre 1940.
34. SHM, fonds Muselier.
35. SHAT, fonds Catroux, 223 K3.
36. Cf. Ch. de Gaulle, *L'appel, op. cit.*, p. 344-348.
37. *Ibid.*, p. 348.
38. SHAT, fonds Catroux, 232 K3, lettre du général Catroux au général Laure, 29 janvier 1941.
39. B. Destremau, *Weygand, op. cit.*, p. 680-681.
40. Général Catroux, *Dans la bataille de la Méditerranée,* Julliard, 1949.

IX UN ALLIÉ DIFFICILE

1. PRO, FO 371/24341, p. 382.
2. J.-L. Crémieux-Brilhac, *La France libre*, *op. cit.*, p. 172.
3. Colonel Passy, *Mémoires du chef des services secrets de la France libre*, *op. cit.*, p. 86.
4. R. Aron, *Mémoires*, Julliard, 1983, p. 170-171.
5. PRO, FO 371/33172.
6. *Ibid.*, p. 438.
7. PRO, FO 954/8, Papers of lord Avon.
8. E. Muselier, *De Gaulle contre le gaullisme*, Le Chêne, 1946, p. 142
9. AN, fonds Catroux, 72 AJ 428, note du 10 janvier 1941.
10. Ch. de Gaulle, *L'appel*, *op. cit.*, p. 141.
11. *Ibid.*, p. 145.
12. Agent allemand.
13. AN, fonds Catroux, 72 AJ 428.
14. *Ibid.*
15. PRO, FO 954/8, p. 147.
16. La correspondance du général avec Catroux à cette époque laisse apparaître cet antagonisme. Le 21 janvier, de Gaulle demande à Catroux « plus de confiance ». Le 17 février, il refuse une offre de démission présentée par l'ancien gouverneur général de l'Indochine et exige un concours « sans condition ni susceptibilité ».
17. PRO, FO 954/8, p. 165-166. Cf. aussi F. Kersaudy, *De Gaulle et Churchill*, *op. cit.* p. 109.
18. Opération gaulliste sur le Gabon des 8 et 9 novembre, qui se termina par la prise de Port-Gentil deux jours plus tard.
19. « Toute l'affaire du Gabon, écrit J.-L. Crémieux-Brilhac, est douloureuse. Pour la première fois, des Français libres ont été engagés contre des Français. Le total des tués serait de 36 » (*La France libre*, *op. cit.*, p. 131). Le compte rendu de la conversation de Gaulle-Wilson se trouve dans le fonds Catroux, AN, 72 AJ 428.
20. AN, fonds Catroux, 72 AJ 428.
21. N. Gun, *Les secrets des archives américaines*, t. 1, *Pétain, Laval, de Gaulle*, Albin Michel, 1979, p. 386.
22. Library of Congress, Leahy Diary, 18 mars 1941.
23. Churchill College, Churchill Archives, Char 20/37.
24. Churchill College, Churchill Archives, Char 20/39.
25. *Ibid.*
26. Churchill College, Churchill Archives, Char 20/39/91-92, 5 juin 1941, télégramme de Spears à Churchill.
27. *Ibid.*
28. *Ibid.*
29. Churchill College, Churchill Archives, Char 20/39.
30. F. Kersaudy, *De Gaulle et Churchill*, *op. cit.*, p. 118.
31. Churchill College, Churchill Archives, Char 20/41/35-36, 22 juillet 1941, télégramme de sir Oliver Lyttleton à Churchill.
32. Dans ses *Mémoires*, Raymond Aron observera à juste titre : « La guerre de Syrie qu'il recommanda aux Anglais n'était pas nécessaire : les événements jouaient pour lui » (*op. cit.*, p. 182).
33. F. Kersaudy, *De Gaulle et Churchill*, *op. cit.*, p. 121.
34. *Ibid.*
35. MAE, fonds Maurice Dejean, vol. 13.
36. Churchill College, Churchill Archives, Char 20/42.
37. F. Kersaudy, *De Gaulle et Churchill*, *op. cit.*, p. 115
38. PRO, FO 371/28545.
39. *Ibid.*, p. 100.
40. *Ibid.*
41. F. Kersaudy, *De Gaulle et Churchill*, *op. cit.*, p. 127.
42. Quotidien français de Londres, *France*, dirigé par Pierre Comert, tiré à 32 000

exemplaires, suivait une ligne indépendante, hostile à de Gaulle, réputé antirépublicain. Comert accentua la distance par rapport à la France libre à partir du printemps 1941. Cf. J.-L. Crémieux-Brilhac, *La France libre, op. cit.*, p. 192-193.

43. Pseudonyme de Michel Saint-Denis, chef de l'équipe française de la BBC. Réservé vis-à-vis de De Gaulle. Ne relevait que de l'autorité anglaise.

44. F. Kersaudy, *De Gaulle et Churchill, op. cit.*, p. 124.

45. PRO, FO 371/28545.

46. PRO, PREM 3/120/5.

47. *Ibid.*

48. *Ibid.*

49. PRO, FO 371/28545.

50. *Ibid.*

51. *Ibid.*

52. H. Alphand, *L'étonnement d'être*, Fayard, 1977, p. 88-89.

X. LE CONNÉTABLE ET LA RÉPUBLIQUE

1 PRO, FO 954/8.

2. PRO, FO 371/28214, 3 septembre 1941.

3. J.-L. Crémieux-Brilhac, *La France libre, op. cit.*, p. 221.

4. H. Noguères *et al.*, *Histoire de la Résistance en France de 1940 à 1944*, Laffont, 1967-1981.

5. Cf. le livre d'Alain Griotteray : *1940 : La droite était au rendez-vous*, Laffont, 1985.

6. *Honoré d'Estienne d'Orves, un héros français*, Perrin, 2001, p. 20. Remarquable biographie fondée sur de nombreux documents d'archives.

7. H. Frenay, *La nuit finira*, Laffont, 1973, p. 26.

8. Cité par H. Amouroux, *La grande histoire des Français sur l'Occupation, op. cit.*, t. 1, p. 791.

9. Archives du Komintern, Moscou, fonds PCF 5/7, inventaire 1, dossier 1931.

10. B. Ledwidge, *De Gaulle vu par un Anglais op. cit.*, p. 137.

11. Témoignage du colonel Passy à l'auteur.

12. PRO, FO 371/28214, 2 septembre 1941.

13. PRO, FO 371/21214, 3 septembre 1941.

14. PRO, FO 371/28214.

15. E. Muselier, *De Gaulle contre le gaullisme, op. cit.*, p. 226.

16. Colonel Passy, *Mémoires du chef des services secrets de la France libre, op. cit.*, p. 97.

17. PRO, FO 371/24460.

18. AN, fonds René Pleven, 560 AP 16. Dans son article « L'ombre des Bonapartes », paru dans la revue *La France libre* en 1943, Raymond Aron montrera qu'en France « même les despotismes se veulent républicains » (*Chroniques de guerre. La France libre (1940-1945)*, Gallimard, 1990).

19. Le droit de dissolution tomba en désuétude après la crise du 16 mai 1875, et le chef de l'État se trouva confiné dans un rôle formel.

20. Cf. F. Kersaudy, *De Gaulle et Churchill, op. cit.*, p. 137-138

21. *Ibid.*

22. Cité par J.-L. Crémieux-Brilhac, *La France libre, op. cit.*, p. 205.

23. PRO, FO 371/28545.

24. Cf. J.-L. Crémieux-Brilhac, *La France libre, op. cit.*, p. 203, et PRO, FO 371/28545, note de Mack, 20 septembre 1941.

25. PRO, PREM 3/120/2, et F. Kersaudy, *De Gaulle et Churchill, op. cit.*, p. 132.

26. Lettre de D. Morton à Ch. de Gaulle, 19 septembre 1941.

27. Ch. de Gaulle, *Lettres, notes et carnets, juillet 1941-mai 1943, op. cit.*, p. 65-66.

28. PRO, FO 954/8, p. 179-184, entretien Eden-de Gaulle.

29. F. Kersaudy fera allusion à cet entretien dont les minutes se trouvent dans les archives britanniques, PRO, FO 371/28545.

30. *Ibid.*, p. 162-166.

31. *Ibid.*

32. *Ibid.*
33. *Ibid.*
34. *Ibid.*, p. 189.
35. PRO, PREM 3/120/4.
36. A. Cadogan, *Diaries*, 24 septembre 1941, Cassell, Londres, 1971, cité par J.-L. Crémieux-Brilhac, *La France libre*, *op. cit.*, p. 206.
37. PRO, PREM 3/120/4.
38. Cité par F. Kersaudy, *De Gaulle et Churchill*, *op. cit.*, p. 142.
39. PRO, PREM 3/120/4.
40. J.-L. Crémieux-Brilhac, *La France libre*, *op. cit.*, p. 208.
41. D. Rondeau, *Le Nouvel Observateur*, 13-19 février 1997.
42. R. Tournoux, *La tragédie du Général*, Plon, 1967.

XI DIPLOMATIE

1. R. Aglion, *De Gaulle et Roosevelt*, Plon, 1984, p. 28.
2. MAE, Guerre 1939-1945, Londres-Alger, vol. 309.
3. J.-L. Crémieux-Brilhac, *La France libre*, *op. cit.*, p. 266-268.
4. Archives François-Xavier de Sieyès.
5. Il s'agit de John McCloy.
6. MAE, Guerre 1939-1945, Londres-Alger, vol. 309, télégramme de R. Pleven à de Gaulle, 1er juillet 1941.
7. Library of Congress, Leahy Diary, 4 juin 1941, reel 2-3.
8. *Ibid.*
9. *Ibid.*, 6 octobre 1941.
10. PRO, FO 954/8.
11. Témoignage de Curtis Roosevelt à l'auteur.
12. N. Gun, *Les secrets des archives américaines*, *op. cit.*, t. 1, p. 286.
13. Hoover Institution, Stanford (Californie), Robert Murphy Papers, 52/1 (de Gaulle).
14. AN, fonds René Pleven, 560 AP 25, lettre d'Henri Laugier, 18 juillet 1941.
15. Ch. Blanchet, « Les rapports de Gaulle/Maritain », *Paysans*, n° 201, juin-juillet 1990.
16. MAE, lettre de R. Pleven à de Gaulle, 13 juillet 1941, Guerre 1939-1945, Londres-Alger, vol. 309.
17. Franklin D. Roosevelt Library, Morgenthau Diary, book 419, cité par J.-L. Crémieux-Brilhac, *La France libre*, *op. cit.*, p. 268.
18. AN, fonds René Pleven, 560 AP 25, lettre à de Gaulle, 4 octobre 1941.
19. PRO, FO 371/28446.
20. PRO, FO 371/28214, note de l'amiral Dickens, 27 octobre 1941.
21. Ch. de Gaulle, *L'appel*, *op. cit.*, p. 490-491.
22. *Ibid.*, p. 185.
23. Cité par J.-L. Crémieux-Brilhac, *La France libre*, *op. cit.*, p. 281.
24. Franklin D. Roosevelt Library, PSF France, folder 1-4, lettre de F. Roosevelt à l'amiral Leahy, 1er novembre 1941.
25. *Ibid.*
26. FRUS, 1941 II, p. 498-500, cité par J.-L. Crémieux-Brilhac, *La France libre*, *op. cit.*, p. 283.
27. Franklin D. Roosevelt Library, BSP, Diplomatie France, box 29, lettre de F. Roosevelt au maréchal Pétain, 27 décembre 1941.
28. *Ibid.*, lettre de F. Roosevelt au général Weygand, 27 décembre 1941.
29. *Ibid.*, lettre de F. Roosevelt à l'amiral Leahy, 20 janvier 1942.
30. *Ibid.*
31. Témoignage de Maurice Schumann à l'auteur.
32. Ch. de Gaulle, *L'appel*, *op. cit.*, p. 541.
33. Henri-Christian Giraud utilise à bon droit l'expression. Cf. *De Gaulle et les commu-*

nistes, Albin Michel, 1988, t. 1, p. 52-56. J.-L. Crémieux-Brilhac évoque l'épisode (*La France libre*, *op. cit.*, p. 321).

34. Archives du Komintern, Moscou, fonds PCF, 5/7, inventaire 1, dossier 1931, L. 17.

35. *Le Komintern et la Seconde Guerre mondiale*, 1re partie, p. 101, Moscou, 1998 (Les monuments de la pensée historique).

36. *Ibid.*

37. *Ibid.*

38. Voir A. Besançon, « De la difficulté de définir le régime soviétique », *Présent soviétique, passé russe*, Hachette Pluriel, 1979.

39. MAE, Guerre 1939-1945, Londres, CNF, vol. 348.

40. In *C'était de Gaulle*, *op. cit.*, p. 143, cité par D. Cordier, *Jean Moulin. La République des catacombes*, Gallimard, 1999, p. 153.

41. D. Cordier, *ibid.*, p. 154.

42. *Ibid.*

43. Daniel Cordier a publié la photocopie corrigée de la main du général de ce document capital (*ibid.*, p. 146).

44. *Ibid.*, p. 155-156.

45. H. Noguères *et al.*, *Histoire de la Résistance en France de 1940 à 1944*, *op. cit.*, t. 2, p. 69.

46. Les historiens québécois tentent actuellement de redresser cette image qu'ils estiment fausse, fondée sur une surestimation du « clérico-nationalisme » au détriment du libéralisme. Cf. notamment « Pétain et de Gaulle dans la presse québécoise entre juin 1940 et novembre 1942 », par Robert Arcaud, *Revue d'histoire de l'Amérique française*, vol. 44, hiver 1991.

47. Archives E. de Miribel, mars 1941.

XII UNE STRATÉGIE

1. PRO, FO 371/31959, note de l'amiral Dickens, 9 décembre 1941
2. J.-L. Crémieux-Brilhac, *La France libre*, *op. cit.*, p. 288.
3. *Ibid.*, p. 289.
4. C. Guy, *En écoutant de Gaulle*, *op. cit.*, p. 37.
5. J.-L. Crémieux-Brilhac, *La France libre*, *op. cit.*, p. 289.
6. PRO, FO 371/31959, 3 mars 1942.
7. Le général Odic ralliera, on le sait, les États-Unis.
8. PRO, FO 3/954, 5 mars 1942.
9. PRO, FO 954, 6 mars 1942.
10. PRO, FO 371/39597, 4 mars 1942.
11. PRO, FO 371/39597, 7 mars 1942.
12. La relation de Muselier (*De Gaulle contre le gaullisme*, *op. cit.*, p. 336) est conforme au compte rendu qui figure dans les archives britanniques.
13. PRO, FO 371/31960.
14. *Ibid.*
15. *Ibid.*
16. *Ibid.*, Premier lord de l'Amirauté à M. Strang, 16 mars 1942.
17. PRO, FO 371/31960, 33321.
18. PRO, FO 371/31960, note de Ch. Peake, 17 mars 1942.
19. PRO, FO 371/31559.
20. PRO, FO 371/31960, 17 mars 1942.
21. F. Kersaudy, *De Gaulle et Churchill*, *op. cit.*, p. 154.
22. PRO, FO 371/31960, de Gaulle/Muselier, 15 mars 1942.
23. SHM, fonds Muselier, lettre du 5 avril 1942 à un directeur de journal.
24. *Ibid.*, note du 6 avril 1942.
25. *Ibid.*, lettre du 19 avril 1942 à l'amiral Dickens.
26. Cf. le témoignage de Christian Pineau, in *La simple vérité*, Julliard, 1960, p. 153-190.

27. Procès intenté par le régime de Vichy aux responsables de la IIIe République et que l'on dut ajourner tant il tournait à l'avantage des accusés (Reynaud, Daladier, etc.).
28. Cité par G. Perrier, *Pierre Brossolette, le visionnaire de la Résistance,* Hachette Littérature, 1997, p. 81.
29. *Ibid.*, rapport du 8 mai 1942.
30. Idée exposée dans les textes publiés par G. Piketty, *Résistance,* Odile Jacob.
31. J.-L. Crémieux-Brilhac, *La France libre, op. cit.*, p. 319 et suivantes.
32. H.-C. Giraud, *De Gaulle et les communistes, op. cit.*, t. 1, p. 52.
33. Archives de politique extérieure de la Fédération de Russie, fonds 136, inventaire 26, dossier 1008, chemise 180.
34. *Ibid.*, dossier 1009, chemise 182.
35. J.-L. Crémieux-Brilhac, *La France libre, op. cit.*, p. 322.
36. *Ibid.*, p. 325.
37. Hypothèses avancées par J.-L. Crémieux-Brilhac, *ibid.*, p. 327.
38. Entretien de l'auteur avec V. Nikonov, Moscou, 1998.
39. Archives de politique extérieure de la Fédération de Russie, fonds 136, inventaire 26, dossier 1010, chemise 183. La teneur de cet entretien est connue depuis très longtemps.
40. Jean-Richard Bloch.
41. Archives du Komintern, Moscou, fonds 495, inventaire 74, dossier 527, chemise 23, note de Marty sur l'entrevue avec Garreau.
42. L'information transmise par le général Donovan, chef de l'OSS du secrétaire d'État, était fondée sur une dépêche ultrasecrète de Pierre Laval à l'ambassadeur de Vichy à Washington Gaston Henry Haye, en date du 29 avril, NARA 851/00/2863.
43. PRO, PREM 3/120/128.
44. J.-L. Crémieux-Brilhac, *La France libre, op. cit.*, p. 328.

XIII. UN PEU ÉTROIT

1. In Alain Larcan et Jean-François Lemaire, *De Gaulle et la médecine,* préface de Pierre Messmer, Les Empêcheurs de penser en rond et Fondation Charles de Gaulle, 1995, p. 238-240.
2. PRO, PREM 3/120/10 B.
3. *Ibid.*
4. PRO, FO 954/8, Papers of lord Avon, 11 mai 1942.
5. Conférence de presse tenue par le général de Gaulle le 27 mai 1942.
6. PRO, FO 954/8.
7. On lira leurs témoignages dans *Des hommes libres. La France libre par ceux qui l'ont faite,* irremplaçable ouvrage de Daniel Rondeau et Roger Stéphane, Grasset, 1997.
8. Son fils François Broche retracera l'aventure militaire du mouvement gaulliste dans *L'épopée de la France libre,* Pygmalion G. Watelet.
9. F. Kersaudy, *De Gaulle et Churchill, op. cit.*, p. 160-161.
10. PRO, FO 954/8.
11. Crise provoquée en 1848 par la rivalité coloniale de la France et de l'Angleterre dans la région du haut Nil. Delclassé s'inclina devant un ultimatum anglais, à la fureur des nationalistes français.
12. Fils naturel de Gorki. Rallié à la France libre.
13. NARA 851/00/2905, box 5140, mémorandum de Starck, 18 juin 1942.
14. NARA 851/00/2882, PS/LME, confidential file, box 5140, 24 juin 1942.
15. NARA 853/00/2897, PS/FPI, box 5140, 15 juin 1942.
16. Cf. leur correspondance in *Saint-John Perse et ses amis américains. Courrier d'exil,* Les Cahiers de la NRF, Gallimard, 2001.
17. PRO, FO 371/32079.
18. Pierre Morel, « Alexis Leger en Amérique : l'Éloge de l'exil », *Revue des Deux Mondes,* mars 1999.
19. Saint-John Perse, *Œuvres complètes,* Bibliothèque de la Pléiade, 1972, p. 614.

20. Témoignage d'Étienne Burin des Roziers à l'auteur.

21. On n'en retrouve qu'un écho assourdi dans le journal de Roussy de Sales publié en 1948, cinq ans après sa mort, avec une préface de Pierre Lazareff, *L'Amérique entre en guerre*, La Jeune Parque, 1948.

22. Fondation Saint-John Perse, Aix-en-Provence, archives diplomatiques d'Alexis Leger, notes de R. Roussy de Sales.

23. J.-L. Crémieux-Brilhac, *La France libre*, *op. cit.*, p. 269.

24. Cf. PRO, FO 371/32079, entretien Peake-Dejean, 29 mai 1942.

25. Sur cette affaire et le climat général de la Délégation de la France libre à Washington, cf. R. Aglion, *De Gaulle et Roosevelt*, *op. cit.* Dans une note adressée à de Gaulle le 21 septembre 1941, René Pleven donnait ces renseignements sur Étienne Boegner (MAE, Guerre 1939-1945, Londres-Alger, vol. 309) : « Boegner a 33 ans : il était directeur en France de la Société Auxiliaire de Mécanique de Précision et de la Société Générale des Compteurs de voitures. Depuis douze mois il a été représentant de l'Optique et Précision de Levallois pour s'occuper de la fabrication d'instruments de haute précision pour la défense nationale en Angleterre et au Canada. Il est officier de réserve, mais a été maintenu en affectation spéciale. Son frère, Jean-Marc, qui était secrétaire à l'ambassade de France à Angora, a démissionné et est volontaire pour vous rallier. Il est maintenant en Syrie. Depuis deux mois, Boegner est à Washington où il nous a rendu de très grands services en soutenant notre cause comme Français venu du dehors. Boegner présente un inconvénient du point de vue français, mais non du point de vue américain : sa femme était allemande. »

26. Dans la France libre.

27. Médecin général Sicé, membre du Conseil de défense de l'Empire.

28. Ancien secrétaire du Foreign Office, ambassadeur à Washington.

29. Fondation Saint-John Perse, Aix-en-Provence, archives diplomatiques d'Alexis Leger, entretien de Gaulle-Étienne Boegner, 28 mai 1942.

30. Fondation Saint-John Perse, Aix-en-Provence, archives diplomatiques d'Alexis Leger, note de Roussy de Sales.

31. PRO, PREM 3/120/10A, note de sir Ronald Campbell, juin 1942.

32. MAE, fonds Maurice Dejean, vol. 24, rapport de Pierre Mendès France à de Gaulle, 1er juin 1942.

33. Fondation Saint-John Perse, Aix-en-Provence, archives diplomatiques d'Alexis Leger, notes prises par André Istel lors de sa conversation avec de Gaulle, juin 1942.

34. PRO, FO 371/32001, conversation de sir Ronald Campbell avec Alexis Leger. 31 octobre 1942.

35. Archives du Département d'État, compte rendu des conversations Welles-Leger, 13 août 1942 (communiqué à l'auteur par Jean-François Revel)

36. La rancune du général à l'égard de Leger sera tenace. Revenu au pouvoir en 1958, de Gaulle affirmera qu'il ne ratifierait pas une éventuelle élection à l'Académie française du poète, prix Nobel de littérature. En 1960, lors d'une visite du général à Washington, Leger, installé en partie aux États-Unis, sera exclu de la liste des invités à l'ambassade de France. Il s'en plaindra à l'ambassadeur Hervé Alphand, le 23 avril 1960 (Fondation nationale des sciences politiques, archives Maurice Couve de Murville, LM7) : « Après avoir été, en 1940, le seul ambassadeur de France dénationalisé par le maréchal Pétain, qu'il me soit réservé, en 1960, et en pareille heure nationale, sous le général de Gaulle, d'être le seul Français exclu d'une ambassade de France à l'occasion d'une réception officielle de la colonie française pour le chef de l'État français en visite officielle, c'est là ce qui me donne droit, à défaut d'un minimum d'explication, tout au moins à une confirmation plus qualifiée et plus autorisée, représentant formellement la pensée personnelle du président. Vous pouvez montrer ce mot à Couve. Je ne puis que souhaiter qu'il soit mis sous les yeux du général lui-même. A. L. »

37. Archives du Komintern, Moscou, note d'André Marty sur sa seconde entrevue avec Roger Garreau, 19 août 1942.

38. À partir de cette date, Alexis Leger vivra à Washington et ne reviendra en France qu'épisodiquement après la guerre.

39. « Écouté et respecté par le président des États-Unis, écrit très bien Pierre Morel, l'ancien secrétaire général du Quai d'Orsay a confirmé celui-ci dans certains choix. Mais

il n'a pas déterminé sa politique à l'égard de la France qui à certains égards ne coïncidait pas avec ses conceptions » (« Alexis Leger en Amérique », *op. cit.*). Curtis Roosevelt confirme ce jugement (témoignage à l'auteur, octobre 2000).

40. AN, fonds Catroux.

41. B. Ledwidge, *De Gaulle vu par un Anglais, op. cit.*, p. 144.

42. F. Kersaudy, *De Gaulle et Churchill, op. cit.*, p. 166.

43. *Ibid.*, p. 170.

44. *Ibid.*

45. MAE, Guerre 1939-1945, Londres-Alger, vol. 209.

46. Dès juin et juillet, deux diplomates de la France libre, Philippe Baudet et Jacques-Camille Paris, avaient entendu leurs interlocuteurs américains leur tenir des propos similaires, cf. MAE, Guerre 1939-1945, Londres-Alger, vol. 209.

47. PRO, FO 371/31950, 33321.

48. *Ibid.*, 29 septembre 1942.

49. Cf. F. Kersaudy, *De Gaulle et Churchill, op. cit.*, p. 171-172.

50. Vice-ministre soviétique des Affaires étrangères.

51. Archives du Komintern, Moscou, entrevue Garreau-Marty du 4 septembre 1942. Garreau ne fait pas allusion, semble-t-il, au projet d'installation de la France libre à Moscou mais d'un simple voyage du général en URSS.

52. Lettre publiée comme inédite dans le dernier tome des *Lettres, notes et carnets (Compléments 1924-1970)*, datée du 6 octobre, et qui a en fait été publiée par le général en annexe du tome 2 de ses *Mémoires de guerre* (*L'unité*, Plon, 1956, p. 381 et suivantes), mais datée du 26 octobre.

53. H. Frenay et E. d'Astier ont été reçus par de Gaulle début octobre. Cf. O. Germain-Thomas et Ph. Barthelet, *De Gaulle jour après jour, op. cit.*, p. 64.

XIV. DARLAN LE VRAI RIVAL

1. Churchill College, Churchill Archives, Char 20/80.

2. P. Billotte, *Le temps des armes*, Plon, 1972, p. 239.

3. Churchill College, Churchill Archives, Char 20/82.

4. *Ibid.*

5. En 1946, de Gaulle dira à Claude Guy : « Imaginez, non mais, imaginez ce qui serait arrivé par la suite, si Pétain s'était alors rendu aux arguments de Weygand, avait atterri en Afrique du Nord pour s'emparer du glaive ! Imaginez notre situation : nous n'aurions pu que l'approuver et nous placer sous son commandement. Quel spectacle ! » (C. Guy, *En écoutant de Gaulle, op. cit.*, p. 91). Soumis à des pressions de son entourage, Pétain renoncera en définitive à partir pour Alger.

6. Franklin D. Roosevelt Library, Hyde Park, PSF, Diplomatie France, box 29.

7. PRO, FO 954/8, p. 306.

8. *Ibid.*

9. *Ibid.*

10. Cf. en ce sens J.-B. Duroselle, *L'abîme, op. cit.*, p. 486.

11. *Ibid.*

12. Library of Congress, Stimson Diary, 10 novembre 1942.

13. H. Coutau-Bégarie et C. Huan, *Darlan*, Fayard, 1989, p. 414-421.

14. PRO, FO 371/31952.

15. Franklin D. Roosevelt Library, PSF, Diplomatic France, box 29, lettre de F. Darlan au président Roosevelt, 2 décembre 1942.

16. Ch. de Gaulle, *Lettres, notes et carnets (juillet 1941-mai 1943)*, p. 430-431.

17. NARA, RG, box 1, Edwin Wilson à F. Matthews, 15 novembre 1942.

18. MAE, Guerre 1939-1945, Londres CNF, vol. 130.

19. Library of Congress, Stimson Diary, 10 novembre 1942.

20. *Ibid.*

21. F. Kersaudy, *De Gaulle et Churchill, op. cit.*, p. 188.

22. Churchill College, Churchill Archives, Char 20/82/97.

23. Récit de F. Kersaudy, *De Gaulle et Churchill, op. cit.*, p. 188.
24. PRO, FO 371/31952-33321.
25. Churchill College, Churchill Archives, Char 20/82.
26. MAE, Guerre 1939-1945, Londres, CNF, vol. 130.
27. PRO, FO 954/8.
28. Récit publié par de Gaulle, *L'unité, op. cit.*, p. 410.
29. MAE, Guerre 1939-1945, Londres, CNF, vol. 130.
30. Library of Congress, Stimson Diary, 10 novembre 1942.
31. Sumner Welles, lors d'un entretien avec A. Tixier et A. Philip le 21 novembre, a évoqué cette hypothèse sans exclure le recours à Herriot ou Léon Blum. MAE, Guerre 1939-1945, Londres, CNF, vol. 130.
32. PRO, FO 993954/8, Eden et Peake, 19 novembre 1942.
33. Churchill College, Churchill Archives, Char 20/83.
34. Cf. entretien Palewski-Kittredge du 17 novembre 1942.
35. PRO, PREM 3/120/8.
36. PRO, FO 371/31952-33721.
37. F. Kersaudy, *De Gaulle et Churchill, op. cit.*, p. 192.
38. *Ibid.*
39. *Ibid.*, p. 194.
40. H. Amouroux, *La grande histoire des Français sous l'Occupation, L'impitoyable guerre civile, op. cit.*, p. 774.
41. Sur cette affaire, cf. *Darlan, Laborde, l'inimitié de deux amiraux*, de J. Raphaël-Leygues et F. Flohic, Éditions de la Cité.
42. PRO, FO 954/8, p. 324.
43. Archives MID (Moscou), fonds Molotov, inventaire 4, dossier 267, chemise 2579-81. La version française est plus sobre : « M. Maisky accompagne le général de Gaulle jusqu'au seuil de l'ambassade. En prenant congé, le général lui dit : "J'espère que les Russes seront à Berlin avant les Américains" » (MAE, Guerre 1939-1945, Londres, CNF, vol. 130).
44. Archives MID (Moscou), fonds Molotov, inventaire 4, dossier 267, chemise 2579-81, lettre à Molotov, 15 octobre 1942.
45. L'orientation prosoviétique de Maurice Dejean apparaît ainsi dès cette époque.
46. H. Amouroux, *La grande histoire des Français sous l'Occupation, op. cit.*, p. 776.
47. MAE, Guerre 1939-1945, Alger, CNF, vol. 130.
48. *Ibid.*
49. Alexander Cadogan y fait allusion dans ses souvenirs, *Diaries, op. cit.*
50. PRO, FO 954/8, p. 304.
51. NARA, RG, box 1, entretien de Gaulle-Starck, 17 décembre 1942.
52. MAE, Guerre 1939-1945, Alger, CNF, vol. 130.
53. Cité par H. Coutau-Bégarie et C. Huan, *Darlan, op. cit.*, p. 700.
54. MAE, Guerre 1939-1945, Alger, CNF, vol. 130.
55. Note sans date, publiée par J. Raphaël-Leygues et F. Flohic, *Darlan, Laborde, l'inimitié de deux amiraux, op. cit.*, p. 236.
56. Hoover Institution, Stanford (Californie), Robert Murphy Papers, box 26, folder 2.
57. Témoignage de Curtis Roosevelt à l'auteur, octobre 2000.
58. N. Gun, *Les secrets des archives américaines, op. cit.*, t. 1, p. 364.
59. F. Kersaudy, *De Gaulle et Churchill, op. cit.*, p. 197.
60. H. Coutau-Bégarie et C. Huan, *Darlan, op. cit.*, p. 708.
61. Ch. de Gaulle, *L'unité, op. cit.*, p. 437.
62. H. Coutau-Bégarie et C. Huan, *Darlan, op. cit.*, p. 708.
63. Ph. Ragueneau a présenté sa version dans « La vérité sur la mort de Darlan » *Historama*, 1986, p. 20-27 ; et aussi M. Faivre, *Nous avons tué Darlan*, La Table Ronde, 1975.
64. E. Krautkramer, *Admiral Darlan, de Gaulle und das royalistische Komplot in Algier 1942 : Politische Implikationen der Kriegswende in Französisch Nord Afrika*, Vierteljahreshefte für Zeitgeschichte, 1984, p. 475.
65. Corrigeant de sa main le compte rendu de cet entretien, Eden a supprimé une

phrase avec le commentaire suivant : « Trop secret pour être archivé » (PRO, FO 371/32145).

66. Bonnier de la Chapelle a été fusillé le 26 décembre 1942.

67. En particulier dans deux livres : *Alain Decaux raconte,* t. 2, Perrin, 1979, et *Morts pour Vichy,* Perrin, 2000.

68. Cité par A. Fabre-Luce, *Deux crimes d'Alger,* Julliard, 1980, p. 100.

XV. VERS LE POUVOIR

1. PRO, FO 954/8.
2. PRO, FO 954/8, p. 337.
3. *Ibid.*
4. Library of Congress, Cordell Hull Papers, reel 28-29.
5. F. Kersaudy, *De Gaulle et Churchill, op. cit.,* p. 199.
6. Churchill College, Churchill Archives, Char 20/85, 90-91.
7. F. Kersaudy, *De Gaulle et Churchill, op. cit.,* p. 200.
8. Archives du MID (Moscou), fonds Molotov, inventaire 5, dossier 388, chemise 33, listes 2 à 8.
9. Archives du MID (Moscou), fonds Molotov, inventaire 4, dossier 266, chemise 125, liste 3940, lettre de M. Churchill au général de Gaulle, réponse du général de Gaulle à M. Churchill.
10. Fondation Saint-John Perse, Aix-en-Provence, archives diplomatiques d'Alexis Leger, lundi 19 janvier 1943, 1243/4, entretien avec S. Welles (« convoqué pour une chose bien importante et urgente »).
11. PRO, FO 660/86 31 286.
12. « Draft suggestion », PRO, FO 660/86 31 286, 16 janvier 1942.
13. PRO, FO 660/86 31 286.
14. *Ibid.*
15. Ch. de Gaulle, *L'unité, op. cit.,* p. 349.
16. Ceux qui l'ont porté au pouvoir après la mort de Darlan.
17. AN, fonds Catroux, AP 429, notes de Gaston Palewski sur la conférence d'Anfa.
18. C. Hettier de Boislambert, *Les fers de l'espoir, op. cit.,* p. 381.
19. Témoignage de Curtis Roosevelt à l'auteur.
20. *Ibid.*
21. C. Hettier de Boislambert, *Les fers de l'espoir, op. cit.,* p. 386.
22. PRO, FO 660/86 31 826, Anfa Conference, Diary of events.
23. AN, fonds Catroux, AP 429, notes de G. Palewski sur la conférence d'Anfa.
24. PRO, FO 660/86, Anfa Conference, Diary of events.
25. AN, fonds Catroux, AP 429, notes de G. Palewski sur la conférence d'Anfa.
26. C. Hettier de Boislambert, *Les fers de l'espoir, op. cit.,* p. 383.
27. Témoignage de Curtis Roosevelt à l'auteur.
28. F. Kersaudy, *De Gaulle et Churchill, op. cit.,* p. 217.
29. Churchill College, Churchill Archives, lettre de Churchill au roi George VI, 18 février 1943. De Gaulle de son côté tient un langage assez rude devant des officiers, le 4 février 1943 : « La diplomatie consiste à prendre partout ce qu'il y a à prendre, sans rien donner en retour. [...] Il est nécessaire de faire pour la France de la propagande pro-anglaise, car les Français doivent croire qu'il y a une union parfaite entre les Britanniques et la France combattante. [...] Cependant, vous le savez, dès qu'un volontaire arrive de France, on le prévient qu'il doit être anglophobe car les Anglais sont nos ennemis héréditaires tout comme les Allemands. [...] Ce sont les Russes qui, militairement, vont gagner cette guerre ; c'est pourquoi il est nécessaire de prendre position maintenant, de les flatter, de profiter de ce qu'ils sont mal disposés à l'égard des Anglo-Saxons. Ainsi lorsque de retour en France je dirigerai celle-ci, je pourrai faire valoir auprès des Russes que j'ai été le premier "gouvernement" à les traiter comme ils le méritaient, qu'ils peuvent être sûrs de mon amitié, mais que leur action en France me gênerait pour asseoir mon autorité, je les laisserai s'occuper de l'Allemagne. Nous gagne-

rons du temps et nous éviterons le communisme que naturellement je ne pourrais admettre en aucun cas. [...] Je sais qu'il y a eu ici, dans les services civils en particulier, de nombreux abus. Ceux-ci viennent des gens auxquels dans les débuts il fallait bien donner des postes. [...] C'est pourquoi nous devons, dans une large mesure, nous débarrasser des "gens du début", ce qu'ils ont vu et qui était, je le répète, inévitable, leur a fait perdre la foi, ils sont par là même dangereux. Nous avons besoin de sang nouveau, de gens comme vous échappés de France. Ceux du début, qu'ont-ils risqué ? Rien, et ils ont évité la faim et les camps de concentration, ils ne sont pas intéressants. [...] Sans moi, vous ne seriez plus rien. [...] Avec moi, au contraire, vous aurez les meilleurs postes, l'argent qui va avec eux, mais qui compte peu dans une époque comme celle que nous vivons, et surtout l'honneur et la puissance, ce qui est l'essentiel. » Archives Pierre Comert.

30. SHAT, fonds Beauffre, 225 K2.
31. PRO, FO 954/8.
32. PRO, FO 954/8, 22 février 1943.
33. PRO, FO 660/23 31286.
34. PRO, FO 954/8.
35. SHAT, fonds Beauffre, 225 K2, notes du 9 février 1943.
36. SHAT, fonds Beauffre, 225 K2, 15 février 1943.
37. Témoignage de Robert Mengin à l'auteur, mai 2000.
38. P. Ordioni, *Tout commence à Alger*, p. 560.
39. G. Catroux, *Dans la bataille de Méditerranée*, Julliard, 1949, p. 348-349.
40. PRO, FO 954/8.
41. A. Kaspi, *La mission de Jean Monnet à Alger, mars-octobre 1943*, Richelieu, 1971, p. 166.
42. É. Roussel, *Jean Monnet, op. cit.*, p. 331.
43. G. de Girard de Charbonnières, *Le duel Giraud-de Gaulle*, Plon, 1984, p. 152.
44. In É. Roussel, *Jean Monnet, op. cit.*, p. 335-336.
45. C'est un nom de code.
46. F. Kersaudy, *De Gaulle et Churchill, op. cit.*, p. 233-234.
47. Il s'agit d'une erreur de Leger.
48. Alexis Leger fait ici allusion implicitement à sa conversation de 1942 avec le banquier André Istel, envoyé par de Gaulle auprès de lui.
49. Fondation Saint-John Perse, Aix-en-Provence, archives diplomatiques d'Alexis Leger, entretien Churchill-Leger, Washington, 21 mai 1943, compte rendu établi par Alexis Leger.
50. F. Kersaudy, *De Gaulle et Churchill, op. cit.*, p. 233.
51. J.-L. Crémieux-Brilhac, *La France libre, op. cit.*, p. 540.
52. Arquebuse était le nom de code du colonel Passy, Brumaire celui de Brossolette. La mission Arquebuse Brumaire désigne la tâche qui leur fut confiée par de Gaulle au début de 1943 et qui visait à connaître la situation de la Résistance en zone Nord.
53. In É. Roussel, *Jean Monnet, op. cit.*, p. 353.
54. J. Monnet, *Mémoires, op. cit.*, p. 234.
55. Dwight D. Eisenhower Library, Pre-Presidential Papers, box 166, Butcher Diary.
56. PRO, FO 954/8.
57. PRO, FO 954/8, 20 mai 1943.
58. C. Paillat, *L'échiquier d'Alger*, t. 2, p. 251.
59. PRO, FO 954/8, entretien du 26 mai 1943.
60. Cité in É. Roussel, *Jean Monnet, op. cit.*, p. 359.
61. Franklin D. Roosevelt Library, lettre de J. Monnet à H. Hopkins, 9 mai 1943.
62. F. Kersaudy, *De Gaulle et Churchill, op. cit.*, p. 239.
63. Churchill College, Churchill Archives, Char 20/112/51, 7 juin 1943.
64. J.-L. Crémieux-Brilhac, *La France libre, op. cit.*, p. 560.
65. W. F. Kimbal, *Churchill and Roosevelt*, Princeton University Press, 1984, t. 2, p. 254-257.
66. Churchill College, Churchill Archives, Char 20/112, 13 juin 1943.
67. Extraits de F. Kersaudy, *De Gaulle et Churchill, op. cit.*, p. 245, et Churchill College, Churchill Archives, Char 20/113/47-49.
68. R. Murphy, *Un diplomate parmi les guerriers*, Laffont, 1965, p. 201.

69. Dwight D. Eisenhower Library, Pre-Presidential Papers, box, Butcher Diary, 20 juin 1943.
70. M. Rossi, *Roosevelt and the French*, Praeger, 1994, p. 109-115.
71. Churchill College, Churchill Archives, Char 20/113/123.

XVI. UNE AUTORITÉ RECONNUE

1. D. Cordier, *Jean Moulin. La République des catacombes*, *op. cit.*, p. 480.
2. Témoignage du colonel Passy à l'auteur, 1989.
3. Ce document capital a été publié par Daniel Cordier in *Jean Moulin. La République des catacombes*, *op. cit.*, p. 445-446.
4. *Ibid.*, p. 482.
5. G. Perrier, *Pierre Brossolette, le visionnaire de la Résistance*, *op. cit.*, p. 106.
6. Témoignage de Claude Bouchinet-Serreulles à l'auteur, avril 1999.
7. Claude Guy, *op. cit.*, p. 152.
8. Churchill College, Churchill Archives, Char 20/113.
9. PRO, FO 954/8, 22 juin 1943.
10. Témoignage de V. Nikonov à l'auteur, Moscou, novembre 1998.
11. Archives du Komintern, Moscou, fonds PCF 5/7, inventaire 3, dossier 56, liste 3, « Le mouvement gaulliste hors de France. Résumé de différentes sources », par A. Marty, 10 janvier 1943.
12. Commentaire absurde puisque Pleven était un Breton certes catholique, mais profondément républicain.
13. Rappelons que René Cassin était juif et radical-socialiste.
14. Archives MID, Moscou, fonds Molotov, inventaire 4, dossier 267, chemise 25, 79-81, lettre de Bogomolov à Molotov, octobre 1942 (sans date).
15. PRO, FO 954/8, 22 juin 1943.
16. Cité par F. Kersaudy, *De Gaulle et Churchill*, *op. cit.*, p. 248.
17. C. Paillat, *L'échiquier d'Alger*, *op. cit.*, t. 2, p. 301.
18. Cf. É. Roussel, *Jean Monnet*, *op. cit.*, p. 371-372.
19. Tammany Hall : groupe qui, au début du XXe siècle, s'était fait connaître par ses méthodes controversées au sein de la municipalité de New York.
20. Franklin D. Roosevelt Library, Papers of Harry Hopkins, box 7, Part Casablanca North Africa.
21. Témoignage d'Eugen Rostow à l'auteur, Washington, octobre 1991.
22. Cf. A. Gide, *Journal (1939-1949). Souvenirs*, Bibliothèque de la Pléiade, 1954, p. 247-249.
23. Fondation Saint-John Perse, Aix-en-Provence, archives diplomatiques d'Alexis Leger, entretien Giraud-Leger, 8 juillet 1942.
24. Nous reprenons littéralement les mots d'Alexis Leger.
25. Franklin D. Roosevelt Library, Map Rom special file, box 30, 16 juillet 1943.
26. *Ibid.*, 10 juin 1943.
27. *Ibid.*, 17 juin 1943.
28. *Ibid.*, Roosevelt à Eisenhower, 8 juillet 1943.
29. Cité par F. Kersaudy, *De Gaulle et Churchill*, *op. cit.*, p. 396.
30. PRO, FO 954/8, 15 juillet 1943.
31. PRO, PREM 3/120/10A, 28 juillet 1943
32. Témoignage de Pierre Mendès France à l'auteur, 1982.
33. PRO, PREM 3/120/10A, 28 juillet 1943.
34. F. Kersaudy, *De Gaulle et Churchill*, *op. cit.*, p. 250.
35. *Ibid.*, p. 253.
36. Cf. la lettre qu'il adressa le 26 juin 1947 au président Vincent Auriol en faveur de Benoist-Méchin, condamné à mort par la Haute Cour, in Benoist-Méchin, *À l'épreuve du temps, 1947-1971*, Plon, t. 3, p. 248.
37. *Le Mémorial de Sainte-Hélène*, chap. IV, Bibliothèque de la Pléiade, 1935, p. 451.

XVII. POLITIQUE D'ABORD

1. Churchill College, Churchill Archives, Char 20/119.
2. *Ibid.*
3. *Ibid.*
4. *Ibid.*, 20 septembre 1942.
5. L. Joxe, *Victoire sur la nuit*, Flammarion, 1981, p. 131.
6. G. Palewski, *Mémoires d'action, op. cit.*, p. 212.
7. J. Chauvel, *Commentaire*, Fayard, t. 2, p. 18. Chauvel, venu de Vichy où il avait occupé le même poste, était secrétaire général du ministère des Affaires étrangères.
8. Churchill College, Duff Cooper Papers, DUFC 4/4. La lettre privée de Churchill, datée simplement d'octobre, à laquelle il est fait allusion après, figure sous la même cote.
9. *Ibid.*
10. PRO, FO 954/8, p. 203.
11. Harriman et Abel, *Special Envoy to Churchill and Stalin*, p. 231-233, cité par J. Laloy, *Yalta*, Laffont, 1988, p. 81.
12. PRO, PREM 3/120/10A.
13. Archives MID (Moscou), fonds 136, inventaire 27, dossier 5, chemise 183.
14. Fondation Jean Monnet pour l'Europe, Lausanne, archives Jean Monnet, AME 35/4/2, lettre de R. Massigli à J. Monnet, 30 octobre 1943.
15. J. Baumel, *Résister*, Albin Michel, 1999, p. 364.
16. *Ibid.*
17. Churchill College, Churchill Archives, Char 20/119.
18. F. Kersaudy, *De Gaulle et Churchill, op. cit.*, p. 254.
19. *Ibid.*, p. 255.
20. Churchill College, Churchill Archives, Char 20/124.
21. Churchill College, Churchill Archives, Char 20/98B/168.
22. Cf. son *Journal de guerre, Londres-Alger, avril 1943-juillet 1944*, p. 74. Queille évoque l'accueil « frais » que lui réserva le général en août 1943.
23. Ph. Tesson, *De Gaulle Ier*, Albin Michel, 1965, p. 26.
24. Figure de la Démocratie chrétienne.
25. Parlementaire du Doubs. Issu de la droite modérée, il a refusé les pleins pouvoirs à Pétain et eut une attitude courageuse pendant la guerre.
26. Représentant de la droite hostile au régime de Vichy.
27. J.-L. Crémieux-Brilhac, *La France libre, op. cit.*, p. 591.
28. J. Chauvel, *Commentaire, op. cit.*, p. 21-22.
29. Cf. É. Roussel, *Jean Monnet, op. cit.*, p. 369-399.
30. MAE, fonds Maurice Dejean, vol. 30, 15 décembre 1943.
31. PRO, FO 954/8, lettre de Roosevelt à Churchill, 30 décembre 1943. Churchill ne cherchera pas à contrer Roosevelt sur ce point. Cf. sa réponse : PRO, FO 954/9, p. 27 30 janvier 1944.
32. PRO, FO 954/8, p. 611, Roosevelt à Churchill.
33. Churchill College, Duff Cooper Papers, DUFC 4/2, lettre du 16 janvier 1944.
34. J. Lacouture, *De Gaulle, op. cit.*, t. 1, p. 745.
35. Churchill College, Churchill Archives, Char 20/155/80.
36. Cette conviction apparaît notamment à travers le compte rendu d'une conversation avec le Field Marshal sir John Dill. PRO, FO 371/36/34, lettre de Dill à lord Halifax 14 novembre 1943.
37. Library of Congress, Stimson Diary, 6 novembre 1943.
38. *Ibid.*, 25 novembre 1943.
39. *Ibid.*, 30 novembre 1943.
40. Franklin D. Roosevelt Library, lettre de F. D. Roosevelt à Edwin Wilson, 5 janvier 1944.
41. « Il est important, poursuit Roosevelt, de rappeler qu'à aucun moment ce gouvernement n'a prétendu que la politique du maréchal Pétain et de ses collaborateurs avait l'approbation des Américains. Au contraire, dès novembre 1940, le secrétaire d'État a

bien spécifié au maréchal Pétain, par l'intermédiaire de l'ambassadeur de Vichy et de notre ambassade à Vichy, que nous considérions son régime comme étant sur le même plan que les gouvernements de l'Allemagne, de l'Italie et du Japon. De même, en une autre occasion, le secrétaire d'État a expliqué, lors d'une conférence de presse, qu'un des objectifs de la politique américaine a été de donner tout l'encouragement possible au peuple de France et de garder vivants les grands idéaux de liberté et les institutions démocratiques qui ont fait la grandeur de ce pays. Plus d'une fois j'ai moi-même d'une manière significative exprimé mon mépris pour la devise de Vichy : "Travail, Famille, Patrie" et dit la confiance avec laquelle j'attendais le retour du peuple français aux principes : "Liberté, Égalité, Fraternité". [...] Un autre avantage très réel dû à la présence continue de représentants américains en France était l'opportunité de maintenir des contacts amicaux et étroits avec le peuple français en ces heures d'épreuves et ainsi de leur servir de sources d'encouragement dans leur résistance à la puissance occupante. Cette politique a été amplement récompensée par le fait évident que beaucoup de Français de toutes classes étaient désireux de maintenir un lien avec les États-Unis et sentaient qu'aussi longtemps que nos représentants resteraient dans leur pays, ils ne seraient pas oubliés et abandonnés. »

42. « J'ai seulement attiré votre attention sur ces faits pour que vous ne perdiez pas une occasion de faire ressortir au général de Gaulle et aux membres du Comité le caractère nuisible de leur présente ligne de conduite non seulement par rapport à la cause des Nations unies, mais à celle de la France elle-même, précise encore Roosevelt. Les principes motivant ce gouvernement ont été clairement et fréquemment exposés, aussi bien que son sincère désir de coopérer avec le Comité français de la Libération nationale à l'intérieur du schéma décrit dans ma déclaration du 26 août 1943. Ce désir est inchangé. Si une insatisfaction existe dans l'esprit du général de Gaulle et de ses conseillers, elle n'est pas due à quelque perte de sympathie de notre part ou à un changement de politique de notre part. Cela tient au fait que le général de Gaulle et ses partisans, ayant atteint leurs buts immédiats, ne sont plus satisfaits du rôle qui a été envisagé pour le Comité lors de son instauration. Dans cette perspective, il est bon de rappeler le message officiel transmis à ce gouvernement et à d'autres par le Comité, dont c'était l'un des premiers actes officiels en juin 1943. Le message disait, en particulier : "Conformément aux lettres échangées entre les généraux Giraud et de Gaulle, le Comité remettra ses pouvoirs au gouvernement provisoire qui sera établi en conformité avec les lois de la République, dès que la libération des territoires métropolitains le permettra et, au plus tard, après la libération totale de la France." Il est difficile de concilier cette déclaration avec les revendications faites incessamment et avec de plus en plus d'insistance par Alger et notamment le général de Gaulle devant l'Assemblée consultative selon lequel le Comité a conscience d'être le gouvernement de la République française et de se comporter comme tel. Dans la mesure où ce gouvernement est concerné, de telles revendications ne possèdent pas de validité. Nous considérons que notre devoir à l'égard du peuple français, vis-à-vis duquel nous sommes comptables devant l'Histoire, est de ne pas respecter d'autre verdict que le sien propre et de lui porter assistance afin de créer les conditions dans lesquelles ce verdict pourra être librement exprimé le plus vite possible. Nous croyons fermement que la France redeviendra une grandeur à travers l'exercice d'institutions gouvernementales libres. Il ressort des faits auxquels j'ai fait allusion que votre tâche en tant que représentant des États-Unis auprès du Comité français de Libération nationale ne sera pas sans difficulté mais j'ai pleine confiance en votre habileté. »

43. *L'abîme, op. cit.*, p. 631.

44. J. Lacouture, *De Gaulle, op. cit.*, t. 1, p. 750.

45. Propos rapportés par J. Lacouture, *ibid.*

46. AN, fonds Pleven, 560 P 26, lettre de G. de Courcel à R. Pleven, 8 février 1943.

47. J. Lacouture, *De Gaulle, op. cit.*, t. 1, p. 754.

48. La synarchie était un groupe occulte dont auraient fait partie certains membres du gouvernement de Vichy. La preuve d'un complot de leur part n'a jamais été établie.

49. J.-L. Crémieux-Brilhac, *La France libre, op. cit.*, p. 604.

50. Le juge d'instruction, le général Jubert, détenait le compte rendu des entretiens Goering-Juin à Berlin le 21 décembre 1941, dans lesquels Goering affirmait que les

designations d'otages avaient toujours été effectuées par les autorités d'occupation sans intervention française.

51. E. d'Astier, *Les dieux et les hommes*, Julliard, 1952, p. 109-110.

52. C. Guy, *En écoutant de Gaulle*, *op. cit.*, p. 436.

53. Témoignage d'André Dewavrin, dit le colonel Passy, dans la *Semaine économique, politique et financière* du 3 juin 1949 : « Je ne veux pas présenter ici la défense de Pucheu. À vrai dire, je connais mal son cas ; aussi ne suis-je pas qualifié pour en discuter. Mais il m'a été donné d'assister personnellement à une séance du procès Pucheu. Au cours de cette séance, j'ai pu voir un avocat général au sujet duquel l'opinion publique unanime se montrait plus que surprise de le trouver à cette place, des juges dont l'un au moins ne cessa de dormir, des témoins pleins d'une haine aveugle venant rapporter des propos déformés par de nombreux intermédiaires et incapables de fournir le moindre élément de preuve de la culpabilité de Pucheu. J'en sortis écœuré et, pour la première fois depuis les sombres jours de juin 1940, plein d'une folle anxiété. Ce jour-là, en effet, je sentis que les espoirs que la plupart d'entre nous avaient conçus au sein des Forces françaises libres seraient brutalement déçus ! Je réalisai pleinement d'un seul coup, comme par une gifle étourdissante, que ce monde meilleur, rénové par la souffrance et le combat en commun, auquel nous avions rêvé était mort avant que d'éclore. Aux yeux de tous les journalistes étrangers qui assistèrent à ce procès, la justice de ce tribunal du nouveau régime apparut comme monstrueuse et inutilement arbitraire... On fusilla Pierre Pucheu ! Ayant été voir le général de Gaulle quelques jours plus tard à la villa des Glycines, à Alger, je lui décrivis mon intense dégoût de cette caricature de procès et de ces juges couverts d'uniformes étincelants qui m'étaient apparus comme un mélange de somnolentes "tricoteuses" et de sanguinaires vestales assistant à un combat de gladiateurs. »

54. Churchill College, Duff Cooper Archives, DUFC 4/4, lettre de Duff Cooper à A. Eden, 28 mars 1944.

55. Procureur lors des procès de Moscou (1936).

56. J. Moch, *Rencontres avec Charles de Gaulle*, Plon, 1971, p. 43-44. Jules Moch avait conseillé au général de mettre Pucheu en prison, mais de le juger seulement après la Libération. Dans ses *Souvenirs en vérité, 1930-1980*, Paul-Henri Siriex, ancien chargé de presse du général, écrit de son côté : « Pucheu allait être condamné à mort et fusillé sans qu'aucun des deux généraux [de Gaulle et Giraud] cherchât à échapper au chantage communiste qui dominait alors à Alger » (Éditions des Écrivains, 1993, p. 521).

XVIII. LE DÉBARQUEMENT

1 J. Baumel, *Résister*, *op. cit.*, p. 507.

2. D. Cordier, *Jean Moulin*, *op. cit.*, p. 507.

3. F. Kersaudy, *De Gaulle et Churchill*, *op. cit.*, p. 269.

4. Cité par Gilberte Pierre-Brossolette, *Il s'appelait Pierre Brossolette*, Albin Michel, 1976, p. 260.

5. Archives MID (Moscou), fonds Molotov, inventaire 28, dossier 16, chemise 187, listes 1-2-3, lettre de Bogomolov à Dekanozof, 2 février 1944.

6. J.-L. Crémieux-Brilhac, *La France libre*, *op. cit.*, p. 729.

7. Télégramme à Pierre Viénot le 25 octobre 1943, Ch. de Gaulle, *L'unité*, *op. cit.*, p. 594-595.

8. J-L. Crémieux-Brilhac, *La France libre*, *op. cit.*, p. 733.

9. PRO, FO 954/9, lettre d'A. Eden à Churchill, 6 février 1944.

10. Franklin D. Roosevelt Library, PSF Diplomatie française, box 30.

11. F. Kersaudy, *De Gaulle et Churchill*, *op. cit.*, p. 272.

12. NARA, Memorandum of conversion between the President and E. Wilson, 24 mars 1944.

13. PRO, FO 954/9, p. 58-59.

14. PRO, FO 660/142, 31345, 20 mars 1944.

15. Library of Congress, Papers of W. Averell Harriman, box 454.

16. SHAT, fonds général Kœnig, 1 K237.
17. PRO, FO 954/9, p. 66-67.
18. *Ibid.*, p. 90-91.
19. F. Kersaudy, *De Gaulle et Churchill, op. cit.*, p. 276.
20. *Ibid.*, p. 277.
21. PRO, FO 954/9, p. 116-117.
22. Ch. de Gaulle, *L'unité, op. cit.*, p. 636.
23. PRO, FO 660/128, 3/317.
24. Témoignage de Curtis Roosevelt à l'auteur.
25. PRO, PREM 121/2, 31 mai 1944.
26. PRO, FO 954/9, p. 143.
27. *Ibid.*, p. 146-147.
28. PRO, FO 660/128.
29. PRO, FO 660/128, 31317, D. Cooper à Churchill, 2 juin 1944.
30. G. Palewski, *Mémoires d'action, op. cit.*, p. 215.
31. PRO, PREM 3/21/2.
32. Dwight D. Eisenhower Library, Pre-Presidential Papers, box 169, Butcher Diaries.
33. PRO, FO 954/9, p. 167-169, note d'A. Eden, 5 juin 1944.
34. *Ibid.*, p. 170, note d'A. Eden.
35. *Ibid.*, p. 176-177
36. F. Kersaudy, *De Gaulle et Churchill, op. cit.*, p. 299.
37. PRO, PREM 3/121/2.
38. Churchill College, Churchill Archives, Char 20/166/25.
39. PRO, FO 954/9, p. 233, 13 juin 1944.
40. Churchill College, Churchill Archives, Char 20/166/93, télégramme de Churchill à Montgomery, 14 juin 1943.
41. PRO, FO 954/9, p. 233, Roosevelt à Churchill, 13 juin 1944.
42. F. Kersaudy, *De Gaulle et Churchill, op. cit.*, p. 303.
43. G. Palewski, *Mémoires d'action, op. cit.*, p 216.
44. Library of Congress, Stimson Diary, 11 juin 1944.
45. *Ibid.*
46. F. Kersaudy, *De Gaulle et Churchill, op. cit.*, p. 304.

XIX. PARIS LIBÉRÉ

1. Churchill College, Duff Cooper Archives, DUFC 7/1.
2. G. Palewski, *Mémoires d'action, op. cit.*, p. 217.
3. NARA, RG 59, box 1, rapport de James Dunn, 17 juin 1944.
4. Journal d'Henry Stimson, cité par F. Kersaudy, *De Gaulle et Churchill, op. cit.*, p. 309
5. Témoignage de Curtis Roosevelt à l'auteur.
6. G. Palewski, *Mémoires d'action, op. cit.*, p. 217.
7. R. Aglion, *De Gaulle et Roosevelt, op. cit.*, p. 207.
8. PRO, FO 954/9, p. 294.
9. Archives nationales du Canada (Ottawa), RG 25, vol. 5693, lettre du chargé d'affaires canadien à Washington à Robeston, sous-secrétaire d'État pour les Affaires extérieures.
10. Témoignage de Pierre Claudel à l'auteur.
11. *Ibid.*
12. Archives nationales du Canada (Ottawa), RG 25, vol. 5693, lettre du général Vanier au secrétaire d'État, 18 juillet 1944.
13. On soulignera que quelques mois plus tôt le même Garreau évoquait froidement devant Marty la constitution d'une colonne « bien formée politiquement », destinée à contrer les Anglo-Saxons après avoir recueilli le maximum de prisonniers en Allemagne
14. J. Lacouture, *De Gaulle, op. cit*, t. 1, p. 809.
15. AN, archives du BCRA, 171 mi 148.
16. Franklin D. Roosevelt Library, lettre d'E. Henriot à F. Roosevelt, 31 août 1942.
17. H. Amouroux, *La grande histoire des Français sous l'Occupation, op. cit.*, t. 4, p. 857

18. Churchill Archives, Duff Cooper Archives, DUFC 3/4, lettre de Duff Cooper à Churchill, 12 août 1944.
19. *Ibid.*, lettre de Churchill à Duff Cooper, 17 août 1944.
20. PRO, FO 954/9, p. 334, Eden à Duff Cooper, 15 août 1944.
21. *Ibid.*, Duff Cooper au Foreign Office, 18 août 1944.
22. *Ibid.*
23. Ch. de Gaulle, *L'unité, op. cit.*, p. 295.
24. *Ibid.*, p. 321.
25. PRO, FO 954/9, p. 339, Eden à Churchill, 21 août 1944.
26. D. D. Eisenhower, *Croisade en Europe*, Plon, p. 346.
27. Ch. de Gaulle, *L'unité, op. cit.*, p. 301.
28. *Ibid.*
29. J. Lacouture, *De Gaulle, op cit.*, t. 1, p. 825.
30. *Ibid.*, p. 827.

XX. ÉTERNELLE RUSSIE

1. C. Guy, *En écoutant de Gaulle, op. cit.*, p. 27.
2. F. Mauriac, *De Gaulle, op. cit.*, p. 16.
3. Cité par J. Lacouture, *De Gaulle, op. cit.*, t. 2, p. 19.
4. Témoignage de René Brouillet à l'auteur.
5. L. Joxe, *Victoire sur la nuit, op. cit.*, p. 242.
6. Témoignage de Claude Bouchinet-Serreulles à l'auteur.
7. R. Aubrac, *Où la mémoire s'attarde*, Odile Jacob, 1996, p. 146-147.
8. Pierre Bertaux a évoqué cette visite dans ses *Mémoires interrompus*, Publications de l'Institut historique allemand d'Asnières, 2000, p. 244-250.
9. S. Ravanel, *L'esprit de Résistance*, p. 392.
10. P. Bertaux, *Mémoires interrompus, op. cit.*, p. 249-250.
11. Témoignage d'Olivier Guichard à l'auteur.
12. C. Mauriac, *Aimer de Gaulle*, Grasset, 1978, p. 84.
13. P.-H. Teitgen, *Faites entrer le témoin suivant*, Ouest-France, 1988, p. 163.
14. N. Moltchanov, *Le général de Gaulle*, Éditions du Progrès, Moscou, 1988, p. 206.
15. NARA, 851.00.10-1344, box 5142.
16. Témoignage de Jean-Marcel Jeanneney à l'auteur.
17. Ch. de Gaulle, *Le salut, op. cit.*, p. 28.
18. *Ibid.*, p. 297.
19. SHAT, fonds maréchal Juin, 238 K 4, dossier 6.
20. Churchill College, Churchill Archives, Char 20/175/24-28, télégramme de W. Churchill à F. D. Roosevelt, 15 novembre 1944.
21. *Les relations soviéto-françaises pendant la grande guerre patriotique*, t. 2, 27 mai 1944.
22. Archives MID (Moscou), Archives de politique extérieure de la Fédération de Russie, fonds 136, inventaire 26, dossier 1009, chemise 182, liste 24.
23. Bogomolov, on le sait, n'aimait pas de Gaulle. Ses réflexions fournissent malgré tout une indication sur l'état d'esprit des Soviétiques.
24. Archives MID (Moscou), Archives de politique extérieure de la Fédération de Russie, inventaire 18, dossier 16, chemise 187, liste 21, lettre de Bogomolov à Dekanozof, 2 février 1944.
25. Sur cet épisode, lire la passionnante relation de Jean Laloy, « À Moscou entre Staline et de Gaulle », *Revue des études slaves*, t. 54, Mélanges Pierre Pascal, Paris, Institut d'études slaves, 1982.
26. « Ce propos, adressé à des Français, note Jean Laloy, est sans doute à l'origine de la légende selon laquelle le général, à Stalingrad, aurait dit à Molotov : "Quel grand peuple ! C'est des Allemands que je parle." Molotov n'était pas à Stalingrad. Le général de Gaulle n'était pas irresponsable » (*ibid.*).
27. N. Moltchanov, *Le général de Gaulle, op cit.*, p. 211.
28. J. Laloy, *Yalta, op. cit.*, p. 83.

29. Jean Lacouture, *De Gaulle, op. cit.*, t. 2, p. 88.
30. Président du Conseil de juin 1935 à janvier 1936, Laval signa, le 2 mai 1935, un traité d'assistance mutuelle avec l'URSS.
31. « Les entretiens Staline-de Gaulle, 1944 », *Le Contrat social*, mai-juin 1966, vol. X, n° 3.
32. J. Laloy, « À Moscou entre Staline et de Gaulle », *op. cit.*
33. *Ibid.*
34. PRO, FO 954/9, p. 422.
35. Témoignage de Jean Laloy à l'auteur.
36. Ch. de Gaulle, *Le salut, op. cit.*, p. 60-61.
37. MAE, fonds Maurice Dejean, vol. 175.
38. *Ibid.*, vol. 75, séance de travail au Kremlin, 7 décembre 1944.
39. PRO, FO 954/9, p. 425.
40. MAE, fonds Maurice Dejean, vol. 75, note du 8 décembre 1944.
41. « Les entretiens Staline-de Gaulle, 1944 », *op. cit.*
42. Library of Congress, Papers of W.A. Harriman, box 411, mémorandum du 18 mars 1944. Le 30 mai 1960, au lendemain de son voyage aux États-Unis, le général écrira cette lettre (inédite) à A. Harriman. La considération qu'elle exprime, le titre que de Gaulle donne à son correspondant (il avait été entre-temps gouverneur de l'État de New York, et on l'appelait d'ordinaire « le gouverneur Harriman ») semblent indiquer une référence implicite à l'épisode de 1944 :

« Cher Monsieur l'Ambassadeur,

C'est sous ce titre que je vous ai, naguère, connu et beaucoup estimé. C'est sous ce titre aussi que je tiens à vous redire mes bien vives félicitations pour votre livre *Paix avec la Russie*. Je l'ai lu de très près et m'y reporte très volontiers, car il est plein d'idées, de vues et de compréhension, sur un sujet que vous connaissez bien.

J'ai été heureux et honoré de vous revoir l'autre jour à New York.

Je vous demande de croire, cher Monsieur l'Ambassadeur, à mes sentiments de haute et bien cordiale considération. »

43. J. Lacouture, J. Labib, *De Gaulle ou l'éternel défi*, p. 203.
44. On notera malgré tout que de Gaulle, en 1946, dira à Claude Guy : « Je voulais voir ce qu'il avait dans le ventre à propos du Rhin. Et j'étais prêt, en mon for intérieur, à prendre avec lui l'engagement de le soutenir en Pologne, en Roumanie, etc., contre un soutien catégorique de sa part dans notre combat pour le Rhin. À propos de la Pologne et de la Roumanie, j'ajoute que je considérais comme inévitable que ces pays et d'autres encore tombent sous la tutelle des Russes. Donc, en échange de notre sécurité sur le Rhin et à propos d'un engagement précis et catégorique sur ce point, j'étais prêt, oui, à fermer les yeux. Oh ! je ne me faisais guère d'illusions à l'époque. Néanmoins, je voulais faire un essai avant de m'orienter dans une direction plus définitive. Staline, bien entendu, a promis du bout des lèvres et ne devait jamais soutenir nos efforts par la suite » (*En écoutant de Gaulle, op. cit.*, p. 141).
45. MAE, fonds Maurice Dejean, vol. 75, dîner du 9 décembre 1944
46 *Ibid.*
47. Témoignage d'Henry de Rancourt à l'auteur.
48. Library of Congress, Papers of W. A. Harriman, box 454, lettre du général de Rancourt à M. Harriman, 28 octobre 1968.
49. J. Lacouture, *De Gaulle, op. cit.*, t. 2, p. 95.
50. J. Laloy, *Yalta, op. cit.*, p. 88.
51. J. Laloy, « À Moscou entre Staline et de Gaulle », *op. cit.*, p. 149.
52. SHAT, fonds Leclerc, 1 K239.
53. H. Amouroux, *La grande histoire des Français sous l'Occupation, op. cit.*, t. 5, p. 496.
54. Dwight D. Eisenhower Library, Pre-Presidential Papers, principal file, box 34.
55. J. Lacouture, *De Gaulle, op. cit.*, t. 2, p. 72.
56. SHAT, fonds Leclerc, 239 K, dossier 8.

XXI. AVEC LES VAINQUEURS

1. P.-H. Teitgen, *Faites entrer le témoin suivant, op. cit.*, p. 158.
2. Archives Geoffroy de Courcel.
3. Témoignage de Philippe Barrès à l'auteur, avril 1975. Cf. aussi le portrait du Connétable de Maurice Martin du Gard dans *Les mémorables* (Gallimard, 1999), « De Gaulle à Brazzaville », cité par J. Lacouture (*De Gaulle, op. cit.*, t. 2) : « Cet homme-là me connaît mieux que vous », dira le général à Pierre de Bénouville (témoignage à l'auteur, janvier 1998).
4. P.-H. Teitgen, *Faites entrer le témoin suivant, op. cit.*, p. 160-161.
5. *Ibid.*, p. 174-175. L'anecdote précédente est racontée p. 171-172.
6. *Ibid.*, p. 175-176.
7. Fondation Charles de Gaulle, fonds d'histoire orale.
8. En fait, Georges Bidault n'a joué aucun rôle dans l'affaire. Dans un article intitulé « Georges Bidault, de Gaulle et l'exécution de Robert Brasillach » (*Bulletin des Amis de Georges Bidault*, 2001), Louis Guitard le démontre de manière très convaincante.
9. H. Amouroux, *La grande histoire des Français sous l'Occupation, op. cit.*, t. 5, p. 519.
10. Cité par H. Amouroux, *ibid.*, p. 520.
11. *Ibid.*, p. 514.
12. Fondation Charles de Gaulle, fonds d'histoire orale, témoignage de Jean-Jacques de Bresson.
13. C. Mauriac, *Aimer de Gaulle, op. cit.*, p. 109.
14. MAE, Secrétariat général, 1946-1945, vol. 18, conférences.
15. J. Laloy, *Yalta, op. cit.*, p. 98.
16. J. de Folin, *Indochine, 1940-1955*, p. 57.
17. F. Turpin, *Le gaullisme et l'Indochine*, Presses universitaires du Septentrion, 2000, p. 123.
18. Témoignage du gouverneur général Paul Chauvet à l'auteur, 31 décembre 2001.
19. Sur cet épisode, cf. J. de Folin, *Indochine, 1940-1945, op. cit.*, p. 49.
20. Cf. sur ce point F. Turpin, *Le gaullisme et l'Indochine, op. cit.*, p. 128.
21. *Ibid.*, p. 130.
22. *Ibid.*, p. 167.
23. Notes inédites de Jean Donnedieu de Vabres, avril 1945.
24. Notes inédites de Jean Donnedieu de Vabres.
25. Ch. de Gaulle, *Le salut, op. cit.*, p. 176.
26. Le général, en 1959, devant le Conseil des ministres, devait constater : « Cette victoire n'est d'ailleurs pas la nôtre. L'action de nos forces, qu'elle fût celle de nos armées ou de la Résistance, n'a été d'aucun poids dans le résultat final. Elle n'a pas modifié d'un jour ou d'une heure le moment de la capitulation allemande. Naturellement, j'ai dit et affirmé le contraire car il fallait que la France figurât parmi les grandes puissances victorieuses et fût présente à la table des vainqueurs. » Cette précision est rapportée par Roger Belin, secrétaire général du gouvernement, dans son livre *Lorsqu'une République chasse l'autre, 1958-1962*, Michalon, 1999, p. 199-200.

XXII. LA REVANCHE DES PARTIS

1. C. Mauriac, *Aimer de Gaulle, op. cit.*, p. 117.
2. Archives du Komintern, Moscou, F495, inventaire 74, Cl. 57, André Marty, note sur l'entrevue du 4 septembre 1942.
3. J. Baumel, *Résister, op. cit.*, p. 413.
4. *Le Figaro Magazine*, septembre 1999.
5. *Discours et messages*, Plon, 1970, t. 1, p. 529.
6. *Dictionnaire historique de la vie politique française*, sous la direction de Jean-François Sirinelli, PUF, p. 716.
7. Cité par Ph. Ragueneau dans G. Sabatier, *Dictionnaire du gaullisme*, p. 282-289.

8. Sur tous ces points, se reporter à la remarquable étude d'Emmanuel Chadeau, *Louis Renault*, Plon, 1997.

9. Cité par H. Amouroux, *La grande histoire des Français après l'Occupation, op. cit.*, t. 5, p. 402.

10. *Ibid.*, p. 404.

11. *Ibid.*, p. 412.

12. Témoignage de René Pleven à l'auteur mai 1990, et J. Lacouture, *De Gaulle, op. cit.*, t. 2, p. 124.

13. F. Bloch-Lainé, *Profession fonctionnaire*, p 71.

14. J. Monnet, *Mémoires*, p. 270.

15. *Ibid.*, p. 270-271.

16. J. Lacouture, *De Gaulle, op. cit.*, t. 2, p. 170.

17. Ch. de Gaulle, *Le salut, op. cit.*, p. 223.

18. SHAT, fonds général Catroux, 231 K1.

19. Archives Jean Donnedieu de Vabres.

20. En privé, par contre, Truman tient des propos très désagréables sur le général : « Plus un mot sur de Gaulle... Je ne veux plus entendre parler des doléances de Franco, de de Gaulle et tutti quanti. Nous devons discuter des problèmes des trois grands et non pas gaspiller notre temps. Assez de palabres avec de Gaulle, damned » (N. Gun, *Les secrets des archives américaines, op. cit.*, t. 2, p. 17).

21. Harry Truman Library, The French Strategy, An interview report to the president of the USA, PSF, box 178.

22. La conférence de San Francisco (25 avril-26 juin 1945), convoquée à la suite des décisions prises à Yalta par les trois « Grands », réunit les délégués de cinquante nations, qui signèrent, le 26 juin, la Charte des Nations unies.

23. Les accords de Bretton Woods de juillet 1944 posèrent les bases d'un système monétaire unique et établirent le principe d'une aide aux pays dévastés par la guerre.

24. « Le général de Gaulle, poursuit le rapport, est le seul à être écouté, principalement parce qu'il n'y a personne d'autre. Beaucoup de ses ministres sont honnêtes et patriotes mais absolument sans aucune expérience politique et courant le risque d'être grugés par de vieux politiciens. » « De Gaulle, conclut le document, est le seul porte-drapeau disponible et devrait être renvoyé en France avec une victoire diplomatique éclatante et publique. Il devrait, cependant, être forcé à prendre certains engagements : assurer à terme les deux tiers de sa production de charbon et de denrées alimentaires antérieure à la guerre ; le peuple français devrait être informé de l'attitude américaine, et la propagande antiaméricaine en France, aujourd'hui courante, devrait être arrêtée. Le peuple français, dans son état désespéré et découragé, ressemble à un degré effrayant au peuple allemand douze ans plus tôt. Un autre hiver réellement mauvais et les Alliés pourraient découvrir qu'ils ont substitué la croix de Lorraine à la croix gammée. Ce n'est pas nécessairement le souhait de de Gaulle mais les événements peuvent lui forcer la main. »

25. Ch. de Gaulle, *Le salut, op. cit.*, p. 209.

26. George Kennan, soviétologue de renom, dénonça dès 1945 le péril constitué par le totalitarisme soviétique.

27. Harry Truman Library, John Mc Cloy, Memorandum for the President, 26 avril 1946, PSF, France, subject file, box 178.

28. Secrétaire d'État des États-Unis.

29. MAE, Secrétariat général, 1945-1960, vol. 1, entretien de Gaulle-Caffery, 3 novembre 1945.

30. MAE, Secrétariat général, 1945-1960, vol. 1, Allemagne 1945-1949.

31. R. Aron, *Mémoires, op. cit.*, p. 202.

32. SHAT, fonds général Catroux, 232 K1.

33. Alain Decaux a publié un très intéressant récit de ces procès enrichi de détails inédits, dans *Morts pour Vichy, op. cit.*

34. A. de Boissieu, *Pour combattre avec de Gaulle*, Plon, 1981, p. 322.

35. Michel Ybanegaray (1883-1956), originaire des Pyrénées-Atlantiques, proche du colonel de La Rocque, fut ministre d'État du gouvernement Reynaud (10 mai-15 juin

1940), devint à Vichy ministre des Anciens Combattants et de la Famille (16 juin-10 juillet 1940), puis ministre de la Jeunesse et de la Famille (12 juillet-5 septembre 1940).

36. Archives Jean Donnedieu de Vabres.
37. A. Decaux, *Morts pour Vichy*, *op. cit.*, p. 228.
38. P.-H. Teitgen, *Faites entrer le témoin suivant*, *op. cit.*, p. 265.
39. G. Palewski, *Mémoires d'action*, *op. cit.*, p. 224.
40. P.-H. Teitgen, *Faites entrer le témoin suivant*, *op. cit.*, p. 263.
41. R. de Chambrun, *Pierre Laval devant l'Histoire*, France Empire, 1983.
42. Témoignage de Jean Donnedieu de Vabres à l'auteur.
43. *Dictionnaire historique de la vie politique française*, *op. cit.*, p. 340.
44. Archives Jean Donnedieu de Vabres.
45. H. Rousso, in *Dictionnaire historique de la vie politique française*, *op. cit.*, p. 341.
46. Maurice Schumann nous précisera avoir appris ce qui se passait dans les camps nazis en retournant à Londres, au début de l'été 1944, lors de la mort de Pierre Viénot, donc après le débarquement. Témoignage de Maurice Schumann à l'auteur, janvier 1997. Cf. aussi dans le même sens, A. Kriegel, *Ce que j'ai cru comprendre*, Laffont, p. 768.
47. P.-M. de La Gorce, *De Gaulle*, *op. cit.*, p. 707.
48. Archives de Jean Donnedieu de Vabres.
49. C. Mauriac, *Aimer de Gaulle*, *op. cit.*, p. 173.
50. Cet épisode est raconté par Duff Cooper à O. Harvey dans une lettre du 28 juin 1945 (Churchill College, Duff Cooper Archives, DUFC 4/6). Il a été confirmé à l'auteur par le général de Bénouville en janvier 1998.
51. Ph. Tesson, *De Gaulle Ier*, *op. cit.*, p. 244.
52. Churchill College, Duff Cooper Archives, DUFC 4/5, lettre de Duff Cooper à A. Eden, 24 mai 1945.
53. Ch. de Gaulle, *Le salut*, *op. cit.*, p. 274.
54. Ph. Tesson, *De Gaulle Ier*, *op. cit.*, p. 250.
55. Archives nationales du Canada (Ottawa), RG25, vol. 5693, inventaire 58, télégramme de l'ambassadeur au Premier ministre, 20 novembre 1945.
56. Sur cet épisode, on se reportera à l'excellente biographie d'Olivier Todd, *Malraux, une vie*, Gallimard, 2001.
57. *Ibid.*, p. 379.
58. Ph. Tesson, *De Gaulle Ier*, *op. cit.*, p. 256.
59. J. Moch, *Rencontres avec Charles de Gaulle*, *op. cit.*, p. 122-123.
60. Rapporté par Jean Lacouture, *De Gaulle*, *op. cit.*, t. 2, p. 236.
61. « Un point d'histoire. Comment en 1946 le général de Gaulle renonça au pouvoir », par Victor Le Gorgeu, commissaire honoraire de la République, Bulletin d'information radical-socialiste, *La Dépêche de Paris*, n° 30, juin 1962.

XXIII. RASSEMBLER

1. Churchill College, Duff Cooper Papers, DUFC 4/6, 27 janvier 1946
2. C. Guy, *En écoutant de Gaulle*, *op. cit.*, p. 40 et 42.
3. Cette maison deviendra la demeure parisienne du duc et de la duchesse de Windsor.
4. C. Guy, *En écoutant de Gaulle*, *op. cit.*, p. 35-36.
5. *Ibid.*, p. 36.
6. *Ibid.*, p. 38.
7. Humoriste, candidat perpétuel à la présidence de la République
8. C. Guy, *En écoutant de Gaulle*, *op. cit.*, p. 40.
9. *Ibid.*, p. 42.
10. C. Mauriac, *Aimer de Gaulle*, *op. cit.*, p. 239.
11. C. Guy, *En écoutant de Gaulle*, *op. cit.*, p. 45.
12. Archives Geoffroy de Courcel.
13. C. Guy, *En écoutant de Gaulle*, *op. cit.*, p. 55.
14. Churchill College, Duff Cooper Papers, DUFC 4/6, lettre de Duff Cooper à O. Harvey, 2 février 1946.

15. G. Elgey, *Histoire de la IVe République*, Fayard, 1968, t. 1, p. 177
16. C. Guy, *En écoutant de Gaulle*, *op. cit.*, p. 63.
17. Témoignage du colonel Passy à l'auteur, juin 1997.
18. P.-H. Teitgen, *Faites entrer le témoin suivant*, *op. cit.*, p. 316.
19. C. Mauriac, *Aimer de Gaulle*, *op. cit.*, p. 310.
20. C. Guy, *En écoutant de Gaulle*, *op. cit.*, p. 81.
21. *Ibid.*, p. 207.
22. Francisque Gay, figure historique du MRP.
23. C. Guy, *En écoutant de Gaulle*, *op. cit.*, p. 146.
24. *Ibid.*, p. 162.
25. *Ibid.*, p. 174.
26. *Ibid.*, p. 186.
27. *Ibid.*, p. 156.
28. *Ibid.*, p. 241.
29. *Ibid.*
30. V. Auriol, *Journal du septennat*, Armand Colin, 1970, t. 1, p. 173-174.
31. M. Wieviorka, *De Gaulle et le RPF, 1947-1955*, Armand Colin, 1998, p. 91.
32. C. Guy, *En écoutant de Gaulle*, *op. cit.*, p. 353.
33. « Les parlementaires, souligne Michel Habib Deloncle, étaient, sauf exception, absents des instances dirigeantes. » Témoignage à l'auteur.
34. Archives É. de Miribel, discours prononcé à Lille le 29 juin 1947
35. Élu parisien, parlementaire du XVIIe arrondissement.
36. C. Guy, *En écoutant de Gaulle*, *op. cit.*, p. 325.
37. Archives É. de Miribel, conférence de presse du 12 novembre 1947.
38. C. Guy, *En écoutant de Gaulle*, *op. cit.*, p. 326.
39. AN, fonds Louis Terrenoire.
40. C. Guy, *En écoutant de Gaulle*, *op. cit.*, p. 363.
41. *Ibid.*, p. 378.
42. Le soir même, Claude Guy reçoit cette confidence dont la conclusion l'étonne : « C'était une prisonnière. Il y avait quelque chose de très particulier et de très attachant chez ce petit être et j'ai toujours pensé que si elle n'avait pas été... comme elle était, elle aurait été une personne assez remarquable. Elle était tellement affectueuse pour nous. Malgré l'effacement dû à son état, elle aura joué son rôle, elle aura été utile. Oh ! je sais bien évidemment il y en a beaucoup qui ont été plus utiles et qui sont morts. Mais s'il y a Dieu, c'est une âme libérée qu'il vient de rappeler à lui. Elle aura été utile notamment à deux égards : tout d'abord elle a servi de lien entre sa mère et moi, elle aura permis que nous demeurions ensemble à un moment où il était essentiel que Mme de Gaulle et moi demeurions ensemble, j'entends aux yeux du pays » (*ibid.*, p. 392). Présent, l'autre aide de camp, le colonel de Bonneval, confirmera à Claude Guy avoir lui aussi entendu cet aveu surprenant.
43. AN, fonds Louis Terrenoire, notes du 5 septembre 1948.
44. Library of Congress, Papers of W. A. Harriman, social file, public service, box 270, France General, Analysis of the French political situation by J. Soustelle.
45. À Georges Pompidou, de Gaulle confie aussi, fin 1948 : « La démocratie est finie. Je mise sur la catastrophe, non sur les élections » (*Pour rétablir une vérité*, *op. cit.*, p. 73).
46. J. Moch, *Rencontres avec Charles de Gaulle*, *op. cit.*, p. 14.
47. Fondation Charles de Gaulle, archives du RPF.
48. *Ibid.*, 7 mai 1950.
49. Archives É. de Miribel
50. Sur tous ces points, cf la thèse de F. Turpin, *Le gaullisme et l'Indochine*, *op. cit.*, p. 571-607.
51. Fondation Charles de Gaulle, archives du RPF, BH, boîte 2.
52. Groupe « progressiste du Sénat.
53. NARA, Central Decimal File, Archives du Département d'État, box 3307, 2 décembre 1947.
54. P. Gerbet, *Le relèvement*, Imprimerie nationale, 1991, p. 275.
55. C. Guy, *En écoutant de Gaulle*, *op. cit.*, p. 385.
56. *Dictionnaire historique de la vie politique française*, *op. cit.*, p. 885.

57. Témoignage de Jacques Soustelle à l'auteur, avril 1990.
58. P. Lefranc, *Avec qui vous savez*, Plon, 1970, p. 89.

XXIV. AUX AGUETS

1. R. Tournoux, *La tragédie du Général*, *op. cit.*, p. 110-111
2. Contrairement à ce qui était le cas auparavant.
3. Témoignage du général de Bénouville à l'auteur.
4. Cité par G. Elgey, *Histoire de la IVe République*, *op. cit.*, t. 2, *La République des contradictions*, p. 26.
5. L. Terrenoire, *De Gaulle 1947-1954. Pourquoi l'échec ?*, Plon, 1981, p. 153.
6. J. Lacouture, *De Gaulle*, *op. cit.*, t. 2, p. 382.
7. L. Terrenoire, *De Gaulle 1947-1954. Pourquoi l'échec ?*, p. 154.
8. *Ibid.*
9. J. Lacouture, *De Gaulle*, *op. cit.*, t. 2, p. 283.
10. Témoignage de Jacques Soustelle à l'auteur.
11. R. Tournoux, *La tragédie du Général*, *op. cit.*, p. 70-71.
12. Témoignage d'E. Hirsch à l'auteur.
13. Témoignage de Michel Habib Deloncle à l'auteur.
14. Cité in É. Roussel, *Jean Monnet*, *op. cit.*, p. 652.
15. Sur cet épisode peu connu, on se reportera avec profit à l'article très novateur de Frédéric Turpin « Printemps 1954. Échec à de Gaulle : un retour au pouvoir manqué », *Revue historique*, n° 620, 2002.
16. AN, fonds Louis Terrenoire.
17. Chef d'état-major général.
18. Ancien secrétaire de Maurras Écrivain et journaliste. Directeur de *La France catholique*.
19. Chef d'état-major de l'armée de l'air.
20. SHAT, fonds général Ély. G. Elgey a publié une partie de ces documents dans *La République des phratries* (en collaboration avec Jean-Marie Colombani), Fayard.
21. Archives du général de Rancourt
22. Cf., sur la réception des *Mémoires de guerre*, J.-L. Crémieux-Brilhac, introduction aux *Mémoires* de Ch. de Gaulle, Bibliothèque de la Pléiade, 2000. À son archiviste, Alice Garrigoux, le général précisera : « Ce n'est pas un ouvrage d'histoire, mais le témoignage d'un homme, donc faillible et incomplet » (*Espoir*, n° 69, décembre 1969).
23. Témoignage du gouverneur général Chauvet à l'auteur, juin 2000.
24. Cf. en particulier les entretiens du 6 juillet 1955, du 5 juillet 1956 et du 14 janvier 1957, NARA, file 123, Dillon, Douglas/7-556.
25. L'ouvrage de Louis Terrenoire, *De Gaulle (1947-1954). Pourquoi l'échec ?*, ne couvre pas, on le sait, cette période, et G. Pompidou, dans *Pour rétablir une vérité*, ne donne aucune indication sur la période 1955-1958 durant laquelle il était à la banque Rothschild.
26. Albert Sarraut était président de l'Assemblée de l'Union française.
27. Témoignage de V. Erefeev à l'auteur, Moscou, octobre 1998.
28. Témoignage de Michel Habib Delodoncle à l'auteur.
29. A. Astoux, *L'oubli*, J.-C. Lattès, 1974.
30. AN, fonds Louis Terrenoire, notes du 4 septembre 1955.
31. *Ibid.*, notes du 15 septembre 1955.
32. *Ibid.*, notes du 25-26 février 1956.
33. Le 11 mars 1956, Louis Terrenoire avait déjà noté : « En ce qui concerne l'Algérie, le général pense que le gouvernement est maintenant entré dans un engrenage qui le contraint à faire le nécessaire mais il redoute qu'un jour Américains et Russes ne se mettent d'accord là-dessus sur notre dos. L'ONU se saisirait de la question et nous serions évincés. »
34. Le site de la Valle de los Caidos non loin de l'Escurial.
35. Cf. J. Lacouture, *De Gaulle*, *op. cit.*, t. 2, p. 431.

36. S'il exprime une orientation, c'est de manière fort prudente, ainsi dans cette lettre du 20 décembre 1957 à Edmond Michelet qui lui avait envoyé son livre, *Contre la guerre civile* :

« Mon cher ami,

Contre la guerre civile m'a vivement intéressé de la première à la dernière ligne, souvent ému aussi. Vous êtes, à ma connaissance, le premier qui ayez mis sous une aussi claire et cruelle lumière le point essentiel de l'affaire franco-algérienne, c'est-à-dire le déchirement qu'elle provoque dans les deux peuples en même temps qu'entre eux deux. Comme vous, je crois que la seule base humaine et, par conséquent, politique sur laquelle on doive la traiter, c'est celle de la fraternité. Mais il faudrait aussi que ce fût délibéré et rigoureux. De toute manière, je doute que, dans l'"actualité", on fasse autre chose que creuser le fossé.

Tous mes vœux pour vous et pour les vôtres, mon cher ami.

Votre fidèlement dévoué, Ch. de Gaulle » (Archives Edmond Michelet, Brive).

37. Témoignage à l'auteur, 1982.
38. AN, fonds Louis Terrenoire, notes du 28 octobre 1956.
39. *Ibid.*, notes du 23 mars 1957.
40. *Ibid.*, notes du 28 février 1956.
41. *Ibid.*, notes du 15 septembre 1955.
42. Témoignage de Jean-François Deniau à l'auteur.
43. AN, fonds Louis Terrenoire, notes du 15 février 1958.

XXV. UNE TECHNIQUE DU COUP D'ÉTAT

1. O. Rudelle, *Mai 1958, de Gaulle et la République*, Plon, 1988, p. 91.
2. *Ibid.*, p. 102.
3. AN, fonds Louis Terrenoire, notes du 5 mars 1958.
4. O. Rudelle, *Mai 1958, de Gaulle et la République, op. cit.*, p. 108.
5. *Ibid.*, p. 109.
6. *Ibid.*, p. 113.
7. *Ibid.*, p. 117.
8. AN, fonds Louis Terrenoire.
9. Fondation Charles de Gaulle, fonds d'histoire orale.
10. O. Guichard, *Mon Général, op. cit.*, p. 349.
11. *Ibid.*
12. Cf. leur ouvrage, *Les treize complots du 13 mai*, Fayard, 1959.
13. Cf. l'ouvrage de Pierre Péan, *Le mystérieux docteur Martin*, Fayard, 1993.
14. Fondation Charles de Gaulle, fonds d'histoire orale.
15. O. Rudelle, *Mai 1958, de Gaulle et la République, op. cit.*, p. 159.
16. *Ibid.*, p. 163.
17. *Ibid.*, p. 164.
18. En termes énergiques : « Retourner à Alger ? Mon cul ! »
19. P. Viansson-Ponté, *Histoire de la République gaullienne*, Fayard, 1970, t. 1, p. 39.
20. *Ibid.*, p. 46. Cf. aussi le récit d'André Rossfelder, *Le onzième commandement*, Gallimard, 2000, p. 452-453.
21. P. Viansson-Ponté, *Histoire de la République gaullienne, op. cit.*, t. 1, p. 47.
22. NARA, archives du Département d'État, Central Decimal File, box 3312, 15 mai 1958.
23. Témoignage d'Olivier Guichard à l'auteur.
24. O. Rudelle, *Mai 1958, de Gaulle et la République, op. cit.*, p. 183-184.
25. Archives du ministère israélien des Affaires étrangères (Jérusalem), journal des événements tenu par l'ambassadeur Jacob Tsur, notes du 16 mai 1958.
26. *Ibid.*, notes du 18 mai 1958.
27. NARA, archives du Département d'État, Central Decimal File, box 3312, 16 mai 1958.
28. *Ibid.*
29. Sur son attitude : *François Mauriac* de J. Lacouture, Seuil.

30. Archives du ministère israélien des Affaires étrangères, notes de Jacob Tsur, 20 mai 1958.
31. NARA, archives du Département d'État, Central Decimal File, box 3312, 21 mai 1958.
32. Archives du ministère israélien des Affaires étrangères, notes de Jacob Tsur, 21 mai 1958.
33. NARA, archives du Département d'État, Central Decimal File, box 3312, 21 mai 1958.
34. A. Siegfried, *De la IVe à la Ve République*, Grasset, 1959, p. 262.
35. P. Pflimlin, *Mémoires d'un Européen*, Fayard, 1991, p. 128.
36. *Ibid.*, p. 133.
37. NARA, archives du Département d'État, Central Decimal File, box 3312, 25 mai 1958.
38. P. Pflimlin, *Mémoires d'un Européen*, *op. cit.*, p. 136.
39. Réforme adoptée par le Conseil des ministres du 22 et qui vise à corriger certains vices de la Constitution.
40. P. Pflimlin, *Mémoires d'un Européen*, *op. cit.*, p. 139.
41. F. Pernot, « Mai 1958 : l'armée de l'air et l'opération Résurrection », *Revue historique des Armées* (2), 1998.
42. A. Dulac, *Nos guerres perdues*, Fayard, 1969, p. 87-89.
43. Transport aérien des armées.
44. Cf. F. Pernot, « Mai 1958 : l'armée de l'air et l'opération Résurrection », *op. cit.*, p. 120.
45. Lettre au général Jouhaud du 29 mai 1984, publiée dans *Le Monde aujourd'hui* du 17-18 juin 1984.
46. Ch. de Gaulle, *Mémoires d'espoir*, Plon, 1970, t. 1, p. 31.
47. Témoignage de Maurice Papon à l'auteur, 28 juin 1998.
48. AN, fonds René Cassin.
49. A. Siegfried, *De la IVe à la Ve République*, *op. cit.*

XXVI. LE PLUS ILLUSTRE DES FRANÇAIS

1. Le gouvernement sera complété à diverses reprises avec le même souci d'équilibre. Le 8 juillet, quand Soustelle devient ministre de l'Information, le général observe : « Il ne manque plus que M. Pierre Poujade, M. Maurice Thorez et M. Ferhat Abbas et nous serions au complet. »
2. P. Viansson-Ponté, *Histoire de la République gaullienne*, *op. cit.*, t. 1, p. 58.
3. R. Rémond, *Le retour de De Gaulle*, Éditions Complexe, 1983, p. 113.
4. AN, fonds René Cassin.
5. Témoignage du président Senghor à l'auteur, 1983.
6. P. Viansson-Ponté, *Histoire de la République gaullienne*, *op. cit.*, t. 1, p. 71.
7. Témoignage de Maurice Couve de Murville à l'auteur.
8. Dwight D. Eisenhower Library, Ann Whitman File, International Series, box 12, 25 août 1958.
9. NARA, archives du Département d'État, Central Decimal File, box 3312, 2 juin 1958.
10. *Ibid.*, Memorandum of conversation, 5 juin 1958.
11. *Ibid.*, 13 juin 1958.
12. Adjoint de J. F. Dulles, il lui succédera en tant que secrétaire d'État.
13. NARA, archives du Département d'État, Central Decimal File, box 3312, 5 juin 1958.
14. *Ibid.*, 14 juin 1958.
15. NARA, archives du Département d'État, Central Decimal File, box 3313, dépêche de Barnes au Département d'État, 24 juin 1958.
16. Témoignage de Jacques Chaban-Delmas à l'auteur.
17. Essentiellement avec les pays nordiques non-membres du Marché commun.
18. MAE, Secrétariat général, entretiens et messages, vol. 6, entretien de Gaulle-Macmillan, 29 juin 1959.

19. P. Viansson-Ponté, *Histoire de la République gaullienne*, *op. cit.*, t. 1, p. 102.
20. MAE, Secrétariat général, entretiens et messages, vol. 6, entretien de Gaulle-Dulles, 5 juillet 1958.
21. Commandant en chef des forces de l'OTAN.
22. Seeley G. Mudd Manuscript, Library of Princeton (New Jersey), J. F. Dulles Papers, Duplicate Correspondance, message de Dulles à Adenauer, 7 juillet 1958.
23. Il semble s'agir de Me Violet, avocat que l'on verra apparaître souvent en marge des négociations au début de la Ve République.
24. Karl Carstens deviendra plus tard président de la République fédérale. Il était à l'époque membre du gouvernement.
25. À ce moment, Jean-Marc Boegner, conseiller diplomatique, fit le tour du jardin en compagnie de Mme de Gaulle. « Malheureusement les oiseaux s'attaquent aux fleurs, remarqua cette dernière. Je demande au général de lever les bras en V pour les éloigner, mais il ne veut pas. » Témoignage de l'ambassadeur J.-M. Boegner à l'auteur.
26. MAE, Secrétariat général, entretiens et messages, vol. 6, entretien de Gaulle-Adenauer, 14 septembre 1958, à Colombey-les-Deux-Églises, de 16 à 18 h 30.
27. Dwight D. Eisenhower Library, Telephone Call to M. Murphy, Dulles Papers, Telephone Call Series, box 9, 8 novembre 1958.
28. R. Tournoux, *La tragédie du Général*, *op. cit.*, p. 321-322.
29. P. Viansson-Ponté, *Histoire de la République gaullienne*, *op. cit.*, t. 1, p. 108-109.
30. Témoignage de lord Gladwyn à l'auteur, 1991.
31. MAE, Secrétariat général, entretiens et messages, vol. 6, entretien de Gaulle-Spaak du 25 septembre 1958.
32. *Ibid.*, mémorandum de P. H. Spaak du 15 octobre 1958.
33. NARA, archives du Département d'État, Central Decimal File, box 3314, 25 novembre 1958, Comments of Pompidou on current political situation.
34. Cf. sur ce sujet *De Gaulle et la médecine*, p. 80-112. À lire aussi dans cet ouvrage la contribution du professeur Maurice Tubiana sur l'importance des réformes de 1958.
35. La souscription permettait d'échapper à tout droit de succession. La « mise en Pinay » précédait ainsi souvent la mise en bière.
36. J. Rueff, *Œuvres complètes*, Plon, t. 1, *De l'aube au crépuscule, Autobiographie*, p. 233.
37. J. Guyot, « Les travaux du comité Rueff », in *1958 : La faillite ou le miracle. Le plan de Gaulle-Rueff*, Fondation Charles de Gaulle, Economica, 1986, p. 23-34.
38. Fondation Charles de Gaulle, fonds d'histoire orale, témoignage de Roger Goetze.
39. Il n'y a jamais cru. En 1943, à Alger, un jeune officier, Olivier de La Baume, évoquait devant lui l'attitude paternaliste et parfois choquante de certains colons. « De toute façon, observa le général, ce système ne durera pas très longtemps. » Témoignage d'Olivier de La Baume à l'auteur.
40. R. Rémond, *Le retour de De Gaulle*, *op. cit.*, p. 114-115.
41. NARA, archives du Département d'État, Central Decimal File, box 3314, 25 novembre 1958.
42. Cf. R. Belin, *Lorsqu'une république chasse l'autre*, *op. cit.*.

XXVII. ESQUISSE D'UN DESSEIN

1. Témoignage de Pierre Lefranc à l'auteur.
2. L. Jaume, « De Gaulle », *Commentaire*, n° 51, automne 1990.
3. NARA, archives du Département d'État, Central Decimal File, box 3314, Current views of G. Mollet, 17 février 1959. Paul Reynaud confie aux mêmes interlocuteurs le 10 février : « La IVe République est l'un des régimes les plus faibles que la France ait connus depuis 1848 ; elle était complètement dominée par l'Assemblée, ce qui a conduit à une situation financière catastrophique, l'argent ayant perdu toute sa valeur. Les derniers jours de la IVe République ne sont pas sans analogie avec le règne de Louis XIV. Il est donc des plus heureux que de Gaulle ait été disponible pour prendre la suite après le 13 mai. C'est le plus grand Français. Bien que je fasse des réserves sur certains points, j'approuve l'orientation générale de la Constitution votée le 28 septembre 1958. De

plus, de Gaulle restera dans l'OTAN, j en suis sûr et, en ce qui concerne l'Algérie, il a la réputation d'être favorable à une ligne libérale. J'espère que cela est vrai. »

4. *Ibid.*, conversation with M. Chalandon, 26 février 1959.

5. Sa capture, alors qu'il se trouvait avec Mohammed Khider et Ait Ahmed dans l'avion du roi du Maroc, avait soulevé une vive controverse.

6. J.-F. Revel, *Le style du Général, op. cit.*, p. 80.

7. Pendant la guerre, de Gaulle avait dissuadé Henri Frenay d'essayer de libérer Paul Reynaud, alors détenu au fort du Pontalet. Sans doute redoutait-il l'arrivée à Londres d'un rival potentiel. Cf. H. Frenay, *La nuit finira, op. cit.*, et lettre d'H. Frenay à É. Demey du 11 avril 1980 (archives Évelyne Demey).

8. FNSP, archives Gaston Monnerville, notes sur de Gaulle, 1959.

9. NARA, archives du Département d'État, Conversation with M. Chalandon, 25 février 1959.

10. M. Faivre, *Les archives inédites de la politique algérienne, 1958-1962*, L'Harmattan, p. 35

11. SHAT, fonds général Kœnig, 1 K237, carton 7, dossier 7, note du général Boye de la Tour du 13 juin 1959.

12. MAE, Secrétariat général, entretiens et messages, vol. 8, entretien de Gaulle-Moulay Hassan, 2 juin 1959.

13. *Ibid.*, entretien de Gaulle-M. Gronchi dans le train présidentiel italien, 24 juin 1959.

14. Témoignage de l'ambassadeur Jean-Marie Soutou à l'auteur, 21 janvier 2002.

15. MAE, Secrétariat général, entretiens et messages, vol. 8, entretien de Gaulle-M. Casey, 21 août 1959.

16. *Ibid.*, entretien de Gaulle-Eisenhower, Paris, 2 septembre 1959.

17. *Ibid.*, entretien de Gaulle-ministre espagnol des Affaires étrangères, 5 septembre 1959.

18. NARA, archives du Département d'État, Central Decimal File, box 3309, entretiens avec J. Baumel et R. Duchet, 19 octobre et 2 novembre 1959.

19. Témoignage de Jacques Benoist-Méchin à l'auteur, 1981.

20. P. Viansson-Ponté, *Histoire de la République gaullienne, op. cit.*, t. 1, p. 179-180.

21. Dwight D. Eisenhower Library, White House Office, International Trips and Meetings, box 8, lettre de Ch. de Gaulle à Eisenhower du 25 mai 1959.

22. Quand, le 1er mai 1959, Michel Debré rencontre Christian Herter, successeur de Dulles au Département d'État, la discussion tourne ouvertement autour d'un marchandage : la France n'acceptera des stocks atomiques sur son territoire, assure le Premier ministre, que si les États-Unis acceptent les termes du mémorandum de 1958. Furieux, Herter réplique que dans ce cas neuf escadrons de l'US Air Force, désormais inutiles (puisque, sans dépôt nucléaire à proximité, ils sont sans efficacité), seront rapatriés. Cf. M. Vaisse, *La grandeur*, Fayard, 1998, p. 130.

23. Président du Praesidium du Soviet suprême de l'Union soviétique. En fait, chef de l'État.

24. Gardien de l'orthodoxie au sein du Comité central.

25. Centre de conservation de la documentation contemporaine, Moscou, note de Joukov (automne 1958), sans date. Le document porte la mention : « Lu par le camarade Khrouchtchev. »

26. *Ibid.*

27. MAE, Secrétariat général, entretiens et messages, vol. 9, entretien de Gaulle-Vinogradov, 6 mars 1959.

28. *Ibid.*, entretien de Gaulle-Adenauer, 2 décembre 1959.

29. *Ibid.*, entretien de Gaulle-Adenauer, 2 décembre 1959.

30. G.-H. Soutou, *L'alliance incertaine*, Fayard, 1996, p. 123, et sur ce sujet, le chapitre V, « 1958-1960. Projets gaulliens et refroidissement franco-allemand », p. 123-148.

31. « Les relations entre Paris et Bonn resteront satisfaisantes aussi longtemps que l'Allemagne n'aura pas d'ambition », avait-il dit à Dulles en 1958.

32. MAE, Secrétariat général, entretiens et messages, vol. 9, entretien de Gaulle-Jean XXIII, 27 juin 1959.

XXVIII. ÉQUIVOQUES

1. Hoover Institute, Stanford, fonds Yes Godard, box 9.
2. Godard se trompe : en fait, le 22.
3. Hoover Institute, Stanford, fonds Yves Godard, box 9.
4. Sobriquet attribué à de Gaulle par Godard.
5. Guy Mollet en 1956 avait voulu nommer le général Catroux, réputé libéral, résident général de l'Algérie. Les Européens l'avaient accueilli avec des jets de tomates à Alger, le 6 février, et il avait été contraint de renoncer à son projet.
6. SHAT, 1H2020, dossier 1.
7. Le 16 janvier 1957, une roquette destinée à atteindre le général Salan a tué à Alger un de ses officiers, le commandant Rodier. Arrêtés, le maître d'œuvre de l'opération, Kovacs, et son adjoint Castille seront jugés dans des conditions curieuses en octobre 1958. Condamné à mort, Kovacs a disparu. Castille et d'autres comparses seront lourdement frappés. Les adversaires de Michel Debré, en particulier François Mitterrand, laisseront toujours entendre qu'il a joué un rôle moteur dans l'affaire.
8. Général Marie Paul Allard (1903-1995) : de décembre 1958 à avril 1959, commandant de la Xe région militaire (Alger) et commandant des forces françaises en Algérie ; devient ensuite commandant des forces françaises en Allemagne.
9. Général Jean Lecomte (1903-1997) : intime de Leclerc, proche de Juin, directeur de cabinet de Kœnig, ministre de la Défense sous la IVe République. Commandant de l'École supérieure de guerre en 1956, il a été l'un des artisans de la déposition de Mohammed V. Président de l'Association France-Israël, il critiquera en privé la conduite du général de Gaulle en Algérie, sans jamais entrer dans l'illégalité.
10. AN, fonds Louis Terrenoire.
11. SHAT, 1H2020, dossier 1.
12. AN, fonds Louis Terrenoire.
13. Témoignage de Jacques Soustelle à l'auteur, avril 1990.
14. P. Viansson-Ponté, *Histoire de la République gaullienne, op. cit.*, t. 1, p. 288.
15. R. Tournoux, *La tragédie du Général, op. cit.*, p. 383.
16. Source : *La Russie et la France, XVIIIe-XXe siècles*, vol. 2, sous la direction de Piotr Tcherkassov, Moscou, Nauka, 1998.
17. « Dès 1958, précise V. Erefeev, Gilbert Grandval m'a transmis lors d'un dîner un papier du général où étaient précisés les points suivants dans l'hypothèse de son retour au pouvoir : reconnaissance de la personnalité algérienne, sortie de l'OTAN, amélioration des relations avec l'URSS et la Chine. » Témoignage de V. Erefeev à l'auteur, Moscou, 1998.
18. AN, fonds Louis Terrenoire, notes d'avril 1960.
19. MAE Secrétariat général, entretiens et messages, vol. 12
20. *Ibid.*, entretien de Gaulle-Diefenbaker, 19 avril 1960.
21. *Ibid.*, 16 mai 1960.
22. *Ibid.*, entretien de Gaulle-Adenauer, 29 juillet 1960.
23. Fondation Konrad Adenauer, Rhondorf.
24. Dwight D. Eisenhower Library, A. Whitman File, International Series, box 13, note du président Eisenhower, 10 août 1960.
25. AN, fonds Louis Terrenoire.
26. *Ibid.*
27. R. Chenu, *Paul Delouvrier ou la passion d'agir*, Seuil, 1994, p. 207-208. Cf., dans le même sens, J. Massu : « Le général a joué un double jeu dès le début avec l'Algérie » (*Avec de Gaulle. Du Tchad 1941 à Baden 1968*, Éditions du Rocher, 1998, p. 85).
28. AN, fonds Louis Terrenoire, notes de juillet 1960.
29. P. Viansson-Ponté, *Histoire de la République gaullienne, op. cit.*, t. 1, p. 279.
30. M. Faivre, *Le général Paul Ély et la politique de la défense*, p. 80-81.
31. P. Viansson-Ponté, *Histoire de la République gaullienne, op. cit.*, t. 1, p. 308.
32. Il est à noter que les *Discours et messages* passent sous silence les allocutions contenant une référence au souci de maintenir l'Algérie dans l'orbite française.
33. Jean-Marie Le Pen, ancien député poujadiste, défend alors la cause de l'Algérie française.

34. Archives Geoffroy de Courcel, note inédite du général de Gaulle, 17 septembre 1960.
35. M. Richard était alors secrétaire général de l'UNR.
36. Archives Geoffroy de Courcel.

XXIX. LA NATURE DES CHOSES

1. AN, fonds Louis Terrenoire.
2. *Ibid.*
3. Après avoir occupé ce poste en 1958-1959, Jouhaud a été nommé inspecteur général de l'armée de l'air avant de se faire mettre en disponibilité et de se retirer en Algérie.
4. AN, fonds Louis Terrenoire.
5. *Ibid.*
6. *Ibid.*
7. Kennedy a été élu en novembre 1960.
8. Le 11 janvier, après le Conseil des ministres, de Gaulle reprend une analyse des résultats devant le même interlocuteur : « La France du oui est celle qui est la plus vivante... Mais il y a le cas de la région parisienne... Mais c'est dans la région parisienne qu'il y a, explique-t-il, 1) les communistes les plus nombreux et les plus encadrés 2) une bonne partie de cette masse flottante, toujours disponible pour "autre chose" que ce qui existe, d'esprit Marie-Chantal 3) les salons de Paris, les déjeuners de Paris. Il ne faut pas s'y tromper, dans les grandes villes les musulmans ont suivi les consignes du FLN. »
9. AN, fonds Louis Terrenoire.
10. *Ibid.*
11. M. Faivre, *Les archives inédites de la politique algérienne, op. cit.*, p. 71.
12. Quartier général de l'OTAN en Europe.
13. Le professeur Jean Bernard a raconté cet épisode dans son livre *Mon beau navire*, Buchet-Chastel.
14. Témoignage de Bruno de Leusse in *Georges Pompidou, hier, aujourd'hui, demain*, Colloque 30 novembre-1er décembre 1989.
15. *Ibid.*
16. R. Chenu, *Paul Delouvrier ou la passion d'agir, op. cit.*, p. 221.
17. Témoignage in *Georges Pompidou, hier, aujourd'hui, demain, op. cit.*
18. MAE, Secrétariat général, entretiens et messages, vol. 13, entretien de Gaulle-Montgomery, 10 janvier 1961.
19. AN, fonds Paul Reynaud, 74 AP 89, compte rendu de la conversation de Gaulle-P. Reynaud, 10 mai 1961.
20. MAE, Secrétariat général, entretiens et messages, vol. 13, entretien de Gaulle-Adenauer, 9 février 1961.
21. *Ibid.*, entretien de Gaulle-Averell Harriman, à l'Élysée, 4 mars 1961.
22. J. F. Kennedy Library, NSF, box 70, entretien Kennedy-Reynaud, 14 avril 1961.
23. Cité par V. Jauvert, *L'Amérique contre de Gaulle. Histoire secrète, 1961-1969*, Seuil, 2000, p. 15.
24. J. F. Kennedy Library, NSF, box 70.
25. *Ibid.*, 5 mai 1970.
26. J. F. Kennedy Library, NSF, Country Series, France, carton 73-74. V. Jauvert, *L'Amérique contre de Gaulle, op. cit.*, a publié des extraits de ces conversations.
27. J. F. Kennedy Library, NSF, box 70, rapport de N. Wahl au président Kennedy, 6 août 1961.

XXX. NÉGOCIER À TOUT PRIX

1. A. Peyrefitte, *C'était de Gaulle, op. cit.*, t. 2, p. 18-19.
2. AN, fonds Louis Terrenoire, notes du 30 août. Toutes les notes inédites de Louis Terrenoire citées dans ce chapitre viennent de ce fonds.

3. A. Peyrefitte souligne l'hostilité du général à cette solution (*C'était de Gaulle, op. cit.*, t. 1, p. 84-92).

4. Le mardi 17 octobre au soir, une manifestation de masse déclenchée par le FLN est réprimée par la police parisienne avec violence. Maurice Papon, préfet de police, est au centre d'une polémique sur les méthodes des forces de l'ordre. Cf., sur cet épisode, l'intéressante mise au point de J.-P. Brunet, *Police contre FLN. Le drame d'octobre 1961*, Flammarion, 1999. En sens inverse : J.-L. Einaudi, *La bataille de Paris.*

5. Jean-Paul Brunet, professeur à l'École normale supérieure et à l'université de Paris-IV, qui a eu accès aux archives de la préfecture de police, situe le nombre de morts entre trente et cinquante (*Police contre FLN, op. cit.*, p. 330).

6. P. Viansson-Ponté, *Histoire de la République gaullienne, op. cit.*, t. 1, p. 432.

7. « M. Debré, note encore Terrenoire, a réuni ce soir à dîner les ministres UNR. C'est un fait rarissime. Après le repas, il est question de l'Algérie. Debré exprime ses craintes quant à la suite des événements selon la double option ou le dilemme du général : négociations, regroupement. Il parle de Charybde en Scylla. Une fois de plus l'attitude du Premier ministre ne laisse pas de me troubler. Lorsqu'on n'a plus la foi, peut-on être le curé de la paroisse ? » AN, fonds Louis Terrenoire.

8. NARA, archives du Département d'État, Central Decimal File, box 1735, 23 septembre 1961.

9. *Ibid.*, 28 septembre 1961.

10. *Ibid.*, 7 décembre 1961.

11. *Ibid.*, 28 septembre 1961.

12. M. Debré, *Entretiens avec le général de Gaulle, 1961-1969*, Albin Michel, 1993, p. 47-60.

13. P. Viansson-Ponté, *Histoire de la République gaullienne, op. cit.*, t. 1, p. 445.

14. Alexandre Millerand (1859-1943), élu à la présidence de la République en septembre 1920, voulut renforcer l'exécutif et réduire les pouvoirs du Parlement, contrairement à la tradition républicaine. Édouard Herriot, chef du Cartel des gauches, vainqueur des élections législatives en mai 1924, l'obligea à démissionner le 11 juin.

15. « Billotte faisait des déclarations aux journaux, il convoquait les gens, nommait un nouveau commandant en chef, constituait son cabinet, alors qu'il n'était pas encore nommé ! Je lui ai fait dire que c'était inconvenant. Alors il m'a écrit pour me dire qu'il refusait parce qu'on ne lui donnait pas les moyens nécessaires. Naturellement, vous verrez *L'Express* raconter des histoires à ce sujet. » AN, fonds Louis Terrenoire, notes du 18 mars 1962.

16. Témoignage de Charles Morazé à l'auteur. « Croyez-vous que ce n'était pas une épreuve ? » a-t-il aussi confié à Alain Peyrefitte (*C'était de Gaulle, op. cit.*, t. 1, p. 89).

17. M. Faivre, *Les archives inédites de la politique algérienne, op. cit.*, p. 143-144.

18. Archives inédites de R. Tournoux.

19. Témoignage à Georges Liébert, 1999.

XXXI. NOUVELLE DONNE

1. NARA, archives du Département d'État, box 1736.

2. Témoignage de L. Noël à l'auteur.

3. NARA, archives du Département d'État, Central Decimal File, box 1736, 15 mars 1962.

4. *Ibid.*, 4 mai 1962.

5. Président du groupe parlementaire à l'Assemblée nationale, Raymond Schmittlein a été très clair à cet égard : « Le choix de Pflimlin, le tour de piste d'Edgar Faure et la représentation croissante du MRP au sein du cabinet ont beaucoup irrité l'UNR, confie-t-il à un diplomate américain. L'UNR ne peut comprendre que l'on fasse appel à deux anciens présidents du Conseil de la IVe République, à moins qu'il ne s'agisse d'un pied de nez aux efforts déployés par les gaullistes pour changer les pratiques politiques en France. Les députés n'ont rien contre Pflimlin personnellement qui est considéré comme un homme de grande intégrité et de caractère. Mais cela est différent en ce qui concerne Edgar Faure qui est détesté pour de très nombreuses raisons. Je crois que si

Edgar Faure était finalement devenu ministre un grand nombre de députés UNR aurait refusé de voter la confiance au gouvernement Pompidou. » *Ibid.*, 10 mai 1962.

6. FNSP, archives Maurice Couve de Murville, CM7, copie d'une annotation manuscrite du général de Gaulle au sujet d'une note du Premier ministre sur la politique européenne, du 27 février 1961.

7. Harry Truman Library, Saint-Louis, Missouri, Dean Acheson Papers, State Department and White House Adviser, lettre de K. Adenauer à D. Acheson, 13 février 1961.

8. *Ibid.*, lettre de D. Acheson à K. Adenauer, 10 mars 1961.

9. Témoignage de Jean-Marc Boegner à l'auteur.

10. A. Peyrefitte, *C'était de Gaulle, op. cit.*, t. 1, p. 129.

11. P. Pflimlin, *Mémoires d'un Européen*, Fayard, 1991, p. 210.

12. *Ibid.*, p. 213-214.

13. *Ibid.*, p. 216.

14. A. Peyrefitte, *C'était de Gaulle, op. cit.*, t. 1, p. 130.

15. AN, fonds Jean Donnedieu de Vabres, 539 AP 5.

16. P. Viansson-Ponté, *Histoire de la République gaullienne, op. cit.*, t. 1, p. 486.

17. R. Buron, *Carnets politiques de la guerre d'Algérie*, Plon, 1975, p. 179.

18. *Ibid.*, p. 137.

19. *Journal officiel* du 27 avril 1962, cité par M. Faivre, *Les archives inédites de la politique algérienne, op. cit.*, p. 137.

20. *Ibid.*

21. *Ibid.*

22. *Ibid.*, p. 139.

23. P. Pflimlin, *Mémoires d'un Européen, op. cit.*, p. 204-205.

24. *Ibid.*, p. 205.

25. AN, fonds Jean Donnedieu de Vabres, 539 AP 5.

26. Sur cet attentat et, en général, l'activité du CNR, voir A. Rosfelder, *Le onzième commandement, op. cit.*

27. NARA, box 1736, 10 mai 1962.

28. A. Peyrefitte, *C'était de Gaulle, op. cit.*, t. 1, p. 177-178.

29. NARA, 12 septembre 1962.

30. FNSP, archives Gaston Monnerville, 466.

31. G. Monnerville, *Vingt-deux ans de présidence*, p. 215.

32. FNSP, archives Gaston Monnerville.

33. NARA, box 1736, Memorandum of conversations, 1er octobre 1962.

34. NARA, box 1736, 22 septembre 1962.

35. A. Peyrefitte, *C'était de Gaulle, op. cit.*, t. 1, p. 260.

36. *Ibid.*, p. 266-267.

37. L. B. Johnson Library, Memorandum of conversation Kennedy-Malraux, 14 mai 1962 (correspondance of ambassadors).

38. V. Jauvert, *L'Amérique contre de Gaulle, op. cit.*, p. 78.

39. *Ibid.*, p. 80.

40. D'après V. Jauvert, *ibid.*

41. Fondation Konrad Adenauer, Rhondorf, lettre d'Adenauer à de Gaulle, 20 novembre 1962.

42. V. Jauvert, *L'Amérique contre de Gaulle, op. cit.*, p. 82-83.

43. Témoignage de Mc George Bundy à l'auteur, New York, 1991.

44. A. Peyrefitte, *C'était de Gaulle, op. cit.*, t. 1, p. 269.

XXXII. L'ALLIÉ RHÉNAN

1. J.-L. Monneron et A. Rowley, *Les 25 ans qui ont transformé la France. Histoire du peuple français*, p. 66.

2. « Les indices galopent, constate Jean-Pierre Rioux : 213 en 1958 pour une base 100 en 1938, 152 en 1959 pour une base 100 en 1952, soit un gain de plus de 50 % en sept

ans à un rythme de 6 % environ par année. Ni à la Belle Époque, ni dans les années vingt, jamais la France n'a connu un rythme de production aussi rapide ! » (*La France de la IV*[e] *République*, t. 2, *L'expansion et l'impuissance*, Seuil, 1983, p. 172).

3. La raison invoquée par le général est la présence de Mme de Gaulle dans la voiture à ses côtés lors de l'attentat.

4. A. Peyrefitte, *C'était de Gaulle*, *op. cit.*, t. 1, p. 279.

5. *Ibid.*, p. 282.

6. *Ibid.*, p. 283.

7. MAE, Secrétariat général, entretiens et messages, vol. 18, entretien de Gaulle-Bohlen, 4 janvier 1963.

8. J.-F. Deniau, *L'Europe interdite*, p. 98.

9. G.-H. Soutou, *L'alliance incertaine*, *op. cit.*, p. 239.

10. PRO, FO 971/16 9114, télégramme de sir Pierson Dixon au Foreign Office, 18 janvier 1963.

11. *Vu du quai*, d'Henri Froment-Meurice, préface, Fayard, 1998, p. 111.

12. P. Maillard, *De Gaulle et l'Allemagne, le rêve inachevé*, Plon, 1990, p. 203.

13. Cf. É. Roussel, *Jean Monnet*, *op. cit.*, p. 743.

14. P. Maillard, *De Gaulle et l'Allemagne*, *op. cit.*, p. 204.

15. G.-H. Soutou, *L'alliance incertaine*, *op. cit.*, p. 244.

16. Fondation Konrad Adenauer, lettre d'Adenauer à Schröder, 31 décembre 1962.

17. G.-H. Soutou, *L'alliance incertaine*, *op. cit.*, p. 247.

18. MAE, Secrétariat général, entretiens et messages, vol. 18, entretien de Gaulle-Adenauer, 22 janvier 1963.

19. Harry Truman Library, Dean Acheson Papers, lettre de K. Adenauer à D. Acheson, 29 janvier 1963.

20. J. F. Kennedy Library, NSF, box 72, Bohlen to Secretary of State, 16 février 1963.

21. *Ibid.*, Mc George Bundy to President Kennedy, 30 janvier 1963.

22. L. B. Johnson Library, Correspondance of Ambassador Bohlen to Mc George Bundy, 2 mars 1963.

23. NARA, box 3907, « After de Gaulle what ? The big question », rapport to C. Bohlen, 7 avril 1963.

24. NARA, box 3911, C. Bohlen to Dean Rusk, 25 mai 1963.

25. PRO, FO 371/16 9114, lettre d'A. Rumbold au vicomte Hood, Foreign Office, 28 janvier 1963.

26. V. Jauvert, *L'Amérique contre de Gaulle*, *op. cit.*, p. 84.

27. L. B. Johnson Library, Correspondance of Ambassador Mc George Bundy to Bohlen, 29 novembre 1962.

28. V. Jauvert, *L'Amérique contre de Gaulle*, *op. cit.*, p. 97.

29. J. F. Kennedy Library, NSF, box 72, lettre de J. F. Kennedy à C. Luce, 19 février 1963.

30. Souligné dans le texte.

31. G.-H. Soutou, *L'alliance incertaine*, *op. cit.*, p. 257-258.

32. Cf. sa biographie : Kai Bird, *The Chairman John J. Mc Cloy. The Making of the American Establishment*, New York, 1994.

33. Fondation Konrad Adenauer, St Augustin, fonds Kurt Birrenbach, lettre de Kurt Birrenbach à J. J. Mc Cloy, 31 janvier 1963.

34. *Ibid.*, lettre de Kurt Birrenbach à Dean Acheson, 31 janvier 1963.

35. *Ibid.*, lettre de J. J. Mc Cloy à Kurt Birrenbach, 8 février 1963.

36. *Ibid.*, lettre de Dean Acheson à Kurt Birrenbach, 19 février 1963.

37. A. Peyrefitte, *C'était de Gaulle*, *op. cit.*, t. 1, p. 309.

38. FNSP, archives Maurice Couve de Murville, note inédite du général de Gaulle, 8 janvier 1960.

39. Témoignage d'Henry Kissinger à l'auteur, octobre 1991, *in* É. Roussel, *Jean Monnet*, *op. cit.*, p. 845.

40. Fondation Konrad Adenauer, St Augustin, fonds Kurt Birrenbach, I-433, lettre de Kurt Birrenbach à Herbert Wehner, 10 juillet 1978. Par ailleurs, en 1999, l'historien allemand Andreas Wilkens a publié un brouillon du préambule corrigé par Jean Monnet (« Interessen verbinden. Jean Monnet und die europaische Integration der Bundesre-

publik Deutschland », *Herausgeben von Andreas Wilkens*, Bouvier Verlag, Bonn, 1999). Les destins croisés de de Gaulle et de Jean Monnet ont été évoqués de manière pénétrante par J.-B. Duroselle, *Deux types de grands hommes : le général de Gaulle et Jean Monnet*, Institut des hautes études internationales, 1977, n° 15 ; et Thierry de Montbrial, *Que faire ?*, La Manufacture, 2001, p. 470-474.

41. Témoignage de Georges Berthoin à l'auteur.

42. Selon Jacques Binoche, sans l'adjonction du préambule, la ratification était incertaine (*L'Allemagne et le général de Gaulle*, Plon, 1975, p. 173-174).

43. A. Peyrefitte, *C'était de Gaulle*, *op. cit.*, t. 2, p. 228.

44. Fondation Konrad Adenauer, Rhondorf, lettre de Konrad Adenauer à de Gaulle, 16 mai 1963.

45. A. Peyrefitte, *C'était de Gaulle*, *op. cit.*, t. 1, p. 552.

46. Témoignage de Michel Maurice-Bokanowski à l'auteur, 1983.

47. A. Peyrefitte, *C'était de Gaulle*, *op. cit.*, t. 2, p. 321.

48. *Ibid.*, p. 327.

49. *Ibid.*, p. 329.

50. *Ibid.*, p. 334.

51. *Ibid.*, p. 337

52. *Ibid.*, p. 236-237.

53. *Ibid.*, p. 237

54. *Ibid.*, p. 244.

55. MAE, Secrétariat général, entretiens et messages, vol. 19, entretien de Gaulle-ambassadeur des États-Unis d'Amérique, 5 novembre 1963.

56. A. Peyrefitte, *C'était de Gaulle*, *op. cit.*, t. 2, p. 43.

57. Cité par O. Germain-Thomas et Ph. Barthelet, *Charles de Gaulle au jour le jour*, *op. cit.*, p. 249.

58. NARA, archives du Département d'État, Central Decimal File, box 3911, 24 novembre 1963.

XXXIII. FÊLURE

1. Cité par P. Viansson-Ponté, *Histoire de la République gaullienne*, *op. cit.*, t. 2, p. 115.

2. NARA, archives du Département d'État, Central Decimal File, box 3509, 15 juin 1963.

3. Dans *L'homme de Marseille* (Grasset, 2001), son épouse, Edmonde Charles-Roux, évoque cet épisode et ses relations avec le général.

4. NARA, archives du Département d'État, Central Decimal File, box 3409, 20 décembre 1963.

5. L. B. Johnson Library, France Cables, rapport de Dean Dusk, 27 mars 1964.

6. A. Peyrefitte, *C'était de Gaulle*, *op. cit.*, t. 2, p. 111.

7. M. Jobert, *Mémoires d'avenir*, Grasset, 1974, p. 143.

8. G. Pompidou, *Pour rétablir une vérité*, *op. cit.*, p. 207.

9. L'expression est celle utilisée par Averell Harriman avant que l'initiative française fût connue : cf. MAE, Asie-Océanie, 1944, Chine 1956-1957, vol. 525, télégramme d'H. Alphand à M. Couve de Murville, 22 janvier 1964.

10. Fondation Konrad Adenauer, fonds Schröder.

11. Témoignage de V. Erefeev à l'auteur, Moscou, octobre 1998.

12. A. Peyrefitte, *C'était de Gaulle*, *op. cit.*, t. 2, p. 809.

13. MAE, Secrétariat général, entretiens et messages, vol. 20, entretien de Gaulle-Lopez Mateos à Mexico, 17 mars 1966.

14. L. B. Johnson Library, France Cables, Embassy Mexico City to Department of State, 26 mars 1964.

15. MAE, Secrétariat général, entretiens et messages, vol. 20, entretiens de Gaulle-membres de la Junte de gouvernement de l'Équateur, 25 septembre 1964.

16. *Ibid.*, entretiens de Gaulle-Guillermo Valencia, 23 septembre 1964.

17. NARA, archives du Département d'État, Central Decimal File, box 2172.

18. MAE, Amérique 4, 3-1, voyage du général de Gaulle en Amérique du Sud, entretien de M. le président de la République avec le général Stroessner, 7 octobre 1964.

19. L. B. Johnson Library, France Memo, vol. 1, rapport de C. Bohlen à L. Johnson, 5 mars 1964.

20. Témoignage de Walt Rostow à l'auteur, Austin, Texas, octobre 1996.

21. L. B. Johnson Library, témoignage de Dean Rusk.

22. L. B. Johnson Library, France Memo, vol. 1, Memo for ambassador from the President, 25 février 1964.

23. OTASE : équivalent de l'OTAN pour l'Asie.

24. L. B. Johnson Library, France Cables, vol. 2, 4/64-5-64, CIA, French political situation, 15 mars 1964.

25. FRUS, 1964, Memorandum from the president, 4 juin 1964, doc. 196, cité par M. Vaisse, *La grandeur, op. cit.*, p. 527.

26. FRUS, 1964, doc. 202.

27. M. Vaisse, *La grandeur, op. cit.*, p. 528.

28. *Ibid.*

29. FNSP, archives Maurice Couve de Murville, CM7.

30. MAE, Secrétariat général, entretiens et messages, vol. 21, entretien de Gaulle-Levi Eshkol, 29 juin 1964.

31. « Ce n'est pas la France qui a installé les Israéliens dans leur État, mais ils s'y trouvent, dit le général au roi Hussein, le 17 novembre 1964. Quel que soit leur caractère remuant et exigeant, ils ont beaucoup travaillé et leur pays est reconnu internationalement. En outre, il est assez commode pour l'Occident que ce pays reçoive et fixe un certain nombre de juifs venant d'ailleurs. Naturellement la France ne serait pas favorable à une extension d'Israël par la force. À l'inverse, elle n'estimera pas raisonnable pour les Arabes d'attaquer les Israéliens. » MAE, Secrétariat général, entretiens et messages, vol. 23.

32. MAE, Secrétariat général, entretiens et messages, vol. 23, audience accordée par le général de Gaulle au général Hafez, 11 novembre 1964.

33. NARA, archives du Département d'État, Central Decimal File box 2175, view of MRP President Lecanuet, 29 avril 1964.

34. F. Mitterrand, *Le coup d'État permanent*, Plon, 1964, p. 264.

35. NARA, archives du Département d'État, Central Decimal File, box 2172, entretiens avec Albin Chalandon, 14 octobre 1964.

36. Rapporté par P. Viansson-Ponté, *Histoire de la République gaullienne, op. cit.*, t. 2, p. 141.

37. MAE, Secrétariat général, entretiens et messages, vol. 21, entretiens franco-cambodgiens à l'Élysée, 24 juin 1964.

38. Cf. J. Rueff, *Œuvres complètes*, t. 1, *De l'aube au crépuscule, op. cit.*

39. *Ibid.*, p. 269.

40. Témoignage de R. Schaetzel à l'auteur, Washington, octobre 1971.

41. MAE, Secrétariat général, entretiens et messages, vol. 23, entretien de Gaulle-Erhard à Rambouillet.

42. P. Gerbet, *La construction de l'Europe*, Imprimerie nationale, 1999, p. 272-273.

43. Témoignage de Jean-Marc Boegner à l'auteur.

44. Dès 1960, de Gaulle avait mis en garde. À preuve cette note du 1er mars 1960, destinée à Maurice Couve de Murville et Michel Debré : « Il est grand temps de prendre nettement position sur l'affaire de la représentation extérieure des Communautés. Nous ne pouvons et ne devons pas admettre cette représentation. Jamais, le cas échéant, l'Amérique, l'Angleterre la Russie, etc., n'admettraient de voir ériger en "puissance" reconnue au-dehors un aréopage de fonctionnaires. Et, d'ailleurs, qui paye pour ceux-là ? » (Archives Geoffroy de Courcel).

45. Fin 1948, rapporte Xavier Walter, Edmond Michelet est en rapport plus ou moins direct avec le prince, qui est toujours en exil au Portugal, notamment par l'intermédiaire d'un homme portant un grand nom de France. Ce dernier et Michelet estiment que le prince et le général peuvent se comprendre. Le prince, alors, manifeste encore des doutes, sinon de l'animosité à l'endroit du général, les royalistes, plus encore.

Une rencontre, entre le contact de Michelet et le général, a lieu le 24 février 1949 rue de Solférino, dans les bureaux du général. Le général semble alors ouvrir son cœur à celui qui n'est que très officieusement l'envoyé du comte de Paris. Il dit notamment : « Je connais comme vous l'importance de la continuité. Je conformerai à cette nécessité toute mon action. Je vous affirme que je suis moi aussi monarchiste et... (après une hésitation et en me regardant droit dans les yeux) royaliste. Redevenu, comme je l'espère, chef de l'État, je ferai voter la réforme de la Constitution dans le sens monarchique. J'ai la ferme intention de passer la main, le moment venu, à celui qui seul doit et peut assurer la continuité indispensable : le comte de Paris, puis son fils, son petit-fils, etc. Quand pourrai-je le faire ? Je ne sais pas... »

46. Témoignage de Gaston Palewski à l'auteur, juin 1983.
47. Témoignage de Ferréol de Ferry, ami de jeunesse de François Mitterrand, à l'auteur.
48. F.-O. Giesbert, *François Mitterrand une vie*, Grasset, 1996, p. 91.
49. P. de Boisdeffre, *Le Lion et le Renard*, Le Rocher, 1997.
50. NARA, archives du Département d'État, Central Decimal File, box 2177, sénateur J. Lecanuet, 7 octobre 1965.
51. A. Peyrefitte, *C'était de Gaulle*, *op. cit.*, t. 2, p. 568.
52. *Ibid.*, p. 602.
53. *Ibid.*, p. 601-602.
54. *Ibid.*, p. 606.
55. Témoignage de Jean Lecanuet à l'auteur.
56. P. Viansson-Ponté, *Histoire de la République gaullienne*, *op. cit.*, t. 2, p. 197.

XXXIV. L'HÉGÉMONIE AMÉRICAINE

1. A. Peyrefitte, *C'était de Gaulle*, *op. cit.*, p. 583.
2. *Ibid.*, p. 590.
3. Témoignage de Simonne Servais à l'auteur. Avant d'être la collaboratrice de Georges Pompidou, Simonne Servais avait été, en 1958-1959, la seule femme membre du cabinet du général de Gaulle, président du Conseil.
4. Valéry Giscard d'Estaing a notamment évoqué ses relations avec le général dans ses *Entretiens* parus en 2001 (Flammarion, p. 97-108) : « Il me disait, écrit-il : "Pour des hommes comme vous et moi." Je me suis toujours demandé ce qu'il voulait dire par là exactement. Il définissait en tout cas une certaine communauté d'opinion, de culture, de conviction. »
5. Témoignage de Maurice Grimaud à l'auteur.
6. A. Peyrefitte, *C'était de Gaulle*, *op. cit.*, t. 3, p. 42.
7. *Ibid.*
8. *Ibid.*, p. 44.
9. Témoignage de l'ambassadeur Robert Gillet à l'auteur.
10. Témoignage de Maurice Grimaud à l'auteur.
11. MAE, Secrétariat général, entretiens et messages, vol. 28, compte rendu d'un entretien avec Ali Benjelloun, 20 août 1966.
12. *Ibid.*, entretiens de Gaulle-roi de Jordanie, 24 août 1966.
13. *Ibid.*
14. Cf. ci-dessus chapitre II, le texte inédit du général alors en poste au secrétariat général de la Défense nationale.
15. Cf. A. Peyrefitte, *C'était de Gaulle*, *op. cit.*, t. 3, p. 183.
16. Cf. É. Roussel, *Jean Monnet*, *op. cit.*, p. 808-810.
17. Négociations internationales sur la réduction des droits de douane.
18. A. Peyrefitte, *C'était de Gaulle*, *op. cit.*, t. 3, p. 185.
19. Cf. M. Vaisse, *La grandeur*, *op. cit.*, p. 375.
20. MAE, Secrétariat général, entretiens et messages, vol. 26, note d'Hervé Alphand, 9 novembre 1965.
21. M. Vaisse, *La grandeur*, *op. cit.*, p. 377.
22. MAE, Secrétariat général, entretiens et messages, vol. 26, exposé du général de Gaulle sur l'Allemagne, 4 février 1966.
23. É. Roussel, *Jean Monnet*, *op. cit.*, p. 742.

24. MAE, Secrétariat général, entretiens et messages, vol. 26, notes du directeur politique du Quai d'Orsay, 12 novembre 1965. Sur ce point, l'inflexion de la pensée du général est évidente. Un an plus tôt, il estimait que la France devait réagir en cas d'une attaque de la RFA (cf. G.-H. Soutou, *L'alliance incertaine, op. cit.*, p. 249).

25. L. B. Johnson Library, France Nato Dispute Cables, vol. 2/66-3/66, Bohlen to Secretary of State, 3 mars 1966.

26. *Ibid.*, Bohlen to Secretary of State, 7 mars 1966.

27. *Ibid.*, mémorandum, discussion, 6 mars 1966.

28. *Ibid.*, Draft of statement by the president regarding French proposal with regard NATO, non daté.

29. *Ibid.*, Erhard à de Gaulle, 9 mars 1966.

30. *Ibid.*, Bohlen to Secretary of State, 12 avril 1966.

31. Fondation Konrad Adenauer, St Augustin, fonds G. Schröder, I483, carton 282/1, conversation Mc Cloy.

32. MAE, Secrétariat général, entretiens et messages, vol. 27, entretien de Gaulle-M. Krag, 18 avril 1966.

33. *Ibid.*, audience de M. Church, 24 mai 1966.

34. *Ibid.*, entretiens franco-soviétiques, 21 juin 1966 à 10 heures.

35. Archives MID (Moscou), fonds 136, inventaire 50, compte rendu de l'entretien de Gaulle-Brejnev du 19 juin 1966.

36. NARA, archives du Département d'État, Central Decimal File, box 2174, 25 août 1966.

37. P.-M. de La Gorce, *De Gaulle, op. cit.*, p. 1134.

38. Rapporté par P. Viansson-Ponté, *Histoire de la République gaullienne, op. cit.*, t. 2, p. 217.

39. MAE, Secrétariat général, entretiens et messages, vol. 26, audience de M. Goldberg, 31 décembre 1965.

40. *Ibid.*, vol. 27, audience de M. Huang Chen, 16 mai 1966.

41. *Ibid.*, vol. 27, compte rendu des entretiens.

42. *Ibid.*, vol. 28, entretiens de Gaulle-Lucet, 25 juillet 1966.

43. Témoignage de l'ambassadeur Jean-Marc Boegner à l'auteur.

44. NARA, archives du Département d'État, Central Decimal File, box 2/74, télégramme de Korry au Département d'État, 27 août 1966.

45. MAE, Secrétariat général, entretiens et messages, vol. 22, entretiens franco-cambodgiens.

46. P.-M. de La Gorce, *De Gaulle, op. cit.*, p. 1153.

47. Lettre évoquée par James Reston dans le *New York Times* du 9 septembre 1966. Cf. P. Viansson-Ponté, *Histoire de la République gaullienne, op. cit.*, t. 2, p. 228.

48. NARA, archives du Département d'État, Central Decimal File, box 2/74, télégramme de Cabot Lodge, 2 septembre 1966.

49. *Ibid.*

50. *Ibid.*, télégramme de Bohlen au Département d'État, 31 août 1966.

51. A. Grosser, *Les Occidentaux*, Fayard, 1978, p. 309.

52. MAE, Secrétariat général, entretiens et messages, vol. 29, entretiens de Gaulle-Kossyguine, 1er décembre 1966.

53. *Ibid.*, entretien de Gaulle-Willy Brandt, 16 décembre 1966.

54. *Ibid.*, entretien de Gaulle-Kiesinger à l'Élysée, 13 janvier 1967.

55. *Ibid.*

56. *Ibid.*, entretien de Gaulle-Kiesinger à l'Élysée, 14 janvier 1967

57. *Ibid.*, entretien de Gaulle-George Brown, 16 décembre 1966.

58. *Ibid.*, entretiens franco-allemands, entretien élargi du 14 janvier 1967.

59. *Ibid.*, entretien de Gaulle-Rusk, palais de l'Élysée, 14 décembre 1966.

60. *Ibid.*, entretiens de Gaulle-R. Kennedy, 31 janvier 1967.

61. M. Vaisse, *La grandeur, op. cit.*, p. 491.

62. E. Bonnefous, *Les milliards qui s'envolent*, Fayard, 1963.

63. G. Sabatier et Ph. Ragueneau, *Le dictionnaire du gaullisme, op. cit.*, p. 355.

64. A. Peyrefitte, *C'était de Gaulle, op. cit.*, t. 3, p. 86.

65. NARA, archives du Département d'État, Central Decimal File, box 2177, télégramme de C. Bohlen au Département d'État, 9 novembre 1966.

66. La FGDS regroupait les socialistes, plusieurs clubs, les radicaux.

67. NARA, archives du Département d'État, Central Decimal File, box 2177, télégramme de C. Bohlen au Département d'État, 10 juin 1966.
68. *Ibid.*, box 2180, conversation with Jean Lecanuet, 3 février 1966.

XXXV. DÉFIS

1. A. Peyrefitte *C'était de Gaulle, op. cit.*, t. 3, p. 224.
2. *Ibid.*
3. *Ibid.*, p. 232-233.
4. L. B. Johnson Library, France Cables, vol. XI/1/867-7/67, télégramme de C. Bohlen au Département d'État, 19 mai 1967.
5. P. Viansson-Ponté, *Histoire de la République gaullienne, op. cit.*, t. 2, p. 323.
6. L. B. Johnson Library, télégramme de C. Bohlen au Département d'État, 18 janvier 1967.
7. *Ibid.*, télégramme de C. Bohlen au Département d'État, 1er février 1967.
8. Fondation Konrad Adenauer, Rhondorf.
9. MAE, Secrétariat général, entretiens et messages, vol. 31, entretien de Gaulle-Harold Wilson, Trianon, 19 juin 1967.
10. Archives du ministère israélien des Affaires étrangères, lettre de Levi Eshkol à de Gaulle, 19 mai 1967.
11. Ce texte figure dans les archives du ministère israélien des Affaires étrangères.
12. Archives du ministère israélien des Affaires étrangères, 1er juin 1967.
13. *Ibid.*, Abba Eban à W. Eytan, 25 mai 1967.
14. *Ibid.*, lettre de Levi Eshkol à de Gaulle, 1er juin 1967. En visite à Tel-Aviv, en tant que membre d'une commission parlementaire, Yves Le Tac et Pierre Clostermann s'évertuent à faire comprendre la position du général à leurs interlocuteurs, des diplomates israéliens. Sans grande conviction. « Le général de Gaulle a été informé qu'en quarante-huit heures, Israël avait détruit l'aviation arabe. L'idée du général de Gaulle est d'empêcher la répétition de 1956, c'est-à-dire la défaite politique d'Israël après sa victoire militaire. Pour cela il fallait empêcher l'internationalisation du conflit », affirme Pierre Clostermann. « Une politique en apparence d'équilibre, explique, tout aussi gêné, Yves Le Tac, était plus conforme aux intérêts d'Israël. »
15. Archives du ministère israélien des Affaires étrangères.
16. *Ibid.* Le ministre des Affaires culturelles est visiblement embarrassé, mais son attachement à la cause israélienne est évident. Ce n'est pas au demeurant la première fois qu'il la manifeste : déjà un an plus tôt, lors d'une rencontre avec Walter Eytan, à laquelle assistait son ami l'écrivain Manès Sperber, il s'est montré soucieux d'assurer la sécurité d'Israël en lui accordant une garantie atomique, concept évidemment assez vague qui provoquera la stupéfaction des diplomates (27 avril 1966, lettre de Walter Eytan à L. Shek, directeur d'Europe occidentale au ministère des Affaires étrangères).
17. On ne peut en donner la source avec précision.
18. MAE, Secrétariat général, entretiens et messages, vol. 30, audience de M. Nixon, 8 juin 1967.
19. *Ibid.*, entretien de Gaulle-Kossyguine, 16 juin 1967.
20. Archives du ministère israélien des Affaires étrangères, rapport du bureau israélien à Paris, 22 novembre 1966.
21. MAE, Secrétariat général, entretiens et messages, vol. 31, entretien de Gaulle-Harold Wilson 19 juin 1967.
22. *Ibid.*, entretien de Gaulle-Faycal, 2 juin 1967.
23. J. Foccart, *Tous les soirs avec de Gaulle, Journal de l'Élysée*, t. 1, Fayard/Jeune Afrique, 1998, p. 648.
24. Cité par A. Eban, *Autobiographie*, Buchet-Chastel, 1979, p. 276-277.
25. E. Barnavi, contribution au tome 6 de *De Gaulle en son siècle*, La Documentation française, 1992, p. 427 et 446.
26. L. B. Johnson Library, Cables, lettre de H. Wilson à L. Johnson, 26 juin 1967.

27. MAE, Secrétariat général, entretiens et messages, vol. 31, entretien de Gaulle-Nixon, 8 juin 1967.

28. *Ibid.*, entretien de Gaulle-Kossyguine, 16 juin 1967.

29. *Ibid.*, entretien de Gaulle-Harold Wilson, 19 juin 1967.

30. R. Aron, *De Gaulle, Israël et les Juifs*, Plon, coll. Tribune libre, 1968, p. 24. Raymond Aron estimait inéluctable un rééquilibrage de la politique française au Moyen-Orient. Il jugeait par ailleurs Israël en position de force à cette époque. Dans ses *Mémoires, op. cit.*, p. 516, il reproche cependant au général d'avoir condamné Israël seul, alors que les initiatives diplomatiques de caractère agressif furent prises par Nasser (fermeture du golfe de Tiran, occupation de Charm el-Cheikh après le départ des casques bleus concentration de troupes dans le Sinaï).

31. Archives nationales du Canada (Ottawa), fonds Georges Vanier, MG 32, A2, vol. 30.

32. Ch. de Gaulle, *Lettres, notes et carnets, 1961-1963*, p. 26, lettre à Geoffroy de Courcel, 21 janvier 1961, cité par M. Vaisse, *La grandeur, op. cit.*, p. 653, auquel nous sommes redevable pour l'histoire des relations franco-québécoises.

33. *Ibid.*, note pour E. Burin des Roziers, 4 septembre 1963, p. 369-370.

34. « Le seul moment où je l'ai vu sourire, ajoutait-il, a été l'instant où, pour définir nos relations avec les États-Unis, je les ai comparés à celle d'un vieux ménage se disputant souvent mais incapable de vivre séparé. Il m'a semblé intéressé aussi lorsque je lui fis remarquer que si les États-Unis n'avaient pas le sens de l'Histoire, ils avaient le sens de leur mission. » NARA, Impression of de Gaulle, L. Pearson, G. Ball, 22 janvier 1964, Central Foreigner Policy File, box 2168.

35. Archives nationales du Canada (Ottawa), fonds Georges Vanier, MG 32, A2, vol. 31, lettre de Georges Vanier à G. Pearson, 20 juillet 1966. Dans ses souvenirs, Élizabeth de Miribel, évoquant les années de guerre, écrit : « Le général Vanier était, à Québec, à Ottawa, notre meilleur soutien diplomatique » (*La liberté souffre violence, op. cit.*, p. 7).

36. NARA, archives du Département d'État, Central Foreigner Policy File, box 2174, dépêche de C. Bohlen au Département d'État, 18 octobre 1966.

37. A. Peyrefitte, *C'était de Gaulle, op. cit.*, p. 313-331, 11 septembre 1966.

38. *Ibid.*, p. 330.

39. *Ibid.*, p. 331. Cf. aussi Ch. de Gaulle, *Lettres, notes et carnets, 1966-1969*, p. 62, note pour M. Pompidou et M. Couve de Murville, 12 janvier 1967.

40. Archives nationales du Québec, lettre de Jean Chapdelaine à Daniel Johnson 14 février 1967.

41. MAE, Amérique 1964-1970, Canada, vol. 199, lettre de M. Leduc, ambassadeur au Canada, 13 février 1967.

42. A. Peyrefitte, *C'était de Gaulle, op. cit.*, p. 332.

43. *Ibid.*, p. 334.

44. MAE, Amérique 1964-1970, Canada, vol. 209.

45. *Ibid.*

46. *Ibid.*

47. *Ibid.*, dépêche de Geoffroy de Courcel, ambassadeur à Londres, 22 juillet 1967.

48. Archives nationales du Canada (Ottawa), MG 39 B12, vol. 221, dossier 29. La commentatrice de la radio ne relève pas une réaction particulière à l'exclamation « Vive le Québec libre ! ».

49. A. Peyrefitte, *De Gaulle et le Québec*, Éditions Stanké, p. 65.

50. A. et P. Rouanet, *Les trois derniers chagrins du général de Gaulle*, Grasset, 1980, p. 27.

51. MAE, Amérique 1964-1970, Canada, vol. 208.

52. A. Peyrefitte, *De Gaulle et le Québec, op. cit.*, p. 65.

53. Témoignage d'André Patry à l'auteur, Montréal, 1997.

54. *Ibid*

55. Témoignage de Maurice Couve de Murville à l'auteur.

56. Archives nationales du Québec, lettre de Daniel Johnson au général de Gaulle, inédite, 16 septembre 1967.

57. A. et P. Rouanet, *Les trois derniers chagrins du général de Gaulle, op. cit.*

58. NARA, archives du Département d'État, Central Foreigner Policy File, box 1944 11 août 1967.

59. *Ibid.*

60. À Guy de Rothschild, qui lui fait alors observer que le caractère provocant du général semblant s'accentuer, il devra peut-être un jour choisir entre son patriotisme et sa fidélité à l'homme qui l'a distingué, il répond songeur : « Non, je ne pense pas que de Gaulle puisse jamais adopter une attitude contraire aux intérêts de la France, ou seulement en apparence... Je ne pense pas avoir à connaître ce dilemme... J'espère que non. » Manifestement, il n'en est pas convaincu. G. de Rothschild, *Contre bonne fortune*, Grasset, p. 236.

61. MAE, Secrétariat général, entretiens et messages, vol. 31, entretien de Gaulle-Kossyguine, 1er juillet 1967 de 11 h à 12 h 10.

62. SHAT, fonds général Lalande, notes 12 septembre 1967.

63. MAE, Secrétariat général, entretiens et messages, vol. 31, entretien de Gaulle-Kiesinger, 12 juillet 1967.

64. Archives du ministère israélien des Affaires étrangères, lettre de W. Eytan au directeur de la section Europe occidentale, août 1967.

65. MAE, Secrétariat général, entretiens et messages, vol. 32, audience de l'émir du Koweït, 5 septembre 1967.

66. Archives diplomatiques israéliennes, conversation avec Michel Debré, 14 novembre 1967.

67. *Ibid.*, entretien W. Eytan-B. Tricot, 8 novembre 1967.

68. Romain Gary est l'un des rares à trouver l'expression flatteuse. Cf. *Ode à l'homme qui fut la France*, Calmann-Lévy, 1997, édition citée Gallimard, Folio, p. 61-62. Le 17 novembre 1967, il a déclaré à un conseiller de l'ambassade d'Israël à Paris : « Je suis fier que la France ait enfin une politique étrangère. La France est redevenue elle-même, comme à l'époque de Louis XIV. Tout est construit sur l'intérêt national et la raison d'État. Les valeurs de la Révolution empreintes de morale et d'idéologie ne peuvent être les fondements d'une politique étrangère selon de Gaulle. » Archives du ministère israélien des Affaires étrangères.

69. La solidarité des Juifs français avec Israël sera critiquée aussi par Claude Lévi-Strauss. Cf. sur ce sujet sa correspondance avec R. Aron dans les *Mémoires* de ce dernier, *op. cit.*, p. 520 et suivantes.

70. De Gaulle dans le même temps manifeste de la sympathie à ceux qui évoquent les drames de l'Occupation. À preuve cette lettre inédite adressée le 28 juin 1967 au Dr Claude Levy :

« Cher Monsieur,

C'est de la façon la plus complète, la plus vivante et la plus impressionnante, m'a-t-il semblé, que dans le livre *La grande rafle du Vel d'Hiv* vous avez présenté, en collaboration avec M. Paul Tillard, la dramatique journée du "Jeudi noir".

Je vous remercie de m'avoir permis de prendre connaissance de ce bouleversant témoignage qui éclaire l'une des pages les plus sinistres de l'histoire, de l'occupation et de la "collaboration".

Vous pouvez être certain que votre récit sera présent à ma mémoire lorsque je me rendrai à Auschwitz et que j'y évoquerai la mémoire de ceux qui, tels vos courageux parents, y trouvèrent la mort dans des conditions si cruelles.

Veuillez croire, cher Monsieur, à mes sentiments les plus distingués et les meilleurs. »

71. Archives du ministère israélien des Affaires étrangères, P. Levin au chef du département Europe occidentale du ministère, 20 décembre 1967.

72. R. Aron, *De Gaulle, Israël et les Juifs*, *op. cit.*, p. 18.

73. On trouvera une analyse particulièrement acérée de la politique étrangère du général dans un texte de Pierre Hassner, « Une France "aux mains libres" » (qui s'ouvre sur une étonnante citation de Maurras extraite de *Kiel et Tanger*), paru dans le n° 204 de la revue *Preuves*, février 1968.

XXXVI. UN AUTRE MONDE

1. A. Peyrefitte, *C'était de Gaulle*, *op. cit.*, t. 2, p. 600.
2. P. Simon, *De la vie avant toute chose*, Mazarine, 1979, p. 143.
3. A. Peyrefitte, *C'était de Gaulle*, *op. cit.*, t. 3, p. 247.

4. « Mon idée, dira plus tard Jacques Narbonne, était de restreindre l'accès à l'enseignement classique et aux universités et d'accroître la capacité d'accueil du technique. Un nouveau système devrait donc être mis en place, comportant en particulier un dispositif d'orientation scolaire. Il s'agissait d'un système lourd, contraignant, évidemment de nature à susciter la résistance du corps enseignant. Le général de Gaulle était favorable à mon projet mais je ne me faisais pas beaucoup d'illusions, sachant que j'aurais affaire à forte partie. » Témoignage de Jacques Narbonne à l'auteur, 1983.

5. A. Peyrefitte, *C'était de Gaulle*, *op. cit.*, t. 3, p. 392.

6. « Dès mon arrivée [rue de Grenelle], dit-il, j'examine les projets de textes préparés par le secrétaire général. Ce que je découvre me donne une mauvaise impression. Comme si l'on pensait que l'orientation serait autoritaire ou ne serait pas, on a imaginé une sorte de conseil des révisions qui statuerait souverainement : "bon pour le lycée classique ou moderne", "bon pour le lycée technique", "bon pour le collège technique" "bon pour le redoublement" ou "bon pour la vie active' [...]. Les premières conversations que m'offrent mes audiences de nouveau ministre avec associations et syndicats, et peut-être plus encore ma réaction personnelle de père de famille, me convainquent que, tel quel, le système prévu est inapplicable » (A. Peyrefitte, *C'était de Gaulle*, *op. cit.*, t. 3, p. 393).

7. *Ibid.*, p. 397-399.

8. SHAT, fonds général Lalande, notes du 19 mars 1968.

9. *Ibid.*, notes du 17 janvier 1968.

10. Cf. sur ce point A. Peyrefitte, *C'était de Gaulle*, *op. cit.*, t. 3, p. 429.

11. *Ibid.*, p. 433-434.

12. *Ibid.*, p. 436.

13. Témoignage d'Houchang Nahavandi à l'auteur, 1983, in É. Roussel, *Georges Pompidou*, J.-C. Lattès, 1984, p. 241.

14. A. Peyrefitte, *C'était de Gaulle*, *op. cit.*, t. 3, p. 467.

15. *Ibid.*

16. AN, fonds Louis Terrenoire, notes 6 mai 1968.

17. A. Peyrefitte, *C'était de Gaulle*, *op. cit.*, t. 3, p. 479.

18. J. Foccart, *Journal de l'Élysée*, t. 2, *Le Général en mai*, Fayard/Jeune Afrique, 1998, p. 96.

19. *Ibid.*

20. Témoignage de Louis Joxe à l'auteur, avril 1983.

21. A. Peyrefitte, *C'était de Gaulle*, *op. cit.*, t. 3, p. 486-487.

22. M. Grimaud, *En mai fais ce qu'il te plaît*, Stock, 1977, p. 145.

23. Témoignage de Maurice Grimaud à l'auteur, octobre 2001.

24. M. Grimaud, *En mai fais ce qu'il te plaît*, *op. cit.*, p. 146.

25. R. Tournoux, *Le mois de mai du Général*, *op. cit.*, p. 53.

26. *Ibid.*, p. 31.

27. J. Foccart, *Le Géneral en mai*, *op. cit.*, p. 103.

28. Contrairement à ce que laisse croire le récit d'Alain Peyrefitte (*C'était de Gaulle*, *op. cit.*, t. 3, p. 501), Maurice Grimaud n'assistait pas à cette réunion. Témoignage de Maurice Grimaud à l'auteur.

29. *Ibid.*, p. 501.

30. *Ibid.*, p. 507.

31. Témoignage de Louis Joxe à l'auteur, avril 1983. Louis Joxe m'avait demandé de ne pas être cité directement de son vivant. J'avais donc rapporté dans ma biographie de Georges Pompidou sa confidence de manière anonyme.

32. A. Peyrefitte, *C'était de Gaulle*, *op. cit.*, t. 3, p. 514.

33. *Ibid.*, p. 413.

34. Témoignage de Marc Jacquet à l'auteur, décembre 1982.

35. A. Peyrefitte, *C'était de Gaulle*, *op. cit.*, t. 3, p. 514.

36 *Ibid.*, p. 515.

37. *Ibid.*, p. 610.

38. Archives Maurice Grimaud, lettre de Pierre Somveille, ancien collaborateur de G. Pompidou, à Maurice Grimaud, 9 février 1997. Dans cette lettre, Pierre Somveille tord le cou à la légende selon laquelle un camion de commandement aurait été installé

dans la cour de Matignon afin de permettre au Premier ministre de donner des ordres directement à la police.

39. MAE, Secrétariat général, entretiens et messages, vol. 34, entretien de Gaulle-Ceaucescu, mardi 14 mai 1968.

40. Le 14 mai, jour de départ du général, Alain Peyrefitte avait noté : « Pompidou, comme toujours parfaitement maître de ses nerfs, évoque avec un humour teinté de gravité les moments terribles où la troupe a tiré sur les manifestants : 1830, 1848, 1871, le 6 février. Il conclut cette brève échappée : "Voilà ce qui ne se passera jamais à Paris tant que je serai là." Fouchet, Grimaud, Jobert le regardent. On sent passer entre eux un accord profond : si cette période ne comporte pas de page sanglante, ce sera largement dû à cette commune résolution » (A. Peyrefitte, *C'était de Gaulle*, *op. cit.*, t. 3, p. 517).

41. P. Viansson-Ponté, *Histoire de la République gaullienne*, *op. cit.*, t. 2, p. 497.

42. M. Grimaud, *En mai fais ce qu'il te plaît*, *op. cit.*, p. 256-257.

43. « Pompidou ayant échoué, dans la journée, à faire revenir le général sur sa décision, me fait demander, vers 22 heures, par Jobert de tenter à mon tour d'intervenir, précise Maurice Grimaud. Je le fais auprès de Bernard Tricot, qui en réfère au général et j'obtiens un sursis de quelques jours. Fouchet se montra très amer d'avoir été court-circuité et effectivement Matignon suivra désormais directement avec moi ou Paolini les opérations importantes, genre Charléty ou la périlleuse nuit du 24 mai (Pompidou me téléphonant plusieurs fois dans la nuit, se faisant expliquer nos problèmes, approuvant mes choix). Autre conséquence de la "désobéissance" aux ordres du 19 mai : l'accentuation chez le général du sentiment de son impuissance, sentiment qui ne fera que croître et le décidera à se réfugier (se ressourcer ?) auprès des militaires le 29. » Témoignage de Maurice Grimaud à l'auteur.

44. « S'il n'y eut finalement que deux morts en mai 1968, c'est à Georges Pompidou et à Maurice Grimaud qu'on le doit », souligne Bernard Esambert, ancien collaborateur de G. Pompidou. Cité in É. Roussel, *Georges Pompidou*, *op. cit.*, p. 257.

45. A. Peyrefitte, *C'était de Gaulle*, *op. cit.*, t. 3, p. 535.

46. *Ibid.*, p. 541.

47. R. Tournoux, *Le mois de mai du Général*, *op. cit.*, p. 145-146.

48. Archives Edmond Michelet, Brive.

49. A. Peyrefitte, *C'était de Gaulle*, *op. cit.*, t. 3, p. 533.

50. J. Vendroux, *Ces grandes années que j'ai vécues*, Plon, 1975, p. 316.

51. A. Peyrefitte, *C'était de Gaulle*, *op. cit.*, t. 3, p. 546.

52. *Ibid.*, p. 546-548.

53. « Le dimanche 26 mai, ayant appris que l'UNEF organisait le lendemain un grand meeting à Charléty, j'avais été d'accord, après contact et entretien sérieux de mes commissaires avec les organisateurs, pour organiser le cortège des Gobelins au stade, témoigne Maurice Grimaud. Or le général, au lendemain des grands désordres du 24 mai, avait formellement demandé à Georges Pompidou d'interdire désormais tout cortège dans Paris. Je n'eus pas de mal à convaincre Christian Fouchet et le Premier ministre du bien-fondé de mon choix, mais ils eurent le plus grand mal à arracher le consentement du général. Finalement tout se passa bien, mais cette entorse à ses instructions formelles dut renforcer chez le général le sentiment déprimant de son peu de prise sur la marche des affaires. S'y ajoutait le sentiment du ratage de son allocution télévisée du 24 mai et l'échec de Grenelle. Je reste cependant perplexe devant l'atmosphère de panique qui s'était emparée de l'Élysée en ces journées de fin mai. Certes, la situation de désordres prolongés était préoccupante, mais pas "paniquante" : jamais nous n'avons douté que nous en viendrions à bout, quitte à recourir aux grands moyens. L'échec de Grenelle était plus grave mais rattrapable. Restait la situation politique avec l'audacieuse avancée de Mitterrand, mais la parade existait et Pompidou le savait : les élections générales. » Témoignage de Maurice Grimaud à l'auteur.

54. J. Foccart, *Le Général en mai*, *op. cit.*, p. 136.

55. SHAT, fonds général Lalande, notes du 28 mai 1968.

56. J. Foccart, *Le Général en mai*, *op. cit.*, p. 143.

57. *Ibid.* p. 144.

58. Fondation Charles de Gaulle, fonds d'histoire orale, témoignage.

59. J. Foccart, *Le Général en mai op cit.*, p 147

60. *Ibid.*, p. 397.
61. *Ibid.*, p. 398.
62. *Ibid.*, p. 400.
63. R. Tournoux, *Le mois de mai du Général, op. cit.*, p. 294-295.
64. G. Pompidou, *Pour rétablir une vérité, op. cit.*, p. 193.
65. *Baden 68. Souvenirs d'une fidélité gaulliste*, Plon, 1983.
66. SHAT, fonds général Lalande, 1 K 784. Dans ses *Mémoires accessoires*, Philippe de Gaulle caractérise ainsi le général Lalande : « D'une grande clairvoyance et d'une loyauté absolue » (*op. cit.*, t. 2, p. 207).
67. Général Hublot, commandant de région.
68. Madame Lalande.
69. « La suite de ma mission a été assez banale, poursuit le général Lalande. Massu a été parfaitement désagréable, ce qui n'a aucune importance. Vol de retour sur Metz ralenti parce que le train d'atterrissage ne pouvait pas rentrer. Vu longuement Beauvallet qui me retient fort aimablement à dîner et me fait passer en auto par Nancy. Longue soirée de discussion avec Hublot au palais des Gouverneurs. Jeudi matin, décollage 8 h 30. Élysée vers 10 heures. Je dis la vérité à Foccart, Messmer et Tricot sous le sceau du secret. »
70. Selon le général Massu, ce point n'a pas été évoqué au cours de l'entretien du 29 à Baden Baden. « Mais, ajoute l'ancien commandant en chef des forces françaises en Allemagne, il était évident que l'appui de l'armée était acquis à de Gaulle. » Témoignage du général Massu à l'auteur.
71. « Ma différence d'appréciation avec le général, témoigne Maurice Grimaud, tenait 1) à ce que je ne croyais pas au débordement incontrôlable des forces de l'ordre, 2) à ce que j'estimais plus dangereuse qu'efficace l'utilisation de l'armée dans une bataille de rues. L'armée devait vraiment rester l'*ultima ratio*, si tous les autres moyens venaient à échouer. » Témoignage de Maurice Grimaud à l'auteur, mars 1999.
72. Les documents se trouvent dans les archives du ministère fédéral des Affaires étrangères à Bonn.
73. Témoignage du général Massu à l'auteur.

XXXVII. « JE TRIOMPHE ! »

1. G. Pompidou, *Pour rétablir une vérité, op. cit.*, p. 197.
2. Témoignage de François Mitterrand à l'auteur, février 1983.
3. A. Peyrefitte, *C'était de Gaulle, op. cit.*, t. 3, p. 604.
4. P. Viansson-Ponté, *Histoire de la République gaullienne, op. cit.*, t. 2, p. 554.
5. SHAT, fonds général Lalande, notes du 30 mai 1968.
6. J. Foccart, *Le Général en mai, op. cit.*, p. 158.
7. *Ibid.*, p. 156.
8. G. Pompidou, *Pour rétablir une vérité, op. cit.*, p. 200.
9. L. B. Johnson Library, France Cables 1/68, vol. 13 télégramme de Richard Holmes à L. Johnson, 30 mai 1968.
10. NARA, memorandum of conversation, box 1951, sir Patrick Dean, C. Bohlen, 31 mai 1968.
11. J. Foccart, *Le Général en mai, op. cit.*, p. 169-170.
12. *Ibid.*, p. 185.
13. *Ibid.*, p. 197.
14. *Ibid.*, p. 188.
15. *Ibid.*, p. 188 et 194.
16. *Ibid.*, p. 243.
17. *Ibid.*
18. G. Pompidou, *Pour rétablir une vérité, op. cit.*, p. 204.
19. À ce sujet, Georges Pompidou a des idées très précises. Dès le 26 juin, il a livré à Jacques Foccart le fond de sa pensée : « Si le général estime qu'il doit un jour me demander de me présenter à la présidence de la République, il faudra que je me sois tenu un peu à l'écart et que j'apparaisse comme une espèce de recours pour que l'on

puisse dire : "Ah, il y a Pompidou !"... Celui qui sera Premier ministre prendra beaucoup de responsabilités, sera impopulaire et assez rapidement, les gens diront : "Ah, du temps de Pompidou !" Il faut voir les choses comme elles sont froidement. Il ne faudrait pas que cela dure longtemps. Et puis je vais vous dire qu'il y a même pour moi une échéance : il faut que je sois candidat avant d'être dans ma soixantième année, c'est-à-dire avant 1970, car, pour toute cette génération qui monte, Pompidou serait déjà l'homme qui aura soixante ans ou qui sera sur le point de les avoir » (*ibid.*, p. 228).

20. J. Foccart, *Le Général en mai*, *op. cit.*, p. 240.

21. *Ibid.*, p. 239.

22. *Ibid.*, p. 275.

23. *Ibid.*, p. 253-254.

24. G. Pompidou, *Pour rétablir une vérité*, *op. cit.*, p. 205, et J. Foccart, *Le Général en mai*, *op. cit.*, p. 278.

25. Témoignage de Jacques Chaban-Delmas à l'auteur, in É. Roussel, *Georges Pompidou*, *op. cit.*

26. J. Foccart, *Le Général en mai*, *op. cit.*, p. 263.

27. P. Viansson-Ponté, *Histoire de la République gaullienne*, *op. cit.*, t. 2, p. 617.

28. J. Foccart, *Le Général en mai*, *op. cit.*, p. 316-317.

29. O. Wormser, « L'occupation de la Tchécoslovaquie vu de Moscou », *Revue des Deux Mondes*, 1978, p. 590-595. Et témoignage de l'ambassadeur Jean-Marie Soutou à l'auteur.

30. MAE, Secrétariat général, entretiens et messages, vol. 34, entretien de Gaulle-Scranton, 20 septembre 1968.

31. *Ibid.*, entretien de Gaulle-Sargent Schriver, 23 septembre 1968.

32. *Ibid.*, entretien de Gaulle-Kiesinger, 27 septembre 1968.

33. J. Foccart, *Le Général en mai*, *op. cit.*, p. 358.

34. P. Viansson-Ponté, *Histoire de la République gaullienne*, *op. cit.*, t. 2, p. 585-586.

35. SHAT, fonds général Lalande, notes du 22 novembre 1968.

36. P. Viansson-Ponté, *Histoire de la République gaullienne*, *op. cit.*, t. 2.

37. J. Foccart, *Le Général en mai*, *op. cit.*, p. 410.

38. Témoignage de Pierre Viansson-Ponté à l'auteur, 1975.

39. Troublante est l'insistance avec laquelle, dès le 4 novembre, il essaie de faire croire à Jacques Foccart que Mme Pompidou est compromise du fait du témoignage d'Akov. En l'occurrence, Bernard Tricot s'est conduit pour le moins avec une coupable légèreté. La lettre d'Akov à Alain Delon dont nous avons pris connaissance apparaît en effet au premier coup d'œil un faux grossier, écrit par un tiers. Quel intérêt d'ailleurs aurait eu le jeune Yougoslave déjà en difficulté à l'impliquer dans une autre affaire très délicate où il avait tout à perdre ? La police devrait l'admettre un peu plus tard en reconnaissant que cette pièce n'apportait aucun élément utile à la manifestation de la vérité dans le meurtre de Stephan Marcovic.

40. Témoignage de François Mitterrand à l'auteur, février 1983.

41. J. Foccart, *Le Général en mai*, *op. cit.*, p. 414. Ami fidèle de Georges Pompidou Jacques Foccart ne se laissa pas impressionner. Il n'en ira pas forcément de même pour Bernard Tricot dont le comportement apparaît alors à Foccart si choquant vis-à-vis de Claude Pompidou (« Ce n'est pas la première fois qu'on parle d'elle », dit-il à Foccart) qu'il lui marque clairement sa réprobation (« J'ai chargé, précise-t-il, l'un des aides de camp de lui dire que je n'avais rien à lui dire ») (*ibid.*, p. 415-417)

42. Archives inédites de Raymond Tournoux.

43. J. Foccart, *Le Général en mai*, *op. cit.*, p. 466.

44. NARA, archives du Département d'État, 13 janvier 1969.

45. P.-M. de La Gorce, *De Gaulle*, *op. cit.*, p. 1310.

46. J. Foccart, *Le Général en mai*, *op. cit.*, p. 555-556.

47. Témoignage de Michel Debré à l'auteur, décembre 1983

48. J. Foccart, *Le Général en mai*, *op. cit.*, p. 213.

49. SHAT, fonds général Lalande, notes du 7 janvier 1969.

50. *Ibid.*, 17 février 1969. À Jacques Foccart, le 24, il fait des confidences encore plus pessimistes. De Gaulle manifestement hésite : « En réalité, je n'ai pas envie de faire ce référendum, c'est vraiment trop idiot... On verra cela au début du mois ; on va voir comment les choses se dessinent, mais enfin je dois dire que, si rien ne change d'ici là,

je ne le ferai pas. Je suis devant un piège à cons alors il ne faut pas y tomber » (J. Foccart, *Le Général en mai, op. cit.*, p. 617).

51. SHAT, fonds général Lalande, notes du 29 février 1969.

52. Document aimablement communiqué à l'auteur par l'ambassadeur Henri Froment-Meurice. Cf. dans le même sens, M. Vaisse, *La grandeur, op. cit.*, p. 607-614.

53. J. Foccart, *Le Général en mai, op. cit.*, p. 424.

54. R. Nixon, *Leaders*, p. 82.

55. NARA, Nixon Presidential Material Projects, White House Special File, box 65, Henry A. Kissinger, Memorandum for the President, 20 février 1969.

56. M. Vaisse, *La grandeur, op. cit.*, p. 412.

57. H. Kissinger, *À la Maison-Blanche*, Fayard, 1979, p. 114.

58. Témoignage de l'amiral Flohic à l'auteur, décembre 1998.

59. P.-M. de La Gorce, *De Gaulle, op. cit.*, p. 1315.

60. Précision donnée par Maurice Couve de Murville à l'ambassadeur Henri Froment-Meurice. Roger Frey, dans un témoignage conservé par le fonds d'histoire orale de la Fondation Charles de Gaulle, raconte que le général lui demanda à ce moment-là s'il devait différer la date de la consultation. « Je vais lire le journal, donnez-moi votre réponse dans cinq minutes. » Roger Frey lui ayant conseillé de ne rien changer, de Gaulle lui dit : « C'est la réponse que j'attendais. »

61. SHAT, fonds général Lalande, notes du 22 avril 1969.

62. J. Foccart, *Le Général en mai, op. cit.*, p. 723-724.

63. SHAT, fonds général Lalande, notes du 24 avril 1969.

ÉPILOGUE

1. A. Malraux, *Les chênes qu'on abat*, Gallimard, 1971, p. 31-32.

2. J. Vendroux, *Ces grandes années que j'ai vécues, op. cit.*, p. 343.

3. SHAT, fonds général Lalande, notes du 30 avril 1969.

4. NARA, archives du Département d'État, Central Decimal File, box 1950.

5. J. Mauriac, *Mort du général de Gaulle*, Grasset, 1972, p. 55.

6. Archives Geoffroy de Courcel, note d'Emmanuel d'Harcourt, 1969.

7. J. Mauriac, *Mort du général de Gaulle, op. cit.*, p. 59.

8. Cf. P. Morand, *Journal inutile*, Gallimard, 2001.

9. « La piété a triomphé d'un dur voyage. »

10. Archives Geoffroy de Courcel, notes d'Emmanuel d'Harcourt.

11. *Ibid.*

12. *Ibid.*

13. *Ibid.*

14. *Ibid.*

15. *Ibid.*

16. *Ibid.*

17. J. Mauriac, *Mort du général de Gaulle, op. cit.*, p. 63.

18. Archives Geoffroy de Courcel, notes d'Emmanuel d'Harcourt.

19. Curieusement cette lettre adressée à Mme Baltrusaïtis se trouve dans les archives du Département d'État : NARA, box 1944.

20. Témoignage de Jacques Vendroux à l'auteur, septembre 1975.

21. NARA, box 1944, télégramme de S. Schriver au Département d'État, 18 décembre 1969.

22. Témoignage de Jacques Vendroux à l'auteur, septembre 1975.

23. Témoignage de l'ambassadeur Robert Gillet à l'auteur.

24. L'un des aides de camp du général.

25. Témoignage de l'ambassadeur Robert Gillet à l'auteur.

26. Jean Mauriac, *Mort du général de Gaulle, op. cit.*, p. 82.

27. *Ibid.*, p. 97-98.

28. *Ibid.*, p. 139-140.

29. « La mort de M. Pasteur Vallery-Radot est une perte très affligeante pour notre

pays en même temps que pour la pensée et la médecine. De sa part, à mon égard, certaines choses avaient cessé d'être. Mais beaucoup d'autres avaient été en des temps inoubliables. C'est de celle-ci que je me souviens en m'inclinant devant sa haute mémoire » (*Lettres, notes et carnets*, mai 1965-novembre 1970, p. 163). Membre d'une juridiction d'exception lors de la guerre d'Algérie, Pasteur Vallery-Radot avait refusé de suivre les désirs du général lors d'un procès. De Gaulle en avait conçu beaucoup de colère.

30. J. Mauriac, *Mort du général de Gaulle, op. cit.*, p. 144-145.

31. Cf. sur ce point *De Gaulle et la médecine, op. cit.*

32. Virginia Historical Society, David Bruce Diary, 13 novembre 1970. Le 10 novembre, le service de presse de l'Élysée diffusait le texte intégral du testament du général, qu'il avait rédigé le 16 janvier 1952, et dont Georges Pompidou était depuis lors le dépositaire :

« Je veux que mes obsèques aient lieu à Colombey-les-Deux-Églises. Si je meurs ailleurs, il faudra transporter mon corps chez moi sans la moindre cérémonie publique. Ma tombe sera celle où repose déjà ma fille Anne et où, un jour, reposera ma femme. Inscription : Charles de Gaulle (1890-...), rien d'autre.

La cérémonie sera réglée par mon fils, ma fille, mon gendre, ma belle-fille, aidés par mon cabinet, de telle sorte qu'elle soit extrêmement simple. Je ne veux pas d'obsèques nationales. Ni présidents, ni ministres, ni bureaux d'assemblées, ni corps constitués, seules les armées françaises pourront participer officiellement en tant que telles, mais leur participation devra être de dimensions très modestes, sans musique, ni fanfare, ni sonnerie. Aucun discours ne devra être prononcé, ni à l'église ni ailleurs.

Pas d'oraison funèbre au Parlement, aucun emplacement réservé pendant la cérémonie sinon à ma famille, à mes compagnons membres de l'ordre de la Libération, et au conseil municipal de Colombey-les-Deux-Églises.

Les hommes et les femmes de France et d'autres pays pourront, s'ils le désirent, faire à ma mémoire l'honneur d'accompagner mon corps jusqu'à sa dernière demeure. Mais c'est dans le silence que je souhaite qu'il soit conduit. Je déclare refuser d'avance toute distinction, promotion, dignité, citation, déclaration, qu'elle soit française ou étrangère. Si l'une quelconque m'était décernée, ce serait en violation de mes dernières volontés. »

Il n'est peut-être pas inintéressant, pour finir, de mentionner le thème astral du général de Gaulle tel qu'il a été établi par André Barbeau : « Le 22 novembre 1890 à 4 heures du matin, lorsque naissait Charles de Gaulle à Lille, le Soleil était au 29e degré du signe du Scorpion. À son décès survenu le 9 novembre 1970, la planète Neptune — initialement placée à sa naissance dans le secteur de la mort qu'elle personnifie, en même temps qu'opposée à l'astre du jour — rejoint cette position solaire natale, traversant ce même 29e degré du Scorpion du 8 octobre au 6 novembre 1970. Cette rencontre ou conjonction à l'approche de ses quatre-vingts ans est autant significative de disparition physique que de consécration ultime ou de couronnement. En effet, le courant du Soleil s'assimile à l'arbre de vie et sa symbolique se déploie sur la chaîne des correspondances qui, dans l'inconscient collectif, relie analogiquement Dieu, le roi, le père, la chevalerie, les héros, les honneurs... Comme en un rapprochement archétypique, cette "mort solaire" s'unit à la commémoration d'un 11 novembre français, en une véritable hiérophanie. » Aimablement communiqué par Maurice Druon.

ANNEXES

ANNEXE 1

Texte inédit écrit par Charles de Gaulle en 1932, lorsqu'il travaillait au secrétariat général du conseil supérieur de la Défense nationale à l'élaboration d'un projet de loi relatif à l'organisation de la nation pour le temps de guerre. (La conclusion — particulièrement saisissante — de ce texte est publiée p. 53-55.)

I. CONDITIONS GÉNÉRALES PERMANENTES

1° La situation géographique de la France

La situation de la France sur le Continent en fait comme le prolongement à la fois des plaines du Nord — Flandre, Hollande, Allemagne —, des plateaux et montagnes de l'Europe centrale — Allemagne du Sud, Alpes, Jura —, des pays méditerranéens — Italie, Espagne — et des grandes îles britanniques — Angleterre, Irlande. De là, chez elle, une convergence exceptionnelle des courants ethniques, économiques, intellectuels, moraux ; de là, en retour, son rayonnement extérieur. Frottement d'activités qui façonne pour une bonne part la civilisation européenne, mais qui comporte en même temps bien des causes latentes de conflits. La nature dirige vers la France les besoins et les désirs des autres et réciproquement nous provoque à déborder sur nos confins.

Ce mélange des influences et, par suite, ces oppositions sont actives surtout là où la géographie ne dresse pas d'obstacles. Le nombre et l'acharnement des conflits sont, dans chaque région, en raison de l'osmose des populations, de la facilité des communications et du volume des échanges. Sans doute avons-nous souvent, dans l'Histoire, supporté les coups de l'Italie et de l'Espagne ou prétendu nous-mêmes dominer les Péninsules. Mais les Alpes et les Pyrénées ont toujours, en dernier ressort, imposé à ces contestations le critérium de leur masse, tandis qu'elles offraient aux belligérants leur colossale protection. Sans doute avons-nous subi maintes prétentions et descentes britanniques sur notre territoire et tenté à plusieurs reprises d'envahir l'Angleterre. Mais, pour finir, la mer a remis chacun à sa place en couvrant l'un de l'autre les deux rivaux. Par contre, les Pays-Bas et les terres germaniques furent, de tous temps et dans chaque sens, le principal chemin des migrations, du commerce et de la guerre. Le même ordre des choses, qui attire vers nous par le nord et le nord-est les grands mouvements et les grandes menaces, nous y rend surtout vulnérables, faute de barrières et de fossés.

Si les Vosges et l'Ardenne ne sont que des pans de rempart que l'on peut aisément tourner, si les côtes de Moselle et celles de la Meuse ne présentent aucune profondeur, si la Sambre, l'Escaut, la Scarpe, la Lys constituent autant de voies pénétrantes, si les vallées de l'Oise, de l'Aisne, de la Marne, de la Seine et de l'Yonne tracent la convergence des invasions, l'évolution contemporaine ne laisse pas d'aggraver cette infirmité séculaire de la patrie. Car c'est précisément contre la frontière découverte que se trouvent le charbon, le fer, la plupart des usines, les meilleures terres de la France. Il n'y a pas deux cents kilomètres entre l'étranger et Paris, dont, depuis des siècles, le rôle matériel et moral dans la vie de la nation n'a pas cessé de grandir.

La situation continentale de la France, privilégiée à beaucoup d'égards, mais en même temps très exposée, la voue à consacrer ses principaux efforts politiques et guerriers aux garanties de ses frontières. Toutefois, d'autres conditions l'empêchent de s'y absorber. Largement ouverte sur trois mers — vase baie méditerranéenne, promontoire de l'Océan, cap entre la mer du Nord et la Manche —, terre de transit pour tout ce qui, venant du centre de l'Europe, s'en va vers l'Angleterre, les Amériques, l'Afrique du Nord et de l'Ouest, ou réciproquement, la France suit, d'âge en âge, un grand destin maritime. À toute époque, une part considérable de son activité s'est exercée par les navires : commerce que favorisent de bons ports aux débouchés de grandes routes fluviales, influence rayonnant sur toute la surface du globe, entreprises politiques ou religieuses portées sur d'autres rivages, empire extérieur plusieurs fois détruit ou refait suivant que la mer nous fut fermée ou libre. Mais ce patrimoine lointain, s'il nous procure richesses et renforts, s'il nous ouvre d'immenses horizons, s'il entretient chez nous un certain goût de créer, de risquer, d'entreprendre qui fait partie intégrante de la valeur morale d'un peuple, bref, s'il fournit à la métropole un appoint précieux surtout dans les jours où elle s'affaiblit, comporte par ailleurs de lourdes hypothèques. Son étendue même et sa discontinuité y multiplient les servitudes. En prenant le contact de tant de régions du monde, nous ne rencontrons pas seulement les oppositions locales, mais aussi les ambitions des autres puissances maritimes. Celles-ci, qui possèdent par rapport à nous l'avantage d'un isolement continental absolu ou relatif, tiennent sous leur menace nos communications, de par leur position naturelle ou acquise — l'Italie et l'Espagne en Méditerranée, les États-Unis tout au long de l'Amérique, le Japon dans le Pacifique, l'Angleterre partout.

La France, géographiquement vouée au rôle continental le plus vaste et le plus complexe, mais en même temps à l'expansion par la mer, se trouve sans cesse sollicitée par deux tendances divergentes. Encore, dans ce double domaine, est-elle gravement vulnérable : sur son sol, faute de protection naturelle aux régions les plus sensibles du Nord et du Nord-Est ; au loin, en raison surtout de l'étendue et de la diversité des communications maritimes qui la relient à ses intérêts. De là, dans son Histoire, une sorte de perpétuel balancement ; de là les lourdes servitudes politiques et militaires qui sont sa charge propre mais aussi sa grandeur.

2° Situation politique

« La politique d'un État, disait Napoléon, est dans sa géographie. » Pour la France, vulnérable principalement au nord et au nord-est, la donnée capitale de la situation politique est l'attitude de l'Allemagne. C'est par rapport à cette constante que nous importent avant tout les tendances des autres peuples. Quoi qu'il nous arrive d'entreprendre, toujours la force des choses nous ramène à la même condition.

Or, la malveillance allemande à notre égard peut être tenue pour chronique. En dépit de lointaines consanguinités, d'une obscure attirance réciproque dans divers domaines et de la communauté de certains intérêts, les deux peuples vivent en état quasi permanent d'opposition. Tel est l'effet du flux et du reflux des antagonismes dans des marches toujours contestées où la nature n'impose pas la frontière qu'elle a tracée. Tel est le résultat de la dissemblance de tempéraments pareillement dominateurs et d'idéalismes également puissants.

Il est vrai que la masse allemande est remuée de forces centrifuges. La division lui est naturelle en régions, élans et groupements. De là tant de séparatismes, luttes d'influences, conflits de religions, d'intérêts, de classes, dont la politique française a joué si longtemps parmi les pays germaniques. Mais justement, leur unité, parce qu'elle leur est douloureuse, ne s'est faite et ne peut durer qu'à la condition de poursuivre de grandes entreprises extérieures : politique de Bismarck, Weltpolitik de Guillaume II, nationalisme d'aujourd'hui. L'impérialisme est la condition de l'unité allemande.

Cette hostilité latente à notre égard sert de recours aux ambitions et aux craintes antifrançaises de nos autres voisins. Sans doute, des malveillances qui, dans le passé, se sont unies contre nous avec celle de l'Allemagne, il ne reste guère : pour l'Espagne qu'une orgueilleuse susceptibilité, pour les Pays-Bas et la Belgique qu'un souci ombrageux d'indépendance, pour l'Angleterre qu'une sorte de méfiance d'instinct. En prenant soin de ne pas heurter ces tendances — expression d'un équilibre établi des intérêts —, nous pouvons compter qu'elles ne suffisent plus à provoquer des conflits. Au contraire, l'Italie, débordante de vitalité, débarrassée progressivement de la pression de l'ancienne Autriche, se tourne contre la France nantie de ce qui lui manque et trouve dans ses querelles l'appui de l'éternelle inimitié allemande. Bien que l'Italie ne puisse, toutefois, s'associer sans arrière-pensée au germanisme, dont les progrès la mettraient vite en danger, et bien que son impérialisme, orienté d'autre part vers l'Adriatique, s'y heurte aux Serbo-Croates, la conjonction de ses ambitions avec celles de l'Allemagne est devenue pour nous un péril permanent.

Mais le même mouvement qui pousse l'Allemagne vers l'Ouest ne laisse pas en même temps de s'exercer ailleurs. D'où, pour la France, des alliés de revers, tour à tour : Scandinaves, Ottomans, Polonais, Magyars, ensuite Slaves quand le slavisme eut pris conscience de lui-même, ranimé dans l'Europe centrale et balkanique ses éléments en sommeil, bref précisé partout ses contacts avec les Allemands. Il est vrai que, dès lors, l'expansion du slavisme lui suscite d'autres adversaires : Suédois que les Slaves refoulent dans leur Péninsule, Turcs qu'ils combattent dans les Balkans et sur les bords de la mer Noire, Hongrois alarmés de voir s'agiter leurs serfs, Polonais même pris entre deux oppressions et qui, par épisodes, se réfugient dans l'une pour tenter d'échapper à l'autre. En dernier lieu, la défection moscovite ne nous a laissé, pour faire contrepoids aux Allemagnes, que des États slaves formés tant bien que mal aux dépens des Germains, des Magyars et des Russes. Recours unique mais médiocre et qui, par compensation, pousse les Allemands d'Autriche à se joindre à l'Empire, exaspère les Hongrois et tient Berlin et Moscou rapprochés.

Ainsi pressée sur le Continent, la France ne peut échapper à une certaine dépendance vis-à-vis des grandes puissances maritimes. Par rapport à l'Angleterre, surtout, en mesure tout à la fois de dresser des ennemis à nos portes et de menacer notre empire, tout en jouissant dans ses îles d'une relative sécurité, nous sommes contraints à la circonspection. L'Angleterre, qui profite de nos chroniques embarras pour tailler son empire et tenir les points du monde d'où elle domine la mer, a pour principe d'empêcher en Europe toute hégémonie française et même toute coalition qui nous laisseraient les mains libres. Sans doute, avons-nous tenté de desserrer cette emprise en favorisant l'essor d'autres puissances maritimes. Mais l'Espagne s'est effondrée. Les États-Unis, dont l'équilibre intérieur est loin d'être réalisé, orientés vers deux océans à la fois, plus ou moins absorbés par les événements du Pacifique, ne prêtent qu'à regret aux affaires d'Europe un intérêt direct qu'ils font, d'ailleurs, payer cher. Le Japon, enfin, se concentre dans son effort asiatique. Par suite, l'Angleterre demeure, dans quelque mesure, l'arbitre de notre destin.

Il est vrai que les mêmes raisons qui la poussent à nous contenir l'amènent à s'opposer aux autres quand ils prétendent grandir à l'excès. L'Angleterre ne veut d'« Allemagne par-dessus tout » pas plus que d'Empire d'Occident, ne souffre l'expansion des Russes vers l'ouest que juste assez pour les détourner d'avancer en Asie et saurait mettre un frein, le cas échéant, aux excès d'impérialisme italien en Méditerranée. Principe d'équilibre dont il arrive que nous tirions avantage dans nos périodes de défense politique. D'autant que, parmi les régions de l'Europe où l'Angleterre exerce la surveillance la plus jalouse, c'est — et pour cause — la Belgique dont le sort la trouve surtout sensible.

La menace des pays allemands, accrue et précisée par leur unité, ne cesse de peser sur la France et se conjugue, de siècle en siècle, avec les malveillances des voisins, de l'Italie au temps présent. De là notre besoin d'alliances de revers, instables d'ailleurs en raison des oppositions de races et d'États dans l'Europe centrale et orientale, mais dont les Slaves constituent l'essentiel élément. De là notre dépendance vis-à-vis des puissances navales, avant tout de l'Angleterre, dépendance qui vaut hypothèque sur notre expansion maritime et coloniale, et qui peut nous attirer hostilité ou appui suivant que l'équilibre de l'Europe est menacé par nous ou à notre détriment.

3° Situation économique

Le sol de la France, par sa richesse et sa variété, assure a ses habitants l'essentiel de leur subsistance. En outre, la valeur moyenne des produits, les commodités de l'exploitation, l'équilibre longuement établi entre l'effort et les besoins donnent à notre production agricole un caractère propre de qualité, de régularité. Il en résulte que nous sommes, dans l'ensemble, en état de nous passer de l'étranger pour vivre, mais aussi que nous avons pris certaines habitudes d'aisance qui nous rendent particulièrement sensible tout régime de restriction.

Ces conditions ont fait de la France un pays surtout agricole. Cependant, l'industrie y a pris une part considérable et qui tend à s'accroître. Non que nous possédions, à beaucoup près, en nature et en quantité, toutes les matières premières nécessaires. Si nous disposons, pour le fer, de richesses surabondantes, si nous avons en suffisance l'antimoine et l'aluminium, si nous pouvons trouver sur place les matériaux de construction, par contre nous manquons de cuivre, d'étain, de zin, de plomb et de métaux rares destinés aux aciers spéciaux ; il nous faut importer les neuf dixièmes des textiles, la moitié des oléagineux, la totalité du caoutchouc ; notre industrie chimique est tributaire du dehors tout au moins pour l'azote et l'acide sulfurique. Enfin, malgré l'abondance de l'énergie hydraulique et les progrès accomplis dans son utilisation, nos sources d'énergie sont insuffisantes ; les mines françaises de charbon n'offrent qu'à peine les deux tiers de la demande, et presque tout le pétrole nous vient de l'étranger. Encore notre fer, notre houille, nos chutes d'eau sont-ils presque entièrement collés aux frontières du Nord, de l'Est et du Sud-Est, ce qui risque de rendre grave, en cas de conflit, notre vulnérabilité économique.

Mais cette pauvreté relative, en fait de matières premières (le fer excepté), est compensée en partie chez nous par divers avantages grâce auxquels notre industrie se trouve, en somme, puissante et souple. Facteurs géographiques : climat, relief, hydrographie, distance de la mer, presque partout favorables ; communications naturellement faciles, d'où transports commodes, quoique centralisés à l'excès ; rapports multiples avec les autres peuples ; main-d'œuvre intelligente et laborieuse, bien que réduite en nombre ; élite scientifique et technique de grande valeur ; enfin, capitaux abondants — et par suite bon outillage — grâce à l'esprit d'épargne du peuple français et aussi à la richesse de ses ressources qui lui permet l'économie.

Il résulte de l'ensemble de ces conditions que notre activité a pour traits principaux : l'équilibre entre l'agriculture et l'industrie (d'où notre grande stabilité sociale), la tendance à produire la qualité plutôt que la masse, enfin, vis-à-vis de l'étranger, une indépendance mitigée qui ne nous détourne aucunement des échanges extérieurs, mais nous rend protectionnistes d'instinct. De par le monde nous sommes des commerçants moyens, occupés d'entretenir des rapports sûrs et réguliers sur des marchés de confiance, plutôt que de conquérir coûte que coûte, comme d'autres le font, les débouchés d'une production surabondante et entreprise à tous risques.

Importateurs de matières premières pondéreuses et d'objets fabriqués à bon marché, exportateurs de produits de choix et légers — condition d'ailleurs fâcheuse pour le fret de nos navires —, nous sommes liés, avant tout, au point de vue économique, avec les pays susceptibles à la fois de nous vendre les uns et de nous acheter les autres : l'Angleterre, qui fournit de la houille, tient le marché et l'entrepôt des métaux et des textiles, loue des navires et achète — vins, primeurs, fruits, soieries, modes, objets de luxe — ; l'Allemagne, qui prend chez nous du fer, et nous envoie du coke, des machines et d'innombrables objets manufacturés ; les États-Unis, grands acheteurs de luxe, vendeurs de quantités de matières premières — pétrole et coton, notamment — et devenus fabricants de tout. Sans doute trouvons-nous ailleurs certains produits particuliers : cuivre en Espagne, charbon et zinc en Belgique, café au Brésil, laines et peaux en Argentine, soufre et denrées alimentaires en Italie ; sans doute nos colonies sont-elles en état de nous en fournir d'autres : huiles, phosphates, caoutchouc, coton, riz, bois précieux, alfa, bientôt pétrole ; sans doute avons-nous en Belgique, aux Pays-Bas, dans l'Europe centrale, en Amérique du Sud, dans l'Afrique du Nord, au Levant, des clients notables. Mais c'est aux ventes et achats des Anglo-Saxons et des Germaniques qu'est avant tout lié notre système économique. D'où, entre eux et nous, une solidarité des intérêts qui se fait jour à toute époque, quelles que soient, par ailleurs, les vicissitudes de nos rapports politiques, voire même la concurrence réciproque que nous ne laissons pas de nous faire.

La nature et l'assiette des ressources de la France la portent à rechercher l'équilibre. Un régime économique qui maintienne au-dedans la balance entre les activités agricole et industrielle, qui nous assure au-dehors les matières premières qui nous manquent et nous permette une exportation régulière et raisonnable, notamment en produits de choix, répond à nos tendances et à nos besoins traditionnels.

II. BUTS DE GUERRE

La France a renoncé à recourir à la guerre comme instrument de politique nationale. Mais si quelque conflit lui était imposé elle ne saurait négliger de la mettre à profit pour améliorer sa situation absolue et relative.

La France, toutefois, n'aurait pas intérêt à poursuivre un bouleversement complet de ordre du monde et, en particulier, une hégémonie qu'elle ne pourrait pas soutenir.

Par contre, elle devrait chercher d'une part à compléter sa sécurité en obtenant les garanties qui lui manquent, d'autre part à assurer son libre développement, mais cela dans un monde en équilibre et sans qu'elle ait à s'épuiser ensuite pour maintenir ce qui serait acquis.

La situation absolue et relative que la France pourrait tâcher d'atteindre est définie par les conditions indiquées ci-dessous. Les unes ou les autres seraient à poursuivre suivant la nature du conflit éventuel, à proclamer ou à taire suivant l'opportunité. Leur total représente un maximum dans l'état présent du monde, le minimum étant le maintien du statu quo.

1° Buts politiques

La souveraineté de la France étendue vers le Rhin et, à la limite, jusqu'au cours du fleuve, de manière à assurer la couverture de notre territoire et du territoire belge, tout en permettant la réassimilation progressive des populations.

La Belgique étroitement liée à la France, en particulier pour ce qui concerne le statut des territoires rhénans, l'activité économique et l'expansion des deux peuples en Afrique centrale.

La continuité de l'Empire africain de la France établie par la suppression des enclaves étrangères en Afrique occidentale (Nigeria, Côte d'Ivoire, Liberia, Sierra Leone, Gambie, etc.), par l'extension de nos possessions depuis l'Atlantique jusqu'à la mer Rouge (Soudan, Uganda, Abyssinie) et par la conjonction de la domination française et de la domination belge dans le bassin du Congo.

La révision des frontières de la Syrie portées à la crête du Taurus et englobant Mossoul.

L'Empire du Maroc entièrement réuni sous notre domination.

Nos communications impériales garanties :

Sur mer, par la neutralisation effective du détroit de Gibraltar, de Malte, du canal de Suez, du détroit de Malacca, du canal de Panama et par l'application aux côtes de Sardaigne, de Sicile, de Tripolitaine, etc., des servitudes militaires, maritimes, aériennes convenables.

Dans les airs, par la possession attribuée à la France des enclaves nécessaires (au Siam, aux Indes, en Perse, en Irak, en Égypte, etc.) au fonctionnement des lignes aériennes françaises et par le droit de survol donné sans restriction sur tous les parcours entre France d'une part et Indochine, Afrique occidentale, Afrique centrale, Afrique orientale, Antilles, Océanie d'autre part.

La fédération en Europe centrale des États sortis de l'ancien empire austro-hongrois, indépendants de l'Allemagne et de l'Italie englobant la Yougoslavie et la Roumanie pour assurer la prépondérance de l'élément slave et orienter l'ensemble vers Fiume et vers Constansa.

Nos alliés de revers consolidés : la Pologne par l'acquisition du débouché de Dantzig, la Yougoslavie par l'attribution de Fiume, la Roumanie par le règlement de la question de Bessarabie.

L'établissement d'une fédération des États latins de l'Amérique (Amérique du Sud, Amérique centrale, Antilles) où la France entrerait pour ses Antilles et pour la Guyane et destinée à faire contrepoids aux États-Unis.

Il pourrait donc y avoir intérêt à former en partant de là une union latine dont feraient partie en outre l'Espagne, le Portugal, l'Italie et la Belgique et destinée à contrebalancer l'influence des Anglo-Saxons.

2° Buts économiques

La France assurée des principales matières premières qui lui manquent, soit par possession directe (pour le charbon : Sarre, Aix-la-Chapelle ; pour le pétrole : Mossoul), soit par l'union économique avec les producteurs (Espagne et Belgique pour le cuivre, par exemple).

Réglementation contractuelle (publique et privée, cartels, tarifs, législation sociale, etc.) assurant notre production agricole et industrielle et tenant ouverts les marchés nécessaires à notre commerce extérieur.

Suppression de toute entrave apportée par d'autres États à l'immigration temporaire ou définitive des étrangers en France ou dans les colonies ainsi qu'à la naturalisation française des étrangers. Plus spécialement possibilité donnée à la France d'importer de la main-d'œuvre étrangère sans aucune servitude.

À la limite, établissement d'un régime économique international (direction et contrôle par une Société des Nations organisée en conséquence) assurant à la France des conditions satisfaisantes pour son activité et son développement.

3° Buts moraux

Le développement assuré de l'influence française à l'extérieur. En particulier, facilités données à l'enseignement du français, à nos écoles, à nos œuvres. La langue française reconnue à nouveau comme langue diplomatique unique et même comme langue internationale.

Interdiction de toute propagande extérieure pouvant nuire à la cohésion morale du peuple français ou au loyalisme des populations de nos colonies.

À la limite, déchéance des régimes politiques de certains États qui constituent à cet égard une menace latente contre nous (bolchevisme, fascisme...).

4° Buts internationaux

Statut du monde et, en particulier, situation absolue et relative de la France garantis par l'existence d'une Société des Nations universelle, organisée en conséquence, disposant de moyens de contrôle et de forces propres et procurant à ses membres une sécurité latente aussi complète que possible.

III. PRINCIPES CONSTANTS DE LA CONDUITE GÉNÉRALE DE LA GUERRE

Il résulte des conditions permanentes dans lesquelles la France se trouve placée et des buts vers lesquels elle tend que sa politique générale dans quelque conflit que ce soit aurait à se conformer aux principes suivants :

1° Ne pas prendre l'initiative de la guerre.

2° Éviter, pour autant qu'on le puisse, de donner à la guerre un caractère de destruction.

3° Assurer avant tout l'intégrité du territoire. En conséquence et en particulier, régler le rythme des préparatifs de telle sorte qu'ils ne subissent aucun retard relatif.

4° Tout en s'efforçant de conduire l'effort de manière qu'il soit aussi bref que possible, se tenir en mesure de soutenir une guerre prolongée. Ménager en conséquence les ressources du pays, notamment ses forces vives, et administrer avec mesure le moral de la nation.

5° S'efforcer de nourrir la guerre avec les seuls moyens de la France et de son Empire et ne recourir aux offices des neutres que dans la mesure indispensable.

Organiser en conséquence d'une part la production et la consommation (restrictions), d'autre part le financement de la guerre.

6° Dans le même ordre d'idées, aménager d'une part les communications extérieures et d'autre part régler les rapports (politiques, économiques, moraux) entre la métropole et les colonies de manière à tirer de celles-ci le plus grand concours possible.

ANNEXE 2 (1)

Interview du général de Gaulle par Jean Oberlé (corrigée de sa main) du 17 mai 1943, relatant les événements survenus du 6 au 18 juin 1940.

INTERVIEW GENERAL DE GAULLE 17-5-43.

3-G

Ma conduite le 18 juin '40 est l'aboutissement, le prolongement de la politique ~~que j'ai~~ suivie ~~depuis que j'ai fait partie du gouvernement Reynaud~~. J'y fus appelé le 6 juin 1940 comme sous-secrétaire d'Etat à la ~~guerre~~. La défaite en France était en vue, il fallait voir au-delà de la défaite. L'idée d'aller continuer la lutte en Afrique du Nord convenait à Reynaud. Il me dit: "Allez voir Churchill. Je lui ai dit le 28 mai: 'Je ne vois pas comment continuer, mais aujourd'hui, j'y vois clair."

Je vis Churchill le 7 juin. Nous parlâmes de l'aviation de chasse de la R.A.F. qu'il n'avait pas voulu lancer entièrement dans la bataille de Flandres. (Plus tard, il me dit: "Vous voyez que j'avais raison. Ça nous aura tous sauvés.") Je le trouvai inquiet, mais la détermination de Reynaud ~~le rassura~~.

Je rentrai à Paris le 8. ~~Je vis Weygand qui me dit: "C'est fini"~~ Ah, si j'étais sûr que les Allemands me laissent des troupes pour ~~rétablir~~ l'ordre!" Tous les jours, Pétain et lui venaient vers onze heures du matin, pour convaincre Reynaud de capituler. Le 10 juin, Weygand arriva sans être convoqué. Il lut à Reynaud une ~~sorte de~~ note, ~~sommant~~ le gouvernement de capituler.

Dans la nuit, je pars en auto avec Reynaud. Nous arrivons à Orléans, à la préfecture, le 11 vers ~~cinq~~ heures.

Le 12 juin, ~~la tâche~~ de remonter Reynaud, avec l'aide de Mandel, Herriot, Jeanneney. J'arrache un ordre prévoyant le repli sur l'Afrique du Nord ~~des deux classes non instruites~~, encore dans les dépôts, des spécialistes des D.L.M. descendues de Belgique, ~~et~~ de 3 divisions des Alpes, à peu près 500.000 hommes. On les aurait évacués de tous les ports ~~de Bordeaux~~ à Nice. (Il manquait 500.000 tonnes de navire pour les transporter.) ~~Mais Weygand empêcha Colson et Darlan d'exécuter l'ordre.~~ Seul Vuillemin envoya ~~son~~ aviation de bombardement en Afrique du Nord, où plus tard les commissions d'armistice s'en saisirent.

Le soir, conseil des ministres ~~à Azay-s/Cher. A nouveau, Pétain insiste. Le repli du gouvernement vers Quimper, la lutte en Bretagne sont abandonnés. Mme.~~ de Portes assistait à ~~tout cela. Je dus dire tout haut à Reynaud qu'on ne pouvait discuter dans cette atmosphère de volière.~~

Le 13 juin, Churchill arrive à Tours. ~~Il est très accommodant, à condition de ne livrer à l'ennemi ni la flotte française ni les 400 pilotes allemands prisonniers. (Que Pétain plus tard, rendra, naturellement!)~~ Beaudoin pousse toujours Reynaud à capituler. Reynaud déclare qu'il va téléphoner à Roosevelt. Le même jour, ~~réunion~~ au chateau de Cangey. ~~Weygand~~. expose la situation. Reynaud, ~~furieux~~, ~~décide~~ de limoger Weygand. Je lui conseille de le remplacer par Huntziger. Il me dit: "Allons voir Huntziger." Puis il me dit d'y aller seul. J'y vais en auto, traversant les divisions qui reculaient. C'était au moment de l'attaque de Gudérian en Champagne. Je trouve Huntziger à son Q.G. de Vitry-le ? Je lui annonce que s'il est prêt à continuer la lutte dans l'Empire, Reynaud le nomme généralissime. Il accepte. Je rentre à Briare, où Weygand fait défiler tous ses généraux devant Churchill, assez abattu. Le soir au dîner, Churchill pour être optimiste dit à Pétain, assis en face de lui: "Nous avons passé des jours difficiles en 1918. Nous les avons surmontés. Nous les surmonterons encore." Pétain lui répond sèchement: "En 1918, je vous ai donné 40 divisions françaises, qui ont sauvé l'armée anglaise. Où sont vos 40 divisions, aujourd'hui, pour nous sauver?" Churchill comprend qu'il faut s'attendre au pire. Darlan arrive alors avec Vuillemin. Une offensive contre les ports italiens avait été décidée pour cette nuit-là. Darlan prétend que les avions italiens répondront en incendiant les stocks d'essence sur les bords de l'étang de Berre. Reynaud, à contre-coeur, annule l'opération. Darlan aussitôt téléphone pour la décommander. (Une escadre légère française attaqua néanmoins le port de Gènes. Le commandant en fut sévèrement puni par Darlan.)

[...]

Le 14, on part pour Bordeaux. Je demande à Reynaud: "Oui ou non, voulez-vous aller continuer la lutte en Afrique du Nord?" "Oui" dit Reynaud. Je file aussitôt à Londres pour avoir les 500.000 tonnes de navire, que seuls les Anglais peuvent nous donner. Je vais en Bretagne en auto, préviens dans la nuit par téléphone Darlan dont le Q.G. est près de

Rochefort. ~~Je passe à Rennes, à Brest où je vois l'Amiral de~~ Laborde et le préfet maritime, atterrés par les évènements. Un torpilleur m'emmène à Plymouth. En sortant de Brest, le Richelieu nous salue. J'arrive à Plymouth, puis à Londres. Dans la matinée du 15 juin, Corbin ~~me demande d'obtenir de Churchill une déclaration sur une~~ union étroite des deux pays, ~~dans l'avenir~~. Je vais voir Eden. Il promet les navires. J'ordonne au "Pasteur", qui arrive des E.U. chargé de canons et de mitrailleuses et qui est route vers ~~la France, de venir en Angleterre.~~

Je déjeune au Carlton Club avec Churchill. ~~Il est d'assez mauvaise humeur. Je lui dis: "Ne vous laissez pas faire." Il me répond: "Je télégraphie à l'ambassadeur Campbell pour lui ordonner une attitude énergique."~~ Au sujet de la proposition d'union, il me dit: "Je dois réunir le cabinet." Je lui dis: "~~Dépêchez-vous~~, car le conseil des ministres français devait se réunir à midi et j'ai obtenu qu'il ne se réunisse qu'à cinq heures." J~~e vais avec Churchill à~~ Downing Street. J'attends, ~~pendant que le cabinet siège. A 4 heures 45,~~ j'appelle Reynaud au téléphone. Je l'encourage, lui ~~fait part~~ de la proposition d'union. "Ne vous découragez pas" lui dit Churchill dans le téléphone. "Je vais faire ce que je pourrai", nous dit Reynaud.

Je repars pour Bordeaux, en avion. J'arrive à 9 heures 30. Le conseil est terminé. Reynaud a démissionné. "Je vais voyager" dit-il vaguement. Pétain est président du conseil.

Je vais voir Campbell. Puis je repars pour Londres

en avion. Ma décision est prise: Je sais Pétain et Weygand décidés à capituler.

Le 17, je vois Churchill. Je l'informe que je reste. Il est décidé à tout. A une heure, nous apprenons la demande d'armistice. Pétain, l'après-midi, parle à la radio pour annoncer qu'il l'a sollicitée "entre soldats."

J'habitais à ~~Seymour Place, chez mon chef de cabinet, Laurent~~. J'avais entendu l'appel à Pétain. Le matin du 18 juin, je rédige un message aux Français. Je le donne au Général Spears pour le montrer à Churchill. A 6 heures, je vais à la BBC.

En lançant cet appel aux Français, j'espérais que beaucoup d'entre eux pourraient venir en Angleterre. J'espérais que de nombreux bateaux viendraient aussi. J'espérais que cet appel porterait sur l'esprit français. Le fait que j'étais membre du gouvernement jusqu'à l'arrivée de Pétain pouvait, selon moi, avoir une valeur politique. J'espérais pouvoir constituer à Londres, un comité national avec des personnalités importantes. Entre le 18 et le 23, j'essayai de faire embarquer des troupes de France pour l'Angleterre.

Je parlai encore le lendemain, puis le 22 et le 24 et le 26 pour répondre au Maréchal Pétain. Je continuai ensuite la série de mes messages à intervalles irréguliers.

ANNEXE 2 (2)

Déposition du général de Gaulle sur le même sujet devant le président de la Commission d'instruction près la Haute Cour de Justice chargée d'instruire le procès intenté au général Weygand. Les annotations marginales manuscrites sont de Weygand et de son avocat. La version du général sera contredite par tous les témoins (cf. p. 104-106). D'où la troisième version de ces événements qu'il donnera dans ses* Mémoires de guerre.

Cabinet

D'Instruction

N°

HAUTE COUR DE JUSTICE

DEPOSITION
Général de GAULLE

Prière de voir mes observations page 3.

Le 17 Avril 1946
Devant nous, P. Bouchardon, Président de la Commission d'Instruction près la Haute Cour de Justice, en notre Cabinet à Paris, assisté de Douville Henri, faisant fonctions de Greffier, serment prêté de bien et fidèlement remplir les fonctions qui lui sont confiées.

Est comparu le témoin ci-après nommé qui nous a répondu et fait sa déposition ainsi qu'il suit:

Je me nomme DE GAULLE Charles, Général de Brigade, âgé de 55 ans, demeurant à Marly-le-Roi.

D.-Dans le journal " France Soir " du mardi 19 Juin 1945, Jean Oberlé a publié de vous, une interview remontant au 17 Mai 1943, où se lit ce passage: " Le 12 Juin (1940), nous " tâchons de remonter Reynaud avec l'aide de " Mandel, Herriot, Jeanneney. Je lui arrache un ordre écrit donné à WEYGAND et prescrivant l'exécution des mesures prévues pour le repli sur l'Afrique du Nord, c'est-à-dire le transport de deux classes de recrues encore dans les dépôts, des spécialistes des D.L.M. descendus de Belgique, de trois divisions des Alpes de cadres, etc..., à peu près cinq cent mille hommes. On les aurait évacués de tous les ports, de Brest à Noes (Il manquerait cinq cent mille tonnes de navires pour les transporter). Les mouvements devaient s'étendre jusqu'aux derniers jours de Juin. Mais WEYGAND n'exécute pas l'ordre, seul, Wuillemin envoya à la date prévue, l'aviation de bombardement en Afrique du Nord, où plus tard, les commissions d'armistice s'en saisirent ".

ceci est formellement démenti par P. Reyn. dans sa confrontation qu'il a eu le 28.3.46 à la H.C. avec g^al W

Mis en présence de ce texte, le Général WEYGAND a répondu que les seules suggestions écrites qu'il ait reçues de Paul REYNAUD (elles sont en date du treize juin et figurent au dossier) tendaient seulement, soit à couvrir le plus longtemps le centre même du pays en faisant corps avec nos forces tenant la barrière

* Source : SHAT Archives Weygand.

des Alpes, soit plutôt à constituer et à défendre à proximité de l'Angleterre, qui nous enverrait des troupes et du ravitaillement ce qu'on a nommé le <u>Réduit breton</u>.

De son côté, Paul REYNAUD a prétendu qu'il était inexact – il a employé un terme plus vif – qu'il lui ait été arraché un ordre écrit prescrivant à WEYGAND le repli de 500.000 hommes sur l'Afrique du Nord.

Jean OBERLE a produit sous la forme d'une dactylographie, le texte même de son article et cette dactylographie a fait, de votre part, l'objet de nombreuses retouches à l'encre, notamment dans la partie que je viens de citer in extenso.

Voulez-vous, mon Général, si vous le croyez possible fournir en ce qui vous concerne, tous renseignements, démentis ou confirmations de nature à éclaircir la Commission d'Instruction de la Haute-Cour qui m'a donné mission de vous entendre à ce sujet ?

<u>R</u>.– I°– Il est de fait que la Président du Conseil, Ministre de la Défense Nationale et de la Guerre, a adressée le I3 Juin I940 au Général Commandant en Chef une lettre lui fixant les instructions du Gouvernement quant à la conduite a tenir par les Armées à partir de cette date,

2°– Il est de fait que cette lettre spécifiait, en dernier ressort, l'installation et l'organisation des moyens de lutte dans l'Empire;

3°– Il est de fait que les mouvements et transports nécessaires à cette installation et à cette organisation, faisaient l'objet d'un plan de la part de l'Etat-Major de l'Armée (Général COLSON) ainsi que des Etats-Major de la Marine et de l'Air. Ce plan faisait ressortir en particulier la nécessité d'obtenir de l'Angleterre le concours immédiat d'un tonnage de 500.000 tonnes de navires de transport.

4°– Il est de fait que c'est pour obtenir du gouvernement britannique ce concours de tonnage que le sous-secrétaire d'Etat à la défense nationale et à la Guerre, c'est-à-dire moi même, fut envoyé à Londres par le Président du Conseil, à partir de Bordeaux, dans la nuit du I4 au I5 Juin. Le Sous-Secrétaire d'Etat obtint effectivement le I6 Juin au matin, du Gouvernement Britannique l'engagement de concourir sans délai par tous les moyens disponibles aux transports qui étaient envisagés et l'ordre donné par ce gouvernement à l'Amirauté britannique de se mettre en rapport sans délai avec les autorités Françaises compétentes pour l'exécution des transports.

[Annotations manuscrites en marge :]

2°) « Il nous resterait alors à nous installer et à organiser des moyens de lutte dans notre empire en utilisant la liberté des mers » S: P. Reynaud – Cela est la dernière phrase de cette lettre du P. du Conseil en date du 13 Juin – C'est la seule qui fasse allusion à l'installation et à l'organisation des moyens de lutte dans l'Empire. Le mot allusion est le seul qui convienne à une "instruction" aussi d'une densité [illegible] –

3° Quant aux ordres que le Gal de Gaulle a donnés à mon insu au Gal Colson il faut se reporter au témoignage en date du 16. IV des [illegible] pour en apprécier le réalisme.

D.– Jean Oberlé a-t-il pris votre agrément avant de publier, en 1945, l'interview qu'il avait obtenu de vous en 1943 ? Si non, comment appréciez-vous le procédé ?

R.– Veuillez-vous reporter au communiqué publié à ce sujet, le 26 Juin 1945, par le Gouvernement provisoire de la République, à l'Agence française de Presse.

Je n'ai rien à répondre, en dehors de ce que j'ai répondu.

D.– Dans le texte primitif de la sténographie Oberlé, il y avait "... mais Weygand empêche Colson et Darlan d'exécuter l'ordre, seul Wuillemin envoya son aviation de bombardement en Afrique du Nord... " ; de cette première rédaction à laquelle s'est substituée la vôtre, il pourrait résulter que WEYGAND aurait bien reçu un ordre de Reynaud, mais aurait mis obstacle à ce que Colson et Darlan l'exécutent.

R.– Je n'ai rien à ajouter à mes déclarations qui me paraissent très claires.

Lecture faite, persiste et signe avec nous et le Greffier.

Signé: DE GAULLE
DOUVILLE
BOUCHARDON.

ANNEXE 3

Début du discours de Duff Cooper, ministre britannique de l'Information, prononcé sur les ondes de la BBC le 28 mai 1940, et contenant la formule : « Les Alliés ont perdu cette grande bataille, ils n'ont pas perdu la guerre » (cf. p. 129). D'après Marc Fumaroli, cette formule serait une réminiscence d'un passage du* Paradis perdu *de Milton.*

BROADCAST IN
NATIONAL PROG.
REGIONAL ..

THE RT. HON. A DUFF COOPER, D.S.O., M.P.

* Source : Archives de la BBC, communiquées par M. Bernard Destremau, membre de l'Institut, ancien ministre

Tuesday, 28th May, 1940 at 9.0 p.m. - HOME AND OVERSEAS PROGRAMMES

I told you when I was talking to you a week ago of the danger in which our Army stood -- that danger is very great tonight. At the same time I told you that whatever the fortunes of war might be, that even if the Allies lost this great battle, we should not have lost the war; final victory would still be ours. Well, we have not lost the war tonight, and assuredly we shall not lose it. Let us always face the facts - and face them with confidence - without exaggerating them nor seeking to minimise them. However great the enemy's success in this great battle may be - however great the blow which we may have to suffer - we can recall greater successes scored against us in battle in the past, and greater blows that this country has withstood and rallied from, and come back from defeat in order to turn it into victory.

ANNEXE 4

Manuscrit du livre de Remy, De Gaulle cet inconnu, *corrigé par le général*.*

Je parlais donc, dans des termes qu'on peut aisément supposer comme assez peu amènes, du "cas Pétain". Le Général m'interrompit dans ma diatribe :

-Voyez-vous, Rémy ! Il ~~faut~~ fallait que la France ~~ait toujours~~ eût deux cordes à son arc. Il lui fallait ~~alors~~ la corde de Gaulle ~~mais~~. Il lui fallait aussi la corde Pétain.

Je fus d'abord frappé, et même ému, par l'extraordinaire sérénité du ton que le Général avait employé pour énoncer cet aphorisme. Il nous parla ensuite d'autre chose, mais je ne pouvais détacher ma pensée de ce que je considérais comme une boutade, à vrai dire assez insolite ~~et même déplaisante~~. Je compris, à la réflexion, qu'elle exprimait un état d'esprit qui ressortissait bien à celui que j'avais prêté au Général après cette première entrevue de Carlton Gardens que je viens d'évoquer. Si la première manche, qui fut enlevée de haute lutte par les demi-dieux de la Royal Air Force, avait été perdue, si la Grande-Bretagne avait été envahie, si l'Atlantique s'était opposé, de toute sa largeur, au débarquement libérateur, la "corde Pétain" eût ~~joué~~ au profit de la France. Pour dérisoire et fragile qu'elle fût, elle était seule de nature à permettre d'espérer qu'une représentation française s'opposerait aux exactions de l'ennemi.

* Voir Claude Guy, *En écoutant de Gaulle,* Grasset, 1997 (p. 358-359).

ANNEXE 5

Lettre du général de Gaulle à M. le vice-amiral Muselier et M. le lieutenant-colonel Fontaine — 1er oct. 1940

1 — Vous connaissez le plan qui avait été établi à la demande du gouvernement britannique et par accord entre ce gouvernement et moi au sujet de l'expédition de Dakar. Les conditions d'après lesquelles ce plan avait été imaginé se sont trouvées entièrement transformées par suite de l'arrivée à Dakar de l'escadre de Vichy ainsi que par l'action de terreur exercée au préalable sur nos partisans.

Lors de mon arrivée à Freetown, je connaissais en partie ces changements à la situation mais deux éléments m'ont confirmé dans ma volonté de tenter néanmoins de réaliser ce plan.

Le premier de ces éléments fut l'attitude des croiseurs de Vichy rencontrés en mer par les navires britanniques alors que les croiseurs se dirigeaient à toute vitesse de Dakar vers l'AEF pour y briser notre mouvement. Le *Primauguet*, arrêté par un croiseur britannique et invité par moi-même à retourner à Casablanca, s'exécuta sans difficulté. Le *Gloire*, sommé par mon représentant, le commandant d'Argenlieu, au moyen d'un haut-parleur, de regagner Casablanca, le fit également. Quant aux deux autres, *Georges Leygues* et *Montcalm*, non rejoints, ils étaient rentrés à Dakar.

Le deuxième élément qui me décida fut la conviction que le fait de s'abstenir d'entreprendre après tant de préparatifs aurait des conséquences morales pires encore que celui de ne pas réussir. Tel fut aussi l'avis de l'amiral et du général anglais.

2 — Je vous envoie ci-joint le récit des événements. Vous y verrez et noterez pour le faire ressortir avec acharnement pour notre propagande :

a) que l'action des FFL a tendu uniquement à s'assurer de Dakar entre Français en en arrêtant tout combat entre Français. En fait, les autorités de Vichy ont fait tirer immédiatement sur nous. Trois morts, sept blessés dont trois officiers, sept officiers disparus (aviateurs débarqués à Ouakom et émissaires) ;

b) que les Anglais n'ont ouvert le feu qu'après l'avoir subi eux-mêmes pendant plus d'une heure et éprouvé des pertes de ce fait ;

c) que les Forces Françaises Libres se sont retirées dès qu'il me parut certain que l'opération tournait à la bataille.

3 — Quoi qu'il en soit, l'attitude de tous a été parfaite et, malgré la désillusion, l'état moral est très bon

D'autre part, tous les renseignements parvenus de Dakar après l'Affaire montrent un grand mécontentement de la population contre les autorités de Vichy : arrestations en masse, renvoi de la municipalité, service funèbre pour les morts célébré sur un navire de guerre et non à la cathédrale proclamation de l'état de siège, mesures de répression et de rigueur multiples, etc.

Il faut ajouter que, pendant l'action, l'aviation de Dakar a montré une indiscutable hésitation.

4 — Sans me dissimuler aucunement les graves conséquences de cet échec en ce qui concerne notre action, j'ai pris la décision de poursuivre, convaincu qu'un refus de ce genre ne peut être tenu pour décisif dans des événements tels que nous vivons et où la vie de la France est en jeu. D'ailleurs je présume que l'action, vraisemblablement prochaine, de nos ennemis dans notre Empire va nous apporter une dramatique justification.

5 — Après quelques jours passés à Freetown pour détendre les troupes et prendre des arrangements avec les Anglais, nous allons partir demain ou après-demain pour l'AEF.

Mon intention est d'abord de m'y établir en cadrant par le personnel et en renforçant par le matériel amené d'Angleterre les éléments qui s'y trouvent.

Je viserai ensuite : d'une part à constituer en Égypte un véritable corps expéditionnaire destiné à combattre les Italiens et à faire impression sur nos camarades du Levant ; d'autre part, à régler la question du Gabon puis à étendre le ralliement vers l'Ouest, sans perdre Dakar de vue.

Je vais donc organiser à Douala ou à Brazzaville un organisme central de direction de la France Libre qui correspondra directement avec les colonies ralliées, y compris celles du Pacifique, et avec nos principaux représentants en Égypte, en Amérique, etc.

6 — Il est nécessaire que nous gardions à Londres une forte et active représentation pour laquelle je désigne le lieutenant-colonel Fontaine.

Cette représentation doit régler sur place de ma part, avec les ministres britanniques, toutes les questions qui se posent ou vont se poser et que je le chargerai de traiter. Elle doit également pousser le recrutement et l'organisation d'unités nouvelles au moyen des éléments présents en Angleterre ou qui y viendraient.

Je prie l'amiral Muselier, dès qu'il aura pu achever l'armement de nouveaux navires, notamment si possible du *Triomphant*, de venir me retrouver en AEF où je compte lui confier une mission capitale à l'extérieur. Le général Eon[36] restant à Londres comme Commandant des Forces en Angleterre et dépendant de mon représentant.

Une question qu'il va être essentiel et urgent de traiter à très bref délai est celle de l'armement des troupes qui sont en cours de formation en Afrique et en Angleterre.

7 — Reste la question capitale des communications entre vous et moi. Je vous signale qu'un service régulier d'hydravions vient d'être organisé par les Anglais entre l'Angleterre et l'Afrique occidentale. Ce service est à utiliser par notre courrier dans les deux sens sous couvert, pour vous, de Morton[37].

En outre communications télégraphiques ordinaires.

8 — Ne manquez pas de m'adresser, fût-ce avec grand retard, la presse de Londres et des comptes rendus réguliers concernant notre mouvement en Angleterre et ailleurs.

Je tiens à vous dire que votre témoignage de confiance après l'événement de Dakar m'a été profondément sensible.

Le général de Gaulle*

1. Seul général rallié à la France Libre en juin 1940.
2. Desmond Morton, collaborateur de Churchill.
* Archives nationales, section Outre-Mer, Affaires politiques, carton 1431.

ARCHIVES CONSULTÉES

ALLEMAGNE

Politisches Archiv Auswartiges Amt (Bonn)

Fondation Konrad Adenauer, St Augustin
Fonds G. Schröder
Fonds Kurt Birrenbach
Fonds Alois Mertens
Fonds Kurt Kiesinger

Fondation Konrad Adenauer, Rhondorf
Archives de Konrad Adenauer.

CANADA

Archives nationales du Canada (Ottawa)
Séries relatives aux relations de la France libre avec le Canada pendant la guerre/ Bobine RG 25, vol. 2160-5464, 5693, 5695, 6956, 7666. Bobine (7044 : volumes 350-234) aux voyages du général de Gaulle en 1960 (bobine MG 32, B12, vol. 227 et bobine RG 25, vol. 7045 à 7666) et en 1967 (bobine MG 32, B12, vol. 227).
Fonds Mackenzie King (bobine 26 J1, vol. 334-350).
Archives du général Georges Vanier (MG 32, A2, vol. 30, dossier 18, vol. 31, dossiers 22 et 23).

Archives nationales du Québec
Conseils exécutifs 2 C30 — 4604 B, 7 L12 – P 422 52, 3 A11 3265 B.

ÉTATS-UNIS

Dwight D. Eisenhower Library, Abilene (Kansas)
Dwigh D. Eisenhower Papers.

Franklin D. Roosevelt Library Hyde Park (État de New York)
Franklin Roosevelt Papers
Harry Hopkins Papers
Henry Morgenthau Diary

Seeley G. Mudd Manuscript Library, Princeton (New Jersey)
John Foster Dulles Papers

Hoover Institution, Stanford (Californie)
Fonds Bauduin, Gamelin, Weygand
Robert Murphy Papers

John Fitzgerald Kennedy Library, Boston (Massachusetts)
J. F. Kennedy Presidential Papers
Fonds d'histoire orale

Library of Congress, Washington DC
Papers of W. Averell Harriman
Cordell Hull Papers
Leahy Diary
General Marshall Papers
Henry Stimson Diary

Lyndon B. Johnson Library, Austin (Texas)
L. B. Johnson Papers
George Ball Papers
Mc George Bundy Papers

National Archives, Washington DC
Séries sur la France de 1940 à 1969, le plan Marshall et la construction européenne

Virginia Historical Society, Richmond (Virginia)
David Bruce Diary

FRANCE

Archives de la Fondation Charles de Gaulle
Dossiers sur le RPF
Fonds d'histoire orale

Archives Edmond Michelet (Brive)

Archives du ministère des Affaires étrangères
Fonds Guerre 1939-1945, Londres-Alger, CFLN, GPRF, Secrétariat général, entretiens et messages, 1958-1968, papiers Hervé Alphand, Charbonnières
Fonds nominatifs : Maurice Dejean, René Massigli, Maurice Papon, Jean Monnet

Archives nationales (Paris)
Fonds Georges Bidault
Fonds René Cassin
Fonds Catroux
Fonds Comert
Fonds Jean Donnedieu de Vabres
Fonds René Pleven
Fonds Paul Reynaud
Fonds André Tardieu
Fonds Louis Terrenoire
Archives du président Georges Pompidou
Archives du BCRA

Service historique de l'armée de terre (Vincennes)
Conseil supérieur de la Défense nationale (CSDN), carton 2N 210
État-major du général de Gaulle à Londres, 4P4, 4P5, 4P12, 4P15, 4P16
Journal du général Lelong (juillet 1940), 2N28 21
Archives Giraud, 5P1
Comité des Affaires algériennes, 1H1096/D1, 1H/261/5, 1H/261/1, 1H/2020 dossier 1, 1H/2022 dossier 1
Fonds privés : général Catroux, général Kœnig, général Juin, général Leclerc, général Weygand, général Lalande

Service historique de la Marine
Fonds Muselier

Fondation nationale des sciences politiques (Paris)
Archives Vincent Auriol
Archives Maurice Couve de Murville
Archives Gaston Monnerville

Fondation Saint-John Perse (Aix-en-Provence)
Archives diplomatiques d'Alexis Leger

Archives privées
Geoffroy de Courcel
Maurice Grimaud
Jean Donnedieu de Vabres
Élisabeth de Miribel
Général de Rancourt
Docteur Robert Naquet
Jacques de Sieyès

GRANDE-BRETAGNE

Churchill College (Cambridge)
Churchill Archives
Duff Cooper Papers
Spears Papers

Public Record Office (Kew Gardens)
Séries FO 371 (pour la guerre et les années 1960)
PREM (3 Prime Minister's Papers)
Cab. (Cabinet Papers)
FO 600 (Papers of Harold Macmillan)
Papers of lord Avon (sir Anthony Eden)

ISRAËL

Archives du ministère des Affaires étrangères (Jérusalem)
Séries sur la France et les relations franco-israéliennes, 1958-1967

FÉDÉRATION DE RUSSIE

Archives de l'histoire sociale et politique de l'État de Russie (anciennes archives du Parti communiste de l'URSS et du Komintern jusqu'à 1956)

Archives de l'histoire contemporaine de l'État de Russie (anciennes archives du Parti communiste de l'URSS après 1956)

Archives de la politique extérieure de la Fédération de Russie (dénomination officielle des archives du ministère des Affaires étrangères de la Fédération de Russie)

SUISSE

Fondation Jean Monnet pour l'Europe (Lausanne)
Archives Jean Monnet

ORIENTATION BIBLIOGRAPHIQUE*

OUVRAGES DE CHARLES DE GAULLE

La discorde chez l'ennemi, Berger-Levrault, 1924 ; Plon, 1972.
Le fil de l'épée, Berger-Levrault, 1932 ; Plon, 1971.
Vers l'armée de métier, Berger-Levrault, 1938 ; Plon, 1971.
La France et son armée, Plon, 1938 et 1969.
Trois études : Rôle historique des places françaises, La mobilisation économique à l'étranger, Comment faire une armée de métier, Mémorandum adressé par le colonel de Gaulle aux généraux Gamelin, Weygand, Georges et à MM. Daladier et Paul Reynaud, Berger-Levrault, 1945 ; Plon, 1971.
Mémoires de guerre, t. I : *L'appel, 1940-1942* ; t. II : *L'unité, 1942-1944* ; t. III : *Le salut 1944-1946*, Plon, 1954, 1956 et 1959.
Discours et messages, t. I : *Pendant la guerre, 1940-1944* ; t. II : *Dans l'attente, 1946-1958* ; t. III : *Avec le renouveau, 1958-1962* ; t. IV : *Pour l'effort, 1962-1965* ; t. V : *Vers le terme, 1966-1969*, Plon, 1970.
Mémoires d'espoir, t. I : *Le renouveau, 1958-1962*, t. II : *L'effort, 1962-...*, Plon, 1970 et 1971.
Lettres, notes et carnets, 13 volumes, Plon.
Mémoires, Bibliothèque de la Pléiade, Gallimard, 2000.

AUTRES OUVRAGES

Konrad Adenauer, *Mémoires*, 2 vol., Hachette, 1967.
Raoul Aglion, *De Gaulle et Roosevelt*, Plon, 1984.
Maurice Agulhon, *De Gaulle, histoire, mythe, symbole*, Plon, 2000.
Philippe Alexandre, *L'Élysée en péril, 2-30 mai 1968*, Fayard, 1969 ; *Le duel de Gaulle Pompidou*, Grasset, 1970.
Henri Amouroux, *La grande histoire des Français sous l'Occupation*, 6 vol., Laffont, 1976 à 1986.
Daniel Amson, *De Gaulle et Israël*, PUF, 1991.
Claire Andrieu, *Le programme commun de la Résistance*, L'Érudit, 1984.
Raymond Aron, *Mémoires*, Julliard, 1983 ; *Chroniques de guerre. La France libre (1940-1945)*, Gallimard, 1990.
Marina Arzakanian, « Le colonel de Gaulle à Metz », *Revue historique des armées* ; « De Gaulle vu par Vichy (1940-1942) », *Revue historique des armées*.
Emmanuel d'Astier de La Vigerie, *Sept fois sept jours*, Minuit, 1947 ; *Les dieux et les hommes*, Julliard, 1952 ; *De la chute à la libération de Paris*, Gallimard, 1965.
Raymond Aubrac, *Où la mémoire s'attarde*, Odile Jacob, 1996
Jean Auburtin, *Le colonel de Gaulle*, Plon, 1965 ; *Charles de Gaulle*, Seghers, 1966.
Vincent Auriol, *Journal du septennat*, Armand Colin, 2 vol., 1970-1971.

* La bibliographie de Charles de Gaulle étant considérable, nous ne proposons ici qu'un choix et renvoyons le lecteur intéressé au site Internet de la Fondation Charles de Gaulle : www.charles-de-gaulle.org

Jean-Pierre Azéma et François Bedarida, *La France des années noires*, Le Seuil, 1993.
Edouard Balladur, *L'arbre de mai*, Marcel Jullian, 1979.
Philippe Barrès, *Charles de Gaulle*, Plon, 1944.
Jacques Baumel, *Résister*, Albin Michel, 1999.
Roger Belin, *Lorsqu'une République chasse l'autre, 1958-1962. Souvenirs d'un témoin*, Michalon, 1999.
Georges-Marc Benamou, *C'était un temps déraisonnable*, Laffont, 1999.
Guillain de Bénouville, *Le sacrifice du matin*, Laffont, 1946.
Serge Berstein, *Histoire du gaullisme*, Perrin, 2001.
Pierre-Louis Blanc, *De Gaulle au soir de sa vie*, Fayard, 1980.
Pierre de Boisdeffre, *De Gaulle malgré lui*, Albin Michel, 1978 ; *Le Lion et le Renard*, Le Rocher, 1997.
Général de Boissieu, *Pour combattre avec de Gaulle*, Plon, 1981 ; *Pour servir le Général*, Plon, 1982.
Claude Bouchinet-Serreulles, *Nous étions faits pour être libres*, Grasset, 2000.
Pierre Bourdan, *Carnets des jours d'attente*, Pierre Trémois, 1945.
Claude Bourdet, *L'aventure incertaine*, Stock, 1975.
Georges Buis, *Les fanfares perdues*, Seuil, 1985.
Étienne Burin des Roziers, *Retour aux sources, 1962, l'année décisive*, Plon, 1986.
Alexander Cadogan, *Diaries*, Cassell, Londres, 1971.
René Cassin, *Les hommes partis de rien*, Plon, 1975.
Général Georges Catroux, *Dans la bataille de Méditerranée*, Julliard, 1949 ; *Deux actes du drame indochinois*, Plon, 1959.
Georges Cattaui, *Charles de Gaulle, l'homme et son destin*, Fayard, 1960.
Philip G. Cerny, *Une politique de grandeur*, Flammarion, 1986.
Général Maurice Challe, *Notre révolte*, Presses de la Cité, 1968
Jean Charbonnel, *À la gauche du Général*, Plon, 1996.
Jean Charlot, *Le gaullisme d'opposition, 1946-1958*, Fayard, 1983 ; *Le phénomène gaulliste*, Seuil, 1970 ; *Les Français et de Gaulle*, Plon, 1971
Jean Chauvel, *Commentaire*, 3 vol., Fayard.
Roselyne Chenu, *Paul Delouvrier ou la passion d'agir*, Seuil, 1994.
Winston Churchill, *Mémoires*, Plon, 12 vol., 1948-1954.
Michèle Cointet, *De Gaulle et l'Algérie française*, Perrin, 1995.
Charles G. Cogan, *Charles de Gaulle*, St Martin's Press 1996.
John Colville, *The Fringes of Power : Downing Street Diaries, 1949-1945*, W.-W. Newton, 1986.
Daniel Cordier, *Jean Moulin*, J.-C. Lattès, 1989 *Jean Moulin. La République des catacombes*, Gallimard, 1999.
François Coulet, *Vertu des temps difficiles*, Plon, 1967
Maurice Couve de Murville, *Une politique étrangère 1958-1969*, Plon, 1971.
Jean-Louis Crémieux-Brilhac, *La France libre. De l'appel du 18 juin à la Libération*, Gallimard, 1996.
Jean Daniel, *De Gaulle et l'Algérie*, Seuil, 1986.
Régis Debray, *À demain de Gaulle*, Gallimard, 1990.
Michel Debré, *Mémoires*, 4 vol., Albin Michel, 1984 ; *Entretiens avec le général de Gaulle, 1961-1969*, Albin Michel, 1993.
Michel et Jean-Louis Debré, *Le gaullisme*, Plon, 1978.
Jean-Louis Debré, *Les idées constitutionnelles du général de Gaulle*, Librairi générale de droit et de jurisprudence, 1974.
Alain Decaux, *Morts pour Vichy*, Perrin, 2000.
Alain Decaux, Alain Peyrefitte, *1940-1945. de Gaulle, celui qui a dit non*, Perrin, Editions TF1, 1999.
Évelyne Demey, *Paul Reynaud, mon père*, Plon, 1980
Bernard Destremau, *Weygand*, Perrin, 1989 ; *De Lattre*, Flammarion, 1999.
Bernard Droz et Évelyne Lever, *Histoire de la guerre d'Algérie*, Seuil, 1982
Maurice Druon, *Circonstances*, 3 vol., Éditions du Rocher 1997-1999.
Claude Dulong, *La vie quotidienne à l'Élysée au temps de Charles de Gaulle*, Hachette, 1974.

Jean-Baptiste Duroselle, *La décadence*, Imprimerie nationale, 1979 ; *L'abîme*, Imprimerie nationale, 1982.

Anthony Eden, *Mémoires. L'épreuve de force*, Plon, 1965.

Georgette Elgey, *Histoire de la Quatrième République*, Fayard, 1968 ; *La Cinquième, ou la République des phratries* (avec Jean-Marie Colombani), Fayard, 1999.

Jean d'Escrienne, *Le Général m'a dit. 1966-1970*, Plon, 1973 ; *De Gaulle de loin et de près*, Plon, 1978.

Alfred Fabre-Luce, *Gaulle deux*, Julliard, 1958 ; *Le plus illustre des Français*, Julliard, 1960.

Jean Ferniot, *De Gaulle et le 13 mai*, Plon, 1965 ; *De Gaulle-Pompidou*, Plon, 1972.

François Flohic, *Souvenirs d'Outre-Gaulle*, Plon, 1979 ; *Ni chagrin, ni pitié*, Plon, 1985.

Jacques Foccart, *Journal de l'Élysée*, t. 1 : *Tous les soirs avec de Gaulle, 1965-1967, Le Général en mai, 1968-1969*, Fayard/Jeune Afrique, 1998.

Fondation Charles de Gaulle : *Charles de Gaulle, la jeunesse et la guerre, 1890-1920*, Plon, 2001 ; *De Gaulle et le RPF* (avec l'université de Bordeaux III), Armand Colin, 1968.

André Fontaine, *Histoire de la guerre froide*, 2 vol., Fayard, 1965-1967 ; *Histoire de la détente*, Fayard, 1982.

Christian Fouchet, *Mémoires d'hier et de demain*, Plon, 1971-1973.

Henri Frenay, *La nuit finira*, Laffont, 1973.

Henri Froment-Meurice, *Vu du Quai. Mémoires 1945-1983*, Fayard, 1998.

André Frossard, *La France en général*, Plon, 1975.

Philippe Gaillard, *Foccart parle*, 3 vol., Fayard/Jeune Afrique, 1995-1997.

Max Gallo, *De Gaulle*, 4 vol., Laffont, 1998.

Pierre Gallois, *Stratégie de l'âge nucléaire*, Calmann-Lévy, 1960.

Philippe de Gaulle, *Mémoires accessoires, 1921-1946*, 2 vol., Plon, 1997.

Pierre Gerbet, *Le relèvement, 1944-1949*, Imprimerie nationale, 1991 ; *La construction de l'Europe*, Imprimerie nationale, 1999.

Franz-Olivier Giesbert, *François Mitterrand, une vie*, Grasset, 1996.

André Gillois, *Histoire secrète des Français à Londres de 1940 à 1944*, Hachette, 1972.

G. Girard de Charbonnières, *Le duel Giraud-de Gaulle*, Plon, 1984.

Henri-Christian Giraud, *De Gaulle et les communistes*, t. 1, Albin Michel, 1988.

Maurice Grimaud, *En mai fais ce qu'il te plaît*, Stock, 1977.

Alfred Grosser, *La politique extérieure de la Ve République*, Seuil, 1965.

Yves Guéna, *Le temps des certitudes, 1940-1969*, Flammarion, 1982.

Olivier Guichard, *Mon Général*, Grasset, 1980 ; *Un chemin tranquille*, Flammarion, 1975.

Henri Guillemin, *Le Général clair-obscur*, Seuil, 1984.

Louis Guitard, *De Gaulle. Mendès aller et retour*, Jérôme Martineau, 1969.

Nerin E. Gun, *Les secrets des archives américaines*, 2 vol., Albin Michel, 1979 et 1983.

Claude Guy, *En écoutant de Gaulle. Journal 1946-1949*, Grasset, 1996.

Léo Hamon, *De Gaulle dans la République*, Plon, 1958 ; *Vivre ses choix*, Laffont, 1991.

Claude Hettier de Boislambert, *Les fers de l'espoir*, Plon, 1978 ; *Pour servir le Général, 1946-1970*, Plon, 1982.

Stanley et Inge Hoffmann, *De Gaulle artiste de la République*, Seuil, 1973 : *De Gaulle artiste de la politique*, Seuil, 1973.

Paul Huard, *Le colonel de Gaulle et ses blindés*, Plon, 1980.

Institut Charles de Gaulle : *De Gaulle en son siècle*, 8 vol. La Documentation française-Plon, 1991-1992.

Jean-Marcel Jeannemey, *Une mémoire républicaine, entretiens avec Jean Lacouture*, Seuil 1997.

Jules Jeanneney, *Journal politique 1939-1942*, Armand Colin, 1972.

Michel Jobert, *Mémoires d'avenir*, Grasset, 1974

Général Jouhaud, *Ce que je n'ai pas dit*, Fayard, 1977.

Louis Joxe, *Victoire sur la nuit*, Flammarion, 1981.

François Kersaudy, *De Gaulle et Churchill*, Plon, 1981.

W.E. Kimball, *Churchill and Roosevelt*, Princeton University Press, 1984.

H. Kusterer, *Der Kanzler und der General*, Nerke, 1995.

Jean Lacouture, *Hô Chi Minh*, Seuil, 1967 ; *De Gaulle*, Seuil, 1969 ; *Pierre Mendès France*, Seuil 1981 ; *De Gaulle*, 3 vol., Seuil, 1984-1986.
Paul-Marie de La Gorce, *De Gaulle entre deux mondes*, Fayard, 1964 ; *La France contre les Empires*, Grasset, 1968 ; *De Gaulle*, Perrin, 1999.
Jean Laloy, « À Moscou entre Staline et de Gaulle », *Revue des études slaves*, t. 54, Institut d'études slaves, 1982 ; *Yalta*, Laffont, 1988.
Alain Larcan, *Charles de Gaulle, itinéraires intellectuels et spirituels*, Presses universitaires de Nancy, 1993.
Alain Larcan et Jean-François Lemaire, *De Gaulle et la médecine*, Les Empêcheurs de penser en rond et Fondation Charles de Gaulle, 1995.
Edgard de Larminat, *Chroniques irrévérencieuses*, Plon, 1962.
Jacques Laurent, *Mauriac sous de Gaulle*, La Table Ronde, 1964
Dominique Leca, *La rupture de 1940*, Fayard, 1978.
Bernard Ledwidge, *De Gaulle vu par un Anglais*, Flammarion, 1982 ; *De Gaulle et les Américains, 1958-1964*, Flammarion, 1984.
Denis Lefebvre, *Guy Mollet, le mal-aimé*, Plon, 1992.
Pierre Lefranc, *Avec qui vous savez, vingt-cinq ans aux côtés de de Gaulle*, Plon, 1970 ; *De Gaulle raconté aux jeunes*, Éditions G.P., 1975 ; *De Gaulle un portrait*, Flammarion, 1989 ; *De Gaulle, Rencontre avec l'Histoire, photobiographie*, Solar, 1994 ; *La tentation de Charles de Gaulle*, Flammarion, 1994.
Georges Loustanau-Lacau, *Mémoires d'un Français rebelle*, Laffont, 1948.
Harold Macmillan, *La grande tourmente*, Plon, 1968.
Pierre Maillard, *De Gaulle et l'Allemagne, le rêve inachevé*, Plon, 1990 ; *De Gaulle et l'Europe*, Tallandier, 1995.
André Malraux, *Antimémoires 1*, Gallimard, 1967 ; *Les chênes qu'on abat*, Gallimard, 1971 ; *La corde et la souris*, Gallimard, 1976.
Étienne Manac'h, *Mémoires d'Extrême-Asie*, 2 vol., Fayard, 1977-1980-1982.
Jean Marin, *Petit bois pour un grand feu*, Fayard, 1994.
Maurice Martin du Gard, *La carte impériale*, André Bonne, 1949 ; *Les Mémorables (1918-1945)*, Gallimard, 1999.
René Massigli, *Une comédie des erreurs*, Plon, 1978.
Général Massu, *Le torrent et la digue*, Plon, 1972 ; *Baden 68, souvenirs d'une fidélité gaulliste*, Plon, 1983 ; *Avec de Gaulle, du Tchad 1941 à Baden 1968*, Éditions du Rocher, 1998.
Claude Mauriac, *Aimer de Gaulle*, Grasset, 1978.
François Mauriac, *Bloc-notes, 1952-1957*, Flammarion, 1958-1960 ; *De Gaulle*, Grasset, 1964.
Jean Mauriac, *Mort du général de Gaulle*, Grasset, 1972.
Pierre Mendès France, *La vérité guidait leur pas*, Gallimard, 1976.
Robert Mengin, *De Gaulle à Londres vu par un Français libre*, La Table Ronde, 1965.
Pierre Messmer, *Après tant de batailles...*, Albin Michel, 1992 ; *Les Blancs s'en vont, récits de décolonisation*, Albin Michel, 1998.
Pierre Messmer et Alain Larcan, *Les écrits militaires de Charles de Gaulle*, PUF, 1985.
Edmond Michelet, *Le gaullisme, passionnante aventure*, Fayard, 1962.
Élisabeth de Miribel, *La liberté souffre violence*, Plon, 1981.
François Mitterrand, *Le coup d'État permanent*, Plon, 1964.
Jules Moch, *Rencontres avec Charles de Gaulle*, Plon, 1971.
Geneviève Moll, *Yvonne de Gaulle*, Ramsay, 1999.
Nikolai Moltchanov, *Le général de Gaulle*, Éditions du Progrès, Moscou, 1988.
Jean Monnet, *Mémoires*, Fayard, 1976.
Thierry de Montbrial, *Que faire ?*, La Manufacture, 1990.
Étienne de Montety, *Honoré d'Estienne d'Orves, un héros français*, Perrin, 2001.
Charles Morazé, *Le général de Gaulle et la République*, Flammarion, 1972.
Jean Morin, *De Gaulle et l'Algérie. Mon témoignage, 1960-1962*, Albin Michel, 1999.
Robert Murphy, *Un diplomate parmi les guerriers*, Laffont, 1965.
Amiral Muselier, *De Gaulle contre le gaullisme*, Le Chêne, 1946.
Lucien Nachin, *Charles de Gaulle, général de France*, Colbert, 1944.
Lucien Neuwirth, *Ma guerre à seize ans*, Plon, 1986 ; *Mais, après tout...*, Arthaud, 1994.

Jacques Nobécourt, *Une histoire politique de l'armée*, Seuil, 1967.
Henri Noguères, Marcel Degliame-Fouché, Jean-Louis Vigier, *Histoire de la Résistance en France de 1940 à 1945*, 5 vol., Laffont, 1967-1981.
Léon Noël, *Comprendre de Gaulle*, Plon, 1972 ; *La traversée du désert*, Plon, 1973 ; *De Gaulle et les débuts de la Ve République, 1958-1965*, Plon, 1976.
Claude Paillat, *Le guêpier*, Laffont, 1967 ; *Archives secrètes, 1968-1969 : les coulisses d'une année terrible*, Denoël, 1969.
Gaston Palewski, *Mémoires d'actions, 1924-1974*, Plon, 1988.
André Passeron, *De Gaulle parle*, Plon, 1962, et Fayard, 1966.
Colonel Passy, *Mémoires du chef des services secrets de la France libre*, préface de Jean-Louis Crémieux-Brilhac, Odile Jacob, 2000.
Pierre Péan, *Vies et morts de Jean Moulin*, Fayard, 1998.
Alain Peyrefitte, *C'était de Gaulle*, Gallimard, Quarto, 2002.
Pierre Pflimlin, *Mémoires d'un Européen*, Fayard, 1991.
Christian Pineau, *La simple vérité*, Julliard, 1960.
Edgard Pisani, *Le général indivis*, Albin Michel, 1974.
Jean Planchais, *Une histoire politique de l'armée*, t. II, Seuil, 1967.
Edmond Pognon, *De Gaulle et l'Histoire de France. Trente ans éclairés par vingt siècles*, Albin Michel, 1970 ; *De Gaulle et l'armée*, Plon, 1976.
Georges Pompidou, *Pour rétablir une vérité*, Flammarion, 1982.
Michel Poniatowski, *Mémoires*, Plon-Le Rocher, 1997.
Jean Pouget, *Un certain capitaine de Gaulle*, Fayard, 1973.
Alain Prate, *Les batailles économiques du général de Gaulle*, Plon, 1978.
Philippe Ragueneau, *Julien ou la route à l'envers*, Albin Michel, 1976.
René Rémond, *Le retour de de Gaulle*, Éditions Complexe, 1983.
Remy, *Mémoires d'un agent secret de la France libre*, Raoul Solar, 1946 ; *Dix ans avec de Gaulle, 1940-1950*, France-Empire, 1971.
Jean-François Revel, *Le style du Général*, précédé de « De la légende vivante au mythe posthume », Éditions Complexe, 1988.
Paul Reynaud, *Mémoires*, Flammarion, 1963 ; *Carnets de captivité*, Fayard, 1997.
Jean-Pierre Rioux, *La France de la IVe République*, t. 1 : *L'ardeur et la nécessité (1944-1952)*, Seuil, 1980 ; t. II : *L'expansion et l'impuissance*, Seuil, 1983.
Daniel Rondeau, Roger Stéphane, *Des hommes libres. La France libre par ceux qui l'ont faite*, Grasset, 1997.
Mario Rossi, *Roosevelt and the French*, Praeger, 1994.
Odile Rudelle, *Mai 1958, De Gaulle et la République*, Plon, 1988.
Philippe de Saint-Robert, *Le jeu de la France*, Julliard, 1967 ; *Les septennats interrompus*, Laffont, 1975 ; *Les secrets des jours*, J.-C. Lattès, 1996.
Jacques Schapira, Henri Lerner, *Émile Mayer, un prophète bâillonné*, Michalon, 1995.
David Schoenbrun, *Les trois vies de Charles de Gaulle*, Julliard, 1965.
Maurice Schumann, *Un certain 18 juin*, Plon, 1980.
Hans-Peter Schwarz, *Adenauer, der Staatsman*, Deutsche Verlag-Amstak, 1991
Simone Servais, *Regards sur de Gaulle*, Plon, 1990.
Jacques Soustelle, *Envers et contre tout*, Laffont, 1947 ; *L'espérance trahie*, Alma, 1962 ; *Vingt-huit ans de gaullisme*, La Table Ronde, 1968.
Georges-Henri Soutou, *La France et l'atome*, Bruylant, 1994 ; *L'alliance incertaine, les rapports politico-stratégiques franco-allemands, 1958-1996*, Fayard, 1996.
Edward Spears, *La chute de la France*, Presses de la Cité, 1961 ; *Pétain et de Gaulle, deux hommes qui sauvèrent la France*, Presses de la Cité, 1966.
Cyrus Sulzberger, *En observant de Gaulle*, Plon, 1962 ; *Dans le tourbillon de l'histoire*, Albin Michel, 1971.
Pierre-Henri Teitgen, *Faites entrer le témoin suivant*, Éditions Ouest-France, 1988.
Louis Terrenoire, *De Gaulle et l'Algérie. Témoignage pour l'Histoire*, Fayard, 1964 ; *De Gaulle, 1947-1954. Pourquoi l'échec ?*, Plon, 1981.
Philippe Tesson, *De Gaulle Ier*, Albin Michel, 1965.
Georges Thierry d'Argenlieu, *Souvenirs de guerre*, Plon, 1973 ; *Chroniques d'Indochine*, Albin Michel, 1985.
Raymond Tournoux, *Pétain et de Gaulle, secrets d'État, un demi-siècle d'histoire non*

officielle, Plon, 1964 ; *La tragédie du Général*, Plon, 1967 ; *Le mois de mai du Général*, Plon, 1969 ; *Jamais dit*, Plon, 1971 ; *Le feu et la cendre, les années politiques du général de Gaulle, 1946-1970*, Plon, 1979.

Raymond Triboulet, *Un gaulliste de la IV*[e], Plon, 1985 ; *Un ministre du Général*, Plon, 1985.

Bernard Tricot, *Les sentiers de la paix, Algérie 1958-1962*, Plon, 1972 ; *Mémoires*, Quai Voltaire, 1994.

Frédéric Turpin, *Le gaullisme et l'Indochine*, Presse universitaires du Septentrion, 2000.

Maurice Vaisse, *La grandeur, 1958-1969*, Fayard, 1998.

Jacques Vendroux, *Cette chance que j'ai eue... Souvenir de famille et journal politique*, Plon, 1974 ; *Ces grandes années que j'ai vécues*, Plon, 1975.

Pierre Viansson-Ponté, *Histoire de la République gaullienne*, 2 vol., Fayard, 1970-1971.

Paul de Villelume, *Journal d'une défaite*, Fayard, 1976.

Henri de Wailly, *De Gaulle sous le casque*, Abbeville, 1940 ; Perrin, 1990.

André Weil-Curiel, *Le temps de la honte*, Éd. du Myrte, 1945-1947.

Général Weygand, *Rappelé au service*, Flammarion, 1950 ; *En lisant les « Mémoires de guerre » du général de Gaulle*, Flammarion, 1955.

REMERCIEMENTS

Ce livre doit beaucoup à de nombreux témoignages recueillis parfois dans le cadre d'autres recherches, au cours des vingt-cinq dernières années. On comprendra donc qu'il me soit impossible d'exprimer ici ma gratitude à tous ceux dont je suis redevable.

Je souhaite toutefois dire ma particulière reconnaissance à ceux qui plus récemment m'ont apporté leurs concours à des titres divers.

M. Pierre Messmer, de l'Académie française, ancien Premier ministre ; M. Yves Guéna, président du Conseil constitutionnel, président de la Fondation Charles de Gaulle ; M. Édouard Bonnefous, chancelier honoraire de l'Institut, ancien ministre d'État.

MM. les ministres : Jacques Baumel, André Bettencourt de l'Institut, Jean Chamant, Jean Charbonnel, Bernard Destremau de l'Institut, Maurice Druon, secrétaire perpétuel honoraire de l'Académie française, Jean Foyer de l'Institut, Olivier Guichard, Jean-Marcel Jeanneney, Robert Poujade, Raymond Triboulet de l'Institut.

Mmes Jacqueline Beytout, Sibylle Billot, Évelyne Demey, Georges Catroux, Geoffroy de Courcel, Georgette Elgey, François Puaux, Simonne Servais, Anne Muratori-Philip.

MM. Jean-Marc Boegner, ambassadeur de France, Étienne Burin des Roziers, ambassadeur de France, le gouverneur général Paul Chauvet, Stéphane Courtois, Ferréol de Ferry, l'amiral François Flohic, Henri Froment-Meurice, ambassadeur de France, Bernard de Gaulle, le RP François de Gaulle, Robert Gillet, ambassadeur de France, Stéphane Hessel, ambassadeur de France, Vincent Laloy, Pierre Lefranc, Victor Malka, le général Jacques Massu, Robert Mengin, Étienne de Montety, le docteur Robert Naquet, Lucien Neuwirth, Guy Perrier, Benoît Peyrefitte, Andrew de Racourt, François-Xavier de Sieyès, le docteur Pierre Simon, Jean-Marie Soutou, ambassadeur de France, le professeur Ady Steg.

Le prefet Maurice Grimaud a bien voulu relire plusieurs chapitres de ce livre et notamment celui relatif aux événements de mai 1968. Je lui dis ici ma gratitude qui va aussi à M. Jean Donnedieu de Vabres, ancien secrétaire général du gouvernement, pour sa confiance.

En France et à l'étranger, j'ai trouvé l'aide la plus précieuse auprès de tous les responsables d'archives publiques ou privées. Je leur en sais infiniment gré ainsi qu'à toutes celles et à tous ceux qui ont rendu possibles et fructueux mes séjours de recherche : à Jérusalem, Dominique Bourel et Carole Dreyfus ; à Moscou, mon ami Gocha Babitchev, organisateur hors pair, Olga Yortseva et à Michel Grabar, Marina Arzakanian, à laquelle je dois d'avoir pu accéder à de nombreux documents. Merci aussi aux témoins, aux spécialistes qui hors de France m'ont reçu et aidé. En Russie, j'ai notamment une dette envers le docteur Vyacheslav Nikonov, petit-fils de V. Molotov. Mon ami Curtis Roosevelt s'est lui aussi prêté avec beaucoup de patience à mes questions sur les relations délicates entre le général et son grand-père. Qu'il en soit chaleureusement remercié ainsi que Walt Rostow, témoin des années Kennedy et Johnson. À Montréal, Lise Bisonette et André Patry m'ont apporté enfin un concours dont je leur suis reconnaissant.

Je n'oublie pas non plus le soutien de nombreux proches et amis : ma fille Camille, Claire Martin du Gard, Jean-Christophe Rufin, Michèle Weinachter, Catherine Robert, Claire et Philippe Vial, le préfet Laurent Clément, Guillaume de Ferry, Marie-Eugénie Lalouette, Ginette et Louis Guitard, Marie-Thérèse Louet, Christian Destremau. Merci tout spécialement à Jean-François Lemaire pour son aide précieuse ; à Frédéric Turpin qui a bien voulu relire l'ensemble du manuscrit ; à Frédérique Laroche, Monique et

Maurice Tubiana dont l'hospitalité m'a permis souvent de travailler dans les conditions les plus agréables.

La ténacité, l'enthousiasme, la compétence et l'amitié vigilante de Georges Liébert, mon éditeur, ont été pour moi sans prix tout au long de cette entreprise. Qu'il sache ma gratitude.

Merci enfin à Sandrine Fiquet qui a dactylographié mon manuscrit et à Arnaud Jamin qui en a pris grand soin ; à tous ceux qui, chez Gallimard, ont contribué à la réalisation de ce volume : Marie-Paule Zuate, Agnès Riche, Patrick Hérisson, Freddy Joory, Anne Lagarrigue, Sylvie Abramovici.

Ma pensée va enfin à tous ceux, aujourd'hui disparus, qui m'ont apporté leurs concours. En particulier le général Pierre de Bénouville, le colonel Passy, Maurice Schumann et Georges Gorse.

INDEX

JAUGEY, Claude : 924

DU MÊME AUTEUR

GEORGES POMPIDOU, Jean-Claude Lattès, 1984, « Marabout-Histoire, 1985 », nouvelle édition, revue et augmentée, établie d'après les archives du Président, Jean-Claude Lattès, 1994.

LE CAS LE PEN. *Les Nouvelles Droites en France*, Jean-Claude Lattès, 1985.

UNE AUTRE VOIE (avec Pierre Chaunu), Stock, 1986.

MITTERRAND, OU LA CONSTANCE DU FUNAMBULE, Jean-Claude Lattès, 1991.

JEAN MONNET, Fayard, 1995 ; prix de l'Essai de l'Académie française ; prix Guizot ; prix européen de l'Histoire.

Préface à l'*Histoire de l'armée allemande* de Benoist-Méchin, Robert Laffont, coll. « Bouquins », 1984.

Édition et présentation des *Mémoires d'action* de Gaston Palewski, Plon, 1988.

Éditions et présentation de *À l'épreuve du temps* de Benoist-Méchin, Julliard, 1989 et 1993, 3 vol.

Édition et présentation de *Itinéraire 1928-1976* de Bertrand de Jouvenel, Plon, 1993.

Préface des *Romans et Voyages* de Maurice Barrès, Robert Laffont, coll. « Bouquins », 1994, 2 vol.

Éditions et présentation (avec François Broche) de *Journal de ma vie extérieure* de Maurice Barrès, Julliard, 1994.

Contribution au *Dictionnaire historique de la vie politique française au XXe siècle* (sous la direction de Jean-François Sirinelli), Presses universitaires de France, 1995.

Contribution aux *Enjeux de la Paix, Nous et les autres, XVIIIe-XXIe siècle* (sous la direction de Pierre Chaunu), Presses universitaires de France, 1995

Composition I.G.S. Charente-Photogravure et impression Bussière Camedan Imprimeries à Saint-Amand (Cher), le 15 juillet 2002.
Dépôt légal : juillet 2002.
1er dépôt légal : avril 2002.
Numéro d'imprimeur : 023100/4.
ISBN 2-07-075241-0./Imprimé en France.

15477